KRÖNERS TASCHENAUSGABE BAND 114

KARL-DIETER GRÜSKE
FRIEDRICH SCHNEIDER

WÖRTERBUCH
DER WIRTSCHAFT

*Dreizehnte, völlig neu bearbeitete Auflage
mit 80 Grafiken*

ALFRED KRÖNER VERLAG STUTTGART

Karl-Dieter Grüske / Friedrich Schneider
Wörterbuch der Wirtschaft
13., völlig neu bearbeitete Auflage
Stuttgart: Kröner 2003
(Kröners Taschenausgabe; Band 114)
ISBN 3-520-11413-5

© 2003 by Alfred Kröner Verlag Stuttgart
Printed in Germany · Alle Rechte vorbehalten
Gesamtherstellung: Friedrich Pustet, Regensburg

Inhalt

Vorwort VII

Hinweise zur Benutzung X

Zeittafel XI

Nobelpreisträger der Wirtschaftswissenschaft XXVII

Literatur XXXV

Abkürzungen XXXIX

Lexikonteil A–Z 1–627

VORWORT

Das *Wörterbuch der Wirtschaft* liegt jetzt in einer völlig neu bearbeiteten Fassung vor. Die 13. Auflage enthält rund 3700 Stichwörter zu allen wichtigen Begriffen und Bereichen des modernen Wirtschaftslebens. Etwa 370 Begriffe wurden neu aufgenommen. Sie dokumentieren nicht nur den raschen wissenschaftlichen Fortschritt auf allen Feldern der Volks- und Betriebswirtschaft, sondern tragen auch den wirtschafts- und sozialpolitischen Entwicklungen der europäischen Einigung und der fortschreitenden Globalisierung Rechnung. Diesen Anliegen dienen zum einen neue Schwerpunkte wie das internationale Bank- und Börsenwesen, moderne Teilgebiete der Betriebswirtschaftslehre mit dem Marketing, der Kostenrechnung und der Managementlehre, zum anderen die Aufnahme von Institutionen und Begriffen im Zusammenhang mit der Vertiefung und Verbreiterung der Europäischen Union. Gleichzeitig wurden veraltete oder überholte Wörter gestrichen, Bewährtes komprimiert, ergänzt und den modernen Erfordernissen angepasst.

Das vorliegende Nachschlagewerk ist nicht zuletzt deshalb zu einem ›Klassiker‹ avanciert, weil es selbst komplizierte Zusammenhänge der Theorie und Praxis so kompakt, einfach und verständlich formuliert, dass gebildete Laien ebenso wertvolle Einblicke gewinnen wie der ökonomische Fachmann oder Studierende der Wirtschaftswissenschaften mit den Nachbarfächern, etwa Jura, Geistes- und Sozialwissenschaften. Über die bloße Erläuterung von Fachbegriffen hinaus vermittelt es ein tieferes Verständnis ökonomischer Zusammenhänge und informiert übersichtlich über Wechselbezüge zwischen Wirtschaft, Verwaltung, Politik und Gesellschaft. Die enge Vernetzung der Texte erfolgt durch zahlreiche Querverweise sowie durch ergänzende Abbildungen und Übersichten. Nicht zuletzt die historische Zeittafel mit der Übersicht über die Nobelpreisträger und die aktualisierte Literatur zur systematischen Einführung und zum Weiterstudium, nach einzelnen Fachgebieten geordnet, runden das Wörterbuch sinnvoll ab. Es fügt sich damit nahtlos in die bekannte Reihe der ›Kröner-Lexika‹ ein.

Den Grundstein für das Wörterbuch, dessen erste Auflage bereits 1936 erschien, legte Friedrich Bülow. Zusammen mit Heinz Langen bearbeitete er nach dem Kriege insgesamt fünf weitere Auflagen. 1975 übernahm dann Horst Claus Recktenwald mit der siebten Auflage die Herausgabe des erfolgreichen Nachschlagewerkes und gestaltete es völlig neu. Nach seinem viel zu frühen Tode im Jahre 1990 führte sein Nachfolger auf dem Nürnberger Lehrstuhl, Karl-Dieter Grüske, die Reihe mit der 12. Auflage fort. Der Erfolg der Gesamtkonzeption äußerte sich in dem nachhaltigen Interesse einer breiten Leserschaft, die dem *Wörterbuch der Wirtschaft* zu 12 Auflagen mit rund 120.000 Exemplaren verhalf. Mit der fortschreitenden Komplexität der modernen Wirtschaftswissenschaften bot es sich schließlich an, die vorliegende 13. Auflage zusammen mit dem ausgewiesenen Linzer Kollegen Professor Friedrich Schneider zu überarbeiten. Die Arbeitsteilung über die Ländergrenzen hinweg erwies sich als außerordentlich fruchtbar.

Das *Wörterbuch der Wirtschaft* will ein Nachschlagewerk für alle wichtigen Begriffe sein, mit denen wir im Wirtschaftsalltag zu tun haben. Dabei beruhen die ökonomischen Zusammenhänge und die sie beschreibenden Fachausdrücke auf theoretischer Einsicht, ohne die rein praxisorientierte Erwägungen nicht auskommen können. In diesem Sinne baut das Wörterbuch eine Brücke zwischen theoretischen Erkenntnissen und praktischen Bezügen. Um diesen komplizierten Zugang zu erleichtern, sind die Begriffe leicht verständlich und möglichst knapp auf den Kern bezogen erläutert. Unnötiger Ballast wurde weggelassen. Das gilt für dogmenhistorische Erörterungen genauso wie für komplexe Graphiken und die Mathematik, die heute vor allem die moderne Volkswirtschaftslehre dominiert. Dagegen sind Begriffe aufgenommen, ohne die ein Leser des Wirtschafts- und Finanzteils einer Zeitung genauso wenig auskommt wie ein Student der Wirtschaftswissenschaften. Dabei kann es nicht ausbleiben, dass Anglizismen zunehmend Eingang in den ökonomischen Sprachgebrauch finden, insbesondere bei Fachausdrücken im Zusammenhang mit internationalen Finanztransaktionen. Wir haben diese bewusst mit aufgenommen, um auch hier das Verständnis zu erleichtern.

Insgesamt ist damit eine Auflage entstanden, die sowohl dem Bedürfnis nach aktuellem Wissen und Fakten wie auch dem Interesse an generellen ökonomischen und sozialen Erscheinungen in Ausbildung, Beruf, Alltag oder Freizeit zuverlässig und schnell gerecht wird. Die umfangreichen Querverweise helfen die wesentlichen Sachbezüge zu erkennen und die systematischen Zusammenhänge in unserer komplizierten Ordnung einer arbeitsteiligen internationalen Wirtschaft im Zusammenspiel mit Staat und Gesellschaft zu erfassen, einzuordnen und kritisch zu beurteilen.

Ein solches Werk kann nicht ohne vielfältige engagierte Hilfe entstehen. Vorrangig ist hier Frank Kupferschmidt vom Nürnberger Lehrstuhl zu danken, der initiativ und eigenständig die aufwendige technische und inhaltliche Gesamtkoordination übernahm und uns umsichtig und nachhaltig unterstützte. Zahlreiche Fachausdrücke, vor allem im ersten Teil, übernahmen Jobst Leikeb und Udo Wartha sowie Robert Dehm und Dariusch Khanzadeh. Ihnen danken wir ebenso wie Alexander Polanski, Melina Schneider und Martina Zweimüller vom Linzer Lehrstuhl, die vor allem die zweite Hälfte des Wörterbuchs inhaltlich betreuten. Sollten (besonders aufmerksame) Leser einen Fehler entdecken, so tragen dafür natürlich die Autoren die Verantwortung.

Karl-Dieter Grüske	Friedrich Schneider
Universität Erlangen-Nürnberg	Universität Linz

HINWEISE ZUR BENUTZUNG

Im *Wörterbuch der Wirtschaft* wurde die alphabetische Reihenfolge überall beachtet. Bei zusammengesetzten Stichwörtern bleiben Bindestriche oder Leerzeichen unbeachtet. Die Umlaute ä, ö, ü sind wie ae, oe, ue in das Alphabet eingeordnet. Gebräuchliche zusammengesetzte Begriffe wie »Europäischer Binnenmarkt« oder »Keynesianische Theorie« sind in der Regel unter ihrem Adjektiv und mit der vollständigen Bezeichnung alphabetisch eingeordnet. Wird ein vom Leser gesuchter Begriff auf diesem Weg nicht gefunden, ist es empfehlenswert, das entsprechende Substantiv bzw. Hauptschlagwort nachzuschlagen, also etwa »Grundsätze ordnungsgemäßer Buchführung« unter »Buchführung«. Gängige Abkürzungen wie »AG«, »EU« sind in der Regel als Verweisartikel eingearbeitet, der erklärende Artikel ist unter dem ausgeschriebenen Begriff zu finden.

Bei Stichwörtern, die aus Fremdwörtern bestehen oder auf Fremdwörtern basieren, wurde der alt- oder neusprachliche Bedeutungskern der ausführlicheren Begriffserläuterung vorangestellt. Um den Benutzer das erforderliche Wissen kompakt und verständlich zu vermitteln, sind unter einem Stichwort nur speziell diesen Begriff erklärende Erläuterungen zu finden. Weiterführende Erklärungen sind unter den mit dem Verweiszeichen (→) gekennzeichneten Wörtern zu finden. Im Text verwendete Abkürzungen sowie die Abkürzungen der wichtigsten Gesetze sind im Abkürzungsverzeichnis enthalten Rechtsvorschriften werden, soweit notwendig, in den Erläuterungen angeführt. Dabei ist § 275 II HGB zu lesen als Paragraph 275 Absatz 2 des Handelsgesetzbuchs.

ZEITTAFEL
zur Genealogie der ökonomischen Wissenschaft

Jahr	Name	Bedeutende Werke
427 v. Chr.	⋆ Platon	
384 v. Chr.	⋆ Aristoteles	
380 v. Chr.		Politeia (Platon)
vor 347 v. Chr.		Nomoi, Politeia, Politikos, Symposion (Platon)
347 v. Chr.	Platon †	
zwischen 335/ 323 v. Chr.		Politika, Ethika, Nikomacheia (Aristoteles)
322 v. Chr.	Aristoteles †	
1225	⋆ Thomas von Aquin	
1267–73		Summa theologiae (Thomas von Aquin)
1274	Thomas von Aquin †	
ca. 1477/78	⋆ Thomas Morus	
1483	⋆ Martin Luther	
1516		Utopia (Thomas Morus)
1522		Eyn Sermon von dem Wucher (Luther)
1524		Von Kauffshandlung und Wucher (Luther)
1530	⋆ Jean Bodin	
1535	Thomas Morus †	
1546	Martin Luther †	
1561	⋆ Francis Bacon	
1571	⋆ Thomas Mun	
1576		Les six livres de la république (Bodin)
1588	⋆ Thomas Hobbes	
1596	Jean Bodin †	
1620		Novum Organum (Bacon)
1621		A Discourse of Trade (Mun)
1622	⋆ Jacques Savary	
1623	⋆ William Petty	
1626	Francis Bacon †	
1632	⋆ John Locke	

Jahr	Name	Bedeutende Werke
1635	*Johann Joachim Becher	
1641	Thomas Mun †	
1651		Leviathan (Hobbes)
1662		Treatise on Taxes and Contributions (Petty)
1664		England's Treasure by Forraign Trade (Mun)
1668		Politischer Discurs (Becher)
1669		Moral Discurs (Becher)
ca. 1670	*Bernard de Mandeville	
1673		Le parfait negotiant (Savary)
1679	Thomas Hobbes †	
1680/97(?)	*Richard Cantillon	
1682	Johann J. Becher †	
1687	William Petty †	
1690	Jacques Savary †	Political Arithmetick (Petty)
1691		Consequences of the Lowering of Interest and Raising the Value of Money (Locke)
1694	*François Quesnay	
1704	John Locke †	
1711	*David Hume	
1712	*James Steuart	
1714		The Fable of the Bees, Teil 1 (Mandeville)
1717 (oder schon 1705)	*Johann H. G. von Justi	
1723	*Adam Smith	
1727	*Anne R. J. Turgot	
1727	*Ferdinando Galiani	
1729		The Fable of the Bees, Teil 2 (Mandeville)
1733	Bernard de Mandeville †	
1734	Richard Cantillon †	

Zeittafel

Jahr	Name	Bedeutende Werke
1750		Della Moneta (Galiani)
1752		Political Discourses (Hume)
1755		Staatswirtschaft (von Justi); Essai sur la nature du commerce en général (Cantillon)
1756		Grundsätze der Policey-Wissenschaft (von Justi)
1758		Tableau Économique (Quesnay)
1759		The Theory of Moral Sentiments (Smith)
1766	★ Thomas R. Malthus	System des Finanzwesens (von Justi)
1767	★ Jean-Baptiste Say	Physiocratie (Quesnay); An Inquiry into the Principles of Political Oeconomy, 2 Bde (Steuart)
1769		Valeurs et monnaie (Turgot)
1769/70		Réflexions sur la formation et la distribution de richesses (Turgot)
1771	Johann H. G. von Justi †	
1772	★ David Ricardo	
1774	François Quesnay †	
1776	David Hume †	An Inquiry into the Nature and Causes of the Wealth of Nations (Smith)
1780	James Steuart †	
1781	Anne R. J. Turgot †	
1783	★ Johann H. von Thünen	
1787	Ferdinando Galiani †	
1789	★ Friedrich List	Mémoire sur le prêt à l'intérêt (Turgot)
1790	Adam Smith †	
1791	★ Charles Babbage	

Zeittafel

Jahr	Name	Bedeutende Werke
1795	⋆ Friedrich B. W. Hermann	
1798		An Essay on the Principle of Population (Malthus)
1801	⋆ Antoine A. Cournot	
1803		Traité d'économie politique, 2 Bde (Say)
1806	⋆ John St. Mill	
1810	⋆ Hermann H. Gossen	The High Price of Bullion (Ricardo)
1815		Catéchisme d'économie politique (Say)
1817	⋆ Wilhelm Roscher	On the Principles of Political Economy and Taxation (Ricardo)
1818	⋆ Karl Marx	
1820		Principles of Political Economy (Malthus)
1823	David Ricardo †	
1826		Der isolirte Staat in Beziehung auf Landwirthschaft und Nationalökonomie, Teil I (Thünen)
1827		Definitions in Political Economy (Malthus)
1828/29		Cours complet d'économie politique pratique, 6 Bde (Say)
1832	Jean-Baptiste Say †	Staatswirthschaftliche Untersuchungen (von Hermann); On the Economy of Machinery and Manufactures (Babbage)
1834	Thomas R. Malthus †	
	⋆ Leon Walras	
1835	⋆ William St. Jevons	
	⋆ Adolph H. G. Wagner	
1837	⋆ Rudolph Auspitz	

Zeittafel

Jahr	Name	Bedeutende Werke
1838	∗ Gustav Schmoller	Recherches sur les principes mathématiques de la théorie des richesses (Cournot)
1840	∗ Carl Menger	
1841		Das nationale System der politischen Oekonomie (List)
1842	∗ Richard Lieben ∗ Alfred Marshall	
1843		Grundriss zu Vorlesungen über die Staatswirthschaft nach geschichtlicher Methode (Roscher); A System of Logic (John St. Mill); Expositions de la théorie des chances et des probabilités (Cournot)
1845	∗ Francis Y. Edgeworth	
1846	Friedrich List †	
1848	∗ Vilfredo Pareto	Principles of Political Economy (Mill)
1850	Johann H. von Thünen †	Der isolirte Staat in Beziehung auf Landwirthschaft und Nationalökonomie, Teil II, Abschnitt 1 (Thünen)
1851	∗ Knut Wicksell ∗ Eugen von Böhm-Bawerk	
1854		Entwickelung der Gesetze des menschlichen Verkehrs (Gossen)
1854/94		System der Volkswirthschaft, 5 Bde (Roscher)
1858	Hermann H. Gossen †	

Jahr	Name	Bedeutende Werke
1861		Ansichten der Volkswirthschaft aus dem geschichtlichen Standpunkte (Roscher)
1863		Principes de la théorie des richesses (Cournot); Der isolirte Staat in Beziehung auf Landwirthschaft und Nationalökonomie, Teil II, Abschnitt 2, und Teil III (Thünen)
1864	* Max Weber	
1867	* Irving Fisher	Das Kapital, Buch I (Marx)
1868	Friedrich B. W. Hermann †	
1871	Charles Babbage †	Grundsätze der Volkswirthschaftslehre (Menger); The Theory of Political Economy (Jevons)
1871/1901		Finanzwissenschaft, 4 Bde (Wagner)
1873	John St. Mill †	
1874		Geschichte der National-Oekonomik in Deutschland (Roscher)
1874/77		Eléments d'économie politique pure, 2 Bde (Walras)
1876		Allgemeine oder theoretische Volkswirthschaftslehre, Erster Theil: Grundlegung (Wagner)
1877	Antoine A. Cournot †	
	* Arthur C. Pigou	
1879		The Economics of Industry (Marshall)
1881		Mathematical Psychics (Edgeworth)

Jahr	Name	Bedeutende Werke
1882	William St. Jevons †	
1883	*Joseph A. Schumpeter *John M. Keynes Karl Marx †	Théorie mathématique de la richesse sociale (Walras); Zur Methodologie der Staats- und Sozialwissenschaften (Schmoller)
1884		Investigations in Currency and Finance (Jevons); Kapital und Kapitalzins, Teil I: Geschichte und Kritik der Kapitalzins-Theorien (Böhm-Bawerk); Die Irrthümer des Historismus in der deutschen Nationalökonomie (Menger)
1885		Das Kapital, Buch II (Marx)
1886		Théorie de la monnaie (Walras)
1889		Kapital und Kapitalzins, Teil II: Positive Theorie des Kapitales (Böhm-Bawerk); Untersuchungen über die Theorie des Preises (Auspitz/Lieben)
1890		Principles of Economics (Marshall)
1891	*Walter Eucken	
1892		Mathematical Investigations in the Theory of Value and Prices (Irving Fisher)
1893		Über Wert, Kapital und Rente (Wicksell)
1894	Wilhelm Roscher †	Das Kapital, Buch III (Marx)
1895	*Ragnar A. K. Frisch	
1896		Finanztheoretische Untersuchungen (Wicksell);

Jahr	Name	Bedeutende Werke
		Etudes d'économie sociale (Walras)
1896/97		Cours d'économie politique (Pareto)
1898	★ Gunnar Myrdal	Geldzins und Güterpreise (Wicksell)
1899	★ Friedrich A. von Hayek ★ Bertil Ohlin	
1900/04		Grundriß der allgemeinen Volkswirtschaftslehre, 2 Bde (Schmoller)
1901	★ Simon Kuznets	
1902	★ Theodore Schultz	
1902/03		Les systèmes socialistes (Pareto)
1903	★ Jan Tinbergen	
1904	★ John R. Hicks	Die Objektivität sozialwissenschaftlicher und sozialpolitischer Erkenntnis (Weber)
1905	★ Heinrich von Stackelberg	Die protestantische Ethik und der »Geist« des Kapitalismus (Weber); Staatliche Theorie des Geldes (Knapp)
1906	★ Wassily Leontief	Manuale di economia politica (Pareto); The Nature of Capital and Income (Fisher)
1907	★ James Meade Rudolph Auspitz †	The Rate of Interest (Fisher)
1908		Das Wesen und der Hauptinhalt der theoretischen Nationalökonomie (Schumpeter)
1910	★ Ronald Coase ★ Tjalling Koopmans Leon Walras †	
1911	★ George J. Stigler ★ Trygve Haavelmo	The Purchasing Power of Money (Fisher)

Jahr	Name	Bedeutende Werke
1912	★ Milton Friedman ★ Leonid V. Kantorovich	Wealth and Welfare (Pigou); Theorie der wirtschaftlichen Entwicklung (Schumpeter)
1913	★ Sir Richard Stone	
1914	Eugen von Böhm-Bawerk †	
1915	★ Sir W. Arthur Lewis ★ Paul Samuelson	
1916	★ Herbert Simon	
1917	Adolph H. G. Wagner † Gustav Schmoller †	
1918	★ James Tobin ★ Franco Modigliani	
1919	★ James Buchanan Richard Lieben †	
1920	★ Lawrence R. Klein ★ Douglass C. North ★ John C. Harsanyi Max Weber †	The Economics of Welfare (Pigou)
1921	★ Kenneth J. Arrow ★ Gerard Debreu Carl Menger †	
1923	Vilfredo Pareto † ★ Merton Miller	A Tract on Monetary Reform (Keynes); Money, Credit and Commerce (Marshall)
1924	★ Robert Solow Alfred Marshall †	Papers Relating to Political Economy, 3 Bde (Edgeworth)
1926	Knut Wicksell † Francis Y. Edgeworth † ★ Robert Fogel	
1927	★ Harry M. Markowitz	
1928	★ John Nash	A Study in Public Finance (Pigou); The Money Illusion (Fisher)

Jahr	Name	Bedeutende Werke
1930	* Gary Becker * Reinhard Selten	A Treatise on Money (Keynes); Secular Movements in Production and Prices (Kuznets)
1932		Das politische Element in der nationalökonomischen Doktrinenbildung (Myrdal)
1933		The Theory of Unemployment (Pigou); Interregional and International Trade (Ohlin)
1934	* William F. Sharpe	Kapitaltheoretische Untersuchungen (Eucken); Marktform und Gleichgewicht (von Stackelberg)
1936		The General Theory of Employment, Interest and Money (Keynes)
1937		The Nature of the Firm (Coase); Socialism versus Capitalism (Pigou)
1939		Value and Capital (Hicks); Business Cycles (Schumpeter); Business Cycles in the USA 1921–1933 (Tinbergen)
1940		Grundlagen der Nationalökonomie (Eucken)
1942		Capitalism, Socialism and Democracy (Schumpeter)
1943		The Statistical Implications of a System of Simultaneous Equations (Haavelmo); A la recherche d'une discipline économique. Première partie: l'économie pure (Allais); Grundzüge der theoretischen Volkswirt-

Jahr	Name	Bedeutende Werke
		schaftslehre (von Stackelberg)
1944		The Road to Serfdom (von Hayek); National Income and Expenditure (Stone; Meade)
1945	Gustav Cassel †	Multiplier Effects of a Balanced Budget (Haavelmo)
1946	John M. Keynes † Heinrich von Stackelberg †	National Income since 1869 (Kuznets)
1947	Irving Fisher †	Foundations of Economic Analysis (Samuelson); The Keynesian Revolution (Klein)
1950	Walter Eucken † Joseph A. Schumpeter †	A Contribution to the Theory of the Trade Cycle (Hicks); British Broadcasting: A Study in Monopoly (Coase)
1951		Social Choice and Individual Values (Arrow); Non-Cooperative Games (Nash)
1952		Grundsätze der Wirtschaftspolitik (Eucken); Portfolio Selection (Markowitz)
1953		Studies in the Structure of the American Economy (Leontief); Activity Analysis and its Applications (Koopmans); Two-Person Cooperative Games (Nash)
1954		History of Economic Analysis (Schumpeter); A Study in the Theory of Economic Evolution (Haavelmo)

XXII   Zeittafel

Jahr	Name	Bedeutende Werke
1955		Administrative Behavior (Simon); The Theory of Economic Growth (Lewis); An Econometric Model of the United States (Klein; Goldberger); Theory of International Economic Policy (Meade)
1957		The Economics of Discrimination (Becker); Economic Theory and Undeveloped Regions (Myrdal); A Theory of the Consumption Function (Friedman); Models of Man (Simon)
1958		The Cost of Capital, Corporation Finance and the Theory of Investment (Modigliani; Miller)
1959	Arthur C. Pigou †	Theory of Value. An Axiomatic Analysis of Economic Equilibrium (Debreu); A Study in the Theory of Investment (Haavelmo)
1960		The Constitution of Liberty (von Hayek); Mathematical Models for Organizing and Planning Industry (Kantorovich, Übers. d. russ. Originals [1939])
1961		The Problem of Social Cost (Coase)
1962		An Introduction to Econometrics (Klein); Capital Theory and the Rate of Return (Solow); An Experimental Study of

Jahr	Name	Bedeutende Werke
		Competitive Market Behavior (Smith)
1964		Railroads and American Economic Growth: Essays in Econometric History (Fogel); Capital Asset Prices: A Theory of Market Equilibrium under Conditions of Risk (Sharpe); Human Capital: A Theoretical and Empirical Analysis (Becker)
1965		Theory of Production (Frisch); Calculus of Consent. Logical Foundations of Constitutional Democracy (Buchanan; Tullock)
1965/76		Principles of Political Economy, 4 Bde (Meade)
1966		Input-Output Economics (Leontief); National Economic Policy (Tobin)
1967		Economic Policy: Principles and Design (Tinbergen); Human Capital and the Personal Distribution of Income: An Analytical Approach (Becker)
1967/68		Games with Incomplete Information Played by Bayesian Players (Harsanyi)
1968		The Organization of Industry (Stigler); The Demand and Supply of Public Goods (Buchanan); Sources of Productivity Change in Ocean Shipping 1600–1850 (North)

Jahr	Name	Bedeutende Werke
1970		Portfolio Theory and Capital Markets (Sharpe); The Behavior of Industrial Prices (Stigler; Lindahl); Growth Theory: An Exposition (Solow); Collective Choice and Social Welfare (Sen); The Market for Lemons (Akerlof)
1971		Essay in the Theory of Risk-bearing (Arrow); Essays in Economics: Macroeconomics (Tobin); An Exploration in the Theory of Optimal Income Taxation (Mirrlees)
1972		Human Ressources, Human Capital: Policy Issues and Research Opportunities (Schultz); Theory of Finance (Miller)
1973	Ragnar Frisch †	Theory of Rational Option Pricing (Merton); The Pricing of Options and Corporate Liabilities (Scholes)
1973/74		A Theory of Marriage (Becker)
1974		Market Signalling: Informational Transfer in Hiring and Related Processes (Spence)
1975		The Limits of Liberty: Between Anarchy and Leviathan (Buchanan)
1976		The Economic Approach to Human Behavior (Becker); Equilibrium in

Zeittafel   XXV

Jahr	Name	Bedeutende Werke
		Competitive Insurance Markets: The Economics of Markets with Imperfect Information (Stiglitz; Rothschild); A Life Cycle Model of Earnings, Learning and Consumption (Heckman)
1977		Rational Behavior and Bargaining Equilibrium in Games and Social Situations (Harsanyi)
1979	Bertil Ohlin †	Prospect Theory: an Analysis of Decision under risk (Kahneman; Tversky)
1980		Collected Papers of Franco Modigliani, 3 Bde (Modigliani)
1981		A Treatise on the Family (Becker); Structure and Change in Economic History (North)
1983		Dynamic Competitive Equilibria with Externalities, Increasing Returns and Unbounded Growth (Romer)
1984		Specification Tests for the Multinomial Logit Model (McFadden)
1985	Simon Kuznets † Tjalling C. Koopmans †	
1986	Leonid V. Kantorovich †	
1987	Gunnar Myrdal †	Aggregation and Linearity in the Provision of Intertemporal Incentives (Holmstrom; Milgrom);

XXVI Zeittafel

Jahr	Name	Bedeutende Werke
		Models of Business Cycles (Lucas)
1988		A Theory of Rational Addiction (Becker); Models of Strategic Rationality (Selten)
1989	John R. Hicks †	
1990		Mean Variance Analysis in Portfolio Choice and Capital Markets (Markowitz); Institutions, Institutional Change and Economic Performance (North); Equilibrium Political Budget Cycles (Rogoff)
1991	George J. Stigler †	
1992	Friedrich A. von Hayek †	
1994	Jan Tinbergen † Karl Popper †	Hyperbolic Discounting and Consumption (Laibson); Generational Accounting: A Meaningful Way to Evaluate Fiscal Policy (Auerbach; Gokhale; Kotlikoff)
1995	James E. Meade † William Vickrey †	An Inquiry into Well-Being and Destitution (Dasgupta)
1997	Evsay Domar †	An Economic Model of Representative Democracy (Besley; Coate)
1998	Mancur Olson †	
1999	Wassily Leontief † Trygve Haavelmo †	A Theory of Fairness, Competition, and Cooperation (Fehr; Schmidt)
2000	Merton Miller † John C. Harsanyi †	
2003	Robert C. Merton †	

NOBELPREISTRÄGER DER WIRTSCHAFTSWISSENSCHAFTEN

Jahr	Name	Bedeutende Werke
1969	Jan Tinbergen (1903–1994)	Wirtschaftspolitik (1968)
	Ragnar Frisch (1895–1973)	Theory of Production (1965)
1970	Paul A. Samuelson (* 1915)	Foundations of Economic Analysis (1947)
1971	Simon Kuznets (1901–1985)	Economic Growth and Structure (1965)
1972	Sir John R. Hicks (1904–1989)	Value and Capital (1939)
	Kenneth J. Arrow (* 1921)	Social Choice and Individual Values (1951)
1973	Wassily Leontief (1906–1999)	The Structure of American Economy 1919–1939 (1941)
1974	Friedrich August von Hayek (1899–1992)	The Road to Serfdom (1944)
	Gunnar Myrdal (1898–1987)	Das politische Element in der nationalökonomischen Doktrinbildung (1932)
1975	Tjalling C. Koopmans (1910–1985)	Studies in Economic Method (1953)
	Leonid V. Kantorovich (1912–1986)	Mathematical Models for Organizing and Planning Industry (1939, Übers. d. russ. Originals 1960)
1976	Milton Friedman (* 1912)	The Quantity Theory of Money – A Restatement (1956)
1977	James E. Meade (1907–1995)	The Theory of International Economic Policy (1955)
	Bertil Ohlin (1899–1979)	Interregional and International Trade (1933)

Nobelpreisträger der Wirtschaftswissenschaften

Jahr	Name	Bedeutende Werke
1978	Herbert A. Simon (1916–2001)	Administrative Behavior (1942)
1979	Theodore W. Schultz (1902–1998)	Transforming Traditional Agriculture (1964)
	Sir Arthur Lewis (1915–1991)	Growth and Fluctuations 1870–1913 (1978)
1980	Lawrence R. Klein (* 1920)	An Econometric Model of the US 1929–1952 (1955)
1981	James Tobin (1918–2002)	National Economic Policy (1966); Essays in Economics: Macroeconomics (1971)
1982	George J. Stigler (1911–1991)	The Organization of Industry (1968); The Behavior of Industrial Prices (mit Lindahl, 1970)
1983	Gérard Debreu (* 1921)	Theory of Value, an Axiomatic Analysis of Economic Equilibrium (1959, Deutsche Übersetzung 1976)
1984	Sir Richard J. Stone (1913–1991)	National Income and Expenditure (mit Meade, 1944)
1985	Franco Modigliani (* 1918)	Collected Papers of Franco Modigliani (1980)
1986	James M. Buchanan (* 1919)	The Limits of Liberty between Anarchy and Leviathan (1975)
1987	Robert M. Solow (* 1924)	Contribution to the Theory of Economic Growth (1956); Investment and Technical Progress (1960)
1988	Maurice Allais (* 1911)	Economie et Intérêt (1947); La Théorie Générale des Surplus, Economies et Societés (1978)
1989	Trygve Haavelmo (1911–1999)	The Probability Approach in Econometrics (1944);

Jahr	Name	Bedeutende Werke
		A Study in the Theory of Investment (1960)
1990	Harry M. Markowitz (* 1927)	Portfolio Selection (1952); Mean Variance Analysis in Portfolio Choice and Capital Markets (1990)
	Merton H. Miller (1923–2000)	The Cost of Capital, Corporation Finance and the Theory of Investment (mit Modigliani, 1958); Theory of Finance (1972)
	William F. Sharpe (* 1934)	Capital Asset Prices: A Theory of Market Equilibrium under Conditions of Risk (1964); Portfolio Theory and Capital Markets (1970)
1991	Ronald H. Coase (* 1910)	The Nature of the Firm (1937); The Problem of Social Cost (1961)
1992	Gary S. Becker (* 1930)	The Economics of Discrimination (1957); Human Capital: A Theoretical and Empirical Analysis (1964); The Economic Approach to Human Behavior (1976)
1993	Douglass C. North (* 1920)	The Economic Growth of the United States 1790–1860 (1961); Structure and Change in Economic History (1981); Institutions, Institutional Change and Economic Performance (1990)
	Robert W. Fogel (* 1926)	Railroads and American Economic Growth: Essays in Econometric History (1964); Without Consent or Contract:

Jahr	Name	Bedeutende Werke
1994	John F. Nash (* 1928)	The Rise and Fall of American Slavery (1989) The Bargaining Problem (1950); Non-Cooperative Games (1951); Two-Person Cooperative Games (1953)
	John C. Harsanyi (1920–2000)	Games with Incomplete Information Played by Bayesian Players (1967/68); Rational Behavior and Bargaining Equilibrium in Games and Social Situations (1977); A General Theory of Equililibrium Section in Games (mit Selten, 1988)
	Reinhard Selten (* 1930)	Preispolitik der Mehrproduktenunternehmung in der statischen Theorie (1970); Models of Strategic Rationality (1988)
1995	Robert E. Lucas Jr. (* 1937)	Expectations and the Neutrality of Money (1972); Econometric Policy Evaluation: A Critique (1976); Models of Business Cycles (1987); Recursive Methods in Economic Dynamics (1989)
1996	James A. Mirrlees (* 1936)	Optimum Growth When Technology is Changing (1967); An Exploration in the Theory of Optimal Income Taxation (1971); Optimal Tax Theory: A Synthesis (1976); Private Constant Returns and Public Shadow Prices (1976); Payroll-tax

Nobelpreisträger der Wirtschaftswissenschaften

Jahr	Name	Bedeutende Werke
		Financed Social Insurance with Variable Retirement (1986)
	William Vickrey (1914–1996)	Averaging of Income for Income Tax Purposes (1939); Measuring Marginal Utility by Reactions to Risk (1945); Utility, Strategy, and Social Decision Rules (1960); Auction and Bidding Games (1962); Public Economics: Selected Papers (1994)
1997	Robert C. Merton (* 1944)	A Complete Model of Warrant Pricing that Maximizes Utility (1969); Optimum Consumption and Portfolio Rules in a Continuous Time Model (1971); Theory of Rational Option Pricing (1973); A Simple Model of Capital Market Equilibrium with Incomplete Information (1987); Continuous-Time Finance (1990)
	Myron S. Scholes (* 1941)	The Valuation of Option Contracts and a Test of Market Efficiency (1972); The Pricing of Options and Corporate Liabilities (1973); Taxes and the Pricing of Options (1976)
1998	Amartya Sen (* 1933)	Collective Choice and Social Welfare (1970); The Impossibility of a Paretian Liberal (1970); Liberty, Unanimity and Rights (1976);

Jahr	Name	Bedeutende Werke
		Personal Utilities and Public Judgements: Or what's wrong withwelfare economics (1979); Poverty and Famines: An essay on entitlement and depression (1981); Utilitarianism and Beyond (1982)
1999	Robert A. Mundell (* 1932)	International Trade and Factor Mobility (1957); The Monetary Dynamics of International Adjustment under Fixed and Flexible Exchange Rates (1960); A Theory of Optimum Currency Areas (1961); Capital Mobility and Stabilisation Policy under Fixed and Flexible Exchange Rates (1963); The International Monetary System: Conflict and Reform (1965); Monetary Theory: Interest, Inflation and Growth in the World Economy (1971); A Plan for a European Currency (1973)
2000	James J. Heckman (* 1944)	The Estimation of Income and Substitution Effects in a Model of Family Labor Supply (1974); A Life Cycle Model of Earnings, Learning and Consumption (1976); The Common Structure of Statistical Models of Truncation, Sample Selection and Limited Dependent Variables (1976);

Nobelpreisträger der Wirtschaftswissenschaften   XXXIII

Jahr	Name	Bedeutende Werke
		Sample Selection Bias as a Specification Error (1979); Longitudinal Analysis of Labor Market Data (1985)
	Daniel L. McFadden (* 1937)	Conditional Logit Analysis of Qualitative Choice Behavior (1974); Urban Travel Demand: A Behavioral Analysis (1975); Production Economics: A Dual Approach to Theory and Application, 2 Bde (1978); SpecificationTests for the Multinomial Logit Model (1984)
2001	George A. Akerlof (* 1940)	The Market for ›Lemons‹: Quality Uncertainty and the Market Mechanism (1970); The Economics of Caste and of the Rat and Other Woeful Tales (1976); Labor Contracts as Partial Gift Exchange (1982)
	A. Michael Spence (* 1943)	Market Signaling: Informational Transfer in Hiring and Related Processes (1974); Competition in the Open Economy (mit Caves und Porter, 1980); Competitive structure in Investment Banking (mit Hayes und Marks, 1983)
	Joseph E. Stiglitz (* 1943)	Incentives and Risk-Sharing in Sharecropping (1974); Equilibrium in Competitive Insurance Markets: the Economics of Markets with Imper-

Jahr	Name	Bedeutende Werke
		fect Information (mit Rothschild, 1976); Credit Rationing in Markets with Imperfect Information (mit Weiss, 1981); Equilibrium Unemployment as a Worker Discipline Device (mit Shapiro, 1984); Whither Socialism (1994)
2002	Daniel Kahneman (* 1934)	Belief in the law of small numbers (mit Tversky, 1971); Prospect Theory: An Analysis of Decision under Risk (mit Tversky, 1979); Choices, Values and Frames (mit Tversky, 2000)
	Vernon L. Smith (* 1927)	An Experimental Study of Competitive Market Behavior (1962); Experimental Economics: Induced Value Theory (1976); Bargaining and Market Behavior: Essays in Experimental Economics (2000)

LITERATUR

(mit ausführlichen Bibliographien) zur systematischen Einführung und zum Weiterstudium

(1) Volkswirtschaftslehre

Allgemeine Volkswirtschaftslehre
H. BARTLING, F. LUZIUS, Grundzüge der Volkswirtschaftslehre, 2000; R. DORNBUSCH, S. FISCHER, Makroökonomik, 2002; B. FELDERER, S. HOMBURG, Makroökonomik und neuere Makroökonomik, 1999; J. V. HAGEN, Springers Handbuch der Volkswirtschaftslehre, 2 Bde., 1996/97; H. HANUSCH, T. KUHN, Einführung in die Volkswirtschaftslehre, 1998; J. KLAUS, A. MAUSSNER, Grundzüge der mikro- und makroökonomischen Theorie, 1997; W. LACHMANN, Volkswirtschaftslehre 1, 1997; H. LAMPERT, Die Wirtschafts- und Sozialordnung der Bundesrepublik Deutschland, im Rahmen der europäischen Union, 2003; M. NEUMANN, Theoretische Volkswirtschaftslehre, 3 Bde., 1994–1996; P. A. SAMUELSON, Volkswirtschaftslehre: Grundlagen der Makro- und Mikroökonomik, 1999; J. SCHUMANN, Grundzüge der mikroökonomischen Theorie, 1999; H. SIEBERT, Einführung in die Volkswirtschaftslehre, 2000; H. VARIAN, Grundzüge der Mikroökonomik, 2001; A. Woll, Allgemeine Volkswirtschaftslehre, 2000.

Finanzwissenschaft
N. ANDEL, Finanzwissenschaft, 1998; C. BLANKART, Öffentliche Finanzen in der Demokratie, 2001; R. A. MUSGRAVE u.a., Die öffentlichen Finanzen in Theorie und Praxis, 3 Bde., 1992–94; H.-G. PETERSEN, Finanzwissenschaft, 2 Bde., 1988/93; H. ROSEN, R. WINDISCH, Finanzwissenschaft 2 Bde., 1996/97; J. STIGLITZ, B. SCHÖNFELDER, Finanzwissenschaft, 2000; B. U. WIGGER, Grundzüge der Finanzwissenschaft, 2003; H. ZIMMERMANN, K.-D. HENKE, Einführung in die Finanzwissenschaft, 2001.

Verteilung und Umverteilung
A. BOHNET, Staatliche Verteilungspolitik, 1994; K.-D. GRÜSKE, Personale Verteilung und Effizienz der Umverteilung, 1985; DERS., Die personale Budgetinzidenz, 1978.

Wirtschaftspolitik
D. BENDER, Vahlens Kompendium der Wirtschaftstheorie und Wirtschaftspolitik, 2 Bde., 1999; R. KLUMP, Einführung in die Wirtschaftspolitik, 1998; W. LACHMANN, Fiskalpolitik, 1987; U. TEICHMANN, Wirtschaftspolitik, 2001; A. WOLL, Wirtschaftspolitik, 1992.

Geldwesen
M. BORCHERT, Geld und Kredit, 2003; E. GÖRGENS, Europäische Geldpolitik, 2003; O. ISSING, Einführung in die Geldtheorie und -politik, 2 Bde., 1996/2001; H.-J. JARCHOW, Theorie und Politik des Geldes, 2 Bde., 1995/98.

Konjunkturtheorie und -politik
J. KROMPHART, Wachstum und Konjunktur, 1993; U. TEICHMANN, Grundriß der Konjunkturpolitik, 1997; G. TICHY, Konjunkturpolitik, 1999.

Wachstumstheorie und -politik
L. ARNOLD, Wachstumstheorie, 1997; W. KRELLE, Theorie des wirtschaftlichen Wachstums, 1988; M. NEUMANN, Zukunftsperspektiven im Wandel, 1990.

Europäische Integration
W. HARBRECHT, Die Europäische Gemeinschaft, 1984; J. MONAR, N. NEUWAHL, P. NOACK, Sachwörterbuch zur Europäischen Union, Kröners Taschenausgabe 426, 1993; R. OHR, T. THEURL, Kompendium Europäische Wirtschaftspolitik, 2001.

Theorien- und Wirtschaftsgeschichte
B. SCHEFOLD (Hrsg.), Faksimile-Edition: Klassiker der Nationalökonomie, ab 1986, darunter Smith, Thünen, Ricardo, Mill, Marx, Luther, Aristoteles, Thomas von Aquin, Cournot, Fisher; H. C. RECKTENWALD, Adam Smith, Sein Leben und sein Werk, 1987; DERS., Geschichte der Politischen Ökonomie, Kröners Taschenausgabe 427, 1971; A. SMITH, Der Wohlstand der Nationen, neu aus dem Englischen übertragen und mit einer Würdigung von H. C. Recktenwald, 2001.

(2) Betriebswirtschaftslehre

Allgemeine Betriebswirtschaftslehre
F. X. BEA, Allgemeine Betriebswirtschaftslehre, 3 Bde., 1997–2001; E. GUTENBERG, Einführung in die Betriebswirtschaftslehre, 1990; E. HEINEN, Einführung in die Betriebswirt-

schaftslehre, 1992; P. MERTENS, F. BODENDORF, Programmierte Einführung in die Betriebswirtschaftslehre, 2001; G. WÖHE, Einführung in die Allgemeine Betriebswirtschaftslehre, 2000.

Absatz
L. BEREKOVEN, Grundlagen des Marketing, 1993; M. DILLER, Vahlens großes Marketinglexikon, 2001; H. MEFFERT, Marketing, 2000; R. NIESCHLAG, E. DICHTL, H. HÖRSCHGEN, Marketing, 1997.

Finanzierung
H. T. BEYER, U. BESTMANN, Finanzlexikon, 1997; W. GEHRKE, Finanzierung, 1998; O. HAHN, Finanzwirtschaft, 1986; D. SCHNEIDER, Investition, Finanzierung und Besteuerung 1992; H. VORMBAUM, Finanzierung der Betriebe, 1996.

Produktion/Industriebetriebslehre
T. NEBEL, Produktionswirtschaft, 2001; W. PFEIFFER, Lean-Management, 1992; DERS., Menschliche Arbeit in der industriellen Produktion, 1977; C. SCHNEEWEISS, Einführung in die Produktionswirtschaft, 2002.

Controlling, Kostenrechnung, Prüfungswesen
A. COENENBERG, Jahresabschluß und Jahresabschlußanalyse, 2001; S. HUMMEL, W. MÄNNEL, Kostenrechnung, 2 Bde., 1999/2000; W. MÄNNEL, Buchführung und Grundlagen der Bilanzierung, 1997; DERS., Bilanzlehre, 2001; V. PEEMÖLLER, Bilanzanalyse und Bilanzpolitik, 2001; DERS., Controlling, 2002; G. PFLEGER, Die neue Praxis der Bilanzpolitik, 1991.

Steuerlehre
O. JACOBS, W. SCHEFFLER, Unternehmensbesteuerung und Rechtsform, 2002; G. ROSE, Betriebswirtschaftliche Steuerlehre, 1992; W. SCHEFFLER, Besteuerung von Unternehmen, 2002; G. WÖHE, Betriebswirtschaftliche Steuerlehre, 2 Bde., 1990/92.

Unternehmensführung
H. HUNGENBERG, Strategisches Management in Unternehmen, 2001; M. E. PORTER, Wettbewerbsstrategie, 1999; DERS., Wettbewerbsvorteile, 2000; H. STEINMANN, G. SCHREYÖGG, Management, 2000; M. WELGE, D. HOLTBRÜGGE, Internationales Management, 2001.

Wirtschaftsinformatik, E-Business
C. DÜTHMANN, E-Business, 2001; O. FERSTL, E. SINZ, M. AMBERG, Stichwörter zum Fachgebiet Wirtschaftsinformatik, 1996; P. MERTENS, Grundzüge der Wirtschaftsinformatik, 2001; DERS., Lexikon der Wirtschaftsinformatik, 2001.

(3) Recht

H. BROX, Allgemeiner Teil des Bürgerlichen Gesetzbuchs, 2002; DERS., Allgemeines Schuldrecht, 2003; DERS., Besonderes Schuldrecht, 2003; K. HESSE, Grundzüge des Verfassungsrechts der Bundesrepublik Deutschland, 1999; A. KATZ, Staatsrecht, 2002.

(4) Statistik

J. BLEYMÜLLER, Statistik für Wirtschaftswissenschaftler, 2002; G. BUTTLER, Einführung in die Statistik, 2002; S. MAASS, Statistik für Wirtschafts- und Sozialwissenschaftler, 2 Bde., 1983; P. PFLAUMER, Statistik für Wirtschafts- und Sozialwissenschaften, 2 Bde., 2001.

ABKÜRZUNGEN

a.F.	=	alte Fassung
Abb.	=	Abbildung
Abk.	=	Abkürzung
AG	=	Aktiengesellschaft
AktG	=	Aktiengesetz
amerik.	=	amerikanisch
angels.	=	angelsächsisch
AO	=	Abgabenordnung
ao.	=	außerordentlich
Aufl.	=	Auflage
ausländ.	=	ausländisch
Bsp.	=	Beispiel
betriebl.	=	betrieblich
BAO	=	Bundesabgabenordnung
Bbk.	=	Bundesbank
Bd.	=	Band
bes.	=	besonders
BetrVG	=	Betriebsverfassungsgesetz
BewG	=	Bewertungsgesetz
BGB	=	Bürgerliches Gesetzbuch
BHO	=	Bundeshaushaltsordnung
bildungspolit.	=	bildungspolitisch
BIP	=	Bruttoinlandsprodukt
BSP	=	Bruttosozialprodukt
betriebswirtsch.	=	betriebswirtschaftlich
BWL	=	Betriebswirtschaftslehre
bzw.	=	beziehungsweise
ca.	=	cirka
c.p.	=	ceteris paribus
DM	=	D-Mark
dt.	=	deutsch
ECU	=	European Currency Unit
EDV	=	Elektronische Datenverarbeitung
EEA	=	Einheitliche Europäische Akte
EG	=	Europäische Gemeinschaften
EGV	=	Vertrag zur Gründung der Europäischen Gemeinschaft
engl.	=	englisch
ErbStG	=	Erbschaftsteuergesetz
EStG	=	Einkommensteuergesetz

EU	= Europäische Union
EUR	= Euro
EUV	= Europäischer Unionsvertrag
e.V.	= eingetragener Verein
EWGV	= Vertrag der Europäischen Wirtschaftsgemeinschaft
finanzpolit.	= finanzpolitisch
franz.	= französisch
finanzwiss.	= finanzwissenschaftlich
GenG	= Gesetz über die Erwerbs- und Wirtschaftsgenossenschaften
gesetzl.	= gesetzlich
gesamtwirtsch.	= gesamtwirtschaftlich
gewerbl.	= gewerblich
GewO	= Gewerbeordnung
GewStG	= Gewerbesteuergesetz
GG	= Grundgesetz
ggf.	= gegebenenfalls
GmbH	= Gesellschaft mit beschränkter Haftung
griech.	= griechisch
GWB	= Gesetz gegen Wettbewerbsbeschränkungen
HGB	= Handelsgesetzbuch
im Allg.	= im Allgemeinen
i.d.F.	= in der Fassung
i.d.R.	= in der Regel
i.e.S.	= im engeren Sinne
inkl.	= inklusive
inländ.	= inländisch
insbes.	= insbesondere
ital.	= italienisch
i.V.m.	= in Verbindung mit
im Wesentl.	= im Wesentlichen
IO	= Insolvenzordnung
IT	= Informationstechnologie
IWF	= Internationaler Währungsfonds
i.w.S.	= im weiteren Sinne
Jh.	= Jahrhundert
kurzfr.	= kurzfristig
KG	= Kapitalgesellschaft
KGaA	= Kommanditgesellschaft auf Aktien
KStG	= Körperschaftsteuergesetz
KWG	= Gesetz über das Kreditwesen
lat.	= lateinisch

Abkürzungen

langfr.	= langfristig
LSt	= Lohnsteuer
Landwirt.	= Landwirtschaft
landwirtsch.	= landwirtschaftlich
MA.	= Mittelalter
math.	= mathematisch
mittelfr.	= mittelfristig
mind.	= mindestens
Mio.	= Millionen
Mrd.	= Milliarden
n.F.	= neue Fassung
NKA	= Nutzen-Kosten-Analyse
NSP	= Nettosozialprodukt
OECD	= Organization for Economic Cooperation and Development
öffentl.	= öffentlich
o.ä.	= oder ähnliches
OHG	= Offene Handelsgesellschaft
ökonom.	= ökonomisch
PC	= Personal Computer
polit.	= politisch
pers.	= persönlich
rd.	= rund
rechtl.	= rechtlich
RM	= Reichsmark
RV	= Rechtsverordnung
s.	= siehe
S.	= Seite
s.a.	= siehe auch
SGB	= Sozialgesetzbuch
sog.	= sogenannt
soz.	= sozial
span.	= spanisch
staatl.	= staatliche
StBerG	= Steuerberatungsgesetz
StGB	= Strafgesetzbuch
StWG	= Stabilitätsgesetz
Tab.	= Tabelle
techn.	= technisch
theoret.	= theoretisch
u.a.	= unter anderem
u.ä.	= und ähnliches
UN	= Vereinte Nationen

urspr.	= ursprünglich
USD	= US-Dollar
UStG	= Umsatzsteuergesetz
usw.	= und so weiter
UWG	= Gesetz gegen den unlauteren Wettbewerb
v.a.	= vor allem
vgl.	= vergleiche
VGR	= Volkswirtschaftliche Gesamtrechnung
VO	= Verordnung
VStG	= Vermögensteuergesetz
volkswirtsch.	= volkswirtschaftlich
VWL	= Volkswirtschaftslehre
wirtsch.	= wirtschaftlich
WG	= Wechselgesetz
WO	= Wechselordnung
wirtsch.polit.	= wirtschaftspolitisch
WStrG	= Wirtschaftsstrafgesetz
Wiwi.	= Wirtschaftswissenschaften
z.B.	= zum Beispiel
ZPO	= Zivilprozessordnung
z.T.	= zum Teil
z.Zt.	= zur Zeit

A

Abfälle, Rohstoffreste oder Nebenerzeugnisse, die bei der Verarbeitung von Werkstoffen und dem Betrieb von Anlagen anfallen und keine Verwendung im Betrieb finden. Die wirtsch. Verwertung (Gewinnung verkaufsfähiger Nebenprodukte) bzw. gefahrlose Beseitigung ist Aufgabe der → Abfallwirtschaft. Die Wiedereingliederung bislang wertloser A. in den Produktionskreislauf nennt man → Recycling. A. können zu Umweltverschmutzung führen, ihre Beseitigung ist mitunter teuer und ihre Lagerung gefährlich (Atom- und Giftmüll). Das → Kreislaufwirtschafts- und Abfallgesetz (KrW-/AbfG) regelt die Beseitigung und Verwertung von A.

Abfallbörse → Recyclingbörse.

Abfallwirtschaft, wirtsch. Verwertung und gefahrlose Beseitigung von → Abfällen. A. hat v.a. in rohstoffnahen Bereichen hohe kostenwirtsch. Bedeutung. Die wirtsch. Weiter- und Wiederverwendung kann betriebsintern (→ Kuppelproduktion) und betriebsextern (→ Recyclingbörsen) erfolgen. Wirtschaftshistorisches Beispiel ist die Gewinnung von Anilinfarben aus Teer (1897) als Ersatz für den Anbau von Krapp- und Indigopflanzen. Rechtl. Rahmen für die A. ist das → Kreislaufwirtschafts- und Abfallgesetz (KrW-/AbfG).

Abfindung, einmalige Geldentschädigung bei Ausscheiden eines Gesellschafters aus einer → Personengesellschaft, bei Beendigung des Arbeitsverhältnisses oder nach Sozialversicherungsrecht und soz. Entschädigungsrecht.

Abgaben, Öffentliche, Oberbegriff für alle Pflichtzahlungen, die Gebietskörperschaften und bestimmte → Parafisci auf Grund ihrer Finanzhoheit fordern und erheben. Sie umfassen v.a. → Steuern, → Gebühren, → Beiträge und → Zölle. Wichtigste Rechtsgrundlage ist die → Abgabenordnung (AO).

Abgabenordnung (AO), bedeutendstes Gesetz des → Steuerrechts (steuerliches Grundgesetz), in dem die Ordnung des Abgabewesens, die Organisation der Finanzverwaltung, das Besteuerungs- und das Steuerstrafverfahren, aber auch die Erstattungs- und Vergütungsansprüche des Steuerpflichtigen und die Rechtsmittel gegen finanzamtliche Verfügungen geregelt sind. Die A. wird als Mantelgesetz für das allgemeine Abgabenrecht bezeichnet und integriert zahlreiche in Nebengesetzen geregelte Materien (z. B. Steueranpassungs- und Steuersäumnisgesetz). Die Systematik der A. wurde in den letzten Jahrzehnten wesentlich geändert. Angestrebt wurde v.a. ein Ausgleich zwischen den Grundsätzen der Rechtssicherheit und der Gleichmäßigkeit der Besteuerung. So wurden v.a. die Vorschriften über das Besteuerungsverfahren, das die Rechte zwischen Steuerpflichtigen und Finanzverwaltung berührt, reformiert. Zudem ist die Rechtsstellung des Steuerbürgers verbessert, die Automation berücksichtigt und eine Reihe anderer Vorschriften neu geregelt. Die A. ist weitgehend dem allgemeinen Verwaltungsrecht angepasst worden. → Steuern.

Abgeltung, Ersatz einer urspr. geschuldeten Leistung durch eine andere. Die A. kann zwischen den Parteien eines → Vertrags vereinbart werden oder auf dem Gesetz beruhen. Durch Annahme der Ersatzleistung an Erfüllungs statt erlischt das urspr. Schuldverhältnis (§ 364 BGB). Ist die A. mangelhaft, hat der Gläubiger nach § 365 BGB das Recht auf Wandelung, Minderung sowie unter Umständen auf Schadenersatz.

Abgestimmtes Verhalten, liegt vor, falls bestimmte Marktteilnehmer ihre Verhaltensweisen gegenseitig verabreden, ohne vertragliche Verpflichtungen einzugehen. Ziel ist eine Verhinderung, Beschränkung oder Verfälschung des → Wettbewerbs, was nach geltendem Recht verboten ist (§ 1 GWB bzw. Art. 81 EGV). Bsp. hierfür sind mündliche Vereinbarungen (Kollusion), die z.B. im Rahmen von → Frühstückskartellen getroffen werden.

Abgrenzung, findet Anwendung in → Buchführung und → Kostenrechnung, (1) um den → Aufwand oder → Ertrag zeitlich zuzurechnen, falls Zahlungsvorgang und Erfolgswirksamkeit in verschiedenen Abrechnungsperioden auftreten. Antizipative Abgrenzungsposten werden gebildet, wenn der Erfolg in einer früheren Periode liegt als die Zahlung: antizipative → Aktiva im Falle eines Ertrages (zu fordernde Zinsen), antizipative → Passiva bei einem entsprechenden Aufwand (geschuldete, in der nächsten Periode zahlbare Miete). Transitorische Abgrenzungsposten sind erforderlich, wenn der Erfolg in einer späteren Periode als die Zahlung liegt: transitorische Aktiva im Falle eines Aufwands (vorausgezahlte Miete), transitorische Passiva bei einem entsprechenden Ertrag (eingegangene, für die nächste Periode gezahlte Miete); (2) zur Trennung des neutralen (betriebsfremden außerordentlichen) Aufwands oder Ertrags von den Kosten; (3) bei verschiedener Bewertung von Kosten oder Aufwandselementen in Betriebs- und Geschäftsbuchhaltung durch Preisdifferenzkonten.

Abhängigkeitsbericht, Bericht über die Beziehungen der Konzerngesellschaft zu verbundenen Unternehmen, den der Vorstand einer abhängigen Konzerngesellschaft in den ersten drei Monaten des Geschäftsjahres aufzustellen hat, wenn kein Beherrschungsvertrag besteht (§ 312 AktG). Dabei sind ggf. Leistung und Gegenleistung oder die Gründe der Maßnahmen sowie deren Vor- und Nachteile anzugeben. Der A. ist gleichzeitig mit dem → Jahresabschluss und dem → Geschäftsbericht im Rahmen der → Abschlussprüfung vorzulegen.

Ability to pay-Prinzip → Leistungsfähigkeitsprinzip.

Ablaufdiagramm → Flussdiagramm.

Ablaufpolitik → Prozesspolitik.

ABM → Arbeitsbeschaffungsmaßnahmen.

Abnahmepflicht, Verpflichtung eines Vertragspartners, eine Sache, die ihm der Gegenpartner anbietet, abzunehmen und somit tatsächlich entgegenzunehmen. Bsp.: Vertragstypische Pflichten beim Kaufvertrag (§ 433 BGB). Durch den Kaufvertrag wird der Verkäufer einer Sache verpflichtet, dem Käufer die Sache zu übergeben und ihm das → Eigentum an der Sache zu verschaffen. Der Verkäufer hat dem Käufer die Sache frei von Sach- und Rechtsmängeln zu übertragen. Der Käufer ist verpflichtet, dem Verkäufer den vereinbarten Kaufpreis zu zahlen und die gekaufte Sache abzunehmen.

Abrechnungsverkehr, Ausgleich von gegenseitigen Forderungen mehrerer Beteiligter durch Aufrechnung der überschießenden Spitzenbeträge. → Clearing.

Absatz, (1) in einer Periode geplante oder absetzbare Produktmenge eines Unternehmens (→ Preistheorie). (2) Produkt aus veräußerter Menge und Preis, → Umsatz. (3) Letzte Stufe des betrieblichen Wertkreislaufs. Durch den Verkauf der Güter und Dienste fließen die in der Herstellung gebundenen Mittel wieder in den Betrieb zurück, so dass die Produktion fortgesetzt werden kann. Die Absatzerlöse schließen den Vermögenskreislauf ab und beeinflussen neben der Kreditaufnahme die weiteren betriebl. Entscheidungen. Die betriebswirtsch. → Absatzpolitik geht über den konkreten Verkaufsakt hinaus und umfasst ein Bündel von → Absatzfunktionen. → Marketing.

Absatzfinanzierung, Instrument der → Absatzpolitik zur Absatzförderung, das den Abnehmern eines Unternehmens → Kredit vermittelt oder einräumt. Als Abnehmer können auftreten (1) Endverbraucher, (2) → Absatzmittler im Groß- und → Einzelhandel und (3) Industriebetriebe als Käufer von Investitionsgütern. Die traditionelle Form der A. ist der → Lieferantenkredit. Für Investitionsgüter treten → Leasing und → Factoring als Finanzierungshilfen an die Stelle des veralteten Lieferantenkredits. Bedeutung hat die A. im Exporthandel erlangt (→ Exportfinanzierung). Wird der Kredit an Letztverbraucher gewährt, spricht man von Konsumentenkredit.

Absatzfunktionen, Aufgaben, die sich auf den → Absatz von Waren beziehen. Betriebswirtsch. können die A. in verschiedene Teilfunktionen aufgefächert werden (→ Absatzpolitische Instrumente). Aus volkswirtsch. Sicht überbrückt der Absatz die Kluft zwischen Produktion und Konsum in räumlicher, zeitlicher und sachlicher Hinsicht.

Absatzgenossenschaft, Zusammenschluss in Form einer → Genossenschaft zum gemeinsamen Verkauf oder der Verwertung von Erzeugnissen ihrer Mitglieder (Einzelhändler, Landwirte, Handwerker), es spielen z.B. Winzergenossenschaften in der Landwirt. eine wichtige Rolle.

Absatzhelfer, rechtl. und wirtsch. selbständige Personen oder Institutionen, die → Absatzfunktionen übernehmen, jedoch im Gegensatz zu → Absatzmittlern nicht selbst Eigentümer der abgesetzten Güter werden. A. sind z.B. Handelsvertreter oder Speditionsunternehmen sowie i.w.S. auch Kreditinstitute oder Leasinggesellschaften. → Absatzträger.

Absatzmittler, rechtl. und wirtsch. selbständige Personen oder Institutionen, die Güter kaufen und ohne wesentliche Weiterbe- oder -verarbeitung an weitere A. oder an den Endverbraucher verkaufen. A. sind z.B. Einzel- und Großhändler. Im Unterschied zu → Absatzhelfern erwerben sie das Eigentum an Waren. → Absatzträger.

Absatzpolitik (Marketingpolitik), alle Maßnahmen, die zur Abwicklung des → Absatzes nach Maßgabe der Unternehmensziele getroffen werden. Um das Absatzziel zu erreichen, setzt das Unternehmen → absatzpolitische Instrumente ein: Absatzmethode, → Preispolitik, Produktgestaltung und → Werbung. Dabei gehören zur Absatzmethode alle Entscheidungen über das Vertriebssystem, die Absatzform und die Absatzwege. Unter Preispolitik fallen z.B. Preisgestaltung, → Absatzfinanzierung und Festlegung der Zahlungskonditionen. Die Produktgestaltung betrifft die Vorgabe bestimmter techn. und ästhetischer Eigenschaften der Waren sowie die Sortimentsbildung. Werbung umfasst Maßnahmen, welche die Kaufentscheidung der Konsumenten beeinflussen sollen, z.B. → Merchandising. Absatzplanung richtet sich auf die Vorbereitung der Maßnahmen sowie die Planung des Mitteleinsatzes und der Ergebnisse der A.

Absatzpolitische Instrumente (marketingpolitische Instrumente), Maßnahmen der → Absatzpolitik in den Bereichen der Produkt- und Programmpolitik, → Preispolitik, Distributionspolitik und Kommunikationspolitik. A. werden im Rahmen des → Marketing-Mix aufeinander abgestimmt. Die Produkt- und Programmpolitik betrifft die Vorgabe bestimmter techn. und ästhetischer Eigenschaften der Waren sowie die Sortimentsbildung. Unter Preispolitik fallen z. B. Preisgestaltung, → Absatzfinanzierung und Festlegung der Zahlungskonditionen. Dabei gehören zur Distributionspolitik alle Entscheidungen über das Vertriebssystem, die Absatzform und die Absatzwege (→ Channel Management). Kommunikationspolitik umfasst im Wesentl. Maßnahmen, welche die Kaufentscheidung der Konsumenten beeinflussen sollen, z.B. → Merchandising, → Sponsoring.

Absatztheorie, Analyse des Absatzprogramms und der → absatzpolitischen Instrumente zu dessen Durchführung. Sie entwickelt statische und dynamische Modelle zur Preis-, Distributions-, Produkt- und Programm- sowie Kommunikationspolitik. Auch befasst sie sich mit der Frage, wie man einzelne Instrumente optimal für die → Absatzpolitik kombinieren kann (→ Marketing-Mix).

Absatzträger, Akteure, die absatzwirtsch. Aufgaben übernehmen. A. können sein: (1) die Hersteller selbst, namentlich für Investitionsgüter und Markenartikel, (2) → Absatzmittler, (3) → Absatzhelfer, (4) die Verbraucher selbst, etwa in Form von Konsumgenossenschaften oder Verbraucherverbänden und (5) Messen, Ausstellungen o.ä.

Absatzweg → Distribution.

Abschlagszahlung, Teilzahlung auf eine fällige Schuld. Da der →

Schuldner zu Teilzahlungen nicht berechtigt ist (§ 266 BGB), braucht der → Gläubiger eine A. mit Ausnahme einer Wechselschuld nicht anzunehmen.

Abschlussnormen, Bestimmungen im → Tarifvertrag über den Abschluss von → Arbeitsverträgen.

Abschlussprüfung, Prüfung des → Jahresabschlusses einer Gesellschaft durch einen → Wirtschaftsprüfer.

Abschöpfungen, Bestandteil der traditionellen Eigenmittel der → Europäischen Union (EU). Es handelt sich dabei um Abgaben, die im Rahmen der → Europäischen Agrarpolitik (GAP) in der EU an deren Außengrenzen erhoben werden. Zum einen ermöglichen A. beim Import von Waren aus Drittstaaten den Schutz von landwirtsch. Erzeugnissen, die unter die europäischen Marktordnungen (→ Europäischer Binnenmarkt) fallen, indem sie den Unterschied zwischen den hohen EU-Inlands- und den meist niedrigeren Weltmarktpreisen ausgleichen (Prinzip der Gemeinschaftspräferenz). Weiterhin können A. zur Sicherung des gemeinschaftlichen Warenbestands bei Ausfuhr in Drittstaaten erhoben werden, wenn die EU-Inlandspreise unter den Weltmarktpreisen liegen. Die Höhe der A. sind von der Preissituation auf den Märkten abhängig und werden flexibel von der → Europäischen Kommission festgesetzt. Die Vorschriften über Zölle werden auf die A. angewandt. → Agrarpolitik.

Abschreibung, Betrag bzw. Verfahren zur Erfassung von Wertminderungen von Wirtschaftsgütern. Die A. berücksichtigt, dass die Gegenstände des → Anlagevermögens nicht mit ihrem vollen, sondern mit Teilen ihres Nutzungswertes in das einzelne Erzeugnis eingehen, ihre Nutzungsdauer sich also über mehrere Betriebsperioden erstreckt. Sie sorgt dafür, dass ein Teil der Erlöse nicht als → Gewinn ausgeschüttet wird und so die → Kapazität der Betriebsanlagen erhalten bleibt. Ursachen der Entwertung sind neben Abnutzung und Marktpreisschwankungen techn. (kostenmäßige) Verbesserungen oder Erfindungen, natürlicher Verschleiß und der Ablauf zeitlich beschränkter Rechte, z.B. von Patenten (→ Patentschutz) oder → Konzessionen. Die Höhe der A. ist schwer festzustellen, weil die Schätzung der Nutzungsdauer und des Restwertes der Anlagen unsicher und die in einer Rechnungsperiode eingetretene Abnutzung der Kapazität nicht genau zu bestimmen ist. In der Praxis werden verschiedene → Abschreibungsmethoden angewandt. Gegenstück ist die → Zuschreibung.

Abschreibungsgesellschaft → Verlustzuweisung.

Abschreibungsmethode, Verfahren zur Bestimmung der Höhe der → Abschreibung. (1) Lineare Abschreibung: die Abschreibungsbeträge werden in gleicher Höhe auf alle Perioden der Nutzungsdauer verteilt. (2) Degressive Abschreibung: die Abschreibungsbeträge nehmen von Periode zu Periode ab. Bei der geometrisch-degressiven A. wird der → Buchwert am Ende der Vorperiode um einen festen Prozentsatz verringert. Bei der arithmetisch-degressiven A. sinken die Abschreibungsbeträge von Periode zu Periode um den gleichen Betrag. Die digitale A. arbeitet mit fallenden Sätzen vom Anschaffungswert, ausgehend von einem gleich bleibenden Betrag. (3) Progressive Abschreibung: die Abschreibungsbeträge steigen von Periode zu Periode. (4) Leistungsabschreibung: der Abschreibungsbetrag bestimmt sich nach der Höhe der in einer Periode eingesetzten Ressourcen. Diese A. bietet sich bei stark schwankenden → Auslastungsgraden an. (5) Kalkulatorische Abschreibung: Abschreibungsbeträge werden als Teil der → kalkulatorischen Kosten in die → Kostenrechnung aufgenommen, da die bilanzielle Abschreibung (Abschreibungsaufwand) aus Sicht der → Bilanzpolitik (etwa Bildung stiller Rücklagen) für die Kostenrechnung ungeeignet ist. (6) Zinseszins-Abschreibung: die Abschreibungsbeträge berücksichtigen, dass die aus Erlösen stammenden Mittel, die der Abschreibung entsprechen, während der Abschreibungsdauer im Betrieb verwendet werden und selbst einen → Zins oder → Gewinn abwerfen. (7) In der Volkswirtschaftlichen Gesamtrechnung (VGR) wird vom → Wiederbeschaffungswert linear abgeschrieben, wobei die Nutzungsperioden geschätzt werden. Soll Werteverzehr und Reinvestition (→ Investition) volkswirtsch. gleich sein, wird progressiv abgeschrieben, wenn Zinssatz positiv und Kapazität konstant sind. → Abschreibungspolitik, → Absetzung für Abnutzung (AfA).

Abschreibungspolitik, die Gesamtheit der alternativen Erwägungen und Entscheidungen eines Unternehmens, die für die → Abschreibung und somit die → Wertberichtigung der Vermögenswerte (→ Aktiva) auf Grund der an den Betrieb abgegebenen Nutzungen bestimmt sind. Da die Nutzungen von Vermögen nicht genau zu bestimmen sind und daher Überwie Unterabschreibung möglich sind, ist die A. für die → Gewinnermittlung, den → Wertansatz, die → Kalkulation und die → Substanzerhaltung von entscheidender Bedeutung. (1) Bei der Anschaffungswertabschreibung bildet der Anschaffungs- oder Herstellungspreis (→ Anschaffungskosten) den Ausgangswert. Da die Wertschöpfungskette eines Unternehmens sich auf Vergangenheit, Gegenwart und Zukunft erstreckt, und da die Abschreibung eine Schätzung der Lebensdauer sowie eine zeitliche Verteilung tatsächlicher Nutzungen via Ausgaben umfasst, gibt es im Grunde kein »exaktes« oder endgültiges Abschreibungsverfahren. Die Art der Abschreibung ist vielmehr von bilanzpolit. Zielen (→ Bilanzpolitik) abhängig und kann meist nicht allen Zwecken gleichzeitig gerecht werden. (2) Die sog. Zeitwertabschreibung geht gegenwarts- und zukunftsorientiert nicht vom Anschaffungswert, sondern vom gegenwärtigen Wert bzw. vom Wiederbeschaffungspreis aus und ist für stark schwankende Werte und Preise geeignet (→ Scheingewinn). Die A. beeinflusst ferner die Liquiditätssteuerung (→ Liquidität) und den Gewinnausweis, wenn durch die Bildung stiller → Rücklagen (→ Stille Reserven) Gewinne vor Ausschüttung (→ Verdeckte Gewinnausschüttung) oder Besteuerung bewahrt werden.

Abschwung →Rezession.

Absetzung für Abnutzung (AfA), Wertminderung, die bei Gebäuden und anderen abnutzbaren Wirtschaftsgütern, deren Nutzungsdauer mehrere Perioden umfasst, bei der Ermittlung der → Einkommensteuer vom Einkommen abgezogen wird. Absetzungsfähig ist der Betrag, der bei der Verteilung der → Anschaffungskosten auf die gesamte Dauer der Verwendung auf ein Jahr entfällt. Maßgebend ist dabei die betriebsgewöhnliche Nutzungsdauer. Von der normalen oder gewöhnlichen A. unterscheidet man die A. für techn. oder wirtsch. Abnutzung des Wirtschaftsgutes. Die AfA ist das einkommensteuerliche Äquivalent der betriebswirtsch. → Abschreibung. Doch können Bilanzabschreibung und A. voneinander abweichen, da zum einen bestimmte steuerliche Vorschriften für die Bemessung der A. bestehen, die mit der handelsrechtl. zulässigen Bemessung nicht übereinzustimmen brauchen (→ Einheitsbilanz), und da zum anderen Überabschreibungen (→ Rücklage) zwar handelsrechtl., nicht aber steuerlich zulässig sind.

Absoluter Kostenvorteil, Kostenvorteil von Unternehmen oder Arbeitern, wenn ein Gut zu niedrigeren Kosten erzeugt werden kann als durch einen Konkurrenten. In Folge der internationalen → Arbeitsteilung beruht ein Teil des Welthandels auf A. → Komparative Kosten oder Vorteile.

Absonderung, Recht, bei → Insolvenz Gegenstände von der Insolvenzmasse des betroffenen Unternehmens abzusondern, um damit bevorrechtigte Personen für bestimmte Forderungen zu befriedigen. Bsp.: Pfandgläubiger oder Gläubiger, denen → Hypotheken, → Grundschulden, Rentenschulden oder Reallasten zustehen.

Absorptionstheorie, Ansatz der → Außenwirtschaftstheorie, welcher die Wirkung einer → Abwertung der heimischen → Währung über die Einkommensänderung auf den → Saldo der → Leistungsbilanz analysiert. → Elastizitätsansatz.

Abstinenztheorie, → Zinstheorie (W. Nassau Senior) zur ethischen Rechtfertigung des Zinses, der als Belohnung für den Verzicht auf unmittelbaren Konsum aufgefasst wird und damit zur Kapitalbildung beiträgt. Die A. hat als moralische Begründung des Zinses heute an Bedeutung verloren, doch bleibt der Konsumverzicht der Gegenwart zu Gunsten eines höheren Verbrauchs in der Zukunft Grundlage der Zinsrechtfertigung.

Abstrakter Schaden, Schaden, der sich im Gegensatz zum konkreten Schaden aus dem Unterschied zwischen dem vereinbarten Preis und dem Marktpreis ergibt, wenn eine bereits gekaufte, aber noch nicht gelieferte Ware anderweitig gekauft wird, oder wenn eine verkaufte, aber noch nicht abgenommene Ware anderweitig verkauft wird.

Abtretung (Zession), vertragliche Übertragung einer → Forderung von dem bisherigen → Gläubiger (Zedenten) auf einen neuen Gläubiger (Zessionär). Einer Mitwirkung des → Schuldners bedarf es dabei nicht. Die A. ist ein abstraktes

Abwasserabgabe

Rechtsgeschäft, d. h. sie ist auch dann gültig, wenn der Rechtsgrund für die A. fehlt.

Abwasserabgabe, bei der Einleitung von Abwässern und den Betreiben einer Flusskläranlage zu entrichtende Abgabe. Die A. wird durch das Abwasserabgabengesetz (AbwAG) geregelt und gründet auf dem → Verursacherprinzip (→ Pigou-Steuer). Schädlichkeit und Menge des Abwassers bilden in Schadeinheiten ausgedrückt die Bemessungsgrundlage. Die A. will ökonom. dazu anhalten, Abwässer zu vermeiden oder zu beseitigen. Sie dient ausschl. Zielen der → Umweltpolitik.

Abwertung (früher Devalvation), Anstieg des Preises für fremde Währungen durch Änderung des → Wechselkurses im Vergleich zu einer anderen Währung, d. h. der Geldwert sinkt. A. wird mitunter als Mittel eingesetzt, um ein Defizit in der → Zahlungsbilanz abzubauen, indem die Einfuhren ins Inland teurer und die Ausfuhren ins Ausland billiger werden (→ Beggar my Neighbour).

Abwicklungsbilanz, im Handelsrecht bei einer → Liquidation zu erstellen. Die A. besteht aus Abwicklungseröffnungs- und Abwicklungsschlussbilanz, wobei das Vermögen mit seinem mutmaßlichen Veräußerungswert angesetzt und verteilt wird. Steuerrechtl. besteht keine Verpflichtung zur Aufstellung der A.

Abzinsung → Diskontierung.

Abzugsfähige Ausgaben, steuerrechtl. Betriebsausgaben, → Werbungskosten, → Sonderausgaben und → außergewöhnliche Belastungen.

Accrual Principle, Forderungs- und Verbindlichkeitsprinzip in Finanzwissenschaft und -praxis. Diese Verbuchungsmethode regelt die zeitliche Erfassung öffentl. Einnahmen und Ausgaben in → Haushaltsplan und -rechnung, die entweder nach der rechtl. (z.B. Vertragsabschluss) oder wirtsch. (z.B. Erstellung der Leistung) Entstehung der Verbindlichkeit oder Forderung verbucht werden sollen. Das A. ist Gegenstück zum Cash-Prinzip, nach dem Zahlungsvorgänge erst bei der Zahlung erfasst werden. Ziel des A. ist es, die ökonom. Wirkungen der → öffentlichen Haushalte zur Konjunktursteuerung besser zu erfassen (→ Budgetfluss).

Acid Ratio → Liquiditätskennzahlen.

Acquis Communautaire → Europäische Union (EU).

Activity Based Costing → Prozesskostenrechnung.

Adding-up-Theorem, ein Element der Produktions- und (funktionalen) → Verteilungstheorie. Das A. ist bei linear-homogener → Produktionsfunktion gültig. Es besagt: Ist die Summe der Einsätze an Arbeit und Kapital, jeweils gewichtet mit ihren partiellen → Produktionselastizitäten, gleich dem gesamten Output, wird das Realeinkommen vollständig auf beide Faktoren verteilt. Ist der Output hingegen größer (überlinear) oder kleiner (unterlinear) als die Summe der beiden

Faktorbeiträge, kann man die tatsächliche Verteilung der Einkommen (Erträge) auf Arbeit und Kapital nicht vollständig erklären, wenn man die Entlohnung nach → Grenzprodukten vornimmt. Im ersten Falle bliebe ein unverteilter Rest, im zweiten ein doppelter »Anspruch« auf einen bestimmten Einkommensanteil. Letztlich sind → technischer Fortschritt oder wachsende → Unwirtschaftlichkeit die Ursachen für diese Unbestimmtheit der funktionalen → Einkommensverteilung.

Ad-Hoc-Publizität, Verpflichtung eines börsennotierten Unternehmens zur unverzüglichen Veröffentlichung aller Tatsachen, die auf den Kurs der → Wertpapiere des Unternehmens Einfluss haben könnten. Die Veröffentlichung muss in einem überregionalen Medium durchgeführt werden (Bsp.: Fernsehen). Zudem sind die → Börsen und das Bundesaufsichtsamt für den Wertpapierhandel zu benachrichtigen.

Administrativer Protektionismus (Verwaltungsprotektionismus), in der Handelspolitik eine Form der Einfuhrerschwernis. Er bedient sich nicht gesetzgeberischer Mittel, z.B. der Festsetzung von → Zöllen oder Kontingenten, sondern zollbehördlicher Mittel, um die Einfuhr zu hemmen oder zu verhindern. Hierzu gehören: strenge Anwendung der Zoll- und Kontingentvorschriften, Bestimmungen über die Vorlage zahlreicher Begleitpapiere, Zollschikanen, wie Verzögerung in der Abfertigung der Einfuhrgüter, Beanstandung der Verpackung, übermäßig lange und genaue Prüfung der einzuführenden Waren (→ nicht-tarifäre Handelshemmnisse). Im Rahmen der → Liberalisierung und der → World Trade Organization (WTO) werden Anstrengungen zum Abbau des A. unternommen.

Administrierter Preis, staatl. oder monopolistisch festgesetzter oder kontrollierter Preis, der im Gegensatz zu der durch Angebot und Nachfrage bestimmten → Marktpreisbildung i. d. R. zu Nachfrageüberschüssen oder → Angebotsüberschüssen führt. A. sind nach unten relativ starr, nach oben flexibel, so dass erhöhte Kosten leicht überwälzt werden können, was die Inflation begünstigt. Oft sind A. mit → Höchstpreisen oder → Mindestpreisen gleichzusetzen. Bsp.: Mieten im Sozialen Wohnungsbau, Gas- und Wasserpreise. → Mark-Up-Pricing.

Ad Valorem (lat., nach dem Wert) → Wertzölle, → Wertsteuern.

Ad Valorem-Abgaben, Abgaben, die sich nach dem Wert (Preis) des belasteten Objekts und nicht nach der Menge (Gewicht, Maß) bemessen.

Adverse Selection, Begriff urspr. aus der Versicherungsbranche. A. tritt auf, wenn ein Wirtschaftssubjekt Informationen besitzt, die einem anderen Wirtschaftssubjekt, mit dem dieser Transaktionen durchführen will, nicht bekannt sind. A. beschreibt also einen Zustand von asymmetrischer Informationsverteilung. Unter dieser asymmetrischen Informationsverteilung leidet auch die Qualität des Produktes. Das Wirtschaftssubjekt, das mehr Information über ein

Produkt besitzt, ist in der Lage, bei der → Transaktion besser abzuschließen als sein Wirtschaftspartner, der nicht dieselbe Information besitzt. Er kann z.B. ein Produkt mit minderer Qualität zu einem hohen Preis verkaufen, da der Käufer über die mindere Qualität des Produktes nicht informiert ist. → Informationsökonomik, → Moral Hazard.

Äquivalenzeinkommen, Einkommensbegriff in der → Verteilungstheorie, um Wohlstandpositionen von Haushalten unterschiedlicher Größe vergleichbar zu machen. Dabei wird das Haushaltseinkommen auf die Anzahl der Haushaltsmitglieder aufgeteilt, wobei diese je nach unterstellter → Äquivalenzskala gewichtet werden.

Äquivalente Einkommensvariation → Äquivalenzvariation.

Äquivalenzkalkulation → Kalkulation.

Äquivalenzprinzip, neben dem → Leistungsfähigkeitsprinzip der bedeutendste Besteuerungsgrundsatz, der vom → Nutzen angebotener öffentl. Güter und Dienste ausgeht und in der → Steuer ein marktpreisähnliches Entgelt für die vom Bürger in Anspruch genommenen Staatsleistungen sieht. Ein Bsp. für die Anwendung des Ä. sind → Gebühren. Ob ein Einnahmesystem nach dem Ä. degressiv, progressiv oder proportional ist, hängt von der Nachfrage der Einkommensgruppen nach öffentl. Leistungen ab. Das Ä. gewinnt an Bedeutung, da man auf Grund des hohen Staatsanteils am Sozialprodukt gezwungen ist, Nutzen und Kosten der → öffentlichen Güter ökonom. zu erfassen (→ Nutzen-Kosten-Analyse (NKA)), zu bewerten und gerecht zu verteilen. In regionaler Sicht ist das → Prinzip der → fiskalischen Äquivalenz von Bedeutung. → Verbundprinzip, ökonomisches und politisches.

Äquivalenzskala, Bedarfsgewichtung von Haushaltsmitgliedern bei der Berechnung von → Äquivalenzeinkommen. Grundlage sind → Economies of Scale in der Haushaltsführung, wobei keine einheitliche Auffassung über deren Ausprägung besteht. Hohe Gewichte führen zu Unterschätzung der tatsächlichen Wohlstandsposition durch die Unterschätzung der Economies of Scale in der Haushaltsführung. Neuere Ä. setzen daher die Gewichte niedriger an: die Organization for Economic Cooperation and Development (OECD) weist dem Haushaltsvorstand ein Gewicht von 1,0 sowie 0,5 für weitere Erwachsene zu. Kinder gehen mit dem Faktor 0,33 in die Berechnung des Äquivalenzeinkommens ein.

Äquivalenzvariation (Äquivalente Einkommensvariation), ordinale Methode zur Bewertung alternativer Konsumgüterbündel. Die Haushalts- und Nachfragetheorie verwendet sie ebenso wie die → Nutzen-Kosten-Analyse (NKA). Bsp.: Infolge eines öffentl. Projekts werden Preise (und Einkommen) in einer Volkswirtschaft verändert. Rational handelnde Individuen fragen daraufhin ein verändertes Güterbündel nach. Die entsprechenden Wohlfahrtswirkungen (→ Wohlfahrtsökonomie) des öffentl. Projektes können nun mit Hilfe der Ä. ordinal bewertet werden (→ ordinale Nutzenmessung). Sie fragt nach dem hypothetischen Betrag, um den das Einkommen der Haushalte verändert werden müsste, damit sie bei alten relativen Preisen das neue Nutzenniveau realisieren könnten. Die Ä. kann auch als Fläche unter der → kompensierten Nachfragefunktion berechnet werden. Als theoretisches Konstrukt ist die Ä. in der praktischen NKA indes nur näherungsweise einzusetzen. → Kompensationsvariation.

AfA → Absetzung für Abnutzung.

Affidavit (lat., er hat treuhänderisch versichert), eine dem angels. Recht eigene eidesstattliche Beurkundung, die im Geschäftsleben zum Nachweis eines Rechts benötigt wird.

À Fonds Perdu (franz., auf Verlustkonto), Leistung ohne Aussicht auf Gegenleistung, die man als Verlust abschreiben kann.

À Forfait (franz., ohne Rückgriff), Absprache mit dem Käufer eines → Wechsels, wonach ein Rückgriff auf den Aussteller ausgeschlossen wird.

AG → Aktiengesellschaft.

AGB → Allgemeine Geschäftsbedingungen.

Agency Theorie → Prinzipal-Agent-Theorie.

Agenda 2000, zentrales Reformprogramm der → Europäischen Union (EU) zur Stärkung der Gemeinschaft im Hinblick auf zukünftige Integrationsschritte und Erweiterungen (beschlossen 1999 auf dem EU-Gipfel in Berlin). Zentrales Anliegen des Konzeptes ist die Neuausrichtung bedeutender Politikbereiche, wie der → Europäischen Agrarpolitik und der → Europäischen Regionalpolitik und die Unterstützung der Beitrittskandidaten für die anstehende Erweiterungsrunde. Im Rahmen des Reformpakets wurden erhebliche finanzielle Weichenstellungen beschlossen, die sowohl die hohen Kosten der → Osterweiterung der EU kompensieren als auch mit einer Neugestaltung der gemeinschaftlichen Förderpolitik mit mehr Effizienz und Kontrolle einhergehen sollen.

Agglomeration, i.e.S. die Ballung vieler Betriebe an einem → Standort sowie die Zusammenfassung von Betrieben zu einem Großbetrieb (Konzentration). A. kann materiell orientiert (Kohle und Eisen), gesellschaftlich (Fragen der Verwaltung, Organisation, Finanzierung, des Absatzes und steuerpolit. Rücksichten) oder techn. bedingt sein. Monoindustrielle A. liegt vor, wenn ein Unternehmen oder eine Industrie eine bestimmte Region oder einen → Wirtschaftsraum prägt (traditionelles Bsp.: Schuhindustrie in Pirmasens). → Deglomeration.

Aggregation, Ermittlung von gesamtwirtsch. Größen (Makrogrößen, wie Verbrauch, Umsatz) durch Addition der einzelwirtsch. Daten (Mikrogrößen, etwa Konsumausgaben der Einzelhaushalte). A. ist auch mit Hilfe statistischer Verfahren möglich (etwa Gewichtung der Einzelgrößen, Verwendung gruppenspezifischer Quoten). Wird eine Makrogröße etwa regional, funktional oder sektoral aufgeteilt, spricht man von Desaggregation. Probleme der A. sind: Erkenntnisse über das Aggregat kann man nicht ohne weiteres analog auf die Teilgrößen übertragen; die Eigenschaften der Teile sind nicht notwendig auf das Aggregat übertragbar, so dass dieses nicht hinreichend durch jene erklärt wird oder sich wie jene verhält.

Aggregierte Nachfrage (Gesamtnachfrage), Ausdruck für die gesamten geplanten oder erwünschten → Ausgaben in einer Wirtschaft in einer bestimmten Periode. Sie ist abhängig von dem aggregierten oder allgemeinen Preisniveau und wird beeinflusst von Investition, Staatsausgaben und Geldangebot sowie weiteren Variablen des individuellen → Konsums bzw. der → Konsumfunktion.

Agio (ital., Aufgeld), der Unterschied z.B. zwischen dem → Ausgabekurs und dem → Nennwert einer Aktie bzw. Schuldverschreibung bei Überpari-Emission (→ Über Pari).

Agiotheorie, Ansatz aus der → Zinstheorie zur Erklärung des Zinses aus dem Umstand, dass der Konsum der Gegenwart höher geschätzt wird als der in der Zukunft. → Abstinenztheorie.

Agrarbericht, Rechenschaftsbericht der Bundesregierung über ihre → Agrarpolitik sowie die Lage in der Landwirt., zu dem sie § 4 des Landwirtschaftsgesetzes jährlich verpflichtet. 1971 wurde der »Grüne Bericht« in A. umbenannt.

Agrarfonds → Europäischer Ausrichtungs- und Garantiefonds für die Landwirtschaft (EAGFL).

Agrarkonjunkturen, kurz- und langfristige Schwankungen in der Marktlage der Landwirt. Man unterscheidet, i. w. S., (1) die an bestimmte Jahreszeiten gebundenen Preisbewegungen (Saisonschwankungen), (2) die durch Ernteausfälle und veränderte Verbraucherkaufkraft bedingten Jahresschwankungen, (3) die sich über mehrere Jahre erstreckenden A. im engeren Sinne, die man früher als Agrarkrisen bezeichnete, und (4) die säkularen Wechsellagen mit Wellenbewegungen der Landwirt., wie sie sich über Jahre hin in den Schwankungen der Lebensmittel- und insbes. der Getreidepreise widerspiegeln.

Agrarland, Land, dessen Wirtschaft überwiegend auf Land- und Forstwirtschaft beruht und das im Austausch mit seinen Erzeugnissen Industriegüter einführt. Entwicklungsländer sind häufig A. → Industrieländer.

Agrarmarkt, Markt für landwirtsch. Erzeugnisse. Seine Eigenheiten ergeben sich beim Angebot aus den Besonderheiten der Agrarproduktion, wie Reifedauer, saisonale Schwankungen, und bei der Nachfrage aus der relativen Starrheit der → Preiselastizität der Nachfrage. Das sog. → Spinngewebe (cobweb)-Theorem versucht, die dynamische Marktanpassung zu erklären.

Agrarmärkte, Überschüsse in der EU → Agrarüberschuss.

Agrarmarktordnung, Regelung des Marktes für Agrarprodukte, die v.a. die Erzeugerpreise in der Landwirt. stützen soll. Insbes. die → Europäische Agrarpolitik ist von der A. geprägt. Im EG-Vertrag ist eine gemeinsame → Agrarpolitik bei binnenmarktähnlichen Verhältnissen nach marktwirtsch. Grundsätzen vorgeschrieben. Jedoch wird in der Praxis die Europäische Marktordnung als Organisationsform der Agrarmärkte bevorzugt. Instrumente der A. sind: (1) → administrierte Preise mit spezifischen Steuerungsfunktionen (Richt-, Orientierungs-, Grund-, Schwellen-, Einschleusungs-, Referenz- und Interventionspreise), (2) Erstattungen bei der Ausfuhr (Exportsubventionen) und (3) veränderliche → Abschöpfungen bei der Einfuhr. Die Technik der A. zum Schutz des Außenhandels und zur Garantie von Mindestpreisen ist höchst komplex. Markteingriffe und Ausfuhrerstattungen werden gemeinsam über den → Europäischen Ausrichtungs- und Garantiefonds für die Landwirtschaft (EAGFL) finanziert. Verwaltungsaufwand sowie Kosten der Lagerung der → Agrarüberschüsse sind bedeutend. Durch zahlreiche Reformversuche (→ Agenda 2000) unterliegt die A. häufigen Veränderungen. Die Maßnahmen der EU-A. binden dauerhaft über 50 % des EU-Budgets.

Agrarpolitik, alle struktur- und prozesspolit. Maßnahmen, die auf den → Agrarmarkt einwirken. Dabei spielen auch umweltpolit. Überlegungen eine Rolle. Man kann grundsätzlich struktur-, preis- und sozialpolit. Ziele und Maßnahmen unterscheiden, die in- des oft ineinander greifen. Maßnahmen zur Verbesserung der Agrarstruktur sind v.a. → Subventionen, Steuervergünstigungen, Zinsverbilligungen und Beihilfen. Die Agrarpreispolitik beruht auf nationalen bzw. EU- → Agrarmarktordnungen, nach denen → Mindestpreise (→ Marktpreisbildung, → Interventionismus) für Agrarprodukte garantiert werden (→ Europäische Agrarpolitik). Überschüsse muss der Staat aufkaufen und lagern (Interventionspflicht). Da die Weltmarktpreise häufig unter diesen Mindestpreisen liegen, werden Agrarausfuhren in Nicht-EU-Länder mit Hilfe von Subventionen (Erstattungen) künstlich verbilligt, Einfuhren mittels Zöllen (→ Abschöpfungen) künstlich verteuert. Die → Agenda 2000 strebt die Reform der EU-A. an: mit einem schrittweisen Abbau der z.T. marktverzerrenden Maßnahmen sollen die Erzeuger besser auf die Signale des Marktes reagieren können. Die Entscheidungen der Erzeuger orientieren sich damit nicht mehr an staatl. Stützpreisen, sondern müssen im Umfeld eines Wettbewerbs getroffen werden, der sich u.a. über Inhaltsstoffe der Produkte und die Art ihrer Erzeugung definiert. Damit dient die stärkere Orientierung am Markt v.a. den Verbraucherinteressen. In Deutschland sollen die Produktions- und Arbeitsbedingungen in der Agrarwirtschaft nach dem Gesetz über die Gemeinschaftsaufgabe »Verbesserung der Agrarstruktur und des Küstenschutzes« verbessert werden. Bund und Länder sind verpflichtet, einen Rahmenplan über die Förderungsgrundsätze und über Art und Umfang der vorgesehenen Maßnahmen aufzustel-

Agrarstruktur

len. Neben Bund und Ländern soll auch der EU- → Agrarfonds diese Strukturpolitik finanzieren helfen (→ Europäischer Ausrichtungs- und Garantiefonds für die Landwirtschaft (EAGFL)). Darüber hinaus sind Umwelt- und Verbraucherpolitik, Weiterbildung und Beratung, berufliche Bildung und Sozialpolitik Teile der dt. A.

Agrarstruktur, Ergebnis ökonom., polit. und soz. Einflüsse auf die Landwirt. (→ Drei-Sektoren-Hypothese). In Deutschland nimmt die Zahl der landwirtsch. Arbeitskräfte ab, die Kapitalausstattung ständig zu, ebenso die Arbeitsproduktivität, während die Parzellierung zurückgeht und insbes. die Anzahl der Kleinbetriebe zu Gunsten der größeren Betriebe sinkt. Die A. wird anhand von ökonom., techn. und soz. Kriterien gemessen.

Agrarüberschuss, Angebotsüberhang auf den Agrarmärkten, der insbes. auf dem EU- → Agrarmarkt durch die EU- → Agrarmarktordnung entsteht. Die Abb. zeigt die Bildung von A. durch Preisstützung: der staatl. garantierte Mindestpreis (→ Marktpreisbildung) für Getreide oder Butter P_g führt zu einem Gewinn für die Landwirte von $P_g P_{Mi} M_i B$. Die Menge, die vom Staat aus dem Markt genommen werden muss ($q_A - q_N$), findet jedoch zum Interventionspreis P_g keine Abnehmer (→ Interventionismus). Es entsteht mithin ein Butter- oder Getreideberg. Diese Menge kann nur zu einem weit tieferen Preis P_{iV} abgesetzt werden. Dem Staat entstehen dadurch Kosten im Umfange von ACDB und zusätzlich Lager- und Denaturierungskosten in Höhe von CEFD. Die gesamtwirtsch. Kosten einer solchen Preisstützung belaufen sich auf AEFBMi.

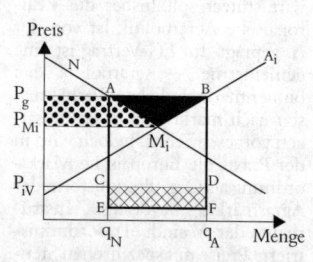

M_i = Marktgleichgewicht ohne Außenhandel
P_{Mi} = Gleichgewichtspreis

Agrarwirtschaft, nach dem → Agrarbericht der Bundesregierung Betriebe in Land-, Fisch- und Forstwirtschaft sowie in den Sonderbereichen Obst-, Garten- und Weinanbau.

Agreement on Trade-Related Aspects of Intellectual Property Rights (TRIPS), Abkommen über handelsbezogene Aspekte der Rechte des geistigen Eigentums. Das A. wurde 1994 im Rahmen der Verhandlungen zur Gründung der → World Trade Organization (WTO) beschlossen und wurde in dessen Vertragswerk aufgenommen. Es ist 1995 in Kraft getreten und beinhaltet Bestimmungen zum Schutz → geistigen Eigentums (insbes. von Patenten (→ Patentschutz, → Urheberrecht und → Markenschutz). Das A. soll die Harmonisierung der nationalen Rechtsordnungen in Bezug auf geistiges Eigentum fördern und somit zu verpflichtenden Regeln für alle WTO-Mitgliedstaaten führen.

Die Bestimmungen des A. fallen unter die Schiedsgerichtsbarkeit der WTO. Verstöße gegen das A. können mit Geldbußen und Handelssanktionen bestraft werden.

Akkordlohn (Stücklohn), Lohnsystem, das sich im Gegensatz zum → Zeitlohn nach dem Arbeitsergebnis richtet. Unterschreitet der Arbeiter die Vorgabezeit, steigt sein Stundenverdienst über den garantierten Mindestlohn. Vorteile des A. liegen im Anreiz zu erhöhter Leistung und in den das betriebliche Rechnungswesen vereinfachenden konstanten → Lohnstückkosten. Nachteilig kann sich der A. auswirken, wenn übersteigertes Arbeitstempo zu gesundheitlichen Schäden führt, oder wenn die Produktqualität sinkt. Der A. zählt neben dem Prämienlohn zu den → Leistungslöhnen.

(AHK) → Auslandshandelskammer.

Akkreditiv, Auftrag wonach der Beauftragte, meistens eine Bank, einem Dritten Zahlung zu leisten hat, wobei die Gegenleistung des Dritten gewöhnlich in der Einreichung von Dokumenten über verladene oder eingelagerte Waren besteht.

Aktie, → Wertpapier, das Anteilsrechte an einer → Aktiengesellschaft (AG) verbrieft. Die A. verbrieft u.a. den Anspruch auf einen Anteil des Gewinns der Aktiengesellschaft nach Maßgabe des Anteils am → Grundkapital und die Stimmausübung in der Hauptversammlung der AG. Eine A. stellt im Falle einer (1) Nennwertaktie den in EUR ausgedrückten wertmäßigen Anteil des aus der Summe aller Aktien bestehenden Grundkapitals der Aktiengesellschaft dar. Eine (2) Stückaktie weist dagegen keinen Nennbetrag aus; jede Stückaktie ist zu gleichen Teilen am nominal gegebenen Grundkapital beteiligt.
Der Kurswert einer A. ergibt sich durch das Zusammenspiel von Angebot und Nachfrage an der → Börse und weist den Wertanteil am tatsächlichen Gesamtvermögen aus. Aktien werden nach verschiedenen Gesichtspunkten unterschieden: nach der Übertragbarkeit der A. in → Inhaberaktie und → Namensaktie, nach der Form der A. in → Stammaktie und → Vorzugsaktie. Außerdem wird im Falle einer Erhöhung des Grundkapitals zwischen alten und jungen A. unterschieden, wobei alte A. für gewöhnlich ein Bezugsrecht für junge A. enthalten.

Aktienbuch, ein bei der → Aktiengesellschaft (AG) geführtes Buch, in das nach § 67 AktG Name, Geburtsdatum und Adresse des Inhabers sowie die Stückzahl oder die Aktiennummer und bei Nennbetragsaktien der Betrag in das Aktienregister der Gesellschaft einzutragen sind. Jedem Aktionär ist auf Antrag Einsicht in das A. zu gewähren.

Aktiengesellschaft (AG), i. d. R. das Sammelbecken für Kapitalbeiträge vieler Aktionäre. Sie erfüllt damit eine (bereits von A. Smith geforderte) gesellschaftspolit. Aufgabe, breite Schichten am Produktionsvermögen (→ Produktivvermögen) der Wirtschaft zu beteiligen und ermöglicht zugleich durch kleine Stückelung der Kapitalbeiträge und leichte Wiederveräußerbarkeit der Anteile über die → Börse eine Zerlegung des unternehmerischen Risikos. Die A. ist eine Gesellschaft mit eigener Rechtspersönlichkeit, bei der sämtliche Gesellschafter (Aktionäre) mit Einlagen an dem in → Aktien zerlegten Grundkapital der Gesellschaft beteiligt sind, ohne mit ihrem Privatvermögen für deren Verbindlichkeit zu haften (§ 1 AktG). Organe einer A.: (1) Der Vorstand leitet die Gesellschaft eigenverantwortlich und vertritt die Gesellschaft gerichtlich und außergerichtlich. Er ist verpflichtet, dem Aufsichtsrat mindestens vierteljährlich zu berichten. (2) Der Aufsichtsrat setzt sich aus Vertretern der Aktionäre und der Arbeitnehmer zusammen. Der Aufsichtsrat überwacht die Geschäftsführung und berichtet der Hauptversammlung. (3) Die Hauptversammlung, deren Kompetenzen als Versammlung der Aktionäre im Wesentl. die rechtl. und wirtsch. Struktur der Gesellschaft (Satzungsänderungen, Fusion, Kapitalerhöhung) umfassen. Sie entscheidet über die Verwendung des Bilanzgewinnes (§ 174 AktG), den ein Wirtschaftsprüfer neben der → Gewinn- und Verlustrechnung (GuV) feststellen muss. Im Rahmen ihrer → Publizitätspflicht sind A. zur Veröffentlichung ihrer → Bilanz und – je nach Größe – auch der GuV sowie weiterer Berichte verpflichtet (§§ 325ff. HGB). Die A. unterliegt als juristische Person der → Körperschaftsteuer. Hierbei wird nach einbehaltenen und ausgeschütteten Gewinnen unterschieden.

Aktienindex, Messzahl, mit der (auch graphisch) die Wertentwicklung bestimmter → Aktien dargestellt werden kann. Es werden folgende Arten von A. unterschieden: (1) Aktienkursindex: Die Kursentwicklung der Aktien beeinflusst den A. (2) Performanceindex: Die gesamte Marktentwicklung der Aktien beeinflusst den A. (3) Gleichgewichteter Index: Jede Aktie im Index besitzt die gleiche Gewichtung und somit den gleichen Einfluss auf den A. (4) Preisgewichteter Index: Die Gewichtung im Index hängt von den momentanen Kursen der Aktie ab. (5) Kapitalisierungsgewichteter Index: Die Gewichtung im Index hängt von der Börsenkapitalisierung der jeweiligen Unternehmen ab. (6) Marktenger Index: Es gibt verhältnismäßig wenige Unternehmen in dem A. (Bsp.: → Deutscher Aktienindex (DAX)). (7) Marktbreiter Index: Es gibt verhältnismäßig viele Unternehmen in dem A. (Bsp.: Standard & Poors 500-Index).

Aktienkurs, Preis für eine → Aktie, der sich an der → Börse, dem spezifischen Markt für dieses Wertpapier, bildet. Die Aktie ist ein verbrieftes Anteilsrecht an einer → Aktiengesellschaft (AG). Während der → Nennwert der Aktie den Anteil am → Grundkapital angibt, drückt der an der Börse ermittelte Kurswert durchweg den Wertanteil am tatsächlichen Gesamtvermögen aus.

Aktiensplit, Vermehrung der Anzahl von → Aktien bei gegebenem → Grundkapital; damit geht eine proportionale Verringerung des Nennwerts der einzelnen Aktie einher. Der Marktwert der Aktie verhält sich entsprechend. Verdoppelt sich durch den A. also die Anzahl der Aktien, halbiert sich normalerweise der Kurswert der einzelnen Aktie.

Aktienstimmrecht, Befugnis zur Teilnahme und Abstimmung in der → Hauptversammlung der → Aktiengesellschaft (AG). Bedeutung kommt der Übertragung des A. an Kreditinstitute (Depotstimmrecht) zu, die dadurch Einfluss auf die Beschlüsse der Hauptversammlung nehmen können.

Aktionär → Aktiengesellschaft (AG).

Aktionsparameter, die Größe unter den → Parametern, die das eigene Handeln (Entscheidung) ausdrückt und zu einer Reaktion der anderen Parameter (→ Erwartungsparameter) führt. Er ist v.a. in der Preistheorie und -politik bekannt, wo die Unternehmung bei einer bestimmten → konjekturalen Preis-Absatz-Funktion entweder den Preis (→ Mengenanpasser) oder die abzusetzende Menge (Preisanpasser), nicht aber beides gleichzeitig festlegen kann.

Aktiva, in der Buchführung Bezeichnung für das auf der linken (Soll-)Seite der Bilanz stehende → Vermögen, d.h. die Gesamtheit der einem Betrieb zur Verfügung stehenden Güter. Die A. gliedern sich in Anlagevermögen und Umlaufvermögen; dazu kommen die aktiven Posten der Jahresabgrenzung, ein unter Umständen aktivierungsfähiger Firmenwert usw. → Bilanz.

Aktivgeschäft der Bank, Geschäft, durch welches die von Kapitalgebern der Bank zugeflossenen Finanzmittel (Mittelherkunft) auf der Aktivseite der Bankbilanz eingehen (Mittelverwendung). Prinzipiell lassen sich auf der Aktivseite der Bank Kredite an Kapitalnehmer sowie Finanz- und Sachanlagen unterscheiden. Aktiv- und Passivgeschäfte der Banken stehen auf Grund der Aufgaben der Bank als Finanzintermediär, dessen Funktionen sich in → Größentransformation, → Fristentransformation und → Risikotransformation gliedern, in Beziehung zueinander und erfordern eine entsprechend abgestimmte Bankensteuerung (→ Bankenaufsicht).

Aktivierung, buchhalterischer Ausgleich einer Geldausgabe durch Belastung (Buchen auf der linken, der Soll-Seite) eines zu den → Aktiva gehörenden Kontos (Bsp.: Kauf von Rohstoffen, Buchungssatz: Rohstoffkonto an Geldkonto). Die Bedeutung der A. liegt (insbes. steuerlich) darin, dass ohne sie der Gewinn niedriger wäre, da die Buchung dann über ein Aufwandskonto erfolgen müsste (Buchungssatz: Verbrauchte Rohstoffe an Geldkonto).

Aktivitätsanalyse, Ansatz aus der → Produktionstheorie, der Aussagen über mögliche Prozesse zur Produktion eines oder mehrerer Güter trifft. Dadurch kann der optimale Produktionsprozess bestimmt werden. Meist wird hierbei eine lineare → Produktionsfunktion mit → limitationalen Produktionsfaktoren angenommen.

Aktivtausch, liegt vor, wenn sich die Vermögensstruktur der → Bilanz eines Unternehmens, nicht aber die Bilanzsumme verändert.

Der Geschäftsfall betrifft nur die Aktivseite der Bilanz. Bsp.: Abnahme des Bestandes an Forderungen zu Gunsten des Bankguthabens oder Barkäufe von Vermögensgegenständen. → Passivtausch.

Aktivzinsen, Sollzinsen, die Banken im Aktivgeschäft ihren Kreditnehmern berechnen und die höher sein müssen als die → Passivzinsen (Habenzinsen), da in der Zinsspanne, d.h. dem Unterschied zwischen Aktiv- und Passivzinsen, der Bankengewinn liegt.

Akzelerator (lat., Beschleuniger), Koeffizient im Rahmen des sog. Akzelerationsprinzips, der eine dynamische Beziehung zwischen der Veränderung der → Nachfrage auf konsumnahen Stufen der Wirtschaft (z. B. Mobiltelefone) und durch sie veranlasste Nettoinvestitionen auf vorgelagerten Wirtschaftsstufen misst (z.B. Telekommunikations- und Elektronikindustrie). Dieser makroökonom. Ansatz geht auf A. Aftalion und J.M. Clark zurück. Als einfachen Akzeleratorkoeffizienten kann man a bezeichnen, der unter der Annahme diskreter Zeit in Bezug zum Volkseinkommen Y (Y_t/Y_{t-1} in Periode t/t-1) zu einer induzierten → Investition I_i führt ($I_i = a \cdot (Y_{t-1} - Y_t)$) und das Verhältnis von I_i (induzierte Erhöhung des Kapitalstocks) zur Veränderung des Volkseinkommens darstellt. Maßgebend für die Höhe der Nettoinvestition ist nicht die absolute, sondern die prozentuale Steigerung der Nachfrage. Bei einem prozentual schwächer werdenden Wachsen der Nachfrage tritt eine Senkung der Nettoinvestition ein. Die praktische Bedeutung des einfachen A. ist allerdings gering, dessen empirischer Nachweis nicht gelungen. Daher hat die Wirtschaftstheorie einen beweglichen A. entwickelt, den man formal folgendermaßen ausdrücken kann: It = (l–b) · (a Y_{t-1}). Die realen Nettoinvestitionen in Anlagen hängen demnach davon ab, wie es gelingt, den Kapitalstock K_{t-1} anhand der Produktionsplanungen dem gewünschten Kapitalstock $K^\star_t$ (der = a Y_t ist) anzupassen. Als sog. Reaktionskonstante drückt b (b > 0) die verschiedenen Verzögerungen (→ Lag) aus. Hier nehmen also die Investitionen noch zu, bis der tatsächliche Kapitalbestand den erwünschten übertrifft. Das Akzelerations- oder Verstärkungsprinzip wird auch auf Änderungen der Lagerbestände, der Erzeugerpreise (in Bezug auf Vorleistungspreise) oder der Popularität einer Regierung (in Bezug auf den veränderten Wohlstand) angewandt. Auch → Konjunkturtheorien, → Wachstumstheorien und Beschäftigungstheorien benutzen den A. als Erklärungsgröße. → Multiplikator.

Akzept, schriftliche Annahmeerklärung auf den gezogenen → Wechsel, im Geschäftsverkehr auch der akzeptierte Wechsel selbst. Durch A. verpflichtet sich der Bezogene (Trassat), die auf dem Wechsel angegebene Summe am Verfallstage ganz (Vollakzept) oder teilweise (Teilakzept) zu zahlen.

Akzeptkredit, Einräumung eines Bankkredits in der Weise, dass der Kunde auf ihn in seinem Auftrag eine dritte Person → Wechsel in vereinbarter Höhe auf eine Bank zieht und die Bank diese annimmt (→ Akzept). Die Bank stellt dem Kunden das Vertrauen, das sie selbst genießt, in der Form der Wechselannahme zur Verfügung. Solche Bankakzepte sind bei anderen Banken leicht zu diskontieren, d.h. zu verkaufen. Häufig diskontiert die Akzeptbank ihr eigenes Akzept, um die Diskontprovision selbst zu verdienen und um zu verhindern, dass der Kunde ihr untreu wird und zu einer anderen Bank geht. Dieses Verfahren ist deswegen nicht ganz einwandfrei, weil die Banken bei einer solchen Diskontierung ihr eigenes Akzept zu begutachten haben. In den Bilanzen müssen die eigenen Akzepte der Banken getrennt ausgewiesen werden. Um dies zu vermeiden, tauschen die Banken ihre Akzepte gegenseitig aus.

Akzisen, indirekte Verbrauchsteuern im Mittelalter, die von den Städten häufig als Torsteuer erhoben wurden. Später setzten sich die A., etwa in Preußen, aus einer Vielzahl von Steuern zusammen, so aus der Mahl-, Schank-, Schlacht-, Viehsteuer und einem Einfuhrzoll auf Lebensmittel.

À la Baisse → Baisse.

À la Hausse → Hausse.

Algorithmus, mathematische Formulierung der logischen Lösung eines Problems, auch ein methodisches Rechenverfahren, das auf wiederholter Anwendung einer linear geordneten Folge von Regeln und Operationen beruht. A. wird in der → Elektronischen Datenverarbeitung und im Operations Research (→ Unternehmensforschung) verwandt.

Allgemeine Geschäftsbedingungen (AGB), die von Unternehmen für den Abschluss von typischen Verträgen mit ihren Kunden aufgestellten, rechtsverbindlichen Regeln, die an die Stelle des Einzelvertrags den normierten Reihenvertrag treten lassen. Rechtl. Rahmen für A. ist das A.-Gesetz. A. enthalten i. d. R. Bestimmungen über Sachmängelhaftung, Eigentumsvorbehalt, Erfüllungsort o. ä. A. sind nichtig, wenn sie den Vertragspartner unangemessen benachteiligen oder gegen weitere Bestimmungen des A.-Gesetzes verstoßen. → Incoterms.

Allgemeines Gleichgewicht → Gleichgewicht.

Allgemeines Zoll- und Handelsabkommen → General Agreement on Tariffs and Trade (GATT).

Allgemeine Versicherungsbedingungen, liegen den meisten → Versicherungsverträgen zugrunde, ohne Rücksicht auf die individuellen Bedingungen des einzelnen Versicherungsfalls und Risikos.

Allgemeinverbindlichkeitserklärung, Verwaltungsakt, der die Normen eines → Tarifvertrages auch für jene Arbeitgeber und Arbeitnehmer als verbindlich erklärt, die den vertragschließenden Verbänden nicht angehören. Sie ist in Deutschland nur bedingt zulässig.

Allmende-Güter, Güter, bei denen der Ausschluss vom Konsum (d.h. das Verhindern, dass andere Personen ein Gut konsumieren) nicht möglich ist und Rivalität im Konsum (ein Gut kann nur von einer Person konsumiert werden, alle anderen Personen können dieses Produkt nicht konsumieren) vorhanden ist. Diese Kombination ist sehr stark bei natürlichen Ressourcen ersichtlich. Als Bsp. kann man hier die Hochseefischerei in Betracht ziehen. Üblicherweise wird ein Gut so lange konsumiert, bis der → Grenzertrag gleich den → Grenzkosten ist. Ab diesem Punkt lässt sich mit der Produktion einer weiteren Einheit kein Gewinn mehr erzielen. Da bei A. kein Ausschluss vom Konsum möglich ist, wird immer weiterproduziert, solange irgendeine Person einen Gewinn erzielt. → Öffentliche Güter.

Allokationseffizienz → öffentliche Verschwendung, → Q-Ineffizienz, → R-Ineffizienz.

Allokationstheorie, versucht, die optimale Aufteilung der → Produktionsfaktoren und des Einkommens auf die verschiedenen Verwendungen zu erklären (→ Wohlfahrtsökonomie). Da Güter und Dienste im Verhältnis zu den menschlichen Bedürfnissen knapp sind, müssen die Produktionsfaktoren so kombiniert und solche Produktionsverfahren verwandt werden, dass beste Ausnutzung gewährleistet ist (techn., wirtsch. und polit. Effizienz des Faktoreinsatzes).

Allokative Effizienz → Pareto-Kriterium.

Al Pari (ital., zum Nennwert), al pari-Emission, Ausgabe von Aktien zu 100 % im Gegensatz zu Emissionen → unter pari oder → über pari.

Altenhilfe, Maßnahme zur Verbesserung der Lebenslage älterer soz. schwacher und gefährdeter Menschen außerhalb der Sozialversicherung. § 75 I des Bundessozialhilfegesetzes (BSHG) regelt die A. Sie kann ohne Rücksicht auf Einkommen oder Vermögen gewährt werden, soweit pers. Hilfe erforderlich ist. Neben der öffentl. A. kommt der Altershilfe durch die Verbände der freien Wohlfahrtspflege große Bedeutung zu. Die Altersfürsorge wird nach dem Fürsorgeprinzip und nicht nach dem Versicherungsprinzip geregelt. → Sozialhilfe.

Alternativkosten → Opportunitätskosten.

Altersaufbau → Bevölkerungsaufbau.

Altersentlastungsbetrag, Freibetrag, der bei Berechnung des steuerpflichtigen Einkommens von der → Einkommensteuer nach § 24a EStG abgezogen wird, sofern der Steuerpflichtige vor Beginn des Kalenderjahres, in dem er sein Einkommen bezogen hat, das 64. Lebensjahr vollendet hatte.

Altersfreibetrag, bis 1989 vom steuerpflichtigen Einkommen abziehbarer Betrag; seit 1989 in den → Altersentlastungsbetrag integriert.

Altersfürsorge → Altenhilfe.

Altershilfe, im Gesetz über die Alterssicherung der Landwirte (ALG) geregelte Alterssicherung durch die den landwirtsch. Berufsgenossenschaften angeschlossenen Alterskassen.

Altersrente, Rente aus der gesetzl. Rentenversicherung. Die A. ist dynamisiert, d.h. an die Entwicklung der Bruttolöhne und Gehälter gebunden (→ Rentenanpassung). Auf Grund der beweglichen Altersgrenze ist die Inanspruchnahme unter bestimmten Voraussetzungen wahlweise zwischen dem 60. und 65. Lebensjahr möglich.

Altersruhegeld → Altersrente.

Altruismus, uneigennütziges Verhalten und selbstlose Lebensweise als Hilfe für andere oder zum → Gemeinwohl. Gegensatz zum Egoismus (→ Selbstinteresse). Ein spezieller Ansatz der → Nutzentheorie fasst A. als eine Form von Eigennutz auf, wodurch sie den A. konsistent in eine Nutzenfunktion eingliedern kann. Bsp.: Freude am Schenken.

Ambulanter Handel, ist eine Form des → Einzelhandels, bei welcher der Verkauf nicht an feste Standorte oder offene Verkaufsstellen gebunden ist (Gegensatz: stationärer Handel). Zum A. zählen: (1) Wandergewerbe oder Hausierhandel, (2) Handel auf Jahrmärkten oder Messen, (3) Straßenhandel, (4) Markt- und Wochenmarkthandel, (5) Aufkaufhandel, (6) Fahrverkauf und Verkaufsfahrten sowie (7) Zirkus- und Schaustellergewerbe.

Amoroso-Robinson-Relation, Ausdruck für die funktionalen Beziehungen zwischen → Grenzumsatz GU, Preis P und → Preiselastizität der Nachfrage in einer → konjekturalen Preis-Absatz-Funktion.

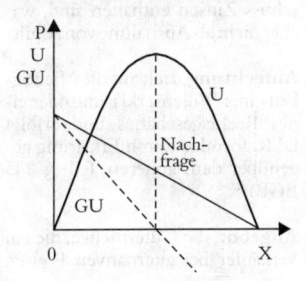

Amortisation (lat., Tilgung, Auslöschung), (1) Planmäßige Rückzahlung einer Kapitalschuld, meist durch regelmäßige (als Zuschlag zu den Zinsbeträgen geleistete) Zahlungen, sog. Amortisationsbeträge (→ Annuität); (2) Einziehung von Aktien und GmbH-Anteilen durch Zahlung aus dem Reingewinn; (3) → Abschreibung vom Blickpunkt der Finanzierung und Liquidität; (4) Kraftloserklärung von Urkunden, namentlich Wertpapieren, etwa nach ihrem Abhandenkommen.

Amortisationsfonds (Tilgungsfonds), meistens ein auf der Passivseite geführter Bilanzposten, der aus Reingewinn gebildet und für die → Amortisation langfristig aufgenommener Kapitalien bereitgestellt wird.

Amsterdamer Vertrag (in Kraft getreten am 1. Mai 1999), enthält Änderungen des Vertrags zur Gründung der → Europäischen Gemeinschaft (EG), des Vertrags über die → Europäische Union (EU), des Vertrags zur Gründung der → Europäischen Gemeinschaft für Kohle und Stahl (EGKS), des Vertrags zur Gründung der → Europäischen Atomgemeinschaft (EURATOM, EAG) und einen Akt zur Einführung allgemeiner unmittelbarer Wahlen der Abgeordneten des → Europäischen Parlaments (→ Vertrag von Nizza). Wesentliche Eckpunkte der konsolidierten Fassungen der Verträge sind die folgenden Bereiche: (1) Sicherheit und Rechte (Grundrechtsschutz, Gleichstellung, Unionsbürgerschaft); (2) Verbesserung der demokratischen Kontrolle in der EU sowie institutionelle Reformen (Ausweitung des Mitentscheidungsverfahrens, Änderung der Stimmengewichtung im Rat, Erweiterung der Beschlussfassung mit qualifizierter Mehrheit, Bestimmung der optimalen Größe der → Europäischen Kommission, Stärkung des Kommissionspräsidenten, rechtsverbindliche Konsolidierung des Subsidiaritäts-Grundsatzes, Ermöglichung flexibler Integration); (3) Aufnahme der europäischen Koordinierung der Beschäftigungsstrategie in den Aufgabenkatalog des EG-Vertrags sowie die Eingliederung des Abkommens über die Sozialpolitik; (4) Stärkung der Gesundheits-, Verbraucherschutz- und gemeinsamen Handelspolitik; (5) weitere Aspekte wie Kriminalitätsbekämpfung (Neuerungen im EU-Vertrag zur Zusammenarbeit bei Polizei und Justiz) sowie illegale Einwanderung (Neuerungen im EG-Vertrag zu Visa, Asyl und Einwanderung); (6) Reform der → Gemeinsamen Außen- und Sicherheitspolitik (GASP), die effizienter und kohärenter ausgestaltet werden soll (z. B. Einführung der Funktion des Hohen Vertreters für die GASP im EU-Vertrag). Ebenso die Reform der Amtshilfe, bei Gerichten der Rechtshilfe, welche die (in Art. 35 GG geregelte) gegenseitige Beistandsleistung der Behörden des Bundes und der Länder, etwa durch Erteilung von Auskünften beinhaltet.

Analyse (griech.), im Gegensatz zur Synthese allgemein die Zerlegung eines Ganzen in seine Bestandteile, um Zusammenhänge und Abläufe in ihrem Zusammenwirken verstehen zu können. In den → Wirtschaftswissenschaften wird diese Methode vorwiegend als statische und dynamische A., Ex Post-Analyse und Ex Ante-Analyse, Ablaufs- und Bestandsanalyse, mikro- und makroökonom. A., Partial- und Totalanalyse und als Marginal- und Gleichgewichtsanalyse angewandt.

Anatozismus, das Nehmen von Zinseszinsen. Gemäß § 248 BGB ist eine im Voraus getroffene Vereinbarung, dass fällige Zinsen wieder Zinsen tragen sollen, nichtig. Davon gelten folgende Ausnahmen: (1) Banken und Sparkassen können mit ihren Kunden im Voraus vereinbaren, dass nicht abgehobene Zinsen von Einlagen als neue verzinsliche Einlagen gelten sollen, (2) Banken, die zur Ausgabe von verzinslichen Schuldverschreibungen über die von ihnen gewährten Darlehen berechtigt sind (Hypothekenbanken), können sich bei diesen Darlehen die Verzinsung rückständiger Zinsen versprechen lassen. Im Kontokorrentverkehr können gemäß § 355 HGB von dem Überschuss Zinsen auch insoweit verlangt werden, als in diesem Überschuss Zinsen enthalten sind, was aber nicht als Ausnahme von A. gilt.

Anfechtung, zielt auf die Nichtigkeit einer Willenserklärung oder eines Rechtsgeschäftes und erfolgt i.d.R. formlos durch Erklärung gegenüber dem anderen Teil (§ 143 BGB).

Angebot, die Gütermenge, die ein Verkäufer bei alternativen Preisen auf dem → Markt absetzen möchte. Im Allg. sind die Anbieter bereit, mit steigendem Preis mehr anzubieten (normale Reaktion). Der Grund hierfür sind v.a. die mit der Ausbringungsmenge des Betriebs variierenden Kosten. Versucht der Betrieb, seinen Gewinn zu maximieren, wird er sein Angebot nach der Grenzkostenkurve ausrichten, und zwar in kurzfristiger Sicht von dem Punkt ab, der über den durchschnittlichen → variablen Kosten liegt, in langfristiger Sicht, wenn alle Kosten variabel werden, von dem Punkt an, der über den Durchschnittskosten liegt. Die auf diese Weise bestimmte individuelle Angebotskurve drückt aus, welche Mengen der Betrieb bei unterschiedlichen Preisen seiner Ware anzubieten bereit ist. In dieser funktionalen Analyse werden andere Faktoren, die ebenfalls die Höhe des Angebotes beeinflussen können, als konstant unterstellt (→ Ceteris-Paribus-Klausel (c.p.)). Die individuelle Angebotsfunktion drückt die Abhängigkeit des einzelwirtsch. A. von seinen wichtigsten Bestimmungsfaktoren aus: $a_i = f(p_i, p_1, \ldots p_n, k_1, \ldots k_m, t, z)$. Es bedeuten: a_i = A. des Gutes i, p_i = Preis des Gutes i, $p_1, \ldots p_n$ = Preise anderer Güter, $k_1, \ldots k_m$ = Preise der Produktionsfaktoren (= Kosten), t = angewandte Technologie, z = unternehmerische Zielsetzung wie höchster Gewinn oder Umsatz. Durch Addition aller individuellen Angebotskurven erhält man das Marktangebot eines Gutes. Sein Marktpreis wird durch den Schnittpunkt der Angebotskurve mit der Nachfragekurve festgelegt (→ Marktpreisbildung). Von einer anomalen Reaktion des A. auf eine Preisänderung spricht man, wenn mit steigendem Preis die angebotene Menge sinkt. Bsp.: kleineres Arbeitsangebot bei steigendem Lohn auf Grund erhöhter Wert- und Nutzeinschätzung der → Freizeit. Die Reaktion des A. auf den veränderten Preis misst man mit Hilfe der → Angebotselastizität.

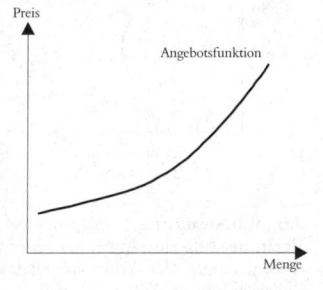

Angebotselastizität, Ausdruck des Verhältnisses einer relativen Änderung der angebotenen Menge eines Gutes zur relativen Änderung seines Preises. Bsp.: Steigt der Preis um 5 %, und erhöht sich die Angebotsmenge um 10 %, ist die A.

$$A \frac{10}{5} = 2.$$

Verhält sich das Angebot auf eine Preisänderung normal (anomal), ist die A. positiv (negativ). Man spricht von einem elastischen (unelastischen) Angebot, wenn die A. = 1 ist. Steigt in der Graphik der Lohnsatz, wird zunächst, annahmegemäß ab 20 €, mehr Arbeit angeboten, so dass die Freizeit geringer wird. Ist ein bestimmtes Einkommen erreicht, führen zunehmende Lohnsätze zu einem Rückgang des Arbeitseinsatzes, so dass die verfügbare Freizeit wieder größer wird.

Angebotslenkung

Freizeit ist ein → superiores Gut, das positiv auf Einkommensänderungen reagiert.

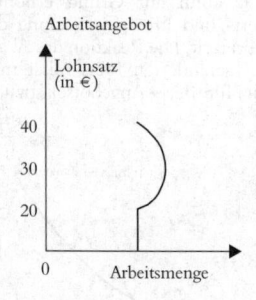

Arbeitsangebot

Lohnsatz (in €)

40
30
20
0 Arbeitsmenge

Angebotslenkung, planmäßige Beeinflussung des Angebots eines Marktes oder der Volkswirtschaft durch den Staat, und zwar mit Hilfe von marktkonformen Mitteln oder Geboten und Verboten. Solche indirekten und direkten Eingriffe können verschiedenen Zwecken dienen (z. B. konjunktur-, struktur- oder sozialpolit.). Eingriffe der A. sind stärker als Eingriffe der angebotsorientierten Wirtschaftspolitik (→ Angebotsökonomik, → Wirtschaftspolitik, angebotsorientierte). Die A. steht im Gegensatz zur nachfrageorientierten Wirtschaftspolitik (→ Keynesianische Theorie).

Angebotslücke, Ungleichgewicht, wenn die nachgefragte Menge das Angebot eines Gutes übersteigt. Die A. kann auf einem Markt mit → administrierten Preisen oder als Folge von Angebotsausfällen (Bsp.: bei Naturkatastrophen) entstehen. Es kommt dann zu Warteschlangen, Schwarzmarktpreisen oder staatl. Zuteilungen (Bezugsschein).

Angebotsmonopol → Monopol.

Angebotsökonomik, Lehre, welche die Angebotsseite der Volkswirtschaft betont und Gegenstück zur → Keynesianischen Theorie ist. Die A. impliziert eine angebotsorientierte Wirtschaftspolitik (→ Wirtschaftspolitik, angebotsorientierte). Im Unterschied zur → Angebotslenkung erfolgen hier staatl. Eingriffe weniger intensiv, um durch Abbau von Markthemmnissen die → Produktivität zu erhöhen und das → Wirtschaftswachstum zu fördern. Instrumente sind insbes. (1) Steuersatzsenkungen, um Leistungsanreize zu fördern, (2) → Deregulierung, (3) Senkung öffentl. Ausgaben, (4) → Budgetausgleich.

Angebotsorientierte Wirtschaftspolitik → Angebotsökonomik, → Wirtschaftspolitik, angebotsorientierte.

Angebotsüberschuss (-überhang), entsteht dann am Markt, wenn die zu einem bestimmten Preis angebotene Menge nur z.T. nachgefragt (gekauft) wird, so dass unter normalen Bedingungen der Preis zu sinken tendiert. Liegt der vom Staat genehmigte (administrierte) Preis über dem Marktpreis (Bsp. → Agrarüberschüsse in der EU), ist die angebotene Menge größer als die nachgefragte. Verhindert der Staat eine Preissenkung, ist er gezwungen, den A. aufzukaufen und einzulagern oder anderweitig zu verwerten. → Marktpreisbildung.

Angemessenes Wirtschaftswachstum, eines der wirtsch.polit. Hauptziele, deren sinnvolle Verwirklichung das → Stabilitätsgesetz

(StWG) vorschreibt. A. wird im → Jahreswirtschaftsbericht der Bundesregierung jeweils in Zahlen ausgedrückt.

Angestellter, in der Berufsstatistik ein Arbeitnehmer, der nicht als → Arbeiter gilt. Die traditionelle Definition, wobei A. im Unterschied zu Arbeitern techn. oder kaufmännische Dienste leisten oder Aufsichtspersonal sind, ist problematisch, da hoch qualifizierte Arbeiter ähnliche Tätigkeiten verrichten. Die Statistik unterscheidet leitende, höhere, mittlere und kleine A.

Angestelltenversicherung → Sozialversicherung.

Anhang, neben der → Bilanz und → Gewinn- und Verlustrechnung (GuV) nach dem → Bilanzrichtliniengesetz gleichberechtigter Bestandteil des → Jahresabschlusses einer → Kapitalgesellschaft. Er enthält Angaben über wichtige Unternehmensdaten wie etwa die Beziehung zu verbundenen Unternehmen oder Haftungsverhältnisse (→ Abhängigkeitsbericht). Zudem erläutert der A. einzelne Positionen der Bilanz sowie GuV, z.B. Bilanzierungs-, Bewertungs- und → Abschreibungsmethoden sowie deren Auswirkung auf die Vermögens-, Finanz- und Ertragslage des Unternehmens. Für kleine, mittelgroße und große Kapitalgesellschaften bestehen unterschiedliche Regelungen über Inhalt, Prüfung und Offenlegung des A.

Ankündigungswirkung (Signalwirkung; engl.: announcement effect), Folge geplanter wirtsch.polit. oder finanzpolit. Maßnahmen. Schon die bloße Ankündigung kann den Betrieb oder Haushalt veranlassen, die Dispositionen zu überprüfen, um den zu erwartenden Folgen auszuweichen. Bsp.: geplante Steueränderungen.

Anlageinvestition, aus volkswirtsch. Sicht sowohl eine selbst erstellte als auch neu gekaufte Anlage. In einem Bilanzvergleich des einzelnen Betriebes wird der Saldo aus Verkäufen und Käufen gebrauchter Anlagen berücksichtigt, da er den Vermögensbestand verändert. Ebenso geht der Bestand an Grundstücken und dessen Veränderung in die betriebswirtsch. → Vermögensrechnung ein. Zieht man vom Kapitalzuwachs die → Abschreibungen ab, erhält man die Netto-A.

Anlagekredit, im Gegensatz zum → Betriebskredit ein für den Erwerb von → Anlagevermögen aufgenommener Kredit. Da sich seine Verwendung über einen längeren Zeitraum erstreckt, ist der A. oft langfristig. Der A. wird häufig anfangs als kurzfristiger Kredit vereinbart, dessen Dauer sich unter gewissen Voraussetzungen automatisch verlängert (→ Revolvingkredit).

Anlagengitter → Anlagespiegel.

Anlagenrechnung, Zweig des betriebl. → Rechnungswesens. In der A. wird der Bestand an Anlagegütern erfasst. Dabei werden in den Unterlagen alle wichtigen Daten verzeichnet, wie Anschaffungszeit und -kosten einer Anlage, die techn. Daten, → Abschreibungen, Restwerte, Reparaturen.

Anlagepapiere, im Gegensatz zu → Spekulationspapieren Effekten

Anlagespiegel

(öffentl. → Anleihen, → Aktien, → Schuldverschreibung), die sich auf Grund ihrer Sicherheit und gleichmäßigen Verzinsung zur Kapitalanlage eignen.

Anlagespiegel (Anlagengitter), für alle → Kapitalgesellschaften verbindliche Aufstellung, welche die Entwicklung der Buchwerte der einzelnen Posten des → Anlagevermögens veranschaulicht. Der A. führt nach § 268 II HGB jeweils die gesamten → Anschaffungskosten oder → Herstellungskosten, die Zugänge, Umbuchungen, Abgänge sowie die kumulierten Zu- und → Abschreibungen gesondert auf. Die Abschreibungen des Geschäftsjahres sind entweder bei den einzelnen Positionen der → Bilanz oder im Anhang entsprechend der Gliederung des Anlagevermögens anzugeben.

Anlagevermögen, Betriebsvermögen, das im Gegensatz zum → Umlaufvermögen aus Grundstücken, Gebäuden oder sonstigen zum dauernden Gebrauch bestimmten Gütern besteht (z. B.: Maschinen, Werkzeuge). Volkswirtsch. Vermögensrechnungen unterscheiden in Bauvermögen (wie Verkehrs- und Parkanlagen, Gebäude, Forsten) und Ausrüstungsvermögen (wie Fahrzeuge, Maschinen), wobei auch hier jeweils der Brutto- und Nettowert ausgewiesen wird. Das Produktions- und Arbeitsplatzpotenzial greift auf die Anlagevermögensrechnung ebenso zurück wie der Kapitalstock, der (ohne Tiefbauten) zumeist das Bruttoanlagevermögen zu konstanten Preisen ausdrückt.

Anlagenwirtschaft, Verwaltung, Planung und Kontrolle des finanziellen und realen → Anlagevermögens eines Unternehmens, wobei die Bereitstellung, Errichtung, Instandhaltung, rechnerische Erfassung und Bewertung ökonom. und techn. eine Rolle spielen.

Anleihen, langfristige Schuldverschreibungen, die, in bestimmter Stückelung und mit fester Verzinsung ausgestattet, von öffentl.-rechtl. Körperschaften oder privaten Betrieben zur Deckung eines langfristigen Kapitalbedarfs ausgegeben werden. → Schuldverschreibung.

Annahme, empfangsbedürftige, einseitige Willenserklärung bei Verträgen. Sie wird erst wirksam, wenn sie dem Antragsteller zugeht, es sei denn, dieser habe ausdrücklich oder stillschweigend durch entsprechendes Verhalten darauf verzichtet, oder eine solche Erklärung sei nach der Verkehrssitte nicht zu erwarten.

Announcement Effect → Ankündigungswirkung.

Annuität (lat.: annus = Jahr), bei Anleihen, die nach einem festgelegten Plan getilgt und verzinst werden, der jährlich zu zahlende Gesamtbetrag, der sich aus der Tilgungsrate und den Zinsen zusammensetzt.

Annuitäten-Methode, in der → Investitionsrechnung verwendete Methode, wobei als Auswahlkriterium für ein Vorhaben die positive Differenz zwischen den durchschnittlichen Jahresnutzen und -kosten (samt Unterhaltungskosten) gewählt wird. Nutzen und Kosten werden mit dem Kalkulationszinssatz diskontiert. → Diskontierung.

Anpassungsformen, betriebliche, umschreiben die Möglichkeiten eines Unternehmens, auf veränderte Beschäftigungslagen zu reagieren. Nach der Theorie der Verbrauchsfunktionen (Gutenberg) bestimmen drei Faktoren die Höhe der in einer Periode hergestellten Produktionsmenge: die Betriebszeit, die Intensität der menschlichen und maschinellen Arbeitsleistung und die Menge der eingesetzten → Produktionsfaktoren. Ändert sich der → Beschäftigungsgrad eines Unternehmens, kann es seine Kapazität vierfach anpassen: (1) zeitliche Anpassung: c.p. Veränderung der Einsatzdauer der Produktionsfaktoren, (2) intensitätsmäßige Anpassung: c.p. Veränderung der Einsatzgeschwindigkeit der Produktionsfaktoren, (3) quantitative Anpassung: c.p. Veränderung der Einsatzmenge der Produktionsfaktoren, (4) selektive Anpassung: Aggregate mit vergleichbar ungünstigeren Kosten werden zuerst stillgelegt bzw. zuletzt eingesetzt, (5) kombinierte Anpassung: alle vier Anpassungsformen können auch miteinander kombiniert werden (etwa zeitlich-intensitätsmäßige Anpassung), so dass ein Unternehmen vielfach reagieren kann.

Anrechnungsverfahren, Verfahren zur Besteuerung von Gewinnen und → Dividenden von → Kapitalgesellschaften. Ziel des A. ist die Vermeidung einer → Doppelsteuerung ausgeschütteter Gewinne bei der ausschüttenden Gesellschaft und dem Ausschüttungsempfänger. Dabei wurde die auf Gewinnausschüttungen der Kapitalgesellschaft entfallende → Körperschaftsteuer als Steuergutschrift auf die → Einkommensteuer bzw. Körperschaftsteuer des Ausschüttungsempfängers (Aktionärs) angerechnet. Das A. wurde 1977 eingeführt und 2002 durch das → Halbeinkünfteverfahren abgelöst.

Anreize (engl.: incentives), treten auf, wenn der Einzelne infolge von Veränderungen seines Handlungsumfeldes sein Verhalten quantitativ oder qualitativ ändert. Im marktwirtsch. System besteht eine Fülle von A., die auf allen Märkten zu finden sind. Die → Wirtschaftspolitik bedient sich zur Steuerung des Wirtschaftsablaufs solcher Anreizmittel, z. B. durch Steuererleichterungen oder finanzielle Hilfen.

Anreiz- und Sanktionsmechanismen, Steuerungsmechanismen des Verhaltens des Einzelnen, indem sie ein bestimmtes Tun oder Unterlassen belohnen oder bestrafen (im Sinne positiver oder negativer → Anreize). Dabei können pekuniäre und nichtpekuniäre Mittel die Motivation oder den Druck beeinflussen. Stimmt das → Selbstinteresse mit dem → Gemeinwohl überein, kann man die Anreiz- und Sanktionsmechanismen als ideal bezeichnen. Anreiz- und Sanktionsmechanismen können auch pervertiert sein, wenn das Falsche honoriert und das Richtige bestraft wird: Der Verursacher negativer (positiver) → externer Effekte erhält pers. Vorteile (Nachteile).
Am Markt funktionieren die Anreizmechanismen i. d. R. In Staat und Verwaltung sind sie jedoch noch unterentwickelt (→ öffentliche Verschwendung), bzw. zwi-

Anschaffungskosten 28

schen dem eigenen Interesse eines Bürokraten und dem Gemeininteresse (im Sinne einer bestmöglichen Versorgung mit öffentl. Diensten) besteht eine umgekehrte Korrelation. → Freifahrer.

Anschaffungskosten, Kosten, die entstehen, wenn ein Vermögensgegenstand, z.B. des → Anlagevermögens, erworben und in betriebsbereiten Zustand versetzt wird. A. bestehen aus Anschaffungspreis und Anschaffungsnebenkosten (z. B. Bezugskosten wie Fracht, Zoll oder Kosten zur Errichtung einer Anlage). Dabei sind Abzüge und Rabatte abzusetzen. → Herstellungskosten.

Anschlusszwang, Pflicht, gemeindliche Einrichtungen zu benutzen, die der allgemeinen Gesundheitsvorsorge dienen (Kanalisation, Wasserversorgung). Er kann durch Gemeindesatzung bei dringendem öffentl. Bedürfnis (nicht also aus rein fiskalischen Gründen) mit Genehmigung der Aufsichtsbehörde vorgeschrieben werden.

Anspruchsinflation, Ausdruck aus der → Geldtheorie, der besagt, dass die nominellen Ansprüche einzelner Gruppen (z. B. Arbeitnehmer, Unternehmer, Staat und Ausland) an das → Sozialprodukt insgesamt das Marktangebot zu gegebenen Preisen übersteigen oder dass der Anspruch einer Gruppe, etwa über Lohnforderungen, den eigenen Beitrag zum Sozialprodukt erheblich übertrifft, ohne dass eine andere Gruppe ihre Ansprüche entsprechend reduziert. Die Folge ist in beiden Fällen ein Anstieg des Preisniveaus (→ Inflation).

Anstalt, Institution des öffentl. Rechts. Die A. unterscheidet sich von der → Körperschaft des öffentlichen Rechts dadurch, dass sie keine Mitglieder hat. Man unterscheidet A. mit eigener Rechtspersönlichkeit und solche, die unselbständig sind und von anderen Rechtsträgern, etwa Gemeinden, betrieben werden.

Anstoßtarif (Kurventarif, Teilmengentarif), eine Art der direkten Progression in der → Steuertariflehre. Die → Bemessungsgrundlage wird in einzelne Teile oder Stufen zerlegt, denen jeweils ein bestimmter Steuersatz zugeordnet ist. Die Steuerschuld ergibt sich erst nach Addition aller Teilsteuerbeträge.

Anteilsschein → Investmentsparen.

Antidumpingzölle, → Zölle des Importlandes auf Waren, mit denen private Exporteure des Exportlandes → Dumping betreiben. Rechtl. geregelt sind A. in der EU in Art. 133 EGV bzw. nach dem internationalen Handelsrecht von → World Trade Organization (WTO) und → General Agreement on Tariffs and Trade (GATT). Die Höhe des A. bestimmt sich i.d.R. nach der Differenz aus Export- und Inlandspreis. Ähnlich den A. wirken → Ausgleichszölle, die Waren verteuern, die durch staatl. Exportsubventionen zu billig importiert werden.

Anti-Trust-Gesetzgebung → Kartelle.

Antizipation (Vorwegnahme), im Handel die Leistung einer Zahlung vor dem Fälligkeitstermin (Vorauszahlung), die gewöhnlich Anspruch auf Zinsvergütung oder →

Skonto begründet. Im Kommissionsgeschäft wird der dem Kommittenten vom → Kommissionär auf Kommissionsware gewährte Vorschuss als Anzahlung und das Geschäft als Antizipationskauf bezeichnet.

Antizyklisch, (1) gegen den Konjunkturverlauf gerichtete Bewegung ökonom. Größen; (2) gegen den Konjunkturverlauf gerichtete Wirkung wirtsch.polit. Maßnahmen.

Antrag → Offerte.

A Posteriori (lat., erst späterhin), nachträglich aus Erfahrung und Beobachtung gewonnene Erkenntnis. → A Priori.

Approbation → Konzession.

Appropriation, Klausel, welche die Regierung bindet, für einen bestimmten Zweck nicht mehr auszugeben als das Parlament hierfür im → Haushaltsplan bewilligt hat.

A Priori (lat., von vornherein), von der Erfahrung oder Beobachtung unabhängige, allein durch Denken und aus Vernunftgründen gewonnene Erkenntnis. → A Posteriori.

Arbeit, körperliche oder geistige Tätigkeit, die auf die Produktion von Gütern und Dienstleistungen gerichtet ist. A. ist ein → Produktionsfaktor neben → Boden und → Kapital. Mit Fragen zum Thema A. haben sich außer Ökonomen auch Philosophen und Soziologen befasst.

Arbeiter, in der Berufsstatistik ein Arbeitnehmer, der nicht als → Angestellter gilt. Die traditionelle Definition, wobei als A. gilt, wer als Lohnempfänger fremdbestimmte, überwiegend körperliche → Arbeit leistet, gilt als überholt, da auch hoch qualifizierte Arbeiter geistigen Herausforderungen gegenüberstehen. Die Statistik unterscheidet gelernte, angelernte und ungelernte A.

Arbeiterrentenversicherung, früher Invalidenversicherung → Sozialversicherung.

Arbeitgeber, jeder, der → Arbeitnehmer in einem Arbeitsverhältnis beschäftigt, meist ein → Unternehmer oder der Staat. In → Kapitalgesellschaften treten die Direktoren oder Vorstandsmitglieder mit Arbeitgeberfunktionen zwischen A. und Arbeitnehmer.

Arbeitgeberverbände, Zusammenschlüsse von → Arbeitgebern zur Wahrnehmung gemeinsamer (auch sozialpolit.) Interessen. A. sind das Pendant zu den Arbeitnehmerverbänden (insbes. den → Gewerkschaften) und wirken als Verhandlungspartner beim Abschluss von → Tarifverträgen mit.

Arbeitnehmer, zusammenfassende Bezeichnung für → Arbeiter, → Angestellte und Auszubildende. Zusammenschlüsse von A. sind insbes. die → Gewerkschaften.

Arbeitnehmerfreibetrag → Arbeitnehmer-Pauschbetrag.

Arbeitnehmer-Pauschbetrag, steuerliche Abzugsmöglichkeit von den Einkünften aus nichtselbständiger Arbeit, wenn nicht darüber hinaus weitere Werbungskosten veranschlagt werden. Der A. ersetzt den Arbeitnehmerfreibetrag. → Freibetrag.

Arbeitnehmersparzulage (→ Vermögensbildung der Arbeitnehmer), staatl. Leistung an Arbeitnehmer, die → vermögenswirksame Leistungen beziehen und deren Einkommen 17.900 bzw. bei Zusammenveranlagung 35.800 € nicht überschreitet. Rechtl. Rahmen ist das Vermögensbildungsgesetz (VermBG). Die Zulage ist steuerfrei und nicht sozialversicherungspflichtig.

Arbeitsangebot, in der Wirtschaftstheorie die Arbeitsleistung, die ein Erwerbstätiger oder die Erwerbsbevölkerung anbieten. Das A. ist vom Lohnsatz sowie den → Präferenzen für → Freizeit und Einkommen abhängig. Der Einzelne steht vor der Entscheidung, ob er aus seiner Arbeit (über Einkommen und Konsum) oder seiner Freizeit Nutzen ziehen soll. Jedes zusätzliche Einkommen erkauft er durch einen Verzicht auf Freizeit, und umgekehrt verringert er durch Freizeit sein Einkommen und damit den möglichen Konsum (→ Verbrauch). Welche Menge an Arbeit jemand anbieten sollte, wenn er einen höchsten Nutzen erzielen möchte, lässt sich anhand der Graphik bestimmen. Es stehen sich Einkommen und Freizeit einander gegenüber, wobei die drei → Budgetgeraden alle Kombinationen zwischen beiden Größen bei drei alternativen Lohnsätzen ausdrücken. Die → Indifferenzkurve erfasst alle Kombinationen, die der Haushalt für gleichwertig hält. Je weiter die Indifferenzkurven nach außen wandern, umso höher ist der gesamte Nutzen aus Freizeit und Einkommen. Bsp.: Ist der Lohn je Arbeitsstunde $1 = 1/2$, so drückt der Punkt P die optimale Verbindung von Einkommen und Freizeit aus. Alle anderen Punkte auf dieser Budgetgeraden liegen auf Indifferenzkurven, die einen kleineren Nutzenindex haben. In P, dem Optimum, sind der Lohnsatz und das Verhältnis der Grenznutzen aus Einkommen und Freizeit gleich. Verbindet man alle Optimalpunkte (wie P, Q und R) miteinander, so erhält man das optimale A. (optimale Freizeit und optimales Einkommen) für alternative Lohnsätze. Das A. darf nicht mit der tatsächlichen Beschäftigung verwechselt werden, die man mit Hilfe folgender Indikatoren messen kann: Den Arbeitsstunden der Beschäftigten pro Zeiteinheit (Woche, Jahr), der Erwerbsquote, der Qualifikation der Beschäftigten und deren Veränderung und schließlich der Arbeitsintensität je Zeiteinheit. In das A. geht zusätzlich das der Arbeitslosen ein, die bei gegebenen Reallöhnen bereit wären, ein Beschäftigungsverhältnis einzugehen.

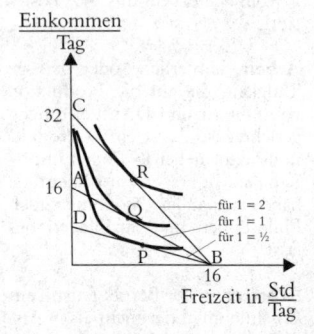

Arbeitsbeschaffung → Arbeitsmarktpolitik.

Arbeitsbeschaffungsmaßnahmen (ABM), staatl. geförderte Maßnahmen, um Arbeitslose zu beschäftigen und weiterzuqualifizieren. Zumeist werden im Rahmen von ABM gemeinnützige Aufgaben unterstützt, da nur solche Projekte gefördert werden dürfen, die zusätzlich sind, d.h. ohne Förderung nicht oder zu einem späteren Zeitpunkt durchgeführt worden wären (Bsp.: Umweltsanierung). Die Maßnahmen haben den Vorteil, dass sie als einziges arbeitsmarktpolit. Instrument direkt zusätzliche Arbeitsplätze schaffen und zumindest zeitlich begrenzt den Arbeitsmarkt unmittelbar entlasten. In ihrer Wirkungsweise und rechtl. Regelungen sehr ähnlich sind sog. Strukturanpassungsmaßnahmen. Alternativ kann mittels Lohnkostenzuschüssen der Preis des Faktors → Arbeit (→ Arbeitsmarkt, → Transformation) verringert werden, um die Nachfrage der Unternehmen nach Arbeit zu stimulieren. Die Maßnahmen stehen vielfach in der Kritik, da sie nur an den Symptomen des Arbeitsplatzdefizits ansetzen, nicht jedoch an den Ursachen.

Arbeitsbewertung, Messung der objektiven Unterschiede in den Schwierigkeitsgraden der Arbeit je nach Arbeitsplatz für eine anforderungsgerechte Staffelung der Grundlöhne. Um Normal- oder Vorgabezeiten für die Ausführung einer Arbeit zu ermitteln, werden Arbeitszeitstudien vorgenommen. → Reichsausschuss für Arbeitsermittlung (REFA).

Arbeitsdirektor, im Rahmen der → Mitbestimmung nach § 33 Mitbestmmungsgesetz gleichberechtigtes Mitglied des zur gesetzl. Vertretung des Unternehmens bestimmten Organs. In der Montanindustrie ist er neben dem kaufmännischen und techn. Direktor gleichberechtigtes Mitglied des → Vorstandes (Montan-MitbestG). Der A. kann nur in den Aufsichtsrat einer → Aktiengesellschaft (AG) berufen werden, wenn die Arbeitnehmervertreter mehrheitlich zustimmen. Er ist zuständig für arbeits-, personal- und sozialpolit. Aufgaben des Unternehmens und stellt eine Art Vertrauensperson für Arbeitnehmer und Gewerkschaften dar.

Arbeitseinkommen, i.w.S. → Einkommen aus Arbeitsleistung, i.e.S. aus unselbständiger Tätigkeit ohne Berücksichtigung von Besitzeinkommen sowie von Einkommen aus unternehmerischer oder freiberuflicher Tätigkeit (→ Vermögenseinkommen).

Arbeitsförderungsgesetz, von 1969 bis 1997 gültige Regelung über die Aufgaben und Leistungen der → Bundesanstalt für Arbeit. Das Recht der Arbeitsförderung wurde 1998 als Drittes Buch in das → Sozialgesetzbuch integriert.

Arbeitsgemeinschaft (ARGE), (1) loser Zusammenschluss von Unternehmen zum Erfahrungsaustausch oder zur Interessenvertretung. (2) Im Baugewerbe vertraglicher Zusammenschluss, um einen für die Einzelunternehmung zu großen Auftrag übernehmen zu können.

Arbeitsgerichtsgesetz, rechtl. Grundlage für Arbeitsgerichte. Das A. stellt eine einheitliche Regelung des Verfahrens bei arbeitsrechtl. Streitigkeiten dar. Der Rechtszug umfasst drei Instanzen: die Arbeitsgerichte, die Landesarbeitsgerichte und das Bundesarbeitsgericht.

Arbeitsintensität, in der Wirtschaftstheorie das Verhältnis von Arbeitseinsatz und Kapitalstock (A/K); die A. ist gleich dem Verhältnis von → Kapitalproduktivität (Y/K) und → Arbeitsproduktivität (Y/A), wobei Y = Output ist.

Arbeitsintensiv, im Gegensatz zu → kapitalintensiv die industrielle und landwirtsch. Gütererzeugung, bei der die Lohnkosten gegenüber den fixen Kapitalkosten überwiegen.

Arbeitskampf, die wirtsch. Auseinandersetzung der Tarifpartner um Arbeitslohn, -bedingungen und -verfassung (→ Tarifvertrag). Der A. wird mit den Mitteln des → Streiks und der → Aussperrung geführt. Umstritten ist die verfassungsrechtl. Begründung des A. in Art. 9,3 GG. Der polit. A. ist ebenso unzulässig wie wilde Streiks (A. die von der Gewerkschaft nicht gebilligt oder geführt werden). Beamte besitzen kein Streikrecht, da ihr A. Teile der Rechtsordnung verletzen würde.

Arbeitskosten (Personalkosten), alle Kosten, die einem Unternehmen durch den Einsatz menschlicher Arbeitskraft entstehen. Neben Löhnen und Gehältern, die der Arbeitnehmer als Direktentgelt für seine Arbeit erhält, beinhalten die A. auch die → Lohnnebenkosten, die auf gesetzl. und freiwilligen Leistungen beruhen. Westdeutschland hat im internationalen Vergleich die höchsten industriellen Arbeitskosten, die neuen Bundesländer liegen im europäischen Mittelfeld. Zu den europäischen Ländern mit hohen A. zählen ferner Norwegen, die Schweiz, Dänemark und Belgien. Niedriglohnländer sind z.B. Griechenland, Portugal und insbes. die osteuropäischen Staaten. Für die internationale Wettbewerbsfähigkeit eines Landes sind jedoch nicht allein die A. entscheidend. Ebenso wichtig sind die → Produktivität bzw. die → Lohnstückkosten.

Arbeitskräftekonzept, statistische Erfassung der Erwerbsbevölkerung im Alter von 14 Jahren und mehr. Als Kriterien zählen die Erwerbsintensität und der → Beschäftigungsgrad. Mithelfende Familienangehörige mit einer Wochenstundenzeit unter 15 Stunden werden dabei im Gegensatz zu anderen Konzepten nicht berücksichtigt. → Erwerbsquote.

Arbeitskreis Steuerschätzung → Steuerschätzung.

Arbeitsleistung, der vom Markt bewertete Einsatz körperlicher und geistiger Fähigkeiten. Die A. ist zum einen von der Leistungsfähigkeit des Einzelnen (körperliche Konstitution, Begabung, Alter, Geschlecht, Ausbildung, Geschick, praktische Erfahrung), zum andern von seinem Willen, die Kräfte und Fähigkeiten sinnvoll einzusetzen, abhängig. Die Höhe der Entlohnung und die Arbeitsbedingungen können einen entscheidenden Einfluss auf den Leistungswillen haben.

Arbeitslosengeld, Versicherungsleistung, auf die alle arbeitslosen → Arbeitnehmer, die beim Arbeitsamt als arbeitslos gemeldet worden sind, die Anwartschaftszeit (mind. zwölf Monate versicherungspflichtige Beschäftigung in den letzen drei Jahren) erfüllen und das 65. Lebensjahr noch nicht vollendet haben, Anspruch haben. Arbeitslos ist ein Arbeitnehmer, der vorübergehend nicht in einem Beschäftigungsverhältnis steht und eine versicherungspflichtige Beschäftigung sucht. Das A. wird durch die → Bundesanstalt für Arbeit gewährt und ist die wichtigste Geldleistung aus dem → Sozialgesetzbuch III (SGBIII). Die Dauer des A. richtet sich nach der Dauer der Versicherungspflicht und dem Lebensalter der Arbeitslosen. Zeitlich schließt sich daran die → Arbeitslosenhilfe an. Bei Weigerung des Arbeitslosen, eine zumutbare Arbeit anzunehmen oder an einer Maßnahme zur beruflichen Fortbildung oder Umschulung (→ Arbeitsbeschaffungsmaßnahmen (ABM)) teilzunehmen, kann das A. vorübergehend verweigert werden. → Sozialversicherung.

Arbeitslosenhilfe, von der eigenen Beitragszahlung unabhängige steuerfinanzierte Sozialleistung bei → Arbeitslosigkeit. Sie ist eine Lohnersatzleistung, die einem Arbeitslosen im Anschluss an den Bezug von → Arbeitslosengeld gewährt wird, wenn er bedürftig ist. Die Dauer der A. ist prinzipiell nicht zeitlich befristet, wird aber zunächst immer nur für ein Jahr bewilligt.

Arbeitslosenquote, wichtigste Maßzahl der → Arbeitslosigkeit. Die A. setzt die Zahl der arbeitslos gemeldeten Personen in Bezug zu den → Erwerbspersonen. Nicht berücksichtigt werden: Kranke, Teilnehmer an Arbeitsbeschaffungsmaßnahmen, Kurgäste, Umschulungsteilnehmer usw., da sie nicht als arbeitslos gelten.

Arbeitslosenversicherung → Sozialversicherung.

Arbeitslosigkeit, Mangel an Arbeitsgelegenheiten im Verhältnis zu Menge und Art der verfügbaren Arbeitsleistung, die aus Störungen im Wirtschaftsablauf entsteht. Die → Beschäftigungstheorie unterscheidet vier Arten der A.: (1) Die friktionelle A., wie sie sich aus dem Wechsel der Arbeitsplätze und Berufe ergibt. Diese entsteht, wenn Menschen zwischen Regionen, Berufen oder unterschiedlichen Stadien ihres Lebenszyklus wechseln (z.B. Schulabgänger), da die Suche nach einer neuen Beschäftigung einer gewissen Zeit bedarf. (2) Die saisonale A., die zeitlich beschränkt ist und in periodischer Folge auf Grund von Saisonschwankungen in bestimmten Berufen und Gewerben wiederkehrt. (3) Die konjunkturell bedingte (zyklische) A., die im Konjunkturverlauf auftritt. Sie entsteht dort, wo die allgemeine Nachfrage nach Arbeit zu gering ist im Vergleich zum Angebot, so dass alle Zweige davon betroffen werden. Da die gesamten Ausgaben und damit der Ausstoß ganz allgemein sinken, erfasst die konjunkturell bedingte A. alle Branchen und Regionen. In einer Rezession tritt zyklische A. deutlich auf. Doch kann es durchaus vorkommen, dass gesamtwirtsch. → Vollbeschäftigung herrscht, während auf Teilarbeitsmärkten strukturelle und friktionelle A. besteht. (4) Die strukturelle A., die wirtsch. und außerwirtsch. Ursachen haben kann und die auf Wandlungen des inneren Gefüges der Wirtschaft beruht. Strukturelle A. entsteht dann, wenn auf dem Arbeitsmarkt die Nachfrage nach Arbeit steigt, auf einem anderen fällt, während das Angebot sich nicht schnell anpasst. Dadurch treten Ungleichgewichte in der Beschäftigung oder unter Regionen auf, da die einzelnen Sektoren unterschiedlich wachsen. Eine solche Über- oder Unternachfrage auf den Arbeitsmärkten würde verschwinden, wenn die Löhne nach oben und unten beweglich wären. Trotz A. steigende Löhnen führen über ein Ungleichgewicht zwischen Angebot und Nachfrage nach Arbeit zu weiterer Unterbeschäftigung. Diese kann bei regionaler oder beruflicher Immobilität extreme Ausmaße annehmen. Gemessen wird die A. anhand der → Arbeitslosenquote, welche die Zahl der arbeitslos gemeldeten Personen in Bezug zu den abhängigen → Erwerbspersonen setzt. Sozialpolit. ist A. Gegenstand der Arbeitslosenfürsorge und Arbeitslosenversicherung (→ Sozialversicherung). Träger der Arbeitslosenversicherung und -fürsorge ist die → Bundesanstalt für Arbeit. Die für soz. Sicherheit zur Verfügung stehenden Hilfsmittel sind das → Arbeitslosengeld, und die → Arbeitslosenhilfe. → Natürliche Rate der Arbeitslosigkeit.

Arbeitsmarkt, das Zusammentreffen von Angebot an und Nachfrage nach Arbeitskräften. Mit der Gründung der → Gewerkschaften und → Arbeitgeberverbände nahm der A. zunehmend die Form eines bilateralen → Monopols an. Gleichzeitig hat die Verwirklichung des → Sozialstaates die soz. Folgen des Spiels der freien Marktkräfte gemildert, was v. a. den Arbeitnehmern zugute kommt. Der Preis (= Lohn) wird in der → Tarifautonomie von den Tarifpartnern frei ausgehandelt. Nach (neo)klassischer Auffassung tendiert der A. zu einem Gleichgewicht im Schnittpunkt der Kurven des → Arbeitsangebotes

$$\left[A = A\left(\frac{W}{P}\right)\right]$$

und der → Arbeitsnachfrage

$$\left[N = N\left(\frac{W}{P}\right)\right]$$

Unterstellt wird in diesem Modell, es handle sich um einen Wettbewerbsmarkt, Löhne und Preise seien (nach oben und unten) beweglich, und es herrsche keine Geldillusion. Arbeitsangebot und -nachfrage hängen nur vom Reallohn ab:

$$\left(\frac{W}{P}\right)$$

Beim Reallohn

$$\left(\frac{W}{P}\right)_1$$

sind die Arbeitnehmer bereit, M_3 Arbeitseinheiten anzubieten, doch die Unternehmer wollen zu diesem Lohnsatz lediglich M_1 Einheiten beschäftigen. Das Überangebot an Arbeit ist durch M_{3-1} abgebildet. Die Arbeitslosen bieten daher ihre Arbeitskraft zu einem niedrigeren Preis an und unterbieten den am Markt vorhandenen monetären Lohnsatz solange, bis bei einem Reallohnsatz

$\left(\dfrac{W}{P}\right)_1$ und der Arbeitsmenge M* ein Gleichgewicht erreicht ist. In M* herrscht daher → Vollbeschäftigung, da unfreiwillige Arbeitslosigkeit nicht auftritt.

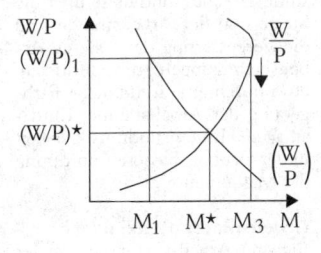

Arbeitsmarktpolitik, Maßnahmen, die darauf zielen, durch geeigneten Einfluss auf Angebot und Nachfrage am → Arbeitsmarkt strukturell ausgeglichene Beschäftigung auf hohem Niveau zu stabilisieren und benachteiligten Gruppen den Zugang zu vollwertigen beruflichen Tätigkeiten zu erleichtern. Träger der A. sind in Deutschland die Tarifparteien (→ Lohnpolitik), die Legislative auf allen föderalen Ebenen und die → Bundesanstalt für Arbeit. Instrumente der A. können ordnungs- oder prozesspolit. interpretiert werden. Zu den ordnungspolit. Maßnahmen zählen eigentums- und arbeitsrechtl. Rahmenbedingungen des GG, Tarifrecht, Bestimmungen zum Arbeitnehmerschutz i.w.S., institutionelle Gestaltung von Trägern der A. u.ä. Prozesspolit. Mittel beeinflussen gezielt die Arbeitskräftenachfrage (globale → Konjunkturpolitik, → Wachstumspolitik und → Strukturpolitik; Maßnahmen der Arbeitsförderung nach dem → Sozialgesetzbuch III wie Kurzarbeiter- oder Schlechtwettergeld; gruppenspezifische Instrumente wie Schwerbehindertengesetz, Ausbildungsplatzförderung oder → ausbildungsbegleitende Hilfen (abH) sowie Regelungen in Lohn- oder → Manteltarifverträgen) oder das Angebot an Arbeitskräften (Bundesanstalt für Arbeit, z.B. Lohnersatzleistungen, Arbeitsvermittlung, Berufsberatung, Fortbildung, Umschulung, Mobilitätsbeihilfen). Im Zuge der → Wiedervereinigung setzt die A. vorrangig → Arbeitsbeschaffungsmaßnahmen (ABM), Umschulung und Maßnahmen zur Fortbildung neben der Förderung von Investitionen ein. Diese dienen dazu, die Qualifikation der Arbeitslosen an die geänderten Anforderungen anzupassen. Gegenüber den ordnungskonformen Instrumenten der A. beeinträchtigen Beschäftigungsgarantien die Entscheidungsfreiheit privater Unternehmer erheblich und behindern den Strukturwandel. Dies gilt sowohl für staatl. Garantien über den Erhalt von Arbeitsplätzen als auch für Zusagen, welche die Treuhandanstalt bei der Privatisierung von ostdeutschen Betrieben den Investoren abverlangte. Wenn derjenige Bieter den Zuschlag erhält, der nicht den höchsten Preis zahlen will, sondern die meisten Arbeitsplätze garantiert, kann man die entgangenen Privatisierungserlöse (→ Opportunitätskosten) als Lohnsubvention ansehen. → Geringfügige Beschäftigung.

Arbeitsmobilität, Anpassungsfähigkeit oder Beweglichkeit des Produktionsfaktors Arbeit, die sich im vielfältigen Wechsel des Erwerbs ausdrückt. Ihr Ausmaß ist von zahlreichen ökonom. und anderen Faktoren abhängig (Alter, Ausbildung, Geschlecht, Wohnverhältnisse, Arbeitsbedingungen). Je höher die A., umso leichter ist ein Austausch mit anderen → Produktionsfaktoren (Faktorsubstitution) möglich, und umso mehr kann die volkswirtsch. Produktivität gesteigert werden.

Arbeitsnachfrage, Nachfrage, die Unternehmen zur Produktion ihrer Erzeugnisse und die Konsumenten nach pers. Dienstleistungen entfalten. Sinkt der zusätzliche Ertrag, den ein weiterer Arbeiter erbringt, und strebt der Unternehmer nach einem maximalen Gewinn, wird er solange Arbeitskräfte nachfragen, bis der Lohnsatz dem bewerteten → Grenzprodukt entspricht. Mehr Arbeitskräfte nachzufragen, wäre unwirtsch., da die → Grenzkosten höher wären als die → Grenzerlöse. Die A. ist also negativ vom Reallohn abhängig. → Grenzproduktivitätstheorie.

Arbeitsnorm, Arbeitsleistung, die in einer festgelegten Zeiteinheit zu vollbringen ist. Sie sind für die Ermittlung des → Akkordlohnes wichtig. → Tarifvertrag.

Arbeitsplatzgestaltung, der zusammenfassende Ausdruck für alle Maßnahmen, die auf eine bestmögliche Gestaltung der Bedingungen abzielen, unter denen zweckmäßigrationell gearbeitet wird. Die → Betriebspsychologie untersucht in diesem Zusammenhang und für Zwecke der → Rationalisierung die Möglichkeiten der Arbeitszerlegung, der Werkzeuganordnung usw., insbes. durch Bewegungs- und Zeitstudien (→ Reichsausschuss für Arbeitsermittlung (REFA)), um so die techn. beste (rationelle) Arbeitsleistung zu erreichen. Gegenwärtig tritt jedoch immer stärker das Bestreben hervor, den psychischen Aspekt der Arbeitsleistung zu sehen und diese über die Steigerung der Arbeitsfreude und die Verbesserung der äußeren Arbeitsbedingungen zu beeinflussen, etwa durch eine freundliche Farbgebung der Arbeitsräume, Klimaanlagen, Hintergrundmusik, Arbeit in der Gruppe, bessere Anordnung der Maschinen.

Arbeitsplatzpotenzial, die verfügbaren Arbeitsplätze (Grenze der Beschäftigung), deren Zahl sich aus dem → Kapitalstock und der → Kapitalintensität ergibt.

Arbeitsproduktivität, Ausdruck für das Verhältnis von Output zu Arbeitseinsatz. Die durchschnittliche A. ist der Quotient von Ausstoßmenge zur Anzahl eingesetzter Beschäftigungseinheiten; die marginale A. oder → Grenzproduktivität der Arbeit erfasst den Zuwachs des → Ausstoßes in Bezug auf den Einsatz einer weiteren Arbeitseinheit. Die amtliche Statistik misst die A. durch das reale → Bruttoinlandsprodukt (BIP) zu Marktpreisen je Erwerbstätigen. → Sozialprodukt → Effizienzlohn-Theorie.

Arbeitsrecht, rechtl. Rahmenbedingungen der unselbständigen Arbeit. Das A. in Deutschland ist auf viele Gesetze verstreut. Ein einheitliches Arbeitsgesetzbuch existiert nicht. Das A. kann man in ein individuales (zwischen Arbeitgebern und -nehmern) und ein kollektives (zwischen → Arbeitgeberverbänden und → Gewerkschaften) gliedern. → Arbeitsgerichtsgesetz.

Arbeitsschutz, in allen Rechtsvorschriften, die sich auf den Schutz der Arbeit von Beschäftigten in den Betrieben beziehen, festgelegte Rechte der → Arbeitnehmer. Hier sind insbes. der Unfall-, Vertrags-, Lohn-, Beschäftigungs- (Kündigungsschutz) oder Arbeitszeitschutz (Arbeitszeitrecht) und der Schutz für Frauen, Jugendliche, Lehrlinge sowie Kinder zu nennen.

Arbeitsstudien → Reichsausschuss für Arbeitsermittlung (REFA).

Arbeitsteilung, eine der wichtigsten Erscheinungen im menschlichen Leben, von der die Entwicklung der wirtsch., staatl. und gesetzl. Organisation von Gemeinwesen entscheidend bestimmt wurde und ohne die materieller und ideeller Wohlstand nicht möglich ist. Die Vorteile der A. zwischen Menschen, Betrieben und Ländern bestehen in einer erhöhten Geschicklichkeit bei der Arbeitsverrichtung, einer Zeitersparnis und erleichtertem Einsatz (und der Erfindung) von Maschinen. Durch die internationale A. können insbes. Wohlfahrtsgewinne erwirtschaftet werden, wenn auf Grund bestehender → komparativer Kostenvorteile in einer Volkswirtschaft eine → Spezialisierung erfolgt. Das Vorliegen dieser Spezialisierungsgewinne hat in der Vergangenheit zu einem rasanten Anstieg der internationalen Wirtschaftsbeziehungen geführt. Als Nachteile der A. kann man die Abhängigkeit des Menschen von seiner Umwelt sowie zwischen den Volkswirtschaften bei internationaler A. nennen. Kritisch sind auch die Eintönigkeit der Arbeit, die Erschwerung eines Berufswechsel und die wachsende Krisenanfälligkeit von Volkswirtschaften. Ihre Grenze findet nationale wie internationale A. jeweils in der Ausdehnung des Marktes und der Kapitalausstattung der Betriebe.

Arbeitsvermittlung, in Deutschland früher monopolartige Aufgabe der → Bundesanstalt für Arbeit (BA). Die gesetzl. Restriktionen für die Zulassung privater Vermittlungsdienste wurden 1994 jedoch beseitigt und das Vermittlungsmonopol der BA damit aufgehoben. Seitdem darf auch private Vermittlung von Arbeitssuchenden aller Berufe und Personengruppen als selbständige Tätigkeit neben der öffentl. Arbeitsvermittlung betrieben werden, sofern bestimmte Mindestanforderungen u.a. bezüglich der Qualifikation vorhanden sind.

Arbeitsvertrag, im Sinne des BGB ein gegenseitiger Vertrag, durch den sich der eine Teil (→ Arbeitnehmer) zur Leistung pers.r Dienste, der andere Teil (→ Arbeitgeber) zur Zahlung einer Vergütung verpflichtet. Das BGB kennt nur die beiden Formen des → Werkvertrages und des Dienstvertrages. → Tarifverträge sind kollektiv abgeschlossene A.

Arbeitswerttheorie, Ansatz, der im Gegensatz zur → subjektiven Wertlehre den → Wert einer Ware objektiv, jedoch ausschl. aus dem Tauschwert der Arbeit definiert. Die zur Herstellung eines Gutes benötigte Arbeit bestimmt hierbei seine Kosten und damit seinen Tauschwert. Die A. hat sich in ihrer reinen Form als haltlos erwiesen.

Arbeitswissenschaft, befasst sich mit allen Fragen, die bei der Gestaltung der Arbeitsbedingungen auftreten: z.B. Arbeitsstudien nach → Reichsausschuss für Arbeitsermittlung (REFA), geeignete Auswahl von Mitarbeitern (Anforderungs- oder Eignungsprofil), optimales Lohnsystem.

Arbeitszeitordnung → Arbeitszeitrecht.

Arbeitszeitrecht, rechtl. Bestimmungen, die sich auf die zeitliche Gestaltung der Beschäftigung von → Arbeitnehmern hinsichtlich Dauer, Lage und Verteilung der Arbeitszeit beziehen. Kernstück des Arbeitszeitrechts ist das 1994 in Kraft getretene Arbeitszeitgesetz, dessen Zweck der Gesundheitsschutz, die Sonn- und Feiertagsruhe sowie die Verbesserung der Rahmenbedingungen für flexible Arbeitszeit sind. Arbeitszeitrechtl. Regelungen enthalten darüber hinaus das Teilzeitbefristungsgesetz, das Mutterschutzgesetz, das Jugendschutzgesetz sowie das Ladenschlussgesetz.

Arbeitszeitverkürzung, Maßnahme, die in den vergangenen Jahren von den → Gewerkschaften gefordert und z. T. durchgesetzt wurde, um die vorhandenen Arbeitsplätze auf mehr Erwerbspersonen aufzuteilen. Daneben gehen auch gesundheitliche Aspekte, mehr Freizeit und allgemein eine bessere Lebensqualität in die Diskussion um eine A. ein. Bezogen auf die Lebensarbeitszeit tritt eine Verkürzung ein, wenn (1) die Ausbildungszeit verlängert wird und so der Eintritt ins Berufsleben später erfolgt und/oder (2) der Austritt aus dem Berufsleben vorverlegt wird. Effektiver ist eine Verkürzung der tariflichen Arbeitszeit. Gegen das Aufrechnen der A. gegen zusätzliche Arbeitsplätze spricht: (1) Zwischen frei werdenden Arbeitsplätzen und verfügbarem Arbeitskräfteangebot können Probleme im → Matching in qualifikatorischer oder räumlicher Hinsicht bestehen, (2) bei vielen Unternehmen führt die Aufteilung einer gegebenen Arbeitszeit auf mehr Beschäftigte aus techn. oder organisatorischen Gründen zu Kostensteigerungen, (3) bei einem vollen Lohnausgleich hängt die Nachfrage nach zusätzlichen Arbeitskräften u.a. davon ab, welchen Einfluss ein Unternehmen auf die → Preise hat, und (4) Erwerbspersonen können die entstehende Freizeit für Zusatzarbeit (Überstunden, Zweitarbeit) verwenden.

Arbitrage, Sammelbegriff für Transaktionen zur Gewinn bringenden Ausnützung von örtlichen und zeitlichen Preisunterschieden. Die A. führt zum Ausgleich dieser Preisdifferenzen. Bei vollständiger Information aller Marktteilnehmer und → Transaktionskosten von null sind im Marktgleichgewicht alle Preisunterschiede beseitigt und keine Arbitragegewinne mehr möglich.

ARGE → Arbeitsgemeinschaft.

Arithmetisches Mittel → Mittelwerte.

Armut, wirtsch. Situation, in der Individuen unter einer bestimmten Armutsgrenze (engl.: poverty line) liegen. Formen: (1) Absolute A.: Die Armutsgrenze stellt jenes Einkommen dar, das als Subsistenzniveau notwendig ist, z.B. ein USD am Tag. (2) Relative A.: Armutsgrenze orientiert sich an einem Prozentsatz des Durchschnittseinkommens, häufig 50 %. (3) In der Sozialhilfestatistik wird die A. als Unterschreitung des soziokulturellen → Existenzminimums in Höhe der laufenden Hilfe zum Lebensunterhalt definiert (→ Sozialhilfe).

Armutsgrenze → Armut.

Arrowsches Paradoxon → Unmöglichkeitstheorem.

ASEAN → Association of South East Asian Nations.

Assekuranz → Versicherung.

Assekuranztheorie (Versicherungstheorie), versucht, die Besteuerung durch den Staat zu rechtfertigen. Die Steuer wird als eine Art Versicherungsprämie für die Aufrechterhaltung von Ruhe und Ordnung betrachtet. Man kann sie zur erweiterten Äquivalenztheorie (→ Äquivalenzprinzip) zählen. Vorwiegend im 19. Jh. von T. Hobbes und Rotteck vertreten.

Assessment Center, Verfahren bei der Einstellung neuer Mitarbeiter, bei dem mehrere Kandidaten über einige Tage anhand verschiedener Methoden auf ihre Eignung beurteilt werden.

Association of South East Asian Nations (ASEAN), Organisation, die 1967 gegründet wurde und folgende Mitglieder umfasst: Brunei, Indonesien, Kambodscha, Laos, Malaysia, Myanmar, Philippinen, Singapur, Thailand, Vietnam. ASEAN ist ein Zusammenschluss von südostasiatischen Staaten mit dem Ziel der Förderung der polit. Kooperation (Gipfel der Staats- und Regierungschefs, Außenminister-Konferenzen, Wirtschaftsminister-Treffen sowie Zusammenarbeit anderer Fachminister; Politikfelder: Wissenschaft, Technologie, Finanzen, Verkehr, Umwelt, Kultur, Sozialpolitik und Drogenpolitik) und der wirtsch. Zusammenarbeit. Bedeutendes Anliegen der Gemeinschaft ist die Gründung einer → Freihandelszone AFTA und der ASEAN Investment Area (AIA) zur Aufhebung von Investitionsschranken.

Assoziierung, Form des lockeren Anschlusses eines Staates an eine Wirtschafts- und Zollunion ohne Vollmitgliedschaft. Bsp.: Assoziierungsverträge afrikanischer Staaten mit der EU.

Atomistische Konkurrenz → Wettbewerb.

Audiovisuelle Medien → Kommunikationssysteme.

Aufbewahrungspflicht, sofern es sich um einen Distanzkauf handelt, d.h. um einen an einem anderen Ort erfolgten → Kauf, ist die A. beim Handelskauf die Verpflichtung des Käufers, die beanstandete Ware einstweilen aufzubewahren, damit es dem Verkäufer ermöglicht wird, über die Ware ggf. ohne vorherige Rücksendung anderweitig

Aufgeld → Agio.

Aufkommenselastizität → Steuertariflehre.

Aufsichtsrat → Aktiengesellschaft (AG).

Aufwand (Aufwendungen), im betriebswirtsch. Sinne ein Wertverbrauch, um einen in der → Gewinn- und Verlustrechnung (GuV) ausgewiesenen Ertrag zu erzielen. Er ist der Wert aller Güter, Dienstleistungen oder öffentl. Abgaben, die innerhalb oder außerhalb des Unternehmens in einer Periode verbraucht wurden. Wird keine → Abgrenzung vorgenommen, entspricht der A. den → Ausgaben bzw. Kosten. In der Gewinn und Verlustrechnung sind zu unterscheiden: (1) A. der gewöhnlichen Geschäftstätigkeit, z.B. für die Herstellung von Erzeugnissen. (2) Außerordentlicher A. liegt außerhalb der Erfüllung des eigentlichen Betriebszwecks, z.B. für Spenden, spekulative Verluste, überhöhte Abschreibungen. Der Aufwandsermittlung im Betrieb dienen: (1) die Abschreibung (Lebensdauerschätzung), (2) die Befundrechnung, (3) die Skontration oder Fortschreibung und (4) die Schätzung.

Aufwandsentschädigung, Erstattung für bestimmte Ausgaben, wie Fahrtkosten, Zehrgelder an Arbeiter, Angestellte oder Beamte, fällt bisweilen pauschal an und wird im Allg. als Teil des Arbeitslohns besteuert. Dies gilt jedoch nicht für die A. von Abgeordneten: → Diäten.

Aufwertung (früher Revalvation), Anstieg des Preises oder Wertes der inländ. Währung mit einer entsprechenden Herabsetzung des → Wechselkurses. Bei fixen Wechselkursen soll die A. fortwährende Exportüberschüsse sowie Kapitalimporte vermindern. Ziel ist die Beseitigung eines sog. fundamentalen Ungleichgewichts und damit der Ausgleich der → Zahlungsbilanz. Häufig soll eine A. zur Stabilisierung einer überhitzten Konjunktur beitragen (→ Konjunkturbewegungen). Bei freien Wechselkursen führt der Markt über den Wechselkurs automatisch Auf- und → Abwertungen durch.

Aufzinsung, Methode zur Berechnung des Endkapitals (K_n) mit Zinseszinsen aus einem Anfangskapital (K_0) durch Multiplikation mit dem Aufzinsungsfaktor q^n. Formal ausgedrückt $K_n = K_0 \cdot q^n$; (q = 1 + [p/100]), wobei n = Anzahl der Jahre und p = Zinseszins sind. Umgekehrtes gilt für die → Diskontierung. Anwendung findet die A. z.B. in der → Investitionsrechnung und → Nutzen-Kosten-Analyse.

Auktion → Versteigerung.

Ausbeutungstheorie, ein auf der → Arbeitswerttheorie beruhendes Kernstück des → Marxismus. Sie erklärt den Unternehmergewinn aus der Ausbeutung (Exploitation) des Arbeiters, der an Stelle des von ihm allein geschaffenen → Mehrwerts lediglich ein Entgelt erhält, das seine Leistungsfähigkeit sichert. Die A. hat sich als haltlos erwiesen. → Marxismus, → Profitrate.

Ausbildungsbegleitende Hilfen (abH) → Arbeitsmarktpolitik.

Ausbildungsbeihilfe, freiwillige oder gesetzl. geregelte Hilfen zur Förderung der beruflichen Ausbildung. A. aus öffentl. Mitteln oder Stiftungen sind steuerfrei.

Ausbildungsförderung → Bundesausbildungsförderungsgesetz (BAföG).

Ausbildungsvertrag, Vertrag, der zwischen → Auszubildendem und Ausbildungsbetrieb geschlossen wird. Für den A. sind durch das Berufsbildungsgesetz bestimmte Inhalte zwingend vorgeschrieben. Ziel ist es, dem Auszubildenden eine qualifizierte Ausbildung in einem staatl. anerkannten Lehrberuf zu vermitteln, die neben der notwendigen Grundausbildung alle fachlichen Fertigkeiten und Kenntnisse vermittelt, die für die spätere Ausübung des Berufs erforderlich sind. Der Vertrag muss schriftlicher Form sein und genaue Angaben über den zu erlernenden Beruf, die Dauer, den Beginn und das Ende der Lehrzeit sowie über Probezeit, Vergütung, Arbeitszeit, Urlaub und Kündigung enthalten.

Ausfallbürgschaft, Garantie des Bürgen, im Falle des Ausfalls einer Forderung dafür einzustehen, z.B. der Staat für kreditfinanzierte Projekte von allgemeinem Interesse. Im Export: → Hermes-Garantien.

Ausfallzeiten, Begriff, der in der Berechnung des Besoldungs- und Pensionsalters und in der gesetzl. Rentenversicherung vorkommt. Es sind Zeiten, in denen der Versicherte aus pers. Gründen (wie Arbeitsunfähigkeit, Schwangerschaft, Arbeitslosigkeit, Lehrzeit und Schul- und Fachausbildung) keine Beschäftigung ausüben und somit keine Beitragsleistung erbringen konnte.

Ausfuhr (Export), Absatz von Waren, Dienstleistungen und Kapital in das Ausland. Die A. ist Teil der → Außenwirtschaft eines Landes.

Ausfuhrbürgschaften → Hermes-Garantien.

Ausfuhrförderung (Exportförderung), vorwiegend staatl., besteht (1) aus allgemeinen Hilfen, wie staatl. Informationen, → Subventionen ausländ. Messen und ausfuhrfördernder Stellen im Ausland, und (2) aus steuerlichen (z.B. Umsatzsteuerermäßigung oder -befreiung), versicherungsmäßigen (z.B. → Hermes-Garantien), fiskalischen (z.B. → Ausfuhrprämien), wechselkurspolit. (→ Abwertung) und kreditpolit. (→ z. B. Exportfinanzierung) Maßnahmen.

Ausfuhrprämien (Ausfuhrvergütungen), in offener oder versteckter Weise meist vom Staat gewährte Unterstützungen, um die Ausfuhr einzelner Waren zu erleichtern. Offene A. gelten als → Dumping. Von A. geschädigte Staaten können im Rahmen der Regeln der → World Trade Organization (WTO) → Antidumpingzölle erheben.

Ausfuhrzölle, → Abgaben, die bei der Ausfuhr einer Ware aus dem Zollgebiet eines Staates erhoben wird. A. kommen bei Waren vor, für die der betroffene Staat ein natürliches → Monopol bzw. sehr günstige Produktionsbedingungen besitzt, so dass der A. den Absatz nicht ungünstig beeinflusst. Andere A. sollen die Ausfuhr für solche Güter belasten, die im Inland unentbehrlich sind; es handelt sich in diesem Falle also um → Prohibitivzölle. In Deutschland gibt es seit 1962 keine A. mehr.

Ausgabekurs (Emissionskurs), Kurs oder Preis, zu dem ein → Wertpapier bei seiner → Emission dem Publikum angeboten wird. Er kann → unter Pari, → über Pari oder → al Pari festgelegt werden.

Ausgaben, Abfluss von liquiden Mitteln im Betrieb sowie im privaten und öffentl. Haushalt. (1) Die A. der privaten Haushalte dienen dazu, den laufenden Bedarf zu decken (→ Konsumausgaben, kurz- und langfristige) und sind von der Konsumneigung abhängig. (2) Bei Betrieben zählen normalerweise auch die Kreditvorgänge zu den A., so dass diese aus Auszahlungen + Forderungsabgängen + Schuldenzugängen bestehen. Betriebliche A. entstehen bei der Abwicklung des Betriebsablaufs, etwa für die Bezahlung von Löhnen und Gehältern, Rohstoffen und Halberzeugnissen; sie sind insoweit → Aufwand. Nicht zu den A. zählen hingegen Privatentnahmen. Ein weiterer Unterschied zwischen Aufwand und A. ist zeitlich bedingt. Bsp.: Kauf einer Maschine (Ausgabe), deren Nutzung und Abschreibung über Jahre verteilt ist (Aufwand). Analoges gilt für das Verhältnis von A. zu aufwandsgleichen Kosten. (3) A. der öffentl. Haushalte → Staatsausgaben. Die Gesamtausgaben in einer Volkswirtschaft haben als effektive Nachfrage Einfluss auf die Höhe der Beschäftigung und spielen in der keynesianischen Konjunkturtheorie eine wichtige Rolle (→ Keynesianische Theorie).

Ausgabeninzidenz, beantwortet die Frage, wem die Staatsausgaben letztlich zugute kommen. Dabei kann man von monetären Transfers ausgehen (z.B. → Subventionen, → Sozialhilfe oder Geldleistungen der → Sozialversicherungen) oder vom tatsächlichen Nutzen, den staatl. finanzierte Projekte abwerfen (z.B. Straßennutzung oder Polizeischutz). → Budgetinzidenz, → Steuerüberwälzung.

Ausgabenmultiplikator, drückt aus, um wie viel sich das → Volkseinkommen zu Marktpreisen (Y_M) verändert (d), wenn die öffentl. Ausgaben für Güter und Dienste (A) oder Transferausgaben (Tr) zu- oder abnehmen. Werden die privaten Investitionen von den Veränderungen der Ausgaben nicht berührt, so gilt bei Ausgaben für Güter und Dienste:

$$d\,Y_M = \frac{1}{1-b} \cdot d\,A$$

bei Ausgaben für Transfers:

$$d\,Y_M = \frac{b}{1-b} \cdot d\,Tr$$

(b = marginale Konsumquote). Nach dem Haavelmo-Theorem können auch von einem ausgeglichenen Haushalt Multiplikatorwirkungen ausgehen. → Konsumquote, → Steuermultiplikator.

Ausgabensteuer (Konsumsteuer; engl.: expenditure tax), Steuer, welche die Verbrauchsausgaben des privaten Haushaltes belastet. Sie unterscheidet sich von der → Einkommensteuer, die den Zugang der Einkommen in einer Periode anstatt ihre konsumtive Verwendung erfasst. Sie hebt sich von der indirekten → Verbrauchsteuer (auch in Form des Konsumtyps der → Mehrwertsteuer) ab, weil sie direkt bei den privaten Haushalten ansetzt und damit die pers. Leistungsfähigkeit berücksichtigen kann. Wichtigster Rechtfertigungsgrund: Das Sparen wird nicht doppelt besteuert. → Steuersystem.

Ausgleich der Zahlungsbilanz → Zahlungsbilanz.

Ausgleichsfonds, (1) Sondervermögen des Bundes für den → Lastenausgleich, (2) zweckgebundene Vermögensmasse für überregionale Maßnahmen zur Eingliederung Schwerbehinderter in Arbeit und Gesellschaft, (3) Währungsausgleichsfonds: in Ländern zur Regulierung der Devisenkurse, (4) Ausgleichskassen bei Unternehmenszusammenschlüssen zur internen Regulierung von Gewinnen und Verlusten.

Ausgleichsforderungen, entstanden (1) anlässlich der → Währungsreform, bei der die Banken Publikum und öffentl. Wirtschaft mit dem neuen Geld ausstatteten. Nach der Entwertung der Reichsmark standen zur Deckung der ausgegebenen Banknoten den Kreditinstituten keine ausreichenden Vermögenswerte zur Verfügung. Die Landeszentralbanken hatten den Geldinstituten zunächst für die im Verhältnis 10 : 1 umgestellten Sichtguthaben 15 %, für Sparguthaben 7,5 % gutgeschrieben. Soweit die Vermögenswerte der Banken zuzüglich dieser Gutschriften zur Deckung der ausgegebenen Banknoten noch nicht ausreichten, erwarben die Banken gegenüber Bund und Ländern A., die je nach Fristigkeit (25–47 Jahre) mit 3–4,5 % verzinst waren. Die A. wurden zwischen 1956 und 1993 u.a. aus Bundesbankgewinnen getilgt. (2) Auch bei Einführung der DM in der ehemaligen DDR wurde das Instrument der A. bei der → Privatisierung von sanierungsfähigen ehemaligen volkseigenen Betrieben angewandt. Die Tilgung der A. über rd. 8 Mrd. € ist langfr. vorgesehen.

Ausgleichsgesetz der Planung, von E. Gutenberg formulierte Regel, nach der sich die kurzfristige Planung an der → Kapazität des Engpassfaktors orientiert. Dabei wird davon ausgegangen, dass mit wachsender Größe einer Betriebswirtschaft ihre Funktionalbereiche zunehmend schwieriger zu koordinieren sind. Häufig wird ein Teilbereich (Beschaffung, → Produktion, → Absatz oder → Finanzierung) zum Engpass der Leistungserstellung oder -finanzierung. Eine kurzfr. Planung muss aus ganzheitlicher Sicht die einzelnen Pläne in den Teilbereichen koordinieren und am Engpassfaktor ausrichten. Daraus folgen indes ungenutzte Kapazitäten und → Leerkosten. Langfr. muss man daher die Teilkapazitäten aufeinander abstimmen und flexibilisieren.

Ausgleichsmesszahl, Messgröße im kommunalen → Finanzausgleich zur Bestimmung des relativen Finanzbedarfs von Kommunen. In die Berechnung der A. gehen Einwohnerzahl sowie strukturelle Merkmale wie z.B. zentralört-

Ausgleichszölle, erhobene Abgaben auf Waren, zu deren Export, Erzeugung oder Herstellung unmittelbar oder mittelbar Prämien oder Subventionen gewährt werden. → Antidumpingzölle.

Ausgründung, Übertragung von Teilen eines bestehenden in ein neu zu gründendes Unternehmen. Ziele der A. sind sowohl steuerliche Vorteile als auch betriebliche Vorteile durch Arbeitsteilung. → Doppelgesellschaften.

Aushöhlungseffekt → Backwash-Effekt.

Ausländerkonvertibilität, Beschränkung der → Konvertibilität einer Währung auf Ausländer oder ausländ. Zentralbanken. Gegenstück zur → Inländerkonvertibilität.

Ausländische Arbeitnehmer, Arbeitnehmer aus dem Ausland. A., die nicht aus EU-Staaten stammen, müssen eine Arbeits- und Aufenthaltserlaubnis nachweisen (Ausnahmen für Kinder und Ehefrauen). EU-Ausländer benötigen auf Grund der EG-Freizügigkeitsverordnung weder Arbeits- noch Aufenthaltserlaubnis. → Green Card.

Auslandsanleihen, sowohl auf ausländ. Währung lautende → Anleihen, die Inländer im Ausland emittieren, als auch auf inländ. Währung lautende Anleihen, die Ausländer im Inland emittieren.

Auslandsbank, (1) historisch: A. ist eine → Spezialbank, deren Aufgabe es ist, Wirtschafts- oder Handelsbeziehungen zu bestimmten für den Export und Import wichtigen Ländern bankmäßig abzuwickeln und zu pflegen. Das Heimatland der A. ist England, dessen Foreign und Colonial Banks das Auslandsbankgeschäft früher monopolartig beherrschten.
(2) Statistisch: Bankengruppe innerhalb der statistischen Systematik der → Deutschen Bundesbank; in etwa die Summe aus den sich im Mehrheitsbesitz ausländ. Banken befindenden Banken und den Zweigstellen ausländ. Banken.

Auslandsbonds → Auslandsanleihen.

Auslandshandelskammer (AHK), die im Ausland tätige → Industrie- und Handelskammer (IHK), die zur Pflege der Wirtschaftsbeziehungen zwischen Deutschland und dem Gastland dient. Der → Deutsche Industrie- und Handelstag (DIHT) betreut die A. Den multilateralen wirtsch.polit. Beratungen dient die → Internationale Handelskammer.

Auslandskapital, das vornehmlich durch im Ausland aufgenommene Kredite sowie durch Beteiligungen und Anlagen in Unternehmen einer Volkswirtschaft aus dem Ausland zugeflossene Kapital. In der → Volkswirtschaftlichen Gesamtrechnung (VGR) besteht A. aus den Forderungen des Inlands an das Ausland.

Auslandsposition, Bilanzposition der → Deutschen Bundesbank, die sich als Saldo aus den Währungsreserven, den Krediten und sonstigen

Forderungen an das Ausland abzüglich der Auslandsverbindlichkeiten ergibt.

Auslandsverschuldung, Nettobestand inländischer Verbindlichkeiten an das Ausland. Länder mit hoher A. müssen einen hohen Anteil der Einnahmen aus dem Export von Waren und Dienstleistungen für den Schuldendienst aufwenden. Davon sind besonders Entwicklungsländer sowie Russland und einige → Mittel- und osteuropäische Staaten (MOE) betroffen.

Auslastungsgrad, Prozentsatz, bis zu dem die Kapazität (Anlagen, Maschinen und Beschäftigte) eines Betriebs oder einer Branche in einem Zeitabschnitt tatsächlich ausgenützt wurde. Der gesamtwirtsch. A. drückt das Verhältnis des tatsächlich erwirtschafteten Bruttoinlandprodukts (→ Sozialprodukt) zum → Produktionspotenzial des Landes aus.

Auslobung, öffentl. bekannt gemachtes Versprechen einer Belohnung für die Vornahme einer Handlung oder die Herbeiführung eines Erfolgs. Bsp.: Preisausschreiben.

Ausschließlichkeitsklausel, vertragliche Abmachung im Kreditverkehr von Banken, dass ein Vertragspartner bestimmte Geschäfte mit keiner anderen Bank abschließen darf.

Ausschlussprinzip, ein wichtiges Kriterium zur Unterscheidung privater und → öffentlicher Güter. Private (und auf dem Markt angebotene) Güter haben die Eigenschaft, dass sie beliebig teilbar sind. Die Produktion und das Angebot erfolgen somit nicht en-bloc. Über den Preis lassen sich Dritte von der Nutzung des Gutes ausschließen. Bei reinen öffentl. Gütern (z.B. Innere und Äußere Sicherheit) ist dies nicht möglich. Sie sind nahezu unteilbar, so dass es praktisch oder techn. kaum möglich ist, Bürger von der Nutzung auszuschließen.

Ausschreibung, öffentl. Bekanntgabe von Bedingungen, zu denen ein Vertragsangebot erwartet wird. A. sind i.d.R. haushaltsrechtl. vorgeschrieben, um sicherzustellen, dass das preisgünstigste Angebot den Zuschlag erhält und durch dieses Vergabeverfahren die Konkurrenz gefördert wird.

Ausschreibungskartell → Submissionskartell.

Ausschüttung, der Teil des Gewinns, den ein Unternehmen an seine Aktionäre als → Dividende auszahlt. → Verdeckte Gewinnausschüttung.

Außenbeitrag, in der → Volkswirtschaftlichen Gesamtrechnung (VGR) die Differenz zwischen Ausfuhr und Einfuhr. Er ist in der → Zahlungsbilanz der Saldo aus dem Waren- und Dienstleistungsverkehr (einschl. der Erwerbs- und Vermögenseinkommen).

Außenfinanzierung (Marktfinanzierung), Unternehmenskapital durch Beteiligungsfinanzierung (z.B. Aktien) oder Kreditfinanzierung (z.B. Obligationen). → Finanzierung.

Außengeld (engl.: outside money), entsteht nicht wie Innengeld

Außengesellschaft durch → Geldschöpfung über Bankgeschäfte, sondern durch Ankauf von Sach- oder Finanzaktiva seitens des Staates oder der Notenbank oder durch Einräumung einer (oft fiktiven) Forderung gegenüber den Personen, denen das A. zufließt.

Außengesellschaft, Gesellschaft gegenüber Dritten. Alle → Handelsgesellschaften sind automatisch A., da sie unter gemeinsamer → Firma nach außen erscheinen. Nicht zu den A. gehört etwa die → stille Gesellschaft, da sich hier ein Kapitalgeber an einem Unternehmen beteiligt, ohne dass Dritte unmittelbar betroffen sind. → Innengesellschaft.

Außenhandel, der über die Grenzen eines Staates führende Handel mit Waren- und Dienstleistungen. Er umfasst: (1) die → Ausfuhr inländ. Waren/Dienstleistungen (Export), (2) die Einfuhr ausländ. Waren/Dienstleistungen (Import), (3) den Veredelungsverkehr, (4) den Durchfuhrhandel. Der A. wird in der amtlichen Außenhandelsstatistik (→ Zahlungsbilanz) nach Menge, Wert und geographischer Zurechenbarkeit erfasst. Die Import- und Exportströme von Waren gehen in die → Handelsbilanz ein, der Handel mit Dienstleistungen in die → Dienstleistungsbilanz. Der A. hat seine Gründe häufig in unterschiedlichen Angebots- und Nachfragebedingungen in den Volkswirtschaften (→ Außenwirtschaftstheorie).

Außenhandelsmonopol, staatl. Zentralstelle, die den gesamten → Außenhandel alleine abwickelt.

Außenhandelsmultiplikator, → Multiplikator, der ausdrückt, um wie viel das → Volkseinkommen eines Landes steigt (sinkt) Δy, wenn sich seine Exporte ΔEx erhöhen (verringern): $\Delta y = m \cdot \Delta Ex$ wobei $m = 1/(s + g)$ ist und s die marginale → Sparquote und g die marginale → Importquote angeben. Da die Summe $s + g$ normalerweise unter 1 liegt, wird der Multiplikator $m = 1$ sein, d.h. die Zunahme (Abnahme) des Volkseinkommens wird ein Mehrfaches der Zunahme (Abnahme) des Exportes betragen. Der A. verdeutlicht die Exportstärke einer Volkswirtschaft.

Außenhandelsstatistik → Zahlungsbilanz.

Außenprüfung (veraltet: Betriebsprüfung), führen die Finanzbehörden durch, um die Veranlagung des Steuerpflichtigen auf ihre Richtigkeit nach der → Abgabenordnung (AO) zu kontrollieren. Im → Betrieb finden A. je nach Betriebsgröße in unterschiedlichem Turnus statt. Das Ergebnis wird in einem Prüfungsbericht festgehalten und dem Steuerpflichtigen mitgeteilt.

Außenwirtschaft, alle Wirtschaftsbeziehungen, die über die Grenzen eines Landes hinaus reichen. Darunter lassen sich im Wesentl. Waren-, Dienstleistungs- sowie Geld- und Kapitalverkehr zählen (→ Außenhandel). Staatl. Eingriffe in die A. (→ Außenwirtschaftspolitik) hängen nach Umfang und Art von der Wirtschaftsordnung und der Konjunkturlage sowie vom Bestehen eines → außenwirtsch. Gleichgewichtes ab. → Außenwirtschaftstheorie.

Außenwirtschaftliches Gleichgewicht, ein Hauptziel der Stabilitätspolitik und eine der vier Säulen des 1967 in Kraft getretenen Gesetzes zur Förderung der Stabilität und des Wachstums der Wirtschaft (→ Stabilitätsgesetz (StWG)). Nach dem → Sachverständigenrat (SVR) ist ein A. dann gegeben, wenn bei konstantem Wechselkurs die Zahlungsein- und -ausgänge im internationalen Verkehr ausgeglichen sind, wobei keine Transaktionen zu diesem Zwecke vorgenommen, eingeschränkt oder gefördert werden und keine direkten Nachteile für die binnenwirtsch. Ziele eintreten (→ Preisstabilität, → Beschäftigung). Alle Teilbilanzen der Zahlungsbilanz sind in diesem Zustand ausgeglichen. Das Verhältnis des → Außenbeitrags zum → Bruttosozialprodukt (BSP) (bis zu 1,5 %) kann als Richtmaß für ein A. gesehen werden, besitzt allerdings keine zentrale praktische Bedeutung. Ein fundamentales außenwirtsch. Ungleichgewicht wird häufig an dem Saldo der Grundbilanz gemessen, dessen Aussagewert umstritten ist. Außenwirtsch. Absicherung soll die Binnenwirtsch. gegen unerwünschte außenwirtsch. Störungen schützen, etwa die Abwehr von spekulativen Devisenzuflüssen vor einer erwarteten Aufwertung oder von zinsinduzierten Kapitalimporten, die eine Politik des knappen Geldes im Aufschwung wirkungslos machen könnten.

Außenwirtschaftsgesetz, zentrales Gesetz im deutschen Außenwirtschaftsrecht. Es regelt den Waren-, Dienstleistungs-, Kapital-, Zahlungs- und sonstigen Wirtschaftsverkehr mit dem Ausland, also die Bedingungen für die → Außenwirtschaft. Das A. gibt als Rahmengesetz einen rechtl. Rahmen für die wirtsch. Beziehungen mit dem Ausland vor und ist grundsätzlich an einem liberalen Ablauf des Außenwirtschaftsverkehrs orientiert (→ Liberalismus). Es berücksichtigt nur bestimmte allgemeine Beschränkungsmöglichkeiten im Rahmen der Überwachung des Außenwirtschaftsverkehrs, der Wahrung außenwirtsch. Interessen, von Verpflichtungen aus zwischenstaatl. Vereinbarungen, zur Abwehr schädlicher Geld- und Kapitalzuflüsse aus fremden Wirtschaftsgebieten. Als Durchführungsverordnung des A. dient die Außenwirtschaftsverordnung (AWV). Der Außenwirtschaftsverkehr ist grundsätzlich meldepflichtig, um Unterlagen für die Außenhandelsstatistik (→ Zahlungsbilanz) zu gewinnen. Das A. ist allerdings weitestgehend durch europarechtl. Bestimmungen in den Hintergrund gerückt.

Außenwirtschaftspolitik, Maßnahmen, die auf die Ordnung und Abwicklung der internationalen Wirtschaftsbeziehungen eines Landes gerichtet sind, insbes. im Rahmen der Außenhandels-, Währungs- und Integrationspolitik. Ihr Hauptziel, ein → außenwirtschaftliches Gleichgewicht zu sichern, muss mit den anderen volkswirtsch. Zielen der Wirtschaftspolitik abgestimmt werden. Die A bedient sich verschiedener Instrumente: (1) ordnungspolit., wie Meistbegünstigung, Überwachung monopolistischer Praktiken (einschl. multinationaler Unternehmen), (2) preispolit., wie → Zölle, Ein- und → Ausfuhrprämien, → Subventionen, (3) mengenpolit., wie Ein- und Ausfuhrverbote, Kontingente, Lizenzen, Stützungskäufe und -verkäufe an den Warenbörsen, (4) währungspolit., wie → Aufwertung, → Abwertung, Intervention an den → Devisenmärkten, → Devisenbewirtschaftung. In jüngster Vergangenheit haben insbes. nicht-tarifäre Handelshemmnisse (z.B. Selbstbeschränkungsabkommen, Subventionen, Antidumping-Maßnahmen (→ Antidumpingzölle), Kontingente, nationale Normierungen) an Bedeutung gewonnen. Ob die A. freiheitlich, interventionistisch, protektionistisch oder autarkistisch ist, hängt wesentlich von der Wirtschaftsordnung des Landes ab. → World Trade Organization (WTO).

Außenwirtschaftstheorie, theoret. Grundlagen der außenwirtsch. Aktivitäten von Volkswirtschaften (→ Außenwirtschaft), deren Bestimmungsgründe (z.B. → komparative Kosten oder Vorteile) und Auswirkungen. Zentrale Untersuchungsfelder sind der → Außenhandel, der internationale Kapitalverkehr, aber auch die internationale Bewegung des Faktors Arbeit. Die A. unterscheidet sich mehr dem Grade nach von der Binnenwirtschaftstheorie. Im Wesentl. kann man die Beweglichkeit der Güter und Produktionsfaktoren zwischen den Ländern sowie die Existenz unterschiedlicher → Währungen als Unterscheidungsmerkmale sehen. Während sich die monetäre A. mit der Zahlungsbilanz befasst, richtet die reale A. ihr Augenmerk auf Umfang, Struktur und Richtung der internationalen Güterströme und abstrahiert von der Existenz von Geld. → Weltwirtschaft.

Außergewöhnliche Belastungen, Aufwendungen, die einem Steuerpflichtigen zwangsläufig in größerer Höhe als der überwiegenden Mehrzahl der Steuerbürger in gleichen Einkommensverhältnissen erwachsen.

Außerordentliche Ausgaben (bzw. Einnahmen), Ausgaben (bzw. Einnahmen) betrieblicher oder öffentl. Haushalte, die unvorhergesehen oder unregelmäßig oder einmalig aus besonderen Anlässen auftreten, z.B. Ausgaben für Auslandseinsätze der Bundeswehr in Krisengebieten oder Einnahmen aus der Versteigerung von Mobilfunk-Lizenzen. Nach der → Bundeshaushaltsordnung (BHO) und dem → Haushaltsgrundsätzegesetz werden A. nicht in der Gliederung des → Haushaltsplanes ausgewiesen.

Außerordentliche Einkünfte, nach § 34 II EstG insbes. Gewinne aus der Veräußerung von → Betrieben oder wesentlichen Beteiligungen, Entschädigungen für entgangene Einnahmen und gewisse Zinsen aus abgelösten öffentl. Anleihen. Für A. gelten Steuerermäßigungen, die der Progressionsglättung dienen.

Aussonderung, können Gläubiger im Insolvenzfall verlangen, denen ein bestimmter Gegenstand aus der Insolvenzmasse als Eigentum gehört (§§ 47, 48 Insolvenzordnung (IO)).

Aussperrung, Kampfmittel der Arbeitgeber gegenüber den Arbeitnehmern im Tarifstreit bzw. → Arbeitskampf. Sie umfasst die planmäßige Verweigerung von Beschäftigung und Lohnzahlung, suspendiert also das Arbeitsverhältnis. Endet die A., lebt das Arbeitsverhältnis mit allen Rechten und Pflichten wieder auf. Die A. erfolgt regelmäßig zur Abwehr eines begonnenen → Streiks.

Ausstoß → Output.

Ausverkauf (Räumungsverkäufe), Räumung des Warenlagers eines Handelsgeschäftes, wobei herabgesetzte Preise oder sonstige Vorteile angekündigt werden. A. sind im Wesentl. rechtl. geregelt in §§ 7, 8 UWG. Die zugelassenen Arten des A. sind: (1) Räumungsverkäufe, (2) Saisonabschlussverkäufe (Sommer- und Winter-Schlussverkäufe; außer diesen beiden dürfen keine anderen Saisonverkäufe angezeigt werden, z.B. nicht Frühjahrs- und Herbstverkäufe, bis 2004) (3) Sonderveranstaltungen in Ausnahmefällen, wie Sonderverkäufe des Großhandels, (4) Jubiläumsverkäufe, (5) Resteverkäufe, (6) Konkurswarenverkäufe. Das Rabattgesetz von 2002 hat diese Vorschriften etwas aufgeweicht.

Auswahl, Wahl zwischen Alternativen, ergibt sich aus der → Knappheit der Güter und Dienste im Vergleich zu den → Bedürfnissen. Die Folgen des Prozesses der A. zwischen alternativen Gütern, Nutzungen von Hilfsquellen oder Maßnahmen und Zielen in der Politik sind von entscheidender Bedeutung für alle wirtsch. Aktivitäten. Haushalte müssen bei begrenztem Budget zwischen angebotenen Gütern und Diensten, dem gegenwärtigem und zukünftigem Konsum (Sparen) und zwischen Arbeit und Freizeit wählen.

Unternehmen müssen in ihrer Produktionsentscheidung unter den verfügbaren Faktoren (Boden, Arbeit, Kapital, unternehmerische Fähigkeit) auswählen. Der → Wettbewerb zwingt sie, die → Ressourcen so zu kombinieren, dass sie den höchsten Gewinn erzielen. Ebenso muss der öffentl. Sektor festlegen, wie er die nationalen Faktoren am besten nutzen kann und welche Mengen er für das Angebot an → öffentlichen Gütern einsetzen will.

Auszubildender, Person, die auf Grund eines → Ausbildungsvertrages eine Berufsausbildung durchläuft. Die Dauer der Ausbildung (meistens drei Jahre) richtet sich nach dem Vertrag, nach Ortsgebrauch oder nach den Bestimmungen der beruflichen Organisation. Das Ausbildungsverhältnis kann während der Probezeit, also während des ersten Monats, sofern nicht eine längere Probezeit ausgemacht ist, ohne Einhaltung einer Kündigungsfrist gelöst werden, um dem Auszubildenden einen Berufswechsel zu ermöglichen. Nach Abschluss der Ausbildung ist ein Zeugnis auszustellen, das über Dauer der Ausbildungszeit, die erworbenen Kenntnisse und Fähigkeiten des Auszubildenden Auskunft zu geben hat.

Autarkie (griech., Selbstgenügsamkeit), Zustand der Selbstversorgung, in dem ein Land nicht mehr auf die Einfuhr und Ausfuhr von Waren und auf finanzielle Transaktionen angewiesen ist, also wirtsch. Selbstständigkeit erlangt hat. Nach der → Weltwirtschaftskrise 1929 strebten viele Staaten die A. an. Jedoch bedeutet wirtsch. Abkapselung Verzicht auf die Vorteile der internationalen → Arbeitsteilung, die den am Welthandel Beteiligten zugute kommen und deren Wohlstand erhöhen können.

Autokorrelation, Eigenschaft, welche die Berechnung der → Korrelation zweier Zeitreihen verfälschen kann. Sie liegt dann vor, wenn bereits Beziehungen zwischen den Größen der einzelnen Reihenglieder bestehen, die man nicht als Veränderliche durch eine andere Variable der gleichlaufenden Zeitreihe ausdrücken kann.

Automation → Automatisierung.

Automatische Stabilisatoren (engl.: built-in-flexibility), Begriff aus der → Finanzwissenschaft, der das Phänomen beschreibt, dass im Konjunkturablauf von den Einnahmen und Ausgaben des staatl. Budgets antizyklische Wirkungen ausgehen können, ohne dass der polit. Entscheidungsträger in den Wirtschaftskreislauf eingreift. Bsp. auf der Einnahmenseite ist die Progression der Einkommensteuer (→ Steuerprogression). Im Konjunkturaufschwung nehmen die Steuereinnahmen stärker zu als die Einkommen, so dass dadurch die Expansion der Wirtschaft gedämpft wird, wenn der Staat die Mehreinnahmen verzögert ausgibt oder stilllegt. Ähnlich wirkt auf der Ausgabenseite das System der Arbeitslosenversicherung (→ Sozialversicherung). In der Realität wirken A. aus verschiedenen Gründen nur eingeschränkt. → Formula Flexibility.

Automatisierung (Automation), Inbegriff moderner Methoden der → Produktion, die darauf abzielen, Teile des Produktionsprozesses von Maschinen ausführen zu lassen. Die A. beinhaltet auch die Übernahme von Steuerungs- und Regelfunktionen durch künstliche Intelligenz. Nach dem Grad der A. unterscheidet man teil- und vollautomatisierte Prozesse. Zunächst zielte die A. auf Produktivitätssteigerungen insbes. in repetitiven Prozessen, während nun zunehmend Flexibilität und Wirtschaftlichkeit gesteigert werden sollen.

Autonome Induktion, innovative Produktplanung, die durch autonomen → technischen Fortschritt ausgelöst wird. Der Unternehmer sucht nach Wegen, neue (vorhandene) Erkenntnisse und Verfahren zu vermarkten und Nachfrage zu schaffen. Bsp.: Teflonbeschichtung für Bratpfannen, die in der Raumfahrt entwickelt wurde. → Bedarfsinduktion.

Aval (franz.), Verpflichtung in Form des Bürgen. Am bekanntesten ist die Wechselbürgschaft. Nach Art. 30ff. Wechselgesetz wird jemand, der sich auf dem Wechsel als Bürge (per aval) benannt hat, wechselmäßig verpflichtet. → Bürgschaft.

Avalkredit, ein Bankkredit, bei dem die Banken für Verpflichtungen ihrer Kunden gegenüber der öffentl. Hand oder Privaten eine Bürgschaft als Sicherheit leisten. Hat die Bank statt der Bürgschaftserklärung ein → Akzept gegeben, so tritt an die Stelle der Bürgschaft die Haftung aus dem → Wechsel.

Averch-Johnson-Effekt, ein durch Rentabilitätsregulierung verursachter Verzerrungseffekt in der

Input-Struktur eines Unternehmens. Ist die dem Unternehmen durch die → Regulierung zugestandene Rendite höher als die Kapitalkosten, so entsteht dem betroffenen Unternehmen ein Anreiz, mehr Kapital einzusetzen als betriebsoptimal wäre. Die Regulierung initiiert somit eine Verzerrung der Ressourcenallokation (nach Averch und Johnson 1962). Diese Anpassung des betroffenen Unternehmens macht Folgeregulierungen notwendig: Erlaubt sich ein Unternehmen eine Kostensteigerung, um Renditebeschneidungen zu entgehen, so muss der Regulierer auch die Kosten- und Preisstrukturen überwachen, um die Regulierungsausweichung zu verhindern. Das Unternehmen kann durch Preisdiskriminierung einen Ausgleich anstreben, dem der Regulierer erneut entgegentreten muss. Ist dem Unternehmen somit auch diese Möglichkeit genommen, wäre Qualitätsreduzierung eine weitere Ausweichmöglichkeit, worauf die Behörde wiederum die Regulierungsbasis ausweiten und ergänzende Qualitätsregulierung durchführen müsste.

Axiom, in der formalen Logik Voraussetzung oder Prämisse, die entweder nach allgemeiner Ansicht selbst evident oder begrifflich wahr ist. Mehrere A. müssen auf alle Fälle miteinander verträglich, also kompatibel, sein.

B

B2B (Business to Business, engl., von Unternehmen zu Unternehmen), Begriff der → New Economy für Geschäfts- oder Handelsbeziehungen zwischen Unternehmen im elektronischen Handel (→ Electronic Commerce). Gegenstück: → B2C.

B2C (Business to Consumer, engl., von Unternehmen zu Konsument), Begriff der → New Economy für Geschäfts- oder Handelsbeziehungen zwischen Unternehmen und (End-)Konsumenten im elektronischen Handel (→ Electronic Commerce). Gegenstück: → B2B.

Backwash-Effekt (engl., Aushöhlungseffekt), Effekt, der vorliegt, wenn periphere Regionen Ressourcen an Zentren abgeben. Besondere Bedeutung hat der B. in der → Entwicklungspolitik, wenn → Entwicklungsländer ihre Exporte (i.d.R. Rohstoffe) zu Lasten des inländischen Gewerbes und der Industrialisierung landwirtsch. Gebiete forcieren. Der B. kann stärker sein als der Multiplikatoreffekt (→ Multiplikator) des zunehmenden Exports auf die Nachfrage nach einheimischen Produkten. Der B. hemmt die Entwicklung von Entwicklungsländern, da er deren Produktivitätsrückstand (→ Produktivität) auf Industrieländer vergrößert.

BAFin → Bundesanstalt für Finanzdienstleistungsaufsicht.

BAföG → Bundesausbildungsförderungsgesetz.

Bagatellsteuer, Abgabe, deren Aufkommen im Verhältnis zum gesamten Steueraufkommen gering ist. Im Rahmen der Steuervereinfachung sind die meisten B. des Bundes, wie die Tee-, Zucker-, Salz-, Schaumwein-, Essigsäure-, Zündwaren-, Leuchtmittel-, Spielkarten-, Gesellschaft-, Börsenumsatz- und Wechselsteuer, abgeschafft worden. Die Länder erheben weiterhin Feuerschutzsteuer und Gemeinden Schankerlaubnis-, Jagd- und Fischerei-, Vergnügungssteuern und Hundesteuer. →Abgaben, öffentliche.

Baisse (franz.), Tiefstand der Kurse an der Börse und Gegensatz zur → Hausse. → Spekulation à la baisse ist Spekulation auf fallende Kurse bzw. sonstige fallende Preise. → Optionsgeschäft, → Put.

Balanced Growth (engl., ausgewogenes Wachstum), Wachstumsstrategie zur Förderung der → Entwicklungsländer. Beruht auf der Annahme, dass Unternehmen auf Grund von Marktenge angespartes Kapital nicht produktiv nutzen, wodurch der Nachfragemangel weiter verstärkt wird. Wenn jedoch in möglichst vielen Sektoren gleichzeitig investiert würde, ließe sich die Marktenge überwinden. Der Staat nimmt hierbei eine koordinierende und investitionsfördernde Rolle ein, z.B. durch indikative Planung, Übernahme von Ausfallbürgschaften usw. → Entwicklungstheorien.

Balanced Scorecard (engl.), Ansatz im Rahmen von → Unternehmensführung und → Controlling, der zum Ziel hat, operative Maßnahmen bestmöglich an der übergeordneten Unternehmensstrategie auszurichten und ein Gleichgewicht zwischen den Bereichen Kundenbeziehungen, Finanzwirtschaft, Mitarbeiterentwicklung und Interne Geschäftsprozesse zu schaffen. Dadurch sollen Reibungsverluste minimiert werden und die Unternehmensziele effizienter erreicht werden. Dabei werden Ziele und Maßnahmen auf einer Scorecard (Übersichtstafel) visualisiert.

Bandbreite, im System → fester Wechselkurse sind Zentralbanken verpflichtet, den Kurs zu sichern, sobald er eine vertraglich vereinbarte obere oder untere Grenze (→ Interventionspunkte) erreicht. Innerhalb dieser B. bildet sich der Wechselkurs nach den Knappheitsverhältnissen am Markt. Je breiter die B., umso mehr nähert sich das System flexiblen Wechselkursen (→ Freie Wechselkurse).

Bandwagon Effekt → Mitläufer-Effekt.

Bank, Begriff, der heute gleich bedeutend mit → Kreditinstitut gebraucht wird. B. sind Unternehmen oder öffentl.-rechtl. Institute, deren Hauptaufgabe darin besteht, Einlagen hereinzunehmen (→ Passivgeschäfte) und daraus Kredite zu vergeben (→ Aktivgeschäft der Bank). Volkswirtsch. erfüllen B. eine wichtige Aufgabe, indem sie die Losgrößentransformation, → Fristentransformation und Risikotransformation von Zahlungsansprüchen betreiben und den weit verzweigten insbes. bargeldlosen Zahlungsverkehr ermöglichen. Nach der rechtl. Definition des § 1 KWG sind B. Unternehmen, die → Bankgeschäfte gewerbsmäßig oder in einem Umfang betreiben, der einen in kaufmännischer Weise eingerichteten Geschäftsbetrieb erfordert.

Bankakzept, ein von einer Bank eingeräumter → Akzeptkredit mit hoher Sicherheitenbonität, da die Bank die wechselrechtl. Haftung voll übernimmt. B. werden im Allg. direkt bei der Akzeptbank diskontiert, möglich ist aber auch die Weiterreichung an eine andere Bank oder an einen Gläubiger des Akzeptkreditnehmers. Sie haben besondere Bedeutung im → Außenhandel, wo sie im Gegensatz zu Finanzakzepten oft Remboursakzepte für Warenforderungen sind. → Akzept.

Bankbilanz, → Bilanz der → Banken. Sie ist jährlich unter Verwendung besonderer Formblätter zu erstellen und durch Abschlussprüfer zu prüfen. Wegen der großen wirtsch. und währungspolit. Bedeutung von Banken müssen der → Jahresabschluss (Bilanz und Erfolgsrechnung) und der Lagebericht gemäß § 26 KWG zusätzlich der → Bundesanstalt für Finanzdienstleistungsaufsicht (BAFin) und der → Deutschen Bundesbank vorgelegt werden.

Bankbürgschaft → Avalkredit.

Bankdiskont (Bankrate), Betrag, der beim Ankauf einer Forderung (z.B. → Wechsel) vor deren Fälligkeitstermin zum Ausgleich des Zinsverlustes abgezogen wird. Der Verkäufer eines noch nicht fälligen Wechsels erhält also die um den Zinsabzug verkürzte Wechselsumme. Vor Einrichtung der → Europäischen Zentralbank bestimmte die → Deutsche Bundesbank im Rahmen der → Diskontpolitik den Diskontsatz, zu dem sie bereit war, bundesbankfähige Wechsel zur Refinanzierung von Kreditinstituten anzunehmen.

Bankenaufsicht, laufende und vorbeugende Überwachung der → Kreditinstitute zum Schutz des Gläubigers. Prinzipielles Ziel der B. ist es, die → Insolvenz von → Banken zu verhindern und die Stabilität des gesamten Bankensektors zu erhalten. Organe der B. in Deutschland sind die → Bundesanstalt für Finanzdienstleistungsaufsicht (BAFin) und die → Deutsche Bundesbank, deren Aufgabe die Aufsicht über die Kreditinstitute nach den Vorschriften des KWG ist. So sind die Kreditinstitute verpflichtet, der Deutschen Bundesbank Groß- und Millionenkredite anzuzeigen und der BAFin auf Verlangen über alle Geschäftsangelegenheiten Auskünfte zu erteilen. In jüngerer Zeit kam es zunehmend zu einer internationalen Harmonisierung bankaufsichtsrechtlicher Bestimmungen (→ Basel II).

Bankenkonsortium, in einem Konsortialvertrag festgelegte Zusammenarbeit einzelner Geschäftsbanken (→ Kreditbank) zu dem Zweck, das Risiko bei der Übernahme und Durchführung bestimmter Geschäfte (z.B. → Emission, → Kredit) zu verteilen.

Bankenliquidität → Liquiditätsreserven.

Bankenstimmrecht → Depotstimmrecht.

Bank für Internationalen Zahlungsausgleich (BIZ), 1930 mit Sitz in Basel gegründete Aktienbank, deren Aktionäre die Zentralbanken der G 7 und weitere nationale Zentralbanken sind. Ihre frühere Aufgabe, als Treuhänder die dt. Reparationszahlungen nach

Bankgeheimnis 54

dem → Young-Plan abwickeln zu helfen, hat sie erfüllt. Die »Bank der Zentralbanken« wirkt heute aktiv bei der Neuordnung und Festigung der zwischenstaatl. Währungsbeziehungen mit, schafft die Möglichkeit für internationale Finanzgeschäfte und fördert die Zusammenarbeit und den Erfahrungsaustausch zwischen den nationalen Zentralbanken. → Kapitalbewegungen, internationale.

Bankgeheimnis, Einblick der → Kreditinstitute in die finanziellen Verhältnisse ihrer Kunden auf Grund der Art ihrer Geschäfte. Das B. verpflichtet, Dritten gegenüber Stillschweigen über Vermögens- und Kreditverhältnisse des Kunden zu wahren. Eine Aufhebung des B. durch Offenbarungspflicht liegt in folgenden Fällen vor: (1) gegenüber Staatsanwalt und Strafrichter, (2) gegenüber dem Finanzamt, (3) gegenüber der → Bankenaufsicht.

Bankgeschäfte, Geschäfte einer → Bank im Sinne von § 1 KWG: (1) Annahme fremder Gelder als Einlagen ohne Verbriefung der Rückzahlungsansprüche als Inhaber- oder Orderschuldverschreibung (Einlagengeschäft), (2) Gewährung von Gelddarlehen und → Akzeptkrediten (Kreditgeschäft), (3) Ankauf von → Wechseln und Schecks (Diskontgeschäft), (4) Anschaffung und Veräußerung von Finanzinstrumenten im eigenen Namen für fremde Rechnung (Finanzkommissionsgeschäft), (5) Verwahrung und Verwaltung von Wertpapieren für andere (Depotgeschäft), (6) in § 1 des Gesetzes über Kapitalanlagegesellschaften bezeichnete Geschäfte (Investmentgeschäft), (7) Eingehung der Verpflichtung, Darlehensforderungen vor Fälligkeit zu erwerben, (8) Übernahme von Bürgschaften und Garantien (Garantiegeschäft), (9) Durchführung des bargeldlosen Zahlungsverkehrs (Girogeschäft), (10) Übernahme von Finanzinstrumenten für eigenes Risiko zur Platzierung (Emissionsgeschäft), (11) Ausgabe und Verwaltung von elektronischem Geld (E-Geld-Geschäft). Banken, die nur einzelne Geschäfte betreiben, wie z.B. Hypothekenbanken, heißen → Spezialbanken; jene, die alle oder zumindest einen Großteil dieser Geschäfte übernehmen, → Universalbanken.

Bankingtheorie, Gegensatz zur → Currency-Theorie. Nach der B. bestimmen neben → Bargeld auch Wechsel- und Kreditvolumen das → Preisniveau in einer Volkswirtschaft. → Fishersche Verkehrsgleichung.

Bankkredit, → Kredit, den → Banken Unternehmen sowie privaten und öffentl. Haushalten gewähren können. Der B. wird unterschieden nach (1) Laufzeit (kurz-, mittel- und langfristig), (2) Form (Bankdarlehen und → Kontokorrentkredit) und (3) Sicherheit (Personal- und → Realkredit).

Banknote, Papiergeld, das von dazu ermächtigten Banken (→ Notenbanken) ausgegeben wird. Die B. ist unbeschränktes gesetzl. Zahlungsmittel. In Deutschland wird die B. von der → Deutschen Bundesbank in Umlauf gebracht. → Euro (EUR, €), → Notenumlauf.

Bankrate → Bankdiskont.

Bankrott (ital., zerbrochene Bank), i.w.S. völlige Zahlungsunfähigkeit eines Schuldners, i.e.S. die strafbaren Handlungen eines Schuldners, der seine Zahlungen eingestellt hat oder über den ein Insolvenzverfahren zu eröffnen ist. → Insolvenz.

Bargeld, Banknoten und Münzen, die als Zahlungsmittel in einem Währungsgebiet von jedermann angenommen werden. B. kann in drei Formen auftreten: (1) als Scheidegeld (unterwertig ausgeprägte und begrenzt anzunehmende Münzen, → Scheidemünzen), (2) als Kurantgeld (vollwertig ausgeprägte Münzen, etwa aus Gold und Silber, → Kurant) und (3) → Banknoten (Papiergeld).

Bargeldloser Zahlungsverkehr (Unbarer Zahlungsverkehr), alle Zahlungen ohne Inanspruchnahme von → Bargeld durch Umbuchung von Konto zu Konto oder durch Scheckabrechnung. → Clearing.

Bargeldumlauf, Umlauf an → Bargeld in einem Währungsgebiet.

Bargründung, im Gegensatz zur Sachgründung (→ Qualifizierte Gründung) die Gründung einer → Aktiengesellschaft (AG), bei der lediglich Bareinlagen (Geldzahlungen) auf die Aktien geleistet werden.

Barkauf, im Gegensatz zum Kreditkauf ein Handkauf, bei dem der Preis Zug um Zug gegen Empfang der Ware zu zahlen ist. → Kredit.

Barreserve, Kassenbestand von → Banken an liquiden Mitteln (→ Banknoten, Münzen und sofort fällige Guthaben bei der Zentralbank) inkl. ausländ. Zahlungsmittel, zur jederzeitigen Durchführbarkeit von Barabhebungen. Der Anteil der B. an den → Depositen einer Bank heißt Barreservequote (→ Barreserve).

Bartergeschäft, Tauschgeschäft, das ohne Zahlungsmittel, lediglich durch wechselseitigen Warentransfer abgewickelt wird.

Barwert, der auf die Gegenwart abgezinste Wert eines künftigen Zahlungs-, Nutzen- oder Einkommenstroms. Diskontierungssatz (je niedriger er ist, desto höher ist der B.) und Laufzeit (je länger sie ist, desto niedriger ist der B.) beeinflussen die Höhe des B. Handelt es sich um Nettogrößen, wirkt sich auch der unterschiedliche Anfall von Nutzen und Kosten auf den B. aus. Bsp.: In der Investitionsrechnung wird der B. eines privaten oder öffentl. Projektes durch Diskontierung errechnet. Auch in der gesetzl. und betriebl. Rentenbewertung spielt der B. einer Rente eine wichtige Rolle. → Kapitalwertmethode, → Nutzen-Kosten-Analyse.

Basel I → Basel II.

Basel II, Begriff für die überarbeiteten Eigenkapitalrichtlinien, die den geltenden Baseler Akkord von 1988 (Basel I) im Jahr 2006 ersetzen sollen. Das bisher geltende Regelwerk, Basel I, das vom Baseler Ausschuss für Bankenaufsicht erarbeitet wurde, sieht eine Eigenkapitalhinterlegung von acht Prozent des Kreditbetrags als Verlustpuffer vor, d.h. das Kreditinstitut muss pauschal acht Prozent der Kreditsumme (Aktivseite der → Bankbilanz) mit Eigenkapital (Passivseite der Bankbilanz) hinterlegen. Die neuen Regelungen sehen vor, dass → Banken ihre Kreditnehmer nach einem → Rating-Verfahren zur Bestimmung der Darlehenskonditionen insbes. im Hinblick auf ihre → Bonität einstufen und bewerten. Wie viel Eigenkapital in Zukunft zur Absicherung von Krediten eingesetzt werden muss, soll also wesentlich stärker von der Bonität des Kreditnehmers abhängen. Prinzipielles Ziel von B. ist es, die Stabilität im Bankensektor zu erhöhen. B. fließt üblicherweise in die nationale bzw. supranationale Gesetzgebung ein und leistet damit einen Beitrag zur weltweiten Harmonisierung der → Bankenaufsicht.

BAT, (Bundes-Angestellten-Tarifvertrag) → Tarifordnung.

Baukastensystem, Beschränkung des Fertigungsprogramms auf bestimmte Bauelemente oder Aggregate, die zu verschiedenen Produkttypen zusammengesetzt werden können. Dadurch wird die → Produktion vereinfacht (Auflagendegression) und gleichzeitig eine Typenvielfalt erreicht, die eine Anpassung an den Markt erleichtert.

Bauspardarlehen, ein von → Bausparkassen gewährtes zinsvergünstigtes Darlehen im Rahmen des → Bausparens, dessen Zinssatz unabhängig vom Kapitalmarkt für die gesamte Darlehenslaufzeit festgeschrieben ist. Sondertilgungen sind jederzeit möglich. Es ist ein unkündbares, i.d.R. nachrangig abzusicherndes Tilgungsdarlehen in der Höhe des Unterschiedsbetrages zwischen der Bausparsumme und dem zum Zeitpunkt der Zuteilung angesammelten Bauspargutbaben. Es darf nur für wohnwirtsch. Maßnahmen verwendet werden. B. sind i.d.R. durch Grundpfandrechte an einem inländ. Pfandobjekt (z. B. Grundstück oder grundstücksgleiches Recht) zu sichern, wobei das zu sichernde B. zusammen mit vor- und gleichrangigen Belastungen 80 % des Beleihungswertes des Pfandobjekts nicht übersteigen darf. Der Bausparer kann das B. nach Erfüllung der Mindestansparung und nach Erreichen einer für die Zuteilung der Bausparsumme erforderlichen Bewertungszahl beanspruchen.

Bausparen, steuerbegünstigte, kollektive Sparform zur Erlangung eines → Bauspardarlehens für die wohnwirtsch. Verwendung. → Bausparkassen.

Bausparkassen, → Kreditinstitute, die Einlagen von Bausparern nach Kollektivgrundsätzen (kollektives → Bausparen) entgegennehmen und aus den angesammelten Beträgen → Bauspardarlehen für wohnwirtsch. Maßnahmen gewähren. Es gibt privatrechtl. und öffentl.-rechtl. (Landesbausparkassen) organisierte B.

Bayes-Regel, ist eine → Entscheidungsregel bei Risiko, die den Erwartungswert E_i jeder Handlungsmöglichkeit a_i zugrunde legt und damit risikoneutrales Verhalten impliziert. Es gilt:

$$E_i = \sum_{j=1}^{n} p_j \cdot e_{ij}$$

wobei p_j die Wahrscheinlichkeit für das Eintreten des Umweltzustandes z_j ist; e_{ij} ist das Ergebnis, das durch die Handlungsmöglichkeit a_i (i = 1, 2, ..., m) im Fall des Umweltzustandes z_j (j = 1, 2, ..., n) erzielt wird. Optimal im Sinne der B. ist diejenige Handlungsalternative, die einen maximalen Erwartungswert aufweist. → Laplace-Regel.

BDA → Bundesvereinigung der Deutschen Arbeitgeberverbände.

BDI → Bundesverband der Deutschen Industrie e.V.

Beamte, Angehörige des → öffentl. Dienstes, die in einem öffentl.-rechtl. Dienst- und Treueverhältnis stehen. Öffentl. Aufgaben sind ihnen als Amt übertragen (→ Bürokratie). Die Rechte und Pflichten der B. sind durch die hergebrachten Grundsätze des Berufsbeamtentums bestimmt. Danach ist der B. u. a. dem Allgemeinwohl verpflichtet.

Bedarf, quantifizierbare, auf dem Markt in Erscheinung tretende → Nachfrage von Haushalten und Unternehmen nach Gütern und Diensten. Als Haushaltsbedarf ist er nach Menge und Art im Wesentl. abhängig von (1) den ihn hervorrufenden → Bedürfnissen, (2) den Preisen der Güter und (3) dem Einkommen. Die → Elastizität des B. misst den Grad seiner Dringlichkeit. Individuelle Präferenzen und gesellschaftliche Aspekte beeinflussen die Struktur des B. und die Rangordnung der seiner Deckung dienenden Güter. B. lässt sich als Objektivierung der Bedürfnisse nach verschiedenen Merkmalen gruppieren, so in Einzel- und gemeinsamen B., gegenwärtigen und künftigen B. sowie Existenzbedarf.

Bedarfsdeckungsprinzip, Prinzip, das in der Deckung des → Bedarfs den Sinn des Wirtschaftens sieht, im Gegensatz zum → ökonomischen Prinzip.

Bedarfsgerechtigkeit (Bedarfsprinzip), Verteilungsnorm hinsichtlich der → Umverteilung von Einkommen, die sich am Ausmaß der Bedürfnisbefriedigung ausrichtet. Gegenstück ist das Prinzip der Leistungsgerechtigkeit.

Bedarfsinduktion, Begriff für die Entwicklung techn. Verfahren und neuer Produkte mit dem Ziel, künftigen → Bedarf zu decken. Der Mechanismus der B. erklärt das Phänomen der Mehrfachdeckungen (→ Autonome Induktion).

Bedürfnis, »Gefühl eines Mangels mit dem Streben, dieses zu beseitigen« (von Hermann). B. konkretisieren sich im → Bedarf nach bestimmten Wirtschaftsgütern. Die Spannung zwischen der Unbegrenztheit der B. und der → Knappheit der Wirtschaftsgüter ist der Bestimmungsgrund wirtsch. Handelns. In der Wirtschaftstheorie bilden die B. die Grundlage der Nachfrage- und → Nutzentheorie. Das B. kann durch Konsum gesättigt werden, aber immer wieder auftreten. Auf Grund unterschiedlicher B. wertet der Konsument Güter verschieden, d. h. er ordnet die Nutzen der Güter nach seiner pers. Bedürfnisstruktur und bringt sie in eine → Präferenzordnung. H. Gossen untersuchte die Zusammensetzung von Güterbündeln, mit denen Individuen den für sie bestmöglichen Nutzen realisieren. → Gossensche Gesetze, → Indifferenzkurve.

Bedürfnishierarchie, Einteilung der menschlichen Bedürfnisse in fünf Klassen nach A. H. Maslow: (1) Physiologische Bedürfnisse, (2) Sicherheitsbedürfnisse, (3) Soziale Bedürfnisse, (4) Wertschätzungsbedürfnisse, (5) Selbstverwirklichung. Diese befinden sich in einer hierarchischen Ordnung, weshalb eine Bedürfnisklasse erst dann zur Geltung kommt und eine Motivation bedingt, wenn die Bedürfnisse der untergeordneten Klassen befriedigt sind. – Die B. findet z.B. in der → Betriebspsychologie Anwendung.

Befragung, Methode zur Erhebung von Daten (Gegenstück: → Beobachtung), u.a. in der → Marktforschung. Aus der Grundgesamtheit wird eine Stichprobe (→ Stichprobenverfahren) von Personen gezogen, die zu bestimmten Sachverhalten befragt wird. Die B. kann mündlich (z.B. Telefoninterview), schriftlich (z.B. Fragebogen) oder über das → Internet erfolgen. Häufig werden B. im → Panel durchgeführt.

Beggar my Neighbour (engl.), Form der Außenhandelspolitik, bei der in einer Volkswirtschaft Exporte gefördert werden und gleichzeitig versucht wird, Importe zu senken. Dadurch kann unter bestimmten Vorraussetzungen (insbes. bei Erfüllung der → Marshall-Lerner-Bedingung) die inländ. → Beschäftigung erhöht werden. Dies geschieht zu Lasten ausländ. Volkswirtschaften, deren Leistungsbilanz sich durch B. verschlechtert. → Abwertung, → Außenhandelsmultiplikator.

Behavioral Finance, Theorie des Verhaltens von Marktteilnehmern auf dem → Kapitalmarkt, die sich vom Verhaltensparadigma vollständiger Rationalität löst. Damit ist u.a. die Modellierung längerfristiger Abweichungen des Marktpreises vom fundamental begründeten Wert eines Wertpapiers möglich.

Beherrschungsvertrag, Vertrag, durch den eine → Aktiengesellschaft (AG) die Leitung ihrer Gesellschaft einem anderen Unternehmen unterstellt. Der B. ist im AktG rechtl. geregelt. → Dachgesellschaft.

Beitrag, Form der ordentlichen → Staatseinnahmen. Der B. stellt eine Gegenleistung für die potenzielle Nutzung einer öffentl. Leistung dar. Er hat Zwangscharakter (Bsp.: Anliegerbeitrag) oder entsteht auf Grund freier Entscheidungen potenzieller Nutznießer (Bsp.: Autobahnvignette). Seine Höhe orientiert sich i.d.R. an den Kosten der Leistungserstellung. B. orientieren sich am → Äquivalenzprinzip.

Beitragsbemessungsgrenze, obere Grenze des Einkommens, bis zu der → Beiträge zu den gesetzl. Sozialversicherungskassen erhoben werden. Der überschießende Teil des Einkommens ist beitragsfrei. Da die Beiträge prozentual vom Einkommen berechnet werden, ist für den Versicherten die Durchschnittslast bis zur B. proportional, darüber hinaus wirken die Beiträge regressiv (→ Regressivität).

Beitreibung, Zwangsvollstreckung von Geldleistungen durch Vollziehungsbeamte des Finanzamtes, die nach den Steuergesetzen geschuldet werden. Ein gerichtliches Urteil (vollstreckbarer Titel) ist nicht notwendig. → Mahnverfahren.

Belastungsprinzip, Begriff der öffentl. Finanzwirtschaft (→ Finanzwirtschaft, öffentliche) für den Abzug von Ausgaben auf der Einnahmenseite, um Doppelzählungen in der Finanzstatistik zu vermeiden und die Nettoausgaben der → Gebietskörperschaften zu erfassen. Dabei werden auf der Einnahmenseite der Haushalte Darlehensrückzahlungen oder Zuweisungen anderer Gebietskörperschaften von der Ausgabensumme abgezogen.

Belegschaftsaktie, → Aktie, die eine → Aktiengesellschaft (AG) an ihre Arbeitnehmer ausgibt, um sie am Grundkapital zu beteiligen, um die Identifikation mit dem Unternehmen zu stärken und die Arbeitsmotivation zu fördern. Zudem soll die → Finanzierung des Unternehmens verbessert werden. Eine AG schafft B. über den Erwerb eigener Aktien (§ 71 AktG), durch eine bedingte → Kapitalerhöhung (§ 192,2 AktG) oder durch genehmigtes Kapital (§§ 202,4; 204,3 AktG). Häufig erfolgt die Ausgabe von B. weit unter dem gegenwärtigen → Börsen- oder Marktkurs. Erwerb und Veräußerung von B. unterliegen besonderen Vorschriften (z.B. Sperrfrist der Veräußerung im Rahmen des Gesetzes zur → Vermögensbildung).

Beleihungswert, Wert, den der Kreditgeber einem Gegenstand beimisst, der als Sicherheit für die Kreditsumme dient. Die Beleihungsgrenze liegt durchweg unter dem tatsächlichen Wert.

Bemessungsgrundlage, Größe oder Wert des → Steuerobjekts. Sie dient der Festsetzung der Steuerschuld im Einzelfall. Bsp.: Jahreseinkommen, Vermögen oder Umsatz eines Steuerpflichtigen.

Benchmarking (engl.), Methode der Wettbewerbsanalyse. Die Leistungen desjenigen Wettbewerbers, der die besten Produkte produziert bzw. Prozesse anwendet, gelten als sog. Benchmark. Die Leistungslücke zur Benchmark zeigt den Umfang der Leistungunterschiede zwischen den einzelnen Wettbewerbern und dient der Ursachenanalyse. → Best Practice, → Betriebsvergleich.

Beobachtung, Methode zur Erhebung von Daten (Gegenstück: → Befragung), u.a. in der → Marktforschung. Bei der B. wird von einem oder mehreren Beobachtern ein von außen erkennbares Verhalten registriert. Die B. wird nach dem Eingreifen des Beobachters (teilnehmend oder nicht-teilnehmend) und den Beobachtungsbedingungen (Feld oder Labor) unterschieden.

Bereitschaftskosten (Bereitstellungskosten), Kosten, die auf Grund von Entscheidungen zur Bereitstellung (geplante → Kapazität, gewünschter Grad der Leistungsbereitschaft) in einem Betrieb entstehen. Hierzu gehören etwa Investitionskosten oder Vorleistungen für Forschung und Entwicklung. B. fallen im Gegensatz zu →

Leistungskosten unabhängig von Art oder Menge der produzierten Leistungen oder der erzielten Erlöse an und können nur durch dispositive Entscheidungen (z.B. Verkauf einer Anlage) verändert werden.

Bereitschaftskredit (engl.: Stand-by Arrangements), kann der → Internationale Währungsfonds (IWF) einem Mitgliedsland zusagen, das innerhalb meist eines Jahres Ziehungen bis zu einem vereinbarten Betrag vornehmen darf. Ein solches Abkommen über einen B. verpflichtet das Mitglied, die nach einer Prüfung festgelegten finanz-, geld- und außenwirtsch.polit. Stabilisierungsmaßnahmen zur Wiederherstellung des Zahlungsbilanzausgleichs durchzuführen.

Bereitstellungskosten → Bereitschaftskosten.

Bergson-Samuelson-Wohlfahrtsfunktion → Wohlfahrtsfunktion.

Berlin-Förderung, besondere Förderungen und Vergünstigungen für die Berliner Wirtschaft und öffentl. Einrichtungen wegen ihrer besonderen Lage während der dt. Teilung, insbes. steuerliche Vergünstigungen bei Umsatz-, Einkommen-, Lohn- und Körperschaftsteuer. Für Investitionen wurde eine → Investitionszulage gewährt. Mit der dt. Wiedervereinigung 1990 entfiel der Sonderstatus der Stadt Berlin.

Bernoulli-Prinzip → Entscheidungstheorie.

Beruf, auf Neigung und Begabung sowie fachlicher Ausbildung beruhende Eignung und Eingliederung des Einzelnen in Wirtschaft und Gesellschaft. Das Wort B. ist durch Luther im dt. Sprachgebrauch heimisch geworden. Calvin hat im individualistischen Sinne B. vom mittelalterlichen Stand losgelöst. Mit der Entwicklung der bürgerlichen Gesellschaft und als Folge der in der Franz. Revolution geforderten Freiheit und rechtl. Gleichheit ist dann die auf dem Berufsethos aufbauende Arbeitsleistung in den Mittelpunkt der Sozialethik gerückt. Der B. hat soziokulturelle Bedeutung in Form von Berufsbewusstsein und -stolz sowie wirtsch. Bedeutung als Auslöser für Produktivitätssteigerungen einer Volkswirtschaft. Die Differenzierung der B. hängt wesentlich mit der Geschichte der → Arbeitsteilung zusammen. In Art. 12 GG wird die freie Berufswahl als Grundrecht anerkannt. Sie findet sozialpolit. ihre Unterstützung in den Institutionen der → Berufsberatung und Berufserziehung. → Berufszählung, → Freie Berufe.

Berufsberatung, von den Arbeitsämtern durchgeführte Beratung zu Fragen der Berufswahl oder des Berufswechsels. Die Koordination der B. erfolgt durch die → Bundesanstalt für Arbeit in Nürnberg. Die B. wird durch die Berufsaufklärung, die Unterrichtung über die Förderung der beruflichen Bildung im Einzelfall und die Vermittlung in anerkannte Ausbildungsberufe ergänzt.

Berufsgeheimnis, erstreckt sich auf Tatsachen, die jemandem in Ausübung seines Berufs bekannt werden, aber geheim bleiben sollen. Notare, Rechtsanwälte, Steuerberater, Ärzte, Apotheker, Hebammen und Gehilfen dieser Personen, ferner Angestellte der Versicherungen, Beamte des Gesundheits- und Steuerwesens u.a. unterliegen dieser Schweigepflicht. Sie können bei Verletzung des B. nach §§ 203–205 StGB bestraft werden. → Bankgeheimnis.

Berufsgenossenschaft, als Körperschaft der Träger der gesetzl. → Unfallversicherung. Mitglieder und Beitragszahler in einer B. sind alle Unternehmer, die regelmäßig Versicherungspflichtige beschäftigen (Ausnahme: öffentl. Sektor). Die B. gewährt Versicherungsschutz für Unfälle, die sich im Betrieb oder auch auf dem Weg zur Arbeit ereignen.

Berufsschule, wird im Wesentl. von Jugendlichen besucht, die in einem Ausbildungs- oder Arbeitsverhältnis (→ Auszubildender) stehen oder arbeitslos sind und ihre Schulpflicht (bis zum 18. Lebensjahr) noch nicht erfüllt haben. Der Unterricht findet entweder regelmäßig wöchentlich oder blockweise statt. Es werden hierbei sowohl berufsspezifische als auch allgemeine Fächer gelehrt. Die B. werden nach Berufs- oder Wirtschaftszweigen in kaufmännische, gewerbl., hauswirtschaftl. und landwirtsch. B. unterteilt und in Fachabteilungen gegliedert.

Berufszählung, amtliche Statistik über Erwerbstätigkeit und Berufsverhältnisse, letztmals 1987 erstellt.

Beschäftigung, tatsächliche Auslastung des Produktionsfaktors → Arbeit. Die B. steigt an, wenn auf Grund einer höheren gesamtwirtsch. Nachfrage mehr Arbeitsplätze angeboten werden. Bei Tendenzen zu längerer → Arbeitslosigkeit wird die Wirtschaftspolitik auf eine Stabilisierung der B. hinwirken. → Arbeitsmarktpolitik, → Beschäftigungsgrad.

Beschäftigungsgarantie → Arbeitsmarktpolitik.

Beschäftigungsgesellschaft, Institution, welche die befristete Beschäftigung von Arbeitslosen ermöglicht. Finanziert durch öffentl. Mittel und mitgetragen durch die Tarifpartner werden von der B. auch Weiterbildungs- oder Umschulungsmöglichkeiten angeboten. → Arbeitsmarktpolitik.

Beschäftigungsgrad, (1) der volkswirtsch. B. ist das Verhältnis der tatsächlichen → Beschäftigung zu dem vorhandenen Erwerbspersonenpotenzial einer Volkswirtschaft. Wenn der B. einen Wert von 100 % erreicht, liegt → Vollbeschäftigung vor. Bei Berücksichtigung nicht-konjunktureller → Arbeitslosigkeit kann hierfür auch ein Wert unterhalb von 100 % angenommen werden. (2) der betriebswirtsch. B. ist das Verhältnis von Ist- zu Soll-Kapazitätsauslastung. Fixkosten drängen zu einer hohen Kapazitätsauslastung und damit zu einem hohen B.

Beschäftigungspakt, europäischer → Europäischer Beschäftigungspakt.

Beschäftigungspolitik, Summe aller Maßnahmen zum Abbau von friktioneller und struktureller → Arbeitslosigkeit. Formen der B. sind: (1) Die angebotsorientierte B.

versucht im Rahmen der → Angebotsökonomik, Unternehmen Anreize für Investitionen zu geben, um die → Beschäftigung zu fördern. Bsp.: → Arbeitsmarktpolitik. (2) Die nachfrageorientierte B. versucht im Rahmen einer nachfrageorientierten Wirtschaftspolitik (→ Keynesianische Theorie) durch Erhöhung staatl. Ausgaben die Beschäftigung zu fördern. Dies kann u.a. zum Anwachsen der → Staatsquote führen sowie → Crowding-Out-Effekte zur Folge haben.

Beschäftigungstheorie, analysiert die Bestimmungsfaktoren der Veränderungen im gesamtwirtsch. → Beschäftigungsgrad. Es kann zwischen zwei grundlegenden Sichtweisen unterschieden werden. (1) → Klassische Wirtschaftstheorie: gemäß des → Sayschen Theorems befindet sich die Volkswirtschaft eines Landes langfr. im Gleichgewicht auf allen Märkten, was zur → Vollbeschäftigung führt. Der Beschäftigungsgrad kann durch Lohnsenkungen erhöht werden. (2) → Keynesianische Theorie: in einer gleichgewichtigen Volkswirtschaft auftretende Unterbeschäftigung kann durch höhere staatl. Nachfrage (→ Deficit Spending) beseitigt werden.

Beschäftigungsverbot → Arbeitszeitrecht.

Beschaffung, Unternehmensbereich, der für die Versorgung des Unternehmens mit nicht selbst hergestellten Gütern, die für den Produktionsbereich benötigt werden, zuständig ist. In der Praxis werden die Begriffe Beschaffung und Einkauf synonym verwendet, während in der betriebswirtsch. Theorie alle Einsatzfaktoren, also z.b. auch Arbeitskräfte, Kapital, externe Informationen und Dienstleistungen, Objekte der B. darstellen.

Beschaffungswirtschaft → Beschaffung.

Beschränkte Steuerpflicht → Steuerpflicht.

Beschränkungen (Constraints), Nebenbedingungen in der Entscheidungstheorie, insbes. in der → Nutzen-Kosten-Analyse (NKA) und in der linearen Programmierung. B. engen die Alternativen und damit die beste (first-best) Entscheidung ein und verhindern, dass das absolute Optimum erreicht wird. Bei Knappheit sind B. die Regel, so dass im äußersten Falle Zweitbest-Lösungen (→ Zweitbest-Theorie) verwirklicht werden können. Die NKA kennt verschiedene Arten der vielfältigen B.: die budgetären, distributiven, rechtl., polit., administrativen, physischen und traditionalen, wobei die Kosten der B. nicht ermittelt werden können.

Besitz, tatsächliche Verfügungsmacht einer Person über eine Sache. Besitzer ist, wer über eine Sache verfügen kann, gleichgültig, ob er es darf oder will (Ausnahme: Besitzer der Waren eines Ladens ist nicht der Handlungsgehilfe, sondern der Inhaber). Rechtl. Bedeutung des B.: (1) B. wird gegen Eingriffe Dritter geschützt, (2) wer vom Besitzer gutgläubig erwirbt, wird Eigentümer, (3) wer eine bewegliche Sache zehn Jahre im Eigenbesitze hat, erwirbt das Eigentum daran (Ersitzung), (4) B. begründet die Vermutung des Eigentums (§ 1006 BGB). Der Besitzer einer beweglichen Sache braucht das Eigentum daran nicht zu beweisen, sondern der Dritte muss ihm beweisen, dass er nicht Eigentümer ist, (5) B. gibt es nur an materiellen und nicht an immateriellen Gütern (Bsp.: Fernsehübertragungsrechte). B. im wirtsch. Sinne ist die Verfügungsmacht über Vermögensgüter.

Besitzeinkommen → Vermögenseinkommen.

Bestandsanalyse → Analyse.

Bestandskonto, Aufzeichnung von Vermögens- oder Kapitalbestand (z.B. Geld-, Rohstoff-, Maschinen-, Eigenkapital-, Verbindlichkeitenkonten) in der → Buchführung. Die B. werden beim Abschluss im Gegensatz zu den Erfolgskonten über die → Schlussbilanz abgeschlossen.

Bestens-Auftrag, im Wertpapierhandel solch ein Kauf- oder Verkaufsauftrag, der ohne Limit und zum jeweils besten Tageskurs erledigt werden soll.

Best Fit → Regression.

Besteuerung der Einkommen → Einkommenbesteuerung.

Besteuerung, Theorie der optimalen (TOB), geht von einem neoklassischen Gleichgewichtsmodell aus und hat das Ziel, unter Nebenbedingungen (insbes. gegebenes Steueraufkommen) entweder die allokativen Verluste durch Steuern zu minimieren oder die volkswirtsch. Wohlfahrt zu maximieren. Pauschalsteuern werden insbes. aus Verteilungsgründen ausgeschlossen, obwohl sie eine allokationsoptimale »Erstbest-Lösung« darstellen, weil sie die Entscheidungen der Produzenten und Konsumenten unbeeinflusst lassen, so dass keine → Zusatzlasten entstehen. Die B. führt folglich zu → Zweitbest-Theorien. Im Rahmen der Minimierung von Zusatzlasten können verschiedene optimale → Besteuerungsregeln abgeleitet werden. Zudem kann man simultan distributive Effekte einbeziehen, indem etwa eine exogen gegebene »gesellschaftlichen Wohlfahrtsfunktion« den Nutzen von Individuen gewichtet (→ Gerechtigkeitskriterien). Die Ergebnisse der optimalen Besteuerungsregeln werden insofern modifiziert, als diejenigen Individuen mit den höchsten Wohlfahrtsgewichten c.p. am geringsten belastet werden sollten. Für Verbrauchsteuern müsste der relative Steuersatz eines Gutes demgemäß umso höher sein, je relativ mehr das Gut von Haushalten mit den geringsten Verteilungsgewichten nachgefragt wird. Solche Ergebnisse beruhen indes nur auf den jeweiligen Annahmen, insbes. über die »gesellschaftliche Wohlfahrtsfunktion«. Mit ähnlich strukturierten Ansätzen lassen sich auch Fragen der optimalen intertemporalen Besteuerung analysieren. Hier konzentriert sich die Diskussion auf die Wahl zwischen Einkommen- und → Ausgabensteuer, auf Fragen der intertemporal neutralen Unternehmens- bzw. Kapitaleinkommensbesteuerung (→ Cash Flow Besteuerung (CFB)) sowie auf Probleme der Staatsverschuldung (→ Öffentliche Schulden) Gegen die B. wird insbes. der Einwand erhoben, dass es auf Grund der vielfältigen exogenen Variablen und des institutionenfreien neoklassischen Grundmodells kaum möglich ist, realitätsbezogene steuerpolit. Forderungen abzuleiten.

Besteuerung, zusätzliche Wohlfahrtsverluste, neben der Zahllast in der traditionellen → Steuerwirkungslehre treten zusätzliche Wohlfahrtsverluste auf. Ansätze hierzu sind der normativen Steuertheorie zuzuordnen, die sich mit Fragen effizienter Besteuerung auseinander setzt. Zur Messung der B. oder der sog. → Zusatzlast (excess burden), die über die Erhebungs- und Entrichtungskosten der Besteuerung hinausgehen, kann man das → Harberger-Dreieck heranziehen. Grundsätzlich sollte eine Besteuerung gewählt werden, welche die Zusatzlasten minimiert, also Ausweichreaktionen der Steuerträger einschränkt (→ Besteuerung, Theorie der optimalen (TOB), → Zweitbest-Theorie, → Kopfsteuern).

Besteuerungsregeln, optimale, beruhen auf den Empfehlungen, die im Rahmen der Theorie der optimalen → Besteuerung, (TOB) zur Minimierung von Zusatzlasten entwickelt werden. Die Ansätze der optimalen Verbrauchsbesteuerung, bei denen ein Gut unbesteuert bleibt, gehen auf Ramsey zurück. So besagt die Ramsey-Regel, dass die Zusatzlasten minimiert werden, wenn der Staat die Steuersätze für die Güter genau umgekehrt proportional zu deren jeweiligen (einkommenskompensierten) → Preiselastizitäten der Nachfrage setzt. Demnach müssten preisunelastische, also i.d.R. lebensnotwendige Güter c.p. höher besteuert werden als relativ preiselastische Luxusgüter. Ramsey betrachtete indes keine Substitutions- oder Komplementaritätsbeziehungen zwischen den Gütern. Lässt man diese Beziehungen zu und geht von zwei besteuerbaren Gütern und Freizeit als drittem, unbesteuertem Gut aus, so fordert die entsprechende Freizeitkomplementaritätsregel (nach Corlett und Hague, 1953/54), das Gut mit der geringeren Kreuzpreiselastizität der kompensierten Nachfrage nach Freizeit höher zu besteuern. Damit sollten Güter mit hohen Komplementaritätsbeziehungen zur Freizeit, also im Gegensatz zu Ramsey eher Luxusgüter, höher besteuert werden als lebensnotwendige Güter, für die kaum Komplementarität zur Freizeit besteht. Ergebnisse für optimale direkte Steuern hängen stark von den Annahmen über die Verteilung der individuellen Fähigkeiten zur Einkommenserzielung und den unterstellten Reaktionen ihres Arbeitsangebotes ab. Der Grenzsteuersatz (→ Steuertariflehre) einer optimalen linearen (Arbeits-) Einkommensteuer sollte danach umso höher sein, je geringer die Substitutionselastizitäten zwischen Konsum und Freizeit sind und je größer die Streuung der Fähigkeitsverteilung und das zu erzielende Aufkommen sind.

Bestimmungslandprinzip, Besteuerungsprinzip, nach dem im internationalen Warenverkehr Güter mit den Steuern jenes Landes belastet werden, in dem sie verwendet werden. Importe werden mit einer Ausgleichssteuer in Höhe der inländ. Steuern (→ Umsatzsteuer) belastet, Exporte in Höhe dieser Steuern entlastet. Im → Europäischen Binnenmarkt wird bisher am B. festgehalten, jedoch strebt die EU-Kommission den Übergang zum → Ursprungslandprinzip an. Das Ursprungslandprinzip ist Gegenstück zum B.

	Land A	Land B
Inlandpreise	100	100
./. USt	5	15
= Exportpreise	95	85
USt des Importlandes	15	5
Verkaufspreis des Exportgutes im Importland	110	90

Best Practice (engl.), Verfahren im Rahmen des → Benchmarking, bei dem Prozesse der besten Unternehmen als herausragend definiert werden, da sie zu Wettbewerbsvorteilen gegenüber der Konkurrenz führen. Nach deren Vorbild werden Verbesserungen im eigenen Unternehmen angestrebt. Beim B.-Benchmarking werden auch branchenfremde Unternehmen in die Analyse einbezogen.

Beta-Koeffizient → Capital Asset Pricing Model (CAPM).

Beta-Faktor → Capital Asset Pricing Model (CAPM).

Beteiligung, dauerndes Recht an Unternehmen, das auf wirtsch. Beziehungen und kapitalmäßiger Bindung beruht. Die B. kann in Wertpapieren verkörpert sein (Bsp.: B. an einer → Aktiengesellschaft (AG)) oder über andere Regelungen (Bsp.: B. an einer → Offenen Handelsgesellschaft (OHG)).

Betrieb, Wirtschaftseinheit für die Erstellung von Gütern und Dienstleistungen. Man kann B. quantitativ (→ Betriebsgröße) und qualitativ (Produktions-, Dienstleistungs- und Verwaltungsbetriebe) unterscheiden. Jeder B. hat eine techn., wirtsch., soz. und organisatorische Seite. Wesentlich ist das dauerhafte Betreiben, um unter Einsatz von Produktionsfaktoren an einer Betriebsstätte einen bestimmten Betriebszweck zu verfolgen. Ziel des B. ist die → Wirtschaftlichkeit, die damit zur Produktivität der Volkswirtschaft beiträgt. Abzugrenzen ist der B. vom Werk, das als techn. Einheit zu verstehen ist, und vom Unternehmen, das Kapitalaspekte zum Ausdruck bringt und dem Ziel der Rentabilität folgt. Die soz. Struktur des B. bezieht sich auf die Arbeitsverhältnisse der Mitarbeiter. Der soziologische Begriff des B. hat neben dem hierarchisch-organisatorischen Aufbau die zwischenmenschlichen Beziehungen formaler und informaler Natur (→ Betriebssoziologie) zum Inhalt.

Betriebliche Altersversorgung, freiwillig gewährte Leistung von Unternehmen an ihre Arbeitnehmer, die einmalig als Kapitalzahlung oder laufend als → Rente erfolgen kann. Die B. ist neben der gesetzl. → Altersrente Bestandteil der Alterssicherung. Der Leistungsanspruch des Arbeitnehmers kann sich je nach betrieblicher Regelung direkt an den Arbeitgeber oder indirekt an Dritte richten (Bsp.: Direktversicherung, Pensions-, Unterstützungskasse). Die B. wird auch bei einem Wechsel des Arbeitsplatzes nicht hinfällig.

Betriebsabrechnungsbogen, dient im betriebl. → Rechnungswesen der manuellen Zuweisung der Kostenarten auf die ensprechenden

Betriebsanalyse

Kostenstellen. Der B. hat das Aussehen einer schachbrettartigen Tabelle, wobei horizontal die Kostenstellen und vertikal die Kostenarten mit den zugehörigen Werten aufgeführt werden. Der B. ist weitestgehend durch die computergestützte Betriebsabrechnung ersetzt. → Kostenrechnung.

Betriebsanalyse, alle Untersuchungen, die sich auf die qualitative und quantitative Zusammensetzung des Vermögens, des Kapitals, der Kosten, des Aufwands und der Erträge eines Betriebes unter besonderer Berücksichtigung der zeitlichen Entwicklung sowie des Betriebsvergleichs mit Betrieben der gleichen Branche beziehen.

Betriebsausgabe, steuerrechtl. diejenige Aufwendung, die durch den Betrieb des Steuerpflichtigen ensteht. Abzugsmöglichkeiten regelt im Einzelnen § 4 EStG. → Abzugsfähige Ausgaben.

Betriebsbereitschaft, potenzielle Fähigkeit eines Betriebes, jederzeit die Produktion auszudehnen. Die B. verursacht → Bereitschaftskosten.

Betriebsbuchhaltung, erfasst im Gegensatz zur → Finanzbuchhaltung die innerbetriebl. Vorgänge. In der B. werden der Leistungserstellungsprozess und die damit im Zusammenhang stehenden Kosten und Leistungen aufgezeichnet und analysiert. Die B. eignet sich für die kurzfr. Erfolgsrechnung. → Kostenrechnung.

Betriebsfinanzamt, → Finanzamt, das für gewerbl. Betriebe zuständig ist, falls deren Geschäftsleitung im Bezirk des B. liegt und wenn es sich um die → Umsatzsteuer, die Feststellung von → Einheitswerten und um gemeinschaftliche Einkünfte und Steuermessbescheide für die → Gewerbesteuer handelt.

Betriebsgeheimnis (Geschäftsgeheimnis), betrifft Vorgänge im Betrieb, die aus Gründen des Wettbewerbs geheim zu halten sind. Wer als Betriebsangehöriger ein B. bekannt gibt, wird nach § 17 UWG bestraft. → Bankgeheimnis, → Berufsgeheimnis.

Betriebsgesellschaft, Unternehmensform, die durch Betriebsaufspaltung geschaffen wird. Dabei kauft die B. von einem bestehenden Unternehmen das Umlaufvermögen und pachtet das Anlagevermögen. Grund für die Schaffung von B. sind im Wesentl. Steuerersparnisse.

Betriebsgröße, ergibt sich aus der in einem Unternehmen eingesetzten Menge an → Produktionsfaktoren. Die B. hängt von wirtsch., techn., organisatorischen, inner- und außerbetriebl. Faktoren ab. Zur problematischen Abgrenzung von Groß-, Mittel- und Kleinunternehmen kommen insbes. folgende Größen in Betracht: (1) Zahl der beschäftigten Personen (hohe Zahl in → arbeitsintensiven, niedrige Zahl in → kapitalintensiven Betrieben); (2) techn. Merkmale: Maschinen, Material (→ Kapazität); (3) Kapitalgrößen (→ Eigenkapital); (4) Kosten (v.a. → Fixkosten); (5) Umsatzgrößen. Die tatsächliche B. kann sich auch als Folge pers.r Gründe (Bsp.: Visionen des Unternehmers) oder aus dem Ziel ergeben, eine marktbeherrschende Stellung zu erreichen. Die Vergrößerung des Betriebs kann mittels innerbetriebl. Wachstum (z. B. Umsatzsteigerung) oder über Zukauf und Integration anderer Unternehmen (→ Fusion, → Mergers & Acquisitions) erhöht werden.

Betriebskredit, Kredit, der im Gegensatz zum → Anlagekredit für die Beschaffung von → Umlaufvermögen aufgenommen wird. Der B. wird meistens kurzfr. bei Banken in Anspruch genommen, da sich das Umlaufvermögen rasch umschlägt und die Tilgung somit aus den Erlösen erfolgen kann. Der B. kann langfr. oder ein → Revolvingkredit sein, wenn es sich um die Finanzierung eines sog. Eisernen Bestandes handelt (Bsp.: Rohstoffe, die dem Betrieb dauernd in gleicher Höhe zur Verfügung stehen müssen).

Betriebsmaximum, → Beschäftigungsgrad, ab dem bei einer weiteren Ausdehnung der Beschäftigung die variablen Durchschnittskosten den Preis des Absatzgutes übersteigen. → Betriebsminimum, → Betriebsoptimum.

Betriebsminimum, → Beschäftigungsgrad, ab dem bei einer weiteren Einschränkung der Beschäftigung die variablen Durchschnittskosten den Preis des Absatzgutes übersteigen. Die → Fixkosten werden nicht mehr gedeckt. Schrumpft die Beschäftigung weiter, wird der Betrieb stillgelegt, sofern die Kosten der Stilllegung nicht höher sind als die Verluste, die bei Aufrechterhaltung des Betriebs entstehen. Jede Ausdehnung der Beschäftigung über das B. hinaus ist für den Betrieb von Vorteil, da die Preise der Waren einen Teil der Fixkosten decken. Die besondere Bedeutung des B. liegt darin, dass die ihm entsprechenden Kosten die Untergrenze der Kalkulation bilden. Kurzfr. ist die Unterdeckung der Fixkosten möglich, jedoch ist langfr. die → Liquidität gefährdet. → Betriebsminimum, → Betriebsoptimum.

Betriebsmittel, → Produktionsfaktoren, die zur Herstellung von Gütern benötigt werden, selbst aber nicht oder kaum in die Produktion eingehen. Dazu gehören z.B. Grundstücke, Gebäude, Maschinen, Werkzeuge sowie Hilfs- und Betriebsstoffe.

Betriebsnotwendiges Kapital, Berechnungsgrundlage der kalkulatorischen Zinsen (→ Kalkulatorische Kosten). Das B. wird folgendermaßen bestimmt: B. = betriebsnotwendiges Anlagevermögen + betriebsnotwendiges Umlaufvermögen (= betriebsnotwendiges Vermögen) – Abzugskapital. Betriebsnotwendig sind dabei nur solche Teile des Vermögens, die laufend dem Betriebszweck dienen. Abzugskapital ist Fremdkapital, das scheinbar zinsfrei zur Verfügung steht (tatsächlich aber, wie z.B. bei Kreditoren, im Preis verzinst wird).

Betriebsoptimum, → Beschäftigungsgrad, bei dem die Durchschnittskosten am niedrigsten sind. Bei diesem Beschäftigungsgrad sind die → Produktionsfaktoren optimal aufeinander abgestimmt, d.h. jede Änderung des Beschäftigungsgrads hat eine Erhöhung der Durchschnittskosten zur Folge. → Betriebsminimum, → Betriebsmaximum.

Betriebsplanung (Unternehmensplanung) → Controlling.

Betriebspreis (Verrechnungspreis), Preis, der für eine kürzere oder längere Periode vom Betrieb festgelegt wird und während dieses Zeitraumes unverändert bleibt. Mit dem B. wird in der → Buchführung häufig der Materialverbrauch bewertet. Außerdem wird der Unterschied zwischen dem zum B. und dem zu Anschaffungskosten bewerteten Verbrauch auf Abgrenzungskonten festgehalten. B. sollen die Erfolgsrechnung von Preisschwankungen freihalten, die unabhängig vom Fertigungsprozess entstehen. → Plankostenrechnung.

Betriebsprüfung → Außenprüfung.

Betriebspsychologie, i. w. S. die Anwendung der Psychologie auf das Wirtschaftsleben. Der USamerik. Ingenieur Taylor hat bereits 1911 betriebspsychologische Erkenntnisse für die Optimierung wirtsch. Prozesse genutzt. Die B. i.e.S. ist die psychologische Analyse der Menschen im Unternehmen, d.h. einzelner Mitarbeiter, betrieblicher Gruppen und des Unternehmens als Ganzes. In größeren Unternehmen untersuchen eigene Betriebspsychologen u. a. Arbeitsklima, Zusammenarbeit, Arbeitsmotivation und Fluktuation. → Arbeitsplatzgestaltung, → Wirtschaftspsychologie.

Betriebsrat, von den Arbeitnehmern gewählte innerbetriebl. Interessenvertretung. Die Größe des B. richtet sich gemäß dem → Betriebsverfassungsgesetz nach der Anzahl der Arbeitnehmer eines Betriebes. Seine Aufgabe ist die Mitbestimmung in soz., personalen und (in Betrieben mit über 100 Arbeitnehmern) wirtsch. Angelegenheiten (Wirtschaftsausschuss). Für Mitglieder des B. gelten besondere Kündigungsschutzbedingungen.

Betriebssoziologie, Spezialbereich der Soziologie, der das Unternehmen in seinen soz. Ausprägungen und Auswirkungen betrachtet und analysiert. Die B. hat ihren Ursprung in den soz. Problemen in den Großbetrieben des 19. Jh. Wesentl. Formen sind: (1) die von den → Arbeitswissenschaften (Arbeitspsychologie, Arbeitsphysiologie (→ Betriebspsychologie)) vorbereitete Analyse des einzelnen Arbeitnehmers als Person und Persönlichkeit; (2) die Analyse der formalen und der informalen Gruppen in einem Unternehmen; (3) die Integration der Menschen in das Unternehmen als Ganzes, d.h. die soziologische Analyse der Betriebsorganisation; (4) die Beziehungen der Menschen im Betrieb zum soz. Ganzen. Konkrete Aspekte der B. sind Arbeitszufriedenheit, Arbeitsbeziehungen und Arbeitsverhalten im Betrieb.

Betriebsstatistik, Begriff, der verschiedene Formen umfasst: (1) Betriebszählung im Rahmen der amtlichen → Statistik. (2) Teil des betriebl. → Rechnungswesens, in dem innerbetriebl. (Bsp.: Beschaffungs-, Produktions- oder Absatzstatistik) und außerbetriebl. Daten (Bsp.: Statistik der Branchenentwicklung) analysiert werden.

Betriebsverfassung, Grundsätze der Beteiligung von Arbeitnehmern an wichtigen Entscheidungen im Betrieb durch → Mitbestimmung. In Deutschland sind diese Grundsätze im → Betriebsverfassungsgesetz geregelt.

Betriebsverfassungsgesetz (BetrVerfG), Regelung, mit der Wahl, Befugnisse und Tätigkeiten des → Betriebsrates bzw. im öffentl. Dienst der → Personalräte sowie die Wahl des Wirtschaftsausschusses und der Arbeitnehmervertretung im Aufsichtsrat (→ Aktiengesellschaft (AG)) größerer Kapitalgesellschaften bestimmt werden. Dabei ist in Aufsichtsräten grundsätzlich eine paritätische Mitbestimmung der Arbeitnehmer vorgesehen.

Betriebsvergleich, Vergleich bestimmter betriebl. Größen (Aufwand und Kosten, Ertrag und Leistung, Umsatz, Wirtschaftlichkeit, Rentabilität) mehrerer → Betriebe aus der gleichen Branche untereinander (zwischenbetriebl. Vergleich) oder eines einzelnen Betriebs für verschiedene Zeiträume (Zeitvergleich), um so Schlüsse auf Lage und Entwicklung des eigenen Betriebs ziehen zu können. → Benchmarking.

Betriebsvermögen, steuerlich alle Teile einer wirtsch. Einheit, die dem Betrieb eines Gewerbes als Hauptzweck dienen, soweit die Wirtschaftsgüter dem Inhaber des Betriebes gehören (§§ 95ff. BewG). → Freie Berufe sind bei der Ermittlung des B. gewerblichen Betrieben gleichgestellt, gleichwohl sie im Sinne der → Gewerbesteuer-Erhebung kein Gewerbe betreiben. → Einheitswert.

Betriebsvermögensvergleich → Gewinnermittlung.

Betriebsversammlung, Organ der betriebl. → Mitbestimmung neben dem → Betriebsrat, das sich nach dem → Betriebsverfassungsgesetz aus den Arbeitnehmern eines Betriebs zusammensetzt. Die B. wählt den Betriebsrat und nimmt vierteljährlich seinen Tätigkeitsbericht entgegen. Sie hat gegenüber dem Betriebsrat ein Informations- und Beratungs-, jedoch kein Weisungsrecht. Sie kann ihm Anträge unterbreiten und zu seinen Beschlüssen Stellung nehmen.

Betriebswirtschaftslehre (BWL), neben der → Volkswirtschaftslehre (VWL) ein bedeutender Zweig der → Wirtschaftswissenschaften, der den Betrieb (Unternehmen) und dessen Wirtschaftlichkeit untersucht. Gegenstand betriebswirtsch. Forschung sind die Grundlagen, Abläufe und Wirkungen menschlicher Entscheidungen in den einzelnen Funktionen und der hierarchischen Struktur eines Unternehmens. Die allg. B. befasst sich mit Steuer- und Lenkungsfunktionen, die alle Unternehmen gleichsam betreffen. Steuerfunktionen sind → Beschaffung, → Logistik, → Produktion und → Absatz (einschl. → Marketing, Vertrieb und → Marktforschung). Als Lenkungsfunktionen gelten → Controlling, → Rechnungswesen, Personalwesen und → Unternehmensführung. (2) Die allg. B. ergänzen spezielle Betriebswirtschaftslehren wie die B. der → Banken, Versicherungen, Industrie-, landwirtsch. und → öffentliche Unternehmen.

BetrVerfG → Betriebsverfassungsgesetz.

Beveridge-Kurve, Relation, welche die → Arbeitslosenquote in Beziehung zur Quote der offenen Stellen setzt. Sie ermöglicht damit eine Einschätzung des quantitativen Ausmaßes und der zeitlichen Entwicklung der Mismatch-Arbeitslosigkeit, die auch als strukturelle → Arbeitslosigkeit bezeichnet wird. In Deutschland wird eine Rechtsverschiebung der B. beobachtet, woraus der Schluss gezogen wird, dass die strukturelle Arbeitslosigkeit im Zeitablauf zunimmt und die Effizienz des Matching-Prozesses abnimmt. Als Ursache hierfür wird u.a. die zunehmende Regelungsdichte am Arbeitsmarkt identifiziert. Erhöhte berufliche und regionale Mobilität könnten den Matching-Prozess verbessern.

Bevölkerungsaufbau (Bevölkerungstruktur), Erfassung der Bevölkerung eines Landes nach Zahl (Größe), Regionen (Verteilung) und nach Alter, Geschlecht, Familienstand, Beruf, Religion (Struktur). Mit Hilfe periodischer Volkszählungen werden die natürliche (Tod, Geburt, Eheschließung) und räumliche (Ein-, Aus- und Binnenwanderung) Bevölkerungsbewegung erfasst.

Bevölkerungsentwicklung, Veränderung der Bevölkerung in einem bestimmten Gebiet oder auf der ganzen Erde, die in der jährlichen prozentualen Wachstumsrate gemessen wird. Hierbei gibt es in der → Bevölkerungswissenschaft bislang keine allgemein gültige Theorie, welche die vielfältigen Ursachen und Folgen eines veränderten Wachstums und Aufbaus der Bevölkerung erklären kann. → Malthus' Bevölkerungsgesetz ist nicht allgemein gültig, da fortgeschrittene Gesellschaften einen → Bevölkerungsrückgang zu verzeichnen haben, während der Lebensstandard drastisch gestiegen ist.

Bevölkerungsgesetz, Hypothese zum → Bevölkerungswachstum nach dem engl. Nationalökonomen T.R. Malthus. Das B. besagt, das Bevölkerungswachstum verläuft exponenziell (1, 2, 4, 16 …), während die Nahrungsmittelproduktion nur linear (1, 2, 3, 4 …) zunimmt. Diese Hypothese liefert einen Erklärungsansatz von Entwicklungsrückstand und Lebensmittelknappheit in → Entwicklungsländern. In Europa wurde mit dem sehr starken Bevölkerungswachstum im 19. Jh. die Wende von Agrar- zu Industrieländern vollzogen, während in einigen Entwicklungsländern ein hohes Bevölkerungswachstum tatsächlich mit Nahrungsmittelknappheit und Unterentwicklung einhergeht.

Bevölkerungsrückgang, Entwicklung, die in vielen Industrieländern, insbes. auch in Deutschland, zu gravierenden ökonom. Folgen führt. Für das gesamtwirtsch. Wachstum (→ Wirtschaftswachstum) werden negative Wirkungen prognostiziert, da insbes. ein starker Nachfragerückgang zu erwarten ist. Darüber hinaus steigt die Staatsverschuldung (→ Öffentliche Schulden) pro Kopf, und in den staatl. Alters- und Sozialsicherungssystemen (→ Sozialversicherung) erhöht sich das Verhältnis von Leistungsempfängern zu Beitragszahlern, was erhebliche Finanzierungsprobleme mit sich bringt. Möglichkeiten, dem B. gegenzusteuern, werden in der Steigerung der Netto-Zuwanderung sowie in einer kinderfreundlichen → Familienpolitik gesehen. → Bevölkerungsentwicklung, → Bevölkerungswachstum.

Bevölkerungsstatistik, (1) statisch: Darstellung der Bevölkerungstruktur anhand bestimmter Merkmale (Bsp.: Alter, Geschlecht, Familienstand). Die Bevölkerungsstruktur wird periodisch (→ Mikrozensus) über → Primärstatistiken oder → Sekundärstatistiken erfasst; (2) dynamisch: Darstellung der Veränderung des → Bevölkerungsaufbaus anhand bestimmter Merkmale (Bsp.: Geburten, → Migration, Sterbefälle). Bevölkerungsbewegungen können nur sekundärstatistisch beobachtet werden. Die B. vewendet anders als die → Wirtschaftsstatistik überwiegend demographische Größen. → Bevölkerungswachstum, → Bevölkerungswissenschaft.

Bevölkerungswachstum, zentraler Begriff der → Bevölkerungswissenschaft. Zentrale Messgrößen des B. sind (1) → natürliche Wachstumsrate; (2) → Bruttoreproduktionsrate; (3) → Nettoreproduktionsrate (NRR). → Bevölkerungsstatistik.

Bevölkerungswissenschaft (Demographie), befasst sich mit der Größe, dem Aufbau und der räumlichen Verteilung von Populationen und erklärt die Ursachen demographischer Prozesse (Fruchtbarkeit, Sterblichkeit, Mobilität) in Zusammenhang mit ökonom., soz., polit., gesundheitlichen, kulturellen oder psychologischen Faktoren. Sie entwickelt zur Erklärung demographischer Prozesse und Strukturen math. Grundmodelle, wobei die Interdependenzen zwischen Demographie und Ökonomie (Demoökonomie) sowie Ungleichgewichte im → Bevölkerungswachstum besondere Beachtung finden.

Struktur der Bevölkerung im Erwerbsalter in Deutschland

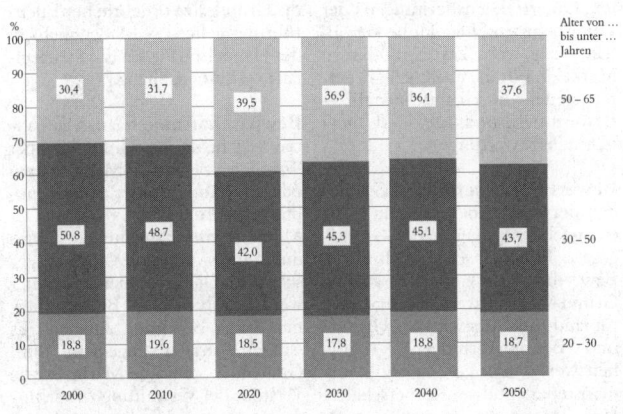

Jahr	20–30	30–50	50–65
2000	18,8	50,8	30,4
2010	19,6	48,7	31,7
2020	18,5	42,0	39,5
2030	17,8	45,3	36,9
2040	18,8	45,1	36,1
2050	18,7	43,7	37,6

Alter von … bis unter … Jahren

Quelle: Statistisches Bundesamt (2000)

Die Bevölkerungspolitik versucht, demographische Prozesse in Richtung auf ökonom. und andere Ziele zu beeinflussen, wobei etwa die Höhe der → Reproduktionsrate oder demographisches Nullwachstum als Indikator dienen können.

Bewegungsbilanz, Form der → Kapitalflussrechnung, zeigt die Veränderungen der Bilanzpositionen während einer Periode durch Gegenüberstellung von Mittelherkunft und -verwendung. Die Mittelverwendung auf der linken Seite der B. ergibt sich aus Vermögenszu- und Kapitalabgängen, die Mittelherkunft auf der rechten Seite aus Vermögensab- und Kapitalzugängen. Die B. verdeutlicht den Beitrag der veränderten Bestandskonten und ihrer Positionen zum Gewinn einer Periode. Sie bildet daher ein wichtiges Instrument der externen → Bilanzanalyse.

Bewertung, Zuordnung einer Geldgröße zu Vermögensgegenständen, Rechten, Verbindlichkeiten, Gütern, Dienstleistungen oder Unternehmen. Die Höhe der B. hängt u. a. vom Zweck und vom Markt ab. Für die bilanzielle B. gelten steuer- und handelsrechtl. → Bewertungsgrundsätze. → Unternehmensbewertung.

Bewertungsgesetz (BewG), neben der → Abgabenordnung (AO) ein wichtiges steuerliches Grundgesetz. Es regelt einheitlich die → Bewertung für die Erbschaft-, Grund- und Gewerbesteuer sowie für land- und forstwirtsch., Grund- und Betriebsvermögen (→ Einheitswert). Für die → Einkommensteuer und → Körperschaftsteuer erfolgt die Bewertung nach besonderen Vorschriften der einschlägigen Gesetze.

Bewertungsgrundsätze, allgemeine Grundsätze für die → Bewertung von Vermögensgegenständen in der → Bilanz im Rahmen der Grundsätze ordnungsgemäßer → Buchführung (GoB) bzw. der Grundsätze ordnungsmäßiger → Bilanzierung (GoBil). Für die Jahresbilanz gelten handelsrechtl. B.; die wichtigsten B. sind: (1) Anschaffungs- bzw. Herstellkosten gelten als Obergrenze für Vermögensgegenstände; (2) abnutzbare Anlagegegenstände sind im Wert planmäßig um → Abschreibungen zu korrigieren; (3) Gegenstände des → Umlaufvermögens sind nach dem → Niederstwertprinzip zu bewerten; (4) → Verbindlichkeiten sind nach dem → Höchstwertprinzip zu bewerten. Die steuerrechtl. B. weichen z.T. von den handelsrechtl. ab. Jedoch werden die handelsrechtlichen Wertansätze i. d. R. in die → Steuerbilanz übernommen, da auch für die Steuerbilanz die Grundsätze ordentlicher Buchführung gelten. → Maßgeblichkeit der Handelsbilanz für die Steuerbilanz, → Einheitsbilanz.

Bewirtschaftung, staatl. Maßnahme, welche die Verteilung knapper Waren in Kriegs- und Mangelzeiten oder im Rahmen einer Autarkiepolitik (→ Autarkie) regelt. Der Marktpreismechanismus wird durch Preis- und Lohnstopp ausgeschaltet. Die rationierten Güter werden anhand von Bezugsscheinen durch Behörden zugeteilt. Es werden Strafen angedroht, um Graue und Schwarze Märkte sowie Verstöße der Verwaltung zu verhindern.

Bezugsrecht, nach § 186 AktG das Recht des Aktionärs, bei Kapitalerhöhung einer → Aktiengesellschaft (AG) neue (junge) Aktien in einer seinem Kapitalanteil entsprechenden Zahl und zu dem in der Hauptversammlung festgelegten Kurs zu beziehen. → Bezugsrechtwert.

Bezugsrechtswert, Wert eines → Bezugsrechts bei Kapitalerhöhung einer → Aktiengesellschaft (AG). Der B. ist die Differenz des Bezugskurses der neuen Aktie zum Preis der alten und wird nach folgender Formel berechnet:

$$B = \frac{(K_a - K_n) \cdot x}{x + y} =$$

$$= \frac{(200 - 100) \cdot 1}{1 + 4} = 20$$

Es bedeuten: B = Bezugsrechtswert, K_a = Kurs der alten Aktie, K_n = Kurs der neuen Aktie, x = Zahl der neuen Aktien, y = Zahl der bezugsberechtigten alten Aktien. Bsp: Ist der Kurs der alten Aktie 200, der der neuen 100 und das Bezugsverhältnis 4 : 1, dann errechnet sich folgender Wert nach der Kapitalerhöhung:

4 alte Aktien zu 200 % = 800 €
1 neue Aktie zu 100 % = 100 €
5 Aktien = 900 €
1 Aktie nach der Kapitalerhöhung 180 €.

BFH → Bundesfinanzhof.

BHO → Bundeshaushaltsordnung.

BIC (engl., Bank Identifier Code) → SWIFT-Code.

Bilanzanalyse

Bilanz (lat., bis lanx = zweischalig; ital., bilancia = Waage), Gegenüberstellung von Vermögen (→ Aktiva) und Kapital (→ Passiva) eines Unternehmens, wobei die Summe der Aktiva der Summe der Passiva entspricht (Bilanzgleichung). Die Aktivseite zeigt die Mittelverwendung, d.h. für welche Vermögensgegenstände Kapital verwendet wurde. Die Passivseite stellt die Mittelherkunft (Eigen- und Fremdkapital) dar. Die B. soll ihren Adressaten Auskunft über wirtsch. Lage und Erfolg des Unternehmens geben (→ Bilanzanalyse). Der Unterschiedsbetrag zwischen Vermögen und Kapital ist der Unternehmensverlust bzw. -gewinn. Nach § 242 I HGB muss jeder → Kaufmann bei Aufnahme des Handelsgewerbes und zum Ende jedes Geschäftsjahres eine B. aufstellen. Die B. bildet mit → Gewinn- und Verlustrechnung (GuV) den → Jahresabschluss. Bei einer → Kapitalgesellschaft kommt der → Anhang als gleichrangiger Bestandteil hinzu. Nach dem Bilanzzweck können verschiedene → Bilanzarten unterschieden werden.

Bilanzanalyse (Jahresabschlussanalyse), Verfahren der Informationsgewinnung und -auswertung, um die aktuelle und zukünftige Ertrags-, Vermögens- und Finanzlage von Unternehmen beurteilen zu können. Informationsquellen sind neben der → Bilanz der gesamte → Jahresabschluss, → Cash Flow, → Lagebericht sowie sonstige Bestandteile des Geschäftsberichts bzw. Unternehmensveröffentlichungen (z.B. Monatsabschlüsse). Die B. kann unternehmensextern z. B. durch Banken durchgeführt werden. Die unternehmensinterne

Bilanzarten

B. dient inbes. der Unternehmensleitung bei der → Unternehmensführung und -steuerung. Wesentliches Instrument der B. ist die Berechnung und Auswertung von → Kennzahlen.

Bilanzarten, wichtigste Formen der → Bilanz sind: (1) Ordentliche B., die periodisch (nach Ablauf des Geschäftsjahrs) aufgestellt werden und vorrangig der Erfolgsermittlung dienen; (2) Sonderbilanzen, die einmalig zu bestimmten Zwecken erstellt werden, wie Aufnahme und Beendigung eines Betriebs (→ Eröffnungsbilanz und Schlussbilanz), → Liquidation (Liquidationsbilanz), → Insolvenz (Konkursbilanz); (3) Zwischenbilanzen im Rahmen der kurzfr. Erfolgsrechnung zwischen den Jahresabschlüssen; (4) → Bewegungsbilanz; (5) Beständebilanz, welche die Veränderungen von Aktiv- und Passivposten wiedergibt; (6) Konzernbilanz, in der Vermögen und Kapital von Unternehmen eines Konzerns konsolidiert werden (Gegenstück ist die Einzelbilanz eines Unternehmens); (7) → Steuerbilanz. Die Gliederung der jährlichen Abschlussbilanz ist in § 266 II und III HGB für → Kapitalgesellschaften grundsätzlich vorgegeben; kleine Kapitalgesellschaften dürfen eine verkürzte Bilanz aufstellen. Darüber hinaus orientieren sich Gliederung und → Bewertung der Bilanzpositionen am Bilanzzweck, wobei die Grundsätze ordnungsmäßiger → Bilanzierung (GoBil) Gestaltungsspielräume (→ Bilanzpolitik) eröffnen. Nach → United States Generally Accepted Accounting Principle (US-GAAP) wird kein verbindliches Gliederungsschema vorgeschrieben, jedoch börsennotierten Unternehmen empfohlen.

Bilanzdualismus → Bilanztheorien.

Bilanzgerade → Budgetgerade.

Bilanzgewinn → Reingewinn.

Bilanzidentität → Bilanzkontinuität.

Bilanzierung, (1) Ausgleich eines Kontos, so dass es im Soll und im Haben die gleiche Summe aufweist. → Saldo; (2) Ansatz von Vermögensgegenständen eines Unternehmens in der → Bilanz. Hierbei sind zwei Bereiche zu unterscheiden: Die B. dem Grunde nach legt fest, welche Vermögensgegenstände in einer Bilanz aufgeführt werden müssen bzw. dürfen, während die B. der Höhe nach über den anzusetzenden Wert eines Vermögensgegenstandes entscheidet. Die B. muss stets nach bestimmten Grundsätzen ordnungsmäßiger Bilanzierung (GoBil) erfolgen.

Bilanzierung, Grundsätze ordnungsmäßiger (GoBil), gehören zu den Grundsätzen ordnungsmäßiger → Buchführung (GoB), und ordnen das Aufstellen des → Jahresabschlusses sowie dessen Bestandteile. Unterschieden werden (1) Grundsatz der Klarheit und Übersichtlichkeit (→ Bilanzklarheit), (2) Grundsatz der formellen und (3) Grundsatz der materiellen → Bilanzkontinuität.

Bilanzklarheit, formale Ordnungsmäßigkeit der → Bilanz und der → Gewinn- und Verlustrechnung (GuV). Diese müssen so aufgestellt sein, dass sie einem sachverständigen Leser einen möglichst sicheren Einblick in die Lage des Betriebes gewähren. Insbes. müssen beide Rechnungen gegliedert und die Einzelposten richtig bezeichnet sein. → Bilanzierung, Grundsätze ordnungsmäßiger (GoBil).

Bilanzkontinuität, Übereinstimmung der Eröffnungsbilanz eines Jahres mit der Schlussbilanz des Vorjahres. Die B. besteht aus Bestands- und Wertkontinuität. → Bilanzierung, Grundsätze ordnungsmäßiger (GoBil).

Bilanzkurs, (1) Kurs, mit dem ein → Wertpapier in der → Bilanz unter den Aktiva aufgenommen wird. (2) Prozentzahl, die den inneren Wert einer → Aktiengesellschaft (AG) kennzeichnen soll. Hierzu werden das Grundkapital und das gesamte → Eigenkapital einschl. aller → Rücklagen (auch der stillen) in Beziehung gesetzt:

$$B = \frac{\text{Eigenkapital} \cdot 100}{\text{Grundkapital}}$$

Bilanzpolitik, Gestaltung des → Jahresabschlusses im Rahmen der durch die Rechtsordnung vorgegebenen Grenzen, um das Verhalten der Adressaten im Sinne des Unternehmens zu beeinflussen. Zu unterscheiden sind (1) Sachverhaltsgestaltung: Maßnahmen vor der eigentlichen Abschlusserstellung; (2) Maßnahmen zur Sachverhaltsabbildung. Darunter fällt zum einen die formelle B., die auf Gliederung, Erläuterung und Ausweis des Jahresabschlusses abstellt, und zum anderen die materielle B., deren Gegenstand inbes. die Ausübung von Bilanzierungs- und Bewertungswahlrechten (→ Bewertung) sowie Entscheidungen bei Ermessensspielräumen (z.B. Rückstellungsbildung) ist. Ziele der B. sind z.B. Gewinnglättung bzw. der Ausweis von Gewinnsprüngen.

Bilanzrichtliniengesetz, Regelwerk zur → Bilanzierung. Die Einführung des B. führte zu einer umfassenden Bilanzreform, insbes. des HGB. Mit der vorgenommenen Eingliederung eines dritten Buches (Handelsbücher) sind die Vorschriften zur Rechnungslegung für Einzelkaufleute (→ Einzelkaufmann), → Personengesellschaften und → Kapitalgesellschaften sowie zur Konzernrechnungslegung zusammengefasst.

Bilanztheorien, Erklärungsansätze aus theoret. Sicht und losgelöst von konkreten gesetzl. Vorschriften, um Ziele der → Bilanz und Grundsätze ihres Aufbaus sowie für die → Bewertung der einzelnen Aktiva und Passiva abzuleiten. Ältere B. sind die statische, die dynamische und die organische B., auf die bei der Interpretation gesetzl. Regelungslücken zurückgegriffen wird. Neuere B. sind die kapital- und informationstheoret. B.

Bilanzverschleierung, Aufstellung einer → Bilanz, welche die wahre Vermögenslage des Betriebs nicht oder nur ungenau ausdrückt, z.B. durch falsche Bezeichnung der Bilanzposten, Zusammenfassung oder Saldierung getrennt auszuweisender Posten.

Bilanzwahrheit, ein Grundsatz der ordnungsgemäßen → Buchfüh-

Bilateralismus

rung (Gob) (→ Bilanzierung, Grundsätze ordnungsmäßiger (GoBil)), der den Ansatz richtiger Werte im → Jahresabschluss, insbes. keine zu hohe Bewertung der Aktiva und keine zu niedrige Bewertung der Passiva fordert.

Bilateralismus, zweiseitige Handelsbeziehungen im internationalen Handel meist auf Grund bilateraler Verträge und Verrechnungsabkommen. Gegensatz: Multilateralismus (→ Multilateralität). B. mindert die Vorteile der internationalen Arbeitsteilung. Seit 1945 wurde der B. systematisch abgebaut. → Internationaler Währungsfonds (IWF), → World Trade Organization (WTO).

Bildungsinvestitionen, Investitionen zum Erhalt und Ausbau in das in Menschen investierte Kapital (→ Humankapital). Menschliche Arbeitskraft gilt dabei als ein → Produktionsfaktor. → Bildungsökonomie.

Bildungsökonomie, Zweig der → Wirtschaftswissenschaften, der untersucht, wie Individuen, Institutionen und die Gesellschaft Ressourcen einsetzen, um verschiedene Arten von Bildung (→ Humankapital) zu produzieren. Übergeordnet lassen sich zwei Forschungsrichtungen in der B. ausmachen: (1) die Erforschung der Zusammenhänge zwischen Ausbildung, Einkommen und Wirtschaftswachstum und (2) die Suche nach optimalen Bildungseinrichtungen und die Untersuchung deren Effizienz.

Bildungsplanung, Analyse der Grundlagen des Bildungssystems und dessen Bezüge zu anderen gesellschaftlichen Einrichtungen, um der Bildungspolitik zu helfen. Es sollen bildungspolit. Ziele aufgezeigt sowie die Effizienz des Bildungssystems untersucht und kontrolliert werden. → Bildungsökonomie.

Billiges Geld, ein Mittel der → Geldpolitik, mit dessen Hilfe die Wirtschaftstätigkeit angeregt werden soll, meist durch → Offenmarktpolitik der → Zentralbank und in geringerem Umfang durch die Senkung der Mindestreservesätze (→ Mindestreserve der Bank). → Easy Money.

Binnenmarkt, Europäischer → Europäischer Binnenmarkt.

BIZ → Bank für internationalen Zahlungsausgleich.

Black-Scholes-Formel → Optionspreistheorie.

Blankokredit → Ungedeckter Kredit.

Blockfloating, Übereinkommen mehrerer Länder, nur gegenüber dritten Ländern die Wechselkurse ihrer Währungen frei schwanken zu lassen, untereinander aber die Wechselkurse in bestimmten → Bandbreiten stabil zu halten. → Freie Wechselkurse.

Blue Chips, Bezeichnung für Spitzenpapiere unter den Börsenwerten. B. sind in speziellen Indices gelistet. → Deutscher Aktienindex (DAX), → Dow Jones-Index.

Boden, originärer → Produktionsfaktor, der den natürlichen Hilfsquellen (→ Hilfsquellen, natürliche) eines Landes zugeordnet wird. B. wird in Rohstoffabbau sowie landwirtsch. Produktion genutzt und dient als Standort der Produktion. B. ist nicht reproduzierbar und nur begrenzt vermehrbar.

Bodenkredit → Hypothekarkredit.

Bodenkreditinstitut → Hypothekenbank.

Bodenpolitik, wird betrieben, um den → Produktionsfaktor → Boden gerecht zu verteilen und effizient zu nutzen (Bsp.: → Bodenreform oder Abschöpfung von → Grundrenten durch eine → Wertzuwachssteuer).

Bodenreform, grundlegende Neuordnung der Besitz- und Nutzungsverhältnisse im Agrarbereich. → Bodenpolitik.

Bodenrente → Grundrente.

Börse, hochorganisierter → Markt, auf dem regelmäßig, zu bestimmten Zeiten und nach in der Börsenordnung festgelegten Regeln vertretbare Waren oder Wertpapiere gehandelt werden. Die deutschen Börsen unterstehen dabei der Aufsicht der Börsenaufsichtsbehörde der Bundesländer und der → Bundesanstalt für Finanzdienstleistungsaufsicht (BAFin). Börsen lassen sich nach diversen Eigenschaften systematisieren, so etwa nach der Organisation des Handels (Parketthandel, Computerhandel), den gehandelten Gegenständen (Waren wie z.B. Edelmetalle und Getreide, → Wertpapiere) und der zeitlichen Struktur der gehandelten Ansprüche (Kassa-, Terminmarkt). Als wichtigste Organe der Börse fungieren: (1) der Börsenrat und (2) die Börsengeschäftsführung, die nach dem Börsengesetz die Börsenordnung erlassen und die Geschäftsbedingungen festlegen.

Börsengeschäft → Kassageschäft, → Termingeschäft.

Börsenkurs → Börsen- oder Marktpreis.

Börsenmakler, berufsmäßige Vermittler von Börsengeschäften (vereidigte Kursmakler für den amtlichen Börsenverkehr und freie Makler, die Geschäfte in allen → Wertpapieren besorgen).

Börsen- oder Marktpreis, Wert eines Gutes, der den tatsächlich gezahlten Marktpreisen oder Börsenkursen entspricht. → Kurs, → Preis.

Börsenplatz, Ort, an dem sich eine → Börse befindet. In Deutschland sind dies neben dem Haupthandelsplatz Frankfurt a. M. gegenwärtig noch die Regionalbörsen Berlin, Bremen, Düsseldorf, Hamburg, Hannover, München und Stuttgart, an denen mit → Wertpapieren gehandelt wird. Dazu kommen spezielle Termin- (→ EUWAX in Stuttgart) und → Warenbörsen (Hannover).

Bond, festverzinsliche Schuldverschreibung, die in Deutschland einer → Anleihe entspricht.

Bonität, (1) Güte eines → Wechsels, einer Ware, eines forst- oder landwirtsch. genutzten Bodens, (2) wirtsch. Sicherheit, gute Ertragskraft oder Solidität eines Unternehmens, (3) Zahlungsfähigkeit und -willigkeit des Schuldners. → Basel II, → Rating.

Bonus (lat., gut), eine über die gewöhnliche Dividendenzahlung hinaus erfolgende Sondervergütung, wie sie z.B. → Aktiengesellschaften (AG) ihren Aktionären auf Grund besonders günstiger Geschäftsergebnisse gewähren. Durch Aufteilung in → Dividende und B. soll die Einmaligkeit der Vergütung hervorgehoben werden.

Bookbuilding, ein international übliches Verfahren zur Festlegung des Emissionspreises von → Wertpapieren. Dabei werden eine Preisspanne und eine Zeichnungsfrist vorgegeben. Interessenten können innerhalb der Preisspanne ein Gebot abgeben, zu dem sie bereit sind, eine bestimmte Anzahl der neuen → Aktien zu kaufen (Zeichnung). Am Ende der Zeichnungsfrist wird anhand der Nachfrage der Emissionspreis festgelegt und die Aktien zugeteilt. Bei hoher Nachfrage orientiert sich der Preis am oberen Ende der Preisspanne, bei geringer Nachfrage eher am unteren Ende. → Emission.

Boom, → Konjunkturbewegung und letzte Phase des Aufschwungs im Konjunkturzyklus, in der die Produktionsanlagen ausgelastet sind und zunehmende Nachfrage zu verstärktem Kosten- und Preisanstieg führt. → Rezession, → Stagflation.

Bottom Up (engl., von unten nach oben), Prinzip, nach dem Teilprobleme zunächst auf der untersten Ebene gelöst werden. Erst dann werden Probleme auf den nächsthöheren Ebenen angegangen, bis schließlich alle Teile zu einer Gesamtlösung zusammengesetzt werden können. Diese Vorgehensweise findet in zahlreichen Bereichen, wie → Unternehmensführung, → Marketing oder Softwareentwicklung Anwendung. Gegenprinzip: → Top Down.

Bowen-Lösung, Möglichkeit zur Bestimmung des optimalen Angebots eines → öffentlichen Gutes. Das Optimum ist dabei durch den Schnittpunkt zwischen Angebots- und Nachfragefunktion bestimmt. Nach H. R. Bowen (1948) erhält man die aggregierte Nachfragekurve durch vertikale Addition der individuellen Kurven der marginalen → Zahlungsbereitschaft für das öffentl. Gut. Die B. geht von einem reinen öffentl. Gut aus, das jedes Individuum in gleicher Menge konsumiert und dabei den Preis bezahlt, der seiner Wertschätzung der Grenzeinheit entspricht. → Optimales Budget.

Bowleysches Dyopol, oligopolistische Preisbildungsform, in der beide Anbieter in einer bowleyoligo-polit. Marktform eine Unabhängigkeitsposition beziehen, da sie die Reaktionen des anderen in ihrem Kalkül berücksichtigen. Es entsteht kein Gleichgewichtspreis. → Dyopol.

Boxdiagramm → Edgeworth-Box-Diagramm.

Boykott (Sperre, Verrufserklärung), radikale Form des Wirtschaftskampfs. Wirtsch., polit. oder soz.B. kann sich gegen ein Unternehmen durch Ausschluss vom Geschäftsverkehr, gegen Staaten als polit. Druckmittel (Sanktionen) oder auch gegen eine Person oder eine Gruppe als gesellschaftliche Abschließung richten. B. ist nach § 21 GWB verboten, falls der Boykottierte durch Liefer- und Bezugssperren unbillig beeinträchtigt werden soll. → Embargo.

Brain Drain, Abwanderung qualifizierter Arbeitskräfte aus weniger in hoch entwickelte oder attraktivere Länder, häufig auf Grund besserer Bezahlung und besserer Arbeits- und Lebensbedingungen. Bsp.: Ärzte, Wissenschaftler, IT-Fachkräfte.

Branntweinmonopol, im Branntweinmonopolgesetz geregeltes staatl. → Monopol auf Übernahme des Branntweins von Privatbrennereien, teilweise Herstellung, Einfuhr, Reinigung, Verwertung und Handel mit unverarbeitetem Branntwein. Von der Übernahme ausgenommen sind Korn- und Obstbranntweine. Das B. verfolgt insbes. einen marktordnenden, mittelstandspolit. Zweck und subventioniert durch entsprechend hohe Ankaufspreise die Branntweinproduzenten. → Branntweinsteuer.

Branntweinsteuer, Bundessteuer, die vom Abnehmer an die Branntwein-Monopolverwaltung gezahlt wird. Bei der Einfuhr von Branntwein wird außer dem Zoll ein Branntweinmonopolausgleich erhoben, so dass der eingeführte Branntwein der gleichen steuerlichen Belastung unterliegt wie der inländ. → Branntweinmonopol.

Break-Even (engl., Gewinnschwelle), Punkt, bei dem der Preis die Kosten deckt, ohne dass ein → Gewinn erzielt wird. Ausstoß oder die Erträge eines Projektes sind gerade kostendeckend.

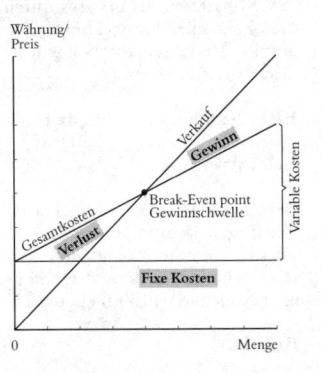

Brechtsches Gesetz, Erklärungsansatz für den Anstieg der → Staatsausgaben. Das B. besagt, dass mit zunehmender Gemeindegröße die kommunalen Pro-Kopf-Ausgaben überproportional wachsen. In Ballungsräumen sind nach dem B. die Infrastrukturausgaben pro Kopf wesentlich höher als in dünner besiedelten Landstrichen. Seine Gültigkeit ist umstritten.

Bretton Woods, Ort in New Hampshire (USA), in dem 1944 eine Währungskonferenz stattfand, die zum Ziel hatte, den internationalen → Zahlungsverkehr zu ordnen und zu stabilisieren. Dazu wurde ein auf dem Goldstandard (→ Goldwährung) beruhendes Währungssystem sowie die Förderung der kriegszerstörten Wirtschaft und unterentwickelter Länder durch internationale Kapitalhilfe beschlossen. Die Konferenz führte zur Errichtung der → Weltbank und des → Internationalen

Währungsfonds (IWF). An die Stelle des B.-Währungssystems ist in Europa in den 1970er Jahren das → Europäische Währungssystem (EWS) getreten, da ersteres durch die weltweite Entwicklungen in den 1970er-Jahren überholt wurde. → Weltwährungsreform.

BRH → Bundesrechnungshof.

Briefhypothek → Hypothek.

Briefkastenfirma, von Steuerpflichtigen gegründete Scheingesellschaft, die an Ort und Stelle keine Geschäfte betreibt und der Steuer ausweichen will. → Steueroasen.

Briefkurs → Kurs.

Broker (engl., Börsenmakler) → Börsenmakler.

Brown-Steuer → Cash Flow-Besteuerung (CFB).

Brutto (ital.), (1) bei Gewichtsangaben: Rohgewicht einer Ware, d.h. das Gewicht mit Verpackung, Umhüllung; (2) Preis ohne Abzug (etwa indirekter Steuern); (3) Bruttogewinn oder Bruttoertrag: Gewinn oder Ertrag ohne Abzug der Kosten. (4) Bruttosozialprodukt: → Sozialprodukt einer Volkswirtschaft einschl. der Abschreibungen; Gegenstück: → Nettosozialprodukt zu Marktpreisen. → Brutto für netto, → Netto, → Tara.

Bruttoerfolgsrechnung, Gegensatz zur Nettoerfolgsrechnung. Die B. ist die Gegenüberstellung sämtlicher Aufwendungen (oder Kosten) und Erträge (oder Leistungen) zur Berechnung des Gewinns oder Verlusts ohne Saldierung von Aufwendungen und Erträgen. Umsatzerlöse und Aufwendungen für Stoffe und bezogene Waren sowie Zinsen sind unsaldiert auszuweisen. Die B. kann auf der handelsbilanziellen Erfolgsrechnung (→ Gewinn- und Verlustrechnung (GuV)), der kalkulatorischen Erfolgsrechnung, der → Steuerbilanz oder einer Einnahmen-/Ausgabenrechnung (→ Cash Flow) beruhen. Für → Aktiengesellschaften (AG) gilt das Bruttoprinzip. → Publizitätspflicht.

Bruttoetat, Gegensatz zum → Nettoetat. Der B. weist für jede Etatposition die Einnahmen und Ausgaben gesondert aus.

Brutto für netto, Vertragsklausel bei Käufen, die besagt, dass sich der Preis nicht auf das Netto-, sondern auf das Bruttogewicht bezieht, so dass die Verpackung in den Preis einbezogen ist. → Brutto, → Netto, → Tara.

Bruttoinlandsprodukt (BIP), in der → Volkswirtschaftlichen Gesamtrechnung (VGR) alle Leistungen einer Volkswirtschaft, die im Jahr innerhalb der Landesgrenzen durch Inländer und Ausländer erbracht werden. → Sozialprodukt.

Bruttoinvestitionen, Summe aller Ersatz- und Neuinvestitionen. → Investition.

Bruttonationaleinkommen, Zusammenfassung des Saldos der Primäreinkommen aus der übrigen Welt mit dem Bruttoinlandsprodukt. Es umfasst damit den Gesamtwert aller Einkommen, die von den Einwohnern eines Staates erzielt werden. Dabei ist es unerheblich, ob das Einkommen im Inland oder Ausland erzielt wurde. So ergibt sich das B. aus der Summe der Inlands- und Auslandseinkommen von Inländern. → Sozialprodukt.

Bruttoproduktionswert, Produktionsergebnis einer Periode, das sich aus dem Wert der verkauften Erzeugnisse, den zu Herstellungskosten bewerteten selbst erstellten Anlagen sowie den Veränderungen im Bestand an Halb- und Fertigfabrikaten ergibt. Werden vom B. die Vorleistungen abgezogen, kommt man auf den Nettoproduktionswert (→ Wertschöpfung).

Bruttoreproduktionsrate, Messgröße des → Bevölkerungswachstums. In der Definition von → EUROSTAT ist die B. die durchschnittliche Anzahl der Töchter, die eine Frau angesichts der Fruchtbarkeitsbedingungen des betreffenden Jahres unter Annahme einer Sterblichkeitsrate von null zwischen der Geburt und dem fortpflanzungsfähigen Alter zur Welt bringt. Die B. entspricht der → Gesamtfruchtbarkeitsrate multipliziert mit dem prozentualen Anteil weiblicher Geburten.

Bruttosozialprodukt (BSP), in der → Volkswirtschaftlichen Gesamtrechnung (VGR) alle Leistungen einer Volkswirtschaft, die im Jahr durch Inländer im In- und Ausland, ohne die im Inland lebenden Ausländer erbracht werden. → Sozialprodukt.

Buchführung, Bestandteil des Rechnungswesens. Die B. soll laufend und systematisch alle Geschäftsvorfälle eines Unternehmens aufzeigen, um somit dessen Erfolgs- und Vermögenssituation v.a. externen Adressaten (Bsp.: Anteilseigner, Gläubiger oder Fiskus) offen zu legen. Man unterscheidet zwischen einfacher und → doppelter Buchführung, wobei in beiden Fällen die Grundsätze ordnungsmäßiger → Buchführung (GoB) beachtet werden müssen. → Buchführungspflicht.

Buchführung, Grundsätze ordnungsmäßiger (GoB), Normen für die → Buchführung und das Erstellen des → Jahresabschlusses, die im Handelsgesetzbuch und in der Abgabenordnung genannt werden. (1) Die Buchführung muss so beschaffen sein, dass sie einem Dritten innerhalb angemessener Zeit einen Überblick über die Geschäftsfälle und über die Lage des Unternehmens vermittelt. (2) Die Geschäftsfälle müssen sich in ihrer Entstehung und Abwicklung verfolgen lassen. (3) Keine Buchung ohne Beleg. (4) Buchungen sind in einer lebenden Sprache vorzunehmen; Abk., Symbole usw. sind im Einzelfall in ihrer Bedeutung aufzuführen. (5) Die Buchungen sind vollständig, richtig, zeitgerecht und geordnet vorzunehmen; dabei hat der Jahresabschluss sämtliche Vermögensgegenstände, Schulden, Aufwendungen und Erträge zu enthalten, wobei diese nicht gegenseitig verrechnet werden dürfen. (6) Konten dürfen nicht auf falschen oder ausgedachten Namen geführt werden. (7) Eine Buchung darf nicht in einer Weise verändert werden, dass der ursprüngliche Inhalt nicht mehr feststellbar ist. (8) Kasseneinnahmen und -ausgaben sollen täglich festgehalten werden. (9) Bücher und qualifizierte Belege sind zehn Jahre und einfache Belege (Rechnungen) sechs Jahre geordnet aufzubewahren. Zu den B. gehören die Grundsätze ordnungsmäßiger → Bilanzierung (GoBil).

Buchführungspflicht, nach § 238 HGB die Verpflichtung jedes Vollkaufmanns, Bücher zu führen und in diesen seine Handelsgeschäfte sowie die Lage seines Vermögens nach den Grundsätzen ordnungsmäßiger → Buchführung (GoB) ersichtlich zu machen. Diese Verpflichtung obliegt bei der OHG allen Gesellschaftern, bei der KG den persönlich haftenden Gesellschaftern, bei den übrigen Handelsgesellschaften sämtlichen Vorstandsmitgliedern. Die B. des HGB ist eine Soll-, keine Mussvorschrift. Der Inhalt ordnungsmäßig geführter Handelsbücher genießt tatsächliche Beweiskraft, weil die Geschlossenheit und das Ineinandergreifen der Buchungen eine erhebliche Gewähr für die Richtigkeit der beurkundeten Geschäftsvorfälle bieten. → Buchführung, → Bilanz.

Buchgeld (Giralgeld), Gesamtheit aller täglich fälligen Guthaben bei Kreditinstituten, die zum bargeldlosen Zahlungsverkehr verwendet werden. Zum B. gehören einerseits die → Sichteinlagen, andererseits die von Kreditinstituten bereitgestellten → Kredite. Gegenstück: → Bargeld.

Buchgeldschöpfung → Geldschöpfung.

Buchgewinn, unechter, nur in den Büchern auftretender Gewinn, wie er sich z.B. bei → Sanierungen durch Zusammenlegung von Aktien oder durch Herabsetzung des Nennbetrags (Denomination) ergibt.

Buchhaltungsgrundsätze, seit 1970 nicht mehr bindende Vorschriften zur Buchführung. Die Grundsätze ordnungsmäßiger → Buchführung (GoB) (→ Bilanzierung, Grundsätze ordnungsmäßiger (GoBil), beruhen auf den B.

Buchhypothek → Hypothek.

Buchkredit, Kredit, der nicht durch Ausstellung von → Wertpapieren (Bsp: → Wechsel), sondern lediglich durch Belasten oder Erkennen in den Geschäftsbüchern zu Stande kommt. Hauptform ist der → Kontokorrentkredit. Der → Hypothekarkredit kann ein B. sein, sofern kein Hypothekenbrief ausgestellt wird.

Buchwert, bilanzierter Wert der → Aktiva oder → Passiva nach Abschluss eines Geschäftsjahres. Dem B. stehen die durch → Inventur ermittelten Werte gegenüber. → Bilanzierung.

Budget, (1) finanzwiss. Sicht: Voranschlag einer öffentl. Einrichtung über die Einnahmen und Ausgaben für einen bestimmten Zeitraum (→ Haushaltsplan, → Optimales Budget); (2) betriebswirtsch. Sicht: Ergebnis der Betriebsplanung (→ Controlling) hinsichtlich der Ressourcenallokation eines Unternehmens.

Budgetausgleich, bis 1967 für alle öffentl. Haushalte zwingend vorgeschriebene Regel, unabhängig von Stabilität und Wachstum der Wirtschaft. Art. 109, 2 GG schreibt vor, dass Bund und Länder in ihrer

Haushaltswirtschaft den Erfordernissen des gesamtwirtsch. Gleichgewichts Rechnung zu tragen haben. Diese Verfassungsnorm gab Anstoß, das gesamte Haushaltsrecht neu zu regeln. Damit sind auch geplante Defizite und Überschüsse im Haushalt und dessen konjunkturgemäße Ausrichtung möglich. Die öffentl. Hand kann nach Art. 115 Kredite aufnehmen, die nicht nur für Investitionen bestimmt sind, wenn dadurch eine Störung des gesamtwirtsch. Gleichgewichts vermieden wird. → Stabilitätsgesetz (StWG).

Budgetbeschränkung → Budgetgerade.

Budgetdefizit, Überschuss der öffentl. Ausgaben über die Einnahmen, wobei Kredite nicht als Einnahmen und Tilgungen nicht als Ausgaben gelten. Nach der → Keynesianischen Theorie werden B. vom Staat in Kauf genommen, um durch höhere Ausgaben die Konjunktur (→ Konjunkturbewegungen) anzuregen und durch Abbau von B. eine überzogene Hochkonjunktur zu dämpfen (→ Deficit Spending). Gegenstück: → Budgetüberschuss.

Budgetfehlbetrag → Budgetdefizit.

Budgetfluss, Erfassung der öffentl. Ausgaben und Einnahmen im Jahresablauf. In welchem Zeitpunkt man den B. erfassen sollte, hängt jeweils von dem analytischen oder polit. Zweck ab. → Accrual Prinzip.

Budgetgerade (Budgetbeschränkung, Konsummöglichkeitslinie), erfasst in einer Graphik, deren Achsen die Mengen von zwei → Gütern ausdrücken, alle möglichen Kombinationen, die ein Konsument mit einem gegebenen Einkommen oder Budget und bei gegebenen Preisen der beiden Güter kaufen kann. → Budgetgleichung.

Budgetgleichung, Gleichung der → Budgetgeraden. Die B. spielt in der → Haushalts- und Unternehmenstheorie eine wichtige Rolle. Sie enthält alle alternativen Güter- oder Faktorbündel, die ein Haushalt oder ein Unternehmen bei gegebenem Budget kaufen kann. Die Ausgaben errechnen sich aus der Addition der mit ihren Preisen multiplizierten Güter- oder Faktormengen: $A = p_1 \cdot q_1 + p_2 \cdot q_2 + \ldots + p_n \cdot q_n$

Die p_i drücken die Preise, die q_i die entsprechenden Güter- oder Faktormengen aus. A ist die maximale Ausgabensumme. Unterstellt wird dabei, dass Güter und Faktoren beliebig teilbar sind und die Preise für den Haushalt und die Unternehmung vom Markt bestimmt werden.

Im Falle von zwei Gütern oder zwei Faktoren kann man die Gleichung $A = p_1 \cdot q_1 + p_2 \cdot q_2$ in die Gleichung

$$q_1 = \frac{A}{p_1} - \frac{p_2}{p_1} \cdot q_2$$ umformen.

Die Graphik auf der folgenden Seite zeigt diesen Zusammenhang.
Die Budgetgerade verschiebt sich parallel nach rechts oder links, wenn das verfügbare Budget bei gegebenen Preisen zunimmt oder sinkt, oder die beiden Güterpreise bei unverändertem Budget im gleichen Verhältnis sinken oder stei-

Budgetgrundsätze

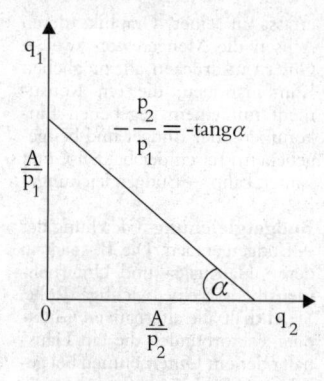

$-\dfrac{p_2}{p_1} = -\tan\alpha$

gen. Ändern sich die relativen Preise, drückt sich dies in einer anderen Steigung der Budgetgeraden aus. Die B. dient zur Ableitung (1) des optimalen Verbrauchsplanes eines Konsumenten oder (2) der → Minimalkostenkombination eines Unternehmens. Die möglichen Entscheidungen der Haushalte bzw. Unternehmen (dargestellt in der B.) werden darauf aufbauend mit den Konsumwünschen bzw. der → Produktionsfunktion (dargestellt als → Indifferenzkurven oder als → Isoquanten) in einer Optimalbetrachtung kombiniert.

Budgetgrundsätze, Grundsätze formeller und materieller Art, die der Aufstellung und Verausgabung des öffentl. Haushalts dienen. Sie helfen, Planung und Kontrolle zu erleichtern sowie die Wirtschaftlichkeit zu sichern. Beispiele für B. sind: (1) Vollständigkeit, (2) Klarheit, (3) Genauigkeit, (4) Vorherigkeit, (5) Spezialität, (6) Öffentlichkeit und das (7) → Nonaffektationsprinzip. Rechtl. Verankerung der B. ist das → Haushaltsgrundsätzegesetz.

Budgetinzidenz, Analyse der Umverteilungseffekte aller öffentl. Haushalte auf die Einkommensverteilung. Als Bezugseinheiten dienen dabei (1) insbes. private Haushalte, die nach Einkommen, Alter, soz. Stand oder Haushaltsgröße gruppiert sind (personale B.); (2) → Produktionsfaktoren (funktionale B.); (3) Regionen (regionale B.); (4) → Wirtschaftszweige, Wirtschaftssektoren (sektorale B.); (5) Generationen (intertemporale B.). Öffentl. Einnahmen werden anhand von Überwälzungshypothesen (z.B. Überwälzung indirekter Steuern auf Endverbraucher), öffentl. Ausgaben mit Hilfe von Zuteilungskriterien (z. B. Nutzung von Gesundheitsausgaben) den gruppierten Bezugseinheiten zugeordnet. Die formale B. folgt dabei dem Geldflusskonzept, d.h. es wird

Nettoredistribution in Prozent des Primäreinkommens je Haushalt in Deutschland 1993

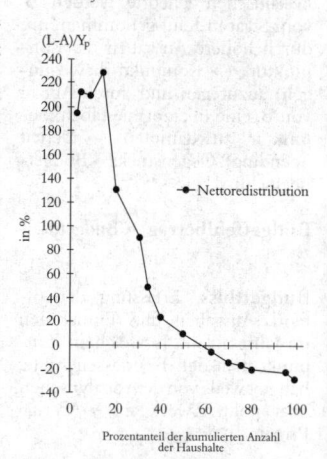

Quelle: K.-D. Grüske, Budget und Umverteilung, 1994.

analysiert, wer Staatseinnahmen aufbringt und wem die öffentl. Ausgaben direkt zufließen. Die effektive B. untersucht, wer tatsächlich die Last trägt und wer Nutznießer der öffentl. Leistung ist. Zentrales Ergebnis der B. ist: da progressive Wirkungen der Lohn- und Einkommensteuer (→ Steuerprogression) und regressive Wirkungen der indirekten Steuern sich nahezu aufheben, bewirken v.a. die öffentl. Ausgaben (insbes. Transfers) die → Umverteilung. Methodisch problematisch sind u. a. Überwälzungshypothesen und Zuteilungskriterien.

Budgetkonzepte (Haushaltskonzepte), rechnerische Gegenüberstellung von geschätzten Einnahmen und geplanten Ausgaben einer Periode. Neben der Planungsfunktion erfüllen B. durch Gegenüberstellung von Soll- (Verwaltungsbudget) und Ist-Budget (Haushaltsrechnung) sowie durch Erstellung eines Kassenbudgets, welches die Liquidität erfasst, auch weit reichende Kontrollfunktionen (→ Budgetpolitik). In Deutschland ist das Verwaltungsbudget nach den Vorschriften des → Haushaltsgrundsätzegesetzes nach Ressorts gegliedert (Ministerialbudget) und soll die administrative Ordnungsmäßigkeit und Kontrolle des staatl. Apparates gewährleisten. Im Funktionenplan gliedert es die Einnahmen und Ausgaben nach einzelnen Sachaufgaben. Für die langfr. Budgetplanung wird der Finanzplan (→ Mittelfristige Finanzplanung) erstellt, der die Vorschläge für fünf Haushaltsjahre enthält. Er wird jährlich überprüft und angepasst (mittelfr. Finanzplanung) und ist nicht rechtsverbindlich. Nachdem an den herrschenden B. Kritik im Hinblick auf deren Eignung zur wirksamen Finanzkontrolle geübt wurde, hat die Finanzwissenschaft Konzepte entwickelt, die den Erfolg und die Effizienz getätigter Ausgaben überprüfen sollen. Beispielhaft dafür kann das in den USA entstandene Planning-Programming-Budgeting-System (PPBS) (→ Programmbudget) oder das Zero-Base-Budgeting-System (ZBBS) (→ Haushalt auf der Grundlage von Null) gesehen werden.

Budgetkreislauf, Abfolge der vier Phasen des → Haushaltsplans: (1) Die Entstehung (Exekutivhaushalt, den das Kabinett verabschiedet), (2) die Beratung und Verabschiedung (im Parlament, mit Ausgaben- und Einnahmensperre der Regierung), (3) der Vollzug (nach Grundsätzen des → Haushaltsgrundsätzegesetzes und der → Bundeshaushaltsordnung (BHO)) und (4) die Prüfung der Haushalts- und Wirtschaftsführung durch Bundes- und Landesrechnungshöfe.

Budgetpolitik, Ausrichtung des öffentl. Haushaltes auf gesamtwirtsch. Ziele: (1) Aufteilung der Ressourcen auf Markt und Staat (Gleichgewicht im Angebot von privaten und öffentl. Gütern), (2) Effizienz in Markt- und Staatswirtschaft, (3) Sicherung eines ausgeglichenen Wirtschaftswachstums, (4) Stabilisierung der kurzfr. Wirtschaftsablaufs (→ Stabilitätsgesetz (StWG),), (5) Verteilung der Einkommen und Vermögen (→ Einkommensumverteilung).

Budgettheorie, in ihrer normativen Betrachtungsweise der Versuch, eine Antwort auf folgende Fragen zu geben (nach Musgrave):

(1) Wie lässt sich ein → Gleichgewicht zwischen Markt- und Staatswirtschaft erreichen (Allokationsaufgabe); (2) wie sollte die Einkommens- und Vermögensverteilung aussehen (Distributionsaufgabe), → Einkommensumverteilung, und (3) wie kann der kurz- und langfristige Wirtschaftsablauf verstetigt werden (Stabilisierungsaufgabe, → Fiskalpolitik). Die konkrete Ausgestaltung dieser und anderer Ziele und der entsprechenden Mittel erfolgt durch die → Budgetpolitik.

Budgetüberschuss, Überschuss der öffentl. Einnahmen über die Ausgaben, wobei Kredite nicht als Einnahmen und Tilgungen nicht als Ausgaben gelten. In der → Keynesianischen Theorie muss der B. in der Phase eines → Booms zum Abbau der Staatsschulden verwendet werden, um eine konjunkturdämpfende Wirkung zu erreichen. Gegenstück: → Budgetdefizit.

Bücherrevisor → Vereidigter Buchprüfer.

Bürgschaft, ein einseitig verpflichtender Vertrag, durch den sich der Bürge dem Gläubiger eines anderen gegenüber verpflichtet, für die Erfüllung einer bestimmten Verbindlichkeit dieses anderen einzustehen. → Garantie.

Bürokratie, urspr. die Herrschaft durch Büros (ähnlich wie Aristokratie als Herrschaft durch den Adel; → Technokratie). Dabei steht Büro (abgeleitet aus dem altfranz. bure, Wollstoff zum Beziehen von Schreibtischen) für Schreibstube. B. gilt als ein formales Prinzip, das unter Verwendung von abstrakten Vorschriften, schriftlichen Verfahren, weisungsgebundenem Personal und behördlichen Organisationsformen die Produktion und das Angebot → öffentlicher Güter mitbestimmt.

Bürokratietheorie, Normative, Gegensatz zur Positiven B. (→ Bürokratietheorie, Positive). → Optimales Budget.

Bürokratietheorie, Positive, Gegensatz zur normativen B. (→ Optimales Budget), beschreibt das tatsächliche Verhalten der → Bürokratie und dessen Wirkungen. Folgende Annahmen gelten hierbei: (1) Das → Selbstinteresse der Bürokraten hat Einfluss auf ihre Entscheidungen. (2) Auf Grund von asymmetrischen Informationen (Bsp.: Kosten öffentl. Projekte) und unzureichender Kontrolle verfügen Bürokraten über Entscheidungsspielräume, die sie zur Verfolgung ihrer pers. Ziele nutzen. Um dies zu erreichen, können die Bürokraten zwei grundlegende Strategien anwenden: (1) Strategie der Budgetmaximierung (Niskanen-Modell), da der Budgetumfang mit Einkommen, Nebenausgaben (Bsp.: Dienstwagen), Macht und Ansehen der Bürokraten positiv korreliert ist. Es kommt zu einem Angebot an → Öffentlichen

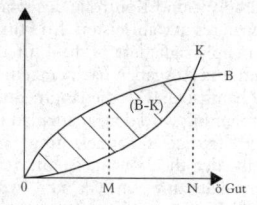

Minimalkosten K
Budget-Nutzen (für den Politiker B)
diskretionäres Budget (B-K)

Gütern in Höhe von 0N. In diesem Fall liegt zwar → Produktionseffizienz, aber keine Allokationseffizienz vor. (2) Strategie der Spielraummaximierung, das Allokations- (pareto-optimales Angebot 0M) aber keine Produktionseffizienz zur Folge hat. In der Praxis wird eine Kombination beider Strategien beobachtet. → Öffentliche Verschwendung, Theorie der → Unwirtschaftlichkeit.

Built in Flexibility → Automatische Stabilisatoren.

Bundes-Angestellten-Tarifvertrag (BAT) → Tarifordnung.

Bundesanstalt für Arbeit (früher: für Arbeitsvermittlung und Arbeitslosenversicherung), eine Bundesbehörde mit Recht auf Selbstverwaltung mit Sitz in Nürnberg, der elf Landesarbeitsämter und 184 Arbeitsämter unterstehen. Ihre Aufgaben bestehen in der Arbeitslosenversicherung, der Gewährung von → Arbeitslosengeld und → Arbeitslosenhilfe, Arbeitsvermittlung, Arbeits- und Berufsberatung, Förderung der beruflichen Bildung und der Arbeitsaufnahme sowie von Maßnahmen der Rehabilitation, Leistungen bei Maßnahmen zur Arbeitsbeschaffung, Gewährung von Eingliederungsgeld für Aussiedler und Kurzarbeitergeld. Sie betreut auch Schwerbeschädigte und ausländ. Arbeitnehmer. Die Aufsicht über die B. führt der Bundesminister für Arbeit und Sozialordnung. Die Ergebnisse ihrer Beobachtung und Analyse des Arbeitsmarktes und ihrer Berufsforschung haben zur Beurteilung der Konjunkturlage polit. Relevanz. Neben der schadensausgleichenden gewinnt die vorsorgende → Arbeitsmarktpolitik an Bedeutung.

Bundesanstalt für Finanzdienstleistungsaufsicht (BAFin), eine am 1. Mai 2002 mit den Dienstsitzen Bonn und Frankfurt a.M. gegründete Anstalt des öffentl. Rechts, deren Träger das Bundesministerium der Finanzen ist. Unter dem Dach der neuen Anstalt sind die Aufgaben der ehemaligen Bundesaufsichtsämter für das Kreditwesen (BAKred), für das Versicherungswesen (BAV) und für den Wertpapierhandel (BAWe) zusammengeführt worden. Damit existiert in Deutschland eine staatl. Aufsicht über → Kreditinstitute, Finanzdienstleistungsinstitute und Versicherungsunternehmen, die sektorübergreifend den gesamten Finanzmarkt umfasst. Ausschlaggebend für die Schaffung der BAFin waren die tief greifenden Veränderungen auf den Finanzmärkten, die im Hinblick auf die Sicherstellung der Stabilität des dt. Finanzsystems eine Reaktion des Gesetzgebers erforderlich machten. → Versicherungsaufsichtsgesetz (VAG).

Bundesaufsichtsamt für Kreditwesen (BAKred) → Bundesanstalt für Finanzdienstleistungsaufsicht (BAFin).

Bundesaufsichtsamt für Versicherungswesen (BAV) → Bundesanstalt für Finanzdienstleistungsaufsicht (BAFin).

Bundesaufsichtsamt für Wertpapierhandel (BAWe) → Bundesanstalt für Finanzdienstleistungsaufsicht (BAFin).

Bundesausbildungsförderungsgesetz (BAföG), gesetzl. Regelwerk zur Ausbildungsförderung für Studierende, die nicht über die erforderlichen Mittel für Lebensunterhalt und Ausbildung verfügen können. Auf diese individuelle Ausbildungsförderung besteht ein Rechtsanspruch. Nach Phasen, in denen nach dem B. Zuschüsse und Volldarlehen gewährt wurden, wird die Förderung seit 1991 zur Hälfte als Zuschuss, zur anderen Hälfte als Darlehen ausgezahlt. Die Höhe der Förderung bemisst sich nach dem Einkommen und Vermögen des Studierenden, seines Ehegatten und seiner Eltern und wird für die Dauer der Regelstudienzeit einschl. der vorlesungsfreien Zeit gewährt.

Bundesbank → Deutsche Bundesbank.

Bundesbankgesetz, Gesetz zur Regelung von Aufgaben, Organisations- und Rechtsform der → Deutschen Bundesbank und deren Eingliederung in das → Europäische System der Zentralbanken (ESZB).

Bundesfinanzhof (BFH), oberstes Bundesgericht für die Finanzgerichtsbarkeit mit Sitz in München. Die Finanzgerichtsordnung regelt Aufbau, Verfahren, Kosten und Vollstreckung. → Finanzamt.

Bundeshaushaltsordnung (BHO), Regelung des Haushaltsrechts des Bundes. Sie enthält Vorschriften für die Aufstellung des → Haushaltsplanes und dessen Durchführung, für Kassen und Buchführung und die Kontrolle durch den → Bundesrechnungshof (BRH), sowie für Prüfungen von Unternehmen mit eigener Rechtspersönlichkeit. Die B. ist neben dem Finanzverfassungsrecht unmittelbar geltendes Recht.

Bundeskartellamt → Kartell.

Bundesrechnungshof (BRH), mit Sitz in Frankfurt a. M., prüft nach Art. 114 II GG sowie im Rahmen der → Bundeshaushaltsordnung (BHO) Einnahmen und Ausgaben, Vermögen und Schulden des Bundes und überwacht die Haushalts- und Wirtschaftsführung der Bundes- und aller Behörden, die Bundesmittel erhalten. Der B. ist hierbei nur dem Gesetz unterworfen. Der Präsident des B. ist Bundesbeauftragter für die Wirtschaftlichkeit in der Verwaltung.

Bundesschatzbriefe, kleingestückelte Anleihen mit einer Laufzeit von sechs bis sieben Jahren und einer jährlich zunehmenden Verzinsung.

Bundessteuern, Steuern, für welche die → Ertragshoheit beim Bund liegt. (1) I.e.S. sind dies: → Zölle, Finanzmonopole und → Verbrauchsteuern, die keine Landes- oder Gemeindesteuer sind; Kapitalverkehrsteuern und Versicherungsteuer sowie Abgaben im Rahmen der EU. (2) I.w.S. auch Bundesanteile an → Gemeinschaftsteuern. → Gemeindesteuern, → Landessteuern.

Bundesverband der Deutschen Industrie e.V. (BDI), Zentralorgan der dt. Industrie, 1949 gegründet, mit Sitz in Köln, vereinigt 40 zentrale Fachverbände. Der BDI vertritt die unternehmerische Wirtschaft gegenüber Staat und anderen

Einrichtungen und nimmt zusammen mit anderen Spitzenverbänden der dt. Wirtschaft zu sozialpolit. Fragen Stellung.

Bundesvereinigung der Deutschen Arbeitgeberverbände (BDA), Zusammenschluss der Arbeitgeber, nach dem Verbandsprinzip gegliedert, mit Sitz in Köln. Die BDA ist Spitzenverband der Arbeitgeberfachverbände, wahrt und fördert die Interessen seiner Mitglieder und besitzt Tariffähigkeit.

Business Plan, Geschäftskonzept eines meist zu gründenden bzw. neu gegründeten Unternehmens. Der B. dient einerseits dazu, die Durchführbarkeit einer Geschäftsidee zu prüfen, andererseits die Kommunikation mit potenziellen Finanzierungspartnern zu optimieren und dadurch Geldquellen zu erschließen. Schließlich kann anhand des B. der Erfolg des Geschäftskonzeptes kontrolliert werden. → Finanzierung, → Unternehmensführung.

BWL → Betriebswirtschaftslehre.

C

Caf (franz.: coût, assurance, fret = Kosten, Versicherung, Fracht); Kurzbezeichnung für die Abladeklausel im → Außenhandel. → Cif.

Call (engl., Kaufoption), gibt dem Inhaber (= Käufer) des C. das Recht, nach Zahlung eines bestimmten Betrages ein Basisobjekt (Bsp.: → Aktie, → Derivate) innerhalb eines Zeitraums oder zu einem bestimmten Termin zu kaufen. Der Verkäufer des C. (→ Stillhalter) muss ihm das Basisobjekt verkaufen. Gegenstück zum C. ist der → Put. → Optionspreistheorie.

Call Center, Servicezentralen, mit deren Hilfe durch den Einsatz verschiedener Medien (→ Internet und v. a. Telefon) die Interaktion zwischen Kunden und Unternehmen schneller ermöglicht wird. Ziel für Betreiber bzw. Auftraggeber des C. ist es, einerseits auf die individuellen Bedürfnisse ihrer Kunden besser einzugehen zu können, andererseits aber auch die Aufwendungen für den → Absatz zu senken. In manchen Branchen stellen C. einen wichtigen Bestandteil der → Distribution dar.

Cambridge-Gleichung, drückt die Abhängigkeit der Kassenhaltung (M) (→ Liquiditätsneigung) von der Kaufkraft des Geldes (φ), dem Realeinkommen (R) und dem Kassenhaltungskoeffizienten (k) aus:

$$M = \frac{k \cdot R}{\varphi}$$

Die C. ist aus der → Fisherschen Verkehrsgleichung ableitbar. Da der Kassenhaltungskoeffizient (= Verhältnis der nominellen Umsätze zu den sie finanzierenden Kassenbeständen) als Konstante angesehen wird, ist die C. rein quantitätstheoretisch (→ Quantitätstheorie) orientiert. Nicht berücksichtigt bleibt die zinsabhängige Veränderung der Kassenhaltung auf Grund von Vermögensspekulationen.

Cambridge-Schule, eine auf A. Marshall und A. C. Pigou zurückgehende Denkschule der → Neoklassischen Theorie, die in ihrer Werttheorie reale wie monetäre

Marktaspekte integriert und die Zeit berücksichtigt. Methodisch überwiegt die Partialanalyse. → Chicago-Schule.

Cambridge-Streit, drückt die unterschiedlichen Sichtweisen der Vetreter der → Neoklassischen Theorie (Cambridge, USA) sowie der Neokeynesianischen und → Neoricardianischen Theorie (Cambridge, Großbritannien) aus. So ist man sich bei der Übertragung von Ergebnissen aus der Analyse neoklassischer Modelle durch Aggregation auf die Ebene gesamtwirtsch. Analysen ebenso uneins wie bei der Verwendung der mikroökonom. orientierten Gleichgewichtstheorie für die Analyse makroökonom. Zusammenhänge (Bsp.: → Einkommensverteilung). So verwenden z.B. die Neoklassiker aggregierte → Neoklassische Produktionsfunktionen approximativ, in empirischen Analysen auch unter Verwendung der allgemeinen → Gleichgewichtstheorie.

Canardsche Steuerregel, besagt, dass alte Steuern gute Steuern sind, da Überwälzungsvorgänge abgeschlossen sind und alle Steuersubjekte gleichmäßig belastet werden. Die C. wird von Politikern und Steuerbürokratie neben der Unmerklichkeit der Belastung und dem fiskalischen Ertrag als Argument zur Beibehaltung von Abgaben angeführt. I.d.R. ist indes nur wenig über die → Erhebungskosten der Steuern bekannt.

Capital Asset Pricing Model (CAPM), geht zurück auf H. Markowitz, W. Sharpe und J. Lintner. Das C. ist ein Kapitalmarktmodell, mit dessen Hilfe Anlageempfehlungen gegeben werden sollen. Grundlage des C. ist die → Portfolio-(Auswahl-)Theorie. Es gelten dabei folgende Annahmen: (1) Durch → Diversifikation kann man das → Risiko verschiedener Anlagen, deren → Renditen nicht vollständig positiv korreliert sind, reduzieren. (2) Risikoaverse Investoren wählen immer die Anlagekombinationen, die bei gegebener Renditeerwartung ein minimales Risiko, ausgedrückt durch die Standardabweichung der erwarteten Rendite bzw. bei gegebenem Risiko eine maximale Renditeerwartung besitzen. (3) Vollkommener Kapitalmarkt: Kapital kann zum gleichen Zinssatz risikolos angelegt und aufgenommen werden. Unter diesen Bedingungen lässt sich im C. ein optimales Marktportfolio riskanter Anlageformen ableiten. Die Kombination der riskanten Anlagen in diesem Portfolio ist unabhängig vom Grad der Risikoaversion des Investors. Das effiziente Gesamtportfolio ist eine Kombination aus dem Marktportfolio und der risikolosen Kapitalanlage (oder -aufnahme). Welche Gewichtung innerhalb dieser Kombination ausgewählt wird, ist vom Grad der Risikoaversion des Investors abhängig. Die sog. Kapitalmarktlinie zeigt den linearen Zusammenhang zwischen dem Risiko eines Portfolios und seiner Renditeerwartung, der sich bei Variation des Anteils der risikolosen Kapitalanlage ergibt. Der sog. Beta-Koeffizient (→ Capital Asset Pricing Model) misst das Risiko einer bestimmten Einzelanlage im Verhältnis zum Marktportfolio (er ergibt sich formal als Quotient der Kovarianz der einzelnen Anlage mit dem Marktportfolio und der Varianz des Marktportfolios). Im

Rahmen des C. misst der Beta-Faktor das systematische Risiko, d.h. den Anteil des Risikos der einzelnen Anlage am Risiko des diversifizierenden Portfolios. Dieses Risiko ist auch bei guter Diversifikation nicht auszuschalten und gibt Aufschluss über die → Risikoprämie, die ein risikoaverser Anleger erhalten muss, um die einzelne Anlage in seinem Portfolio zu halten. Das C. wird wegen der restriktiven Annahmen (v. a. vollkommener Kapitalmarkt, Informationseffizienz, homogene Erwartungen) kritisiert, liefert aber dennoch grundlegende Empfehlungen für die optimale Portfoliowahl, die in der Praxis häufig Anwendung finden.

Capital Deepening → Kapitalvertiefung.

Capital Widening → Kapitalausweitung.

CAPM → Capital Asset Pricing Model.

Case Study → Fallstudie.

Cash And Carry (engl., bezahle bar und hole ab), Verkaufsprinzip, bei dem in Selbstbedienungsläden ein breites Konsumgütersortiment von Einzel- bzw. Großhandelsbetrieben an Endverbraucher bzw. gewerbl. Kunden abgesetzt wird. Da dabei auf den Service weitestgehend verzichtet wird, fallen die Preise niedriger aus.

Cash Flow, Stromgröße der → Liquidität eines Unternehmens, die den Überschuss der Einzahlungen über die Auszahlungen einer Periode angibt. Der C. wird aus dem → Jahresabschluss ermittelt. Hinsichtlich Funktion und Umfang des C. besteht keine einheitliche Auffassung. Arten des C. sind: (1) Operativer C. als Zahlungsüberschuss aus laufender Geschäftstätigkeit. (2) Netto-C. als enger abgegrenzter zahlungsorientierter C., der nur Zahlungsmittel und Zahlungsmitteläquivalente einbezieht. (3) Vereinfachter C. als Jahresergebnis zuzüglich Abschreibungen und Erhöhungen von langfristigen Rückstellungen. Der C. wird als Indikator der Innenfinanzierungskraft (→ Innenfinanzierung) und Verschuldungsfähigkeit des Unternehmens verwendet und spielt in der → Bilanzanalyse und → Kapitalflussrechnung eine wichtige Rolle.

Cash Flow-Besteuerung (CFB), spielt insbes. in der finanzwiss. Diskussion um die Neutralität der → Körperschaftsteuer eine Rolle. Ziel der C. ist ein Körperschaftsteuersystem, das die marginalen Entscheidungen von Unternehmen und Individuen unbeeinflusst lässt und somit keine Wohlfahrtsverluste verursacht (→ Zusatzlast, → Besteuerung, Theorie der optimalen (TOB), → Cash Flow). Individuen sollen in ihrer Wahl zwischen Konsum (→ Verbrauch) und → Sparen nicht beeinflusst werden, bei Unternehmen will man Neutralität hinsichtlich der Finanz- (Eigen- oder Fremdfinanzierung) und der Investitionsplanung erreichen. Man unterscheidet grundsätzlich Schanz-Haig-Simons-Systeme, die sich im Wesentl. an der → Reinvermögenszugangstheorie orientieren und um eine möglichst weit gehende Integration der Körperschaftsteuer in die pers. Einkommensteuer bemüht sind, und Cash-Flow-Systeme, die nicht auf diese Integration angelegt sind und stattdessen häufig auf der Annahme basieren, dass die Einkommensteuer durch eine pers. allgemeine → Ausgabensteuer ersetzt wird. Zur Beurteilung der Neutralität von Systemen der Kapitaleinkommenbesteuerung müssen die → Bemessungsgrundlagen, die Steuersätze auf einbehaltene (t_e) und ausgeschüttete Gewinne (t_a) sowie auf Zinseinkommen (t_z) betrachtet werden. Vorschläge zur C. stammen von E. C. Brown und von H.W. Sinn (1985), der ein Mischsystem entwickelt. Bei der Brownsteuer werden nur realwirtsch. Zahlungsüberschüsse besteuert, und zwar mit einem einheitlichen Satz für einbehaltene und ausgeschüttete Gewinne ($t_e = t_a$). Zinsen als rein finanzwirtsch. Zahlungsströme rechnen dagegen nicht zur Bemessungsgrundlage, d.h. $t_z = 0$. Nach dem Vorschlag von Sinn sollte aus den Schanz-Haig-Simons-Konzepten die Gewinn- und Zinsbesteuerung und der sofortige Schuldzinsenabzug erhalten bleiben, während man entsprechend den Cash-Flow Konzepten zur Sofortabschreibung übergehen sollte. Außerdem müssen die Steuersätze auf einbehaltene Gewinne und Zinseinkommen übereinstimmen ($t_e = t_z$). Könnten alle erwirtschafteten Gewinne zusammen mit den Zinszahlungen bei den Unternehmen durch eine proportionale → Quellensteuer erhoben werden, würde darüber hinaus eine Gleichheit von $t_e = t_a = t_z$ erreicht.

Cash Management-System, Steuerung der kurzfr. Gelddisposition eines Unternehmens. Ziel des C. ist es, die Liquiditätshaltung des Unternehmens zu optimieren, die Risiken für aufgenommene und angelegte Gelder zu minimieren und die jederzeitige Zahlungsbereitschaft (→ Liquidität) zu gewährleisten. Erreicht wird dies insbes. durch entsprechende Liquiditätsplanung, Optimierung der Zahlungsströme und optimale Liquiditätsdisposition. Das C. wird von Kreditinstituten angeboten und reicht bis zur vollständigen Übernahme des finanzwirtsch. Bereichs eines Unternehmens.

CeBIT → Centrum für Büro- und Informationstechnik.

Centrum für Büro- und Informationstechnik (CeBIT), weltweit größte → Messe für Büro-, Informations- und Telekommunikationstechnik. Die C. findet seit 1986 jährlich in Hannover statt.

CES-Funktion, (engl. constant elasticity of substitution). → Produktionsfunktion.

Ceteris-Paribus-Klausel (c.p.), dient in der Wirtschaftstheorie dazu, die Wirkung der Änderung einer Variablen auf eine andere isoliert zu untersuchen, indem man alle anderen Beeinflussungsgrößen als unverändert annimmt.

Cf (engl.: cost and freight = Kosten und Fracht), übliche Vertragsklausel im → Außenhandel, die besagt, dass der Verkäufer einer Ware deren Transportkosten zu tragen hat. → Incoterms.

CFB → Cash Flow-Besteuerung.

Change Management, Weiterentwicklung von Unternehmensstrategie und -struktur, um diese an sich ändernde Wettbewerbsbedingungen anzupassen. Ansatzpunkte des C. sind sowohl Teilbereiche (Bsp.: Personalentwicklung) als auch das Unternehmen als Ganzes. Verfahren des C. sind inbes.: (1) Reengineering, das auf die Reorganisation des Unternehmens zielt, (2) Ansätze aus der Organisationsentwicklung, welche die Vereinbarkeit von Unternehmens- und Mitarbeiterzielen anstreben.

Channel Management, Teilfunktion der → Absatzpolitik. Das C. beinhaltet Planung, Koordination und Kontrolle der Distributionskanäle eines Unternehmens. C. ist insbes. für Unternehmen wichtig, die komplexe Verkaufsstrukturen bzw. Vertriebskanäle aufweisen (Bsp.: Handel, Industrie).

Chartanalyse, Methode zur Interpretation und Prognose v. a. von Aktienkursentwicklungen. Anders als bei der → Fundamentalanalyse beobachtet man bei der C. nur Kurs- und Umsatzbewegungen von Aktien (→ Aktie). Diese werden in einem Diagramm, dem sog. Chart, graphisch dargestellt. Die traditionelle C. versucht aus der Beobachtung und Analyse der vergangenen Entwicklung einer Aktie mit Hilfe bestimmter Instrumente (Methode der relativen Stärke, Advance-Decline-Linie, Formationen, Widerstandslinien, gleitende Durchschnitte usw.) auf den zukünftigen Verlauf von Kursen zu schließen. In der modernen C. werden auch Indikatoren verwendet, die u.a. bestimmten Aktienindizes zugrundegelegt werden können. Die C. basiert erkenntnistheoretisch auf der techn. Aktienanalyse nach C. H. Dow. Sie geht davon aus, dass sich alle Kurse in verschieden langen Zyklen bewegen und daher durch Ermittlung der formalen Zyklenmerkmale, v. a. der Dauer der Zyklen, auf die Zukunft geschlossen werden kann. → Technische Analyse.

Chicago-Schule, Denkschule der Wirtschaftstheorie, die aus der University of Chicago hervorgegangen ist. Vertreter der C. sind u.a. H. Simon, M. Friedman, G.J. Stigler, R. Coase und G. Becker. Die C. vertritt die Ansicht, dass das freie Spiel der Kräfte auf den Märkten mit minimalen staatl. Eingriffen und Konkurrenz zu höchster Effizienz in einer Wirtschaft führt. Ihr Konzept gründet auf der → klassischen Wirtschaftstheorie. Zentrale Säulen der Theorie sind der Monetarismus (→ Monetarismus), die Wettbewerbstheorie sowie die Anwendung ökonom. Ansätze auf alle Lebensbereiche (G. Becker). Im Gegensatz zur → Cambridge-Schule, nach der die Geldnachfrage nur in Abhängigkeit von der → Liquiditätsneigung (→ Transaktionskasse) zu sehen ist, versucht die C. die Spekulation einzubeziehen. Da somit die Anlagemöglichkeit als Alternative zum Güterangebot integriert wird, ist eine mittelbare Querverbindung zwischen Zins- und Preisniveau hergestellt. Repräsentant dieser Hypothese ist Friedman (→ Neoquantitätstheorie). Ansätze der C. haben in den 1980er Jahren die wirtschaftstheoretische Basis für viele angebotsorientierte Politikprogramme geliefert.

Cif (engl.: cost, insurance, freight = Kosten, Versicherung, Fracht), übliche Vertragsklausel im → Außenhandel, die besagt, dass der Verkäufer einer Ware nicht nur deren Transportkosten zu tragen hat (→ Cf), sondern auch die Kosten der Versicherung bis zum Bestimmungsort. → Incoterms.

Cifci (engl.: cost, insurance, freight, commission, interest = Kosten, Versicherung, Fracht, Vermittlerkommision, Zinsen), übliche Vertragsklausel im → Außenhandel, die besagt, dass der Verkäufer einer Ware nicht nur deren Transportkosten (→ Cf) und Versicherung (→ Cif) zu tragen hat, sondern auch noch einen Zuschlag für die Vermittlerkommission und die Zinsen für die Diskontierung der → Tratte entrichten muss. → Incoterms.

Clausula Rebus sic Stantibus (lat.), Vertragsklausel, welche die Gültigkeit eines Vertrages daran bindet, dass sich die Verhältnisse gegenüber denen zum Zeitpunkt des Vertragsschlusses nicht ändern. Gesetzl. verankert ist die C. im § 313 BGB: → Geschäftsgrundlage.

Clearing (engl.), bedeutet im Allg. das gegenseitige Aufrechnen von → Forderungen und → Verbindlichkeiten zwischen gleichen Partnern. Man unterscheidet: (1) Terminbörse: Abwicklung, Besicherung und geld- und stückmäßige Regulierung aller geschlossenen Geschäfte. Die Clearingstelle tritt zwischen Käufer und Verkäufer, die so nicht mehr Vertragspartner sind. (2) Regelung des Geschäftsverkehrs der → Kreditinstitute durch die → Landeszentralbanken (LZB) mit ihren Zweigstellen, bei Sparkassen und → Genossenschaften durch die → Girozentralen und Zentralkassen. (3) Ausgleich zwischenstaatl. Zahlungen ohne Inanspruchnahme von Devisen, wie er sich seit 1931 auf Grund von → Verrechnungsabkommen entwickelt hat.

Clearingsystem → Clearing.

Closed Shop (engl.), Unternehmen mit Zwangsmitgliedschaft in einer der → Gewerkschaften. C. soll verhindern, dass Nichtmitglieder von ausgehandelten Tarifbedingungen profitieren und durch Stärkung der Gewerkschaft → Streiks vermindern. Die negative → Koalitionsfreiheit nach Art. 9 III GG verbietet C. in Deutschland.

Club of Rome, 1968 gegründete lose Vereinigung von 100 Persönlichkeiten aus Wissenschaft und Wirtschaft aus ca. 50 Ländern, die Forschungen über die Zukunft der Welt anregen will. Aufsehen haben die umstrittenen Studien »The Limits to Growth« (1972)« und »For A Better World Order« (1993) erregt. Der C. wurde 1973 mit dem Friedenspreis des dt. Buchhandels ausgezeichnet.

Cluster, regionale Anhäufung von Branchen, die miteinander horizontal und vertikal verknüpft sind, bzw. eine Gruppe von Industrien, die durch spezielle Kunden-Lieferanten-Verbindungen miteinander verknüpft sind oder durch die Technologie miteinander verwandt sind. Ein Bsp. für einen Cluster ist die High-Tech-Industrie in Silicon Valley. → Agglomeration.

Coase-Theorem, geht von zweiseitigen Beziehungen bei → externen Effekten aus und fordert, dass die betroffenen Wirtschaftssubjekte verhandeln, um die subjektiv empfundenen Vor- und Nachteile zu internalisieren. Dabei sind eigentumspolit. Lösungen einbezogen. Die Grenzen des C. setzen die → Transaktionskosten für den Abschluss der Verhandlungen.

Cobb-Douglas-Funktion, eine spezifische Form der → Produktionsfunktion, hat folgende algebraische Form:

$$Y = a\, K^\alpha \cdot L^\beta \quad \alpha, \beta > 0$$

Y = Ausstoß, K = Kapitaleinsatz, L = Arbeitseinsatz, α und β sind die (partiellen) Produktionselastizitäten von Kapital und Arbeit; a ist eine Maßstabsgröße. Die C. hat folgende Eigenschaften: (1) Das Produktionsergebnis ist nur dann größer als null, wenn beide Faktoren gleichzeitig eingesetzt werden. (2) Die → Isoquante ist eine fallende Funktion und läuft konvex zum Ursprung, d.h. die → Grenzrate der Substitution für beide Faktoren fällt. Die C. schließt somit das Gesetz vom abnehmenden Ertragszuwachs (→ Ertragsgesetz) ein.

Cobweb-Theorem → Spinngewebe-Theorem.

Code of Conduct (engl.), schriftlich niedergelegter Verhaltens- oder Ethikkodex, der als Grundlage für das Verhalten einer Institution dienen soll (Ursprung in den USA). C. sind im Rahmen der internationalen Kooperation von Staaten, aber auch branchen-, berufs- oder unternehmensspezifisch (sog. Corporate Codes of Conduct) möglich. Sie gelten als rechtl. nicht bindende Selbstverpflichtungen mit vertrauensschaffendem Charakter und geben Leitlinien des gewünschten und gebotenen Handelns vor. Sie erfüllen eine Orientierungsfunktion, indem sie für die beteiligten Akteure eine Bindung aufbauen und die Beziehungen (Verantwortlichkeiten) zu allen Interessengruppen (→ Stakeholder) beeinflussen. Weiterhin haben C. eine Signalfunktion, da mit ihnen ein Bekenntnis für ein polit. oder unternehmerisches Handeln vorgegeben wird. Oft werden derartige Verhaltenskodizes jedoch kritisch gesehen und als bloße Absichtserklärungen eingestuft, deren Einhaltung nur ungenügend kontrolliert wird.

Commercial Letter of Credit (engl.), ein v. a. im angels. Wirtschaftsraum übliches Schreiben im Auftrag und für Rechnung des Auftraggebers (z.B. eines Importeurs) von einer Bank an den Begünstigten (z.B. einen ausländ. Exporteur), in dem dieser ermächtigt wird, auf die Bank eine → Tratte zu ziehen. Die Bank verpflichtet sich, diese gegen Hereinnahme von Dokumenten zu akzeptieren (anzunehmen) und bei Fälligkeit einzulösen. → Akkreditiv, → Kreditbrief.

Commercial Paper (engl.), unbesicherte → Inhaberschuldverschreibung, wird als kurzfr. Geldmarktpapier von international bekannten Großunternehmen emittiert und besitzt i.d.R. eine betragsmäßige Obergrenze. C. haben den Charakter von Daueremissionen, wobei die Laufzeiten von einigen Tagen bis zu zwei Jahren reichen können. Als Nachfrager treten v.a. institutionelle Anleger auf.

Commodity Terms of Trade → Terms of Trade.

Condorcet-Kriterium → Unmöglichkeitstheorem.

Confirming Houses (engl.), Außenhandelsunternehmungen (unter Umständen auch staatl. organisiert), die gegen Gebühr bei der Durchführung und → Finanzierung von Ausfuhrgeschäften mitwirken. Sie vermitteln Exportaufträge oder werden als Kommissionär im → Einzelhandel oder als Agent für ausländ. Importeure tätig. I. d. R. übernehmen sie auch Garantien für die Zahlungsfähigkeit (→ Delkredere).

Constraints → Beschränkungen.

Constitutional Economics → Verfassungsökonomik.

Consulting, aus dem angels. Raum stammende und heute übliche Bezeichnung für Unternehmensberatung. Mit Hilfe des C. sollen Prozesse in Unternehmen oder öffentl. Institutionen verbessert werden. Dies geschieht i.d.R. durch externe Berater (Consultants), die versuchen, die Schwachstellen eines Unternehmens bzw. Effizienzpotenziale aufzuzeigen.

Controlling, Instrument der Unternehmenssteuerung. Aufgaben des C. sind (1) Versorgung der → Unternehmensführung mit entscheidungsrelevanten Informationen; (2) Unterstützung der Unternehmensplanung; (3) Durchführung von Ergebniskontrollen und Abweichungsanalysen; (4) Pflege des Berichtswesens; (5) Koordination von betrieblichen Teilplänen und -funktionen. C. ist nicht mit dem dt. Begriff Kontrolle gleichzusetzen, da seine Funktionen weit darüber hinausreichen. Instrumente des C. verbinden → Kostenrechnung und → Management-Informationssysteme (MIS). C.-Informationssysteme verdichten → Daten aller Unternehmensbereiche (Kosten, Erfolgs-, Investitions-, Finanzierungs-, Beschaffungs-, Produktions-, Logistik- und Absatzdaten) zu → Kennzahlen und Kennzahlensystemen (→ Return of Investment). Ein traditionelles Instrument ist die → Deckungsbeitragsrechnung, die den Erfolgsbeitrag von Produktgruppen, Sparten, Regionen u. ä. zeigen kann. Häufig wird in strategisches und operatives C. unterschieden. C. wird verstärkt im öffentl. Sektor insbes. auf kommunaler Ebene implementiert (Bsp.: → Neues Steuerungsmodell (NSM)).

Copyright (engl.), Urheberrecht für Literatur, Tonträger, Fotografie und bildende Kunst. Für den Urheberrechtsschutz durch C. ist z.B. bei Druckwerken durch US-Gesetzgebung ein Vermerk auf dem Titelblatt unter Hinzusetzung des Namens, der Niederlassung des Verlegers und dem Kennzeichen © vorgeschrieben (Bsp.: © Alfred Kröner, Stuttgart, 2003). → Intellectual Property Rights.

Corporate Finance (engl., Unternehmensfinanzierung) → Finanzierung.

Corporate Governance (engl.), hat die Belange, die mit der Führung und Überwachung eines Unternehmens in Zusammenhang stehen, zum Gegenstand und wird zunehmend als Schlüsselelement zur Steigerung der ökonom. → Effizienz angesehen. Dabei versucht man das Unternehmen in seiner Gesamtheit zu betrachten und die Beziehungen zwischen Aufsichtsrat (→ Aktiengesellschaft (AG)) Management, Anteilseignern (→ Shareholder Value) und Interessengruppen (→ Stakeholder) zu analysieren sowie deren Zuständigkeiten, Rechte und Verantwortlichkeiten zu definieren und die Zusammenarbeit zu optimieren. Mit C. versucht man die Formulierung von Unternehmenszielen zu verbessern und letztendlich geeignete Mittel bereitzustellen, um diese zu erreichen und diesen Prozess zu überwachen. Dazu gehört ein übersichtliches Anreizsystem für alle beteiligten Akteure, welches sicherstellt, dass alle an der vereinbarten Zielerreichung interessiert sind. Dabei ist C. abhängig von den vorherrschenden rechtl. Rahmenbedingungen, dem Regulierungsgrad und dem institutionellen Gefüge, in dem das Unternehmen agiert. So haben auch wirtschaftsethische Aspekte sowie die Verantwortungsbereitschaft des Unternehmens für ökologische und soz. Belange eine nicht zu unterschätzende Bedeutung für den Erfolg. Insbes. auch vor dem Hintergrund der → Globalisierung und der zunehmenden Bedeutung → Multinationaler Unternehmen (MNU), die sich dem weltweiten → Wettbewerb um Kapital aussetzen, kann eine C. mit klaren und verständlichen Regeln als vertrauensschaffende Strategie zur langfr. Sicherung des Unternehmenserfolges gesehen werden. Die C. muss sich allerdings ständig an die veränderten Gegebenheiten in Markt und Gesellschaft anpassen, um erfolgreich zu sein.

Corporate Identity (engl.), umfasst alle Maßnahmen, die Unternehmen anstreben, um nach innen und außen ein einheitliches Selbstverständnis aufzubauen und damit die Konsistenz aller Unternehmensaktivitäten zu fördern. Ziel ist der Aufbau eines positiven Unternehmensimage bei Umwelt und Mitarbeitern, bei denen im Rahmen der Unternehmenskultur ein Wir-Gefühl erzeugt wird. Als Instrument der strategischen → Unternehmensführung trägt die C. zur Positionierung des Unternehmens im Wettbewerb bei.

Cost-Benefit-Analysis → Nutzen-Kosten-Analyse (NKA).

Countervailing Power (engl.), Gegenmacht am Markt, die nach J.K. Galbraith (1952) entsteht, um eine bereits vorhandene → Marktmacht auszugleichen, ihr gegenzusteuern oder sie zu kontrollieren. So wird die Verhandlungsposition von Unternehmen auf dem → Arbeitsmarkt durch die Aktivitäten der → Gewerkschaften ausgeglichen.

Coupon → Koupon.

Cournotscher Punkt, der optimale → Preis eines monopolistischen Anbieters, der sich auf seiner → konjekturalen Preis-Absatz-Funktion (drückt die funktionale Beziehung zwischen Preis und Menge aus) befindet und bei dem die Gesamterlöskurve am höchsten über der Gesamtkostenkurve liegt oder → Grenzerlös und → Grenzkosten gleich sind und der → Gewinn am größten ist.

Courtage, Lohn, den ein → Makler für die Vermittlung von Geschäften erhält (insbes. → Börsengeschäfte). Die Höhe der C. bei Börsengeschäften ergibt sich i.d.R. prozentual aus den vermittelten Umsätzen.

C.P. → Ceteris-Paribus-Klausel.

CPM (engl.: Critical Path Method = Kritischer-Pfad-Methode) → Netzplantechnik.

Crawling Peg (engl.), Verfahren, mit dem eine begrenzte Beweglichkeit des Wechselkurses (→ Wechselkurses erreicht wird, indem die Zentralbank Änderungen der Wechselkursparitäten in regelmäßigen zeitlichen Intervallen (Monate, Quartale) bewusst oder unbewusst zulässt. Dadurch sollen Unterschiede in der Kaufkraftentwicklung zu anderen Ländern ausgeglichen werden. Im Gegensatz zum Floating (→ Freier Wechselkurs) wird die Wechselkursänderung nicht dem Markt überlassen, sondern im Voraus festgelegt und bekannt gegeben. Ziel des C. ist die Verringerung von → Devisenspekulation und die Gewährleistung der relativen Stabilität im → Außenhandel.

Crowding-Out, entsteht durch zusätzliche kreditfinanzierte Staatsausgaben, welche die private Konsum- und Investitionsgüternachfrage verdrängen. Nach der klassischen Theorie (→ Wachstumskonzept der Klassik) war als logische Folgerung aus der Annahme der → Vollbeschäftigung und dem → Sayschen Theorem die Existenz des C. unumstritten. Im Ansatz von J.M. Keynes (→ Keynesianische Theorie) haben zusätzliche steuer- oder kreditfinanzierte Staatsausgaben immer dann einen positiven Einfluss auf die Beschäftigung, wenn die → Zinselastizität der → Geldnachfrage von null verschieden ist, d. h. ein C. existiert nicht. Die → Monetaristen glauben, den C. empirisch nachgewiesen zu haben. Sie begründen dessen Existenz mit stark wirkenden Vermögenseffekten bestimmter staatl. Finanzierungsformen. Damit wird der expansive Effekt eines → Deficit Spending in Frage gestellt. Für ein C. gibt es verschiedene Ansatzpunkte (Transmissionswege): (1) Direct C. liegt vor, wenn die Unternehmen öffentl. Investitionen oder die Haushalte öffentl. Konsum (→ Verbrauch) als Ersatz für ihre → Investitionen oder Konsumausgaben sehen. (2) Transactions C. oder Portfolio C. beruht auf Anpassungs-Prozessen des Portfolios aus → Geld, Wertpapieren und Sachkapital, die durch die Ausgabe von staatl. Anleihen ausgelöst werden. (3) Expectations C. bezeichnet die Veränderung der Ertrags- und Zinserwartungen des privaten Sektors durch staatl. Defizite und die damit zusammenhängende Abnahme der privaten Investitionsneigung.

Currency Board (engl.), Währungsamt, System mit → festen Wechselkursen. Ein Land bindet seine Währung fest an die Währung eines anderen Landes (mit einer möglichst starken Währung), die Wechselkurse zwischen diesen Ländern werden fixiert. Die starke Währung übernimmt die Leitfunktion. Einheimische Währung ist nur noch durch Tausch mit → Devisen erhältlich. Weiterhin verzichtet die → Zentralbank auf jegliche fiskalpolit. Maßnahmen. Das Ziel eines C. ist es, eine glaubwürdige Wirtschaftspolitik zu vermitteln und die → Inflationsrate niedrig zu halten.

Currencyprinzip → Currencytheorie.

Currencytheorie, Ansatz, nach der allein die monetären Größen (Banknoten- und Münzumlauf) Geld und damit Determinanten des Preisniveaus sind. Gegenposition zur C. ist die → Bankingtheorie. Das auf der C. aufbauende Currencyprinzip (Deckung der ausgegebenen Banknoten durch Goldreserven) wurde in England durch die Peel'sche Bankakte (1844) verwirklicht.

Current Ratio → Liquiditätskennzahlen.

Cyber Cash (engl.), virtuell vorhandenes → Buchgeld, das im elektronischen Handel (→ Electronic Commerce) als → Zahlungsmittel dient. Der potenzielle Käufer einer Ware im → Internet besitzt hierbei ein virtuelles → Konto, das v.a. die Abwicklung von Käufen mit geringeren Geldbeträgen ermöglicht. Die Bezahlung größerer Summen erfolgt i.d.R. via Home-Banking oder mit Hilfe einer → Kreditkarte.

D

Dachgesellschaft, Muttergesellschaft von → Tochtergesellschaften. Die D. fasst die Unternehmen eines Konzerns bzw. einer → Holdinggesellschaft finanziell zusammen. I.d.R. beherrscht die D. durch Aktienmehrheit die abhängigen Gesellschaften. → Beherrschungsvertrag.

Damnum (lat., Schaden, Verlust), Vergütung, die für Gewährung von → Darlehen im Aktivgeschäft an Banken (→ Bankgeschäfte) oder private → Gläubiger gezahlt wird. Das D. wird entweder gleich von dem auszuzahlenden Darlehensbetrag abgezogen oder bei Verlängerung des Darlehens in bar entrichtet. → Disagio.

Darlehen, rechtl. gesehen die Hingabe von Geld (Darlehensvertrag, § 488 BGB) oder anderen vertretbaren Sachen (Sachdarlehensvertrag, § 607 BGB) mit der Vereinbarung, dass der Empfänger Sachen gleicher Art, Güte und Menge zurückzugeben hat.

Daten, in der Wirtschaftstheorie Größen für den → Haushalt, → Betrieb oder die → Volkswirtschaft, die den am Wirtschaftsprozess beteiligten Individuen als Entscheidungsgrundlage dienen. D. beeinflussen somit den wirtsch. Ablauf und sind zumindest kurzfr. nicht veränderbar. Unterschieden werden gesamtwirtsch. D. (Bsp.: Bedürfnisse des Menschen, Kapitalausstattung, Bevölkerung, → technischer Fortschritt) und einzelwirtsch. D. (Bsp.: individuelle Fähigkeiten).

Datenbank, System zur Verwaltung und Nutzung von großen Datenmengen, die miteinander in Verbindung stehen. Eine D. besteht aus der Datenbasis, in der die Datenbestände zentral gespeichert sind, und dem Datenbankmanage-

Datenschutz

mentsystem (DBMS), das den gezielten Zugriff auf die → Daten ermöglicht.

Datenschutz, soll verhindern, dass es zum Missbrauch personenbezogener → Daten kommt, wenn diese gespeichert, übermittelt, verändert oder gelöscht werden. Der D. soll das Recht auf informationelle Selbstbestimmung Gewähr leisten. Geregelt ist der D. im Bundesdatenschutzgesetz.

Datenverarbeitung, Vorgang, bei dem zuvor erfasste → Daten zur Informationsgewinnung weiterverarbeitet werden. Wurde diese Tätigkeit früher noch allein von Menschen übernommen, so erfolgt die D. heute v.a. durch den Einsatz von Computern (→ Elektronische Datenverarbeitung (EDV).

DATEV, Organisation, die als eingetragene Genossenschaft mit Sitz in Nürnberg zu den größten Softwarehäusern und IT-Dienstleistern in Deutschland zählt. Sie bietet ihren Klienten (v. a. Steuerberater, Rechtsanwälte, Wirtschaftsprüfer und deren Mandanten) verschiedene Dienstleistungen an (Bsp.: Buchhaltung und Bilanzerstellung, Kostenstellenrechnung) und verfügt darüber hinaus über verschiedene → Datenbanken zu den Themen Steuer-, Handels- und Gesellschaftsrecht.

DAX → Deutscher Aktienindex.

Debet (lat., er schuldet), in der → Buchführung die linke Seite des Kontos (Sollseite), auf der die Belastung (z. B. »an Kassenkonto«) steht. Demgemäß bedeutet debitieren eine Person oder ein Konto belasten oder einen Betrag auf der Sollseite eines Kontos eintragen.

Debitor, in der → Buchführung gebräuchlicher Ausdruck für einen → Schuldner, der Warenlieferungen und Leistungen auf → Kredit bezieht. In der → Bilanz sind D. als eigener unsaldierter Aktivposten innerhalb des → Umlaufvermögens aufgeführt. In der → Bankbilanz wird unter diesem Posten der Kreditverkehr mit Kunden aus → Kontokorrentkrediten aufgeführt, weshalb er dort besondere Bedeutung erhält. Vom Gesichtspunkt der Sicherheit aus unterscheiden die → Banken gedeckte (Bsp.: durch Wertpapiere, Waren usw.), sichergestellte sowie ungedeckte D. Gegenstück: → Kreditor.

Debt Management (engl.), Teil der staatl. Schuldenpolitik, der Maßnahmen und Institutionen zur Platzierung, Tilgung und Refinanzierung sowie zur Kurspflege bzw. Kursstützung der Staatsschuld umfasst. Das D. versucht, die Struktur der → öffentlichen Schulden im Hinblick auf allokative, fiskalische oder stabilisierungspolit. Ziele zu optimieren. Dabei ist auf eine Abstimmung mit anderen Politikbereichen, v.a. der → Geldpolitik, zu achten.

Deckungsbeitrag, Rechengröße im Rahmen der Kostenträgerrechnung (→ Kostenrechnung) basierend auf → variablen Kosten. Der D. ist die Differenz zwischen variablen Kosten und Erlösen des Gesamtunternehmens, die für Produktgruppen oder einzelne Produkte entsteht. Der Deckungsbeitrag kann als Gesamtdeckungsbeitrag oder mit Hilfe einer mehrstufigen → Deckungsbeitragsrechnung je Produkt oder Produktart ermittelt werden. Der D. dient der Deckung der → Fixkosten.

Deckungsbeitragsrechnung, Methode im Rahmen der → Kostenrechnung. Dabei werden → variable Kosten insgesamt oder stufenweise von den Erlösen des Unternehmens abgezogen, um den → Deckungsbeitrag zu ermitteln. Die stufenweise D. verdeutlicht, welchen Beitrag einzelne Produkte bzw. Produktgruppen zur Deckung der Fixkosten leisten. Dabei kann sich der Deckungsbeitrag auf zurechenbare bzw. nur für Produktgruppen oder das gesamte Unternehmen anfallende Fixkosten beziehen. Die einfache Form der D. ist das → Direct Costing. Die D. ist ein wichtiges Instrument im → Controlling.

Deckungsgrundsätze, Grundsätze über Umfang und Bedingungen staatl. Verschuldung. Dabei wird unterschieden: (1) Klassische D. (objektbezogen), die Verschuldung nur für unvorhersehbare, außerordentliche Ausgaben sowie für leistungssteigernde Investitionen vorsehen. (2) Neuere D. (situationsbezogen), die Verschuldung auch zu stabilitätspolit. Zwecken (z.B. zum Ausgleich von konjunkturellen Schwankungen) möglich machen. Im dt. Recht sind sowohl objekt- als auch situationsbezogene D. definiert. → Öffentliche Schulden.

Deckungszusage, vom Versicherer als Ersatz des Versicherungsvertrages (→ Versicherungsvertrag) für einen gewissen Zeitraum erteilt, wenn über den Abschluss eines neuen oder die Änderung eines alten Vertrages Einigkeit besteht. Abschluss und Ausfertigung des → Versicherungsscheines erfolgen später.

Deduktion → Logik, formale.

Deficit Spending (engl., schuldfinanzierte Ausgaben), Erhöhung der gesamtwirtsch. Nachfrage durch zusätzliche staatl. Ausgaben bei konjunkturell bedingter → Unterbeschäftigung. Die notwendige Finanzierung dieser Ausgaben soll nach J.M. Keynes (→ Keynesianische Theorie) über → öffentliche Schulden erfolgen, um zu vermeiden, dass sich durch eine Steuerfinanzierung die Nachfrage im privaten Sektor gleichzeitig verringert. → Fiskalpolitik.

Defizit (lat., es fehlt), Unterschied zwischen erwartetem und tatsächlich festgestelltem Betrag. Beispiele sind: (1) Bilanzdefizit am Ende eines Geschäftsjahrs; (2) Budgetdefizit zwischen Einnahmen und Ausgaben im Staatshaushalt; (3) Kassendefizit als Fehlbetrag bei Bestandsberechnungen im → Rechnungswesen.

Deflation, Wertzuwachs einer Geldeinheit, wenn z.B. auf Grund einer Nachfragelücke (→ Deflatorische Lücke) Güter- und Faktorpreise und somit das allgemeine Preisniveau sinkt. Eine D. ist seit der → Weltwirtschaftskrise nicht mehr aufgetreten. Gegenstück: → Inflation.

Deflatorische Lücke → Nachfragelücke.

Deglomeration, im Gegensatz zur → Agglomeration alle Tenden-

Degression

zen und Maßnahmen, die der vornehmlich industriellen Konzentrierung durch Auflockerung und Verlagerung aus dem Ballungsraum (→ Dezentralisation) entgegenwirken.

Degression, im Steuerwesen Staffelung des Tarifs, bei der der Steuersatz mit zunehmender → Bemessungsgrundlage abnimmt. D. kann auch in Bezug auf Kosten auftreten, wenn bei einer Ausweitung der Produktion der Anteil der fixen Kosten an den Gesamtkosten immer stärker abnimmt. → Grenzkosten.

Degressive Abschreibung → Abschreibungsmethode.

Delkredere (ital., auf Treu und Glauben), (1) im Handelsrecht Gewährleistung (Garantie) für den Eingang von → Forderungen, z.B. beim → Kommissionär oder → Handelsvertreter. Als Entgelt kann eine Delkredereprovision verlangt werden; (2) im → Rechnungswesen Wertberichtigung für voraussichtliche Forderungsverluste. Delkredererückstellungen (→ Rückstellungen) werden gebildet, indem Zweifelhafte Forderungen mit ihrem vollen Betrag in die → Aktiva der → Bilanz eingesetzt und die erwarteten Verluste in einem besonderen Passivposten ausgewiesen werden. Wesentlich ist, dass die Höhe der Verluste unbestimmt ist, aber mit ihnen bereits gerechnet wird. Delkredererücklagen (→ Rücklagen) werden als Vorsichtsmaßnahme, d.h. ohne Verlusterwartung gebildet. → Zweifelhafte Forderungen.

Delphi-Methode, mehrfache schriftliche Befragung möglichst vieler Experten zu einem bestimmten Themenkomplex. Anschließend werden diesen die Zwischenergebnisse der vorangegangenen Befragung präsentiert. Dieser Vorgang wird solange wiederholt, bis sich die Antworten der Experten auf bestimmte Endergebnisse verdichten. Die D. wird dort angewandt, wo Vorhersagen oder Prognosen notwendig sind (Bsp.: → Marktforschung, → Nutzen-Kosten-Analyse (NKA)).

Demeritorische Güter → Meritorische Güter.

Demographie → Bevölkerungswissenschaft.

Demonetisierung (lat., Entmünzung), das Außerkurssetzen von → Münzen bzw. die Aufhebung des Prägerechts. Bsp: nach seiner D. im Jahr 1873 war Silber nicht mehr als ein dem Gold gleichberechtigtes Währungsmetall anerkannt.

Demonstrationseffekt (Duesenberry-Effekt), Einflüsse, die auf ein breiteres oder qualitativ hochwertigeres Güterangebot zurückzuführen sind. Konsumenten erhöhen ihre Ausgaben zum Kauf solcher Güter, obwohl ihr Einkommen gleich bleibt, weil sie ihr Konsumverhalten auch am → Lebensstandard der jeweils höheren Einkommensschichten ausrichten. R. Nurske hat den D. auch für → Entwicklungsländer nachgewiesen, deren Regierung und Bevölkerung sich an Verhaltensmustern der Industriestaaten orientieren.

Denaturierung, Zweckentfremden einer Sache. Die D. ist im Zollrecht die Behandlung von zollpflichtigen Gütern, so dass sie für bestimmte Zwecke unbrauchbar werden, damit hierdurch Zollfreiheit erzielt wird. Bsp.: Vergällen von Alkohol.

Deport, wird im Devisenterminhandel verwendet (→ Devisentermingeschäfte). Erwartet man, dass der Preis für → Devisen künftig fallen wird, werden die per Termin gekauften Devisen im Vergleich zu den aktuellen Tageswerten der Devisen billiger. Der Unterschied zwischen dem höheren Kassakurs und dem niedrigeren Terminkurs nennt man D. Bei Termingeschäften mit → Wertpapieren bezeichnet D. den Kursabschlag für die Verlängerung des Geschäftes. → Deportgeschäft. Gegenstück: → Report.

Deportgeschäft, Form des → Prolongationsgeschäfts, das bei Wertpapiergeschäften in der → Baisse eine Rolle spielt. Dabei sind → Wertpapiere auf Termin in der Erwartung verkauft worden, dass die Papiere bis dahin fallen und zu einem niedrigeren → Kurs gekauft werden können. Ist die erwartete Kursbewegung nicht eingetreten, so kann das → Termingeschäft mit Hilfe eines D. verlängert werden: der Spekulant leiht sich die zur Erfüllung des Verkaufs der erforderlichen Wertpapiere von einem Dritten (Deporteur, Hereingeber) bis zum nächsten Verfalltag, indem er sie zum derzeit gültigen Kurs ankauft und zum gleichen Kurs per Termin wieder verkauft, wofür er eine Vergütung (→ Deport) zahlen muss, die in Gestalt des Abzugs vom Kaufpreis am Ende des nächsten Verfalltags erhoben wird. Gegenstück: → Reportgeschäft.

Depositen, Geld, das den → Banken gegen eine Zinsvergütung anvertraut wird. Mit diesen Einlagen werden größtenteils die → Aktivgeschäfte der Banken bestritten. → Bankgeschäfte, → Depositengeschäft.

Depositengeschäft, → Passivgeschäft der Banken, das auf der Annahme, Verwaltung und Nutzung von Spargeldern gegen Zinsvergütung beruht. Die Höhe der Depositenzinsen bei Kreditbanken ist von der Einlagedauer und Einlagehöhe der → Depositen abhängig, am niedrigsten bei täglich verfügbarem Geld (→ Tägliches Geld), steigend bei ein-, drei- oder mehrmonatiger Kündigung. Bei größeren Summen richtet sich die Zinshöhe nach individueller Vereinbarung.

Depot (franz.), Verwahrung von → Wertpapieren bei → Banken. Unterschieden werden: (1) Verschlossenes D.: Wertpapiere oder sonstige Wertgegenstände werden verschlossen in Verwahrung gegeben (deponiert). Die Bank hat vom Inhalt des D. keine Kenntnis. Im Safevertrag (Schließfach) überlässt die Bank dem Bankkunden in ihrer Stahlkammer ein verschließbares Fach; (2) Offenes D.: Wertpapiere werden offen in Verwahrung gegeben. Die Bank übernimmt üblicherweise neben der Verwahrung auch die Verwaltung der ihr anvertrauten Wertpapiere, insbes. die Einlösung der Dividenden- oder Zinsscheine; (3) Streifband- oder Sonderdepot: Wertpapiere werden gesondert aufbewahrt und bleiben Eigentum des Hinterlegers; (4) Sammeldepot: Wertpapiere werden zusammen mit gleichartigen Wert-

Depotstimmrecht, papieren anderer Hinterleger aufbewahrt, wodurch Miteigentum sämtlicher Hinterleger entsteht.

Depotstimmrecht, Stimmrecht für die im → Depot eines Kreditinstitutes verwalteten → Aktien. Nach § 135 AktG dürfen → Kreditinstitute das Depotstimmrecht für → Inhaberaktien, die ihnen nicht gehören, nur ausüben, wenn sie schriftlich bevollmächtigt sind. Die Vollmacht darf nur einem bestimmten Kreditinstitut für längstens 15 Monate gewährt werden und ist jederzeit widerruflich. Bei keinerlei schriftlichen Anweisungen des Aktionärs hat die Bank gemäß dem D. vorher dem Aktionär mitgeteilten Vorschlägen abzustimmen.

Depression → Konjunkturbewegungen.

Deputatlohn, ganz oder teilweise in Sachleistungen (Naturalien) gezahlter Lohn (Naturallohn). → Trucksystem.

Deregulierung, Abbau von staatl. Eingriffen in das Wirtschaftsgeschehen. Das Konzept, das aus der US-amerik. ordnungspolit. Diskussion übernommen wurde, soll den → Wettbewerb stärken und die Leistungsfähigkeit der Märkte erhöhen. Gegenstück: → Regulierung.

Derivate (derivative Finanzinstrumente), Rechte bzw. Verpflichtungen, deren Preis von der Entwicklung des Marktpreises von anderen Finanzinstrumenten (sog. Underlying), wie z.B. einzelnen → Aktien, Indizes, Zinssätzen oder → Währungen, abhängt. In ihren Grundformen berechtigen bzw. verpflichten D. im Rahmen von → Termingeschäften zum Kauf oder Verkauf der zugrunde gelegten Werte zu einem festen, im Voraus vereinbarten Preis und zu einem späteren Zeitpunkt (→ Call, → Put). Man unterscheidet standardisierte D., die entsprechend an Börsen gehandelt werden und sog. OTC-D. (Over-The-Counter-D.), die individuellen Bedürfnissen der Vertragspartner angepasst sind. Entsprechend der Ausgestaltungsmöglichkeiten der Rechte und Pflichten sowie des gewählten Underlyings ergibt sich eine ständig wachsende, kaum überschaubare Vielfalt von D.

Derivationsprinzip, Regel über die vertikale (Steuerertrags-)Verteilung, nach der → Bundessteuern wieder in die Region zurückfließen sollen, die sie aufgebracht hat.

Deutsche Ausgleichsbank, Anstalt des öffentl. Rechts, die 1986 an die Stelle der → Lastenausgleichsbank getreten ist. Anteilseigner sind Bund sowie → ERP-Sondervermögen und → Ausgleichsfonds. Sie erfüllt v.a. Aufgaben im soz. Bereich und im Umweltschutz und finanziert Maßnahmen des Bundes im Bereich der Wirtschaftsförderung. Besondere Bedeutung hat die Übernahme von Garantien und Bürgschaften. Die D. beschafft ihre Mittel über die Aufnahme von → Darlehen und die Ausgabe von → Inhaberschuldverschreibungen.

Deutsche Bundesbank, bis Ende 2001 die → Zentralbank von Deutschland mit Sitz in Frankfurt a. M. Sie wurde 1957 durch das Gesetz über die D. mit einem Grundkapital von 290 Mio. DM in Form einer juristischen Person des öffentl. Rechts gegründet. Seit 2002 hat die → Europäische Zentralbank (EZB) das ausschl. Recht, die Ausgabe von → Banknoten innerhalb des Euro-Währungsraumes zu genehmigen. Dabei sind die EZB und die nationalen Zentralbanken zur Ausgabe von Banknoten berechtigt. Die D. nimmt als Zentralbank historisch gewachsene Funktionen wahr. Nach § 3 des Gesetzes über die D. ist sie als Zentralbank von Deutschland integraler Bestandteil des Europäischen Systems der Zentralbanken und wirkt mit an der Erfüllung seiner Aufgaben mit dem vorrangigen Ziel, die → Preisstabilität zu gewährleisten. Sie sorgt für die bankmäßige Abwicklung des Zahlungsverkehrs im Inland und mit dem Ausland. Die D. führt als nationale Zentralbank die gemeinsame → Geldpolitik des Eurosystems der Zentralbanken in Deutschland durch. Ihre Organe sind: der Vorstand, bestehend aus dem Präsidenten und dem Vizepräsidenten sowie sechs weiteren Mitgliedern. Weiterhin untergliedert sich die D. in neun Hauptverwaltungen. → Landeszentralbank (LZB).

Deutsche Industrie-Norm (DIN). Die Normung erfolgt durch das Deutsche Institut für Normung e.V.

Deutsche Mark (DM), gesetzl. Zahlungsmittel in der Bundesrepublik Deutschland von der → Währungsreform im Jahre 1948 bis zur Ablösung durch den → Euro (EUR, €) am 1.1.2002.

Deutsche Notenbank, → Zentralbank der ehemaligen DDR. Sie diente im Rahmen des gleichgeschalteten Bankensystems der Partei und der Regierung zur Durchführung der Geld- und Kreditpolitik in der sozialistischen → Planwirtschaft.

Deutscher Aktienindex (DAX), erfasst seit dem 1.7.1988 die Kursbewegung der 30 umsatzstärksten deutschen Standardwerte (→ Blue Chips) aus verschiedenen Branchen. Darüber hinaus kann ein Unternehmen außerhalb der ordentlichen Überprüfungstermine aus dem Index genommen werden, wenn es nach dem Kriterium Marktkapitalisierung und Börsenumsatz nicht mehr zu den 45 größten Unternehmen zählt, bzw. aufgenommen werden, wenn es nach dem Kriterium Marktkapitalisierung oder Börsenumsatz eines der 25 größten Unternehmen ist. Das Gewicht einer → Aktie in Deutschland bemisst sich nach dem Anteil ihrer Marktkapitalisierung an der Gesamtkapitalisierung der dort vertretenen Unternehmen. Bei der Berechnung des D. als Performance Index werden Dividendenzahlungen berücksichtigt. Um den D. gruppieren sich weitere Aktienindizes: Unterhalb des D. wird nach klassischen Branchen und Technologiebranchen unterschieden. Für die klassischen Branchen berechnet die Deutsche Börse den MDAX, der 50 Werte umfasst. Der SDAX enthält ebenfalls 50 Werte und schließt als Auswahlindex für kleinere Unternehmen direkt unterhalb des MDAX an. Für Technologieunternehmen gibt es den TecDAX, der die 30 größten Werte abbildet. Alle Auswahlindizes unterhalb des D. sind für ausländische Unternehmen offen.

**Deutscher Gewerkschaftsbund
(DGB)** → Gewerkschaften.

Deutscher Handwerkskammertag, Spitzenorganisation der → Handwerkskammern mit Sitz in Bonn.

Deutscher Industrie- und Handelstag (DIHT), ist die Spitzenorganisation der dt. → Industrie- und Handelskammern (IHK). Er ist der → Internationalen Handelskammer (ICC) angeschlossen.

Devalvation → Abwertung.

Devisen, an ausländ. Plätzen zahlbare Zahlungsanweisungen in ausländ. → Währung. Bsp.: Schecks und Bankguthaben im Ausland. I.w.S. zählen zu D. auch die Inlandsbestände ausländ. Währungen, i.e.S. nur → Buchgeld.

Devisenarbitrage → Arbitrage.

Devisenbewirtschaftung, alle administrativen Maßnahmen zur Regelung des für die gesamte → Außenwirtschaft notwendigen Verkehrs mit ausländ. Zahlungsmitteln, soweit die Devisenmenge beschränkt wird. Ziel der D. ist die Stabilität des Wechselkurses, wobei die aus der D. entstehenden Wechselkurse nicht tatsächliche Marktverhältnisse widerspiegeln. In der D. sind geschäftliche Transaktionen zwischen (Devisen-)In- und Ausländern entweder vollständig verboten oder nur mit staatl. Genehmigung zulässig. Der Besitz von → Devisen ist anmeldepflichtig, die Devisen müssen den Bewirtschaftungsbehörden zum Kauf angeboten werden. Ausnahmebereiche der D. sind: (1) Bewirtschaftungsfreier Import lebens- oder strategisch wichtiger Güter; (2) Beschränkung der D. auf einen bestimmten Personenkreis (Bsp.: Ausländer). Die D. wird in Industrieländern i. d. R. nicht mehr durchgeführt. → Konvertibilität.

Devisen- oder Währungskorb → Europäische Rechnungseinheit, → Warenkorb.

Devisenmarkt, Markt, auf dem verschiedene → Währungen gegeneinander getauscht werden. Bei Flexiblen Wechselkursen (→ Freie Wechselkurse) bildet sich der Kurs einer Währung durch den Ausgleich von Angebot und Nachfrage nach dieser Währung. → Fixe Wechselkurse machen dagegen Interventionen der staatl. → Notenbanken notwendig.

Devisenspekulation, Ver- bzw. Ankauf von → Devisen in der Erwartung, dass ihr Wechselkurs sinkt bzw. steigt und somit Arbitragegewinne (→ Arbitrage) erzielt werden können. Bei der D. gibt es → Devisentermingeschäfte, → Kassageschäfte und → Swap-Geschäfte. Liegen → Feste Wechselkurse vor, können D. die → Notenbanken bei der Erfüllung ihrer Aufgabe behindern. Bei → Freien Wechselkursen können D. den internationalen Handel negativ beeinflussen.

Devisentermingeschäfte, helfen dabei, finanzielle Risiken zu vermeiden, die sich aus Schwankungen der Wechselkurse ergeben können. So bietet ein Exporteur Erlöse in USD, die ihm sein Kunde erst in drei Monaten bezahlen muss, bereits heute am → Devisenmarkt zu einem festen Kurs bei späterer

Übernahme an. Importeure, die in drei Monaten eine Rechnung in USD zu zahlen haben und kein Wechselkursrisiko tragen möchten, erwerben heute die später benötigten → Devisen zum festen Preis auf Termin. Die Laufzeit eines Standardtermingeschäftes beträgt drei oder sechs Monate, andere Abschlüsse sind jedoch möglich.

Devisenswapgeschäft, Strategie im Devisengeschäft, die aus der Kombination aus einem Devisenverkauf am Kassamarkt und deren Rückkauf am Terminmarkt bzw. einem Devisenkauf am Kassamarkt bei gleichzeitigem Verkauf am Terminmarkt besteht. → Kassageschäft, → Termingeschäft.

Dezentralisation, Gegenstück zur → Zentralisation. Arten der D.: (1) Delegation von Hoheitsbefugnissen des Staats auf Verwaltungseinheiten und Selbstverwaltungskörperschaften (→ Föderalismus); (2) Delegation von Entscheidungsbefugnissen in Unternehmen an untergeordnete Stellen (Bsp.: Abteilungen).

DGB (Deutscher Gewerkschaftsbund) → Gewerkschaften.

Diäten, Entschädigung der Abgeordneten in den Parlamenten. Die D. sind weder Entgelt noch Gehalt, sondern eine pauschalierte Aufwandsentschädigung, die den Verdienstausfall ausgleichen und die Unabhängigkeit der Abgeordneten sichern. D. sollen in diesem Sinne angemessen sein und unterliegen nicht der → Einkommensteuer.

Diagnose, versucht, die wirtsch. Lage zu einem bestimmten Zeitpunkt zu beschreiben und zu erklären. Sie dient, wie die → Prognose, der → Wirtschaftspolitik als Grundlage und hilft zugleich, Theorien zu überprüfen.

Diagonalverteilung, bei kombinierten zweidimensionalen → Häufigkeitsverteilungen können sich die Feldhäufigkeiten graphisch entlang der Diagonalen konzentrieren. Bsp.: Bei höherem Gewicht ist auch die benötigte Zugkraft höher.

Diagramm, in der Statistik graphische Darstellung, d.h. Zeichnung des statistischen Zahlenmaterials, die durch Punkt-, Linien-, Flächen- oder körperliche Darstellungen die Ergebnisse veranschaulicht. → Kartogramm.

Dichtester Wert → Mittelwert.

Dienstleistung, immaterielles Gut, das nicht lagerfähig ist und bei dem im Allg. die Produktion und der Konsum gleichzeitig stattfindet (gebundene D.). Bei ungebundenen D. gibt es durch den Einsatz techn. Hilfsmittel die Möglichkeit von Produktivitätssteigerungen. Neben den sachbezogenen (Bsp.: Reparatur von PCs) gibt es auch personenbezogene D. (Bsp.: Softwareschulungen). → Wirtschaftszweig, Wirtschaftssektor.

Dienstleistungsbilanz → Zahlungsbilanz.

Differenzialrente, Einkommen eines bevorzugten, unter den günstigsten Bedingungen eingesetzten Produktionsfaktors, dessen Vorteil an dem gerade noch in Anspruch genommenen, unter den ungünstigsten Bedingungen eingesetzten

Differenzgeschäft

Faktors derselben Art gemessen wird. → Rente.

Differenzgeschäft, → Termingeschäft, das nicht durch effektive Lieferung, sondern durch Zahlung des Unterschiedsbetrags zwischen dem vereinbarten Preis (Terminkurs) und dem Börsen- oder Marktpreis des Erfüllungszeitpunkts beglichen wird.

Diffusionstheorien, sagen in der Theorie der Steuerwirkungen aus, jede Steuer werde über den Preisbildungsprozess gleichmäßig über die gesamte Volkswirtschaft verteilt (optimistische, von Canard begründete D.) oder vom Unternehmer auf die Verbraucher überwälzt, so dass die Steuern auf Grund von regressiven Wirkungen letztlich von den Einkommensschwächeren getragen werden (pessimistische D.). Auch in der → Betriebswirtschaftslehre (BWL) und in der dynamischen Marktanalyse spielen D. eine wichtige Rolle. Es werden dort die Bedingungen analysiert, die für eine rasche Ausbreitung neuer Ideen oder Produkte und die Erschließung neuer Märkte erforderlich sind. → Steuerüberwälzung.

Digitale Abschreibung → Abschreibung.

Digitale Signatur → Elektronische Signatur.

DIHT → Deutscher Industrie- und Handelstag.

DIN → Deutsche Industrie-Norm.

Diplom-Handelslehrer(-in), akademischer Grad, der nach einem Studium von mindestens acht Semestern an einer Universität oder Wirtschaftshochschule erworben werden kann. Der Studiengang Wirtschaftspädagogik sieht neben dem Studium der → Wirtschaftswissenschaften ein zweites (Wahl-)Fach vor und befähigt zum Höheren Schuldienst als Lehrer an Wirtschafts-, Berufs- und Fachschulen. D. werden aber auch im betriebl. Ausbildungswesen eingesetzt.

Diplom-Kaufmann (Diplom-Kauffrau), akademischer Grad, der nach einem Studium von mindestens acht Semestern an einer Universität oder Wirtschaftshochschule erworben werden kann. Neben Grundlagen in → Volkswirtschaftslehre (VWL) und → Betriebswirtschaftslehre (BWL) konzentriert sich das Studium auf zwei bis vier spezielle Teilbereiche der BWL. D. werden v.a. in leitenden Stellen in Unternehmen und Organisationen eingesetzt oder sind freiberuflich tätig, z. B. als Wirtschaftsprüfer oder Steuerberater.

Diplom-Volkswirt(-in), akademischer Grad, der nach einem Studium von acht Semestern an einer Universität oder Wirtschaftshochschule erworben werden kann. Kern des Studienganges sind Gebiete der → Volkswirtschaftslehre (VWL), wie z. B. das der Wirtschaftstheorie, der → Wirtschaftspolitik und der → Finanzwissenschaft. Zudem können Fächer aus der → Betriebswirtschaftslehre (BWL), Statistik und Ökonometrie, Rechtslehre oder Politikwissenschaft belegt werden. Mögliche Tätigkeitsfelder für D. lassen sich sowohl im privaten Sektor bei Banken, Versicherungen, transnationalen Konzernen und Unternehmensberatungen als auch im öffentl. Sektor bei Ministerien, der öffentl. Verwaltung oder internationalen Organisationen finden.

Diplom-Wirtschaftsingenieur (-in), akademischer Grad, der nach achtsemestrigem Studium an einer Technischen Hochschule oder Technischen Universität und nach Ablegen einer entsprechenden Diplom-Hauptprüfung erworben werden kann. D. sind sowohl kaufmännisch ausgebildet als auch mit dem Wesen der Technik vertraut und können dadurch im Betrieb die Schnittstelle zwischen Ingenieur und Kaufmann einnehmen. Während die eigentliche Konstruktion den Ingenieuren vorbehalten bleibt, hat der D. die Aufgabe, techn. Vorhaben unter techn. und wirtsch. Gesichtspunkten zu beurteilen.

Direct Costing (engl.), Verfahren im Rahmen der → Kostenrechnung, das neben → variablen Kosten auch die Kosten der Erlösseite einbezieht. Im Gegensatz zur mehrstufigen → Deckungsbeitragsrechnung stellt das D. eine einstufige Berechnung des → Deckungsbeitrags dar und behandelt die Fixkosten en bloc. Variable Kosten werden von den Erlösen subtrahiert, um den Deckungsbeitrag z.B. einer Leistungsart zu ermitteln. Mehrere Deckungsbeiträge können zu einem Gesamtdeckungsbeitrag summiert werden. Die Zuordnung von Kosten zu variablen Kosten oder → Fixkosten ist problematisch. Das D. findet dennoch häufig Anwendung in der Praxis, damit der Erfolgsbeitrag einer Leistungsart zumindest grob bestimmt werden kann. → Kosten, betriebswirtschaftliche.

Direktbank, → Bank ohne eigenes Filialnetz. Der Kunde tätigt seine Bankgeschäfte auschließlich über Telefon, Fax oder Computer. Vorteile für die Kunden von D. sind v.a. die räumliche und zeitliche Flexibilität. Da eine Beratung der Kunden praktisch nicht stattfindet, können D. wegen geringerer Kosten → Bankgeschäfte günstiger anbieten.

Direkte Steuern, → Steuern, die eine Möglichkeit der → Steuerüberwälzung ausschließen sollen. Entscheidend für die D. ist auch die steuerliche Leistungsfähigkeit, wobei zwischen der Besteuerung von Einkommenserzielung und Erträgen unterschieden werden kann (Bsp.: → Einkommensteuer, → Körperschaftsteuer, → Gewerbesteuer, → Grundsteuer). Gegenstück: → Indirekte Steuern.

Direktinvestition, dauerhafte Beteiligung eines Investors an einer Investition in einem anderen Land als dem, in welchem er seinen Sitz hat. Eine dauerhafte Beteiligung impliziert nach den Kriterien der → Organization for Economic Co-operation and Development (OECD) für D. ein langfr. Verhältnis zwischen dem Investor und der D. In diesem Sinne kann von direkter Kontrolle und Mitspracherechten in Entscheidungs- und Produktions-Prozessen der Kapitalanlage gesprochen werden. Nach § 55 AußenwirtschaftsVO kann man unter D. beispielhaft die Gründungen von ausländ. Tochtergesellschaften oder Zweigniederlassungen und den Erwerb von Beteiligungen (mit

Direktmarketing

Ausstattung durch Anlage- und Finanzmittel) an ausländ. Unternehmen verstehen. D. haben im Rahmen des Globalisierungs-Prozesses (→ Globalisierung) stark an Bedeutung gewonnen. Zu unterscheiden sind D. von den eher kurzfr. ausgerichteten Portfolioinvestitionen. Eine Abgrenzung wird über die Beteiligungsstärke versucht, ist aber nicht unproblematisch.

Direktmarketing, Maßnahmen im Rahmen des → Marketing, die sich auf ganz bestimmte Zielgruppen fokussieren (Bsp.: Schüler, Rentner).

Direktorialsystem → Top Down.

Dirigismus (lat., dirigere = lenken), nennt man ein System staatl. Eingriffe in den dezentralen Wirtschaftsablauf auf einzelnen oder allen Märkten, um Preise und Produktion im Sinne eines Zentralplanes festzulegen oder zu beeinflussen. Der Grad des D. kann unterschiedlich sein.

Disagio (ital., Abschlag), bei Schuldverschreibungen der Unterschied zwischen dem unter dem → Nennwert liegenden Kurswert und dem Nennwert (Bsp.: Bei einem Kurs von 75 € und einem Nennwert von 100 € beträgt das D. 25 €). Gemäß § 9 AktG ist ein D. bei der Aktienemission ausgeschlossen, da für einen geringeren Betrag als den Nennbetrag oder den auf die einzelne Stückaktie entfallenden anteiligen Betrag des Grundkapitals Aktien nicht ausgegeben werden dürfen. Gegenstück: → Agio. → Damnum.

Discount Broker (engl.), Finanzdienstleister, die als eigenständige Unternehmen oder Tochtergesellschaften von → Banken die Abwicklung von Wertpapiergeschäften meist von Kleinanlegern telefonisch oder via → Internet betreiben. Sie bieten neben der kostengünstigen Abwicklung der Wertpapiergeschäfte weitere Serviceleistungen (Bsp.: Informationen zur Börsenentwicklung) an, verzichten aber im Unterschied zu Banken auf ein Filialnetz und auf individuelle Anlageberatung.

Discountgeschäfte, Geschäfte des → Einzelhandels, die versuchen, einen raschen Warenumschlag zu erzielen. Es wird dabei nur ein begrenztes Warensortiment zu möglichst niedrigen Preisen angeboten. Daher verzichten D. auch auf spezielle → Dienstleistungen wie z.B. Beratung oder Kundendienst.

Diskont (ital., sconto; franz., escompte), Zinsabzug (oder sonstige vereinbarte Abschläge) beim Kauf einer zukünftig fälligen Forderung (z.B. → Wechsel). Der Verkäufer erhält den um den Zinsabzug gekürzten Betrag. Die Berechnung des Abschlags nennt man → Diskontierung.

Diskontierung (Abzinsung), finanzmath. Verfahren zur Bestimmung des Barwerts, Kapitalwerts oder Gegenwartswerts zukünftiger Zahlungen, um z.B. zu verschiedenen Endzeitpunkten fälliges Kapital vergleichbar zu machen (auch bei öffentl. Investitionen, → Nutzen-Kosten-Analyse (NKA)). Dabei spielt die Höhe des Diskontierungsfaktors (Abzinsungsfaktors) eine wichtige Rolle. Gegenstück: → Aufzinsung.

Diskontpolitik, Begriff für die Konditionsgestaltung zur Refinanzierung von Geschäftsbanken (→ Kreditbank) durch → Diskontierung von Wechseln bei der → Deutschen Bundesbank. Grundgedanke dabei ist, dass die Refinanzierungsmöglichkeiten der Geschäftsbanken bei der → Zentralbank Einfluss auf das Kreditvergabeverhalten der Geschäftsbanken hat. Der Diskontsatz stellt den Zinssatz für die Wechselkredite dar. Mit der Bedeutungsabnahme des Wechselgeschäfts verlor die D. an Bedeutung. Im → Europäischen System der Zentralbanken (ESZB) kann die Deutsche Bundesbank Wechsel als sog. Sicherheiten der zweiten Kategorie im Rahmen des Hauptrefinanzierungsgeschäfts der → Europäischen Zentralbank (EZB) akzeptieren.

Diskontsatz → Diskontpolitik.

Diskretionäre Maßnahmen, Änderungen in Umfang und Struktur der Einnahmen und Ausgaben eines öffentl. Haushalts, die durch polit. Entscheidungen zu Stande kommen (Bsp.: Steuersatzänderungen). Gegenstück sind → automatische Stabilisatoren, die eine passive Reaktion des Budgets auf die wirtsch. Entwicklung darstellen.

Diskriminanzanalyse, statistischer Methodenkomplex, der die Einteilung bzw. Klassifizierung bestimmter Einheiten, (z.B. Gegenstände, Unternehmen, Personen) ermöglicht. Diese Einheiten können anhand der Diskriminanzfunktion, welche beobachtete Merkmalswerte verarbeitet, in zwei oder mehrere Gesamtheiten aufgeteilt werden. Die D. ist ein wichtiges Instrument der → Bilanzanalyse.

Diskriminierung, ungleiche Behandlung im internationalen Waren- und Zahlungsverkehr, vornehmlich durch Abweichung von der → Meistbegünstigung und durch Devisenbestimmungen, die nach Ländern differenzieren. Im binnenwirtsch. Wettbewerb ist D. die unterschiedliche Behandlung von Geschäftspartnern im Geschäftsverkehr ohne sachlich gerechtfertigten Grund. Das GWB verbietet D.

Disparität, unverhältnismäßig große Ungleichheit zwischen Preisen, Einkommen oder Währungen. Bsp.: Regionale D. im Bezug auf das Lebens- bzw. Einkommensniveau.

Displacement-Effekt, relativ zum → Sozialprodukt sprunghafter Anstieg der → Staatsausgaben auf Grund von Krisen (insbes. Kriege), die nach deren Beendigung nicht mehr auf das alte Niveau zurückgehen. Die Nationalökonomen Peacock und Wiseman erklären damit den säkularen Anstieg der Staatsausgabenquote im Sinne des → Wagnerschen Gesetzes.

Dispositiver Faktor, betriebl. → Produktionsfaktor, der nach E. Gutenberg für die Geschäftsleitungstätigkeit im → Betrieb notwendig ist. Dazu zählt man Planung, Organisation und Kontrolle (→ Controlling).

Distribution, (1) Verteilung von Einkommen und Vermögen auf Personen, Gruppen, Generationen oder Regionen (→ Verteilungstheorie). (2) Physische Verteilung von Gütern an die Abnehmer zur Überbrückung der Distanz zwischen Produktion und Konsum. → Absatz, → Absatzfunktionen.

Disutility (engl.), negativer → Nutzen oder Missnutzen, ein zuerst von Jevons verwendeter Begriff der Wirtschaftstheorie. Jevons geht von der Grenznutzenlehre (→ Grenznutzen) aus und behauptet, der Grad des Nutzens sinke bei Grundbedürfnissen (Nahrung, Wasser oder Luft) mit zunehmendem Verbrauch auf null. Bei verfeinerten und geistigen Bedürfnissen werde die Sättigungsgrenze erst später erreicht. Von einem gewissen Punkt an schlage der Nutzen in Nutzlosigkeit (inutility) und dann in negativen Nutzen um. → Bedürfnis.

Diversifikation, → Gegensatz zur Spezialisierung. Beispiele sind (1) Ausweitung des Produktionsprogramms, (2) Erschließung neuer Absatzmärkte durch ein Unternehmen oder (3) Ausweitung eines Wertpapier-Portfolios durch weitere Titel. Ziel ist es, das Risiko einer Spezialisierung zu mindern, um somit besser gegen konjunkturelle oder saisonale Nachfrageschwankungen geschützt zu sein (Bsp.: Angebot von Lebkuchen und Speiseeis). Man unterscheidet folgende Arten der D.: (1) Horizontale D.: die neuen Produkte befinden sich auf der gleichen Handels- bzw. Produktionsstufe wie die alten Produkte; (2) Vertikale D.: die neuen Produkte befinden sich auf der vor- oder nachgelagerten Handels- bzw. Produktionsstufe wie die alten Produkte; (3) Laterale D.: Betätigung in verschiedenen Branchen; (4)

Wertpapier-D.: das firmenspezifische, unsystematische Risiko kann mit zunehmender Zahl der Aktien im Wertpapier-Portfolio eliminiert werden.

Dividende (lat., das zu Verteilende), der auf die einzelne → Aktie entfallende Gewinnanteil einer → Aktiengesellschaft (AG), meistens ausgedrückt in Prozentsätzen. Die D. unterscheidet sich vom Zins der → Schuldverschreibung dadurch, dass sie keinen festen Anspruch manifestiert, sondern hinsichtlich ihrer Höhe von dem Gewinn, der sich aus dem → Jahresabschluss ergibt, abhängt.

Dividendenpapiere, sind → Wertpapiere, die Erträge in Form von → Dividenden abwerfen. Bsp: → Aktie.

Dividendenthese, versucht die Höhe der Aktienkurse (→ Aktienkurs) im Gegensatz zur → Gewinnthese ausschl. anhand der ausgeschütteten → Dividende zu erklären, wobei der Anteil der Selbstfinanzierung (→ Finanzierung) ausgeklammert wird.

DM → Deutsche Mark.

DM-Eröffnungsbilanz, → Bilanz, die nach dem DM-Bilanzgesetz vom 21.8.1949 anlässlich der → Währungsreform für den 21.6.1948 von allen Vollkaufleuten (→ Vollkaufmann) in DM aufgestellt werden musste. Da eine wertmäßige Bilanzkontinuität der RM-Schlussbilanz (vom 20.6.1948) und der D. nicht bestand, enthielt das DM-Bilanzgesetz eingehende Vorschriften für die Bewertung der → Aktiva und → Passiva in der D. Als

D. wird auch die erste (ab dem 1.7.1990) in DM erstellte Bilanz für Unternehmen in der ehemaligen DDR bezeichnet.

Dokumentation, systematische Sammlung, Auswertung und Speicherung von Dokumenten zur Information über Erfahrungen und den aktuellen Stand des Wissens. Dokumentierte Unterlagen können z.B. Bilder, Statistiken, Tonbänder oder Schriften sein. Zur D. kommen heute zunehmend elektronische Verfahren zum Einsatz.

Dokumentenakkreditiv → Akkreditiv.

Domain (engl.), Teil einer Internetadresse. Bsp.: http://www.kroener-verlag.de. Die Subdomain ist hierbei »kroener-verlag«, die Top-Level-Domain ist »de«. Die Top-Level-Domain kann als Länderkennung (Bsp.: »at« für Österreich) oder als Betreiberkennung (Bsp.: »edu« für Universitäten in den USA) verwendet werden. Zuständig für die Vergabe von → Internet-Adressen und die Kontrolle darüber, dass Adressen nicht mehrfach vergeben werden, ist der Council of Registrars (CORE) in Genf, dem 88 Unternehmen aus 23 Ländern angehören. Die Verwaltung der D. in Deutschland erfolgt duch das Deutsche Network Information Center in Karlsruhe.

Doppelbesteuerung, steuerliche Erfassung desselben Steuerobjekts (1) durch verschiedene regionale Träger der Steuerhoheit (→ Finanzhoheit) oder (2) durch verschiedene Steuern desselben Trägers der Steuerhoheit. Zur Vermeidung der ersten Art der D. werden die Besteuerungsrechte der beteiligten Steuerhoheitsträger durch Abkommen abgegrenzt. Die zweite Art der D. ist dagegen häufig beabsichtigt, wie etwa bei der Vorbelastung des fundierten Einkommens durch die → Vermögensteuer oder bei der → Körperschaftsteuer.

Doppelgesellschaft, liegt vor, wenn ein Unternehmen in zwei rechtl. getrennte Unternehmen aufgespalten wird. Dies kann auf verschiedene Weise erfolgen: (1) Das Unternehmen wird in eine Besitz- und eine Betriebsgesellschaft getrennt, wobei erstere eine → Personengesellschaft und letztere eine → Kapitalgesellschaft ist. Die Besitzgesellschaft verpachtet i. d. R. der Betriebsgesellschaft das Anlagevermögen des Betriebes. Der größere Teil des Gewinnes verbleibt der Betriebsgesellschaft. (2) Das Unternehmen wird in eine Produktions- und Vertriebsgesellschaft aufgeteilt, wobei auch hier erstere eine Personengesellschaft und letztere eine Kapitalgesellschaft ist. Für die Entstehung von D. sind steuerliche (Bsp.: Minderung der Gewerbeertragsteuer) und außersteuerliche Gründe (Bsp.: Haftungsbeschränkung) maßgebend. → Ausgründung.

Doppelte Buchführung, Art der → Buchführung, die lückenlos und systematisch alle Handelsgeschäfte eines Unternehmens aufzeichnet. Doppelt ist hierbei sowohl die Dokumentation in Form einer → Bilanz und einer → Gewinn- und Verlustrechnung (GuV), als auch die Gegenüberstellung der Geschäftsvorfälle auf Konten und Gegenkonten; Regel der Doppik. Ausgehend von den aufgestellten Aktiv-

Doppik

und Passivkonten werden die Geschäftsvorfälle auf den Bestandskonten verbucht. Wesentlich für die D. ist der geschlossene Zusammenhang, in dem alle erfolgswirksamen Vorgänge erfasst werden. → Kameralistische Buchführung.

Doppik → Doppelte Buchführung.

Dotcom (engl., dot, Punkt), Bezeichnung für Unternehmen aus dem Bereich des → Electronic Commerce. Hierbei ist der »dot« der Punkt, der Subdomain und Top-Level-Domain voneinander trennt. Die Top-Level-Domain lautet bei angels. Unternehmen üblicherweise »com«. → Domain.

Do-Ut-Des-Prinzip → Äquivalenzprinzip.

Dow Jones Euro Stoxx → EURO STOXX.

Dow Jones-Index, bekanntester US-amerik. → Aktienindex. Er bildet die Kursentwicklung von 30 prominenten Unternehmen verschiedener Branchen ab. Grob gesprochen ergibt sich der Indexwert durch die Summe der Aktienkurse dieser Unternehmen, dividiert durch 30. Um jedoch die Wirkung sog. → Aktiensplits zu korrigieren, wird von diesem einfachen Divisor abgewichen. Der aktuelle Divisor ist dem Wall Street Journal zu entnehmen.

Downs-Modell → Ökonomische Theorie der Demokratie.

Dreiecksgeschäft, im internationalen Handelsverkehr übliche Geschäftsform zwischen drei Ländern, die zum Ziel hat, das Defizit der → Zahlungsbilanz eines Landes gegenüber einem zweiten Land durch Verkauf von Waren aus einem Drittland zu mindern und so die Vorteile der internationalen Arbeitsteilung etwas besser als im bilateralen Handel auszunützen.

Drei-Sektoren-Hypothese, Ansatz, der die Verlangsamung des Wachstums der → Arbeitsproduktivität in einer hoch entwickelten Volkswirtschaft erklärt. Dies beruht auf den Annahmen, dass der tertiäre Sektor zu Lasten des primären (Land- und Forstwirtschaft, Jagd und Fischerei) und sekundären (verarbeitende → Industrie, Baugewerbe, Versorgungsbetriebe) zunimmt und sich in den beiden ersten Sektoren die → Produktivität unterproportional entwickelt.

Dualistische Wirtschaftsordnung → Wirtschaftsordnung.

Dubiose Forderungen → Delkredere, → Zweifelhafte Forderungen.

Due Diligence (engl.), Oberbegriff für die Prüfung der Ertrags- und Geschäftslage sowie der Jahresabschlüsse eines Unternehmens bei anstehenden Kapitalerhöhungen, Unternehmenskäufen oder Erstemissionen durch Dritte.

Duesenberry-Effekt → Demonstrationseffekt.

Dumping (engl.), handelspolit. Bestreben, durch Verkauf von Erzeugnissen ins Ausland zu niedrigeren Preisen als im Inland (häufig auch: unter den Herstellungskosten) die ausländ. Konkurrenz aus ihren Absatzgebieten zu verdrängen und die eigenen Marktanteile zu erhöhen. Dagegen versuchen Anti-Dumping-Maßnahmen (→ Antidumpingzölle, → Einfuhrbeschränkungen) Dumpingversuche abzuwehren. Allerdings werden Anti-Dumping-Maßnahmen zunehmend nicht nur zur Abwehr unfairer Handelspraktiken genutzt, sondern sind selbst Teil einer protektionistischen Strategie (→ Protektionismus). Das Allgemeine Zoll- und Handelsabkommen (→ General Agreement on Tariffs and Trade (GATT)) verbietet regionale Preisdifferenzierung zwischen In- und Auslandsmärkten. Allerdings gibt es im Rahmen der bestehenden internationalen Wettbewerbsordnung keine einheitliche Regelung für den Umgang mit D.

Duopol → Dyopol.

Durchgriffshaftung, Gesellschafter eines Unternehmens müssen für entstandene Verbindlichkeiten mit ihrem pers. Vermögen voll haften (→ Haftung), wenn sie das Unternehmen absichtlich zum Zwecke der Haftungsbeschränkung oder entgegen der Rechtsordnung missbrauchen.

Durchschnittssteuersatz → Steuertariflehre.

Dynamik, bewegtes Kräfte- und Größensystem, bei dem sich im Zeitablauf die Größenverhältnisse ändern. In der Wirtschaftstheorie eine Betrachtungsweise, die im Gegensatz zur (komparativen) → Statik die Wirtschaft im Ablauf als ein Bewegungssystem erfasst und sie i.w.S. evolutorisch oder historisch betrachtet. Die Dynamische Methode ist die → Analyse wirtsch. Größen, die sich auf verschiedene Zeitpunkte oder Perioden beziehen. → Gleichgewichtsanalyse, → Tinbergens Pfeilschema.

Dynamische Rente, eine automatische Anpassung der → Altersrente an die Entwicklung der Bruttoeinkommen, seit 1957 in der gesetzl. Rentenversicherung, ab 1975 auch in der → Altenhilfe für Landwirte. Die allgemeine Bemessungsgrundlage ist das durchschnittliche Bruttojahresentgelt aller Versicherten in der Rentenversicherung der Angestellten und Arbeiter (ohne Auszubildende) im Mittel der ersten drei der letzten vier Jahre. Auch die Ruhegehälter der Beamten werden jeweils den Dienstbezügen angepasst.

Dynamischer Unternehmer (Prinzip des), nach J.A. Schumpeter der Anbieter eines Gutes, der durch Veränderung des Produktionsprozesses Innovationen durchsetzt. Diese zerstören das bestehende Gleichgewicht, da den alten Produktionsprozessen Faktoren und Abnehmer fehlen. Zur Durchsetzung von Innovationen muss insbes. an Kredit- und Gütermarkt → Wettbewerb herrschen. Das Prinzip des D. sieht sich als Gegensatz zum statischen Modell der Neoklassik (→ Neoklassische Theorie).

Dynamischer Wettbewerb, wird in der Markt- und Wettbewerbstheorie sowie in der betriebswirtsch. Absatzlehre in vier Phasen (Lebenszyklen) unterteilt und in Anlehnung an A. Smith und J.A. Schumpeter als entscheidende Antriebskraft für wirtsch. und soz. Entwicklung betrachtet. Aufgabe des D. ist der Anstoß zu strukturellen und techn. Änderungen, wodurch das Marktgleichgewicht laufend bedroht wird. Hierzu zählen die Öffnung bestehender Märkte und das Angebot von Substitutionsgütern, die Anwendung neuer Technologien und Organisationen aller Art, die Erschließung neuer Märkte und Marktlücken sowie das Angebot neuer Waren und Dienste. In einer Marktwirtschaft gibt es kein starres Muster für den → Wettbewerb, etwa als statische → Marktform. Man unterscheidet zwischen folgenden Phasen: (1) Experimentierphase: Es wird ein neues Produkt oder Verfahren eingeführt. Da noch kein Markt existiert, muss der unternehmerische Innovator oder Pionier erst die Bedingungen dazu schaffen; (2) Expansionsphase: Das Produkt weckt latente Bedürfnisse und erobert den Markt. Hat ein → Dynamischer Unternehmer die Chancen auf Erfolg getestet, ziehen Konkurrenten nach. Der D. führt dann dazu, dass Verfahren und Produktionsqualität verbessert und neue Käuferschichten durch Preissenkungen erschlossen werden. Output und → Produktivität nehmen stärker zu als im gesamtwirtsch. Durchschnitt; (3) Reifephase (Ausreifungsphase): Bei einer Marktsättigung nimmt die Preiselastizität der Nachfrage nach dem Produkt ab. Auch die Zahl der Anbieter bleibt nahezu gleich, und der Wettbewerbsdruck lässt nach. Die Spielräume für Kostensenkung und Qualitätsverbesserungen sind weitgehend ausgeschöpft; (4) Stagnationsphase: Die Nachfrage wird allmählich auf Ersatzgüter gelenkt. Da sich die Produktivität unterproportional zum gesamtwirtsch. Durchschnitt entwickelt, ist die Wirkung von Lohnerhöhungen überproportional. Der Gesamtabsatz geht absolut zurück, falls in der Branche keine innovativen Verbesseungen am Produkt erfolgen.

Dynamische Zinstheorie, sieht gemäß J.A. Schumpeter im Zins einen Pioniergewinn, der dem Unternehmer in einer evolutorischen Wirtschaft zufließt, weil er neue Verbindungen von Kapital und Arbeit verantwortlich durchsetzt. Ist der Zugang zum Markt frei, wird die Konkurrenz dafür sorgen, dass der Zins wieder verschwindet. → Zinstheorien.

Dyopol, → Marktform mit zwei Anbietern bzw. Nachfragenden. Theoret. sind vier Ergebnisse in der → Marktpreisbildung beim D. möglich: (1) Cournotsche Zweidrittellösung: Beide Dyopolisten betreiben eine autonome Strategie mit dem Ergebnis, dass jeder ein Drittel der Sättigungsmenge auf den Markt bringt; (2) Stackelbergs Asymmetrie-Lösung: ein Dyopolist betreibt Überlegenheits-, der andere eine autonome Strategie; (3) Bowley-Lösung: Beide Dyopolisten betreiben eine Überlegenheitsstrategie, woraus ruinöser Wettbewerb entsteht; (4) Chamberlin: Gemeinsame Gewinnmaximierung durch Kartellabsprache.

E

EAG → Europäische Atomgemeinschaft (EURATOM).

EAGFL → Europäischer Ausrichtungs- und Garantiefonds für die Landwirtschaft.

Earnings before Interest and Tax (EBIT), ertragsorientierte → Kennzahl, die das Ergebnis der gewöhnlichen Geschäftstätigkeit vor Abzug von Zinsen und Steuern angibt. Die E. ermöglicht die Einschätzung der Ertragskraft eines Unternehmens aus der operativen Geschäftstätigkeit unabhängig von dessen Finanzstruktur. Dadurch können Unternehmen mit unterschiedlichen Fremdkapitalanteilen verglichen werden. → Cash Flow.

Easy Money (engl., leichtes Geld, → Billiges Geld), Mittel der → Geldpolitik und der → Kreditpolitik, das Anfang der 1930er Jahre und nach dem 2. Weltkrieg in einigen Ländern angewandt wurde. Ziel des E. ist es, durch niedrige Zinssätze und ein breites Kreditangebot Investitionsanreize zu schaffen, um die Konjunktur (→ Konjunkturbewegungen) anzuregen und die Beschäftigung zu erhöhen. Damit sich die Investitionsbereitschaft der Unternehmen sofort erhöht, müssen diese positive Ertragserwartungen haben. In einer Phase der Depression ist dies aber kaum gegeben. Während einer Rezession besteht die Gefahr der → Inflation. Im Gegensatz zum E. strebt die Politik des knappen Geldes hohe Zinssätze und ein schmaleres Kreditangebot an, um die Konjunktur zu dämpfen, die Inflation einzudämmen oder die → Zahlungsbilanz durch Anreize für das Kapital aus dem Ausland auszugleichen.

EBIT → Earnings before Interest and Tax.

E-Business → Electronic Business.

Ecklohn, spielt in Tarifverhandlungen eine bedeutende Rolle und ist der Stundenlohn einer mittleren Facharbeitergruppe. Die Stundenlöhne der übrigen Lohngruppen (z.B. angelernte Arbeiter, Vorarbeiter) werden in Prozent des E. ausgedrückt. → Tarifvertrag.

E-Commerce → Electronic Commerce.

Economic Value Added (EVA), betriebswirtsch. → Kennzahl, die in der wertorientierten → Unternehmensführung angewendet wird und den um kapitalmarktorientierte Kapitalkosten bereinigten Unternehmenserfolg abbildet. Dabei werden von einem um Zinsen gekürzten → Jahresüberschuss nach Steuern kalkulatorische Kapitalkosten abgezogen, die sich aus der Multiplikation des eingesetzten Kapitals mit dem aus dem → Kapitalmarkt abgeleiteten Kapitalmarktzinssatz ergeben (Gesamtkapitalkostenansatz).

Economies of Scale (engl., Größenvorteile), liegen vor, wenn bei gegebener → Produktionsfunktion Stückkosten mit steigendem Output sinken. E. sind der wesentliche Grund für Unternehmenskonzentrationen und → Fusionen, da mit zunehmender Größe des Betriebes oder eines Wirtschaftszweiges unteilbare Anlagen besser genutzt oder → Produktionsfaktoren billiger beschafft werden können. E. können auch negativ sein (diseconomies of scale), wenn die langfr. Stückkosten ab einem bestimmten Output (wieder) ansteigen. So können mit zunehmender Betriebsgröße erhöhte Kosten für Unternehmensführung und -kon-

Economies of Scope

trolle sowie Rechnungslegung entstehen. Daneben können Initiative und Eigeninteresse der Mitarbeiter zurückgehen (nachlassende → X-Effizienz). E. bilden ein Begriffspaar mit → Economies of Scope.

Economies of Scope, die volkswirtsch. Theorie besagt, dass die durchschnittlichen Gesamtkosten eines Unternehmens mit der Anzahl der produzierten Güter und Dienstleistungen sinken. E. sind vorhanden, wenn es für ein Unternehmen kostengünstiger ist, mehrere unterschiedliche Produkte zu erzeugen, als würde die Produktion von spezialisierten Unternehmen separat übernommen. Ein Unternehmen kann somit Ertragsvorteile erzielen, indem es die Produktion von mehreren Gütern kombiniert, da der Verbrauch an → Produktionsfaktoren (z. B. Material, Arbeitskräfte) sinkt. Bsp.: McDonalds produziert Hamburger und Pommes frittes zu niedrigeren Durchschnittskosten als würden diese beiden Produkte von zwei Unternehmen produziert. Der Grund dafür liegt in den geteilten Lagerkosten, Produktionskosten usw. für die beiden Produkte. → Economies of Scale.

ECU (European Currency Unit) → Europäisches Währungssystem (EWS).

Edgeworth-Box-Diagramm, graphisches Konzept der → Preistheorie, mit dessen Hilfe man erklärt, wann ein Tausch zwischen zwei Personen effizient ist. Die Nutzenniveaus zweier Personen A und B kann man anhand des E., in das die → Indifferenzkurven beider Personen eingezeichnet sind, graphisch darstellen.

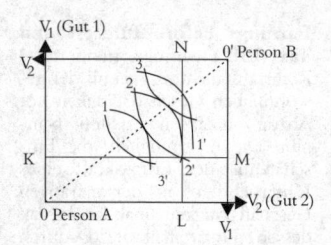

Im Punkt 0 ist der Nutzen von Person B und im Punkt 0' der von A am höchsten. Dazwischen liegen alle Güterverteilungen, die für beide Personen einen Nutzen generieren. Allerdings entsprechen nicht alle Punkte in dem Boxdiagramm dem → Pareto-Optimum, sondern lediglich die Tangentialpunkte der → Indifferenzkurven. Die Begründung erschließt sich anhand der Abb.: Verfügt A zu einem Zeitpunkt über 0K-Einheiten von Gut 1 und über 0L-Einheiten von Gut 2, und besitzt B von 1 die Menge 0'M und von 2 die Menge 0'N, kann der Nutzen von A durch Tausch erhöht werden, ohne dass B einen Nutzenverlust erfährt. Bewegt man sich im E. entlang der Indifferenzkurve 2' von Person B (Ausgangspunkt ist deren Schnittpunkt mit 2), bis der Berührungspunkt von 2' mit 3 erreicht ist, besagt das, dass A eine bestimmte Menge von Gut 2 (von dem er relativ viel besitzt und das daher einen geringeren → Grenznutzen stiftet) durch eine entsprechende Menge des begehrteren (da relativ knappen und mit einem höheren Grenznutzen behafteten) Gutes 1 substituiert. Er kann also seinen Gesamtnutzen durch Umstrukturierung seines Warenkorbes erhöhen (Übergang von Indifferenzkurve 2 auf 3), während B sein Nutzenniveau hält, weil in seiner individuellen Nutzenbetrachtung altes und neues Güterbündel gleichwertig sind (Verbleib auf Indifferenzkurve 2'). Analoges gilt für B bei unverändertem Nutzenniveau von A (Berührungspunkt von 2 und 3', d.h. Bewegung von 2' auf 3' bzw. Verbleib auf 2). Zwischen diesen beiden Tangentialpunkten liegen entlang der sog. Kontraktkurve 00' alle Tauschkombinationen, in denen A bzw. B. nur auf Kosten der jeweils anderen Person besser gestellt werden kann.

Edinburgh-Regel, von J.S. Mill geforderter Grundsatz der Besteuerungsneutralität (leave them as you find them-rule). Demnach soll sich die relative Finanzlage des Steuerpflichtigen durch die Abgabe nicht ändern. Die E. stößt in der Praxis auf Schwierigkeiten. → Opfertheorie.

EDV → Elektronische Datenverarbeitung.

EEA → Einheitliche Europäische Akte.

EEF → Europäischer Entwicklungsfonds.

Effekten, der Kapitalanlage dienende, im Bank- und Börsenverkehr gehandelte, durch rechtl. Gleichstellung vertretbar gemachte → Wertpapiere (Bspl.: → Aktien, → Pfandbriefe, Staatsanleihen und → Schuldverschreibungen von Körperschaften des öffentl. Rechts).

Effektivität, neben der → Effizienz in ihren unterschiedlichen Ausprägungen und der → Produktivität eine weitere Variante des ökonom. Prinzips bzw. der → Wirtschaftlichkeit. Die E. zeigt den Grad der Zielerreichung auf und ist somit in erster Linie eine Outputbetrachtung (Bsp.: Soll-Ist-Analyse).

Effektivlohn, der tatsächlich an den Arbeitnehmer entrichtete Lohn, bestehend aus → Tariflohn, Überstundenvergütung und Zuschlägen. Er kann in der Hochkonjunktur erheblich über dem ausgehandelten Tariflohn liegen, so dass eine → Lohndrift entsteht.

Effektivverzinsung → Rendite.

Effektivzoll, Theorie des, versucht, die tatsächliche Schutzwirkung von → Zöllen zu erklären, indem sie auch die Zollbelastung der Vorprodukte und nicht nur des importierten Endproduktes berücksichtigt. Ein wirklicher Schutz ist nur dann gewährleistet, wenn sich die Wertschöpfung der zu schützenden Branche nach der Zollbelastung gegenüber der früheren Wertschöpfung ohne Zollbelastung erhöht hat. → Protektionismus.

Effiziente Besteuerung, Theorie der (TEB), entwickelt von H.C. Recktenwald, angeregt durch A. Smiths vierte Besteuerungsmaxime. Versucht nicht nur, die → Zusatzlast einer Steuer (vgl. → Besteuerung, Theorie der optimalen (TOB)), sondern auch alle weiteren daraus folgenden Wohlfahrtsverluste im Markt und Staat zu minimieren. Die Abb. zeigt die sechs Arten solcher Wohlfahrtsverluste. Sie werden auch als öffentl. → Transaktionskosten oder Transferkosten bezeichnet, wobei die Steuer ein negativer Transfer ist. Das

Effiziente Besteuerung, Theorie der

Neue Analytik der Steuerwirkungen – Ressourcenverzehr und Wohlfahrtsverluste

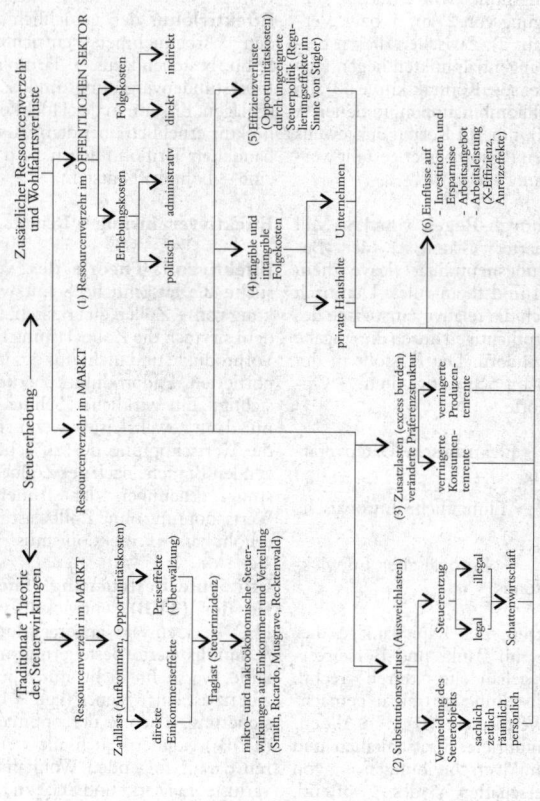

```
Traditionale Theorie          Steuererhebung          Zusätzlicher Ressourcenverzehr
der Steuerwirkungen                                   und Wohlfahrtsverluste

Ressourcenverzehr im MARKT    Ressourcenverzehr       (1) Ressourcenverzehr im
                              im MARKT                    ÖFFENTLICHEN SEKTOR

Zahllast (Aufkommen,                                  Erhebungskosten        Folgekosten
Opportunitätskosten)                                   ↙      ↘              ↙      ↘
  ↓                                                politisch administrativ  direkt  indirekt
direkte
Einkommenseffekte

Preiseffekte
(Überwälzung)

Traglast (Steuerinzidenz)
                                                      (4) tangible und
mikro- und makroökonomische Steuer-                   intangible Folgekosten
wirkungen auf Einkommen und Verteilung                ↙            ↘
(Smith, Ricardo, Musgrave, Recktenwald)           private Haushalte    Unternehmen

                                                      (5) Effizienzverluste
                                                      (Opportunitätskosten)
                                                      durch ungeeignete
                                                      Steuerpolitik (Regu-
                                                      lierungseffekte im
                                                      Sinne von Stigler)

                    (3) Zusatzlasten (excess burden)
                    veränderte Präferenzstruktur
                    ↙              ↘
            verringerte        verringerte
            Konsumenten-       Produzenten-
            rente              rente

                                                      (6) Einflüsse auf
                                                      – Investitionen und
                                                        Ersparnisse
                                                      – Arbeitsangebot
                                                      – Arbeitsleistung
                                                        (X-Effizienz,
                                                        Anreizeffekte)

(2) Substitutionsverlust (Ausweichlasten)
  ↙                        ↘
Vermeidung des          Steuerentzug         Schattenwirtschaft
Steuerobjekts           ↙        ↘
sachlich             legal      illegal
zeitlich
räumlich
persönlich
```

Quelle: K.-D. Grüske, Zur Bürokratieverlagerung im Steuerwesen, in: Das öffentliche Haushaltswesen in Österreich, Jg. 32 (1991), S. 44.

ökonom. und polit. Verbundprinzip (→ Verbundprinzip, ökonomisches und politisches) erweist sich dabei als wichtigstes Instrument zur Analyse und Sicherung der → Effizienz eines Steuersystems.

Effizienz, Maximierung des Outputs bei gegebenem Input oder Minimierung des Inputs bei gegebenem Output. Je nach Interpretation von Input, Output, Kosten und Nutzen gibt es verschiedene → Effizienzkriterien. (1) Produktionseffizienz: liegt im → Produktionsoptimum vor, das bei gegebener Ausstattung an Faktoren mit Hilfe der → Transformationskurve ausgedrückt wird. Es muss entweder jede in eine → Produktionsfunktion eingehende Kombination von Einsatzfaktoren den techn. höchsten Ertrag erzielen, oder alle Faktorkombinationen müssen den gleichen Ertrag erbringen. Werden Faktorpreise eingesetzt, so ist die Faktorkombination auf einer → Isoquante ökonom. effizient, welche die niedrigsten Kosten ergibt. Man spricht dann von der → Minimalkostenkombination. (2) Tauscheffizienz: liegt vor, wenn bei gegebener Gütermenge und deren Verteilung kein Individuum einen Wohlfahrtszuwachs erreichen kann, ohne dass ein anderes einen Verlust hinnehmen muss. Ein solches Tauschoptimum ist erreicht, wenn die → Grenzraten der Substitution der Individuen identisch sind. Besteht ein Produktions- und ein Tauschoptimum, in dem die → Grenzrate der Transformation mit der für alle gleichen Grenzrate der Substitution übereinstimmt, spricht man vom → Pareto-Optimum.

Effizienzkriterien, Beurteilungskriterien für die → Wirtschaftlichkeit von privaten und öffentl. Investitionen. E. sind: (1) Finanzielle → Effizienz: es werden nur projektbezogene Kosten und Nutzen als Ausgaben und Erlöse erfasst (→ Rentabilität). (2) Techn. Effizienz: es werden neben den direkten auch indirekte Nutzen und Kosten erfasst und über eine Maßeinheit ausgedrückt (Bsp.: Menge, Gewicht). (3) Ökonom. Effizienz: es werden direkte und indirekte Nutzen und Kosten erfasst und über → Schattenpreise ausgedrückt. (4) Soz. oder polit. Effizienz: es werden die Werte der Nutzen und Kosten polit. bestimmt (Bsp.: intangible Werte, Verteilungsgewichte). In der → Nutzen-Kosten-Analyse (NKA) dienen vier Methoden zur Operationalisierung der E.: (1) → Kapitalwertmethode, (2) → Annuitäten-Methode, (3) → Verhältnismethode und (4) → Methode des internen Zinsfußes.

Effizienzlohn-Theorie, nimmt an, dass die Arbeitsleistung eines Angestellten durch die Lohngestaltung vom Arbeitgeber variiert werden kann. Laut der E. zeigen Angestellte, die den Gleichgewichtslohn erhalten, kein Interesse, über das Minimum hinaus Leistung zu erbringen, weil sie jederzeit einen gleichwertigen Arbeitsplatz finden könnten. Ein Effizienzlohn geht über den Lohn des Vollbeschäftigungsgleichgewichtes hinaus und soll eine Erhöhung der → Arbeitsproduktivität, der → Produktivität und des Gewinns bewirken. Ein Arbeitnehmer, der einen Effizienzlohn erhält, wird mit geringerer Wahrscheinlichkeit den Arbeitsplatz wechseln als ein Arbeiter, der den Lohn im Vollbeschäftigungsgleichgewicht erhält.

EFRE → Europäischer Regionalfonds.

EFTA → European Free Trade Association.

EG → Europäische Gemeinschaft, → Europäische Union (EU).

EGKS → Europäische Gemeinschaft für Kohle und Stahl.

Ehegattenbesteuerung → Splitting, → Realsplittting.

Ehernes Lohngesetz, produktionskostenorientierte Lohntheorie nach D. Ricardo, nach dem die durchschnittlichen Löhne langfr. das → Existenzminimum nicht überschreiten können.

EIB → Europäische Investitionsbank.

Eigenbetrieb, Rechtsform eines → Öffentlichen Unternehmens. Der E. hat rechnungsmäßige, haushaltsrechtl. und personalwirtsch. Selbständigkeit, jedoch keine eigene Rechtspersönlichkeit. Urspr. wurde der größte Teil der gemeindlichen Verkehrs- und Versorgungsunternehmen in dieser Form geführt.

Eigene Aktien, Anteile aus Aktienrückkäufen im Bestand einer → Aktiengesellschaft (AG). Der Erwerb von E. ist in Deutschland nach § 71 AktG nur in bestimmten Ausnahmefällen zugelassen, u.a. zur Ausgabe von Belegschaftsaktien. Durch das → Gesetz zur Kontrolle und Transparenz im Unternehmensbereich (KonTraG) wurden die Regelungen für den Rückkauf von E. deutlich gelockert. Der Erwerb von E. erfordert die Bildung einer → Rücklage für E. aus dem Jahresüberschuss oder aus vorhandenen Gewinnrücklagen. Die Rücklage für E. hat somit Ausschüttungssperrfunktion, da der Wert der E. nicht an die Anteilseigner ausgeschüttet werden kann.

Eigeninteresse → Selbstinteresse.

Eigenkapital, im Gegensatz zum → Fremdkapital das vom Unternehmer oder den Gesellschaftern selbst im Unternehmen angelegte Kapital. Bei der → Aktiengesellschaft (AG) bildet das → Grundkapital das E. Der Eigenkaptialanteil stellt eine wichtige → Kennzahl im Bereich des → Controlling und der → Finanzierung dar.

Eigenkapitalrentabilität, betriebswirtsch. → Kennzahl, die den Periodenerfolg ins Verhältnis zum eingesetzten → Eigenkapital setzt. → Leverage-Effekt, → Return on Investment (ROI).

Eigentum, (1) juristischer Begriff nach dem BGB: die im Rahmen der gesetzl. Einschränkungen nach Belieben ausübbare Herrschaft einer Person über eine Sache. Das Recht auf Eigentum und sein Schutz vor jeder willkürlichen Enteignung sind Grundlagen einer freiheitlichen Rechtsordnung und allgemein als Menschen- oder Bürgerrechte anerkannt. Ihre philosophische Rechtfertigung geht auf Aristoteles und Thomas von Aquin zurück. (2) Ökonom. Begriff: im Gegensatz zum juristischen Begriff des Eigentums erfasst die ökonom.

Definition die Verfügung des Einzelnen oder einer Gruppe (öffentl. Eigentum) über knappe Güter. Dieser weite Begriff erstreckt sich mithin auf das Recht zum Besitz und zur Disposition im Sinne der → Theorie der Eigentumsrechte. Uneingeschränktes Eigentum erlaubt dem Eigentümer, ein Gut zu erwerben, es selbst zu verbrauchen oder zu nutzen und daraus Erträge zu erzielen oder es an andere zu vermieten, es zu veräußern, zu verändern und zu übertragen. Dieses Eigentumsrecht findet dort seine Grenzen, wo die Verfügung Dritte beeinträchtigt. Aus ökonom. Sicht ist ohne Eigentumsrechte insbes. eine subjektive Bewertung von Alternativen in Form der → Opportunitätskosten nicht möglich. → Eigentumsordnung

Eigentumsordnung, gesetzl. Ordnung der Eigentumsverhältnisse (→ Eigentum) in einem Staat. Zwischen E. und → Wirtschaftsordnung bestehen enge Beziehungen. So ist breit gestreutes Privateigentum bei Vertragsfreiheit und dessen Durchsetzbarkeit Grundvoraussetzung einer effizienten → Marktwirtschaft. Jeder Einzelne muss hier sein Eigentum erfolgsabhängig nutzen, es erhalten und pflegen, da er auch die volle Haftung für Fehldispositionen trägt. In einer → Planwirtschaft hingegen besteht Privateigentum nur in sehr begrenztem Maße, was dem Staat die Möglichkeit gibt, den Einsatz und die Verwendung von Gütern und Faktoren selbst zu bestimmen.

Eigentumsrechte → Theorie der Eigentumsrechte.

Eigenverbrauch, Ausdruck im Steuerwesen und in der → Volkswirtschaftlichen Gesamtrechnung (VGR) für im Unternehmen hergestellte und im Haushalt des Unternehmers verbrauchte Erzeugnisse. Seit 1999 auch unter dem juristischen Begriff Unentgeltliche Wertabgaben erfasst.

Einfuhr (Import), der gesamte Bezug von Waren, Dienstleistungen und Kapital aus dem Ausland. Die Waren- und Dienstleistungseinfuhr führt zu einem Abfluss von → Devisen ins Ausland und zu einer Passivierung der → Zahlungsbilanz. Hohe Einfuhren können zu → Unterbeschäftigung im Inland führen und in Zeiten der → Inflation durch Erhöhung des Angebots preisdämpfend wirken, falls nicht die → Ausfuhr diesen Effekt überkompensiert.

Einfuhrbeschränkungen (Importrestriktionen), zum Schutz der inländ. Industrien, zur Sicherung der inländ. Beschäftigung und zur Verbesserung der → Zahlungsbilanz eingeführte Handelsschranken (→ Protektionismus). Sie reichen von Schutzzöllen (→ Einfuhrzölle) über Einfuhrkontingente, Devisenbewirtschaftung bis zu einem völligen Importverbot. E. führen zu einem Verzicht auf die Vorteile internationaler → Arbeitsteilung.

Einfuhrumsatzsteuer, besondere Erhebungsform der → Umsatzsteuer, die Einfuhren aus Drittländern in die EU besteuert. Steuerpflichtig sind anders als bei der Umsatzsteuer Personen, nicht nur Unternehmen. → Bemessungsgrundlage ist der Zollwert einschl. Einfuhrabgaben, Zöllen und anderer Verbrauchsteuern außerhalb der

EU. Um die Mehrfachbelastung mit Umsatzsteuer zu vermeiden, ist ein → Vorsteuerabzug der E. möglich, sofern der Unternehmer die einfuhrumsatzsteuerpflichtige Ware für umsatzsteuerpflichtige Zwecke benötigt. → Bestimmungslandprinzip, → Ursprungslandprinzip, → Umsatzsteuer-Identifikationsnummer (USt-Idnr.)

Einfuhr- und Vorratsstelle (EVSt), Anstalt des öffentl. Rechts im Rahmen der Bundesanstalt für Landwirtschaft und Ernährung. Zweck der E. ist die Anpassung der niedrigeren Weltmarktpreise an die Inlandspreise für Agrarerzeugnisse. Die vom Importeur gezahlte Ausgleichsabgabe wird zum An- und Verkauf und zur Lagerung von Milch, Fetten, Vieh, Fleisch, Getreide, Futtermitteln und Zucker verwandt. Ziel dieser Abschöpfungspolitik (→ Abschöpfung) ist der Schutz inländ. Erzeuger.

Einfuhrzölle, Abgaben, die auf Einfuhren erhoben werden, um deren Umfang zu beschränken. Aufgaben der E. können sein: (1) Erzielung staatl. Einnahmen (→ Finanzzoll), (2) Abbau eines Fehlbetrags in der → Zahlungsbilanz und (3) Schutz und Förderung der inländ. Industrie. → Erziehungszölle.

Eingipfligkeit, der → Präferenzen liegt vor, wenn die Alternativen aller Gesellschaftsmitglieder so angeordnet werden können, dass die Präferenzordnung genau einen Gipfel vorweist. Bsp.: Drei Individuen A, B, C und drei Alternativen, x, y, z. Die drei Individuen weisen unterschiedliche Präferenzstrukturen gegenüber den Alternativen auf. Individuum A, $x > y > z$ (d.h. bevorzugt x gegenüber y und y gegenüber z). Individuum B, $z > y > x$, und Individuum C, $y > z > x$. Die folgende Graphik veranschaulicht diese Präferenzstruktur.

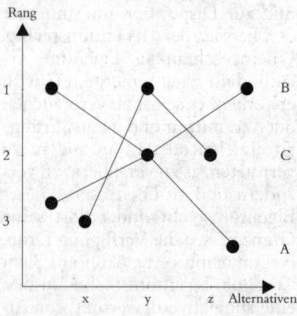

Aus dieser Graphik ist ersichtlich, dass jede Präferenzordnung nur einen Gipfel vorweist und somit eingipflig ist.

Einheitliche Europäische Akte (EEA), Änderungsbeschluss zu den Gründungsverträgen der → Europäischen Gemeinschaft (EG), der am 1. Juli 1987 in Kraft trat. Die E. bildet die Grundlage für die Vollendung des Binnenmarkts, da darin das Ziel festgeschrieben wurde, den freien Personen-, Waren-, Dienstleistungs- und Kapitalverkehr bis Ende 1992 im Gemeinschaftsgebiet zu verwirklichen. Mit den auf Basis der E. durchgeführten Rechtsangleichungen in den Mitgliedstaaten wurde der Weg für den → Europäischen Binnenmarkt im Vertrag von Maastricht geebnet. Des Weiteren wurden in der E. die Aufgabenbereiche der Gemeinschaft erweitert, dem Verfahren der Mehrheitsentscheidung neues Gewicht verliehen sowie ein gemeinsames außenpolit. Handeln der Mitgliedstaaten vereinbart.

Einheitsbilanz, einheitliche, als → Handelsbilanz und → Steuerbilanz zugleich gültige → Bilanz. Auf Grund der in Deutschland geltenden → Maßgeblichkeit der Handelsbilanz für die Steuerbilanz stimmen diese grundsätzlich überein, Abweichungen entstehen auf Grund spezieller steuerlicher Regelungen oder handelsrechtl. Aktivierungs- und Passivierungswahlrechte, für die im Steuerrecht eine Aktivierungspflicht bzw. ein Passivierungsverbot besteht. Der enge Zusammenhang zwischen Steuer- und Handelsbilanz führt in Deutschland dazu, dass beide meist auf gleiche Weise erstellt werden, wenn → Bewertungsgrundsätze oder die Grundsätze ordnungsmäßiger → Bilanzierung (GoBil) dem nicht entgegenstehen.

Einheitskurs → Kurs.

Einheitswert, nach dem Bewertungsgesetz (BewG) für die Bewertung von Grundbesitz und für inländ. Gewerbebetriebe zu ermittelnde → Bemessungsgrundlage für die → Einheitswertsteuern. Grundsätzlich ist der E. nach dem BewG alle sechs Jahre im Rahmen der Hauptfeststellung festzustellen, jedoch wurde diese letztmalig 1964 durchgeführt. Daher wird der E. um einen Zuschlag von 40 % erhöht. Ausnahme sind die → Erbschaftsteuern, bei deren Ermittlung kein Zuschlag erhoben wird. Die Wertermittlung von Grundbesitz wurde 1996 neu geregelt: Der Wert unbebauter Grundstücke wird durch Multiplikation der Grundflächen mit den Bodenrichtwerten berechnet, die von den Gutachtern der Gemeinden oder Landkreise 1996 festgestellt wurden. Die Bodenrichtwerte sind dabei um 20 % zu kürzen. Der Wert bebauter Grundstücke wird durch ein Ertragswertverfahren berechnet, wobei der berechnete Wert durchschnittlich der Hälfte des Verkehrswerts entspricht. → Fortschreibung.

Einheitswertsteuern, Steuern, bei deren Ermittlung → Einheitswerte festgesetzt werden. Dazu gehören u.a. die → Vermögensteuer, die → Grundsteuer, die → Gewerbesteuer und die → Erbschaftsteuer. Die Vermögensteuer wird derzeit nicht erhoben.

Einkommen, im Gegensatz zum → Vermögen der Strom von Gütern und Dienstleistungen oder der entsprechende Geldbetrag, der einer Person oder einem Unternehmen in einer Periode zufließt entweder als Entgelt für den Beitrag zur volkswirtsch. Wertschöpfung oder als Übertragung ohne Gegenleistung. Das Geld kann entweder zum Ankauf von Gütern für den unmittelbaren Verbrauch oder zur Vermögensbildung verwendet werden. Zu unterscheiden sind verschiedene Einkommensbegriffe: (1) Mikroökonom. E.: nach den Quellen des E. systematisiert man Lohn-, Besitz- und Gewinneinkommen. Das auf Besitz beruhende E. zerfällt in Kapital- (Zins) und Renteneinkommen i.e.S. (→ Rente); (2) Makroökonom. E.: → Volkseinkommen; (3) Steuerrechtl. E.: → Einkommensbesteuerung, → Einkommensteuer, → Einkünfte, steuerliche; (4) Finanzwissenschaftl. E.: verschiedene Untergliederungen entstehen je nach Umfang der aggregierten monetären und realen Einkommenselemente sowie nach

Berücksichtigung der Haushaltsgröße (→ Äquivalenzeinkommen).

Einkommen-Hypothese, absolute, zentrales Element der Beschäftigungstheorie von J.M. Keynes (→ Keynesianische Theorie). Die E. ist eine sog. Konsumhypothese, die besagt, die gesamtwirtsch. Konsumnachfrage hänge unmittelbar vom Volkseinkommen ab. Die E. vermutet einen engen Kausalzusammenhang zwischen laufenden Einkünften und Ausgaben. Sie steht in direktem Gegensatz zur von M. Friedman entwickelten → Permanent Income Hypothesis, die der monetaristischen Theorie zugrunde liegt (→ Monetaristen).

Einkommensbedingte Inflation → Inflation, → Kosteninflation.

Einkommensbesteuerung, grundlegende Besteuerungsweise für → Einkommen von Personen bzw. Haushalten, welche deren individuelle Lebensverhältnisse berücksichtigt sowie das → Leistungsfähigkeitsprinzip und die → Verbrauchsteuern. Umstritten ist, welches Einkommen Bemessungsgrundlage ist. Der einkommensteuerrechtl. Begriff beruht auf der Quellen- sowie der Reinvermögens-Zuwachstheorie. Für erstere sind Einkommen nur jene Einkünfte, die regelmäßig fließen, während letztere den Zugang von Reinvermögen, gleich welcher Art und wie oft es anfällt, als Einkommen versteht. Die E. wirft eine Reihe praktische Probleme auf, wie die Bestimmung des → Existenzminimums (Freibetrag), die sinnvolle Abgrenzung der sieben Einkommensarten, die sehr aufwändige Veranlagung, Erhebung und Kontrolle und die Wirkung der E. auf Nachfrage, Faktoreinsatz und Umverteilung. Die Folgen hängen eng mit dem angewandten → Steuertarif zusammen. Mit der Ausgestaltung der E. sind meist distributive Ziele verbunden, die in die → Steuerprogression münden. Jedoch wird die → Umverteilung der Einkommen via Progression durch die regressiv wirkenden → indirekten Steuern in Deutschland weitgehend ausgeglichen, so dass das Steuersystem insgesamt proportional belastet. → Budgetinzidenz, → Einkommensteuer, → Einkünfte, steuerliche.

Einkommenseffekt, Teileffekt der → Slutsky-Gleichung, der die Reaktion eines Individuums auf die Preisänderung eines Gutes beschreibt. Dabei ist die Richtung des E. immer vorbestimmt: erhöht sich der Preis eines Gutes, geht die Nachfrage nach demselben auf Grund des E. zurück. Analog steigt die Nachfrage bei sinkendem Preis. Der E. ist darauf zurückzuführen, dass eine Preisänderung auf ein Individuum analog einer Einkommensänderung wirkt, während der → Substitutionseffekt, dessen Richtung nicht vorbestimmt ist, auf das veränderte Preisverhältnis zurückgeht.

Einkommenselastizität → Elastizität.

Einkommensgeschwindigkeit (des Geldes), Verhältnis des Volkseinkommens einer Periode zu der im Besitz von Haushalten und Unternehmen befindlichen → Geldmenge.

Einkommenskreislauf, Teil des gesamtwirtsch. Kreislaufs in der → Volkswirtschaftlichen Gesamtrechnung (VGR), der die Einkommensentstehung, -verteilung und -verwendung verbindet.

Einkommenspolitik, Gesamtheit von Maßnahmen des Staats, der → Gewerkschaften und anderer Institutionen (z.B. Arbeitgeberverbände) mit dem Ziel, die → Primärverteilung der Einkommen in eine gesellschaftlich erwünschte Richtung zu ändern. (1) Staatl. E. umfasst im Wesentl. das gesamte System der → Sozialen Sicherheit, jedoch zählt auch die Verteilung → öffentlicher Güter zur E. (→ Budgetinzidenz). Die staatl. E. schließt ferner die Wettbewerbs- und Antiinflationspolitik ein (z.B. Lohn- und Preiskontrollen, Leitlinien, Appelle oder freiwillige Kooperation mit den Sozialpartnern). (2) Gewerkschaftl. E. orientiert sich traditionell an der funktionalen → Einkommensverteilung und ist daher bestrebt, den Anteil der Arbeitseinkünfte am Volkseinkommen (→ Lohnquote) zu Lasten der Gewinne und Vermögenserträge (→ Gewinnquote) zu erhöhen. Problematisch dabei ist die sehr hohe Intra-Gruppen-Ungleichheit der Einkommen von unselbständigen Lohnempfängern sowie die ausgeprägte → Querverteilung der Einkommen. (3) Andere Institutionen betreiben E. durch Kooperation mit der Regierung im Rahmen des sog. Sozialen Dialogs bzw. der → Konzertierten Aktion.

Einkommensteuer, Besteuerung des Einkommens natürlicher Personen nach dem EStG, wobei die

Grenz- und Durchschnittssteuerbelastung T2002/T2005

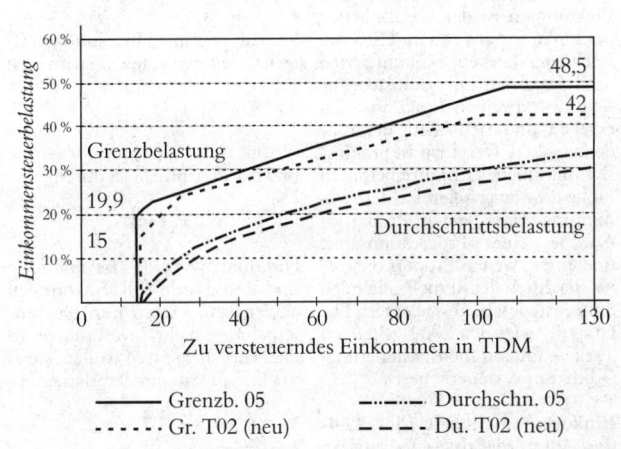

— Grenzb. 05   ⋯⋯ Durchschn. 05
- - - - Gr. T02 (neu)   — — — Du. T02 (neu)

Quelle: http://www.bundesfinanzministerium.de/Anlage10295/Dokumentation.pdf vom 23.01.2003.

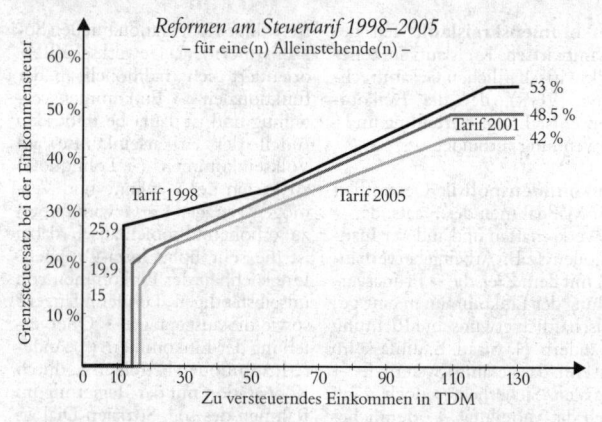

Reformen am Steuertarif 1998–2005
– für eine(n) Alleinstehende(n) –

Grenzsteuersatz bei der Einkommensteuer

Tarif 1998: 25,9 ... 53 %
Tarif 2001: 19,9 ... 48,5 %
Tarif 2005: 15 ... 42 %

Zu versteuerndes Einkommen in TDM

Quelle: BMF, Steuerreform 2000 – Dokumentation, Berlin, August 2000, S. 44.
(http://www.bundesfinanzministerium.de/Steuerreform-2000-Dokumentation-.471.htm)

steuerliche Leistungsfähigkeit der Steuerpflichtigen berücksichtigt wird. Das → Einkommen der juristischen Personen wird dagegen von der → Körperschaftsteuer erfasst. Einkommen ist der Gesamtbetrag der Einkünfte aus den im EStG bezeichneten sieben Einkunftsarten nach Ausgleich mit Verlusten, die sich aus einzelnen Einkunftsarten ergeben, und nach Abzug der Sonderausgaben. Der Tarif ist progressiv, mit einem Grundfreibetrag in Höhe des steuerfreien Existenzminimums, einer ersten Proportionalzone, einer Progressionszone und einer zweiten Proportionalzone, die durch den aktuell geltenden Spitzensteuersatz festgelegt ist. Die Graphik zeigt den 2002 geltenden Tarif. → Einkommensbesteuerung, → Einkünfte, steuerliche.

Einkommenstheorie des Geldes, Ansatz, der das → Preisniveau durch die gesamtwirtsch. Nachfrage (→ Aggregierte Nachfrage) er-klärt und damit über die Geldtheorie hinausgreift. Nach der E. gelten folgende Zusammenhänge:

$$P_Y = \frac{Y}{Y_R} + \frac{I-S}{Y_R}$$

Sind die geplanten Investitionen (I) gleich den geplanten Ersparnissen (S), wird

$$\frac{I-S}{Y_R} = 0$$

und das Preisniveau ist durch

$$P_Y = \frac{Y}{Y_R}$$

bestimmt, wobei Y das nominale und Y_R das reale Volkseinkommen ausdrücken. Planen nun die Unternehmen mehr Investitionen als die Haushalte sparen wollen, steigt das Preisniveau um den Betrag

$$\frac{I-S}{Y_R}$$

wenn die zusätzlichen Ausgaben nicht auf freie Kapazitäten stoßen und so das reale Volkseinkommen erhöhen. → Inflation.

Einkommensumverteilung (sekundäre Einkommensverteilung), Korrektur der Primärverteilung des Marktes durch den Staat mit Hilfe von → Steuern, Transfers und der Bereitstellung → öffentlicher Güter. Die E. kann sich auch auf die funktionale, regionale, zeitliche, soziologische und sektorale → Einkommensverteilung beziehen. Die Effekte der staatl. → Umverteilung können u.a. anhand der → Budgetinzidenz gemessen werden.

Einkommens- und Verbrauchsstichprobe, neben den laufenden Wirtschaftsrechnungen das wichtigste Instrument der amtlichen → Statistik in Deutschland zur Untersuchung der wirtsch. Situation privater Haushalte. Die E. ist eine Haushaltsstichprobe, d. h. Stichprobenelement und Erhebungseinheit ist der jeweilige Haushalt. Erhebungsmerkmale sind alle Einnahmen und Ausgaben der Haushalte einschl. der Einnahmen aus der Auflösung von Vermögen und der Aufnahme von Krediten sowie der Ausgaben für die Bildung von Vermögen und die Rückzahlung von Schulden. Damit können die Zusammensetzung des Haushaltseinkommens, die Struktur und Höhe der Aufwendungen für den privaten Verbrauch und der sonstigen Ausgaben sowie die Ersparnisbildung im Detail nachgewiesen werden. Die Haushalte werden von den Statistischen Ämtern der Länder geworben; die Teilnahme an der Erhebung ist freiwillig. E. werden in fünfjähriger Abfolge durchgeführt, letztmalig 2003. Seit der Erhebung im Jahr 1993 sind auch die neuen Bundesländer und Ausländerhaushalte in das Programm mit einbezogen.

Einkommensverteilung, Verteilung des Volkseinkommens auf die am gesamtwirtsch. Produktionsprozess beteiligten Wirtschaftssubjekte. Dabei werden zwei grundlegende Konzepte unterschieden: (1) Die funktionale E. misst die Anteile von Löhnen und Gewinnen am Volkseinkommen (→ Gewinnquote, → Lohnquote). (2) Die personale E. drückt aus, wie sich die → Einkommen auf verschiedene Einkommensklassen aufteilen. Eine Ungleichheit der E. lässt sich insbes. auf Unterschiede in Fähigkeiten, schulischer und beruflicher Ausbildung, Erwerbstätigkeit und Vermögen zurückführen. In die nach Abschluss der marktlichen Prozesse entstandene → Primärverteilung greift die → Umverteilung von Einkommen korrigierend ein. Der Umverteilungsprozess kann u. a. mit dem Instrument der → Budgetinzidenz analysiert werden. → Verteilungstheorie.

Einkommensverwendung, → Volkswirtschaftliche Gesamtrechnung (VGR).

Einkünfte, steuerliche, zu versteuerndes Einkommen, das sich gemäß dem Einkommensteuergesetz (EstG) aus sieben Einkunftsarten ergibt: (1) Einkünfte aus Land- und Forstwirtschaft, (2) aus Gewerbebetrieb, (3) aus selbständiger Arbeit, (4) aus nichtselbständiger Arbeit, (5) aus Kapitalvermögen, (6) aus Vermietung und Verpachtung, (7) sonstige Einkünfte. Einkünfte, die dort nicht genannt sind, werden zur → Einkommensteuer

Einlage

nicht herangezogen, z. B. Schenkungen, Lotteriegewinne. → Einkommensbesteuerung.

Einlage, (1) Privateinlage: die Einbringung bisher betriebsfremder Vermögensteile durch den Betriebseigentümer aus seinem Privatvermögen in den Betrieb. Gegenstück: → Entnahme. (2) → Depositen.

Einlagefazilität → Fazilität.

Einlagengeschäft → Depositengeschäft.

Einlagenfinanzierung (Beteiligunsfinanzierung), bestimmte Formen der → Außenfinanzierung. Einem Unternehmen wird entweder durch Aufnahme neuer Gesellschafter oder durch die Aufstockung der Beteiligung der Miteigentümer von außen zusätzliches → Eigenkapital durch Einlagen (→ Personengesellschaft) oder den Erwerb von Anteilen (→ Kapitalgesellschaft) zugeführt.

Einlagensicherung, Einrichtung zum Schutz der → Gläubiger vor dem Verlust ihrer → Einlagen oder sonstiger → Forderungen, indem ein Garantie- oder Stützungsfonds Verbindlichkeiten von zusammenbrechenden → Banken übernimmt oder deren Bestand garantiert. Die E. ergänzt die → Bankenaufsicht, welche die bankgeschäftlichen Risiken begrenzt (indirekte E.). In Deutschland übernehmen überwiegend Bankenverbände die E.: im privaten Bankgewerbe greift der Einlagensicherungsfonds des Bundesverbands deutscher Banken, der eine Mitgliedschaft jedoch an die Einhaltung buchhalterischer Grundsätze knüpft. Im Genossenschaftssektor leistet neben einem Garantiefonds ein Garantieverbund subsidiär kurzfr. Liquiditätsunterstützung; der Sparkassensektor hat in regionalen Sparkassenstützungsfonds seine vorherrschende Sicherungseinrichtung.

Einmanngesellschaft, → Kapitalgesellschaft, bei der alle Geschäftsanteile in einer Hand vereinigt sind, was in erster Linie bei der → Gesellschaft mit beschränkter Haftung (GmbH) vorkommt. Im Gegensatz zum → Einzelkaufmann haften die Gesellschafter einer GmbH nur mit dem angelegten Vermögen, was einen wesentlichen Vorteil der E. ausmacht.

Einnahmenverteilung, vertikale, bei Durchführung eines → Finanzausgleichs stellt sich die Frage der Gestaltung der E. auf die → Gebietskörperschaften. Zu unterscheiden ist dabei grundsätzlich zwischen Ertrags-, Gesetzgebungs- oder Objekthoheit und der Verwaltungshoheit. Dabei werden folgende Systeme angewendet: (1) das Trennsystem (jede Körperschaft erhebt eigene Steuern; (2) das gebundene Trennsystem (ein Steuerobjekt kann nur durch eine Körperschaft belastet werden); (3) das konkurrierende Trennsystem (mehrere Körperschaften dürfen ein Steuerobjekt heranziehen) und (4) das Verbundsystem (mehrere Körperschaften sind mit festen oder veränderlichen Quoten an derselben Abgabe beteiligt, z.B. in Deutschland an der Einkommensteuer) (→ Steuerverbund). Der deutsche Finanzausgleich ist als Mischsystem organisiert, d. h. die Gebietskörperschaften erhalten sowohl eigene Einnahmen als auch Mittel der übergeordneten Instanzen.

Einrede → Verjährung.

Einstandspreis, Summe aus Einkaufs- bzw. Rechnungspreis und Bezugskosten.

Einzelhandel, an den Endverbraucher verkaufender Handel. Gegenüber dem kleinbetriebl. Spezialhandel haben die Formen des großbetriebl. auf Massenartikel und Massenabsatz eingestellten E. (Supermärkte, Versandhäuser, Warenhäuser) immer mehr an Bedeutung gewonnen. → Absatzträger.

Einzelkaufmann, Unternehmensform, die von einem einzelnen → Kaufmann betrieben wird. Gegenstück sind → Gesellschaften. Der Geschäftsbetrieb unterliegt der → Einkommensteuer sowie → Gewerbesteuer und → Umsatzsteuer.

Einziehung, (1) strafrechtl. Enteignung von Gegenständen durch den Staat, mit denen eine strafbare Handlung begangen wurde oder werden sollte; (2) steuerrechtl. Enteignung von Gegenständen, die in einem nicht angemeldeten Herstellungsbetrieb (z. B. Schwarzbrennerei) produziert wurden oder im Handel ohne eine den steuerrechtl. Vorschriften entsprechende Verpackung, Bezeichnung usw. angetroffen werden. Ferner einfuhrzollpflichtige Waren, die ein Aufsichtsbeamter im Zollgrenzbereich findet, wenn sie nicht → Freigut sind.

Elastizität, Ausdruck für die prozentuale Änderung einer wirtsch. Größe bei einprozentiger Veränderung einer anderen. Beispiele sind die → Preiselastizität der Nachfrage, die Einkommenselastizität der Nachfrage, die → Kreuz-Preis-Elastizität oder die → Substitutionselastizität.

Elastizitätsansatz, Zahlungsbilanztheorie, die erklärt, wie eine → Abwertung bei unverändertem Sozialprodukt über Preisänderungen Angebot und Nachfrage beeinflusst. Dabei hängen die Wirkungen auf die → Leistungsbilanz von den → Elastizitäten der in- und ausländ. Nachfrage und des Angebotes ab. → Absorptionstheorie.

Electronic Business (engl., elektronischer Geschäftsverkehr), Einsatz von vernetzten Informations- und Kommunikationstechnologien zur Unterstützung und Abwicklung geschäftlicher Transaktionen. E. gilt als ein Erfolgsrezept zur Kostenreduktion, Prozessbeschleunigung, Qualitätssteigerung und Erschließung neuer Märkte. E. bedeutet neue, vernetzte Anwendungslösungen und bestmöglicher Einsatz von innovativen Technologien zur Unterstützung des Handels mit Produkten und Dienstleistungen. → Electronic Commerce.

Electronic Commerce (engl.), Handel von Gütern und Dienstleistungen über Computernetzwerke inbes. das → Internet. Anfangs beschränkte sich E. weitgehend auf Produkte, die in unmittelbarem Zusammenhang mit der spezifischen Internet-Nutzergruppe standen (v. a. Soft- und Hardware), mittlerweile hat sich E. jedoch auf alle Handelssparten ausgedehnt (→ New Economy). Produkte, die ein-

Elektronische Datenverarbeitung

deutig spezifiziert und wenig beratungsintensiv sind, bei denen kein Qualitätsunterschied zwischen verschiedenen Vertriebsformen zu erwarten ist und die keinen Zusatzservice erforderlich machen (z. B. Bücher, CDs) profitieren stärker vom E. Ein Hemmnis für die Verbreitung elektronischen Handels stellt nach wie vor die Rechtsunsicherheit bezüglich des Verbraucherschutzes dar. Weitere Probleme, wie die Handhabung international unterschiedlicher Strafrechtsvorgaben oder intellektueller Urheberrechte (→ Intellectual Property Rights), sind ebenso noch weitgehend ungeklärt. → B2B, → B2C, → Elektronische Signatur.

Elektronische Datenverarbeitung (EDV), Erfassen, Sortieren, und Verknüpfen von Daten durch logische und arithmetische Operationen mit Hilfe eines Computers. EDV ist eine Hauptaufgabe der → Informatik. → Integrierte Datenverarbeitung.

Elektronische Signatur, exakt individuell zuordenbare Kennzeichnung digitaler Daten. Sie wird unter Einsatz math. Verfahren mit Hilfe eines privaten kryptographischen Schlüssels erzeugt. Mit Hilfe des dazugehörigen öffentl. Schlüssels kann die Signatur jederzeit überprüft und damit der Signaturschlüssel-Inhaber und die Unverfälschtheit der Daten festgestellt werden. Die E. spielt eine wichtige Rolle bei Finanzdienstleistern im → Internet (→ Direktbanken, → Discount Broker) sowie im übrigen Electronic Commerce.

Emanzipationsthese, Behauptung (nach Galbraith) hinsichtlich des Verhältnisses zwischen Anteilseignern und Unternehmensleitung. Nach der E. verdrängen die Manager als → Unternehmer immer mehr die Kapitaleigner als Besitzunternehmer.

Embargo (span.), (1) im Seeverkehr die Beschlagnahmung von Schiffen samt Ladung. (2) Ausfuhrverbot; im Frieden als Vergeltungsmaßnahme für Rechtsverletzungen durch fremde Staaten angewandt. Dabei beschränkt sich das E. häufig auf wichtige Einzelgüter (z.B. Waffen oder Rohstoffe).

Emission (lat., Aussendung, Ausgabe), (1) Angebot und Unterbringung von Aktien oder Schuldverschreibungen beim Publikum. Banken oder Makler dienen bei der Einführung der Wertpapiere an der → Börse üblicherweise als Intermediär, entweder durch den Verkauf für Rechnung des Emittenten (→ Kommissionär) oder durch Übernahme der Wertpapiere und Weiterverkauf zu einem höheren → Kurs (Emissionskurs). Die Zulassung von Wertpapieren zum Börsenhandel ist von Vorschriften abhängig, die im Börsengesetz und in Börsenordnungen niedergelegt sind (→ Emissionsgeschäft, → Initial Public Offering). (2) Luftverunreinigungen (Gase, Stäube), Geräusche, Erschütterungen, Strahlen oder Wärme (z. B. Abwärme von Kühltürmen), die von einer (ortsfesten oder beweglichen) Anlage oder von Produkten an die Umweltmedien abgegeben werden. → Immission, → Immissionsschutzgesetz (BImSchG).

Emissionsgeschäft, gewerbsmäßige Übernahme und Unterbringung von Wertpapieren durch Banken. Selten halten die Gründer einer → Aktiengesellschaft (AG) die Aktien vollständig in ihrem Besitz oder wenden sich direkt an das Publikum. I.d.R. versichern sie sich der Hilfe einer auf die Emission spezialisierten Bank. Zur Ausführung der → Emission schließen sich meist mehrere Banken zu einem Bankenkonsortium in der Form einer Gelegenheitsgesellschaft (§§ 705ff. BGB) zusammen. I.d.R. wird die Bank die Aktien gegen einen festen → Kurs übernehmen (Konsortialkurs) und sie dann im eigenen Namen sowie für eigene Rechnung über das → Bookbuilding-Verfahren verkaufen. Sie trägt damit das Risiko, unter Umständen bei der Platzierung der Wertpapiere nicht diesen Kurs zu erzielen. → Konsortialgeschäft, → Initial Public Offering.

Emissionsnormen, Grenzwerte für den Schadstoffausstoß beim Betrieb von Anlagen, die nicht überschritten werden dürfen.

Empirie (griech.), Erfahrung bzw. auf Beobachtung und Erfahrung begründete Erkenntnisse. → Empirische Wirtschaftsforschung.

Empirische Wirtschaftsforschung, Forschungszweig der Wiwi., der theoret. Aussagen empirisch umsetzt, aber auch die Wirksamkeit wirtsch.polit. Maßnahmen analysiert. Die E. bereitet Daten auf, sucht nach empirisch gehaltvollen Indikatoren und wendet die → Input-Output-Analyse und Modelle der → Ökonometrie an, um makroökonomische → Prognosen zu begründen und zu überprüfen sowie sektorale Zusammenhänge zu erklären. → Wissenschaftstheorie.

Empirismus, Denkrichtung in der → Wissenschaftstheorie, die ausschl. in der Erfahrung die Grundlage für die Gewinnung von Erkenntnissen und Einsichten sieht.

Endogene Variable, erklärte oder abhängige Größe in theoret. oder ökonometrischen → Modellen, deren Wert anhand der → exogenen Variablen determiniert wird.

Endogene Wachstumstheorie → Wachstumstheorie.

Endprodukte, Güter oder Dienste, die zum Endverbrauch bzw. Konsum (→ Verbrauch) bestimmt sind, also nicht zum Wiederverkauf oder für weitere Ver- und Bearbeitung.

Energiepolitik, polit. Maßnahmen zur Sicherung einer möglichst nachhaltigen Energieversorgung, die kurz- und langfr. die Entwicklung des Angebots und der Nachfrage marktkonform beeinflussen. Die Notwendigkeit für E. ergibt sich aus dem techn. wie wirtsch. bedingten geringen Wettbewerb, der Erschöpfung der → Ressourcen an spaltbaren und fossilen Energieträgern, dem rapide steigenden Energiebedarf und den negativen Auswirkungen von Energieerzeugungsverfahren auf die Umwelt. Die Maßnahmen richten sich darauf, erneuerbare Energiequellen weiter zu erschließen, Energiesparen techn. und finanziell zu fördern und den Wirkungsgrad bei der Umwandlung und im Verbrauch von Energie zu steigern. In Deutschland wurde 2002 der Ausstieg aus der atomaren Energiegewinnung beschlossen.

Energieversorgung, erfasst die Gewinnung von Primärenergie (Kohle, Holz, Mineralöl, Naturgas, Sonnen- und Windenergie), deren Umwandlung in Sekundärenergie (wie Strom, Koks, Heizöle, Treibstoffe), die Lagerung, Verteilung und den Transport von Energie und schließlich die Umwandlung in Nutzenergie durch Haushalte und Betriebe (Kraft, Licht, Wärme).

Energiewirtschaft, Sektor, der alle Betriebe umfasst, welche die wirtsch. Ausnutzung von Energiequellen betreiben. Die besonderen Rahmenbedingungen und die volkswirtsch. Bedeutung der E. machen eine staatl. → Energiepolitik nötig.

Engel-Schwabesches Gesetz, empirische Feststellung durch Engel und Schwab, nach der bei steigendem Einkommen die Ausgaben für Lebenshaltung zwar steigen, ihr Anteil an den Gesamtausgaben jedoch fällt. Nach dem E. hat die Einkommenselastizität (→ Elastizität) der Nachfrage einen Wert zwischen null und eins.

Engpass (engl., bottleneck), Bezeichnung für eine wirtsch. Lage, in der in einem Wirtschaftszweig das Angebot die Nachfrage auf kurze oder mittlere Sicht nicht mehr decken kann, so dass es zu einem Preisanstieg kommt. In der → Beschäftigungstheorie von Keynes zeigen E. als Disproportionalitäten an, dass eine allgemeine Vollbeschäftigung bald erreicht ist. Auch in der → Wachstumstheorie spielen E. (etwa auf dem Arbeits- oder Kapitalmarkt) eine Rolle. Im Betrieb bestimmt der E. in einem Produktionsschritt als kleinste Kapazität die Outputmenge pro Zeiteinheit.

Enquete, Untersuchungsverfahren, das sich im Gegensatz zur Gesamterhebung auf die schriftliche Befragung oder mündliche Vernehmung von → Sachverständigen, Fachleuten usw. beschränkt, um auf diese Weise ein zutreffendes Bild über soz. und wirtsch. Tatbestände sowie deren Zusammenhänge zu gewinnen.

Entgeltabgaben, → Gebühren und → Beiträge, denen, im Gegensatz zu → Steuern, eine spezielle Leistung des Staates gegenübersteht. E. entsprechen dem → Äquivalenzprinzip.

Entnahme (Privatentnahme), bisher zum Vermögen des Betriebes gehörendes Wirtschaftsgut, das durch den Betriebseigentümer zu privaten Zwecken entnommen wird. Gegenstück: → Einlage.

Entschädigungsfonds → Neben- und Sonderhaushalte.

Entscheidungsmatrix, Darstellungsform für Entscheidungssituationen, die in der → Entscheidungstheorie eingesetzt wird. Die E. wird aus der → Ergebnismatrix entwickelt, indem die Ergebnisse e_{ij} mit der → Nutzenfunktion des Entscheidungsträgers gewichtet werden, d.h. jedem Ergebnis e_{ij} wird genau ein Nutzenwert $U_{ij} = f(e_{ij})$ zugeordnet. Zur Auswahl der optimalen Handlungsmöglichkeit wird auf die E. eine → Entscheidungsregel angewendet.

Instrument zum Angebot und zur Finanzierung öffentlicher Güter
$A\ (öG) = A\ (W, PP, R, P, V, K, L, B, M, I)$

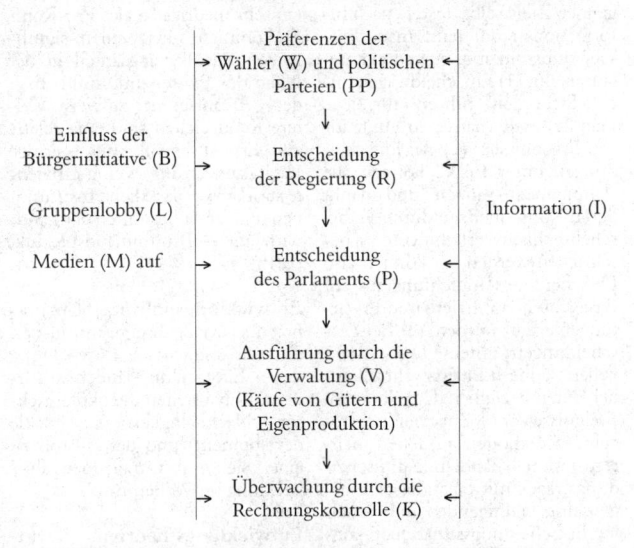

```
                    Präferenzen der
              → Wähler (W) und politischen ←
                    Parteien (PP)
                          ↓
Einfluss der
Bürgerinitiative (B) →  Entscheidung        ←
                        der Regierung (R)
                              ↓
Gruppenlobby (L)                              Information (I)

Medien (M) auf  →   Entscheidung             ←
                    des Parlaments (P)
                          ↓
                    Ausführung durch die
                →   Verwaltung (V)           ←
                    (Käufe von Gütern und
                    Eigenproduktion)
                          ↓
                →   Überwachung durch die    ←
                    Rechnungskontrolle (K)
```

Entscheidungsprozess, politischer, Verfahren, in dem über das Angebot → öffentlicher Güter bzw. über die → Staatsausgaben entschieden wird und in dem gleichzeitig Höhe und Struktur der staatl. Einnahmen festgelegt werden. Die Abb. zeigt die Beteiligten und den vereinfachten Ablauf dieses Prozesses in einer parlamentarischen Demokratie.

Entscheidungsregel, Entscheidungshilfe, die im Rahmen der präskriptiven → Entscheidungstheorie verwendet wird. Die E. unterstützt den Entscheidungsträger, die optimale Alternative im Hinblick auf sein Ziel zu bestimmen. Man unterscheidet folgende E.: (1) Entscheidung bei Sicherheit, d.h. alle relevanten Umweltzustände sind bekannt (→ Lineare Programmierung). (2) Entscheidung bei Risiko, d.h. den Umweltzuständen z_j können Eintrittswahrscheinlichkeiten p_j zugeordnet werden (→ Bayes-Regel, → Laplace-Regel). (3) Entscheidung bei Ungewissheit, d.h. die Eintrittswahrscheinlichkeiten p_j sind nicht bekannt (→ Wald-Regel, → Savage-Niehans-Regel, → Hurwicz-Regel).

Entscheidungstheorie, Theorie des (ökonom.) Entscheidungsverhaltens mit dem Zweck einer zielgerichteten Auswahl aus verschiedenen Handlungsalternativen. Die deskriptive E. erklärt Ablauf und Ergebnis von Entscheidungsprozessen. Die normative E. gibt Empfehlungen, wie der Entscheidungsprozess gestaltet werden soll, bezieht sich dabei auf ein bekanntes Zielsystem oder legt die zu verfolgenden Ziele selbst fest. Je nach Informationsstand teilt man Entscheidungssituationen in drei Kategorien ein: (1) Entscheidungen unter Sicherheit führen für jede Handlungsalternative zu eindeutigen Ergebnissen. (2) Bei Entscheidungen unter Risiko können alle Rahmenbedingungen und damit deren Konsequenzen durch Wahrscheinlichkeitsverteilungen beschrieben werden. Es können also Entscheidungsempfehlungen auf Basis von quantifizierbaren Erwartungen erteilt werden. (3) Bei Entscheidungen unter Ungewissheit liegen keine Eintrittswahrscheinlichkeiten bezüglich der relevanten Ereignisse vor (→ Entscheidungsregeln). Situationen, in denen mehrere rational handelnde Entscheidungsträger mit einander sich gegenseitig bedingenden individuellen Entscheidungssituationen konfrontiert sind, werden im Rahmen der → Spieltheorie untersucht. → Eingipfligkeit, → Entscheidungsmatrix.

Entwicklungshilfe, öffentl. und private (Real-)Transfers an → Entwicklungsländer ohne Gegenleistung oder zu Vorzugskonditionen. Die öffentl. E. erfolgt entweder direkt von Regierung an Regierung (bilateral) oder indirekt über die → Europäische Union (EU), die → Weltbank oder die → Vereinten Nationen (multilateral). Nach einem Forderungskatalog der Vereinten Nationen soll zum einen das öffentl. Budget für E. 0,7 % und zum anderen die gesamten Nettoleistungen (einschl. der privaten E.) 1 % des → Bruttoinlandsprodukts (BIP) erreichen.

Entwicklungsland, Staat, der im Vergleich zu entwickelten Ländern ein sehr niedriges reales Pro-Kopf-Einkommen sowie einen signifikanten Bevölkerungsanteil in der Nähe des Existenzminimum bzw. der → Armutsgrenze aufweist. Weitere Kennzeichen sind eine relativ zur Erwerbsbevölkerung geringe Kapitalausstattung, wenig effiziente staatl. bzw. marktliche Institutionen und ein hoher Anteil der Landwirt. am → Bruttoinlandsprodukt (BIP).

Entwicklungspolitik, Gesamtheit aller Maßnahmen, um insbes. die polit. und wirtsch. Entwicklung der → Entwicklungsländer zu fördern. Dabei stehen die ökologisch-soz. Nachhaltigkeit (sustainable development) und der Anstoß zu einer sich selbst tragenden Entwicklung im Vordergrund.

Entwicklungstheorien, wirtschaftstheoret. Zweig, der versucht, die Ursachen der ökonom. Rückständigkeit eines → Entwicklungslandes zu erklären und entsprechende Strategien zu deren Überwindung zu entwerfen. (1) Außerökonom. Ansätze greifen auf klimatische Einflüsse oder psychologische Faktoren zurück, während die Theorien des soz. Wandels und der Modernisierung mehr auf sozialpsychologische Faktoren (Elitenbildung, schöpferische und unternehmerische Persönlichkeiten) abstellen. Vertreter der → Stufentheorien unterteilen die sozioökonom. Entwicklung in mehrere idealtypische Phasen: Die Volkswirtschaft entwickelt sich ausgehend von der traditionellen (vornehmlich agrarischen) Gesellschaftsstruktur durch Maßnahmen wie Kapitalbildung, institutionelle Rahmensetzung und techn. Wandel fort und orientiert sich im letzten Stadium vermehrt an Werten wie gesellschaftlicher Wohlfahrt, Freizeit und Bildung. (2) Ökonom. Konzepte analysieren unterschiedliche Ursachen der Unterentwicklung, so etwa Zusammenhänge zwischen wirtsch. Entwicklung und Bevölkerungswachstum, mangelnde Faktorausstattung (→ Wachstumstheorie) oder weltwirtsch. Rahmenbedingungen. Während Dualismustheorien auf die regional gegensätzlichen Strukturen innerhalb des Entwicklungslandes und die daherrührende sektorale Spaltung der Gesellschaft abstellen, führt eine andere Gruppe von Theorien die Ursachen auf den internationalen Handel zurück, der zu einer Verschlechterung der → Terms of Trade armer Länder führe. → Kuznets-Kurve.

EP → Europäisches Parlament.

Erblasttilgungsfonds → Neben- und Sonderhaushalt.

Erbrecht, (1) Objektives E.: Bezeichnung für alle Rechtsnormen, die den Übergang der privaten Vermögensrechte und Pflichten beim Tode eines Menschen regeln; (2) Subjektives E.: betrifft die Rechtsstellung einer Person, die von einer anderen beerbt worden ist. Man unterscheidet den Erwerb von Todes wegen und Kraft letztwilliger Verfügung.

Erbschaftsteuer, Steuer auf Erwerb von Todes wegen sowie auf freiwillige Zuwendungen unter Lebenden. Die Besteuerungstatbestände sind im Einzelnen in § 7 ErbStG aufgeführt. Besteuerungsgrundlage ist sowohl bei der E. als auch bei der Schenkungsteuer der steuerpflichtige Erwerb. Als steuerpflichtiger Erwerb gilt die Bereicherung des Erwerbers, soweit sie nicht steuerfrei ist. Die einzelnen Vermögensgegenstände werden mit dem Wert angesetzt, der sich für sie nach dem BewG ergibt (→ Einheitswert).

Erfolgsbeteiligung, Beteiligung von Arbeitnehmern am Unternehmenserfolg (z. B. → Gewinn, → Umsatz). Die E. verfolgt betriebl. oder soz. Ziele (→ Gewerkschaften). Nach der zugrunde liegenden Erfolgsgröße lassen sich unterscheiden: (1) Leistungsbeteiligung: die Arbeitnehmer werden unabhängig vom → Absatz an der zugrunde liegenden Leistung oder Kosteneinsparung beteiligt. (2) Ertragsbeteiligung: Bemessungsgrundlage sind die tatsächlich abgesetzten Leistungen unter Berücksichtigung von Gewinn und Verlust. (3) Gewinnbeteiligung: die Arbeitnehmer werden am positiven Erfolg beteiligt, wobei Leistungserstellung und -verwertung berücksichtigt sind. Die Gewinnbeteiligung ist die in Deutschland übliche Form der E.

Erfolgsspaltung, Zerlegung des Unternehmenserfolgs in einzelne Komponenten (Erfolgsquellen), um die Ertragskraft eines Unternehmens zu analysieren. Man unterscheidet dabei i. d. R. (1) nach Betriebszugehörigkeit in betriebl. und betriebsfremde Komponenten und (2) nach der Regelmäßigkeit in regelmäßige und unregelmäßige Komponenten. Aus der E. können Ergebnisgrößen abgeleitet werden:

(1) Ordentliches betriebl. Ergebnis und (2) Finanzergebnis, die beide auf die Regelmäßigkeit von Aufwendungen und Erträgen abstellen, und (3) Außerordentliches Ergebnis, das unregelmäßige Aufwendungen und Erträge enthält. Aus externer Sicht (→ Bilanzanalyse) kann die E. aus den in der → Gewinn- und Verlustrechnung (GuV) ausgewiesenen Positionen nicht eindeutig ermittelt werden, da die handelsrechtliche GuV auch »gemischte« Positionen beinhaltet. → United States Generally Accepted Accounting Principle (US-GAAP) und → International Accounting Standards (IAS) verlangen den Ausweis eines Ergebnisses des betriebl. Bereichs, das nach US-GAAP eindeutig definiert ist.

Ergänzungshaushalt, Haushaltspositionen, die Änderungen eines noch nicht verkündeten Haushalts darstellen. Der E. ist wie der Jahreshaushalt ein originärer Haushalt, der jedoch in einem beschleunigten Verfahren verabschiedet wird. → Eventualhaushalt, → Nachtragshaushalt.

Ergänzungszuweisung, Zuweisung des Bundes im Rahmen des horizontalen Länderfinanzausgleichs (→ Finanzausgleich) an finanzschwache Länder »zur ergänzenden Deckung ihres allgemeinen Finanzbedarfs« (Art. 107 II GG).

Ergebnismatrix, Darstellungsform für Entscheidungssituationen, die in der → Entscheidungstheorie eingesetzt wird. Die E. enthält in der Vorspalte die verschiedenen Handlungsmöglichkeiten a_i ($i=1,2,\ldots,m$) und in der Kopfzeile die relevanten Umweltzustände z_j ($j=1,2,\ldots,n$), denen in Risikosituationen Wahrscheinlichkeiten p_j ($j=1,2,\ldots,n$) zugewiesen werden. In den einzelnen Feldern der Matrix wird das Ergebnis e_{ij}, also die Konsequenz der Handlungsalternative a_i bei Umweltzustand z_j eingetragen und ggf. mit der Wahrscheinlichkeit gewichtet. Die mit der Nutzenfunktion des Entscheiders gewichtete E. ergibt die → Entscheidungsmatrix.

Erhaltungszoll, tarifäre Handelsbeschränkung, die im Gegensatz zum zeitlich begrenzten → Erziehungszoll, z.B. aus Gründen nationaler Sicherheit, einen inländ. Wirtschaftszweig schützt, der auf die Dauer dem Auslandswettbewerb nicht gewachsen ist. Ein E. ist das Pendant zur Erhaltungssubvention (→ Subventionen).

Erhebungskosten der Steuern, Teile der zusätzlichen Wohlfahrtsverluste oder Transferkosten der Besteuerung (→ Steuer). Sie entstehen insbes. als administrative Kosten in der Steuerverwaltung und schließen anderen Aufwand wie Kosten der Gesetzgebung, Rechtsprechung und Kontrolle aus. Berechnungen belegen, dass die Kosten für einzelne Steuern erheblich voneinander abweichen. Danach zählen die sonstigen Steuern zu den (durchschnittlich) kostengünstigsten, die Vermögensteuern zu den teuersten Abgaben. Grundlegend für diese Beurteilung ist das Verhältnis der Kosten zu den Aufkommensanteilen.

Erhebungsmerkmal, Eigenschaft der Erhebungsobjekte in der → Statistik, die stets eindeutig bestimmt ist (z. B. Haushaltseinkommen, Haushaltsgröße).

Erinnerungswert, Merkposten über 1 € für bilanzierte Vermögensgegenstände, die vollständig abgeschrieben sind, jedoch weiterhin im Unternehmen genutzt werden. Zum E. bilanzierte Posten weisen auf → Rücklagen hin. → Bilanz.

Eröffnungsbilanz, → Bilanz eines Unternehmens bei Gründung oder zu Beginn eines neuen Geschäftsjahres. Die Posten der E. bilden die Anfangsbestände, deren einzelne → Konten im Hauptbuch auf derselben Seite erscheinen, wie sie in der E. stehen. Damit der Grundsatz der doppelten → Buchführung gewahrt wird, muss als Gegenkonto das Eröffnungsbilanzkonto eingeschaltet werden.

ERP → European Recovery Program.

ERP-Sondervermögen, verwaltungstechn., selbständiger, nicht rechtsfähiger Teil des Bundesvermögens, der alle Gegenwerte des → European Recovery Program (ERP) zusammenfasst. Es finanzierte den Wiederaufbau der dt. Wirtschaft, leistete nach Einstellung der amerik. Sonderhilfszahlungen unter Hinzunahme der Rückflüsse aus Zins und Tilgung sowie neu am Kapitalmarkt aufgenommener Mittel Entwicklungs- und Investitionshilfe und förderte über Kredite zuletzt auch Umweltschutzprojekte und kommunale Investitionen.

Ersatzinvestition, Form der → Investition, die dazu dient, ein altes Investitionsobjekt durch ein neues zu ersetzen. Die E. erhält die betriebl. Leistungsfähigkeit, während die Erweiterungsinvestition diese erhöht.

Ersparnis, der Teil des Volkseinkommens, der nicht für Verbrauchszwecke ausgegeben wird. Mit steigendem Volkseinkommen steigt die E., aber auch die marginale → Sparquote, d.h. ein höherer Anteil des Einkommens wird gespart. → Horten.

Ertrag, Ergebnis einer wirtsch. Tätigkeit. Der E. kann in Gütern oder Dienstleistungen bestehen, nach Menge, Gewicht oder nach seinem Wert gemessen werden. (1) Nach der klassischen Wirtschaftstheorie bezeichnet man den E. aus Arbeit Lohn, aus Grund und Boden Rente, für Kapitalnutzung Zins und für unternehmerische Tätigkeit Gewinn. (2) In der → Volkswirtschaftlichen Gesamtrechnung (VGR) ist der E. der auf die Periode in Geldeinheiten bezogene Zufluss, der sich aus laufenden Leistungen ergibt. (3) Der betriebswirtsch. E. ist ein Grundbegriff der → Buchführung und stellt auf die Entstehung von Gütern und Dienstleistungen ab, nicht auf die Erhöhung des Geldvermögens eines Unternehmens (Einnahme). Die Summe der Erträge abzüglich der Aufwendungen (→ Aufwand) einer Periode ergibt den Periodenerfolg.

Ertragsbeteiligung → Erfolgsbeteiligung.

Ertragsgebirge → Produktionsfunktion.

Ertragsgesetz

Ertragsgesetz, erstmals von Turgot im Rahmen des Gesetzes vom abnehmenden Bodenertragszuwachs analytisch formuliert, besagt, dass bei partieller Faktorvariation (X_2 konstant, vgl. Abb.) der Gesamtertrag (vgl. Ertragskurve in der Abb.) zunächst überproportional, d. h. mit steigendem (Bereich I), dann unterproportional, also mit fallendem → Grenzertrag (II, III) zunimmt, schließlich sinkt (IV) und damit sogar einen negativen Grenzertrag aufweist. Ursache hierfür ist das sich verschiebende Faktoreinsatzverhältnis. Der konstante Faktor (z.B. Boden) ist zunächst Überschussfaktor und damit aufnahmefähig für eine Erhöhung des variablen Faktors (z. B. Arbeit), nimmt aber bei weiterer Erhöhung in seiner Aufnahmekapazität ständig ab. Dieser Effekt zeigt sich auch in den aus der Ertragskurve abgeleiteten Verläufen der Grenzertrags- bzw. Durchschnittsertragskurve: Beide steigen zunächst an, um bei weiterer Erhöhung des Faktoreinsatzes ein Maximum zu erreichen und schließlich wieder zu sinken.

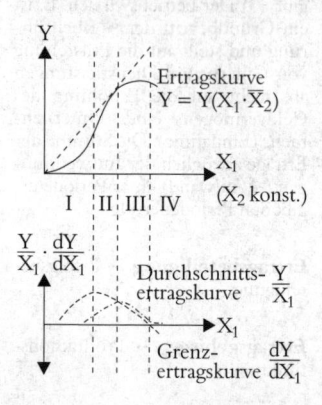

Ertragshoheit, Recht einer Gebietskörperschaft, über das Steueraufkommen frei zu verfügen. In Deutschland ist die E. gemäß Art. 106 GG zwischen Bund, Länder und Gemeinden aufgeteilt: (1) → Bundessteuern: Zölle, Versicherungssteuer und Finanzmonopole. (2) → Landessteuern: Erbschaftsteuer (3) → Gemeinschaftssteuern von Bund und Ländern: Einkommensteuer, Körperschaftsteuer und Mehrwertsteuer. (4) → Gemeindesteuern: Grundsteuer und Gewerbesteuer. (5) Religionsgemeinschaften: → Kirchensteuer. Maßgeblich für die Verteilung des Steueraufkommens ist das Trennsystem oder Verbundsystem (→ Einnahmenverteilung, vertikale).

Ertragsteuer, Steuer, die den Ertrag oder die Ertragsfähigkeit als → Steuerbemessungsgrundlage hat. Die E. zählt zu den → Objektsteuern, wenn die subjektive Leistungsfähigkeit des Steuerpflichtigen unberücksichtigt bleibt. Bsp. für E. sind → Einkommensteuer, → Gewerbesteuer und → Grundsteuer.

Ertragswert, → Barwert der künftigen Zahlungsüberschüsse (Netto-Erträge) einer bestimmten → Investition. Der E. ist in der → Investitionsrechnung bedeutsam und wird über die → Kapitalisierung ermittelt.

Erwarteter Nutzen, Nutzen, der einem Individuum bei einer unsicheren Auszahlung (Bsp.: Lotterie) zufließt. Bsp.: Ein Individuum gewinnt mit einer Wahrscheinlichkeit von p_1 einen Geldbetrag von x_1 und mit einer Wahrscheinlichkeit von p_2 x_2 (p_1 sei 0,25 und p_2 sei 0,75; x_1 sei 100 € und x_2 sei 0 €). E(X) sei der E. Es gilt:

$E(X) = \sum_i x_i p_i = 100 \cdot 0{,}25 + 0 \cdot 0{,}75 = 25$

Die Lotterie stiftet dem Individuum also einen E. von 25 €. Wenn das Individuum z.B. eine sichere Auszahlung von 15 € der unsicheren Lotterie vorzieht, liegt Risikoaversion vor. Lehnt er hingegen eine sichere Auszahlung von 35 € ab, spricht man von Risikoliebe.

Erwartungen, Theorie der rationalen, geht davon aus, dass Erwartungen über unsichere Ereignisse (Variablen), wie künftige Preise, Löhne, Steuer- oder Zinssätze in dem Sinne rational sind, dass sie alle verfügbaren Informationen ausnutzen und keinen systematischen Fehler beinhalten. Diese Theorie findet in der Wirtschaftstheorie breite Anwendung, insbes. im Bereich der → Makroökonomik. Ausgehend von der → Klassischen Wirtschaftstheorie nennt sie zwei Haupthypothesen: (1) Bestmögliche Nutzung der begrenzten individuellen Information sowie (2) bewegliche Löhne und Preise. Diese Richtung der E. stellt die Implikationen der kurzfr. → Phillips-Kurve in Frage und zeigt, dass jeder systematische Versuch, den Trade-Off (engl., abwägende Wechselbeziehung) zwischen → Inflation und → Arbeitslosigkeit über die → Geldpolitik auszunutzen, fehlschlagen muss. Er führt nur zu zunehmender Inflation, ohne im Gegenzug die Arbeitslosigkeit zu senken.

Erwartungsparameter, Größe (→ Parameter), die ein Akteur (Bsp.: Unternehmer) indirekt durch Festsetzung einer anderen Größe (→ Aktionsparameter) bestimmt. Liegt eine → Konjekturale Preis-Absatz-Funktion vor, und ist der Unternehmer → Preisfixierer, dann ist der E. die Absatzmenge. Ist der Unternehmer → Mengenanpasser, dann stellt der Preis den E. dar.

Erwartungstheorie, beruht auf der Annahme, dass kurz- und langfr. Anlageformen gleichwertig seien und versucht die Zinsstruktur zu erklären (→ Zinsstrukturtheorie). Ein Investor wird nur dann die langfr. den kurzfr. Anlagen vorziehen, wenn der langfr. Zinssatz höher ist als der durchschnittliche, von ihm erwartete Zins für kurzfr. Anlagen. Ist dies der Fall, wird die Nachfrage nach langfr. Anlagen steigen, was zur Senkung des Kapitalmarktzinses führt. Der langfr. Zinssatz wird somit durch den erwarteten kurzfr. Zinssatz bestimmt.

Erwerbseinkünfte, staatliche, gehören zu den → Staatseinnahmen und stammen aus der erwerbswirtsch. Tätigkeit staatl. Institutionen (Bsp.: Gewinne öffentl. Unternehmen, Grundstücks- und sonstige Beteiligungsverkäufe). Anders als z.B. bei → Steuern wird kein Zwang auf Individuen ausgeübt. Die E. entstehen als Folge von Leistung und Gegenleistung am Markt. Probleme ergeben sich aus der Monopolstellung öffentl. Unternehmen auf den staatl. regulierten Märkten, wo oft → Administrierte Preise vorliegen (Bsp.: Öffentl. Personennahverkehr).

Erwerbspersonen, alle Personen mit Wohnsitz im Bundesgebiet, die eine auf Erwerb gerichtete Tätigkeit ausüben oder suchen, unabhängig von der Höhe des Ertrages dieser Tätigkeit und der Arbeitszeit. Eine Untergruppe der E. bilden die abhängigen E., die nur diejenigen Personen umfassen, die in einem Arbeitsverhältnis stehen (Beamte, Angestellte, Arbeiter und Auszubildende) und Arbeitslose. Bei der Berechnung der → Arbeitslosenquote fungieren die abhängigen E. als Bezugsgröße. → Erwerbsquote.

Erwerbsquote, Anteil der → Erwerbspersonen, die sich aus Erwerbstätigen und Erwerbslosen zusammensetzen, an der Gesamtbevölkerung. Die Statistik erfasst die Erwerbstätigen unterschiedlich: (1) Arbeitskräftepotenzial: Bevölkerung im arbeitsfähigen Alter; (2) Erwerbskonzept des Statistischen Bundesamtes: alle, die eine direkt oder indirekt auf Erwerb gerichtete Tätigkeit ausüben, ohne Rücksicht auf die Höhe des Ertrages; (3) Labour-force-Konzept der → Organization for Economic Cooperation and Development (OECD): alle unter (2) erfassten Personen, die mind. 15 Wochenstunden erwerbstätig waren; (4) alle Personen, für welche die Erwerbstätigkeit die entscheidende Quelle des Lebensunterhaltes ist.

Erwerbs- und Wirtschaftsgenossenschaften → Genossenschaftsrecht.

Erziehungszölle, sind nach F. List → Schutzzölle, die den Aufbau nationaler Industrien unterstützen sollen. Die jungen Wirtschaftszweige (»infant industries«) sollen durch E. solange vor Konkurrenz aus dem Ausland geschützt werden, bis sie international wettbewerbsfähig sind.

ESF → Europäischer Sozialfonds.

Eskalations- oder Inflationsklausel → Indexlohn.

ESZB → Europäisches System der Zentralbanken.

Etat → Budget.

Ethik → Wirtschaftsethik.

Ethische Prinzipien der Verteilung → Gerechtigkeitskriterien.

EU → Europäische Union.

EuGH → Europäischer Gerichtshof.

Eulersches Theorem, verteilungstheoret. Satz, der für linearhomogene → Produktionsfunktionen Gültigkeit besitzt. Da die Produktionsfunktion in diesem Fall konstante → Skalenerträge aufweist, sind bewertete Gesamtproduktion und Summe der einzelnen Produktionsbeiträge (Wertgrenzprodukte) gleich, so dass das Sozialprodukt vollständig auf die → Produktionsfaktoren aufgeteilt wird.

EURATOM → Europäische Atomgemeinschaft (EGA).

EUREX (Abk. für European Exchange), elektronische Terminbörse (→ Börse, → Termingeschäfte), die 1998 aus dem Zusammenschluss der Deutschen Terminbörse (DTB) und der Schweizer Terminbörse (SOFFEX) entstanden ist. An der E. werden → Futures gehandelt und → Optionsgeschäfte betrieben. → EUWAX.

EuRH → Europäischer Rechnungshof.

Euro (EUR, €), europäische Währungseinheit, die mit Inkrafttreten der Europäischen Währungsunion (→ Europäisches Währungssystem (EWS)) zum 1.1.1999 als einheitliche → Währung an die Stelle der bisherigen Währungen der Teilnehmerländer im Euro-Währungsraum trat. Für die Umrechnung der einzelnen Länderwährungen wurden feste Umrechnungskurse festgelegt. Für die → Deutsche Mark (DM) gilt der Umrechnungskurs: 1 € = 1,95583 DM. Ab 1999 gehörten elf Länder der Währungsunion an: Belgien, Deutschland, Finnland, Frankreich, Irland, Italien, Luxemburg, Niederlande, Österreich, Portugal und Spanien. Im Jahr 2001 führte auch Griechenland den E. ein. Die Einführung des E. zum 1.1.1999 erfolgte zunächst als gesetzl. Zahlungsmittel auf Buchgeldbasis, und erst seit 1.1.2002 wird der Barzahlungsverkehr in E. durchgeführt. Mit der Einführung des E. wurde die größte Währungsumstellung vollzogen, die bisher weltweit beobachtet wurde.

Euroland → Europäisches Währungssystem (EWS).

Euromarkt, internationaler Markt für Finanzmittel, auf dem frei konvertierbare → Währungen außerhalb ihres Ursprungslandes gehandelt werden. Er unterteilt sich nach der Fristigkeit in einen Eurogeldmarkt für kurzfr. Geschäfte (z.B. Euro-Commercial-Papers, Termingelder) und in einen Eurobondmarkt für langfr. Kredite (meist Anleihen, die von internationalen Emissionskonsortien, häufig Bankengruppen, ausgegeben und in mehreren Ländern gleichzeitig zum Verkauf angeboten werden). Wesentliches Merkmal des E. ist, dass eine nationale oder internationale Aufsicht bzw. Regulierung fehlt. Der Begriff E. ist auf den Entstehungsort Europa zurückzuführen. Heute werden alle wichtigen Währungen an zahlreichen Orten innerhalb und außerhalb Europas gehandelt.

Europäische Agrarpolitik, am tiefsten vergemeinschafteter und auch umstrittenster Politikbereich der → Europäischen Union (EU) mit einem Anteil von ca. 50 % am EU-Haushalt. Als Grundsätze können die Einheit des Marktes, die Gemeinschaftspräferenz und die finanzielle Solidarität gesehen werden. Zu ihren Zielen gehört es, (1) die Produktivität der Landwirt. und des Handels mit Agrarprodukten zu steigern, (2) einen angemessenen Lebensstandard der in der Landwirt. tätigen Personen zu gewährleisten, (3) die Märkte zu stabilisieren, (4) die Versorgung der Bevölkerung zu sichern und (5) angemessene Verbraucherpreise zu garantieren. Weiterhin wird zunehmend die ländliche Entwicklung gefördert. Um diese Zielsetzungen zu erreichen, gelten eine Europäische → Agrarmarktordnung, die den Markt für die meisten landwirtsch. Produkte regelt, insbes. über die Stützung der Erzeugerpreise, um Angebot und Nachfrage auf dem EU-Markt auszugleichen und den Markt gegen Einflüsse des Weltmarktes abzuschirmen; gemeinsame Wettbewerbsregeln sowie eine bindende Koordinierung der verschiedenen einzelstaatl. Marktordnungen für die übrigen Produkte. Die E. wird aus dem → Europäischen Ausrichtungs- und

Europäische Atomgemeinschaft

Garantiefonds für die Landwirtschaft (EAGFL) finanziert, wobei die Abteilung »Garantie« die Ausgaben für die gemeinsame Marktorganisation (obligatorische Ausgaben) finanziert (z.B. Ankauf oder Lagerung von Überschussproduktionen und Förderung von Agrarexporten). Neben der Erreichung von Zielen wie ausreichende Nahrungsmittelversorgung führte die E. auch zu Problemen: Überschussproduktion und somit übersteigende Subventionen ein exponenzielles Ausgabenwachstum. Letzter Reformschritt im Rahmen der → Agenda 2000 zielt auf Stärkung der Wettbewerbsfähigkeit auf dem Binnen- und Weltmarkt; die Förderung eines angemessenen Lebensstandards der in der Landwirtschaft tätigen Bevölkerung; die Schaffung von Ersatzarbeitsplätzen und anderen Einkommensquellen für Landwirte; die Entwicklung einer neuen Politik der ländlichen Entwicklung; eine stärkere Einbeziehung von Umwelt- und Strukturüberlegungen in die Gemeinsame Agrarpolitik sowie die Verbesserung der Lebensmittelqualität und Lebensmittelsicherheit. Mit der Erweiterung der EU um mittel- und osteuropäische Staaten und somit einer Verdopplung der Zahl der Erwerbstätigen in der Landwirt. und der Anbaufläche steht auch die E., v.a. wegen der mangelnden Wettbewerbsfähigkeit und der strukturellen Probleme in den Beitrittsstaaten, vor einer Herausforderung.

Europäische Atomgemeinschaft (EURATOM, EAG), 1958 in Kraft getretenes Abkommen mit dem Ziel, die Erforschung und Nutzung der Kernenergie in den Vertragsstaaten (Mitgliedstaaten der Europäischen Union) zu fördern. Die E. ist neben der → Europäischen Gemeinschaft (EG) und der → Europäischen Gemeinschaft für Kohle und Stahl (EGKS) Teil der ersten Säule der → Europäischen Union (EU). Die Aufgaben der E. sind: (1) Entwicklung der Kernforschung und Verbesserung des techn. Wissens, (2) Festlegung von Sicherheitsnormen zum Schutz von Bevölkerung und Umwelt, (3) Förderung der Investitionsbedingungen im Bereich der Kernenergieindustrie, (4) Sicherstellung der Versorgung mit Erzen und Kernbrennstoffen, (5) Überwachung der Verwendung dieser Komponenten, (6) Ausübung des Eigentumsrechts an spaltbaren Stoffen, (7) Einrichtung und Sicherung geeigneter Absatz- und techn. höchstentwickelter Beschaffungsmärkte, (8) Förderung der internationalen Verständigung. Sitz der E. ist Brüssel, des Weiteren wird eine gemeinsame Forschungsstelle betrieben, die in vier Zentren Forschungsprogramme durchführt. Enge Vertragsbeziehungen bestehen u.a. mit Kanada, den USA und Brasilien.

Europäische Gemeinschaft (EG) (engl.: European Economic Community (EEC)), supranationale Organisation von zuletzt 15 europäischen Staaten, die aus der → Europäischen Wirtschaftsgemeinschaft (EWG) hervorgegangen ist. Nach Inkrafttreten des Fusionsvertrags 1967 sind → Europäische Wirtschaftsgemeinschaft (EWG), → Europäische Gemeinschaft für Kohle und Stahl (EGKS) (Montanunion) und → Europäische Atomgemeinschaft (EAG, EURATOM) in den sog. Europäischen Gemeinschaften aufgegangen. Mit Inkrafttreten des Maastrichter Vertrags ging die E. (und die Europäischen Gemeinschaften) als erste Säule in der → Europäischen Union (EU) auf. Zentrale Zielsetzung der E. war die Errichtung eines → europäischen Binnenmarktes und einer → Wirtschafts- und Währungsunion (WWU). Daneben sind der E. sukzessive Zuständigkeiten in weiteren Politikbereichen wie Verkehr, Soziales, Umwelt, Forschung und Technologie, Gesundheit, Bildung, Kultur, Verbraucherschutz und Entwicklung übertragen worden. Rechtliche Grundlage für die E. ist der Vertrag über die Europäische Gemeinschaft (EGV), der auf die Römischen Verträge von 1957, den Gründungsvertrag der Europäischen Wirtschaftsgemeinschaft (EWG), zurückgeht.

Europäische Gemeinschaft für Kohle und Stahl (EGKS), 1952 auf Initiative von R. Schumann und J. Monnet mit Sitz in Luxemburg gegründet. Die E. verfolgt das Ziel, einen gemeinsamen Markt für Kohle, Erz, Stahl und Schrott zu errichten und alle Zölle, Kontingente, Sondertarife und Subventionen aufzuheben, eine gemeinsame Energiepolitik zu betreiben, den Wettbewerb zu fördern und die Produktion zu modernisieren und auszuweiten, um dadurch das Wirtschaftswachstum und die Beschäftigung zu fördern sowie den Lebensstandard zu erhöhen. Die urspr. selbständigen Organe der E. (Hohe Behörde und Ministerrat) gingen 1967 mit dem Fusionsvertrag in den gemeinsamen Organen der → Europäischen Gemeinschaft (EG) auf. Der Vertrag über die E. ist 2002 ausgelaufen. Ihre Aufgaben werden von der Europäischen Gemeinschaft übernommen.

Europäische Investitionsbank (EIB), 1958 mit den Gründungsverträgen eingerichtete öffentl.-rechtl. Finanzierungsinstitution der → Europäischen Union (EU) mit Sitz in Luxemburg. Die E. unterstützt mit Hilfe von Darlehen und Bürgschaften Projekte, die im Sinne der Ziele wirtsch. und soz. Integration, ausgewogener Entwicklung und innovations- und wissensbasierter Wirtschaftsgestaltung als förderungswürdig angesehen werden. Die E. finanziert sich durch Anleihen am Kapitalmarkt und ist in ihren Entscheidungen autonom von anderen Institutionen der Gemeinschaft. Sie folgt keinem Erwerbszweck, sondern legt ihren Beschlüssen lediglich Kosten-Nutzen-Erwägungen zugrunde. Nicht nur Mitgliedsländer der Europäischen Union, auch assoziierte und andere Länder erhalten von der E. Kredite. Anteilseigner der E. sind die EU-Mitgliedsstaaten, deren Anteile am Grundkapital dem wirtsch. Gewicht des jeweiligen Landes entsprechen.

Europäische Kommission, als unabhängiges und supranationales Organ den Interessen der → Europäischen Union (EU) verpflichtet; Hauptsitz in Brüssel. Die Amtszeit der Kommissare beträgt fünf Jahre. Ihre Kompetenzen reichen vom alleinigen Initiativrecht, der Kontrolle über die Anwendung des Gemeinschaftsrechts und der Durchführungskompetenzen hinsichtlich der Ratsbeschlüsse bis hin zur Beteiligung am Gesetzgebungsverfahren. Die Kommissare sind unabhängig und unterliegen keinen Weisungen ihrer Regierungen. Vorschläge der E. dürfen vom → Europäischen Rat nur einstimmig verändert werden. → Europäische Gemeinschaft (EG).

Europäische Strukturfonds, Sammelbezeichnung für den → Europäischen Regionalfonds (EFRE), den → Europäischen Sozialfonds (ESF), die Abteilung Ausrichtung des → Europäischen Ausrichtungs- und Garantiefonds für die Landwirtschaft (EAGFL), sowie den → Kohäsionsfonds und das Finanzinstrument für die Ausrichtung der Fischerei (FIAF). Mit den Fonds soll eine ausgewogene Entwicklung und ein ausreichendes Maß an wirtsch. und soz. Zusammenhalt (seit dem Maastrichter Vertrag eine der drei Hauptsäulen der → Europäischen Gemeinschaft (EG)) erreicht werden. Gemäß den Reformbeschlüssen der → Agenda 2000 wurden Maßnahmen zur Effizienzsteigerung der Strukturpolitik verwirklicht, v.a. auch im Hinblick auf die bevorstehenden Erweiterungen der Union. Die Zahl der strukturpolit. Ziele und der Gemeinschaftsinitiativen verringerte sich. Folgende strukturpolit. Ziele werden demnach finanziell gefördert: (1) Ziel 1: Entwicklung und strukturelle Anpassung von Regionen mit Entwicklungsrückstand (ca. 70 % der Fördermittel), (2) Ziel 2: wirtsch. und soz. Umstellung von Regionen mit strukturellen Schwierigkeiten, (3) Ziel 3: Entwicklung der Humanressourcen außerhalb der unter Ziel 1 fallenden Regionen. Zu den Gemeinschaftsinitiativen zählen INTERREG zur Förderung der grenzübergreifenden, transnationalen und interregionalen Zusammenarbeit; LEADER zur Förderung der Entwicklung des ländlichen Raums durch Maßnahmen lokaler Aktionsgruppen; EQUAL zur Entwicklung neuer Methoden für die Bekämpfung von Diskriminierungen und Ungleichheiten jeglicher Art beim Zugang zum Arbeitsmarkt; URBAN zur Förderung der wirtsch. und soz. Wiederbelebung von Städten und Vorstädten, die sich in einer Krise befinden. Die Strukturpolitik bildet nach der → Europäischen Agrarpolitik den zweitgrößten Ausgabenposten der Union. Auch im Hinblick auf die Errichtung der → Währungsunion war es das Ziel der Maßnahmen der E., die Konvergenz zwischen den Volkswirtschaften der Mitgliedsstaaten zu fördern und somit die Erfüllung der Konvergenzkriterien für die → Wirtschafts- und Währungsunion (WWU) zu sichern. Bei der Verwirklichung der WWU sind auch die gravierenden wirtsch. und soz. Unterschiede zwischen den Mitgliedsstaaten deutlich geworden. Zur Stärkung der Strukturpolitik wurde daher 1993 der Kohäsionsfonds errichtet, aus dem die Staaten mit einem Pro-Kopf-Bruttosozialprodukt (BSP) von weniger als 90 % des Gemeinschaftsdurchschnitts unterstützt werden. Das sind derzeit Griechenland, Spanien, Irland und Portugal. Es ist umstritten, in welcher Höhe die E. tatsächlich zur Konvergenz der Mitgliedstaaten beitragen konnten.

Europäische Union (EU), gegründet 1993 mit Inkrafttreten des Vertrags über die Europäische Union (EUV) in Folge der Reformen der Regierungskonferenz von

Maastricht. Mit der E. wurde ein bedeutender Reformschritt der europäischen Integration in Richtung europäischer Föderation in die Wege geleitet. Die E. besteht aus drei Säulen: (1) die → Europäischen Gemeinschaften (EG) (→ Europäische Wirtschaftsgemeinschaft (EWG), → Europäische Atomgemeinschaft (EURATOM, EAG), → Europäische Gemeinschaft für Kohle und Stahl (EGKS)) v.a. mit den Politiken der Gemeinschaften und den Bestimmungen zur → Wirtschafts- und Währungsunion (WWU) als echte supranationale Säule; (2) die → Gemeinsame Außen- und Sicherheitspolitik (GASP) (z.B. Kooperation, gemeinsame Standpunkte und Aktionen) und (3) die Zusammenarbeit in der Innen- und Justizpolitik (→ Gemeinsame Politik Inneres & Justiz; z.B. Asylrecht, Kriminalität) im Rahmen der Regierungszusammenarbeit. Mit Gründung der E. wurden u.a. neue Verfahren in der europäischen Gesetzgebung mit erweiterten Rechten und Zuständigkeiten des → Europäischen Parlaments (EP), eine Unionsbürgerschaft neben der jeweiligen Staatsangehörigkeit, ein Wahlrecht jedes EU-Bürgers bei Kommunal- und Europawahlen an seinem Wohnsitz sowie die Ernennung eines Bürgerbeauftragten durch das Europäische Parlament eingeführt. Die Politik der E. wird von folgenden gemeinsamen Institutionen gestaltet: → Rat der EU, → Europäischer Rat, → Europäische Kommission, → Europäisches Parlament (EP), → Europäischer Gerichtshof (EuGH), → Europäischer Rechnungshof (EuRH). Im Gegensatz zur Europäischen Gemeinschaft hat die E. als solche keine Rechtspersönlichkeit und keine eigenen Handlungsbefugnisse an Stelle ihrer Mitgliedsstaaten. Zu den Meilensteinen der europäischen Integration gehören neben den Gründungsverträgen der EGKS (1952) und den Römischen Verträgen (EWG, EAG, 1957) v.a. die Abschaffung der gemeinschaftsinternen Zollgrenzen (1968), die Beschlüsse über außenpolit. Zusammenarbeit (1972) und verstärkte Zusammenarbeit mit Entwicklungsländern (→ Lomé-Abkommen, 1975), die Aufnahme neuer Mitgliedsstaaten (Beitritt von Großbritannien, Dänemark und Irland (1973), Griechenland (1981), Spanien und Portugal (1986) sowie Finnland, Österreich und Schweden (1995), die erste Direktwahl zum EP (1979), das Inkrafttreten des → Europäischen Währungssystems (EWS) (1979) und die → Einheitlich Europäische Akte (EEA) (1986). Es folgten mit dem Inkrafttreten des Vertrags von Maastricht und damit der Gründung der Europäischen Union (1993) die Vollendung des → Europäischen Binnenmarktes (1993), die Bildung des → Europäischen Wirtschaftsraumes (EWR) (1993), das Inkrafttreten des Vertrages von Amsterdam (1999), der Beschluss der → Agenda 2000 (1999), der Beginn der → Währungsunion (1999), die Einführung der Gemeinschaftswährung → Euro (1999) sowie die Unterzeichnung des → Vertrags von Nizza mit weit gehenden Reformschritten für die Erweiterungsfähigkeit der E. In 2004 treten zehn mittel- und osteuropäischen Staaten bei (→ Osterweiterung).

Europäische Währungseinheit
→ Europäisches Währungssystem (EWS).

Europäische Währungsunion →
Euro (EUR, €), → Europäisches
Währungssystem (EWS).

Europäische Wirtschaftsgemeinschaft (EWG), 1957 auf Grundlage der Römischen Verträge gegründete supranationale Staatengemeinschaft mit dem Ziel der Schaffung eines gemeinsamen Wirtschaftsraumes. Gründungsmitglieder der E. sind Belgien, die Niederlande, Luxemburg, Frankreich, Italien und Deutschland. Als eine der drei Teilgemeinschaften der → Europäischen Gemeinschaft (EG) bzw. → Europäischen Union (EU) umfasst sie seitdem deren Mitgliedsländer. Kernstück der E. ist eine bis 1968 durch schrittweise Abschaffung von Binnenzöllen und mengenmäßigen Beschränkungen sowie durch Einführung eines gemeinsamen Außenzolltarifs entstandene → Zollunion. Seit 1973 liegt die Kompetenz für die Handelspolitik gegenüber Drittstaaten auf Basis des Vertrags über die E. (bzw. der Folgeverträge) allein auf europäischer Ebene. Die E. ist mit der → Europäischen Atomgemeinschaft (EURATOM, EAG) und der → Europäischen Gemeinschaft für Kohle und Stahl (EGKS) in die Europäischen Gemeinschaft eingefügt worden. Der Vertrag über die E. ist (mit Änderungsbeschlüssen und nach Integration zur Europäischen Union) weiterhin in Kraft. Mit dem Vertrag von Maastricht bezeichnet man die E. als Europäische Gemeinschaft.

Europäische Zentralbank (EZB), Institution der → Europäischen Union (EU) zur Durchführung der europäischen Währungspolitik mit Sitz in Frankfurt a. M. Die E. bildet zusammen mit den nationalen → Zentralbanken das → Europäische System der Zentralbanken (ESZB), welches vom Rat der Gouverneure und dem Direktorium als Entscheidungsorgane der E. geleitet wird. Hauptaufgaben sind die → Geldpolitik, die Wechselkurssteuerung, die Verwaltung der Devisenreserven der Mitgliedstaaten sowie das ordnungsmäßige Funktionieren des Zahlungssysteme. Die E. ist Nachfolgerin des Europäischen Währungsinstituts (EWI). Vornehmliches Ziel der E. ist die Sicherung der Geldwertstabilität. Weitere Tätigkeiten wie die Unterstützung der allgemeinen Wirtschaftspolitik und die Wechselkurspolitik gegenüber Währungen von Drittstaaten sind diesem Ziel untergeordnet. → Euro, → Wirtschafts- und Währungsunion (WWU).

Europäischer Ausrichtungs- und Garantiefonds für die Landwirtschaft (EAGFL), dient seit 1962 der Finanzierung der → Europäischen Agrarpolitik. Die Abteilung Garantie des E. finanziert die Ausgaben für die Marktorganisation (z. B. Ankauf/Lagerung von Überschussproduktionen und Exportförderung) im Rahmen der gemeinsamen → Agrarmarktordnung. Die Abteilung Ausrichtung des E. konzentriert sich im Rahmen der → Europäischen Strukturfonds sowohl auf die Verbesserung der Produktionsbedingungen, als auch auf die Vermarktung landwirtsch. Erzeugnisse. Traditionell bilden die Agrarausgaben den größten Posten des EU-Haushalts, was vergleichsweise wenig finanziellen Spielraum für andere EU-Politiken lässt.

Europäischer Beschäftigungspakt, vom → Europäischen Rat 1999 in Köln beschlossen und inhaltlich aus drei grundlegenden Pfeilern bestehend: (1) Weiterentwicklung und verbesserte Umsetzung der koordinierten Beschäftigungsstrategie (Luxemburg-Prozess). (2) Verstärkung der Strukturreformen zur Verbesserung der Wettbewerbsfähigkeit und der Funktionsfähigkeit der Waren-, Dienstleistungs- und Kapitalmärkte (Cardiff-Prozess). (3) Makroökonom. Dialog zwischen den Mitgliedstaaten der → Europäischen Union (EU), den Tarifpartnern, der → Europäischen Kommission und der → Europäischen Zentralbank (EZB) für ein möglichst spannungsfreies Zusammenwirken von Lohnentwicklung, Finanz- und Geldpolitik (Köln-Prozess). Der E. enthält keine verbindlichen quantitativen Ziele und sieht keine europäischen Beschäftigungsprogramme vor. → Arbeitsmarktpolitik.

Europäischer Binnenmarkt, gilt als zentrales Fundament der wirtsch. Integration in der → Europäischen Union (EU). Er wurde am 1.1.1993 vollendet, nachdem er bereits bei Gründung der EWG in den Römischen Verträgen als zentrales Ziel formuliert worden war. Der E. ist nach Art. 14 (2) EGV ein Raum ohne Binnengrenzen, in dem der freie Verkehr von Waren, Personen, Dienstleistungen und Kapital gewährleistet ist. Abgesehen von einigen Übergangsbestimmungen finden an den nationalen Binnengrenzen grundsätzlich keine Kontrollen des Personen- und Warenverkehrs mehr statt. Außerdem werden viele Bereiche, wie z.B. techn. Normen oder Steuersysteme harmonisiert. Ziel des E. ist es, die Angleichung der soz. und wirtsch. Verhältnisse innerhalb der EU zu verwirklichen bzw. zu fördern und den Wettbewerb in der Gemeinschaft zu sichern.

Europäischer Entwicklungsfonds (EEF), dient im Rahmen der → Entwicklungspolitik der → Europäischen Gemeinschaft (EG) zur Finanzierung von Entwicklungshilfeprojekten in assoziierten Ländern (hauptsächlich Staaten aus Afrika, der Karibik und dem Pazifik (sog. AKP-Staaten), die dem → Lomé-Abkommen mit der früheren EWG beigetreten sind). Die Mittel werden von den EU-Mitgliedsstaaten aus ihren nationalen Haushalten aufgebracht und im Wesentl. durch das Amt für Zusammenarbeit EuropeAid im Auftrag der → Europäischen Kommission verwaltet. Die E. sind zeitlich – meist auf fünf Jahre – begrenzt. Ziel der Förderung, die eine Ergänzung zu nationalen Bemühungen bilden soll, ist die Beseitigung von strukturellen wirtsch. Ungleichgewichten der Empfängerländer.

Europäischer Gerichtshof (EuGH), Rechtsprechungsorgan der → Europäischen Union (EU) mit Sitz in Luxemburg (gegründet 1952). Der E. sichert die Wahrung des Rechts durch die letztinstanzliche Auslegung und Anwendung der Gemeinschaftsverträge. Er setzt sich aus je einem Richter pro Mitgliedsland und acht Generalanwälten zusammen, welche die nationalen Regierungen im gegenseitigen Einvernehmen auf jeweils sechs Jahre mit Möglichkeit der Wiederernennung bestimmen. Bei Klagen von Mitgliedsländern oder anderen EU-Organen entscheidet der E. in Vollsitzung; ansonsten bildet er Kammern, die mit je drei oder fünf Richtern besetzt sind. Für Entscheidungen ist die Mehrheitsmeinung der Richter ausschlaggebend. Eine besondere Rolle nimmt der E. ein, wenn nationale Gerichte in Rechtssachen, die im europarechtl. Kontext stehen, bei Zweifeln über dessen Auslegung oder Gültigkeit dem Gerichtshof den Fall zur Vorabentscheidung vorlegen.

Europäischer Rat, Rat der Staats- und Regierungschefs der Mitgliedstaaten der → Europäischen Union (EU) sowie des Präsidenten der → Europäischen Kommission. Der E. tagte erstmals 1975 und ersetzte damit die bis dahin üblichen europäischen Gipfelkonferenzen. Er tritt in regelmäßigen Abständen (mindestens zweimal im Jahr) zusammen. Auf Basis des Art. 4 EUV ist der E. das wichtigste Organ für die Entwicklung der EU. Er gibt Impulse und legt allgemeine polit. Zielvorstellungen fest. Weiterhin nimmt er Aufgaben in den Bereichen der gemeinsamen Außen- und Sicherheitspolitik, der polizeilichen und justiziellen Zusammenarbeit in Strafsachen, der Wirtschafts- und Währungspolitik sowie der Beschäftigungspolitik wahr und entscheidet einstimmig.

Europäischer Rechnungshof (EuRH), 1977 gegründete Haushaltskontrollinstanz der → Europäischen Union (EU) mit Sitz in Luxemburg. Zu den Aufgaben des E. gehört die unabhängige, externe Kontrolle über die gesamten EU-Haushaltsmittel. So werden die Recht- und Ordnungsmäßigkeit der dem Gemeinschaftshaushalt zuzurechnenden Einnahmen und Ausgaben sowie die Wirtschaftlichkeit der Haushaltsführung geprüft. Die Ergebnisse der Untersuchungen werden in Jahres- oder Sonderberichten zu diversen Finanzbereichen festgehalten und im Amtsblatt der Gemeinschaft veröffentlicht. Zudem liegen die erhobenen Daten einer jährlichen Stellungnahme zur abgeschlossenen Haushaltsperiode zugrunde, auf die das → Europäische Parlament (EP) maßgeblich seinen Beschluss über die der → Europäischen Kommission zu erteilende Entlastung für ihre Haushaltsführung begründet. Der E. besteht aus je einem Mitglied pro EU-Mitgliedsstaat, die vom → Rat der EU für eine Amtszeit von sechs Jahren mit Wiederernennungsmöglichkeit bestimmt werden. Kritisiert wird der schwache Einfluss des E. auf die Effizienz der EU-Finanzen, der mit der 1999 erfolgten Erweiterung der Kontroll- und Untersuchungsbefugnisse jedoch gestärkt wurde.

Europäischer Regionalfonds (EFRE), Europäischer Fonds für Regionale Entwicklung, 1975 gegründet und wichtigstes Instrument der europäischen Regionalpolitik mit dem Ziel, über Finanzhilfen Einkommens- und Wohlstandsdisparitäten zwischen den EU-Regionen zu mindern und so dem übergeordneten Ziel des wirtsch. und soz. Zusammenhalts der Gemeinschaft zu dienen. Er verfügt von allen Strukturfonds (→ Europäische Strukturfonds, → Europäischer Sozialfonds (ESF), → Europäischer Ausrichtungs- und Garantiefonds für die Landwirtschaft (EAGFL)) über die weitaus größte Mittelausstattung. In diesem Zusammenhang wird er im Rahmen der neuen Ziele 1 und 2 sowie der Gemeinschaftsinitiativen INTERREG und URBAN tätig. Der E. soll koordinierend wirken und einem Subventionswettlauf der einzelnen Mitgliedstaaten vorbeugen. Er unterstützt insbes. Infrastrukturinvestitionen in den am schwächsten entwickelten Regionen mit bis zu 75 % der Gesamtkosten. Im Zuge der Reform der Strukturpolitik der Gemeinschaft (→ Agenda 2000, → Kohäsionsfonds) wurden Maßnahmen zur Effizienzsteigerung und zur Anpassung auf die Erfordernisse der → Osterweiterung sowie eine verstärkte Anwendung des → Subsidiaritätsprinzips beschlossen.

Europäischer Sozialfonds (ESF), 1960 eingerichtetes Instrument der europäischen Sozialpolitik im Rahmen der Europäischen Strukturpolitik zur Verbesserung der Lebens- und Beschäftigungsbedingungen und zur Angleichung der Sozial- und Arbeitsvorschriften zwischen den EU-Mitgliedstaaten. Mit den Mitteln aus dem E. werden insbes. Maßnahmen zur beruflichen Bildung, zur Umschulung von Arbeitnehmern, zur Wiedereingliederung von Arbeitslosen und Behinderten in den Arbeitsmarkt oder zur Erstbeschäftigung von Jugendlichen bezuschusst. Nach der Reform der europäischen Strukturpolitik (→ Agenda 2000) ist in Zukunft ein verbessertes Funktionieren der Arbeitsmärkte Schwerpunkt des Fonds. Weiterhin ist die Beteiligung des E. an Maßnahmen der europäischen Beschäftigungsstrategie und der beschäftigungspolitischen Leitlinien vorgesehen (→ Europäischer Beschäftigungspakt). Der E. ist Bestandteil der → Europäischen Strukturfonds (→ Europäischer Ausrichtungs- und Garantiefonds für die Landwirtschaft (EAGFL), → Europäischer Regionalfonds (EFRE)).

Europäischer Wirtschaftsrat → Organization for Economic Cooperation and Development (OECD).

Europäischer Wirtschaftsraum (EWR), seit 1994 bestehende → Freihandelszone zwischen der → Europäischen Union (EU) und der → European Free Trade Association (EFTA) (ohne die Schweiz) mit dem Ziel, einen an EU-Recht angelehnten Wirtschaftsraum zu verwirklichen, ohne dass die EFTA-Staaten in die EU eintreten oder ihre Autonomie in der Handels- und Zollpolitik gegenüber Drittstaaten aufgeben müssen. Der E. gilt mit einem Anteil von 40 % am Welthandel als der größte gemeinsame Markt der Welt.

Europäisches Parlament (EP), aus der 1952 gegründeten Parlamentarischen Versammlung der → Europäischen Gemeinschaft für Kohle und Stahl (EGKS) hervorgegangenes gemeinsames parlamentarisches Organ der drei Teilgemeinschaften der ersten Säule der → Europäischen Union (EU) (→ Europäische Gemeinschaft (EG), → Europäische Atomgemeinschaft (EURATOM, EAG), EGKS). Die allgemeine und direkte Wahl der Abgeordneten durch die gesamte wahlberechtigte Bevölkerung der EU-Mitgliedstaaten erfolgt seit 1979 für eine jeweils fünfjährige Wahlperiode. Dem E. gehören seit

1995 626 Parlamentarier aus den Mitgliedstaaten an. Die Zahl der Abgeordneten aus einem Mitgliedstaat berechnet sich nach einem an der Bevölkerungszahl orientierten Schlüssel. Die Abgeordneten des E. sind zu länderübergreifenden polit. Fraktionen zusammengeschlossen. Das Plenum tritt in Straßburg zu seinen regulären Beratungen zusammen; die Ausschüsse tagen in Brüssel. Sitz der Parlamentsverwaltung ist Luxemburg. Das E. verfügt über vier Möglichkeiten der polit. Einflussnahme: (1) Gesetzgebungskompetenz: Abhängig von der Art des zu erlassenen Rechtsaktes nimmt das E. entweder zum vorgeschlagenen Gesetz Stellung (Anhörungsverfahren), kann es in zweiter Lesung ablehnen (Kooperationsverfahren), ist dem Rat bei der Entscheidung gleichberechtigt (Mitentscheidungsverfahren) oder ist bei der Gestaltung des Rechtsaktes zustimmungspflichtig (Zustimmungsverfahren). (2) Haushaltskompetenz: Das E. verabschiedet den jährlichen Haushaltsentwurf und hat das Recht diesen abzulehnen. Es genehmigt dessen Ausführung und überwacht diese. (3) Kontrollbefugnisse: Der → Europäischen Kommission kann auf Basis der Stellungnahme des → Europäischen Rechnungshofs (EuRH) die Entlastung verweigert werden. Weiterhin gibt das E. ein Zustimmungsvotum zur Ernennung der Europäischen Kommission ab. (4) Gesetzgebungsinitiativen: Die Kommission kann aufgefordert werden, Gesetzesentwürfe zu entwickeln. Dennoch sind die Kompetenzen des E. im Vergleich zu nationalen Parlamenten im legislativen Prozess noch beschränkt (Demokratiedefizit). Es ist allerdings eine schrittweise Aufwertung der Befugnisse und Gestaltungsmöglichkeiten des E. zu beobachten (→ Amsterdamer Vertrag). Weiterhin benennt das E. einen Bürgerbeauftragten, der Beschwerden von EU-Bürgern über Missstände im Rahmen der EU-Aktivitäten entgegennimmt. Es kann Untersuchungsausschüsse einsetzen, welche die Tätigkeit der EU-Organe und das Vorgehen der Mitgliedstaaten bei der Durchführung der gemeinschaftlichen Politiken zum Gegenstand haben können. Im Hinblick auf die zukünftigen Erweiterungsrunden der EU darf die Zahl der Abgeordneten 700 nicht überschreiten.

Europäisches System der Zentralbanken (ESZB), 1998 zusammen mit der → Europäischen Zentralbank (EZB) gegründet. Institutioneller Rahmen, in dem die nationalen Notenbanken der Euroländer, zuständig für operative Aufgaben, und die EZB als Leitorgan eingebunden sind. Die Organisation ist vergleichbar mit dem früheren dt. Zentralbanksystem (Zusammenarbeit von → Deutscher Bundesbank und → Landeszentralbanken (LZB)). Dabei wird das Prinzip der → Subsidiarität angewendet, das sicherstellt, dass die → Geldpolitik europaweit einheitlich gestaltet wird, aber die Umsetzung auf der Arbeit der lokalen Organisationen beruht. Grundsätzlich zählt zu den Aufgaben des E., die Geldpolitik der Gemeinschaft zu bestimmen und durchzuführen, die Währungsreserven der Mitgliedstaaten zu halten sowie das reibungslose Funktionieren der Zahlungssysteme im Euroraum zu gewährleisten. Die Beschlussorgane des E. sind der Rat der EZB, der erweiterte Rat der EZB und das Direktorium der EZB.

Europäisches Währungssystem (EWS), die Gründung des E. im Jahr 1979 diente dem Ziel, eine Zone der Währungsstabilität zu errichten. Letztendlich ist das E. auch als Vorbereitung auf die Einführung der gemeinsamen Währung am 1.1.1999 (→ Euro) zu sehen. Ab diesem Zeitpunkt ist das sog. E. I in das E. II übergangen. (1) Das E. I beruht auf dem Konzept fester, aber anpassungsfähiger Wechselkurse und zielt auf eine Kooperation zwischen den Notenbanken der teilnehmenden Länder (die Mitgliedstaaten der → Europäischen Gemeinschaft (EG) mit Ausnahme des Vereinigten Königreichs). Als rechnerische Bezugsgröße galt für ECU (European Currency Unit), die als Bezugsgröße im Wechselkursmechanismus, Rechengröße bei Finanzoperationen sowie Zahlungsmittel und Reserveinstrument der Zentralbanken im E. diente. Das E. I funktionierte nach folgendem Mechanismus: Bei Beitritt eines Staates zum E. wird ein Leitkurs bezüglich der anderen beteiligten Währungen festgelegt. Werden die sog. Interventionspunkte (Grenzen einer Bandbreite von zuletzt ±15 % um den Leitkurs) über- bzw. unterschritten, sind die teilnehmenden → Notenbanken zur Ergreifung stabilitätserhaltender Maßnahmen verpflichtet (z.B. Kauf bzw. Verkauf der betreffenden Partnerwährung). Zudem sorgt ein täglich berechneter Divergenz-Indikator mit einer sog. Frühwarnschwelle (entspricht 75 % der Bandbreite) dafür, dass rechtzeitig Gespräche über mögliche Interventionen abgehalten werden. Die Deviseninterventionen können unter Berücksichtigung bestimmter Dringlichkeitserfordernisse und Fristigkeiten in sehr variablem Ausmaß (kurzfr. sogar unbeschränkt) auch kreditgestützt (d.h. unter Aufnahme eines Kredits bei der emittierenden Notenbank) vorgenommen werden. Mit dem Beschluss zur Verwirklichung der → Wirtschafts- und Währungsunion (WWU) und der Festlegung von Konvergenzkriterien für die Teilnahme an der Währungsunion musste ein Mitgliedstaat in den letzten zwei Jahren vor der Prüfung seiner Lage am Wechselkursmechanismus des E. teilgenommen und die normalen Bandbreiten ohne starke Spannungen eingehalten haben. Außerdem darf kein Mitgliedstaat seine Währung innerhalb dieser zwei Jahre von sich aus abgewertet haben. Mit Eintritt in die → Währungsunion geht die Verantwortung für die → Geldpolitik an die → Europäische Zentralbank (EZB). Die Mitgliedstaaten, die nicht von Beginn an der Euro-Einführung teilnehmen, sind Mitglieder des E. II. (2) Ziel des E. II ist die Vermeidung allzu großer Währungsschwankungen zwischen dem Euro und den Währungen der Nichtteilnehmerländer. Diese Länder sind im Erweiterten Rat der Europäischen Zentralbank vertreten, der das Nebeneinander von Gemeinschaftswährungen und Nichtteilnehmerwährungen koordinieren soll. Ziel des E. II ist v.a. die Sicherung der → Preisstabilität. Die Teilnahme daran ist Voraussetzung für den späteren Beitritt zur WWU.

Europa-Patent → Patentsystem.

European Currency Unit (ECU) → Europäisches Währungssystem (EWS).

European Free Trade Association (EFTA) (engl., Europäische Freihandelsassoziation), multilaterale Organisation mit Sekretariat in Genf, 1960 von Großbritannien, Schweden, Dänemark, Norwegen, der Schweiz, Österreich und Portugal gegründet und heute wegen Beitritten zur → Europäischen Union (EU) nur noch aus Norwegen, der Schweiz und den später hinzugekommenen Staaten Island und Liechtenstein bestehend. Zielsetzung der E. ist die Ausweitung der Wirtschaftstätigkeit, Sicherung der Vollbeschäftigung, Steigerung der Produktivität, Verbesserung der Wettbewerbsbedingungen und eine gleichmäßige Versorgung mit Rohstoffen über die Ausweitung des internationalen Handels. Dazu wurden bis 1966 die → Schutzzölle auf Industriegüter und die mengenmäßigen Beschränkungen der Ein- und Ausfuhren beseitigt. Gegenüber Drittländern behalten die Länder der E. ihre Zollsouveränität, da die E. keine → Zollunion, sondern eine → Freihandelszone darstellt. Agrarerzeugnisse sind vom → Freihandel ausgenommen und bleiben bilateralen Abkommen vorbehalten. Exekutivorgan der E. ist der Rat, der auf Expertenausschüsse zurückgreifen kann.

European Recovery Program (ERP) (engl., Europäisches Wiederaufbauprogramm), sog. Marshall-Plan der US-Regierung, der den Wiederaufbau der im 2. Weltkrieg zerstörten Wirtschaft Europas durch verstärkte Zusammenarbeit mit den USA zum Ziel hatte. Es ersetzte nach einer Übergangszeit die GARIOA-Hilfe, ein Hilfsprogramm zur Deckung dringender Einfuhren (z.B. Lebensmittel, Medikamente, Treibstoff) in die betroffenen Gebiete. Die ECA (Economic Cooperation Administration) in Washington und der Europ. Wirtschaftsrat (→ Organization for Economic Cooperation and Development (OECD)) in Paris koordinierten das Programm. Die Gegenmittel für amerik. Warenlieferungen wurden zu 95 % in Gegenwertfonds (engl. counterpart funds) gesammelt, welche die Empfängerländer für den Wiederaufbau verwenden konnten. 1 Mrd. USD wurde nach dem Londoner Schuldenabkommen zurückgezahlt, der Rest im → ERP-Sondervermögen zusammengefasst.

Europol, europäisches Polizeiamt mit Sitz in Den Haag, das als Strafverfolgungsanstalt der → Europäischen Union (EU) im Rahmen der Maßnahmen Inneres und Justiz (Titel VI EUV) zur Verbesserung der polizeilichen Zusammenarbeit zwischen den Mitgliedstaaten gegründet wurde. Das Abkommen zur Errichtung der Behörde trat am 1.10.1998 in Kraft. Wie im Abkommen festgeschrieben, umfasst das Tätigkeitsfeld von E. im weitesten Sinne grenzüberschreitende organisierte Kriminalität, z.B. Drogenhandel, Terrorismus, Schleuserkriminalität, Menschenhandel, Geldfälschungs- und Geldwäschedelikte. Dabei fungiert E. als Koordinierungsstelle und durchführendes Organ bei Ermittlungen in speziellen Fällen durch die Behörden mehrerer Mitgliedstaaten, bei der Entwicklung von Expertenwissen, mit dem die Mitgliedstaaten bei Ermittlungen in Fällen organisierter Kriminalität unterstützt werden können sowie bei der zügigen Herstellung von Kontakten zwischen Richtern und Ermittlungsbeamten.

EUROSTAT, Bezeichnung für das statistische Amt der → Europäischen Union (EU) mit Sitz in Luxemburg. Es liefert den EU-Organen die Datengrundlage für ihre Entscheidungen und informiert Verwaltungen und die Öffentlichkeit über statistisch erfassbare Sachverhalte der EU-Mitgliedsstaaten.

EURO STOXX (Dow Jones Euro Stoxx), Aktienindex, der die Börsenkurse der 50 wichtigsten Unternehmen (Standardwerte) der Staaten der Europäischen Währungsunion, mit ihrem Aktienkapital gewichtet, zusammenfasst. Kriterien für die Aufnahme in den E. sind Börsenkapitalisierung, Umsätze und Branchenzugehörigkeit.

Eurozone → Europäisches Währungssystem (EWS).

EUWAX (engl.: European Warrant Exchange), spezielles Segment der → Börse in Stuttgart zur Abwicklung von → Termingeschäften (Terminbörse). An der E. werden insbes. → Optionsgeschäfte, Hebel- und Anlagezertifikate (→ Zertifikat) sowie Aktienanleihen (→ Anleihe) gehandelt.

EVA → Economic Value Added.

Eventualhaushalt, Zusatzhaushalt (→ Budget), der bei Über- oder Unterschreiten vorher festgelegter Werte der → Konjunkturindikatoren in Kraft tritt und zur Stabilisierung der Konjunktur dient (→ Formula Flexibility, → Stabilitätsgesetz (StWG)). Im Gegensatz zum → Nachtragshaushalt steht der E. neben dem Hauptetat.

Eventualposten, → Forderungen oder → Verbindlichkeiten in der → Bilanz, die der Höhe nach bekannt sind, deren Eintreten aber unsicher ist. Zu den E. gehören die → Bürgschaft (→ Aval) und die Garantie.

EVSt → Einfuhr- und Vorratsstellen.

Ewige Anleihe, → Anleihe mit offenem oder spätem Rückzahlungstermin. Der → Schuldner ist nur zur Zinszahlung, nicht aber zur → Amortisation verpflichtet und behält sich normalerweise das Recht zur Tilgung vor, ohne dass er den Zeitpunkt hierfür vorher festlegt.

EWG → Europäische Wirtschaftsgemeinschaft.

EWR → Europäischer Wirtschaftsraum.

EWS → Europäisches Währungssystem.

Ex, Ausdruck, der auf der Kurstafel oder dem Kurszettel an der → Börse vorkommt und den → Kurs einer → Aktie um einen Wert vermindert anzeigt. Arten: (1) E. B: Kursnotierung ohne Bezugsrecht am Tage des Bezugsrechtabschlags. (2) E. Cp: beim dem Kurszettel, der ausdrückt, dass eine Aktie ohne den fälligen → Kupon gehandelt wurde. (3) E. Div: Zusätzliche Kursnotierung an der Börse am Tag des Dividendenabschlages.

Ex Ante-Analyse → Analyse.

Excess Burden → Zusatzlast.

Exclusion Principle → Ausschlussprinzip.

Existenzminimum, (1) Volkswirtsch. E.: Mindestbetrag an Einkommen oder Existenzmitteln, welcher zur Bestreitung des Daseins eines Einzelnen oder einer Familie unbedingt notwendig ist. Unterschieden werden physiologisches, wirtsch., soz. und kulturelles E. (2) Einkommensteuerrechtl. E.: orientiert sich am sog. → Leistungsfähigkeitsprinzip, nachdem das E. nicht besteuert werden darf. Nach der Rechtsprechung des Bundesverfassungsgerichts von 1994 muss dem Steuerpflichtigen nach Einkommensteuer von seinen Einkünften (→ Einkünfte, steuerliche) so viel verbleiben, wie er zur Bestreitung seines notwendigen Lebensunterhalts und desjenigen seiner Familie benötigt. Das steuerlich zu verschonende E. hängt von den allgemeinen wirtsch. Verhältnissen und dem Mindestbedarf ab, wie er im Sozialhilferecht bestimmt ist. (3) Sozialhilferechtl. E.: vom Gesetzgeber festgelegter Mindestbedarf, der durch die → Sozialhilfe gedeckt wird. Das sozialhilferechtl. E. bestimmt die Höhe des steuerrechtl. E. → Armut, → Negative Einkommensteuer.

Exogene Variable, Größe in einem System von abhängigen Größen, die von den anderen Größen des Systems nicht beeinflusst wird, selbst jedoch den Wert der → Endogenen Variablen mitbestimmt.

Expansionspfad, Verbindungslinie aller kostenminimalen Kombinationen von Arbeit und Kapital in Abhängigkeit der Outputmenge. Alle auf dieser Linie liegenden Punkte sind Tangentialpunkte einer Isoquante mit einer Isokostengerade für eine bestimmte Outputmenge (→ Minimalkostenkombination). Ist die zugrunde liegende → Produktionsfunktion homogen, verläuft der E. linear, ist sie inhomogen, hat er einen nichtlinearen Verlauf.

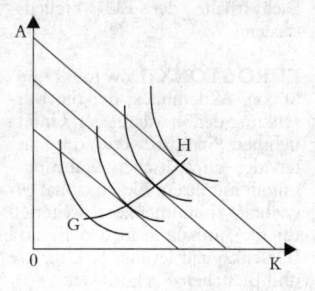

Expenditure Tax → Ausgabensteuer.

Exponentialtrend (logarithmischer Trend), Instrument der Analyse von Zeitreihen, vornehmlich in Analysen von langfr. Indexreihen der Produktion oder von anderen Wachstumsreihen angewandt. Neben dem E. wird auch der lineare → Trend und der Trend zweiten oder höheren Grades angewandt. Die dazugehörige math. Form lautet: $T_{exp} = a \cdot b^x$.

Exponentielles Wachstum, Zunahme einer Größe mit konstanter Wachstumsrate und dadurch steigender absoluter Wachstumsmenge, da sich der Anfangsbestand periodenweise erhöht. Bsp.: Wachstum der Weltbevölkerung mit einer Verdoppelung nach etwa 35 Jahren.

Export → Ausfuhr.

Exporteur, betreibt die → Ausfuhr von Waren ins Ausland. Der E. erwirbt entweder auf eigene Rechnung oder als Kommissionär Waren von inländ. Produzenten und verkauft diese ins Ausland weiter. E. sind oft in mehreren Branchen vertreten und verfügen über eigene Niederlassungen oder Kontaktpersonen im Ausland.

Exportfinanzierung, Oberbegriff für internationale Zahlungs-, Sicherungs- und Finanzierungsinstrumente, die im Exportgeschäft angewandt werden (→ Ausfuhr). Dazu zählen (1) Instrumente mit direkten Zahlungs- oder Finanzierungscharakter, wie z.B. → Akkreditive oder Anzahlungen; (2) Instrumente ohne direkten Zahlungs- oder Finanzierungscharakter, die überwiegend der Absicherung der Geschäftspartner dienen, wie z.B. Bankgarantien, → Hermes-Garantien, Warenkreditversicherungen. → Ausfuhrförderung.

Exportförderung → Ausfuhrförderung.

Exportkartell → Kartell.

Exportprämie → Ausfuhrprämien.

Exportquote, Verhältnis der → Ausfuhren einer Volkswirtschaft zum → Bruttoinlandsprodukt (BIP). Die E. ist ein Indikator für die Außenhandelsverflechtung eines Landes.

Export-Risiko → Hermes-Garantien.

Ex Post-Analyse → Analyse.

Externalities → Externe Effekte.

Externe Effekte (engl.: spillovers), entstehen bei Wechselbeziehungen ohne Ausgleich über den → Preismechanismus des Marktes. Man kann sie als Differenz zwischen den privaten und volkswirtsch. Nutzen und Kosten einer ökonom. Aktivität messen. Sie können sowohl bei Produktion als auch bei Konsumtion entstehen und sind Folge nicht hinreichend spezifizierter Eigentumsrechte (→ Theorie der Eigentumsrechte). Das Konzept der E. spielt in der Wirtschaftstheorie und -politik, z.B. in der → Umweltökonomik, eine wichtige Rolle, da sie die Pareto-Optimalität (→ Pareto-Optimum) einer ansonsten idealtypischen Marktwirtschaft zerstören und prinzipiell einen Staatseingriff (→ Pigou-Steuer) rechtfertigen. Bsp. für negative E. sind Umweltverschmutzungen, die auf eine extensive Nutzung der Umwelt auf Grund unterschiedlicher privater und volkswirtsch. Kosten dieser Nutzung zurückzuführen sind.

Extrapolation, in der Analyse von → Zeitreihen Verlängerung eines → Trends in Zeiträume, die außerhalb des Beobachtungszeitraumes liegen. Dabei wird davon ausgegangen, dass die auf die Trendlinie einwirkenden Kräfte oder Faktoren auch in einer anderen Periode in gleicher Weise wirken.

EZB → Europäische Zentralbank.

F

Factoring, Verkauf von kurzfr. Forderungen aus Geschäften mit Geschäftskunden (Abnehmern) an eine Factoringgesellschaft, den sog. Factor. Dabei hat der Forderungsverkäufer bestimmte Voraussetzungen bezüglich Bonität seiner Kunden, Seriosität der betroffenen Forderungen und des Zahlungsziels (nicht mehr als 120 Tage) zu erfüllen. Das F. hat einerseits eine Finanzierungsfunktion, da dem Forderungsverkäufer sofort liquide Mittel zufließen und nicht erst am Ende des Zahlungsziels, andererseits kann es auch der Abwälzung des → Delkredere-Risikos auf den Factor dienen.

Faktoreinkommen, aus dem Einsatz und der Nutzung der → Produktionsfaktoren Arbeit, Boden und Kapital abgeleitete Entgelte in Form von Lohn, Pacht, Miete, Zins und Gewinn. F. werden in der Volkswirtschaftlichen Gesamtrechnung (VGR) als Beitrag zur Wertschöpfung erfasst und sind in der → Allokationstheorie von zentraler Bedeutung. Die Verteilung des Einkommens zwischen den Produktionsfaktoren ist die funktionale → Einkommensverteilung.

Faktorenanalyse, statistisches Verfahren in der multivariaten Datenanalyse zur Reduktion von Einflussfaktoren auf eine möglichst geringe Zahl wesentlicher → Variablen. Die F. wird v.a. in der psychologischen Ursachenforschung und in der → Marktforschung angewandt.

Faktorlücke, Nachfrageüberhang nachg → Produktionsfaktoren über deren Angebot. Ist die Volkswirtschaft vollbeschäftigt und voll ausgelastet, schließt sich die F. über einen Anstieg der Preise. Herrscht → Unterbeschäftigung, schließt sich die F. über reale Anpassungen (z.B. bessere Auslastung der Kapazitäten bei gleich bleibendem Preisniveau).

Faktormobilität, Beweglichkeit der → Produktionsfaktoren in räumlicher, qualifikatorischer und sektoraler Hinsicht. Die F. ist einerseits dafür entscheidend, ob der Preis seine Allokationsfunktion erfüllen kann. Außerdem kann die Immobilität des Faktors Arbeit zur → Arbeitslosigkeit beitragen.

Faktorpreis → Faktoreinkommen, → Produktionsfaktoren.

Faktorpreisausgleichs-Theorem, Begriff aus der → Außenwirtschaftstheorie, der besagt, dass sich durch → Außenhandel internationale Unterschiede in den relativen und absoluten Faktorpreisen ausgleichen. In der Realität wird der Ausgleich allerdings durch Friktionen (Bsp.: → Transaktionskosten, → Zölle) behindert. → Heckscher-Ohlin-Theorem.

Faktorproduktivität, Quotient aus Gesamtertrag und Einsatzmenge eines Faktors, als Maß für die → Effizienz. Die → Grenzproduktivität drückt den zusätzlichen Output aus, der sich aus einer Erhöhung des Faktoreinsatzes um eine Einheit ergibt. Die Durchschnittsproduktivität ist das Verhältnis von gesamtem Produktionsvolumen zu Arbeits- oder Kapitaleinsatz.

Faktorproportionen-Theorem, Ansatz, der Richtung und Struktur der Außenhandelsströme aus der unterschiedlichen Faktorausstattung der Handelspartner im Autarkiezustand erklärt. Dabei konzentriert sich ein Land, das relativ viel Kapital besitzt, auf die Erzeugung kapitalintensiver Güter, da es hier komparative Kostenvorteile hat (→ Komparative Kosten und Vorteile). Entsprechend spezialisiert sich ein Land, das relativ mehr Arbeit einsetzen kann, auf die Produktion arbeitsintensiver Güter. Auf Grund der internationalen Arbeitsteilung wird die → Effizienz erhöht und die Faktorallokation (→ Allokationstheorie) verbessert.

Faktorvariation, Veränderung der Einsatzmengen von → Produktionsfaktoren, die auf vier Arten geschehen kann: (1) partielle F.: hierbei wird die Einsatzmenge eines Faktors verändert, während die aller übrigen konstant bleibt; (2) proportionale F.: hierbei wird der Faktoreinsatz bei gleichem Einsatzverhältnis verändert, so dass eine Niveauänderung vorliegt, (3) isoquante F.: bei dieser wird ein Produktionsfaktor in der Menge durch einen anderen ersetzt, während der Output nicht berührt wird; (4) isokline F.: diese ist durch eine gleich bleibende → Grenzrate der Substitution bei unterschiedlichen Outputmengen gekennzeichnet.

Faktura (lat., = Rechnung).

Fallstudie (engl.: case study), soll anhand eines praktischen oder simulierten Falles mögliche Entscheidungen durch eine Gruppe erarbeiten helfen. Sie soll das Verständnis für Zusammenhänge anhand des Einzelfalles fördern.

Falsifizierung → Wissenschaftstheorie.

Familienlastenausgleich, bis in die jüngste Vergangenheit verwendeter Begriff für den zentralen Gestaltungsbereich der → Familienpolitik. Im Rahmen des F. erhielten Familien direkte und indirekte meist monetäre Transferleistungen, um die ökonom. Lasten und Benachteiligungen der Familien durch Versorgung, Betreuung und Erziehung von Kindern auszugleichen. Ziel des F. ist die Herstellung von soz. Gerechtigkeit zwischen Familien mit Kindern und Lebensformen ohne Kinder. Seit den 1990er Jahren wird der Begriff → Familienleistungsausgleich verwendet.

Familienleistungsausgleich, alle Hilfen und Zuwendungen von staatl. Einrichtungen oder Behörden, Arbeitgebern, kirchlichen und karitativen Organisationen zur Verbesserung der Lebenssituation von Familien mit Kindern (darin inbegriffen allein erziehende Elternteile). Zum F. zählen monetäre Leistungen sowie Realtransfers aus verschiedenen Politikfeldern, z.B. steuerrechtl. Erleichterungen für Familien (insbes. Kinderfreibeträge bzw. Kindergeld in der → Einkommensteuer), aber auch die Anrechnung von Erziehungszeiten in der Gesetzl. Rentenversicherung und die beitragslose Mitversicherung von Ehepartnern und Kindern im Rahmen der Gesetzl. Krankenversicherung. Als Weiterentwicklung des → Familienlastenausgleichs zielt der F. nicht nur auf den Aus-

Familienpolitik

gleich der Lasten von Familien gegenüber Kinderlosen, sondern vielmehr auf die Anerkennung der Leistungen von Familien für die Gesellschaft, z. B. in Form von Bildung und Erhaltung des Humanvermögens der Gesellschaft.

Familienpolitik, Summe aller Aufgaben, die der Verbesserung der Lebensbedingungen von Familien dienen. Die F. strebt an, optimale Voraussetzungen zu schaffen oder zu sichern, damit Familien ihre Aufgaben erfüllen können. Dies kann durch ein familiengemäßes Einkommen, familiengerechte Wohnumweltbedingungen, familienbezogene soz. Dienste und Bildungshilfen, gemeinsame Freizeit für familiäres Zusammenleben sowie gesetzl. Schutz und öffentl. Wertschätzung der Familie erfolgen. → Familienleistungsausgleich.

FAQ, (1) (engl.: Fair Average Quality) → Qualitätsbezeichnung; (2) (engl., Abk. für Frequently Asked Questions), Begriff, der im Internet für häufig gestellte Fragen verwendet wird, die auf einer Website zentral beantwortet werden.

fas (engl., free alongside ship), im Überseehandel übliche Vertragsklausel, die besagt, dass der Verkäufer die Ware die Kosten des Wassertransports bis zum Schiff zu tragen hat. Im Unterschied zur → fob-Klausel hat der Käufer die Mehrkosten für Wartezeiten infolge starken Abladeandrangs zu tragen. → Incoterms.

Fayolsches Gesetz, besagt, dass → dispositive Faktoren, also Planung, Organisation, Kontrolle, mit höherer Betriebsstufe an Bedeutung gewinnen.

Fazilität, im Allg. die → Kreditlinie, die einem Kunden zur Deckung eines Kreditbedarfs oder zur Erleichterung eines beiderseitigen Geschäftsverkehrs bei → Geschäftsbanken eingeräumt wird. Im → Europäischen System der Zentralbanken (ESZB) ist insbes. die Einlage- und Spitzenrefinanzierungsfazilität als Instrumentenpaar zur kurzfr. Steuerung der → Geldmenge von Bedeutung: Eine Geschäftsbank kann dabei bei der nationalen → Zentralbank überschüssige Liquidität über Nacht anlegen (Einlagenfazilität) bzw. zusätzliche Liquidität über Nacht beschaffen (Spitzenrefinanzierungsfazilität). Die dafür gültigen Zinssätze werden von der → Europäischen Zentralbank (EZB) festgelegt und bilden faktisch eine Ober- bzw. Untergrenze für die Tagesgeldzinssätze.

Federal Reserve System (FRS), Zentralbanksystem der USA, 1913 auf Grund des Federal Reserve Act gegründet, umfasst die Federal Reserve Banks (FRB) von zwölf sog. Federal Reserve Distrikten. Alle bundesweit tätigen Banken sind Zwangsmitglieder des F., müssen Konten bei den FRB unterhalten und dort ihren Mindestreserveverpflichtungen nachkommen. Das Board of Governors des F., das sich aus sieben, vom US-Präsidenten auf 14 Jahre ernannten Mitgliedern zusammensetzt, bestimmt mittels der Festsetzung der → Mindestreservesätze, des mit den Direktoren der FRB abgestimmten Diskontsatzes (→ Diskontsatzpolitik) und – in (teilweiser) Personalunion mit dem 14-köpfigen Federal Open

Market Committee – mittels der Offenmarktpolitik die Geldpolitik der USA. Daneben treten die FRB als Geschäftsbank der US-Regierung (»fiscal agent«) auf.

Feedback → Rückkopplung.

Fehlbelegungsabgabe, Ausgleichszahlung, die fällig wird, wenn eine im soz. Wohnungsbau errichtete Wohnung von einem Haushalt belegt wird, der die Einkommensgrenze des § 5 II Wohnungsbaugesetz übersteigt. Die F. greift außerdem im Fall einer Unterbelegung, die entsteht, wenn infolge verminderter Bewohnerzahl (z.B. durch den Auszug von Kindern) die Wohnfläche größer als gesetzl. vorgesehen ist. Durch die F. soll eine ungerechtfertigte Subventionierung ausgeglichen werden.

Fehler, (1) Entscheidung: Verwerfen einer → Annahme oder → Hypothese obgleich sie richtig ist (Alpha-Fehler), oder Akzeptieren einer Annahme oder Hypothese, obschon sie falsch ist (Beta-Fehler); (2) Statistik: hier spricht man von einem systematischen F., wenn darauf die Lehrsätze der Wahrscheinlichkeitsrechnung nicht anwendbar sind (z.B. durch Rundung), während ein zufälliger F. dadurch auftritt, dass der Berechnung eine zufällige Stichprobe zugrunde liegt.

Fehlinvestition, Kapitalanlage oder Projekt, die auf Grund falscher Einschätzung der gegenwärtigen oder künftigen Marktverhältnisse nicht den → Ertrag bringt, mit dem gerechnet wurde.

Feingehalt (Feingewicht), Anteil des reinen Edelmetalls in → Legierungen, z. B. → Münzen. Der F. wird normalerweise in Promille angegeben. Früher wurde er jedoch bei Goldlegierungen auch in Karat gemessen.

Feldforschung (engl.: field research), vornehmlich in der Markt- und Meinungsforschung die Gewinnung primärstatistischer Daten aus einer natürlichen Umgebung. Man unterscheidet dabei drei Erhebungsmethoden: → Befragung, → Beobachtung und Experiment.

Fertigungszeiten, Zeitaufwand zur Herstellung eines bestimmten Produkts oder Vorprodukts. Die Feststellung der durchschnittlichen F. dient dazu, Vorgabezeiten für die Betriebsplanung (→ Controlling), Terminüberwachung und Arbeitsverteilung zu erstellen. Der → Reichsausschuss für Arbeitsermittlung (REFA) gliedert die Gesamtfertigungszeit in Rüstzeit und Stückzeit. Die Rüstzeiten entstehen für den Fertigungsauftrag nur einmal durch Vorbereitungsarbeiten, die dem gesamten Auftrag dienen (z.B. Einrichten der Maschinen). Die Stückzeiten sind die auf die Fertigung eines Stücks entfallenden Zeiten.

Feste Wechselkurse, festgesetzter → Wechselkurs beim Umtausch von Währungen. In diesem Wechselkursregime müssen → Notenbanken den Wechselkurs durch Interventionen sichern. Außerdem müssen wirtsch.polit. Ziele und Mittel in den beteiligten Ländern aufeinander abgestimmt werden, was die geld- und kreditpolit. Freiheiten nationaler Konjunkturpolitik einschränkt und zum Ausgleich der → Zahlungsbilanz zwingt. Gegenstück: → Freie Wechselkurse.

Festgeld, (1) Termineinlagen, die eine feste Laufzeit von i.d.R. mindestens einem Monat haben. (2) Kredite im Bank- und Börsenverkehr, die bis zu einem festgelegten Termin zur Verfügung gestellt werden.

Fiat Money (engl.), Geld mit sehr geringem Eigenwert, das gesetzl. oder gewohnheitsmäßiges Zahlungsmittel ist.

FIFO → First In – First Out.

Financial Engineering (engl.), zielgerichtete Konstruktion, Analyse und Gestaltung von Finanzkontrakten zur Lösung finanzwirtsch. Probleme. Das F. basiert auf den Erkenntnissen der Finanzierungstheorie, der Anwendung math. Methoden und der Unterstützung durch die Informationstechnologie. Die Finanzkontrakte sind so zu gestalten, dass sowohl Kundenwünsche als auch Markterfordernisse berücksichtigt werden. → Finanzierung.

Finanzamt, örtliche Behörde der Finanzverwaltung, die z.B. Steuerpflichtige ermittelt und deren Steuererklärungen bearbeitet, außerdem die ordnungsgemäße Entrichtung der Steuern überprüft. Übergeordnete Behörde ist die Oberfinanzdirektion.

Finanzausgleich, regelt bei über- oder nebengeordneten Finanzwirtsch. (etwa Bund, Länder und Gemeinden) die finanziellen Beziehungen zwischen finanzschwachen und -starken → Gebietskörperschaften. Begründet wird der F. u.a. dadurch, dass eine Gebietskörperschaft ihre Aufgaben in einem föderalen Aufbau (→ Föderalismus) unter Wahrnehmung der Einheitlichkeit der Lebensverhältnisse nur dann wahrnehmen kann, wenn ihr auch entsprechende Finanzmittel zur Verfügung stehen. Dabei wird der Begriff F. unterschiedlich weit gefasst: (1) F. i.w.S. umfasst die Aufgaben-, Ausgaben- und Einnahmenverteilung zwischen öffentl. Körperschaften (→ Fiskalische Äquivalenz, Prinzip der, → Spill-Over-Effekt). Dabei wird die Aufgabenzuweisung als passiver F. und die Einnahmenzuteilung als aktiver F. bezeichnet; (2) F. i.e.S. analysiert nur die Einnahmenseite und (3) F. im engsten Sinn betrachtet die ausgleichenden Finanzströme zwischen verschiedenen Gebietskörperschaften. Während der vertikale F. durch allgemeine oder spezielle Finanzzuweisungen einen Ausgleich in der unterschiedlichen Finanzkraft verschiedener Ebenen bezweckt, versucht der horizontale F., solche Gefälle durch Zahlungen unter gleichgeordneten Gebietskörperschaften einzuebnen (z. B. Länderfinanzausgleich, kommunaler F.). Die Einnahmen werden nach verschiedenen Systemen auf die Ebenen aufgeteilt (→ Einnahmenverteilung, vertikale). Das dt. System des F. wird wegen Intransparenz, mangelnder Anreize zu solider Finanzwirtsch. (v. a. bei den Ländern auf Grund erheblicher Nivellierungswirkungen) und geringer steuerpolit. Autonomie einzelner Gebietskörperschaften kritisiert. Der internationale F. strebt zwischenstaatl. Regelungen an, um die Lasten der gemeinsamen Wahrnehmung polit. Aufgaben (z.B. internationale öffentl. Güter, Umweltschutz) gerecht zu verteilen oder Doppelbesteuerungen zu vermeiden. Auch die Finanzierung der → Europäischen Union (EU) weist Merkmale eines F. auf.

Finanzbericht, Schrift, die jährlich vom Bundesfinanzministerium zusammen mit dem Entwurf für den → Haushaltsplan vorgelegt wird. Er enthält die wichtigsten volkswirtsch. und finanzwiss. Daten und berichtet ferner über die Finanzplanung und den → Finanzausgleich sowie über das Vermögen und die Schulden des Bundes.

Finanzbuchhaltung (Geschäftsbuchhaltung), buchhalterische Erfassung der externen Finanzbeziehungen eines Betriebes zu Schuldnern, Gläubigern und Kapitalgebern. Aus den Zahlen der F. werden → Bilanz und → Gewinn- und Verlustrechnung (GuV) erstellt, welche die finanzielle Lage und den Erfolg eines Betriebes abbilden.

Finanzföderalismus → Fiskalische Äquivalenz, Prinzip der.

Finanzgerichte, spezielle Verwaltungsgerichte, welche Streitigkeiten über öffentl. Abgaben regeln. Oberste Behörde ist der Bundesfinanzhof mit Sitz in München.

Finanzhoheit, Recht eines Staates, eigenverantwortlich seine Finanzen zu regeln und die zur Erfüllung seiner Aufgaben notwendigen Mittel im Rahmen der Steuerhoheit zu besorgen. In Deutschland ist die F. gemäß dem → Föderalismus (als Ertrags-, Gesetzgebungs- und Verwaltungshoheit) auf Bund, Länder und Gemeinden verteilt.

Finanzierung, alle Vorgänge der Bereitstellung finanzieller Mittel zur Durchführung der betriebl. Leistungserstellung und -verwertung sowie besondere finanztechn. Vorgänge. Dazu gehören ebenso Gründung, → Sanierung oder → Fusion von Unternehmen. Die unterschiedlichen Formen der F. lassen sich nach mehreren Kriterien systematisieren: (1) Herkunft des → Kapitals, das dem Unternehmen bei der → Außenfinanzierung von außen zufließt, während es bei der → Innenfinanzierung im eigenen Umsatzprozess entsteht; (2) Rechtstellung der Kapitalgeber. Durch diese werden Fremdfinanzierung, z.B. durch Kredite oder Pensionsrückstellungen, sowie Eigenfinanzierung, welche das → Eigenkapital des Unternehmens erhöht, unterschieden; (3) Einfluss auf den Vermögens- und Kapitalbereich. Dieses Kriterium trennt Bilanzverlängerung durch Zunahme der Vermögens- und Kapitalseite und Bilanzverkürzung als Abnahme des Gesamtvermögens und -kapitals, z.B. auf Grund einer Rückzahlung von Krediten oder Einlagen oder einer Gewinnausschüttung. Außerdem unterscheidet es zwischen → Aktivtausch durch Vermögensumschichtung bei konstantem Gesamtvermögen und -kapital und → Passivtausch durch Kapitalumschichtungen bei konstantem Gesamtvermögen und -kapital. Bsp. sind der Austausch von Eigenkapitalmitteln, die Substitution von Fremdkapital sowie eine Strukturverschiebung zwischen Fremd- und Eigenkapital; (4) Dauer der Kapitalbereitstellung, welche unbefristete, langfr., mittelfr. und kurzfr. Formen der F. zulässt. Zur Erleichterung der Finanzierungs-

Finanzierungsgesellschaft

funktion in der Gründungsphase kann ein → Business Plan dienen, der die Bereitsteller von Risikokapital oder → Venture Capital über unternehmerische Vorhaben des Kapitalempfängers informiert.

Finanzierungsgesellschaft, Unternehmen in Form einer → Kapitalgesellschaft, das als ausschl. Funktion hat, anderen nahe stehenden Unternehmen Kapital zu beschaffen. Bsp. für eine F. ist die Holdinggesellschaft.

Finanzierungsrechnung, Begriff der → Volkswirtschaftlichen Gesamtrechnung (VGR), der die Kreditbeziehungen zwischen dem Finanzsektor und den anderen Sektoren erfasst. Ersteller der F. ist die → Deutsche Bundesbank.

Finanzmonopol, durch Gesetz errichtetes → Monopol (Art. 105 I GG), das dem Staat die alleinige Befugnis erteilt, zu Einnahmezwecken bestimmte Waren als Monopolist herzustellen und/oder zu vertreiben. Bsp. für Monopolwaren sind Tabak, Zigaretten und alkoholische Getränke. Ziel des F. ist Einflussnahme auf Produktion, Absatzsicherung und Strukturpolitik.

Finanzplan → Mittelfristige Finanzplanung.

Finanzplanungsrat, polit. Beratungsgremium, das die → Mittelfristige Finanzplanung des Bundes mit den Planungen der Länder und Gemeinden abstimmt. Der F. besteht aus den Finanzministern von Bund und Ländern, dem Bundeswirtschaftsminister sowie Vertretern der Gemeinden und der → Deutschen Bundesbank.

Finanzpolitik, polit. Maßnahmen mit dem Ziel, durch Einsatz von öffentl. Einnahmen, Ausgaben und Vermögen die gesamtwirtsch. Grundziele zu verwirklichen. Diese können sein: optimale Verteilung der → Ressourcen auf Markt- und Staatswirtschaft, → Effizienz im öffentl. Sektor, kurz- und langfr. Stabilisierung und Ausgleich von → Konjunkturbewegungen und gerechte → Einkommensverteilung. Fiskalisches Ziel der F. ist außerdem die Deckung des öffentl. Finanzbedarfs.

Finanzpsychologie → Behavioral Finance.

Finanztheorie, theoret.-analytische Grundlage der → Finanzwissenschaft, die sich mit der Allokation von öffentl. und privaten Gütern und Faktoren (→ Allokationstheorie), den öffentl. Einnahmen, der → Einkommensverteilung und der Stabilisierung von Preisen und Beschäftigung (→ Finanzpolitik) befasst.

Finanzverfassung, alle Normen, welche die Finanzierung der öffentl. Ausgaben, insbes. die steuerliche → Ertragshoheit und → Verwaltungshoheit ordnen und regeln. Die F. ist in Deutschland im Grundgesetz und in weiteren Einzelgesetzen geregelt.

Finanzwechsel, → Wechsel, der im Gegensatz zum → Warenwechsel lediglich der Geldbeschaffung dient. Da dem F. kein Warengeschäft zugrunde liegt, wird er grundsätzlich nicht zur Diskontierung zugelassen.

Finanzwirtschaft, betriebliche, Funktionalbereich der → Betriebswirtschaftslehre (BWL), der Möglichkeiten und Kriterien zur Optimierung der Finanzierungsstruktur von Unternehmen untersucht. Ziel ist es, Finanzierungsalternativen mit Hilfe verschiedener Investitionsrechnungsverfahren zu vergleichen. → Finanzierung.

Finanzwirtschaft, öffentliche, ist das Erfahrungs- und Erkenntnisobjekt der → Finanzwissenschaft. Institutional gesehen umfasst sie alle Einrichtungen und Tätigkeiten des Staates (→ Gebietskörperschaften) und umschließt, weit definiert, alle nationalen und internationalen Körperschaften und Anstalten, die mit öffentl. Aufgaben betraut sind (auch → Parafisci) und Abgaben zwangsweise erheben dürfen. Von Interesse dabei sind insbes. die Wirtschaftlichkeit der öffentl. Tätigkeit (→ Öffentliche Verschwendung, Theorie der, → R- Ineffizienz, → Q-Ineffizienz) sowie Verteilungsaspekte (→ Verteilungstheorie). Ferner interessieren ökonom. Wechselbeziehungen zur Marktwirtschaft.

Finanzwissenschaft, Bereich der → Wirtschaftswissenschaften, der sich mit dem öffentl. Sektor einer → Volkswirtschaft auseinander setzt. Die Anfänge der F. in Deutschland lassen sich im Kameralismus (→ Merkantilismus) finden, dessen Hauptaugenmerk auf der ordentlichen Führung des Staatshaushaltes lag. Die heutige F. untersucht das wirtsch. Handeln des Staates u.a. hinsichtlich seiner Entscheidungsprozesse, Institutionen und Aufgaben. Die normative Sicht fragt dabei nach der erwünschten Rolle des Staates in der Wirtsch. hinsichtlich einer optimalen Allokation (→ Allokationstheorie) von öffentl. Einnahmen und Ausgaben, die positive Sicht beschreibt dagegen, wie sich staatl. Akteure in der Realität tatsächlich verhalten. Neben der Gestaltung der → Staatseinnahmen und der → Staatsausgaben spielen die → Finanzpolitik und die → Effizienz im öffentl. Sektor eine große Rolle. → Finanzwirtschaft, öffentliche, → Finanztheorie, → Fiskalische Äquivalenz, Prinzip der, → Föderalismus, → Öffentliche Verschwendung, Theorie der, → Öffentliche Schulden.

Finanzzoll, Abgabe auf eingeführte Waren, die im Gegensatz zum → Schutzzoll aus rein fiskalischen Gründen erhoben wird. Der F. spielt v.a. in → Entwicklungsländern als Einnahmequelle eine große Rolle.

Firma, nach §§ 17ff. HGB der Name, unter dem ein → Vollkaufmann seine Geschäfte betreibt und die Unterschrift abgibt, klagt und verklagt wird. Bei der Wahl der Firma haben ins → Handelsregister eingetragene Unternehmen freie Wahl, wobei einige Grundsätze beachtet werden müssen: (1) Öffentlichkeit, d.h. die Firma muss ins Handelsregister eingetragen sein; (2) Ausschl.keit, d. h. die Firma muss sich von anderen am gleichen Ort in der Bezeichnung unterscheiden; (3) Wahrheit, d.h. die Bezeichnung darf nichts Irreführendes enthalten.

Firmenmantel, alle Anteilsrechte an einer → Kapitalgesellschaft (etwa Aktien- oder GmbH-Mantel), die ohne das vorhandene Betriebsvermögen veräußert werden. Durch den Kauf eines F. vermeidet der Erwerber die mit einer Neugründung verbundenen Gründungskosten und Konzessionen.

Firmenschutz → Firma.

Firmenwert (Geschäftswert, engl., Goodwill), zusätzlicher Wert eines Unternehmens, der über den reinen Vermögenswert hinausgeht. Dabei spielen Erwartungen bezüglich des künftigen Ertrags die entscheidende Rolle. Diese nähren sich z.B. aus der Qualität des Managements und der Mitarbeiter, aus der Beschaffenheit des Kundenstamms oder aus besonders zukunftsträchtigen Produkten. Handelsrechtlich wird zwischen originärem und derivatem (erworbenem) F. unterschieden, wobei nur letzterer in der → Bilanz aktiviert werden darf. → Bilanzierung.

First In – First Out (FIFO) (engl.), Methode der → Bewertung verbrauchter Materialien, die vom Lager des Betriebes bezogen wurden. Bei dieser Methode geht man davon aus, dass die Materialien, die zuerst eingekauft wurden (first in), auch zuerst verbraucht werden (first out). Dieser Annahme entsprechend werden die verbrauchten und die noch vorhandenen Materialien bewertet.

Fiscal Drag, dämpfende Wirkung einer progressiven Besteuerung auf die Wirtschaft, die dadurch entsteht, dass bei → Wirtschaftswachstum oder → Inflation der Anteil der Staatseinnahmen am gesamten Sozialprodukt auf Grund der → Steuerprogression wächst. Wird das Progressionsmaß nicht angeglichen, führt dies zu einer wachsenden Umverteilung vom privaten in den öffentl. Sektor. → Automatische Stabilisatoren.

Fiscal Policy → Fiskalpolitik.

Fishersche Verkehrsgleichung, besagt, dass die Höhe des Preisniveaus (P) von der Geldmenge (G), der → Umlaufgeschwindigkeit des Geldes (U) und dem Handelsvolumen (H) abhängt. Formal: $P \cdot H = G \cdot U$. Die F. ist eine sog. Definitionsgleichung für eine geschlossene Volkswirtschaft, die eine tautologische Beziehung ausdrückt (→ Logik, formale).

Fiskalillusion, falsche Einschätzung der individuellen Steuerlast durch den einzelnen Steuerzahler. Diese tritt auf, wenn das Verbundprinzip (→ Verbundprinzip, ökonomisches und politisches), also der Verbund von Nutzer, Zahler, Entscheider und Anbieter aufgehoben ist. Die Stärke der F. wirkt sich auch auf den Steuerwiderstand aus (→ Laffer-Kurve).

Fiskalische Äquivalenz, Prinzip der, Theorie der optimalen Größe von Gemeinwesen, fordert die Umsetzung des Verbundprinzips (→ Verbundprinzip, ökonomisches und politisches) auf regionaler Ebene. Demnach kommt es zu einer effizienten Verwendung knapper Ressourcen und einer gerechten Verteilung von Nutzen und Kosten, wenn der Verbund zwischen Nutzern, Zahlern, Entscheidern und Anbietern öffentl. Güter nicht aufgelöst ist. Es soll dadurch erreicht werden, dass die betroffenen Akteure in der kollektiven Willensbildung alle Kosten und Nutzen voll internalisieren. Da verschiedene öffentl. Güter räumlich unterschiedlich begrenzten Nutzen stiften, führt das Prinzip der F. zu einem dezentralen Aufbau des Staates (→ Föderalismus). Aus vertikaler Sicht entstehen so viele Gemeinwesen, wie es Dienste mit regional unterschiedlicher Nutzenstreuung gibt. Vereinfacht kann man die Güter in internationale, nationale, regionale und lokale Güter und entsprechende geographische Einheiten (föderale Ebenen) unterteilen. Die Aufteilung der → Finanzhoheiten richtet sich dann nach den Entscheidungsbefugnissen über das Angebot der Leistungen. Grundsätzlich muss jedes Gemeinwesen die Mittel zur Finanzierung seiner Aufgaben selbst aufbringen. Bei → Spill-Over-Effekten oder auch erzielbaren → Economies of Scale bei der Bereitstellung öffentl. Güter oder der Verwaltung und Erhebung von Steuern sind Abweichungen von der F. denkbar. Eine zentrale Lösung ist dann vorzuziehen, wenn andere Formen dezentraler Zusammenarbeit (Bsp.: Zweckverband, Gemeinschaftsaufgabe) nicht effizienter sind. Übersicht siehe folgende Seite. → R-Ineffizienz, → Q-Ineffizienz.

Fiskalismus, Anschaung, die finanz- und steuerpolit. Maßnahmen nur an ihrem Ertrag für den → Fiskus misst und sich allein an der Deckung des öffentl. Bedarfs orientiert, so dass die wirtsch. und soz. Folgen weitgehend vernachlässigt werden. Die Wirtschaftlichkeit von Steuersystem und Verwaltung sowie die Verwendung der Mittel bleiben dabei unberücksichtigt. Als Gegenstück richtet die Functional Finance die → Finanzpolitik allein an konjunkturpolit. Zielen aus. → Öffentliche Verschwendung, Theorie der.

Fiskalpolitik (engl.: fiscal policy), alle staatl. Maßnahmen, die mit Hilfe der Staatsausgaben und Staatseinnahmen die konjunkturelle Entwicklung beeinflussen sollen. Dabei stützt sich die F. auf die Keynesianische Theorie, wonach v.a. die gesamtwirtsch. Nachfrage gestärkt werden soll, um die Beschäftigung in der Volkswirtschaft zu erhöhen. Eine antizyklisch ausgerichtete F. soll außerdem → Konjunkturbewegungen ausgleichen: in der → Rezession werden die z.T. kreditfinanzierten Staatsausgaben gesteigert, um die Nachfrage zu stärken, während im Aufschwung die Staatseinnahmen bei sinkenden Ausgaben erhöht werden. → Fiskalismus.

Fiskus, der Staat in seinen vermögensrechtl. Beziehungen. Als F. hat der Staat keine hoheitlichen Befugnisse. Er gilt vielmehr als juristische Person und ist dem Privatrecht unterworfen.

Fixen, Ausdruck an der Börse für einen → Leerverkauf (Verkauf von → Wertpapieren oder Waren, ohne sie zu besitzen) zu einem festen Termin. Dabei spekuliert der Verkäufer auf sinkende Kurse, (→ Baisse), zu denen er sich am Erfüllungstag eindeckt. → Fixgeschäft.

Fixgeschäft, Vertrag, bei dem vereinbart wird, dass die Leistung des einen Teils zu einer festgelegten Zeit oder innerhalb einer genau festgelegten Frist bewirkt werden

Fixkosten

Umfassendes Organisationsprinzip für die Staatswirtschaft

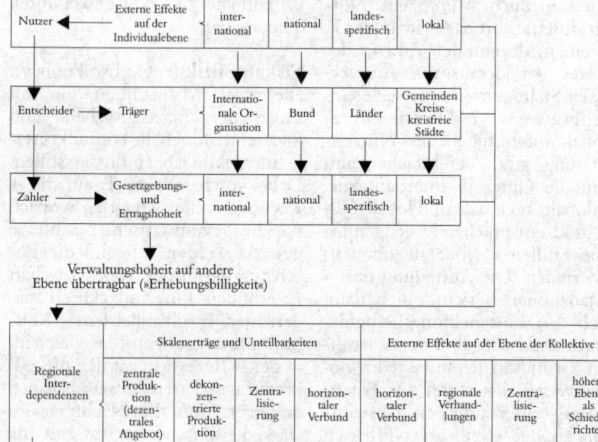

```
Nutzer ← Externe Effekte auf der Individualebene → international | national | landesspezifisch | lokal

Entscheider → Träger → Internationale Organisation | Bund | Länder | Gemeinden Kreise kreisfreie Städte

Zahler → Gesetzgebungs- und Ertragshoheit → international | national | landesspezifisch | lokal

Verwaltungshoheit auf andere Ebene übertragbar (»Erhebungsbilligkeit«)
```

Regionale Interdependenzen	Skalenerträge und Unteilbarkeiten				Externe Effekte auf der Ebene der Kollektive				
	zentrale Produktion (dezentrales Angebot)	dekonzentrierte Produktion	Zentralisierung	horizontaler Verbund	horizontaler Verbund	regionale Verhandlungen	Zentralisierung	höhere Ebene als Schiedsrichter	

```
Finanzausgleich als Korrektiv | Rückvergütungen horizontal / vertikal | Regionaler Lastenausgleich (horizontal) | leistungsbezogene Transfers oder Subventionen (vertikal)

Freie Transfers vertikal / horizontal ← Intern. Organisationen Bund Länder Gemeinden ← Interregionale Umverteilung
```

Quelle: H. F. Wust, Föderalismus, 1981.

soll. Wird die gesetzte Frist nicht eingehalten, so ist im Zweifel der Gläubiger ohne weiteres, also ohne Nachfristgewährung, zum Rücktritt berechtigt. Besondere Bedingungen gelten beim Fixhandelsgeschäft.

Fixkosten, Kosten, die nicht von der Produktionsmenge abhängig bzw. beschäftigungsunabhängig sind. Das Gegenstück dazu bilden → variable Kosten. Bsp. für F. sind Mieten für Gebäude, Fremdkapitalzinsen oder Telefongrundgebühren. F. setzen sich aus → Leerkosten und → Nutzkosten zusammen.

Flexibles Fertigungssystem, von einem zentralen Computer gesteuerte und überwachte Verbindung mehrerer numerisch gesteuerter Werkzeugmaschinen (NC-Maschinen) mit einem gemeinsamen Transportsystem. Hierbei kann man gleichzeitig fertigungsverwandte Werkstücke in beliebiger (nicht durch Rüstvorgänge unterbrochener) Reihenfolge bearbeiten.

Flexible Wechselkurse → Freie Wechselkurse.

Fließarbeit (Fließbandarbeit), Organisationsform der industriellen Massenproduktion, bei der das Erzeugnis während seiner Herstellung ohne Zwischenpausen in stetem Fluss durch die Fabrikation geleitet wird. Bei der F. kommt es darauf an, überflüssige Wege, unnötige Transport- und Lagerkosten sowie Unterbrechungen im Produktionsfluss einzusparen. Da die → Rationalisierung der Arbeit sehr weit getrieben ist und jeder Arbeiter nur einen kurzen Handgriff auszuführen hat, ist die F. scharfer soz. Kritik ausgesetzt. Heute geht die Tendenz hin zur Produktion in Kleinserien, die durch eine fortschreitende Automatisierung ermöglicht wird. Diese flexible Fertigung wird zumeist in teamorientierten Arbeitsformen umgesetzt.

Floating (engl., fließen) → Freie Wechselkurse.

Flussdiagramm (Ablaufdiagramm, Flow Chart, Programmablaufplan), graphische Darstellung der logischen Folge von Arbeitsschritten eines Programms etwa in der Datenverarbeitung und → Netzplantechnik. Dabei werden genormte Symbole für verschiedene Operatoren mit Ablauflinien verbunden, welche die Reihenfolge der Durchführung festlegen.

fob (engl.: free on board = frei an Bord), im Handel übliche Vertragsklausel, die besagt, dass der Verkäufer die Beförderungskosten bis einschl. Verladung trägt. → fas, → Incoterms.

Föderalismus (lat.: foedus = Bund), polit. Strukturprinzip für die Zusammenfassung mehrerer Regionen bzw. Staaten unter einem Gemeinwesen, wobei ein ökonom. und polit. Kompromiss im Spannungsfeld zentraler und dezentraler Elemente eines Staatswesens gefunden werden muss (→ Fiskalische Äquivalenz, Prinzip der, → Spill-Over-Effekt). Der F. ist das Erfahrungs- und Erkenntnisobjekt der ökonom. Theorie des Föderalismus, aber auch der → Finanzwissenschaft. Je nachdem, ob man Vielfalt und Eigenständigkeit oder Integration und Gleichheit der Lebensverhältnisse vorzieht, kann man unterschiedliche föderale Ausprägungen von Staaten beobachten. Während der Staatenbund eine lockere Vereinigung selbständiger Staaten zur Bewältigung spezifischer Aufgaben darstellt (unter Umständen mit gemeinsamen Organen), ist unter einem Bundesstaat ein Zusammenschluss zu einem neuen Staat unter Beibehaltung der Staatlichkeit der Gliedstaaten zu verstehen, in dem allerdings die zentrale Ebene über Hoheitsgewalt gegenüber den Gliedstaaten verfügt. Allen föderativen Entwürfen ist folgender Grundsatz gemein: die Eigenständigkeit eines jeden Mitglieds soll bewahrt werden, und zugleich soll jede Ebene Leistungen gemäß dem Subsidiaritätsprinzip (→ Subsidiarität) für das Gemeinwesen wahrnehmen. Polit. soll der F. sowohl die Bewahrung von Autonomie und Eigenständigkeit unterstützen, als auch Kooperation und Integration sicherstellen. Deutschland ist nach dem GG föderal gegliedert, wobei die Zuständigkeiten von Bund und Ländern im GG festgelegt sind. Darüber hinaus ist Deutschland zugleich in das Kompetenzgeflecht der → Europäischen Union (EU) eingebunden. Nachteile des F. bestehen in schwerfälligen polit. Entscheidungsprozessen sowie in der Ermöglichung von Zentralisierungstendenzen (→ Popitzsches Gesetz). Vorteile bieten sich in der Berücksichtigung der regional unterschiedlichen Präferenzen von Bürgern sowie der Förderung des Wettbewerbs zwischen Regionen (→ Systemwettbewerb) durch regional differenzierte Implementierung von polit. Maßnahmen zur Herausbildung von optimalen Politiken.

Folgekosten, alle direkten und indirekten Aufwendungen physischer, monetärer oder psychischer Art, die mit einer staatl. Maßnahme zwangsläufig anfallen. Die F. können zeitlicher, räumlicher, personaler, sektoraler und soziologischer Natur sein. Auch bei Einsatz von immateriellen Mitteln, wie Ge- und Verboten oder Appellen, entstehen F. in Staat und Markt. Die F. umfassen Personal- und Sachausgaben, die nach Abschluss einer Maßnahme für Betrieb, Instandhaltung, -setzung und Ersatz anfallen, wobei der Aufwand für Planung und Entscheidung entsprechend einzubeziehen ist. Ergänzende Maßnahmen, wie das Anlegen von Grünflächen, Kinderspielplätzen und Wegen etwa im Anschluss an eine Wohnanlage, gehören beispielsweise ebenso zu den F. wie die zusätzliche Auslastung des polit. und bürokratischen Apparates ohne und mit finanziellem Niederschlag im Budget als Folge einer Änderung von Gesetzen. Eine wichtige und besondere Art der F. sind die zusätzlichen Wohlfahrtsverluste der Besteuerung (→ Erhebungskosten der Steuern), die zusätzlich zur Zahllast entstehen.

Fonds (lat., Vorrat, Grundlage), in sich geschlossener Bestand an Geldmitteln für einen bestimmten Zweck, welchen man aus der näheren Bezeichnung des F. ersehen kann, z. B. → Ausgleichsfonds, → Europäischer Regionalfonds oder Investmentfonds eines → Investmenttrusts.

Fonds Deutsche Einheit, eingerichtet 1990, um für die Zeit bis 1994 Haushaltsdefizite in den ostdt. Ländern abzudecken (ab Januar 1995 erfolgte die Einbeziehung der neuen Bundesländer in den gesamtdt. → Finanzausgleich). Das Gesamtvolumen des F. wurde zunächst auf 58,80 Mrd. EUR begrenzt. Bezüglich der Verteilung des Budgets war es vorgesehen, 85 % der Summe direkt in die neuen Bundesländer zu transferieren, während die restlichen 15 % beim Bund zur Erfüllung zentraler Aufgaben in Ostdeutschland verbleiben sollten. Die Mittel des F. sollen vorrangig dazu verwendet werden, die → Sozialversicherung in der ehemaligen DDR zu finanzieren sowie Steuerausfälle in den neuen Ländern zu kompensieren. Entgegen der urspr. Planung wurde das Fondsvolumen seit 1992 in mehreren Schritten bis auf 82,16 Mrd. EUR erhöht. Die Finanzierung der Aufstockung erfolgte zum einen durch Kreditaufnahme (→ Öffentliche Schulden) und zum zweiten durch die Mehreinnahmen aus Steuererhöhungen. Die Kreditkosten tragen einerseits der Bund und andererseits die Länder und Gemeinden der alten Länder je zur Hälfte.

Forderung, (1) Allgemein: Anspruch des → Gläubigers auf Leistung, den er gegenüber dem → Schuldner geltend machen kann. Die F. ist ein streng pers., nach BGB nur zwischen Gläubiger und Schuldner wirkendes Recht im Gegensatz zu den dinglichen Rechten oder Sachenrechten, die, wie etwa das Eigentum, Rechte gegenüber jedermann sind. (2) Bilanzrecht: pers. Ansprüche auf Entgelt für erbrachte Leistungen. F. werden in der → Bilanz im → Umlaufvermögen ausgewiesen.

Forderungspapiere, → Wertpapiere, die eine Forderung verbriefen, die entweder eine Geldforderung (z.B. → Banknote, → Wechsel, Scheck) oder eine Warenforderung (z. B. Konnossement, Ladeschein, Lagerschein) sein kann.

Forfaitierung, Methode der Exportfinanzierung über Forfaitierungsgesellschaften. Die Gesellschaft kauft (Auslands-)Forderungen auf und übernimmt damit allgemein die Risiken eines Forderungsausfalls (z.B. auf Grund von → Insolvenz) und – bei in Fremdwährung denominierten Forderungen – von Schwankungen des → Wechselkurses. Im Gegensatz zum → Factoring werden Forfaitierungsverträge für jeden Einzelfall abgeschlossen. Neben der Finanzierungsfunktion (Verbesserung der Liquidität), der Delkrederefunktion (→ Delkredere) hat die F. auch eine Dienstleistungsfunktion in Form von Beratungsangeboten für Exporteure hinsichtlich von Kaufverträgen und Informationen über deren Risiken. Zur F. gehört auch die Abtretung von Ansprüchen im Rahmen von → Hermes-Garantien, wobei der Bund zustimmungspflichtig und eine Weitergabe an Dritte ausgeschlossen ist.

Formeltarif → Steuertariflehre, → Steuerprogression.

Formula Flexibility, Ausdruck der Konjunkturtheorie für konjunkturstabilisierende Maßnahmen der öffentl. Hand, die automatisch durchgeführt werden, wenn bestimmte → Konjunkturindikatoren als Signalwerte über- oder unterschritten werden. Bsp.: Durchführung öffentl. Bauvorhaben bei sinkendem Index in der Bauindustrie (Schubladenpläne). → Eventualhaushalt.

Fortschreibung, Neufeststellung eines → Einheitswertes, (1) wenn sich der Wert geändert hat (Wertfortschreibung), (2) wenn die Vermögenseinheit von einer in die andere Vermögensart übergeht (Artfortschreibung) oder (3) wenn ein Eigentumswechsel stattfindet (Zurechnungsfortschreibung).

Franchise, (1) → Einzelhandel: → Franchise-System; (2) Versicherungswesen: Versicherungsvertrag im Frachtgeschäft, bei dem die Versicherung erst ab einer bestimmten Schadenshöhe eine Vergütung bezahlen muss, mit dem Ziel die Verantwortung für kleinere Schäden, z. B. durch unsorgfältige Verpackungen, beim Versicherungsnehmer zu belassen.

Franchise-System, Vertriebs- und Lizenzsystem im → Einzelhandel, bei dem selbständige Einzelhändler als Franchisenehmer Markenartikel oder auch Serviceleistungen eines Unternehmens (Franchisegeber) verkaufen, wobei der Franchisegeber die Geschäftspolitik bestimmt (z.B. Bäckereiketten).

Franco → Frei.

Free Rider → Freifahrer.

Frei (Franco), Vertragsklausel, die angibt, welche Beförderungskosten der Verkäufer einer Ware zu tragen hat. Dies wird durch Zusätze näher definiert, wie z.B. »Frei ab hier«, d.h. die Beförderungskosten werden vom Verkäufer übernommen; »bahn-frei«, d.h. der Verkäufer trägt die Kosten bis an die Bahn; »frei Lieferung«, d.h. die gesamten Beförderungskosten gehen zu Lasten des Verkäufers. Bei Postsendungen bedeutet F., dass das Porto vom Absender bezahlt ist.

Freibetrag, Betrag, der bei der Ermittlung der → Einkommensteuer vom steuerpflichtigen Einkommen in jedem Falle abzuziehen ist. Wird der F. überschritten, setzt die Besteuerung im Gegensatz zur → Freigrenze erst bei dem überschießenden Betrag ein. → Splitting.

Freiburger Schule, Forschungs- und Lehrgemeinschaft um die Ökonomen W. Eucken, F. Böhm und W. Röpke, welche die theoret. und philosophischen Grundlagen der → Sozialen Marktwirtschaft entwickelt hat. Sie ist wesentlich eine Rezeption der hoch entwickelten Ordnungstheorie des 18. Jh. und fordert eine staatl. Ordnung des Leistungswettbewerbs, eine marktkonforme Wirtschafts- und Finanzpolitik und einen rechtl. und soz. Rahmen für eine freiheitliche Ordnung in Wirtschaft und Gemeinwesen. → Klassische Wirtschaftstheorie.

Freie Berufe, im Gegensatz zu landwirtsch., gewerbl. und den Handelsberufen sowie den Berufen der Wissenschaft und Kunst an Hochschulen meistens auf akademischer Vorbildung beruhende Berufe wie Arzt, Rechtsanwalt, Apotheker, Steuerberater, Wirtschaftsprüfer. Steuerrechtlich werden Freiberufler nicht als Gewerbetreibende angesehen.

Freie Wechselkurse (auch Floating), Ausdruck für die Wechselkursbildung durch Angebot und Nachfrage auf dem Devisenmarkt ohne Interventionen der → Zentralbanken. Geschieht dies doch, spricht man auch von »schmutzigem Floaten«. Behält eine Gruppe von Ländern → Feste Wechselkurse untereinander bei, gegenüber dritten Ländern aber F., liegt → Blockfloating vor.

Freifahrer (Free Rider, Trittbrettfahrer), Ausdruck in der → Wohlfahrtsökonomie für Individuen, die zur Nutzenmaximierung möglichst viel von öffentl. Gütern konsumieren, dabei jedoch nur gering zu deren Finanzierung herangezogen werden wollen. Da der F. seine Präferenzen verschleiert, ist es für den Staat nicht möglich, das optimale Angebot an öffentl. Gütern zu bestimmen, was zu Ineffizienzen (→ Öffentliche Verschwendung, Theorie der) führen kann.

Freigrenze, Wert eines Steuerobjektes, bis zu dem eine Besteuerung nicht erfolgt. Im Gegensatz zum → Freibetrag muss bei Überschreiten der F. der volle Betrag versteuert werden.

Freigut, Waren, die sich im von allen zollrechtl. Beschränkungen freien Warenverkehr des Zollgebietes (Inland) befinden. → Freihandel.

Freihandel, Bezeichnung für zwischenstaatl. Güteraustausch (→ Außenhandel), der nicht durch staatl. Eingriffe wie → Zölle, Prämien, Subventionen, Verbote und Quoten beeinflusst wird. Dem Prinzip des F. liegt folgende Überlegung zugrunde: der F. führt letztlich zu einer Erhöhung des Lebensstandards aller Völker, denn er zwingt Staaten, sich auf die Produktion der Güter zu konzentrieren, die sie am besten und kostengünstigsten herstellen können. Dies kann aber nur durch den Wegfall aller Außenhandelsbeschränkungen (Einfuhrzölle und Ausfuhrbeschränkungen) erreicht werden. Diese Gedanken entsprechen dem von England ausgehenden wirtsch. → Liberalismus, der als Argument gegen die damals bestehende Wirtschaftspolitik des absoluten Staates im → Merkantilismus (16.–18. Jh.) aufkam. So vertraten bereits A. Smith und in der Folge D. Ricardo und J.S. Mill die Auffassung, dass nur bei F. die höchste Stufe des Wohlstandes erreicht werden kann, da der F. jedes Land zwingt, sich auf die Wirtschaftszweige zu spezialisieren, für die es die vergleichsweise günstigsten Produktionsbedingungen aufweist. Der außerordentliche Anstieg des Pro-Kopf-Einkommens in den am Welthandel beteiligten Staaten bzw. Integrationszonen (z.B. in der → Europäischen Union (EU)) wird auf F. und die damit verbundene Ausnutzung der internationalen → Arbeitsteilung zurückgeführt.

Freihandelszone (engl.: Free Trade Area), Geltungsbereich einer internationalen Vereinbarung von Staaten, die Zollschranken im zwischenstaatl. Handelsverkehr (→ Zölle) und andere → Einfuhrbeschränkungen (→ Kontingente, nicht-tarifäre Handelshemmnisse, → Mengenregulierung) abzubauen (→ Integration, wirtschaftliche). Drittländern gegenüber betreibt aber jedes Mitglied der F. eine eigene Außenhandelspolitik (→ Außenhandel, → Außenwirtschaftspolitik), was die F. von der → Zollunion unterscheidet. Um Einfuhren aus Drittländern über das Land mit den niedrigsten Außenzöllen zu verhindern, sind Herkunftsnachweise für alle Waren im grenzüberschreitenden Handelsverkehr in der F. erforderlich. Beispiele für F. sind die European Free Trade Association (EFTA), → Mercosur und das → North American Free Trade Agreement (NAFTA). Eine besondere Form der F. ist die → Sonderwirtschaftszone.

Freiheitliche Schule (Neue Österreichische Schule), auf Ideen von L. Mises und F. von Hayek gründende Lehre, welche die → Makroökonomik und damit die → Keynesianische Theorie ablehnt und v.a. die Förderung des Wettbewerbs fordert. Sie wird auch libertäre Schule genannt.

Freistellungsauftrag → Zinsabschlagsteuer (ZASt).

Freiverkehr, Marktsegment, an dem der Handel von → Wertpapieren stattfindet, die nicht am geregelten, amtlichen Markt gehandelt werden. Die Mindesterfordernisse für eine Zulassung zum F. sind niedriger als im amtlichen Handel, es erfolgt aber eine Missbrauchsaufsicht durch die Vorstände der → Wertpapierbörsen.

Freizeit, Zeitabschnitt, über den ein Individuum frei verfügen kann und der insbes. frei von Erwerbsarbeit ist. Nach der → Neoklassischen Theorie entscheidet ein Individuum über die Aufteilung seiner Zeit in Arbeitszeit und F. gemäß seinen → Präferenzen bezüglich Einkommen und Konsum. Somit wird diese Entscheidung auch durch Lohnsatz, Steuern, staatl. Transfers und individuelles Vermögen beeinflusst. Mit der wirtsch. Seite von Freizeit beschäftigt sich die → Freizeitökonomik.

Freizeitökonomik, Zweig der → Volkswirtschaftslehre (VWL), der sich mit der wirtsch. Seite der Freizeit beschäftigt. Die Wechselwirkungen zwischen Freizeit und mikro- und makroökonom. Erscheinungen sind vielfältig. Neben dem hohen Anteil des Freizeitkonsums am Gesamtkonsum ist auch der Umfang der → Schwarzarbeit und die Besteuerung nach dem Grundsatz der Leistungsfähigkeit (Leistungsfähigkeitsprinzip) von der Freizeit abhängig.

Freizügigkeit, beschreibt allgemein das Recht auf freie Wahl und Wechsel des Aufenthalts- und Betätigungsorts. In Deutschland gewährleistet Art. 11 GG die Freizügigkeit für alle Deutschen innerhalb des Staatsgebiets. Besondere Regelungen gelten für Arbeitnehmer in den Mitgliedstaaten der → Europäischen Union (EU). Gemäß Art. 39 des Vertrags über die Europäische Gemeinschaft erhalten sie Freizügigkeit und den Rechtsanspruch, in jedem anderen Mitgliedstaat ohne jede Beschränkung auf Grund ihrer Staatsangehörigkeit zu gleichen Bedingungen wie einheimische Arbeitnehmer tätig werden zu können.

Fremdfinanzierung → Finanzierung.

Fremdkapital, Posten auf der Passivseite der → Bilanz eines Unternehmens, der dessen Schulden bezeichnet. Zum F. gehören (1) langfr. Verbindlichkeiten, wie z.B. → Hypotheken oder Anleihen mit einer Laufzeit von mindestens vier Jahren, (2) mittelfr. Verbindlichkeiten mit einer Laufzeit von drei Monaten bis zu vier Jahren, (3) kurzfr. Verbindlichkeiten, wie z.B. Lieferantenkredite oder → Kontokorrentkredite, sowie (4) → Rückstellungen mit Verbindlichkeitscharakter. Der Geber von F. erwirbt keine Beteiligung an dem Unternehmen, sondern einen schuldrechtl. Anspruch auf Tilgung und Zinszahlung.

Friedenspflicht, während der Laufzeit eines Tarifvertrages gültige Pflicht von Arbeitgebern und Arbeitnehmern, Kampfmaßnahmen wie → Streik oder → Aussperrung zu unterlassen.

Friedman-Hypothese des Geldes, Behauptung des amerik. Geldtheoretikers M. Friedman, welche die empirische Erscheinung, dass die → Kassenhaltung des Geldes überproportional zum Einkommen zunimmt, dadurch erklärt, dass die Kassenhaltung als eine Art Luxusgut betrachtet wird, bei dem die Einkommenselastizität (→ Elastizität) größer als eins ist.

Fristentransformation, der Versuch, durch die Wiederverkaufsmöglichkeit von Wertpapieren, revolvierende Kreditvergabe und das Ausnutzen von Differenzen von vereinbarter und tatsächlicher Laufzeit am Kapitalmarkt oder durch Finanzintermediäre eine entsprechende Kongruenz zu erreichen, da die Fristigkeiten von Spar- und Anlagebeträgen von Haushalten bzw. Unternehmen selten übereinstimmen.

Fruchtbarkeitsziffer, Maß der Fertilität, das die Anzahl lebendgeborener Kinder auf 1000 Frauen im Gebäralter (15–44 oder 49 Jahre) angibt. → Geburtenziffer.

Frühindikatoren → Konjunkturindikatoren.

Frühstückskartell, Bezeichnung für → Abgestimmtes Verhalten, meist in einem → Oligopol, die das Kartellamt wegen der mündlichen, informellen Form der Absprachen (z.B. über Preise oder sonstige Beschränkungen) nur schlecht nachweisen kann.

Führungsstil, Art und Weise der Ausgestaltung der → Unternehmensführung, z. B. Vorgabe von Zielen oder Beteiligung von Mitarbeitern an der Entscheidungsfindung. In der Betriebswirtschaftslehre wird zwischen patriarchalischem (→ Top Down), autokratischem, charismatischem, bürokratischem, kooperativem (→ Bottom Up) und Laissez-Faire-F. unterschieden. Weitere Formen der Mitarbeiterführung sind → Management by Exception und → Management by Objectives.

Fürsorgewesen → Sozialhilfe.

Full-Employment-Budget-Surplus → Vollbeschäftigungsüberschuss.

Fundamentalanalyse, Methode zur Bewertung börsennotierter Unternehmen. Anders als bei der → Chartanalyse beobachtet man bei der F. keinerlei Kurs- und Umsatzbewegungen von Aktien (→ Aktie), sondern in erster Linie die Ertragskraft eines Unternehmens anhand geeigneter → Kennzahlen (Bsp.: → Kurs-Gewinn-Verhältnis). Die F. soll dabei helfen, die Stellung eines Unternehmens innerhalb einer Branche zu zeigen (→ Benchmarking) und Marktpotenziale aufzuzeigen, weshalb auch eine Einbeziehung der gesamtwirtsch. Lage erfolgt. Bei Anleihen wird mit Hilfe des → Ratings die → Bonität des Emittenten eingestuft. → Technische Analyse.

Fundierte Schulden, langfr. Staatsschulden (z.B. Anleihen), für deren Verzinsung und Tilgung bestimmte Einnahmen bereitgestellt werden. Gegensatz sind → Schwebende Schulden.

Fundiertes Einkommen, Begriff der → Steuertheorie für Einkommen, das durch den Bestand einer dauerhaften Einnahmequelle (z.B. Vermögen) gesichert ist. F. wird steuerlich schärfer erfasst als das reine Arbeitseinkommen, z. B. in Form der Vorbelastung des Besitzeinkommens durch die → Vermögensteuer.

Fungibilität, Vertretbarkeit von Sachen und Rechten.

Funktion, math. Beschreibung eines Zusammenhangs zwischen verschiedenen Faktoren, wobei jeder Kombination der unabhängigen Variablen ein bestimmter Wert der abhängigen Variablen eindeutig zugeordnet ist. Die Zuordnung im zweidimensionalen Fall (mit einer unabhängigen Variable) wird geschrieben: $y = f(x)$; dabei ist y die abhängige, x die unabhängige Variable und somit y eine F. von x. Eine F. wird in Form von Funktionsgleichungen oder als Graph dargestellt.

Funktionale Einkommensverteilung → Einkommensverteilung.

Funktionsfähiger Wettbewerb (engl.: Workable Competition), Leitbild der Wettbewerbspolitik, das im Gegensatz zur neoliberalen Forderung nach → vollständiger Konkurrenz auch oligopolistische oder monopolistische Konkurrenz als ausreichend effektiv für den Marktprozess betrachtet. Ziele des Wettbewerbs sind die leistungsgerechte Verteilung von Einkommen, optimale Faktorallokation und die Steuerung des Güterangebots nach den Präferenzen der Marktteilnehmer sowie die Durchsetzung von → technischem Fortschritt. → Dynamischer Wettbewerb.

Fusion, Verschmelzung von Unternehmen unter Aufgabe ihrer rechtl. Selbständigkeit zu einem neuen Unternehmen oder → Konzern. Dabei gibt es nach §§ 339ff. AktG folgende Verfahren: (1) Verschmelzung durch Aufnahme, bei der das Vermögen einer Gesellschaft als Ganzes an eine andere Gesellschaft gegen Gewährung von Aktien dieser Gesellschaft übertragen wird; (2) F. durch Neubildung, bei der eine neue → Aktiengesellschaft (AG) gebildet wird, auf die das Vermögen jeder der sich vereinigenden Gesellschaften als Ganzes gegen Gewährung von Aktien der neuen Gesellschaft übergeht. F. unterliegen einer → Fusionskontrolle durch das Kartellrecht, um Einschränkungen des Wettbewerbs zu verhindern.

Fusionskontrolle, Aufgabe des Bundeskartellamts (→ Kartelle) und der → Monopolkommission zur Vermeidung von → Wettbewerbsbeschränkungen und marktbeherrschender Stellung einzelner Unternehmen bei einer → Fusion. Zusammenschlüsse von Unternehmen sind anzeigepflichtig, wenn sie zusammen einen Marktanteil von mindestens 20 % besitzen, oder mindestens 10.000 Beschäftigte oder einen Umsatz von 250 Mio. € haben. Zu verbieten ist eine Fusion, die zur Marktbeherrschung führt oder diese verstärkt, es sei denn, die beteiligten Unternehmen weisen nach, dass durch die F. die Wettbewerbsbedingungen verbessert werden. Ausnahmen können durch das Bundeswirtschaftsministerium im Hinblick auf gesamtwirtsch. Vorteile genehmigt werden, solange die marktwirtsch. Ordnung nicht gefährdet wird.

Futures, standardisierte, verbindliche Kontrakte, die wie → Optionsgeschäfte zu den → Termingeschäften gezählt werden. Bei einem Future-Geschäft verpflichtet sich ein Vertragspartner, einen bestimmten Basiswert zu einem festgelegten künftigen Zeitpunkt mit einem vereinbarten Preis zu liefern, während sich der andere zur Abnahme verpflichtet. Im Gegensatz zu Optionskontrakten sind bei F. beide Beteiligte gleichermaßen verpflichtet zu liefern bzw. zu bezahlen. Future-Geschäfte können auch auf Finanztitel oder auf Waren (auch Rohstoffe und Edelmetalle) getätigt werden. So werden z.B. an der → EUREX Aktien, Anleihen, Aktienindizes und Währungen als F. gehandelt.

G

G 7 → Weltwirtschaftsgipfel.

G 8 → Weltwirtschaftsgipfel.

GAAP → United States Generally Accepted Accounting Principle (US-GAAP).

Galoppierende Inflation, Form der → Inflation, bei der die Geldentwertung besonders stark ausfällt und sich besonders schnell vollzieht. Die G. kann zu einer → Hyperinflation führen, falls eine Währungsstabilisierung misslingt. Gegenstück: → Schleichende Inflation.

Gant, Vergantung → Versteigerung.

GAP (Gemeinsame Agrarpolitik) → Europäische Agrarpolitik.

Garantie, Gewährleistung für etwas, z. B. für einen bestimmten Reinertrag, für die Zahlungsfähigkeit (z. B. bei → Insolvenz) eines Schuldners. Beim → Kauf bedeutet G., dass eine Sache innerhalb einer Frist zugesicherte Eigenschaften behält und etwa auftretende Mängel kostenlos beseitigt werden, was in einem Garantieschein bestätigt werden kann. Häufig wird G. auch im Sinne von → Bürgschaft gebraucht.

GASP → Gemeinsame Außen- und Sicherheitspolitik.

Gastarbeiter, veraltete Bezeichnung für ausländ. → Arbeitnehmer.

GATS → General Agreement on Trade in Services.

GATT → General Agreement on Tariffs and Trade.

Gebietskörperschaft, rechtsfähige und mit Hoheitsbefugnissen ausgestattete → Körperschaft des öffentl. Rechts, deren Zuständigkeitsbereich einen räumlich abgegrenzten Teil eines Staatsgebiets umfasst. Konstitutive Merkmale sind das Staatsgebiet mit Gebietshoheit (d.h. die G. verfügt über die Befugnis, auf gesetzl. Basis Anordnungen gegenüber allen in einem bestimmten Gebiet befindlichen Personen und Sachen zu treffen), die Begründung der Mitgliedschaft durch Gebietshoheit und die unmittelbare Wahl der Vertretungsorgane durch ihre Bewohner. G. sind u.a. Bund, Länder, Kreise und Gemeinden.

Gebrauchsgüter, → Güter, die im Gegensatz zu Verbrauchsgütern dauerhaft in Haushalten (Bsp.: Kühlschränke) oder Unternehmen (Bsp.: Fertigungsanlage) zum Einsatz kommen.

Gebrauchsmusterschutz, Schutzrecht, das einen Schutz auf techn. Erfindungen gewährt. Für den G. gelten neben den Vorschriften des Gebrauchsmusters die allgemeinen Grundsätze des → Patentschutzes. Kleinere Erfindungen sind im Gebrauchsmustergesetz miteinbezogen. Im Unterschied zum Patentschutz kann sich der G. nur auf ein körperliches Muster erstrecken. → Geschmacksmusterschutz.

Gebühren, Abgaben (→ Abgaben, öffentliche), die eine Behörde oder eine andere staatl. Institution von den Bürgern erhebt, die angebotene Leistungen tatsächlich in Anspruch nehmen (anders als → Beiträge, die einen Anspruch auf mögliche Gegenleistung zu einem meist späteren Zeitpunkt begründen, d. h. von einer potenziellen und nicht einer tatsächlichen Nutzung ausgehen). Im Gegensatz zu den → Steuern gibt es eine Äquivalenz von Leistung und Gegenleistung. Unterscheiden kann man die G. nach der Leistungsart in Benutzungsgebühren (Bsp.: Müllabfuhr) und Verwaltungsgebühren (Bsp.: Ausstellung eines Reisepasses). G., die zur Kostendeckung oder zur Gewinnerzielung genutzt werden können, werden häufig nach Verwaltungssektoren gegliedert.

Gebührenordnungen, Berechnungsgrundlagen und Vorschriften für → Gebühren, die als feste Entgelte, Mindest- und Höchstsätze bestimmt werden können. G. gibt es v. a. in der Kommunalverwaltung, dem Gesundheitswesen, der Rechtspflege, dem Rechtsschutz und der Steuerberatung. Sie werden entweder durch den Staat oder von Selbstverwaltungskörperschaften festgesetzt.

Geburtenziffer, gibt an, wie viele Geburten jährlich auf 1000 Bewohner eines Landes kommen. Die G. ist weniger aussagekräftig als die → Fruchtbarkeitsziffer, da in der Basis auch Personengruppen auftauchen, die keinen direkten Einfluss auf die Reproduktionskraft der Bevölkerung haben (Bsp.: Kinder, Senioren). → Bevölkerungswissenschaft.

Gedeckter Kredit, → Kredit, der anders als der → Ungedeckte Kredit oder der Blankokredit besonders gesichert ist, wie z.B. durch verpfändete oder übereignete → Wertpapiere und Waren, durch eine → Bürgschaft, durch Aufnahme einer → Sicherungshypothek oder durch die Abtretung von → Forderungen. Der Zinsatz für den G. fällt umso niedriger aus, je besser die Deckung des Kredits durch Sicherheiten ist. → Realkredit.

Gefahrenrückversicherung, Form der → Rückversicherung, bei welcher der Versicherungsgeber den Schaden, der durch bestimmte Ereignisse verursacht wird, teilweise oder vollständig trägt.

Gefangenendilemma (engl.: prisoner's dilemma), Situation in der Spieltheorie, die durch den Konflikt zwischen individueller Rationalität und gesellschaftlichem Optimum gekennzeichnet ist. Dabei gilt: (1) Das gesellschaftliche Optimum wird erreicht, wenn sich alle Individuen auf Verhaltensregeln einigen, welche die gesamte Wohlfahrt maximieren (Bsp.: durch die Bereitstellung eines Freizeitparks erhöht sich der Nutzen aller Anwohner). (2) Die Individuen können sich durch Verhalten als → Freifahrer auf Kosten der Gesellschaft besser stellen (Bsp.: der eigene Finanzierungsbeitrag am Freizeitpark wird auf null gesenkt). (3) Da allen Individuen dieses Dilemma bewusst ist, werden sie ihr Verhalten so ausrichten, dass der eigene Nutzenverlust minimiert wird. Somit ist es für alle Individuen eine dominante Strategie, von der Verhaltensregel aus (1) abzuweichen, da sie sich dadurch in jedem Fall besser stellen können. Die wechselseitig besten Antworten (→ Nash-Gleichgewicht) liegen im G. im gesellschaftlichen Minimum (Bsp.: bei individuell rationalem Verhalten wird kein Freizeitpark bereitgestellt). Durch staatl. Regulierung (Bsp.: Steuerfinanzierte Bereitstellung des Freizeitparks) oder ein hohes Maß an soz. Verantwortung kann das gesellschaftliche Optimum dennoch erreicht werden. Das G. tritt v.a. dann auf, wenn (1) große Gruppen die Entscheidung über → öffentliche Güter fällen und daher ein Freifahrer-Verhalten nur schwer zu sanktionieren ist, (2) die → Transaktionskosten hoch sind und (3) das → Verbundprinzip aufgelockert ist.

Gegenmacht → Countervailing Power.

Gegenseitigkeitsgeschäft → Bartergeschäft, → Kompensationsgeschäft.

Gegenstand, aus rechtl. Sicht alle Vermögensbestandteile. Dazu gehören (1) Sachen (Bsp.: Produktionsanlagen), (2) Rechte (Bsp.: → Forderungen, Patente) und (3) sonstige Werte (Bsp.: → Firmenwert). G. im Handelsverkehr sind Waren und handelbare Wertpapiere, nicht aber Grundstücke.

Gegenstromverfahren, Verfahren der → Unternehmensführung, dass die beiden Prinzipien → Bottom Up und → Top Down kombiniert. Vorteil des G. ist die schrittweise Konsensfindung zwischen oberen und unteren Hierarchieebenen eines Unternehmens.

Gegenwartswert → Barwert.

Geknickte Nachfragekurve (engl.: kinky-demand-curve), drückt eine bestimmte Situation im → Oligopol aus. Die Nachfrage in Form einer Preis-Absatz-Funktion hat bei einem bestimmten Preis-Mengen-Verhältnis einen Knick. Ein oligopolistischer Anbieter erwartet, falls er den Preis senkt, dass seine Konkurrenten nachziehen (oligopolistisches Verhalten), während er bei einer Preiserhöhung nicht mit einer entsprechenden Re-

Geld

aktion rechnet (polypolistisches Verhalten). Der Preis ist im Knick somit relativ stabil. → Marktformen.

Geld, staatl. Zahlungsmittel (→ Währung), das zum Erwerb von Gütern und Dienstleistungen genutzt wird und als → Münzen, → Banknoten oder → Buchgeld auftritt.

Geldangebot, erfolgt staatl. über die → Notenbanken in Form von → Münzen, → Banknoten und → Zentralbankgeld sowie privat über Geschäftsbanken in Form von → Sichteinlagen.

Geldentwertung → Inflation.

Geldfunktionen, → Geld erfüllt in einer Volkswirtschaft folgende Funktionen: (1) Rechenmittelfunktion: Geld kann Gütern einen bestimmten Wert zuweisen und sie dadurch vergleichbar machen. (2) Tauschmittelfunktion: Geld dient zur Kaufkraftübertragung zwischen zwei Wirtschaftssubjekten. Da Geld Transaktions- und Informationskosten am Markt senkt, wird die Entstehung einer arbeitsteiligen Gesellschaft erleichtert. (3) Wertaufbewahrungsfunktion: Geld dient zur Kaufkraftübertragung zwischen zwei Zeitpunkten.

Geldillusion, liegt vor, wenn Haushalte bzw. Unternehmen bei einer → Inflation nur den nominellen anstelle des realen Einkommens- bzw. Ertragszuwachses in ihre Konsum- bzw. Produktionsentscheidung einfließen lassen. Analog spricht man auch von Steuerillusion, wenn die formale Steuerbelastung mit der tatsächlichen gleichgesetzt wird.

Geldkapital, alle Geldwerte eines Unternehmens, zu denen die Kasse, Bankguthaben, (fremde) Anleihen, Schuldverschreibungen, Aktien sowie nicht in Realvermögen gebundene Darlehen gehören. Gegenstück: → Realkapital.

Geldkurs → Kurs.

Geldmarkt, Markt für kurzfr. Kredite, z.B. für → tägliches Geld und für Geldmarktpapiere.

Geldmarktfonds, Fonds, die in festverzinsliche → Wertpapiere des → Geldmarktes anlegen. Sie dienen dem Anleger meist zum Parken überschüssiger Liquidität. Gesetzl. geregelt sind G. insbes. im Zweiten Abschnitt des Gesetzes über Kapitalanlagegesellschaften (KAGG), §§ 7aff. Dort ist u.a. festgelegt, dass die Wertpapiere eine Restlaufhöchstzeit von 12 Monaten haben oder deren Verzinsung während der gesamten Laufzeit regelmäßig, mindestens aber einmal in zwölf Monaten, marktgerecht angepasst wird.

Geldmenge, liquide Mittel, die einer Volkswirtschaft zur Verfügung stehen. Die Wirtschaftstheorie und Geldpolitik grenzt die G. je nach Betrachtungsweise entsprechend ab. Die → Deutsche Bundesbank unterschied lange Zeit drei alternative Konzepte: (a) M_1 = Bargeldumlauf + Sichteinlagen, (b) M_2 = wie (a) + Termineinlagen bis zu vier Jahren und (c) M_3 = wie (b) + Spareinlagen. Die → Europäische Zentralbank (EZB) verwendet ein überarbeitetes M_3-Konzept. Es umfasst: Bargeldumlauf, täglich fällige Einlagen, Termineinlagen mit einer Befristung bis zu zwei Jahren und Einlagen mit einer vereinbarten Kündigungsfrist bis zu drei Monaten zuzüglich → Reportgeschäften sowie von Ansässigen im Euro-Währungsgebiet gehaltenen Geldmarktfondsanteilen, Geldmarktpapieren und Schuldverschreibungen mit einer Laufzeit bis zu zwei Jahren. Die EZB nutzt die so definierte Geldmenge als wichtigen Indikator zur Beurteilung der monetären Entwicklung. → Inflation Targeting.

Geldmengen-Einkommens-Mechanismus, sorgt über die Einkommensabhängigkeit von Importen bei → Festen Wechselkursen für eine ausgeglichene → Zahlungsbilanz. Wenn die Währungsreserven der Notenbank schrumpfen, wird eine zunehmende Auslandsverschuldung durch den Zuwachs an Kaufkraft im Ausland abgebremst. Infolgedessen steigt die ausländ. Nachfrage nach inländ. Gütern und Dienstleistungen (Exporte nehmen zu) und die inländ. Nachfrage nach ausländ. Gütern sinkt (Importe nehmen ab). Die Volkswirtschaft bewegt sich dadurch wieder auf das Gleichgewicht zu. Alternativ: → Geldmengen-Preis-Mechanismus.

Geldmengen-Preis-Mechanismus, sorgt über die Änderung von Relativpreisen bei → festen Wechselkursen für eine ausgeglichene → Zahlungsbilanz. Nimmt die ausländ. Nachfrage nach inländ. Währung zu (Bsp.: durch zunehmende Güterexporte oder Kapitalimporte), kommt es zu einer steigenden Geldmenge im Inland, die bei Geltung der → Quantitätstheorie zu einem Preisanstieg führt. Im Ausland laufen diese Vorgänge in umgekehrter Richtung ab. Es entsteht auf diese Weise ein internationales Preis- und Zinsgefälle, was dazu führt, dass Güterexporte und Kapitalimporte wieder abnehmen und die Volkswirtschaft sich wieder zum Gleichgewicht hin bewegt. Alternativ: → Geldmengen-Einkommens-Mechanismus.

Geldnachfrage, entsteht aus der → Liquiditätsneigung der Individuen und kann dabei von drei Motiven abhängig sein: (1) Transaktionskostenmotiv: G. zur Durchführung laufender Geschäfte oder Transaktionen; (2) Vorsichtsmotiv: G. auf Grund von Unsicherheit über Höhe und Zeitpunkt von Zahlungen; (3) Spekulationsmotiv: G. für den Kauf von Wertpapieren in der Zukunft. Während die klassische → Quantitätstheorie nur das erste Motiv unterstellt, geht die Keynesianische Theorie von allen drei Motiven aus. Die Portfoliotheorie und die → Monetaristen betrachten die G. als eine Vermögensanlage, die von der Zinsstruktur abhängig ist.

Geldordnung (Währungsordnung), umfasst als Teil der → Wirtschaftsordnung alle Institutionen und Grundregeln für das Geldwesen. Rechtsgrundlage ist die Geld- oder Währungsverfassung. → Geldwirtschaft.

Geldpolitik, umfasst alle staatl. Maßnahmen, insbes. der Zentralbank, mit dem Ziel, den Geldwert stabil zu halten. Über geldpolit. Maßnahmen, v. a. die → Offenmarktpolitik, versucht die Zentralbank Einfluss auf die Entwicklung der → Geldmenge zu nehmen (s.a. → Geldschöpfung). Dabei ist die Geldmenge aber lediglich Zwischenziel, da neben dem Ziel der Preisstabilität – je nach Ausprägung – des geldpolit. Ansatzes (z.B. → Monetaristen) der Zentralbank auch Ziele wie Konjunkturstabilisierung und Wachstumsförderung verfolgt werden können. Zu beachten sind dabei möglicherweise vorhandene Zielkonflikte (→ Phillips-Kurve) sowie Wechselwirkungen zur Finanzpolitik (z.B. → Deficit-Spending). Die G. der → Europäischen Zentralbank (EZB) ist gemäß Art. 105 des EG-Vertrags vorrangig der Preisstabilität verpflichtet. Die EZB unterstützt mit ihrer G. auch Konjunktur- und Wachstumsziele, soweit es ohne Beeinträchtigung der Zielerreichung der Preisstabilität möglich ist. → Inflation Targeting.

Geldschöpfung, erfolgt allgemein durch die Ausgabe von Banknoten oder Einräumung von Sichtguthaben. In einem zweistufigen, aus einer → Zentralbank und mehreren → Kreditbanken bestehenden Bankensystem ist dieser Vorgang gedanklich in zwei Schritte zu zerlegen: (1) Die Zentralbank räumt den Kreditbanken (Geschäftsbanken) ein Sichtguthaben auf deren Konten bei der Zentralbank ein bzw. liefert ihnen Banknoten. Auf der Passivseite der Bilanz der Zentralbank stehen diesem Sichtguthaben Forderungen oder sonstige Aktiva (z. B. Fremdwährungsbestände) gegenüber. Die Summe aus Zentralbankguthaben und Banknoten wird auch als Zentralbankgeldmenge bezeichnet. (2) Im Geschäftsbankensektor erfolgt die Schöpfung von (privatem) Buch- oder Giralgeld: eine Geschäftsbank erwirbt dabei Aktiva und räumt zugleich ein Sichtguthaben (Buchgeld) ein. Umgekehrt wird Buchgeld vernichtet, wenn jemand von seinem Sichtguthaben einen Betrag in bar, d.h. in Zentralbankgeld, abhebt. In beiden Fällen handelt es sich um passive G. bzw. → Geldvernichtung. Erwirbt die Geschäftsbank auf eigene Initiative Aktiva, denen ein Sichtguthaben gegenübersteht, spricht man hingegen von aktiver G. Bei der G. entsteht der Geschäftsbank ein Liquiditätsproblem, da sie in Relation zu den von ihr eingeräumten Sichtguthaben einen bestimmten Betrag (→ Mindestreserve der Banken) an Zentralbankgeld, das sie selbst nicht schöpfen kann, auf ihrem Zentralbankkonto hinterlegen muss. Ferner muss die Bank einen Teil der Einlagen als Bargeld halten, da Kunden erfahrungsgemäß Sichtguthaben in Banknoten abheben. Das Zusammenwirken dieser Größen beim Geldschöpfungsprozess über mehrere Geschäftsbanken beschreibt der → Geldschöpfungsmultiplikator.

Geldschöpfungsmultiplikator, Anzahl der Einheiten von Geschäftsbankgeld, das die privaten Geschäftsbanken (→ Kreditbanken) aus einer Einheit Zentralbankgeld als → Überschussreserve schöpfen können. Dies sei an einem Bsp. verdeutlicht: Die Geschäftsbank A gewährt einem Kunden einen Kredit in Höhe von 1000 EUR. Der Kreditnehmer hebt einen Teil (z.B. 40 %) des Kredits in bar ab, um damit Barkäufe zu tätigen. Überweist er die verbleibenden 600 EUR auf das Konto eines Geschäftspartners bei der Bank B, entstehen dort Sichteinlagen in selber Höhe. Muss B annahmegemäß darauf 20 % oder 120 EUR als → Mindestreserve der Banken halten, beträgt die Überschussreserve 480 EUR. Diese Summe vergibt B wiederum als Kredit. Vom neuen Kreditnehmer werden wieder 40 % oder 192 EUR in bar abgehoben, der verbleibende Teil (288 EUR) wird von ihm an Bank C überwiesen. Dieser Vorgang kann sich im Idealfall so lange wiederholen, bis der private Bankensektor keine Überschussreserven mehr besitzt. Formal ergibt sich das gesamte neu geschöpfte Buchgeld durch

$$B = (1/c+r\,(1-c)) \cdot R$$

wobei c = Bargeldneigung, r = Mindestreservesatz, R = Überschussreserve sind. Der gesamte Klammerausdruck wird als G. bezeichnet. Wird also durch geldpolit. Maßnahmen der Zentralbank die Überschussreserve um eine Einheit erhöht, erhöht sich das gesamte privat geschöpfte Buchgeld maximal um diesen Faktor. Diese theoret. maximal mögliche Buchgeldschöpfung muss aber nicht mit der tatsächlichen übereinstimmen, da fraglich ist, ob die Geschäftsbanken die Buchgeldschöpfung bis zur maximalen Höhe ausnützen.

Geldstromanalyse, erfasst alle Zahlungs- und Kreditvorgänge in einer Volkswirtschaft und wertet sie mit Blick auf die Konjunktur (→ Konjunkturbewegungen) aus. Die Zahlungsstromanalyse in der → Finanztheorie stellt einseitig auf die Einnahmen und Ausgaben ab und vernachlässigt die Nutzen und Kosten. → Finanzierungsrechnung.

Geldsurrogate (engl.: near money), Geldersatz, liquide Mittel, die Funktionen des Geldes übernehmen, ohne gesetzl. Zahlungsmittel zu sein. Daher besteht kein Annahmezwang.

Geldtheorie, erklärt als Zweig der Wirtschaftstheorie die Beziehungen zwischen Geld- und Güterwirtschaft. Bestandteile der G. sind die → Bankingtheorie, die → Currencytheorie, die → Quantitätstheorie, die → Liquiditätstheorie des Geldes und die → Einkommenstheorie des Geldes.

Geldüberhang (Kaufkraftüberhang), entsteht bei → Vollbeschäftigung, wenn die → Geldmenge bei staatl. festgesetzten Preisen steigt. Dies führt dazu, dass die Geldmenge im Verhältnis zum Güterangebot zu hoch ausfällt.

Geldvermögen, Nettoposition aus → Forderung und → Verbindlichkeit einer Wirtschaftseinheit. Im Konzept des Volksvermögens heben sich Forderungen und Verbindlichkeiten der Inländer auf.

Geldvernichtung, Gegenstück zur → Geldschöpfung. G. tritt ein, wenn eine Bank → Aktiva verkauft. Falls ein Kunde einen Schuldwechsel einlöst, verkürzt sich die → Bilanz der Bank (der Wechselbestand auf der Aktivseite und das Guthaben des Kunden auf der Passivseite werden um den Wechselbetrag kleiner). Gleiches geschieht beim Verkauf von → Devisen.

Geldwert, Bezeichnung für die → Kaufkraft. Der Binnenwert des Geldes entspricht dem inversen Wert des Preisniveaus und wird

Geldwirtschaft

durch den → Preisindex für die Lebenshaltung gemessen. Der Außenwert des Geldes ergibt sich über den → Wechselkurs.

Geldwirtschaft, Aufgaben und Eigenschaften des Geldes sowie dessen analytische Erklärung werden in der Abbildung erläutert.

Gemeindesteuern (Kommunalsteuern), i.e.S. das → Steueraufkommen, das von den Gemeinden erhoben wird (Bsp. in Deutschland: → Grundsteuer, → Gewerbesteuer, → Getränkesteuer und → Vergnügungsteuer). I.w.S. alle → Steuern, die den Gemeinden zur Verfügung stehen (Bsp.: → Gemeinschaftsteuer).

Gemeiner Wert, steuerrechtl. Grundsatz, der bei der → Bewertung stets anzuwenden ist, falls nichts anderes vorgeschrieben ist. Der G. wird durch den Preis be-

Aufgaben und Eigenschaften des Geldes

Geld
- Funktionen
  - Tauschmittel
  - Zahlungsmittel
  - Recheneinheit
  - Wertaufbewahrung
- Arten
  - Banknoten
  - Münzen
  - Giral- oder Buchgeld
- Wert → Geldmarkt
  - Angebot
    - von ZB autonom geschaffen oder durch Umtausch von Devisen
    - G-Geldschöpfung der Banken, einschl. Euro-Banken, beruhend auf:
    - Aktivgeschäft (Kreditvergabe, Wertpapierankauf, Wechselankauf)
    - passiver Buchgeldschöpfung (Einzahlungen von Bargeld auf Konto)
  - Nachfrage
    - Motive der Liquiditätsvorliebe:
      Umsatz
      Vorsicht
      Spekulation
    - Portfolio-Auswahl (Geld als Vermögenshaltung)
- Theorien
  - Quantitätstheorie
  - neue Quantitätstheorie (Monetaristen)
  - *Keynes'* Liquiditätspräferenztheorie
  - Kassenhaltungstheorie
  - Liquiditätstheorie
  - Portfoliotheorie

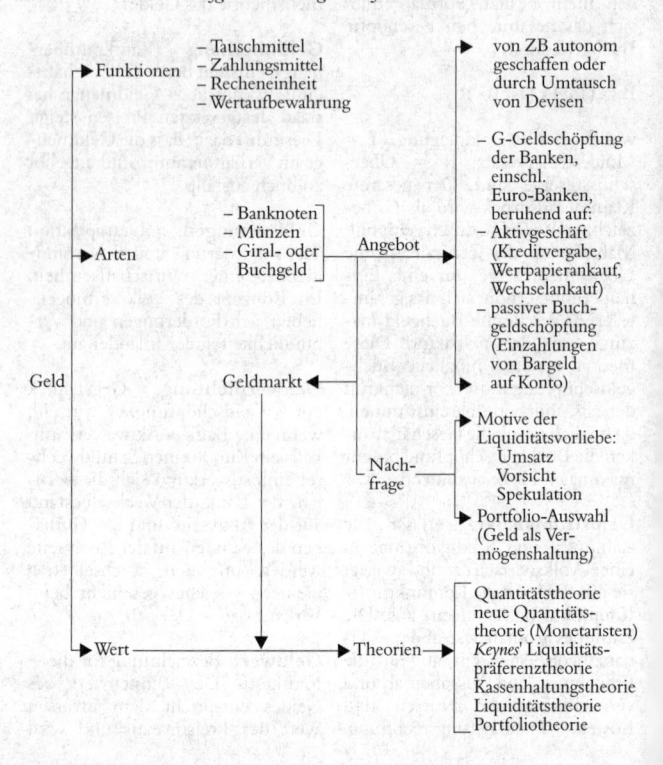

stimmt, der im gewöhnlichen Geschäftsverkehr nach der Beschaffenheit des Wirtschaftsgutes bei einer Veräußerung zu erzielen wäre. Dabei sind alle Umstände, die den Preis beeinflussen, zu berücksichtigen. Ungewöhnliche und pers. Verhältnisse bleiben außer Betracht (§ 9 BewG).

Gemeinkosten, können im Gegensatz zu Einzelkosten nicht bestimmten → Kostenstellen oder -trägern zugerechnet werden. → Kostenrechnung.

Gemeinlastprinzip, fordert die Beseitigung und Vermeidung von Umweltschäden durch Mittel aus den öffentl. Haushalten. Im Gegensatz zum → Verursacherprinzip trägt somit die Allgemeinheit die Finanzierungslast dieser Aufgaben.

Gemeinnützigkeit, liegt vor, wenn Tätigkeiten oder Institutionen ausschl. und unmittelbar der Allgemeinheit und daher dem → Gemeinwohl dienen (Bsp. → Wohnungsbau). Gemeinnützige Unternehmen (sog. non-profit firms) verfolgen nicht die Maximierung ihrer Gewinne und erhalten steuerliche Vergünstigungen (§§ 51–68 AO).

Gemeinsame Agrarpolitik (GAP) → Europäische Agrarpolitik.

Gemeinsame Außen- und Sicherheitspolitik (GASP), Begründung im Vertrag von Maastricht 1993. Die G. bildet die zweite Säule der → Europäischen Union (EU). Die Entwicklung einer G. ist bereits seit den Römischen Verträgen 1957 auf der polit. Agenda und erfuhr bereits durch die → Einheitliche Europäische Akte (EEA) 1988 und die darin vereinbarte Europäische polit. Zusammenarbeit eine Aufwertung. Der entscheidende Schritt in Richtung einer G. erfolgte mit dem Vertrag von Amsterdam 1999. Darin wurde die G. neu konzipiert und das Mehrheitsprinzip für bestimmte Fragen eingeführt. Mit dem → Vertrag von Nizza 2000 wurde eine klare Definition der Ziele festgelegt und die Einsetzung neuer, ständig in Brüssel angesiedelter Gremien zur Stärkung der G. und zum Aufbau der Europäischen Sicherheits- und Verteidigungspolitik (ESVP) beschlossen. Akteur der G. ist inbes. der → Europäische Rat, der Grundsätze und allgemeine Leitlinien der G. bestimmt. Für die konkrete Festlegung, Durchführung und Steuerung ist der Rat der Europäischen Union zuständig. Er verfügt über drei Instrumente: (1) den gemeinsamen Standpunkt, der ein für alle Mitgliedstaaten verbindliches Konzept der Union für eine Problemstellung bestimmt; (2) die gemeinsame Aktion, die für ein konkretes operatives Tätigwerden auf dem Gebiet der Außenpolitik beschlossen wird; (3) die gemeinsame Strategie, die eine Art EU-internen Rechtsakt zum Ziel hat und die Mitgliedstaaten auf eine gemeinsame Linie festlegen und damit zu größerer Kohärenz der G. führen soll. Mit Hilfe dieser drei Instrumente verfolgt die G. folgende Ziele: die Wahrung der gemeinsamen Werte, der grundlegenden Interessen und der Unabhängigkeit der Union; die Wahrung des Friedens und die Stärkung der internationalen Sicherheit sowie die Förderung der internationalen Zusammenarbeit.

Gemeinsame Politik Inneres & Justiz, mit dem Vertrag von Maastricht 1993 wurde der Aufbau einer G. beschlossen. Die G. der → Europäischen Union (EU) dient im Wesentl. dazu, den → Europäischen Binnenmarkt und die mit ihm verwirklichten → Grundfreiheiten mit ergänzenden Maßnahmen zur Sicherheit der Bevölkerung und der Erhaltung der öffentl. Ordnung sowie der verstärkten Sicherung der Außengrenzen zu begleiten. Mit dem Vertrag von Amsterdam 1999 sind wesentliche Bereiche der vorher durch Regierungszusammenarbeit geprägten G. in den Gemeinschaftsrahmen überführt worden. Es werden die Entscheidungsmechanismen des Gemeinschaftsrechts angewendet. Die Zusammenarbeit im Rahmen der G. erfolgt über die Justiz- und Innenminister der Mitgliedstaaten. Die G. ermöglicht einen ständigen Dialog über drängende Fragen, gegenseitige Hilfe sowie die Zusammenarbeit zwischen den Polizei-, Zoll-, Einwanderungs- und Justizbehörden. Die Zusammenarbeit zwischen den Zollverwaltungen der Mitgliedstaaten soll bei der Bekämpfung des illegalen Handels mit Drogen, Waffen und gefährlichen Abfällen unterstützen. Die Zusammenarbeit der Polizeibehörden der Mitgliedstaaten zielt auf die Bekämpfung des Terrorismus, des Drogenhandels und der internationalen Kriminalität. In diesem Zusammenhang wurde die Behörde → Europol gegründet.

Gemeinsamer Markt → Europäischer Binnenmarkt.

Gemeinschaftsaufgaben, Aufgaben der Bundesländer, an deren Planung (im sog. Planungsausschuss) und Finanzierung sich der Bund zur Schaffung einheitlicher Lebensverhältnisse beteiligt. G. liegen v.a. dann vor, wenn sie überregional bedeutsam (→ Spill-Over-Effekt), gleichzeitig aber auch mit hohen Kosten verbunden sind. Gemäß Art. 91a GG gibt es folgende G.: (1) Aus- und Neubau wissenschaftlicher Hochschulen inkl. Kliniken, (2) Verbesserung der regionalen Wirtschaftsstruktur und (3) Förderung der Agrarstruktur und des Küstenschutzes.

Gemeinschaftskontenrahmen (GKR), empfohlener Kontenrahmen (→ Kontenplan), der 1948/49 vom Bundesverband der Deutschen Industrie (BDI) erarbeitet wurde. Der G. ist in zehn Klassen (Klasse 0–9), bestehend aus weiteren Kontengruppen und -untergruppen, unterteilt und spiegelt den Prozess der betriebl. Leistungserstellung und -verwertung wider. Der Inhalt der Klassen 4–7 ist von der Zugehörigkeit zum jeweiligen Wirtschaftszweig abhängig. Die fehlende Trennung zwischen Finanz- und Betriebsabrechnung (Einkreissystem) führte zur Entwicklung des → Industriekontenrahmens (IKR).

Gemeinschaftsteuern, Steuern, deren Aufkommen Bund, Ländern und Gemeinden gemeinsam zusteht. Von der → Einkommensteuer erhalten Bund und Länder je 42,5 % und die Gemeinden 15 %. Die → Körperschaftsteuer fließt Bund und Ländern je zur Hälfte zu. Die Gemeinden wiederum führen 14,5 % ihrer Gewerbesteuereinnahmen an Bund und Länder ab. Nach Art. 106,3 GG regelt ein Bundesgesetz die Anteile an der → Umsatzsteuer.

Gemeinschaft Unabhängiger Staaten (GUS), aus der → Transformation der Sowjetunion mit ihren fünfzehn Sowjetrepubliken hervorgegangener loser Staatenbund. Nach dem Zusammenbruch der Sowjetunion strebte man einen friedlichen Übergang von einem unitaren Bundesstaat in einen Staatenbund an, weshalb 1991 die Gründung der G. durch eine Vereinbarung zwischen Russland, der Ukraine und Weißrussland beschlossen wurde. Estland, Lettland und Litauen waren bereits vor Gründung der G. aus der Sowjetunion ausgetreten. Von den verbliebenen neun Sowjetrepubliken traten der G. in der Folge acht Staaten bei: Armenien, Aserbaidschan, Georgien, Kasachstan, Kirgisien, Moldova, Tadschikistan, Turkmenistan und Usbekistan. Die G. besitzt nur wenig ausgeprägte Strukturen. Hauptorgan ist der Rat der Staatsoberhäupter, der mindestens zweimal im Jahr tagt. Ein Exekutivsekretariat hat seinen Sitz im weißrussischen Minsk. Eine Kommission der G. beschäftigt sich mit der Beilegung regionaler Konflikte in der G. Zur Abstimmung der Außen- und Sicherheitspolitik ist die Schaffung von Koordinationsmechanismen geplant. In der wirtsch. Zusammenarbeit zeigen sich noch keine Fortschritte. Eine von Russland und Weißrussland angestrebte engere Integration wird von den nichtrussischen Mitgliedstaaten der G. aus Gründen der nationalen Souveränität bisher abgelehnt.

Gemeinwirtschaftliche Unternehmen (oder Einrichtungen) → Gemeinnützigkeit, → Finanzwirtschaft, öffentliche.

Gemeinwohl (lat.: bonum commune), zentraler Begriff aller Lehren, die das Soziale, Kollektive oder Gemeinschaftliche erklären wollen (→ Wohlfahrtsfunktion). Das G. ist inhaltlich umstritten, eine Abgrenzung zu Eigenwohl oder Eigennutz problematisch.

Gender mainstreaming, frauenpolit. Konzept, verfolgt das Ziel alle geschlechtsspezifischen Unterschiede auf polit. und gesellschaftlicher Ebene sichtbar zu machen, und strebt die Gleichbehandlung von Frauen und Männern an.

Genehmigtes Kapital → Aktiengesellschaft (AG).

General Agreement on Tariffs and Trade (GATT) (engl., Allgemeines Zolltarif- und Handelsabkommen), 1947 in Genf von 23 Staaten unterzeichneter multilateraler Vertrag, der für die beteiligten Staaten das Prinzip der gegenseitigen → Meistbegünstigung garantiert und die im Abkommen näher bezeichneten Zollkonzessionen (→ Zoll) liberalisiert. Das G. sollte als provisorisches multilaterales Handelsabkommen als Vorstufe zu einer permanenten internationalen Handelsorganisation führen und erlangte den Status einer Sonderorganisation der → Vereinten Nationen. In insgesamt 15 Verhandlungsrunden zwischen 1946 und 1994 mit steigender Mitgliederzahl (1994: 123, davon 99 → Entwicklungsländer) wurden im Rahmen des G. umfangreiche Zollsenkungen vorgenommen sowie Ein- und Ausfuhrbeschränkungen sukzessive abgebaut. Für Entwicklungsländer gelten häufig Sonderregelungen. Die Anwendung des G. erfolgte auf Grund seiner relativ schwachen Rechtsgrundlage allerdings nur insoweit, als die Bestimmungen mit der Gesetzgebung der beteiligten Länder zu vereinbaren waren. Infolgedessen waren beispielsweise → Diskriminierungen, die z. Zt. des Vertragsabschlusses galten, weiterhin zulässig. Die letzte Verhandlungsrunde, die sog. Uruguay-Runde (1986–93), führte schließlich 1994 zur Errichtung der → World Trade Organization (WTO) in deren Regelwerk die Bestimmungen des G. eingegliedert wurden.

General Agreement on Trade in Services (GATS) (engl., allgemeines Abkommen über Handel mit Dienstleistungen), Abkommen der Mitgliedstaaten der → World Trade Organization (WTO) zur Liberalisierung des Dienstleistungssektors. Dieser wird nahezu uneingeschränkt dem Wettbewerb geöffnet, indem staatl. Möglichkeiten zur Regulierung des Marktes eingeschränkt werden. Die Einwilligung zum G. hat die → Europäische Union (EU) stellvertretend für ihre Mitgliedsländer gegeben. → Agreement on Trade-Related Aspects of Intellectual Property Rights (TRIPS).

Generalindex → Indexziffern.

Generationenbilanzierung, Budgetierungssystem, das sich auf die moderne Volkswirtschaftstheorie stützt. Alle Zahlungsströme, die zwischen den heutigen und zukünftigen Wirtschaftssubjekten sowie dem gesamten öffentl. Sektor fließen, werden berücksichtigt. Die G. liefert ein Gesamtbild des Staatshaushaltes über die Zeit. Die G. fordert keinen jährlichen Budgetausgleich, jedoch, dass der Gegenwartswert der heutigen und zukünftigen Ausgaben mit dem Gegenwartswert der heutigen und zukünftigen Einnahmen gedeckt wird. → Öffentliche Schulden.

Generationenvertrag, »Vertrag« zwischen der erwerbstätigen Generation und der Generation im Ruhestand. Die erwerbstätige Generation kommt für die Rentenfinanzierung der sich im Ruhestand befindenden Personen auf. → Umlageverfahren.

Genossenschaften, Absatz-, Bau-, Kredit-, Rohstoff-, Siedlungs-, Verbraucher-, Waren- und Wohnungsgenossenschaften. → Genossenschaftsrecht.

Genossenschaftsbank → Kreditgenossenschaft.

Genossenschaftskasse, Anstalt des öffentl. Rechts, die eine verbesserte Kreditversorgung von kleineren und mittleren Betrieben ermöglichen soll. → Genossenschaftsrecht.

Genossenschaftsrecht, im Gesetz über die Erwerbs- und Wirtschaftsgenossenschaften (GenG) niedergelegtes Recht der eingetragenen → Genossenschaften. Nach § 1 des GenG sind Genossenschaften → Gesellschaften von nicht geschlossener Mitgliederzahl, die den Erwerb oder die Wirtschaft ihrer Genossen durch gemeinschaftlichen Geschäftsbetrieb fördern, und die durch Eintragung in das Genossenschaftsregister die Rechte einer »eingetragenen Genossenschaft (eG)« erwerben. Gemeinsam betrieben werden z.B. Einkauf, Vertrieb oder Maschinenhaltung. Der Geschäftsbetrieb kann grundsätzlich auch auf Nichtmitglieder ausgedehnt werden. Die Grundlage des Genossenschaftsvermögens bilden die nach unten und oben begrenzten Einlagen der Genossen. Die Firma der Genossenschaft muss Sachfirma, d.h. dem Gegenstand des Genossenschaftsbetriebes entlehnt sein. Für Verbindlichkeiten haftet nur das Vermögen der Genossenschaft. Organe der Genossenschaft sind: Vorstand, Aufsichtsrat und Generalversammlung, wobei der Vorstand, der von der Generalversammlung gewählt wird und die Geschäftsführung betreut, aus mindestens zwei Genossen besteht. Der Aufsichtsrat besteht aus mindestens drei Mitgliedern, ebenfalls Genossen, und wird von der Generalversammlung gewählt. Er darf keine Tantieme beziehen, wohl aber eine feste Besoldung. Die Generalversammlung ist als Versammlung sämtlicher Genossen das oberste Organ der Genossenschaft. Die Abstimmung erfolgt nach Köpfen und nicht nach Kapitalbeträgen. Bei großen Genossenschaften tritt an die Stelle der Generalversammlung die Vertreterversammlung.

Genossenschaftsregister, Register, das beim zuständigen Amtsgericht geführt wird und das der Eintragung von Erwerbs- und Wirtschaftsgenossenschaften dient. → Genossenschaftsrecht.

Genussrechte, gewähren einen Anspruch auf Gewinnanteile einer → Aktiengesellschaft (AG), ohne dass dieser Anspruch, wie etwa bei Aktien, auf einem Eigentumsrecht beruht. Die G. werden gewöhnlich durch → Genussscheine verbrieft. Ihren Ursprung haben G. als Aufwandentschädigung für Aktionäre (Bsp.: Umtausch von Aktien).

Genussscheine, → Wertpapiere ohne Nennwert, die einen Anteil am Gewinn oder am Liquidationserlös einer → Aktiengesellschaft (AG) verbriefen. G. dürfen nach § 221 AktG nur auf Beschluss der Hauptversammlung mit Dreiviertelmehrheit ausgegeben werden.

Geometrisches Mittel → Mittelwerte.

Gerechtigkeitskriterien, Verteilungsnormen zur Beurteilung der → Einkommensverteilung. Unterschieden werden: (1) Leistungsgerechtigkeit: Kommutative Gerechtigkeit nach Aristoteles. (2) → Bedarfsgerechtigkeit: Distributive Gerechtigkeit nach Aristoteles. (3) Soz. Gerechtigkeit: Lösung von Interessengegensätzen der Beteiligten am Produktionsprozess. (4) Kontrakttheorie der »Fairen Gerechtigkeit« (Prinzip der Fairness nach Rawls): Die Gerechtigkeit drückt sich in einer bestehenden Chancengleichheit (Bsp.: gleiche Grundrechte). Ungleichheit ist soweit akzeptabel, als sie der Gruppe der Ärmsten nützt. Keine der G. wird durch den Markt voll verwirklicht, was eine Verabsolutierung der G. unrealistisch macht und staatl. Eingreifen erfordert. → Zielkonflikt zwischen Effizienz und Verteilung (Gerechtigkeit).

Geringfügige Beschäftigung, eine G. liegt dann vor, wenn das monatliche Arbeitsentgelt regelmäßig 400 EUR nicht überschreitet. Weiterhin liegt diese vor, wenn die Beschäftigung innerhalb eines Kalenderjahres auf höchstens zwei Monate oder 50 Arbeitstage beschränkt ist. Ausgenommen von dieser Regelung sind jene Personen, die ihre Beschäftigung berufsmäßig ausüben und deren Entgelt für ihre Tätigkeiten 400 EUR im Monat überschreitet. Der Arbeitgeber zahlt für geringfügig Beschäftigte Pauschalbeiträge in der Höhe von insgesamt 25 % zur Renten- (12 %) und Krankenversicherung (11 %) sowie eine einheitliche Pauschalsteuer (2 %). → Arbeitsmarktpolitik.

Geringwertige Wirtschaftsgüter (GWG), im Rahmen der → Bewertung des Betriebsvermögens können abnutzbare bewegliche Wirtschaftsgüter des Anlagevermögens, die einer selbständigen Nutzung fähig sind, bereits im Jahr der Anschaffung bzw. bei Eröffnung des Betriebs in voller Höhe abgesetzt werden, sofern die Anschaffungs- oder Herstellungskosten 410 € (2002) nicht übersteigen. Diese Form der Bewertungsfreiheit, unabhängig von der Nutzungsdauer, vereinfacht die Buchführung und spielt eine wichtige Rolle in der → Abschreibungspolitik von Unternehmen.

Gesamtfruchtbarkeitsrate, durchschnittliche Anzahl lebend geborener Kinder einer Frau, wenn diese im Laufe ihres Gebärfähigkeitsalters den altersspezifischen Fruchtbarkeitsziffern der betreffenden Jahre entsprechen würde. Die G. ist die endgültige Kinderzahl einer hypothetischen Geburtskohorte, die durch Addition altersspezifischer Fruchtbarkeitsziffern eines bestimmten Jahres bestimmt wird. → Bevölkerungswachstum.

Gesamthandseigentum (Gemeinschaft zur gesamten Hand), liegt vor, wenn keinem Individuum die Verfügungsgewalt über eine Sache alleinig zusteht. Bsp.: → Gesellschaften, → Kommanditgesellschaft (KG), → Offene Handelsgesellschaft (OHG).

Gesamtkostenverfahren, häufig angewandte Methode der kurzfr. und langfr. Erfolgsrechnung, die alle → Aufwendungen (bzw. Kosten) den → Erträgen (bzw. Erlösen) gegenüberstellt. → Kapitalgesellschaften können in ihrer → Gewinn- und Verlustrechnung (GuV) zur Ermittlung ihres Jahreserfolgs zwischen dem G. und dem → Umsatzkostenverfahren wählen (§ 275 II, III HGB). Im G. ergibt sich der Nettoerlös (kurzfr. Sicht) aus Umsatzerlösen abzüglich Erlösschmälerungen. Das betriebl. Ergebnis ergibt sich aus dem Saldo zwischen den betriebl. Erträgen (Nr. 1–4 des Gliederungsschemas § 275 II HGB) und den betriebl. Aufwendungen (Nr. 5–8). Betriebl. Ergebnis und Finanzergebnis (Saldo der Finanzerträge (Nr. 9–11) und Finanzaufwendungen (Nr. 12, 13)) ergeben zusammen das Ergebnis der gewöhnlichen Geschäftstätigkeit. Unter Berücksichtigung der außergewöhnlichen Erträge (Nr. 15) und Aufwendungen (Nr. 16), der Steuern (Nr. 18, 19) errechnet sich daraus der Jahresüberschuss oder Jahresfehlbetrag (Nr. 20).

Gesamtprokura (Gemeinschaftsprokura), ist die von mehreren Personen gemeinschaftlich ausgeübte → Prokura (§ 48 HGB).

Gesamtschuldner, Personen, die dieselbe Leistung schulden oder nebeneinander, indes jeder für sich, für dieselbe Leistung haften. Jeder Einzelne ist verpflichtet, die gesamte Leistung zu bewirken. Jeder der G. kann nach pflichtgemäßem Ermessen des Gläubigers teilweise oder ganz zur Erbringung der Leistung herangezogen werden. Die erfolgte Leistung eines G. gilt gleichzeitig zu Gunsten der anderen Schuldner. Alle G. bleiben bis zur Erfüllung der ganzen geschuldeten Leistung verpflichtet.

Gesamtvermögen, im Sinne einer → Vermögensteuer das gesamte → Vermögen eines Steuerpflichtigen mit Ausnahme solcher Wirtschaftsgüter, die durch das → Bewertungsgesetz (BewG) von der Vermögensteuer befreit sind. Das Rohvermögen besteht aus dem Betriebsvermögen, dem Grundvermögen, dem land- und forstwirtsch. Vermögen und dem sonstigen Vermögen. Zur Berechnung des G. ist es nach § 118 → Bewertungsgesetz (BewG) um gewisse Schulden und Abzüge zu vermindern.

Gesamtwert (→ Einheitswert) eines Gewerbebetriebes, vermögensteuerlich die Summe der Werte der Wirtschaftsgüter, vermindert um die Schulden und ggf. Rücklagen (§ 103 → Bewertungsgesetz (BewG)).

Geschäftsbank → Kreditbank.

Geschäftsbedingungen → Allgemeine Geschäftsbedingungen (AGB).

Geschäftsbericht, Sammelbegriff für → Jahresabschluss, → Lagebericht und freiwillige ergänzende Angaben, die von einer → Gesellschaft veröffentlicht werden. Während Jahresabschluss und Lagebericht gesetzl. vorgeschrieben sind, dient die Aufstellung eines G. v.a. als Kommunikationsinstrument zwischen Gesellschaft und Anlegern bzw. Kapitalmarkt.

Geschäftsbesorgung → Geschäftsführung.

Geschäftsfähigkeit, Fähigkeit einer Person, rechtsgeschäftliche Erklärungen abzugeben und entgegenzunehmen. Kinder bis zum vollendeten siebten Lebensjahr sind geschäftsunfähig, ebenso Personen, deren freie Willensbestimmung dauerhaft durch eine krankhafte Störung der Geistestätigkeit ausgeschlossen ist. Beschränkt geschäftsfähig sind: (1) Minderjährige, also Personen vom siebten bis 18. Lebensjahr, mit Ausnahme jener, die vor Vollendung des 18. Lebensjahres für volljährig erklärt worden sind, (2) wegen Geistesschwäche, Verschwendungs- oder Trunksucht Entmündigte und (3) unter Vormundschaft gestellte Personen. Ohne Zustimmung seines gesetzl. Vertreters kann der beschränkt Geschäftsfähige nur solche Rechtsgeschäfte abschließen und nur solche Willenserklärungen entgegennehmen, die ihm einen rechtl. Vorteil bringen. Zu allen anderen Rechtsgeschäften bedarf der beschränkt Geschäftsfähige der Zustimmung seines gesetzl. Vertre-

Geschäftsführung

ters, der seinerseits in gewissen Fällen die Genehmigung des Vormundschaftsgerichts einholen muss.

Geschäftsführung (Geschäftsbesorgung), Vornahme von Rechtsgeschäften oder rechtl. bedeutsamen Handlungen für einen anderen. Die G. regelt das Innenverhältnis, verpflichtet und bedarf des Vertragsschlusses. Der Geschäftsführer ist an Weisungen seines Auftraggebers gebunden und ihm für Innehaltung der getroffenen Vereinbarungen verantwortlich. → Gesellschaften.

Geschäftsgeheimnis → Betriebsgeheimnis.

Geschäftsgrundlage, alle Umstände beim Vertragsabschluss, die derzeitig oder zukünftig für eine oder beide Vertragsparteien eine entscheidende Vertragsgrundlage bilden, ohne selbst Vertragsinhalt geworden zu sein. Sind derartige Umstände nur für eine Partei zur G. gemacht worden, so muss dem anderen Vertragspartner bekannt und von diesem gebilligt worden sein. Die G. ist insofern von wirtsch. Bedeutung, als nach dem Grundsatz von Treu und Glauben der Wegfall der G. zu einer Änderung des Rechtszustandes führen kann. So wird unter Umständen eine völlige Befreiung von der vertraglichen Leistungspflicht die Folge sein.

Geschäftsklimaindex, Frühindikator für → Konjunkturbewegungen. Bekanntester Index ist der vom Wirtschaftsforschungsinstitut ifo ermittelte sog. ifo-G., für den jeden Monat über 7000 Unternehmen in Deutschland nach ihrer Einschätzung der Geschäftslage sowie nach ihren Erwartungen für die nächsten sechs Monate befragt werden. → Konjunkturindikatoren.

Geschlossener Markt, Markt, zu dem neue Nachfrager und Anbieter gar nicht oder nur unter erschwerten Bedingungen Zugang haben, etwa durch zu hohes Anfangskapital. Der freie Zugang kann durch gesetzl. Verbot der Marktausweitung (z. B. volkswirtsch. Bedarfsprüfung), durch Rechtsschutz zu Gunsten der zum Markt Zugelassenen, wie etwa Patente, und durch Marktmacht (Monopole und Oligopole, auch gewerkschaftlicher Art) verhindert werden.

Geschmacksmusterschutz, Rechtsschutz, der sich auf neu erfundene oder entworfene Muster oder Modelle bezieht und damit schöpferisch-ästhetische Leistungen schützt. Rechtsgrundlage für den G. ist das Gesetz betreffend das Urheberrecht an Mustern und Modellen (GeschmMG) mit einer Schutzdauer von fünf Jahren, die auf höchstens 20 Jahre verlängert werden kann. → Gebrauchsmusterschutz.

Gesellschaft, gemäß §§ 705ff. BGB ein Zusammenschluss von Privatpersonen, die sich als sog. Gesellschafter dazu verpflichten, die Erreichung eines gemeinsamen Zieles in der durch einen Gesellschaftsvertrag bestimmten Weise zu fördern. Über das Gesellschaftsvermögen kann kein einzelner Gesellschafter, sondern nur alle gemeinsam verfügen. Die → Geschäftsführung der G. kann durch einen oder mehrere Gesellschafter erfolgen. Beendet wird eine G. durch Erreichen des gemeinsamen Zieles. Bei Kündigung, Tod oder Insolvenz eines Gesellschafters kann eine G. gemäß § 736 BGB auch weitergeführt werden. In der Praxis wird meist die Form des → Vereins oder der → Handelsgesellschaft vorgezogen. G. tun sich z.b. zur Durchführung von → Konsortialgeschäften zusammen.

Gesellschaftliche Nutzen und Kosten (Soz. Nutzen und Kosten), i.w.S. die → Externen Effekte, die nicht internalisiert (d.h. nicht in die Rechnung des Verursachers einbezogen) werden, aber die Konsum- und Produktionsfunktion Dritter berühren. I.e.S. sind das alle Nutzen und Kosten, die nicht von den Verursachern, sondern von der Gesellschaft übernommen werden. → Nutzen-Kosten-Analyse (NKA).

Gesellschaft mit beschränkter Haftung (GmbH), Handelsgesellschaft, bei der die Gesellschafter mit Einlagen am Stammkapital beteiligt sind. Als → Kapitalgesellschaft hat sie Ähnlichkeit mit der Aktiengesellschaft, unterscheidet sich aber von dieser durch stärkere Verbundenheit der Mitglieder untereinander sowie durch freiere und einfachere Gestaltung. Damit vereint sie wesentliche Merkmale von → Aktiengesellschaft (AG) (z.B. Haftungsbeschränkung) und → Offener Handelsgesellschaft (OHG) (z. B. Beschränkung der Mitgliederzahl). Die GmbH kann zu jedem gesetzl. erlaubten Zweck gegründet werden. Unzulässig ist nur der Betrieb des Hypothekenbankgeschäftes sowie einzelner Versicherungszweige. Das zur Gründung notwendige Stammkapital beträgt mindestens 25.000 €, die Mindesteinlage eines Gesellschafters 100 €. Die Verteilung des → Reingewinns erfolgt nach dem Verhältnis der Geschäftsanteile. Das Mitverwaltungsrecht der Gesellschafter bestimmt sich nach der Regelung im Gesellschaftsvertrag. Organe der G. sind: (1) die Gesellschaftsversammlung, die über alle wesentlichen Fragen einschl. der Verwendung des Gewinns und der Bestellung des Geschäftsführers entscheidet; (2) der Geschäftsführer, der gesetzl. Vertreter der G. ist. Die Bestellung eines Aufsichtsrates ist freiwillig.

Gesetz der abnehmenden Grenzrate der Substitution → Grenzrate der Substitution.

Gesetz der großen Zahlen, 1837 von Poisson entworfenes Grundprinzip der Statistik, wonach z.B. mit zunehmender Größe der Zufallsstichprobe (→ Statistik) die Abweichung der Stichproben-Durchschnitte und -Proportionen vom Erwartungswert abnimmt. Je größer die Beobachtungsserie wird, desto stärker nimmt der sog. Zufallsfehler ab.

Gesetz der Massenproduktion → Massenfertigung.

Gesetz des abnehmenden Ertragszuwachses → Ertragsgesetz.

Gesetzgebungshoheit, steuerliche, ist im Föderativstaat das Recht einer → Gebietskörperschaft, Steuergesetze zu erlassen. In Deutschland regelt Art. 105 GG die G. Danach steht dem Bund die konkurrierende Gesetzgebung für die meisten Steuern zu. Die Länder haben die G. über die örtlichen Verbrauch- und Aufwandsteuern, solange und soweit sie nicht bundesgesetzl. geregelten Steuern gleichartig sind (Art. 105, 2 GG). → Finanzausgleich.

Gesetz gegen Wettbewerbsbeschränkungen (GWB), Kartellgesetz. → Kartell.

Gesetz von der Anziehungskraft des zentralen Haushalts → Popitzsches Gesetz.

Gesetz zur Förderung der Vermögensbildung der Arbeitnehmer → Vermögensbildung.

Gesetz zur Kontrolle und Transparenz im Unternehmensbereich (KonTraG), Änderungen des Aktienrechts und des Rechts der gesetzl. Abschlussprüfung, die insbes. die Transparenz der Unternehmensrisiken für Anteilseigner erhöhen, die Kontrolle durch die Hauptversammlung stärken sowie die Qualität der Abschlussprüfung verbessern sollen. Versäumnisse bei der Implementierung des G. können bei prüfungspflichtigen Unternehmen zu einem Versagen des Bestätigungsvermerks führen, was beispielsweise Gewinnausschüttungen oder Kreditaufnahmen bei Banken unmöglich macht. Zudem sind die Geschäftsführer und Vorstände im Schadensfalle den Anteilseignern pers. schadensersatzpflichtig. Das G. wurde durch mehrere Unternehmenskrisen Ende der 1990er Jahre motiviert. Betroffen von den Neuregelungen sind v. a. das Aktienrecht (AktG) und das Handelsrecht (HGB). → Bewertung, → Bilanzierung.

Gespaltene (multiple) Wechselkurse sind nach sachlichen oder räumlichen Gesichtspunkten differenzierte Preise für eine Währungseinheit. Dazu muss der → Devisenmarkt in Teilmärkte aufgespalten werden. Sachliche Kursdifferenzierung (nach Güterarten) kann etwa dazu dienen, Wettbewerbsvorteile für bestimmte Exportgüter zu schaffen oder bestimmte Importe zu verteuern. Räumliche Kursspaltung führt bei Errechnung des Preises für eine Währungseinheit über dritte Währungen zu unterschiedlichen Preisen und beeinflusst die internationale Konkurrenz. G. stören den optimalen Einsatz der Ressourcen und sind mit hohen Verwaltungskosten verbunden. G. sind nach dem Abkommen über den → Internationalen Währungsfonds (IWF) genehmigungspflichtig. → Freie Wechselkurse.

Gesundheitsindikator, i.w.S. Indikator für Leistungsangebot und -nachfrage im → Gesundheitswesen (Bsp.: Krankenhausverweildauer, Arztdichte), sowie für Ausgaben im Gesundheitswesen (Bsp. Anteil des Aufwands der gesetzl. Krankenversicherung am → Bruttosozialprodukt (BSP)), für Versicherungsschutz oder den gesundheitsbezogenen Umweltschutz.

Gesundheitsökonomie (engl.: Health Economics), untersucht das → Gesundheitswesen und seine Auswirkungen auf die Volkswirtschaft, wobei sie Methoden, Einsichten und Werkzeuge der → Wirtschaftswissenschaften anwendet (→ Humankapital). Die G. hat sich zu einem durch enge Zusammenarbeit zwischen Ökonomie und Medizin geprägten eigenständigen Forschungsgebiet entwickelt, insbes. ausgelöst durch die Kostenexplosion im Gesundheitswesen und die fortschreitende Technologisierung der Medizin. Die G. beschäftigt sich hauptsächlich mit den Faktoren, welche die Nachfrage nach Gesundheitsleistungen sowie deren Preise und Kosten beeinflussen: demographische Entwicklung (→ Bevölkerungswissenschaft), Wandel der Krankheitsstruktur, medizinischer Fortschritt und Organisationsmängel des Gesundheitswesens haben zur negativen Kostenentwicklung wesentlich beigetragen. Als Hauptursache wird der fehlende ökonom. und polit. Verbund (→ Verbundprinzip, ökonomisches und politisches), v. a. von Nutzern und Zahlern, angesehen. → Öffentliche Verschwendung, Theorie der, → Nutzen-Kosten-Analyse (NKA).

Gesundheitsplanung, Teil der → mittelfristigen Finanzplanung, welche die Entwicklung von Angebot und Nachfrage im → Gesundheitswesen prognostizieren soll. Für die G. werden sog. → Gesundheitsindikatoren herangezogen.

Gesundheitswesen, umfasst alle Einrichtungen und Maßnahmen, deren Zweck die Erhaltung und Verbesserung der Gesundheit ist. Die Aufwendungen für Vorbeugung, Behandlung und Folgen von Krankheiten werden zum überwiegenden Teil von privaten Haushalten, Arbeitgebern, gesetzl. Krankenversicherungen (→ Sozialversicherung) und → Öffentlichen Haushalten finanziert. Das G. unterliegt einer starken Kostensteigerung, welche auf der Angebotsseite ihre Hauptursachen in der Unwirtschaftlichkeit des Verwaltungsapparates, der Ausweitung des Angebots an Gesundheitsleistungen, dem System der Krankenhausfinanzierung und der mit zunehmenden Versorgungsleistungen verbundenen Zulassung flexibler Altersgrenzen hat. Hinzu kommen auf der Nachfrageseite insbes. demographische, soz., ökonom. und psychologische (z. B. steigendes Gesundheitsbewusstsein) Ursachen. In Deutschland ist im internationalen Vergleich ein hoher Anteil der Gesundheitsausgaben am → Bruttoinlandsprodukt (BIP) zu konstatieren. Das Phänomen der Kostenexplosion ist ein wesentlicher Untersuchungsgegenstand der → Gesundheitsökonomie.

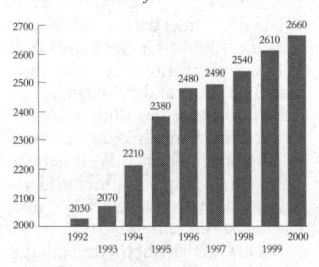

Entwicklung der Gesundheitsausgaben in Euro je Einwohner

Jahr	Euro
1992	2030
1993	2070
1994	2210
1995	2380
1996	2480
1997	2490
1998	2540
1999	2610
2000	2660

Quelle: Statistisches Bundesamt (2002).

Getränkesteuer, in einigen Bundesländern erhobene → Gemeindesteuer, die den Verbrauch von Wein, Schaumwein, Trinkbranntwein, Limonade, Kaffee, Tee, Kakao usw. besteuert.

Gewerbe, aus ökonom. Sicht alle Tätigkeiten im Produktionsprozess, die nicht naturgebunden sind (Bsp.: Veredlung von Metallen). Nicht zum G. gehören somit die Urproduktion (Land- und Forstwirtschaft, Fischerei, Bergbau), die Freien Berufe, die Kunst und Wissenschaft, die Hauswirtschaft sowie Tätigkeiten in öffentl. oder gemeinnützigen Betrieben. Aus rechtl. Sicht ist jede planmäßige, selbständige, mit Gewinnerzielungsabsicht vorgenommene Tätigkeit ein G. (Ausnahme: Land- und Forstwirtschaft und Freie Berufe). Anders als bei → Gesellschaften muss die Tätigkeit bei einem G. auf Dauer angelegt sein.

Gewerbebetrieb (steuerlicher), unterschieden werden: (1) G. kraft gewerbl. Tätigkeit: Tätigkeit muss selbständig und nachhaltig mit der Absicht auf Erzielung von → Gewinn ausgeübt werden und sich am allgemeinen Wirtschaftsverkehr beteiligen. Dabei darf es sich weder um eine Tätigkeit in der Land- und Forstwirtschaft noch um eine freiberufliche oder andere selbständige Arbeit im Sinne des Einkommensteuerrechts handeln. (2) G. kraft Rechtsform: gilt für → Personengesellschaften (Bsp.: → Offene Handelsgesellschaften (OHG)) und Kapitalgesellschaften. (3) G. kraft wirtsch. Geschäftsbetriebes: gilt für alle sonstigen juristischen Personen und Vereine, soweit sie einen wirtsch. Geschäftsbetrieb unterhalten. → Gewerbesteuer.

Gewerbeertrag (steuerlicher), ist die → Bemessungsgrundlage der → Gewerbesteuer. Der G. ist der nach den Vorschriften des EStG oder KStG berechnete gewerbl. → Gewinn, der um bestimmte Beträge zu berichtigen ist, um dem Charakter der Gewerbesteuer als Objektsteuer Rechnung tragen. Hinzuzufügen sind z.B. Zinsen für dauernde Schulden, die wirtsch. etwa mit der Gründung, dem Erwerb oder einer Erweiterung des Betriebs zusammenhängen. Abzuziehen ist dagegen der Ertrag aus der Beteiligungen an → Personengesellschaften oder Grundbesitz, um eine → Doppelbesteuerung (Gewerbesteuer und → Grundsteuer) zu vermeiden. → Gewerbekapital.

Gewerbefreiheit, Möglichkeit der wirtsch. Betätigung aller Individuen, die orts- und zeitunabhängig im Rahmen der Gesetze erfolgen kann. Historisch ist die G. die im Zuge einer liberalen Gesetzgebung durchgeführte Befreiung des Gewerbes von ererbten Bindungen und polizeistaatl. Vorschriften. In Frankreich wurde 1791 die G. mit der Abschaffung der Zünfte eingeführt, in Preußen im Jahre 1810. Das Dt. Kaiserreich übernahm die G., die durch das Notgewerbegesetz des Norddeutschen Bundes (1868) und die Gewerbeordnung (1869) gewährleistet wurde. Heute findet sich der Grundsatz der G. in den Art. 2 I und 12 I GG wieder. → Gewerbe.

Gewerbekapital (steuerliches), ist eine → Bemessungsgrundlage der → Gewerbesteuer. Bei seiner Ermittlung ist vom → Einheitswert des Betriebes auszugehen. Berichtigungen sollen dem Charakter der Gewerbesteuer als Objektsteuer Rechnung tragen.

Gewerberecht, regelt den Betrieb eines Gewerbes und unterliegt der konkurrierenden Gesetzgebung (Art. 74, 11 GG). Das GG sichert in Art. 12 I die → Gewerbefreiheit. Das G. wird im Wesentl. durch die Gewerbe- und Handwerksordnung sowie durch die Sonderregelungen für den → Einzelhandel und das Verkehrs-, Gaststätten-, Waffen- und Kreditgewerbe.

Gewerbeschein, bestätigt den Empfang der vorgeschriebenen Anzeige über den Beginn eines stehenden Gewerbes. Für den Betrieb eines Reisegewerbes stellt die Behörde eine sog. Reisegewerbekarte (früher Wandergewerbeschein) aus, die für einen Gewerbebetrieb im Ausland Gewerbelegitimationskarte heißt.

Gewerbesteuer, → Objektsteuer, die von den Kommunen erhoben wird. Besteuert wird der stehende inländ. → Gewerbebetrieb, wobei Steuerpflichtiger der Inhaber ist, für dessen Rechnung das Gewerbe betrieben wird. Besteuerungsgrundlage ist der → Gewerbeertrag. Zur Ermittlung der Steuerschuld wird zunächst der Steuermessbetrag festgesetzt, indem der Gewerbeertrag mit der → Steuermesszahl multipliziert wird. Anschließend wird dieser mit dem Hebesatz multipliziert, der von jeder Gemeinde eigenverantwortlich festgesetzt wird. Die G. spielt für die Finanzen der Städte und Kommunen in Deutschland eine große Rolle, da ihnen das Steueraufkommen abzüglich der Gewerbesteuerumlage, die je zur Hälfte an Bund und Länder geht, zufließt.

Gewerblicher Rechtsschutz, Gesamtheit aller gewerbl. Schutzrechte: (1) Patentschutz, (2) → Gebrauchsmusterschutz, (3) → Geschmacksmusterschutz, (4) Wettbewerbsrecht (→ Wettbewerbsbeschränkung), (5) Warenzeichenrecht (Warenzeichen) sowie durch internationale Vereinbarungen gesicherte gewerbl. Schutzrechte.

Gewerkschaft, aus der Arbeiterbewegung des 19. und 20. Jh. hervorgegangener Arbeitnehmerverband, der neben der Verbesserung der Lohn- und Arbeitsverhältnisse durch → Tarifverträge vielfältige weitere sozialpolit., sozialethische und kulturpolit. Ziele verfolgt. Bereits A. Smith begründete und forderte in seinem System der Marktwirtschaft aus wirtsch. und ethischen Gründen die Institutionalisierung von Arbeitnehmervertretungen. Voraussetzung für die Gründung von G. in Deutschland war die erst 1869 in Preußen durchgesetzte Vereinigungsfreiheit. Nach Art. IX 3 GG gilt heute, dass »das Recht, zur Wahrung und Förderung der Arbeits- und Wirtschaftsbedingungen Vereinigungen zu bilden, [...] für jedermann und für alle Berufe gewährleistet« ist. Neben dem in den Anfängen des Gewerkschaftswesens dominierenden Berufsverbandsprinzip hat sich das Industrieverbandsprinzip durchgesetzt, dessen Grundsatz die überbetriebl. Organisation der in einem Industriezweig tätigen Arbeiter ist. Industriegewerkschaften haben den Vorteil besserer Verhandlungsmöglichkeiten mit dem Tarifvertragspartner. Das Berufsverbandsprinzip versucht man durch Spartenbildung innerhalb der Industrieverbände zu erhalten. Dachverband der Industriegewerkschaften in Deutschland ist der Deutsche Gewerkschaftsbund

(DGB); daneben bestehen die Deutsche Angestelltengewerkschaft (DAG), der Christliche Gewerkschaftsbund Deutschlands (CGB) sowie der Deutsche Beamtenbund (DBB). Ver.di, die weltweit größte G. entstand 2001 aus dem Zusammenschluss von fünf Organisationen. Die ausgeprägte Überbeschäftigung in den ersten Nachkriegsjahren hat die Marktmacht der G. beträchtlich erhöht, was die Gefahr in sich birgt, dass über dem Produktivitätsfortschritt (→ Produktivität) liegende Lohnforderungen durchgesetzt werden. Dies kann auf eine marktwirtsch. organisierte Volkswirtschaft negative Auswirkungen haben, da Tarifpolitik (→ Tarif), die sich einseitig an → Einkommensumverteilung orientiert, auf längere Sicht zwangsläufig zu → Arbeitslosigkeit und → Inflation führt oder diese beschleunigt. Unter allen Industrieländern hat Deutschland den kleinsten Produktionsausfall durch gewerkschaftliche Streiks.

Gewinn, Differenz zwischen → Ertrag und → Aufwand eines Unternehmens, der auch als Jahresüberschuss bezeichnet wird. Ermittelt wird der G. in der → Bruttoerfolgsrechnung. Als Betriebserfolg hat nur der G. zu gelten, der aus regelmäßigem Geschäftsbetrieb hervorgegangen ist (Bsp.: keine Vermögensveränderungen auf Grund von Beteiligungsveräußerungen). Die Gewinnverwendung ist von der Rechtsform des Unternehmens und den Entscheidungen des Managements abhängig (→ Nicht entnommener Gewinn). Folgende Formen des G. werden unterschieden: (1) Pioniergewinn: G. auf Grund einer Produkt- oder Produktionsinnovation; (2) Monopolgewinn: G. bei Ausnutzung von Marktmacht; (3) → Windfall-Profits; (4) Volkswirtsch. G.: Unterschied zwischen Nutzen und Kosten öffentl. Projekte unter Berücksichtigung indirekter und externer (intangibler) Werte (→ Nutzen-Kosten-Analyse).

Gewinnanteilschein, verbrieft den Anspruch auf Auszahlung des Anteils am jährlichen Reingewinn. Der Anteil ist dabei abhängig von der Höhe der Beteiligung.

Gewinnausschüttung → Verdeckte Gewinnausschüttung.

Gewinnbeteiligung → Erfolgsbeteiligung.

Gewinnermittlung (steuerliche), Ermittlung des Periodengewinns für Zwecke der → Einkommensteuer, der → Körperschaftsteuer und der → Gewerbesteuer für Einkünfte aus Land- und Forstwirtsch., aus Gewerbebetrieb und aus selbständiger Arbeit. Man unterscheidet: (1) G. durch Betriebsvermögensvergleich nach § 4,I EStG. Gewinn ist hiernach die Differenz des Vermögens am Ende und Anfang des abgelaufenen Wirtschaftsjahres. Dazugezählt werden Entnahmen und abgezogen Einlagen. Der Wert des Grund und Bodens bleibt dabei außer Ansatz. Diese Art der G. gilt für alle Buch führenden Land- und Forstwirte und selbständige Berufstätige; (2) G. durch Betriebsvermögensvergleich nach § 5 EStG. Diese G. ist für Vollkaufleute und Buch führende Gewerbebetriebe vorgeschrieben. Die Ermittlung des Betriebsvermögens, einschl. des zum

Anlagevermögen gehörenden Grund und Bodens, erfolgt nach den Grundsätzen ordnungsmäßiger Buchführung (→ Buchhaltungsgrundsätze). Aus diesen ergibt sich die Handelsbilanz, welche als Grundlage für die Steuerbilanz dient (→ Maßgeblichkeit der Handelsbilanz für die Steuerbilanz); (3) vereinfachte G. nach § 4, III EStG., welche in einer Gegenüberstellung der Betriebseinnahmen und -ausgaben besteht und dann angewendet wird, wenn das Betriebsvermögen keine wesentlichen Schwankungen zeigt und die Steuerpflichtigen nicht auf Grund gesetzl. Vorschriften gezwungen sind, Bücher zu führen und regelmäßig Abschlüsse zu machen, etwa bei Ärzten oder Handwerkern.

Gewinninflation, Form der → Inflation, deren mögliche Ursache in der Gewinnkalkulation liegt. Dabei sind die Kosten Aufschlagsbasis für den → Gewinn (mark-up-pricing), wobei die Preise unabhängig von der Nachfrage bei sinkendem Absatz und wachsenden Durchschnittskosten steigen.

Gewinnmaximierung, Grundannahme in der → Produktionstheorie, nach der Unternehmen das Ziel verfolgen, bei gegebenen Markt- und Kostenverhältnissen den Output so zu wählen, dass der Unterschied zwischen Erlös und Kosten maximal und damit der Gesamtgewinn am höchsten ist. Es gilt die Gewinnmaximierungsregel für den Output bei der ertragsgesetzl. → Produktionsfunktion: → Grenzerlös gleich → Grenzkosten. Für den Input gilt: → Grenzerlösprodukt gleich Grenzausgabe.

Gewinn- und Verlustrechnung

Gewinnquote, analog zur → Lohnquote der Anteil der Gewinne am Volkseinkommen und eine Kategorie der funktionalen → Verteilungstheorie. → Einkommensverteilung.

Gewinnrücklage → Rücklage.

Gewinnschuldverschreibung, → Schuldverschreibung, die neben der üblichen (festen) Verzinsung eine zusätzliche Verzinsung beinhaltet, die sich nach der Höhe des ausgeschütteten Gewinns richtet.

Gewinnschwelle → Break-Even.

Gewinnthesaurierung, Form der Selbstfinanzierung, bei der durch Nichtausschüttung der Gewinne die Kapitalbasis des Unternehmens gestärkt wird. → Finanzierung, → Rücklage.

Gewinnthese, besagt, dass der Marktwert eines Unternehmens von den zukünftigen Gewinnen und der alternativ am Markt erreichbaren Rendite abhängt. Gegensatz zur → Dividendenthese.

Gewinn- und Verlustkonto, Konto der → Doppelten Buchführung, das am Ende des Geschäftsjahres die Salden der reinen Erfolgskonten und der gemischten Konten sammelt. Das G. wird für die Erfolgsermittlung (Gewinn oder Verlust) benötigt, die → Bilanz hingegen für die Vermögensfeststellung. Wird das G. als sog. Ertragsbilanz gesehen, müssen sämtliche Aufwendungen und Erträge enthalten sein.

Gewinn- und Verlustrechnung (GuV), periodische Erfolgsrechnung durch Gegenüberstellung von → Ertrag und → Aufwand im Rahmen des → Jahresabschlusses. Der ausgewiesene Periodenerfolg (Jahresüberschuss oder -fehlbetrag) ist Ausgangsgröße der G. Bei Anwendung der doppelten Buchführung muss er sich in gleicher Höhe aus der → Bilanz ergeben. Die G. kann sowohl in Konto- als auch in Staffelform aufgestellt werden. Nach Unterteilung und Umfang der ausgewiesenen Aufwendungen werden → Gesamtkostenverfahren und → Umsatzkostenverfahren unterschieden, beide führen i.d.R. zu einem gleich hohen Jahresergebnis. Nach § 275 HGB ist für → Kapitalgesellschaften sowohl das Gesamt- als auch Umsatzkostenverfahren zulässig, wobei für beide Verfahren die Gliederung der Posten handelsrechtl. vorgeschrieben ist. Nach → United States Generally Accepted Accounting Principle (US-GAAP) ist nur das Umsatzkostenverfahren zulässig, während nach → International Accounting Standards (IAS) sowohl Umsatz- als auch Gesamtkostenverfahren angewandt werden können.

Gewinnvortrag, Teil am → Reingewinn von Unternehmen, inbes. Kapitalgesellschaften, der nicht in der Basisperiode an die Anteilseigner ausgeschüttet wird, sondern in das folgende Geschäftsjahr vorgetragen wird. Die Höhe des G. wird durch Beschluss der → Hauptversammlung festgelegt. Gegenstück zum G. ist der sog. Verlustvortrag.

Gewohnheitsrecht, Rechtsnormen, die sich aus den Sitten gebildet haben und auf langer Gewohnheit beruhen. Kennzeichen ist die stetige und dauernde Anwendung innerhalb eines räumlich oder beruflich abgegrenzten Kreises. Um zur Geltung zu kommen, muss das G. von allen Beteiligten getragen werden. In der Wirtschaft ist die sog. → Usance von Bedeutung, die sich aus Brauch, Verkehrssitte und Handelsgewohnheit ableiten lässt (Bsp.: nach § 346 HGB ist unter Kaufleuten hinsichtlich der Bedeutung und Wirkung von Handlungen und Unterlassungen »auf die im Handelsverkehr geltenden Gewohnheiten und Gebräuche« Rücksicht zu nehmen.).

Gezogener Wechsel, Zahlungsanweisung in Wechselform (→ Wechsel), in welcher der Aussteller des Wechsels (Trassant) den Bezogenen (Trassat) auffordert, zu einem bestimmten Termin eine bestimmte Summe an den → Remittenten zu zahlen. → Tratte.

Gibson-Paradoxon, besagt, dass die Entwicklung von Zinshöhe und Preisniveau positiv korrelieren.

Giffen-Fall (Giffen-Effekt), Sonderfall der → Preistheorie, der vorliegt, wenn die Nachfrage nach einem Gut bei einer Preiserhöhung nicht ab-, sondern zunimmt. Begründet wird dies mit den beiden Effekten des Preisanstiegs: der → Einkommenseffekt mindert das Realeinkommen. Handelt es sich um ein inferiores Gut wie Brot und Kartoffeln, steigt der Verbrauch mit sinkendem Einkommen. Der → Substitutionseffekt, der sich auf Grund der relativen Preisänderung in einer höheren Nachfrage nach Ersatzgütern zeigt, vermag im G. den Einkommenseffekt allerdings nicht zu kompensie-

Gini-Koeffizient, Konzentrationsmaß nach C. Gini, das die Ungleichheit in der Einkommensverteilung einer Volkswirtschaft ausdrückt. Berechnet wird der G. durch das Verhältnis der Fläche zwischen der 45°-Linie und der → Lorenz-Kurve zu der Gesamtfläche des Dreiecks. Der G. liegt in einem Wertebereich zwischen 0 (absolute Gleichverteilung) und 1 (das gesamte Einkommen wird nur von einer Person bezogen). Der G. kann dazu benutzt werden, um Umverteilungswirkungen des Budgets zu messen. → Einkommensverteilung.

Giralgeld → Buchgeld.

Giro (ital.: Kreis, Umlauf), (1) Überweisung im unbaren Zahlungsverkehr; (2) → Indossament.

Girosystem, Form des bargeldlosen Zahlungsverkehrs, bei welcher der Zahlungsverpflichtete mit Hilfe einer Anweisung einen Zahlungsauftrag an die Bank erteilt, bei der er sein Konto unterhält. Die Bank bewirkt die Zahlung durch Belastung auf dem Konto des Zahlungsverpflichteten und durch Gutschrift auf dem Konto des Zahlungsempfängers. In Deutschland bestehen neben dem Giroverkehr über die Landeszentralbanken insbes. der genossenschaftliche Giroverband sowie der Giroverkehr der → Girozentralen (kommunale → Sparkassen und Girokassen).

Girozentralen, Zentralkreditinstitute der Sparkassen, zusammengeschlossen im Deutschen Sparkassen- und Giroverband e.V. (Bonn). → Girosystem, → Landesbanken.

Gläubiger (Kreditor), Bezeichnung für eine Person, die kraft eines Schuldverhältnisses von dem Schuldner eine Leistung zu fordern berechtigt ist (vgl. § 241 BGB). Aus wirtsch. Sicht ist der G. jeder, der auf Grund eines Kaufs die Lieferung bzw. die Bezahlung der Ware verlangen kann (Bsp.: zu bezahlende Lieferanten). Aus rechtl. Sicht ist beim Kauf jede Person sowohl G. als auch → Schuldner (Bsp.: Warenkäufer nimmt als G. die Ware an und bezahlt sie als Schuldner, der Warenverkäufer fordert als G. das Geld und liefert als Schuldner die Ware.).

Gläubiger-Schuldner-Hypothese, besagt, dass es einen positiven Zusammenhang zwischen → Inflation und → Wirtschaftswachstum gibt. Steigt das → Preisniveau an, sinkt der Real- oder Kaufwert aller auf Geld lautenden → Forderungen. Die → Gläubiger würden daher reale Einbußen hinnehmen und die → Schuldner reale Gewinne erzielen. Da Unternehmer i.d.R. Schuldner von Nominalwerten sind, führt die inflationsbedingte Umverteilung zu einem günstigen Investitionsklima.

Gleichgewicht, stationärer Zustand, in dem für alle beteiligten Subjekte optimale Anpassung an die gegebenen Umstände herrscht. In der Theorie der → Volkswirtschaftslehre (VWL) strebt das Zusammenspiel der Kräfte in der Marktwirtschaft nach einem solchen G., indem es alle auf den Markt einwirkenden Faktoren, wie z.B. Erzeugung und Bedarf, Ange-

Gleichgewichtsanalyse

bot und Nachfrage auszugleichen sucht. Spezielle G. in der Theorie sind z.B. Marktgleichgewicht (Produktmarkt), allgemeines G. (gesamtes Wirtschaftssystem) oder → Nash-Gleichgewicht. Die moderne Volkswirtschaftstheorie hat eine allgemeine Gleichgewichtstheorie (L. Walras, V. Pareto) und eine Lehre vom partiellen (Teil-)G. (Marshall) entwickelt. Ein Marktgleichgewicht ist stabil, wenn Preiserwartung und Marktpreis übereinstimmen, sich also niemand veranlasst sieht, seine Wirtschaftspläne zu ändern und Abweichungen von diesem G. nur temporär sind. Von einem labilen G. spricht man, wenn sich die Wirtschaft vom G. weiter wegbewegt. Um den Zeitbedarf der Anpassung in die Analyse einzubeziehen und damit ein Zugeständnis an die Realität zu leisten, existiert in der Wirtschaftstheorie auch das Konzept des dynamischen G., eines Zustandes der Wirtschaft, in dem Anbieter und Nachfrager Bestandsveränderungen in ihr Kalkül mit einbeziehen. Kennzeichnend für das dynamische G. ist die Gleichheit bestimmter Relationen, z. B. zwischen Einkommen und Realkapital oder zwischen Einkommenszuwachs und Investition, während deren Absolutbeträge sich ständig ändern. In der Realität steht die Dynamik der Wirtschaft mit allen ihren Wechselwirkungen und Zufälligkeiten der Verwirklichung des in der Theorie idealisierten G. allerdings entgegen. Lediglich Zusammenhänge und Tendenzen können erkannt oder prognostiziert werden.

Gleichgewichtsanalyse, Untersuchung (potenzieller) quantitativer Auswirkungen praktischer Wirtschafts- oder Finanzpolitik, die in ihrer empirischen (allgemeinen) Form versucht, die Kluft zwischen den formalen (statischen) Gleichgewichtsmodellen (→ Gleichgewicht) der Wirtschaftstheorie (L. Walras, Arrow, P. A. Samuelson, Debreu u. a.) und deren empirischer (ökonometrischer) Anwendung zu schließen. Betrachtet werden auch auf der Theorie basierende Verteilungseffekte, die entgegen der klassischen Inzidenzrechnung (→ Inzidenz) → Zusatzlasten und → Kreuz-Preis-Elastizitäten (auch von Arbeit, Kapital und Ersparnissen) einbeziehen. Den Vorteilen der G. stehen beträchtliche Nachteile gegenüber. Sie liegen in ihrer komplexen Struktur, der fehlenden Dynamik (→ Wirtschaftswachstum oder gar Evolution können nicht erklärt werden), den realitätsfremden Annahmen und der ungenügenden Datenbasis (etwa zu den Zusatzkosten) begründet und führen damit oft zu ungeeigneten polit. Handlungsempfehlungen.

Gleichgewichtspreis → Marktpreisbildung.

Gleichgewichtszins, nach der → Keynesianischen Theorie derjenige Zins, bei dem → Geldangebot und → Geldnachfrage übereinstimmen. Das Einkommen bleibt dabei unverändert oder nimmt gleichmäßig zu. Nach der → klassischen Wirtschaftstheorie ist der G. derjenige Zins, der die geplante Ersparnis und die beabsichtigte Investition ausgleicht.

Gleichgewicht zwischen Markt- und Staatswirtschaft, Zustand der Wirtschaftstätigkeit, in dem es nicht mehr möglich ist, durch Abzug von → Produktionsfaktoren aus dem Markt- in den Staatssektor (bzw. umgekehrt) den Grenznutzen → öffentlicher Güter zu erhöhen und damit eine Volkswirtschaft besser zu versorgen. Theorien und Modelle (→ Gleichgewicht) von J.K. Galbraith, E. Lindahl, R.A. Musgrave, P.A. Samuelson u.a. versuchen diese komplexen Zusammenhänge zu erklären.

Gleitende Arbeitszeit, mitbestimmungspflichtiges Arbeitszeitmodell, in dem Beginn und Ende der täglichen Arbeitszeit nicht auf bestimmte Zeiten festgelegt sind. Auf diese Weise soll der individuelle zeitliche Gestaltungsspielraum erhöht werden.

Gleitklausel → Wertsicherungsklausel.

Globalisierung, ein zwar altes, aber insbes. seit Mitte des 20. Jh. beobachtbares Phänomen des Anstiegs der wirtsch. Verflechtung von Volkswirtschaften mittels starken Wachstums von → Außenhandel, internationalen → Direktinvestitionen und Finanztransaktionen. Die G. wurde zunächst von polit. Bemühungen um eine stabile internationale Wirtschaftsordnung begünstigt. Dazu ist die Errichtung von der → Weltbank 1944 und des → Internationalen Währungsfonds (IWF) 1945 sowie die Gründung und Weiterentwicklung des Allgemeinen Zoll- und Handelsabkommens (→ General Agreement on Tariffs and Trade (GATT) 1944 zu nennen. Nicht zuletzt die weiteren Verhandlungsrunden des GATT mit der sukzessiven Beseitigung von Zollschranken und → nichttarifären Handelshemmnissen (insbes. die Uruguay-Runde von 1986–94 mit der Einbeziehung von → Dienstleistungen (→ General Agreement on Trade and Services (GATS)) und geistiger Eigentumsrechte (→ Agreement on Trade-Related Aspects of Intellectual Property Rights (TRIPS)) sowie die Gründung der → World Trade Organization (WTO) 1994 können als bedeutende Schritte zur Ausweitung des internationalen Handels angeführt werden. Neben der polit. motivierten → Liberalisierung der Märkte spielte auch der → technische Fortschritt in Verkehr und Kommunikation für die ansteigende wirtsch. Verflechtung der Staaten, Regionen und Erdteile eine bedeutende Rolle. Mit der G. gehen tief greifende ökonom. Veränderungen in → Volkswirtschaften einher. Durch die angeführten Liberalisierungsschritte und durch die modernen Kommunikationsmöglichkeiten werden globale Preisvergleiche und die Abwicklung von Transaktionen wesentlich erleichtert. Für global ausgerichtete Unternehmungen (z.B. → Multinationale Unternehmen) bringen globale Märkte Vorteile durch → Economies of Scale und die Möglichkeit zur optimalen Standortwahl mit sich. Damit ist aber auch eine Verschärfung des Wettbewerbs verbunden (v. a. Kostenwettbewerb). Mit der zunehmenden Möglichkeit zur internationalen → Arbeitsteilung und der wettbewerbsbedingten Standortverlagerung kommt es in der Folge zu einer Beschleunigung des Strukturwandels in den Volkswirtschaften. Ökonomien sind gezwungen, sich mit den veränderten Rahmenbedingungen auseinander zu setzen und gemäß ihrer komparativen Kostenvorteile die Produktion anzupassen. Mit der Arbeitsteilung im Rahmen der G. ist allerdings auch eine Vermehrung der Wohlfahrt (→ Wohlfahrtsfunktion) verbunden, wobei die Verteilung der Wohlfahrtsgewinne der G. z.T. kritisch beurteilt wird. Trotz der Beobachtung des Phänomens darf allerdings nicht übersehen werden, dass (wertmäßig) immer noch über 80 % des internationalen Handels zwischen den Industrieländern getätigt wird.

Globalsteuerung, Versuch des Staates, makroökonom. Aggregate einer Volkswirtschaft mit Hilfe wirtsch.polit. Eingriffe zu beeinflussen, um somit eine kurz- und langfr. Stabilisierung des Wirtschaftsablaufs zu erreichen (Bsp.: Antizyklische → Fiskalpolitik). Notwendig für eine wirksame G. sind u.a.: (1) Quantifizierung der wirtsch.polit. Ziele, (2) Beseitigung möglicher Konflikte (Bsp.: durch → Konzertierte Aktion), (3) eine zuverlässige → Diagnose und → Prognose der gesamtwirtsch. Entwicklung, (4) gesicherte Einsichten über fiskal- und geldpolit. Wirkungsmechanismen. Auf Grund der hohen techn. Anforderungen und der negativen Erfahrungen (Bsp.: prozyklisch wirkende Fiskalpolitik) wird die Durchführbarkeit der G. angezweifelt. So fordern z.B. die → Monetaristen anstelle von diskretionären Maßnahmen automatisch wirkende → Regelmechanismen, um Fehlallokation und Ressourcenverschwendung zu vermeiden.

GmbH → Gesellschaft mit beschränkter Haftung.

GmbH und Co → Kommanditgesellschaft (KG).

GmbH & Co. KG, spezielle Rechtsform einer Unternehmung, bei der eine → Personengesellschaft (→ Kommanditgesellschaft (KG)) und eine → Kapitalgesellschaft (→ Gesellschaft mit beschränkter Haftung (GmbH)) miteinander kombiniert werden. In den meisten Fällen wird dieser Mischtyp so ausgestaltet, dass die GmbH den einzigen Komplementär einer KG bildet. Abweichend von diesem Regelfall existieren zahlreiche Varianten (Bsp.: Einmann-G.). Die beiden Vorteile dieser Gesellschaftsform sind die beschränkte → Haftung aller Inhaber und die Möglichkeit, Nichtgesellschafter zu Geschäftsführern zu bestellen.

GoB → Buchführung, Grundsätze ordnungsmäßiger.

GoBil → Bilanzierung, Grundsätze ordnungsmäßiger.

Going Public → Initial Public Offering (IPO).

Gold, Edelmetall, das u.a. für ästhetische, techn., medizinische und monetäre Zwecke verwendet wird. G. als Währungsmetall diente früher neben Silber als Zahlungsmittel (→ Goldumlaufwährung) oder als natürliches Regulativ für die Sicherung einer Währung (→ Goldwährung), hat jedoch heute seine monetäre Aufgabe verloren.

Goldautomatismus, führt bei einer → Goldwährung automatisch zu einem Ausgleich der → Zahlungsbilanz. Da in dieser Währungsordnung die inländ. → Geldmenge an das Gold gekoppelt ist, wird bei einer passiven Zahlungsbilanz Gold ins Ausland abfließen.

Die Notenbank muss dann auf Grund der Deckungsvorschrift die Geldmenge dem verringerten Goldbestand anpassen. Der steigende Geldzins führt zu Investitionskürzungen und damit auch zu einem Konjunkturrückgang. Im Ausland wird durch den Goldzufluss die Geldmenge zunehmen, so dass umgekehrte Wirkungen wie im Inland eintreten. Auf Grund der Verschiebung des Zins- und Preisgefälles und damit der → Kaufkraft werden sich die Güter- und Kapitalströme zwischen In- und Ausland umkehren, bis die Lücke in der Zahlungsbilanz wieder geschlossen ist.

Golddeckung → Goldwährung.

Golddevisenwährung, liegt vor, wenn neben Gold auch → Devisen (also → Forderungen in ausländ. → Währung, die jederzeit in Gold einlösbar sind), zum Ausgleich der Spitzen in der → Zahlungsbilanz verwendet werden. Die inländ. → Geldmenge ist an die Gold- und Währungsreserven der Notenbank gebunden.

Golden Age, Zustand des Gleichgewichtswachstums (→ Steady-State-Wachstum), in dem bei → Vollbeschäftigung alle Größen in gleichem Maße zunehmen. Natürliche und befriedigende Wachstumsraten sind gleich.

Goldene Bankregel → Aktivgeschäft der Bank.

Goldene Regel der Kapitalakkumulation, Bedingung der neoklassischen → Wachstumstheorie, nach welcher der Realzinssatz mit der gleichgewichtigen Wachstumsrate des Sozialproduktes übereinstimmen muss, um eine Entwicklung mit maximalem Konsum pro Kopf zu gewährleisten. Zeitliche Präferenzen bei der Herleitung der G. bleiben unberücksichtigt.

Goldkernwährung, im Gegensatz zur → Goldumlaufwährung, bei der Gold und Geld identisch sind, laufen in der G. neben Goldmünzen auch Zentralbank- sowie Giralgeld (→ Buchgeld) um. Die Geldmenge der Volkswirtschaft ist in einem bestimmten Deckungsverhältnis mit dem Goldkern (Goldreserven der Notenbank) gekoppelt. Man unterteilt in Quotal- und → Sockeldeckung.

Goldklausel, Vereinbarung zur Währungssicherung, die sich an einer → Goldwährung orientiert. So soll eine Geldschuld entweder in Goldmünzen oder nach dem Kurswert von Gold entrichtet werden.

Goldmarkt, Angebot und Nachfrage in Barren- und Münzgold. Zum G. i.w.S. gehören auch Aktien von Goldminen und deren Finanzierungsgesellschaften.

Goldparität → Parität.

Goldpunkt → Parität.

Goldstandard → Goldwährung.

Goldumlaufwährung, vollwertig ausgeprägte Goldmünzen übernehmen hierbei die Aufgaben des Geldes. Die strenge Bindung an das verfügbare Gold kann leicht deflatorische Prozesse (→ Deflation) auslösen, v.a. im Verkehr mit Ländern mit Papiergeldwährung. → Goldwährung. Gegenstück: → Goldkernwährung.

Gold- und Devisenbilanz → Zahlungsbilanz.

Goldwährung (Goldstandard), Währungssystem oder -ordnung, in der Gold die Grundlage des Geldwesens bildet. Dabei gilt: (1) die Geldeinheit ist gleichwertig mit einer bestimmten Goldmenge; (2) zu diesem Preis kauft und verkauft das Land uneingeschränkt Gold; (3) Ein- und Ausfuhr von Gold sind frei. Unter mehreren Ländern wird ein Tauschsatz zwischen den Währungen festgelegt, nämlich der »Goldparitätspreis«. In der Währungspraxis spielt die G. heute nahezu keine Rolle mehr.

Goodwill → Firmenwert.

Gossensche Gesetze, zwei Regeln der → Nutzentheorie. (1) Mit zunehmendem → Verbrauch eines Gutes nimmt der → Nutzen der jeweils letzten Einheit (→ Grenznutzen) ab. (2) Ein → Haushalt maximiert seinen Nutzen, wenn die zuletzt verbrauchten Mengen der verschiedenen Güter gleiche (Grenz-)Nutzen stiften. Ist das nicht der Fall, kann er durch Güteraustausch (Substitution) den Inhalt seines → Warenkorbs verändern und dadurch den Gesamtnutzen bis zum Optimum erhöhen. Damit die G. wirken können, müssen die → Güter beliebig teilbar und ihr Nutzen kardinal messbar sein. → Indifferenzkurve.

Grants Economy → Übertragungswirtschaft.

Graphische Darstellung, wird in der → Statistik zur besseren Darstellung von → Daten genutzt. Bsp. hierfür sind → Diagramme, → Kartogramme und → Kurven.

Gratifikation, Sondervergütung des Arbeitgebers an Arbeitnehmer, welche die vertraglich vereinbarten Zahlungen übersteigt und die Leistung des Arbeitnehmers honorieren soll (Bsp.: Weihnachtsgratifikation). Eine G. ist nur dann »echt«, wenn deren Höhe nicht mündlich oder schriftlich zugesichert ist oder kein gewohnheitsrechtl. Anspruch darauf besteht.

Gratisaktie (Freiaktie), wird Aktionären anstelle einer → Dividende gewährt. G. stellen somit kein Geschenk der → Aktiengesellschaft (AG) für den Aktionär dar, sondern sind vielmehr eine Verfügungsbeschränkung über einen ihm sonst zustehenden Gewinnanteil. Bilanziell bedeutet die Gewährung von G. lediglich eine Verschiebung auf den Kapitalkonten, d.h. vom Gewinn- und Verlustkonto oder Rücklagenkonto auf das Grundkapitalkonto.

Green Card, zwischenstaatl. rechtl. Regelung zur Arbeits- und Aufenthaltserlaubnis. Die Aufenthaltserlaubnis der Green Card-Inhaber ist meistens befristet. → Ausländische Arbeitnehmer, → Migration.

Grenzbetrieb, Betrieb, der zu einem gegebenen Marktpreis kostendeckend produziert. Fällt der Marktpreis unter das Minimum der Durchschnittskosten, muss der G. aus dem Markt ausscheiden.

Grenzerlös (Grenzumsatz), Zu- oder Abnahme des Erlöses $E = p$ (Preis) $\cdot$ x (Menge) bei Veränderung der Absatzmenge um eine Einheit. Die → Amoroso-Robinson-Relation drückt den Zusammenhang zwischen dem G. dE/dx und der direkten → Preiselastizität der Nachfrage ε aus:

$$\frac{dE}{dx} = P\left(1 + \frac{1}{\varepsilon}\right)$$

Grenzerlösprodukt (Grenzumsatzprodukt), wird berechnet durch Multiplikation der → Grenzproduktivität eines Produktionsfaktors mit dem → Grenzerlös:

$$\frac{dx}{df_i} \cdot \frac{dE}{dx}$$

Grenzertrag, mit Preisen bewertetes → Grenzprodukt eines Faktors.

Grenzkosten, Kosten für die jeweils letzte Einheit in Produktion und Umsatz. Der Verlauf der Grenzkostenkurve ist abhängig vom Verlauf der Gesamtkosten in Bezug zur Outputmenge (Gesamtkostenfunktion): (1) Bei gleichmäßigem Verlauf (Lineare Gesamtkostenfunktion) bleiben die G. konstant. (2) Bei S-förmigen Verlauf nehmen die G. zunächst ab, steigen dann aber von ihrem Minimum aus wieder an.

Grenzleistungsfähigkeit des Kapitals (engl.: marginal efficiency of capital oder marginal rate of return), der Ertragssatz, den ein Unternehmer durch den zusätzlichen Einsatz an Kapitalgütern erhält. Eine Nettoinvestition ist rentabel, wenn die G. höher ist als der Marktzinssatz. In diesem Fall liegt ein positiver Kapitalwert (→ Kapitalwertmethode) vor.

Grenznutzen, Begriff der → Nutzentheorie. Stellt den → Nutzen dar, den die letzte Einheit einer teilbaren Gütermenge einem Individuum bei der stufenweisen Bedürfnisbefriedigung stiftet. Maßgeblich für eine Kaufentscheidung des Individuums ist sein verfügbares Einkommen. Der Gesamtnutzen eines Gutes zeigt sich letztlich in seinem Nachfragepreis. Ist dieser höher als der Kaufpreis, erzielt das Individuum einen Nutzengewinn, der als → Konsumentenrente bezeichnet wird. → Gossensche Gesetze, → Nulltarif.

Grenznutzen des Geldes, zusätzlicher → Nutzen, der entsteht, wenn eine Geld- oder Währungseinheit mehr für ein Gut ausgegeben wird. Bsp.: Kauft jemand für einen weiteren EUR Äpfel, so drückt folgende Gleichung den G. aus:

$$\frac{GN}{1\ \euro} = \frac{\frac{GN}{kg}}{\frac{1\ \euro}{kg}} \quad \begin{array}{l}\text{(Grenznutzen der Mengeneinheit)}\\ \text{(Grenznutzen je Mengeneinheit)}\end{array}$$

Ist ein Haushaltsgleichgewicht erreicht, so ist der G. für jeden alternativen Konsum gleich, d.h. man kann durch eine Änderung des → Warenkorbs den Gesamtnutzen nicht mehr steigern. Die Gleichheit des G. in allen Konsumgütern wird auch als zweites → Gossensches Gesetz bezeichnet.

Grenzplankostenrechnung, Verfahren der → Kostenrechnung im Rahmen der flexiblen → Plankostenrechnung, bei dem nur variable Plankosten ermittelt und in die Kostenträgerrechnung (→ Kostenträger) einbezogen werden.

Grenzprodukt, ist der zusätzliche Output, der durch einen höheren Input eines Produktionsfaktors erzielt wird. → Grenzproduktivität, → Produktionsfunktion.

Grenzproduktivität, Verhältnis von → Grenzprodukt zu einer marginalen Änderung eines → Produktionsfaktors. Bei einer → Produktionsfunktion Y = F(K, L) lautet demnach die G. des Kapitals (bzw. Arbeit):

$$\frac{\partial Y}{\partial K} \left(\frac{\partial Y}{\partial L} \right)$$

Grenzproduktivitätstheorie, Theorie der funktionalen Einkommensverteilung, die auf dem → Ertragsgesetz basiert. Mikroökonom. wird gezeigt, dass Unternehmer so viele Einheiten eines → Produktionsfaktors nachfragen, bis das Grenzwertprodukt (in Geld bewerteter Ertrag der letzten Einheit) dem Preis für diese Einheit (Bsp.: Lohn) entspricht. Der Unternehmer maximiert in einem solchen Fall seinen → Gewinn. Die makroökonom. G. versucht, die Höhe der Entlohnung der Produktionsfaktoren (Aufteilung in Lohn, Zins und Grundrente) und damit deren Anteil am → Volkseinkommen zu erklären, wobei die Höhe dieser Entgelte der Höhe des Grenzwertproduktes des jeweiligen Produktionsfaktors entspricht.

Grenzrate der Substitution, Begriff der → Nutzentheorie, der das Austauschverhältnis von zwei zu konsumierenden Gütern bei konstantem Gesamtnutzen (→ Indifferenzkurve) beschreibt. Wird der Konsum von Gut G_1 durch ein anderes Gut G_2 ersetzt, kann man für marginale Veränderungen der Mengen das Austauschverhältnis ermitteln, das man als G. bezeichnet. Die G. entspricht dem umgekehrten negativen Verhältnis der → Grenznutzen der beiden Güter. Ersetzt man G_1 durch G_2, steigt (sinkt) der Grenznutzen von G_1 (G_2). Daher muss eine zunehmende Menge des Gutes G_2 den hohen Ausfall an Grenznutzen, der durch die Aufgabe von G_1 um eine Einheit entsteht, ausgleichen.

Grenzrate der Transformation, Begriff der → Produktionstheorie, der das Austauschverhältnis von zwei zu produzierenden Gütern bei konstantem Faktoreinsatz (→ Transformationskurve) beschreibt und damit die → Opportunitätskosten ausdrückt. Wird die Produktion von Gut G_1 durch ein anderes Gut G_2 ersetzt, kann man für marginale Veränderungen der Mengen ein Austauschverhältnis ermitteln, das man als G. bezeichnet. Die G. entspricht dem umgekehrten negativen Verhältnis der → Grenzproduktivität der beiden Güter. Ersetzt man G_1 durch G_2, steigt (sinkt) das Grenzprodukt von G_1 (G_2). Daher muss eine zunehmende Menge des Gutes G_2 den hohen Ausfall an Grenznutzen, der durch die Aufgabe von G_1 um eine Einheit entsteht, ausgleichen.

Grenzsteuersatz → Steuertariflehre.

Grenzumsatz, Größe, welche die Umsatzentwicklung eines Unternehmens bei einer Preisänderung aufzeigt und von der → Preiselastizität der Nachfrage ($\eta = \Delta X | X : \Delta P/P$) abhängig ist. Folgende Fälle sind in der Abbildung dargestellt:

p (Preis)

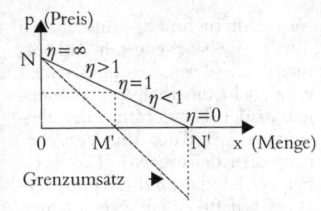

[Diagram: curves labeled $\eta=\infty$, $\eta>1$, $\eta=1$, $\eta<1$, $\eta=0$ from point N, with axes showing M', N' on x (Menge); label "Grenzumsatz"]

(1) $\eta > 1$: Der G. ist positiv, da der umsatzmindernde Preisrückgang ($\Delta P/P$) durch die umsatzerhöhende Zunahme der Nachfrage ($\Delta X|X$) mehr als ausgeglichen wird. (2) $\eta = 1$: Der G. ist gleich null, da sich beide Effekte gegenseitig neutralisieren. (3) $\eta < 1$: Der G. ist negativ, da der umsatzmindernde Preisrückgang die Wirkung des Nachfrageanstiegs übersteigt.

Greshamsches Gesetz, befinden sich zwei Arten von Metallgeld in einer Volkswirtschaft (Bsp.: Gold- und Silbermünzen), so wird das »schlechte Geld« das »gute Geld« allmählich aus dem Umlauf verdrängen, falls das Verhältnis der Marktpreise beider Metalle vom gesetzl. festgelegten Wertverhältnis signifikant abweicht.

Größentransformation, erläutert die Anpassungen von Anlageformen. Einzelne Spar- und Anlagebeträge von Haushalten bzw. Unternehmen stimmen betragsmäßig selten überein. Durch Zusammenfassung und Aufteilung der Beträge am Kapitalmarkt oder durch Finanzintermediäre wird eine entsprechende Kongruenz erreicht.

Größenvorteile, → Economies of Scale, → Economies of Scope.

Grundbilanz, sind folgende Teile der → Zahlungsbilanz: die Handels- und Dienstleistungs-, die Übertragungs- und die Bilanz des langfr. Kapitalverkehrs.

Grundbuch, öffentl. Register, das von Grundbuchämtern (Unterabteilung der Amtsgerichte) geführt wird und die Rechts- und Eigentumsverhältnisse aller Grundstücke lückenlos erfasst. Das Grundbuchwesen ist in Deutschland seit Einführung der Grundbuchordnung von 1897 einheitlich geregelt.

Grunderwerbsteuer, steuerliche Abgabe, die den Umsatz von Grundstücken erfasst, wobei der Abschluss eines Kaufs oder eines anderen Rechtsgeschäfts besteuert wird, das den Anspruch auf Übereignung begründet. Liegt ein solches Rechtsgeschäft nicht vor, werden die Auflassung oder der Eigentumsübergang besteuert. Von der G. befreit ist der Grunderwerb durch Erbschaft und Schenkung sowie der Erwerb durch Personen, die mit dem Veräußerer in gerader Linie verwandt sind, ferner durch Kriegsbeschädigte und im Rahmen des Sozialen → Wohnungsbaus. → Bemessungsgrundlage ist der Wert der Gegenleistung, in bestimmten Fällen der Bedarfswert. Steuerschuldner sind der Erwerber und der Veräußerer als Gesamtschuldner.

Grundfreibetrag, Freibetrag in der → Einkommensteuer, das das → Existenzminimum eines Steuerpflichtigen steuerfrei belässt. Der G. soll sicherstellen, dass einem Individuum, das durch eigene Leistungsfähigkeit gerade jenes Einkommen erzielt, welches zur Sicherung seiner Existenz ausreicht, keine Mittel durch Steuerzugriff entzogen werden sollen.

Grundfreiheiten, zu den G. gehören die Warenverkehrsfreiheit, der freie Verkehr von Personen (Arbeitnehmerfreizügigkeit und Niederlassungsfreiheit (→ Freizügigkeit)), die Dienstleistungsfreiheit und die Kapital- und Zahlungsverkehrsfreiheit. In den G. ist in ihrer Funktion als Grundrechte der europäischen Marktteilnehmer bereits seit den Römischen Verträgen der gemeinsame Markt angelegt (→ Europäischer Binnenmarkt). Die Verwirklichung der G. wurde mit einem in der → Einheitlichen Europäischen Akte (EEA) festgeschriebenen Zeitplan für die Gründung des Binnenmarktes beschleunigt. Gleichzeitig wurde die für die Verfahren zur Verwirklichung der G. notwendige Angleichung nationaler Rechtsvorschriften (→ Harmonisierung) weitestgehend von Einstimmigkeit auf qualifizierte Mehrheiten umgestellt. Mit Wegfall der Grenzkontrollen, Abschaffung von Zöllen (→ Zollunion) und → nicht-tarifären Handelshemmnissen und der Vollendung des Binnenmarktes 1993 gelten die G. als verwirklicht. Die Mitgliedstaaten und die Gemeinschaft verpflichten sich im Rahmen ihrer Gesetzgebung, auftretende → Beschränkungen der G. zu beseitigen und keine neuen zu errichten. Die Warenverkehrsfreiheit ermöglicht den ungehinderten Handel zwischen den Mitgliedstaaten. Die Freizügigkeit von Personen erlaubt Unionsbürgern in der EU frei zu reisen, freies Wohnrecht, freie Wahl des Arbeitsortes und eine Niederlassungsfreiheit für Unternehmer (Ausnahmen durch das → Schengener Abkommen). Die Dienstleistungsfreiheit ermöglicht innerhalb des Binnenmarkts den Handel mit Dienstleistungen (z.B. Bank- und Versicherungsdienstleistungen). Die Freiheit des Kapital- und Zahlungsverkehrs schafft einen gemeinsamen Kapitalmarkt der EU. Mit der Liberalisierung sind sowohl Beschränkungen im Zahlungsverkehr als auch alle Mengenbegrenzungen bei der Ein- und Ausfuhr von Währungen sowie Devisenkontrollen abgeschafft.

Grundgesamtheit, Menge von statistischen Einheiten, die sachlich, zeitlich oder örtlich eindeutig abgrenzbar und als Träger interessierender Eigenschaften Untersuchungsgegenstand der → Statistik sind. Da in der Praxis die Erfassung aller Merkmalsträger oft nicht möglich ist, werden die Ergebnisse von Stichproben (→ Stichprobenverfahren) verwendet, um Aussagen über die G. treffen zu können.

Grundkapital, Kapital einer → Aktiengesellschaft (AG), das dem Nennwert der ausgegebenen Aktien entspricht. In der → Bilanz wird das G. auf der Passivseite geführt.

Grundlageninvestition (Infrastrukturinvestition), → Staatsausgaben zur Verbesserung der Wirtschafts- und Sozialstruktur einer Volkswirtschaft, deren Bedeutung für eine erfolgreiche ökonom. Entwicklung bereits A. Smith erkannte. G. können konsum- (Bsp.: Schwimmbäder) oder produktionsbezogen sein (Bsp.: Verkehrsnetze, Forschungseinrichtungen).

Grundpfandrechte (Immobiliarpfandrechte), werden unterschieden in → Hypothek, → Grundschuld und Rentenschuld. Das BGB spricht bezogen auf G. nicht von Pfandrechten, da bei der Grund- und Rentenschuld die typische Abhängigkeit von einer Forderung nicht auftritt. G. eignen sind besonders gut zur Kreditsicherung, da der Deckungsgegenstand eine hohe Wertsicherung aufweist und auf Grund der Eintragung ins → Grundbuch auch hohe Rechtssicherheit herrscht. G. können nur für eine Geldschuld bestellt werden. Bei allen G. besitzt der Gläubiger einen Anspruch auf Zahlung einer bestimmten Geldsumme aus dem Grundstück. Eine Umwandlung der G. ist bei einer Einigung zwischen dem Gläubiger und dem Eigentümer des Grundstücks möglich (Bsp.: Briefhypothek in eine Buchhypothek). Hypothek und Grundschuld sind auf Zahlung einer Kapitalsumme aus dem Grundstück gerichtet, die Rentenschuld auf Zahlung einer → Rente zu regelmäßigen Terminen.

Grundrente, (1) Einkommen, das sich, im Gegensatz zur → Quasirente, dauerhaft als Besitzeinkommen aus der Nutzung von Grund und Boden ergibt (Bsp.: Miete und Pacht). (2) Beitragsunabhängige, steuerfinanzierte Alterssicherung für alle Bürger (Staatsbürgerrente).

Grundschuld, Belastung eines Grundstücks in der Weise, dass an denjenigen, zu dessen Gunsten die Belastung erfolgt, eine bestimmte Geldsumme aus dem Grundstück zu zahlen ist (§ 1191 Abs. 1 BGB). Wie die → Hypothek kann die G. als Brief- oder Buchgrundschuld bestellt werden. Da allerdings keine pers. Forderung vorausgesetzt wird, die etwa durch die Eintragung der G. gesichert werden soll, ist die G. eine Belastung des Grundstücks an sich. Liegt dennoch eine pers. Forderung vor (Bsp: G. zur Sicherung eines Bankkredits), ist die G. von dieser äußerlich vollkommen losgelöst. Macht man die G. geltend, ist ein Zugriff auf die pers. Forderung unnötig. Insofern hat die G. Ähnlichkeit mit einem → Wechsel, bei dem der Akzeptant auch zur Zahlung verpflichtet ist. Der Gläubiger kann sich nur an das Grundstück halten, nicht aber an das übrige Vermögen des Grundstückseigentümers. Eine G. kann auch durch einseitige Erklärung des Eigentümers und Eintragung ins → Grundbuch bestellt werden (Eigentümergrundschuld). Bei Bankkrediten ist zu beachten, dass die Belastung Eigentümergrundschuld bleibt, solange eine Forderung aus der Kreditgewährung (Bsp.: Höchstbetragshypothek) noch nicht entstanden ist. Als Sicherungsmittel für Bankkredite wird durchgängig der G. vor der Höchstbetragshypothek der Vorzug gegeben, da für die gleiche Forderung zwar nicht mehrere selbständige Hypotheken (allerdings eine Hypothek auf mehreren Grundstücken), wohl aber mehrere G. bestellt werden können. Wesentlich für die G. im Verhältnis zur Höchstbetragshypothek ist die Verschiebung der Beweislast, da der Gläubiger bei der Höchstbetragshypothek in Bezug auf die Höhe seiner Forderung beweispflichtig ist. Bei der G. kann er sich auf die Grundbucheintragung berufen. Nach § 1195 BGB kann eine G. in der Weise bestellt werden,

Grundsteuer 212

dass die Ausstellung des Grundschuldbriefes auf den Inhaber erfolgt (»Inhabergrundpfandrecht«). Die gesetzl. Vorschriften über → Schuldverschreibungen finden hierbei Anwendung.

Grundsteuer, Steuer, welche folgende Vermögen erfasst: land- und forstwirtsch. Vermögen (Grund, Wohngebäude, Maschinen, Vorräte) und zu Wohn- und Geschäftszwecken benutzte sowie unbebaute Grundstücke. Steuerpflichtiger ist der Eigentümer. Hat jemand den Nießbrauch an einem Grundstück, trifft ihn die pers. Steuerhaftung. → Bemessungsgrundlage ist der → Einheitswert. Für die Berechnung der G. wird ein Steuermessbetrag festgesetzt, und zwar durch Anwendung einer Steuermesszahl, eines Tausendsatzes, auf den Einheitswert (§ 13).

Grundstücksgesellschaft, betreibt den An- und Verkauf von Grundstücken und beantragt oft nach ihrer Gründung → Insolvenz. Der Liquidationsvorgang besteht dann in der Verwertung der bei Gründung in die G. eingebrachten Grundstücke.

Grundvermögen, steuerrechtl. der Grund und Boden, die Gebäude, die sonstigen Bestandteile und das Zubehör (§ 68 BewG). Jede wirtsch. Einheit des G. bildet im Sinne des BewG ein selbständiges Grundstück. Nicht zum G. zählen zum einen Maschinen und sonstige Vorrichtungen einer Betriebsanlage, selbst wenn sie wesentliche Bestandteile sind, zum anderen Grundstücke, die zum land- und forstwirtsch. Vermögen oder zum Betriebsvermögen gehören. → Einheitswert.

Gruppenakkord → Leistungslohn.

Gruppenfloating → Blockfloating.

Gruppen- oder Teamtheorie, Teil der normativen → Entscheidungstheorie. Versuch, die Gruppenbildung zu erklären, die verschiedenen Gruppenorganisationen zu vergleichen und die Interaktion der Gruppenmitglieder im Hinblick auf das Teamziel zu optimieren. Eine mögliche Unterscheidung aller Phasen des Organisationsablaufs bei der G. sieht wie folgt aus: (1) Festlegung der Aufgaben, (2) Gruppenbildung, (3) Besetzung der Stellen, (4) Bildung, Abstimmung und Vereinheitlichung der Ziele, (5) Beobachtung, (6) Netzwerk, (7) Auswahl und Kommunikation, (8) Entscheidung, (9) Durchführung, (10) Überwachung. → Kollektivismus.

Güteklassen → Standardisierung.

Güter, Mittel zur menschlichen Bedarfsdeckung. Unterschieden werden: (1) Wirtsch. und freie G.: ein wirtsch. G. liegt vor, wenn es im Verhältnis zu den → Bedürfnissen des Menschen knapp ist. Ein solches G. besitzt einen Wert und erzielt auf dem Markt einen Preis. Ist dies nicht der Fall, spricht man von freien G. (Bsp.: Umweltgüter wie Luft oder Wasser, werden aber zunehmend als wirtsch. G. angesehen). (2) Vermehrbare und unvermehrbare G. (3) Verbrauchsgüter (einmaliger Gebrauch) und Gebrauchsgüter (mehrmaliger Gebrauch). (4) Materielle und immaterielle G., wobei letztere unterschieden werden in pers. Dienstleistungen, wirtsch. bedeutsame Rechte (Bsp.: Patente) und wirtsch. Verhältnisse (Bsp.: → Firmenwert). (5) Komplementäre und substitutive G.: Erstere können ihren angestrebten Produktionszweck nur durch das Zusammenwirken mehrerer → Produktionsfaktoren oder G. erzielen (Bsp.: Tee und Zucker), letztere können sich gegenseitig ersetzen. (6) Konsum- und Investitionsgüter. (7) End- und Zwischengüter. (8) Private und → öffentliche Güter.

Gütezeichen, Warenkennzeichen, die von Wirtschaftsverbänden vergeben werden und eine bestimmte Mindestqualität der Produkte gewährleisten sollen.

Guilloche, verschlungene Linienzeichnungen oder Figuren auf Wertpapieren und Banknoten, die der Fälschungssicherheit (und Verzierung) dienen.

GUS → Gemeinschaft Unabhängiger Staaten.

Gut → Güter.

GuV → Gewinn- und Verlustrechnung.

GWB (Gesetz gegen Wettbewerbsbeschränkungen, Kartellgesetz) → Kartell.

H

Haavelmo-Theorem, Lehrsatz, nach dem auch von einem ausgeglichenen Haushalt expansive Wirkungen auf den Konjunkturverlauf ausgehen können: Wird das → Steueraufkommen erhöht und das Mehraufkommen für Investitionen verwendet, tritt eine expansive Wirkung ein, die das → Volkseinkommen um den Betrag der Mehreinnahmen erhöht, da der → Ausgabenmultiplikator größer als der → Steuermultiplikator ist. Der Ausgabenmultiplikator ist deshalb größer, weil die zusätzliche Nachfrage des Staates die Produktion entsprechend erhöht. Dagegen senkt die zusätzliche Steuer die Produktion nicht unmittelbar, sondern nur das verfügbare Einkommen aus dem bestehenden → Sozialprodukt.

Habenzins, Vergütung von → Einlagen durch die Bank, deren Höhe von der Art und Bindungsdauer der Einlage sowie von der allgemeinen Lage auf dem Geld- und Kapitalmarkt abhängt.

Häufigkeitsverteilung, Bezeichnung in der Statistik für die absolute oder relative Häufigkeit einzelner Ausprägungen eines Merkmals. Dabei können die einzelnen Ausprägungen auch zu Intervallen zusammengefasst werden. Darstellungsweise ist meist eine Häufigkeitstabelle oder ein → Histogramm.

Haftung, Einstehen für die gesetzl. oder vertraglich begründete Verpflichtung. Dabei haftet der Schuldner mit seinem Vermögen. Leistet der Schuldner nicht, kann der Gläubiger die Leistung oder einen Ersatz dafür aus dem Vermögen des Schuldners zwangsvollstrecken lassen.

Halbeinkünfteverfahren, Verfahren zur Besteuerung von Ge-

Handel

winnen und → Dividenden von → Kapitalgesellschaften. Dabei wird der auszuschüttende Gewinn auf Unternehmensebene endgültig mit einem bestimmten Steuersatz besteuert (Gegenstück: Anrechnungsverfahren). Auf der Ebene des Anteilseigners wird dann nur die Hälfte des verbleibenden Ausschüttungsbetrags mit dem pers. Einkommensteuersatz besteuert. Die endgültige Belastung solcher Einkünfte ergibt sich dann als Mischung des pers. Einkommensteuersatzes und des Steuersatzes auf ausgeschüttete Gewinne auf Unternehmensebene.

Handel, im funktionellen Sinne alle Tätigkeiten, die auf den Güteraustausch, also auf die Vermittlung zwischen Produktion und Konsum, innerhalb einer Volkswirtschaft gerichtet sind. Im institutionellen Sinn alle Einrichtungen, die Tätigkeiten für den Güteraustausch ausführen. Der H. kann ohne eigene Veränderung der Güter produktiv sein, da er Produkte an den Endverbraucher bringt und sie somit konsumreif macht. Die verschiedenen Einrichtungen des H. können nach vielen Merkmalen gegliedert werden. So wird z. B. nach dem Preisniveau in Discounthandel und Handel mit Luxusgütern bzw. nach der Kundenart in Groß- und → Einzelhandel unterschieden.

Handel per Erscheinen, Handel mit Wertpapieren, die noch nicht lieferbar sind und erst bei »Erscheinen« ausgehändigt werden können. → Termingeschäfte.

Handelsbilanz, auf den Grundsätzen ordnungsmäßiger Buchführung (→ Buchführungsgrundsätze (GoB)) aufgestellte Bilanz, die den handelsrechtl. Bilanzierungsvorschriften (§§ 38ff. HGB, 148ff. AktG) genügt. Es besteht eine → Maßgeblichkeit der Handelsbilanz für die → Steuerbilanz, bei der jedoch anders bewertet wird. In der Außenhandelspolitik ist die H. als Teil der → Zahlungsbilanz eine Gegenüberstellung der Werte der Warenausfuhr und -einfuhr eines Landes für eine Wirtschaftsperiode. Die H. ist aktiv, wenn die Ausfuhr größer als die Einfuhr ist, sie ist passiv, wenn das Umgekehrte der Fall ist.

Handelsbrauch → Usance.

Handelsgeschäfte, alle Geschäfte eines → Kaufmanns, die zum Betrieb seines → Handelsgewerbes gehören. Auch Verträge über unbewegliche Sachen und die für den Handelsbetrieb benötigten Anschaffungen sind darin einbezogen. Im Zweifelsfalle gelten die von einem Kaufmann vorgenommenen Rechtsgeschäfte als zu seinem Handelsbetrieb gehörig.

Handelsgesellschaften, Personenvereinigungen zum gemeinsamen Betrieb eines Handelsgewerbes unter gemeinschaftlicher Firma. Dazu gehören die → Offene Handelsgesellschaft (OHG), die → Kommanditgesellschaft (KG), die → Aktiengesellschaft (AG), die → Kommanditgesellschaft auf Aktien (KGaA) und die → Gesellschaft mit beschränkter Haftung (GmbH). Auf H. finden die für Kaufleute geltenden Vorschriften Anwendung.

Handelsgewerbe, ein → Gewerbe, also ein dauernd auf Erwerb gerichtetes Unternehmen, auf Grund dessen eine Person Kaufmannseigenschaft erlangt. Wer gelegentlich Kunstwerke oder Bücher ankauft und mit Gewinn verkauft, oder wer gemeinnützig ein Vereinslokal leitet, betreibt kein H. Ebenso liegt kein H. vor, wenn die Tätigkeit vorwiegend zur Kunst und Wissenschaft gehört. In diesem Sinne unterscheidet das HGB streng zwischen → Beruf und Gewerbe oder zwischen dem, der höhere als Erwerbsziele verfolgt, und dem, der dem bloßen Erwerb oder der Gewinnerzielung nachgeht.

Handelsmakler, → Kaufmann, der für andere Personen gewerbsmäßig die Vermittlung von Verträgen über Gegenstände des Handelsverkehrs übernimmt, ohne dabei auf Grund eines Vertragsverhältnisses ständig damit betraut zu sein. Ausgeschlossen sind unbewegliche Sachen und Personen. Der H. hat im Sinne eines »ehrlichen → Maklers« die Belange beider Parteien zu wahren. Er ist zur Führung eines Tagebuchs verpflichtet, hat unmittelbar nach Abschluss jedes Geschäfts eine Schlussnote zu dessen Beurkundung auszustellen und diese unverzüglich beiden Parteien vorzulegen. Er hat nach Zustandekommen des Geschäfts Anspruch auf → Provision.

Handelsregister, öffentl. Verzeichnis zur Beurkundung der Rechtsverhältnisse von Einzelkaufleuten und → Handelsgesellschaften. Das H. wird am zuständigen Amtsgericht geführt. Wer ein Gewerbe betreibt und mit seiner Firma ins H. eingetragen ist, gilt als → Vollkaufmann.

Handelsspanne, Differenz zwischen dem Einkaufs- und dem Verkaufspreis einer Ware. Die H. umfasst die gesamten Handelskosten und den Gewinn des Händlers. Bei Markenartikeln gab es für den Groß- und → Einzelhandel früher eine feste H. auf Grund der → Preisbindung der zweiten Hand. Nach Abschaffung dieser Regelung dürfen heute lediglich Preisempfehlungen ausgesprochen werden (Ausnahmen: z. B. Preisbindung für Bücher und Arzneimittel).

Handels- und Entwicklungskonferenz der Vereinten Nationen → Welthandelskonferenz.

Handelsvertrag, zwischen zwei Staaten abgeschlossener Vertrag, der die Wirtschaftsbeziehungen der beiden Länder und damit zusammenhängende Fragen regelt. Inhalt eines H. kann z. B. die → Meistbegünstigung oder ein Abkommen bezüglich einer → Zollunion sein.

Handelsvertreter, nach HGB, wer als selbständiger Gewerbetreibender auf Grund eines Vertrages ständig damit betraut ist, für einen anderen Unternehmer Geschäfte zu vermitteln oder in dessen Namen abzuschließen. Wer, ohne selbständig zu sein, ständig in dieser Art betraut ist, gilt als Angestellter. Der H. ist selbständiger Kaufmann und kann sich als Vollkaufmann ins → Handelsregister eintragen lassen. → Handelsmakler.

Handelswechsel, im Gegensatz zum Finanzwechsel der auf Grund

Handlungslehrling

von Warengeschäften ausgestellte → Wechsel.

Handlungslehrling → Auszubildender.

Handlungstheorie → Spieltheorie.

Handlungsvollmacht, jede Vollmacht, die ein → Kaufmann im Rahmen seines Handelsgewerbes erteilt, mit Ausnahme der → Prokura, die besonderen Regelungen unterliegt. Nach dem Umfang der H. werden unterschieden: (1) Generalhandlungsvollmacht (Gesamtvollmacht); (2) Vollmacht zur Vornahme einer bestimmten Art von Geschäften, wie sie z.B. an Verkäufer oder Einkäufer erteilt wird; (2) Vollmacht zur Vornahme einzelner Geschäfte (Spezialvollmacht), z.B. eine Vollmacht zum Verkauf eines Warenlagers.

Handwerk, der auf der Ausbildungsfolge Lehrling – Geselle – Meister fußende Berufsstand, eine gewerbl. Organisationsform, bei der auf i.d.R. kleinbetriebl. Grundlage (im Gegensatz zur Industrie) Kapital und Arbeit eine organische Einheit bilden, trotz Maschinenverwendung der Werbecharakter der Arbeit und damit die menschliche Arbeit im Vordergrund steht, der Leiter des Betriebes als Meister den ganzen Leistungsvorgang seines Handwerksberufes beherrscht und in allen Stadien am Werk teilnimmt. Die Abgrenzung von Handwerks- und Industriebetrieb ist problematisch. Keine Abgrenzungskriterien sind Größe des Betriebes (Großhandwerksbetriebe), Maschinenverwendung, Arbeitsteilung, pers. Mitarbeit des Inhabers, der Umstand, ob auf Bestellung oder auf Lager gearbeitet wird, die Frage, ob und in welchem Umfang kaufmännische Buchführung notwendig und üblich ist, und auch nicht die Tatsache, dass Lehrlinge ausgebildet und nur handwerksmäßig ausgebildete Personen beschäftigt werden. Ausschlaggebend ist, dass die Handarbeit als Werkgestaltung überwiegt und dass der Betrieb von handwerklicher Leistung geprägt ist. Die Bezeichnung Meister darf nur führen, wer für dieses Handwerk die Meisterprüfung bestanden hat.

Handwerksinnung, örtlicher Zusammenschluss von Gewerbetreibenden, die in der → Handwerksrolle eingetragen sind und zum gleichen oder zu einem verwandten Handwerkszweig gehören. Aufgabe der H. ist es, die gemeinsamen gewerbl. Interessen ihrer Mitglieder zu fördern. Ihre Organe sind die Innungsversammlung, der Vorstand und die Ausschüsse.

Handwerkskammer, öffentl.-rechtl. Vertretungen des Handwerks in Form einer → Körperschaft des öffentlichen Rechts. Sie haben die Interessen des Handwerks z.B. durch Gutachten oder Antragstellungen den Behörden gegenüber zu vertreten, die Ausbildung der Lehrlinge und das Prüfungswesen zu betreuen sowie die → Handwerksrolle zu führen. Organe der H. sind die Mitgliederversammlung, der Vorstand und die Ausschüsse.

Handwerksordnung, Verordnung, welche die Berechtigung zum selbständigen Betrieb eines → Handwerks, die Eintragung in die

→ Handwerksrolle, die handwerkliche Berufsausbildung, die Voraussetzungen der Meisterprüfung und die Organisation des Handwerks regelt.

Handwerksrolle, von einer → Handwerkskammer geführtes Verzeichnis, in das alle Personen eingetragen werden müssen, die in dem Bezirk der betreffenden Handwerkskammer selbständig ein → Handwerk als stehendes Gewerbe betreiben.

Harberger-Dreieck, finanzwiss. Begriff für die graphische Darstellung von → Zusatzlasten.

Hardware, materielle Teile einer elektronischen Rechenanlage, wie z.B. Monitor, Zentraleinheit oder Ein- und Ausgabegeräte, die zur Inbetriebnahme die entsprechende Software benötigen. Dabei ist die Abgrenzung zur Software an den Schnittstellen umstritten.

Harmonisierter Verbraucherpreisindex (HVPI), wichtigster harmonisierter Verbraucherpreisindex zur Messung der Preisstabilität in der → Europäischen Union (EU). Der H. wurde entwickelt, um das Konvergenzkriterium Preisstabilität in der EU nach einheitlichen Maßstäben messen zu können. Wegen vielfältiger Unterschiede in den nationalen Verbraucherpreisindizes vollzieht sich die vollständige Harmonisierung laufend in zahlreichen Harmonisierungsschritten. Der H. ersetzt nicht die amtlichen nationalen Verbraucherpreisindizes. Das Statistische Amt der Europäischen Union (→ EUROSTAT) berechnet auf Grund der nationalen H. Indizes für die Europäische Währungsunion (Eurozone), für die Europäische Union und für den Europäischen Wirtschaftsraum (ohne die Schweiz).

Harmonisierung, Abstimmung und Angleichung von wirtsch.polit. Maßnahmen und gesetzl. Bestimmungen zum Zwecke einer effektiven Wirtschaftspolitik und einer Liberalisierung des Handels in einem Wirtschaftsraum wie z.B. der → Europäischen Union (EU). Die → Steuerharmonisierung will eine harmonische Abstimmung im Steuerwesen erreichen, z.B. bei der → Mehrwertsteuer in den EU-Ländern.

Harrod-Domar-Modell, postkeynesianisches Wachstumsmodell, in dem die gleichgewichtige Wachstumsrate der Quotient aus Sparquote und Investitionsakzelerator ist. Der Akzelerator wird einerseits durch die techn. Möglichkeiten in Form des → Kapitalkoeffizienten bestimmt, andererseits durch das Investitionsverhalten der Investoren im Falle einer erwarteten Nachfrageänderung. → Wachstumstheorie.

Harrod-Paradoxon, → kumulativer Prozess, der eine Volkswirtschaft vom gleichgewichtigen Wachstumspfad abbringt. Wenn z.B. als Folge einer zu geringen Investitionsneigung ein Abschwung eintritt, so könnte die Volkswirtschaft durch erhöhte Investitionen wieder auf den gleichgewichtigen Wachstumspfad zurückgeführt werden. Die ungenutzten Kapazitäten veranlassen jedoch die Unternehmer zu einer weiteren Drosselung ihrer Investitionsprojekte, so

Harte Währung → Währung.

Hartwährungsland, Land mit großen Devisenreserven und einer unbeschränkt konvertierbaren → Währung, die im In- und Ausland Vertrauen genießt, zumal die zentrale Notenbank ihrer Einlösungspflicht jederzeit nachkommen kann.

Hauptrefinanzierungssatz, Zinssatz, zu dem sich → Kreditbanken im Euro-Raum beim → Europäischen System der Zentralbanken (ESZB) im Rahmen des sog. Hauptrefinanzierungsgeschäfts (→ Offenmarktpolitik) refinanzieren können.

Hauptversammlung → Aktiengesellschaft (AG).

Hausbank, Kreditinstitute, die entweder dauerhaft umfangreiche Bankdienstleistungen für ein Unternehmen erbringen oder einem Großunternehmen angegliedert sind (z. B. von Automobilherstellern).

Haushalt, (1) Sozialgebilde, das ein oder mehrere Individuen umfasst (Bsp.: Familien-H., Single-H.). H. können sowohl als Anbieter (Produktionsfaktor Arbeit) als auch als Nachfrager auftreten (Bsp.: Einkommensverwendung zum Sparen oder Konsum). Das Verhalten von H. wird in der → Haushaltstheorie näher untersucht. (2) Öffentl. Haushalt (→ Budget).

Haushalt auf der Grundlage von Null (engl.: Zero Base Budgeting), Planungsmethode für den → öffentlichen Haushalt, die zunehmend auch in der Planung der → Gemeinkosten in Unternehmen eingesetzt wird. Vor jeder Planungsperiode formulieren die einzelnen Ressorts ihre Ziele und Programme. Auf dieser Basis werden neue wie alte Aufgaben und Ausgaben vor ihrer Aufnahme ins → Budget kritisch geprüft (Nullpunkt). Dazu werden Programmelemente (engl. decision packages) entwickelt, mit Hilfe von → Nutzen-Kosten-Analysen entsprechend ihrem Zielbeitrag in eine Reihung gebracht und die vorhandenen Haushaltsmittel den wichtigsten Programmelementen zugewiesen. Der H. soll die Mängel der traditionellen öffentl. Haushaltsplanung verringern, indem er zur laufenden Ausgabenkontrolle zwingt und damit die Effizienz im öffentl. Sektor erhöht. Der Verwaltungsaufwand des Verfahrens ist allerdings groß.

Haushalt der EU, seit 1971 existierender Gesamthaushalt (→ Haushalt) der → Europäischen Union (EU); ausgenommen sind der → Europäische Entwicklungsfonds (EEF) und einzelne Aufgaben der → Gemeinsamen Außen- und Sicherheitspolitik (GASP) und der → Gemeinsamen Politik Inneres & Justiz. Für die Ausführung des H. gelten u. a. die folgenden Grundsätze: Einheit (alle Einnahmen und Ausgaben sind in einem Haushalt ausgewiesen); Jährlichkeit (die Haushaltsvorgänge beziehen sich auf ein Haushaltsjahr); Haushaltsausgleich (die Ausgaben dürfen die Einnahmen nicht übersteigen). Der H. wird, orientiert an der für mehrere Jahre festgelegten finanziellen Vorausschau, in einem

dass die Überschusskapazitäten noch größer werden.

interinstitutionellen Verfahren durch die → Europäische Kommission (Vorentwurf), den Rat der Europäischen Union und das → Europäische Parlament (EP) erarbeitet. Die Befugnisverteilung zwischen Rat und Parlament, welche die Haushaltsbehörde bilden, richtet sich nach der Art der Ausgaben. Es wird zwischen obligatorischen (aus Verträgen ableitbaren) und nichtobligatorischen (Entscheidung nach freiem Ermessen) Ausgaben unterschieden. Nur über die nichtobligatorischen Ausgaben entscheidet das Europäische Parlament letztinstanzlich. Die Einstufung der Agrarausgaben (→ Agrarpolitik) mit einem Anteil von fast 50 % an den Gemeinschaftsausgaben als obligatorische Ausgaben entzieht diese demnach der Kontrolle des Europäischen Parlaments. Die Haushaltskontrolle obliegt dem → Europäischen Rechnungshof (EuRH).

Haushaltsfehlbetrag (Haushaltsdefizit) → Budgetfehlbetrag.

Haushaltsgrundsätzegesetz, Regelung, welche die Grundsätze des Haushaltsrechts, der Haushaltssystematik und des Rechnungs- und Kassenwesens gemäß der → Bundeshaushaltsordnung (BHO), enthält. Während das → Stabilitätsgesetz (StWG) die materiellen Grundsätze enthält und damit die finanzwirtsch. Instrumente von Konjunktur- und Wachstumspolitik bestimmt, setzt das H. den institutionalen Rahmen.

Haushaltskonzept → Budgetkonzept.

Haushaltsoptimum, nutzenmaximale Aufteilung des Einkommens eines Haushalts auf die Nachfrage nach den einzelnen Gütern bei gegebenen Preisen. Die Graphik illustriert das H. anhand von zwei Gütern x_1 und x_2. Die Strecke AB ist die → Budgetgerade, welche alle möglichen Kombinationen der Güter x_1 und x_2 beschreibt. Die Kurven 1, 2 und 3 sind → Indifferenzkurven, die jeweils ein Nutzenniveau ausdrücken, das umso höher liegt, je weiter sie sich vom Ursprung entfernen. Im Punkt D verwirklicht der Haushalt sein Optimum, weil bei dieser Kombination von x_1 und x_2 die höchstmögliche Indifferenzkurve erreicht wird.

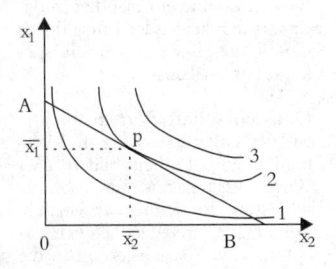

Haushaltsplan, systematische, vollzugsverbindliche Aufstellung aller geplanten öffentl. Einnahmen und Ausgaben für eine Haushaltsperiode. In Deutschland muss das Parlament über den vom Finanzminister vorgelegten H. abstimmen. Ergänzt werden die darin enthaltenen Planungen um die → mittelfristige Finanzplanung, die sich über einen Zeitraum von fünf Jahren erstreckt.

Haushaltstheorie, Teilbereich der → Mikroökonomik, der das wirtsch. Verhalten privater Haushalte unter der Annahme der Nutzenmaximierung untersucht. Analysiert wird u.a. die Nachfrage nach Gütern und Diensten bei einer optimalen Entscheidung (→ Haushaltsoptimum). Die individuelle Nachfragefunktion kann entweder über eine → Kardinale Nutzenmessung (→ Gossenssche Gesetze) oder über eine → Ordinale Nutzenmessung (→ Indifferenzkurve) abgeleitet werden.

Hausse, Bezeichnung an der Börse für den Aufschwung der Konjunktur (→ Konjunkturbewegungen) und somit der Börsenkurse. Gegensätzliche Situation ist die → Baisse. Möchte ein Händler in der Erwartung steigender Kurse durch diese einen Gewinn erzielen, spekuliert er à la hausse.

Hauswirtschaft, Wirtschaftsstufe, auf der Gütererzeugung und Verbrauch eine Einheit bilden. Der Wirtschaftskreislauf ist also geschlossen. Im Laufe der wirtsch. Entwicklung treten jedoch Arbeitsteilung und Spezialisierung an die Stelle der hauswirtsch. Eigenversorgung.

Hearing (engl.), Anhörung von Betroffenen, Interessenvertretern und Fachleuten der Wissenschaft und Praxis, meist während der Phase des Vorentwurfs in einem Gesetzgebungsverfahren. Die Stellungnahmen dienen der Information über den aktuellen Stand des Wissens und zeigen konträre Anschauungen bezüglich der wesentlichen Zusammenhänge des behandelten Sachverhalts.

Hebesatz, von den Gemeinden jährlich neu festzusetzender Prozentsatz, der mit dem → Steuermessbetrag multipliziert die Steuerschuld bei der → Gewerbesteuer oder → Grundsteuer ergibt.

Heckscher-Ohlin-Theorem, Regel in der → Außenwirtschaftstheorie, die Aussagen über die Richtung des Außenhandels und seine Wirkungen auf die Faktorpreise in einer Volkswirtschaft trifft. Ist ein Land reichlich mit Kapital ausgestattet, besitzt es für kapitalintensive Güter einen Vorteil bei den → komparativen Kosten. Es wird sich deshalb auf die Produktion kapitalintensiver Güter spezialisieren und diese exportieren. Die dadurch verursachte Verknappung des Faktors Kapital wirkt sich nun mindernd auf dessen Preis, d.h. den Zins, aus: Es kommt im Vergleich mit einem arbeitsreichen Land zu einem Faktorpreisausgleich (→ Faktorpreisausgleich-Theorem). Ein zunächst dem H. widersprechendes, empirisch belegtes Ergebnis ist das → Leontief-Paradoxon.

Hedge Fonds, Fonds, die entgegen der nahe liegenden Verbindung mit dem Begriff → Hedgegeschäft eine Anlagestrategie verfolgen und bewusst (auf Grund von Friktionen) riskante → Termingeschäfte eingehen, um vom Fondsmanagement festgestellte/vermutete Preisdifferenzen an den internationalen Finanz- und Rohstoffmärkten Gewinn bringend auszunützen.

Hedgegeschäft (engl.: to hedge = einzäunen, einschränken), soll das Risiko durch → Diversifikation verringern und somit gegen Verluste absichern. Bsp. hierfür sind: (1)

Rohstoff-H.: Gleichzeitiger Kauf von Baumwolle und Abschluss eines Baumwolltermingeschäfts, um das Preisrisiko für den Rohstoffbezug vom Hersteller auf einen Großhändler oder Spekulanten abzuwälzen. (2) Finanz-H.: → Portfolio-(Auswahl-)Theorie.

Heimarbeit, im Gegensatz zur Handwerks- und Fabrikarbeit die Herstellung von Waren in den Wohnungen der Arbeiter. Auftrag und Absatz werden von einem Verleger übernommen. Moderne Formen der Heimarbeit beziehen sich auf den häuslichen Einsatz von Computern.

Herfindahl-Index, ein statistisches → Konzentrationsmaß. Der H. wird zur Bestimmung der absoluten Konzentration verwendet. Die absolute Konzentration ist hoch, wenn ein großer Anteil der Merkmalssumme auf eine kleine Zahl der Merkmalsträger entfällt (z.B.: ein geringer Prozentsatz der Firmen macht einen Großteil des Umsatzes). Die Formel des H. lautet folgendermaßen:

$$K_H = \sum_{i=1}^{n} p_i^2$$

Im Monopolmarkt gilt $(p_1, ..., p_{n-1} = 0, p_n = 1) H = 1$. Bei völliger Gleichverteilung der Anteile $(p_i = 1/n)$ gilt $H = 1/n$. Des Weiteren ist zu erwähnen, dass Unternehmen, mit sehr geringen Umsatzanteilen den H. kaum beeinflussen, auch wenn es sehr viele sind. → Statistik.

Hermes-Garantien, Ausfuhrgarantien und → Bürgschaften, die auf Grund des Gesetzes über Sicherheitsleistungen und Gewährleistungen im Ausfuhrgeschäft (1949) gemäß versicherungswirtsch. Kriterien vergeben und über ein Mandatarkonsortium (Hermes-Kreditversicherungs AG, C&L Treuarbeit AG) von der Bundesregierung übernommen werden (→ Außenwirtschaftspolitik). Als Deckungsformen unterscheidet man: (1) Ausfuhrgarantie-Verträge, die bezüglich Lieferungen und Leistungen dt. Exporteure an private ausländ. Firmen eine Verpflichtung zur Risikoübernahme durch das Mandatarkonsortium beinhalten, (2) Ausfuhrbürgschaften, wenn es sich um Lieferungen und Leistungen an ausländ. Regierungen und Körperschaften des öffentl. Rechts handelt, (3) Garantien oder Bürgschaften für das Fabrikationsrisiko. Die Deckung erstreckt sich auf das wirtsch. Risiko, also das Risiko der Insolvenz des ausländ. Abnehmers, wie auf das polit. Risiko, d. h. die Gefahr der Uneinbringlichkeit der Forderung infolge staatl. Maßnahmen des Schuldnerlandes, polit. Ereignisse oder Störungen im zwischenstaatl. Zahlungs- und Verrechnungsverkehr, und beginnt bei Versendung der Ware. In beiden Fällen von Zahlungsausfall erhält der Exporteur den Teil an seinen Selbstkosten ersetzt, der ihm durch anderweitige Verwendung der nicht versandten Waren verloren geht. Alle Garantie- und Bürgschaftsverhältnisse verlangen eine Eigenbeteiligung des Exporteurs, um den leichtfertigen Abschluss von Exportverträgen zu verhindern.

Herstellungskosten, Maßstab für die bilanzielle → Bewertung von Vermögensgegenständen, z. B. des

Heterogene Konkurrenz

→ Anlagevermögens, die teilweise oder vollständig im eigenen Betrieb hergestellt wurden. Für die → Bilanzierung bestehen besondere handels- und steuerrechtl. Vorschriften. → Anschaffungskosten.

Heterogene Konkurrenz, liegt vor, wenn zwei Anbieter ihre angebotenen Güter als einzigartig ansehen. Die H. bewirkt, dass bei einer Preiserhöhung des einen Anbieters bei zuvor gleichen Preisen nicht alle Kunden zum anderen Anbieter abwandern. Im Gegensatz zur → Homogenen Konkurrenz ist also eine Produktvariation möglich, die auch unterschiedliche Preise am Markt dauerhaft ermöglicht. → Dynamischer Wettbewerb.

Hicks Arbeitssparender Fortschritt → Technischer Fortschritt.

Hicksches Diagramm → IS-LM-Konzept.

Hilfen zur Arbeit → Arbeitsmarktpolitik.

Hilfsquellen, natürliche, natürliche → Ressourcen wie Boden, Mineralien, Gewässer und Klima eines Landes. Da H. knapp sind im Verhältnis zur Nachfrage nach Gütern und Diensten, die mit ihrer Hilfe gewonnen werden, müssen H. wirtsch. genutzt werden.

Hinkende Goldwährung, liegt dann vor, wenn Gold allein die Grundlage der → Währung bildet und frei prägbar ist, daneben aber noch Silbermünzen umlaufen, deren Gesamtbetrag zwar nicht eingerechnet werden darf, die jedoch ebenso wie die Goldmünzen definitives Geld darstellen. Eine H. kam in der → Lateinischen Münzunion vor, die 1865 zwischen Frankreich, Italien, Belgien und der Schweiz geschlossen wurde.

Histogramm, in der → Statistik graphische Darstellung von Messwerten oder Häufigkeiten einer Merkmalsausprägung in Form nebeneinander stehender Säulen, in der die Fläche der einzelnen Säule Ausdruck für die beobachtete Häufigkeit der Ausprägung ist. Durch Wahl geeigneter Klassenbreiten wird der Verlust an Information möglichst gering gehalten.

Historische Schule, im 19. Jh. in Deutschland begründete Lehrmeinung der → Volkswirtschaftslehre (VWL), die auf eine historische, induktive Forschungsmethode setzt.

Hochzinspolitik, Mittel einer restriktiven → Geldpolitik, welche die Kredite verteuern und damit die effektive Gesamtnachfrage dämpfen will.

Höchstpreis, eine vom Staat vorgeschriebene Preisobergrenze, die nicht überschritten werden darf. Es handelt sich um einen wirtsch.- oder sozialpolit. motivierten Eingriff in den Markt (z.B. einen Preis- und Lohnstopp zur Inflationsbekämpfung). I.d.R. führt ein solch dirigistischer Eingriff zu einer Unterversorgung des Marktes mit Beschäftigungs- und Einkommensrückgang, da ein Ausgleich von Angebot und Nachfrage durch → Marktpreisbildung nicht mehr möglich ist. Höchstpreise führen zu Verteilungs- und Rationierungsproblemen mit meist problematischen Zuteilungsverfahren und Schwarzmärkten.

Höchstwertprinzip, aus dem übergeordneten Vorsichtsprinzip abgeleitete Bewertungsvorschrift in der Bilanzierung von Verbindlichkeiten als Pendant zum → Niederstwertprinzip: Gibt es verschiedene Bewertungsansätze für Verbindlichkeiten, ist stets der jeweils höchste anzusetzen. → Buchführung, Grundsätze ordnungsmäßiger (GoB).

Höhere Gewalt, von außen eingreifendes, unabwendbares und unvorhergesehenes Ereignis, für das keine Haftung besteht, weil es außerhalb der Einflusssphäre des Haftpflichtigen liegt, wie z.B. Naturereignisse, Krieg oder Verbrechen. Einen durch H. eingetretenen Schaden hat deshalb grundsätzlich der Betroffene selbst zu tragen, wobei staatl. oder private Hilfe für einen (meist geringen) Ausgleich sorgt.

Holdinggesellschaft (engl.: holding, im Besitz habend), Gesellschaft, die → Aktien oder Geschäftsanteile anderer Gesellschaften besitzt oder erwirbt, um sie zu verwalten und diese Unternehmen zu beherrschen. → Dachgesellschaft.

Homogene Konkurrenz, Wettbewerbsform, bei der die Waren verschiedener Anbieter von den Nachfragern völlig gleich bewertet werden. Die Nachfrager richten sich in der Wahl des Anbieters also ausschl. nach dem Preis, weshalb die H. zu einem einheitlichen Preis führt. → Heterogene Konkurrenz.

Homo Oeconomicus, ausschließlich nach dem ökonom. Prinzip der Nutzenmaximierung handelnder Mensch, dessen Verhaltensweisen zur Vereinfachung in ökonom. Modellen angenommen werden. → Selbstinteresse.

Homo Socialis → Gemeinwohl.

Horizontaler Finanzausgleich → Finanzausgleich.

Horizontaler Zusammenschluss → Konzern.

Horten, Ansammeln von Vorräten und Vermögensbeständen, z. B. Geld, Nahrungsmittel oder Gold. Dabei kann das H. von Geld in Betrieben und Haushalten, auch in Form von Buchgeld, durch den Ausfall von effektiver Nachfrage in der → Keynesianischen Theorie die Ursache für Unterbeschäftigung sein. → Liquiditätsfalle.

Hot Money (floating money), Bezeichnung für Geld, das in Staaten fließt, die bei bestmöglicher Verzinsung stabile polit. Rahmenbedingungen und eine feste Währung aufweisen. H. trat besonders während der Weltwirtschaftskrise 1930, in der Nachkriegszeit sowie als Folge der Ölkrise in Erscheinung. Da auf Grund der Kapitalfreiheit mit plötzlichem Abzug gerechnet werden muss, schützen sich Banken und Staaten vor dem Zufluss, indem sie keine Zinsen gewähren oder Gebühren fordern (Negativzins).

Humankapital (engl.: human capital), Begriff aus der → Bildungsökonomie für den Bestand an produktivem Vermögen eines Menschen in Form von Bildung, angeborenen Fähigkeiten usw. Nach dem H.-Ansatz ist Bildung eine →

Investition, welche die Produktivität eines Menschen steigert. Sie wird solange konsumiert, bis Grenzkosten und Grenzerträge übereinstimmen.

Human Relations → Zwischenmenschliche Beziehungen.

Hurwicz-Regel, → Entscheidungsregel bei Ungewissheit. Für jede Handlungsalternative a_i in einer → Entscheidungsmatrix wird das schlechtest- (Min e_{ij}) und das bestmögliche (Max e_{ij}) Ergebnis e_{ij} ermittelt. Daraus wird mit Hilfe eines vorher festgelegten Pessimismus-Optimismus-Parameters α ($0 \leq \alpha \leq 1$) der gewogene Durchschnitt ermittelt: $W_i = \alpha$ (Max e_{ij}) $+ (1 - \alpha'$ (Min e_{ij}) mit i = 1, 2, ..., m. Als Optimalalternative gilt diejenige mit dem maximalen Mittelwert W_i. Mit wachsendem Optimismus des Entscheidungsträgers steigt α, mit zunehmendem Pessimismus sinkt α.

HVPI → Harmonisierter Verbraucherpreisindex.

Hyperinflation, Endphase der galoppierenden → Inflation, in der das Vertrauen in den Geldwert so stark gesunken ist, dass der Geldwertschwund kumulativ beschleunigt wird, bis die Bevölkerung die Geldannahme verweigert. Der kritische Punkt in dieser Phase ist dann erreicht, wenn auch der Durchschnittskonsument und -unternehmer Preissteigerungen antizipiert, indem er seine Nachfrage erhöht oder sein Angebot zurückhält.

Hypothek, an einem Grundstück zur Sicherstellung einer Forderung bestelltes Pfandrecht. Eine Hypothek ist in das → Grundbuch einzutragen. Voraussetzung für die Vergabe einer Hypothek ist das Bestehen einer pers. Forderung. → Hypothekarkredit.

Hypothekarkredit, ein langfr. durch → Hypotheken oder Grundschulden gesicherter Kredit. Die hypothekarische Beleihung von Grundstücken oder Gebäuden erfolgt i.d.R. durch besondere, eigens zu diesem Zweck errichtete Bodenkreditinstitute, z.B. durch → Hypothekenbanken. Der Schuldner muss nicht Eigentümer des Grundstücks sein.

Hypothekenbank, Bodenkreditinstitut in der Rechtsform einer → Aktiengesellschaft (AG) oder → Kommanditgesellschaft auf Aktien (KGaA). Ihre Aufgabe besteht in der Kreditgewährung an Grundbesitzer gegen Sicherung durch → Hypotheken. Die Refinanzierung dieser Kredite erfolgt durch Ausgabe von Pfandbriefen. Das Hypothekengeschäft besteht damit aus zwei sich wechselseitig bedingenden Geschäften, nämlich aus der Begebung von → Hypothekenpfandbriefen und aus der Gewährung hypothekarisch gesicherter Darlehen. Gesetzliche Grundlage von H. in Deutschland ist das Hypothekenbankgesetz.

Hypothekenbrief, vom Grundbuchamt über eine → Hypothek ausgestellte öffentl. Urkunde. Der H. ermöglicht eine Übertragung der Hypothek auch außerhalb des Grundbuches. Dabei wird die Hypothek erst dann vom Gläubiger erworben, wenn dieser den H. erlangt.

Hypothekenpfandbrief, auf bestimmte Geldbeträge lautende Schuldverschreibung, die von einer → Hypothekenbank ausgegeben und durch die der Bank zustehenden → Hypotheken gedeckt ist. Zum Schutz der Pfandbriefgläubiger ist die Pfandbriefausgabe vom Gesetzgeber begrenzt. Die zur Deckung der Pfandbriefe bestimmten Hypotheken sind in ein Hypothekenregister einzutragen. Erst durch Eintragung werden die Hypotheken zu Deckungshypotheken.

Hypothese (griech.: Unterstellung), wissenschaftliche Annahme über einen vermuteten oder beobachteten Zusammenhang, der jedoch noch bestätigt (verifiziert) und überprüft werden muss. Ist dies nicht möglich, bleibt die H. die höchste Stufe der Klärung. → Wissenschaftstheorie.

Hysterese, ein Begriff, der von der Physik übernommen worden ist. Er besagt, dass ein bestimmter Prozess ohne Gegenkräfte nicht wieder zu seinem Ausgangspunkt zurückkehrt. Auf den → Arbeitsmarkt angewendet bedeutet dieser Begriff, dass das heutige Niveau der → Arbeitslosigkeit von seiner eigentlichen Entwicklung abhängt. Eine lang andauernde Arbeitslosigkeit verschwindet nicht einfach von selbst.

I

IA, Abk. für → Inhaberaktie hinter der Bezeichnung der → Wertpapiere im Kurszettel. → Kurs.

IAEA → Internationale Atomenergie-Behörde.

IAS → International Accounting Standards.

IDA (International Development Association) → Internationale Entwicklungsorganisation.

IBRD (International Bank for Reconstruction and Development) → Weltbank.

ICC → Internationale Handelskammer.

Idle Money (engl.), Geld, das weder zum Kauf von Gütern und Diensten genutzt noch angelegt wird. I. sind Überschussreserven der Haushalte und Unternehmen, die für Investitionszwecke zur Verfügung stehen.

IFC → Internationale Finanzierungsgesellschaft.

IHK → Industrie- und Handelskammer.

IIPF (International Institute of Public Finance) → Institut International de Finances Publiques.

Illiquid (lat., nicht flüssig), Zustand der Geldknappheit bzw. der → Zahlungsunfähigkeit. → Liquidität.

ILO → International Labour Organization.

IMF (International Monetary Fund) → Internationaler Währungsfonds (IWF).

Immaterielle Wirtschaftsgüter, Wirtschaftsgüter, die in einem Unternehmen durch Managementerfahrung, gut trainierte Mitarbeiter,

Immission

Vertriebsnetzwerk usw., entstanden sind. Der Bestand dieser Wirtschaftsgüter wird durch rechtl. Schutz (Patente, → Warenzeichen, Copyrights usw.) gesichert. → Patentschutz, → Humankapital.

Immission, durch → Emission verursachte Einwirkung von Luftverunreinigungen, Geräuschen, Erschütterungen, Strahlen, Wärme u.a. auf Menschen, Tiere, Pflanzen und Sachgüter. → Immissionsschutzgesetz (BImSchG).

Immissionsschutzgesetz (BImSchG), i.d.F. von 1990 mit späteren Änderungen, eine bundeseinheitliche Regelung für die den Ländern obliegende Luftreinhaltung und Lärmbekämpfung, soll Personen und Gegenstände vor schädlichen Umwelteinwirkungen durch Luftverunreinigung, Geräusche, Erschütterungen und ähnliche Vorgänge schützen. Es gelten das Verursachungs-, Vorsorge- und Durchsetzbarkeitsprinzip. Das I. bedarf der Ergänzung durch Länderverordnungen. Zu den Verursachern zählen Haushalte, Unternehmen, die öffentl. Hand und das Ausland. Daher sind internationale Abkommen erforderlich, z.B. gegen die Verschmutzung der Meere. → Umweltschutz.

Immobiliarkredit → Hypothekarkredit.

Immobilien, Grundstücke und darauf befindliche Gebäude, unbewegliche Sachen, sog. Liegenschaften: Der Inbegriff des unbeweglichen Vermögens einschl. der dazugehörigen Rechte, z.B. des Erbbaurechts, des Erbpachtrechts und des Bergwerkseigentums. Im Bankwesen ist der → Hypothekarkredit der gegen Verpfändung oder Sicherungsübereignung von I. gewährte Kredit. Er wird von den Immobiliarkreditinstituten, insbes. den → Hypothekenbanken, gepflegt.

Imparitätsprinzip, durchbricht das → Realisationsprinzip, indem es vorgezogene Verluste zulässt. Absehbare, aber noch nicht realisierte Verluste müssen nach dem I. berücksichtigt werden. Gewinne dürfen dagegen (entsprechend dem Realisationsprinzip) nur ausgewiesen werden, wenn sie im Unternehmen realisiert worden sind. Das I. leitet sich aus dem Vorsichtsprinzip ab und dient dem Gläubigerschutz. Es entspricht dem → Niederstwertprinzip für Vermögensgegenstände und dem → Höchstwertprinzip für Verbindlichkeiten. → Bewertung.

Implikation, Folgerung, die aus einer Anzahl von Annahmen (Prämissen) nach den in der math. Logik entwickelten Schlussregeln abgeleitet wird. Die I. aus einer solchen Ableitung (→ Logik, formale) ist dann richtig, wenn alle Voraussetzungen zutreffen.

Importdepot, eine → Notenbank kann ein I. als zinslose Barkaution für bestimmte Zeit fordern, wobei die Höhe prozentual nach dem Wert der → Einfuhr festgelegt wird.

Importe → Einfuhr.

Importierte Inflation, hat ihre Ursachen im Ausland. Sie kann durch (1) anhaltend hohe Ausfuhrüberschüsse auf Grund einer starken Geldentwertung im Ausland (→ Theorie des internationalen

Preiszusammenhangs), (2) Nettokapitaleinfuhren auf Grund eines vergleichsweise hohen Zinsniveaus (der Zufluss erhöht die Möglichkeit zur → Geldschöpfung im Geschäftsbanken-System) und (3) durch ein Anziehen der Preise für importierte Rohstoffe entstehen. Die Theorien der I. gehen von → festen Wechselkursen aus.

Importquote, drückt das Verhältnis zwischen dem Wert der → Einfuhren und dem → Nettosozialprodukt zu Marktpreisen (NSP) aus. Ist die I. hoch, hängt die inländ. Versorgung spürbar vom Ausland ab.

Importsubstitution, das Ersetzen von importierten Gütern durch inländ. erzeugte Produkte, damit Absenkung der → Importquote. Dies wird erreicht, indem die inländ. Industrie in bestimmten Sektoren (geschützte Sektoren) von der ausländ. Konkurrenz abgeschirmt wird. Die Absicherung der heimischen Industrie erfolgt meist durch → Zölle. Ziel ist es, die Entwicklung der inländ. Industrie zu fördern. Die inländ. Produkte zu höheren Preisen absetzen, da die Zölle Importe weitgehend verhindern und dadurch der → Wettbewerb schwächer ausgeprägt ist. Die reduzierte Nachfrage nach importierten Gütern führt zu einer → Aufwertung der inländ. Währung. Exporte werden für einheimische Unternehmen in nicht geschützten Sektoren dadurch teurer.

Incentives → Anreize.

Incoterms (engl.: International Commercial Terms), international geltende Regeln für die Auslegung der im internationalen Warenverkehr vorkommenden Vertragsformen. Die I. legen fest, welche Rechte und Pflichten für Käufer und Verkäufer bestehen, die unter Zugrundelegung der I. einen Kaufvertrag abgeschlossen haben. I. sind: ab Werk; franko Waggon Abgangsort; frei (Verschiffungshafen); franko Grenzstation; → fas; → fob; c & f (→ Caf, → Cif)); frei benannter Bestimmungsort; ex ship, ex quay (benanntes Schiff, benannter Hafen).

Indexbindung, koppelt nominale Größen, wie Löhne und Gehälter, Spargutbaben, Renten, Sozialleistungen, Steuerfreibeträge, an die → Inflation, ausgedrückt in einem → Preisindex (zumeist für die Lebenshaltung). Damit soll der reale Wert dieser Größen oder die → Kaufkraft erhalten werden, wobei der Nominalwert kontinuierlich (innerhalb einer Toleranzgrenze) entsprechend dem Geldverlust oder Kaufkraftverfall erhöht wird. Das Ziel, diese Einkommen vor der (soz. höchst bedenklichen) → Inflation zu schützen, wird dann nicht erreicht, wenn die I. automatisch die Inflation verstärkt, indem sich Löhne und Preise gegenseitig aufschaukeln. → Automatische Stabilisatoren.

Indexfamilie, Begriff für eine »normierte« Familienhaushaltung in der → Statistik (für unterschiedliche Einkommensstufen). Da verschiedene Preisindizes für die Lebenshaltung gebildet werden, gibt es auch unterschiedliche I., auf die sich die einzelnen Preisindizes beziehen und die mit den Durchschnittsausgaben der Haushalte

Indexlohn

übereinstimmen, welche die Statistiken (laufende Wirtschaftsrechnungen und → Einkommens- und Verbrauchsstichproben) jeweils erfassen. Nach der letzten Umstellung werden die Preisindizes für die Lebenshaltung nach vier I. mit folgenden Merkmalen berechnet: (1) Alle privaten Haushalte (zwei Erwachsene und 0,7 Kinder), (2) Angestellte und Beamtenhaushalte mit höherem Einkommen (zwei Erwachsene und zwei Kinder), (3) Arbeitnehmerhaushalte mit mittlerem Einkommen (zwei Erwachsene und zwei Kinder) und (4) Haushalte von Renten- und Sozialhilfeempfängern (zwei Erwachsene). → Preisindex für die Lebenshaltung.

Indexlohn → Indexbindung, → Eskalations- oder Inflationsklausel.

Indexwährung → Währung.

Indexziffern, Messziffern, in der Statistik → Verhältniszahlen, die eine Zahlenreihe dadurch übersichtlicher gestalten, dass der Anfangs-, Mittel- oder Endwert der Reihe als Basiswert oder Grundzahl gleich 100 (ggf. auch gleich 1 oder 1000) gesetzt wird und die übrigen Werte im Verhältnis dazu umgerechnet werden. Bsp.: Einwohnerzahlen einer Stadt: 1935 50.000, 1955 75.000, 1965 100.000, 2000 150.000. Wenn der Anfangswert 1935 50.000 = 100 gesetzt wird, so ergeben sich folgende Messziffern: 100 : 150 : 200 : 300. Bei den meisten wirtsch. statistischen I. liegt eine Verschmelzung mehrerer zweckentsprechend ausgewählter Reihen vor, da, wie etwa bei den Preisindexziffern, nicht für die Preise einzelner Waren, sondern für ganze Warenbündel (Generalindex) ein zusammenfassender Ausdruck in Ziffern gewonnen werden soll. Alle Preise werden in Geld ausgedrückt. Die → Kaufkraft des Geldes kann aber nicht wieder am Geld gemessen werden. Preisindexziffern wollen mit Hilfe der Indexmethode das → Preisniveau und dessen Bewegungen messen, um so die Veränderungen des Geldwertes zu erfassen, wobei unter → Geldwert die Kaufkraft des Geldes gegenüber Waren und Dienstleistungen verstanden wird. Ist z.B. der Preisstand von 100 auf 125 gestiegen, so ist der Geldwert von 100 auf 80 gesunken. Die dt. Statistik berechnet I. der verschiedensten Art, die bekanntesten sind der Groß- und Einzelhandelspreisindex und der → Preisindex für die Lebenshaltung.

Indifferenzkurve, erfasst die Kombination von zwei Gütern oder Güterbündeln, die dem Konsumenten gleich viel nützen. So mag ein Haushalt den gleichen → Nutzen haben von 4 Pfund Wurst und 1 Pfund Käse wie von 3 Pfund Wurst und 2 Pfund Käse. Lassen sich beide Güter gegenseitig ersetzen, kann man eine I. ziehen, die alle die Kombinationen ausdrückt, die den gleichen Nutzen stiften. Die I. sagt nichts aus über die absolute Höhe des Nutzens, misst ihn also nicht kardinal (→ Kardinale Nutzenmessung), sondern gibt nur an, dass eine Kombination jeweils den gleichen Nutzen stiftet wie jede andere auf der Kurve (→ Ordinale Nutzenmessung). Je weiter die Kurve vom Nullpunkt entfernt ist, umso mehr Nutzen zieht man aus beiden Gütern. Die Neigung der I. nach rechts unten besagt: Je mehr man von dem einen Gut haben will, umso weniger benötigt man von dem anderen, um die Nutzenhöhe konstant zu halten. Man sagt auch, die Neigung der I. sei die → Grenzrate der Substitution zwischen den beiden Gütern, die Menge eines Gutes, die erforderlich ist, um eine Einheit des anderen zu ersetzen, ohne dass der Nutzen abnimmt. Da die Grenzrate der Substitution i.d.R. abnimmt, sind die I. gewöhnlich konvex zum Nullpunkt, d.h. zunehmend weniger ist von einem Gut erforderlich, wenn man mehr von dem anderen haben will, ohne dass der Gesamtnutzen abnimmt. → Haushaltsoptimum.

Indifferenzkurvensysteme, individuelle, helfen, das → Haushaltsoptimum abzuleiten und ordinal zu messen (→ Ordinale Nutzenmessung). Sie erfassen geometrisch die Wertehierarchie eines Haushalts. Eine → Indifferenzkurve ist der geometrische Ort aller alternativen Güterbündel, die dem Haushalt einen gleichen Gesamtnutzen stiften. Die einzelnen Warenkörbe sind mithin im Urteil des Konsumenten gleichwertig. Alle Güterkombinationen, die oberhalb dieser Kurve liegen, sind besser, alle die unterhalb liegen, schlechter. Die denkbaren Versorgungsniveaus werden also durch ein System von Indifferenzkurven in eine Rangordnung gebracht. Diese I. gelten unter folgenden Annahmen: (1) Der Haushalt besitzt eine → Präferenzordnung, d.h. er ist in der Lage, zu entscheiden, ob er einen Warenkorb höher oder geringer schätzt als einen anderen oder ob ihm beide gleichwertig erscheinen. (2) Die Präferenzordnung muss transitiv (→ Transitivität), also widerspruchsfrei, sein. (3) Eine Sättigung tritt nicht ein, und ein Mehr eines Gutes (bei Konstanz der anderen Güter) erhöht die Wohlfahrt. (4) Die Kurve fällt gleichmäßig, d.h. der Nutzenentzug bei Rückgang eines Gutes kann immer durch eine entsprechende Zunahme eines anderen Gutes ausgeglichen werden. (5) Die → Grenzrate der Substitution sinkt, die Indifferenzkurve verläuft konvex.

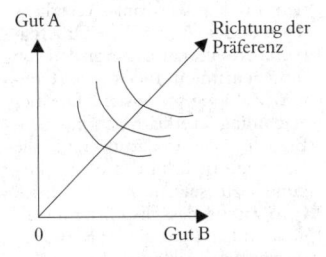

Indikatoren, drücken ökonom. Erscheinungen qualitativ oder quantitativ aus; sie können, in statistischen → Zeitreihen geordnet, verzögert, vorauseilend oder übereinstimmend mit der Erwartung auftreten. → Konjunkturindikatoren.

Indirekte Abschreibung, Verfahren zur Verbuchung von → Abschreibungen. Bei der I. wird der Anschaffungswert eines Gegenstandes auf dem Anlagenkonto belassen. Es wird ein weiteres Konto eingerichtet, auf den die Abschreibungsbeträge verbucht werden. In der → Bilanz erscheint auf der Aktivseite das Anlagenkonto, auf der Passivseite das Wertberichtigungskonto mit den gesammelten Abschreibungsbeträgen.

Indirekte Steuern, Bezeichnung die in verschiedenem Sinne verwendet wird. Man versteht darunter (1) Steuern, von denen man annimmt, dass sie überwälzt werden, (2) → Tarifsteuern, (3) Auflagen. → Direkte Steuern.

Indossament, → Giro, bei → Wertpapieren die schriftliche, an bestimmte Formen gebundene Übertragungserklärung, durch die der Übertragende (Indossant, Girant) dem aus dem Wertpapier Verpflichteten Order (Auftrag) (→ Orderpapiere) erteilt, statt an ihn an den von ihm genannten Indossatar (Giraten) Zahlung zu leisten. Die Bezeichnung I. erklärt sich aus dem Brauch, die Erklärung auf die Rückseite (ital., in dosso) der Urkunde zu setzen, der Ausdruck Giro daraus, dass die Girierung einen Umlauf (ital., giro = Kreis) des Wertpapiers bewirkt. Beim Namensindossament sind Name des Indossatars und eigenhändige Unterschrift des Indossanten notwendig. Beim Blankoindossament ist nur der Name des Indossanten notwendig, nicht aber der Name des Indossatars. Weiterhin gibt es noch Vollindossament, Inkassoindossament, Pfandindossament und → Rektaindossament.

Induktion, das Schließen vom Besonderen auf das Allgemeine, wenn wiederholtes Beobachten oder Experimentieren immer wieder zum gleichen Ergebnis führt, so dass man daraus folgert, es müsse immer so sein. I. kann nur Plausibilität, aber keine Beweiskraft beanspruchen. In den Erfahrungswissenschaften ist die I. eine Methode der Theoriebildung (→ Wissenschaft). → Logik, formale.

Industrie, Wirtschaftsform zur Verarbeitung von Rohstoffen und Halbfabrikaten. Wesentliche Merkmale sind → Massenfertigung, intensiver Einsatz von Maschinen, → Arbeitsteilung und Beschäftigung von ungelernten und angelernten Arbeitern. Unterschieden wird dabei u.a. nach der Art der hergestellten Produkte in Konsumgüter-I. (z.B. Textilien) und Investitionsgüter-I. (z.B. Automobile). Das Statistische Bundesamt verwendet für die I. den Begriff Produzierendes Gewerbe. → Industrielle Gesellschaft, → Industrieökonomik.

Industrialisierung, ging im 18. Jh. von England aus und erreichte Deutschland im Jahre 1840. Der Begriff I. bezeichnet den Prozess des Übergangs von Handarbeit auf Fabrikarbeit unter Zuhilfenahme von Maschinen. Die I. wurde durch mehrere Faktoren ausgelöst: erhöhte Nachfrage auf Grund des starken Bevölkerungswachstums, weit verbreitete Armut und die Theorie des → Liberalismus (propagiert durch das Unternehmertum). → Arbeitsteilung.

Industriebetriebslehre, befasst sich systematisch mit Aufgaben, Verfahren und Leitung industrieller Betriebe. Sie teilt sich in eine kaufmännische und eine techn. I. Ein industrieller Betrieb weist einen hohen Automatisierungsgrad, maschinelle Fertigung in größeren Mengen bis zur → Massenfertigung und → Serienfertigung auf.

Industriekontenrahmen (IKR), ein → Kontenplan, den der Bundesverband der Deutschen Industrie (BDI) 1971 entwickelt hat. Im I. sind im Gegensatz zum → Gemeinschaftskontenrahmen (GKR) die Konten der Geschäftsbuchführung von denen der → Kostenrechnung und → Leistungsrechnung getrennt (Zweikreissystem). Den Konten der Geschäftsbuchführung liegt dabei das Abschlussprinzip zugrunde. Ziel des I. ist es allen Industrieunternehmen eine Anleitung für ihren Kontenplan bzw. einen verbindlichen Organisationsplan, in dem alle Konten systematisch erfasst sind, zu geben.

Industrieländer, Staaten, deren Wirtschaft durch die Industrie geprägt ist, die zumeist Industrieerzeugnisse ausführen und Lebensmittel importieren und in denen der Anteil der Landwirt. am → Sozialprodukt sehr gering ist (meist unter zehn Prozent). Die westlichen I. (Erste Welt) und die Gruppe der Transformationsländer (Zweite Welt, → Transformation) werden der Gruppe der → Entwicklungsländer (Dritte Welt) gegenübergestellt.

Industrielle Gesellschaft, nach der → Industriellen Revolution entstandene Form der Gesellschaft, in der die Bedeutung der Landwirt. im Zusammenleben immer mehr zurücktritt. Die erste Phase dieser Revolution war gekennzeichnet durch die Maschinentechnik und deren Umwälzungen und soz. Folgen, die zweite ist geprägt von der Mechanisierung und Automatisierung in Betrieb und (bedingt in) Verwaltung. Es stellt sich die bereits von D. Ricardo (neuerdings von den Soziologen G. Friedmann, A. Gehlen und H. Schelsky) erhobene Frage, was aus den so freigesetzten Menschen werden soll. Doch die freiheitliche → Marktwirtschaft ist so flexibel, dass sie die technologisch freigesetzten Arbeitskräfte wieder absorbiert und über den → Markt in den Produktionsprozess einschleust, so dass sich der → technische Fortschritt in anhaltend hohem Wachstum des → Sozialprodukts auswirkt.

Industrielle Revolution, die seit A. Toynbees Buch »Industrial Revolution« (1887) gebräuchliche Bezeichnung für die auf Maschinentechnik und großbetriebl. Entwicklung zurückzuführende wirtsch. Umwälzung, die in der Industrie zum Fabriksystem und zu wachsender Konzentration der Betriebe geführt hat. Die zweite Phase der I. ist geprägt durch die Auswertung der elektrischen Energie und der Atomenergie und die dritte durch die moderne Elektronik im Computerzeitalter (»postindustrielle Revolution«). Die Aussicht, den gesamten Produktionsprozess mit techn. Mitteln zu bestreiten, kennzeichnet der Begriff → Automatisierung. → Industrielle Gesellschaft.

Industrieobligation → Schuldverschreibung.

Industrieökonomik, ein Zweig der Wettbewerbstheorie. Die I. analysiert Industriemärkte. Sie versucht unter Zuhilfenahme von statistischen Methoden die Bestimmungsgrößen für einen → Strukturwandel im industriellen Sektor einer Volkswirtschaft zu erklären. → Wettbewerb.

Industrie- und Handelskammer (IHK), Körperschaft des öffentl. Rechts, gesetzl. bestimmte

Interessenvertretung von Industrie, Handel und Verkehr. Alle im Kammerbezirk tätigen Gewerbetreibenden sind Pflichtmitglieder, außer selbständige Handwerker, frei Berufstätige und Landwirte. Als regionale Selbstverwaltungskörperschaft der Wirtschaft betreut sie die gemeinsamen Angelegenheiten der von ihr erfassten → Wirtschaftszweige. Darüber hinaus erfüllt sie gewisse staatl. Aufgaben (Auftragsangelegenheiten), erstellt Gutachten, wirkt bei der Klärung und Entscheidung wirtsch.- und handelspolit. oder rechtl. Fragen mit. Spitzenorganisation aller I. in Deutschland ist der → Deutsche Industrie- und Handelstag (DIHT).

Infant-Industry-Argument, in der → Außenwirtschaftstheorie verbreitet und bereits von F. List im Wesentl. zur Rechtfertigung von → Erziehungszöllen vorgebracht: (1) Im Aufbau befindliche Gewerbezweige können nicht sofort dem internationalen → Wettbewerb der entwickelten Wirtschaft ausgesetzt werden, (2) der Aufbau neuer Gewerbe führt zu externen Ersparnissen in Form von Infrastrukturinvestitionen, verbesserter Ausbildung der Arbeitskräfte und sich vervielfältigender Wirkungen auf die Zuliefererzweige, (3) die Gründung neuer Gewerbezweige lässt das Volkseinkommen wachsen, wodurch Teile der Bevölkerung aus der Landwirt. in die Industrie überwechseln können, so dass die Beweglichkeit der nationalen → Produktionsfaktoren erhöht wird, (4) ein gestiegenes Volkseinkommen und ein höherer Lebensstandard verbessern die Gewinnchancen, so dass ausländ. Kapital in das Land einströmen kann. Alles in allem handelt es sich also um eine Verfeinerung oder Erweiterung des Arguments zu Gunsten des Erziehungszolls, dessen wirtsch. Rechtfertigung dennoch umstritten bleibt. → Außenhandel, → Außenwirtschaft, → Außenwirtschaftspolitik.

Inferiores Gut, hat eine → Nachfrage, die anomal auf eine Änderung des Preises reagiert, d.h. ihre Kurve steigt anstatt zu fallen. Je höher der Preis, umso mehr wird unter sonst gleichen Bedingungen nachgefragt. Der → Einkommenseffekt einer Preisänderung ist stets größer als die Preiswirkung. Ein I. liegt auch im → Giffen-Fall vor: Da Kartoffeln das wichtigste Nahrungsmittel der ärmeren Familien in Irland waren, haben diese bei sinkenden Realeinkommen mehr Kartoffeln zu höheren Preis kaufen müssen, zu Lasten von teurem Fleisch. → Superiores Gut.

Inflation (lat., Aufblähung), andauernder Anstieg der Preise für Güter und Dienste, der zur Entwertung von Geld führt. Die I. misst man anhand der Änderungen von Preisindizes. Problematisch bei der Messung sind (1) die Wahl der geeigneten Periode als Basis, (2) die Wahl eines geeigneten Preisindizes sowie (3) Preissteigerungen auf Grund von Qualitätsverbesserungen von Gütern. Ursprung der I. sind Missverhältnisse, die entweder durch eine zu hohe (nominelle) Nachfrage nach Gütern und Diensten zu gegebenen Preisen entstehen (→ Nachfrageüberschuss), oder durch ein Zurückbleiben des Angebotes hinter der Nachfrage (→ Angebotslücke). Wichtigste Ursachen für I. auf der Angebotsseite sind: (1) → Faktoreinkommen, die nicht der Produktivität des Produktionsfaktors entsprechen (kosteninduzierte oder Cost-Push-I.); (2) Verteuerung der → Einfuhren (importierte I.) sowie (3) übermäßige Erhöhung der Gewinne (→ Gewinninflation). Auf der Nachfrageseite wird I. verursacht durch den übermäßigen Anstieg von → Staatsausgaben, → Verbrauch und → Investition der Haushalte und Unternehmen oder der Exporte (Demand-Pull-I.). Die wirtsch. und soz. Kosten der I. sind analytisch problematisch nachzuweisen: (1) Relative Preise (→ Mechanismus der relativen Preise) und Mengen der Güter werden verzerrt, (2) infolge der Relativpreisänderungen werden Einkommen und Vermögen unter den verschiedenen Gruppen umverteilt sowie (3) Produktion und Beschäftigung der gesamten → Volkswirtschaft beeinflusst. Phasen der I. sind: (1) → Schleichende I.: Situation, in der Haushalte möglichst nicht konsumieren, da die reale Verzinsung Geldwertstabilität verspricht. Die Erwartungen sind relativ unverändert, so dass Verträge unter nominalen Bedingungen abgeschlossen werden können, d.h. auf eine → Indexbindung wird verzichtet. (2) → Galoppierende I.: Preissteigerungen, die sich im Laufe eines Jahres fortwährend erhöhen. Die rasche Geldentwertung führt zu ernsten Verzerrungen in der Wirtschaft. Man hält nur ein Minimum an Bargeld, der reale Zins ist negativ, Verträge werden an den → Preisindex oder an eine stabile ausländ. Währung gebunden. (3) → Hyperinflation: sehr rasche Preissteigerungen von Tag zu Tag. Klassisches Beispiel ist die Hyperinflation in Deutschland in den Jahren 1920–23. → Inflationstheorien.

Inflation Targeting (engl.), → Geldpolitik, die sich direkt an einer Ziel- oder Zielkorridorvorgabe ausrichtet mit dem Ziel der Sicherung des Geldwerts und einer kompatiblen → Inflation. Verlässt die → Inflationsrate den Zielkorridor, reagiert die → Zentralbank idealtypisch mit einer restriktiveren oder laxeren Geldpolitik. Verfechter des I. heben insbes. die Transparenz und Berechenbarkeit dieses Vorgehens hervor, da die Zentralbank anders als bei einer Zielvorgabe für das Wachstum der → Geldmenge gezwungen ist, ihre Vorstellung von Geldwertstabilität unabhängig von Sondereinflüssen publik zu machen und – will sie glaubwürdig bleiben – durchzusetzen. Kritiker heben die Schwierigkeiten beim Versuch der direkten Inflationssteuerung hervor: Die Zentralbank kann die Inflationsrate nur sehr indirekt kontrollieren. Der Zusammenhang zwischen → Zentralbankgeld, Geldmenge und Inflation muss hinreichend stabil sein, um die Instrumente der Geldpolitik zielorientiert einsetzen zu können. Die Inflationsrate gilt darüber hinaus als Spätindikator der konjunkturellen Entwicklung, die Geldpolitik gerät in Gefahr prozyklisch zu wirken.

Inflationsrate, Maßzahl für die → Inflation. Die I. drückt die Veränderung des volkswirtsch. Preisniveaus aus, die in der Veränderung eines gewichteten Durchschnitts aller relevanten Verbraucherpreise von einer Periode zur nächsten bestehen kann. Im Rahmen des → Europäischen Währungssystems

(EWS) wurde der sog. → Harmonisierte Verbraucherpreisindex (HVPI) eingeführt, mit welchem die I. in der → Europäischen Union (EU) gemessen wird.

Inflationstheorie, → Monetaristen erklären die → Nachfrageinflation mit Hilfe des → Transmissionsmechanismus, die → Quantitätstheorie anhand des → Wicksellschen Prozesses. Die Einkommens- und Liquiditätstheorie der »eingeführten« Inflation orientiert sich ebenfalls an der Nachfrage. Hingegen greift die durch den Verteilungskampf für Tarifpartner verursachte → Inflation auf Nachfrage und Angebotsdeterminanten zurück. Gleiches gilt für die Inflation auf Grund der geänderten Nachfragestruktur (Demand-Shift-Inflation).

Inflatorische Lücke, nimmt die Nachfrage nach privaten oder öffentl. Investitions- und Konsumgütern (I, C) zu, und übersteigt die gesamte Nachfrage das Angebot, so entsteht eine I. Das Angebot kann real nur ausgeweitet werden, wenn dafür → Produktionsfaktoren zur Verfügung stehen. Sind diese aber voll ausgelastet (in $0Y_1$) und ist der → technische Fortschritt unverändert, muss die überhängige Nachfrage die Preise in die Höhe treiben.

Informatik, → Wissenschaft der systematischen Informationsverarbeitung, befasst sich mit der Theorie und Technologie der automatischen → Datenverarbeitung sowie der Entwicklung von Methoden ihrer Anwendung in verschiedenen Bereichen. Während die theoret. I. sich mit den math. und techn. Grundlagen beschäftigt, gehört die Entwicklung von Programmen zur praktischen I. Die techn. I. befasst sich mit der Rechnerorganisation, Schaltungstechnik und Mikroprogrammierung, die angewandte I. findet man in der Betriebs- und Volkswirtschaft, in der Mathematik, in der Naturwissenschaft und in der Medizin. Eine wichtige anwendungsbezogene Teildisziplin ist z.B. die Wirtschaftsinformatik., die sich u.a. mit dem Einsatz der Datenverarbeitung in betriebl. Teilbereichen befasst.

Information, ganz allgemein eine Mitteilung von Tatsachen und Meinungen, in der Informationstheorie (→ Kybernetik) eine Größe, die den Grad der Ungewissheit über das Auftreten eines Zeichens misst. Während die Informationstheorie die konkreten Umstände einer Übermittlung von Nachrichten außer Acht lässt und nur die syntaktische Beziehung der Zeichen zueinander analysiert, versuchen andere Ansätze nach R. Carnap die semantischen Beziehungen der Zeichen zu ihren Bedeutungen oder die pragmatische Beziehung zwischen Zeichen und Benutzern zu erklären und zu deuten.

Informationskosten, gewinnen in der modernen Wirtschaftstheorie zunehmend an Bedeutung. Es handelt sich um den Aufwand für die Gewinnung von → Information, ohne die eine rationale Entscheidung des Konsumenten, Produzenten und des Staates nicht möglich ist. Während der Markt vornehmlich über den Preis wichtige Informationen zumeist kostenlos liefert, um Alternativen vergleichen und abwägen zu können, fehlt es für das Angebot und die Nachfrage nach → öffentlichen Gütern i.d.R. an solchen Informationen. Selbst die Werbung für solche Güter kann die Vorteile der kostenlosen Marktinformation nicht aufwiegen.

Informationsökonomik, beschäftigt sich mit der Auswirkung verschiedenster Informationsbedingungen auf die → Wirtschaft bzw. die → Wirtschaftsordung. → Adverse Selection, → Moral Hazard, → Prinzipal-Agent-Theorie.

Informationssysteme, alle betriebsintern und -extern zur Informationsgewinnung benötigten Informationsverbindungen und deren techn. und organisatorische Einrichtung. I. sind für die → Unternehmensführung von besonderer Bedeutung. I. können sowohl als Grundlage für den gesamten Managementprozess als auch als formaler Teil des betriebl. Kommunktionssystems gesehen werden. → Management-Informationssystem (MIS).

Informationstheorie → Kybernetik.

Infrastruktur (engl.: social overhead capital), umfasst das Verkehrs- und Kommunikationssystem, die Energieversorgung, die Ausbildungs- und Verwaltungs- sowie andere öffentl. Einrichtungen, welche die Grundlage der wirtsch. Tätigkeit bilden und Voraussetzung für die Entwicklung und Erschließung eines Landes sind (→ Infrastruktur-Investitionen). Da der Aufbau einer I. im Allg. Projekte mit hohen Investitionskosten, einem großen → Kapitalkoeffizienten und sehr langer Lebensdauer erfordert, übernimmt der Staat die Finanzierung oder unterstützt diese. Ohne ein Mindestmaß an I. lassen sich die produktiven Kräfte eines Landes nicht nutzen (→ Grundlageninvestitionen). Gebräuchlich ist die Unterscheidung in: (1) Institutionelle I. (alle Einrichtungen, Normen und Verfahren eines Gemeinwesens), (2) materielle I. (Ausstattung mit materiellen Gütern, einschl. der Einrichtungen für Ausbildung, Forschung, Kultur und soz. Sicherheit), (3) immaterielle/personale I. (Aufbau des → Humankapitals).

Infrastruktur-Investitionen, Ergänzung zu privaten → Investitionen. Sie dienen der Erhaltung eines leistungsfähigen Verkehrssystems oder dem Anstoß zur Entwicklung strukturschwacher Regionen. Bsp. für die Modernisierung und Instandhaltung der → Infrastruktur sind: Entsorgung von Haus- und Gewerbeabfällen sowie Sondermüll, Sanierung und Ausbau der Abwasserbeseitigung, Beseitigung von Altablagerungen und veralteten Betriebsstandorten für Umwelt und Bevölkerung, Stadt- und Dorferneuerung, um das Wohnumfeld des Menschen zu verbessern, Pflege und Ausbau der kommunalen und überregionalen Infrastruktur des Verkehrs i.w.S., um der expansiven Entwicklung der Nachfrage gerecht zu werden und die Wettbewerbsfähigkeit der Wirtschaft zu sichern.

Inhaberaktie, im Gegensatz zur → Namensaktie auf den Inhaber lautende, jederzeit übertragbare → Aktie und als solche → Inhaberpapier. Aktien sind als I. auszugeben, wenn die Satzung nichts anderes bestimmt. Nach § 10 AktG dürfen I. nur nach Einzahlung der Einlage ausgegeben werden. Die Übertragung der I. erfolgt durch Einigung und Übergabe. Der Besitz der I. berechtigt den Aktionär gegenüber Dritten und gegenüber der → Aktiengesellschaft (AG).

Inhaberpapiere, übertragbare → Wertpapiere, mit denen jeder Inhaber das im Papier verbriefte Recht ohne Nachweis der Verfügungsberechtigung geltend machen kann. Wie bei den → Orderpapieren folgt das Recht aus dem Papier dem Recht am Papier. Der Inhaber ist als Berechtigter legitimiert, doch er ist nicht namentlich eingetragen. Die Rechte sind durch einfache Übereignung des Papiers übertragbar. I.d.R. ist bei den I. die Inhaberklausel (»zahlbar an den Inhaber«) oder Überbringerklausel (»oder an den Überbringer«) beigefügt. Die Inhaberklausel kann aber auch fehlen, und trotzdem liegt ein I. vor: der Scheck ohne Angabe darüber, an wen zu zahlen ist, gilt als auf den Inhaber gestellt. Umgekehrt kann die Inhaberklausel vorhanden sein und trotzdem kein I. vorliegen, weil sich der Wille, nicht an jeden Inhaber zu leisten, aus den Umständen ergibt, z.B. bei einem auf den Inhaber ausgestellten Versicherungs- oder Lagerschein. Die sog. »hinkenden I.« sind keine echten I. Bsp.: Scheck mit Überbringerklausel, Sparkassenbücher, → Versicherungsscheine, Depotscheine. Echte I. sind: → Inhaberaktien, Zinsscheine (→ Kupon), Dividendenscheine, Inhaberkarten, Inhaberkonnossemente.

Inhaberschuldverschreibung (Bearer Bond, Inhaberobligation), ein → Inhaberpapier, in dem der Aussteller dem Inhaber eine Leistung, i.d.R. die Zahlung einer bestimmten Geldsumme verspricht. I. werden als öffentl. oder als private → Anleihen ausgegeben. Bsp.: Bundesanleihen, → Pfandbriefe der Hypothekenbanken, → Industrieobligationen. Aber auch Lotterielose und Inhaberlagerscheine, die auf Herausgabe von Gütern lauten, sind I. Banknoten sind I., sofern sie gegen Währungsgeld oder Gold einlösbar sind.

Initial Public Offering (IPO) (engl., erstmalige öffentliche → Emission), Form der erstmaligen öffentl. Börsenplatzierung von Aktien (Going Public), die insbes. von → Start Up-Unternehmen genutzt wird, um ihre Eigenkapitalbasis zu stärken bzw. die von den → Venture Capital-Gebern privat platzierten Mittel zu ersetzen. Beim I. wird die Bewertung des emittierenden Unternehmens durch Banken vorgenommen (→ Due Diligence), da noch keine Marktbewertung vorliegt. Das Interesse der die Emission begleitenden Bank an einem erfolgreichen I. kann hier zu Konflikten führen.

Inkasso, die Einziehung u.a. von Geld, → Forderungen, fälligen Wechseln, Schecks. Inkassobüros sind Unternehmungen, die gewerbl. das I. besorgen. Sie sind meistens Spezialunternehmungen für die Eintreibung gefährdeter Forderungen. Das Inkassogeschäft der Banken, ein Kommissionsgeschäft, befasst sich mit der Einziehung von fälligen oder binnen kurzer Zeit fällig werdenden Forderungen, inländ. → Wechsel und Schecks. Ein Inkassoindossament (→ Indossament) ist ein Wechselindossament, das durch den Zusatz »Wert zur Einziehung«, »zum Inkasso« oder »in Prokura« gekennzeichnet ist und den Indossatar ermächtigen soll, die Wechselforderung einzuziehen.

Inkrementale Methode, Inkrementalismus, fordert (sukzessive) begrenzte Vergleiche und somit ein Aufteilen der staatl. Entscheidung, die viel zu komplex ist. Die I. kann man wie folgt charakterisieren: (1) Nur eine begrenzte Anzahl polit. Alternativen, die wirklich relevant sind, werden beachtet, (2) die Alternativen weichen nur marginal von der Maßnahme ab, (3) nur solche Entscheidungen werden analysiert, bei denen die Alternativen bestimmt sind, (4) die Auswahl der polit. Maßnahme wird nicht endgültig getroffen, sondern mit Hilfe einer Abfolge von Entscheidungen, (5) Aufmerksamkeit verdient nur der marginale Wert der Änderungen in den Zielen und gegebenen Bedingungen, (6) eine empirische Analyse der Folgen einer Politik hängt eng mit einer Bewertung zusammen, und (7) nur eine begrenzte Zahl relevanter Größen wird in der Analyse berücksichtigt. Das engt ihre Hilfe für eine sinnvolle Erklärung der Wirklichkeit stark ein.

Inländerkonvertibilität, Beschränkung der → Konvertibilität einer Währung auf Inländer oder inländ. → Zentralbanken. → Ausländerkonvertibilität.

Innenfinanzierung, → Finanzierung eines Unternehmens aus dem betriebl. Umsatzprozess heraus. Man unterscheidet zwei Formen der I.: (1) aus Vermögensumschichtung über eine Finanzierung von → Reinvestitionen aus Umsatzerlösen, Verkauf von nicht betriebsnotwendigem Vermögen, → Rationalisierung oder Finanzierung zusätzlicher Periodenkapazitäten aus → Abschreibungen, (2) durch Kapitalbildung, über → Gewinnthesaurierung oder die Bildung langfr. → Rückstellungen. → Außenfinanzierung.

Innengesellschaft, liegt vor, wenn die Beteiligten einer Gesellschaft lediglich das Innenverhältnis (ihre Beziehung untereinander) gesellschaftlichen Regeln unterstellen, nicht aber nach außen (gegenüber Dritten) gemeinschaftlich auftreten. Typischer Fall einer I. ist die → Stille Gesellschaft. Eine reine I. ist nie zugleich → Außengesellschaft. Diese ist jedoch immer auch I., da das Auftreten gegenüber Dritten (gemeinschaftliche Firma usw.) eine I. voraussetzt.

Innerdeutscher Handel, Warenund Dienstleistungsverkehr zwischen der DDR und der Bundesrepublik einschl. Berlin. Grundlage war ein Handelsabkommen, in dem die Wertgrenzen der Lieferungen und die Verrechnungsweise vereinbart waren. Die Bundesrepublik gewährte der DDR jahrelang einen unverzinslichen Handelskredit, dessen Höchstgrenze (→ Swing) 25 % des Gegenwertes der Lieferungen betragen durfte.

Innerer Wert (engl.: intrinsic value), bei → Aktien im Gegensatz zum → Nennwert oder → Kurswert der Wert, der sich aus der Division des Reinvermögens der Gesellschaft durch die Anzahl der Aktien errechnet. In der Werttheorie besagt der Ausdruck, dass ein Gut einen Wert an sich habe (z.B. die aufgewandte Arbeit), also unabhängig vom → Nutzen, den es für den Einzelnen oder das Gemeinwesen stiftet. Die moderne Wert- und Nutzungstheorie lehnt den I. ab. Güter haben nur dann einen Wert, wenn sie Nutzen stiften, wie tägliche Beobachtung und Erfahrung belegen. → Arbeitswerttheorie.

Innovation (lat.), Neuerung, die im Gegensatz zur Erfindung (→ Invention) praktisch durchgeführt wird. Die Erzeugung und Umsetzung von neuen, verbilligten und verbesserten Gütern und Diensten und die Anwendung neuer oder effizienterer Produktionsverfahren. Nach J. A. Schumpeter setzt die Unternehmerpersönlichkeit als Pionier den → technischen Fortschritt durch. Schumpeter teilt die I. in fünf Arten ein: neue Produkte, neue Herstellungsverfahren und -prozesse, neue Märkte, neue Methoden zur Erschließung des Marktes und organisatorische und rechtl. Änderungen in der → Unternehmensführung. Heute ist die ständige Bereitschaft der Unternehmen, Neuerungen zu schaffen, die entscheidende Voraussetzung sich im → Wettbewerb mit der Konkurrenz zu erhalten.

Input-Output-Analyse (amerik., Einsatz-Ausstoß-Analyse), von dem Nobelpreisträger W. Leontief entwickelt, wird bes. im Rahmen der → Volkswirtschaftlichen Gesamtrechnung (VGR), aber auch in der Betriebsplanung angewandt. Der Einsatz sind die bewerteten Güter und Leistungen, die in den Produktionsprozess eingehen, während der Ausstoß das bewertete Ergebnis der Produktion ist. Die I. analysiert, wie sich eine Änderung des Ausstoßes in einer Branche (oder einer → Kostenstelle) auf Einsatz und Ausstoß der anderen Zweige auswirkt. Das Verhältnis zwischen Input und Output eines Wirtschaftszweiges wird als I-O-Koeffizient bezeichnet.

Input-Output-Tabelle, erfasst mit doppeltem Eingang (Matrixform) die techn. bedingten Güterströme zwischen den Produktionszweigen einer Volkswirtschaft, wobei die Vorleistungen, die Endnachfrage und der Primäraufwand dargestellt werden. In einer Vorspalte und im Tabellenkopf werden die einzelnen Sektoren aufgeführt. Waagerecht werden dann in der Tabelle für jeden Zweig der Ausstoß und dessen Verteilung auf die ihn abnehmenden Zweige eingetragen. Findet keine Investition oder Lageraffüllung statt, ist notwendigerweise der Ausstoß einer beliebigen Branche gleich der Summe der Einsätze der anderen, soweit sie dem zuliefernden Zweig entstammen. Durch Addition der Tabellenspalten ergibt sich dann für jeden Wirtschaftszweig (→ Kostenstelle) der gesamte Einsatz. → Input-Output-Analyse.

Insichgeschäft, eine Art der Erfüllung von Börsenaufträgen, bei der die Banken auf Grund des Selbsteintrittsrechts (Selbstkontrahieren) die bestellten → Wertpapiere selbst liefern und die zum Verkauf aufgegebenen selbst übernehmen, ohne also Deckungsgeschäfte vorzunehmen. Auch bei Maklern, Spediteuren, → Kommissionären sind I. möglich.

Insidergeschäfte, Wertpapiergeschäfte von Personen, die Informationsvorsprünge auf Grund interner Einblicke durch gezielte → Transaktionen verwerten. Sie sind seit 1994 nach dem dt. Wertpapierhandelsgesetz verboten, bei Verstoß muss man mit Geldstrafen oder Freiheitsentzug bis zu fünf Jahren rechnen.

Insolvenz (Konkurs), seit 1.1.1999 Insolvenzverfahren, Zwangsvollzug der pers. Haftung des zahlungsunfähigen Schuldners unter Verlustgemeinschaft der Gläubiger, d.h. das über das Vermögen des Schuldners verhängte gerichtliche Verfahren zur Befriedigung der Gläubiger. Zahlungsunfähigkeit liegt vor, wenn ein Schuldner seine fälligen Verbindlichkeiten ganz oder zu einem wesentlichen Teil, und zwar voraussichtlich dauernd, nicht mehr zu erfüllen vermag. Sie tritt äußerlich in Erscheinung durch Zahlungseinstellung. Das Insolvenverfahren umfasst das gesamte der Zwangsvollstreckung unterliegende Vermögen des Gemeinschuldners. Die Insolvenzmasse dient der gemeinschaftlichen Befriedigung aller pers. Gläubiger, die bei Insolvenzeröffnung einen begründeten vermögensrechtl. Anspruch an den Gemeinschuldner haben. → Insolvenzrecht.

Insolvenzrecht, rechtl. Rahmen des Verfahrens bei → Insolvenz eines Unternehmens, v.a. in der Insolvenzordnung (InsO) geregelt. Wesentliche Bestandteile sind Regelungen, die sich auf den Grund, den Antrag und die Eröffnung einer Insolvenz, den Insolvenzplan und -status sowie die Insolvenzmasse und -gläubiger beziehen. Für die Durchsetzung des I. ist das jeweilige Amtsgericht zuständig, bei dem der Gemeinschuldner gewerbl. niedergelassen ist.

Institut International de Finances Publiques, International Institute of Public Finance (IIPF), 1937 in Paris gegründet, eine weltweite Vereinigung der Staats- und Wirtschaftswissenschaftler, dient der Erforschung der Staatswirtschaft (→ Finanzwirtschaft, öffentliche). Sie tauscht Erkenntnisse und Erfahrungen auf jährlich stattfindenden Weltkongressen der → Finanzwissenschaft aus und veröffentlicht die Forschungsergebnisse wissenschaftlicher Kontakte in einer Publikation.

Institutionalismus, eine von T. Veblen und J.R. Commons geprägte Richtung der → Volkswirtschaftslehre (VWL), die im Gegensatz zur reinen Theorie den konkreten Einrichtungen eine besondere Bedeutung für die Beurteilung der → Wirtschaftsstruktur und die Entscheidung im Wirtschaftsprozess beimisst. Das gilt für ökonom. Institutionen (z.B. den »Markt« als Institution) ebenso wie für Unternehmungen.

Institutionenökonomik, befasst sich mit Regeln innerhalb von Organisationen. Es wird das Entstehen dieser Regeln und die Auswirkungen auf das Verhalten von Personen durch diese Regeln betrachtet. Im Mittelpunkt der I. stehen das Konzept der → Transaktionskosten und die → Theorie der Eigentumsrechte. Die I. analysiert Gesetze, Normen, Verträge und Organisationen wie Unternehmen, Staaten usw. → Neue Institutionenökonomik.

Instrumentenvariable → Ökonometrie.

Intangible Werte → Immaterielle Wirtschaftsgüter.

Integrated Services Digital Network (ISDN), macht die gleichzeitige Nutzung von verschiedenen Kommunikationsservicen möglich, es beinhaltet Telefon, Telefax, Datentransfer und E-Mail. I. ermöglicht es z.B., gleichzeitig zu telefonieren und im Internet zu surfen.

Integration, wirtschaftliche, ein automatischer oder gesteuerter Vorgang oder Prozess, der im Wesentl. einen Abbau von Hemmnissen im Austausch oder Handel zwischen Regionen oder Ländern zur Folge hat. Desintegration ist der umgekehrte Vorgang. Die ökonom. Theorie der I. befasst sich vorwiegend mit den Wohlfahrtswirkungen der I. auf die betroffenen Regionen. Sie untersucht die Wirkungen auf die einzelnen und alle Mitgliedsländer sowie auf Drittländer. Diese positiven und negativen Wohlfahrtsfolgen erstrecken sich auf den Konsum (→ Mechanismus der relativen Preise), die Produktion (verbesserte Allokation durch die → Arbeitsteilung), die → Terms of Trade, den → Wettbewerb, das → Wirtschaftswachstum und die Verteilung der Wohlfahrtsgewinne nach Innen und Außen. Es lassen sich in Praxis und Theorie verschiedene Integrationsgrade oder -stufen unterscheiden, die von der Präferenz- und → Freihandelszone über die → Zollunion, den Gemeinsamen Markt, die → Währungsunion und → Wirtschaftsunion bis zur vollständigen wirtsch. I. reichen, bei der eine übernationale Behörde Entscheidungen über die wirtsch. Grundziele und den Einsatz gemeinsamer Mittel trifft. Der stärkste Wohlfahrtseffekt geht von zunehmenden → Skalenerträgen durch Ausweitung des → Europäischen Binnenmarktes aus, eine Wirkung der I., die sich im realen Wachstum der EU-Länder besonders stark manifestiert.

Integrierte Datenverarbeitung, die Verknüpfung von Menschen, Aufgaben und Technik zu einem einheitlichen Ganzen. Sie soll Tätigkeits-, Funktions- und Abteilungsgrenzen in ihren negativen Auswirkungen zurückdrängen und den gesamten Betriebsablauf steuern. Dabei wird Folgendes erreicht: menschliche Eingriffe zu vermeiden, die einzelnen Programmkomplexe miteinander abzustimmen, eine einheitliche → Datenbank zu errichten, Entscheidungen vollelektronisch mit Hilfe von einprogrammierten Optimierungsrechnungen zu finden, die Betriebsführung laufend zu informieren und Massendaten zu verarbeiten. → Datenverarbeitung.

Intellectual Property Rights, Immaterialgüterrecht, schützt Ideen von Personen oder Organisationen wie Erfindungen, Namen, Symbole, → Marken, Design usw. Grundsätzlich kann man diese Rechte in zwei Gruppen unterteilen: (1) in gewerbl. Eigentumsrechte (→ Theorie der Eigentumsrechte) (Patente, Marken, Industriedesign usw.) und (2) in → Urheberrechte (Copyrights). → Agreement on Trade-Related Aspects of Intellectual Property Rights (TRIPS).

Interdependenz (lat., gegenseitige Abhängigkeit), das wechselseitige Zusammenwirken aller wirtsch. Größen. Es hängen z.B. voneinander ab: Die → Nachfrage nach und das → Angebot eines Gutes von dessen → Preis und umgekehrt. Die Nachfrage nach dem Gut ist abhängig vom Einkommen und von den Preisen anderer (komplementärer, substitutionaler) Güter. Das Einkommen seinerseits hängt vom Ausmaß der gesamtwirtsch. Beschäftigung ab. Das Angebot hängt nicht nur vom Preis des Gutes, sondern auch von den Kosten der Erzeugung ab, d.h. von den Preisen der eingesetzten Güter. I. liegt nicht nur in der Volkswirtschaft, sondern ebenso innerhalb jedes Unternehmens vor, das in ihren Planungen und Entscheidungen stets die I. der Einzelpläne berücksichtigen muss. So ergibt sich etwa der betriebl. Finanzplan aus den Umsatz-, Kosten- und Beschäftigungsplänen, die wiederum von Termin-, Mengen- und Preisplänen abhängen. In der Wirtschaft müssen die auf Grund der I. eintretenden Nebenwirkungen von betriebswirtsch. und wirtschaftspolit. Entscheidungen abgeschätzt werden, damit eine Maßnahme den gewünschten Erfolg erzielt. Diese Problematik spielt z.B. in der → Konjunkturpolitik oder → Steuerpolitik (→ Steuerüberwälzung) eine große Rolle.

Interessengruppen, Theorie der, beschäftigt sich mit den Bedingungen, die zur Bildung von organisierten Gruppen notwendig sind. Folgende Annahmen sind zwar notwendig, aber nicht hinreichend für das Entstehen einer Gruppe: Die Mitglieder einer Gruppe haben ein gemeinsames Ziel; sie sind sich über die erforderlichen Maßnahmen einig, und es wäre für alle vorteilhaft, wenn das Gruppenziel erreicht würde. Hinreichend zur Gruppenbildung sind nur Zwang oder selektive individuelle → Anreize, welche die Einzelnen bewegen, im Gruppeninteresse zu handeln. Gerade jene Gruppen, die auf Grund selektiver Anreize organisierbar sind, beeinflussen mit ihren Lobby-Aktivitäten einen wesentlichen Teil der → Staatsausgaben, die in ihrem gruppenspezifischen Interesse liegen. → Rent Seeking.

Inter-Generation-Equity, fordert als Prinzip die gleiche Behandlung von Generationen durch den Staat. Öffentl. Ausgaben, die über einen längeren Zeitraum Nutzen abgeben und mehreren Generationen zugute kommen (→ Pay-As-You-Use-Prinzip), aber auch Ausgaben infolge außergewöhnlicher Ereignisse wie z.B. der dt. Wiedervereinigung oder besonderer Erfordernisse (Kriege, Wirtschaftskrisen, Naturkatastrophen) sollen nach dem I.-Prinzip über Kredite

Internalisierung

statt über → Steuern finanziert werden. Die Lasten werden damit über die Zins- und Tilgungszahlungen auf die künftigen Generationen verteilt. Zugrunde liegt der Gedanke einer temporal gerechten Lastverteilung (→ Lastverschiebungskonzepte) zwischen der heutigen und der zukünftigen Generation. Jede Generation soll so viel zur Finanzierung → öffentlicher Güter beitragen, wie sie anteilig aus ihnen Nutzen empfängt. Entrichten künftige Generationen in Höhe ihrer Nutzung Abgaben, die zur Zins- und Tilgungszahlung des Kredits verwendet werden, wird die Finanzierungslast über die Nutzungszeit verteilt. Als Indikator kann man den Anteil der öffentl. Investitionen an den Gesamtausgaben heranziehen, wobei man die zeitliche Kongruenz von Nutzen und Lasten unterstellt. Öffentl. Konsumausgaben sollten deshalb nicht über → öffentliche Schulden finanziert werden.

Internalisierung → Nutzen-Kosten-Analyse, → Externe Effekte.

International Accounting Standards (IAS), internationale Rechnungslegungsgrundsätze, die sich an der angels. Bilanzierung (→ United States Generally Accepted Accounting Principle (US-GAAP)) orientieren. Die Rechnungslegung nach I. gewinnt im Rahmen der internationalen Harmonisierung der Rechnungslegung zunehmend an Bedeutung, inbes. bei der Erstellung eines → Jahresabschlusses bei multinationalen Unternehmen. Bestandteile der Rechnungslegung nach I. sind die → Bilanz, die → Gewinn- und Verlustrechnung (GuV), die → Kapitalflussrechnung, Erläuterungen sowie ergänzende Aufstellungen. Im Vordergrund steht dabei die investororientierte Informationsfunktion. Weitere Unterschiede im Vergleich zur handelsrechtl. Rechnungslegung sind die strikte Trennung von Handels- und Steuerbilanz, die Maßgeblichkeit des Konzernabschlusses für die Gewinnausschüttung sowie höhere Anforderungen an die Offenlegungspflicht der Unternehmen.

International Standard Organisation (ISO), Organisation zur Festlegung von → ISO-Normen wie v. a. ISO 9000 sowie über 13.700 weitere internationale Standards für Wirtschaft, Politik und Gesellschaft mit Sitz in Genf. Die I. ist ein Netzwerk aus rund 150 nationalen Organisationen zur → Standardisierung, das mit internationalen Organisationen, Regierungen, Unternehmen und Konsumentenvertretungen zusammenarbeitet.

International Trade Center, ein gemeinsames Informations- und Beratungsamt von → World Trade Organization (WTO) und der → Welthandelskonferenz, vornehmlich für die Förderung des → Außenhandels in Entwicklungsländern, seit 1964 mit Sitz in Genf, Mitglieder sind alle Mitglieder von → United Nations Conference on Trade and Development (UNCTAD) und WTO.

Internationale Atomenergie-Behörde, International Atomic Energy Agency (IAEA), autonome Organisation im Rahmen der → Vereinten Nationen mit Sitz in Wien; ist als Behörde unter der Leitung der Vereinten Nationen für die friedliche Nutzung der Atomenergie international verantwortlich und ist das Kontrollorgan des Atomwaffensperrvertrages.

Internationale Bank für Wiederaufbau und Entwicklung → Weltbank.

Internationale Entwicklungsorganisation, International Development Association (IDA), 1960 mit Sitz in Washington als Schwestergesellschaft der → Weltbank gegründet, ergänzt die Tätigkeit der Weltbank, indem sie den ärmeren Entwicklungsländern für Infrastrukturinvestitionen Kredite (soft loans) gewährt, die weit günstiger sind (zinslos, bis 50 Jahre Laufzeit) als Markt- oder Weltbankdarlehen.

Internationale Finanzierungsgesellschaft, International Finance Cooperation (IFC), wie die → Internationale Entwicklungsorganisation eine Schwestergesellschaft der → Weltbank, 1956 mit Sitz in Washington gegründet, ergänzt die Tätigkeit der Weltbank, indem sie privatwirtsch. Initiativen vornehmlich in den Entwicklungsländern fördert. Sie arbeitet mit privaten Kapitalgebern zusammen und gewährt günstige Kredite für produktive Privatinvestitionen. Überdies gewährt sie Consulting und sowohl techn. Hilfe als auch Unterstützung bei der Mobilisierung von privatem Kapital. Seit Sommer 1993 existiert ein Verbindungsbüro in Frankfurt a.M.

Internationale Handelskammer (engl.: International Chamber of Commerce (ICC)), gegründet 1920 mit Sitz in Paris, nationale Komitees in mehr als 60 Staaten (dt. Vertretung in Köln), dient dem internationalen Gedankenaustausch, der Verbesserung des Welthandels und der Erörterung zwischenstaatl. Handelsprobleme sowie der Klärung von Rechtsfragen auf dem Gebiet des → Außenhandels. Die wichtigsten Organe der I. sind der Rat als höchstes leitendes Organ, das Executive Board (Verwaltungsrat) und der Kongress, welcher alle drei Jahre unter einem Generalthema stattfindet.

Internationale Liquidität, die Fähigkeit, jederzeit mit internationalen Geldmitteln zahlen zu können. Sie wird durch ausreichende → Währungsreserven (z.B. → Devisen, Gold) gesichert. Länder, deren Währungen als internationale Zahlungsmittel akzeptiert werden (sog. → Hartwährungsländer) können I. selbst schaffen. Die Ziehungsrechte beim → Internationalen Währungsfonds (IWF) haben die I. wesentlich verbessert. Kurzfr. können Liquiditätsengpässe durch bilaterale und internationale Mithilfen beseitigt werden. Die Frage, wann eine optimale Versorgung mit I. gesichert ist, kann man nicht abschließend beantworten (→ Konvertibilität). Die Weltwährungsreserven haben sich mehr als verfünffacht. Den größten Anteil am Wachstum beanspruchen Gold und Devisen, gefolgt von den → Sonderziehungsrechten (SZR) und der Reserveposition im IWF.

Internationale Organisation für Arbeit → International Labour Organization (ILO).

Internationale Recheneinheit, auf der Suche nach einem stabilen

Internationale Währungsordnung 244

Wertmaß im Anschluss an die Währungsunruhen und nach der Aufgabe der »Dollar-Parität« dient das »Sonderziehungsrecht« seit 1974 als reine Recheneinheit für finanzielle Geschäfte zwischen dem → Internationaler Währungsfonds (IWF) und seinen Mitgliedern. → Sonderziehungsrechte (SZR).

Internationale Währungsordnung, erfasst alle rechtl. und praktischen Regeln für die internationale Währungskooperation in einem sinnvollen System. Diese Grundsätze erstrecken sich vorwiegend auf die Art der → Wechselkurse (freie oder feste Kurse), die → Konvertibilität oder den bilateralen → Zahlungsverkehr, die Art des Zahlungsbilanzausgleichs, soweit die → internationale Liquidität berührt wird, und das Verfahren, wie das außenwirtsch. Gleichgewicht erhalten oder erreicht wird. → Goldstandard, → Internationaler Währungsfonds (IWF), → Europäisches Währungssystem (EWS).

Internationaler Fonds für landwirtschaftliche Entwicklung, eine 1977 gegründete Sonderorganisation der → Vereinten Nationen mit 161 Mitgliedstaaten, fördert Agrarprojekte durch Transfers und Kredite und verbessert den Ernährungsstand in → Entwicklungsländern. Seit Gründung wurden 550 Projekte in einem Umfang von 6,8 Mrd. USD in 115 Entwicklungsländern verwirklicht.

Internationaler Kapitalverkehr, gleicht auf der Grundlage der internationalen Arbeitsteilung die Unterschiede zwischen Kapitalversorgung und -bedarf unter den Volkswirtschaften aus, ebenso das Zinsgefälle, z.B. durch → Devisenspekulation oder Zinsarbitrage (→ Arbitrage). Selbst wenn kein Zinsunterschied besteht, kann es zu Kapitalbewegungen kommen, nämlich dann, wenn ein Ungleichgewicht zwischen den verschiedenen Formen der nationalen Geldanlagen und der Kassenhaltung (→ Liquiditätsneigung) besteht. Die → Zahlungsbilanz erfasst den Kapitalverkehr in der → Kapitalbilanz, wobei in kurzfr. und langfr. Bewegungen von Nettokapital getrennt wird. Schwankungen im kurzfr. I. werden meist von Fluktuationsgeldern (→ Hot Money) verursacht, während der langfr. I. eine gewisse Gleichmäßigkeit aufweist. Die Devisenbilanz erfasst meist die Veränderung der → Währungsreserven der Bundesbank, während die Kapitalbilanz den Kapitalverkehr des privaten und öffentl. Sektors ausweist. Die Wirkungen des I. hängen, monetär und real, von festen oder freien Wechselkursen ab. Sie beeinflussen auch unterschiedlich die Wirksamkeit der nationalen Fiskal- und Geldpolitik. Wirkt er störend auf die binnenwirtschaftl. Politik, wird er nicht selten reglementiert, so dass auch der internationale Leistungsverkehr davon betroffen wird.

Internationaler Währungsfonds (IWF), International Monetary Fund (IMF), wurde 1945 nach der Konferenz von → Bretton Woods errichtet. Seine Aufgaben sind: Förderung der Zusammenarbeit der Staaten auf dem Gebiet der Währung und der Stabilität der → Wechselkurse, Lockerung und Aufhebung der → Devisenbewirtschaftung, Stärkung des Welthandels sowie der Volkswirtschaften der Mitgliedstaaten. Der IWF wurde mit einem Kapital von über 8 Mrd. USD in Gold und Mitgliedswährungen ausgestattet, das für kurzfr. Stabilisierungsmaßnahmen (Ausgleich von Defiziten in der → Zahlungsbilanz der Mitgliedstaaten) verwendet werden sollte. In Übereinstimmung mit den Regierungen der Mitgliedstaaten wurden Währungsparitäten im Verhältnis zum USD festgelegt. Beabsichtigten die Mitglieder eine Änderung dieser Paritäten, die zehn Prozent überstieg, so bedurften sie der Zustimmung des I. Der I. vertrat das Prinzip stabiler, aber nicht starrer Wechselkurse. Erschien die Parität einer Mitgliedswährung nicht mehr angemessen, wirkte er auf eine Kursänderung hin, um die eingetretene (fundamentale) Gleichgewichtsstörung zu beheben. Dieses System funktionierte bis in die Mitte der 1960er Jahre im Wesentl. reibungslos. Die Krise des USD, der → Leitwährung, führte zu Spannungen und schließlich zum Zusammenbruch des Gold-Dollar-Standards. Seit 1973 lassen die meisten Industrieländer den Wechselkurs ihrer Währungen frei schwanken. Der I. hat seine Richtlinien zwar angepasst, doch konnte er seine Aufgabe als Treuhänder bei der Gestaltung der Wechselkurse bislang nicht zurückgewinnen. Auch die Einführung von Sonderziehungsrechten (SZR) mit dem Ziel, die Versorgung mit → internationaler Liquidität zu verbessern, hat das Währungsproblem nicht entscheidend lösen können. Die oberste Behörde des Fonds ist das Board of Governors, in dem jedes Mitglied vertreten ist. Die laufenden Geschäfte führt das Board of Executive Directors, das aus 24 Exekutivdirektoren besteht. Deutschland ist seit 1952 Mitglied. Im Jahr 2000 gehörten 182 Staaten dem Fonds an. → Weltbank.

Internationales Kartell, auf zwischenstaatl. Ebene, oft von nationalen Großkonzernen oder → multinationalen Unternehmungen aufgebautes → Kartell im Rahmen der Weltmarktwirtschaft. Triebkräfte für ein I. sind Beschaffung von Produktionsmitteln, Ausdehnung der Unternehmensinteressen, Absatzwirtschaft und steuerliche Gründe, z. B. Patentregelungen (→ Patentschutz).

Internationales Privatrecht, regelt die Frage, welche nationale Rechtsordnung auf Fälle mit Auslandsberührung anzuwenden ist. Es ist nationales Recht und stellt lediglich Kollisionsnormen auf, die festlegen, ob die Sachnorm des eigenen oder fremden Privatrechts anzuwenden ist. I. entscheidet also nicht selbst den Fall. Seine wichtigste Aufgabe besteht darin, dass ein Sachverhalt überall möglichst gleich behandelt wird.

Internationales Rohstoffabkommen, soll zur Stabilisierung der Preise für agrarische und mineralische Rohstoffe auf dem Weltmarkt dienen. Die I. wurden nach dem 2. Weltkrieg nach den Leitlinien der Havanna-Charta abgeschlossen. Die → Entwicklungsländer fordern eine Änderung der internationalen Rohstoffpolitik im Rahmen einer neuen Weltwirtschaftsordnung und streben ein integriertes Rohstoffprogramm an.

Internationales Steuerrecht, Außensteuerrecht, hat im Gegensatz zum nationalen → Steuerrecht seine Gesetzgebungskompetenz im Allg. und speziellen Völkerrecht oder im Recht supranationaler Institutionen. Das schließt nicht aus, dass das nationale Steuerrecht auch Tatbestände in seinen Geltungsbereich einbezieht, die außerhalb des Staatsgebietes liegen. Um die sich daraus ergebende → Doppelbesteuerung zu mildern oder zu vermeiden, werden die nationalen Steuerordnungen gegenseitig angepasst oder Staatsabkommen über die Doppelbesteuerung abgeschlossen.

International Labour Organization (ILO), Internationale Arbeitsorganisation, 1919 gegründet, seit 1946 eine Sonderorganisation der → Vereinten Nationen, mit über 174 Mitgliedsländern, hat die Aufgabe, die Arbeitsbedingungen zu verbessern. Sie hat viele Konventionen und Empfehlungen ausgearbeitet, die in ihrer Gesamtheit den Internationalen Kodex der Arbeit bilden, und techn. Hilfe für → Entwicklungsländer geleistet. Sie hat ihren Sitz in Genf.

International Monetary Fund (IMF) → Internationaler Währungsfonds (IWF).

Interner Zinsfuß, drückt die effektive Verzinsung (→ Rendite) einer öffentl. oder privaten → Investition aus und besagt, dass zu diesem Zinssatz der auf den Zeitpunkt der Kalkulation bezogene Kapitalwert des Projekts null ist. → Investitionsrechnung, → Nutzen-Kosten-Analyse.

Internet, Gesamtheit aller weltweit zusammengeschlossenen Computer-Netzwerke, die nach einem standardisierten Verfahren miteinander kommunizieren. Bestandteile des I. sind dauernd über Standleitungen verbundene Knotenrechner und Server sowie die Computer der Internetnutzer, die nur temporär, meist über Telefonleitungen verbunden sind. Bei Zuwachsraten von jährlich mehr als 30 % verfügten 2002 mehr als 580 Mio. Menschen über Internetzugänge. Neben vielfältigen Informations- und Kommunikationsmöglichkeiten (z.B. → World Wide Web (WWW), E-Mail-Dienste) werden in stark zunehmendem Umfang Dienstleistungen (→ Electronic Commerce) über das I. angeboten. Das I. ist ein Medium für Information, Kommunikation und Präsentation, das ständig im Wandel ist.

Interpolation, verbindet die Punkte einer → Zeitreihe, wobei man annimmt, dass die Werte zwischen den bekannten Punkten eine bestimmte Größe haben werden. Die einfachste Form der graphischen I. ist die Gerade. Die Verbindung sollte sich der vorhandenen Punktfolge genau anpassen, wenn sie auch immer logischer willkürlich sein wird. Durch math. I. kann man auf die fehlenden Zwischenwerte schließen → Extrapolation.

Interventionismus, befürwortet umfangreiche Eingriffe des Staates in Wirtschaftsablauf und -struktur, anstatt gesamtwirtsch. Daten zu setzen, innerhalb derer der Wirtschaftsprozess frei ablaufen kann. Die Forderungen des I. reichen von leichter → Regulierung und indirekter Lenkung mit Hilfe marktkonformer Mittel bis zu direkten Einzel- und Globaleingriffen,

Übernahme von ganzen Wirtschaftszweigen durch den Staat (etwa der Grundstoffindustrien oder der Banken) und findet seine Grenze in der totalen Verstaatlichung (→ Sozialisierung) und Planung (→ Zentralverwaltungswirtschaft). Als Rechtfertigung des I. dient die Annahme, dass der Markt alleine nicht fähig ist, bestimmte wirtsch.- und sozialpolit. Vorstellungen zu realisieren. → Planification, → Wirtschaftsordnung, ® Deregulierung.

Interventionspunkte (→ Bandbreite), sind die untere und obere Grenze, bis zu denen der Preis für → Devisen in einem System → fester Wechselkurse schwanken kann. Droht z. B. der Wechselkurs auf Grund einer erhöhten Nachfrage nach Fremdvaluta über den oberen I. zu steigen, muss die → Zentralbank die → Angebotslücke schließen, indem sie auf ihre → Währungsreserven zurückgreift. Umgekehrt ist sie verpflichtet, beim unteren I. → Stützungskäufe vorzunehmen. Ohne Währungsreserve kann die Notenbank einer solchen Interventionspflicht nicht immer nachkommen.

Inventar (lat.: inventarium), Bestandsnachweis, das für einen bestimmten Zeitpunkt aufgestellte Verzeichnis der Vermögensgegenstände und Schulden einer kaufmännischen Unternehmung unter Angabe des Wertes, der ihnen zu dem Zeitpunkt beizulegen ist, an dem die Aufstellung stattfindet. → Bewertung.

Invention (lat., Erfindung), geht häufig Hand in Hand mit der Entdeckung, ist ein Aufdecken bislang unbekannter Zusammenhänge, aus denen sich techn. und ökonom. Folgen ergeben können. I. ist die Grundlage jedes → technischen Fortschritts. Ohne sie wäre z.B. die → Industrielle Revolution im 19. Jh. nicht möglich gewesen. Die Entwicklung der Nachkriegszeit ist gekennzeichnet durch (wirtsch. sinnvolle) techn. Erfindungen und neue Güter und Verfahren, die wirtsch. genutzt worden sind (→ Wachstumstheorie). Die → Innovation ist die wirtsch. Verwertung der I.

Inventur, die Erfassung des → Inventars, d. h. die körperliche Bestandsaufnahme des → Vermögens und der → Schulden.

Inverse Nachfrage, drückt aus, wie hoch der Preis eines Produktes sein müsste, damit ein Konsument dieses Produkt nachfragt. Die I. lässt sich in Form einer Kurve darstellen. Der Preis wird als eine Funktion der Menge betrachtet. Die I. stellt eigentlich genau das Gleiche dar wie die direkte Nachfrage, nur wird sie von einem anderen Standpunkt aus betrachtet. → Nachfrage.

Investition, der Einsatz von Kapital, der zur Ausweitung der Anlagen (→ Kapazität) und der sonstigen Sachgüterbestände führt. Hat sich der Wert dieser Bestände vermindert, liegt Desinvestition vor. Unter Bruttoinvestition versteht man den Ersatz der durch Produktion verbrauchten Bestände zuzüglich der Neu- oder Nettoinvestition. Je nachdem, ob eine geplante oder tatsächliche I. vorliegt, unterscheidet man geplante und realisierte I. Die Differenz beider Investitionsgrößen ist die ungeplante Veränderung der Bestände. Die durchgeführten I. sind stets gleich dem tatsächlichen Sparen. → Sparen und Investieren, → Investitionsquote.

Investitionsfunktion, drückt die Beziehung zwischen einer → Investition und der jeweils behaupteten Bestimmungsgröße formal aus: (1) Der Grenzleistungsfähigkeit der Investition (die von den erwarteten Einnahmen und Ausgaben abhängt) oder dem → internen Zinsfuß des Projekts (bei dem die Summe der abgezinsten Nettoeinnahmen null ist), (2) den Kosten der Kapitalnutzung (→ Kapitalnutzungskosten), (3) der Anpassung des → Kapitalstocks. Im Keynes-Modell (→ Keynesianische Theorie) hängen die gesamten Investitionen nur vom Marktzins ab. Die I. fällt, weil mit abnehmendem Zins der reale Ertrag von Investitionsprojekten zunimmt, so dass mehr Vorhaben rentabel werden. → IS-LM-Konzept, → IS-Kurve.

Investitionslenkung, beinhaltet die staatl. Einflussnahme auf die → Investitionen. Bei der direkten I. wird dem einzelnen Unternehmen die Kompetenz der Investitionsentscheidung genommen und auf ein staatl. Organ übertragen. Die indirekte I. beeinflusst die Höhe und Struktur der privaten Investitionen über finanzielle Be- und Entlastungen, die indikative I. über Empfehlungen und Orientierungshilfen. Die I. führt zwangsläufig zu weiteren Interventionen (→ Interventionismus), z.B. auf dem Gebiet des Konsums und des → Außenhandels, eine Entwicklung, die systemverändernd wirkt. → Marktwirtschaft, → Zentralverwaltungswirtschaft.

Investitionsmultiplikator → Multiplikator.

Investitionspolitik, versucht, das volkswirtsch. Investitionsvolumen zu beeinflussen, um ein Gleichgewicht auf dem Beschäftigungsmarkt zu sichern. Soll die Investitionsneigung gefördert werden, kann der Staat → Anreize verschiedenster Art geben. I. umfasst als Betriebspolitik alle Entscheidungen über die vorzunehmenden → Investitionen. Grundlage der I. ist vornehmlich die → Investitionsrechnung.

Investitionsquote, bezeichnet den Anteil der → Investitionen am → Sozialprodukt. Die I. spielt eine wichtige Rolle in der → Wachstumstheorie und der → Wachstumspolitik.

Investitionsrechnung, entwickelt Methoden, mit deren Hilfe die Entscheidung vorbereitet wird, welche → Investition ausgewählt und wie ein optimales Investitionsprogramm aus der Sicht der Ziele der Unternehmung aufgestellt werden kann. Zu den üblichen Verfahren zählen: → Kapitalwertmethode, → Methode des internen Zinsfußes und → Annuitäten-Methode, welche als dynamische und mehrperiodische Verfahren zusammengefasst werden können. → Nutzen-Kosten-Analyse.

Investitionszulage, Zuschuss, den die Steuerpflichtigen für bestimmte → Investitionen erhalten; wird gemäß dem Investitionszulagegesetz i.d.F. von 1999 für Investi-

tionen, die folgende Kriterien erfüllen, in den fünf neuen Bundesländern gezahlt; (1) es muss eine → Steuerpflicht in Form des Einkommen- oder Körperschaftsteuergesetzes vorliegen; (2) es betrifft nur Investitionen in Förderungsgebieten; (3) es muss der Antrag bis zum 30. September des Kalenderjahres, das auf das Wirtschaftsjahr folgt, in dem investiert wird, gestellt werden. Sie liegt zwischen 5 % und 12,5 % der Anschaffungs- und Herstellkosten.

Investivlohn, ein nicht sofort auszahlbarer Lohn- und Gehaltsteil, der im Unternehmen oder anderweitig auf bestimmte Zeit gegen Zins und → Gewinnbeteiligung investiert wird. Ziel ist eine Beteiligung der Arbeitnehmer am Produktivkapital der Volkswirtschaft und damit eine breitere Streuung der Vermögen. Es sind zahlreiche Pläne und Formen des I. freiwillig und im → Tarifvertrag verwirklicht und steuerlich gefördert worden. → Vermögensbildung.

Investmentfonds, Sondervermögen, das bei einer → Kapitalgesellschaft gebildet wird. Es werden Investmentzertifikate (Anteilsscheine) gegen Geld ausgegeben. Das Geld wird im Hinblick auf Risikostreuung (→ Diversifikation) in verschiedene → Wertpapiere angelegt. Die I. schütten i.d.R. Zinsen, → Dividende, Erlöse aus → Bezugsrechten und realisierte Kursgewinne in einem Jahresbetrag aus.

Investmentsparen, der Erwerb von Anteilscheinen geringer Stückelung an bestimmten → Fonds von Investmentgesellschaften. Der Sinn des I. liegt darin, dass der Einzelne nicht die Verantwortung für die Anlage übernimmt, sondern sie → Kapitalanlagegesellschaften (KAAG) überträgt.

Investmenttrust, zuerst in England und Nordamerika aufgekommene → Kapitalanlagegesellschaft (KAAG), die auf dem Grundsatz der Risikoverteilung beruht, d.h. ihr → Kapital i.d.R. in verschiedenen → Effekten anlegt, um so ihren Aktionären eine verhältnismäßig sichere Kapitalanlage zu gewährleisten. → Investmentsparen.

Invisible Hand → Unsichtbare Hand.

Inzidenz, ein häufig gebrauchter Begriff der Wirtschafts- und Finanztheorie, der ganz allgemein ausdrückt, welche Person, Gruppe, Region oder welcher Sektor schließlich den Vor- oder Nachteil einer Maßnahme genießt oder trägt. Letztlich bedeutet es, dass es in einer marktwirtsch. Ordnung Be- und Entlastungsversuche gibt, so dass sich die vom Staat beabsichtigte Verteilung der Vor- und Nachteile nicht mit der am Ende des Überwälzungsprozesses decken muss. Dieses nennt man effektive oder mittelbare I., jene nominale oder unmittelbare I. Die I. spielt v.a. in der Besteuerung eine wichtige Rolle, da jeder am Markt versucht, die steuerliche Belastung weiterzuwälzen. → Steuerüberwälzung, → Budgetinzidenz, → Ausgabeninzidenz.

IPO → Initial Public Offering.

ISDN → Integrated Services Digital Network.

IS-Kurve, Investitions-Spar-Kurve, drückt alle Zins- und Einkommenskombinationen aus, bei denen freiwillig so viel gespart wie investiert wird. Im Keynes-Modell (→ Keynesianische Theorie) hängt das Sparen vom Einkommen und die → Investition vom Zins ab, was die negative Funktionssteigerung erklärt: Je niedriger der Zins ist, umso höher sind die Investitionen. Ein güterwirtsch. → Gleichgewicht liegt dann vor, wenn das Einkommen mit sinkendem Zins so weit zunimmt, dass die freiwillige Ersparnis zur Investition ausreicht. → IS-LM-Konzept, → Sparen und investieren.

IS-LM-Konzept, leitet ein stabiles → Gleichgewicht ab, das zur gleichen Zeit (simultan) auf Güter- und Geldmarkt herrscht. Die → IS-Kurve drückt das güterwirtsch., die → LM-Kurve das monetäre Gleichgewicht aus. Im Schnittpunkt beider Funktionsverläufe sind Zins und Volkseinkommen so aufeinander abgestimmt, dass beide Märkte gleichzeitig im Gleichgewicht sind. Dass ein Gleichgewicht besteht, kann man anhand von ungleichgewichtigen Situationen beweisen. Ist z.B. die Kombination $r_1 Y_1$ verwirklicht, besteht zwar auf dem Geldmarkt ein Gleichgewicht, nicht aber auf dem Gütermarkt. Die Investitionen, die sich bei einem Zins r_1 ergeben, sind größer als die Ersparnis, die bei einem Volkseinkommen Y_1 eintritt. Dieses Zuviel an Investition erhöht das Volkseinkommen multiplikativ und wird aus Umsatz-(Transaktions-)Gründen zu einer erhöhten → Geldnachfrage führen. Bleibt die → Geldmenge gleich, kann dieser Mehrbedarf gedeckt werden, wenn Geldanlagen aufgelöst werden, so dass die Zinsen bei sinkenden Kursen steigen. Dieser Zinsanstieg wirkt der Investitionszunahme und dem Wachstum des Volkseinkommen entgegen. Diese ökonom. Kräfte führen die Volkswirtschaft wieder zu einem Simultangleichgewicht, das sich indes auch bei → Unterbeschäftigung einstellen kann, eine revolutionäre Erkenntnis der → Keynesianischen Theorie. Das Konzept hat den großen Vorteil, dass die Zinsbildung durch monetäre wie reale Vorgänge erklärt werden kann.

Zinshöhe und Gleichgewichtseinkommen

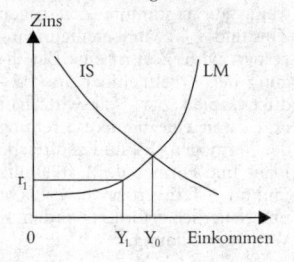

Isomorph, zwei Theorien, die dieselbe logische Struktur (formales Gerüst) besitzen, sind I.

ISO → International Standard Organisation (ISO).

ISO-Norm, auch ISO 9000–9004, ein branchen- und produktunabhängiges System zur Qualitätssicherung von Waren und Dienstleistungen. Dabei sollen Fehler und Mängel bereits vor Beginn des Fertigungs- oder Dienstleistungsprozesses festgestellt und behoben werden. Die I. gewinnt als internationaler Qualitätsstandard für Industrie und Handwerk immer größere Bedeutung. Die EU hat die Standards der ISO-Regeln in die Europa-Normen EN 29000–29004 verwandelt. → International Standard Organisation (ISO).

Isoquanten, Kurven in der → Produktionstheorie, welche die möglichen Verbindungen von Einsatzgütern (→ Produktionsfaktoren) erfassen, mit denen die gleiche Menge an Gütern erzeugt werden kann. → Produktionsfunktion.

Istversteuerung, Berechnung der → Umsatzsteuer nach den tatsächlich vereinnahmten Entgelten. Die I. des Umsatzes ist die Regel. → Sollversteuerung.

Iterative Methode, wiederholte Anwendung eines statistischen Verfahrens auf eine Auswahl von ersten Daten zu dem Zweck, extreme Werte auszuscheiden und/oder jene geschätzten → Parameter herauszufinden, deren Gleichung im Wesentl. nicht linear und daher für eine direkte Lösung ungeeignet sind. Auf einem Weg (Iteration) über eine Folge von Näherungslösungen wird schließlich der entscheidende Schritt, zu einer linearen → Funktion zu kommen, getan. Das Verfahren der Iteration wird bei → Zeitreihen, beim geschichteten → Stichprobenverfahren und bei den Methoden der → Unternehmensforschung angewendet.

Iustum Pretium (lat., gerechter Preis).

Iustum Salarium (lat., gerechter Lohn).

IWF → Internationaler Währungsfonds.

J

Jahresabschluss, die nach den handelsrechtl. Vorschriften von allen Kaufleuten aufgestellte Jahresbilanz; besteht aus → Bilanz und → Gewinn- und Verlustrechnung (GuV). Er ist von → Aktiengesellschaften (AG) in den Gesellschaftsblättern zu veröffentlichen. → Abschlussprüfung.

Jahresrohmiete, das Gesamtentgelt, das die Mieter oder Pächter für die Benutzung des Grundstücks gesetzl. oder vertraglich, auf ein Jahr umgerechnet, zu entrichten haben. Dazu gehören u.a. Miete, Umlagen und andere Leistungen ausschl. Heizungs- und Warmwasserkosten sowie Betriebskosten für einen Fahrstuhl. Die J. wird bes. in der Berechnung des → Einheitswertes von → Grundvermögen verwendet.

Jahreswirtschaftsbericht, soll nach dem → Stabilitätsgesetz (StWG) von der Bundesregierung jährlich vorgelegt werden. Er soll die von der Regierung angestrebten wirtsch.- und finanzpolit. Ziele in Alternativrechnungen darlegen und die Stellungnahme der Regierung zum Jahresgutachten des → Sachverständigenrats (SVR) enthalten. Ein gesamtwirtsch. Ungleichgewicht, das Voraussetzung für die Inanspruchnahme gewisser Ermächtigungen nach dem StWG ist, kann in dem J. festgestellt werden.

J-Kurven Effekt, Einfluss der Änderung des → Wechselkurses auf die → Leistungsbilanz. Eine → Abwertung führt zunächst zu einer Verschlechterung, später zu einer Verbesserung der Leistungsbilanz. Der Grund für die anfängliche Verschlechterung liegt in den langfr. abgeschlossenen Import- und Exportverträgen. Zu Beginn wird noch die gleiche Menge an Gütern zu einem geringeren Preis exportiert bzw. die gleiche Menge an Gütern zu einem höheren Preis importiert als vor der Abwertung. Durch den Preiseffekt (inländ. Güter werden im Vergleich zu ausländ. Gütern billiger) verschlechtert sich die Leistungsbilanz. Allmählich reagieren die Importeure und Exporteure auf die veränderten Preise und passen ihre importierten/exportierten Mengen an die veränderte Situation an. Die Leistungsbilanz verbessert sich. Die formale Bedingung, unter der eine Abwertung die Leistungsbilanz verbessert, ist die → Marshall-Lerner-Bedingung: Die Summe der Beträge der Wechselkurselastizitäten der Import- und Exportnachfrage muss größer als 1 sein. Stellt man diesen Effekt graphisch dar, ergibt das eine J-Kurve. Das Handelsbilanzdefizit vor der Abwertung war 0x. Die Abwertung erhöht das Handelsbilanzdefizit auf 0y. Danach verbessert sich die Handelsbilanz wieder und erreicht den Punkt z. → Elastizität.

Job-Enlargement, Vergrößerung des Arbeitsgebietes. Strukturell gleichartige, stark spezialisierte Tätigkeiten, die urspr. von verschiedenen Arbeitern ausgeführt wurden, werden wieder an einem Arbeitsplatz zusammengefasst. Die Erweiterung der Arbeit besteht in Form einer zahlenmäßigen Vergrößerung qualitativ gleichartiger Operationen (Arbeitsvollzüge) und zielt auf eine Verringerung der Monotonie ab. → Job-Rotation, → Job-Enrichment.

Job-Enrichment, Bereicherung der Arbeit. Über verschiedene Maßnahmen werden Tätigkeits-, Entscheidungs- und Kontrollspielräume erweitert. → Job-Enlargement.

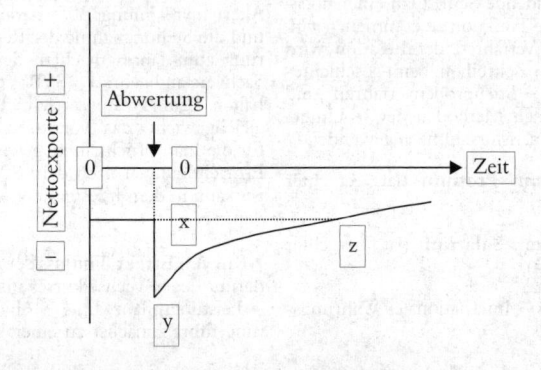

Job-Rotation, geplanter Arbeitsplatzwechsel. Mitarbeiter wechseln nach vorgeschriebenen oder selbst gewählten Zeit- und Reihenfolgen ihre (strukturell gleichartigen) Arbeitsplätze. Auf diese Weise erhöht man für den wechselnden Arbeiter die Aufgabenvielfalt und beugt der Arbeitsmonotonie vor. Allerdings ist die Aufgabenvielfalt durch die vorhandenen Arbeitsplätze beschränkt. Außerdem sieht die Aufgabenerweiterung keine Einbeziehung des Entscheidungsspielraums vor. → Job-Enrichment, → Job-Enlargement.

Job-Sharing, Arbeitsplatzteilung. Mindestens zwei Arbeitnehmer teilen sich stunden-, tage- oder wochenweise einen Vollzeitarbeitsplatz. Für den Arbeitgeber besteht ein wichtiger Vorteil gegenüber der reinen Teilzeitarbeit darin, dass der Arbeitsplatz während der gesamten Arbeitszeit besetzt ist. Ferner übernehmen die Arbeitskräfte die gemeinsame Verantwortung für die ordnungsgemäße Aufgabenerfüllung, d.h. sie tragen auch die Konsequenzen von Leistungsstörungen, die in der Person des jeweils anderen Arbeitnehmers begründet sind (z.B. Krankheit). Bislang ist J. in Deutschland (im Gegensatz zu den USA) wenig verbreitet und wird für Arbeitsplätze mit höherer Qualifikation kaum angeboten.

Joint Venture, gemeinsames Projekt mit ausländ. Unternehmen oder, i.w.S., eine Form der Ausfuhr, wobei Kapital- oder vertragliche Verflechtungen zwischen der »exportierenden« und der ausländ. Firma bestehen. Bsp. sind Lizenzverträge, Management-Zusammenarbeit oder Beteiligungsprojekte. Gründe für J. können sein: (1) die Einfuhr oder die direkte Investition ist gesetzl. untersagt (→ Mittel- und osteuropäische Staaten (MOE), manche Entwicklungsländer), (2) das → Risiko ist begrenzt, da man an der Marktkenntnis des einheimischen Partners teilhaben kann, (3) der Kapitaleinsatz ist geringer. J. beschränken indes den Freiraum für Entscheidungen.

Juglar-Zyklus → Konjunkturbewegungen.

Juliusturm, in den 1950er Jahren im Bundeshaushalt entstandene finanzielle Reserven, verursacht durch zu niedrige Steuerschätzungen und aufgelaufene Verteidigungsausgaben. Der Name hängt mit dem Juliusturm in Berlin zusammen, wo nach 1871 die franz. Reparationsleistungen und nach dem 2. Weltkrieg die Haushaltsüberschüsse als »Staatsschatz« aufbewahrt wurden.

Junk Bond (engl., Ramschanleihe), Anleihe eines Unternehmens mit schlechtem → Rating, daher riskant und entsprechend hochverzinslich (→ Risikoprämie).

Juristische Personen, die als rechtsfähig anerkannten Personenvereinigungen und Vermögen, d.h. alle überindividuellen Rechtssubjekte, die gemeinsamen Zwecken dienen und Träger von Pflichten und Rechten sein können. J. können privat- und öffentl.-rechtl. Art sein.

Just-In-Time, entspricht einem Konzept für → Beschaffung, Produktion, Lagerhaltung und Vertrieb. Mit der J.-Strategie wird versucht, (1) der Nachfrage entsprechend zu produzieren, um die Kosten der Lagerhaltung von Fertigprodukten zu senken und (2) die Beschaffung möglichst synchron zur Produktion zu steuern, um die

Lagerhaltung von Rohstoffen und Halbfabrikaten gering zu halten. Ziel ist letztlich eine drastische Senkung der Lagerbestände und damit der Bestandskosten. Das J.-Konzept umfasst außerdem Maßnahmen zum optimalen Materialfluss, zur schnellen Informationsweitergabe, zur Qualitätssicherung sowie hinsichtlich einer intensiven Beziehung zum Lieferanten.

K

KAAG → Kapitalanlagegesellschaft.

Kaduzierung, Ausschluss, Verfallserklärung, kann nach § 64 AktG von einer → Aktiengesellschaft (AG) ausgesprochen werden, wenn ein Aktionär seiner Verpflichtung, den Betrag der übernommenen Aktien zu zahlen, auch nach Ablauf einer ihm gestellten Frist nicht nachkommt. Ebenso gibt es bei der → Gesellschaft mit beschränkter Haftung (GmbH) die K. wegen des von einem Gesellschafter nicht gezahlten Betrages der Stammeinlage nach § 21.

Käufermarkt, wird von einem Angebot geprägt, das zu laufenden Preisen die → Nachfrage überwiegt. Die Käufer können Verhandlungsvorteile ausnutzen, die Verkäufer sind zu Preisnachlässen gezwungen. → Marktpreisbildung.

Kaldor-Hicks-Kriterium, eine Verfeinerung des → Pareto-Kriteriums, besagt, dass ein öffentl. Projekt auch dann im Pareto-Sinne durchgeführt werden soll, wenn zwar eine Person dadurch verliert, die andere aber so viel gewinnt, dass sie deren Verlust kompensieren kann, ohne dass der Gesamtnutzen abnimmt. Da für bestimmte Situationen keine Eindeutigkeit herrscht (→ Scitovsky-Kriterium), gilt die K. nicht allgemein. Gegen das K. wird eingewandt, es sei nicht praktikabel, erfordere Werthypothesen über die Verteilung und sei nicht frei von möglichen Widersprüchen. Diese Einwände wurden z. T. ausgeräumt. → Kompensationstheorie.

Kalkulation (lat.: calculare = berechnen, überschlagen), in der Wirtschaft die Berechnung der Kosten für eine Leistungseinheit bzw. die Berechnung des Selbstkostenpreises (→ Leitsätze für die Preisermittlung auf Grund von Selbstkosten (LSP)), der die unterste Grenze für den Marktpreis darstellt. (Selbstkostenrechnung, Kostenträgerstückrechnung). Nach dem Zeitpunkt der Aufstellung werden unterschieden: (1) die Vorkalkulation, die darin besteht, dass vor der Herstellung eines Erzeugnisses oder vor dem Einkauf einer Ware berechnet wird, wie hoch sich voraussichtlich die Kosten stellen, (2) die Nachkalkulation, welche die tatsächlich entstandenen Kosten zusammenstellt und prüft, wie weit sie mit der Vorkalkulation übereinstimmen, (3) die Zwischenkalkulation, die während des Produktionsprozesses stattfindet. Zu unterscheiden sind folgende Kalkulationsarten: (1) die Einzel-, Stück-, Auftrags- oder Spezialkalkulation, die nur einen bestimmten Auftrag, die Fertigung bestimmter Gegenstände, abrechnet (Einzelfertigung), (2) die Serienkalkulation, bei der die Leistungseinheit eine ganze Serie (→ Serienfertigung) ist.

(3) Die Divisionskalkulation ist eine Kalkulationsmethode, die nur anwendbar ist, wenn es sich, wie in Betrieben der → Massenfertigung, um gleichartige Erzeugnisse handelt. Eine Unterart der Divisionskalkulation ist die Veredelungskalkulation, deren Wesen darin besteht, dass im Gegensatz zur gewöhnlichen Divisionskalkulation die verarbeiteten Materialien (Roh-, Hilfs-, Betriebsstoffe) die → Kostenstellen umgehen; bei der normalen Divisionsrechnung werden auch die Materialkosten über die Kostenstellenkonten geleitet. (4) In der Äquivalenzkalkulation, die sich besonders für die → Sortenfertigung eignet, werden die Produktionsmengen der verschiedenen Sorten mit Äquivalenzzahlen multipliziert. (5) Die Zuschlagskalkulation wird dann angewendet, wenn einzelne Stücke nach Kosten abgerechnet werden. Sie besteht darin, dass zu den unmittelbar erfassten Kosten (Einzelkosten wie Material, Lohn) die mittelbar erfassten Kosten (→ Gemeinkosten) durch Zuschläge hinzugerechnet werden. Hinsichtlich des Umfangs der ingesamt auf die einzelnen Kostenträgereinheiten verrechneten Kosten lassen sich noch dazu → Vollkostenrechnung und Teilkostenrechnung unterscheiden. → Kostenrechnung, → Kalkulation.

Kalkulationsschema, dient der Ermittlung der Selbstkosten von Erzeugnissen insbes. bei der Zuschlagskalkulation. Es wird gewöhnlich folgendermaßen aufgebaut:

Materialeinzelkosten
+ Materialgemeinkosten } Materialkosten

Fertigungslöhne
+ Fertigungsgemeinkosten
+ Sonderkosten der Fertigung } Fertigungskosten } Herstellkosten
+ Verwaltungsgemeinkosten
+ Vertriebsgemeinkosten
+ Sonderkosten des Vertriebs

Selbstkosten

→ Kostenrechnung, → Gemeinkosten, → Leitsätze für die Preisermittlung auf Grund von Selbstkosten (LSP).

Kalkulatorische Abschreibung → Kalkulatorische Kosten.

Kalkulatorische Kosten, werden zusätzlich in die → Kostenrechnung eingefügt, entweder (1) weil sonst einem tatsächlichen Güter- oder Dienstleistungsverbrauch keine Kosten entsprächen (Bsp.: Gesellschafter einer → Offenen Handelsgesellschaft (OHG) beziehen im Gegensatz zum Vorstand einer → Aktiengesellschaft (AG) kein Gehalt) oder (2) da Aufwand zwar vorliegt, dieser aber aus bestimm-

Kalkulatorischer Gewinn

ten Gründen für die Kostenrechnung ungeeignet ist (Bsp.: → Abschreibungen in der Bilanz, die nicht nur den durch die Produktion bedingten Wertverlust des → Anlagevermögens zum Ausdruck bringen sollen, sondern auch bilanz- und dividendenpolit. Zwecken dienen, etwa stillen → Rücklagen). Die Kostenrechnung hat aber die Aufgabe, jeden Güter- und Leistungsverzehr, der im Rahmen betriebl. Produktion entstanden und dem ein Wert beizumessen ist, zu erfassen. Im Einzelnen unterscheidet man folgende Arten von K.: (1) kalkulatorischer Unternehmerlohn; (2) kalkulatorische Abschreibungen: Diese sollen nur in Höhe der durch den Produktionsprozess bedingten Wertminderung angesetzt werden und nur, soweit es sich um betriebl. notwendiges Anlagevermögen handelt. (3) kalkulatorische Zinsen: Sie werden anstatt etwa tatsächlich gezahlter Aufwandszinsen angesetzt, um zu vermeiden, dass Zinsen in die Kostenrechnung eingehen, die mit der betriebl. Produktion nichts zu tun haben, und um der Kostenrechnung Schwankungen des Marktzinses fern zu halten. (4) kalkulatorische Miete: Sie geht dann in die Kostenrechnung ein, wenn der Betrieb in eigenen Räumen arbeitet; (5) kalkulatorische Wagnisse: Hierdurch soll eine von einmaligen und unvorhergesehenen Schadensfällen ungestörte Kostenrechnung erzielt werden, die mit ungefähr gleich bleibenden Wagniskosten belastet wird. Kein Kostenbestandteil ist das allgemeine Unternehmerwagnis (→ Risiko).

Kalkulatorischer Gewinn, im Gegensatz zum Bilanzgewinn (→ Reingewinn) der in der → Betriebsbuchhaltung errechnete Gewinn. Er ist die Differenz zwischen Leistung und Kosten.

Kalkulatorischer Unternehmerlohn → Kalkulatorische Kosten.

Kalkulatorischer Zins → Kalkulatorische Kosten.

Kalte Progression, misst den Anstieg der steuerlichen Realbelastung, die bei Progressionstarif auf die inflationär bedingte Ausweitung der → Bemessungsgrundlage (Einkommen, Vermögen) zurückzuführen ist. → Steuerprogression.

Kameralismus → Merkantilismus.

Kameralistische Buchführung, hat die Aufgabe, in der öffentl. Verwaltung (Behördenbuchführung) die nach dem Haushalt oder → Budget angeordneten (Soll-) und die tatsächlichen (Ist-)Einnahmen und Ausgaben zu verzeichnen. Sie konzentriert sich auf die finanzwirtschaftl. Seite mit Hilfe der »Verwaltungsbuchführung«, und der Darlegung der Vermögensentwicklung. Die K. gibt keine Auskunft über die volkswirtsch. Ziele, die der Haushalt erfüllen soll, etwa über die bestmögliche Versorgung der Bevölkerung mit → öffentlichen Gütern und Diensten.

Kannkaufmann → Kaufmann.

Kapazität, das techn. Leistungsvermögen oder Ausbringungspotenzial eines → Betriebes, eines → Wirtschaftszweiges oder einer → Volkswirtschaft in einer Periode.

Die Gesamtkapazität hängt von den Teilkapazitäten ab und wird begrenzt durch die Engpässe, d.h. die Zweige geringster K. (auch kapazitiver Minimumsektor genannt). Bei einzelnen Anlagen unterscheidet man die Periodenkapazität, d.h. das Leistungspotenzial der Anlage während eines Teiles ihrer gesamten Lebensdauer, von der Totalkapazität, die das Leistungsvermögen während ihres gesamten künftigen Einsatzes ist. Die K. eines Betriebes ist für die Entwicklung der Kosten von erheblicher Bedeutung, namentlich bei ausgeprägten → Spitzenbelastungen (z.B. Elektrizitätswerke). Der → Auslastungsgrad des volkswirtsch. → Produktionspotenzials spielt im Konzept des → konjunkturneutralen Haushaltes für eine effiziente → Konjunkturpolitik eine wichtige Rolle.

Kapazitätserweiterungseffekt, Domar-Eisner-Effekt, volkswirtsch. analog zum betriebswirtsch. → Lohmann-Ruchti-Effekt. Ein positiver K. kann sich dann ergeben, wenn die Abschreibungsbeträge die volkswirtsch. Kosten übersteigen und am Markt durchgesetzt werden können.

Kapital, (1) das der Gütererzeugung oder dem Güterumlauf dienende Geld, (2) in der → Bilanz (auf der Passivseite) die abstrakte Summe der der Unternehmung zur Verfügung gestellten und von ihr zu erhaltenden Mittel (betriebswirtsch.), (3) die mit Hilfe von in der Vergangenheit ersparten Werten produzierte Produktionsmittel, i.w.S. alles, was neben Arbeit und Grund und Boden der Produktion dient (volkswirtsch.). In der modernen Wirtschaftstheorie ist K. Finanzierungsmittel für → Investitionen, Geld für Anlagezwecke. Betriebswirtsch. unterscheidet man Anlage- und Betriebskapital. Das Wesen des stehenden K. (Anlagekapital in Form von Fabrikgebäuden, Maschinen und Werkanlagen) beruht im Unterschied zum umlaufenden K., das in Geld- oder in Sachform in Erscheinung tritt, darauf, dass es in feste Formen (fixe Kosten) gebunden ist und daher auch nicht umgesetzt werden kann, sondern kalkulatorisch in Form von → Abschreibungen auf das Stück verrechnet wird. Variables K. ist nach K. Marx das für Lohnzahlungen verwendete Geldkapital. → Kapitalismus, → Marktwirtschaft.

Kapitalanlagegesellschaft (KAAG), nach dem Gesetz von 1998 ein Unternehmen (→ Aktiengesellschaft (AG) oder → Gesellschaft mit beschränkter Haftung (GmbH)), das bei ihm eingelegtes Geld im eigenen Namen für gemeinschaftliche Rechnung der Einleger nach dem Grundsatz der Risikomischung in → Wertpapieren, gesondert vom eigenen Vermögen, anlegt und über die hieraus sich ergebenden Rechte der Einleger (Anteilinhaber) Urkunden (Anteilscheine) ausstellt. Die K. unterliegt als → Kreditinstitut einer Überwachung durch die → Bankenaufsicht. Es haben sich eine Vielfalt von K. als Investmentfonds gebildet, die kleingestückelte Zertifikate ausgeben und dem Kleinsparer die Wertpapieranlage erleichtern wollen.

Kapitalansammlungsvertrag, steuerlich begünstigter Sparvertrag, der nach dem Wohnungsbauprämiengesetz mit Wohnungs- und

Siedlungsunternehmen oder Organen der staatl. Wohnungspolitik auf die Dauer von drei bis sechs Jahren geschlossen wird (→ Prämie). Er soll das Sparen und die Vermögensbildung der unteren Einkommensschichten fördern. → Sparen und Investieren.

Kapitalausweitung (engl.: capital widening), erfasst die Proportionalität zwischen Ausstoß und Einsatz von → Kapital. Hier soll die optimale Größe der → Investition bestimmt werden, wenn die Dauer der Produktionsperiode festlegt.

Kapitalbewegungen, internationale, i.w.S., alle Änderungen in der Zusammensetzung internationaler Forderungen und Verbindlichkeiten, die statistisch in der → Kapitalbilanz erfasst werden. Erhöht etwa die → Ausfuhr von Gütern und Diensten die Forderungen, oder reduziert sie die Verbindlichkeiten des Inlandes gegenüber dem Ausland, so entsteht damit ein → Kapitalimport gleicher Höhe. Dieser kann verschiedene Formen aufweisen. Umgekehrt verringert die → Einfuhr von Gütern und Diensten in gleicher Höhe die Nettoauslandspositionen eines Landes. Die Ursachen für K. sind ebenso vielfältig wie die realen und monetären Wirkungen. → Internationaler Kapitalverkehr.

Kapitalbilanz, der Teil der → Zahlungsbilanz eines Landes, der den grenzüberschreitenden Kapitalverkehr (→ Internationaler Kapitalverkehr) erfasst, wie Landkäufe, Wertpapiererwerb, Anleihegewährung. Sie wird gewöhnlich in kurzfr. und langfr. Transaktionen unterteilt und erfasst nicht die Änderungen in den → Währungsreserven der Notenbank. Zu unterscheiden ist die K., in der die Kapitalbewegungen der Geschäftsbanken (→ Kreditbank) und der Unternehmen bzw. privaten Haushalte erfasst werden, von der Devisenbilanz (→ Zahlungsbilanz), welche die Transaktionen der → Zentralbanken mit dem Ausland beinhaltet.

Kapitalbudget (Investitionsbudget), auch Vermögenshaushalt genannt, erfasst die Änderungen des öffentl. Vermögens, nicht den Bestand. Das K. enthält im Gegensatz zum laufenden Budget die → Abschreibungen, den Verkauf von Vermögensgegenständen, die Nettoverschuldung und den Zuwachs an Reinvermögen auf der Sollseite und vermögenswirksame Ausgaben und die Abnahmen des Reinvermögens auf der Habenseite (→ Soll und Haben). Das K. soll die noch weitgehend unverbundenen Vorgänge in der Haushalts-, Vermögens- und Schuldenwirtschaft vollständig erfassen helfen, um sie zu koordinieren. Dazu müsste auch das öffentl. Vermögen in seinem Bestand letztlich erfasst werden. Umstritten ist, ob Kapitalrechnungen gesondert oder in einem Einheitsbudget erfasst werden sollen.

Kapitaldeckungsverfahren, privates oder betriebl. Verfahren zur Alters- bzw. Rentenvorsorge. Bei diesem Verfahren werden Beiträge geleistet, die am → Kapitalmarkt angelegt und im Alter mit ihren Erträgen wieder ausgezahlt werden. Die Auszahlungen werden durch den Verkauf von Kapitalanlagen bewerkstelligt. → Umlageverfahren.

Kapitalertragsteuer, eine Form der → Einkommensteuer, die nach § 43 EStG durch Abzug von Kapitalerträgen (→ Dividenden, Zinseinkommen, Ausbeuten und anderen Gewinnerträgen sowie Einkünften als stiller Gesellschafter, → Stille Gesellschaft) erhoben wird. Sie wird vor Auszahlung der Erträge vom Schuldner einbehalten (→ Quellensteuer), der somit Steuerzahler ist und die → Steuerhaftung trägt. Steuerschuldner ist der Gläubiger, dessen Einkommensteuerschuld sich um die K. vermindert. Die K. beträgt normalerweise 25 % bei Aktiendividenden, 30 % bei → Bundesschatzbriefen und anderen festverzinslichen → Wertpapieren sowie bei Zinsen aus Guthaben bei Banken oder Bausparkassen. Es liegt kein Steuerabzug vor, wenn der Steuerpflichtige einen Freistellungsauftrag seiner Bank einreicht oder eine → Nichtveranlagungsbescheinigung vom Finanzamt vorweisen kann. Diese wird ausgestellt, wenn eine Einkommensteuerzahlung wegen zu geringer Einkünfte nicht zumutbar wäre. → Zinsabschlagsteuer (ZASt), → Cash Flow-Besteuerung (CFB).

Kapitalexport, umfasst die Ausfuhr von Kapital aus dem Inland ins Ausland, etwa die dt. → Investitionen im Ausland oder die internationalen Kapitalbewegungen. Durch K. wird die internationale → Arbeitsteilung wesentlich gefördert. → Kapitalbewegungen, internationale.

Kapitalflucht, eine Form der → Steuerausweichung, die darin besteht, dass Kapital im Ausland angelegt wird, weil dort die Steuerlast geringer ist als im Inland. Motiv für K. kann ferner die Angst vor einem erwarteten Währungsverfall oder vor polit. Veränderungen sein. → Hot Money.

Kapitalflussrechnung, Instrumentarium zur Abbildung der Zahlungsströme im Unternehmen. Zur K. zählen i.w.S. die Bestandsdifferenzenbilanz, die → Bewegungsbilanz und die Berechnungen des → Cash Flow. I.e.S. stellt die K. eine Weiterentwicklung der Bewegungsbilanz dar, indem verwandte → Aktiva und zugehörige → Passiva zu Fonds zusammengefasst und deren Veränderungen, d.h. deren Zu- und Abgänge, dargestellt werden. Die interne K. wird aus Daten der Finanzbuchhaltung erstellt, während die externe K. auf der → Gewinn- und Verlustrechnung (GuV) sowie geeigneten Angaben aus dem → Jahresabschluss beruht. Ein konkretisiertes Schema für die K. wird in Deutschland insbes. vom Institut der Wirtschaftsprüfer (IDW) vorgeschlagen, das weitgehend den Vorgaben nach den → International Accounting Standards (IAS) und dem → United States Generally Accepted Accounting Principle (US-GAAP) entspricht.

Kapitalgesellschaft, stellt die Kapitalbeteiligung der Gesellschafter in den Vordergrund vor deren pers. Mitarbeit, wie in Personengesellschaften. Die K. hat die Rechtsform einer → juristischen Person, die Rechtsfähigkeit verleiht und für Vertretung und Geschäftsführung bes. Organe erfordert. Die Kapitalanteile, etwa → Aktien, sind übertragbar, und das pers. Vermögen der Gesellschafter haftet nicht für Schulden der K. (Ausnahme:

Komplementär der → Kommanditgesellschaft auf Aktien (KGaA)). K. sind die → Aktiengesellschaft (AG), die KGaA, die → Gesellschaft mit beschränkter Haftung (GmbH) und die bergrechtl. Gewerkschaft. Unterschiedliche Ausgestaltung in der Praxis führt zu fließenden Übergängen zwischen den einzelnen Gesellschaftsformen.

Kapitalgüter, produzierte Produktionsmittel oder Zwischengüter, die über mehrere Perioden ihre Nutzungen zur Herstellung von Endprodukten oder Konsumgütern abgeben. Dauerhafte Konsumgüter (engl.: durable consumer goods) haben den gleichen Charakter, doch dienen ihre Nutzungen als Endprodukte dem privaten Konsum. Das gilt auch für → öffentliche Güter, wie Straßen oder Parkanlagen, soweit sie privat genutzt werden.

Kapitalintensität (engl.: capital-labour-ratio), drückt das Verhältnis von → Kapitalstock und Arbeitseinsatz im Inland aus. Sie ist gleich dem Verhältnis der → Arbeitsproduktivität zur → Kapitalproduktivität:

$$\frac{K}{A} = \frac{Y}{A} : \frac{Y}{K}$$

(K = Kapitalstock, A = Arbeitseinsatz, Y = Ausstoß oder Volkseinkommen). Die K. (ausgedrückt als Verhältnis des Bruttoanlagevermögens zur Zahl der Beschäftigten) ist in Deutschland stark angestiegen.

Kapitalintensiv, im Gegensatz zu → arbeitsintensiv die industrielle Fertigung, bei der die Kosten für stehendes Kapital, also für Gebäude, Maschinen und Werkanlagen, gegenüber den Lohnkosten überwiegen. Die → Kapitalintensität hat mit dem → technischen Fortschritt laufend zugenommen. Am stärksten k. sind die Montan-, die Maschinen-, die Metall- und die Instrumente- oder Apparateindustrie, ferner die elektrischen und chemischen Industrien.

Kapitalisierung, die Bestimmung des → Barwertes einer Reihe in der Zukunft fälliger Einnahmen oder Ausgaben. Sie spielt in der → Investitionsrechnung und in der → Nutzen-Kosten-Analyse (NKA) eine Rolle.

Kapitalismus, eine im 19. Jh. aufgekommene Bezeichnung für ein Wirtschaftssystem, das auf Privateigentum, Gewinnstreben, → Risiko und Eigenverantwortung beruht und in dem Produktion, Verteilung und Verbrauch über den Markt gesteuert werden. Zur Industrialisierung wurde Kapital in großem Umfang benötigt, so dass sich die Produktionsstruktur gegenüber den weitgehend handwerklich betriebenen Gewerben grundlegend änderte. Hinzu kam eine Überfüllung des Arbeitsmarktes auf Grund einer Bevölkerungsexplosion, verbunden mit soz. Missständen. Unter dem Eindruck dieser Entwicklungsphase hat K. Marx seine Theorie des K. formuliert. Die freiheitlich und dezentral organisierte Wirtschaftsordnung, in Deutschland → Soziale Marktwirtschaft genannt, hat immense Produktivkräfte freigelegt, die den Wohlstand der Industrienationen, ausgedrückt in realen Pro-Kopf-Einkommen, historisch einmalig gesteigert hat. Die durch den → technischen Fortschritt in großem Umfang freigesetzten Arbeitskräfte wurden in den Produktionsprozess ohne soz. Härten wieder eingegliedert. Darüber hinaus hat die immense → Produktivität der → Marktwirtschaft die Voraussetzung geschaffen, ein System der Sozialen Sicherheit aufzubauen und → öffentliche Güter in einem Maße anzubieten, wie es niemand im 19. Jh. voraussehen konnte. Zudem hat die ökonom. Wissenschaft Einsichten gewonnen, mit deren Hilfe sich sowohl die Wettbewerbsordnung verbessern als auch die Wirtschaftsabläufe steuern lassen.

Kapitalkoeffizient (engl.: capital-output-ratio), drückt, umgekehrt wie die → Kapitalproduktivität, das Verhältnis von Kapitaleinsatz zum gesamtwirtsch. Produktionsergebnis aus. Der K ist gleich dem Verhältnis der → Kapitalintensität zur → Arbeitsproduktivität:

$$\frac{K}{Y} = \frac{K}{A} : \frac{Y}{A}$$

(K = Kapitaleinsatz, A = Arbeitseinsatz, Y = Ausstoß oder Volkseinkommen).

Kapitalmarkt, im Gegensatz zum → Geldmarkt der Markt für mittel- und langfr. → Kredite (Laufzeit von mehr als vier Jahren), also für die Anlage von → Kapital in → Wertpapieren, → Hypotheken usw. Sie werden am nicht organisierten K. entweder direkt zwischen Anbietern und Nachfragern oder indirekt über die Banken gehandelt. Die Wertpapiermärkte an der → Börse kann man auch als organisierten K. bezeichnen. Grundsätzlich ist der K. in Deutschland frei, doch kann die Regierung auf Grund des Gesetzes zur Förderung der Stabilität und des Wachstums der Wirtschaft und des Außenwirtschaftsgesetzes in gewissem Rahmen intervenieren. Die → Deutsche Bundesbank betreibt im Auftrag von Bund und Ländern Kurspflege für öffentl. → Anleihen, Bankenkonsortien für andere Papiere. K. und Geldmarkt hängen über das Zinsgefüge zusammen.

Kapitalmarktausschuss, hat die Aufgabe, bei Ungleichgewichten zwischen der Nachfrage nach Investitionskrediten und dem Angebot an Ersparnissen korrigierend auf dem → Kapitalmarkt einzugreifen, um den langfr. Zins zu beeinflussen. Er kann Umfang und Reihenfolge von → Emissionen für die Wirtschaft, die öffentl. Hand und das Ausland festlegen.

Kapitalmarktförderung, alle Maßnahmen, die darauf abzielen, das Angebot an verfügbarem → Kapital insbes. für Zwecke der → Investition zu fördern. Sie war nach dem Krieg angesichts des großen Kapitalbedarfs für Wohnungsbau und Industrie dringend notwendig, doch haben sich die Bedingungen inzwischen grundlegend geändert, so dass sich Interventionen erübrigen.

Kapitalnutzungskosten (engl.: capital user costs), die Opportunitätskosten des Kapitaleinsatzes in einem Betrieb gegenüber anderen Verwendungen. Ist der → technische Fortschritt konstant, führt eine Zunahme der K. zu einer Abnahme des Kapitaleinsatzes. Nimmt der → technische Fortschritt rasch zu, so veralten zwar die Kapitalanlagen schnell, so dass auch die → Abschreibungen und damit die K. zunehmen. Anderer-

Kapitalproduktivität

seits wird die → Rentabilität der Kapitalgüter größer, und mit den vermehrten Abschreibungen nehmen auch die Neuinvestitionen zu. Diese Wirkung überwiegt i.d.R., so dass mit einer Zunahme des techn. Fortschritts auch ein Anstieg der Investitionsnachfrage verknüpft ist.

Kapitalproduktivität, drückt das Verhältnis der Erträge zum → Produktionsfaktor Kapital aus. Die physische K. ist z.B. der Ausstoß, bezogen auf die geleistete Kapitalstunde. Die Wertkapitalproduktivität misst beide in Geld. Die Brutto- oder Nettokapitalproduktivität verwendet das → Bruttosozialprodukt (BSP) oder → Nettosozialprodukt zu Marktpreisen (NSP) als Ausstoß- oder Ertragsgröße. Das → Produktionspotenzial bezieht die künftige K. in die Analyse ein, wobei der → Auslastungsgrad berücksichtigt wird. Die K. (als umgekehrter → Kapitalkoeffizient) hängt mit der → Arbeitsproduktivität und der → Kapitalintensität zusammen:

$$\frac{Y}{K} = \frac{Y}{A} : \frac{K}{A}$$

(K = Kapital, A = Arbeitseinsatz, Y = Ausstoß oder Volkseinkommen). Während die durchschnittliche K. den Ausstoß je eingesetzte Kapitaleinheit ausdrückt (Y/K), erfasst die marginale K., auch → Grenzproduktivität des Kapitals, das Verhältnis eines zusätzlichen Ausstoßes zu einem zusätzlichen Kapitaleinsatz (dY/dK). → Wachstumspolitik.

Kapitalsammelstellen, geldpolit. Finanzinstitutionen, deren Passiva nicht als Zahlungsmittel fungieren, wohingegen die → Volkswirtschaftliche Gesamtrechnung (VGR) jene Finanzunternehmen unter diesem Begriff erfasst, die vorwiegend Kredite nehmen oder gewähren. Hierzu zählen → Kreditinstitute, → Bausparkassen, → Privatversicherungen und → Kapitalanlagegesellschaften (KAAG) (Investmentfonds), nicht aber die → Sozialversicherung. Die K. erfüllen volkswirtsch. die Aufgabe, sich bildendes → Geldvermögen zu sammeln, um es an die Nachfrager nach solchen Mitteln weiterzuleiten. Die Höhe der vermittelten Kapitalien kann man aus der Struktur der Passiva und Aktiva in den Bilanzen ablesen. Ferner helfen die K. kurz- in langfr. Geldvermögen umzuwandeln (und umgekehrt). Die → Zentralbank wirkt hauptsächlich über die Kreditinstitute auf die Politik der K. ein.

Kapitalstock, die Ausstattung der → Volkswirtschaft mit Sachkapital. Er wird durch Ersatzinvestitionen erhalten und durch Neuinvestitionen erweitert. Der K. ist in der Nachkriegszeit mit abnehmender Tendenz gewachsen, wobei das sog. → Produktionspotenzial unterschiedlich ausgelastet war. → Kapitalproduktivität.

Kapitaltheorien, versuchen, die Zusammenhänge zwischen Kapital und Zins (Böhm-Bawerk) und → Investition und Sparen (Clark, Fisher, Knight, P. A. Samuelson) analytisch zu erklären, wobei die zeitliche Dimension den eigentlichen Kern bildet. Unter Berücksichtigung der Zeitdimension und der Unsicherheit steht die Analyse der optimalen Allokation von Gütern zur Bedürfnisbefriedigung (→ Bedürfnis) im Vordergrund. Die verschiedenen K. gehen i.d.R. von unterschiedlichen Ansätzen in Bezug auf den begrifflichen Inhalt des

→ Realkapitals aus. Entweder unterscheiden sie Realkapital als ein produktives Gut, das im Gegensatz zu einem Endprodukt in einem besonderen Produktionsprozess hergestellt wird, oder als einen Bestand an unterschiedlichen konsumreifen Gütern, die sich im Produktionsprozess befinden, oder als einen wachsenden Bestand an nutzbaren Gütern, dem jeweils ein kleiner Teil für Konsumzwecke entnommen wird. → Sparen und Investieren.

Kapitalumschlag → Umsatz.

Kapitalverkehrskontrollen, sollten nach § 23 Außenwirtschaftsgesetz (aufgehoben) unerwünschten Geldabfluss in das und Geldzufluss aus dem Ausland einschränken oder verhindern. Bsp.: Ausländer konnten festverzinsliche → Wertpapiere nur nach Genehmigung durch die → Deutsche Bundesbank kaufen; ferner schrieb die Bardepotpflicht vor, dass ein bestimmter Teil eines im Ausland aufgenommenen Kredits zinslos bei der Bundesbank zu hinterlegen sei.

Kapitalverkehrsteuer, im Gesetz von 1959 geregelt, erfasste sie den Umsatz des beweglichen → Kapitals und gliederte sich in die Börsenumsatz-, Gesellschaft- und Wertpapiersteuer. Um den → Kapitalmarkt beweglicher zu machen und die volkswirtsch. Effizienz zu steigern, wurde die Wertpapiersteuer 1964, die Börsenumsatzsteuer 1991 und die Gesellschaftsteuer 1992 wieder abgeschafft.

Kapitalvertiefung (engl.: capital deepening), drückt die Länge der Produktionsperiode zwischen Einsatz und Ausstoß oder, was das Gleiche ist, das Verhältnis des → Kapitalstocks zum Einsatz- oder Ausstoßstrom aus. Gesucht wird die optimale Dauer der Produktionsperiode, wenn die Höhe der → Investition gegeben ist.

Kapitalverwässerung, bezeichnet eine Situation, bei der eine Verschlechterung des Verhältnisses von Unternehmenswert und Aktienkapital (→ Grundkapital einer → Aktiengesellschaft (AG)) eintritt. Dies tritt i.d.R. ein, wenn junge Aktien zu einem Kurs, der unter dem Börsenkurs (→ Börsen- oder Marktpreis) der alten Aktien liegt, ausgegeben werden. Im Zuge dieser → Emission verringert sich der innere Wert der Aktie, nominal sind beide Aktien gleichgestellt. Bei Kapitalerhöhungen werden die Altaktionäre durch Ausgabe von Bezugsrechten für die jungen Aktien vor K. geschützt.

Kapitalwertmethode, hilft bei der Auswahl alternativer (privater und öffentl.) → Investitionen. Als Kriterium wird der positive Unterschied zwischen den diskontierten Nutzen (N) und Kosten (K) unter Einschluss des Schrottwertes (S) gewählt (i = Diskontsatz):

$$\sum_{t=1}^{T} \frac{N}{(1+i)^t} - \sum_{t=1}^{T} \left(\frac{K}{(1+i)^t} - \frac{S}{(1+i)^t} \right) > 0$$

Kapitalwirtschaft, umfasst i.d.R. die Besorgung, Verwendung und Tilgung von → Kapital in privaten und öffentl. Betrieben. Sie hat die Aufgabe, den Kapitalsektor optimal zu gestalten.

Kardinale Nutzenmessung, liegt vor, wenn Nutzenunterschiede ermittelt werden, wobei der Umfang der Abstände selbst oder die Abstände nach Rang geordnet sind. → Ordinale Nutzenmessung, → Nutzen.

Kartell, vertraglicher Zusammenschluss von rechtl. selbständigen Unternehmen gleicher Produktions- und Handelsstufe, die aber ihre wirtsch. Selbstständigkeit opfern, um daraus einen Wettbewerbsvorteil zu erzielen bzw. den → Wettbewerb am Markt einzuschränken. Es existiert eine Vielzahl von K., um nur einige hier zu nennen: Angebotskartell, Einkaufskartell, Exportkartell, → Frühstückskartell, Gebietskartell, Importkartell, Kalkulationskartell, → Konditionenkartell, Kooperationskartell, Krisenkartell, Normenkartell, → Preiskartell, Quotenkartell, Rabattkartell, Rationalisierungskartell, Spezialisierungskartell, → Submissionskartell, und Typenkartell. Nach dem Gesetz gegen Wettbewerbsbeschränkungen (GWB – Kartellgesetz) sind K. grundsätzlich verboten. Das Gesetz enthält ein Verbot mit Erlaubnisvorbehalt, z.B. die anmeldepflichtigen K. und die genehmigungspflichtigen K. Das Bundeskartellamt in Berlin prüft zunächst, ehe der Kartellvertrag genehmigt wird und in Kraft treten kann. Zu den verbotenen K. zählen u.a. die Preiskartelle. In der → Europäischen Union (EU) gibt es noch weitere Kompetenzträger, welche die Einhaltung des »Anti-Kartellgesetzes« überwachen. Im Mittelpunkt des Gesetzes steht der Schutz des freien Wettbewerbs. § 22 behandelt die marktbeherrschenden Unternehmen, d.h. solche ohne Wettbewerber und ohne wesentlichen Wettbewerb. Als marktbeherrschend gelten auch zwei bis drei Unternehmen. Der Gesetzgeber hat hier erstmals das → Oligopol einbezogen. Seit 1973 wurden die Kartellvorschriften stark am Leitbild eines funktionsfähigen Wettbewerbs, der sich mehr an der dynamischen Konkurrenz orientiert, ausgerichtet und die Mittelstandspolitik betont. Eine vorbeugende → Fusionskontrolle wurde eingeführt und 1974 eine Monopolkommission als Gutachtergremium eingerichtet. Während die Novelle von 1975 die Pressefusion regelt, verschärft die Kartellnovelle von 1980 die Fusionsaufsicht (durch neue Vermutungskriterien) und die Missbrauchskontrolle bei marktbeherrschenden Unternehmen. Das GWB wurde seit 1958 sechsmal novelliert, zuletzt Anfang 1999. (→ Ministererlaubnis).

Kartellierungsfähigkeit, abhängig von dem Kartellgut (→ Abgrenzung, → Nachfrageelastizität, → Substitution), den Kartellunternehmen (Anzahl, Einheitlichkeit des Produktionsprogramms und Betriebsstruktur, → Kapitalintensität, Rechtsform, Standort, Solidarität) und dem Kartellmarkt (Marktanteil, Dringlichkeit, Markteintritt, Absatzwege). → Kartelle.

Kartogramm, graphische Darstellung, bei der statistische Ergebnisse in Form von Punktdiagrammen auf Landkarten eingetragen oder durch Farbabstufungen oder verschiedene Farben auf den Gebietsflächen zum Ausdruck gebracht werden.

Kassa gegen Dokumente (engl.: cash against documents) → Akkreditiv.

Kassageschäfte, Geschäfte an der Effektenbörse, die im Gegensatz zu den → Termingeschäften sofort, d.h. am Abschlusstage oder an einem der nächsten Tage erfüllt werden müssen. → Lokogeschäft, → Effekten.

Kassakurse, Kurse für Umsätze in Kassageschäften an der Börse im Gegensatz zu den Kursen im Terminhandel. K. können entweder als fortlaufender, variabler → Kurs oder als Einheitspreis einmal am Tag gebildet werden. → Termingeschäfte.

Kassa-Zahlung, eine Zahlung während eines Zeitraums, in welchem sie noch als Zahlung »netto Kasse« anerkannt wird. Im Allg. gilt eine Zahlung innerhalb von 14 Tagen noch als K. Die Klauseln »netto Kasse« und »gegen Kasse« schließen Zahlungsziele aus, erstere auch den Skontoabzug. → Skonto.

Kassenhaltung → Liquiditätsneigung.

Kassenhaltungseffekt, realer, erklärt den Zusammenhang zwischen Geld- und Güterwirtschaft über Änderungen der → Geldmenge. Kann man Geld als Kasse halten oder mit ihm → Wertpapiere kaufen, so wird die tatsächliche Kassenhaltung größer als die erwünschte reale, wenn die Geldmenge nominal steigt. Der Überhang wird beseitigt, indem man verstärkt Güter und Wertpapiere nachfragt. Produktion und Beschäftigung nehmen zu, bis ein Gleichgewicht bei → Vollbeschäftigung erreicht ist. Darüber hinaus kommt es zu Preissteigerungen, weil nunmehr das Angebot nicht mehr vergrößert werden kann. Der K. ist ein sog. Vermögenseffekt. → Pigou-Effekt.

Kassenobligationen → Schatzanweisungen.

Katallaktik (von griech., tauschen, handeln), ein Begriff, der als Ersatz für Ökonomik oder Wirtschaftstheorie vorgeschlagen wurde.

Kataster, Steuerlisten, amtliche Listen, in denen die für die Besteuerung maßgebenden Merkmale verzeichnet sind.

Katastersteuern, Steuern, die an Hand von Katastern veranlagt werden. K. werden im Gegensatz zu den → Tarifsteuern auch als → direkte Steuern bezeichnet.

Kathedersozialisten, Bezeichnung für eine Gruppe von Nationalökonomen, wie L. Brentano, B. Hildebrand, W. Roscher, G. Schmoller, A. Wagner, welche die bedingungslose Anwendung des → Laissez-Faire-Prinzips ablehnten und die Soziale Frage durch umfassende Reformen lösen wollten, was u.a. auch zur Gründung des → Vereins für Socialpolitik führte.

Kauf, ein umgangssprachlicher Ausdruck für das gegenseitige → Rechtsgeschäft des Kaufvertrages, durch das der Verkäufer verpflichtet wird, dem Käufer die Sache zu übergeben und das → Eigentum daran zu verschaffen, während der Käufer die Verpflichtung übernimmt, die gekaufte Sache abzunehmen und den vereinbarten Kaufpreis zu zahlen. Gegenstand des K. können sein: bewegliche Sachen, Immobilien (Grundstücke),

Rechte (z.B. Forderungen, Patente) und sonstige Werte von wirtsch. Bedeutung (→ Firmenwert, Wert der Kundschaft). Der K. kommt durch Angebot (Offerte) und Annahme, d. h. durch übereinstimmende Willenserklärungen, zu Stande. Der K. ist i.d.R. formfrei, d.h. die Willenserklärungen brauchen nicht in Worten ausgedrückt zu werden, sie können auch stillschweigend oder durch ersetzende Handlungen oder Zeichen erfolgen. Ein Handelskauf liegt vor, wenn mindestens ein → Kaufmann beteiligt ist und sich der K. auf bewegliche Sachen einschl. der Wertpapiere und des Werklieferungsvertrages bezieht. Die Kosten der Versendung der Ware hat der Käufer zu tragen, dagegen die der Übergabe (des Messens, Wägens, Einfüllens usw.) der Verkäufer.

Kauf auf Abruf, ein → Kauf, bei dem der zu liefernde Gegenstand sowie Preis und Menge genau feststehen, der Käufer aber die gekaufte Menge nicht auf einmal, sondern durch Abruf nach und nach oder an einem von ihm anzugebenden Termin auf einmal abnimmt. Der Vorteil liegt darin, dass sich der Käufer die Lieferung einer bestimmten Ware sowie eventueller → Rabatte sichert, Zeit und Menge der Warenlieferung jedoch von sich aus bestimmen kann und dabei Lagerkosten und -kapazitäten spart. Die Teilabrufe können vertraglich festgelegt, es kann aber auch »Abruf nach Bedarf« vereinbart sein.

Kauf auf Probe, ein → Kauf, der von der Bedingung abhängt, dass der Käufer nach seinem Belieben den gekauften Gegenstand billigt. Der Käufer kann die gelieferte Ware, selbst wenn sie einwandfrei ist, willkürlich zurückweisen, allerdings nur innerhalb der vereinbarten oder einer angemessenen Frist. Wurde die Sache dem Käufer übergeben, so gilt sein Schweigen als Billigung.

Kaufkraft, die Fähigkeit, mit einer Geldmenge eine bestimmte Warenmenge zu erwerben. Sie wird häufig fälschlicherweise mit dem Kaufmittel, dem → Geld, gleichgesetzt. → Inflation.

Kaufkraftparitäten, zeigen das Verhältnis zwischen der → Kaufkraft zweier Währungen an; werden für internationale Vergleiche angewandt. Sie geben z.B. an, wie viel EUR erforderlich sind, um in Europa das gleiche Güterbündel zu kaufen, das in der USA für 1 USD zu erwerben ist. → Kaufkraftparitätentheorie, → Kaufkraftstandards.

Kaufkraftparitätentheorie, behauptet (nach G. Cassel) einen stringenten Zusammenhang zwischen → Wechselkurs und → Preisniveau eines Landes. Das ausländ. Preisniveau (P_A) entspricht nach einer Umrechnung über den Wechselkurs (W) dem des Inlandes:

$$P_A \cdot W = P_I.$$

Kaufkraftstandards, entsprechen einer künstlichen Recheneinheit von → EUROSTAT, mit deren Hilfe auf der Basis von Kaufkraftvergleichen nationale Währungen in eine einheitliche Parität umgerechnet werden. → Kaufkraftparität.

Kaufmann, alle Personen, die am Handel (Güterumsatz) beteiligt sind, einschl. der Handelsangestellten, dagegen ausschl. der Umsatzhandwerker (Fleischer, Bäcker). Nach § 1 HGB ist K., in dessen Namen ein → Handelsgewerbe betrieben wird: Es kann dies auch ein unmündiges Kind, ein Minderjähriger, eine → juristische Person sein, dagegen nicht der Vorstand einer → Aktiengesellschaft (AG), der Vormund eines Minderjährigen oder ein Prokurist (→ Prokura). AG, → Gesellschaft mit beschränkter Haftung (GmbH) usw. sind Kaufleute »kraft Rechtsform«, auch wenn sie kein Handelsgewerbe, selbst wenn sie überhaupt kein Gewerbe betreiben, sondern zu außerwirtsch., wie z. B. wissenschaftlichen Zwecken, gegründet sind. Wer eines der in § 1 Abs. 2 HGB aufgeführten Grundhandelsgeschäfte betreibt, ist K., und zwar ins → Handelsregister eintragungspflichtiger → Vollkaufmann, sofern er nicht den Nachweis erbringt, dass er als Handwerker oder Kleingewerbetreibender nach § 44 HGB Minderkaufmann ist, also auf ihn die Vorschriften über → Firma, → Buchführung usw. keine Anwendung finden (→ Minderkaufmann). Es gelten aber auch solche gewerbl. Unternehmen als Handelsgewerbe, die nach Art und Umfang einen in kaufmännischer Weise eingerichteten Geschäftsbetrieb erfordern und die ins Handelsregister eingetragen sind. Diese Sollkaufleute können nur durch Eintragung Vollkaufleute werden. Land- und Forstwirte sind als solche keine Kaufleute. Ist dagegen mit dem land- oder forstwirtsch. Betrieb ein Nebengewerbe verbunden, so ist der Land- oder Forstwirt berechtigt, die Firma ins Handelsregister eintragen zu lassen und so für das Nebengewerbe die Kaufmannseigenschaft zu erlangen (Kannkaufmann). → Scheinkaufmann.

Kauf nach Muster → Kauf nach Probe.

Kauf nach Probe (Kauf nach Muster), ein Kauf, bei dem der Verkäufer die zu gewährleistenden Eigenschaften nicht einzeln aufzählt, sondern nach einer Probe oder nach einem Muster verkauft. Handel nach Proben oder Mustern ist kein Börsenhandel, denn hier handelt es sich um vertretbare Sachen. → Kauf auf Probe.

Kaution, Sicherheitsleistung, d.h. die zur Sicherstellung dienende Geldsumme. Kautionstellung kann für eine bestehende, künftig eintretende oder auch nur möglicherweise entstehende Forderung erfolgen. K. kann bestehen in der Hinterlegung von Geld oder Wertpapieren (Kautionseffekten), in der Eintragung einer → Sicherungshypothek, in der Deponierung von → Wechseln, in der Verpfändung oder → Abtretung von Forderungen oder in der Beschaffung einer → Bürgschaft.

Kennedy-Runde, im Rahmen des → General Agreement on Tariffs and Trade (GATT) waren Zollsenkungen vorgesehen, die in Zollverhandlungen vereinbart wurden. Die von 1964–67 dauernde Runde wurde von J.F. Kennedy angeregt und nach ihm benannt. Eine allgemeine Senkung der → Zölle um 50 % konnte als Ziel nicht erreicht werden, da eine Reihe von Staaten bei zahlreichen Produkten Sonderrechte beanspruchten (z.B. die → Europäische Wirtschaftsgemeinschaft (EWG) in der Landwirt., die

USA bei chemischen Erzeugnissen). Andere Schwierigkeiten liegen in den sog. Zolldisparitäten, unter denen man die unterschiedliche Wirkung einer prozentual gleich hohen Senkung von Zöllen bei einer verschieden hohen Ausgangslage der Zölle versteht. Die Zollsenkungspolitik zur Liberalisierung des Welthandels wurde in der Tokio- und Uruguay-Runde konsequent, aber nur schrittweise fortgesetzt, zusammen mit dem Abbau aller Handelshemmnisse.

Kennzahlen (Kennziffern oder Richtzahlen), drücken wirtsch. Tatbestände in Zahlen aus. K. dienen der Betriebs- und Haushaltsanalyse, wobei die Kennzeichnung von → Liquidität, → Rentabilität und → Wirtschaftlichkeit bes. in den Vordergrund tritt. Bei den K. handelt es sich um Verhältniszahlen. Zu unterscheiden sind betriebl. und Branchenkennzahlen (Mittelwerte von K. eines Wirtschaftszweiges). Solche K. werden auch Richtzahlen genannt, da sie den einzelnen Betrieben und Haushalten als Norm oder Anhaltspunkt für Dispositionen dienen können. Bsp.: Bei einem Gewinn von 100.000 EUR und einem Eigenkapital von 2 Mio. EUR beträgt die → Eigenkapitalrentabilität

$$\frac{100\,000}{2\,000\,000} = 5\,\%.$$

Key Account, Kunde eines Unternehmens, dem wegen seiner Bedeutung für den Geschäftserfolg (Bsp.: hoher Umsatzanteil) gegenüber anderen Kunden eine bevorzugte Behandlung zukommt. Berücksichtigt wird dieser Sachverhalt im sog. Key Account-Management, bei dem ein Key Account-Manager Schlüsselkunden betreut und einzelne Funktionen (z.B. Abrechnung, Transport) für diese koordiniert.

Keynesianische Theorie, in der Weltwirtschaftskrise von dem Engländer Lord J.M. Keynes begründet, sieht die Theorie die Ursachen der → Depression in einer zu geringen Gesamtnachfrage, pessimistischen Erwartungen der Investoren und Anleger, starren Nominallöhnen und einer falschen Fiskalpolitik. Die analytischen Werkzeuge der Klassik reichten nicht aus, um dieses Phänomen zu erklären und zu beseitigen. Um die → Unterbeschäftigung abzubauen, sei allein eine expansive → Finanzpolitik (Senkung der Steuern, Erhöhung der Ausgaben und damit ein verlängertes Budget) nötig, weil die Geldpolitik unter diesen Umständen versage. Denn eine zunehmende → Geldmenge fließe in inaktive Kassen (→ Liquiditätsfalle). Bei pessimistischer Stimmung könnten selbst sinkende Zinsen die Investoren nicht anregen. Dagegen könne der Staat die Nachfragelücke unmittelbar auffüllen (→ Ausgabenmultiplikator). Im Gegensatz zur Klassischen Theorie hänge das Sparen vom → Volkseinkommen und einer stabilen → Konsumfunktion ab, und eine zinsabhängige Kassenhaltung (→ Liquiditätsneigung) verursache Schwankungen der Umlaufgeschwindigkeit des Geldes und ermögliche eine Veränderung der Nachfrage trotz konstanter Geldmenge. Im Gegensatz dazu vertreten die → Monetaristen die These, die Geldnachfrage sei stabil und die Konsumfunktion verändere sich. → Permanent Income Hypothesis, → Wachstumstheorie.

Keynessche Liquiditätstheorie
→ Liquiditätsneigung.

KG → Kommanditgesellschaft.

KGaA → Kommanditgesellschaft auf Aktien.

KGV → Kurs-Gewinn-Verhältnis.

Kinderfreibetrag, → Freibetrag bei der Ermittlung der Steuerbemessungsgrundlage von Steuerpflichtigen mit Kindern. Im seit 1996 geltenden Optionsmodell wird der K. alternativ zum → Kindergeld gewährt, wenn dessen Entlastungswirkung die Höhe des gezahlten Kindergelds übersteigt.

Kindergeld, wurde 1975 als Familienausgleich neu geregelt und ergänzte die steuerlichen Kinderfreibeträge, da diese mit zunehmendem Einkommen zu erhöhter Vergünstigung führten. Wer in Deutschland wohnt oder kurzfr. im Ausland tätig ist, hat Anspruch auf K. Der Anspruch besteht für eheliche, nicht eheliche, adoptierte, Stief- und Pflegekinder. Grundsätzlich wird das K. bis zur Vollendung des 18. Lebensjahres eines Kindes gezahlt, es kann aber bis zum 27. Lebensjahr beansprucht werden, wenn sich das Kind in Schul- oder Berufsausbildung befindet und die Einkünfte des Kindes nicht mehr als 7188 EUR pro Jahr betragen. Das K. beträgt (einkommensabhängig) monatlich 154 EUR für das erste, zweite und dritte Kind und 179 EUR für jedes weitere Kind (2002). K. wird von den Arbeitsämtern über die Familienkasse ausbezahlt.

Kingsche Regel, besagt auf Grund empirischer Beobachtungen, dass die direkte → Preiselastizität der Nachfrage nach Hauptnahrungsmitteln kleiner als eins ist.

Kirchensteuer, wird von Religionsgemeinschaften i.d.R. als 8–9 prozentiger Zuschlag zur → Einkommensteuer und → Lohnsteuer (LSt) nach Landesrecht erhoben, wobei die → Bemessungsgrundlage die Jahreseinkommensteuer ist. Sie ist, wie die LSt., im Lohnabzugsverfahren einzubehalten und an die Kirchenämter abzuführen. Die gezahlte K. ist in vollem Umfang über den Lohnsteuerjahresausgleich als → Sonderausgabe abzugsfähig.

Kitchin-Zyklus → Konjunkturbewegungen.

KIWZ → Konferenz über Internationale Wirtschaftliche Zusammenarbeit.

Klassische Dichotomie, drückt als Kernthese der → Klassischen Wirtschaftstheorie aus, dass Geld- und Gütermarkt voneinander unabhängig seien. Das → Preisniveau werde ausschl. von der → Geldmenge bestimmt, während sich Produktion, Beschäftigung, Investition, Ersparnis, Zins und relative Preise unabhängig vom umlaufenden Geldstrom bildeten. Die Beweglichkeit der Löhne und Preise und das → Saysche Theorem führten auf den Gütermärkten zu einem steten → Gleichgewicht bei Vollbeschäftigung, hingegen werde der Geldwert nach der Quantitätsgleichung bei konstanter → Umlaufgeschwindigkeit des Geldes und gegebenem Realeinkommen bestimmt. → Quantitätstheorie.

Klassischer Zinsmechanismus, regelt den laufenden Ausgleich zwischen freiwilligem Sparen (S_1) und freiwilliger → Investition (I_1), wobei der Zins als Preis die Nachfrage und das Angebot an Kredit (auf Grund von Konsumverzicht) in Einklang bringt. Sinkt der Zins, so nimmt die Investition (I_2) zu, während das Sparen (S_2) abnimmt. Nach J.M. Keynes hängt das Sparen primär vom Einkommen ab und die Investitionstätigkeit vorwiegend von den Ertrags- und Absatzerwartungen der Unternehmer. → Keynesianische Theorie, → Sparen und Investieren.

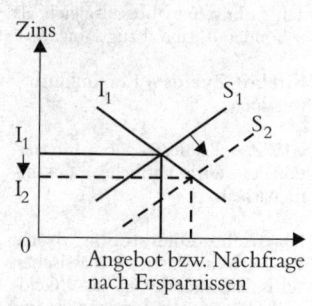

Zins

Angebot bzw. Nachfrage nach Ersparnissen

Klassische Wachstumstheorie, sucht nach einer Erklärung der Ursachen und Grenzen des wirtsch. Wachstums, wobei sie → Boden und → Kapital in den Mittelpunkt rückt und den → technischen Fortschritt und das → Arbeitsangebot vernachlässigt. Die Bildung von Kapital ist vom Gewinn abhängig, der wiederum bei gegebenen Preisen von den Lohnkosten bestimmt wird. Diese sind wiederum als Lohnsatz von den Preisen für Nahrungsmittel abhängig, die ihrerseits von der Menge und der Qualität des Bodens bestimmt werden. Letztlich ist es also die Knappheit des Bodens, welche das Wachstum über die Beschränkung der Neuinvestitionen begrenzt. Nach D. Ricardo sinkt die → Grenzproduktivität des Bodens stärker als die der Arbeit und des Kapitals, weshalb es auf lange Sicht zu einer → Stagnation kommen wird. Die Einseitigkeit der K. ist offensichtlich: Sie vernachlässigt den techn. Fortschritt und orientiert sich ausschl. am Angebot. → Wachstumstheorie.

Klassische Wirtschaftstheorie, Grundlage der modernen → Volkswirtschaftslehre (VWL), hat mit A. Smiths klassischem Werk → Wohlstand der Nationen (1776) die ökonom. Wissenschaft zu einer eigenständigen Disziplin geformt. Sie ist mit den Namen Smith, T.R. Malthus, D. Ricardo, J.H. von Thünen, J.S. Mill, J.B. Say und K. Marx eng verknüpft (s. Zeittafel in der Einführung). Beeinflusst von Moralphilosophie und Naturrecht der antiken Klassik und der → Scholastik (Schottische Aufklärung), gründet die K. auf dem → Axiom des ökonom. → Selbstinteresses. Das auf Eigenliebe beruhende Streben des Einzelnen, seine wirtsch. Lage und soz. Stellung in der Gemeinschaft zu verbessern, ist die entscheidende Antriebskraft, welche die produktiven Kräfte eines Landes auch kulturell zu entwickeln hilft und die zugleich dem öffentl. Wohl dient. Eine → unsichtbare Hand sorgt dafür, dass der Wirtschaftsablauf über den Mechanismus des Marktes kurzfr. und langfr. zu einem → Gleichgewicht hin gesteuert wird. Der allgemeine Wohlstand ist von der optimalen Kombination der → Produktionsfaktoren Natur, Arbeit, Kapital und unternehmerischer Fähigkeit abhängig, wobei die den → technischen Fortschritt fördernde → Arbeitsteilung (deren Entfremdungsgefahr für den Menschen durchaus gesehen wird) die → Produktivität entscheidend steigert. Ein → Preismechanismus steuert fortwährend den gesamten Prozess der Produktion, der Verteilung und der Kapital- und Sparbildung in einer Markt- und Wettbewerbswirtschaft. Dem Gemeinwesen fallen Aufgaben (wie Schutz nach innen und außen, Bau von Verkehrswegen, Sicherung des Wettbewerbs) zu, deren Umfang historisch davon abhängt, wie stark Moral und Konkurrenz das Eigeninteresse disziplinieren. → Neoklassische Theorie, → Soziale Marktwirtschaft.

Kleinbetrieb, im Gegensatz zum Großbetrieb der handwerks- oder kleingewerbemäßig eingerichtete Betrieb. Als gewerbl. K. werden in der Statistik Betriebe mit bis zu fünf beschäftigten Personen gezählt, während in der Landwirt. zu den Zwerg- und Parzellenbetrieben sowie den kleinbäuerlichen Betrieben landwirtsch. Betriebe bis zu fünf Hektar landwirtsch. genutzter Fläche gehören. Im → Arbeitsrecht gelten das Kündigungsschutzgesetz und das Betriebsverfassungsgesetz für K. nicht.

Klub von Rom (engl.: Club of Rome), 1968 als lose Vereinigung von 100 Persönlichkeiten der Wissenschaft und Wirtschaft aus 25 Ländern gegründet, will Forschungen über die Zukunft der Welt anregen. Aufsehen haben die umstrittenen Studien »Grenzen des Wachstums« und »Menschheit am Wendepunkt« erregt, die höchst zweifelhafte und wissenschaftlich ungesicherte Prognosen und konkrete Strategien zur Lösung der Weltprobleme enthalten. Der K. wurde 1973 mit dem Friedenspreis des Dt. Buchhandels ausgezeichnet.

Knappheit, das in der Wirklichkeit zu beobachtende Missverhältnis zwischen → Bedürfnissen und den verfügbaren Gütern und Diensten, die zu deren Befriedigung benötigt werden. Nur wirtsch. Güter sind (im Gegensatz zu freien) knapp, so dass der Mensch von Natur aus gezwungen ist, diese effizient zu produzieren und zu nutzen, also mit geringstem Aufwand eine bestimmte Menge davon herzustellen oder mit einem gegebenen Einsatz von Mitteln den höchstmöglichen Ertrag zu erzielen. Analytisch ausgedrückt: Er muss eine optimale Allokation der → Hilfsquellen und eine optimale Nutzung der Verbrauchsgüter anstreben, indem er die jeweils beste Alternative wählt. Das gilt natürlich auch für → öffentliche Güter und Dienste. → Wirtschaft, → Effizienz, → Allokationstheorie.

Know-how, Fachausdruck aus dem Amerik., heißt so viel wie »Gewusst wie«, wörtlich: wissen wie, nämlich wie man etwas sachgerecht anpackt und techn. durchführt. Das K. spielt im → Wettbewerb unter Industriestaaten ebenso eine Rolle wie als techn. Hilfe für Entwicklungsländer. K. im engeren Sinn ist die Bezeichnung für das spezifische Wissen eines Unternehmens über Produktion(sverfahren). Es kann vertraglich (Know-how-Vertrag) einem anderen Unternehmen zur Verfügung gestellt werden.

Koalitionsfreiheit, gewährt laut Art. 9, Abs. 3 GG jedem das Recht, Zusammenschlüsse zu bilden, um Arbeits- und Wirtschaftsbedingungen zu sichern und zu fördern, bestehenden Vereinigungen beizutreten und ihnen anzugehören. Neben dieser individuellen K. schützt der gleiche Artikel auch den Bestand und die entsprechende Betätigung der Vereinigung selbst (kollektive K.).

Körperschaft, → juristische Person, die dauernde Zwecke zu erreichen sucht, und Personengesamtheit, die eigene (von denen ihrer Mitglieder getrennte) Rechte besitzt. In diesem Sinne rechtsfähig sind: eingetragene Vereine (§ 21 BGB), der wirtsch. Verein (§ 22), die → Aktiengesellschaft (AG), die → Kommanditgesellschaft auf Aktien (KGaA), die → Gesellschaft mit beschränkter Haftung (GmbH), eingetragene → Genossenschaften, die bergrechtl. Gewerkschaft. Neben diesen K. des privaten Rechts stehen die → Körperschaften des öffentlichen Rechts (Staat, Gemeinde, Gemeindeverbände).

Körperschaft des öffentlichen Rechts, ein rechtsfähiger Verband des öffentl. Rechts, der staatl. Aufgaben im Wege der Selbstverwaltung unter Aufsicht des Staates wahrnimmt und nur durch staatl. Hoheitsakt entstehen kann. → Öffentliches Unternehmen.

Körperschaftsteuer, die → Einkommensteuer der → Körperschaften, die auf Grund des Gesetzes von 1984 (mit späteren Änderungen) erhoben wird. Steuerpflichtig sind u.a. Kapitalgesellschaften, Erwerbsgenossenschaften, Wirtschaftsgenossenschaften, Vereine, Gewerbebetriebe von Körperschaften des öffentl. Rechts. Besteuert wird das Einkommen, wie es nach dem EStG zu ermitteln ist. Für Kapitalgesellschaften ist dabei der Gewinn nach § 5 EStG wie für Vollkaufleute und Buch führende Gewerbebetriebe festzustellen. Eine mehrfache Besteuerung ausgeschütteter Gewinne, bei der Kapitalgesellschaft mit K. und beim Anteilseigner mit Einkommensteuer, wird mit Hilfe eines → Anrechnungsverfahrens vermieden (→ Doppelbesteuerung). Die ausgeschütteten Gewinne werden nur beim Anteilseigner, und zwar mit der pers. Einkommensteuer, belastet. Seit 2001 gilt ein einheitlicher Steuersatz von 25 %. Die K. wird bei dem Anteilseigner im Rahmen der Dividendenbesteuerung mit dem → Halbeinkünfteverfahren verrechnet. Die K. ist eine → Gemeinschaftsteuer. → Cash Flow-Besteuerung (CFB).

Kohäsionsfonds, wurde 1994 nach Art. 130d EUV zusätzlich zu dem bereits bestehenden → Strukturfonds errichtet. Er unterstützt finanziell nationale Umweltvorhaben und den Ausbau der transeuropäischen Verkehrsinfrastruktur. Damit soll der K. zur harmonischen Entwicklung der Gemeinschaft als Ganzes beitragen und insbes. durch Abbau regionaler Disparitäten den wirtsch. und soz. Zusammenhalt der Gemeinschaft stärken (Kohäsion) und kommt ausschl. den ärmeren EU-Staaten zugute, um deren Entwicklungsrückstand zu verringern. → Europäische Union (EU).

Kohortenanalyse, eine statistische Längsschnittanalyse, in der

Personen, die in Bezug auf ein unveränderliches Merkmal gleich sind, z.B. im gleichen Jahr geboren oder examiniert (Geburts- oder Examenskohorte), fortlaufend beobachtet werden. Die K. kann eine wertvolle Ergänzung zu periodischen Bestandszählungen sein.

Kollegialsystem, eine Form der Unternehmensleitung, wobei die Entscheidung von einer Gruppe oder einem Kollegium Gleichberechtigter (Direktoren) getroffen wird. Es wird in Primat-, Kassations- und Abstimmungskollegialität unterschieden.

Kollektivbedürfnisse, Einzelbedürfnisse, die am effizientesten durch ein gemeinsam oder kollektiv angebotenes öffentl. Gut befriedigt werden können. Nicht das Bedürfnis ist also kollektiv, sondern die Mittel sind es, um die individuellen Bedürfnisse wirksam und gerecht zu befriedigen. → Öffentliche Güter.

Kollektive Verhandlungstheorien (engl.: Collective-Bargaining-Theory), z. B. von Hicks, Ross, Dunlop, wollen Verlauf und Ergebnis von Tarifverhandlungen und Konflikten erklären. Sie beruhen vorwiegend auf strategischen oder taktischen Überlegungen und sind weniger durch Konjunktur (→ Konjunkturbewegungen) oder Markt begründet.

Kollektive Wahlverfahren, folgende Grundsätze haben sich herausgebildet: (1) Wicksells Einstimmigkeitsregel, wobei Stimme gleich Stimme und Leben gleich Leben ist. Nur sie sichert eine maximale Versorgung. (2) → Pareto-Kriterium, sorgt dafür, dass niemand schlechter gestellt wird, wenn andere Vorteile durch eine öffentl. Maßnahme erhalten. (3) Entscheid durch absolute oder relative Mehrheit, da in der Wirklichkeit Einstimmigkeit nicht zu erreichen ist. Das Ergebnis kann verbessert werden durch (a) Pluralitätswahl, (b) Punktwahl, (c) Strategie, einem Stimmentausch, um Minderheiten besser zu schützen, und (d) Ausgleichzahlung oder Kompensation des Bevorteiligten an den Benachteiligten. Grenzen der Mehrheitswahl: (a) Keine Lösung gibt es bei einem Patt, also bei gleicher Stimmenzahl für eine Alternative und wenn Arrows → Unmöglichkeitstheorem gegeben ist, also mehrgipflige Präferenz-Skalen vorliegen. (b) Die Kosten des Wahl- und Informationsprozesses, Teile der → Transaktionskosten (z.B. Zeitverlust), sind unverhältnismäßig hoch.

Kollektivgüter → Öffentliche Güter.

Kollektivismus, umfasst als sozialphilosophischer Begriff alle Lehren, die den Einzelnen der Gesamtheit als Gruppe oder Verband unterordnen und so das Kollektiv als die soziologische Wesenheit betrachten, der gegenüber das Individuum höchstens dienendes Glied ist. Die Forderung des K. gipfelt in Appellen wie: »Du bist nichts, der Staat oder die Partei oder das Volk ist alles«. Im kommunistischen Sinne fordert der K. die Aufhebung des Privateigentums an Produktionsmitteln, zuweilen auch an allen Ge- und Verbrauchsgütern. Agrarpolit. bedeutet er die Überführung des bäuerlichen Besitzes und der Familienwirtschaft in Gemeineigentum oder in eine Institution auf der Grundlage nivellierender Zusammenfassung unter Einordnung in die → Zwangswirtschaft des Staates. → Wissenschaftlicher Sozialismus, → Kommunismus.

Kollusion → Abgestimmtes Verhalten.

Kommanditgesellschaft (KG), eine → Personengesellschaft, eine echte Gesellschaft im Sinne des BGB, die auf den Betrieb eines Handelsgewerbes unter gemeinschaftlicher Firma gerichtet ist und bei der mindestens ein Gesellschafter unbeschränkt, d.h. mit seinem ganzen Vermögen, haftet (Komplementär), während mind. ein Gesellschafter nur mit einer bestimmten Vermögenseinlage beteiligt ist (Kommanditist). Namen und Einlagen der Kommanditisten sind ins → Handelsregister einzutragen. Über die Gewinn- und Verlustverteilung entscheidet der Gesellschaftsvertrag bzw. der Gesetzgeber, falls keine Regelung vorliegt. Der Kommanditist nimmt an einem Verlust nur bis zum Betrage seines Kapitalanteils oder seiner noch rückständigen Einlage teil. Die Geschäftsführung liegt allein in den Händen der Komplementäre oder eines Komplementärs, dem sie übertragen ist. Durch Gesellschaftsvertrag kann die Geschäftsführung indes anders geregelt werden. Nach § 166 HGB beschränkt sich das Kontrollrecht der Kommanditisten auf die Mitteilung der Jahresbilanz und die Nachprüfung anhand der Bücher und Papiere. Die Vertretung der K. steht nur den Komplementären zu. Die wirtsch. Bedeutung der K. liegt in der möglichen Beschaffung von Kapital in einer Form, die eine Mischung aus pers. und Kapitalelementen ist. Eine moderne Form der K. liegt vor, wenn eine GmbH oder eine → Aktiengesellschaft (AG) persönlich haftender Gesellschafter einer K. wird (→ GmbH & Co KG); bei dieser Form lässt sich die beschränkte Haftung der Kapitalgeber mit der nur einmaligen Besteuerung der Gewinne vereinigen. → Doppelbesteuerung.

Kommanditgesellschaft auf Aktien (KGaA), eine → Handelsgesellschaft, bei der mind. ein Gesellschafter den Gläubigern unbeschränkt haftet (Komplementär), während der Übrigen nur mit Einlagen an dem in Aktien zerlegten → Grundkapital beteiligt sind (Kommandit-Aktionäre, §§ 2782ff. AktG). Für die Rechtsbeziehungen der Komplementäre gelten die Vorschriften über die → Kommanditgesellschaft (KG). Die K. hat nicht wie die → Aktiengesellschaft (AG) einen Vorstand (dessen Geschäfte nehmen die Komplementäre als »geborener Vorstand« wahr), wohl aber einen Aufsichtsrat, der die Vertretung der Kommanditaktionäre und das Kontrollorgan der Gesellschaft ist und dem kein Komplementär angehören darf. Die Hauptversammlung ist lediglich Organ der Kommanditisten; sie hat über die Angelegenheiten zu bestimmen, welche die Kommandit-Aktionäre betreffen. Die wirtsch. Bedeutung der K. liegt in der Persönlichkeit der Komplementäre der K., die ein größeres Vertrauen z.B. bei Großbanken erzeugen, dennoch ist die K. nur gering verbreitet.

Kommanditist → Kommanditgesellschaft (KG).

Kommerzialisierung, → Privatisierung, finanzpolit. die Umwandlung polit. in private (kommerzielle) Schulden (→ Young-Plan). Wirtschaftspolit. ist Privatisierung die Überführung von öffentl. Unternehmen oder Vermögen in Privateigentum. Ziele sind: Höhere → Effizienz und breite Vermögensstreuung. → Sozialisierung.

Kommissionär, nach § 383 HGB jemand, der es gewerbsmäßig übernimmt, Waren oder Wertpapiere für Rechnung eines anderen, des Kommittenten, in eigenem Namen zu kaufen oder zu verkaufen. Eine Einkaufskommission liegt vor, wenn der K. für den Kommittenten einkauft, eine Verkaufskommission, wenn er entsprechend verkauft. Zum Wesen des Kommissionsgeschäftes gehört es, dass der K. verpflichtet ist, das Geschäft für den Kommittenten zu tätigen, ihm alle rechtl. Vorteile aus dem Geschäft zugute kommen zu lassen; andererseits kann er die rechtl. Nachteile aus dem Geschäft auf ihn abwälzen. Ob ein Kommissionsgeschäft oder ein Propergeschäft (Eigengeschäft) vorliegt, kann im Einzelfalle zweifelhaft sein. Entscheidend ist der wirtsch. Sinn: Wird eine Partei als Vertrauensperson der anderen tätig, handelt sie in eigenem Namen, aber in fremdem Auftrag, oder für fremde Rechnung, so liegt ein Kommissionsgeschäft vor. Ähnlich wie beim → Handelsvertreter entsteht der Anspruch des K. auf → Provision erst dann, wenn das vom K. mit dem Dritten abgeschlossene Geschäft erfüllt ist.

Kommunale Gemeinschaftsstelle

Kommittent → Kommissionär.

Kommunalanleihen → Kommunalobligationen.

Kommunalbetrieb, gewerbl. Betrieb der Gemeinde, der regional die Bevölkerung mit lebensnotwendigen Gütern wie Gas, Wasser, Elektrizität oder Verkehrsleistungen versorgt. K. sollen i.d.R. kostendeckende Preise fordern, doch fehlt der Anreiz zur → Rationalisierung und damit Kostensenkung, da K. zumeist ein Marktmonopol haben. → Monopol.

Kommunale Gemeinschaftsstelle für Verwaltungsvereinfachung (KGSt), die K. ist ein seit 1949 von Städten, Gemeinden und Kreisen getragener unabhängiger Fachverband für kommunales → Management. In der K. sind über 1600 Kommunalverwaltungen aus Deutschland und Europa zusammengeschlossen, um mittels des dort gebündelten Wissens aus Verwaltungspraxis, Wissenschaft und Wirtschaft die eigene Leistungsfähigkeit zu verbessern und eine Stärkung der kommunalen Selbstverwaltung zu erreichen. Die Mitglieder profitieren durch Gutachten, Seminare, Fachkonferenzen und die Kennzahlenarbeit in sog. Vergleichsringen von der Arbeit der K. Dabei geht es grundsätzlich um die Implementierung eines neuen Leitbildes in der öffentl. Verwaltung (→ New Public Management), womit insbes. die Wandlung hin zu einer Dienstleistungsbürokratie gepaart mit einem effizienten Ressourceneinsatz verbunden ist. Zentrales Themenfeld ist die Verbesserung des Verwaltungsmanage-

Kommunalobligationen ments mit den Schwerpunkten Führung, Steuerung und Organisation. Mit dem → Neuen Steuerungsmodell (NSM) liegt ein Konzept der K. vor, mit dessen Hilfe die Reform der öffentl. Verwaltungen begleitet werden kann.

Kommunalobligationen, von → Hypothekenbanken und öffentl. Kreditanstalten als Schuldverschreibungen ausgegebene → Anleihen. Ausgabe und Deckung der K. sind wie bei Pfandbriefen geregelt. Sie gelten als ebenso sicher wie diese, da ihre Deckung durch Kommunaldarlehen erfolgt, deren Verzinsung und Tilgung auf Grund der Steuerkraft der Gemeinden gesichert sind. Die aufkommenden Mittel werden als Darlehen Bund, Ländern und Gemeinden zur Verfügung gestellt. K. sind als Baranlagen weit verbreitet.

Kommunikation, der Austausch von → Informationen zwischen Lebewesen und/oder Maschinen. Mitgeteilt werden → Daten als formalisiert erfasste Fakten oder Ideen, wobei deren Bedeutung auf Grund einer Konvention zugeordnet wird. Neben der Sprache als Grammatik (Syntaktik) und Symboldeutung (Semantik) gibt es eine Reihe von techn. Kommunikationsmitteln, wie Telefon, Fernsehen, Rundfunk, Plakate. Auch existieren verschiedene → Informationssysteme je nach Organisation der K. → Kommunikationssysteme.

Kommunikationssysteme, unterliegen einem raschen Fortschritt in der Nachrichtentechnik, wo Mikroelektronik, optische Nachrichtenübertragung und Satelliten zum Aufbau neuer Geräte und kostengünstiger Netze führen. Den traditionalen K., wie Brief- und Fernsprechverkehr, Fernschreibnetz, Hörfunk und Fernsehen entstehen Konkurrenz durch weltweit integrierte Systeme zur Übertragung von Texten, Daten, Fest- und Bewegtbildern. Die neuen K. helfen mit, die Märkte durchsichtiger zu machen, den Informationswettbewerb international zu stärken und neue Betriebs- und Verwaltungsformen zu entwickeln, ein wirtsch.-techn. Umbruch, der natürlich rechtl., polit. und soz. Probleme aufwirft.

Kommunismus, nach K. Marx die Endstufe des historischen Materialismus, die nach Lenin nur über die revolutionäre Diktatur des Proletariats erreicht werden kann. Über Ordnung und Ablauf der kommunistischen Gesellschaft gibt es nur unklare Vorstellungen, die meist in dem Schlagwort zusammengefasst sind: Jeder nach seinen Fähigkeiten, jedem nach seinen Bedürfnissen. Da man die natürlichen Anlagen des Menschen auf Dauer nicht wesentlich ändern kann, muss das Kollektiv als polit. System umso totalitärer die Freiheit des Einzelnen unterdrücken, je mehr es den Menschen umerziehen will. Das belegt auch die historische Erfahrung. In allen kommunistischen Ländern überwachte und unterdrückte eine Gruppe von »proletarischen« Diktatoren mit Hilfe eines monopolistischen Partei- und Polizeiapparates die freie Entfaltung (Selbstverwirklichung) des Menschen in Wirtschaft, Politik, Kultur, Kunst, Religion und Wissenschaft. → Gemeinwohl, → Marxismus.

Komparative Kosten oder Vorteile, als Gesetz der K. wurde es von D. Ricardo in die → Außenwirtschaftstheorie eingeführt, gilt aber auch für Kostenvergleiche von Unternehmen und Arbeitern. Es erklärt, warum ein Land, das in der Lage ist, eine Reihe Güter und Dienste zu niedrigeren Kosten als irgendein anderes anzubieten, sich auf die Güter und Dienste konzentriert, die es mit dem größten Kostenvorteil verkaufen kann und die Erzeugung anderer Güter, bei denen es einen positiven oder absoluten, aber geringeren Kostenvorteil hat, anderen Ländern überlässt und diese einführt, so dass beide einen Vorteil davon haben (→ Absolute Kostenvorteile). Auch der absolut weniger Befähigte gewinnt durch internationale → Arbeitsteilung und → Tausch. Maßgebend ist also nicht, was es jeweils am besten produzieren kann, sondern womit es am meisten durch Tausch verdient. Voraussetzung ist natürlich ein ungehinderter internationaler Güteraustausch. Das Gesetz wurde verfeinert, indem steigende oder sinkende Stückkosten (→ Kosten, betriebswirtschaftliche) oder Erträge einbezogen wurden. So hat J. S. Mill die Nachfrageseite in die klassische Theorie der komparativen Kosten einbezogen, so dass sie nunmehr erklären konnte, wie das internationale Tauschverhältnis (→ Terms of Trade) entsteht und wie entsprechend die Handelsströme fließen. Die moderne Theorie des Außenhandels sucht ebenfalls nach den Ursachen internationaler Güterströme, indem sie die Theorie des komparativen Kostenvorteils modifiziert. So werden nicht nur Unterschiede in der Technologie, sondern auch solche in der Faktorausstattung (→ Heckscher-Ohlin-Theorem) und in den Nachfragebedingungen untersucht und ferner dynamische Ansätze benutzt.

Komparativ-statische Analyse, ist die vergleichende Betrachtung wirtsch. Gleichgewichtszustände verschiedener Zeitpunkte oder verschiedener Perioden. Die beiden Gleichgewichtsstrukturen unterliegen der statischen Analyse. Ihr Vergleich lässt die zwischen den Zeitpunkten stattfindenden (evolutorischen) Prozesse des Übergangs von einem Gleichgewichtszustand zu dem einer späteren Periode, also die Bewegung oder Dynamik, dabei außer Betracht. → Analyse.

Kompatibilität, Vereinbarkeit, Verträglichkeit, etwa zweier Ämter in einer Person, in der wirtsch.wissenschaftlichen → Deduktion die Forderung, dass Voraussetzungen, Prämissen oder → Axiome miteinander kompatibel, verträglich, sein müssen, damit alle Folgerungen oder → Implikationen widerspruchsfrei sind.

Kompensationsgeschäfte, Ausgleichsgeschäfte. Urspr. im Bankwesen als Aufrechnung der Kauf- und Verkaufsaufträge von Wertpapieren innerhalb der Bank selbst aufgekommen, sind die K. unter dem Druck der Devisenknappheit auch im Warenaustausch zwischen zwei Ländern direkt, also durch Verbindung von Ausfuhr- mit Einfuhrgeschäften zu finden. K. können auf privatem Wege direkt von Firma zu Firma, von Branche zu Branche getätigt werden. Wesentlich wichtiger aber sind die K. auf Grund staatl. Verrechnungsabkommen geworden, bei denen der Warenverkehr zwischen Ländern nicht durch Zahlung in Devisen, sondern durch Verrechnung sämtlicher Warenlieferungen von Land zu Land ausgeglichen wird. Geschäfte, die einem solchen Warenclearing unterliegen, bezeichnet man als → Gegenseitigkeitsgeschäfte.

Kompensationstheorie, erörtert im Anschluss an das → Kaldor-Hicks-Kriterium die Frage, ob eine Kompensation zwischen Gewinnern und Verlierern tatsächlich vorgenommen werden muss, oder ob es sich nur um eine mögliche Entschädigung handeln soll. Hicks verlangt letzteres, da er einen Interessenausgleich über die Zeit hin annimmt. Ist das nicht der Fall, müssen Annahmen über die Einkommensverteilung gemacht werden, wenn man wirtsch. oder soz. Alternativen dem Rang nach ordnen will. In neueren Konzepten der → Nutzen-Kosten-Analyse (NKA) (z.B. Weisbrods Grand Efficiency oder Bergsons → Wohlfahrtsfunktion) werden neben hypothetischen Verteilungsnormen auch in der Praxis bereits angewandte, wie die Einkommensteuerprogression oder andere polit. Verteilungsnormen, eingeführt, so dass → Nutzen und Kosten und damit die Kompensation entsprechend gewichtet werden können.

Kompensationsvariation (kompensierende Einkommensvariation), neben der → Äquivalenzvariation ein zweites ordinales Konzept (→ Ordinale Nutzenmessung) zur Bewertung alternativer Konsumgüterbündel. Zur Bewertung im Rahmen der → Nutzen-Kosten-Analyse (NKA) stellt die K. auf denjenigen hypothetischen Betrag ab, um den das Einkommen der von einem öffentl. Projekt betroffenen Haushalte verändert werden müsste, damit sie bei dem neuen Preisniveau nach Durchführung des Projekts das alte Nutzenniveau beibehalten können. Ein Vergleich mehrerer Alternativprojekte ist mittels der K. nicht möglich, da sie ihre Aussagen auf Basis des Preisvektors ableitet, der sich nach Durchführung des öffentl. Vorhabens einstellt. Verschiedene Projekte ziehen dabei verschiedene relative Preise nach sich, so dass keine einheitliche Referenzgröße mehr gegeben ist (→ Mechanismus der relativen Preise). Die K. kann auch als Fläche unter der → kompensierten Nachfragefunktion berechnet werden. In der Praxis treten jedoch erhebliche Schwierigkeiten in der Messung auf.

Kompensierende Einkommensvariation → Kompensationsvariation.

Kompensierte Nachfragefunktion, auch Hickssche Nachfragefunktion genannt, wird ergänzend zur gewöhnlichen Marshallschen Nachfragekurve herangezogen. Das Marshall-Konzept untersucht den Einfluss des Preisvektors auf die Nachfrage nach einem Gut, wobei das verfügbare Einkommen konstant gehalten wird. In der Hicksschen Kurve ist die Nachfrage ebenfalls eine Funktion des Preisvektors, aber statt des Einkommens wird das Nutzenniveau konstant gehalten. Das Hicks-Konzept stellt somit nur den → Substitutionseffekt einer Preisveränderung (→ Slutsky-Gleichungen) dar; vom → Einkommenseffekt wird abstrahiert. Je nachdem, ob das Nutzenniveau vor oder nach der Preisvariation konstant gehalten wird, lässt sich eine Hicks-Nachfragekurve durch kompensierende Einkommensänderung (→ Kompensationsvariation) oder durch äquivalente Einkommensänderung (→ Äquivalenzvariation) konstruieren.

Komplementär, (1) Güter, die zusammen verwendet werden müssen, um den erwünschten (techn. oder wirtsch.) Erfolg zu erzielen, sind k., z.B. Tinte und Feder, Pfeife und Tabak. Steigt der Preis eines dieser Güter, so verringert sich gewöhnlich nicht nur die Nachfrage nach diesem, sondern auch nach dem hierzu komplementären Gut. → Elastizität, → Substitution. (2) K. einer → Kommanditgesellschaft (KG).

Konditionenkartell, → Kartell, das lediglich einheitliche Verkaufsbedingungen unter Verzicht auf Preisabsprachen vereinbart. K. spielen eine Rolle in Wirtschaftszweigen, in denen sehr ungleiche Preisbedingungen vorliegen und sehr verschiedenartige Artikel, die zudem noch stark geschmacks- und modebedingt sind, z.B. in der Textilindustrie oder Nahrungs- und Genussmittelindustrie. K. müssen beim Bundeskartellamt angemeldet werden.

Kondratieff-Zyklus → Konjunkturbewegungen.

Konferenz über Internationale Wirtschaftliche Zusammenarbeit (KIWZ), Conference on International Economic Cooperation. Konferenz, an der 19 Entwicklungsländer und acht Industriestaaten in Paris im Zeitraum von 1975–77 teilnahmen. Im Mittelpunkt standen Fragen der Energie, Rohstoffe und Entwicklung und die entsprechenden Finanz- und Währungsprobleme zwischen Industriestaaten und Entwicklungsländern. Die Arbeit der K. wird im Rahmen der → Vereinten Nationen fortgesetzt. → Welthandelskonferenz.

Konfiskation → Einziehung von Vermögen und Rechten durch den Staat.

Konflikt zwischen Allokation und Umverteilung, beschreibt die Einbußen einer Volkswirtschaft durch die Umverteilung der Einkommen. Nach Rawls Maximin-Prinzip (→ Wald-Regel) soll die Einkommensverteilung gewählt werden, welche die unterste Gruppe am besten stellt, also Einkommen Y, da hier die unterste Gruppe 60 Mrd. EUR erhalten würde. Die Folge davon ist, dass

Einkommenshöhe und Einkommensverteilung
(Allokation und Umverteilung)

Verteilung	Einkommensgruppen		
Höhe des Volkseinkommens	untere 15 %	mittlere 70 %	obere 15 %
X 500 Mrd	40	385	75
Y 450 Mrd	60	310	80
Z 500 Mrd	50	380	70

sich bei den beiden anderen Einkommensverteilungen ein höheres Volkseinkommen X und Z ergeben würde, so dass die Umverteilung nach Rawls die Volkswirtschaft um 50 Mrd. EUR ärmer machen würde (→ Laffer-Kurve) und außerdem die obere Gruppe bei dieser Verteilung den höchsten Anteil am Volkseinkommen bekommt.

Konjekturale Preis-Absatz-Funktion, auf unvollkommenen Märkten oder bei → Monopolen ist die Absatzkurve des einzelnen Anbieters von links oben nach rechts unten geneigt, d. h. der Anbieter muss bei seiner Preiserhöhung damit rechnen, eine geringere Menge als bislang absetzen zu können. Im Gegensatz zum vollkommenen Wettbewerb, wo der Marktpreis für den einzelnen Anbieter ein Datum ist und er nur seine Angebotsmenge festlegen kann, wo also die Absatzgerade eine Parallele zur Mengenachse ist, sieht sich hier der Anbieter einer (eigenen) Nachfragekurve gegenüber und auf unvollkommenen Märkten mit der Reaktion von Anbietern ersetzbarer (substituierbarer) Güter konfrontiert (→ Substitution). Die Kurve heißt konjektural, weil sie die Erwartungen und Vorstellungen des Anbieters über seinen Absatz bei Preisänderungen widerspiegelt.

Konjunktur → Konjunkturbewegungen.

Konjunkturausgleichsrücklage, kann die Bundesregierung auf Grund der Ermächtigung durch die §§ 26–28 StWG in Verbindung mit § 51 EStG sowie § 19 KStG bilden. Dadurch soll → Kaufkraft in Höhe von höchstens zehn Prozent der Steuerschuld im Sinne einer → antizyklischen Wirtschaftspolitik in Zeiten einer überhitzten Konjunktur abgeschöpft und stillgelegt werden (→ Konjunkturbewegungen). Die K. steht Bund und Ländern entsprechend der Aufbringung in einem Konjunkturabschwung als zusätzliches Deckungsmittel zur Verfügung. Konjunkturzuschläge zur Einkommensteuer und Körperschaftsteuer müssen ebenfalls der K. zugeführt werden (§ 15,4 StWG). → Konjunkturrat.

Konjunkturbewegungen (engl.: business cycles), sind in bestimmten Zeitspannen regelmäßig wiederkehrende Auf- und Abschwungphasen der Wirtschaft, die alle Wirtschaftsbereiche erfassen und sich über fast alle Länder erstrecken können. J.A. Schumpeter teilt die K. in drei Gruppen ein: (1) lange Wellen (Kondratieff-Zyklus) von 50–60 Jahren Dauer, (2) mittlere Wellen (Juglar-Zyklus) mit einer Durchschnittsdauer von rd. zehn Jahren und (3) kurze Wellen (Kitchin-Zyklus) von drei–vier Jahren. Saisonale Schwankungen kommen innerhalb eines Jahres vor. Die → Konjunkturtheorie will die Juglar-Zyklen erklären und Methoden der Vorhersage entwickeln. Diese, auch Konjunkturzyklen genannt, werden neben einem oberen und unteren Wendepunkt in vier Phasen unterteilt: die der Expansion (steigender Auslastungsgrad der Kapazitäten, zunehmendes Volkseinkommen und erhöhter privater und staatl. Konsum), die »Boomphase« (Vollbeschäftigung mit starkem Anstieg des Preisniveaus), die Rezessionsphase (Nachlassen der Investitionen und des Konsums, verbunden mit einem geringeren Wachstum) und die Depressionsphase (Arbeitslosigkeit und geringe Investitionsneigung). Das Auftreten von K. wird neuerdings bestritten, da in der Nachkriegszeit »klassische« K. nicht mehr aufgetreten seien. Vielmehr treten Schwankungen der Zuwachsraten um einen Wachstumstrend auf, wobei ein absoluter Rückgang des Sozialprodukts kaum mehr vorkommt. → Boom, → Stagflation.

Konjunkturforschung, eine wissenschaftliche Wirtschaftsentwicklungsanalyse, ein Zweig der → Volkswirtschaftslehre (VWL), der sich auf empirisch-statistischer Grundlage mit den zyklischen Bewegungen in der Wirtschaft befasst, wie sie im Zeitalter der Industrialisierung als in einer Reihe von Jahren (sieben bis elf) sich vollziehender Ablauf von Aufschwung, Hochkonjunktur, Abschwung und Tiefstand mit gewisser Regelmäßigkeit auftraten. Nach dem 2. Weltkrieg waren sie als kurzfr. Schwankungen um einen historisch einmaligen Wachstumstrend des → Sozialprodukts zu beobachten. Die neuere K. versucht, dem nach dem 2. Weltkrieg stark veränderten Konjunkturverlauf gerecht zu werden und verknüpft den kurzfr. Ablauf weit stärker mit dem Wachstumsprozess der Wirtschaft. Ziel der K. ist die Bestimmung der konjunkturellen Situation (Konjunkturdiagnose) sowie die künftige wirtsch. Entwicklung (Konjunkturprognose). In Deutschland führen der → Sachverständigenrat (SVR) zur Begutachtung der gesamtwirtsch. Entwicklung und die Dt. Institute für Wirtschaftsforschung K. durch. Die dt. Konjunkturforschungsinstitute veröffentlichen gemeinsam einen Bericht über Diagnose und Prognose der Konjunkturlage und der -entwicklung. → Konjunkturneutraler Haushalt, → Konjunkturindikatoren, → Konjunkturbewegungen.

Konjunkturindikatoren, sollen die Konjunkturschwankungen möglichst in Zahlen ausdrücken. Bes. geeignet sind statistische → Zeitreihen, die Aufschwung und Abschwung ausdrücken oder ankündigen. Man unterscheidet Frühindikatoren, welche die künftige Entwicklung anzeigen sollen (z.B. Auftragseingänge der Industrie, Baugenehmigungen), Präsensindikatoren für die augenblickliche Lage (z.B. industrielle Produktion, Volkseinkommen, Arbeitsmarkt) und Spätindikatoren, die der Konjunkturentwicklung nachhinken (z.B. Löhne, Preise). Besonders wichtige K. sind die → Arbeitslosenquote und das → Bruttosozialprodukt (BSP). Sie geben zuverlässige Hinweise auf die mittelfr. Konjunkturentwicklung. Doch wie exakt der zukünftige Konjunkturverlauf mit Hilfe der K. prognostiziert werden kann, ist umstritten. → Konjunkturbewegungen.

Konjunkturneutraler Haushalt, ein im Jahre 1995 vom → Sachverständigenrat (SVR) weiterentwickeltes Konzept zur Messung der konjunkturellen Auswirkungen bzw. des strukturellen Defizits öffentl. Haushalte (→ Zyklische und strukturelle Defizite). Ein → Budget ist dann konjunkturneutral, wenn es, bezogen auf ein Basisjahr, für sich allein den Auslastungsgrad des volkswirtsch. Produktionspotenzials unverändert lässt. Der K.

ist aber nicht nur ein Maßstab, er kann auch als Zielgröße für die konjunkturpolit. erwünschte Höhe des Budgets dienen, wodurch gleichzeitig über die Aufteilung des Angebots an öffentl. und privaten Gütern entschieden wird (allokative Neutralität). Konzept und Inhalt des K. sind noch umstritten und verbesserungsbedürftig. So lässt es Akzelerator- und Multiplikatoreffekte sowie Änderungen der Struktur außer Acht (→ Akzelerator, → Multiplikator). Auch die → Steuerinzidenz und → Ausgabeninzidenz wird nur unzulänglich erfasst. → Vollbeschäftigungsüberschuss.

Konjunkturpolitik, auch Ablaufpolitik, versucht, die → Konjunkturbewegungen direkt und indirekt positiv zu steuern. Ihr Ziel ist eine störungsfrei wachsende Wirtschaft mit → Vollbeschäftigung, stabilem Preisniveau und Zahlungsbilanzausgleich. Teilbereiche der K. sind (1) die → Fiskalpolitik z.B. antizyklisch wirkendes Budget (z.B. → Deficit Spending, Investitionshilfen, Abschreibungserleichterungen, Steuererhöhungen, Konjunkturzuschläge, Ausgabensperre) auf Seiten der öffentl. Hand; (2) die Geldpolitik (wie restriktiv oder expansiv wirkende → Diskontpolitik, → Mindestreservepolitik oder → Offenmarktpolitik) ausgeführt von der → Europäischen Zentralbank (EZB), (3) die → Außenwirtschaftspolitik (internationale Koordinierung z.B. Wechselkurse, Beeinflussung der Kapitalaus- und -einfuhr) und (4) die → Lohnpolitik. Der K. steht als Entscheidungshilfe die Volkswirtschaftliche Gesamtrechnung (VGR) und verschiedene Budgetkonzepte (z. B. → Vollbeschäftigungsüberschuss oder →

Konjunkturneutraler Haushalt) zur Verfügung. Die K. basiert v.a. auf der Beschäftigungstheorie von J.M. Keynes (1883–1946) (→ Keynesianische Theorie). Eine Gegenposition beziehen die → Monetaristen.

Konjunkturrat, 1967 nach § 18 → StWG eingerichtetes Beratungsgremium, das die → Konjunkturpolitik von Bund, Ländern und Gemeinden koordinieren und auf eine breite Grundlage stellen soll. Zu den Mitgliedern gehören der Bundeswirtschaftsminister (Vorsitzender), der Bundesfinanzminister, je ein Vertreter der Bundesländer sowie vier Vertreter der Gemeinden und Gemeindeverbände. Die Deutsche Bundesbank kann an den Beratungen teilnehmen. Der K. muss v.a. über die Zuführung von Mitteln zur → Konjunkturausgleichsrücklage und über Beschränkungen der Kreditaufnahme beraten, prinzipiell aber über alle Aspekte der Stabilisierungspolitik. → Konjunkturbewegungen.

Konjunkturrücklagen, dienen der Konjunkturstabilisierung durch Geldentzug und Wiederausgabe. Sie bestanden ab 1969 aus der → Konjunkturausgleichsrücklage (§ 15 → Stabilitätsgesetz (StWG)), die Bund und Länder bei der Deutschen Bundesbank stillgelegt hatten, ferner dem Stabilitätszuschlag zur Einkommensteuer, der von Unternehmen erhobenen Investitionssteuer sowie der Stabilitätsanleihe des Bundes. Die K. wurden in der Wirtschaftskrise 1974–75 nach und nach aufgelöst.

Konjunkturtheorien, versuchen, → Konjunkturbewegungen zu analysieren und aus wirtsch. oder außerwirtsch. Ursachen zu erklären (Konjunkturdiagnose). Theorien, die nur eine Ursache berücksichtigen, haben wegen der Vielfalt der zyklischen Erscheinungsformen nur noch historischen Wert; es überwiegen die K., die mehrere Einflussfaktoren heranziehen. Diese können exogen (die Störungen des Wirtschaftslebens kommen von außerhalb des Wirtschaftssystems) oder endogen (die Störungen kommen aus dem System selbst) bestimmt sein. Zu jenen gehören beispielsweise Bevölkerungswachstum oder Ernteerträge. Als exogene Ursachen können Naturkatastrophen, soz. oder polit. Umwälzungen, Kriege und Erschließung oder Entdeckung neuer Gebiete angesehen werden. Zu den endogenen K. zählen: (1) die Unterkonsumtionstheorie (ein zu großes Sparvolumen, gleich bedeutend mit geringerer Nachfrage nach Konsumgütern, führe zur Depression), (2) die Überproduktionstheorie (erhöhte Nachfrage nach Konsumgütern führe auf Grund des Akzeleratorprinzips zu einer prozentual weitaus kräftigeren Ausweitung in der Produktionsgüterindustrie, weswegen es im Aufschwung zu Ungleichgewichten komme, → Akzelerator) und (3) die Überinvestitionstheorie (die Ersparnisbildung ist geringer als die Investition, so dass im Aufschwung der Investitionsgütersektor trotz Zwangssparens stärker als der Konsum expandiert, im Abschwung eine Anpassung durch Lagerhaltung erfolgt). Aufbauend auf der (statischen) → Beschäftigungstheorie von J. M. Keynes versuchte P.A. Samuelson, das für eine wirklichkeitsnähere Erklärung unerlässliche Zeitmoment in die Analyse einzuführen. Er kombinierte das Multiplikatorkonzept von Keynes (→ Multiplikator) mit dem Akzelerator. Dadurch wurde es möglich, zyklische (Einkommens-)Bewegungen zu erklären. J. R. Hicks übertrug dieses Schwankungs- (Oszillations-)Modell auf eine wachsende Volkswirtschaft, in Anlehnung an die Pionierarbeit von R. F. Harrod, und führte den Begriff des oberen Plafonds ein, bei dessen Erreichen es wegen der ausgelasteten Kapazitäten zu einem Rückschlag kommen muss (→ Harrod-Paradoxon).

Konkurrenzsozialismus, versucht, → Marktwirtschaft und → Planwirtschaft miteinander zu verbinden. Nach O. Lange sollen in dieser → Wirtschaftsordnung theoret. die Haushalte freie Konsum- und Arbeitsplatzwahl haben und die Betriebe sich wie bei vollkommenem → Wettbewerb verhalten. Die Leiter eines Industriezweiges entscheiden über Investition und Desinvestition, während eine staatl. Planungsbehörde zentral die Preise, Löhne und Investitionsquote vorschreibt. Im ehemaligen Jugoslawien wurde eine Art K. versucht, doch traten erhebliche Schwierigkeiten und Widersprüche zwangsläufig auf.

Konkurs, seit 1.1.1999 Insolvenzverfahren, → Insolvenz.

Konkursausfallgeld, bis 1999 als voller Ausgleich des für die drei Monate vor Konkurseröffnung nicht gezahlten Arbeitsentgeltes an Arbeitnehmer gezahlte Leistung der Bundesanstalt für Arbeit. Heute: Insolvenzgeld. → Insolvenz.

Konnexitätsprinzip (von lat., Zusammenhang, Verknüpfung), besagt, dass, wenn der Gesetzgeber Gemeinden und Städten kostenträchtige Aufgaben übergibt, dieser auch für die Finanzierung dieser Aufgaben sorgen muss. → Fiskalische Äquivalenz, Prinzip der, → Finanzverfassung.

Konsolidierte Bilanz, eine aus den Einzelbilanzen wirtsch. verbundener Unternehmungen (→ Konzern) zusammengefasste → Bilanz, namentlich eine → Konzernbilanz (§§ 290–315 HGB). Bei der Konsolidierung ist auf Folgendes besonders zu achten: (1) der Beteiligungsbuchwert ist gegen das Eigenkapital der Beteiligungsgesellschaft aufzurechnen (Kapitalkonsolidierung); (2) die zwischen den Konzernunternehmungen bestehenden → Forderungen und → Verbindlichkeiten sind gegenseitig aufzurechnen (Schuldenkonsolidierung), da die Konzernunternehmungen als Wirtschaftseinheit betrachtet werden; (3) Gewinn und Verluste aus wirtsch. Beziehungen der Konzernunternehmen untereinander sind zu eliminieren (Zwischenergebniseliminierung); (4) Aufwendungen und Erträge aus Beziehungen zwischen in den K. einbezogenen Unternehmen sind aufzurechnen (Aufwands- und Ertragskonsolidierung); (5) für Anteile konzernfremder Gesellschafter an den Untergesellschaften ist in Höhe ihrer Anteile am Kapital, den offenen Rücklagen, an Gewinn und Verlust ein Ausgleichsposten für Anteile im Fremdbesitz auszuweisen; (6) Unterschiede zwischen den Wertansätzen der Anteile an den Untergesellschaften und ihrem Betrag des Kapitals und der Rücklagen sind gesondert auszuweisen. → Handelsbilanz.

Konsolidierung → Konsolidierte Bilanz.

Konsortialgeschäft, die gemeinsame Durchführung von Geschäften, insbes. durch Banken, wobei sich die Teilnehmer (Konsorten und Konsortialen) zu einem Konsortium, d.h. rechtl. zu einer Gelegenheitsgesellschaft zusammentun. Das Geschäft wird nach den vereinbarten Konsortialquoten aufgeteilt. I.d.R. handelt es sich dabei um → Emissionen, also um die Unterbringung von Aktien oder Obligationen in der Weise, dass diese → Wertpapiere zu einem festen Kurs, dem Konsortialkurs, übernommen und dann zum Emissionskurs entweder an der → Börse ausgegeben oder im Wege der Subskription an das Publikum verkauft werden.

Konsortium → Konsortialgeschäft.

Konsum → Verbrauch.

Konsumausgaben, kurz- und langfristige, hängen nach J.M. Keynes (→ Psychologisches Gesetz von Keynes) maßgeblich vom gegenwärtigen Einkommen des Konsumenten ab. Formal: $C_t = a + b \cdot Y_t$, wobei C_t = Konsum in der Periode t, a = Existenzminimum, b = marginale Konsumquote und Y_t = Einkommen in der Periode t. Andere Faktoren, wie Zins, Vermögen, Einkommenserwartungen, Verhältnis der Brutto- zu den Nettoeinkommen, können sich gegenseitig aufheben oder sind unbedeutend und werden daher nicht berücksichtigt. Duesenberry vertritt die Hypothese, Konsumentenentscheidungen hängen von der Position in der Einkommenspyramide und dem einmal erzielten Höchsteinkommen ab: $C_t = a + b \cdot Y_{t-1}$; dabei ist Y_{t-1} = Einkommen in der Vorperiode. Nimmt das Einkommen ab, bedeutet dies, dass die durchschnittliche → Konsumquote C/Y größer wird, langfr. indes passen sich die Konsumenten ihren alten Verbrauchsgewohnheiten wieder an, zumal bei einem Anstieg der Einkommen ihre relative Stellung in der Einkommenspyramide unverändert bleibt, d.h. die durchschnittliche Konsumquote bleibt gleich. Empirische Untersuchungen belegen, dass in Zeiten unsicherer Einkommenserwartungen relativ mehr gespart wird, obwohl die Preise erheblich steigen und die Einkommen nominal nur mäßig zunehmen, real sogar gleich bleiben oder abnehmen. Nach M. Friedman sollen die Verbraucherentscheidungen vom dauerhaften Einkommen abhängen. Da der wirkliche Konsum im Durchschnitt dem sog. permanenten Verbrauch C_p entspricht, gilt die Gleichung $C_p = k \cdot Y_p$, d.h. C_p ist ein gleich bleibender Bruchteil von dem dauerhaften Einkommen Y_p (Hypothese des dauerhaften Einkommens, → Permanent Income Hypothesis). Nach der Lebenszyklushypothese ist im ersten Drittel des Lebens der Verbrauch größer als das Einkommen, im zweiten Drittel sind beide ausgeglichen, und im letzten Drittel ist der Konsum kleiner als das Einkommen.

Konsumentenkredit, Verbraucherkredit, Kredit an private Haushalte zur Finanzierung des Güterverbrauchs entweder als Ratenkredit über Darlehenskonten oder als Dispositionskredit über Kontokorrentkonten. → Kontokorrentkredit, → Darlehen.

Konsumentenrente, nach Marshall, der sie »consumer's surplus« nennt, eine → Differenzialrente, die jemand bekommt, wenn er auch einen höheren als den Einheitspreis (P) einer Ware zu zahlen bereit wäre. Sie ist gleich dem Unterschied zwischen dem Marktpreis und dem Nachfragepreis (N), also dem Preis, den jemand zu zahlen bereit wäre, wenn sich der Marktpreis nicht nach → Grenznutzen oder → Zahlungsbereitschaft des Grenzkäufers (x) richten würde. Sie ist also ein Nutzengewinn des Konsumenten als Differenz zwischen dem Betrag, den ein Verbraucher für ein Gut zu zahlen bereit ist, und der Summe, die er tatsächlich zahlt. Die K. spielt in der neueren → Wohlfahrtsökonomie und bei ihrer Anwendung in der → Nutzen-Kosten-Analyse (NKA) eine zentrale Rolle. → Produzentenrente.

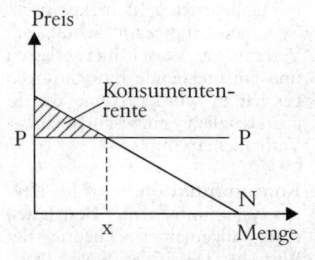

Konsumentensouveränität, bringt zum Ausdruck, dass in einer freiheitlichen Wettbewerbswirtschaft die Konsumenten mit ihrer Nachfrage entscheiden, was und wie viel zu welcher Zeit produziert

Konsumfunktion

werden soll, indem sie ihre Einkommen entsprechend ihren → Bedürfnissen ausgeben. Niemand, auch nicht der Monopolist, kann ein Gut absetzen, wenn es der Konsument nicht kaufen will (oder kann). Die millionenfachen Entscheidungen der einzelnen Konsumenten halten das Marktsystem sachlich, zeitlich und räumlich flexibel. Die K. ist möglichen Gefahren ausgesetzt, die gelegentlich von Gegnern der → Marktwirtschaft übertrieben werden, um eine kollektive → Wirtschaftsordung zu rechtfertigen: Werbung und schlechte Information würden zu nachteiligen Verbrauchsentscheidungen führen. Die freie Wahl des Konsumenten verzerre die Angebotsstruktur, indem mehr Luxusgüter und weniger lebensnotwendige Waren erzeugt würden. Die Konsumenten seien nicht in der Lage, die für sie beste Auswahl zu treffen, würden den Gegenwartskonsum dem Zukunftskonsum weitaus vorziehen und könnten die schädlichen Folgen des Verbrauchs (Tabak, Medikamente usw.) nicht richtig beurteilen. In marktwirtsch. Systemen sind zum Schutz der Verbraucher Vorschriften erlassen und entsprechende Einrichtungen geschaffen worden, ohne die K. grundsätzlich einzuschränken. → Verbraucherschutz.

Konsumfunktion, seit J.M. Keynes systemimmanenter Bestandteil einer allgemeinen Theorie der Wirtschaft. Sie ist bei Keynes statischer Natur und stellt auf makroökonom. Ebene einen funktionalen Zusammenhang zwischen → Einkommen und → Verbrauch her. Eine Dynamisierung der K. führte Robertson ein. Auf mikroökonom. Ebene geht man zur Bestimmung der K. von der → Wahlhandlungstheorie aus. Die Entscheidungen der Konsumenten werden u.a. von soz. Gegebenheiten beeinflusst. Ihre Einfügung in die Wirtschaftstheorie bereitet Schwierigkeiten, da auf einen umfangreichen Komplex von Verhaltenshypothesen zurückgegriffen werden muss. Die Hypothese »steigt das Einkommen (Y), so nimmt der Konsum (C) weniger stark zu« drückt folgende Formel aus: C = f(Y) wobei

$$\frac{dC}{dY} > 0 \text{ und } \frac{d\left(\frac{C}{Y}\right)}{dY} < 0$$

Konsumpolitik, will die Konsumfreiheit sichern und die Bedarfsdeckung der privaten Haushalte beeinflussen. Sie kann → Wettbewerbspolitik und Schutzpolitik sein und findet dort ihre Grenze, wo Souveränität und Entscheidungsfreiheit des Konsumenten beeinträchtigt werden. Träger der K. sind die Selbstorganisation oder der Staat. Da öffentl. Konsumgüter von einem staatl. Monopolisten angeboten werden, kann sich die K. hier nur als Schutzpolitik oder Selbsthilfe manifestieren, die allerdings in Theorie und Praxis noch kaum entwickelt ist. Weder Selbst- noch Fremdhilfe noch Staat kontrollieren die → Wirtschaftlichkeit und Verteilung der Nutzen und Lasten öffentl. Verbrauchsgüter und deren Qualität zu Gunsten der Konsumenten. → Öffentliche Güter.

Konsumquote, drückt das Verhältnis der Verbrauchsausgaben (C) der Haushalte zu deren Einkommen (Y) aus, wobei in eine durchschnittliche (C/Y) und eine marginale K. (dC/dY) (d. h. eine unendlich kleine Zu- oder Abnahme des Einkommens verursacht eine entsprechende Veränderung der Konsumausgaben) unterschieden wird. Die marginale K. ist i.d.R. positiv, d.h. zunehmende Einkommen führen zu steigendem Konsum, und kleiner als eins, da nicht alles Einkommen für den Verbrauch ausgegeben, sondern Teile auch gespart werden (→ Sparquote). → Konsumausgaben, kurz- und langfristige.

Konsumsteuer → Ausgabensteuer.

Kontenplan, der betriebl. Organisationsplan der → Buchführung eines Betriebes. Er gibt an, welche Konten überhaupt geführt werden und zu welchen Gruppen oder Klassen sie zusammengefasst sind. Im K. müssen sowohl die Konten der Betriebs- als auch der Finanzbuchhaltung enthalten sein. 1937 wurden die → Buchhaltungsgrundsätze erlassen, denen ein allgemein verbindlicher Kontenrahmen (Systematik der Gliederungsgrundsätze für die Ordnung des Rechnungswesens) beigefügt war. Die einzelnen → Bestandskonten und Erfolgskonten (Aufwands- und Ertragskonten) sowie die Abschlusskonten werden in verschiedene Klassen (0 bis 9) eingeteilt. Die Kontenklassen können je nach den Bedürfnissen der einzelnen Wirtschaftsgruppen weiter untergliedert werden. → Konto, → Gemeinschaftskontenrahmen (GKR), → Industriekontenrahmen (IKR).

Kontenrahmen → Kontenplan.

Kontingente, auch Quoten, ein vom Staat festgesetztes Instrument der Wirtschafts-, namentlich der Außenwirtschafts- und Geldpolitik, zur mengen- oder wertmäßigen Beschränkung für bestimmte → Handelsgeschäfte, etwa bei der Einfuhr oder Ausfuhr einer Ware. K. in der → Außenwirtschaft dienen meist zum Schutz der heimischen Wirtschaft. Einfuhrkontingente überwiegen, während Ausfuhrkontingente nur bei strategisch wichtigen Gütern (Rohstoffabkommen) verwendet werden.

Konto, eine zweiseitige Rechnung, die Buchführungsform, in der die Bewegungsvorgänge der einzelnen Vermögens- und Kapitalwerte des Betriebes im Hauptbuch erfasst werden. Während bei der Staffelform oder Saldorechnung (→ Skontration), wie sie etwa in Sparkassenbüchern üblich ist, die Zu- und die Abgänge sowie der sich ergebende Bestand fortlaufend untereinander in einer Kolonne stehen, ist es wesentlich für die Kontenform, dass in zwei nebeneinander stehenden, durch einen Querstrich miteinander verbundenen Kolonnen Zu- und Abgänge einander gegenübergestellt werden. Die Buchungen auf beiden Seiten des K. haben eine entgegengesetzte Wirkung: Was auf der einen Seite hinzugefügt wird, vermindert die Gegenseite um denselben Betrag. Der Vorteil der Kontierung liegt darin, dass die Konten nur an bestimmten Terminen »abgeschlossen/saldiert« werden, d.h. der Saldo als Unterschied zwischen beiden Seiten des K. festgestellt und auf der kleineren Seite eingesetzt wird. Für jeden Bilanzposten wird im Hauptbuch ein K. errichtet. Durch

Kontokorrent 288

die Auflösung der linken (Aktiv-) Seite der → Bilanz entstehen die Aktivkonten (→ Aktiva), durch die der rechten (Passiv-)Seite die Passivkonten (→ Passiva). Jedes Aktivkonto nimmt den Anfangsbestand und die Zugänge im Soll (linke Seite) auf, die Abgänge dagegen und der Endbestand gehören ins Haben (rechte Seite). Bei Passivkonten stehen umgekehrt Anfangsbestand und Zugänge im Haben, die Abgänge und der Endbestand im Soll (→ Soll und Haben). Neben → Bestandskonten gibt es die Erfolgskonten, Ertrags- und Aufwandskonten, welche die Erfolge verzeichnen, ferner gemischte Konten, auf denen sich sowohl Bestandsänderungen als auch Erfolge niederschlagen. Bei Aufwandskonten stehen die Zugänge im Soll, die Abgänge und der Saldo im Haben, hingegen bei Ertragskonten die Zugänge im Haben, die Abgänge und der Saldo im Soll.

Kontokorrent, »laufende Rechnung«, bedeutet ganz allgemein jede Geschäftsverbindung, bei der die Leistungen und Gegenleistungen in Rechnung gestellt und in regelmäßigen Zeitabschnitten ausgeglichen werden. Im engeren Sinne liegt nach §§ 355–357 HGB ein Kontokorrentverhältnis vor, wenn jemand mit einem Kaufmann derart in Geschäftsverbindung steht, dass die daraus entspringenden beiderseitigen Ansprüche und Leistungen nebst Zinsen in Rechnung gestellt und in regelmäßigen Zeitabschnitten durch Verrechnung und Feststellung des für den einen oder anderen Teil sich ergebenden Überschusses ausgeglichen werden. Liegt ein solcher Kontokorrentvertrag vor, so kann der, dem bei dem Rechnungsabschluss ein Überschuss zusteht, vom Tage des Abschlusses an Zinsen von dem Überschuss verlangen, auch soweit in der Rechnung Zinsen enthalten sind. Wesentlich für das Kontokorrentverhältnis ist es, dass nicht die einzelnen, in die laufende Rechnung eingehenden Beträge jeder für sich ein selbständiges Schuldverhältnis begründen, sondern dass nur der für den einen Teil sich ergebende Überschuss geschuldet und in regelmäßigen Zeitabschnitten ausgeglichen wird. Die einzelne Leistung soll nur wirksam werden, sofern sie auf den Saldo Einfluss ausübt. Sie ist nur ein Posten innerhalb der laufenden Rechnung. Geschuldet wird der Überschuss als abstrakte Summe, in der alle konkreten Bestandteile, wie etwa Zinsschulden, Kaufschulden, Darlehensschulden, aufgehen. → Kontokorrentkredit.

Kontokorrentkredit, ein von Banken »in laufender Rechnung« gewährter → Kredit. Das Kontokorrentverhältnis an sich macht noch nicht den Abschluss eines Kreditgeschäftes erforderlich, denn der Kontokorrentvertrag ist als solcher kein Kreditvertrag, sondern muss sich erst mit einem Krediteröffnungsvertrag verbinden, um zum K. zu werden. Es entspricht dem Wesen des Kontokorrentgeschäfts, dass sich Bank und Kunde wechselseitig Geld geben oder nehmen, so dass der Kunde in den Büchern der Bank einmal auf der → Kreditoren- und andermal auf der → Debitoren-Seite erscheint. K ist also ein mit laufender Rechnung verbundenes Kreditgeschäft der Banken. Der K. ist täglich fällig, er kann also jederzeit gekündigt werden. Trotzdem kann der Kunde damit rechnen, dass die Bank unter normalen Verhältnissen von der täglichen Kündbarkeit keinen Gebrauch macht, da ihr i.d.R. genügend Kreditmittel zur Verfügung stehen (→ Tägliches Geld). Die Vorteile für den Kunden sind erheblich. Die Kassenhaltung wird auf die Bank übertragen. Das eingezahlte Geld bringt Zinsen. Dazu kommen die Vorteile des → bargeldlosen Zahlungsverkehrs. Für die Bank bildet der K. die Hauptquelle ihrer Gewinne an Provisionen und Zinsen.

Kontrahierungszwang → Offerte.

Kontraktkurve → Edgeworth-Box-Diagramm.

Kontrolle, alle Maßnahmen oder Einrichtungen, die der Überprüfung der Arbeitsleistung, der Einhaltung von Qualitäts-, Sicherheits- oder Rechtsvorschriften dienen. Es ist Aufgabe der pers. K., in einer Kartei über jeden Angestellten und Arbeiter Aufzeichnungen mit den für den Betrieb wichtigen Angaben zu führen. Sachliche K. ist Zeitkontrolle mit Hilfe von Marken oder Kontrolluhren sowie Leistungskontrolle anhand von Aufzeichnungen, z. B. auf einer Akkordkarte, wie sie bei → Leistungslohn (→ Akkordlohn) üblich ist. Die auf die Qualität ganzer Arbeitsstücke, aber auch eingekaufter Ware gerichtete K. geschieht mit Hilfe besonderer techn. Prüfungsverfahren, deren Ergebnisse auf sog. Begleitkarten (Laufzetteln) verzeichnet und häufig statistisch ausgewertet werden. Die K. der Rechnungslegung nennt man → Revision. In der öffentl. Verwaltung gibt es verschiedene K. und Kontrollinstanzen, z. B. Rechnungshöfe. → Bundesrechnungshof, → Europäischer Rechnungshof (EuRH).

Kontrollgesellschaft, beherrscht eine oder mehrere Gesellschaften durch Aktienmajoritäten.

Kontrolltheorie, ungenaue Übersetzung für → Steuerungstheorie.

Konventionalstrafe → Vertragsstrafe.

Konvergenzkriterien, im Vertrag von Maastricht festgeschriebene Kriterien, um die Stabilität der gemeinsamen Währung (→ Euro (EUR, €)) zu garantieren. Die Mitgliedstaaten der → Europäischen Union (EU), die an der dritten Phase der → Wirtschafts- und Währungsunion (WWU) teilnehmen wollen, sind verpflichtet, die K. zu erfüllen. Eine Überprüfung wird beim Beitritt von der → Europäischen Kommission und → Europäischer Zentralbank (EZB) vorgenommen. Die Erfüllung der K. soll eine weitestgehende Annäherung der wirtsch. Entwicklung innerhalb der WWU garantieren und ökonom. Spannungen zwischen den Mitgliedstaaten vermeiden helfen. Konkret geht es um folgende K.: (1) die Neuverschuldung (→ Öffentliche Schulden) der → öffentlichen Haushalte darf jährlich nicht mehr als drei Prozent des → Sozialproduktes überschreiten; (2) die → öffentlichen Schulden dürfen insgesamt nicht mehr als 60 % des Bruttoinlandsproduktes betragen; (3) die → Inflationsrate darf nicht mehr als 1,5 Prozentpunkte über der Inflationsrate der drei preisstabilsten

EU-Länder liegen; der durchschnittliche langfristige Nominalzinssatz darf den Zinssatz der drei preisstabilsten Länder um höchstens zwei Prozentpunkte übersteigen; (4) die im Rahmen des Wechselkursmechanismus des → Europäischen Währungssystems (EWS) vorgesehenen normalen Bandbreiten müssen zumindest in den letzten zwei Jahren vor der Prüfung ohne starke Spannungen eingehalten worden sein. Die K. zum öffentlichen Defizit und öffentlichen Schuldenstand sind auch nach Inkrafttreten der dritten Phase der WWU von den Teilnehmerländern zu erfüllen. Die Einhaltung dieser Regelungen wird gemäß den Bestimmungen des → Stabilitäts- und Wachstumspakts überwacht. Verstöße können Sanktionen durch die EU zur Folge haben.

Konvergenztheorie, Annäherungstheorie der Wirtschaftssysteme, behauptet, es finde eine säkulare Annäherung der westlichen und östlichen Wirtschaftssysteme statt, die in eine dritte → Wirtschaftsordnung einmünde. In den marktwirtschaftl. geprägten Ländern (→ Marktwirtschaft) verdränge die zentrale Planung immer mehr den Markt, während die diktatorische → Planwirtschaft dezentrale Lockerungen vornehme. Die K. übersieht, dass der Markt nur dann seine Aufgabe, die Millionen Pläne der einzelnen Haushalte und Unternehmen laufend zu koordinieren, wirksam und sinnvoll ausführen kann, wenn der Staat einen Rahmen setzt und nicht unmittelbar in die Konsum- und Produktionsfreiheit der Einzelnen eingreift.

Konversion, Umwandlung, die Abänderung der Zins- und/oder Tilgungsbedingungen einer → Anleihe.

Konvertibilität, die freie Austauschbarkeit von Währungen in unbegrenzter Höhe. K. der Heimatwährung in ausländ. Währung wird auch Inländerkonvertibilität genannt. Die Währungen der Industrieländer gelten als konvertierbar. Freie, volle K. ist gegeben, wenn der Besitzer von Devisen und Zahlungsmitteln das Recht hat, jederzeit zum geltenden → Wechselkurs gegen andere aus- oder inländ. Zahlungsmitel zu tauschen. K. kann bezogen auf Personen beschränkt sein (→ Ausländerkonvertibilität, → Inländerkonvertibilität) oder bezogen auf ihren Verwendungszweck. → Devisenbewirtschaftung.

Konvertierung → Konversion.

Konzentration, nach der Konzentrationstheorie von K. Marx die durch die Akkumulation des Kapitals verursachte Ballung von wirtsch. und polit. Macht. Im Unternehmensbereich liegt K. vor, wenn sich größere Unternehmungen auf Kosten kleinerer ausbreiten oder diese aufkaufen. In diesem Falle verringert sich der Grad des → Wettbewerbs. K. kann in wirtsch., soz. und polit. Bereichen auftreten, auch beim Einkommen und Vermögen und in einzelnen Regionen. Die K. wirft zwei grundsätzliche Probleme auf: (1) Wie weit ist eine betriebl. K. erwünscht, damit die Unternehmer ihre Kosten senken können? (2) Wann führt die K. dazu, dass die Kosten durch die Schwerfälligkeit des Apparates und die Schwächung der pers. Initiative progressiv zunehmen und volkswirtsch. Verluste durch Einschränkung des Wettbewerbs und Anhäufung von Macht (jeder Art) eintreten. → Kartell, → Monopol, → Konzern.

Konzentrationsmaße, in der → Statistik wird der Konzentrationskoeffizient für die Messung der absoluten bzw. der relativen Konzentration verwendet. Die relative → Konzentration wird mit Hilfe des → Gini-Koeffizienten und der → Lorenz-Kurve berechnet, die absolute Konzentration hingegen mit Hilfe des → Herfindahl-Index oder der Konzentrationsraten. Sie sind Maßgrößen, die angeben, welcher Anteil am Gesamtmerkmalsbetrag auf die größten Merkmalsträger fällt.

Konzern, eine Vereinigung von Unternehmungen, die zwar rechtl., aber nicht wirtsch. selbständig sind. Nach § 18 AktG liegt ein Konzern vor, wenn ein herrschendes oder ein oder mehrere abhängige Unternehmen unter der einheitlichen Leitung des dominierenden Unternehmens zusammengefasst sind (Unterordnungs- oder Subordinationskonzern). Unternehmen, zwischen denen ein Beherrschungsvertrag besteht oder von denen das eine in das andere eingegliedert ist, gelten als unter einheitlicher Leitung zusammengefasst. Sind rechtl. selbständige Unternehmen unter einheitlicher Leitung zusammengefasst, ohne dass das eine von dem anderen abhängig ist, bilden auch sie einen K. (Gleichordnungs- oder Koordinationskonzern). Der K. ist demnach eine besondere Form der verbundenen Unternehmen (§ 15 AktG). Stehen in einem K. die Konzernunternehmen unter der einheitlichen Leitung einer → Aktiengesellschaft (AG) oder einer → Kommanditgesellschaft auf Aktien (KGaA) oder einer → Gesellschaft mit beschränkter Haftung (GmbH) oder bergrechtl. Gewerkschaft, so haben der Vorstand oder die Geschäftsführer der Obergesellschaft eine → Konzernbilanz und eine K.-Gewinn- und Verlustrechnung (GuV) sowie einen Konzerngeschäftsbericht aufzustellen. Das Gleiche gilt in einem K., dessen Spitze keine → Kapitalgesellschaft ist, für die Konzernunternehmen in der Form von Kapitalgesellschaften, die der Konzernleitung am nächsten stehen (Teilkonzernabschluss). → Konsolidierte Bilanz.

Konzernbilanz, die einheitliche Bilanz der in einem → Konzern zusammengefassten Unternehmungen. In den Konzernabschluss sind die Konzernunternehmen einzubeziehen, deren Kapital zu mehr als 50 % Konzernunternehmen gehört. Dies entfällt, wenn die Darstellung der wirtsch. Lage des Konzerns wegen der geringen Bedeutung des Konzernunternehmens nicht beeinträchtigt wird; in den Konzernabschluss dürfen Konzernunternehmungen dann nicht einbezogen werden, wenn durch die Einbeziehung der Aussagewert des Konzernabschlusses beeinträchtigt würde. Der Konzernabschluss und der Konzerngeschäftsbericht sind durch Konzernabschlussprüfer zu prüfen. → Konsolidierte Bilanz.

Konzertierte Aktion, ein im § 3 StWG vorgesehenes Gremium, an dem Staat, Arbeitgeber, Arbeitnehmer, der → Sachverständigenrat (SVR) und die → Deutsche Notenbank beteiligt sind und das versuchen soll, eine gewisse Abstimmung über die künftige Entwicklung der Einkommen und deren Verteilung zu erzielen. Die K. kann keine bindenden Beschlüsse fassen, ihre konjunkturpolit. Bedeutung ist relativ gering einzuschätzen.

Konzession (lat., Erlaubnis, Genehmigung), die zum Betrieb bestimmter → Gewerbe von der zuständigen Behörde erteilte Genehmigung. Große wirtsch. Bedeutung kommt den K. zu, die Regierungen ausländ. Gesellschaften gewähren: Rechte für die Erschließung und Ausbeutung von Rohstoffen, wie Erdöl oder Kupfer. Wird die Ausübung eines Gewerbes von einer K. abhängig gemacht, so wird geprüft, ob der Nachsuchende bestimmte, für die Ausübung nach gesetzl. Vorschriften erforderlichen Voraussetzungen erfüllt, z.B. für den Gaststättenbetrieb Zuverlässigkeit, die nötigen Kenntnisse und die Eignung der räumlichen Gegebenheiten. Die K. gewerbl. Anlagen spielt v.a. dort eine Rolle, wo diese für Nachbarschaft oder Öffentlichkeit Nachteile, Gefahren oder Belästigungen mit sich bringt.

Kopfsteuern (engl.: lump-sum tax), eine Form der Steuererhebung, die an äußere Merkmale des Steuerpflichtigen, vorwiegend an sein Bürger- oder auch Aufenthalts- und Wohnrecht, anknüpft, ohne damit Rücksicht auf seine wirtsch. Verhältnisse und Leistungsfähigkeit (→ Leistungsfähigkeitsprinzip) zu nehmen. Insoweit sind K. Objektsteuern. Eine K., die »Eisphora« der Vollbürger, wurde bereits durch Solon in Griechenland eingeführt. Im Grunde sind sie formal und polit. das Gegenstück zum gleichen Stimmrecht. Am gerechtesten erscheinen sie zur Deckung des Bedarfs an lebenswichtigen → öffentlichen Gütern, wie äußere und innere Sicherheit.

Korrelation, in der → Statistik ein math. Verfahren, mit dessen Hilfe man Zahlenreihen, von denen man vermutet, sie seien irgendwie voneinander abhängig, vergleicht. Wenn etwa das Steigen oder Fallen der einen von einem Steigen oder Fallen der anderen Reihe begleitet ist, spricht man von K. Mit Hilfe der Korrelationsrechnung ermittelt man den Korrelationskoeffizienten, der die Beziehung beider Reihen math. ausdrückt. Er gibt an, wie groß die Abhängigkeit der einen Reihe von der anderen ist. Es besteht immer die Gefahr der → Autokorrelation oder Trendkorrelation, der → Multikollinearität, der Buchhaltungs- oder der Nonsenskorrelation. Der mit Hilfe der Korrelationsformel (nach Bravais-Pearson, Spearman oder Kardall) errechnete Korrelationskoeffizient bewegt sich zwischen +1 und −1, d.h. die Abhängigkeit der beiden Reihen ist entweder positiv oder negativ. Ist der Korrelationskoeffizient gleich +1, so bedeutet dies eine vollkommen positive K., also die eine Reihe ändert sich genau im gleichen Verhältnis wie die andere. Ist er gleich 0, fehlt jede Abhängigkeit. Ist er dagegen gleich −1, so besteht eine vollkommen negative K., d.h. die eine Reihe ändert sich genau im umgekehrten Verhältnis wie die andere. Die zwischen diesen Grenzfällen liegenden Korrelationskoeffizienten sind Bruchzahlen (z.B. +0,7; –0,2), die in ihrer Abstufung angeben, wie streng die korrelative Abhängigkeit ist. Korrelationsaussagen sind im Allg. auch auf ihre Aussagewahrscheinlichkeit und ihre Fehlerbereiche hin zu überprüfen.

Korruption, ein unbestimmter Begriff, dessen konstitutive Merkmale Tausch, Normenverstoß, Missbrauch einer Vertrauensstellung und Heimlichkeit sind (K. Schmidt). Dieses unerlaubte Tun oder Unterlassen manifestiert sich in vielfältigen Formen und Verfahren. Da es sich um Tausch auf illegalen Märkten handelt, gehen von der K. sowohl allokative wie distributive Wirkungen aus.

Kosten → Kosten, betriebswirtschaftliche, → Kosten, volkswirtschaftliche.

Kosten, betriebswirtschaftliche, im Unterschied zu Aufwand und zu Ausgaben der Wert der Güter und Dienste, die zur Erstellung betriebl. Leistungen in Anspruch genommen werden. In Bezug auf den Beschäftigungsgrad unterscheidet man: (1) Auf den Gesamtbetrieb oder einzelne → Kostenstellen bezogen: Gesamt- → Fixkosten und Gesamt- → Variable Kosten. Die Gesamtkosten sind proportionale K., wenn sie im gleichen Verhältnis wie die Beschäftigung steigen oder fallen, unterproportionale K., wenn sie in schwächerem Maße als diese, überproportionale K., wenn sie stärker steigen. (2) Auf das einzelne Erzeugnis bezogen, spricht man von Stück- oder Durchschnittskosten. Fallen diese bei einer weiteren Ausdehnung (Einschränkung) der Beschäftigung, liegt Kostendegression vor, steigen sie, spricht man von Kostenprogression aus fortschreitender (rückläufiger) Beschäftigung. → Grenzkosten sind K., die für eine kleine zusätzliche Produktionseinheit entstehen. → Kostenrechnung.

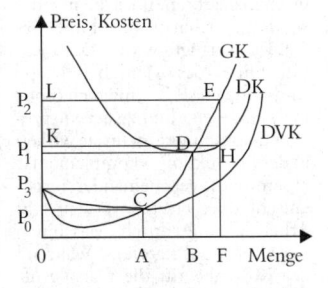

Die Kurve der Grenzkosten (GK) schneidet die Kurven der durchschnittlich variablen Kosten (DVK) und der Durchschnittskosten (DK) jeweils in ihrem tiefsten Punkt (C, D). Geht man davon aus, der erzielbare Preis sei unabhängig von der ausgebrachten Menge, also konstant (Preis = Grenzerlös), ergeben sich folgende Lagen: (1) Ist der Preis P_0, werden bei einem Ausstoß von A die variablen Kosten eben gedeckt. Punkt C ist dann kurzfr. die Preisuntergrenze, auch Betriebsminimum genannt. Beim Preis von P_3 werden bereits Teile der fixen Kosten gedeckt, der Verlust wird geringer. (2) Ist der Preis P_1, können bei einem Ausstoß von B alle Kosten gedeckt werden. D ist dann langfr. die Preisuntergrenze oder das → Betriebsoptimum. Preise über P_1, z.B. P_2, führen bei einem Absatz von OF zu einem Gewinn, der hier LEHK beträgt. Aus diesen Kostenzusammenhängen

Kosten, volkswirtschaftliche, Aufwendungen an den im Wirtschaftsprozess beteiligten → Produktionsfaktoren, über die in einer → Marktwirtschaft mit Hilfe des Geldes verfügt wird. Da diese Hilfsmittel des Menschen knapp sind, müssen sie bestmöglich (optimal) eingesetzt und zweckentsprechend kombiniert (denn sie wirken in der Produktion → komplementär zusammen), gegeneinander ausgetauscht und ersetzt werden, z.B. Arbeitsleistung durch Maschinen (→ Allokationstheorie). Während der Kostenbegriff die realen Aufwendungen oder tatsächlichen Leistungen meint, sind Ausgaben Geldzahlungen, wie sie in Betrieben und Haushalten beim Kauf und Verkauf die Gegenleistung bilden. Der volkswirtsch. Kostenbegriff umfasst auch jene K., die Dritten entstehen und nicht in der Kostenrechnung privater und öffentl. Haushalte und Betriebe erfasst werden. Sie werden auch → Sozialkosten genannt und werden heute unter dem Begriff externe Kosten abgehandelt. → Externe Effekte, → Opportunitätskosten, → Nutzen-Kosten-Analyse (NKA).

Kostenanalyse (engl.: cost analysis), ein aus der → Systemanalyse entwickeltes, hauptsächlich im Verteidigungswesen angewandtes Verfahren, das zur Bewertung alternativer Programme oder Investitionen (z. B. neuer Waffensysteme) alle Kosten in monetären Einheiten auszudrücken versucht. In der K. sind Kosten stets → Opportunitätskosten, d.h. entgangener Nutzen der nächstbesten Verwendung. Ziel der K. ist, die Kosten bei vorgegebenem Ertrag oder Ziel so klein wie möglich zu halten. → Nutzen-Kosten-Analyse.

Kostenexplosion im Gesundheitswesen → Verbundprinzip, ökonomisches und politisches, → Gesundheitsökonomie.

Kostenfunktionen, eine K. hat die allgemeine Form $c(y) = c_v(y) + F$, wobei y den Ausstoß, $c_v(y)$ die → variablen Kosten und F die → Fixkosten beschreiben (→ Kosten, betriebswirtschaftliche). Unter variablen Kosten versteht man Kosten, die sich mit dem → Output (Produktionsmenge) verändern. Unter Fixkosten versteht man Kosten, die unabhängig vom Produktionsniveau eines Unternehmens bezahlt werden müssen (z.B. Pacht, usw.) und kurzfr. vom Unternehmen nicht angepasst werden können. Grundsätzlich kann man folgende K. unterscheiden: Durchschnittskosten, → Grenzkosten, langfr. Kosten und kurzfr. Kosten. Die Durchschnittskostenfunktion misst die Kosten je Outputeinheit. Die Grenzkostenfunktion misst die Änderung der Kosten für eine gegebene marginale Veränderung des Outputs. Die langfr. K. gibt zu jedem Output die minimalen Kosten an, mit denen der Output produziert werden kann. Die kurzfr. Kosten sind die Summe der variablen Kosten und Fixkosten.

Kosteninflation, hat ihre Ursachen in einem beträchtlichen Anstieg der Kosten bei unveränderter oder sogar rückläufiger Nachfrage in einer Volkswirtschaft. Von aktu-

Kostenrechnung

eller Bedeutung sind die Formen der lohnverursachten → Inflation (wage-push-inflation) und der importierten Kosteninflation. Im ersten Falle führen Lohnforderungen, die über die Produktivitätszunahme liegen und von privaten und öffentl. Arbeitgebern erfüllt werden, zu allgemeinen Preiserhöhungen. Im zweiten Falle steigt das binnenländ. → Preisniveau, weil die Importe erheblich teurer werden, so etwa Rohstoffe und Rohöl.

Kostenrechnung, soll einen genauen Einblick in die Struktur der betriebswirtsch. → Kosten eines Betriebes vermitteln. Sie ist das Messinstrument, das dem Unternehmer anzeigt, wie der Betrieb und dessen Teilbereiche arbeiten. Sie dient ihm als Unterlage für die betriebl. Dispositionen. Mit Hilfe der K. wird die → Wirtschaftlichkeit überwacht, eine optimale Kostengestaltung erzielt und die Abrechnung der betriebl. Leistung sowie eine richtige → Kalkulation und eine → kurzfristige Erfolgsrechnung ermöglicht. Die K. knüpft zwar an die Zahlen der → Finanzbuchhaltung an, es ist aber zu berücksichtigen, dass sich Aufwand und Kosten nicht decken müssen. Soweit Aufwand und Kosten gleich groß sind, spricht man von Zweckaufwand oder Grundkosten (s. Abb.). Die K. stützt sich auf die Rechnung der Kostenarten, → Kostenstellen und Kostenträger, die in den Klassen 4 bis 7, eventuell 8, des → Kontenplanes durchgeführt wird. Die K ostenartenrechnung hat den Zweck, die Entwicklung des Gesamtverbrauchs an Gütern und Dienstleistungen zu überwachen und für die Durchführung der Kostenstellen- und -trägerrechnung das erforderliche Zahlenmaterial zu liefern. Die Kostenstellenrechnung soll die Wirtschaftlichkeit überwachen helfen. Sie antwortet auf die Fragen: Wie haben die Kostenstellen gearbeitet? Ist ihre Leistung verbesserungsbedürftig und -fähig? Bei einem vielseitigen Produktionsprogramm lassen sich nicht alle Kostenarten auf bestimmte Kostenträger zuteilen. Hier wählt man den Weg, die Kostenarten zunächst auf Kostenstellen zu verteilen (Betriebsabrechnungsbogen). Je nachdem, in welchem Maße die Kostenträger die Leistungen der Stellen in Anspruch genommen haben, werden sie dann auf Grund gewisser Umlageschlüssel mit den Stellenkosten belastet. Kosten, die den Kostenträgern auf diesem Umwege zugerechnet werden, nennt man → Gemeinkosten (z.B. Gehälter, Betriebsstoffe). Ist aber unmittelbare Zurechnung möglich, handelt es sich um Ein-

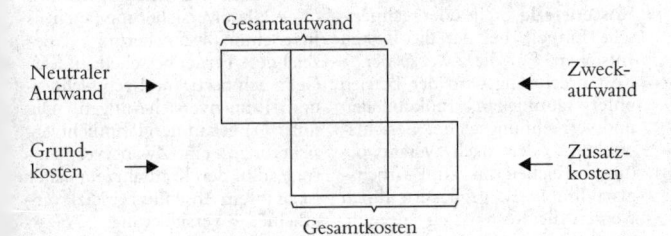

	Gesamtaufwand	
Neutraler Aufwand →		← Zweckaufwand
Grundkosten		← Zusatzkosten
	Gesamtkosten	

zelkosten. Gruppenkosten stehen dazwischen; sie können einer Gruppe von Kostenträgern zugerechnet werden. Die Kostenträgerrechnung hat für die Durchführung der Kalkulation besondere Bedeutung. Sie verrechnet zunächst alle Kosten auf Kostenträger und bestimmt dann die auf die verschiedenen Träger entfallenden (kalkulatorischen) Erfolge. Im Rahmen der Kostenträgerrechnung werden ferner die Bestände an Halb- und Fertigerzeugnissen ermittelt. → Kosten, betriebswirtschaftliche, → Leistungsrechnung, → Prozesskostenrechnung.

Kostenremanenz, Kostenträgheit, die im Betrieb beobachtete Erscheinung, dass die Kosten auf Veränderungen des → Beschäftigungsgrades mit einer Verzögerung (→ lag) reagieren. Hier kann die Organisation den veränderten Verhältnissen aus institutionellen und ähnlichen Gründen nicht schnell genug angepasst werden (Bsp.: Arbeitsvertrag verhindert eine rasche Entlassung entbehrlicher Kräfte), die Kosten bleiben also vorläufig auf dem alten Stand. Umgekehrt versuchen Betriebe bei erhöhter Produktion zunächst mit dem alten Personal auszukommen, wenn die Einstellung neuer Arbeitskräfte nicht sofort gelingt.

Kostenstelle, Stelle oder rechnerische Einheit, bei der die Kosten entstehen. Für die Zwecke der → Kostenrechnung wird der Betrieb unter räumlichen, funktionellen und verrechnungstechn. Gesichtspunkten oder nach Verantwortungsbereichen bis zum Arbeitsplatz hin in K. gegliedert. Ihnen werden die Kostenarten zugeteilt. Die Umlegung der Kostenbeträge erfolgt nach bestimmten Schlüsseln. Durch Vergleich der → Gemeinkosten mit den Einzelkosten ergeben sich je K. die Zuschlagssätze für die Gemeinkosten.

Kostenträger → Kostenrechnung.

Kosten-Wirksamkeits-Analyse → Nutzen-Kosten-Analyse (NKA).

Kovarianz, wird in der Korrelationsrechnung angewandt, in welcher der Zusammenhang zwischen den Werten x_i und y_i untersucht wird. Um die Korrelation zu messen, werden die einzelnen Abweichungen der x-Werte von ihrem arithmetischen Mittel und der y-Werte von ihrem arithmetischen Mittel berechnet. So erhält man die K. aus

$$\text{cov}_{xy} = \frac{1}{N} \sum (x_i - \bar{x})(y_i - \bar{y}),$$

die zwischen +1 und −1 liegt. Sie hat jeweils die gleiche Bedeutung wie die normalen Korrelationsmaße. → Korrelation.

Kraftfahrversicherung, fasst drei verschiedene Versicherungen zusammen: (1) Haftpflichtversicherung, (2) Kraftfahrzeugvoll- und Kraftfahrzeugteilversicherung (auch Kaskoversicherung genannt), (3) → Unfallversicherung (auch als Insassenunfallversicherung bezeichnet). Ferner bestehen auf Kfz-Gebrauch bezogene Rechtsschutz- und Pannenversicherungen. Die unter (1) genannte Haftpflichtversicherung ist eine Zwangsversicherung, d.h. der Kraftfahrzeughalter ist zu ihrem Abschluss gesetzl. verpflichtet. → Versicherung.

Kraftfahrzeugsteuer, wird nach dem Kraftfahrzeugsteuergesetz (KraftStG) von 1994 erhoben. Steuerpflichtig ist das Halten eines Kraftfahrzeugs zum Verkehr auf öffentl. Straßen. Steuerpflichtig ist der, für den das Kraftfahrzeug zugelassen ist. Wird das Fahrzeug widerrechtlich benutzt, entsteht gleichwohl eine Steuerschuld, und zwar ist dann der Benutzer steuerpflichtig. Steuerbefreiungen gibt es für Krankentransport- und Feuerlöschfahrzeuge, für hilflose, blinde oder gehbehinderte Personen und auf Grund umweltpolit. Erwägungen. → Bemessungsgrundlage ist für Personenkraftwagen (außer Omnibussen), Motorräder und Dreiräder der Hubraum, bei allen anderen Fahrzeugen (wie Lastkraftwagen und Anhänger) und Personenwagen mit Elektro- oder Wankelmotor das Gesamtgewicht (Eigengewicht + höchstzulässige Nutzlast). Die Tarife sind nach Einstufung in Schadstoffklassen gestaffelt.

Krankenversicherung → Sozialversicherung.

Kredit (von lat. credere = glauben, vertrauen), in der Buchführung die Habenseite des Kontos, kreditieren besagt »ins K. schreiben«, also einer Person oder einem → Konto etwas gutbringen, d.h. auf der rechten Seite des Kontos im Hauptbuch eintragen. K. ist Kaufkraft oder Geldbesitz, Hereinnahme fremder Mittel. Alle Kreditvorgänge beruhen darauf, dass die wirtsch. Verfügung über eine bestimmte Kapitalsumme einem anderen als dem Eigentümer überlassen wird, dass für die Nutzung des Kapitals eine Entschädigung an den Kreditgeber in der Form des Zinses gezahlt und die Rückzahlung in bestimmter Weise vereinbart wird. Wesentlich ist also, dass einer gegenwärtigen Leistung nicht sofort eine Gegenleistung, sondern das Versprechen einer solchen in der Zukunft gegenübersteht. Da der K. der Schrittmacher des wirtsch. Fortschritts ist, hat man den Fragen der → Kreditschöpfung ganz besonderes Interesse entgegengebracht, und zwar umso mehr, je größer die Kapitalknappheit und damit die Abhängigkeit des K. von den zur Verfügung stehenden Mitteln war. Auch Banken sind nicht nur Kreditvermittler, sondern betreiben Kreditschöpfung. Wiederholt ist der Versuch gemacht worden, die Kreditgewährung von dem für Kreditzwecke zur Verfügung stehenden Kapital zu lösen und so die Antriebskraft des K., stärker zur Geltung zu bringen.

Kreditanstalt für Wiederaufbau (KfW), ein öffentl.-rechtl. Kreditinstitut, 1948 mit Sitz in Frankfurt a. M. gegründet, an der Bund (zu vier Fünfteln) und Länder beteiligt sind, zuerst Kreditleitstelle für ERP-Mittel (→ European Recovery Program (ERP)), fördert in- und ausländ. Investitionen der dt. Wirtschaft, in Form von zinsgünstigen Darlehen im Rahmen bestimmter Programme und gewährten Exportkrediten. Weiterhin unterstützt die K. die finanzielle → Entwicklungshilfe, indem sie Kapitalhilfe an → Entwicklungsländer gibt.

Kreditauftrag, liegt vor, wenn jemand (formlos und frei widerruflich) einen anderen beauftragt, im eigenen Namen und auf eigene Rechnung einem Dritten → Kredit

Kreditbanken

zu geben. Die Verpflichtung zur Gewährung des Kredits entsteht durch Annahme des Auftrags seitens des Beauftragten. Der Auftraggeber haftet dem Beauftragten für die aus der Kreditgewährung entstehenden Verbindlichkeiten als Bürge. → Akkreditiv, → Bürgschaft.

Kreditbanken, letztlich alle Banken; denn auch die → Notenbanken und die Pfandbriefinstitute dienen der Kreditvermittlung. Im engeren Sinne sind K. Banken, die sich die Mittel zur Kreditgewährung durch → Depositen (Einlagen, Annahme fremder Gelder) besorgen und die regulären Bankgeschäfte (Diskont-, Lombard- und Kontokorrentgeschäft) betreiben. In der Bankenstatistik der → Deutschen Bundesbank sind K. → Universalbanken, die nicht dem Sparkassen- und Genossenschaftsbankensektor angehören, d.h. Großbanken, Regionalbanken, Zweigstellen ausländ. Banken und Privatbanken.

Kreditbrief, (1) als commercial letter of credit (→ Akkreditiv), (2) als Reisekreditbrief (engl.: travellers' letter of credit) eine v.a. im internationalen Reiseverkehr übliche schriftliche Zahlungsanweisung, die zur Vermeidung der Mitnahme von Bargeld den Reisenden in die Lage versetzt, sich gegen Vorlage des K. bei Banken Geld auszahlen zu lassen. Der Reisekreditbrief wurde durch die heute üblichen Reisezahlungsmittel, wie z. B. → Reiseschecks und → Kreditkarte, fast völlig verdrängt.

Kreditermächtigung, erlaubt dem Bund im Falle einer Konjunkturabschwächung zusätzliche Kredite aufzunehmen, um eine anti-zyklische → Finanzpolitik betreiben zu können. Die Mittel müssen zunächst der → Konjunkturausgleichsrücklage entnommen und für die im mehrjährigen Finanzplan vorgesehenen Zwecke verwandt werden. → Stabilitätsgesetz (StWG).

Kreditgenossenschaft, Genossenschaftsbank, hat die Aufgabe, Kredite für ihre Mitglieder zu besorgen. → Genossenschaft, → Genossenschaftsrecht.

Kreditinstitute, sind nach § 1 KWG alle Unternehmungen, die Bankgeschäfte tätigen, sofern das Ausmaß dieser Geschäfte einen nach kaufmännischen Grundsätzen eingerichteten Betrieb erfordert. → Bank, → Kreditbank.

Kreditkarte, ein Mittel des bargeldlosen Zahlungsverkehrs (→ bargeldloser oder unbarer Zahlungsverkehr), der Bargeldbeschaffung an Geldautomaten und bei Kreditinstituten. Ihr Besitzer legt die K. beim Kauf dem Verkäufer oder Lieferanten (Einzelhändler, Gaststätte, Hotel) vor. Der Aussteller der K. (Kreditinstitut, Kartenclub) bezahlt dann die vom Lieferanten eingereichte Rechnung. Er rechnet monatlich mit dem Karteninhaber via Girokonto ab. Der Letztere kann entscheiden, den gesamten Rechnungsbetrag zur Gänze oder in flexiblen monatlichen Raten zu leisten. Die Raten basieren auf einem Mindestprozentsatz des Rechnungsbetrages. Der Aussteller berechnet üblicherweise einen Eintritts- und einen Jahresbeitrag und berechnet zudem Provision in Höhe eines Prozentsatzes (etwa 3–5 %) vom Rechnungsbetrag des Lieferanten. Der Vorteil der K. liegt darin, ohne → Bargeld, → Schecks oder → Reiseschecks auszukommen und gleichzeitig ein national und international einsetzbares → Zahlungsmittel zu besitzen.

Kreditkontrolle, die das Objekt und die Person der Kreditgewährung betreffende, im Interesse des Kreditgebers erfolgende Prüfung und Beaufsichtigung der mit dem → Kredit verbundenen Umstände und Vorgänge. Sie umfasst die Vertragsbedingungen, das Rechnungs- und Prüfungswesen (Kreditgutachten, Kreditwürdigkeits- und Abwicklungsprüfung), die → Betriebsanalyse, das Auskunftswesen und die Sicherheit für die Rückzahlung. Volkswirtsch. trägt die → Zentralbank die Verantwortung für eine optimale Versorgung der Wirtschaft mit Kredit, wobei die Stabilität der Währung und ein gleichgewichtiges Wirtschaftswachstum Richtmaß sind.

Kreditkostenmechanismus, sieht im Kreditangebot der Geschäftsbanken (→ Kreditbank) das entscheidende Bindeglied zwischen monetärem und realwirtsch. Sektor. Verändert die → Zentralbank die → Geldmenge, so werden die Zinssätze für Kredite beeinflusst, worauf die Geschäftsbanken ihr Kreditangebot anpassen, was wiederum die fremdfinanzierten Investitionen zu- oder abnehmen lässt.

Kreditlinie, (1) die Grenze, bis zu der die Bank ihrem Kunden einen → Kredit einräumt. (2) Im internationalen Handel gibt die K. an, bis zu welchem Betrag ein Land vom Partner Kredit erhalten kann (→ Swing), im multilateralen Handelsverkehr legt sie fest, bis zu welcher Summe ein Mitgliedsland im mehrseitigen Verrechnungsabkommen Kredit gewähren muss und/oder Kredit erhalten kann.

Kreditmarkt, umfasst alle Märkte einer Volkswirtschaft, auf denen → Kredit angeboten und nachgefragt wird. Der K. lässt sich nach den verschiedensten Kriterien unterteilen, so nach Fristigkeit, Wirtschaftssektoren, Kreditarten. Die verschiedenen K. sind über die Zinssätze mehr oder weniger eng miteinander verflochten.

Kreditor, in der → Buchführung gebräuchlicher (lat.) Ausdruck für → Gläubiger, in der → Bilanz unter den → Passiva (rechte Seite) Posten für die Gläubiger. In den Bankbilanzen geben die K. an, in welchen Formen und unter welchen Bedingungen den Banken Gelder als Einlagen zur Verfügung gestellt worden sind. → Debitor.

Kreditplafond → Kreditrestriktion.

Kreditpolitik, betreibt die → Zentralbank, um auf die → Kreditschöpfung und → Geldschöpfung der Geschäftsbanken zur Finanzierung wirtsch. Vorhaben einzuwirken (→ Kreditbanken). Es geht dabei um die Regulierung des (1) volkswirtsch. Kreditvolumens, (2) der Kreditschöpfung und des Kreditangebots und (3) der Refinanzierungs- und Liquiditätsstrukturen zur Solvenzsicherung. Sie benutzt hierzu die gleichen Mittel wie die → Geldpolitik oder die → Zentralbankpolitik, um die Kreditnachfrage und das Kreditangebot so zu beeinflussen, dass die gesamtwirtsch. Ziele erreicht werden können.

Kreditrestriktion, ein Mittel der → Kreditpolitik, durch das die Menge des Kredits (und nicht, wie bei der → Diskontpolitik, der Preis, also der Diskontsatz) verändert, d. h. global oder selektiv eingeschränkt, kontingentiert wird. Dem Umfang nach lassen sich fünf Formen unterscheiden: (1) Begrenzung des Kreditzuwachses, (2) Kreditstopp, (3) Kreditrückführung, (4) grundsätzliche Kreditsperre (mit Ausnahmegenehmigungen) und (5) totale Kreditsperre. Ziel der K. ist die Inflationsbekämpfung. → Inflation.

Kreditschöpfung, führt im Gegensatz zum Übertragungskredit auf dem Geld- und Kapitalmarkt zu neuer Kaufkraft. Sie erfolgt durch die → Zentralbank und/oder das Geschäftsbankensystem. → Geldschöpfung, → Geldschöpfungsmultiplikator.

Kreditsicherung, dient der privatrechtl. Ordnung im Wirtschaftsleben. Ihre Rechtsformen sind die → Bürgschaft, das Pfandrecht und der Eigentumsvorbehalt, die in der Praxis entwickelten Formen der → Sicherungsübereignung und die Sicherungszession (Sicherungstreuhand).

Kreditvermittler, wie Vermittler von Versicherungen und Bausparkassen, unterliegen sie nicht dem strengen Bankgesetz und müssen i.d.R. keine Mindestreserve bei der → Notenbank unterhalten, weshalb sie günstigere Kreditkonditionen bieten können. → Mindestreserve der Banken.

Kreditwesen, umfasst alle Einrichtungen und Geschäfte zur Versorgung der Wirtschaft, der Haushalte und des Staates mit → Kredit. Das KWG von 1998 unterwirft alle Unternehmungen, die im Inland Bank- oder Sparkassengeschäfte betreiben (→ Kreditinstitute), gemeinsamen Rechtsvorschriften. → Bankenaufsicht.

Kreislaufanalyse → Wirtschaftskreislauf.

Kreislaufwirtschafts- und Abfallgesetz (KrW-/AbfG), früher Abfallgesetz, regelt die Vermeidung, Verwertung und Beseitigung (Einsammeln, Befördern, Lagern und Ablagern) von → Abfällen. Danach sind Abfälle weitestgehend zu vermeiden bzw. zu verwerten oder so zu beseitigen, dass das Wohl der Allgemeinheit nicht beeinträchtigt wird (insbes. durch Gefahren für Gesundheit und Umwelt). Auf das K. geht u. a. die Altauto-Verordnung zur umweltverträglichen Entsorgung von Altautos zurück.

Kreuzkurs, Usancekurs, der übliche Devisenkurs zweier Währungen. Bsp.: Notierung auf dem → Devisenmarkt:

$$\frac{\$}{\pounds} = \frac{\frac{\euro}{\pounds}}{\frac{\euro}{\$}}$$

Kreuz-Preis-Elastizität, das Verhältnis der prozentualen Änderung der Nachfrage nach einem Gut zur (diese verursachenden) prozentualen Änderungen des Preises eines anderen Gutes. Bsp.: Die K. der Nachfrage nach Butter in Bezug auf den Preis von Margarine besagt, um wie viel Prozent die Nachfrage nach Butter zu- oder abnimmt, wenn der Preis für Margarine um ein Prozent steigt. → Elastizität.

Krise, Störung und Erschütterung im Wirtschaftsleben. Sofern eine K. den internen Abläufen und Bewegungen der Wirtschaft entspringt, spricht man von einer endogenen K., sofern sie auf außerwirtsch. Ursachen (polit. Ereignissen, Kriegen, Naturkatastrophen) beruht, von einer exogenen K. Beide sind Erfahrungs- und Erkenntnisobjekt der → Konjunkturtheorien.

Krisenkartell → Kartell.

Krisentheorie, behauptet nach K. Marx, der kapitalistische Produktionsprozess verlaufe nicht kontinuierlich, sondern in einer Abfolge von Krise und Aufschwung, die schließlich zum Zusammenbruch führe. Fällt die Gewinnspanne, weil Arbeit durch Kapital ersetzt wurde, versuchen die Unternehmer, die Einbuße aufzufangen. Da die Löhne wegen des überfüllten Arbeitsmarktes sehr niedrig sind, fragen die Unternehmer mehr Arbeitskräfte nach, so dass die Beschäftigung wieder zunimmt. Doch ist das nur eine kurzlebige Erscheinung, die in eine Krise mündet, ausgelöst durch einen zu geringen Konsum. Denn die Unternehmer fragen mehr Investitionsgüter nach und produzieren somit mehr Konsumgüter als sie absetzen können. Ferner setzen die neuen Maschinen Arbeiter frei, so dass die rückläufige Lohnsumme bei fallenden Lohnsätzen den Rückgang des Verbrauchs noch beschleunigt. Der überfüllte Arbeitsmarkt drückt die Kosten, wodurch ein neuer Aufschwung ausgelöst wird. Die Phasen zwischen dem ständigen Hin und Her werden infolge einer Konzentration ständig kürzer, bis das System zusammenbricht und sich selbst vernichtet. Der Zusammenbruch des kommunistischen Systems spricht möglicherweise gegen diese Theorie, überdies hat sich bis heute die K. empirisch nicht bestätigt. → Marxismus.

Kündigung, privatrechtlich ein einseitiges, empfangsbedürftiges → Rechtsgeschäft, das ein zwei- oder mehrseitiges, auf unbestimmte, aber nicht auf unbeschränkte Dauer laufendes Rechtsverhältnis für die Zukunft beendet. Man unterscheidet die i.d.R. befristete, ordentliche und die fristlose außerordentliche K. Die ordentliche K. erfolgt nach einer vertraglichen, tariflichen oder gesetzl. Kündigungsfrist. Die außerordentliche K. hängt von dem Vorliegen eines wichtigen Grundes ab, während nach streng privatrechtl. Grundsätzen die ordentliche K. ohne Rücksicht auf sachliche Gründe erfolgen kann, d. h. Kündigungsfreiheit besteht und demgemäß eine K. aus beliebigen Gründen erfolgen kann. Seit 1994 gilt eine einheitliche Mindestfrist von vier Wochen, die je nach Betriebszugehörigkeit auf bis zu sieben Monate ansteigen kann. Seit 1.5.2000 ist für die K. die Schriftform vorgeschrieben (§ 623 BGB). Von hoher soz. Bedeutung ist der Kündigungsschutz zu Gunsten derer, die gewisse betriebl. und pers. Voraussetzungen (Schwangere, Behinderte, Betriebsratsmitglieder usw.) erfüllen. K. bei Massenentlas-

Kündigungsschutz

sungen sind grundsätzlich zulässig und lediglich an folgende Voraussetzungen geknüpft: (1) Die Beschäftigungseinschränkung darf nicht nur vorübergehender Natur sein; (2) die K. muss nach den bestehenden tariflichen und gesetzl. Kündigungsfristen geschehen.

Kündigungsschutz → Kündigung.

Kumulativer Prozess, ein Wirtschaftsablauf, in dem sich eine Erhöhung oder Verringerung der effektiven Nachfrage in einer Volkswirtschaft vervielfältigt (kumuliert). Wenn z.B. aus irgendeinem Grund die Nachfrage nach Kraftwagen sinkt, wird die Automobilindustrie ihre Beschäftigung einschränken und Arbeiter entlassen. Dadurch sinkt das Einkommen der Betroffenen, die wiederum ihre Nachfrage nach Konsumgütern einschränken. Das führt zu einem Rückgang der Nachfrage in der Verbrauchsgüterindustrie und dort zu weiteren Entlassungen, also zu einer verstärkten Einschränkung der effektiven Nachfrage und so fort. Gleichzeitig besteht die Tendenz zur Preissenkung, also zur → Deflation. Durch den Preisrückgang werden die Betriebe Verluste erleiden, da die Löhne und anderen Kosten nicht sofort gesenkt werden können. Solche Verluste führen zu einer pessimistischen Stimmung unter den Geschäftsleuten, was zu einer weiteren Einschränkung der Beschäftigung führt. Eine depressive Erscheinung zieht also immer weitere nach sich. Man spricht deshalb auch von einer depressiven oder deflatorischen Spirale. Umgekehrt ist aber auch ein entsprechender K. möglich, der zur wirtsch. Expansion und → Inflation tendiert. Die durch einen K. hervorgerufene Änderung des Volkseinkommen findet im → Multiplikator ihren Ausdruck. → Wicksellscher Prozess.

Kupon (Coupon von franz., couper = schneiden), der einem festverzinslichen → Wertpapier beigefügte Zinsschein, gegen dessen Einreichung am Fälligkeitstermin der Zinsbetrag ausgezahlt wird. I.d.R. ist den Schuldverschreibungen eine ganze Reihe von Schuldscheinen, meistens für zehn Jahre, in Form eines Kupon- oder Zinsbogens mit Erneuerungsschein (→ Talon) beigegeben. Bei den Banken löst die Kuponkasse die eingelieferten Zinsscheine in bar ein und besorgt neue Zinsscheine gegen Rückgabe des Talons. Kuponmarkt ist der Markt, an dem die abgetrennten K., v.a. ausländ. → Effekten, gehandelt werden.

Kupon-Steuer, Teil der → Kapitalertragsteuer. Sie beträgt 25 % auf Zinsen aus → Anleihen und Forderungen, die in öffentl. Schuldbücher eingetragen oder über die Teilschuldverschreibungen ausgegeben sind, wenn der Gläubiger im Zeitpunkt der Fälligkeit der beschränkten Steuerpflicht unterliegt.

Kuppelkalkulation, die → Kalkulation von Kuppelprodukten. Die bes. Schwierigkeit der K. besteht darin, dass die Kosten untrennbar für alle Kuppelprodukte gleichzeitig entstehen, ohne dass sie diesem oder jenem Produkt zugerechnet werden können. Die Kalkulation der Kosten von Kuppelprodukten setzt daher gewisse Annahmen voraus. Drei Verfahren haben sich bei der K. herausgebildet: (1) Die

Rest(kosten)wertrechnung: Der voraussichtliche oder tatsächliche Erlös eines Kuppelproduktes (meistens eines Nebenproduktes) wird von den gesamten Herstellkosten abgezogen, und die restlichen Herstellkosten werden dem anderen (Haupt-)Produkt zugerechnet. (2) Die Verteilungsmethode: Die gesamten Herstellkosten werden im Verhältnis der auf dem Markt erzielten Umsätze auf die Kuppelprodukte umgelegt. (3) Ist eines der Kuppelprodukte nicht zum Verkauf bestimmt, sondern wird als Betriebsstoff im eigenen Betrieb verwendet, so wird als Abzugsgröße im Sinne von (1) der Marktpreis des Erzeugnisses gewählt, das durch das Kuppelprodukt ersetzt wird. Bsp.: In Eisenhütten werden die Gichtgase im eigenen Betrieb zur Krafterzeugung verwendet. Als Wert der Gichtgase wird der Preis einer Kohlenmenge angesetzt, die denselben Heizeffekt zu erzielen vermag.

Kuppelproduktion, liegt vor, wenn, techn. bedingt, im Produktionsprozess zwangsläufig mehrere Erzeugnisse anfallen, wie etwa Teer und Koks bei der Gaserzeugung, Schaffleisch und Wolle oder zusätzliche Abfallprodukte, die wirtsch. verwertet werden. Die K. wirft Probleme für die Kostenermittlung (Restkosten- oder Kostenverteilungsrechnung) auf und kann zusätzliche Kosten für die Beseitigung nicht verwertbarer Nebenprodukte verursachen, doch ist der Vorteil, dass zwei Produkte gleichzeitig anfallen, nicht zu übersehen. → Kuppelkalkulation.

Kurant (franz.: Courant), im Warenverkehr soviel wie »gangbar«, »leicht verkäuflich«, Kurantgeld hat volle gesetzl. Zahlungskraft, d.h. alle Geldzeichen müssen unbeschränkt in Zahlung genommen werden. Kurantmünzen wiederum sind Münzen, die nach dem Münzfuß einer Währung vollwertig ausgeprägt sind, also bei → Goldwährung die Goldmünzen. → Scheidemünzen.

Kurs, Börsenkurs, der an Börsen gebildete Preis für fungible (vertretbare) Waren oder → Wertpapiere. Der K. ist das Ergebnis von Angebot und Nachfrage. Bei Wertpapieren erfolgt dies durch eine Stücknotierung, bei den → Devisen durch eine Kursnotierung (in Prozent des Nominalbetrags). Für die Mehrzahl der an der → Börse gehandelten Waren und Wertpapiere wird an jedem Börsentag ein K. amtlich festgestellt (»notiert«). Welche Waren und Wertpapiere der amtlichen Kursfeststellung unterliegen, bestimmen jeweils die Börsenordnungen. Der K. der Wertpapiere wird meistens in Hundertsätzen des Nennwertes festgesetzt. Ein B (Brief) hinter dem K. besagt, dass zu diesem K. Verkaufsaufträge, ein G (Geld), dass zu diesem K. Kaufaufträge vorgelegen haben. Für die → Kassageschäfte in Wertpapieren wird ein Einheitskurs notiert, d.h. ein an jedem Börsentag nur einmal auf Grund der Kauf- und Verkaufsaufträge errechneter Börsenpreis. Als Einheitskurs soll von den Kursmaklern ein K. errechnet werden, zu dem die meisten der vorliegenden Geschäfte zu Stande kommen können. Für Papiere, die man im → Freiverkehr handelt, werden gewöhnlich Spannungskurs bekannt gegeben, z. B. 115 % für Nachfrage, 118 % für

Angebot. Für Wertpapiere, in denen größere Umsätze getätigt werden, erfolgt die amtliche Preisfestsetzung in fortlaufender Notierung, d.h. mehrere Male an jedem Börsentag, so dass ein fortlaufendes Bild der Kursbewegung mit Anfangs- und Schlusskurs für das Wertpapier zu Stande kommt (»variabler K.«, → Variabler Verkehr). Die amtlichen K. werden veröffentlicht (Kurszettel) und sind jene Preise, die auch für die bei den Banken getätigten Wertpapiergeschäfte maßgebend sind.

Kurs-Gewinn-Verhältnis (KGV), (engl.: price earnings ratio), Kennzahl der fundamentalen Aktienanalyse, die zur Beurteilung des Werts einer → Aktie eingesetzt wird. Zur Ermittlung des K. setzt man den → Kurs der Aktie ins Verhältnis zum Gewinn pro Aktie. Für sich genommen ist das K. wenig aussagekräftig, da es insbes. die zukünftige Gewinnentwicklung des Unternehmens außer Acht lässt. Üblicherweise werden K. zumindest innerhalb gleicher Branchen miteinander verglichen, um relative Bewertungsaussagen zu treffen.

Kursmakler, die bei der amtlichen Feststellung von Börsenkursen mitwirkenden, behördlich angestellten und beeidigten → Handelsmakler. Sie sind verpflichtet, von jedem zur Teilnahme am Börsenhandel zugelassenen Börsenbesucher Aufträge in den Wertpapieren oder Waren entgegenzunehmen. Die K. dürfen in den ihnen zugewiesenen Geschäftszweigen nur insoweit für eigene Rechnung oder in eigenem Namen Geschäfte abschließen oder eine → Bürgschaft für die von ihnen vermittelten Geschäfte übernehmen, als dies zur Ausführung der ihnen erteilten Aufträge nötig ist, z.B. wenn es sich darum handelt, durch Übernahme der fehlenden oder überschießenden Teilbeträge (»Spitzen«) die Ausführung des ganzen Geschäfts zu ermöglichen. Sie dürfen nicht an einem → Handelsgewerbe beteiligt, nicht Kommanditist oder stiller Gesellschafter und nicht in einem kaufmännischen Betrieb angestellt sein. Der K. erhält eine Provision, die → Courtage. Die Maklerkammer ist die berufsständische Vertretung der K. und eine → Körperschaft des öffentlichen Rechts, die bei der Bestellung neuer K. und bei der Verteilung der Geschäfte unter die einzelnen Makler gutachterlich zu hören ist.

Kurspflege, Maßnahmen, die von den an dem Kursstand eines Wertpapiers Interessierten, insbes. von Banken, ergriffen werden, um die Kursbewegung eines Börsenpapiers schwankungsfrei zu halten oder den → Kurs zu stützen.

Kurssicherung, Maßnahmen, die im Im- und Exporthandel getroffen werden, um sich bei schwankenden Valutakursen gegen Kursverluste im Verkehr mit → Devisen (»Valutarisiko«) zu schützen. Die K. kann erfolgen: (1) dadurch, dass in einer Gold- oder anderen wertbeständigen → Valuta abgeschlossen wird; (2) durch → Termingeschäfte, indem der Exporteur die zu empfangende fremde Valuta schon bei Geschäftsabschluss zu einem fest vereinbarten Preis verkauft, und zwar meistens durch Vermittlung der Banken. Wesentlich vereinfacht ist dieses Verfahren da, wo eine Devisenabrechnungsstelle besteht. → Devisentermingeschäfte, → Hedgegeschäft.

Kurswert, der an der → Börse notierte → Kurs eines Wertpapiers.

Kurven, statistisch in der Form von Linien gezeichnete Darstellungen des kontinuierlichen Verlaufs von örtlichen, zeitlichen oder sachlichen Reihen, d.h. eine Anordnung von statistischen Größen, die zusammengehören und gleichartig sind. Man verfolgt z.B. anhand einer Kurve die Preisentwicklung einer Ware von Jahr zu Jahr. In den meisten Fällen legt man der Kurvendarstellung ein rechtwinkliges Koordinatensystem zugrunde, bei dem auf der Abszisse (waagerechten Achse) die Zeitpunkte oder die Größenklassen, also die Werte der unabhängigen Variablen aufgetragen werden, während die Ordinate (senkrechte Achse) die abhängige Variable, z.B. die Preise, angibt.

Kurzarbeit, verbunden mit entsprechender Kürzung des Lohnes, wird vom Arbeitsamt genehmigt, wenn unvermeidbare wirtsch. Gründe erfordern, dass die tarifliche Arbeitszeit um mehr als ein Zehntel gekürzt wird. Die Zustimmung des Betriebsrates (§ 87 I, 3 BetrVG) ist notwendig. Kommt keine Einigung zu Stande, entscheidet die Einigungsstelle (§ 76 BetrVG). Enthält der Tarifvertrag die sog. Kurzarbeitsklausel, kann der Arbeitgeber K. einführen. Ohne diese Klausel bedarf es der Kündigung, sofern sich Arbeitgeber und -nehmer nicht einigen. Der Arbeitnehmer kann dann entscheiden, ob er seinen Arbeitsvertrag lösen will oder mit den neuen Bedingungen einverstanden ist. Kurzarbeitergeld zahlt das Arbeitsamt aus der Arbeitslosenversicherung bis zu sechs Monate. Es beträgt bei Arbeitnehmern mit mind. einem Kind 67 %, ansonsten 60 % des pauschalierten Nettolohns und ist steuerfrei. → Lohnfortzahlungsgesetz.

Kurzfristige Erfolgsrechnung, verliert in neuerer Zeit neben der jährlichen Erfolgsrechnung immer mehr an Bedeutung, da die → elektronische Datenverarbeitung (EDV) (Kostenrechnungssoftware) selbst mittleren und kleineren Betrieben (durch gemeinsame Nutzung oder durch Auftragsvergabe) zur Verfügung steht. Zur wirklichkeitsnahen Erfassung der tatsächlichen Vorgänge müssen die Abrechnungsperioden verkürzt werden. K. können sich je nach Bedarf auf einen Tag bis zu einem Vierteljahr erstrecken.

Kuznets-Kurve, wurde vom Nobelpreisträger für Wiwi. S. Kuznets entwickelt. Sie stellt einen Zusammenhang zwischen Pro-Kopf-Einkommen und Ungleichheit bei der → Einkommensverteilung dar. Laut Kuznets wird die Entwicklung durch die Entstehung eines neuen produktiveren Sektors in einer Volkswirtschaft ausgelöst. In dem alten Sektor (z. B. Landwirt.) herrscht eine größere Ungleichheit bezüglich der Löhne als im neuen Sektor (z.B. Industrie). Wenn nun eine gewisse Anzahl von Arbeitskräften vom alten → Wirtschaftszweig in den neuen Wirtschaftszweig abwandert, so steigen die Löhne jener Arbeitskräfte, die den Sektor gewechselt haben. Ist die Ungleichheit bei der Einkommensverteilung zwischen dem alten und neuen Wirtschaftssektor größer als innerhalb eines Sektors, dann nimmt die Ungleichheit der Einkommensverteilung innerhalb der Volkswirtschaft zunächst zu. Die Ungleichheit der Einkommensverteilung nimmt so lange zu, solange Arbeitskräfte vom alten in den neuen Sektor abwandern. Die Ungleichheit beginnt zu sinken, wenn der Großteil der Arbeiter im neuen Wirtschaftssektor beschäftigt ist. Graphisch lässt sich diese Theorie in einer Kurve darstellen. → Entwicklungspolitik, Entwicklungstheorien.

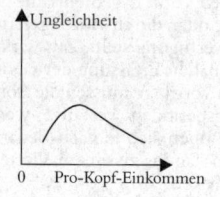

Kybernetik, befasst sich als rein formale Theorie mit der → Kommunikation und Regelung sog. komplexer Systeme, wie z.B. der Unternehmung oder dem Gehirn. Der Inhalt tritt in diesem System völlig zurück. Die K. arbeitet mit den unterschiedlichsten Methoden der Mathematik, Logistik, → Statistik und Semasiologie und nimmt die Hilfe der → elektronischen Datenverarbeitung (EDV) in Anspruch. Die Informationstheorie ist selbständiger Teil der K. Sie unternimmt den Versuch, den Fluss der → Information zwischen den einzelnen Elementen des unbestimmten kybernetischen Systems zu optimieren. Das kybernetische System selbst ist ein dynamisches Gefüge, dessen Teile miteinander in Beziehung stehen und sich selbst regulieren (ähnlich einer Thermostatheizung), und zwar durch Rückkoppelungen (feed backs), die Störungen an die Regulierungseinheit »melden«. Innerhalb bestimmter Grenzen sind kybernetische Systeme lernfähig, können sich also an veränderte Umweltbedingungen anpassen (Ultrastabilität). Der Inhalt des Begriffes K. geht auf N. Wiener (1948) zurück.

L

Labour-Force-Konzept → Arbeitskräftekonzept.

Ladenschluss → Arbeitszeitrecht.

Längsschnittanalyse, erfasst die z.B. an einer Person im Zeitablauf beobachteten Merkmalsänderungen in der zeitlichen Reihenfolge, in der die Änderungen erfolgten. → Kohortenanalyse, → Querschnittsanalyse.

Laffer-Kurve, auch Laffer-Hypothese, erklärt die Abhängigkeit des → Steueraufkommens von der Höhe des durchschnittlichen oder marginalen Steuersatzes, wobei die wirtsch. Aktivität ein wichtiges Bindeglied ist. Der Kern der L. besagt: Es besteht nicht zwingend ein linearer Zusammenhang zwischen beiden Größen, vielmehr kann das Steueraufkommen bei einer Tariferhöhung auch (1) unterproportional zunehmen oder (2) sogar zurückgehen, anders ausgedrückt, die Aufkommenselastizität ist kleiner als 1 oder negativ (→ Steuertariflehre). Wird der Tarif gesenkt, können umgekehrte Wirkungen eintreten.

Die L. gründet auf der theoretischen Annahme, dass das Steueraufkommen null ist, wenn der Tarif null oder 100 % beträgt. Im letzten Falle ist kein Einkommen vorhanden, das man besteuern kann. Das Aufkommen ist eine kontinuierliche Funktion des Steuersatzes, wobei das Maximum zwischen einem Satz von null und 100 % liegt. Die Laffer-Hypothese kann mittels einer Glocken-Kurve veranschaulicht veranschaulicht werden. Zwischen den beiden Extremen liegt die L. Senkt der Staat den Steuersatz von 100 % auf einen niedrigeren Satz, wird sich die effizientere Geldwirtschaft bei hohen Steuersätzen ausbreiten. Mit sinkendem Steuersatz nehmen die öffentl. Einnahmen zu. Am anderen Ende der Kurve, d. h. bei einem niedrigen Steuersatz nehmen die Steuereinnahmen mit steigendem Steuersatz zu. In einem Punkt sind das Aufkommen und die Produktion optimal aufeinander abgestimmt. Setzt die Regierung den Steuersatz herab, wird der Ausstoß zunehmen, aber das Aufkommen sinken.

LAFTA → Latin American Free Trade Association.

Lag, auch time-lag, die Zeitverzögerung, mit der gewisse wirtsch. Größen auf Änderungen anderer Größen (Verhalten) reagieren. Bsp.: → Spinngewebe-Theorem, → Konjunkturtheorie und → Wachstumstheorie. L. spielt nicht nur in der Wirtschaft, sondern auch als »cultural lag« in der Kulturphilosophie eine Rolle. In der Währungspolitik unterscheidet man eine innere, äußere und intermediäre Verzögerung. Formal lassen sich L. unterscheiden in: (1) rationale L., (2) endliche (darunter die arithmetischen) L. und (3) pascalsche (darunter die geometrischen) L. Der → Robertson-Lag und der → Lundberg-Lag sind die bekanntesten in der wirtschaftswissenschaftlichen Literatur.

Lagebericht, ergänzt den → Jahresabschluss von Kapitalgesellschaften und gibt allgemeine Informationen über die wirtsch. Situation eines Unternehmens, ohne dessen Bestandteil zu sein. Zum L. gehört eine Diagnose der derzeitigen Marktstellung (Bsp.: Produktportfolio, Umsatzanteile) und eine Prognose der künftigen Geschäftsentwicklung.

Lagefinanzamt, Finanzamt, in dessen Bezirk ein land- oder forstwirtsch. Betrieb, ein Grundstück oder ein Betriebsgrundstück gelegen ist (§ 18 I 1 AO).

Lagerbestand, mittlerer, wird als arithmetisches Mittel von Anfangs- und Endbestand oder vom halben Anfangs- und halben Endbestand sowie elf Monatsendbeständen berechnet. Der L. ist für die Bestimmung der durchschnittlichen → Lagerdauer, von Bedeutung. Er wird ferner der Berechnung des kalkulatorischen Zinses (→ Kalkulatorische Kosten) für das im Lager investierte Kapital zugrunde gelegt. Bsp. der vereinfachten Berechnungsweise: Anfangsbestand 70.000 EUR, Endbestand 50.000 EUR:

$$L = \frac{70.000 + 50.000}{2} = 60.000$$

Lagerbuchführung, hat die Aufgabe, die Lagerbestände insgesamt und im Einzelnen auszuweisen, die Lagerzu- und abgänge in gewissen Zeitabschnitten festzustellen, um so die Grundlagen für Neubestellungen zu liefern, den Rohstoff-, Hilfsstoff-, Betriebsstoff-, Halbfabrikate- sowie Fertigfabrikateverbrauch zu kontrollieren und für die → Kostenrechnung der Betriebe die Unterlagen zur Berechnung des Materialverbrauchs zu liefern. → Buchführung.

Lagerdauer, durchschnittliche, in Tagen ausgedrückt, das Verhältnis

$$\frac{360}{\text{Umschlagskoeffizient des Lagergutes}}$$

Der Umschlagskoeffizient ist wiederum ein Verhältnis, nämlich aus dem Lagerumsatz (Verbrauch) des Gutes während dieses Jahres und dem mittleren Lagerbestand. Bsp.: Der Lagerumsatz betrage 300.000 EUR, der mittlere Lagerbestand 60.000 EUR. Dann beläuft sich der Umschlagskoeffizient auf

$$\frac{300.000}{60.000} = 5 \text{ und die L. auf } \frac{360}{5}$$

= 72 Tage.

Lagergenossenschaft, → Absatzgenossenschaft.

Lagerhaltung, ein wichtiges Problem der → Wirtschaftswissenschaften und Wirtschaftspraxis, ist die beabsichtigte oder ungewollte Vorratshaltung von lagerfähigen Gütern (Rohstoffe, Maschinen, Waren, Geld, Rechte oder Informationen) in Unternehmen, Haushalten und öffentl. Institutionen. Übermäßige oder unzureichende L. führen zu Fehlleistung knapper → Hilfsquellen und damit zu → Unwirtschaftlichkeit. Gründe für L. können sein: (1) Streben nach Wirtschaftlichkeit durch Ertrags- oder Nutzenmaximierung etwa bei der Erzielung von Einkommen, Sicherung des Absatzes oder Spekulation, (2) Minderung der Ungewissheit künftiger Entwicklungen durch Vorsorge und Sicherung von Macht, (3) technologisch und naturgesetzl. bedingte Schwankungen auszugleichen, etwa bei Reifeprozessen oder bei einem Zeitunterschied zwischen Produktion und Verbrauch, (4) kurzfr. und langfr. Schwankungen im volkswirtsch. Ablauf durch stabilitätspolit. Maßnahmen zu steuern. Die Lagerhaltungstheorie will anhand von Lagerhaltungsmodellen die Voraussetzungen für eine optimale L. erklären und entsprechende Mittel für eine effiziente Lagerhaltungspolitik empfehlen. → Liquiditätsneigung, → Portfolio-(Auswahl-)Theorie.

Lagerhaltungszyklus, saisonale oder konjunkturelle Schwankungen der Lagerhaltung. Sie werden zur Erklärung bestimmter Konjunkturverläufe herangezogen. Der zyklische Ablauf ähnelt dem → Akzelerator-Prinzip bei Investitionsgütern.

Lagerschein, ein vom Lagerhalter ausgestelltes → Wertpapier, in dem der Empfang der eingelagerten Güter bestätigt wird und sich der Lagerhalter verpflichtet, die Güter an den durch L. Legitimierten auszuliefern. Nur der von einer staatl. zur Ausstellung von Orderlagerscheinen ermächtigten Anstalt ausgefertigte Orderlagerschein ist Traditionspapier, kann also mit Hilfe des Indossaments zur Übertragung des vollen Verfügungsrechts über die lagernde Ware verwendet werden. Das dt. Recht kennt nur den L. (Einscheinsystem). Das Zweischeinsystem hat daneben den Lagerpfandschein. Im Ausland wird der L. oder Lagerpfandschein als → Warrant bezeichnet. Er bildet die Grundlage des Warrantkredits, eines Bankkredits, der gegen Verpfändung von Warrants gewährt wird.

Lagrange-Prinzip, eine Methode zur Berechnung von Extremwerten unter einer oder mehreren Nebenbedingungen. Z. B. kann der maximale Konsumnutzen bei beschränktem Budget abgeleitet werden. Dazu geht man in drei Schritten vor: Zunächst wird die → Zielfunktion additiv mit dem Produkt aus Nebenbedingung und unbestimmtem Lagrange-Multiplikator verknüpft. Dann wird aus den partiellen Ableitungen dieser Funktion ein Gleichungssystem gebildet. Schließlich muss dieses Gleichungssystem gelöst werden, um die notwendige Bedingung für das Maximum anzugeben.

Laissez-Faire, Forderung nach absolut freier, also vom Staat völlig unbeeinflusster Wirtschaftstätigkeit des Einzelnen. Dieses liberalistische Postulat übersieht, dass der Staat (1) nicht nur die Rahmenbedingungen, etwa in Form einer Wirtschaftsordnungspolitik, zu setzen hat, damit sich die Marktkräfte wirklich frei entfalten können, sondern auch (2) die Wirtschaftsgrundlagen, etwa in Form der Infrastruktur, entwickeln und den Wirtschaftsablauf global stabilisieren muss, damit die → Marktwirtschaft funktionieren und höchste → Effizienz entfalten kann. Auch muss er (3) für das effiziente Angebot → öffentlicher Güter und deren gerechte Verteilung ebenso sorgen wie soz. Schwachen helfen. → Soziale Marktwirtschaft, → Liberalismus.

Länderfinanzausgleich, → Finanzausgleich zwischen den Bundesländern mit dem Ziel, gleiche Lebensverhältnisse in den Bundesländern durch die Umverteilung öffentl. Mittel zu garantieren.

Landesbank, urspr. regionales öffentl.-rechtl. Spitzeninstitut (Girozentrale) der → Sparkassen, ist → Universalbank, an der als Gewährsträger die Länder (meist 50 %), Kreise und Gemeinden beteiligt sind und die Kredite an die öffentl. Hand und die Privatwirtschaft gewährt. Sie ist nach dem Geschäftsvolumen eine Großbank.

Landesentwicklungsplanung, versucht, vorausschauend eine Region räumlich sinnvoll zu ordnen, wobei wirtsch., kulturelle, geographische und soz. Überlegungen und Ziele zugrunde liegen. Auf europäischer Ebene existiert ein gemeinschaftliches Förderkonzept der EU (GFK).

Landessteuern, Abgaben, die von den Ländern erhoben und verwaltet werden, z. B. Bier-, Einkommen-, Erbschaft-, Grunderwerb-, Körperschaft-, Kraftfahrzeug-, Vermögensteuer. Während aber bei der Biersteuer der Ertrag allein den Ländern zusteht (→ Ertragshoheit), wird das Aufkommen aus der Einkommensteuer und Körper-

Landeszentralbank

schaftssteuer auf Bund und Länder aufgeteilt. → Gemeinschaftsteuern.

Landeszentralbank (LZB), regionales Notenbankinstitut von Deutschland. Es existieren neun gleichgewichtige, teilweise länderübergreifende L. in Baden-Württemberg, Bayern, Hessen, Nordrhein-Westfalen, Berlin, Brandenburg, Bremen/Niedersachsen/Sachsen-Anhalt, Rheinland-Pfalz/Saarland und Sachsen/Thüringen. Die L. sind nach dem Bundesbankgesetz von 1957 rechtl. unselbständige Hauptverwaltungen der → Deutschen Bundesbank. Allerdings haben die L. organisatorisch eine gewisse Selbständigkeit: Die Vorstände führen die regional anfallenden Geschäfte und Verwaltungsaufgaben in eigener Verantwortung durch. So sind ihnen vorbehalten: (1) Geschäfte mit den jeweiligen Ländern sowie mit den dort ansässigen öffentl. Verwaltungen, (2) Geschäfte mit Kreditinstituten ihres Bereichs, soweit sie nicht dem Direktorium der Bundesbank vorbehalten sind.

Land- und forstwirtschaftliches Vermögen, im steuerlichen Sinne nach § 29 BewG alle Teile einer wirtsch. Einheit, die dauernd einem landwirtsch. Hauptzweck dient. → Einheitswert.

Landwirtschaft, der die Naturkräfte des Bodens (unter Einsatz von Arbeitskraft, Düngemitteln und Maschinen) nutzende, der menschlichen Ernährung dienende Anbau von Pflanzen, ferner die Tierzucht und die Gärtnerei. Auch Rohstoff verarbeitende Nebengewerbe der L. zählen dazu, z.B. Forstwirt., Garten/Obstbau, Fischerei, Jagd, Molkerei und Brennerei. Jahrhundertelang war die L. die entscheidende Erwerbsquelle eines Landes. Selbst heute dominiert sie noch in Ländern wie China, Indien, Ägypten, hat allerdings in den hoch industrialisierten Staaten nur noch einen Anteil von 5–10 % am → Sozialprodukt. → Industrieland.

Landwirtschaftliche Betriebslehre, befasst sich mit der rationalen Betriebsführung in der Agrarwirtschaft. Ihre Begründer waren J. H. von Thünen (landwirtsch. Standortlehre) und A. Thaer (Grundsätze der rationellen Landwirt.).

Landwirtschaftliche Genossenschaften, von Raiffeisen und Haas ins Leben gerufene (dem Grundsatz der Selbsthilfe entsprechende) Zusammenschlüsse. Sie dienen den wirtsch. Interessen und den berufsständischen Zielen der Landwirte und sind heute über die ganze Erde verbreitet. Hauptarten der L. sind: (1) Die → Kreditgenossenschaften, (2) die Produktions-, Verwertungs- und Absatz- oder Verkaufsgenossenschaften, (3) Einkaufs- oder Warenabsatzgenossenschaften, (4) Maschinengenossenschaften, (5) Meliorationsgenossenschaften (Landeskulturgenossenschaften) und (6) Siedlungsgenossenschaften.

Landwirtschaftliche Nebengewerbe, die mehr der Landwirt. als Gewerbe und Handel nahe stehenden Betriebe oder der Landwirt. verbundenen Wirtschaftszweige, die sich mit der Be- und Verarbeitung von in der landwirtsch. Produktion gewonnenen Stoffen befassen. Bsp.: Brauereien, Spiritusbrennereien, Zucker- und Stärkefabriken, Gärtnereien (soweit sie nicht Handelsgärtnereien sind), Ziegeleien, Sägewerke, Mühlen, Winzereien, Imkereien. Sie alle haben sich im Laufe der Zeit stark industriell entwickelt und sind so mehr oder weniger selbständige Fabrikbetriebe geworden.

Landwirtschaftliche Rentenbank, wurde 1949 in Frankfurt a. M. als öffentl.-rechtl. Zentralinstitut für die Gewährung von Kredit an Land- und Forstwirt. sowie Fischerei errichtet. Die Aufgaben bestehen in der Kreditgewährung und Übernahme von Bürgschaften an die für die inländ. Landwirt. wichtigen Betriebe. Weiterhin führt die L. die Aufgaben des Absatzförderungsfonds der dt. Land- und Ernährungswirtschaft durch.

Laplace-Regel, → Entscheidungsregel bei Risiko. Jedem Umweltzustand wird die gleiche Eintrittswahrscheinlichkeit zugeordnet, da keine Informationen über die tatsächlichen Wahrscheinlichkeiten vorliegen. Für jede Handlungsmöglichkeit werden die Erwartungswerte der Ergebnisse bei den möglichen Umweltzuständen ermittelt. Die Handlungsalternative mit dem optimalen (maximalen oder minimalen) Erwartungswert wird ausgewählt. Dagegen: → Bayes-Regel.

Larsen-Metzler-Effekt, im Gegensatz zur These, bei → flexiblen Wechselkursen sei eine internationale Konjunkturübertragung im Allg. nicht möglich, haben Larsen und Metzler, allerdings unter einschränkenden Annahmen, nachgewiesen, dass eine Erhöhung des Realeinkommens im Land A bei flexiblen Wechselkursen zu einem leichten Rückgang der Einkommen im Land B führt. Timm hat in einem erweiterten Modell die These belegt, dass es allgemein auch bei flexiblen Wechselkursen zu Konjunkturübertragungen kommt, allerdings zu weit geringeren als bei → festen Wechselkursen.

Laspeyres-Preisindex, wird zur Preisbereinigung von Nominalgrößen benutzt, um eine reale Grundlage zum Vergleich zu gewinnen. Der repräsentative Warenkorb des Ausgangsjahres 0, zu laufenden Preisen des Jahres i bewertet, wird zum Warenkorb, der mit Preisen des Ausgangsjahres bewertet wird, in Bezug gesetzt:

$$P_L = \frac{\sum p_i \cdot q_0}{\sum p_0 \cdot q_0} \cdot 100,$$

wobei p die Preise, q die Mengen ausdrücken. → Paasche-Preisindex, → Preisindex.

Lastenausgleich, mit dem L. sollten Schäden und Verluste, das Ergebnis von Zerstörungen und Vertreibungen der Nachkriegszeit waren, und Härten infolge der → Währungsreform gemildert werden. Durch den L. fand eine durch das Gesetz (von 1952) bestimmte Vermögensumverteilung als materieller Ausgleich zwischen den durch den Krieg Geschädigten und den Nichtbetroffenen statt. Die Umschichtung sollte aber so erfolgen, dass die Produktivkraft insbes. der organisch aufgebauten Betriebe nicht gefährdet wird. Die Mittel für den L. wurden hauptsächlich durch die einmalige Vermögensabgabe aufgebracht. Sie belief sich auf 50 % des abgabepflichtigen Vermögens, das für die Vermögensteuer am Tage der Währungsreform (21.6.1948) festgestellt wurde. Darüber hinaus wurde sie durch zwei Abgaben ergänzt: die Hypothekengewinnabgabe (Schuldnergewinn anlässlich der Währungsreform durch die Umstellung von dinglich gesicherten Verbindlichkeiten) und die Kreditgewinnabgabe (Schuldnergewinn anlässlich der Währungsreform durch die Umstellung von Verbindlichkeiten bilanzierender Unternehmen). Für die Verwaltung und Verwendung des aus dem L. aufkommenden Finanzmittelbestandes wurde ein Ausgleichsfonds gebildet, der durch den Präsidenten des Bundesausgleichsamtes verwaltet wird. Mit dem ab 1.1.1993 in Kraft getretenen Kriegsfolgenbereinigungsgesetz ist die Beendigung des klassischen L. eingeleitet worden. Danach konnten nur noch bis zum 31.12.1995 Anträge für den L. gestellt werden.

Last In − First Out (LIFO) (engl.), eine Methode der → Bewertung verbrauchter Materialien, die vom Lager des Betriebs bezogen wurden. Es wird angenommen, dass Materialien, die zuletzt eingekauft wurden (last in), zuerst verbraucht werden (first out). Dieser Annahme folgt die Bewertung der verbrauchten und der noch vorhandenen Materialien. → First In − First Out (FIFO), → Bewertungsgrundsätze.

Lastverschiebungskonzept, versucht die Frage zu beantworten, ob mit der Finanzierung von öffentl. Ausgaben über Kredite (→ Öffentliche Schulden) eine Lastverschiebung von der gegenwärtigen zu künftigen Generationen verbunden ist. (1) Last als Ressourcenentzug: Die Vertreter der Neuen Orthodoxie verneinen die Möglichkeit einer Lastverschiebung, da in einer vollbeschäftigten und geschlossenen Volkswirtschaft durch die öffentlichen Schulden dem privaten Bereich Ressourcen entzogen werden und damit die Last in vollem Umfang in der Gegenwart anfällt. (2) Last als Nutzeneinbuße (Nutzenansatz): Nach Buchanan ist Last nicht gesamtwirtsch., sondern als individuelle Nutzeneinbuße zu interpretieren. Während bei Steuerfinanzierung das verfügbare Einkommen des Steuerzahlers zwangsweise reduziert und er damit zu einem Konsumverzicht gezwungen wird, wird durch die Übernahme staatl. Schuldtitel die Last verschoben, da sie erst in Zukunft entsteht, wenn Zins und Tilgung aus Steuermitteln aufzubringen sind. (3) Last als Wachstumseinbuße: In einer vollbeschäftigten Wirtschaft kann der Staat Ressourcen nur zu Lasten des Konsums oder der Investitionen des privaten Sektors beanspruchen. Während eine Steuerfinanzierung vorwiegend den privaten Konsum beeinträchtigt, geht eine Kreditfinanzierung zu Lasten der privaten Investition mit der Folge, dass ein kleinerer Kapitalstock an künftige Generationen vererbt wird. Dies impliziert ein verringertes Wachstum des → Produktionspotenzials und bei Annahme von Vollbeschäftigung und positiver → Grenzproduktivität des Kapitals eine Reduktion des künftigen Realeinkommens. Sie stellt die eigentliche Last der Kreditfinanzierung dar, die damit zu einer Verlagerung der Kosten in die Zukunft führt. → Inter-Generation-Equity, → Pay-As-You-Use-Prinzip.

Lastverteilung, kann bei Steuern (wie auch bei Einkommen und Vermögen) grundsätzlich nach fünf → Strukturkriterien analysiert werden. Die endgültige Aufteilung der Steuerlast nach (möglichen) Überwälzungen nennt man → Steuerinzidenz. Die Lastverteilung der Abgaben wird häufig nach normativen (Gerechtigkeits-)Gesichtspunkten interpretiert (→ Leistungsfähigkeitsprinzip, → Äquivalenzprinzip). Sie kann nominal und real (mit Hilfe der → Lorenz-Kurve oder dem → Gini-Koeffizient) gemessen werden.

Lateinische Münzunion, Zusammenschluss Frankreichs, Belgiens, der Schweiz, Italiens (1865) und Griechenlands (1868) zu einer internationalen Doppelwährung. In der L. hat man Gold und Silber im gesetzl. Wertverhältnis von 1 : 15,5 als Währungsmetalle benutzt, wobei in jedem Mitgliedsstaat Währungsmünzen der anderen Länder unbegrenzt umlaufen konnten. Während des 1. Weltkriegs löste sich die L. als Folge der Inflation auf, da kein Mitgliedsland einer gemeinsamen Währungspolitik zustimmen wollte.

Latin American Free Trade Association (LAFTA), Lateinamerikanische → Freihandelszone, ähnlich der → European Free Trade Association (EFTA), 1960 gegründet. Sie strebt eine bessere Ausnutzung der regionalen → Arbeitsteilung und damit der verfügbaren Ressourcen der beteiligten Länder an, um den Lebensstandard zu heben.

1980 durch ALADI (Lateinamerikanische Integrationsvereinigung) ersetzt. → Mercosur.

Lausanner Schule, eine von L. Walras und V. Pareto begründete Richtung der Grenznutzentheorie. Ersterer erfasste erstmals alle Marktvorgänge in einem (leistungsfähigen) interdependenten Gleichungssystem unter der Annahme vollkommener Konkurrenz, Marktübersicht und unmittelbarer Anpassung (→ Gleichgewicht). Letzterer führte an Stelle des kardinalen ein ordinales Grenznutzenkonzept ein, das in seiner Theorie der Wahlakte auf interpersonalem Nutzenvergleich aufbaut (→ Indifferenzkurve). Pareto hat ferner ein Gesetz der konstanten Einkommensverteilung und den Kreislauf der Eliten (wirtsch.-soziologisches Phänomen) entwickelt. → Pareto-Optimum, → Kardinale Nutzenmessung, → Ordinale Nutzenmessung.

Leads and Lags (engl.), Kürzungen der Zahlungstermine als Folge von (erwarteten) Zins- und Wechselkursänderungen nennt man leads, Streckungen lags. Bsp.: erwartete Ab- oder Aufwertungen.

Lean-Management (engl.), umfasst ein Bündel von Gestaltungsprinzipien und Maßnahmen effektiver und effizienter → Planung, → Organisation und → Kontrolle der gesamten Wertschöpfungskette industrieller Güter. Als Begründer des L.-Konzepts gilt der Japaner T. Ohno, ehemals Betriebsingenieur bei Toyota. Im Rahmen des L. wird das soz. System Unternehmen mit seinen Subsystemen als komplexes Netzwerk verstanden, in dem die →

Produktionsfaktoren in vielfältiger Beziehung zueinander stehen. Eine einseitige qualitative oder quantitative Veränderung eines Produktionsfaktors darf nicht ohne seine Wechselwirkung auf das Gesamtsystem beurteilt und durchgeführt werden. Die Gestaltungsprinzipien des L. führen in der Organisation und Produktion (Lean Production) z.B. zu einer Verminderung der → Arbeitsteilung, Dezentralisierung von Verantwortung und Teambildung. L. stellt hohe Anforderungen an die Mitarbeiter, insbes. hinsichtlich ihrer Flexibilität, ihrer Verantwortungs- und ihrer Lernbereitschaft. L. erfordert ferner eine ganzheitliche Sichtweise der Wertschöpfungskette über Unternehmensgrenzen hinweg. Zentrales Anliegen ist es, eng mit Zulieferern und Abnehmern über einen bloßen Informationsaustausch hinaus in einem übergeordneten Wertschöpfungsnetzwerk eng zusammenzuarbeiten, um so Schnittstellenprobleme zu vermindern.

Lean-Production (engl.) → Lean-Management.

Leasing (engl.), miet- oder pachtweise Überlassung von Anlagen, Investitions- oder Konsumgütern durch bes. Leasinggesellschaften oder den Hersteller. Formen des L. sind: (1) Finanzierungs-L. (financial leasing), Vermietung durch spezifische Finanzierungsinstitute, wobei der Mieter das volle Investitionsrisiko trägt und für die Wartung selbst aufkommt. Es besteht eine feste Grundmietzeit, wobei beide Partner nicht kündigen können. (2) Operating-L., hier vermietet der Hersteller selbst, wobei der Mietvertrag beiderseitig kündbar ist; dieser wartet und unterhält die Anlage. (3) Kauf-Rückvermietung (sale-lease-back), hier kauft die Leasinggesellschaft die Investitionsgüter von einer Unternehmung an und vermietet sie wieder an den Verkäufer zurück. (4) Personal-L. (personal leasing), hier leiht der Leasinggeber Arbeitskräfte zeitweise zur Überbrückung von Engpässen aus, wobei er für die Einstellung und Lohnabwicklung verantwortlich bleibt. Steuerlich hat das L. gegenüber eigen- oder fremdfinanzierten Anlagegütern gewisse Vorteile. Betriebswirtsch. ist das L. eine Investition, die jedoch mit dem Vorteil verbunden ist, dass die Liquidität des Betriebes gerade zu Beginn des Leasingvertrages geschont wird; an die Stelle der Zahlung des Kaufpreises treten die im Allg. gleichmäßig über die Vertragszeit laufenden Miet- oder Pachtzahlungen. Häufig ist mit dem Leasingvertrag ein Optionsrecht (Wahlrecht) verbunden, das dem Leasingnehmer, also dem Mieter oder Pächter, ein Kaufrecht nach Ablauf der Vertragsdauer einräumt. Die Vorteile des L. bestehen in der Erleichterung für die → Liquidität, der Erschließung einer Kapitalquelle, der Abwälzung des Investitionsrisikos und (steuerlich) in der Absetzung der Miete als Aufwendungen. Nachteilig wirkt sich die Belastung durch Fixkosten aus, die höher ist als die Verzinsung von Fremdkapital.

Lebenseinkommen, erfasst den Aufwand für die Ausbildung, das Einkommen während des Berufslebens, die Erträge aus Vermögen und Nettotransfers, um auf diese Weise die Verteilung zwischen den Generationen zu erfassen und möglicherweise beeinflussen zu können. Will man die ungerechte Besteuerung stark schwankender Einkommen mildern oder gar beseitigen, müsste man die früheren Einkommen anhand einer Durchschnittsberechnung in die Bemessung einbeziehen. Das steuerpflichtige Einkommen E im Jahre n errechnet sich dann als Summe der jährlichen Einkommen (E_i) im gesamten Zeitraum der Bemessung, dividiert durch die Anzahl der Veranlagungsjahre (z):

$$E_n = \frac{1}{z} \sum_1^z E_i$$

Die Steuerschuld (ST_n) ergibt sich jeweils bei einem Tarif (t) aus der Formel:
$$ST_n = tE_n$$

Lebenshaltung, als effektive, reale Größe im Unterschied zum → Lebensstandard die tatsächliche Gestaltung des Daseins im Verhältnis zur Einkommens- und Vermögenslage. Die bedingenden Faktoren sind individueller, familiärer, soz. und kultureller Natur, weitgehend etwa durch ererbte Sitten, Familiengewohnheiten und Wertnormen bestimmt. Die L. ist bei Einkommensschwankungen charakteristischen Wandlungen unterworfen und weist eine quantitative und eine qualitative Komponente auf; die eine zielt auf das Lebenshaltungsniveau, die andere stellt auf die Gliederung und Stufung des Bedarfs nach vernünftigen und außerwirtsch. (ethischen) Zwecken ab.

Lebenshaltungskostenindex → Preisindex für die Lebenshaltung.

Lebensmittelgesetz, regelt zum Schutz der Verbraucher die Behandlung von Lebensmitteln, Tabakerzeugnissen und kosmetischen Artikeln im Wirtschaftsverkehr. Danach ist es verboten, Lebensmittel für andere derart zu gewinnen, herzustellen, zuzubereiten, zu verpacken, aufzubewahren oder zu befördern, dass ihr Genuss die menschliche Gesundheit schädigen könnte.

Lebensmittelkennzeichnung, Verpflichtung, bestimmte Lebensmittel, sofern sie verpackt oder in Behältnissen an den Verbraucher abgegeben werden, mit Namen oder Firma und dem Ort der gewerbl. Hauptniederlassung dessen, der die Lebensmittel hergestellt hat, mit Zeitpunkt und Inhalt in handelsüblicher Bezeichnung und mit dem dt. Maß oder Gewicht zu kennzeichnen. Ferner ist der Nährwert sowie der Gehalt an Zusatzstoffen anzugeben.

Lebensqualität → Qualität des Lebens.

Lebensstandard, als ideelle Größe das individuelle, familiär und soz. sowie kulturell geprägte Leitbild eines Menschen, nach dem er sein Dasein oder seine Existenz gestaltet, wobei er sich bei seiner Versorgung am Einkommen orientiert. Über den Verbrauch hinaus betrifft der L. das Verhältnis von Arbeitszeit zu Freizeit, die Eingliederung in die Familie, den Haushalt, die durch verschiedene Faktoren bedingten Lebensgewohnheiten und das die Zukunft sichernde Sparen. Dabei wird in unserer Zeit die sog. → Qualität des Lebens wesentlich von der ausreichenden Versorgung

Lebensversicherung mit → öffentlichen Gütern und Diensten und von der Umwelt beeinflusst. Der L. ist einem durch Bedarfsänderung und techn. sowie wirtsch. Neuerungen beeinflussten Wandel unterworfen. → Lebenshaltung, → Existenzminimum.

Lebensversicherung, eine Personenversicherung, die Versicherungsschutz gewährt gegen die Ungewissheit der Dauer des menschlichen Lebens und ihrer wirtsch. Folgen; für die Hinterbliebenen wichtig beim Todesfall, für den Versicherten beim Eintritt in ein bestimmtes Alter. Wichtigste Arten der L. sind: (1) abgekürzte Versicherung auf den Todesfall, (2) Versicherung auf den Erlebensfall, (3) (gemischte) Versicherung auf den Todes- und Erlebensfall, (4) Versicherung mit festem Auszahlungstermin (»à terme fixe«), (5) Rentenversicherung, (6) lebenslängliche Todesfallversicherung. Sonderformen stellen z.B. die fondsgebundene, dynamische, vermögenswirksame L.- und Pflegerentenversicherung dar. Neben diesen Arten der Lebensversicherung gibt es ferner Gruppen- oder Kollektiv-L., die für Betriebe, Vereine usw. gedacht sind. → Versicherung, → Sozialversicherung.

Lebenszeitplanung, unterstellt, jeder Konsument plane eine gleichmäßige Verteilung der Ausgaben für Konsum über seine Lebensspanne. Seine Verbrauchsentscheidungen würden daher vornehmlich vom Verdienstzeitraum, der Dauer der Pensionierung, der Ansammlung von Vermögen und dessen Liquidation und der Besteuerung abhängen. Modigliani und andere haben analytische Grundlagen für die L. geschaffen.

Leerkosten, (K_L) ergeben nach Bredt zusammen mit den → Nutzkosten (K_N) die → Fixkosten: (K_F = K_N + K_L). L. bilden dabei den Teil der beschäftigungsunabhängigen (fixen) Kosten, der durch die Produktion nicht genutzt wird, der also auf nicht genutzte Kapazitäten entfällt. Die L. errechnen sich als:

$$K_L(x) = (x_m - x) \frac{K_f}{x_m}$$

mit $K_L(x)$ = Leerkosten; x_m = Maximalausbringungsmenge; x = Istausbringungsmenge; K_f = Fixkosten). Die Höhe der L. im Verhältnis zu den Fixkosten zeigt, wie dringlich die Anpassung der Kapazitäten an die Beschäftigungslage des Betriebes ist. Die Analyse der L. in den einzelnen → Kostenstellen ist insbes. für die → Grenzplankostenrechnung bedeutsam. → Kosten, betriebswirtschaftliche.

Leerverkauf, Verkauf von → Wertpapieren zu einem Zeitpunkt, zu dem man sie noch nicht besitzt. Mit Hilfe des L. kann der Verkäufer auf fallende → Kurse spekulieren, indem er seiner Erfüllungspflicht dem Käufer gegenüber dadurch nachkommt, dass er die Wertpapiere beispielsweise über ein Leihgeschäft beschafft und hofft, dass die Tageskurse zum Ende der Leihfrist, wenn die Rückgabeverpflichtung gegenüber dem Verleiher eintritt, unter denen zum Verkaufszeitpunkt liegen.

Legal tender (engl.), die Eigenschaft des Geldes, insbes. der → Banknoten, gesetzl. → Zahlungsmittel zu sein, also rechtl. volle Zahlungskraft zu besitzen.

Legierung, ein durch Zusammenschmelzen zweier oder mehrerer

Metalle hergestelltes Metallgemisch. Im Münzwesen ist L. (Beschickung) das in einer Münze enthaltene Gewicht an unedlem Metall (z.B. Kupfer), der Zusatz zum Feingewicht. → Münzen.

Legitimationspapier, → Urkunde, auf Grund derer der Aussteller der Urkunde berechtigt sein soll, jeweils nur dem Inhaber zu leisten (§ 808 BGB). Der Aussteller kann die Legitimation prüfen, braucht es aber nicht. Der Inhaber seinerseits ist nicht befugt, die Leistung zu verlangen. Legitimationszeichen sind Karten, Marken und ähnliche Urkunden, die den Aussteller zur Leistung an den Inhaber zwar nicht verpflichten, wohl aber berechtigen. Bsp.: Garderobemarken, Gepäckscheine.

Lehrling → Auszubildender.

Leiharbeit, wird auch als Zeitarbeit bezeichnet. Der juristische Fachausdruck lautet »gewerbsmäßige Arbeitsüberlassung«. Leiharbeit ist gegeben, wenn ein Arbeitgeber (Leiharbeitfirma) einem Dritten Arbeiter gewerbsmäßig zur Arbeitsleistung überlässt. Für eine gewisse Zeit werden also Arbeitskräfte von Leiharbeitsunternehmen an andere Betriebe ausgeliehen. Der → Arbeitsvertrag wird direkt mit der Leiharbeitfirma abgeschlossen. → Arbeitsmarktpolitik.

Leistungsbilanz, als Teil der → Zahlungsbilanz die Gegenüberstellung der Einfuhren und Ausfuhren von Waren (→ Handelsbilanz) und Dienstleistungen (Dienstleistungsbilanz) in einer Periode. Übersteigt der Wert der importierten Güter den der exportierten, spricht man von einem Leistungsbilanzdefizit, umgekehrt von einem Leistungsbilanzüberschuss.

Leistungsbudget (engl.: performance budget), ein Konzept des Haushalts, das die Sachausgaben nach betriebswirtsch. Kostenarten ordnet. Es soll auf diese Weise die Entscheidung über alternative öffentl. Leistungen anhand von Kostenanalysen erleichtern helfen. Das L. wurde in den USA entwickelt und 1949 von der »Hoover-Kommission« eingeführt. Es ist zwar nach Aufgaben gegliedert und daher dem dt. Funktionenplan ähnlich, kann somit auch als Grundlage für das → Programmbudget dienen, doch bleibt es ein einseitiges »Input-Budget«, d.h. es erfasst nur die Kosten, nicht aber die Nutzen öffentl. Projekte.

Leistungsfähigkeitsprinzip (engl.: ability-to-pay-principle), ein Grundsatz der Besteuerung, auf dem das deutsche Einkommensteuersystem beruht. Es besagt, dass jeder nach seiner Zahlungs- (und nicht, fälschlicherweise, nach seiner Leistungs-)fähigkeit → Steuern entrichten sollte. Wer wohlhabender ist, soll relativ mehr zur Finanzierung des Staates beitragen. Anhand der Annahme, der → Nutzen zusätzlichen Einkommens werde kleiner, versucht das L., das Steueropfer für jeden Bürger gleich zu machen. Problematisch ist die Wahl einer Steuergrundlage, welche die Zahlungsfähigkeit richtig messen kann. Ferner kann das L. nicht überzeugend begründen, wie steil die → Steuerprogression verlaufen sollte. V.a. aber lässt es den unterschiedlichen Aufwand an Zeit, Arbeit, Mühe, Sorgfalt und Verantwortung außer Betracht, der notwendig ist, um (selbst gleiches) Einkommen zu erzielen. → Opfertheorie.

Leistungskosten, Kosten, die sich automatisch mit der Art und Menge der erbrachten Leistung des Unternehmens verändern. Zu den L. gehören z.B. Rohstoffe und Fertigungslöhne. → Bereitschaftskosten.

Leistungslohn, Akkordlohn, Stücklohn, im Gegensatz zum Zeitlohn eine Lohnberechnung, bei der sich die Lohnhöhe nach der Arbeitsleistung richtet. Man unterscheidet zwischen Stücklohn und Stückzeitlohn. Beim Stücklohn wird für die Einzelleistung, etwa das Stück, ein pauschaler Lohnsatz festgelegt, der unabhängig von der für die Ausführung tatsächlich erforderlich gewordenen Zeit gezahlt wird (Ecklohn). Die Lohnbasis des Stückzeitlohnes ist eine Zeiteinheit pro Stück, die wie beim Stücklohn dem Arbeiter auf Grund von Schätzungen oder Zeitstudien (→ Reichsausschuss für Arbeitszeitermittlung (REFA)) vorgegeben wird. Zur Lohnabrechnung werden die vorgegebenen Arbeitszeiten mit einem Minutenfaktor multipliziert, der den Arbeitslohn je Vorgabeminute anzeigt. Prämienlohnsysteme sind im Gegensatz zum → Zeitlohn und Leistungslohn eine Lohnberechnung, bei welcher der Vorteil der Mehrleistung nach einem bestimmten Schlüssel zwischen Betrieb und Arbeiter aufgeteilt wird. Die aus den USA stammenden Prämienlohnsysteme, entweder an der über eine gewisse Grenze hinausgehenden Ersparnis an Arbeitszeit oder an der über ein vereinbartes Mindestmaß hinausgehenden Stückzahl orientiert, können als Prämienzuschlag (Sondervergütung) auf dem Zeit- oder auf dem Leistungslohn aufgebaut werden. Empirische Analysen in mehreren Ländern (USA, Australien, Großbritannien, Indien) belegen, dass die Einführung von leistungsabhängigen Lohnsystemen die → Arbeitsproduktivität stark erhöht hat, wobei die Produktivität um bis zu 300 % zugenommen hat.

Leistungsprinzip, die Grundlage für effizientes oder wirtsch. Handeln in einer Gemeinschaft, das zugleich eine gerechte Wertung und Entlohnung einer Leistung gewährleistet. In reiner Form ist es auf einem Markt vollständiger Konkurrenz verwirklicht. Allerdings muss in der Praxis ein moralischer und rechtl. Rahmen gesetzt werden, um unsoziale Auswüchse zu vermeiden. Das L. kommt auch in dem Grundsatz der versuchsweise gerechten Einkommensverteilung zur Geltung. → Verteilungspolitik.

Leistungsrechnung, Gegenstück zur → Kostenrechnung, die durch die statistische Erfassung von Daten der betriebl. Leistungserstellung die → Wertschöpfung eines Unternehmens abbilden soll. Die L. erfasst systematisch Bestände, innerbetriebl. Nutzung und Verkäufe bzw. Erlöse der erzeugten Produkte und Dienstleistungen.

Leistungsrecht, umfasst alle gesetzl. Vorschriften, nach denen Leistungen zur Verhütung oder Beseitigung eines öffentl. Notstandes angefordert werden können. Darunter fallen insbes.: (1) gemeine Gefahren (Brände, Überschwemmungen, Explosionen); (2) eine er-

Leistungswettbewerb, ein Wettbewerb, bei dem die Konkurrenz unter Anbietern und Nachfragern am Markt entscheidet, welches Gut zu welchem Preis abgesetzt werden kann. Verantwortung und Risiko liegen dabei bei dem Einzelnen, und die Chance zum Gewinn bildet den Anreiz zur Leistung. Jede Marktmacht schränkt die → Effizienz und die beste Versorgung des Marktes durch den L. ein. → Marktformen, → Dynamischer Wettbewerb.

Leistungszulage, wird für bes. schwere, schmutzige oder gefährliche Arbeit in Tarifverhandlungen ausgehandelt.

Leitbild der freiheitlichen Ordnung, von A. Smith entwickelt, verbindet, aristotelisch, Ethik, Markt und Staat. Im Zentrum steht das → Selbstinteresse, welches das Verhalten des Homo Socialis steuert aber auch begrenzt wird (→ Gemeinwohl). Smith hat es zweifach ethisch gerechtfertigt und erstmals in ein geschlossenes System integriert (»system of natural liberty«).

Leitkurs, im Rahmen eines Währungssystems vereinbarter fixer Orientierungskurs. → Europäisches Währungssystem (EWS).

Leitsätze für die Preisermittlung auf Grund von Selbstkosten (LSP), gelten seit 1954 für öffentl. Leistungen. Danach wird der »Selbstkostenpreis« bestimmt, indem zu den ausschl. durch die Leistung des Betriebes verursachten (leistungsbedingten) Selbstkosten (→ Kalkulationsschema) ein kalkulatorischer Gewinn zugeschlagen wird. Für die Preisermittlung nach den Leitsätzen ist zwischen folgenden Selbstkostenpreisen zu unterscheiden: (1) vorkalkulierte Selbstkostenfestpreise; sie sollten bei Vertragsabschluss festgelegt werden; (2) vorläufiger Selbstkostenrichtpreis; hiervon ist Gebrauch zu machen, wenn der Umfang des Auftrags oder einzelner Teilaufträge bei Vertragsabschluss noch nicht festliegt; (3) nachkalkulierter Selbstkostenerstattungspreis; er kommt dann in Frage, wenn die Kalkulation von Selbstkosten vor Vertragsabschluss oder während der Auftragsausführung nicht möglich ist. Von bes. Bedeutung ist, dass bei Preisstellung auf Grund vorkalkulierter Selbstkosten nicht die → Anschaffungskosten der Verbrauchsgüter, sondern ihre Wiederbeschaffungskosten angesetzt werden dürfen, um den Betrieben so gegenüber der anderen Möglichkeit des Selbstkostenerstattungspreises einen Anreiz zu bieten.

Leitwährung, eine Währung, die im internationalen Güter- und Finanzverkehr weltweit als Mittel der Liquidität anerkannt wird. Für die → Notenbank des Leitwährungslandes entsteht insofern kein Problem der Liquidität, da sie alle Auslandsgeschäfte oder -schulden in der eigenen Währung bezahlen oder tilgen kann. Der USD erfüllte in der Nachkriegszeit die Aufgabe einer L. Er hat die Funktion einer Rechen-, Interventions- und Übertragungswährung im Leistungs-

und Kapitalverkehr, dient als → Reservewährung und wird zugleich als Maßstab für die → Paritäten verwendet.

Leitzins, von der → Zentralbank fixierter → Zins, an dem sich die übrigen Zinssätze orientieren. Als L. galten früher Diskontsatz (→ Diskontpolitik) sowie in geringerem Umfang der Lombardsatz (→ Lombardpolitik), heute gilt der von der → Europäischen Zentralbank (EZB) festgelegte Zins, zu dem die EZB die Geschäftsbanken mit Geld versorgt.

Leontief-Paradoxon, der amerik. Nobelpreisträger W. Leontief hat empirisch ermittelt, dass der Arbeitsanteil bei den US-Ausfuhren höher war als der bei den US-Einfuhren, ein Ergebnis, das dem → Heckscher-Ohlin-Theorem diametral entgegengesetzt ist, weil nämlich dann das kapitalreiche Land arbeitsintensive Erzeugnisse ex- und kapitalintensive importiert. Einwände stützen sich v.a. auf die Schwächen von Leontiefs → Input-Output-Analyse. In einer langjährigen Erörterung wurde untersucht, ob und warum das L. mit dem Heckscher-Ohlin-Theorem vereinbar oder unvereinbar sei.

Leontief-Produktionsfunktion, geht im Gegensatz zur neoklassischen Produktionsfunktion davon aus, dass man einen Ausstoß nur durch ein festes Verhältnis zwischen Arbeit und Kapital erzielen kann. Die techn. Produktionsbedingungen sind also begrenzt oder limitational. Wird nur ein Faktor erhöht, führt dies entweder zur Verschwendung, weil dessen → Grenzertrag null ist, oder zur Aufgabe der Erzeugung. Die → Kapitalintensität kann sich daher nur langfr. auf Grund neuer Technologien ändern. Auf kurze Dauer ist sie (und damit die funktionale Einkommensverteilung) unveränderlich.

Lerntheorie, versucht, Lernen als einen Ablauf zu erklären, bei dem verarbeitete und gespeicherte Informationen als Erfahrung den Lernenden befähigt, sein Verhalten unter ähnlichen Umwelteinflüssen zweckgerecht einzurichten. Es existieren neben formalisierten Lernmodellen zwei Gruppen von Grundtheorien, die kognitive und die behavioristische. Erstere antwortet auf die Frage, was wird gelernt, mit Verhalten durch Erkennen und Erfahren (kognitive Strukturen), letztere mit Verhalten durch Üben und Gewohnheit. Beide Lerntheorien sind in systemtheoretische Modelle eingegangen, die neben statistischen und stochastischen Lernkonzepten entwickelt worden sind.

Leveraged-Buy-Out (LBO) (engl.), eine aus den USA stammende Methode des Unternehmenserwerbs. Durch Hinzunahme von → Fremdkapital können mit relativ geringem Eigenkapitaleinsatz große Unternehmen übernommen werden. Dazu gründet man zunächst ein neues Unternehmen mit entsprechend haftendem Kapital. Dann führt man von dritter Seite Fremdkapital in großem Umfang zu, um die geplante Erwerbung bezahlen zu können. Dabei werden als Sicherheit Rechte an dem zu erwerbenden Unternehmen gewährt. Der Kapitaldienst für die Fremdfinanzierung wird nach der Übernahme aus der Innenfinanzierungskraft der erworbenen Unternehmung erbracht. → Management-Buy-Out.

Leverage-Effekt, der Einfluss der Staatstätigkeit auf die Höhe des → Bruttosozialprodukts (BSP) (volkswirtsch.). Musgrave misst den L., indem er das tatsächliche BSP von einem hypothetischen abzieht, wie es sich ohne staatl. Haushalt ergeben würde. Die Ursache für das erhöhte BSP liegt in dem vergleichsweise größeren → Multiplikator für öffentl. Ausgaben. Betriebswirtsch. drückt der L. die überproportionale Zu- oder Abnahme des Gewinnes aus, wenn sich das Gesamtkapital einer Unternehmung aus Eigen- und → Fremdkapital zusammensetzt. Liegt die → Rendite des Gesamtkapitals über den Kosten des Fremdkapitals, erwirtschaftet das Eigenkapital einen um diesen Unterschied erhöhten Gewinn. Modigliani und Miller verneinen das Auftreten eines L.

Leviathan, im Alten Testament ein Ungeheuer; bei dem polit. Philosophen T. Hobbes die Bezeichnung für den absolutistischen Staat. Nach Hobbes muss sich jeder Bürger dem Herrscher unterwerfen, denn nur er garantiert Frieden und Sicherheit im Gegensatz zum Naturzustand, in dem Anarchie der Wertvorstellungen vorherrscht. Heute wird der Begriff L. als Metapher für die Übermacht des modernen Beamtenstaates mit seiner schwerfälligen → Bürokratie, unwirtsch. Arbeitsweise (→ Öffentliche Verschwendung, Theorie der) und einem überzogenen Angebot an → öffentlichen Gütern gebraucht.

Liberalisierung, der Abbau und schließlich die Beseitigung nationaler und internationaler Marktzutrittshemmnisse. Ziel der Liberalisierung ist die Erhöhung der Wettbewerbsintensität eines Marktes oder Marktsegments. → Freihandel.

Liberalismus, alle Lehren und polit. Bewegungen, die das Zusammenleben der Menschen auf dem sog. Individualprinzip erklären und regeln wollen. Die wirtsch., polit. und geistige Freiheit aller ist das Fundament eines liberalen Gemeinwesens, das durch Vertrag freier Menschen untereinander zu einer Organisation, dem Staat, findet. Das → Selbstinteresse oder Erwerbsstreben des Einzelnen dient dem → Gemeinwohl. Die Leitidee wird in der Wirklichkeit durch die Gewerbe-, Niederlassungs-, Vertrags- und Handelsfreiheit bei freiem Wettbewerb umgesetzt, unmittelbare Eingriffe in den Markt werden grundsätzlich abgelehnt (wohl aber marktkonforme Maßnahmen der Wirtschaftspolitik gutgeheißen), → Schutzzölle abgeschafft und die Meistbegünstigung eingeführt. Auch fallen dem Staat definitive Aufgaben zu, wobei das Ausmaß der Staatstätigkeit davon abhängt, inwieweit Moral und Wettbewerb in der Lage sind, übersteigertes Selbstinteresse in sinnvollen Grenzen zu halten. Auch fordert der klassische L. eine scharfe Kontrolle des Staates, der als Monopolist mit einer bürokratischen Organisation → öffentliche Güter anbietet und finanziert.

Lieferantenkredit, ein i. d. R. formloser oder durch Eigentumsvorbehalt gesicherter Handelskredit, den ein Lieferant seinem Kunden kurzfr. für die Zeit von der Lieferung einer Ware bis zur Fälligkeit der → Forderung, einräumt. → Kredit.

LIFO → Last In – First Out.

Limitationale Produktionsfaktoren, stehen zur Produktionsmenge in einer eindeutigen techn. Beziehung. Soll also eine Menge eines Erzeugnisses hergestellt werden, ist damit aus techn. Gründen gleichzeitig die Menge der L. bestimmt. → Produktionsfunktion.

Limitierte Aufträge, beim Handel mit Wertpapieren solche Kauf- oder Verkaufsaufträge, bei denen der Kunde dem Händler ein Limit (lat., Grenze), also einen Preis, vorschreibt. → Bestens-Aufträge.

Lineare Programmierung, ein math. Verfahren der → Unternehmensforschung, das, wie die → Nutzen-Kosten-Analyse (NKA) als Entscheidungshilfe dient, damit Mittel optimal zur Zielerfüllung eingesetzt werden können. Da lineare Beziehungen zwischen den Größen des Modells angenommen werden, nennt man das Verfahren L. Mit ihrer Hilfe wird eine lineare → Zielfunktion maximiert oder minimiert, wobei Nebenbedingungen beachtet werden. Die Anwendungsmöglichkeiten der L. sind mannigfaltig; in der ökonom. Praxis findet man L. in den empirischen Untersuchungen der Grundstoff-, der chemischen, der Eisen- und Stahl- sowie in der Lebensmittelindustrie. In der betriebl. Praxis wird die L. in zunehmendem Maß als Optimierungsverfahren angewendet. → Optimierungsmodelle.

Liquidation (lat., Flüssigmachung), Auflösung oder Abwicklung eines Unternehmens. (1) Rechtl. das außergerichtliche Verfahren zur Auflösung eines Gesellschafts-, Genossenschafts- oder Vereinsverhältnisses, um die Gläubiger zu befriedigen und das restliche Vermögen an Gesellschafter, Genossen oder Vereinsmitglieder zu verteilen. (2) Im Börsenhandel bedeutet L. die Abwicklung von → Termingeschäften (Bezahlung und Lieferung) durch Abrechnung bei Liquidationskassen. Liquidationskurs ist der vom Börsenvorstand oder der Liquidationskasse in Anlehnung an die Börsenkurse festgesetzte Kurs für die Abwicklung der Termingeschäfte. Der Umfang der Börsenumsätze macht es techn. unmöglich, alle Geschäfte einzeln abzuwickeln. Der bei weitem größte Teil der Terminabschlüsse wird durch Kompensation, also durch ein Gegengeschäft ausgeglichen. (3) Bei Freien Berufen (Ärzten, Rechtsanwälten, Lehrern) ist die L. die Rechnung (Kostenberechnung) für in Anspruch genommene Bemühungen.

Liquidität (lat., Flüssigkeit), drückt die Fähigkeit eines Haushalts, Betriebes oder Landes aus, zur Deckung finanzieller Verpflichtungen in mehr oder weniger hohem Grade bares Geld (oder → Devisen) zur Verfügung zu haben. Als Maßstab für die L. eines Betriebes dient die Verhältniszahl zwischen den flüssigen Mitteln und den in Kürze fällig werdenden Verbindlichkeiten. Die einzelnen Vermögensteile sind mehr oder weniger liquide (absolute L.). Am flüssigsten sind naturgemäß die Kassenbestände und Bankguthaben, am wenigsten flüssig ist das Anlagevermögen, insbes. Grundstücke und Gebäude. In der Zeitpunktanalyse wird die L. aus horizontalen Bilanzrelationen berechnet. → Liquiditätskennzahlen.

Liquiditätseffekt, bezeichnet die unmittelbare Wirkung einer Erhöhung der → Geldmenge auf den Zinssatz. Der L. spielt in der Geld- und Konjunkturpolitik eine Rolle.

Liquiditätsfalle (engl.: liquidity trap), entsteht im Keynes-Modell, in welchem die Nachfrage nach Geld nicht nur vom Einkommen (Umsatzmotiv), sondern auch vom Zins (Spekulationsmotiv) abhängig ist, dann, wenn eine erhöhte Geldmenge vollständig in inaktive Spekulationskassen fließt, weil man bei sehr niedrigem Zins für die Zukunft mit steigenden Zinssätzen rechnet und daher nicht bereit ist, Liquidität gegen Wertpapiere einzutauschen. Der Zins bleibt in diesem Fall trotz laufender Ausweitung der Geldmenge auf einer bestimmten Höhe. Die Investitionen bleiben konstant, da der Zinsmechanismus versagt. Eine expansive Geldpolitik, die eine unterbeschäftigte Wirtschaft zu einem → Gleichgewicht bei Vollbeschäftigung zurückführen will, ist dann wirkungslos. Die erhöhte Liquidität wird von der zinsabhängigen Geldnachfrage völlig absorbiert. Im → IS-LM-Konzept schneidet die IS- die LM-Kurve im unelastischen Teil (→ Elastizität). Die durch die Erhöhung der Geldmenge verursachte Verschiebung der LM-Kurve von LM_1 nach LM_2 führt zu keinerlei Änderung des Einkommens (s. Abb.).

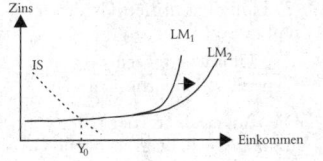

Liquiditätsgrad, drückt, abgestuft, die Veräußerungsmöglichkeit von Gütern und Geld aus. So haben Vermögenswerte, die sich ohne weiteres in andere umwandeln lassen, einen hohen L. Die höchste Liquidität weist Geld auf, so dass der L. die Geldnähe eines Vermögenswertes ausdrückt. Da der Zins eine Prämie für den Verzicht auf Liquidität enthält, verhalten sich L. und → Rentabilität eines Gutes entgegengesetzt. → Liquiditätsneigung.

Liquiditätsgrundsätze, das Bundesaufsichtsamt für das Kreditwesen prüft zum Schutze der Gläubiger, ob ein Kreditinstitut bestimmte L. einhält, die sich aus Verhältniszahlen von horizontalen und vertikalen Bilanzposten ergeben.

Liquiditätskennzahlen, charakterisieren die kurzfr. → Liquidität eines Unternehmens und versuchen über einen Vergleich von Aktiv- und Passivposten von unterschiedlicher Fristigkeit die Zahlungsfähigkeit eines Unternehmens zu beschreiben. Im Allg. unterscheidet man drei L.: (1) Liquidität ersten Grades (liquid ratio):

$$\frac{\text{Zahlungsmittel}}{\text{kurzfr. Verbindlichkeiten}} \times 100$$

(2) Liquidität zweiten Grades (quick ratio):

$$\frac{\text{Zahlungsmittel + kurzfr. Forderungen}}{\text{kurzfr. Verbindlichkeiten}} \times 100$$

Liquiditätskosten

(3) Liquidität dritten Grades (current ratio):

$$\frac{\text{Umlaufvermögen}}{\text{kurzfr. Verbindlichkeiten}} \times 100$$

Die Aussagekraft der L. ist begrenzt. Als stichtagsbezogene Größen erfassen sie keine schwebenden Geschäfte und zeigen nicht, ob Vermögensteile verpfändet, sicherungsübereignet (→ Sicherungsübereignung) oder abgetreten (→ Abtretung) sind. Zudem geben sie keine Auskunft über die genaue Fälligkeit der kurzfr. → Forderungen und Verbindlichkeiten. Schließlich ist die Liquidität an einem bestimmten Stichtag dispositiv beeinflussbar. → Bilanz, → Bilanzanalyse.

Liquiditätskosten, entstehen einem Haushalt oder Betrieb, wenn er einen bestimmten → Liquiditätsgrad aufrecht erhalten will, als Opportunitätskosten der Bargeldhaltung (entgangener Ertrag aus einer alternativen Verwendung) und als Zinsen für die Aufnahme von Fremdmitteln.

Liquiditätsmechanismus, ein Konzept der sozialpsychologisch orientierten → Liquiditätstheorie des Geldes, das von einem weitgefassten Begriff der objektiven und subjektiven Liquidität ausgeht, in dem neben Geld auch die leicht liquidierbaren Geldsubstitute und die Kreditmöglichkeiten einbezogen werden. Will man realwirtsch. Vorgänge beeinflussen, muss man den Status der Liquidität, der Sparen, Konsumieren und Investieren entscheidend bestimmt, geldpolit. (entweder restriktiv oder expansiv) ändern. → Geldpolitik.

Liquiditätsneigung, Liquiditätspräferenz, die Neigung des Publikums, Bargeld zu halten, statt es auszugeben oder ertragbringend anzulegen. Die L. lässt sich nach J.M. Keynes auf verschiedene Motive zurückführen: (1) Jeder Haushalt und Betrieb benötigt zur Bestreitung der laufenden Ausgaben eine sog. Umsatz- oder Transaktionskasse. Sie ist von der Höhe der Einnahmen und Ausgaben sowie ihrer voraussichtlichen zeitlichen Verteilung abhängig. Mit wachsendem Einkommen wird die L. größer. (2) Neben der Umsatzkasse wird zur Sicherung gegen plötzlich auftretenden Geldbedarf eine sog. Vorsichtskasse gehalten. (3) Die Spekulationskasse besteht aus Kassenbeständen, die spekulativen Zwecken dienen. Mit ihrer Hilfe wird versucht, aus den Kursschwankungen von → Wertpapieren (oder auch Waren) wirtsch. Vorteil zu ziehen: Je niedriger der → Kurs, d.h. je billiger ein Papier, umso höher die Bereitschaft, es zu erwerben. Das bedeutet ein Sinken der L. Da aber bei fallendem Zins der Kurs steigt, nimmt zugleich die L. zu. Ferner ist zu beachten, dass bei einem hohen Kurs mit einem Kursfall gerechnet werden muss, ein weiteres Moment, das auf verstärkte L. hinwirkt.

Liquiditätspapiere, → Schatzanweisungen (→ U-Schätze) oder → Schatzwechsel, welche die Bundesregierung zur Förderung der Stabilität und des Wachstums der Wirtschaft und als Mittel der Offenmarktpolitik der Bundesbank zur Verfügung stellen muss.

Liquiditätspräferenz → Liquiditätsneigung.

Liquiditätsquote, der Anteil der freien → Liquiditätsreserven der → Geschäftsbanken am Einlagenvolumen (→ Sichteinlagen, → Termineinlagen und Spareinlagen unter vier Jahren) der Nichtbanken und ausländ. Kreditinstitute.

Liquiditätsreserven, Geld oder geldnahe (engl.: near money) Aktiva, die ein Kreditinstitut zur Ausweitung seiner Geschäfte zur Verfügung hat. Geldnahe Aktiva, Anlagen, die jederzeit in Notenbankgeld und damit Primärliquidität umgewandelt werden können, bezeichnet man auch als Sekundärliquidität. → Mindestreserve der Banken, → Internationale Liquidität.

Liquiditätstheorie des Geldes, versucht, die → Konjunkturbewegungen aus der Veränderung der volkswirtsch. Liquidität zu erklären. Sie berücksichtigt neben dem Geld (M) auch noch Geldsubstitute (S) und behauptet, das Verhältnis beider zueinander (M/S) sinke im Aufschwung (bei restriktiver → Geldpolitik) und nehme im Abschwung zu, da im Konjunkturaufstieg das Angebot an »Ersatzgeld« stärker zunehme als das Geldvolumen. Ferner werde bei einer Expansion der einkommensabhängige Bedarf an Liquidität vermehrt durch geldnahe Vermögenswerte gedeckt, weshalb die Nachfrage trotz gleich bleibender Geldmenge zunehme. Zur Begründung wird angeführt: In der Hochkonjunktur trennten sich die Banken von Wertpapieren, um rentablere Kreditgeschäfte abschließen zu können. Es steige daher der Zins bei sinkenden Kursen, was die Wertpapiernachfrager veranlasse, inaktives Bargeld durch Wertpapiere zu ersetzen. Dadurch werde Liquidität frei, die zur Nachfrage verwandt werde.

Liquiditätstheorie des Zinses, erklärt einseitig den Zins als Belohnung für das Nichthorten von Geld. Nach J.M. Keynes wird Bargeld oder Kasse nicht nur für den laufenden Umsatz gehalten, sondern auch zu dem Zweck, im geeigneten Augenblick Gewinn bringende → Spekulationsgeschäfte abzuschließen. Für diesen Verzicht oder die Aufgabe eines möglichen Spekulationsgewinns entschädige der Zins.

Liquidity Trap → Liquiditätsfalle.

Liquid Ratio → Liquiditätskennzahlen.

Little-Wohlfahrtskriterium, geht davon aus, dass die Lage einer Person verbessert ist, wenn diese sie einer anderen Lage vorzieht, wobei das → Pareto-Kriterium als gültig betrachtet wird. Little erkennt also Verteilungsnormen bei Wohlfahrtsvergleichen an. Er unterscheidet dabei 16 verschiedene Fälle. → Kaldor-Hicks-Kriterium, → Scitovsky-Kriterium.

Lizenz (Erlaubnis, Befugnis), die durch Vertrag erworbene Befugnis zur Auswertung eines Rechts, im Wirtschaftsrecht eine Abgabe, die für den Betrieb eines Gewerbes zu entrichten ist, z.B. für Schankwirtschaften. Von L. spricht man insbes. bei der Überlassung der Auswertung von Patenten gegen Gebühren. → Patentschutz, → Konzession. Der Lizenznehmer kann sachlichen, zeitlichen, räumlichen und personalen Beschränkungen unterliegen, wenn er die Erfindung nutzen möchte.

LM-Kurve (von engl.: liquidity-money = Liquidität-Geld), Zinssatz und Einkommen, bei denen jeweils auf dem → Geldmarkt Gleichgewicht herrscht, lassen sich im Keynes-Modell auf einer Kurve, der L., festhalten. Da die → Geldnachfrage als Kassenhaltung (→ Liquiditätsneigung) in diesem Modell von Zins und Volkseinkommen abhängig ist und das → Geldangebot als autonom angenommen wird, führt ein Anstieg des Volkseinkommens bei unverändertem Geldangebot aus Umsatzüberlegungen zu einer Erhöhung der durchschnittlichen (erwünschten) Kassenhaltung. Um diesen Mehrbedarf an flüssigen Mitteln bei gleich bleibender → Geldmenge befriedigen zu können, muss der Zinssatz anziehen, da mit steigendem Zins die Kassenhaltung für Spekulationszwecke kleiner wird. → IS-LM-Konzept, → IS-Kurve.

Loanable-Funds-Theorie, Gegenstück zu J.M. Keynes' → Liquiditätstheorie des Zinses, ist eine Zinstheorie, die den Zins aus Nachfrage und Angebot auf dem → Kreditmarkt erklärt. Ersparnis (→ Spareinlagen) und → Geldmenge bilden das Kreditangebot, kreditfinanzierte Investitionen, Konsum und geplante Kassenhaltung die Kreditnachfrage, wobei es sich nicht um Bestands-, sondern um Strömungsgrößen handelt. Monetäre wie güterwirtsch. Größen bestimmen also den Zins.

Lobbyismus, direkte und indirekte Einflussnahme von → Interessengruppen aller Richtungen auf die Vorbereitung polit. Entscheidungen und deren praktische Umsetzung in administrativen und parlamentarischen Gesetzgebungsverfahren. Um diese Einflüsse offen zu legen und die Erfahrungen der unmittelbar Betroffenen besser kennen zu lernen, wird im Anhörungsverfahren (hearing) versucht, diese Informationen für die polit. Entscheidung auszuwerten. Ein Lobbyist ist jemand, der versucht Abgeordnete für die Interessen seines Verbandes zu gewinnen.

Logik, formale, die Lehre von der Folgerichtigkeit und den Methoden des Erkennens. Der Inhalt der einzelnen Kategorien tritt zu Gunsten ihrer strukturellen Beziehungen und einer Formalisierung zurück. Als Deduktion (Aristoteles) werden aus einer Anzahl von Voraussetzungen, Prämissen oder (selbstevidenten) → Axiomen, anhand logischer Schlussregeln, Folgerungen oder → Implikationen gezogen. Dabei müssen diese Annahmen miteinander verträglich sein, wenn die Folgerungen widerspruchsfrei sein sollen. Die → Induktion schließt vom Besonderen, das sich immer wieder beobachten lässt, auf das Allgemeine, wobei indes hier die Plausibilität an die Stelle eines logischen Folgerns tritt. → Wissenschaftstheorie.

Logistik, entstammt der militärischen Terminologie und umfasst, als uneinheitlicher Begriff, den Transport und die Lagerhaltung von der Beschaffung bis zum Absatz (Versorgung des Verbrauchers), wobei versucht wird, räumlich und zeitlich den Nutzen oder Ertrag zu maximieren. Man kann dabei das Konzept der L. anhand des Gesamtkostenprinzips und/oder der Erträge entwickeln. Die Optimierung kann sich auf die Lagerhaltungskosten (bei bekannter oder unbekannter Absatzgeschwindigkeit und Wiederbeschaffungszeit), auf die Transportkosten (kürzeste Wege und optimale Verkehrsmittel, mehrere Lager, mehrere Lieferorte, Lieferung aus einem Lager, Zusammenfassung mehrerer Transporte) und Standortentscheidungen (betriebl. und innerbetriebl. Standorte, Standort des Auslieferungslagers) erstrecken. → Just-in-Time.

Logistische Kurve, wird in den Wiwi. häufig verwendet, um den Wachstumsprozess wichtiger Größen zu erfassen und zu erklären. Die Graphik ergibt sich aus der math. Gleichung:

$$y = \frac{a}{1 + be^{-cx}}$$

(y und x sind veränderliche Größen, a, b, c Parameter, und e ist eine math. Konstante, die in allen Wachstumsprozessen wichtig ist. Ihr Wert ist ungefähr 2,71828). Die Kurve drückt aus, dass z.B. die Kosten oder der Ertrag anfangs nur langsam zunehmen, dann aber kräftig ansteigen und sich schließlich einem Plafond- oder Sättigungspunkt nähern. → Logistischer Trend.

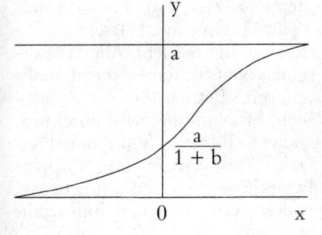

Logistischer Trend, eine Trendrechnung, bei der eine → Zeitreihe sich asymptotisch einer oberen Grenze annähert.

Log-Rolling, polit. Stimmentausch, nennt man in der ökonom. Theorie der polit. Entscheidung die Verbindung einer großen Zahl unterschiedlicher Interessenlagen, wenn die Wünsche aller Gruppen berücksichtigt werden sollen. L. ist das gegenseitige Übereinkommen, in der Angelegenheit von jeweils geringerer Wichtigkeit abweichend von den eigenen Präferenzen mit dem Tauschpartner zu stimmen. → Ökonomische Theorie der Politik.

Lohmann-Ruchti-Effekt, in der BWL eine Kapazitätswirkung der → Abschreibung, die dadurch eintritt, dass Abschreibungen von Anlagen, die höher als der tatsächliche Verschleiß sind, für Neuinvestitionen eingesetzt werden können, was unter bestimmten Bedingungen möglich ist.

Lohn, das Entgelt für eine → Arbeitsleistung während einer bestimmten Zeit. Er ist ebenso wie Gehalt, Honorar, Gage, reines Arbeitseinkommen. → Ecklohn, → Nominallohn, → Naturallohn, → Leistungslohn, → Soziallohn, → Zeitlohn, → Akkordlohn.

Lohndrift, entsteht durch das Auseinanderklaffen der Tarif- und Effektivlöhne. Da die Tariflohnsätze Überstundenzuschläge und Urlaubsgeld als tarifliche Nebenleistungen nicht einbeziehen, wohl aber die Effektivlohnsätze, sagt die sog. Bruttodrift der Statistik nicht allzu viel aus. → Tariflohn, → Effektivlohn.

Lohnersatzleistungen, werden bei Wegfall des → Arbeitseinkommens ausgezahlt. Zu den L. zählen z.B. Arbeitslosengeld, Karenzgeld, Arbeitslosenhilfe, Krankengeld usw. → Sozialversicherung.

Lohnfortzahlungsgesetz, von 1969 mit zahlreichen Neufassungen; schreibt vor, dass im Krankheitsfall der Arbeitnehmer für die ersten sechs Wochen 100 % des Nettoarbeitsentgelts beanspruchen kann, das er in den letzten vier Wochen verdient hat. Der Arbeitgeber ist dazu nicht verpflichtet, wenn (1) die ärztliche Arbeitsunfähigkeitsbescheinigung nicht vorliegt, (2) das Arbeitsverhältnis auf unter vier Wochen befristet ist und (3) eine Wochenarbeitszeit von höchstens zehn Stunden vorsieht. Die Krankenkassen übernehmen 80 % dieser Last bei Arbeitgebern mit weniger als 20 Beschäftigten. Die Krankenkassen zahlen nach den ersten sechs Wochen 65 % Krankengeld, mit Zuschlag für einen Familienangehörigen von vier oder drei Prozent des Nettolohns.

Lohnintensiv, auch arbeitsintensiv, Betriebe und öffentl. Einrichtungen, in denen die Lohnkosten erheblich die Material- und Kapitalkosten übersteigen sind L., Bsp.: Banken, Versicherungen und andere Dienstleistungsgewerbe, aber auch Schulen und Verwaltungen. → Kapitalintensiv.

Lohnkurve, das Konzept der L. wurde von Blanchflower und Oswald entwickelt. Die L. stellt einen negativen Zusammenhang zwischen → Arbeitslosenquote und dem Lohnsatz dar. → Arbeitslosigkeit.

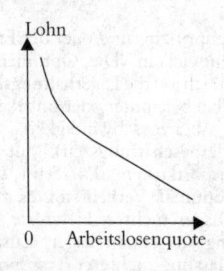

Lohn-Lag-Hypothese, behauptet, eine schleichende → Inflation wirke dann wachstumsfördernd, wenn die Löhne im Vergleich zu den Preisen weniger stark steigen. Dadurch entstehe ein gutes Investitionsklima und die makroökonom. → Sparquote nehme zu, weil der Anteil der Unternehmereinkünfte am Volkseinkommen steige. Es handelt sich um eine empirisch nicht belegbare These. Nach dem → Sachverständigenrat (SVR) ist der Lohn-lag der zeitliche Abstand, mit dem der Geldlohnsatz der Entwicklung der → Produktivität folgt.

Lohnnebenkosten, häufig auch Personalzusatzkosten genannt, sind Aufwand, den der Betrieb als soz. Leistungen zusätzlich zu Lohn und Gehalt für seine Mitarbeiter aufbringen muss. Mit dem Arbeitsentgelt sind sie daher fester Bestandteil des Personalaufwandes (→ Arbeitskosten). Man kann sie grundsätzlich in gesetzl., tarifliche und freiwillige L. einteilen. Letztere umfassen u.a. die betriebl. Altersversorgung, Gratifikationen und Beteiligungen, Betriebsfürsorge, Kantinen, Erholungsheime, Einrichtungen für Bildung, Sport und Freizeit, Werksverkehr und Firmenwohnungen. Zu den tariflichen L. werden Urlaubsgeld, Lohnfortzahlung bei Krankheit über das gesetzl. Maß hinaus, Sonderzuwendungen sowie Zuschläge und Zulagen für besondere Arbeitsbedingungen gerechnet. Durch Gesetz verursacht sind etwa die Beiträge zur Renten-, Kranken-, Arbeitslosen- und Unfallversicherung, die Lohnfortzahlung, bezahlte Feiertage und sonstige Ausfallzeiten sowie Zahlungen auf Grund des Mutterschutz- und des Schwerbehindertengesetzes.

Lohnpolitik, alle Maßnahmen, die auf die Beeinflussung der Lohnbildung, -höhe und -struktur gerichtet sind. L. kann man wie folgt unterscheiden: (1) Produktivitätsorientierte L. will das → Preisniveau stabilisieren helfen, indem sie die Geldlohnsätze entsprechend der Zunahme der durchschnittlichen → Arbeitsproduktivität erhöhen will. (2) Expansive L. will den Anteil der Arbeitnehmer am → Sozialprodukt anheben. Steigt die Lohnquote stärker als die → Produktivität, ginge davon eine expansive Wirkung auf die Volkswirtschaft aus. (3) Kostenniveauneutrale L. bindet den Spielraum für Lohnerhöhungen an die Veränderung der anderen Bestimmungsfaktoren. Sind die Kapitalkosten je Erzeugnis konstant, muss die Änderung der Lohnsätze gleich der Änderung der Arbeitsproduktivität sein, wenn die → Terms of Trade unverändert sind. (4) Inflationsorientierte L. berücksichtigt neben der Produktivitätszunahme die Rate der Preissteigerung, wenn die Lohnhöhe ermittelt wird. (→ Lohn-Preis-Indexierung). (5) Wachstumsorientierte L. sieht den Spielraum für Lohnerhöhungen als Restgröße an, die nach Abzug der erforderlichen Anteile am Sozialprodukt für Investitionen, den Staat und das Ausland zur Verfügung steht. (6) Einkommensverteilungsorientierte L. bezieht alle Einkommensarten in eine umfassende Einkommenspolitik (im Gegensatz zur expansiven L.) ein, also auch den Lohn, wobei die Stabilität der Preise und die gerechte Verteilung Hauptziele der Wirtschaftspolitik sind. L. betreiben sowohl der Staat als auch → Gewerkschaften und → Arbeitgeberverbände.

Lohn-Preis-Indexierung, bindet Löhne und Gehälter z.B. an den → Preisindex für die Lebenshaltung. Dadurch wird automatisch der → Nominallohn erhöht, um den Geldwert- oder Kaufkraftverfall auszugleichen oder vorwegzunehmen. Man will auf diese Weise die Einkünfte aus unselbständiger Arbeit vor den unsoz. Verteilungswirkungen der → Inflation schützen. Indexklauseln verstärken andererseits von selbst die Inflation, indem sie automatisch Löhne und Preise gegenseitig nach oben ziehen. In einigen europäischen Ländern, wie Frankreich, Italien und Dänemark, wird die L. weitgehend angewandt, nicht jedoch in Deutschland. → Lohn-Preis-Spirale.

Lohn-Preis-Spirale, die (gefürchtete) Wechselwirkung zwischen Lohnerhöhungen und Preissteigerungen. Erhöhungen der Löhne über die Produktivitäts- oder reale Sozialproduktzunahme hinaus führen leicht zu Preissteigerungen; sie erhöhen dann nicht den → Reallohn, sondern lediglich den → Nominallohn. Umgekehrt ziehen Preissteigerungen ggf. Lohnerhöhungen oder Lohnkämpfe nach sich. Der so entstehende Wettlauf zwischen Löhnen und Preisen treibt leicht in eine → Inflation hinein. → Kumulativer Prozess.

Lohnquote, der Anteil der Löhne am Volkseinkommen, eine Kategorie der funktionalen Verteilung (Entgelte der Beiträge der → Produktionsfaktoren zum Sozialprodukt). Sie sagt aber über die personale Einkommensverteilung nichts aus. In einer marktwirtsch. Ordnung sind alle Versuche, die L. auf längere Sicht zu Lasten anderer Funktionaleinkommen zu erhöhen, zum Scheitern verurteilt, da sich im Überwälzungsprozess am Markt die »natürliche« Verteilung durchzusetzen tendiert. Der ital. Nationalökonom V. Pareto hat in diesem Zusammenhang sein Gesetz der konstanten L. entwickelt. → Gewinnquote, → Verteilungstheorie.

Lohnsteuer (LSt), nach § 38 EStG wird bei Einkünften aus nichtselbständiger Arbeit die Einkommensteuer durch Abzug vom Arbeitslohn erhoben. Der Arbeitgeber hat die L. für den Arbeitnehmer bei der Lohnzahlung einzubehalten (→ Quellensteuer) und an das Finanzamt abzuführen.

Lohnsteuerermäßigung, kann in Form von → Werbungskosten, → Sonderausgaben und → außergewöhnlichen Belastungen im Voraus bei der Bemessung der Lohn- und Einkommensteuer berücksichtigt werden. L. kann nur noch geltend gemacht werden, wenn die genannten Lasten die jeweiligen Pauschalbeträge überschreiten und insgesamt den Arbeitnehmerpauschbetrag von 600 EUR übersteigen. → Lohnsteuerjahresausgleich.

Lohnsteuerjahresausgleich, soll Steuerpflichtigen, deren Einkommen der → Lohnsteuer (LSt) unterliegt, die aber zur → Einkommensteuer nicht veranlagt werden, Gelegenheit geben, einen schwankenden Arbeitslohn gleichmäßig auf das ganze Jahr zu verteilen. Dadurch wird die → Steuerprogression gemildert und die überzahlte Lohnsteuer auf Antrag erstattet oder angerechnet.

Lohnstopp, ein unmittelbarer Eingriff des Staates in den Arbeitsmarkt, wobei er allgemein verbietet, die Löhne über den an einem Stichtag geltenden Grundsatz zu erhöhen. Der L. ist ein typisches Mittel einer → Zentralverwaltungswirtschaft und führt zur Starrheit. Zusammen mit einem Preisstopp werden die Marktkräfte ausgeschaltet. → Administrierte Preise.

Lohnstruktur, auch Tarifstruktur, gibt die Spanne zwischen den einzelnen Lohnklassen in den Industrie- und Gewerbezweigen an. Legt man die ererbten und erworbenen Fähigkeiten als Quelle für Einkommen und Lohn zugrunde, müsste man normalerweise eine Verteilung in Form einer Glocke, als Gauß-Kurve, erwarten; stattdessen ist sie in allen Wirtschaftsordnungen schief oder asymmetrisch. Wie stark mithin die Marktkräfte, also Angebot und Nachfrage, einerseits und soz. und institutionale Faktoren (Anlage, Erziehung, Tradition) andererseits die L. jeweils beeinflussen, ist nach wie vor eine offene Frage. Eine allgemein akzeptierte Theorie der L. existiert noch nicht.

Lohnstückkosten, ergeben sich aus der Division der Lohnkosten (inklusive der → Lohnnebenkosten) einer oder mehrerer → Kostenstellen durch die Anzahl der in diesen Kostenstellen gefertigten Produkte in einer Rechnungsperiode. Die Entwicklung der L. im Vergleich zu den gesamten Stückkosten zeigt bei gleich bleibender → Produktivität, in welchem Maße Ergebnisse von Tarifabschlüssen und erhöhte freiwillige oder gesetzl. → Lohnnebenkosten zur gesamten Kostenentwicklung eines Produkts beigetragen haben. Lohnsteigerungen führen allerdings nur dann zu einem Anstieg der L., wenn sie den Produktivitätszuwachs einer Periode überschreiten.

Lohntheorien, analytische Versuche, die Bestimmungsgründe der Lohnhöhe und die Lohnbildung positiv und normativ (gerechter Lohn) umfassend zu erklären. Nach der Theorie der Klassiker bestimmen kurzfr. Arbeitsangebot und -nachfrage den Preis und Wert der Ware Arbeit, wobei die Nachfrage nach Arbeit betont wird. Auf längere Sicht wird indes die Lohnhöhe auf das Angebot und die Kosten zurückgeführt. Dabei misst man die Kosten der Arbeit in Arbeitsstunden, die erforderlich sind, um die Arbeitskraft zu erhalten (→ Existenzminimum). Kurzfr. sind nach der Lohnfondstheorie Lohnerhöhungen möglich, langfr. sinkt der Lohn auf das Existenzminimum ab. K. Marx benutzt den Arbeitswert nicht als analytisches Instrument zur Lenkung der Produktion, sondern geht davon aus, dass die Ware geronnene Arbeit sei, welche einen Wert an sich (»intrinsic value«) habe. Die Freisetzung von Arbeit sowie das Existenzminimum als Lohnhöhe dienen, wie die angebliche Vorenthaltung des vollen Arbeitsertrages, dazu, die langfr. Entwicklung des kapitalistischen Systems zu erklären. Die neoklassische L. stellt die Allokation und weniger die Einkommensverteilung in den Mittelpunkt, indem sie die Höhe des → Reallohns aus der Produktivitätsentwicklung erklärt. Sie weist zudem nach, aus welchen Gründen die → Lohnquote unverändert geblieben ist, obwohl ein Gewerkschaftsmonopol den Lohnanteil zu erhöhen trachtet. Die Macht- oder Verhandlungstheorie erklärt die Höhe des nominalen Tariflohnes anhand von Verhandlungen bilateraler Monopole auf dem → Arbeitsmarkt. Die Lohnhöhe schwanke zwischen dem garantierten Existenzminimum und einer Minimalverzinsung des Kapitals. Neuere Ansätze sehen die Geldlohnänderung im Zusammenhang mit der veränderten → Arbeitslosenquote (→ Phillips-Kurve), die wiederum von der → Inflation, der Besteuerung, der Laufzeit der Tarifverträge, der Produktivität der Arbeit, der Besonderheit der Lohnrunden, den Erwartungen der Unternehmen und nicht zuletzt vom Organisations-(Monopol-)grad der → Gewerkschaften abhängig ist.

Lokogeschäfte (lat., locus = Ort), an den → Warenbörsen Geschäfte über Waren, die sich am Orte befinden, also sofort lieferbar sind. Die L. entsprechen den → Kassageschäften an den → Wertpapierbörsen.

Lombard, eine von Geldwechslern und Bankiers aus der Lombardei stammende Bezeichnung, urspr. für Leihhaus, dann für Pfand und Pfanddarlehen. Lombardierung ist die Verpfändung beweglicher Sachen (meistens → Wertpapiere), Lombarddarlehen ist das Darlehen gegen »Faustpfand«. → Lombardkredit.

Lombardkredit, von der → Zentralbank gegen die Verpfändung von Edelmetall, Waren, festverzinslichen Wertpapieren oder Wechseln gewährter kurzfr. Kredit.

Lombardpolitik, ein Mittel der → Europäischen Zentralbank (EZB), den Preis für Kredite und die Liquidität der Geschäftsbanken zu beeinflussen (→ Kreditbank). Sie kann dies durch Änderung des Zinssatzes für → Lombardkredite und durch Beschränkung oder Erhöhung der Lombardkontingente. Ferner kann die EZB die qualitativen Anforderungen an lombardfähige Wertpapiere variieren. L. gilt als klassisches Mittel der → Refinanzierungspolitik von Zentralbanken.

Lomé-Abkommen, multilaterale Handels- und Entwicklungsabkommen zwischen den AKP-Ländern (Afrika, Karibik, Pazifik) und der → Europäischen Union (EU) mit einer Laufzeit von fünf Jahren. Die entwicklungspolit. Zusammenarbeit begann mit den Vereinbarungen von Jaundé (1963, 1969) und setzte sich in Lomé, der Hauptstadt Togos (1975, 1979, 1984 und 1989), fort. Im nunmehr vierten L. räumen die EU-Staaten den 71 AKP-Staaten weit gehende Handelserleichterungen ein. Die AKP-Staaten erhalten nicht nur Finanzunterstützung, sondern genießen auch Handelsvorteile beim Export von Waren in die EU, z. B. durch Zollerleichterungen oder Maßnahmen zur Stabilisierung der Exporterlöse. Schwerpunkt des L. ist es auch, Vereinbarungen zum Schutz der Menschenrechte und zur Entwicklung von Demokratien zu treffen.

Londoner Schuldenkonferenz, fand 1952 zur Regelung der dt. Auslandsschulden und der Verbindlichkeiten aus der Nachkriegswirtschaftshilfe der Alliierten sowie sonstiger Schulden, die in der Vor- und Nachkriegszeit entstanden sind, statt.

Long-Run-Betrachtung, theoret. und empirische Analysen, in denen Kapazitätsänderungen berücksichtigt werden und damit Anpassungen auf längere Sicht. Bsp.: Wachstums- und Entwicklungstheorien, langfr. Betriebsmarktanpassungen. → Short-Run-Betrachtung.

Lorenz-Dominanz, kennzeichnet im Vergleich zweier → Steuertarife hinsichtlich ihrer Verteilungswirkungen denjenigen, bei dem die Steuerlastverteilung stärker konzentriert ist. Greift man zur Messung der Konzentration auf die → Lorenz-Kurve zurück und trägt nach rechts die kumulierten Anteile der Besteuerten und nach oben die kumulierten Anteile der Steuerlast auf, so ist ein Tarif T_1 gegenüber einem Tarif T_2 dann eindeutig lorenzdominant, wenn die Lorenz-Kurve von T_1 im gesamten Bereich rechts der Lorenz-Kurve von T_2 verläuft, d.h. der Tarif progressiv ist. Trägt man das kumulierte verfügbare Einkommen nach oben auf, so ist die Einkommensverteilung auf Grund des lorenzdominanten Tarifs $Y(T_1)$ weniger konzentriert als die vergleichbare Einkommensverteilung $Y(T_2)$, d.h. die Lorenzkurve $Y(T_1)$ liegt links von $Y(T_2)$. → Lorenzneutrale (oder -gerechte) Besteuerung.

Lorenz-Kurve, eine Graphik von Konzentrationen oder Verteilungszuständen. Sie wird meist für die Einkommens- und → Vermögensverteilung in einer Volkswirtschaft, in einzelnen Gruppen oder Regionen verwendet. Es wird jeweils der kumulierte Anteil der Einkommensempfänger (vom Ärmsten bis zum Reichsten geordnet) dem kumulierten Anteil am Gesamteinkommen, den jeweils die Gruppe erhält, gegenübergestellt. Die Einkommen sind völlig gleich verteilt, wenn die L. eine Gerade von 45° ist (Egalitätsgerade), sie sind völlig ungleich aufgeteilt (eine Person erhält alles Einkommen), wenn die L. entlang der x-Achse verläuft und bei 100 % Personen parallel der y-Achse bis zu 100 % Einkommen aufsteigt. → Gini-Koeffizient, → Budgetinzidenz.

Lorenzneutrale (oder -gerechte) Besteuerung, knüpft an eine bestimmte Steuerlastverteilung (oder Verteilung des verfügbaren Einkommens) an, die – häufig mit wohlfahrtstheoret. Überlegungen begründet – als »gerecht« empfunden wird. Ein → Steuertarif ist dann lorenzneutral oder -gerecht, wenn damit zwar eine → Umverteilung bewirkt wird (→ Steuerprogression), wenn sich aber bei gleicher relativer Erhöhung der Einkommen die Steuerlastverteilung und damit die Verteilung der verfügbaren Einkommen nicht ändert.

Loroguthaben → Nostroguthaben.

LSt → Lohnsteuer.

Lundberg-Lag, beschreibt die zeitliche Verzögerung zwischen effektiver Nachfrage und die dadurch veranlasste Produktionsanpassung.

Luxus, das Übliche und soz. Notwendige übersteigende Maß an Bedürfnisbefriedigung. L. ist als gesellschaftliche Erscheinung sinnvoller Ausdruck der Mannigfaltigkeit des Lebens, Spiegelbild des Geschmacks, der verfeinerten Kultur und der geselligen Formen einer Zeit. Die Abgrenzung zwischen L. und lebensnotwendigen Gütern ist problematisch, weshalb es sich auch als höchst schwierig erwiesen hat, den L. gesondert zu besteuern.

LZB → Landeszentralbank.

M

Maastricht-Kriterien → Konvergenzkriterien.

Maastricht, Vertrag von → Europäische Union (EU), → Europäische Gemeinschaft (EG).

Macht, die Fähigkeit, auf die Willensbildung anderer einzuwirken, jede Möglichkeit, den eigenen Willen auch gegen den Willen eines anderen oder mehrerer Personen durchzusetzen, von äußerem Zwang bis zu tiefer innerer Zustimmung, von roher Gewalt bis zu freiwilliger Unterordnung. So spricht man von M. der Persönlichkeit, des Glaubens, der Ideen, des polit. Wollens. M. wird zur äußeren M., wenn sie sich zur Durchsetzung des Willens nicht geistiger oder psychischer, sondern äußerer Gewaltmittel bedient. Die → Volkswirtschaftslehre (VWL) beschäftigt sich von Anfang an neben den Gesetzmäßigkeiten im Wirtschaftsleben mit den Formen wirtsch. und polit. Macht und mit deren Einfluss auf das Wirtschaftsgeschehen. V. a. die Theorie der Marktformen und deren Anwendung, z.B. in der Kartellpolitik (→ Kartell), aber auch die Theorie der → Staatswirtschaft (→ Finanzwirtschaft, öffentliche, → Finanzwissenschaft) und des öffentl. Gutes befassen sich mit dem polit. Machtproblem. J.K. Galbraith hat das alte Phänomen der Gegenmacht (countervailing power) in unserer Zeit »wieder entdeckt«, das A. Smith bereits in sein Marktsystem eingefügt hat, indem er (als Erster) die Bildung von → Gewerkschaften gefordert hat.

Made in Germany (engl., in Deutschland hergestellt), seit 1887 müssen in England alle ausländ. Waren das Ursprungsland in engl. Sprache angeben. Handelspolit. Absicht war die Beschränkung der Einfuhr: Der engl. Käufer sollte veranlasst werden, keine ausländ., namentlich keine dt. Waren mehr zu kaufen. Tatsächlich wurde die Bezeichnung zu einem Gütezeichen, das bis heute die dt. Ausfuhr begünstigt.

Magisches Sechseck, eine Umschreibung des Entscheidungsproblems, welchem wirtsch.polit. Ziel von i.d.R. sechs Zielen im Falle des Konflikts mehr oder weniger Vorzug gegeben werden soll. Es können miteinander konkurrieren die Ziele der → Vollbeschäftigung, der Stabilität des Geldwertes, des Ausgleichs der → Zahlungsbilanz, des angemessenen → Wirtschaftswachstums, des Gleichgewichts zwischen Markt- und Staatswirtschaft und einer gerechten Verteilung von Einkommen und Vermögen. Probleme des M. können etwa auftreten, wenn die Stabilität des Binnenwertes der Währung bei freier Lohn- und Preisbildung durch die anderen Ziele gefährdet ist. So kann Vollbeschäftigung eine Kredit- und Haushaltspolitik erfordern, die dazu führt, dass die Nachfrage in einer Volkswirtschaft stets hoch ist, was zur Folge haben kann, dass es zu einem Lohnauftrieb kommt, der bei hohem Beschäftigungsstand im Allg. stärker ist als die Zunahme der → Produktivität und selbst der → Tariflöhne. Dadurch kann eine → Inflation entstehen, welche die Stabilität des Geldwertes gefährdet. Ein weiterer Zielkonflikt kann dann entstehen, wenn ein hohes Wirtschaftswachstum angestrebt wird, bei dem ein Ungleichgewicht zwischen → Verbrauch, → Investition und → Sparen eintritt, so dass die zur Finanzierung des Wachstums erforderlichen Investitionsausgaben zu hoch sind, wodurch eine allgemeine Preissteigerung ausgelöst wird (→ Sparen und investieren). Ferner kann die Stabilität des Geldes durch eine Politik der ausgeglichenen Zahlungsbilanz bei → festen Wechselkursen bedroht werden.

Magisches Viereck, im Gesetz zur Förderung der Stabilität und des Wachstums der Wirtschaft (kurz → Stabilitätsgesetz (StWG)) von 1967 verankertes wirtsch.polit. Zielsystem, bestehend aus → Vollbeschäftigung, Preisstabilität, außenwirt. Gleichgewicht und stetigem und angemessenem → Wirtschaftswachstum. Alle Ziele sollen gleichzeitig bestmöglich erreicht werden. Die Bezeichnung »magisch« steht für die Unmöglichkeit der vollständigen Erreichung aller vier Ziele. Dies kann u.a. mit dem Vorliegen von → Zielkonflikten zwischen den Hauptzielen des M. begründet werden. Da man dazu übergegangen ist, weitere gesamtwirtsch. bedeutende Ziele (z.B. Erhaltung der Umwelt, gerechte Einkommensverteilung) in das Zielsystem aufzunehmen, spricht man allgemein von einem magischen Vieleck.

Mahnung, Aufforderung des Gläubigers an den säumigen Schuldner, seine Leistung zu erfüllen. Sie ist eine einseitige empfangsbedürftige Willenserklärung, die nur nach Fälligkeit der Schuld rechtswirksam ist und darin besteht, dass der Schuldner aufgefordert wird, sofort oder spätestens bis zu einem bestimmten Zeitpunkt zu leisten. → Mahnverfahren.

Mahnbescheid → Zahlungsbefehl.

Mahnverfahren, die mit Hilfe des Amtsgerichts fortgesetzte → Mahnung. Es zielt darauf ab, durch gerichtlichen Zahlungsbefehl an den säumigen Schuldner einen Vollstreckungsbefehl zu erlangen. Voraussetzung ist die Einreichung eines Mahngesuchs. Stimmt das Gericht dem Antrag zu, so erlässt es einen → Zahlungsbefehl, d. h. die dem Schuldner von Amts wegen zugestellte, dringende Aufforderung, binnen drei Tagen oder einer Woche bei Vermeidung sofortiger Zwangsvollstreckung den Gläubiger zu befriedigen oder beim Gericht Widerspruch zu erheben.

Mainzer Modell, Modell für Beschäftigung und Familienförderung. Das Ziel des M. ist der Abbau von Fehlanreizen im Sozialsystem, die eine Arbeitsaufnahme verhindern. Es sieht vor, dass Arbeitnehmer/-innen, die eine Tätigkeit mit geringem Einkommen annehmen, einen Zuschuss zu den Sozialversicherungsbeiträgen erhalten. Weiterhin wird ihnen ein Zuschlag zum Kindergeld gezahlt. All diese Zuschüsse sind so gestaltet, dass ein höherer Bruttolohn immer zu einem höheren Nettolohn führt. Dieses Modell verbindet beschäftigungspolit. und sozialpolit. Ziele. Es setzt neue → Anreize für das untere Einkommenssegment und für das Angebot an Teilzeitarbeit. Das Ziel dieses Modells liegt nicht in der Schaffung eines neuen → Niedriglohnsektors, sondern in der Nutzbarmachung der vorhandenen tariflichen Möglichkeiten für Personen. → Arbeitsmarktpolitik, → Geringfügige Beschäftigung.

Makler (engl.: broker), Mäkler o. Sensal ist, wer gegen Entgelt den Abschluss von Verträgen vermittelt oder die Gelegenheit zum Abschluss nachweist. Ein Maklerlohn (→ Courtage) gilt als stillschweigend vereinbart, wenn die dem M. übertragene Leistung den Umständen nach nur gegen Vergütung zu erwarten ist. → Handelsmakler, → Kursmakler.

Maklerkammer → Kursmakler, → Börse.

Makroökonomik, Analyse des Zusammenwirkens gesamtwirtsch. (aggregierter) Größen, wie → Volkseinkommen, → Beschäftigung, → Investitionen. Sie bezieht sich also nicht auf den einzelnen Betrieb oder Haushalt, sondern auf die → Volkswirtschaft als Ganzes, wobei sie Teil- oder Gesamtbeziehungen aller für ein Problem relevanten Makrogrößen untersuchen kann. Sie kann ferner eine ex-ante- (unter Einschluss der Pläne und Erwartungen) oder eine ex-post- (bereits vollzogene Entscheidungen oder Entwicklungen) Analyse sein, die statischen (alle Größen werden auf einen Zeitpunkt bezogen) oder dynamischen (die Größen werden auf verschiedene Zeitpunkte in ihrer Anpassung bezogen) Charakter hat. → Mikroökonomik.

Makroökonomische Überwälzungslehre, erklärt die Preis- oder Kostenüberwälzung von → Steuern und → Staatsausgaben mit Hilfe eines kreislauftheoret. Modells, so Due, Föhl, Brown-Rolph, Musgrave, Recktenwald und Krzyzaniak. Ihr Ergebnis ist mit Vorbehalt für praktische Folgerungen zu betrachten. So reichen etwa die Aussagen über die Überwälzbarkeit der → Körperschaftsteuer in den USA von 0 bis 134 %.

Makroökonomisches Modell, Erfassung, Beschreibung und Erklärung der Zusammenhänge zwischen den wichtigsten Größen (Teilaggregaten) einer → Volkswirtschaft (als Erfahrungs- oder Erkenntnisobjekt) in Form von Gleichungen oder Ungleichungen. Der Erklärungs-, Beratungs- und Prognosewert hängt u.a. von dem Grad ab, in dem das M. von der Wirklichkeit abstrahiert. Die größten Schwierigkeiten entstehen bei der Integration des öffentl. Sektors in das Modell, wobei bei eng gefassten Wohlfahrtskonzepten das M. nur als Untersystem einer integrierten (dualistischen) Markt- und Staatswirtschaft angesehen werden kann. Ein Beispiel ist das klassische M., das, wie auch das keynesianische, aus dem Faktor-, Güter-, Geld- und Wertpapiermarkt besteht. → IS-LM-Konzept.

Malthus' Bevölkerungslehre, besagt, die Erzeugung von Nahrungsmitteln nimmt gesetzmäßig in arithmetischer, die Bevölkerung aber in geometrischer Folge zu, was zwangsläufig zu Hungersnot und Armut führt, so dass die Sterbequote so lange ansteigt, bis ein Gleichgewicht eingetreten ist. T. R. Malthus fordert daher Enthaltsamkeit oder Geburtenregelung, um ein dauerhaftes Gleichgewicht zwischen Ernährung und Bevölkerung herzustellen (s. Abb.). Das »Gesetz«

Bevölkerungslehre nach R. Malthus

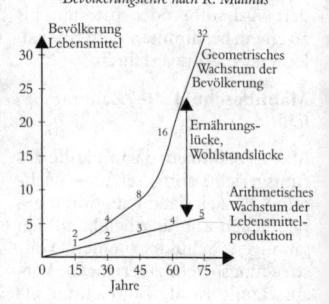

kann man für die Entwicklung der Weltbevölkerung nicht nachweisen. Obwohl sie sich seit 1800 knapp versechsfacht hat, konnte die Ernährung via internationale → Arbeitsteilung und → technischen Fortschritt effizienter erfolgen und via erhöhte → Produktivität erheblich gesteigert und verbessert werden. Zudem hat sich die Bevölkerung in vielen Regionen der Welt weit langsamer entwickelt, in einigen stagniert sie sogar. → Bevölkerungsentwicklung.

Malus (lat.), nachträglicher Zuschlag zur Prämie, wenn bei Versicherungen erhöhte Schäden eintreten. In der zentralen Zuteilung von Studienplätzen wurde zur Ermittlung einer Mindestdurchschnittsnote des Abiturs ein M. oder Bonus eingeführt.

Management, (1) Abteilung eines Unternehmens, die mit der Geschäftsleitung betraut ist. Im M. existieren verschiedene Hierarchieebenen. So kann man je nach Unternehmensorganisation, z. B. zwischen Top-Management (Bsp.: Vorstand), Middle-Management (Bsp.: Bereichsleiter) und Lower-Management (Bsp.: Abteilungsleiter) unterscheiden. (2) Tätigkeiten, die mit der Unternehmensführung zusammenhängen. Hierbei ist eine Einteilung in Normatives M. (Bsp.: Pflege des Firmenimages), Strategisches M. (Bsp.: Aufstellung des Produktportfolios) und Operatives M. (Bsp.: Neukundengewinnung und -betreuung) möglich. → Prinzipal-Agent-Theorie.

Management-Buy-In (engl.), eine Form der Kapitalbeteiligung von außenstehenden Managern an einem fremden Unternehmen. Sie beteiligen sich mit eigenem Kapital am unternehmerischen → Risiko und übernehmen gleichzeitig Funktionen in der Geschäftsleitung. Dagegen: → Management-Buy-Out.

Management-Buy-Out (engl.), die Übernahme eines Unternehmens, bei der Mitglieder des bisherigen Managements die Mehrheit oder wesentliche Anteile des Unternehmens erwerben. Dadurch werden sie aus angestellten Führungskräften zu Unternehmern mit Kapitalanteil und tragen demgemäß auch unternehmerisches → Risiko. Dagegen: → Management-Buy-In.

Management by Exception, amerik. Ausdruck für eine dezentrale Organisationsform in der Führung von Mitarbeitern. Alle Betriebsstellen auf der mittleren und unteren Führungsebene entscheiden selbständig, soweit Aufgaben im normalen Betriebsablauf anfallen. Sind Ausnahmen von den Richtlinien im Organisationsplan notwendig, fragt der Einzelne bei der vorgesetzten Stelle zurück. → Führungsstil.

Management by Objectives, amerik. Ausdruck dafür, wie die Mitarbeiter in einem Betrieb geführt oder eingesetzt werden: Alle Entscheidungsträger handeln nach klar umrissenen sog. operationalen Zielen, d.h. nach Unterzielen des Bereiches oder der Abteilung, z.B. der erzielbaren Umsatzsteigerung. Durch das M. sollen die dezentralen Entscheidungen koordiniert werden. → Führungsstil.

Management-Informationssystem (MIS), ein computergestütztes → Informationssystem, das strategische und operative Entscheidungen der → Unternehmensführung durch Aufbereiten und Verknüpfen von betriebsspezifischen Massendaten unterstützt. Im Zentrum des Verarbeitungsprozesses steht dabei die Information, die

Entscheidungen vorbereitet. Diese werden aus den Daten des computergestützten Administrationssystems und des Dispositionssystems gesammelt.

Manager, ein in der modernen Organisation immer stärker hervortretender Menschentyp, auf den, nach J. Burnham, laufend mehr Kontrolle über die Produktionsmittel von den Kapitaleignern übergehe. Als Funktionäre in Parteien, Verbänden und Vereinen haben M. viel Gemeinsames mit den leitenden Angestellten in den Betrieben. → Unternehmer.

Manchesterschule, eine internationale Bewegung im 19. Jh., die für uneingeschränkten → Freihandel eintrat und darüber hinaus die → Klassische Wirtschaftstheorie für ihre Zwecke verfälschte und karikierte und dabei viel zu deren zeitweisen Missdeutung beigetragen hat. → Laissez-Faire, → Liberalismus.

Manipulierte Währung, ein Währungssystem, in dem der → Geldwert nicht an ein Währungsmetall, etwa Gold, gebunden ist. Er wird von der → Zentralbank lediglich durch Regulierung des Zahlungsmittelumlaufs beeinflusst.

Mantel, → Aktien und → Schuldverschreibungen bestehen aus dem Dividenden- oder Zinsscheinbogen und der eigentlichen Anteils- oder Schuldurkunde, dem M. Er heißt so, weil er den Dividenden- oder Zinsscheinbogen »einhüllt«. Als Firmenmantel (z.B. Aktien-M., GmbH-M.) bezeichnet man die Summe der Anteilsrechte einer Kapitalgesellschaft, die ohne das vorhandene Betriebsvermögen veräußert wird. Durch den Kauf eines Firmenmantels vermeidet der Erwerber die mit einer Neugründung verbundenen Gründungskosten und Konzessionslasten.

Manteltarifvertrag, Vertrag, der langfr. allgemeine Arbeitsbedingungen wie Urlaubsgeld, Einstellungs- und Entlassungsmodalitäten regelt.

MAPI-Methode, Variante der → Investitionsrechnung, bei der die Situation mit und ohne die geplante Investition verglichen wird. Die M. geht u.a. von einer unsicheren Zukunft mit insgesamt drei verschiedenen Szenarien und einem konstanten Verhältnis von Fremd- und Eigenkapital aus.

Marge (franz., Rand, Spielraum), (1) Im Arbitragehandel die Spanne zwischen den Kursen desselben Wertpapiers an verschiedenen Börsenplätzen, (2) im Wertpapiergeschäft der zur Sicherung der Vertragserfüllung dienende Bareinschuss vom Nennwert des Abschlusses eines Börsentermingeschäfts. Wird die M. durch Kurssteigerungen prozentual verringert, muss Nachschuss geleistet werden oder Glattstellung des Engagements erfolgen. (3) Im Warenhandel wird M. als Bezeichnung für die Verdienstspanne, also den Unterschied zwischen Selbstkosten und Verkaufspreisen, oder auch für den Unterschied der Warenpreise an verschiedenen Orten verwendet.

Marginalprinzip (lat., Grenzprinzip), der Grundsatz, wirtsch. Erscheinungen »an der Grenze« zu betrachten, da ökonom. weniger der Durchschnitt als vielmehr ein neuer Sachverhalt und seine Auswirkungen entscheidend sind. So sind für die Frage, ob ein Betrieb seine Produktion und seinen Absatz erweitern soll, nicht die durchschnittlichen Kosten und Erlöse, sondern die durch die zusätzliche Produktion (Grenzproduktion) verursachten, also die → Grenzkosten und der → Grenzumsatz, von Bedeutung. Wer nach dem Rationalprinzip (→ Wirtschaftlichkeit) handelt, wird dann jede zusätzliche Aktivität unterlassen, wenn er mehr aufwenden oder einsetzen muss, als er dabei erhält oder erlöst, d.h. wenn Grenzkosten größer als → Grenzerlös oder → Grenznutzen sind. Dabei können Kosten und Nutzen auch immaterielle oder intangible Werte, wie Glücksempfinden oder Leid, einschließen. Selbst altruistischer Einsatz lässt sich nach dem M. beurteilen. Die Differenzial- oder Differenzenrechnung wird als math. Hilfsmittel in den Marginalanalysen angewandt.

Mark, urspr. mit einer Marke versehener Metallbarren, seit dem 9. Jh. ein Münzgrundgewicht, das im Laufe der Zeit das ältere »Pfund« verdrängt hat. 1838 wurde die preußische M. (= 233,856 g) Münzmark des Deutschen Zollvereins. Durch den Wiener Münzvertrag wurde 1857 als Münzgrundgewicht das Zollpfund (= 500 g) eingeführt. Erst 1900 ist auch im Münzwesen an seine Stelle das Kilogramm getreten. Auf Grund der Münzgesetze von 1871 und 1873 wurde die M. im Deutschen Reiche Rechnungseinheit (M) und in 100 Pfennige eingeteilt. Aus einem kg Feingold wurden 139 ½ Zwanzigmarkstücke oder 279 Zehnmarkstücke hergestellt. Durch das Münzgesetz von 1924 wurde die M. durch die Reichsmark (RM) ersetzt und 1948 mit der Währungsreform an ihrer Stelle die Deutsche M. (DM) eingeführt. Seit 1.1.2002 hat der EUR die DM als Zahlungsmittel ersetzt.

Marke, Bezeichnung, Aufschrift, Herkunftszeichen für Waren, sichtbare Kennzeichnung einer Ware zur Unterscheidung von gleichartigen Artikeln anderer Unternehmungen. Sie verkörpert in sich den Ruf und das Ansehen der Firma, dient der Qualitätsgarantie und Gütesicherung und ist eines der einprägsamsten Werbemittel für Handel und Industrie. Die Gefahr liegt in dem durch Markenschutz gesicherten Bezeichnungsmonopol und der daraus sich ergebenden Möglichkeit, den Preis über Gebühr zu steigern oder in der Qualität nachzulassen. → Markenartikel, → Warenzeichen.

Markenartikel, Erzeugnisse, deren Lieferung in gleich bleibender oder verbesserter Qualität von dem herstellenden Unternehmen gewährleistet wird und die selbst oder deren, für die Abgabe an den Endverbraucher bestimmte Umhüllung oder Ausstattung oder deren Behältnisse, aus denen sie verkauft werden, mit einem ihre Herkunft kennzeichnenden Merkmal (Firmen-, Wort- oder Bildzeichen) versehen werden (→ Marke). M. werden mit Hilfe ausgedehnter Werbung mit dem Ziel eingeführt, den Verbraucher so zu beeinflussen, dass er beim Einkauf die durch Marke typisierte und in ihrer Güte verbürgte Ware bevorzugt.

Markenschutz → Warenzeichen, → Marke.

Marketing, beinhaltet Maßnahmen und Entscheidungen zur wettbewerbsorientierten Gestaltung der marktrelevanten Aktivitäten des Unternehmens insbes. hinsichtlich gegenwärtiger und potenzieller Kundenkreise. Dazu werden marketingpolit. Instrumente eingesetzt. → Absatzpolitik, → Absatzpolitische Instrumente, → Marketing-Mix.

Marketing-Mix, der auf die Unternehmens- und Absatzziele abgestimmte kombinierte Einsatz der → absatzpolitischen Instrumente. Der M. kann zeitraum-, markt- oder marktsegmentbezogen differenziert werden.

Marketingpolitik → Absatzpolitik.

Marketingpolitische Instrumente → Absatzpolitische Instrumente.

Markt, die dem Ausgleich der Kauf- und Verkaufsinteressen dienende Einrichtung der Preisbildung, wobei → Angebot und → Nachfrage den → Preis bestimmen und wiederum umgekehrt von ihm beeinflusst werden. Es bildet sich unter Wettbewerb auf dem M. nur ein einziger Preis, d.h. kein Käufer kauft billiger als der andere und kein Verkäufer verkauft billiger als seine Konkurrenz. Der Marktbegriff umfasst den lokalen (dörflichen wie kleinstädtischen) M. ebenso wie die höheren und abstrakteren Formen bis hin zum Weltmarkt und seinen Börsen, die für standardisierte und vertretbare Güter Nachfrage und Angebot zusammenführen, ohne dass die Waren bereits verfügbar sind (→ Termingeschäfte). Maßgebend für die Marktsituation ist, sieht man von dem rechtl. Rahmen einmal ab, die Zahl der Marktparteien, die Mengen der nachgefragten und angebotenen Güter und die Preise, zu denen die Käufer und Verkäufer bereit sind, einen Vertrag abzuschließen. Die Nachfrage- und Angebotsmengen sind vom Preis abhängig und können math. als Nachfrage- und Angebotskurven ausgedrückt werden. Der Schnittpunkt beider Kurven gibt den tatsächlichen Marktpreis an. Die M. für einzelne Waren sind nicht isoliert, sondern wirken wechselseitig aufeinander und bilden einen Marktzusammenhang (→ Interdependenz der Preise). Die Wechselwirkungen sind dabei nicht immer gleichmäßig. So weisen Änderungen der Nachfrage nach lebensnotwendigen Gütern Besonderheiten auf. Steigen die Preise für solche Güter, muss man mehr Einkommen für sie aufwenden, so dass Ausgaben für andere Dinge eingeschränkt werden. Die Wirtschaftstheorie hat sich zunehmend mit den Vielfältigkeiten der → Marktpreisbildung, den → Marktformen sowie dem Verhalten der Menschen am M. befasst. → Marktwirtschaft, → Dynamischer Wettbewerb.

Marktanalyse → Marktforschung.

Marktanteil, wert- oder mengenmäßiger Anteil eines Unternehmens an einem bestimmten Gesamtmarkt (Bsp.: Anteil eines Unternehmens am Gesamtumsatz auf dem Markt für betriebl. Softwarelösungen). Der M. stellt einen wichtigen Indikator für die Wettbewerbssituation einer bestimmten Branche dar. Ein hoher M. (→ Marktführer) kann sowohl durch überlegene Produkte als auch durch Marktzugangsbarrieren (→ Monopol) entstehen.

Marktbeherrschendes Unternehmen, ein Unternehmen, das eine bestimmte Art von Waren oder gewerbl. Leistungen ohne Konkurrenten anbietet, einem wesentlichen → Wettbewerb nicht ausgesetzt ist oder eine überragende Marksstellung innehat. Eine überragende Marktstellung liegt vor, wenn der → Marktanteil des Unternehmens mindestens ein Drittel beträgt. M. werden vom Kartellgesetz nicht verboten, sie unterliegen jedoch der Missbrauchsaufsicht durch die Kartellbehörden. Wer Marktbeherrschung missbräuchlich ausnutzt, verstößt gegen das Kartellgesetz. → Kartelle.

Marktbeobachtung → Marktforschung.

Marktform, kennzeichnet die Struktur von Angebot und Nachfrage eines Marktes anhand verschiedener Merkmale, wie z. B. Zahl der Anbieter und Nachfrager. Nach dem Kriterium der Zahl der Marktteilnehmer ergeben sich folgende statische M.:

Nachfrager Anbieter	Einer	Wenige	Viele
Einer	Bilaterales Monopol	Beschränktes Monopol	Monopol
Wenige	Beschränktes Monopson	Bilaterales Oligopol	Oligopol
Viele	Monopson	Oligopson	(Bilaterales) Polypol

Marktforschung, die Analyse der Bezugs- und Absatzmärkte mit dem Ziel festzustellen, wie ein bestimmter Markt ein Erzeugnis aufgenommen hat und/oder ob er für neue Produkte aufnahmefähig ist. Ein Vorhaben der M. kann man in vier Phasen einteilen: (1) das Auffinden einer Informationslücke, (2) die Präzisierung des Untersuchungszieles, (3) das Planen und Durchführen der Datengewinnung und (4) die Auswertung und Deutung der empirischen Ergebnisse. → Marketing.

Marktführer, Unternehmen mit dem größten → Marktanteil in einer bestimmten Branche. Zur Erlangung der Marktführerschaft können die Strategie der Kostenführerschaft oder der → Produktdifferenzierung herangezogen werden. → Marktbeherrschendes Unternehmen.

Marktkonform, den Bedingungen des Marktes entsprechend, nennt man eine Politik, die das freie Spiel der Marktkräfte als Koordinations- und Konkurrenzmechanismus erhalten oder verbessern möchte.

Marktmacht → Wettbewerb, → Monopol.

Marktnachfrage, Funktion der, verbindet die individuelle → Nachfrage der Haushalte zu unterschiedlichen Preisen eines Gutes, wobei die anderen Bestimmungsfaktoren (wie Preise der übrigen Güter oder Verteilung des Einkommens) als unverändert angenommen werden. Sind die Güter beliebig teilbar und die → Nutzen den Einzelnen zurechenbar, so erhält man die M., indem man die individuellen Nachfragefunktionen D_A

Marktordnung 342

und D_B horizontal addiert zu D_{A+B}. Beim Preis P können die Nachfrager, unabhängig voneinander, die Gütermengen z.B. F und G wählen, deren letzte Konsumeinheit in H (kg, Stück) einen → Grenznutzen stiftet, der mit dem Marktpreis E übereinstimmt, der sich aus Marktnachfrage und → Angebot S ergibt.

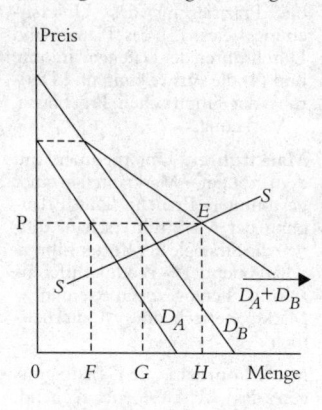

höchsten, der Gleichgewichtspreis sichert also die beste Versorgung. Ferner garantiert er höchstmögliche → Effizienz und sorgt dafür, dass die Interessen der Haushalte am höchsten → Nutzen und die Interessen der Anbieter am höchsten Gewinn optimal miteinander in Einklang stehen. Anhand der Graphik lassen sich diese Hypothesen beweisen und anschaulich erklären. Setzt der Staat z.B. den Preis P_1 herab auf P_3, entsteht eine Unterversorgung des Marktes in Höhe von $M_1\,M_3$ gegenüber dem alten Zustand und um $M_3\,M_4$, weil zum niedrigeren Preis P_3 natürlich mehr Nachfrager am Markt auftreten. Zu diesem Preis können die Anbieter aber nur die Menge $0M_3$ kostendeckend auf den Markt bringen. Das Problem dieser Unterversorgung in Höhe von $M_3\,M_4$ muss eine staatl. Behörde lösen, indem sie mit Hilfe von Bezugsscheinen die Menge $0M_3$ auf eine Nachfrage in Höhe von $0M_4$ gerecht verteilen muss. Die Kriterien dieser »gerechten« Verteilung sind höchst umstritten. Ähnliches tritt ein, wenn der Staat einen Mindestpreis in Höhe von P_2 festsetzt. In diesem Falle entsteht ein Angebotsüber-

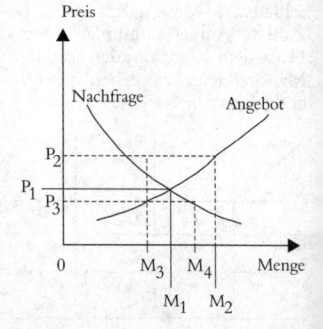

Marktordnung, im Gegensatz zur → Marktwirtschaft die mit Hilfe von Marktverbänden und gebundenen Preisen und/oder festgelegten Mengen durchzuführende Regulierung von → Angebot und → Nachfrage. M. sind in der Landwirt. verbreitet, namentlich in der → Europäischen Union (EU), z.B. M. für Rindfleisch oder Wein.

Marktpreisbildung, der Preis auf einem Markt mit vollkommener Konkurrenz bildet sich im Schnittpunkt des Angebots- und Nachfragekurve, in dem die angebotene und nachgefragte Menge eines Gutes oder Dienstes gleich sind, der Markt also vollständig geräumt wird. Hier ist der Marktumsatz am

hang (z.B. der Butterberg der EG) in Höhe von $M_3 M_2$, weil zu diesem Preis die Menge $0M_2$ angeboten, aber nur $0M_3$ nachgefragt wird (→ Käufermarkt). Der Marktumsatz und damit die Versorgung ist schlechter als beim Gleichgewichtspreis, nämlich um $M_1 M_3$. → Dynamischer Wettbewerb.

Marktspaltung, Aufspaltung der Marktpreise, im Gegensatz zum Prinzip des Einheitsmarktes, das nach dem Engländer Jevons (law of indifference) besagt, dass auf demselben Markt zur selben Zeit nicht zwei verschiedene Preise für ein gleichartiges Gut bestehen können. M. kann aus wirtsch. (→ Spitzenbelastung) und soz. Gründen (Preissubventionen, etwa für Milch) erfolgen, wobei auf die Zahlungsfähigkeit und -willigkeit der Kunden abgestellt wird. → Preisdifferenzierung.

Markttransparenz, bedeutet bei vollständiger Konkurrenz, dass alle Marktteilnehmer die für ihre Entscheidung wesentlichen Informationen besitzen.

Marktversagen, liegt als partielles M. vor, wenn der Markt nicht zur optimalen Allokation (→ Pareto-Optimum) führen kann, weil die Voraussetzungen des Modells vollständiger Konkurrenz nicht erfüllt sind (→ unvollkommener Wettbewerb) und darum der → Preismechanismus teilweise außer Kraft gesetzt ist. Typische Bsp. für partielles M. sind → Marktmacht von Anbietern oder Nachfragern (→ Wettbewerb, → Monopol, → Monopson), sinkende → Grenzkosten bei der Produktion eines Gutes (mit Tendenz zum »natürlichen Monopol«) sowie positive oder negative → externe Effekte bei Produktion oder Nutzung eines Gutes. Als Konsequenz wird zwar häufig ein staatl. Eingreifen in den Marktprozess gefordert, doch muss in jedem Einzelfall geprüft werden, ob ein solcher Eingriff tatsächlich entstehende Wohlfahrtsverluste verringern kann. Totales Marktversagen entsteht, wenn der Markt ein bestimmtes Gut grundsätzlich nicht bereitstellt. Der Grund liegt in den Eigenschaften dieses Gutes: Ist es techn. unteilbar (wie etwa Verteidigung, innere Sicherheit), versagt das → Ausschlussprinzip, und liegt Nichtrivalität im Konsum vor (Kriterien für → öffentliche Güter), so kommt es zu totalem M. Es findet sich kein privater Anbieter, weil keine Möglichkeiten bestehen, einen Gewinn zu erwirtschaften. → Öffentliche Verschwendung, Theorie der, → Internalisierung, → Meritorische Güter.

Marktwirtschaft, eine → Wirtschaftsordnung, in der → Markt und → Wettbewerb laufend entscheiden, welche Güter und wie sie produziert werden sollen, wie das Einkommen nach ihren Leistungsbeiträgen auf die → Produktionsfaktoren verteilt werden und wie viel von den Einkommen gespart, investiert und für Konsumgüter ausgegeben wird. Der Markt gleicht dabei die millionenfachen Interessen der Anbieter und Nachfrager laufend aus und koordiniert damit die Wirtschaftspläne der Haushalte und Betriebe, liefert kostenlos die Information, die für rationale Entscheidungen notwendig ist, und sorgt auf diese Weise für höchstmögliche → Effizienz und damit beste Versorgung mit Gütern und Diensten. Wettbewerb, Eigenverantwortung, → Risiko und freie Entscheidung sind die unabdingbaren Voraussetzungen für ein Funktionieren dieser dezentralen Ordnung. Eine entscheidende Voraussetzung ist ferner, dass der Staat für die Rahmenbedingungen sorgt, ohne die ein freiheitliches System dieser Art nicht lebensfähig ist. So hat er für die Ordnung des Wettbewerbs und die Rechtssicherheit zu sorgen und jene öffentl. Güter anzubieten, die Voraussetzung für eine arbeitsteilige Wirtschaft sind und die als Konsumgüter zur Wohlfahrt der Bürger unmittelbar beitragen. Eine der wichtigsten Aufgaben ist die soz. Sicherheit und die Beseitigung soz. Härten. → Soziale Marktwirtschaft, → Liberalismus, → Zentralverwaltungswirtschaft.

Marktzugang, ein wesentliches Kriterium zur Unterscheidung von → Marktformen. Bei freiem M. (engl.: free entry), ist der potenzielle → Wettbewerb am größten. Die Beschränkung des M. kann natürlicher und wirtsch. Art sein, etwa hoher Kapitaleinsatz, teuere Produktionsverfahren, aber auch künstlicher oder rechtl. Natur sein, wie Patente, Zu- oder Niederlassungsverbote.

Mark-Up-Pricing, ermittelt den Preis durch Aufschlag eines Prozentsatzes (mark-up) als Gewinn auf die Stückkosten oder den Durchschnitt der → variablen Kosten. Dadurch wird das preistheoret. Postulat → Grenzumsatz ist gleich den → Grenzkosten verletzt, doch wird langfr. → Gewinnmaximierung angestrebt. Diese Preispolitik gründet auf → Marktmacht. Es handelt sich dabei um → administrierte Preise. Der Gewinnzuschlag führt zu einem höheren Preis, als es dem Kostenanstieg entspricht, so dass durch den Gewinndruck eine Kosteninflation verstärkt werden kann.

Marshall-Lerner-Bedingung, ist erfüllt, wenn sich die → Leistungsbilanz auf eine → Abwertung hin verbessert, ihr Passivsaldo also kleiner wird: Die Einfuhrelastizitäten im In- und Ausland müssen zusammen größer als eins sein. Sinkt nämlich der Ausfuhrwert bei einer Abwertung, weil der Mengeneffekt die Preissenkungswirkung nicht kompensiert, kann der Passivsaldo sogar noch größer werden, trotz sinkendem Wert der Importe. Unberücksichtigt bleibt bei der M. das Angebot. Die → Robinson-Bedingung bezieht das Angebot ein.

Marshall-Plan-Hilfe → European Recovery Program (ERP).

Marxismus, von K. Marx und F. Engels begründete Lehre vom → wissenschaftlichen Sozialismus die versucht, auf der Grundlage des historischen Materialismus die Entwicklung des → Kapitalismus zu erklären. Wesentliche Elemente dieser deterministischen Vorhersage sind die → Arbeitswerttheorie, die Ausbeutungstheorie, die → Krisentheorie, ferner das Gesetz der abnehmenden Profitquote oder -rate und die → Verelendungstheorie. Die tatsächliche Entwicklung hat jedoch die Prognosen des M. widerlegt, z.B. die Bildung von → Gewerkschaften mit Monopolmacht, beträchtlicher Anstieg der → Reallöhne und -einkommen, zumindest gleich bleibende → Profitrate, gleichmäßigere personale Verteilung der Einkommen auf der Grundlage privater und → öffentlicher Güter und Aufbau eines umfassenden Systems soz. Sicherheit mit Leistungen.

Masse, statistisch eine Vielheit von Zahlen, in der das Gesetz oder das Prinzip der großen Zahl wirksam ist. Die → Statistik hat es im Wesentl. mit Massenerhebungen zu tun. Es ist ihre Aufgabe, Massenerscheinungen in Zahlen auszudrücken, zu quantifizieren.

Massenfertigung, liegt vor, wenn ein Betrieb große Mengen gleichartiger (homogener) Erzeugnisse plant und herstellt. In der Industrie besteht eine ausgeprägte Tendenz zur M. (auch durch den Gemeinsamen Markt (→ Europäischer Binnenmarkt) gefördert), weil damit Kostenvorteile verbunden sind. Da sich viele Arbeitsgänge wiederholen, lohnt sich der Einsatz arbeits- und kostensparender (automatischer) Spezialmaschinen. Die oft ungelernten Arbeitskräfte sind auf wenige Handgriffe spezialisiert. Nachteile liegen in den hohen → Fixkosten, die unabhängig vom → Beschäftigungsgrad anfallen, weshalb der Betrieb konjunkturempfindlich wird. Kostspielig sind ferner die umfangreiche Arbeitsvorbereitung und Änderungen des Produktionsprogramms. → Serienfertigung.

Massenmedien, in einem engen Sinne Zeitungen und Zeitschriften sowie Rundfunk und Fernsehen (Film), Video und → Internet, die Menschen und Institutionen schnell, regelmäßig und umfassend über lokale und weltweite Ereignisse unterrichten sollen.

Maßgeblichkeit der Handelsbilanz für die Steuerbilanz, der Vollkaufmann ist verpflichtet, für das abgelaufene Geschäftsjahr eine Handels- und eine Steuerbilanz aufzustellen. Die → Handelsbilanz muss den Vorschriften des Handelsrechts, die → Steuerbilanz denen des Steuerrechts genügen. Die Motive der handels- und steuerrechtl. Bewertungsvorschriften unterscheiden sich jedoch, was zu verschiedenen Bewertungsvorschriften führt. Den Vorschriften des Handelsrechts liegt der Gedanke des Gläubigerschutzes zugrunde: Die Handelsbilanz darf die Lage des Betriebs nicht zu günstig darlegen; daher handelsrechtl. Höchstwertvorschriften (→ Anschaffungskosten beim → Anlagevermögen, → Niederstwertprinzip beim → Umlaufvermögen). Die Lage darf aber auch nicht durch willkürliche Unterbewertungen zu ungünstig ausgedrückt werden, um den Gesellschaftern ihren Gewinnanspruch nicht zu schmälern. Die steuerlichen Bewertungsvorschriften sollen verhindern, dass der Steuerpflichtige einen zu niedrigen Gewinn ausweist; sie wollen aber eine zu geringe Bewertung, die ihn verkleinern könnte, verhindern. Daher sind für abnutzbare Anlagegüter mindestens die Anschaffungs- oder Herstellungskosten abzüglich Absetzungen für Abnutzung oder aber der niedrigere → Teilwert anzusetzen. Das gilt auch für das Umlaufvermögen. Weichen die Bewertungen nach Handels- und Steuerrecht voneinander ab, müssen die Ansätze nach steuerlichen Gesichtspunkten korrigiert werden; das Ergebnis dieser Korrektur ist die Steuerbilanz. Für ihren Inhalt ist in wesentl. Teilen – bis auf die Umbewertungen – die Handelsbilanz maßgeblich.

Maß- und Gewichtseinheiten, die auf Grund des Maß- und Gewichtsgesetz von 1935 in Deutschland eingeführten gesetzl. Längenmaße, Flächenmaße, Körpermaße und Gewichte. Als Längeneinheit gilt das Meter. (1) Längenmaße sind: Kilometer (km), Meter (m), Dezimeter (dm), Zentimeter (cm) und Millimeter (mm). (2) Flächenmaße sind: Quadratkilometer (qkm oder km^2), Hektar (ha), Ar (a), Quadratmeter (qm oder m^2), Quadratzentimeter (qcm oder cm^2) und Quadratmillimeter (qmm oder mm^2). (3) Körpermaße sind: Kubikmeter (cbm oder m^3), Kubikdezimeter (cdm oder dm^3), Kubikzentimeter (ccm oder cm^3); Kubikmillimeter (cmm oder mm^3), Hektoliter (hl), Liter (l) und Zentiliter (cl). (4) Gewichte sind: Tonne (t), Doppelzentner (dz), Kilogramm (kg), Hektogramm (hg), Gramm (g) und Milligramm (mg). Innerhalb Deutschlands dürfen alle Leistungen nach Maß und Gewicht nur nach den genannten Einheiten oder den daraus abgeleiteten Einheiten angeboten, verkauft und berechnet werden. Davon ausgenommen ist lediglich der Verkehr von und nach dem Ausland. Messgeräte, die im öffentl. Verkehr zur Bestimmung des Umfangs von Leistungen angewendet oder bereitgehalten werden, unterliegen der Eichpflicht.

Master of Business Administration (MBA), eine Form des Master-Abschlusses, die eine internationale und praxisorientierte Management-Ausbildung erfordert. Inhaltlich handelt es sich zumeist um das Studium der betriebswirtsch. Kernfächer (z.B. Rechnungswesen, Finanzierung, Marketing), wobei in hohem Maße auf die Bearbeitung von Fallstudien und die Ausprägung von »soft skills« (z. B. Teamarbeit) Wert gelegt wird. Ein M.-Programm dauert zwischen ein und zwei Jahren und wird hauptsächlich von privaten Business Schools mit hohen Studiengebühren angeboten. Zugangsvoraussetzung ist ein abgeschlossenes (undergraduate) Studium.

Matching (engl.), darunter versteht man das Zusammenführen und Ausführen von Aufträgen.

Material-Product-System, System der → Volkswirtschaftlichen Gesamtrechnung (VGR), das die Länder des Rates für gegenseitige Wirtschaftshilfe (RGW) angewandt haben. Es weicht erheblich von dem üblichen Konzept der VGR ab, zumal es (anstelle der Markttheorie) auf der marxistischen Reproduktionstheorie (→ Arbeitswerttheorie) begründet ist und produktive und unproduktive Leistungen unterschiedlich erfasst.

Materialwirtschaft, erfasst alle Vorgänge in einem Unternehmen, die dazu dienen, Material nach Menge und Qualität rechtzeitig und am richtigen Ort so bereitzustellen, dass das Produkt oder die Leistung effizient hergestellt werden können. Sie trägt dazu bei, die Gesamtziele des Unternehmens für die anderen Teilbereiche zu erfüllen. → Logistik.

Matrikularbeiträge, finanzielle oder reale Leistungen, die Mitglieder eines Staatenbundes oder einer internationalen Vereinigung und

Gliedstaaten eines Bundesstaates entrichten, um gemeinsame Aufgaben zu finanzieren. Der Ausdruck ist in der Reichskriegsverfassung des Heiligen Römischen Reiches enthalten, wo in einem Verzeichnis der Reichsstände (Reichsmatrikel) die Leistungen der Stände zu einem Reichskrieg festgelegt sind. Sowohl der Dt. Bund als auch das Dt. Kaiserreich haben M. von den Bundesstaaten erhoben.

Matrix, eine rechtwinklige Anordnung von Größen, nach Zeilen und Spalten eingeteilt. Eine Gruppe von Zahlen, die m Zeilen und n Spalten hat, ist eine M. »von der Ordnung m·n«. Ist m = n, handelt es sich um eine quadratische M. Man kann eine M. mit einem einzelnen Buchstaben, etwa B bezeichnen. Die einzelnen Mengen a_{mn} heißen Elemente der M. Eine M. kann man wie folgt ausdrücken:

$$B = \begin{pmatrix} a_{11} & a_{12} & \cdots & a_{1n} \\ a_{21} & a_{22} & \cdots & a_{2n} \\ \cdots & \cdots & \cdots & \cdots \\ \cdots & \cdots & \cdots & \cdots \\ a_{m1} & a_{m2} & \cdots & a_{mn} \end{pmatrix}$$

In diesem Bsp. hat die M. m Zeilen und n Spalten, wobei a_{21} das Element in der zweiten Zeile und ersten Spalte bezeichnet. Die Matrixalgebra, ein Zweig der Mathematik, hat Regeln entwickelt, wie man M. addieren, subtrahieren, multiplizieren und dividieren kann und welche Eigenschaften die einzelnen Elemente haben. Die → Ökonometrie benutzt die M. für empirische Analysen. → Input-Output-Tabelle.

Mature Economy → Säkulare Stagnationstheorie.

Maximin-Prinzip → Wald-Regel.

MBA → Master of Business Administration.

McClelland-Hypothese, führt das Wachstum des → Sozialprodukts auf die Erziehung der Kinder zurück. Würden die Kinder leistungsbewusst erzogen, so sei ein ausgeprägtes Erwerbsstreben im Beruf und letztlich ein hohes Wachstum die Folge. Die M. ist empirisch bislang nicht falsifiziert worden.

Meade-Report, neben dem Cartter-Gutachten (Kanada) und dem Bericht der Steuerreformkommission (1971) ein grundlegendes Reformdokument des Steuerwesens, von dem britischen Nobelpreisträgers J. Meade (1907–95) erstellt. Die wichtigsten Vorschläge sind: (1) Steuerbefreiung und Unterstützungszahlung (an Arbeitslose, Ältere und Kranke) sollen im Rahmen des nationalen Versicherungskonzeptes (mit einer Mindestversorgung) verknüpft werden (→ Negative Einkommensteuer). (2) Eine progressive Ausgabensteuer auf der Grundlage der Konsumausgaben soll eingeführt werden (alternative Formen einer solchen Steuer werden im Einzelnen geprüft). (3) Eine Körperschaftsteuer soll die ausgeschütteten Erträge aus neuem Kapital nicht belasten. (4) Wenn beide Steuern nicht in dieser Form erhoben werden, sollte die → Bemessungsgrundlage sowohl des pers. wie des Gesellschaftseinkommens erweitert werden: Das private Einkommen sollte u.a. einschließen: den jährlichen Netto-Wohnwert eines Hauses, Kapitalgewinne bei Staatsanleihen, Beiträge für die Lebensversicherung und Einkommen aus »National Savings« in bestimmter Höhe; Abschreibungsbeträge sollten auf die »tatsächliche« wirtsch. Abnutzung beschränkt werden, wenn die Einkommen- und Körperschaftsteuerschuld berechnet wird. (5) Eine Nachlasssteuer sollte die Vermögensübertragungssteuer ersetzen. Sollte aber Vermögen aus eigener Ersparnis weiterhin schlechter behandelt werden, wird eine progressive (jährliche) Vermögensteuer mit hohem Freibetrag, verbunden mit einer mäßigen Nachlasssteuer, empfohlen.

Mechanismus der relativen Preise, beschreibt und erklärt eine Anpassung von einem → Gleichgewicht in der Vermögensanlage zu einem anderen, wobei geld- und güterwirtsch. Wirkungszusammenhänge erfasst werden (→ Portfolio-(Auswahl-)Theorie). Unter den einzelnen Vermögensanlagen, z.B. dem Geld-, Finanz- und Sachvermögen (einschl. der »Investitionen in den Menschen«) bestehen Substitutionsbeziehungen, d.h. sie lassen sich gegenseitig ersetzen, so dass Störungen des Gleichgewichts der verschiedenen Ertragssätze (relative Preise) zu Umschichtungen der Anlagen und damit zu Anpassungen auf allen Märkten führen, die kontraktive oder expansive Folgen haben. Nach der → Keynesianischen Theorie (→ IS-LM-Konzept) verursachen Änderungen in der Struktur der Zinssätze solche Umschichtungen, während die → Monetaristen (→ Neue Quantitätstheorie) den auslösenden Faktor in einer veränderten → Geldmenge sehen.

Median → Mittelwert.

Medianwählermodell, ein Erklärungsansatz für kollektive Entscheidungen, i.d.R. bezogen auf Ausgaben für → öffentliche Güter. Entscheidend für das Angebot öffentl. Güter ist der Medianwähler, der genau so viele Stimmen über wie unter sich hat. Mit dem M. schätzt man z.B. Präferenzen für öffentl. Güter oder ermittelt den Einfluss verschiedener Institutionen auf das Wachstum der → Staatsausgaben. Das M. unterliegt zahlreichen restriktiven Annahmen eines einfachen polit.-ökonom. Modells. → Ökonomische Theorie der Demokratie.

Medio (lat., in der Mitte), im Bank- und Börsenverkehr übliche Bezeichnung für die Monatsmitte, den 15. des Monats. Mediogeld ist am → Geldmarkt ein kurzfr. Kredit, der ohne Kündigung am 15. des Monats fällig wird.

Mehrphasensteuer, als Brutto-M. eine → Umsatzsteuer, die bei jedem Umsatz auf den einzelnen Produktions- und Handelsstufen erhoben wird. Sie wirkt im Gegensatz zur Einphasensteuer kumulativ, da die Abgabe nicht nur von den reinen Verkaufswerten der verschiedenen Stufen erhoben wird, sondern auch von der auf den vorangegangenen Stufen entrichteten Umsatzsteuer. Es wird also eine Steuer von der Steuer erhoben. Als Netto-M. könnte man die Besteuerung auch auf den Mehrwert beziehen. Als allgemeine → Mehrwertsteuer ist jedoch eine Nettoallphasenumsatzsteuer, die auf jeder Wirtschaftsstufe erhoben wird, besser geeignet. Die Länder der → Europäischen Union (EU) haben bereits weitgehend eine einheitliche Mehrwertsteuer eingeführt.

Mehrstimmrechtsaktien, → Aktien, die mit einem höheren Stimmrecht als andere Aktien ausgestattet sind oder die durch eine ihren Nennbeträgen nicht entsprechende Abstufung des Stimmrechts den Aktien einer anderen Gattung gegenüber bevorzugt sind. Nach § 152 AktG müssen die Gesamtstimmenzahl etwa ausgegebener M. und die der übrigen Aktien in der Bilanz vermerkt werden. M. können jedoch nur mit Zustimmung des Wirtschaftsministers eines Landes ausgegeben werden, soweit es gesamtwirtsch. erforderlich ist, etwa zur Verhinderung eines zu großen Anteils ausländ. Aktionäre.

Mehrwert, der Unterschied zwischen Arbeitslohn und dem Wert der vom Arbeiter hergestellten Güter. K. Marx definiert mit Hilfe des M. den Profit. Nach ihm ist der Wert einer Ware allein durch die in ihr enthaltene Arbeit bestimmt (→ Arbeitswerttheorie), der M. somit ein Maß für die Ausbeutung der arbeitenden Klasse. Bereits A. Smith hat diese absolute These widerlegt: In jeder arbeitsteiligen Wirtschaft sind mehrere (knappe) → Produktionsfaktoren an der Erzeugung beteiligt, so dass ihnen ein Entgelt als Lohn, Rente, Zins und Gewinn für ihren Beitrag zusteht. Ist das nicht der Fall, werden sie unwirtsch. eingesetzt. → Innerer Wert.

Mehrwertsteuer, im allgemeinen Sprachgebrauch und innerhalb der EU verwendete Bezeichnung für eine → Umsatzsteuer mit → Vorsteuerabzug. Die M. belastet nur den Wert, der auf jeder Produktions- oder Umsatzstufe einer Ware oder Dienstleistung hinzugefügt wird. Auf diese Weise wird eine wiederholte Besteuerung des Gutes und eine Steuer von der Steuer vermieden, wie das bei der sog. kumulierten Umsatzsteuer der Fall ist.

Meinungsforschung, auch Demoskopie, ist ein Informationsmittel, um auf wissenschaftlicher Grundlage die »Meinung« oder Ansicht der Bevölkerung oder einer Interessengruppe demoskopisch, d.h. durch Befragung eines repräsentativen Teils, zu erkunden. → Stichprobenverfahren.

Meistbegünstigung, Klausel in internationalen Handelsverträgen, die bedeutet, dass kein anderes Land besser gestellt werden soll als der Vertragspartner. Die vertragschließenden Staaten erhalten damit die gleiche Stellung wie das (in der Vergangenheit oder künftig) meistbegünstigte Land. Die unbedingte M. besagt, dass alle Vergünstigungen, auch die früher eingeräumten, dem Partner gewährt werden. Die bedingte oder reziproke M. drückt aus, dass der Handelspartner B nur dann die Vorteile, die A dem C eingeräumt hat, genießt, wenn B auch dem A Vergünstigungen einräumt. Die bedingte M. kann man auf bestimmte Transaktionen einengen.

Meister, Titel, den in Verbindung mit der Bezeichnung eines Handwerks führen darf, wer die Meisterprüfung bestanden und das 24. Lebensjahr vollendet hat. Das Recht, Auszubildende zu unterweisen, steht nur Personen zu, welche die bürgerlichen Ehrenrechte besitzen, das 24. Lebensjahr vollendet und die Meisterprüfung bestanden haben. Die Meisterprüfung ist im Handwerk die Prüfung, die der Geselle ablegen muss, um Meister werden zu können und damit die Berechtigung zu erhalten, selbständig ein Handwerk auszuüben. In der Industrie ist im Gegensatz zum Handwerk eine Prüfung nicht unbedingt Voraussetzung für die Ernennung zum M.; oft wird auf vieljährige praktische Erfahrung zurückgegriffen. Der M. in der Industrie muss neben fachlichem Können und charakterlicher Eignung die Fähigkeit zum Umgang mit Menschen, Organisationsvermögen und Verantwortungsbereitschaft aufweisen.

Mengenanpasser, ein Anbieter oder Nachfrager, der bei gegebenem Marktpreis bestimmt, welche Menge an Gütern ver- oder gekauft werden soll. Die Gütermenge ist also → Aktionsparameter.

Mengenindex, auch Volumenindex, das Gegenstück zum → Preisindex, d.h. die Preise p bilden die Gewichte für die jeweils ausgewählten Güter q. Die Berechnung erfolgt entweder nach Laspeyres oder Paasche. → Laspeyres-Preisindex, → Paasche-Preisindex.

$$q_L = \frac{\sum p_o \cdot q_i}{\sum p_o \cdot q_o} \cdot 100$$

$$q_P = \frac{\sum p_i \cdot q_i}{\sum p_i \cdot q_o} \cdot 100$$

Die Subskripte i und o gelten für Berichts- (i) und Basisperiode (0).

Mengenkonjunktur, im Gegensatz zur → Preiskonjunktur die Ausweitung des Produktionsumfanges im Konjunkturanstieg bei relativ stabilen Preisen. Mengen- und Preiskonjunktur bewegen sich nicht gleichmäßig. → Konjunkturbewegungen.

Mengenkurs, Mengennotierung, ein Indikator für den Wechselkurs, der anzeigt, wie viel ausländ. Zahlungsmittel man für eine Einheit Inlandswährung erhält. (Bsp.: USD für 1 EUR). Diese Methode der Kursnotierung ist in England üblich, während in Deutschland die → Preisnotierung vorherrscht. → Kreuzkurs.

Mengennachlass, Mengenrabatt, eine Vergünstigung beim Wareneinkauf, die darin besteht, dass bei Abnahme größerer Mengen Preisnachlass gewährt oder eine im Verhältnis zum Preis größere Menge geliefert wird. Auf Grund des Gesetzes über Preisnachlässe (Rabattgesetz) kann M. gewährt werden, sofern dies nach Art und Umfang sowie nach der verkauften Stückzahl oder Menge als handelsüblich anzusehen ist. → Rabatt.

Mengenregulierung, Teil der Marktordnungspolitik, will die Angebots- und/oder Nachfragemengen durch staatl. Maßnahmen direkt oder indirekt aufeinander abstimmen. Eine M. kann sich auf alle Güter und Leistungen (auch Währungen und Wertpapiere) erstrecken. Die Mittel der M. sind vielfältig, und die (meist) zentralen Lenkungssysteme sind unterschiedlich gestaltet. Die Gründe für eine M. können ökonom. und polit. Natur sein. Ihre Grenzen liegen dort, wo das Wirtschaftssystem oder die wichtigsten Aufgaben des → Marktes gefährdet werden und damit eine optimale Versorgung der Bevölkerung. Wissenschaft und Praxis wissen noch wenig über die → Effizienz solcher Maßnahmen.

Mengentender, Auktionsverfahren im Rahmen der → Offenmarktpolitik einer → Zentralbank. Die Notenbank gibt dabei allein den Zinssatz an, zu dem Kredite von Geschäftsbanken aufgenommen werden können, nicht jedoch deren Gesamtumfang. Im Gegenzug teilen die interessierten Kreditinstitute mit, wie viel sie zu dem genannten Zins aufnehmen möchten. Übersteigt die Gesamtsumme der angeforderten Mittel den vorgesehenen Rahmen, erfolgt eine anteilsmäßige Aufteilung. → Zinstender.

Merchandising (engl., verkaufen, den Absatz steigern), alle absatzsteigernden Maßnahmen (→ Absatzpolitische Instrumente), die Hersteller im Rahmen der Produktpolitik beim Groß- oder → Einzelhandel durchführen. Das M. im Einzelhandel umfasst eine vom Hersteller ausgehende gezielte Verkaufsförderung durch Regalservice oder eine spezielle Verkäuferschulung. Zur Steigerung des Bekanntheitsgrades einer → Marke werden oft sog. Merchandisingartikel mit dem Markennamen oder Produktlogo verschenkt (Bsp.: Feuerzeuge, Kugelschreiber). → Sponsoring.

Mercosur, (Abk. für span.: Mercado Común del Cono Sur), regionaler Integrationsraum (→ Integration, wirtschaftliche) in Südamerika. Die 1991 gegründete Wirtschaftsvereinigung mit Sitz in Montevideo zählt Argentinien, Brasilien, Paraguay und Uruguay zu seinen Vollmitgliedern. Assoziiert sind Bolivien und Chile. Mit dem M.-Vertrag, der seit 1995 in Kraft ist, wurde eine Freihandelskooperation (→ Freihandelszone) ohne gemeinsame Außenzölle vereinbart. Ziel ist die Schaffung eines gemeinsamen Markts durch den stufenweisen Abbau von → Zöllen und Handelshemmnissen sowie einer Koordinierung der Wirtschaftspolitik.

Mergers & Acquisitions (engl., Fusion und Übernahme), bezeichnet Formen des Unternehmenszusammenschlusses. Der Merger stellt dabei den Zusammenschluss mindestens zweier Unternehmen zu einem rechtl. und wirtsch. einheitlichen Gebilde dar, während Acquisition den Kauf eines gesamten Unternehmens oder zumindest funktionaler Einheiten eines Unternehmens bedeutet.

Meritorische Güter, können zwar auf dem Markt angeboten werden, doch ist die Nachfrage nicht so groß, wie sie vom Standpunkt des Gemeinwohls sein sollte, da die Bürger den → Nutzen der M. nicht »richtig« einzuschätzen vermögen. Daher bietet i.d.R. der Staat solche Güter an, meist mit Konsumzwang verbunden. Bsp.: Pflichtimpfungen, allgemeine Schulpflicht. Das Konzept des meritorischen und demeritorischen Gutes (Alkohol, Tabak) hat Musgrave entwickelt. Es ist umstritten, da eine Gruppe oder ein Diktator vorgibt, besser zu wissen als der Einzelne, was ihm nützt und wie er belastet wird. Dabei kann offensichtlich der Zwang missbraucht werden, um Gruppen- oder elitäre Interessen besser durchsetzen zu können, wobei das Merkmal der Öffentlichkeit und des »Gemeininteresses« zu Gunsten einer Gruppe interpretiert oder vorgeschoben wird. Sperrminorität und der Grundsatz: »Keine Ausgabe ohne Selbstbeteiligung der Nutznießer und Entscheidenden an den Kosten« helfen in der Praxis, diesen Missbrauch einzugrenzen.

Merkantilismus (franz.: mercantile = kaufmännisch), die Wirtschaftspolitik im Zeitalter des Absolutismus. Der Name Merkantilsystem wird von A. Smith als Gegensatz zur ® Physiokratie und zum Gewerbesystem gebraucht. Der M. hat seit dem 16. Jh. den einheitlichen Wirtschaftsraum des Staates geschaffen. Sein Ziel ist auf die Stärkung der Macht des Staates mit Hilfe verkehrs- und wirtsch.-polit. Mittel gerichtet, sein Hauptanliegen die Förderung des Außenhandels, seine wissenschaftliche Leistung die Grundlegung einer Außenhandelstheorie. In Deutschland wird er, da er der Fürstenkammer dient, Kameralismus genannt, in Frankreich nach seinem bedeutendsten Minister Colbertismus. Als Neomerkantilismus bezeichnet man die Eingriffe des Staates in die Wirtschaft v. a. in der Zwischenkriegszeit als Folge der → Weltwirtschaftskrise.

Messe, oder Handelsmesse, Veranstaltung mit Marktcharakter, die ein umfassendes Angebot eines oder mehrerer → Wirtschaftszweige bietet. M. finden regelmäßig an dem gleichen oder verschiedenen Orten statt. Verkauft werden meist nur die ausgestellten Muster für die gewerbl. Verwendung bzw. dienen die Muster als Vorlage zum Bestellen. In Deutschland besteht für die Interessenwahrung der M. der »Ausstellungs- und Messeausschuss der dt. Wirtschaft«, für die Organisation Messegesellschaften. In Deutschland finden M. u.a. in Frankfurt a. M., Hannover, Köln, Nürnberg, Leipzig, München, Düsseldorf und Offenbach statt.

Metallwährung, ein Währungssystem, das auf einem oder zwei Währungsmetallen (Doppelwährung) basiert, wobei beide ein festes oder variables Wertverhältnis haben oder ein Währungsmetall nicht frei ausgeprägt wird, d.h. es hinkt nach. Laufen vollwertige Münzen um, spricht man von einer (Gold-)Umlaufwährung, wird das Notengeld durch ein Währungsmetall gedeckt, spricht man von einer (Gold-)Kernwährung. → Greshamsches Gesetz.

Methode des internen Zinsfußes, Auswahlverfahren für private und öffentl. Investitionen, wobei man den internen Zinssatz mit dem kalkulatorischen vergleicht. Ein Vorhaben wird dann in Erwägung gezogen, wenn der interne Zinssatz höher ist als der Kapitalmarktzins oder (in der → Nutzen-Kosten-Analyse (NKA)) die » soziale Zeitpräferenzrate (Wert, den die Gesellschaft dem Verhältnis von Gegenwarts- und Zukunftskonsum beimisst). → Interner Zinsfuß.

Methodologischer Individualismus, eine wissenschaftstheoret. Sichtweise, nach der Individuen als Grundelemente der soz. Sphäre gelten. Folglich können sozioökonom. Prozesse unter Rückgriff auf theoret. Aussagen über individuelles Verhalten bzw. Handeln erklärt werden. In der Wirtschaftstheorie, insbes. der Neuen Politischen Ökonomie (→ Ökonomische Theorie der Demokratie, → Ökonomische Theorie der Politik), leitet sich das Verhalten von Akteuren (z.B. Wählern, Parteien, Politikern, Lobbyisten) aus dem → Selbstinteresse der einzelnen Gruppenmitglieder ab. Dem → ökonomischen Prinzip und Selbstinteresse folgend verhält sich der → Homo Oeconomicus als eigennütziges, nutzenmaximierendes und unersättliches Individuum.

Metra-Potenzial-Methode (MPM) → Netzplantechnik.

Mietkauf, eine Art der Verkaufsfinanzierung, die in Deutschland insbes. in der Möbelbranche eingeführt wurde. Beim M. wird zunächst zwischen Vermieter und Mieter ein Mietvertrag abgeschlossen, so dass der Mieter sofort über die Ware verfügen kann. Die Mietdauer liegt etwa zwischen einem Vierteljahr und drei Jahren. Ist diese Frist abgelaufen, hat der Mieter das Recht, die Ware zurückzugeben oder zu kaufen. Dabei wird der bisher ausgerechnete Mietzins auf den Kaufpreis angerechnet. Die Höhe des Mietzinses geht aus von der Höhe des Kaufpreises und der Zinsen, die zwischen 8–12 % jährlich betragen. Der Mieter kann die Ware zu jedem Zeitpunkt während der Dauer des Mietvertrages zurückgeben. Dagegen kann der Vermieter sie im Allg. nur dann zurückverlangen, wenn entweder die Mietraten nicht rechtzeitig gezahlt werden oder der Mieter die Ware nicht pfleglich behandelt.

Mifrifi, eine in der Praxis übliche Abk. für → Mittelfristige Finanzplanung.

Migration (lat., Wanderung), bezeichnet Bevölkerungsbewegungen in einem Gebiet (Stadt, Land, Staat), die im Unterschied zur Mobilität (reiner Ortswechsel) immer mit einem Wohnungswechsel verbunden sind (Zu- und Fortzüge). Erfolgt die M. innerhalb einer → Gebietskörperschaft, so spricht man von Binnenwanderung. Zu- und Abwanderung in und nach außerhalb der Gebietskörperschaft werden als Außenwanderung bezeichnet. → Bevölkerungsstatistik.

Mikroökonomik, der Teil der Wirtschaftstheorie, dessen analytischer Gegenstand die Einzelunternehmung oder der Betrieb und der Haushalt sind. Umstritten ist, ob auch der Markt oder der Wirtschaftszweig zur M. zu rechnen sind. Von einer Gesamt- oder Totalanalyse auf einzel- oder mikroökonom. Grundlage spricht man dann, wenn → Angebot und → Nachfrage der Unternehmen und Haushalte in einem interdependenten Gleichgewichtssystem über Preise und Mengen miteinander verbunden sind. → Walras-Gesetz.

Mikroökonomische Überwälzungslehre, versucht, die einzel- und zweigwirtsch. Überwälzbarkeit von Steuern und anderer Kosten anhand der Preisbildung zu erklären (→ Marktformen). Ob eine Steuer überwälzt werden kann, hängt von der → Preiselastizität der Nachfrage und des Angebotes, der Marktform, Art und Höhe der Steuer und vom besteuerten Gut selbst ab. So erfordert z.B. eine →

Wertsteuer einen höheren Preisaufschlag als etwa eine Mengensteuer. Die Ergebnisse der statischen und dynamischen M. gelten nur unter sehr eingeschränkten Annahmen. Die Überwälzung einer Steuer ist eine der wichtigsten Steuerwirkungen. Sie entscheidet über die endgültige Verteilung der Steuerlast. → Steuerüberwälzung.

Mikrozensus, ergänzt die Volkszählung als »Repräsentativerhebung der Bevölkerung und des Erwerbslebens« und wird als Stichprobe zwischen zwei Volkszählungen (Totalerhebungen der Bevölkerung) durchgeführt. Außer den Merkmalen der Volkszählung werden u.a. Krankheits- und Altersvorsorge und Gründe für verminderte Arbeitszeit erfasst. Das Verfahren besteht aus einer einstufigen, einphasigen Auswahl auf der Grundlage der Flächenstichprobe. Das M. ist bes. geeignet, um komplizierte Tatbestände zu erfassen, aktuelle Daten zu liefern und dient zudem der Genauigkeitskontrolle von Volkszählungen, der Durchführung von Probeerhebungen und auch als Grundlage (mastersample) für andere Stichproben, z.B. die → Einkommens- und Verbrauchsstichproben und die Wohnungsstichprobe.

Milieu-Theorie, von J. J. Rousseau entwickelt, behauptet, die Entwicklung des Menschen hänge mehr von den Umweltfaktoren, wie Familie, Klasse, Erziehung, Bildung, Klima oder Kleidung, ab als von seinen Erbanlagen. Die M. benutzte K. Marx, um den historischen Materialismus zu begründen, nach dem der Unterbau (die ökonom. Basis, das Milieu) das (Klassen-)Bewusstsein bestimme.

Minderkaufmann, Kaufmann, der zwar ein Grundhandelsgewerbe betreibt, dessen Betrieb aber nicht über den Rahmen des Kleingewerbes hinausgeht, also keinen nach Art und Umfang in kaufmännischer Weise eingerichteten Geschäftsbetrieb erfordert. Die M. sind nicht etwa Kaufleute minderen Rechts. Der Gesetzgeber will sie nur als in kaufmännischen Dingen nicht so erfahrene Geschäftsleute vor den unerwünschten Folgen der Vollkaufmannseigenschaft schützen. Im Zweifelsfalle ist ein → Kaufmann → Vollkaufmann, d.h. bewiesen werden muss die Minderkaufmannseigenschaft. Ein handwerkliches oder ein sonstiges gewerbl. Unternehmen, das nach Art und Umfang einen in kaufmännischer Weise eingerichteten Geschäftsbetrieb erfordert, gilt als → Handelsgewerbe, sofern die → Firma des Unternehmens in das → Handelsregister eingetragen worden ist.

Mindestbewertung → Maßgeblichkeit der Handelsbilanz für die Steuerbilanz.

Mindesteinlage, Mindestbetrag, der für die Eröffnung und Aufrechterhaltung eines Bankkontos notwendig ist.

Mindestlohn, wird durch staatl. Richtlinien oder Tarif als untere Grenze für die Entlohnung der Arbeit festgelegt. Er ergänzt das System der → Sozialen Sicherheit.

Mindestpreise → Marktpreisbildung.

Mindestreserve der Bank, der Betrag an → Sichtguthaben, den die Bank bei der nationalen → Zentralbank unterhalten muss. Die Höhe der M. wird in einem Prozentsatz der Sichtguthaben und der anderen befristeten Einlagen bei der zur Reservehaltung verpflichteten Bank festgelegt (Mindestreservesatz). Die → Europäische Zentralbank (EZB) berücksichtigt speziell kleinere Institute, indem sie einen pauschalen Freibetrag von 100.000 EUR, der vorab vom Mindestreserve-Soll abgezogen wird, gewährt. Die M. begrenzt die Fähigkeit der zur Reservehaltung verpflichteten Banken zur → Geldschöpfung (→ Geldschöpfungsmultiplikator). Sie soll ferner den Zweck einer Liquiditätsreserve erfüllen.

Mindestreservepolitik, betreibt die → Zentralbank, um die Fähigkeit der Geschäftsbanken zur Giralgeldschöpfung zu beeinflussen, indem sie den Satz der → Mindestreserve der Banken ändert. Setzt z.B. die Zentralbank den Mindestreservesatz herauf, werden die Überschussreserven der Banken sofort kleiner, so dass sie gezwungen sind, die Giralgeldschöpfung einzuschränken, falls sie ihren Kreditspielraum anhand ihrer Überschussreserven voll ausgenutzt haben. Sie können sich durch Wechsel- oder → Lombardkredit bei der Zentralbank refinanzieren, falls diese nicht ihre → Diskontpolitik anpasst und den Zins entsprechend erhöht. Im Gegensatz zu dieser restriktiven M. wird bei einer expansiven Politik der → Geldmarkt flüssiger und damit der Kreditspielraum der Banken erhöht. Die M. wird zur Dämpfung oder Anregung der Konjunktur über eine veränderte → Geldmenge betrieben. Seit 1999 setzt auch die → Europäische Zentralbank (EZB) Mindestreservensätze fest.

Mindestreservesatz → Mindestreserve der Banken.

Mineralölsteuer, eine spezielle → Verbrauchsteuer auf eingeführte und im Erhebungsgebiet hergestellte Mineralöle, die von der Bundeszollverwaltung erhoben wird und dem Bund zufließt. Je nach Art der Mineralöle werden unterschiedliche Mengensteuersätze auferlegt. Die Steuerschuld entsteht beim Hersteller in dem Moment, in dem die Mineralöle den Betrieb verlassen oder verbraucht werden. Die EG-Richtlinien von 1992 geben Mindeststeuersätze vor. Mit einem jährlichen Aufkommen von rund 38 Mrd. EUR stellt die M. die für den Staat bedeutendste Verbrauchsteuer dar. Etwa die Hälfte dieses Aufkommens ist für den Bundesfernstraßenbau und die Finanzierung kommunaler Verkehrsaufgaben zweckbestimmt. Damit unterliegt die M. nur z.T. dem → Non-Affektationsprinzip. Häufig wird der Einsatz der M. auch als Instrument der Umwelt- und Energiepolitik gesehen: Eine Erhöhung der Steuersätze könnte, Überwälzbarkeit vorausgesetzt, die Knappheit der Mineralölprodukte signalisieren, negative → externe Effekte der Straßenbenutzung internalisieren und damit den Verbrauch reduzieren. → Ökosteuer.

Minimalkostenkombination, auch Kostenminimierung, liegt dann vor, wenn eine bestimmte Ausbringung mit den geringsten Kosten produziert wird. Da ein Unternehmen die Faktorpreise (Lohn und Zins) nicht beeinflussen kann, muss es versuchen, die Höhe und Zusammensetzung der eingesetzten Faktoren (seine → Aktionsparameter) so zu gestalten, dass es mit den geringsten Kosten produzieren kann. Graphisch kann man dieses Optimierungsproblem anhand eines Bsp. lösen: Die Isoquante Y_2 ist die Menge aller möglichen Kombinationen der Inputs (Arbeit A und Kapital K), die gerade ausreicht, um eine bestimmte Menge des → Outputs (Y_2) zu erzeugen. Die Isokostengeraden C_1 bis C_3 geben an, welche Kombinationen von Arbeit A und Kapital K zu bestimmten Kosten möglich sind, wobei jeder Punkt auf einer Isokostengeraden mit den selben Kosten verbunden ist und höhere Isokostengeraden mit höheren Kosten assoziiert werden. Im Punkt P, in dem die Isoquante Y_2 die Isokostengerade C_2 berührt (Tangentialbedingung), liegt die M.

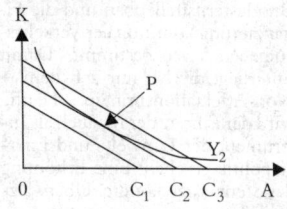

Minimax-Prinzip → Wald-Regel.

Ministererlaubnis, mit einer M. kann der Wirtschaftsminister nach einer Untersagungsentscheidung des Kartellamtes in einem Fusionskontrollverfahren eine Ausnahmegenehmigung erteilen (→ Kartell). Rechtsgrundlage ist das GWB. Eine M. kann erteilt werden, wenn die Beschränkung des Wettbewerbs aus Gründen des Gemeinwohls (gesamtwirtsch. Vorteile oder überragendes Interesse der Allgemeinheit) gerechtfertigt erscheint. Das öffentl. Interesse an der → Fusion muss demnach gegenüber wettbewerbsrechtl. Aspekten überwiegen. Formal müssen die betroffenen Unternehmen nach einer endgültigen Ablehnung eines Zusammenschlusses durch das Kartellamt einen Antrag beim Bundeswirtschaftsministerium einreichen. Erst nach einer Stellungnahme der → Monopolkommission kann der Minister seine Entscheidung bekannt geben. Die M. kann sich auf das untersagte Zusammenschlussvorhaben insgesamt beziehen oder auch teilweise erfolgen und kann ggf. mit Bedingungen und Auflagen verbunden sein.

Ministerialprinzip, der Gesichtspunkt, nach dem die staatl. Haushaltspläne institutionell-administrativ gegliedert sind, also nach Verwaltungs- oder Verantwortungsbereichen, etwa nach Ministerien. Diese Gliederung erlaubt zwar eine formaljuristische Prüfung über den Mitteldurchfluss, ist aber für andere Zwecke des Haushaltes völlig ungeeignet.

Mischgüter (engl.: mixed goods), stiften individuellen → Nutzen, der noch erhöht werden kann, wenn andere die gleichen Güter ebenfalls konsumieren. So schützt eine Impfung den Einzelnen, werden aber auch andere geimpft, wird die Ansteckungsgefahr zunehmend vermindert. Auf diese Weise kann ein erhöhtes gesellschaftliches Nutzenoptimum erreicht werden. → Güter, → Öffentliche Güter.

Mischzoll, verbindet als Gleitzoll den Wert- und Mengenzoll, was die

Berechnung (wegen des komplizierten Tarifes) erschwert. Der M. hilft, den Inlandspreis gegenüber dem Weltmarktpreis zu festigen. → Zölle.

Missbrauchsaufsicht, übt das Bundeskartellamt aus, wenn wirksame Konkurrenz fehlt und die wettbewerbliche Handlungsfreiheit eines anderen beschränkt wird (Behinderungsmissbrauch) oder Marktpartner ausgebeutet werden, etwa durch missbräuchliche Preisforderungen (Ausbeutungsmissbrauch). → Kartell.

Mitbestimmung, die Mitwirkung der Arbeitnehmer im Sinne einer Demokratisierung der → Betriebsverfassung und der öffentl. Verwaltung bei der unternehmerischen Willensbildung im Betrieb und bei Entscheidungen in der staatl. Verwaltung. Der Gedanke taucht bereits in den Verhandlungen der Frankfurter Nationalversammlung 1848 auf. Er findet seinen ersten Niederschlag im Betriebsrätegesetz von 1920. Der Begriff M. wurde erstmals 1925 auf dem Breslauer Kongress des Allgemeinen Dt. Gewerkschaftsbundes verwendet, betraf jedoch damals lediglich den überbetrieblichen Bereich. 1951 wurde das Gesetz über die M. der Arbeitnehmer in den Aufsichtsräten und Vorständen der Unternehmungen des Bergbaus und der Eisen und Stahl erzeugenden Industrie erlassen (heute: Mitbestimmungsergänzungsgesetz). Es folgte 1952 das Betriebsverfassungsgesetz (Novelle 1988) und 1976 das Mitbestimmungsgesetz. Dabei geht es um die Frage, ob das Eigentum an den Produktionsmitteln als solches allein zur Entscheidung legitimieren soll oder ob, in welcher Form und wie weit daneben den im Betrieb und in der Verwaltung Tätigen eine Mitwirkung und Mitverantwortung durch Risikoübernahme zustehen soll. Es bleibt dabei zu beachten, dass letztlich drei Sozialpartner eine Aufgabe zu erfüllen haben: der Unternehmer, der Eigentümer oder Kapitalbesitzer und der Arbeitnehmer.

Miteigentum, M. der Arbeitnehmer am Produktivkapital soll dazu beitragen, ihnen die Bildung von Eigentum über den privaten Bereich hinaus zu ermöglichen und damit das Vermögen einer Volkswirtschaft breiter zu streuen. Das Gesetz zur Förderung der Vermögensbildung der Arbeitnehmer bildet die Grundlage für diese Politik. Als Quellen für eine solche Vermögensbildung stehen zur Verfügung: eigenes Sparen von Einkommensteilen, Gewinn- oder Ergebnisbeteiligung ohne Barausschüttung (teilweise Eigentumsübertragung auf die Arbeitnehmer), gebundene Lohnaufstockung (→ Investivlohn) und Ausgabe von Belegschaftsaktien.

Mitgliedschaftspapiere, Wertpapiere, die ein Mitgliedschaftsrecht verbriefen, wie → Aktien, welche die Mitgliedschaft an einer → Aktiengesellschaft (AG) verkörpern.

Mitläufer-Effekt (engl.: band wagon effect), drückt die Beobachtung aus, dass der → Nutzen eines Gutes für eine Person zunimmt, wenn der Kreis der Verbraucher sich erweitert. Geht der Preis für eine Ware zurück, können davon zwei Wirkungen ausgehen: Einmal kann die → Nachfrage ansteigen, weil der Preis fällt (üblicher Preiseffekt), ferner kann mehr nachgefragt werden, weil auch Nachfrage und Konsum der anderen zunehmen.

Mittelfristige Finanzplanung, mehrjährige Finanzplanung. Der entsprechende Finanzplan enthält die voraussichtlichen Ausgaben für mehrere Jahre und die zu ihrer Deckung vorgesehenen Einnahmen. Die Vorhersage baut auf der künftigen Wirtschaftsentwicklung auf und berücksichtigt die Wechselwirkungen zwischen Markt- und Staatswirtschaft. Der Plan enthält so etwas wie das Regierungsprogramm mit entsprechenden Schwerpunkten für die nächsten Jahre, ist jedoch nicht vollzugsverbindlich wie der → Haushaltsplan. Er wird zudem dem Parlament nur vorgelegt, nicht aber von ihm verabschiedet.

Mittelkurs, liegt zwischen Brief- und Geldkurs und dient zur Abrechnung im Handel für sofort lieferbare → Devisen. → Kurs.

Mittelstand, eine im 21. Jh. nicht mehr scharf abgrenzbare Sozialschicht zwischen der wirtsch. Oberschicht und der Arbeiterschaft. Der M. ist nicht aufgerieben worden, wie es die Marxistische Klassenkampfthese vorausgesagt hat. Er hat vielmehr an polit. und wirtsch. Bedeutung gewonnen und sich auch weiter differenziert.

Mittelstandspolitik, soll kleine und mittlere Unternehmen darin unterstützen, ihre Leistungs- und Wettbewerbsfähigkeit zu erhalten und zu verbessern, damit die freiheitliche → Marktwirtschaft funktionsfähig bleibt und die Verbraucher optimal versorgt werden. Ein Aktionsprogramm der Bundesregierung, das auch die ERP-Kredite (→ European Recovery Program (ERP)) einbezieht, ist u.a. auf verstärkte Förderung der Information und Beratung, die industrielle Gemeinschaftsforschung sowie technologische Erstinnovationen gerichtet.

Mittel- und osteuropäische Staaten (MOE), dazu zählen die Reformstaaten Mittel- und Osteuropas, Estland, Lettland, Litauen, Polen, Slowakei, Slowenien, Tschechien und Ungarn, die 2004 der → Europäischen Union (EU) beitreten (→ Osterweiterung). Zu den M. gehören ebenso Albanien, Bosnien-Herzegowina, Bulgarien, Serbien und Montenegro, Kroatien, Mazedonien und Rumänien.

Mittelwert, in der → Statistik eine Zahl, die eine Vielheit von Zahlen durch einen einzigen zusammenfassenden Wert ausdrückt, der zwischen dem kleinsten und dem größten Wert liegt. (1) Das arithmetische Mittel (Durchschnitt) wird berechnet, indem man sämtliche Einzelwerte addiert und die Summe durch die Anzahl der Einzelwerte dividiert. Das gewogene arithmetische Mittel (der gewogene Durchschnitt) berücksichtigt jeden einzelnen Wert in dem Maße seiner Bedeutung. (2) Das geometrische Mittel wird gewonnen, indem man die vorliegenden Einzelwerte miteinander multipliziert und aus dem Produkt die sovielte Wurzel zieht, wie Einzelwerte multipliziert wurden. Das geometrische Mittel ist dabei niedriger und gibt den extrem hohen Werten ein geringeres Gewicht als das arithmetische. (3) Der Median- oder Zentralwert ist der Wert, der in der Reihe der nach ihrer Größe geordneten Einzelwerte die Mitte einnimmt. (4) Der dichteste oder häufigste Wert (engl.: mode = Modus) ist der innerhalb einer bestimmten Vielheit von Werten am häufigsten vorkommende Wert, etwa der häufigste Preis. (5) Das harmonische Mittel ist der Umkehrwert des arithmetischen Mittels. Jeder dieser M. hat seine spezifischen Vorzüge. Während der Median und der dichteste Wert durch extreme Größen nicht berührt werden, ist das arithmetische und geometrische Mittel geeignet, den Einfluss aller Größen der Reihe zu berücksichtigen. Durch die unterschiedliche Berechnungsweise ergeben sich verschiedene Mittelwerte, deren Rangfolge nach der »Fechnerschen Lageregel« bei linkssteiler Verteilung wie folgt aussieht:

Fechners Lageregel

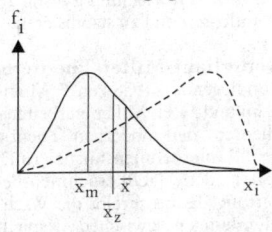

$\bar{x}_m$ = Modus
$\bar{x}_z$ = Zentralwert
$\bar{x}$ = arith. Mittel

Rechtssteile (negative, schiefe) Verteilung drückt die gestrichelte Kurve aus. Nur bei einer symmetrischen Verteilung fallen alle drei Mittelwerte zusammen.

arithmetisches Mittel: $\bar{x} = \dfrac{\sum x_i}{N}$

wobei x_i = Wert der einzelnen Reihenglieder
N = Anzahl der Reihenglieder

gewogenes arithmetisches Mittel:

$$\bar{x} = \dfrac{\sum x_i f_i}{\sum f_i}$$

wobei $\sum x_i f_i$ = Summe der Reihenwerte x_i, multipliziert mit ihren dazugehörigen Häufigkeiten f_i
f_i = Summe der Häufigkeiten f_i aller Reihenwerte

geometrisches Mittel:

$$\bar{x}_g = \sqrt[n]{x_1 \cdot x_2 \cdot x_3 \cdots x_n}$$

(n-te Wurzel aus dem Produkt der n Reihenglieder).

Mobilien, im Gegensatz zu → Immobilien bewegliche Sachen: »Fahrnis«, fahrende Habe, der Inbegriff des beweglichen Vermögens, einschl. der → Wertpapiere, Forderungen, Patente usw.

Mobilisierungspapiere, → Schatzwechsel und → U-Schätze, die der Bund der → Deutschen Bundesbank zur Geldmarktsteuerung stellen musste. M. entstanden aus der Mobilisierung von → Ausgleichsforderungen aus der Währungsreform von 1948 der Bundesbank gegen den Bund.

Mobilität der Arbeit, drückt sich in der Häufigkeit der Berufs-, Erwerbs- und Arbeitsplatzwechsel einer Volkswirtschaft aus. Die M. hängt von einer Anzahl wirtsch. und außerökonom. Faktoren ab, nicht zuletzt von der Arbeitsmarktlage, die wiederum von der techn. bedingten Freisetzung der Arbeiter stark beeinflusst wird. → Natürliche Rate der Arbeitslosigkeit.

Modal Split (engl., Verkehrsteilung), entspricht den Anteilen der Verkehrsmittel und -träger an der Befriedigung der Gesamtnachfrage nach Verkehrsdiensten. Urspr. unterscheidet der M. lediglich zwischen Individual- und öffentl. Verkehr. Der erweiterte M. bezieht zusätzlich Fußgänger und Radfahrer mit ein. Verkehrsteilungsmodelle versuchen, auf Grund von Vergangenheitsdaten und individueller Verhaltensweisen auf das zukünftige Verkehrsaufkommen zu schließen: z.B. Pendler-, Einkaufs-, Geschäftsreise-, Freizeit- und sonstiger Gelegenheitsverkehr sowie Unterscheidung in Individual- und öffentl. Verkehr.

Modell, soll die in der Forschung für wesentlich erachteten Elemente eines Gegenstandes oder Ablaufes abbilden, indem es entsprechende Zeichen diesen Elementen eindeutig zuordnet. Je ähnlicher oder erkennbarer die Elemente zueinander angeordnet und den räumlichen und zeitlichen Verhältnissen angenähert sind, umso anschaulicher ist das M. Für die Bildung von → Hypothesen sind M. besonders wichtig. → Wissenschaft.

Modellplatonismus, liegt nach Ansicht von Wissenschaftstheoretikern, wie Popper und Albert, dann vor, wenn in der (vornehmlich neoklassischen) ökonom. Theorie Modelle verwendet werden, deren formale Eleganz zwar besteche, die aber mangels empirischen Gehalts inhaltlich bedeutungslos seien. Solchen Theorien fehle es an Informationsgehalt, weil sie logische Möglichkeiten nicht ausschließen, und an empirischem Gehalt, weil sie grundsätzlich nicht überprüft werden können und daher auch nicht widerlegbar seien. Sie seien immun gegen die Erfahrung. Bsp.: mikroökonom. Nachfragetheorie mit ihrer → Ceteris-paribus-Klausel (c.p.), Gewinnmaximierungsmodelle, → Wachstumstheorie.

Modernisierung, ein vager Begriff, der nahezu jede Art von Reformpolitik umfasst. In ökonom. Sicht kann man darunter die geplante Förderung neuer und zukunftsweisender Produkte und Verfahren durch den Staat verstehen. Die M. soll dazu dienen, Arbeitsplätze zu sichern oder zu vermehren, um so die wirtsch. und polit.-soz. Entwicklung günstig zu beeinflussen und zu stabilisieren.

Modigliani-Miller-Theorem, grundlegendes, 1958 von F. Modigliani und M.H. Miller erarbeitetes Theorem der modernen Theorie der Unternehmensfinanzierung, insbes. der → Unternehmensbewertung. Es beschreibt die Wechselwirkungen zwischen Kapitalstruktur und -kosten sowie dem Marktwert eines Unternehmens. Zentral ist die Aussage, dass unter den Bedingungen eines vollkommenen → Kapitalmarktes der Gesamtwert eines Unternehmens von seinem Verschuldungsgrad unabhängig ist. Konkurs- und Agencykosten (→ Insolvenz, → Principal-Agent-Theorie) können allerdings dieses Ergebnis der Irrelevanz der Finanzierungsstruktur aufheben.

Modus → Mittelwert.

MOE → Mittel- und osteuropäische Staaten.

Mondpreise, Preise, auf die der Händler einen hohen → Rabatt gewährt, um ein bes. günstiges Angebot vorzutäuschen. Dieser Preisnachlass wird zur Werbung benutzt, indem die Preisempfehlung auffällig durchgestrichen und durch den eigenen Preis ersetzt wird. Das novellierte Kartellgesetz gibt eine Handhabe, gegen solche Methoden vorzugehen.

Monetär, geldlich, die wirtschaftswissenschaftliche Betrachtungsweise, die, im Gegensatz zur rein güterwirtsch., den Geldvorgängen wesentliche Bedeutung im Wirtschaftsleben beimisst und sie in engem Zusammenhang mit den realen Vorgängen begreift. In diesem Sinne versteht man unter monetärer Konjunkturtheorie und -politik eine solche, die den monetären Zusammenhängen und Mitteln bes. Gewicht zuerkennt (z.B. dem → Diskont, dem → Kredit und währungspolit. Maßnahmen zur Änderung der → Geldmenge). → Konjunkturtheorien.

Monetäre Basis, in der → Geldtheorie die Menge an → Zentralbankgeld. Sie erfasst alle → Sichtguthaben bei der Notenbank sowie die umlaufenden Banknoten und Münzen.

Monetaristen, beziehen eine Gegenposition zur → Keynesianischen Theorie. Zu ihren Hauptvertretern gehört der amerik. Nationalökonom M. Friedman. Sie halten die Finanzpolitik als Instrument zur Steuerung des wirtsch. Ablaufs für ungeeignet, messen stattdessen der → Geldpolitik eine extrem hohe Bedeutung bei, zumal sie die Ansicht vertreten, die gesamtwirtsch. Aktivität werde durch monetäre Impulse ausgelöst. So werde die → Inflationsrate entscheidend von der Zunahme der → Geldmenge beeinflusst. Die M. erklären die Konjunkturschwankungen um einen langfr. Wachstumstrend aus der Zunahme der Geldmenge, die sich abwechselnd beschleunigt und verlangsamt. Aus diesem Grund soll sich die Geldpolitik auf eine konstant wachsende Geldmenge stützen. Wenn es sich auch um eine einseitige Kausalerklärung der Schwankungen im Wirtschaftsablauf handelt, so kommt den M. doch das Verdienst zu, den Mechanismus der relativen Preise verfeinert zu haben und die erwarteten Preisänderungsraten in der Zinsbildung zu berücksichtigen. → Neue Quantitätstheorie.

Monitoring, systematische Beobachtung bestimmter Sachverhalte, um kontinuierlich Informationen über deren tatsächlichen Verlauf zu erhalten. Im wirtsch. Kontext zumeist bezogen auf ein ständiges und sorgfältiges Überwachen von Vertragspartnern und die Einhaltung von Vertragsbedingungen. Im Rahmen der → Prinzipal-Agent-Theorie dient M. zur Verringerung von Informationsasymmetrien (→ Informationsökonomik).

Monopol, Marktform, bei der → Angebot oder → Nachfrage in einer Hand vereint ist, so dass das Verhal-

Monopol

ten auf dem Markt im Gegensatz zur vollkommenen Konkurrenz von einem, dem Monopolisten oder Monopsonisten (→ Monopson), bestimmt wird. Nach Cournot (1838), der als Erster die Monopolpreisbildung analysiert und erklärt hat, muss der Monopolist, will er einen Höchstgewinn erzielen, Preis oder Menge so festsetzen, dass er ein Maximum von Menge mal Preis abzüglich der Kosten erreicht. Er kann also entweder die Menge der Waren oder deren Preis erhöhen. Der Monopolist ist dabei von dem Verhalten der Nachfrage und möglichen Eingriffen der öffentl. Hand abhängig. Je elastischer die Nachfrage ist, desto vorsichtiger muss er in seiner Preispolitik sein, je unelastischer sie ist, desto höheren Gewinn kann er erzielen (→ Preiselastizität der Nachfrage). → Kartelle und → Trusts sind dem M. ähnlich, da sie erhebliche Marktmacht besitzen können. Gleiches gilt für Verbände auf dem Arbeitsmarkt. In der Markttheorie verhält sich ein öffentl. oder privater Betrieb als Monopolist, wenn er davon ausgeht, dass sein Absatz nicht von den Handlungsparametern anderer Anbieter beeinflusst wird, sondern vom eigenen und dem Verhalten der Käufer abhängt.

Ist der Preis Richtmaß für seine Entscheidung, handelt es sich um einen monopolistischen → Preisfixierer. Er wird dann bestrebt sein, seine Erzeugnisse zu einem Preis anzubieten, der ihm den höchsten Gewinn sichert. Das ist dann der Fall, wenn → Grenzkosten und → Grenzerlös gleich sind.

Im Punkte E ist die Bedingung für einen höchsten Gewinn erfüllt, nämlich Grenzkosten und -erlös sind gleich. Der Monopolpreis ist hier P_E, der Monopolgewinn wird von der Fläche P_ECAG ausgedrückt. C ist der → Cournotsche Punkt. Beim natürlichen Monopol

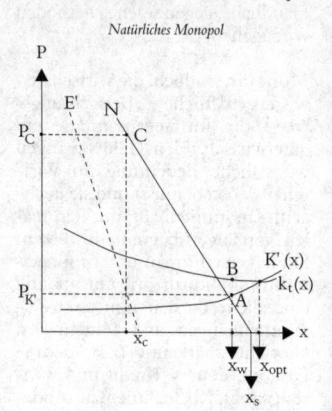

Natürliches Monopol

N = Nachfragekurve; E' = Grenzerlöskurve; P_C = Monopolpreis; $P_{K'}$ = Grenzkostenpreis; x_s = Sättigungsmenge; x_w = wohlfahrtsoptimale Menge; x_c = Cournotmenge; C = Cournotpunkt.

wird eine optimale Versorgung angestrebt, wobei die Grenzkosten allein die Höhe des Preises $P_{K'}$ bestimmen sollen. Da es sich hier i.d.R. um ein absolutes öffentl. M. handelt, liegen die Durchschnitts- und Grenzkosten durchweg weit über jenen des privaten M., da der Staat nicht die Minimalkosten anzustreben gezwungen ist. → Öffentliche Verschwendung, Theorie der, → R-Ineffizienz, → Administrierte Preise.

Monopolistischer Wettbewerb, auch unvollständiger Wettbewerb, bezeichnet nach Chamberlin und Robinson eine Marktform, bei der viele Anbieter und Nachfrager (→ Polypol) ein gleichartiges Produkt handeln, demgegenüber aber sachliche, pers., zeitliche und räumliche → Präferenzen bestehen. Dadurch ist jeder Anbieter gleichsam als Westentaschenformat-Monopolist in der Lage, einen Preis zu fordern, der etwas über dem Preis bei vollkommener Konkurrenz liegt. Seine Preis-Absatz-Kurve ist also negativ geneigt. Verwendet ein Anbieter seinen »Monopolgewinn« dazu, eine solche Präferenz, etwa durch Werbung, zu erhalten, reduziert sich dieser im Extremfall auf null. Lockt sein »Monopolgewinn« zudem weitere Anbieter mit ähnlichen Produkten auf den Markt, rückt seine Preis-Absatz-Kurve nach unten. Auf beiden Wegen entsteht dann die sog. Chamberlinsche Tangentenlösung. Die Theorie des M. übersieht, dass der Nachfrager bereit ist, einen etwas höheren Preis zu zahlen, da er auch einen höheren → Nutzen (der sich in der Präferenz ausdrückt) erhält. → Wettbewerb, → Marktformen, → Monopol.

Monopolkapitalismus → Staatsmonopolkapitalismus, → Kapitalismus, → Marxismus, → Wirtschaftsordnung.

Monopolkommission, eine im GWB (→ Kartell) von 1973 vorgeschriebene Einrichtung, techn. dem → Sachverständigenrat (SVR) nachgebildet, mit Sitz in Köln, hat eine Überwachungs- und Beratungsfunktion und erstellt alle zwei Jahre ein Hauptgutachten, in dem sie den Stand der Unternehmenskonzentration sowie deren absehbare Entwicklung unter wirtsch., insbes. wettbewerbspolit. Gesichtspunkten beurteilen und die Missbrauchsaufsicht über → marktbeherrschende Unternehmen (→ Fusionskontrolle) würdigen soll. → Ministererlaubnis.

Monopson, eine Marktform, bei der viele Anbieter einem Nachfrager gegenüberstehen. Das Gegenstück ist das Angebotsmonopol. Monopsonmacht kommt v. a. auf Bezugsmärkten vor. → Monopol, → Marktformen.

Montanunion, die auf Grund des Schuman-Plans gegründete → Europäische Gemeinschaft für Kohle und Stahl (EKGS).

Monte Carlo-Methode, will anstelle eines analytischen Verfahrens durch Erfahrung und Simulation den Grad der Wahrscheinlichkeit errechnen, mit dem ein Ereignis oder Ergebnis in einem Prozess, Experiment oder bei einem Projekt eintreten kann. → Unternehmensforschung.

Moral → Selbstinteresse.

Moral Hazard (engl., moralisches Wagnis), i.w.S., ein Begriff aus der Theorie der Kollektive (→ Freifahrer, → Gefangenendilemma, → Öffentliche Verschwendung, Theorie der). Im engeren Sinne bezieht sich M. auf eine Gemeinschaft von Versicherten (→ Versicherung), die sich freiwillig oder durch Zwang zusammenschließt, um die finanziellen Folgen des versicherten Tatbestandes für den Einzelnen gemeinsam zu tragen. Wird das Eintreten dieses Ereignisses nicht alleine vom Zufall bestimmt, kommt zum echten Risiko ein weiteres, ein »moralisches« hinzu. Provoziert der Versicherte bewusst den Schaden (→ Versicherungsbetrug), spricht man von direktem M., es treten dieselben Probleme auf, wie man sie beim Gefangenendilemma kennt. Ein weiteres kommt noch hinzu: Deckt ein Kollektiv die finanziellen Folgen eines Schadens, so geht beim Versicherten die Eigenverantwortung zurück, er wird unachtsam und leichtsinnig. Ein solches Verhalten führt dann zwangsweise zu einem Anstieg der Schadensfälle. Hier spricht man dann von indirektem M. Besonders im → Gesundheitswesen im Rahmen der gesetzl. Krankenversicherung (→ Sozialversicherung) spielt das M. eine wesentliche Rolle. → Adverse Selection, → Gesundheitsökonomie.

Moral Suasion (engl., gütliches Zureden, Überreden), bedeutet als Mittel der Wirtschaftspolitik einen Appell an einzelne Gruppen, ihre Forderungen an das → Sozialprodukt unter gesamtwirtsch. Gesichtspunkten des Allgemeinwohls zu sehen und sich entsprechend zu verhalten. Bsp.: Appelle an die Tarifpartner, Lohnforderungen und Lohnzugeständnisse stabilitätskonform zu halten oder die appellative Aufforderung der → Notenbank an die Geschäftsbanken (→ Kreditbanken), Zurückhaltung bei der Kreditvergabe zu üben.

Moratorium (lat., Verzögerung), der einem Schuldner gewährte Zahlungsaufschub, die gesetzl. oder vertragliche Stundung einer fälligen Schuld.

Motivationsforschung, hat verschiedene Verfahren entwickelt, um die Faktoren herauszufinden, die das Marktverhalten beeinflussen, wie etwa Konsumentenverhalten, → Präferenzen und Reaktionen. → Werbung.

Motivationstheorien, versuchen, Richtung, Stärke und Dauer eines Verhaltens aus Motiven zu erklären, die sich nach Steinmann in zwei Gruppen unterteilen lassen: (1) Formale Prozesstheorien analysieren den Ablauf des Verhaltens und führen es auf das Zusammenwirken von Variablen, die weit verbreitet sind, wie Belohnung, Anreiz, Trieb, zurück. (2) Die inhaltlichen Theorien greifen indes auf Faktoren, wie Bedürfnis nach Sicherheit und Anerkennung, zurück, die im Menschen oder in seiner Umgebung auftreten und (angeblich) die Motivation bestimmen. → Bedürfnishierarchie.

MPM (Metra-Potenzial-Methode) → Netzplantechnik.

Mündelsichere Papiere, Wertpapiere, in denen ihrer Sicherheit wegen die Anlage von Mündelgeldern erfolgen darf. Nach § 1807 BGB sind dies z.B. Bundes- und Länderanleihen, durch den Bund oder ein Land garantierte → Schuldverschreibungen und → Kommunalobligationen. Die Bundesregierung entscheidet mit Zustimmung des Bundesrats, welche Wertpapiere

Münzen, Metallgeld, das durch Prägung in seinem Gewicht und Feingehalt beglaubigt ist und dem der Staat Zahlungskraft verliehen hat. Auf Grund des Gesetzes über die Ausprägung von → Scheidemünzen von 1950 hat die Bundesregierung allein die Befugnis, M. zu prägen. Während Scheidemünzen nur beschränkt gesetzl. → Zahlungsmittel sind, werden Währungsmünzen unbeschränkt ausgegeben. Handelsmünzen laufen ohne Zwangskurs um und werden aus Gewohnheit angenommen. Seit 1938 wird Münzgeld nur noch als Scheidemünzen in Umlauf gebracht.

Münzfuß, gibt an, wie viele Rechnungseinheiten einer Währung auf die Gewichtseinheit des Währungsmetalls entfallen. Da vollwertige Münzen heute kaum mehr geprägt werden, hat der M. nur noch historisches Interesse.

Münzgewinn, auch Schlagschatz, fließt dem Bund aus der Münzprägung zu. Er ist der Unterschied zwischen Herstellungskosten und dem Nennwert der Münzen.

Münzhoheit, das Recht, das Münzwesen zu regeln, steht ausschl. dem Bund zu.

Münzumlauf, Teil des → Bargeldumlaufs.

Münzverträge, auch Münzkonventionen, haben Staaten oder sonstige Inhaber eines Münzrechts (Städte im Heiligen Römischen Reich und einzelne Territorien) untereinander geschlossen, wobei sie gegenseitig die → Münzen und den → Münzfuß anerkannten und die Annahme vereinbarten. Diese Währungsabkommen erstreckten sich ausschl. auf Silber- oder Goldmünzen, die als Kurantgeld (→ Kurant) in unbeschränkter Menge gesetzl. → Zahlungsmittel waren.

Multikollinearität, kann in einer Analyse dreier Variablen in Bezug auf einen möglichen Zusammenhang auftreten. M. bedeutet dann, dass eine Variable von zwei anderen abhängt, die wiederum untereinander in einer Wechselbeziehung stehen. Dabei sind folgende Abhängigkeiten möglich:

$$a = f(b, c).$$

M. kann zu großen Schätzfehlern führen. → Korrelation.

Multilaterale Investitionsgarantie-Agentur (MIGA), wurde 1988 als Mitglied der Weltbankgruppe eingerichtet (→ Weltbank). Sie hat die Aufgabe, den Zufluss von ausländ. → Direktinvestitionen in einzelne Entwicklungsländer zu fördern. Die M. versichert Anlagen im Rahmen von Bürgschaftsprogrammen gegen polit. Risiken und bietet Beratungsdienste für Mitgliedsländer an, die sich um Direktinvestitionen bemühen oder diese aufrechterhalten wollen.

Multilateralität, bezeichnet im Gegensatz zum Bilateralismus mehrseitige internationale Handelsbeziehungen. Exportieren z.B. die USA in die europäischen Länder mehr, als sie aus diesen importieren, dann lässt sich der Handel zwischen beiden Gebieten etwa dadurch verstärken, dass die USA aus außereuropäischen Ländern Rohstoffe einführen und diese Länder europäische Produkte importieren. Dadurch kommt die → Handelsbilanz der europäischen Länder zum Ausgleich, was bei ausschl. bilateralem Handel zwischen Europa und den USA nicht der Fall wäre.

Multinationale Unternehmung, produziert oder investiert direkt in mindestens einem fremden Land, und die Unternehmensführung trifft ihre wichtigsten Entscheidungen über Forschung, Absatz, Produktion, Finanzierung, Besteuerung unter dem Gesichtspunkt von Alternativen, die international vorhanden sind. M. können sich in mancher Hinsicht nationalen Beschränkungen und Belastungen entziehen und ein Steuergefälle zu ihren Gunsten ausnutzen. Andererseits sind sie auch in der Lage, neue Investitionsmöglichkeiten aufzuspüren und komparative Kostenvorteile (→ Komparative Kosten oder Vorteile) herauszufinden, die dem betreffenden Lande ebenfalls zugute kommen. Dadurch wird die internationale → Arbeitsteilung gefördert.

Multiple Wechselkurse → Gespaltene (multiple) Wechselkurse.

Multiplikator, drückt ganz allgemein aus, um welches Vielfache eine abhängige Variable zu- oder abnimmt, wenn sich die unabhängige um eine Einheit ändert. In der Konjunktur- oder Einkommenstheorie bedeutet z.B. der Investitionsmultiplikator, dass eine zusätzliche Ausgabe des Staates für Investitionen zu einer Erhöhung der Einkommen führt, die um ein Vielfaches, eben den M., höher ist als die Neuinvestition. Bsp.: Gibt der Staat 1000 EUR nur einmal für neue Investitionen aus und ist die freiwillige Ersparnis und Investition in der Volkswirtschaft gleich hoch geblieben, dann erhalten alle, die an der Produktion dieser Investitionsgüter beteiligt sind, entsprechend höhere Einkommen, die zu erhöhten Verbrauchsausgaben für Konsumgüter führen, so dass in der zweiten Periode für alle Unternehmer und Arbeiter neue Einkommen entstehen. Wird das zusätzliche Einkommen jeweils zur Hälfte ausgegeben und zur Hälfte gespart, dann ist die marginale → Konsumquote 0,5. Wiederholen sich die öffentl. Investitionen von Jahr zu Jahr, dann erhöht jede Einzelne auf diese Weise die Einkommen in den nächsten Perioden:

	1.	2.	3.	4. usw.
1	1000	–	–	–
2	500	1000	–	–
3	250	500	1000	–
4	125	250	500	1000

Mit fortschreitender Investition wächst der Einkommenszuwachs in geometrischer Reihe und nähert sich einem Grenzwert:

$$1000\ € \cdot \frac{1}{1-0,5} = 2000\ €$$

Das Einkommen nimmt mithin um das Doppelte der Investitionen je Periode zu. Den Bruch

$$\frac{1}{1-0,5} = 2$$

nennt man den M. Die Zahl 0,5 im Nenner ist die marginale Konsumquote. Je größer sie ist, desto größer ist auch der M. In der Wirtschaftstheorie hilft der M. Konjunkturschwankungen zu erklären. Es lassen sich dabei verschiedene M. unterscheiden, z. B. der Ausgaben-, Transfer- und Steuermultiplikator. In der → Geldtheorie hat der → Geldschöpfungsmultiplikator große Bedeutung erlangt.

Mundell-Flemming-Modell, das Anfang der 1960er Jahre entwickelte M. ist ein Modell einer offenen → Volkswirtschaft. Dieses Modell geht von → Unterbeschäftigung und einem konstanten → Preisniveau aus. Es beschreibt eine kleine Volkswirtschaft, die mit anderen Ländern durch grenzüberschreitende Kapitalströme und Handel verbunden ist. Es zeigt, welche polit. Optionen vorhanden sind und wie die Länder auf Schocks reagieren können. Damit diese kleine Volkswirtschaft im → Gleichgewicht ist, müssen drei verschiedene Märkte synchronisiert werden: der Gütermarkt, der Geldmarkt und der Kapitalmarkt.

Muttergesellschaft → Dachgesellschaft.

N

Nachahmereffekt → Mitläufereffekt.

Nachbarschaftseffekt → Spillover-Effekt.

Nachfrage, gehört neben dem → Angebot an Gütern und dem Preis zu den konstitutiven Merkmalen des → Marktes. Die nachgefragte Menge n des Gutes i ist von mehreren Faktoren abhängig, die man formal in einer Nachfragefunktion erfassen kann: $n_i = f(p_i, p_l, ..., p_n, e, b, v, k)$; dabei sind n_i = nachgefragte Menge nach dem Gute i, p_i = Preis des nachgefragten Gutes i, $p_l ... p_n$ = die Preise aller anderen Güter, e das Einkommen des Nachfragenden, b seine Bedürfnisstruktur, v das Vermögen und k die Kreditmöglichkeit. Um die Wirkung der einzelnen Faktoren beurteilen zu können, verwendet man gewöhnlich die → Ceteris-paribus-Klausel (c.p.), d.h., man ändert, wirklichkeitsfern, jeweils nur einen Faktor und lässt die anderen konstant:

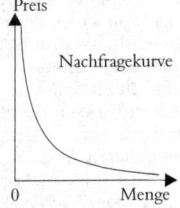

(1) Der Zusammenhang zwischen n_i und p_i: Normalerweise geht die nachgefragte Menge eines Gutes zurück, wenn dessen Preis steigt: Diese Abhängigkeit liegt der üblichen Nachfragekurve zugrunde, wobei man den Grad der Abhängigkeit mit Hilfe der → Preiselastizität der Nachfrage messen kann. Die Nachfrage reagiert anomal (invers), wenn sie, wie beim → Giffen-Fall oder → Veblen-Effekt, zunimmt, obwohl die Preise anziehen. (2) Der funktionale Zusammenhang zwischen n_i und $p_l ... p_n$: Da in einer → Volkswirtschaft das Geld auf alternative Verwendungen verteilt werden kann, ist die Nachfrage nach einem Gut zugleich vom Preis der anderen Güter abhängig. Sind zwei Güter in Bezug auf den Konsum → komplementär (Pfeife und Tabak), so wird die Nachfrage

nach dem Gute i dann abnehmen, wenn der Preis des anderen Gutes anzieht. Ersetzen sich hingegen beide Güter (Butter und Margarine), so wird die Nachfrage nach dem Gute i zunehmen, wenn das andere Gut teurer wird (→ Substitution). Diese negative oder positive Beziehung wird durch die → Kreuz-Preis-Elastizität gemessen. (3) Der funktionale Zusammenhang zwischen n_i und e: Normalerweise nimmt die Nachfrage zu, wenn das (Real-)Einkommen größer wird. Ausnahmen hiervon sind das »Sättigungsgut«, bei dem die Nachfrage von einer bestimmten Einkommenshöhe an unverändert bleibt, und das → inferiore Gut. Es wird dann durch den Konsum eines → superioren Gutes ersetzt. Die Einkommenselastizität der Nachfrage misst diesen Zusammenhang (→ Elastizität). Sie ist am geringsten bei der Nachfrage nach Nahrungsmitteln und steigt beim Aufwand für Wohnung, Kleidung und Kulturbedürfnisse, und zwar soz. abgestuft (→ Engel-Schwabesches Gesetz). (4) Der Zusammenhang zwischen n_i und b: Unabhängig von Preisen und Einkommen ist die Struktur der Bedürfnisse unter den Menschen unterschiedlich, so dass die Nachfrage nach den einzelnen Gütern differiert. (5) Der Zusammenhang zwischen n_i und v oder k hängt mit den Einkommenseffekten zusammen, da man beide als früheres Einkommen ($v_t = e_{t-1}$) und künftiges Einkommen ($k_t = e_{t+1}$) betrachten kann. Die Marktnachfrage fasst die Nachfrage der Individuen zusammen (→ Marktnachfrage, Funktion der). Der Nachfragepreis drückt aus, wie viel jemand äußerstenfalls für das begehrte Gut zu zahlen bereit ist (→ Zahlungsbereitschaft). Ihm stehen der Angebots- und der Marktpreis gegenüber (→ Marktpreisbildung). Den Unterschied zwischen Nachfrage- und Marktpreis, multipliziert mit der nachgefragten Menge, nennt man → Konsumentenrente.

Nachfrageelastizität → Preiselastizität der Nachfrage.

Nachfrageinflation (engl.: demand-pull-inflation), tritt dann auf, wenn private Haushalte, Unternehmen, Staat oder Ausland mehr nachfragen als gesamtwirtsch. angeboten wird. Steigende Preise schließen dann die → inflatorische Lücke. Die N. dauert an, wenn die → Geldmenge laufend zunimmt. Ist das nicht der Fall, führt die Geldknappheit infolge eines erhöhten Bedarfs an Transaktionsmitteln über steigende Zinsen zu einem Rückgang der überschüssigen Nachfrage, wodurch die N. angehalten wird. Extreme → Monetaristen sehen hingegen in der Ausweitung der Geldmenge die einzige Ursache für eine N., weil sie einen vertikalen Verlauf der → LM-Kurve annehmen: Hängt die Kassenhaltung nicht vom Zins, sondern nur von den geplanten Umsätzen ab, kann eine Mehrnachfrage bei konstanter Geldmenge nicht finanziert werden, so dass etwa erhöhte Staatsausgaben nur möglich sind, wenn die private Nachfrage entsprechend eingeschränkt wird. Führt die monetäre Nachfrage dennoch zu einer dauerhaften N., versagt nach monetaristischer Theorie die Geldpolitik, weil sie die Geldmenge übermäßig ausdehnt. → Inflation.

Nachfragelücke, deflatorische Lücke, der Überhang des → Angebots über die effektive → Nachfrage. Geht die private oder ausländ. Nachfrage nach Konsum- und Investitionsgütern zurück, oder schränkt der Staat seine Ausgaben ein, kann das Angebot bei gleichen → Preisen nicht mehr abgesetzt werden. Die N. leitet einen Deflationsprozess (→ Deflation) ein, wobei → Einkommen und → Beschäftigung sinken. Die Anpassung erfolgt stufenweise über einen → Multiplikator.

Nachfragemonopol → Monopson.

Nachfrageüberschuss, tritt auf einem einzelnen Markt auf, wenn bei staatl. festgelegter Preisobergrenze (z.B. fester Mietpreis) die Nachfrage das Angebot übersteigt. Dieser Eingriff führt zu erhöhter Nachfrage und rückläufigem Angebot, so dass ein Teil der Nachfrage ungedeckt bleibt oder das verknappte Warenangebot rationiert werden muss (z.B. Ausgabe von Lebensmittelkarten). Das führt auf weitere Sicht zu einem »Grauen« oder »Schwarzen Markt«, auf dem höhere Preise verlangt und gezahlt werden, zu einer Fehlleitung von Produktionskräften, Verschwendung und Ungerechtigkeit. → Marktpreisbildung.

Nach-Keynesianische Theorie, geht im Vergleich mit dem urspr. Keynes-Modell (→ Keynesianische Theorie) von einer vertieften Analyse des → Arbeitsmarktes aus, betrachtet die Anlagemöglichkeiten differenzierter und bezieht alle Phasen der Konjunktur ein (→ Konjunkturbewegungen). Der Wirtschaftsablauf erfordere laufende Eingriffe, um zu einem neuen → Gleichgewicht zu finden, wobei auf Unvollkommenheiten wie → Geldillusion, unvollständige Information, Ungewissheit und → administrierte Preise hingewiesen wird, die eine antizyklische Fiskal- und → Geldpolitik nötig machten. → Fiskalpolitik.

Nachtragshaushalt, wird vom Haushaltsrecht für Fälle vorgesehen, in denen öffentl. Ausgaben anfallen, die bei Aufstellung des ordentlichen → Haushaltsplanes noch nicht abzusehen waren. Nach § 33 → Bundeshaushaltsordnung (BHO) unterliegt der N. den gleichen Kontrollregeln und Vorschriften, wie sie nach Art. 110 GG für das normale → Budget gelten.

Nachtwächterstaat, auf F. Lassalle zurückgehende Bezeichnung, drückt die nur auf Schutzaufgaben beschränkte Rolle des Staates in einer → Laissez-Faire-Wirtschaft schlagwortartig aus, eine völlige Verkennung der staatl. Funktionen in einer freiheitlichen Ordnung der → Marktwirtschaft, wie sie bereits A. Smith begründet hat.

NAFTA → North American Free Trade Agreement.

Nahverkehrsabgabe, ein Beitrag der indirekten Nutznießer des → Öffentlichen Personennahverkehrs (ÖPNV). Die N. dient als zweckgebundener Finanzierungsanteil für die Leistungserstellung im ÖPNV. Die indirekte Nutzenstiftung kann bestehen in: (1) der Möglichkeit, bei Bedarf jederzeit den ÖPNV zu benutzen; (2) positiven Wechselwirkungen mit dem Individualverkehr; (3) dem Beitrag zur Aufrechterhaltung der (verkehrsmäßigen) Funktionsfähigkeit von Ballungszentren; (4) der Wertsteigerung von Grundstücken im Einzugsbereich von ÖPNV-Linien. Demgemäß gehören zu den Nutznießern, die einer N. unterliegen, die potenziellen Fahrgäste, die Arbeitgeber, die Pkw-Halter sowie Grundstückseigentümer im Einzugsbereich von ÖPNV-Linien.

NAIRU → Non Accelerating Inflation Rate of Unemployment.

Namensaktie, im Gegensatz zur → Inhaberaktie auf Namen lautende → Aktie. Wegen ihrer beschränkten Verkehrsfähigkeit bilden N. die Ausnahme, Inhaberaktien die Regel. Aktien, die vor der vollen Leistung des Nennbetrages oder, falls der Ausgabepreis höher ist, vor der vollen Leistung dieses Betrags ausgegeben werden, müssen auf Namen lauten. Sie sind i.d.R. geborene → Orderpapiere. Die Übertragung der N. kann durch → Indossament erfolgen. Die Übertragbarkeit der N. kann durch Statut ausgeschlossen oder von der Zustimmung der → Aktiengesellschaft (AG) abhängig gemacht werden (vinkulierte Namensaktien). Erst nach Eintragung in das → Aktienbuch sind die Aktionärsrechte gültig.

Namenspapiere, i.w.S. → Wertpapiere, die den zur Geltendmachung des im Papier verbrieften Rechtsberechtigten namentlich nennen. Es gehören dazu: (1) die Rektapapiere (N. i.e.S.): Sie lauten grundsätzlich auf eine bestimmte, in dem Papier mit Namen bezeichnete Person und können nur durch Abtretung und Übergabe oder im Erbgang übertragen werden. Rektawechsel und Rektascheck sind N., die durch negative Orderklausel (»nicht an Order«) Rektapapiere werden (→ Rektaklausel); (2) die → Orderpapiere, die auf eine bestimmte Person oder an deren Order (»für mich an die Order von ...«) lauten, werden durch → Indossament und Übergabe des Papiers übertragen.

Namensschutz, Rechtsschutz für Namen, Recht des Trägers eines Namens, diesen zur Bezeichnung seiner Person als Ausdruck der Rechtsfähigkeit zu gebrauchen und andere an dem unberechtigten Gebrauch des gleichen Namens zu hindern. Ein dem Namensrecht der natürlichen Personen entsprechendes und ebenso geschütztes Recht besteht: (1) an den Namen von → juristischen Personen, Vereinen, an Firmen von Kaufleuten und Handelsgesellschaften, (2) an der Telegrammadresse und an schlagwortähnlichen Abk., wie z.B. Mitropa, (3) an Decknamen (Pseudonymen), z.B. Künstler- und Schriftstellernamen, dagegen nach geltender Rechtsauffassung nicht an adeligen Pseudonymen, wenn sie dazu angetan sind, die Öffentlichkeit zu täuschen. Die → Firma, der »Handelsname des Kaufmanns«, wird gemäß § 37 HGB in ähnlicher Weise wie der Name von Personen geschützt. Name und Firma sind gegen unbefugten Gebrauch bei Warenbezeichnungen geschützt. → Warenzeichen.

NASDAQ, 1971 in den USA gegründete elektronische → Börse, an der fast ausschl. Unternehmen aus Wachstums- und Hochtechnologiebranchen gehandelt werden. Sie bietet besonders günstige Voraussetzungen für → Venture Capital-Unternehmen, stellt für eine Aufnahme aber auch Anforderungen an Rechnungslegung, Liquidität und Führungsstruktur eines Unternehmens. Der Handel an der N. wird computergestützt abgewickelt, der → Aktienindex NASDAQ-Composite beschreibt die Kursentwicklung von über 4000 der an der N. notierten Unternehmen.

Nash-Gleichgewicht, Konzept aus der → Spieltheorie, benannt nach seinem Entdecker, dem Mathematiker J. Nash. Mit Hilfe dieses Ansatzes kann man Prognosen über das zu erwartende Verhalten von Spielern (z.B. Wirtschaftssubjekten) in einem Spielkontext abgeben. Im N. ist für alle Spieler die gewählte Strategie eine beste Antwort und die jeweils beste Strategie der anderen Spieler ist gegeben. Die Strategiewahl ist somit für alle Spieler optimal. → Gefangenendilemma.

Nationale Buchführung → Input-Output-Analyse, → Volkswirtschaftliche Gesamtrechnung (VGR).

Nationaleinkommen → Volkseinkommen.

Nationalisierung, oft gleich bedeutend mit Verstaatlichung oder Sozialisierung, wird als Begriff vornehmlich in Großbritannien verwendet. N. im Zollrecht betrifft das Herstellungsland einer Ware, in dem diese nationalisiert worden ist, d.h. die letzte bedeutsame Bearbeitung erfahren hat.

Nationalökonomie → Volkswirtschaftslehre (VWL).

Nationalprodukt → Sozialprodukt.

Natürliche Rate der Arbeitslosigkeit, drückt aus, dass sich die aufwärts und abwärts gerichteten Kräfte hinter den Preisen und Löhnen gegenseitig ausgleichen. In einer inflationären Phase ist die Rate, bei der die Preis- und Lohninflation stabil sind, so dass die → Inflation sogar noch abnimmt. Die N. kann man unter diesen Bedingungen auch als unterste Quote bezeichnen, die man realisieren kann, so dass sie praktisch die höchst erreichbare Beschäftigung erfasst und mit dem Produktionspotenzial in der Volkswirtschaft übereinstimmt. Die N. liegt stets über null, weil u.a. durch laufende Änderungen von → Angebot und → Nachfrage strukturale und friktionale → Arbeitslosigkeit auftreten muss. Die N. ist eine zentrale Größe im Konzept der → Monetaristen, die behaupten, → Vollbeschäftigung sei in einer dynamischen Wirtschaft unmöglich, weil die Anpassung an neue Bedingungen Zeit benötige und damit stets strukturelle Arbeitslosigkeit (bei offenen Stellen) zu beobachten sei, nämlich die N. Die wirtsch. Entwicklung tendiere auf sie hin, ohne Rücksicht auf die → Inflationsrate. Die Beschäftigung durch expansive Geld- oder Fiskalpolitik zu erhöhen versuchen, sei auf Dauer erfolglos, weil steigende Preise und damit sinkende → Reallöhne die Beschäftigung zur N. zurückführen (→ Geldpolitik, → Fiskalpolitik). Die Nach-Keynesianer behaupten dagegen, zwischen Inflation und Arbeitslosigkeit bestün-

Natürlicher Zins

de ein unmittelbarer Bezug (→ Zielkonflikt), daher sei eine höhere Beschäftigung durchaus möglich, wenn man auf Stabilität verzichte. → Nach-Keynesianische Theorie, → Phillips-Kurve.

Natürlicher Zins → Wicksellscher Prozess.

Natürliche Wachstumsrate, Messgröße zur Bestimmung des → Bevölkerungswachstums. In der Definition von → EUROSTAT Verhältnis des natürlichen Bevölkerungswachstums während eines bestimmten Zeitraums zur durchschnittlichen Gesamtbevölkerung des betreffenden Gebiets während des Zeitraums. Der Wert wird in 1000 Einwohnern ausgedrückt.

Naturallohn, Lohnform, bei der die Entlohnung nicht in Geld, sondern in »Naturalien«, z. B. freier Wohnung, »Kost und Logis«, Lebensmitteln, Waren oder Land zu eigener Bestellung, besteht. Für die gewerbl. Arbeiter verbietet die GewO grundsätzlich eine Entlohnung in Waren (→ Trucksystem). Am meisten verbreitet ist der N. in der Landwirt., wo er die typische Lohnform der Deputanten, d.h. der gegen Deputat vertraglich gebundenen Gutstagelöhner war.

Naturalwirtschaft, im Gegensatz zur Geld- oder Verkehrswirtschaft eine Wirtschaftsstufe, auf der die Güter direkt gegeneinander getauscht werden.

Near Money → Geld.

Nebenberuf, im Gegensatz zum Hauptberuf eine berufliche Tätigkeit, die nebenbei betrieben wird, d.h. auf der die Stellung im Leben oder in der Gemeinschaft nicht beruht und die nicht Haupterwerbsquelle bildet. Weit verbreitet ist der N. in der Landwirt. Bsp.: Auf dem Lande lebende Handwerker, gewerbl. Arbeiter, Kaufleute, Gastwirte.

Nebenbuch, in der → Buchführung ein Buch, in dem bestimmte Arten von Geschäftsvorfällen gesondert ausgewiesen werden. Bsp.: Kontokorrentbuch, Warenbuch, Wechselbuch.

Nebeneinkünfte, Einkünfte aus selbständiger wissenschaftlicher, künstlerischer und schriftstellerischer Tätigkeit werden auf Antrag mit einem ermäßigten Steuersatz bei der Einkommensteuer belastet, wenn sie abgrenzbar sind und die Einkünfte aus nichtselbständiger Arbeit nicht übersteigen.

Nebengewerbe, Nebenbetriebe, sind Betriebe, die zu einem Hauptbetrieb gehören, aber ihm gegenüber gewisse selbständige Bedeutung besitzen. Am bekanntesten ist der Fall des landwirtsch. N. Nach § 33 HGB steht es im Belieben des Land- oder Forstwirts, sich mit dem von ihm betriebenen landwirtsch. N. als Kaufmann ins Handelsregister eintragen zu lassen oder nicht (Kannkaufmann). Bsp. für landwirtsch. N.: Molkerei, Käserei, Brauerei, Gärtnerei, Ziegelei.

Neben- und Sonderhaushalte, bestehen in Deutschland neben den »offiziellen« → Budgets der Gebietskörperschaften und sind insbes. seit der dt. → Wiedervereinigung nach Zahl und Volumen stark angewachsen. Ihre Refinanzierung erfolgt vorwiegend durch Kreditaufnahme. Zu den Nebenhaushalten des Bundes i.w.S. zählen die → Sondervermögen Bundespost, Dt. Bundesbahn, die Förderbanken des Bundes (Kreditanstalt für Wiederaufbau, Dt. Ausgleichsbank, Berliner Industriebank). Die Sonderhaushalte enthalten neben dem → ERP-Sondervermögen nach 1990 u.a. den → Fonds Deutsche Einheit und den Kreditabwicklungsfonds.

Negative Einkommensteuer, ein in der USA entwickeltes System, das die Sozialleistungen oder → Transferzahlungen an ärmere Bevölkerungsschichten mit der Besteuerung verbindet und sinnvoll integriert. Der Staat zahlt jedem Bürger, der über kein Einkommen verfügt, einen das → Existenzminimum sichernden Zuschuss. Erzielt nun der Empfänger wieder ein eigenes Einkommen, so verringert sich die öffentl. Hilfe. Im Extremfalle nehmen diese Transfers im selben Maße ab, wie sich das selbst verdiente Einkommen erhöht, was einem negativen Steuersatz von 100 % entspricht. Bei dieser Regelung fehlt dann der finanzielle Anreiz zur Eigenleistung. Ist das festgelegte Grundeinkommen, die sog. »poverty-line«, also die Armutsgrenze (→ Armut), erreicht, und damit auch die Grenze der Besteuerung, schlägt die negative Einkommensteuer in eine positive um. Die Ersparnisse an Verwaltungsaufwand in einem solchen (integrierten) System sollen gegenüber den herkömmlichen Sozialsystemen beträchtlich sein.

Negativklausel, Zusicherung des Kreditnehmers, sein unbelastetes Vermögen auch künftighin nicht zu Gunsten anderer Kreditgeber zu beleihen.

Negativzins, dient im Wesentl. dazu, unerwünschte Auslandsgelder vom Inland fern zu halten, um einen inflationären Auftrieb zu vermeiden.

Nennwert, Nennbetrag, Nominalwert, der auf Wertpapieren, Banknoten, Münzen usw. genannte Betrag, der im Gegensatz zum → Kurswert, → Realwert → inneren Wert oder Handelswert unveränderlich ist.

Nennwertaktie → Aktie.

Neoklassische Produktionsfunktion, erklärt funktional den Zusammenhang zwischen dem kombinierten Einsatz an Arbeit und Kapital und dem Ausstoß, wobei beide Faktoren beliebig teilbar und gegeneinander substituierbar sind und die Zunahme des Ertrags bei partieller Änderung stetig sinkt. Bsp. sind die Cobb-Douglas- und die CES-Funktion, → Produktionsfunktion, → Leontief-Produktionsfunktion.

Neoklassische Theorie, stellt das Verhalten der Wirtschaftssubjekte am Markt und damit die Determinanten von → Angebot und → Nachfrage in den Mittelpunkt. Die Allokation der → Produktionsfaktoren (Angebotsfunktion) und die des Haushaltseinkommens bei konkurrierender Verwendung werden anhand des → Marginalprinzips in einem mikroökonom. Konzept so miteinander verbunden, dass jeder Marktteilnehmer sein Gewinn- oder Nutzenmaximum verwirklicht. Dabei sorgen Wettbewerb und Beweglichkeit der Preise, Güter und Faktoren für eine effiziente Allokation bei → Vollbeschäftigung (→ Allokationstheorie). Auch das wirtsch. Wachstum und die Geldversorgung werden auf mikroökonom. Grundlage entwickelt. Die sog. Neue Neoklassische Theorie hat diese Elemente in einer modernen Mikroökonomik stärker integriert, wobei die Theorie des allgemeinen → Gleichgewichts zu einer geschlossenen Theorie der Allokation knapper Mittel auf einzelwirtsch. Grundlage entwickelt worden ist. Eine dynamische Analyse untersucht die Stabilität und die entsprechenden Anpassungen in diesem dezentralen System der → Marktwirtschaft, wobei auch die intertemporale Allokation unter Berücksichtigung der Unsicherheit und der Erwartungen einbezogen wird. Ferner wird die Theorie des Geldes (und die Transaktionskosten) mikroökonom. integriert. Schließlich wird die N. um die → externen Effekte und die Eigentumsrechte (→ Theorie der Eigentumsrechte) erweitert, wodurch dieses umfassende Konzept des allgemeinen Gleichgewichts zur Basis der → Wohlfahrtsökonomie wird. Relativ schwach integriert bleiben nach wie vor die staatl. Aktivität und die öffentl. Einrichtungen. → Klassische Wirtschaftstheorie, → Wachstumstheorie.

Neoliberalismus, eine wirtsch.-polit. Lehre, die zur Erneuerung liberaler Ideen eine Wettbewerbsordnung anstrebt, die nicht ein Mechanismus mit Selbststeuerung, sondern durch staatl. Maßnahmen gestützt ist und garantiert, die Kräfte der Konkurrenz voll zur Entfaltung zu bringen. Im Grunde ist die Forderung nach einer moralischen wie rechtl. Ordnung des → Wettbewerbs und nach einem Staat, der seine Aufgaben wirksam erfüllt, bereits in A. Smiths → Wohlstand der Nationen enthalten, sie wurde aber vom (Laissez-Faire-) → Liberalismus des 19. und 20. Jh. übergangen.

Neoquantitätstheorie → Neue Quantitätstheorie.

Neoricardianische Theorie, knüpft an Sraffas Konzept an, das wiederum auf D. Ricardo zurückgeht, und sucht die Produktpreise in einem multisektoralen System mit höchsten → Produktionskoeffizienten anhand linearer Gleichungen zu bestimmen. Bleibt die → Nachfrage unverändert, lassen diese Preise den Ersatz der eingesetzten Faktoren zu. Neuere Analysen setzen an den beiden Schwachstellen an, nämlich der Struktur der unverändert angenommenen Nachfrage und der gegebenen Verteilung der Einkommen, also dem Verhältnis der Gewinn- zur → Lohnquote.

Netto (ital., rein, nach Abzug aller Kosten), Nettogewicht ist das Gewicht einer Ware nach Abzug des Gewichts der Verpackung (→ Tara), Nettopreis ist der Preis, der keinen Abzug mehr zulässt, Nettogewinn der nach Abzug aller Kosten sich ergebende Gewinn.

Nettoauslandsposition, in der Volksvermögensrechnung gleich dem Geldvermögen der Volkswirtschaft, in der → Zahlungsbilanz der Wert der Forderungen von Inländern an Ausländer abzüglich der

Schulden von Inländern gegenüber Ausländern.

Nettoetat, weist im Gegensatz zum Bruttoetat für jede Etatposition nur den Einnahmen- oder Ausgabenüberschuss aus.

Nettoguthaben bei der Zentralbank, die Differenz zwischen dem gesamten Guthaben bei der und den gesamten Schulden an die → Zentralbank. Sind ihre Schulden größer als das Guthaben, wird die Differenz als Nettobeanspruchung oder Nettoverschuldung bezeichnet.

Nettoinvestition, Bruttoinvestition abzüglich der Ersatzinvestition. → Investition.

Nettoreproduktionsrate (NRR), misst die Fortpflanzung einer Bevölkerung. Sie hat den Wert eins, wenn im Durchschnitt die Mädchengeburten je Frau ausreichen, die bisherige Müttergeneration zu ersetzen.

Nettosozialprodukt zu Marktpreisen, → Bruttosozialprodukt, abzüglich der sog. Gebrauchskosten für Abnutzung, Beschädigung und Verbrauch der Kapitalausrüstung (→ Abschreibung). → Sozialprodukt.

Nettoverschuldung bei der Zentralbank → Nettoguthaben bei der Zentralbank.

Netzplantechnik, Netzwerkanalyse, der Versuch, eine Vielzahl von Tätigkeiten im Rahmen eines Großprojektes, z.B. Vorbereitung der Olympischen Spiele, Entwicklung neuer Raketen, sinnvoll aufeinander abzustimmen, zu koordinieren. Sie liefert zudem die Unterlage für eine Ablaufskontrolle. Verfahren, wie PERT, CPM und MPM, sind nichts anderes als Verfahren zur Terminplanung, während neuere, verfeinerte Methoden neben der Zeitplanung auch Kosten und Kapazitäten einschließen und z.T. eine Simultanplanung von Alternativprojekten zulassen.

Netzwerkanalyse → Netzplantechnik.

Neue Institutionenökonomik, der Kerngedanke der N. ist, dass das Errichten und das Benutzen einer Institution mit Kosten (→ Transaktionskosten) verbunden ist. Die neue Institutionenökonomik (Transaktionsökonomik) beschäftigt sich v.a. mit der → Theorie der Eigentumsrechte und der → Vertragstheorie. → Intellectual Property Rights.

Neue keynesianische Makroökonomik, geht von Optimierungsüberlegungen sowie von rationalen Entscheidungen der Haushalte und Unternehmen aus. Es wird angenommen, dass die → Preise und die Löhne nicht flexibel sind. Weiterhin wird angenommen, dass auf den Märkten keine vollkommene, sondern eine monopolistische Konkurrenz herrscht. → Marktformen, → Wirtschaftlichkeit.

Neue klassische Makroökonomik, geht davon aus, dass der Konsum vom langfr. erwarteten Durchschnittseinkommen abhängt. Die Zinssätze haben Einfluss auf die Aufteilung des gegenwärtigen und zukünftigen Konsums. Zinssenkungen nehmen Konsum vorweg.

Weiterhin geht die N. davon aus, dass die → Produktion vom erwarteten Preis in Relation zu den Kosten bestimmt wird. Bei gegebenem techn. Wissen und vorhandenem → Kapitalstock entscheidet allein das Verhältnis von Löhnen und Preisen über die Güterproduktion und die Beschäftigung. → Makroökonomik.

Neue Politische Ökonomie → Ökonomische Theorie der Politik.

Neue Quantitätstheorie, von M. Friedman theoret. und empirisch weiterentwickelte und heute häufig vertretene Theorie, nach der versucht werden soll, einen inflationären Auftrieb durch eine regelgebundene Steuerung der → Geldmenge M (je Produktionseinheit M/Q) zu verhindern oder zu bremsen. Sind Umlaufsgeschwindigkeit (U) und Geldmultiplikator (m) hinreichend stabil und ist das reale Wachstum des → Sozialprodukts (durch den → technischen Fortschritt, die verfügbaren Hilfsquellen usw.) bestimmt, lässt sich mit Hilfe der Gleichungen $M \cdot U = Q \cdot P$ und $M = m \cdot H$ nachweisen, welchen Einfluss die von der → Zentralbank gesteuerte monetäre Basis (H) auf das Preisniveau (P) hat. Die N. trennt in nominale (M) und reale Geldmenge (M_R), wobei diese durch Division von M durch das Preisniveau P errechnet wird: $M_R = M/P$. Während die nominale Geldmenge vom → Geldangebot bestimmt wird, ist die reale von der → Geldnachfrage M_D her zu erklären, wobei sie im Wesentl. von den Unternehmen und Haushalten abhängt, so dass auch die Höhe von P bestimmt ist, wenn das Güter- und Geldangebot gleich bleibt. Dabei ist ihre Geldnachfrage von der realen Kassenhaltung abhängig, wenn sie ohne → Geldillusion entscheiden. Sie lautet nach Friedman:

$$\frac{M_D}{NP} = f\left(\frac{Y}{NP}\right)$$

Diese Funktion besagt, dass die reale Kassenhaltung je Kopf der Bevölkerung N, also die linke Seite,

$$\frac{M_D}{NP}$$

abhängig ist vom realen Pro-Kopf-Einkommen, also der Funktion f (Y/NP). Damit lässt sich erklären, dass bei einer von außen (der Notenbank) verursachten Erhöhung der Geldmenge die tatsächliche Kassenhaltung über der erwünschten liegt, so dass die Unternehmen und Haushalte versuchen werden, die überschüssige Kasse abzubauen, indem sie mehr ausgeben. Dies führt entweder zu erhöhter Produktion oder zu Preissteigerungen (→ Inflation, → Quantitätstheorie, → Mechanismus der relativen Preise).

Neues Steuerungsmodell (NSM), Reformkonzept für öffentl. Verwaltungen zur Steigerung der → Effizienz und → Effektivität. Das N. wurde 1991 von der → Kommunalen Gemeinschaftsstelle für Verwaltungsvereinfachung (KGSt) entwickelt und soll den Weg von bürokratischen Behörden zu modernen, dem ökonom. Prinzip folgenden Dienstleistungsunternehmen ebnen. Das N. als ein Gesamtsystem enthält zahlreiche Bausteine, die fallweise zu einem tragfähigen Konzept verknüpft werden müssen. Die wesentlichen Anliegen des N. sind: Output- bzw. Leistungsorientierung sowohl bei Steuerung und Budgetierung (Definition von Verwaltungsprodukten, Zielspezifikationen), Dezentralisierung der Verantwortlichkeiten innerhalb der Verwaltung (zentrale Budgetvorgaben, leistungsorientierte Verteilung dezentral und innerhalb der Fachbereiche), Steuerung und Kontrolle des dezentralen Verwaltungshandelns durch die politische Führung und die Verwaltungsspitze (Kontraktmanagement, → Controlling, Berichtswesen, Implementierung eines leistungsfähigen → Rechnungswesens (→ Kostenrechnung und → Leistungsrechnung)) zur Gewinnung von Daten (→ Merkantilismus, → Doppelte Buchführung). Diese grundsätzlichen Neuerungen sollten durch Einführung von → Qualitäts- und Personalmanagement sowie einer geeigneten IT-Infrastruktur flankiert werden. Insgesamt soll der Verbund (→ Verbundprinzip, ökonomisches und politisches) zwischen Entscheidern, Anbietern und Bürgern gestärkt werden und das → Selbstinteresse der Verantwortlichen in Politik und Verwaltung so kanalisiert werden, dass Verbesserungen hinsichtlich der → R-Ineffizienz und der → Q-Ineffizienz erreicht werden.

Neue Wachstumstheorie, geht im Gegensatz zur → klassischen Wachstumstheorie davon aus, dass der → technische Fortschritt endogen ist. Es tritt die Miteinbeziehung von Wissen in den Vordergrund. Im Zentrum der N. stehen Wissen (→ Humankapital) und zielgerichtete Forschungsarbeit. Wissen wird als ein quasi-öffentl. Gut betrachtet.

Neu-(Neo-)Malthusianismus, will einen die Nahrungsmittelproduktion übersteigenden Bevölkerungszuwachs vorbeugend durch Empfängnisverhütung oder Abtreibung aufhalten, während der engl. Nationalökonom T. R. Malthus 1798 repressive Mittel, wie Heiratsverbot, Spätheirat oder Enthaltsamkeit, vorschlug. Gegen den N. wurde auf der Weltbevölkerungskonferenz 1974 eingewandt, dass nur wirtsch. und soz. Fortschritt und eine gerechtere Verteilung eine Überbevölkerung verhindern können.

Neutrales Geld, volkswirtsch. Geld, von dessen Umlauf keine güterwirtsch. und damit konjunkturellen Wirkungen oder Einflüsse auf die relativen Preise ausgehen.

Neutralität des Geldes, liegt vor, wenn von der Geldseite her keinerlei Einfluss auf die realen Größen, wie reales Volkseinkommen, Produktion, Beschäftigung, relative Preise einer Volkswirtschaft ausgeht. Das ist der Fall, wenn Haushalte, Betriebe und der Staat ihre Wirtschaftspläne an Realgrößen orientieren und niemand einer → Geldillusion unterliegt.

Neuverschuldung → Öffentliche Schulden.

New Deal (engl.), wirtschafts- und sozialpolit. Plan, um die Folgen der → Weltwirtschaftskrise in den USA zu beseitigen. Kreditfinanzierte Bau- und Sanierungsmaßnahmen in Landwirt. und Industrie haben die verarbeitende Wirtschaft belebt und den Arbeitsmarkt entlastet. Sozialversicherung und staatl. Wohlfahrtspflege wurden verbessert und das Bank- und Börsenwesen neu organisiert.

New Economy (engl.), Begriff für Unternehmen aus innovativen Wirtschaftsbranchen wie Biotechnologie, → Electronic Commerce, Informationstechnologie, → Internet, Medien, Telekommunikation, Unterhaltung, und Umwelttechnik. Unternehmen der N. zeichnen sich durch hohe Wachstumsraten, beruflich hoch qualifizierte Tätigkeiten sowie flexible Arbeits- und Entgeltregelungen aus. Gegenstück ist die sog. Old Economy, zu der Industrieunternehmen aus traditionellen Branchen wie z.B. Automobilhersteller, zählen.

New Public Management, wird aufbauend auf den Ansätzen des → Public Management als wegweisendes Reformleitbild für öffentl. Verwaltungen (Erkenntnisobjekt der → Verwaltungswirtschaftslehre) gesehen. Im Gegensatz zu dem traditionellen Bürokratiemodell nach M. Weber, das die → Bürokratie als Mittel zur Durchsetzung der legalen Herrschaft des Staates begreift, sieht das Paradigma des N. die Bürokratie als von ökonom. Faktoren und Bürgerorientierung geleitetes Dienstleistungsunternehmen. Öffentl. Verwaltungen sollen dabei unter Rückgriff auf betriebswirtsch. Konzepte und Einbeziehung von ökonom. Rationalverhalten der Akteure (→ Ökonomische Theorie der Politik) zu effizient und effektiv arbeitenden Dienstleistungsbetrieben umgestaltet werden (→ Neues Steuerungsmodell (NSM)). Die Einführung von N.-Konzepten in öffentl. Verwaltungen soll den Ressourceneinsatz optimieren und ein stärker wettbewerbsorientiertes Verhalten bei den Entscheidungsträgern in Politik und Verwaltung mit sich bringen. Im N. gelten folgende Grundsätze: die Trennung von strategischer und operativer Führung; Zielorientierung und Wettbewerb; Definition von Anreizstrukturen; Outputorientierung mit Leistungsmessung und → Controlling sowie Dezentralisierung von Kompetenzen. → Kommunale Gemeinschaftsstelle für Verwaltungsvereinfachung (KGSt).

NGO → Non-Governmental Organisation.

Nichtausschließbarkeit, Kriterium der (engl.: non-exclusionprinciple) → Öffentliche Güter.

Nicht entnommener Gewinn, wird im Betrieb belassen und kann steuerlich anders behandelt werden als der ausgeschüttete → Gewinn.

Nicht-tarifäre Handelshemmnisse, liegen vor, wenn einzelne oder mehrere Staaten versuchen, den internationalen → Wettbewerb durch verschiedene Maßnahmen, die nicht in Form von → Zöllen (tarifäre Handelshemmnisse) auftreten dürfen, zu ihren Gunsten zu behindern oder gänzlich zu beseitigen. N. lassen sich in folgende Arten einteilen: (1) Quantitative Beschränkungen: Bsp. hierfür sind → Importquoten oder auch freiwillige Exportbeschränkungen; (2) Qualitative Beschränkungen: Hierunter fallen v.a. administrative Vorschriften, wie z.B. Sicherheitsstandards und bestimmte Normungen. → Administrativer Protektionismus, → Freihandelszone, → World Trade Organization (WTO).

Nichtveranlagungsbescheinigung, kann auf Antrag eines Steuerpflichtigen vom zuständigen Finanzamt ausgestellt werden, wenn anzunehmen ist, dass der Steuerpflichtige nicht zur → Einkommensteuer veranlagt wird. In einem solchen Falle werden keine Abzüge von Kapitalerträgen vorgenommen. Mit der Einführung des hohen Freibetrags bei der → Zinsabschlagsteuer (ZASt) verlor die N. an Bedeutung.

Niederstwertprinzip, leitet sich aus dem Vorsichtsprinzip ab und bewertet Vermögensgegenstände in der → Bilanz bei zwei möglichen Wertansätzen jeweils nach dem niedrigeren. Das strenge N. gilt zwingend für das → Umlaufvermögen sowie für jene Positionen des → Anlagevermögens, deren Wertminderung als dauerhaft anzunehmen ist. Nach dem gemilderten N. kann man zwischen den → Anschaffungskosten (bzw. Herstellkosten) und einem niedrigeren, zum Abschlussstichtag festzulegenden Wert wählen.

Niedriglohnsektor, jener Bereich der Beschäftigung mit einer monatlichen Entlohnung von 400,01 bis 800 EUR. → Arbeitsmarktpolitik, → Geringfügige Beschäftigung, → Mainzer Modell.

Nießbrauch, ist das höchst pers., d.h. unvererbliche und nicht übertragbare Recht auf die gesamten Nutzungen eines fremden Gegenstandes. Es gibt N. an Sachen, an Rechten und an einem Vermögen. Wirtsch. spielt der N. eine Rolle bei → Rechtsgeschäften innerhalb der Familie und als N. an einem Nachlass. Dem Nießbraucher steht der Besitz und die Nutzung der Sache zu. Er muss die wirtsch. Bestimmung der Sache aufrechterhalten, darf z.B. nicht aus Wald Ackerland oder aus einem Wohn- ein Geschäftshaus machen. Auch darf er mit der Sache keinen Raubbau treiben.

Nikkei, (Nikkei Dow Jones Average), 1949 an der → Börse von Tokio begründeter → Aktienindex, der 225 führende Aktienwerte zusammenfasst (Nikkei 225).

Niveauelastizität → Skalenerträge.

Nomenclature des Unites Territoriales Statistiques (NUTS), Systematik der Gebietseinheiten für die Statistik der → Europäischen Union (EU). Die Abgrenzung nach drei Regionalebenen beruht auf einer Raumaufteilung, die zwischen den EU-Staaten und dem statistischen Amt der EU (→ EUROSTAT) vereinbart wurde. Mit ihrer Hilfe sollen regionalpolit. Probleme auf Gemeinschaftsebene möglichst eindeutig erfasst und analysiert werden. Die N. bietet jedoch keine ideale Dimensionierung der EU-Regionen oder Gebietseinheiten, weil sie flächen- und bevölkerungsmäßig zu heterogen sind. → Europäischer Regionalfonds.

Nominalismus, sieht in der staatl. Garantie für den Nominalwert des Geldes und nicht in irgendeinem Stoffwert das entscheidende Geldkriterium. Hauptvertreter des N. war G.F. Knapp. → Nominalwertprinzip.

Nominallohn, im Gegensatz zum → Reallohn der in Geldeinheiten ausgedrückte Lohn, die Lohnsumme, ohne Rücksicht auf deren →

Nominalwert

Kaufkraft. Einer → Geldillusion unterliegt, wer in Zeiten der → Inflation Nominal- und Reallohn gleichsetzt.

Nominalwert → Nennwert.

Nominalwertprinzip, in allen Rechtsnormen verankert. Der Grundsatz »Mark ist gleich Mark« löst den Wert des Geldes von seiner → Kaufkraft, was in einer anhaltenden → Inflation zu soz. Folgen führt. Die Geldentwertung führt zu Substanzverlusten der Besitzer von Geldvermögen, wenn der Zins unter der → Inflationsrate liegt, während das Sachvermögen an Wert gewinnt. Da die unteren Einkommensschichten vorwiegend ihr Vermögen in Geld (Ersparnissen) halten, führt das Festhalten am N. zu einer unerwünschten Vermögensumverteilung. So hat die Inflation von 1970–75 die breitere Streuung der Vermögen in den Jahren 1950–70 fast aufgehoben. Auch werden Einkommen, die vertraglich festgelegt sind, höchstens verspätet an die Entwicklung der Kaufkraft und damit der Inflation angepasst. Ferner besteuert die progressive → Einkommensteuer die inflationierten Einkommen so stark, dass ein zusätzlicher Substanzverlust eintritt (»kalte Progression«). Im betriebl. Rechnungswesen führt das N. zu Scheingewinnen, da die Bewertung der Aktiva nach Anschaffungs- und nicht nach den inzwischen gestiegenen Wiederbeschaffungskosten erfolgt.

Non Accelerating Inflation Rate of Unemployment (NAIRU), darunter versteht man die inflationskonstante → Arbeitslosenquote, jene Arbeitslosenrate, bei der die → Inflation weder steigt noch sinkt. Eine sinkende → Arbeitslosigkeit würde die Durchsetzbarkeit von Lohnforderungen und somit auch das Inflationsrisiko erhöhen. Eine steigende Arbeitslosigkeit senkt das Inflationsrisiko. Die Tendenzen, welche die Inflation erhöhen und jene, die sie senken, halten sich bei einer bestimmten Arbeislosenrate die Waage. Diese bestimmte Arbeitslosenrate ist die N.

Non-Affektationsprinzip, Grundsatz der Gesamtdeckung, ist ein Ausdruck der → Finanzwirtschaft, der besagt, dass öffentl. Einnahmen nicht an bestimmte Ausgabenzwecke gebunden werden dürfen. In Deutschland ist eine Zweckbindung nur in Ausnahmefällen erlaubt, z.B. teilweise bei der → Mineralölsteuer. Das N. sichert dem Finanzminister einen breiten Handlungsspielraum. Andererseits erleichtert und fördert die Zweckbindung in Form des Gebührenprinzips, spezieller Äquivalenzsteuern sowie des Finanzföderalismus die Wirtschaftlichkeit und macht die Verteilung der Lasten und Nutzen öffentl. Leistungen durchsichtig. → Nutzen-Kosten-Analyse (NKA), → Unwirtschaftlichkeit, → R-Ineffizienz.

Non-Governmental Organization (NGO) (engl., Nicht-Regierungsorganisation, (NRO)). Der Begriff wurde im Rahmen der UNO-Konferenz über Umwelt und Entwicklung in Rio de Janeiro 1992 geprägt und steht für nichtstaatliche, nicht-gewinnorientierte und auf freiwilliger Arbeit basierende → Organisationen, die als Interessengruppen wirken (→ Interessengruppen, Theorie der). Die N. können lokal, national oder international organisiert und tätig sein. Dazu gehören u.a. Umweltverbände, Gewerkschaften, Kirchen. Die Zahl der weltweit tätigen N. kann auf etwa 30.000 geschätzt werden. In den 1990er Jahren hat sich durch die Arbeit der N. deren polit. und gesellschaftlicher Einfluss erheblich erhöht. Als Reaktion darauf sind N. zunehmend im polit. Prozess sowohl national als auch international eingebunden.

Non-Profit-Institution → Gemeinnützigkeit.

Nord-Süd-Dialog, auf der → Konferenz über Internationale Wirtschaftliche Zusammenarbeit (KIWZ) als Folge der Ölkrise 1973 zwischen Industrie- und Entwicklungsländern geführt, empfiehlt im Schlusskommunique 1977 in Paris gewisse Zugeständnisse der Industriestaaten (darunter eine Hilfe für die ärmsten Entwicklungsländer in Höhe von 1 Mrd. USD ohne Gegenleistung der anderen Seite). In einem Abschlussbericht (1980 in New York) wird gefordert, die Industriestaaten des Westens und des Ostens (der sich im Wesentl. auf die Lieferung von Waffen und Propagandamaterial beschränkt hat) sollten der Dritten Welt mehr helfen. Der Interessenausgleich zwischen Nord und Süd wird im Rahmen der → Vereinten Nationen fortgeführt.

Normative Wirtschaftswissenschaft, befasst sich mit der Frage, was wirtsch. sein sollte, und nicht (wie die positive Wiwi.), was wirtsch. ist, warum es wirtsch. ist und wie es in Zukunft voraussichtlich sein wird. Die N. arbeitet mit techn. und logischen Normen (Maßstäben), enthält also Werturteile, ethische Aussagen. Bsp.: Nur eine gleiche Einkommensverteilung ist gerecht; wer viel arbeitet, soll mehr Steuern zahlen; je höher die Wachstumsrate, umso besser.

Normung, eine im Gefolge der industriellen Massen- und Serienfabrikation aufgekommene Vereinheitlichung in der Herstellung von Einzelteilen, die darauf abzielt, durch präzise gleichmäßige Fertigung auch von Teilen, wie Schrauben oder Nieten, die Produktion verbilligen und beschleunigen zu helfen und die Produkte einheitlich zu gestalten und sie ersetzbar zu machen. Der Normenausschuss der Dt. Industrie, 1917 gegründet, fasst alle in Deutschland geleistete Normungsarbeit zusammen und veröffentlicht auf Normblättern die mit bestimmten Nummern versehenen Normen, z.B. die → Deutsche Industrie Norm (DIN) Papierformate des Normenausschusses für das graphische Gewerbe. N. i.w.S. ist wirtsch. sowohl die sich auf die Einzelteile der Fertigung erstreckende Vereinheitlichung als auch die auf die Herstellung einer beschränkten Anzahl von Erzeugnissen sich beziehende Typisierung.

North American Free Trade Agreement (NAFTA), mit dem Inkrafttreten des N.-Abkommens besteht seit 1994 eine → Freihandelszone zwischen den USA, Kanada und Mexiko. Sie umfasst u.a. den Abbau von → Zöllen und → nichttarifären Handelshemmnissen, die → Liberalisierung der Dienstleistungsmärkte, Investitionsbestimmungen sowie den Schutz geistigen Eigentums. Die Organe der N. bestehen aus verschiedenen Hauptkommissionen für Wirtschaft, Arbeit und Umwelt sowie einem Schiedsgericht zur Streitschlichtung, welches paritätisch besetzt ist. Nach der → Europäischen Union (EU) ist die N. eine der weltweit bedeutendsten regionalen Integrationszonen. Die N. steht einer Erweiterung um mittel- und südamerikanische Staaten offen.

Nostroguthaben (ital.: nostro = unser), ein Guthaben, das eine Bank in laufender Rechnung bei einer anderen Bank besitzt. Gegenstück ist das Loroguthaben (ital.: loro = deren).

Nostroverpflichtungen, Mittel, die ein Kreditinstitut auf eigene Initiative von Dritten aufnimmt, während Einlagen der Bank angeboten werden. Die Konditionen, wie Verzinsung, Laufzeit, Sicherheiten der Banken, sind für N. im Allg. günstiger als für Einlagen. In der Praxis werden zwei Arten der N. unterschieden: (1) kurzfristige Darlehen (aufgenommene Gelder mit einer Frist bis zu vier Jahren) bei folgenden Gläubigern: Notenbank (durch Lombardierung), andere Banken, öffentl. Haushalte, private Unternehmen und Haushalte, (2) langfr. Darlehen (mit einer Laufzeit von über vier Jahren), die vorwiegend von öffentl. Haushalten stammen und zweckgebunden zur Verfügung gestellt werden. Hierzu zählen auch Mittel, welche die Bank gegen Ausgabe von Namensschuldverschreibungen (etwa Sparbriefe) aufnimmt.

Notenausgabemonopol, wurde erst 20. Jh. der → Zentralbank eines Landes übertragen. In Deutschland steht dieses N. ausschl. der → Deutschen Bundesbank bzw. der → Europäischen Zentralbank (EZB) zu. Ihre Banknoten muss jeder Gläubiger als Mittel der Schuldentilgung in nominaler Höhe unbeschränkt annehmen.

Notenbankausweis, die für Notenbanken vorgeschriebene, regelmäßige, meistens wöchentlich in Bilanzform veröffentlichte Gegenüberstellung der Aktiva und Passiva. Der N. der → Deutschen Bundesbank wird wöchentlich im Bundesanzeiger veröffentlicht. Unter den Aktiva des zusammengefassten N. erscheinen insbes. Bestände an Gold und → Devisen, → Scheidemünzen, Inlandswechsel (→ Wechsel), sowie → Schatzwechsel und unverzinslichen → Schatzanweisungen des Bundes und der Länder, Forderungen aus → Lombardkrediten, Vorschüsse an Bund und Länder, Bestände an deckungsfähigen → Wertpapieren. Auf der Passivseite werden ausgewiesen: als wichtigster Posten die Menge der umlaufenden → Banknoten, die Einlagen des Bundes und der Länder sowie der Kreditbanken und anderer inländ. sowie ausländ. Einleger; ferner gehören dazu das Grundkapital sowie Rückstellungen und Rücklagen. In den Einlagen sind die → Mindestreserven der Banken enthalten. Die Höhe der Lombardforderungen und Inlandswechsel unter den Aktiva lässt die Inanspruchnahme der → Zentralbank (→ Rediskont usw.) durch die Kreditbanken erkennen.

Notenbank, Bank, die → Banknoten ausgibt. Die Befugnis hierzu, also das Notenausgabeprivileg, liegt heute bei der → Zentralbank, in Deutschland bei der → Deutschen Bundesbank, nach der Währungsunion allerdings bei der → Europäischen Zentralbank (EZB). Anfangs waren N. private Banken, ihre Vorläufer jene Geldwechsler, die Depotscheine für hinterlegte Münzen ausstellten.

Notendeckung, Wertdeckung von → Banknoten durch → Zentralbanken, Bereithaltung und die ständige Verfügbarkeit von Mitteln, Edelmetallen, Staatspapieren, lombardfähigen Wertpapieren, harten Devisen, usw., welche auf entsprechende Aufforderung der Noteninhaber ausgegeben werden. Daneben wurde die N. als Sicherheit gegen eine übermäßige Ausdehnung des Umlaufs an Banknoten und damit gegen eine → Inflation betrachtet. Im Übrigen bestehen für die → Deutsche Bundesbank keine besonderen Deckungsvorschriften. → Geldschöpfung.

Notenumlauf, umfasst alle innerhalb eines Landes in Umlauf befindlichen → Banknoten. Die Höhe des dt. N. wird im Notenbankausweis der → Deutschen Bundesbank bekannt gegeben.

NRO → Non-Governmental Organisation.

NRR → Nettoreproduktionsrate.

NSM → Neues Steuerungsmodell.

Null-Summen-Spiel → Spieltheorie.

Nulltarif, Gratisvergabe eines Gutes, führt zu folgenden volkswirtsch. Verlusten: (1) Ohne Kenntnis der Verzichts- oder → Opportunitätskosten kann man in der Welt der → Knappheit, in der wir leben, kein Gut bewerten. (2) Die → Sättigungsmenge ist stets größer als bei einem Entgelt oder Preis für das Gut. (3) Es entsteht zusätzliche Verschwendung durch mehr Nachfrage trotz Nutzlosigkeit, da man (a) das Gut hortet (Bsp.: Medikamente, ärztliche Leistungen), (b) es verschwenderisch ver- und gebraucht (c) aus Prestige nachfragt, (d) die kostenlosen Güter weitergibt. Es entsteht ferner Überkapazität (4) auf Grund von Befragung der → Zahlungsbereitschaft, da die Angaben stets überhöht sind, (5) als Folge von suggerierter (meritorischer) Nachfrage und (6) auf Grund des Selbstinteresses der Politiker und Bürokraten, die mehr öffentl. Güter anbieten, als es der Knappheit entspricht. Neben dieser → Q-Ineffizienz sorgt auch die → R-Ineffizienz für Wohlfahrtsverluste bei N.

Nullwachstum → Qualitatives Wachstum.

Numeraire, nach L. Walras eine Recheneinheit, in der er in seinem volkswirtsch. Modell die Preise für Güter und → Produktionsfaktoren ausdrückt. Währungs- oder Geldeinheit und N. decken sich normalerweise in einer Volkswirtschaft. Übernationale Einrichtungen gebrauchen indes zunehmend N., die als Recheneinheiten nicht zugleich Währungseinheiten sind, z.B. die ECU (→ Europäisches Währungssystem) der EU.

NUTS → Nomenclature des Unités Territoriales Statistiques.

Nutzen, die Eigenschaft oder Fähigkeit eines Gutes oder Dienstes, menschliche Bedürfnisse zu befriedigen. Abstrakte Nützlichkeit ist die Tauglichkeit für jedermann und zu jeder Zeit (Gattungsnutzen), konkreter N. dagegen die N. für eine bestimmte Person im gegebenen Augenblick. Nach der modernen → Nutzentheorie und Werttheorie haben Güter keinen eigenen Wert oder → inneren Wert, sie werden nur nach ihrem N. bewertet, den sie uns stiften. Damit das Gut einen → Wert hat, muss es nicht nur nützlich, sondern auch knapp sein. Dinge können auch einen negativen N. haben, so dass eine Minderung des Schadens ebenfalls ein relativer N. sein kann. Negative N. sind Kosten, d.h. aufgegebene oder entgangene N., auch → Opportunitätskosten genannt. Die wirtsch. bedeutsamen Kräfte hinter → Nachfrage und → Angebot sind N. und Kosten. Die Intensität des N. ändert sich mit dem Ver- und Gebrauch eines Gutes, so dass der N. nicht proportional zu der Menge oder Art des konsumierten Gutes oder Dienstes ist. Eine Analyse des N. eines Gutes zeigt, dass wir dieses nach dem Genuss schätzen, den uns die letzte verfügbare Teilmenge des Vorrats bereitet. Er heißt → Grenznutzen. Der N. schwankt also mit der Menge, in der ein Gut zur Verfügung steht; je mehr man davon hat, desto geringer ist der Grenznutzen, je weniger, desto höher ist er (Erstes → Gossensches Gesetz).

Nutzenfunktion, individuelle, gibt an, wie hoch der → Nutzen ist, den alternative Mengen eines Gutes dem Einzelnen stiften. Dabei ist, je nach Vorliebe oder Abneigung, positiver wie negativer Nutzen möglich. Bei → kardinaler Nutzenmessung erhält man degressive Nutzenverläufe (s. Abb.), sofern (1) der → Grenznutzen zwar positiv ist, aber fällt, und (2) die Menge des zweiten Gutes konstant bleibt. Betrachtet man den Nutzen in Abhängigkeit von beiden Gütern, so erhält man ein Nutzengebirge. Ein horizontaler Schnitt durch dieses Gebirge und die Projektion der Schnittkurve auf die x_1-x_2-Ebene führt zur → Indifferenzkurve, eine Form der N., die man bei → ordinaler Nutzenmessung anwendet.

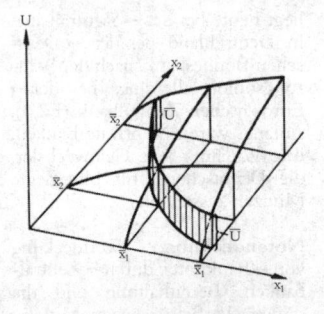

Nutzen-Kosten-Analyse (NKA) (engl.: cost-benefit-analysis), ein Verfahren, mit dessen Hilfe gesamtwirtsch. Wirkungen öffentl. Projekte systematisch erfasst und bewertet werden können, wobei → Nutzen und Kosten einander gegenübergestellt werden. Die N. erlaubt dann Aussagen über die → Wirtschaftlichkeit staatl. Investitionen (auch immaterieller Art) zu treffen und die Verteilung der volkswirtsch. Vor- und Nachteile festzuhalten. Elemente der N. sind: (a) Constraints (→ Beschränkungen): schließen Alternativen aus, die diese Bedingungen nicht erfüllen; (b) Nutzen und Kosten: Ihre Erfassung und Bewertung ist eine zentrale Aufgabe der N., weil häufig keine Marktpreise für → öffentliche Güter und Leistungen bestehen. Daher werden hilfsweise die Preise von Komplementär- oder Substitutionsgütern herangezogen, → Schattenpreise gebildet oder durch Wahl oder Stichprobe die → Zahlungsbereitschaft festgestellt. Wird nicht die ökonom., sondern die techn. → Effizienz von Alternativen untersucht, d.h. werden statt monetärer physische Größen oder andere quantitative Kennziffern als Nutzenmaßstab herangezogen, spricht man von Kostenwirksamkeitsanalyse, die zur → Nutzwertanalyse wird, sobald bewusst die subjektive Zielbewertung der Entscheidenden berücksichtigt wird. Daneben fallen auch indirekte Nutzen und Kosten an (→ Externe Effekte). Ferner werden, soweit wie möglich, nichtgreifbare (intangible) Nutzen und Kosten, wie Schönheit einer Landschaft, historische Werte, berücksichtigt. (c) Unsicherheits- und Risikofaktoren, wie → technischer Fortschritt oder Preisentwicklung, wirken auf die Kosten- und Nutzenströme ein und erschweren eine gesicherte Berechnung. Um die Unsicherheit einzugrenzen, bedient sich die N. verschiedener Methoden, wie der → Sensitivitätsanalyse oder der → Delphi-Methode; (d) Zeitfaktor: Damit man die über einen Zeitraum hinweg anfallenden Nutzen und Kosten vergleichen kann, müssen diese auf die Gegenwart mit Hilfe eines Diskontsatzes abgezinst werden, den man die → Soziale Zeitpräferenzrate nennt. In der Praxis wird meist der Kapitalmarkt- oder Anleihezins gewählt; (e) Effizienzkriterien liefern den Maßstab, mit dessen Hilfe die Kosten gegen die Nutzen oder die Nachteile gegen die Vorteile abgewogen werden. Damit entsteht eine Rangordnung von Projekten bei gegebenem Budget.

Nutzenmöglichkeitskurve (engl.: utility frontier), spielt in der Wohlfahrtstheorie eine Rolle. Auf ihr liegen alle Nutzenkombinationen zweier Personen, die sich bei alternativer Verteilung des volkswirtsch. Ertrags auf beide ergeben. Die N. hat einen fallenden Verlauf, weil eine Umverteilung von A nach B die Wohlfahrt von A schmälert, um die von B zu erhöhen. Punkte auf der Grenzlinie drücken Allokative oder Pareto-Effizienz aus. Es ist hier nicht möglich, durch irgendeine Änderung einen Ertrag zu erzielen, der einen besser stellt, ohne einen anderen zu schädigen. Im Samuelson-Modell ist die N. angeblich eine Hilfe für den allwissenden Planer. Höchst problematisch ist, dass in der einseitigen Analyse die negativen Wirkungen der Umverteilung auf die → Anreize zur Arbeit oder Investition (Risiko) unberücksichtigt bleiben. → Zielkonflikt, → Transformationskurve.

Nutzentheorie, Kern der Theorie des wirtsch. Verhaltens der Produzenten und Konsumenten von privaten und öffentl. Gütern und Diensten und damit Grundlage der Entscheidungstheorie. Für den → Utilitarismus (Bentham) und die → Klassische Wirtschaftstheorie leitet sich der ökonom. Wert eines Gutes letztlich aus seinem → Nutzen her, den es zur Befriedigung menschlicher Bedürfnisse stiftet. Die Klassik konnte trotz ihrer Preistheorie den

Nutzkosten

Zusammenhang zwischen Nutzen und wirtsch. Wert nicht befriedigend erklären. Der Grenznutzentheorie ist es dann gelungen, anhand des Gesetzes vom abnehmenden Grenznutzen diese Verbindung herzustellen. Sie hat die → Arbeitswerttheorie widerlegt. Die → Nutzenfunktion drückt die Vorlieben und Abneigungen, also die → Präferenzen, eines Individuums gegenüber den Eigenschaften der Güter aus. Die Ordnung der Präferenzen, die seinem Verhalten zugrunde liegen, kann man kardinal oder (so die → Wahlhandlungstheorie) ordinal ausdrücken. (→ kardinale Nutzenmessung, → ordinale Nutzenmessung). Die N. ist Grundlage der modernen → Wohlfahrtsökonomie und wird sowohl in der → Finanzwissenschaft (zur Begründung einer gerechten Steuerverteilung) als auch in der → Geldtheorie (zur Bestimmung des Geldwertes) angewandt.

Nutzkosten, bilden das Pendant zu dem Begriff der → Leerkosten. N. sind der Teil der → Fixkosten, der durch die Produktion tatsächlich in Anspruch genommen wird, entsprechen also den Kosten der genutzten Kapazität. N. errechnen sich als:

$$K_N(x) = \frac{K_f}{X_m} \cdot x$$

mit $K_N(x)$ = Nutzkosten; K_f = fixe Kosten; X_m = Maximalausbringungsmenge; x = Istausbringungsmenge. → Kosten, betriebswirtschaftliche.

Nutzungstheorie, erklärt den Zins aus der Erscheinung, dass die Anlagen in der Produktion nicht nur abgenutzt, sondern auch ihre Nutzungsmöglichkeit geringer wird. Dafür sollte nach J.B. Say, Hermann und Menger ein Zins entschädigen. Böhm-Bawerk hat die N. widerlegt. → Zinstheorien.

Nutzwertanalyse, ein Verfahren zur Bewertung und Auswahl in der → Nutzen-Kosten-Analyse (NKA), bei dem Experten die Nutzen eines Projektes subjektiv bewerten und gewichten und die einzelnen Teilnutzen dann zu einem Nutzwert addieren. Die N. ist ein höchst problematischer Ersatz für Marktwerte oder → Schattenpreise.

O

Objektsteuern, Realsteuern, bemessen die Höhe der Steuer nur nach bestimmten äußeren Merkmalen des Steuerobjekts, ohne auf pers. Verhältnisse Rücksicht zu nehmen. Bsp.: → Gewerbesteuer, → Grundsteuer.

Obligation → Schuldverschreibung.

Obligo (ital., Verbindlichkeit, Verpflichtung, Gewähr), ein in der Wirtschaft, insbes. im Wechselverkehr gebräuchlicher Ausdruck für eine Verbindlichkeit. Wechselobligo ist die Gesamtheit aller umlaufenden Akzepte und Solawechsel (eigener → Wechsel) einer Firma.

OECD → Organization for Economic Cooperation and Development.

OECD-Konzept → Pure Cycle.

OEEC (Organization for European Economic Cooperation) → Or-

Öffentliche Auftragsvergabe, auch Staats- oder Behördeneinkauf, erfasst die Beschaffung von Gütern und Diensten für staatl. Zwecke. Seit Ende 1989 sind nationale Verfahren der Ö. stark von den EU-Richtlinien beeinflusst. Neben dem fiskalischen Ziel eines möglichst günstigen Einkaufs muss die Ö. rechtsstaatl., polit. und gesamtwirtsch. Anforderungen beachten. So muss sie dafür sorgen, dass der → Wettbewerb unter den Lieferanten gefördert wird, indem die Leistung genau spezifiziert und die Vergabe öffentl. ausgeschrieben wird. Werden nur eine bestimmte Anzahl von Unternehmen zur Abgabe von Angeboten aufgefordert, erfolgt also eine Vorauswahl »freihändig«, spricht man von beschränkter Ausschreibung.

Öffentliche Güter, Kollektivgüter, werden v.a. vom Staat angeboten, können aber durchaus auch von (organisierten oder informalen) privaten Gruppen angeboten werden, sofern die Kosten der Einigung gering sind und Freifahrer-Verhalten beim Nutzen, Zahlen und Entscheiden durch gegenseitige Kontrolle nicht auftritt. Ö. sind durch folgende Merkmale gekennzeichnet: (1) Nichtausschließbarkeit, d.h. die Unteilbarkeit der Ö. lässt einen Ausschluss nicht zu oder ihn unzweckmäßig erscheinen. Bsp.: innere und äußere Sicherheit, städtisches Verkehrsnetz. Dadurch können Personen das Gut nutzen, ohne etwas zu seiner Finanzierung beizutragen (→ Freifahrer). (2) Nichtrivalität, d.h. zwei und mehr Personen können die Ö. konsumieren, ohne dass sie sich gegenseitig beeinträchtigen (z.B. Straßenbeleuchtung). (3) Hohes Investitionsrisiko und lange Reife- und Tilgungsdauer verhindern ein Angebot über den Markt. Bsp.: Forschungsgroßprojekte. (4) Die → externen Effekte sind außerordentlich groß. Zwei Arten von Gütern liegen an der Grenze zwischen öffentl. Gütern und privaten oder Marktgütern: → Meritorische Güter und → Mischgüter. Die theoret. Bestimmung eines optimalen Angebots an Ö. ist nach wie vor unbefriedigend (P.A. Samuelson, Musgrave), auch praktikable Konzepte als Ersatz für den Markt- und Preismechanismus stecken noch in den Anfängen, wenn auch die → Nutzen-Kosten-Analyse (NKA) eine Anzahl von Verfahren entwickelt hat, die in Grenzen anwendbar sind. Im Gegensatz zu privaten Gütern gewinnt man die aggregierte Nachfragekurve bei Ö. durch vertikale Addition. D_A und D_B seien die Nachfragekurven von A und B. Für die Menge H an Ö. sei A bereit, den Preis 0M, B den Preis 0L, zusammen also 0K zu zahlen. Wenn SS das Angebot an Ö. ausdrückt, so

Nachfrage nach einem öffentlichen Gut

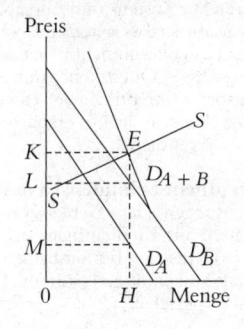

ergibt sich bei E ein Gleichgewicht von Angebot und Nachfrage. → Allmende-Güter, → Bowen-Lösung.

Öffentliche Produktion, liegt vor, wenn der Staat (i.w.S.) Güter und Leistungen durch Umwandlung von → Produktionsfaktoren herstellt und der Öffentlichkeit anbietet. Sie ist von der Bereitstellung → öffentlicher Güter, die er am Markt kauft und zur Nutzung anbietet, klar zu trennen. Die Ö. reicht von der Erzeugung von Gas, Wasser und Elektrizität, über Verkehrsleistungen und Informationen und die Verrichtung allgemeiner Verwaltungstätigkeiten bis zur Gewährung von Schutz nach Innen und Außen und die soz. Sicherung. I.d.R. produziert und bietet der Staat als Monopolist an, so dass die Gefahr einer Verschwendung von knappen Ressourcen selbst dort groß ist, wo Preise oder Gebühren erhoben werden (→ Administrierte Preise). Auch ist es nicht gesichert, dass Ö. nach dem Bedarfsdeckungsprinzip zu einer maximalen Versorgung der Bevölkerung führe. Der fehlende Druck auf die Kosten und das (fehlgeleitete) Eigeninteresse der Bürokraten und Politiker führen zur Kosten- und Ausgabenexpansion, so dass selten eine → Minimalkostenkombination verwirklicht wird. → Öffentliche Auftragsvergabe, → Öffentliche Verschwendung, Theorie der, → Finanzwirtschaft, öffentliche.

Öffentliche Schulden, i.d.R. Verpflichtungen der Gebietskörperschaften aus Kreditaufnahmen bei der → Deutschen Bundesbank, Geschäftsbanken, anderen öffentl. Gebietskörperschaften, privaten Haushalten und Betrieben sowie dem Ausland. Zu den Formen der Ö. gehören (1) Verwaltungsschulden, meist kurzfr. Kassenkredite zur Sicherung der Liquidität. Ferner gehören hierzu die Finanzschulden, echte Haushaltsdefizite, die langfr. über den Kapitalmarkt finanziert werden. (2) Bei der inneren Verschuldung sind die Bürger die Gläubiger, bei der äußeren (Auslandsschuld) ausländ. Staaten oder private Gläubiger. (3) Briefschulden werden als → Schatzwechsel, → Schatzanweisungen, → Schuldscheindarlehen und → Anleihen (Obligationen) in Form von Wertpapieren »verbrieft«, während Buchschulden nur als Kredite in ein Schuldbuch eingetragen sind. Die Grundsätze der Ö. haben sich im Laufe der Zeit gewandelt. Ist die Wirtschaftsentwicklung rückläufig, sollte das Ausmaß der Neuverschuldung den Ausfall an erwarteten öffentl. Einnahmen decken, wobei die multiplikative Wirkung auf das Volkseinkommen zu berücksichtigen ist. Werden z.B. private Investitionen zurückgedrängt (Crowding-Out), ändert sich die Allokation und damit das Verhältnis vom privaten zum öffentl. Kapitalstock, wodurch das Wachstum berührt wird. In der Diskussion über die Höhe der Ö. spielt das wohlfahrtsökonom. Argument der gerechten Lastverteilung auf die Generationen (→ Inter-Generation-Equity) eine wichtige Rolle. → Lastverschiebungskonzepte, → Generationenbilanzierung.

Öffentliche Verschwendung, Theorie der, will die vielfältigen Ursachen möglicher Verschwendung oder Ineffizienz im öffentl. Sektor sinnvoll ordnen und in einen funktionalen Zusammenhang bringen. Ursachen für Unwirtschaftlichkeit können (1) in der Natur des Menschen und (2) in der polit. und bürokratischen Organisation des Angebots, der Verwaltung und der Finanzierung öffentl. Güter liegen. Zu (1): (a) Das → Selbstinteresse ist der entscheidende Antrieb und Motor des Menschen, um (I) seine Existenz zu sichern und (II) seine Wohlfahrt und (III) Anerkennung in der Gemeinschaft zu erhöhen. (b) → Bedürfnisse sind nicht kollektiv, sondern die Mittel, um sie effizient und »gerecht« zu befriedigen. (c) Der Mensch neigt dazu, die Fiktion dem Faktum vorzuziehen, in Bezug auf sich selbst, aber auch auf seine Umwelt (Bsp.: Steuer- und → Geldillusion). (d) Soweit er Güter, die ihn wirklich oder vermeintlich nichts kosten, tatsächlich nutzt, ver- oder gebraucht er sie verschwenderisch. (e) Güter, die ein Kollektiv kostenlos anbietet und die er konsumieren soll, nutzt er nur dann, wenn er pers. darin einen Vorteil sieht. (f) Der Mensch pflegt das, was ihm selbst gehört, besser als das, was vielen oder allen gehört. (g) Die Ordnung im Gemeinwesen bleibt besser intakt, wenn die Eigentumsverhältnisse festliegen. Zu (2): (a) die Vielfalt des polit. und administrativen Apparats: Wähler, Parteien, Parlament, Regierung, → Bürokratie, Lobby (mit Bürgerinitiativen), Massenmedien und Rechnungskontrollen, (b) die Trennung von Geben, Nehmen und Entscheiden, (c) die fehlenden → Anreize und Sanktionen im öffentl. System, (d) das antiquierte Budget- und Rechnungswesen und (e) der Staat als monopolistischer Anbieter mit bürokratischem Apparat. Werden Leistungen von einem öffentl. Monopolisten angeboten, wird die Verschwendung prinzipiell begünstigt, weil (I) das Eigeninteresse eines Bürokraten (Gehalt, Beförderung, Ansehen, Macht) einer Kostenminimierung entgegensteht, (II) Anreize zur Kostenminimierung fast völlig fehlen, (III) die Kontrolle durch den Verbraucher oder Nutzer praktisch nicht vorhanden ist und (IV) die Selbstkontrolle der Verwaltung systembedingt ohne nachhaltige Wirkung ist. Grundsätzlich lassen sich zwei Formen potenzieller Unwirtschaftlichkeit analytisch trennen, die → Q-Ineffizienz und die → R-Ineffizienz.

Öffentlicher Betrieb → Öffentliches Unternehmen.

Öffentlicher Dienst, Begriff, der Beamte, Angestellte und Arbeiter bei öffentl.-rechtl. Arbeitgebern ebenso umfasst wie die Berufsrichter und Berufssoldaten. I.w.S. gehören auch Inhaber von Ehrenämtern und mit einer öffentl. Aufgabe Betraute zum Ö. Zu den allgemeinen Rechtsgrundsätzen gehört, dass nach Art. 33 GG der Zugang zum Ö. von der Eignung, Befähigung und fachlichen Leistung abhängig sein muss. Polit. Gesichtspunkte (Ämterpatronage, Nepotismus) dürfen dabei keine Rolle spielen. Ferner gehört zu den unverzichtbaren Grundsätzen des Ö., dass die Ausübung auf das Gemeinwohl ausgerichtet und damit unparteiisch sein muss.

Öffentlicher Haushalt, Budget, stellt formal die meist für ein oder zwei Jahre erwarteten Einnahmen den geplanten Ausgaben gegen-

Öffentlicher Personennahverkehr

über. Er ist nach dem → Ministerialprinzip, d.h. nach Verantwortungsbereichen, gegliedert und in Einzelpläne, Kapitel und Titel gruppiert. Letztere werden nach vermögenswirksamen und -unwirksamen, also investiven oder konsumtiven Einnahmen und Ausgaben unterteilt. Die Systematik ist für Bund und Länder einheitlich. Die Kontrolle folgt v.a. nachträglich durch den → Bundesrechnungshof (BRH). → Öffentliche Schulden, → Haushalt auf der Grundlage von null.

Öffentlicher Personennahverkehr (ÖPNV), bezeichnet die Beförderung von Personen mit öffentl. Verkehrsmitteln über eine Distanz bis zu 50 km, die gemäß der Beförderungspflicht (Personenbeförderungsgesetz) jedermann zusteht. In Deutschland unterscheidet man vier Arten von ÖPNV-Unternehmen: (1) Deutsche Bahn AG, (2) nichtbundeseigene Regionaleisenbahngesellschaften, (3) kommunale und gemischtwirtsch. Unternehmen, (4) private Unternehmen. → Modal Split.

Öffentliches Unternehmen, Staatsunternehmen, wirtsch. Unternehmen der öffentl. Hand. Im juristischen Sinne unterscheidet man zwischen Regiebetrieben (→ Regie, Teil der allgemeinen Verwaltung mit geringer Selbständigkeit, z.B. Gemeindekantine), → Eigenbetrieben (auf kommunaler Ebene mit größerer Selbständigkeit, z.B. Elektrizitätsversorgungsunternehmen), → Sondervermögen (auf Bundesebene mit größerer Selbständigkeit, z.B. vor der Privatisierung Bahn, Post), → Körperschaften des öffentlichen Rechts (hohe Selbständigkeit gegenüber der Hoheitsverwaltung, z.B. Sparkassen, Dt. Bundesbank) und → juristischen Personen des Privatrechts (i.d.R. Beteiligungen an Aktiengesellschaften mit über 50 %). Solche Institutionen stehen als Ö. zwischen Staat und Markt. Sie sind zu unterscheiden von gemeinnützigen Organisationen, die zwar der Öffentlichkeit dienen, aber nicht von der öffentl. Hand betrieben werden.

Öffentliches Vermögen, Begriff, der alle wirtsch. Güter im Eigentum des Staates umfasst, die einen dauerhaften Wert besitzen und/oder künftig Nutzen stiften. In der historischen Entwicklung lassen sich drei Gruppen von Vermögenswerten unterscheiden: (1) Einrichtungen, die dem Staat einen Ertrag abwerfen sollen, wie Domänen und Forste, Regalien, Verkehrs- und Versorgungsbetriebe. (2) Ö., das aus der Übernahme neuer Aufgaben durch die öffentl. Hand entstanden ist, wie der Ausbau der → Sozialversicherung, der Infrastruktur sowie Anlagen und Einrichtungen. (3) Die dritte Art Ö. kann man auf die Lenkungsaufgaben des Staates zurückführen, wie im sozialen → Wohnungsbau, in der → Entwicklungshilfe, der Landwirt., dem Schiffsbau und der regionalen und städtischen Sanierung, sowie der Vermögensbildung zur Stabilisierung des Wirtschaftsablaufs (→ Konjunkturrücklagen). Nach Verwendungszwecken unterscheidet man in (1) Verwaltungsvermögen, (2) Finanzvermögen und (3) → Sondervermögen.

Öffentlichkeitsarbeit (engl.: Public Relations), umfasst alle Beziehungen eines Betriebes oder einer staatl. Einrichtung zur Öffentlichkeit im weitesten Sinne, um diese über die Aufgaben, Produkte und Leistungen zu informieren und aufzuklären. Ö. erfasst nicht nur die unmittelbaren Geschäftsbeziehungen oder Nutznießer öffentl. Dienste, sondern auch alle weiteren Bezüge zum Gemeinwesen. Mittel zur Förderung der Ö. sind Pressekonferenzen, Geschäftsberichte, Sozialberichte, Betriebsbesichtigungen, Förderung von Forschungsprojekten.

Öffentlich-rechtliche Körperschaften, verselbständigte Verwaltungseinheiten, die bestimmte öffentl. Aufgaben erfüllen. Sie sind als Körperschaft, Anstalt und Stiftung → juristische Personen des öffentl. Rechts und können nach vier Typen unterschieden werden: (1) Gebietskörperschaften (Personen werden nach Wohnsitz zu Gemeinden zusammengeschlossen), (2) Realkörperschaften (→ Industrie- und Handelskammer (IHK), Jagdgenossenschaft), (3) Personalkörperschaften (Rechtsanwalts- oder Ärztekammern) und (4) Verbandskörperschaften (gemeindliche Zweckverbände). Die Anstalt betont den Zweck oder das Funktionale einer verselbständigten Verwaltungseinheit, wobei man nach rechtsfähigen (Bundesbank und Rundfunkanstalten) und nicht-rechtsfähigen Anstalten (kommunale Gas-, Wasser-, Elektrizitätswerke, Museen, Schulen) unterscheidet.

Öko-Audit, Gemeinschaftssystem für das Umweltmanagement und die Umweltbetriebsprüfung. Ziele sind u.a. die Stärkung der Eigenverantwortung von Betrieben bei der Umweltschutzarbeit, die Optimierung von Geschäftsprozessen und eine verbesserte Ressourcennutzung. An dem Verfahren können sich Betriebe aus den Mitgliedstaaten der → Europäischen Union (EU) freiwillig beteiligen. Erfüllt ein Unternehmen die erforderlichen Kriterien (Bsp.: Erfolgskontrolle durch unabhängige Gutachter), so darf es bei seinen Produkten das Ö.-Zeichen benutzen.

Ökobilanzen, sollen künftig ein Informationsinstrument schaffen, das alle Auswirkungen von Gütern und Dienstleistungen auf die Umwelt erfasst und bewertet. Das Umweltbundesamt hat dazu ein vierstufiges Vorgehen konzipiert: (1) Festlegung auf ein Bilanzierungsziel, Erstellung einer (2) Sach- und (3) Wirkungsbilanz und eine abschließende (4) Bilanzbewertung. Noch fehlt es aber an soliden Daten und allgemein akzeptierten Bilanzrichtlinien für die ökologische Rechnungslegung. →Umweltforschung, → Umweltpolitik.

Ökologie, ein Begriff, der aus der Biologie stammt (1866 von E. Häckel eingeführt), bezeichnet die Wissenschaft, die sich mit den Beziehungen unter Lebewesen und zwischen diesen und der Umwelt befasst. Ö. umspannt heute verschiedene Wissenszweige, die versuchen, die lange Zeit vernachlässigten Wechselwirkungen innerhalb der Natur, zwischen Mensch und Natur und zwischen Natur und Zivilisation zu analysieren und zu erklären. Sie sucht nach einem Gleichgewicht zwischen den Kräften. Starken Auftrieb erhielt die Ö. durch die Störung im Verhältnis des

Menschen zu seiner Umwelt. → Umweltschutz.

Ökonometrie, ein Zweig der → Wirtschaftswissenschaften, in der Wirtschaftstheorie, Mathematik und → Statistik zusammenwirken, um empirische Daten zu analysieren. Ö. bringt die Wirtschaftstheorie in eine Form, in der man sie statistisch an beobachteten Fakten testen kann. Die Ö. kann man wie folgt gliedern: (1) Entwicklung ökonom. Modelle und ihre wahrscheinlichkeitstheoret. (stochastische) Formulierung, (2) Erarbeitung statistischer Methoden, die zur Analyse ökonom. Modelle geeignet sind und (3) Sammeln, Sichten und Aufbereiten der wirtschaftsstatistischen Daten. Stochastische Modelle lassen sich in univariate und multivariate Modelle mit mehreren Relationen unterteilen, mit linearer, verzögerter und nichtlinearer → Regression. Die Ö. wird auf vielen Gebieten der quantitativen Wirtschaft- und Sozialforschung angewendet. → Empirische Wirtschaftsforschung.

Ökonomie (griech.: oikos = Haus), bedeutet → Wirtschaft oder → Wirtschaftlichkeit. Ökonomik ist die Lehre von der Wirtschaft.

Ökonomisches Prinzip, ein allgemeiner Währungs- und Handlungsgrundsatz in einer Welt der → Knappheit. Das Ö. fordert: Maximiere stets den Nettonutzen. Er ist Indikator für → Wirtschaftlichkeit und läßt sich in Zahlen ausdrücken: (1) Bruttonutzen durch Kosten × 100 oder (2) Bruttonutzen minus Kosten. Es gibt zwei Wege, den Nettonutzen zu maximieren: (1) Man minimiert die Kosten bei gegebenem Ertrag oder Ziel, oder (2) man maximiert den Bruttonutzen bei gegebenen Kosten oder Aufwand der Mittel (→ Opportunitätskosten). Die Grenze jeder vernünftigen Tätigkeit und die der Knappheit wird durch das Postulat gezogen: → Grenzkosten sollen stets gleich → Grenzertrag sein. Den Nutzen kann man in der Praxis vielfältig ausdrücken, und zwar mit Hilfe (1) des Gewinns (→ Gewinn- und Verlustrechnung (GuV) oder → Bilanz), (2) des volkswirtsch. Ertrages, ausgedrückt in realen, monetären und intangiblen Größen, (3) der Versorgung des Haushaltes (einer Familie) als → Nutzen oder Wohlfahrt, (4) der Stimmen der Wähler und (5) der Staatsausgaben, wenn das Selbstinteresse eines Bürokraten mit der Höhe des Budgets korreliert.

Ökonomische Theorie der Demokratie, die auf A. Downs zurückgehende Theorie, wonach in Demokratien die polit. Parteien das Ziel der Stimmenmaximierung verfolgen, versucht auf pragmatischem Wege, Umfang und Struktur des optimalen Budgets festzulegen. Die Partei mit dem (in den Augen der Wähler) besten Regierungsprogramm wird auch die Stimmenmehrheit erringen. Den Politikern wird dabei nicht unbedingt altruistisches, um das Gemeinwohl besorgtes Handeln unterstellt, weil ihre Zielsetzung der Stimmenmaximierung quasi automatisch und analog der Rolle des Unternehmers im marktwirtsch. Bereich zur optimalen Versorgung mit öffentl. Gütern führt (nur in Zwei-Parteien-Konkurrenzmodellen). Die Abb. veranschaulicht dies anhand eines einfachen Beispiels.

*Das optimale Budgetvolumen
(Modell von Downs)*

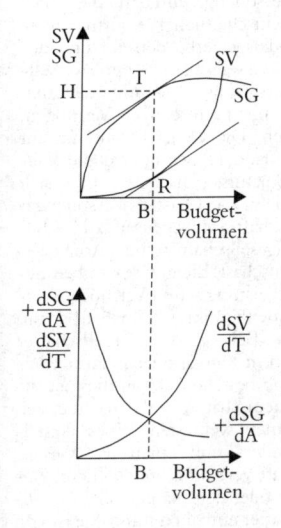

[Diagramm: SV/SG über Budgetvolumen mit Kurven SV und SG, Tangentialpunkt T bei H, Punkt R, Budgetvolumen B]

[Diagramm: $+\frac{dSG}{dA}$, $\frac{dSV}{dT}$ über Budgetvolumen mit Kurven $\frac{dSV}{dT}$ und $+\frac{dSG}{dA}$, Budgetvolumen B]

SG	Stimmengewinn durch Ausgaben
SV	Stimmverlust durch Abgaben
$+\frac{dSG}{dA}$	Grenzstimmengewinn
$\frac{dSV}{dT}$	Grenzstimmenverlust

Die Kurve SG veranschaulicht die Stimmengewinne der Regierungspartei in Abhängigkeit der öffentl. Ausgaben, während die Stimmenverlustkurve SV eine Funktion der öffentl. Abgaben darstellt. Das optimale Budgetvolumen B liegt dort, wo SG und SV die gleiche Steigung aufweisen (Tangentialpunkte R, T), d.h. wo der Grenzstimmenverlust den Grenzstimmengewinn neutralisiert. → Medianwählermodell, → Optimales Budget.

Ökonomische Theorie der Politik, wendet Instrumente und Methoden der Wiwi. auf polit. Abläufe an. Sie ist somit ein Teil der außermarktlichen Ökonomik, die das ökonom. Verhaltensmodell auf Gebiete außerhalb des Preissystems anwendet. Die Ö. verbindet Wirtschaft und Politik, wird bisweilen auch Neue Politische Ökonomie genannt und überschneidet sich vielfach mit dem → Public-Choice-Ansatz. Rationales, nutzenmaximierendes Verhalten sowohl der Politiker, der Bürokraten und Interessengruppen als auch der Wähler bilden die Grundlage dieser Theorie, die versucht zu erklären, warum welche wirtsch.polit. Maßnahmen gesetzt werden. Als Mechanismen für Gruppenentscheidungen werden der Markt, die Demokratie, die Hierarchie und Verhandlungen unterschieden. Dabei spielen Wahlmechanismen (→ Wahlverfahren, Abstimmungsregeln, politische, → Unmöglichkeitstheorem), polit. Entscheidungsmodelle, Analysen bürokratischen Verhaltens, Theorien über die optimale Institution und die Messung der → Effizienz polit. Entscheidungen (→ Nutzen-Kosten-Analyse (NKA)) eine wesentliche Rolle. Da die Angebotsfunktion für → öffentliche Güter vielfältig ist, ist es schwierig, eine umfassende Theorie oder ein widerspruchsfreies Konzept zu entwickeln, das ein Optimum oder Minimum erklärt oder die Voraussetzungen dazu beschreibt und die genannten Entscheidungsmechanismen voll berücksichtigt. → Entscheidungspro-

Ökosteuer, Bezeichnung für die Einführung und stufenweise Anhebung einer Stromsteuer sowie die stufenweise Anhebung der → Mineralölsteuer in Deutschland seit 1. April 1999. Die Ö. besitzt Lenkungscharakter, da durch ihre Erhebung umweltschädliche Produkte und Herstellungsverfahren sowie der Energie- und Schadstoffausstoß verteuert werden sollen.

ÖPNV → Öffentlicher Personennahverkehr.

Österreichische Schule, eine Gruppe von Nationalökonomen, angeführt von K. Menger, F. von Wieser und E. von Böhm-Bawerk, die Ende des 19. Jh. die Nachfrage- und → Nutzentheorie in den Mittelpunkt ihrer Analysen stellten und außerdem eine Kapital- und Zinstheorie entwickelten, nach welcher der Zinssatz von der Vorliebe der Konsumenten für Gegenwarts- gegenüber Zukunftsgütern abhängt und von der (möglichen) Zunahme der Produktivität durch erweiterte Produktionsumwege (→ Zinstheorien). Grundgedanken der Ö. sind in jüngerer Zeit in die → neoklassische Theorie integriert worden. Eine »Neue Österreichische Schule« knüpft an Ideen von Hayek und von Mises an, betont die einzelwirtsch. Analyse, lehnt makroökonom. Konzepte des Keynesianismus (→ Keynesianische Theorie), Planung und Interventionen ab und tritt für die Förderung des → Wettbewerbs ein. Sie wird auch freiheitliche (libertäre) Schule genannt.

zess, politischer, → Log-Rolling, → Interessengruppen, Theorie der.

Offene Handelsgesellschaft (OHG), nach §§ 105ff. HGB eine → Personengesellschaft, die unter gemeinschaftlicher → Firma ein → Handelsgewerbe betreibt und deren Gesellschafter den Gesellschaftsgläubigern unbeschränkt, d.h. mit ihrem ganzen Vermögen, haften. Die O. ist beschränkt auf ein Handelsgewerbe, das die Vollkaufmannseigenschaft in sich schließt. Die O. ist als Personengesellschaft, im Gegensatz zur → Kapitalgesellschaft eine Arbeitsgemeinschaft, die auf der unbedingten Leistungs- und Vermögensverbundenheit ihrer Teilhaber beruht. Der Beitrag der Gesellschafter kann in Kapital oder in Arbeitsleistung bestehen. Wesentlich ist die gemeinschaftliche Firma, die den Namen wenigstens eines Gesellschafters und einen das Gesellschaftsverhältnis andeutenden Zusatz oder den Namen aller Gesellschafter enthalten muss. Sie ist von sämtlichen Gesellschaftern zur Eintragung ins → Handelsregister anzumelden. Das Gesellschaftsverhältnis der Gesellschafter untereinander entsteht durch Gesellschaftsvertrag. Teilhaber einer O. kann auch eine → Aktiengesellschaft (AG) oder → Gesellschaft mit beschränkter Haftung (GmbH) sein. Die Geschäftsführung steht allen Gesellschaftern zu. Vom Jahresgewinn steht jedem Gesellschafter ein Anteil zu, der dem Kapitalkonto gutgeschrieben wird. Die Vertretung der O. nach außen steht jedem Gesellschafter zu. Was die Haftung anbelangt, so können sich die Gläubiger unmittelbar an die Gesellschafter halten, die als Gesamtschuldner unbeschränkt, unmittelbar und jeder an erster Stelle haften.

Offenmarktpolitik (engl.: open market policy), ein Mittel der → Notenbanken zur Beeinflussung des Geldmarktes, eine Bezeichnung für den An- und Verkauf von Wertpapieren durch die → Zentralbank am sog. offenen Markt (Markt ohne Zutrittsbeschränkungen). Durch die O. erhält die Zentralbank die Möglichkeit, in gewissen, durch die Rücksicht auf die Währung gezogenen Grenzen den Geldmarkt durch Wertpapierkäufe zu verflüssigen oder einer allzu starken Liquidität des Geldmarktes durch Wertpapierverkäufe entgegenzuwirken und so die Höhe des Marktzinses zu beeinflussen. Die so erworbenen »deckungsfähigen« Wertpapiere dienen mit zur Deckung des Notenumlaufs. In der Vergangenheit wurde die O. von der → Deutschen Bundesbank eingesetzt, heute stehen der → Europäischen Zentralbank (EZB) verschiedene Offenmarktgeschäfte zur Verfügung: (1) → Lombard- und Pensionsgeschäfte (befristete Transaktionen), (2) fixe Käufe oder Verkäufe mit vollem Eigentumsübergang, (3) Emission von → Schuldverschreibungen, (4) → Devisenswapgeschäfte (5) Hereinnahme von → Termineinlagen. → Mobilisierungspapiere, → Diskontpolitik.

Offerte, Antrag, rechtl. eine empfangsbedürftige einseitige Willenserklärung, die den wesentlichen Inhalt des abzuschließenden Vertrages enthält, in bindender Form gehalten ist und die deutliche Bereitwilligkeit des Antragstellers (Offerenten) zeigt, dem Vertragspartner verpflichtet zu sein. Bindung durch die O. tritt nicht ein, wenn der Antragsteller sie in dem Antrag ausdrücklich ausschließt. Er kann dann den Antrag, solange er noch nicht angenommen ist, frei widerrufen. Wo ein starkes öffentl. Interesse an einer Leistung vorliegt, besteht, wie z.B. bei Post und Bahn, »Kontrahierungszwang«, d.h. diese Anstalten sind, sofern nicht bes. Gründe die Ablehnung rechtfertigen, zur Annahme der ihnen gemachten Anträge verpflichtet. Richtet sich, wie dies im Wirtschaftsleben oft der Fall ist, die O. nicht an bestimmte Personen, wie bei Inseraten, Annoncen, Katalogen, Preislisten, so liegt keine O. im Sinne des BGB vor, sondern nur die unverbindliche Bereitwilligkeitserklärung zu Vertragsabschlüssen.

OHG → Offene Handelsgesellschaft.

Old Economy → New Economy.

Oligopol, eine Marktform, bei der einige dominierende Anbieter auf dem Markt eine große Zahl von Nachfragenden beliefern oder wenige Nachfrager das Angebot vieler kaufen. Als Oligopolist verhält sich ein Betrieb, der annimmt, sein Absatz hänge nicht nur von seinen → Aktionsparametern, sondern auch von denen anderer Anbieter ab (und diese reagierten auf Änderungen seiner Aktionsparameter mit Änderungen der ihrigen). Ist dabei der Preis der Aktionsparameter des Betriebes, handelt es sich um einen oligopolistischen → Preisfixierer. Die Oligopoltheorie hat eine Vielfalt von Modellen entwickelt, die den Wettbewerb der Anbieter auf Märkten mit strategischer → Interdependenz zum Inhalt haben. Sie greifen vorwiegend auf die → Spieltheorie zurück, welche die interpersonale Konfliktlage ganz allgemein untersucht. → Kartelle, → Dyopol, → Monopol, → Polypol.

OPEC → Organisation der Erdöl exportierenden Länder.

Operations Research → Unternehmensforschung.

Opfertheorie, der Besteuerung besagt, die Belastung, das Opfer der einzelnen Pflichtigen solle möglichst gleich sein, wobei der entgangene → Nutzen als Maß gilt. Die O. unterscheidet drei Fälle: (1) Das gleiche absolute Opfer; es soll für alle Bürger absolut gleich sein. Der entgangene Nutzen ist dann die Differenz zwischen dem Nutzen des Einkommens vor und nach dem Steuerabzug: N (E) – N (E–St). (2) Das gleiche proportionale Opfer, d.h. die Belastung soll in Bezug zum Gesamtnutzen gleich sein (z.B. zehn Prozent des steuerbaren Einkommens bei konstantem Grenznutzen): (N[E] – N [E–St])/N (E). (3) Das gleiche Grenzopfer; es fordert, jeder solle so besteuert werden, dass das von der Steuer eben noch verschonte Einkommen bei allen den gleichen Nutzen stifte: dN [E–(E–St)]. Nach diesem Prinzip wird der Nutzenentgang aller Steuerpflichtigen am geringsten sein, wobei das Opfer des letzten als Steuer abgeführten EUR überall gleich sein soll. Eine → Steuerprogression kann man aus der O. nur unter ganz bestimmten Annahmen begründen. Sie hängt vom Verlauf der Nutzenkurven oder -funktionen ab. → Steuertheorien, → Steuergrundsätze, → Leistungsfähigkeitsprinzip.

Ophelimität (franz.: ophelimité), Fachausdruck von Pareto, der → Nutzen, die subjektive Bedürfnisbefriedigung, die ein Gut jemandem gewährt. Jeder Haushalt wird bestrebt sein, die Güter zu erwerben, die ihm zusammen ein Höchstmaß an O. sichern. → Gossensche Gesetze.

Ophelimitätsindex, ein von V. Pareto in die → Nutzentheorie eingeführter Begriff, der den Nutzenrang einer → Indifferenzkurve ausdrückt. Der O. ist eine qualitative Kategorie, eine Ordnungszahl, die einen bestimmten Versorgungsgrad charakterisiert. Anhand einzelner Indizes kann man nur feststellen, ob verschiedene Versorgungszustände besser oder schlechter sind, ohne dass man ausdrücken kann, um wie viel besser oder schlechter diese sind. Pareto hat mit dieser Ranggröße, die den Nutzen ordinal ausdrückt (→ Ordinale Nutzenmessung), das Konzept des kardinalen Nutzens ersetzen wollen (→ Kardinale Nutzenmessung), da er die Ansicht vertrat, man könne eine subjektive Größe wie den → Nutzen weder exakt quantifizieren noch interpersonal vergleichen.

Opportunitätskosten, Alternativkosten, ein wichtiger Begriff der modernen Ökonomie, sind die entgangenen Erträge oder → Nutzen, die bei der nächstbesten Verwendung eines Produktionsfaktors oder Gutes hätten erzielt werden können, kurz, der Wert der geopferten Alternative. Da die Hilfsquellen einer Volkswirtschaft knapp und Güter nicht unbegrenzt herstellbar sind, werden die wirklichen Kosten für die Herstellung eines Gutes durch den Wert der Güter bestimmt, zu deren Erzeugung die eingesetzten Mittel fehlen. Dieser Kostenbegriff ist weiter als der betriebswirtsch. (→ Kosten, volkswirtschaftliche). Die O. spielen v.a. in der Bewertung von → öffentlichen Gütern eine Rolle, die keinen Marktwert haben, etwa Sicherheit nach innen und außen oder soz. Hilfe.

Optimale Betriebsgröße → Betriebsgröße.

Optimales Budget, entspricht dem öffentl. Haushalt (Ausgaben für → öffentliche Güter), der eine optimale Allokation der Ressourcen (→ Allokationstheorie) zwischen öffentl. und privatem Sektor sowie innerhalb der Staatswirtschaft gewährleistet. Neben dem Modell von Bowen (→ Bowen-Lösung) sind v.a. die ordinalen Ansätze von Lindahl, P.A. Samuelson und Wicksell bedeutsam. (1) Das Lindahl-Modell nimmt an, dass die Nachfrage der Individuen nach öffentl. Leistungen von ihrem Finanzierungsanteil abhängt. (2) Das Samuelson-Modell löst das Problem der optimalen Allokation der Ressourcen zwischen Staat und Markt mit Hilfe von gesellschaftlichen → Transformationskurven und → Indifferenzkurven. Im Optimum gilt: Die Kosten der letzten angebotenen Einheit des öffentl. Gutes sind gleich der Summe der → Grenznutzen aller Nutzer des öffentl. Gutes. (3) Das Wicksell-Modell beruht auf Einstimmigkeit. Das O. erfordert iterative Vorschläge zur Höhe der Staatsausgaben in Verbindung mit den zur Finanzierung erforderlichen Einnahmen. Neben diesen wohlfahrtsökonom. Modellen gibt es einige positive Ansätze zur Erklärung eines optimalen Budgetumfangs, so etwa empirische Verfahren zur Erfassung der Präferenzen für öffentl. Güter oder die Modelle von Downs (→ Ökonomische Theorie der Demokratie) und Niskanen (→ Bürokratietheorie, positive).

Optimales Wachstum, liegt vor, wenn der → Nutzen des gegenwärtigen und künftigen Konsums am höchsten ist. In einer Volkswirtschaft muss laufend entschieden werden, wie viel bei Vollbeschäftigung zu Lasten der Investition konsumiert werden soll, wodurch gleichzeitig die Ausweitung des → Sozialprodukts bestimmt ist. Wie hoch also der Zuwachs der Neuinvestitionen sein muss, um ein O. zu gewährleisten, hängt entscheidend davon ab, um wie viel die Gesellschaft den gegenwärtigen Konsum höher als den künftigen einschätzt, also von der sog. Zeitpräferenzrate: Wie groß muss der spätere Konsum sein, damit er als Entschädigung für den Verzicht auf den Gegenwartskonsum gilt? → Soziale Zeitpräferenzrate.

Optimal taxation → Besteuerung, Theorie der optimalen.

Optimierungsmodelle, bilden mit Hilfe math. → Funktionen ein → System ab, über dessen Ausgestaltung noch keine Entscheidung gefallen ist. Ziel der O. ist es, über eine Untersuchung der Funktionen auf Extremstellen Informationen über die beste Gestaltungsalternative zu finden. Zu den O. gehören die Infinitesimalrechnung, die → Lineare Programmierung, Entscheidungsbaum-Modelle sowie Modelle der → Spieltheorie. Ihre Anwendung in der BWL und → Volkswirtschaftslehre (VWL) ist breit, häufig aber zu theoret. ausgerichtet. → Unternehmensforschung.

Optionsfixierer und -empfänger, ein Anbieter verhält sich als O., wenn er sowohl den Preis als auch die Angebotsmenge eines Gutes festsetzt und es dem Kunden nur überlässt, dieses Angebot entweder anzunehmen oder abzulehnen. Der Kunde heißt in dieser Situation Optionsempfänger.

Optionsgeschäft, → Termingeschäft in → Effekten. Dabei kann der Käufer einer Kauf-(Call-)Option vom Verkäufer (→ Stillhalter in Papieren) jederzeit innerhalb der Optionsfrist (europäische Option) oder innerhalb einer bestimmten Periode (amerikanische Option) die Lieferung einer Anzahl → Wertpapiere zu einem bestimmten Kurs (Basispreis) fordern. Ferner kann der Käufer einer Verkaufsoption (Put-Option) vom Verkäufer (Stillhalter in Geld) innerhalb der Optionsfrist die Abnahme einer Anzahl Wertpapiere zum vereinbarten Basispreis verlangen. Ziel eines O. ist die Sicherung des Kurses oder die → Spekulation. → Optionspreistheorie.

Optionspreistheorie, entwickelt Modelle zur Preisbestimmung von → Optionsgeschäften (→ Put, → Call). Ausgangspunkt der O. ist die Überlegung, dass sich der Wert einer Option dadurch ermitteln lässt, dass man den Wert eines Portfolios ermittelt, das aus einem dem Optionsgeschäft zugrunde liegenden Wertpapier sowie einem risikolosen Vermögensgegenstand (näherungsweise einer Anleihe erster Bonität) besteht und dieselben zukünftigen Zahlungsströme wie die Option impliziert. In einem von → Arbitrage freien Kapitalmarkt muss dann der Wert der Option dem des Portfolios entsprechen. Bekanntester Vertreter der O. ist die sog. Black-Scholes-Formel (1973). Mit ihr gelingt es unter bestimmten Annahmen, den Wert einer Option als Funktion des aktuellen Kurses des zugrunde liegenden Wertpapiers (underlying), des Ausübungskurses (also des Kurses, zu dem bei Wahrnehmung der Option gehandelt wird), des risikolosen Zinssatzes, der Volatilität des underlyings gemessen durch dessen → Standardabweichung und der Restlaufzeit zu ermitteln. Problematisch für den Einsatz der Black-Scholes-Formel sind Friktionen realer Kapitalmärkte (wie z.B. → Transaktionskosten, beschränkte Kreditaufnahmemöglichkeiten), da die Formel selbst unter der Annahme eines perfekten Kapitalmarkts abgeleitet wurde.

Ordentliche Ausgaben (Einnahmen), Ausgaben (Einnahmen) der polit. oder öffentl. Haushalte (→ Budget), die regelmäßig in jeder Budgetperiode auftreten. Im Allg. wird die Deckung der Ausgaben durch ebensolche Einnahmen angestrebt. Nach langem Fordern der Wirtschaft ist die antiquierte Einteilung in O. und außerordentliche Ausgaben (Einnahmen) aufgegeben worden.

Orderklausel, »an Order«, »für mich an die Order von …«, Vermerk auf bestimmten Wertpapieren, auf Grund dessen diese zu → Orderpapieren werden und durch → Indossament übertragen werden können (§ 363 HGB).

Orderlagerschein, der durch → Indossament übertragbare → Lagerschein. → Warrant.

Orderpapiere, → Wertpapiere, die zwar eine bestimmte Person als berechtigt nennen, das im Papier verbriefte Recht geltend zu machen, die aber »an Order« gestellt, d. h. an eine andere Person durch → Indossament übertragen werden können, bei denen also ebenso wie bei den → Inhaberpapieren das Recht aus dem Papier dem Recht am Papier folgt, d. h. dass Papier und Recht unlösbar miteinander verknüpft sind. (1) Geborene O. (→ Wechsel, Namensscheck, → Namensaktie) sind solche, bei denen die Orderklausel jederzeit hinzugefügt werden kann, es sei denn, dass dies durch negative Orderklausel (»nicht an Order«) ausgeschlossen und das Papier dadurch zum Rektapapier geworden ist (→ Rektaklausel). (2) Gekorene O. sind solche, die nur durch Hinzufügung der Orderklausel zu O. werden. Es sind dies gemäß § 363 HGB die sieben handelsrechtl. O. (kaufmännische Anweisung, kaufmännischer Verpflichtungsschein, Konnossement, Ladeschein, → Lagerschein, Bodmereibrief und Transportversicherungspolice). Bei den Traditionspapieren (Konnossement, Ladeschein und dem von einer staatl. dazu ermächtigten Anstalt ausgestellten Lagerschein) hat die Übergabe des an Order gestellten Papiers für den Erwerb von Rechten am Gut dieselben Wirkungen wie die Übergabe des Gutes selbst.

Orderschuldverschreibung, eine Namensschuldverschreibung mit → Orderklausel, die durch → Indossament übertragen wird. Meistens lauten die O. auf den Namen einer Bank, welche die O. mit ihrem Blankoindossament versieht und dadurch eine unbeschränkte Umlauffähigkeit des Papiers herbeiführt. → Schuldverschreibung.

Ordinale Nutzenmessung, drückt die Rangordnung der → Nutzen aus, wobei dem Nutzen Zahlen zugeordnet werden, um die → Präferenzen zu skalieren, nicht um den Nutzen unmittelbar zu messen, wie es die → kardinale Nutzenmessung versucht. Zu den sog. Ordinalisten, die ein ordinales Nutzenkonzept vertreten, gehören sowohl Anhänger der introspektiven Nutzentheorie (H. von Stackelberg) als auch Vertreter der behavioristischen Richtung (P. A. Samuelson, I.M.D. Little). → Nutzentheorie.

Ordnungsmäßige Buchführung, die Frage, wann eine Buchführung als ordnungsmäßig angesehen werden kann, ist für die betriebl. Praxis, etwa für das → Insolvenzrecht oder → Steuerrecht, von größter Bedeutung. So setzt die Inanspruchnahme steuerlicher Vergünstigungen häufig das Vorhandensein O. im Betrieb voraus. Wann O. vorliegt, ist nur unter Würdigung aller in Betracht kommenden Bedingungen und Verhältnisse zu entscheiden, umso mehr, als der Begriff der O. gesetzlich nicht fest umrissen, sondern stark in Handelsbräuchen (→ Usance) verankert ist. → Buchführung, Grundsätze ordnungsmäßiger (GoB).

Ordnungspolitik, orientiert sich an der idealtypischen Ordnung, die → Marktwirtschaft und Staatswirtschaft (→ Finanzwirtschaft) auf freiheitlicher Grundlage integriert. Sie sorgt dafür, dass Markt und → Wettbewerb reibungslos funktionieren, wobei sie die rechtl. und soz. Spielregeln festlegt und einen → dynamischen Wettbewerb sichert, indem der Zugang zum Markt und zu Innovationen offen gehalten und der → technische Fortschritt gefördert werden, ohne dass ein bestimmtes Muster für die Konkurrenz festgelegt ist. Je mehr Arbeitsteilung und Technologie zunehmen und Verkehr und Siedlung sich verdichten, umso wichtiger wird diese Grundlagenpolitik. Alle finanz- und wirtsch.polit. Maßnahmen sollten insofern → marktkonform sein, als man direkte und unkoordinierte (»ordnungswidrige«) Eingriffe in die Preisbildung vermeidet, die pers. Initiative im System anreizt und die Eigenverantwortung (Risiko, Konkurrenz) nicht behindert. O. bezieht sich auch auf die staatl. Ordnung. Um eine effiziente Infrastruktur und andere → öffentliche Güter anzubieten, sollte der Staat versuchen, das → Selbstinteresse der Nutzer, Zahler und das der Anbieter öffentl. Leistungen mit dem Gemeininteresse so zu verknüpfen, dass ein ausgewogenes System direkter → Anreize, Strafen (Regress) und Kontrollen entsteht. → Wirtschaftsordnung, → Kollektivismus, → Unwirtschaftlichkeit.

Ordoliberalismus → Neoliberalismus.

Organisation, die zweckbezogene äußere und innere Ordnung einer Einrichtung. Grundsätzlich lassen sich zwei Organisationsprinzipien unterscheiden: (1) das hierarchisch-vertikale, das herrschaftlich-autoritärer Natur ist, und (2) das genossenschaftlich-horizontale, das nicht auf Über- und Unterordnung, sondern auf dem gleichberechtigenden Nebeneinander beruht. Im Sinne der Wundtschen Andersartigkeit der Zwecke, die besagt, dass in den Wirkungen stets noch Nebenwirkungen enthalten sind, die in den vorausgehenden Zweckvorstellungen nicht mitgedacht waren, können aus O., Desorganisation, Überorganisation, Bürokratisierung und Schematisierung und schließlich Hemmungen der schöpferischen Kräfte der Persönlichkeitsentfaltung hervorgehen und so an die Grenzen und Möglichkeiten jeder O. führen.

Organisation der Erdöl exportierenden Länder (OPEC, Organization of the Petroleum Exporting Countries), besteht aus 13 Staaten, verfolgt das Ziel, eine gemeinsame Erdölpolitik und Strategie gegenüber den Verbraucherländern zu betreiben, wozu Absprachen über Preise und Produktion, Anlage der Überschüsse in Industrie- und Entwicklungsländern, Rückschleusung der Devisenerlöse (namentlich des sog. Petro-Dollars) in den internationalen Zahlungsverkehr und die Bildung eines Hilfsfonds (Sonderkredite) für die ärmsten Länder der Welt zur Einfuhr von Erdöl und Düngemitteln gehören. Die Abhängigkeit der meisten Industrieländer von der Kartellpolitik der O. haben die weltweiten Ölkrisen 1973/74 und 1978/79 und die drastische Erhöhung der Erdölpreise offen gelegt. Die 1968 gegründete OAPEC (Organization of Arabian Petroleum Exporting Countries), umfasst nur arabische Staaten, die das Öl als Instrument für polit. Zwecke einsetzen wollen (→ Kartell). Der rapide und starke Preisverfall Anfang der 1980er Jahre hat fast zur Auflösung des Kartells geführt, wozu auch die Außenseiter und der Krieg zwischen Iran und Irak beigetragen haben. Man konnte sich nicht über die Förderquoten einigen. Hinzu kommt der Rückgang der Nachfrage nach Öl und die Erschließung neuer Energiequellen.

Organisationslehre, Teil der → Unternehmensführung, befasst sich im Wesentl. mit der zentralen oder dezentralen Steuerung des Betriebsablaufs, dem Aufbau der Zuständigkeiten (Stab- oder Linienorganisation), mit der Frage, ob die betriebl. Abteilungen nach funktionalen, produktionsbezogenen, räumlichen oder kundenorientierten Kriterien gebildet werden sollen, mit der Zahl der Mitarbeiter (Kontrollspannenproblem) und der Stufung zwischen oberster Leitung und ausführenden Organen, mit der Bereichsgliederung (Unter-Unternehmungen) und schließlich mit den Organisationsmitteln, etwa dem Einsatz von Computern. Die traditionale O. stellt die → Wirtschaftlichkeit des Betriebes in den Mittelpunkt, während neuere Ansätze stärker den Menschen, die Technik und die Umwelt einbeziehen.

Organisatorisches Dilemma, (nach Steinmann) der Widerspruch zwischen dem menschlichen Streben nach Entwicklung und den Anforderungen der traditionalen Hierarchie in Betrieb und Verwaltung. Je weiter man in der betriebl. Organisation nach unten gehe, desto stärker mache sich das O. als Frustration, Misserfolg, Konflikt bemerkbar. Die Praxis hat dazu verschiedene Lösungen entwickelt: → Job-Enlargement, → Job-Enrichment, → Job-Rotation.

Organische Bilanz → Bilanztheorien.

Organization for Economic Cooperation and Development (OECD), Organisation für wirtsch. Zusammenarbeit und Entwicklung, seit 1961 die Nachfolgeorganisation der OEEC (Organization for European Economic Cooperation). 1960 wurde ein Übereinkommen über die O. von 20 Staaten unterzeichnet. Derzeit sind 30 Länder Mitglieder: Australien, Belgien, Dänemark, Deutschland, Finnland, Frankreich, Griechenland, Großbritannien, Irland, Island, Italien, Japan, Kanada, Korea, Luxemburg, Mexiko, Neuseeland, Niederlande, Norwegen, Österreich, Polen, Portugal, Schweden, Schweiz, Slowakische Republik, Spanien, Tschechische Republik, Türkei, Ungarn, USA. Die Organisation soll drei Hauptziele erreichen: (1) Größtmögliche wirtsch. Expansion und steigenden Lebensstandard in den Mitgliedstaaten bei Wahrung der finanziellen Stabilität; (2) auf multilateraler Grundlage ohne Diskriminierung soll ein Beitrag zur Ausweitung des Welthandels geleistet werden; (3) in den Mitgliedstaaten sowie den Nicht-Mitgliedstaaten, namentlich den → Entwicklungsländern, soll an einer gesunden Expansion der Wirtschaft mitgearbeitet werden. Das handelnde Organ der O. ist ein aus allen Mitgliedern bestehender Rat. Bes. Ausschüsse nehmen Spezialaufgaben wahr, wie der wirtsch.polit. Ausschuss und der Ausschuss für → Entwicklungshilfe. Die O. arbeitet mit anderen Organisationen, z.B. der → World Trade Organization (WTO) oder der → Europäischen Union (EU) zusammen.

Organschaft, die Abhängigkeit einer → juristischen Person (Organgesellschaft, Tochtergesellschaft) von einem anderen Unternehmen (Ober-, Muttergesellschaft) in der Art, dass die Organgesellschaft keinen eigenen Willen hat. Das ist dann der Fall, wenn sie nach dem Gesamtbild der tatsächlichen Verhältnisse finanziell, wirtsch. und organisatorisch in die Obergesellschaft eingegliedert ist. Organgesellschaft kann nur eine juristische Person sein, herrschendes Unternehmen dagegen juristische Personen, Personalgesellschaften, Einzelkaufleute, nicht aber Privatpersonen. Die O. war früher (nicht mehr bei der → Mehrwertsteuer) im Zusammenhang mit der → Umsatzsteuer (Umsatzsteuerfreiheit bei Umsätzen zwischen Organgesellschaft und Obergesellschaft) und ist bei der → Körperschaftsteuer von Bedeutung. Besteht eine bindende Vereinbarung, nach der die Organgesellschaft ihren Gewinn für immer oder für längere Zeit an die Obergesellschaft abführen muss, so wird dieser dem Gewinn der Obergesellschaft zugerechnet und dort versteuert. Die Organgesellschaft hat dann keine Körperschaftsteuer zu zahlen.

Originärer Geschäftswert → Firmenwert.

Osterweiterung, mit dem Begriff O. wird gemeinhin die fünfte Erweiterungsrunde der → Europäischen Union (EU) bezeichnet. Die Erweiterung wird ab 2004 die Integration von neuen Beitrittsländern aus Mittel- und Osteuropa (→ Mittel- und osteuropäische Staaten (MOE)) sowie aus Südeuropa mit sich bringen. Erste Beitrittsaspiranten sind Estland, Lettland, Litauen, Malta, Polen, Slowakei, Slowenien, Tschechien, Ungarn und Zypern. In fernerer Zukunft sind Beitritte von Rumänien und Bulgarien geplant. Während die Erweiterung aus ökonom. Erwägungen durchaus als vorteilhaft gesehen werden kann, birgt sie aber auch Gefahren u.a. hinsichtlich der verminderten polit. Entscheidungsfähigkeit in den europäischen Institutionen. Mit den Reformen im Rahmen des Vertrags von Amsterdam und des Vertrags von Nizza sind nicht alle institutionellen Reformen vollzogen worden, welche die Erweiterungsfähigkeit der EU gewährleisten.

Outplacement, entspricht der Entlassung und beruflichen Wiedereingliederung von Führungskräften, arrangiert durch spezialisierte Dienstleistungsunternehmen. Ein Unternehmen vereinbart mit den betroffenen Führungskräften statt einer → Kündigung eine einvernehmliche Trennung. Spezielle Dienstleistungsunternehmen informieren den entsprechenden → Arbeitnehmer über die Trennungsabsichten ihres Arbeitgebers und versuchen, ihm einen adäquaten Arbeitsplatz zu vermitteln. Dazu gehört auch das Vorbereiten auf Vorstellungsgespräche, Hilfe zu Bewerbungsunterlagen, das Bereitstellen von Büros und Sekretariatsdiensten u.ä. Die Kosten des O.

trägt der ehemalige Arbeitgeber. Ziel des O. ist es insbes., arbeitsrechtl. Streitigkeiten mit dem Arbeitnehmer durch eine Kündigung zu vermeiden, seine früheren Leistungen angemessen zu berücksichtigen und ihn nicht mit dem Makel einer Kündigung zu belasten.

Output, Ausstoß, das in realen Größen (Mengen) ausgedrückte Betriebsergebnis.

Outsourcing (engl., Auslagerung), Verlagerung von betriebl. Aktivitäten eines Unternehmens an Zulieferer oder Dienstleister zur Steigerung der Wettbewerbsfähigkeit durch Konzentration auf das Kerngeschäft und Kostenreduzierung. O. kann bei einzelnen Tätigkeiten (Bsp.: Betrieb einer Kantine für die Mitarbeiter) oder auch auf ganze Unternehmensbereiche zur Anwendung kommen (Bsp.: Umwandlung in selbständige Firmen).

P

Paasche-Preisindex, drückt aus, um wie viel sich der Durchschnittspreis eines Warenkorbes gegenüber einem Basisjahr verändert hat, wobei jeweils die verbrauchten Mengen des Berichtsjahres zugrunde liegen. Gegenüber dem → Laspeyres-Preisindex verwendet der P. als Gewichte jeweils die Mengen der Berichtsperiode. Die Formel lautet:

$$P_P = \frac{\sum p_i q_i}{\sum p_0 q_i} \cdot 100$$

wobei p die Preise und q die Mengen ausdrücken. Die Subskripte i und o stehen für das Berichts- und Basisjahr.

Pacht (lat.: pactum = Vertrag), nach § 581 BGB ein gegenseitiger Vertrag, auf Grund dessen der Verpächter dem Pächter einen Gegenstand (Sachen oder Rechte) zu Gebrauch und Nutzung gegen Entgelt (Pachtgeld, Pachtzins) überlässt. Bsp.: P. eines landwirtsch. Betriebes, einer Apothekengerechtigkeit, einer Jagd, eines Fischereirechts. Hauptform der landwirtsch. P. ist heute die Zeitp., bei welcher der Pächter gegen eine im Voraus vereinbarte Geldsumme auf eine bestimmte, ggf. verlängerbare Zeit (15–18 Jahre) ein Gut zur Bewirtschaftung übernimmt.

Pagatorische Bilanz → Bilanztheorien.

Panel (amerik.), ein gleicher Personenkreis, der über längere Zeit über dieselbe Sache von Markt- und Meinungsforschern befragt wird. Im → Stichprobenverfahren ist ein P. die Befragung einer Teilgesamtheit zu dem Zweck, Unterschiede im Verhalten oder in der Meinung unter dem Einfluss von längerwirkenden Faktoren wie Werbung zu beobachten. Je nach Teilnehmerkreis unterscheidet man etwa Verbraucher- oder Haushalts- und Handelspanel. → Sozioökonomisches Panel (SOEP).

Papierwährung → Währung.

Paradigma, namentlich von T.S. Kuhn in den 1960er Jahren verwendeter Begriff der → Wissenschaftstheorie, der alle Werte, Methoden und Meinungen umfasst, die den Anhängern einer konkreten

Parafisci

Theorie gemein sind. Anfangs für die Naturwissenschaft entwickelt, wurde der Begriff des P. auch als Denk- und Handlungsmuster auf die → Wirtschaftswissenschaften übertragen. Charakteristisch für ein P. sind eine beispielhafte wissenschaftliche Leistung und die Struktur des betrachteten Gegenstandes, denen die Mehrzahl der Forscher folgt.

Parafisci, öffentl. oder halbstaatl. Einrichtungen, die anstelle hoheitlicher vorwiegend wirtsch. und soz. Aufgaben wahrnehmen, wie z.B. die → Sozialversicherung. Da die P. für die → Unwirtschaftlichkeit der Staatsverwaltung anfällig sind, erfüllen sie ihre wirtsch. Funktion i.d.R. ineffizient, zumal sie zumeist eine Monopolstellung besitzen, also ohne Konkurrenz wirtschaften. Die Privatisierung einiger P. wurde erörtert und auch durchgeführt (z.B. Deutsche Telekom). Als internationale P. gelten die → Europäische Union (EU), die → Europäische Atomgemeinschaft (EURATOM, EAG) und die → Weltbank.

Parallelpolitik, eine Finanzpolitik, die, anstatt die Konjunktur (→ Konjunkturbewegungen) zu dämpfen oder anzuregen und damit ausgleichend und stabilisierend zu wirken, den Konjunkturschwankungen in Einnahmen und Ausgaben folgt, also parallel verläuft und so prozyklisch wirkt, d.h. die Ausschläge verstärkt (→ konjunkturneutraler Haushalt, → Budgetüberschuss und → Budgetdefizit). P. als gleichgerichtete Preispolitik (parallel-pricing) gilt als faktische Beschränkung des Wettbewerbs im Gegensatz zum abgestimmten Verhalten, das nach dem Kartellgesetz verboten ist.

Parameter (von griech. vergleichen), eine konstante oder veränderliche Hilfsgröße in math. → Funktionen, die als Koeffizient der Veränderlichen auftritt. Soll die Änderung der Funktion betont werden, so werden die Koeffizienten selbst veränderlich und in diesem Zusammenhang als P. bezeichnet. Drücken sie nur die Beziehung zwischen den Veränderlichen aus, so nennt man sie Konstante. In der → Statistik ist ein P. ein Summenmaß, wie etwa ein Mittelwert, in den Wiwi. eine Konstante, der am Anfang einer Analyse ein Wert oder eine Gruppe von Werten zugemessen wird. Die Werte eines P. sind durch das zu analysierende Problem begrenzt. Ein P. kann sich auch hier nur dann ändern, wenn das gesamte System geändert wird.

Pareto-Kriterium, nach dem ital. Nationalökonomen V. Pareto benannt, der als Erster das Optimum in der Wohlfahrt einer Gesellschaft mit Hilfe des P. ausgedrückt hat. Es ist Grundlage der modernen → Wohlfahrtsökonomie und besagt, dass ein solches Optimum erreicht ist, wenn die Wohlfahrt oder der Nutzen eines Einzelnen nur noch auf Kosten eines anderen erhöht werden kann. Kaldor-Hicks (→ Kaldor-Hicks-Kriterium) und Scitovsky (→ Scitovsky-Kriterium) haben das P. verfeinert. Es wird auch in Partialanalysen benutzt und spielt in der angewandten Wohlfahrtsökonomie, etwa in der → Nutzen-Kosten-Analyse (NKA), eine entscheidende Rolle. Gegen das P. wird u.a. eingewandt, es berücksichtige nicht die Tatsache, dass die Wohlfahrt des Einzelnen von seiner relativen Position in der Einkommenshierarchie abhänge.

Pareto-optimale Umverteilung, orientiert sich am → Pareto-Kriterium, das für die Bewertung der allokativen oder Pareto-Effizienz entwickelt wurde. Die P. erfasst eine freiwillige Umverteilung, die auch dem Geber einer Einkommensübertragung nutzt. Man misst die Bereitschaft des Gebers, etwas von seinem Einkommen abzugeben, als Transferelastizität, so dass das Ausmaß der P. allein von seiner subjektiven Hilfsneigung und der Einkommensverteilung zu Anfang abhängt. Ein Optimum wird dort erreicht, wo sich eine Umverteilung für die Betroffenen (namentlich den Spender) nicht mehr lohnt, oder wenn beide einer weiteren Umverteilung indifferent gegenüberstehen. Gegen die P. wird eingewandt, Nutzenabhängigkeiten seien empirisch nicht zu messen und gingen in größeren Gruppen zudem verloren.

Pareto-Optimum, wird nach dem → Pareto-Kriterium bestimmt und in einer Volkswirtschaft erreicht, wenn (1) ein Tausch- oder Handelsoptimum vorliegt, d. h. wenn die → Grenzrate der Substitution für alle, welche die Güter kaufen, gleich ist. Das ist dann der Fall, wenn für alle Haushalte die gleichen Preisverhältnisse gelten (→ Indifferenzkurven). (2) ein Produktionsoptimum erzielt wird, d.h. es lässt sich kein → Produktionsfaktor einsparen ohne Rückgang der Erzeugung, oder man kann nur dann eine Ware zusätzlich herstellen, wenn eine andere nicht produziert wird. Die → Grenzrate der Transformation ist daher für alle Güter gleich. Da beide Bedingungen zwar notwendig, aber nicht hinreichend sind, um ein allgemeines P. zu bestimmen, ist es erforderlich, dass die Grenzraten der Gütersubstitution mit den Grenzraten der Faktortransformation übereinstimmen. Bei vorhandenen → Präferenzen, Faktorausrüstungen und Techniken sind theoret. unendlich viele P. möglich. Sie unterscheiden sich durch eine unterschiedliche Verteilung der Einkommen und damit der Nutzenniveaus. Das P. ist auch auf die → Umverteilung anwendbar. Auch wenn das Konzept verfeinert wird, etwa dynamisiert (E. Malinvaud, G. Debreu, R.M. Solow) oder wenn → öffentliche Güter (P.A. Samuelson, R.A. Musgrave) und → externe Effekte (K. J. Arrow) formal in die Theorie einbezogen werden, ändern sich die Aussagen grundsätzlich nicht. → Wohlfahrtskriterien.

Pareto-Verteilungsfunktion, erklärt die personale Einkommensverteilung und behauptet, diese stimme in den verschiedenen Ländern weitgehend überein; sie sei auch langfr. stabil.

Pari (ital., soviel wie »gleich gegen gleich«) → Al Pari, → Über Pari, → Unter Pari, → Parität.

Pari-Emission, Ausgabe von Wertpapieren zum → Nennwert. → Emission.

Parikurs, drückt das Verhältnis im Austausch zweier Währungen aus, deren → Parität jeweils im Wert einer dritten Währung absolut oder innerhalb einer Bandbreite gemessen und gesichert wird.

$$\frac{\text{€}}{\text{£}}(1 \pm 3\%) = \frac{\frac{\text{€}}{\$}(1 + 3\%)}{\frac{\text{£}}{\$}(1 - 3\%)}$$

Parität

Parität (lat., Gleichheit, Gleichwertigkeit), im Geldwesen der durch → Münzfuß und → Feingehalt bestimmte Vergleichswert der Währungseinheiten zweier Länder. Deutschland und Frankreich hatten vor dem 1. Weltkrieg eine Goldwährung in dem Sinne, dass der Wert sowohl der dt. als auch der franz. Geldeinheit einer bestimmten Menge Gold entsprach (Goldparität). Jedoch wichen auch in Zeiten freier Einlösbarkeit der Banknoten in Gold und einer den gesetzl. Bestimmungen gemäßen Golddeckung die Devisenkurse (Kursparität) von der Goldparität innerhalb gewisser Grenzen ab (Goldpunkte). Nach dem Zusammenbruch der Goldwährung in den 1930er Jahren wurde die P. neu geregelt. Das Abkommen zum → Internationalen Währungsfonds (IWF) (1944) legt in Art. IV fest, die P. der Währung eines Mitgliedslandes in Goldeinheiten oder in USD zu definieren. Praktisch entschlossen sich jedoch fast alle Länder zur Dollarparität. Um Schwankungen des Dollarkurses bei Gold- und Devisengeschäften zu vermeiden, hielten die einzelnen Notenbanken durch An- oder Verkauf von USD den Kurs innerhalb einer engen → Bandbreite ($\pm 1\%$) stabil. Diese Spanne ist Ende 1971 auf $\pm 2,25\%$ erweitert worden, und seit Mitte 1973 haben die EG-Länder beschlossen, ihre Währung gegenüber dem USD freizugeben (→ Blockfloating), während sie untereinander an festen Wechselkursen innerhalb bestimmter Bandbreiten (→ Europäisches Währungssystem (EWS)) festhielten und schließlich eine gemeinsame Währung (→ Euro) einführten.

Parkinson-Gesetz, bringt nach dem engl. Historiker und Soziologen Parkinson zum Ausdruck, dass der bürokratische Aufwand mit einer math. bestimmbaren Rate zunehme, völlig unabhängig davon, ob Aufgabe oder Arbeit zunehmen, abnehmen oder überflüssig werden. → Bürokratie.

Participation (franz.), Ausdruck für die Mitwirkung der Arbeitnehmer am Betriebsgeschehen und ihre Beteiligung am Betriebserfolg. Eine paritätische → Mitbestimmung (cogestion), wie etwa in der dt. Montanindustrie, besteht nicht. Die Arbeitnehmer sind in einem überbetriebl. Wirtschafts- und Sozialrat, der eine beratende Funktion ausübt, vertreten.

Partizipation, die Teilhabe des Einzelnen oder einer Gruppe an Entscheidungen, die ihn oder sie selbst betreffen. Während sich die → Mitbestimmung auf die → Arbeitnehmer in Wirtschaft und Staat bezieht, umfasst die P. das Zusammenwirken der Menschen in allen Lebensbereichen. Für kollektivistische Ideologie ist P. Selbstzweck. Sie soll der (undefinierten) »menschlichen Entfaltung« dienen. Dabei werden die Kosten der Information, der Vorbereitung und Durchführung der Entscheidung ebenso übersehen wie die Mängel und die Inkonsistenz der → Wahlverfahren. Die individualistische Ökonomik sieht in der P. eine Verfahrensweise, welche die Schwächen in der Entscheidung und Planung hierarchisch organisierter Gruppen (die zumeist staatl. Monopolisten sind) zu reduzieren und kritische Anregungen voll auszuschöpfen trachtet. Der Markt erfüllt die Bedingungen der P. am ehesten.

Pasinetti-Theorem, behauptet, die Gewinnrate einer Volkswirtschaft, der Anteil der Kapitaleinkommen am → Volkseinkommen, hänge allein von den Investitionsneigungen der Kapitaleigner ab und könne nicht vom Sparverhalten der Arbeiter beeinflusst werden. Steigt nämlich die → Sparquote der Arbeiter, brauchen die Kapitaleigner für vorgesehene Investitionsprojekte nicht mehr im alten Umfang auf Konsum zu verzichten, um die erforderlichen Mittel freizusetzen. Sie können sich also verschulden, weshalb ihre Sparquote abnehmen kann. Ihre vermehrte Nachfrage tritt an die Stelle des Nachfrageausfalls der Arbeiter, so dass sich im → Wirtschaftskreislauf nichts ändert. Die Sparquote der Arbeiter ist indes für die Verteilung des Kapitalbesitzes von großer Bedeutung.

Passiva, bezeichnen in der → Buchführung das auf der Haben-Seite der Bilanz stehende Kapital, also die Gesamtheit der einem Betrieb zur Verfügung gestellten Werte unter Angabe, woher sie stammen (→ Eigenkapital oder → Fremdkapital, Beteiligungs- oder Gläubigerkapital). → Bilanz, → Soll und Haben.

Passivgeschäfte der Bank, Geschäfte, auf Grund derer die Bank Schuldner wird, die also in der Aufnahme oder Beschaffung von Bankgeldern bestehen und die auf der Passivseite der → Bilanz erscheinen. Die Depositenbanken und Sparkassen verschaffen sich ihre Mittel durch Hereinnahme von Einlagen (→ Depositen und Spargeldern), die → Notenbanken durch Ausgabe von Banknoten und die → Hypothekenbanken durch Ausgabe von → Pfandbriefen.

Passivtausch, liegt vor, wenn sich die Kapitalstruktur der → Bilanz eines Unternehmens, nicht aber die Bilanzsumme verändert. Der Geschäftsfall betrifft nur die Passivseite der Bilanz. Bsp. für einen P: Substitution von kurzfr. gegen langfr. → Verbindlichkeiten oder von Verbindlichkeiten gegen → Eigenkapital. → Aktivtausch.

Passivzinsen, Habenzinsen, Zinsen, die in → Passivgeschäften der Banken erwachsen.

Patentschutz, das dem Schutz der Erfinder dienende, im Patentgesetz i.d.F. von 1980 geregelte Recht wirtsch. auswertbarer Erfindungen. Das Patentgesetz beruht auf dem Grundsatz, die Erfinderpersönlichkeit und das geistige Eigentum zu schützen. Der P. fördert den → technischen Fortschritt, indem er zu Erfindungen und Neuerungen anregt und nach Publikation und Freigabe der Erfindungen zur Nachahmung oder Weiterentwicklung im Forschungs- und Substitutionswettbewerb führt. Diese positiven Wirkungen des P. werden durch vorübergehende Beschränkung der Konkurrenz erkauft. Der P. gewährt ausschl. dem Patentinhaber die Befugnis, den Gegenstand der Erfindung gewerbsmäßig herzustellen, in den Verkehr zu bringen oder zu gebrauchen. Ist das Patent für ein Verfahren erteilt, erstreckt sich die Schutzwirkung auch auf die mit Hilfe des Verfahrens unmittelbar hergestellten Erzeugnisse. Der Erfinder kann unbefugten Nachahmern die Erfindung verbieten, aber auch freiwillig oder auf Grund staatl. Zwanges sein Schutzrecht als → Lizenz an Dritte weitergeben. Das Patent wird beim Dt. Patent- und Markenamt oder dem Europäischen Patentamt (beide in München) eingetragen und besitzt eine Schutzdauer von höchstens 20 Jahren. Danach kann jeder die Erfindung nutzen.

Patinkin-Hypothese, behauptet, Änderungen der → Geldmenge würden die Bezüge in der Güterwelt nur vorübergehend beeinflussen. Am Ende der volkswirtsch. Anpassungen habe sich allein das → Preisniveau proportional zur wachsenden Geldmenge verändert, die realwirtsch. Größen kehrten wieder in ihre Ausgangslage zurück. Geld wirke also neutral, weil es auf lange Sicht keinen Einfluss auf Beschäftigung, Produktion, Realeinkommen, Zins, Sparen und Investieren habe (→ Neutralität des Geldes). Die P. fußt auf der Annahme einer geplanten Realkasse. Übersteigt die nominale Geldmenge diese Kasse, werden die Überschüsse durch Kauf von Gütern und/oder Wertpapieren abgebaut. Dadurch steigt das Preisniveau, und der urspr. Druck auf den Zins infolge des Überangebots an Geld und der überhängenden Nachfrage nach Wertpapieren lässt wieder nach, weil steigende Preise zu einer Geldknappheit führen. Weil bei Preisanstieg der Wert des Sachkapitals steigt und der der Finanzanlagen sinkt, werden neuerworbene Titel zu Gunsten von Aktien wieder abgestoßen, was den Zins wieder zum Gleichgewicht hinführt. Die → in-

flatorische Lücke auf den Gütermärkten und die Vermögensumschichtungen zwischen Aktien und Anleihen halten solange an, bis die Geldmenge mit der erwünschten Realkasse übereinstimmt und die Ertragsraten der Anlagealternativen wieder einander entsprechen.

Pay-As-You-Earn-Prinzip (engl.), fordert, dass → Steuern im → Quellenabzugsverfahren vom Arbeitgeber oder Kapitalertragsschuldner unmittelbar bei der Zahlung verrechnet und abgeführt werden. Beim Deklarationsprinzip gibt der Pflichtige seine Einkünfte selbst an und zahlt nach dem Steuerbescheid den Unterschied zur Vorauszahlung.

Pay-As-You-Use-Prinzip (engl.), besagt, dass staatl. Ausgaben, deren → Nutzen auch späteren Generationen zugute kommen, von diesen mitfinanziert werden sollten. Jeder sollte nach seiner Benutzung einer öffentl. Einrichtung zahlen, wodurch eine sog. intertemporale Gleichbehandlung erreicht werde. Das trifft vornehmlich für Forschungs-, Unterrichts-, Gesundheits- und Verkehrsausgaben zu. Das Gebührenprinzip kommt diesem Grundsatz nahe, wenn die Gebühr auch entsprechende Abschreibungen abdeckt.

Pay-Back-Methode (engl.), auch Pay-Off-Methode, wird in der → Investitionsrechnung angewandt, wobei der Zeitraum bis zum Rückfluss des investierten Kapitals berechnet wird. Die Rückflussdauer (D) errechnet sich aus dem Verhältnis von Investitionssumme (I) zu dem gleichmäßig anfallenden Jahresüberschuss der Einnahmen

(E): D = I/E. Über die → Rentabilität des Projektes wird dadurch nichts ausgesagt.

Pensionsgeschäft, betreibt die → Deutsche Bundesbank mit den Geschäftsbanken (→ Kreditbank), indem sie dem Bankensystem liquide Mittel entzieht oder zuführt, um das → Zentralbankgeld fein zu steuern, d.h. ein P. ist ein befristeter Verkauf von Vermögenswerten, meist der Wertpapierkauf unter Banken. Ganz allgemein wird ein Vermögenswert (etwa → Wechsel, Renten- oder Devisenpapiere) an einen Pensionsnehmer vorübergehend übertragen, der zur Rückgabe verpflichtet ist (echtes P.) oder das Recht hierzu hat (unechtes P.), während der Pensionsgeber verpflichtet ist, den Wert zurückzunehmen. P. können als → Mengentender oder → Zinstender ausgestaltet sein und sind Teil der → Offenmarktpolitik.

Permanent Income Hypothesis, geht davon aus, dass sich die Entscheidungen der Konsumenten an einem normalen (permanenten) Einkommen ausrichten, das sich aus dem früheren, gegenwärtigen und dem erwarteten Einkommen ergibt. Die P. stützt sich auf die empirische Beobachtung, dass Verbraucher mit unregelmäßigem Einkommen ihre Konsumausgaben relativ konstant halten und zudem die → Nachfrage nur zögernd auf konjunkturelle Schwankungen des Einkommens reagiert. Da die Keynes-Multiplikatoren (→ Multiplikator) nur verzögert wirken und ihre Höhe zudem umstritten ist, empfiehlt M. Friedman anstatt einer Fiskal- eine → Geldpolitik zur Steuerung der Konjunktur (→ Konjunkturbewegungen). Friedman geht davon aus, der fortwährende Konsum (C_p) sei ein Teil (k) des permanenten Einkommens (Y_p):
$C_p = kY_p$.
→ Relative Einkommenshypothese.

Personalführung, wirft für die Führung eines Unternehmens u.a. folgende Fragen auf: Nach welchem Stil soll das Personal geführt werden (→ Führungsstil), wie soll für den Führungsnachwuchs gesorgt werden, wie soll die Aus- und Weiterbildung organisiert sein, nach welchen Kriterien soll entlohnt werden, und wie soll die → Mitbestimmung und die Beteiligung an Erfolg und Vermögen der Unternehmung geregelt sein?

Personalkosten → Arbeitskosten.

Personalkredit, ein (Vertrauens-) Kredit, der einem Bankkunden ohne besondere Sicherheiten (Verpfändung von → Mobilien oder → Immobilien) nur auf Grund charakterlicher Zuverlässigkeit, wirtsch. Tüchtigkeit und einwandfreier Vermögenslage gewährt wird, bei dem also die in der Persönlichkeit des Kreditnehmers liegende wirtsch. Sicherheit der rechtl. Deckung vorgezogen wird. → Realkredit.

Personalrat, die dem → Betriebsrat entsprechende Personalvertretung in der öffentl. Verwaltung des Bundes, der Gemeinden und sonstigen → Körperschaften des öffentlichen Rechts, die auf Grund des Personalvertretungsgesetzes von 1974 gebildet wird.

Personenfirma, eine → Firma, die im Gegensatz zur Sachfirma einen oder mehrere Personennamen führt, etwa Hans A. Rothemund, Veljancic & Co. oder Alfred Kröner Verlag (sog. gemischte Firma). Der Einzelkaufmann muss in die Firma seinen Familiennamen mit mindestens einem ausgeschriebenen Vornamen aufnehmen. Die Firma einer → Offenen Handelsgesellschaft (OHG) hat den Namen wenigstens eines Gesellschafters mit einem das Vorhandensein einer Gesellschaft andeutenden Zusatz oder die Namen aller Gesellschafter zu enthalten.

Personengesellschaft, Handelsgesellschaft, die auf die Person ausgerichtet ist, die nicht, wie z.B. Vereine, eigene Rechtspersönlichkeit besitzt, bei der die Gesellschafter selbst das Unternehmen leiten und uneingeschränkt mit ihrem Vermögen haften. Wirtschaftl. ist sie im Gegensatz zu den → Kapitalgesellschaften eine Arbeitsgemeinschaft, die auf der unbedingten Leistungs- und Vermögensverbundenheit ihrer Teilhaber beruht. Historisch ist sie dort aufgekommen, wo in einer Firma die Arbeitskraft eines Einzelnen nicht mehr ausreichte und daher »Partner« aufgenommen werden mussten. Reine P. ist nur die → Offene Handelsgesellschaft (OHG), während bei der → Kommanditgesellschaft (KG) schon insofern eine Haftungsbegrenzung vorliegt, als mindestens ein Teilhaber (der Kommanditist) nur beschränkt haftet und meistens in der Firma nicht mitarbeitet.

PERT (Program Evaluation and Review Technique) → Netzplantechnik.

Pfändungsschutz für Arbeitseinkommen, Nach § 850a der Zivilprozessordnung sind u.a. unpfändbar: Aufwandsentschädigungen; Urlaubsgelder; Zuwendungen aus Anlass eines besonderen Betriebsereignisses und Treuegelder, soweit sie den Rahmen des Üblichen nicht übersteigen; Auslösungsgelder und sonstige soz. Zulagen für auswärtige Beschäftigungen; das Entgelt für selbst gestelltes Arbeitsmaterial; Gefahrenzulagen sowie Schmutz- und Erschwerniszulagen, soweit diese Bezüge den Rahmen des Üblichen nicht übersteigen; Weihnachtsvergütungen bis zum Betrag der Hälfte des monatlichen Arbeitseinkommens, höchstens aber bis zum Betrag von 500 EUR; Heirats- und Geburtsbeihilfen, sofern die Vollstreckung wegen anderer als der aus Anlass der Heirat oder der Geburt entstandenen Ansprüche betrieben wird; Erziehungsgelder, Studienbeihilfen und ähnliche Bezüge; Sterbe- und Gnadenbezüge aus Arbeits- oder Dienstverhältnissen; Blindenzulagen. Bedingt pfändbar sind wegen einer Gesundheitsschädigung gezahlte Renten, gesetzl. Unterhaltsrenten, laufende Bezüge aus Witwen-, Waisen-, Kranken- und Sterbekassen zu Unterstützungszwecken. Das bedingt pfändbare Einkommen ist grundsätzlich unpfändbar, es kann aber durch Gerichtsbeschluss der Pfändung unterworfen werden, wenn der Gläubiger sich durch Vollstreckung in das sonstige bewegliche Vermögen nicht befriedigen kann und die Pfändung der Billigkeit entspricht.

Pfand, ein für eine Forderung haftender Gegenstand, im Sinne des BGB eine i.d.R. vom Pfandschuldner in Gewahrsam des Pfandgläu-

Pfandbriefe, durch Bodenkreditinstitute, insbes. → Hypothekenbanken ausgegebene langfr. → Schuldverschreibungen, womit diese sich Mittel für die Gewährung von → Hypothekarkrediten besorgen.

Pflegesatz, der Preis für einen Tag Aufenthalt in einem Krankenhaus, den der Patient oder seine Krankenversicherung an die Klinik entrichtet (→ Sozialversicherung). Er wird im Voraus auf der Basis der geschätzten Vollkosten und der erwarteten Belegung zwischen Träger des Krankenhauses und Krankenversicherung ausgehandelt. Er ist insofern also kein Markt-, sondern ein Kostenpreis. Mit Hilfe dieser Tagespauschalen werden die gesamten Betriebskosten eines Krankenhauses gedeckt, unabhängig von den tatsächlich verursachten Kosten eines Patienten. Investitionen finanziert i.d.R. der Länderhaushalt. → Gesundheitswesen.

Pflegeversicherung, eine seit 1995 gesetzl. Pflegeversicherung für alle Bürger im Rahmen der gesetzl. oder privaten Krankenversicherung. Der Beitragssatz beträgt 1,7 % der beitragpflichtigen Einnahmen, die Beiträge werden je zur Hälfte von Arbeitnehmern und Arbeitgebern bezahlt. Die Leistungen werden als Sach- oder Geldleistungen für die ambulante Pflege und für die stationäre Heimpflege nach bestimmten Pflegestufen gewährt, welche sich nach dem Grad der Pflegebedürftigkeit richten. Die P. ist aus mehreren Gründen notwendig geworden: (1) der Anteil der älteren Menschen an der Bevölkerung wächst, (2) die Zahl der Pflegebedürftigen nimmt zu, (3) die Kosten für Pflegeleistungen, z.B. im Pflegeheim, sind stark gestiegen, (4) Krankenhäuser sollen entlastet werden.

Phasenfolgen, das Liquidationsspektrum stellt eine Beziehung zwischen den Umsätzen und den aus ihnen fließenden Einnahmen einer Unternehmung dar. Man kann es auch als »Absterbeordnung« der Umsätze oder Forderungen ansehen, weil es angibt, innerhalb welcher Zeiträume die Umsätze oder Forderungen durch Zahlung absterben. Dieser Gedanke lässt sich verallgemeinern. So können die Kundenaufträge durch Verkaufsumsätze und diese durch Bareinnahmen »absterben«; man kann demnach eine P. skizzieren, die angibt, in welcher zeitlichen Folge sich die betriebl. Informations-, Güter- und Geldströme entwickeln. Das letzte Bsp. ergibt folgendes Bild:

Kundenauftrag
↓
Verkaufsumsatz
↓
Bareinnahme

Diese P. ist lediglich ein Spezialfall zahlreicher anderer betrieblicher P. Auf der Ausgabenseite ist etwa folgende P. denkbar:

Stoffbestellung
↓
Rechnungseingang
↓
Verbuchung
↓
Rechnungskontrolle
↓
Barausgabe

Neben diesen linearen P. sind folgende andere Formen von P. bekannt: 1.Verzweigte P.:

Kundenanfrage
↓
Kundenauftrag

Fertigungs- auftrag	Stoff- bestellung
↓	↓
Verkaufs- umsatz	Stoff- lieferung
↓	↓
Bar- einnahme	Bar- ausgabe

2. Zyklische P. liegen z.B. dann vor, wenn eine Unternehmung sich hinsichtlich der Höhe und zeitlichen Verteilung der Werbeausgaben nach der Höhe der Bareinnahmen aus Verkaufsumsätzen richtet.

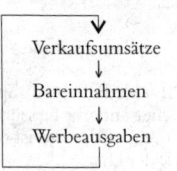

Verkaufsumsätze
↓
Bareinnahmen
↓
Werbeausgaben

Phillips-Kurve, drückt in ihrer allgemeinen Form den Zusammenhang von → Inflationsrate und → Arbeitslosenquote aus. Sie geht auf A.W. Phillips zurück und behauptet einen (umstrittenen) Zielkonflikt zwischen → Vollbeschäftigung und → Preisstabilität. Danach muss sich die Wirtschaftspolitik entscheiden, ob sie etwas mehr Arbeitslosigkeit zu Gunsten eines stabileren Geldwertes oder umgekehrt anstreben soll. Der Zusammenhang zwischen Inflationsrate und Arbeitslosenquote besteht zwar, jedoch müssen auch andere Einflussfaktoren, wie Struktur der Wirtschaft, → Präferenzen, Produktionstechniken, Erwartungen, Wettbewerbsverhältnisse usw. berücksichtigt werden.

Physiokratie, Herrschaft der Natur, das in Opposition zum absoluten Staat konzipierte, erste wirtsch.-theoret. System, das die Idee einer natürlichen Ordnung der positiven (tatsächlichen) Ordnung gegenüberstellt. Ihr Hauptvertreter ist F. Quesnay.

Pigou-Effekt, einer der drei Vermögens- oder Realkassenhaltungseffekte (→ Kassenhaltungseffekt, realer), die Auswirkung eines allgemeinen Preisrückganges auf die Ausgaben für Güter und Dienste. Die Verbrauchsausgaben nehmen nach Pigou aus folgendem Grunde zu: Da der Einzelne bestrebt ist, ein bestimmtes Verhältnis zwischen Kassenhaltung (→ Liquiditätsneigung) und Konsumausgaben aufrechtzuerhalten, wird ein Rückgang der Preise den realen Wert seiner Bar- und Sparbestände (Geldanlage) erhöhen, d.h. er kann mehr Güter und Dienste für eine bestimmte Geldmenge kaufen. Er verfügt also über einen Überschuss an liquiden Mitteln, die er z.T. für den Kauf von verbilligten Gütern und Diensten verwendet. Die Folge des P. würde sein, dass in einer → Deflation und Unterbeschäftigung eine Volkswirtschaft von selbst zum → Gleichgewicht bei → Vollbeschäftigung zurückfinden wird.

Pigou-Steuer, soll die volkswirtsch. Wohlfahrt erhöhen, indem sie die Verursacher von negativen → externen Effekten derart belastet, dass man letztere als Kosten »internalisiert«. Das zwingt zu rationalem Verhalten, um Schäden zu vermeiden oder zu minimieren. Die Folge wäre ein System spezifischer Güterbesteuerung, an den externen Effekten ausgerichtet, um die volkswirtsch. Produktion nach dem → Pareto-Optimum zu gestalten. Die Grundidee hat ihren Niederschlag im → Verursacherprinzip bei Umweltabgaben gefunden. Gegen die P. werden theoret. und praktische Einwände erhoben. Das → Coase-Theorem weist auf die Gegenseitigkeit aller externen Effekte hin, so dass, namentlich bei subjektiv empfundenen Folgen, Schädiger und Geschädigter miteinander verhandeln müssen. P. führen außerdem selbst wiederum zu externen Effekten, wenn nicht alle Betroffenen einverstanden sind. Nach dem Coase-Theorem müssten beide Seiten besteuert werden, falls keine Einigung erzielt wird. Ferner übersieht die P., dass nicht nur private Unternehmen, sondern auch öffentl. Betriebe und Institutionen externe Effekte verursachen, ebenso die Konsumenten und das Ausland. Praktisch wird gegen die P. vorgebracht, die Informationskosten seien zu hoch, die ökologischen Wirkungen bei alternativen Preiselastizitäten unsicher und → Bemessungsgrundlage und Steuersatz schwer zu bestimmen.

Pilotprojekt, Versuchs- oder Probevorhaben kleineren Maßstabs, um → Risiko und Kosten eines Vorhabens zu mindern.

Pioniergewinn → Gewinn.

Pionierunternehmer, setzt nach J.A. Schumpeter den → technischen Fortschritt durch, indem er das → Risiko eingeht, Erfindungen ökonom. in Neuerungen verschiedenster Art umzusetzen. Er ist das zentrale Element der modernen Erklärung des Wachstums durch techn. Fortschritt. → Dynamischer Wettbewerb.

Planification, eine in Frankreich praktizierte Art staatl. Planung, an der neben der öffentl. Hand → Wirtschaftszweige beteiligt sind. Es werden bestimmte Richtwerte für die Produktion und Investition festgelegt, um ein stetiges Wachstum unter Vermeidung von Konjunktur- und Strukturkrisen zu erreichen, wobei kredit- und finanzpolit. Hilfen und Beschränkungen als Mittel eingesetzt werden. Problematisch ist die Vorhersage, in welchem Umfang und in welcher Richtung sich die → Nachfrage entwickeln wird und wie inflationäre Tendenzen (→ Inflation) rechtzeitig ausgeschaltet werden können. Die P. ist nicht mit einer → Zentralverwaltungswirtschaft und deren Planung zu verwechseln, weil sie den Wirtschaftszweigen nur indikativ Richtwerte vorgibt, ohne die unternehmerische Entscheidung einzuengen. Indes untergräbt die P. teilweise die Konkurrenz, weil (1) viele staatl. Hilfen an Plankonformität

Plankostenrechnung 414

gebunden sind und (2) der Staat die Plangrößen mit der Wirtschaft aushandelt, so dass ein kartellartiges Klima entsteht, das → Wettbewerb und Neuerungen verhindert oder zumindest einschränkt. In der Wirklichkeit blieb das tatsächliche Wachstum weit hinter den Richtgrößen zurück, insbes. innerhalb einzelner Branchen. Dagegen konnten Länder ohne Planung des Wirtschaftsablaufs weit höhere Zuwächse an Wachstum verwirklichen, als unverbindliche Vorhersagen (→ Prognosen) vorausgesagt haben.

Plankostenrechnung, ein Zweig des Rechnungswesens. Sie will die Unzulänglichkeiten der nur konstatierenden (Ist-) → Kostenrechnung vermeiden. P. bedeutet (1) Rechnen nicht nur mit Vergangenheits- oder Gegenwarts-, sondern auch mit Zukunftswerten. Die P. ist eine Vorschaurechnung. (2) Die P. verwendet Vorgabe- oder Normwerte, die Wirtschaftlichkeitsmaßstab für die Ist-Kosten sind, die bei einer bestimmten Leistung anfallen. Die Ist-Kosten werden mit den vorgegebenen Kosten verglichen. (3) Der Schwerpunkt der P. liegt auf der Kostenstellenrechnung. Der Betrieb wird in → Kostenstellen in der Art von Kleinbetrieben gegliedert. Jede Stelle wird damit gleichzeitig zum Verantwortungsbereich für die Stellenleiter. Der Kostenplan (→ Controlling) ist ein Teilplan des gesamten betriebl. Plansystems. Die Kostenbudgets der einzelnen Stellen sind Teilpläne von Beschaffungs-, Produktions- und Vertriebsplänen. Marktpreisschwankungen werden ausgeschaltet, indem feste Betriebspreise und Preisdifferenzkosten eingeführt werden. Die für verschiedene Beschäftigungsgrade ermittelten gesamten Vorgabekosten der Stelle werden als Plankosten bezeichnet, die Kosten des günstigsten Beschäftigungsgrades, bei dem die Stückkosten am niedrigsten sind, als Optimalkosten. Die ihnen entsprechenden Stückkosten heißen Standardkosten. Diese, mit der tatsächlichen (Ist-)Produktionsmenge multipliziert, ergeben die Minimalkosten des tatsächlichen Beschäftigungsgrades. Grenzen der Anwendbarkeit der P. liegen v.a. in der Unsicherheit künftiger (erwarteter) Produktion und Beschäftigung und in der Planung der → Gemeinkosten. Eine besondere Form der P. ist die flexible P., die im Gegensatz zur starren P. alle Kosten in → Fixkosten → variable Kosten aufteilt, um sie dann den einzelnen Kostenstellen zuzuordnen. → Kosten, betriebswirtschaftliche, → Prozesskostenrechnung.

Planning-Programming-Budgeting-System (PPBS) → Programmbudget.

Planung, die Analyse künftiger Entwicklungen, bezogen auf festgelegte Ziele und die Instrumente zu deren Verwirklichung, um rationales Handeln zu sichern. Gleichgültig, ob man die Ordnung oder den Wirtschaftsablauf plant, stets setzt P. (meist aufwändige) Einrichtungen, Grundsätze und Methoden voraus. Neben einer indikativen oder Richtplanung, die eher empfiehlt, existiert die imperative oder Befehlsplanung, die zwingend (Strafe androhend) vorschreibt (→ Zentralverwaltungswirtschaft). Über die → Opportunitätskosten bürokratischer Planung und die →

Effizienz liegen keine empirischen Analysen vor. → Controlling, → Wirtschaftsordnung, → Unwirtschaftlichkeit.

Planungsgewinn → Rente.

Planungsmethoden, können nach der Ebene der Zielbildung in einer hierarchischen → Organisation unterschieden werden. (1) topdown-(retrograde) → Planung: Die Organisationsspitze bestimmt die grundlegenden Ziele und Strategien in einem groben Planungsrahmen. Die unteren Ebenen konkretisieren die globalen Vorgaben in Teilzielen. (2) bottom-up-(progressive) Planung: Die unteren Hierarchieebenen planen Ziele und Maßnahmen und leiten ihre Ergebnisse an die nächst höhere Ebene weiter, die sie koordiniert und zusammenfasst. Letztlich entsteht der Gesamtplan aus Einzelplänen. (3) bottom-up-top-down-Planung: Diese Methode vereinigt beide P. In einem Gegenstromverfahren werden zunächst top-down Oberziele und Maßnahmen geplant und nach unten weitergegeben. Entstehen dort Probleme in der Konkretisierung der Rahmenvorgaben, werden sie bottom-up nach oben gemeldet und die Zielvorgaben ggf. korrigiert.

Planungswertausgleich, soll die Bodenwertgewinne oder -verluste ausgleichen, die durch die Planung der öffentl. Hand unmittelbar oder mittelbar entstehen. So kann sich die Qualität eines Grundstückes ändern, wenn landwirtsch. Boden in Bauland umgewandelt, Flächen- und Geschossziffern erhöht, die Baunutzbarkeit beschränkt, das Bauen in Grünzonen verboten oder ein Grundstück durch Infrastrukturmaßnahmen erschlossen wird. Den Unterschied zwischen Grundstückswert vor und nach der planerischen Maßnahme soll der P. erfassen und, zumindest teilweise, als Planungsgewinn (→ Rente) abschöpfen oder als Planungsverlust kompensieren. Die Gewinnabgabe hat eher Beitrags- als Steuercharakter. Ziel eines P. können sein: Erschließung einer Finanzquelle für die Gemeinden, Abschöpfung müheloser Gewinne der Eigentümer, Ordnung des Bodenmarktes. Der P. ist rechtl., ökonom. und polit. problematisch. Er ist in Deutschland nicht eingeführt.

Planwirtschaft, ein aus der Zeit der Sozialisierungsversuche nach dem 1. Weltkrieg stammender Ausdruck. Als → Zentralverwaltungswirtschaft unterliegt der Aufbau und der Ablauf der Wirtschaft einem einheitlichen Plan, den eine (polit.) Zentrale autorität für alle Entscheidungen verbindlich aufstellt. Sie ist das Gegenstück zur → Marktwirtschaft, in der Haushalte und Unternehmen ihre Pläne aufstellen und darüber entscheiden, was sie nachfragen, anbieten, sparen und investieren wollen, wobei der Markt die individuellen Wirtschaftspläne laufend über die → Preise koordiniert.

Police → Versicherungsschein.

Politische Ökonomie → Volkswirtschaftslehre (VWL), → Wirtschaftswissenschaften.

Politischer Konjunkturzyklus, die Erklärung des Konjunkturverlaufs im Rahmen der → Ökonomischen Theorie der Politik. Im Bestreben, die nächste Wahl zu gewinnen, beeinflusst die Regierungspartei wichtige wirtsch. Indikatoren, wie z.B. die → Arbeitslosenquote oder die → Inflationsrate so, dass sie zum Zeitpunkt der Wahl möglichst optimal sind. Nach der Wiederwahl kann sich die Regierung dann wieder stärker ideologischen und weniger ökonom. Zielen zuwenden. Sie geht davon aus, dass die Wähler ein Ansteigen der Arbeitslosenrate und/oder der → Inflation bis zur nächsten Abstimmung wieder vergessen. Dadurch erzeugt die Politik konjunkturelle Wellen. Diese Sicht steht in Gegensatz zum traditionellen konjunkturtheoret. Paradigma, nach dem die Regierung durch antizyklische → Konjunkturpolitik wirtsch. Zyklen dämpfen soll. → Konjunkturtheorien.

Poll-Tax → Kopfsteuern.

Polypol, eine Marktform, bei der viele Marktteilnehmer als Anbieter am Markt auftreten. Als Polypolist verhält sich jemand, der annimmt, dass sein Absatz nicht nur von seinen eigenen → Aktionsparametern, sondern auch von denen anderer Anbieter abhängt, dass diese Anbieter aber auf Änderungen seiner Aktionsparameter nicht reagieren. Da für den Polypolist der Preis ein Datum ist, verbleibt ihm nur die Mengenanpassung als Aktionsparameter. → Marktformen, → Dyopol, → Monopol, → Oligopol.

Pontryagins Maximumprinzip → Steuerungs- oder Kontrolltheorie.

Pool (engl., Gewinntopf), ein Gewinnverteilungskartell, d.h. ein → Kartell, bei dem die Gewinne auf Grund gemeinsamer Einnahmen nach einem bestimmten, vorher vereinbarten Schlüssel verteilt werden. P. sind zuerst bei den engl. Eisenbahnen und dann in der Seeschifffahrt, wo sie für den Ausbau der Anschlusslinien unentbehrlich sind, in Erscheinung getreten.

Popitzsches Gesetz, behauptet, in einem föderativ gegliederten Gemeinwesen tendiere der Anteil des Zentralstaates an den Gesamtausgaben nach und nach dazu, größer zu werden, es bestehe mithin eine Tendenz zur Zentralisation. Die Anziehungskraft des zentralen Budgets habe ihre Wurzel vornehmlich in der Ausweitung der Verteidigungs- und Kriegsfolgelasten sowie des Sozialaufwands. Empirische Analysen haben weder das P. noch seine Begründung bestätigt.

Popper-Kriterium, bringt zum Ausdruck, dass empirische Gesetze mit dem Anspruch auf allgemeine Geltung niemals verifiziert werden können. Jede Bestätigung, dass eine → Hypothese richtig ist, schließt eine spätere Widerlegung oder Falsifikation nicht aus.

Portfolio-(Auswahl-)Theorie, will helfen, die optimale Zusammensetzung des → Vermögens anhand bestimmter Kriterien und bei einer Vielzahl von Anlagemöglichkeiten zu finden, wobei die Schwierigkeit besteht, → Risiko und Ertragserwartungen für alle Vermögensarten gegeneinander abzuwägen, um einen höchstmöglichen Gesamtnutzen oder -ertrag zu erzielen. Die P. hilft z.B. durch Streuung der Anlagen, eine auch zeitlich optimale Struktur zu erzielen. Mit

Hilfe der P. wird ferner versucht, die Wirkung monetärer Maßnahmen über die Veränderung einer optimalen Anlagestruktur bis hin zu einer Verschiebung der relativen Preise auf den Gütermärkten zu erklären (→ Mechanismus der relativen Preise).

Positive Wirtschaftswissenschaft → Normative Wirtschaftswissenschaft.

Postkeynesianische Theorie → Nach-Keynesianische Theorie.

Potentialorientierte Kreditpolitik, eine geldpolit. Konzeption mit dem Ziel, die Geld- und Kreditversorgung mittelfr. mit der Wachstumsrate des Produktionspotenzials ansteigen zu lassen. Die P. soll laut dem → Sachverständigenrat (SVR) die → Deutsche Bundesbank betreiben, indem sie eine Zunahme der Kreditmenge anstrebt, mit der ein gleichgewichtiges Wachstum finanziert werden kann. Sie soll sich dabei an der Liquiditätsquote und der Expansion des Kreditvolumens orientieren.

PPBS (Planning-Programming-Budgeting-System) → Programmbudget.

Prädestinationslehre, zentrales Element der calvinistischen Religion, der man eine besondere Bedeutung für die wirtsch. Entwicklung mancher Völker beigemessen hat. Nach der P. ist materieller Erfolg im irdischen Leben ein Zeichen, dass man zu den »Auserwählten« gehört, was eine religiöse Motivation zur Leistung begründet. Weiterhin verpflichtet die P., Gewinne zu reinvestieren anstatt zu »konsumieren«.

Präferenzen, in der → Preistheorie und → Nutzentheorie unterschiedliche Verhaltensweisen der Nachfrager gegenüber an sich gleichartigen (homogenen) Gütern. P. können (1) sachlicher (unterschiedliche Verpackung), (2) räumlicher (Lage eines Geschäftes), (3) pers. (Käufer fühlt sich als »Stammkunde«) und (4) zeitlicher (unterschiedliche Wartezeiten) Natur sein und zu → Marktmacht und damit unvollkommenen Märkten führen. Fasst man indes den erhöhten Preis als Entgelt für den zusätzlichen Service (den eigentlichen Grund für die P.) auf, so fällt die »Welt von Monopolen« (J. Robinson) in sich zusammen. Auch in der → Außenwirtschaftstheorie (→ Präferenzsystem, → Vorzugszoll) und in der → Steuertheorie (Steuerpolitik) findet sich der Begriff. → Eingipfligkeit.

Präferenzen, Theorie der offen gelegten (engl.: revealed preference theory), von P.A. Samuelson entwickelt, versucht, auf behavioristischer Grundlage eine → Haushaltstheorie zu entwickeln, um (nicht beobachtbare) subjektive Wertungen durch überprüfbare Handlungen (als theoret. Grundlage) zu ersetzen. Es wird angenommen, man könne beobachten, welche alternativen Mengen der beiden Güter Y und Z in einem Haushalt kauft, wenn sich deren Preisverhältnis ändert. Zunächst sei die Preisrelation P_y/P_z gegeben, die zusammen mit einer Ausgabe für Konsum Lage und Neigung der → Budgetgerade AA' bestimmt. Ein Konsument entscheide sich für das Güterbündel A. Damit legt er offen, dass er diesen Warenkorb allen anderen vorzieht, die auf der Budgetgerade oder links

Präferenzordnung

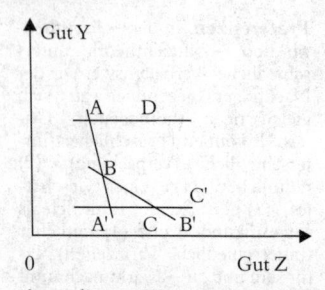

davon liegen. Nun verringert man das Preisverhältnis P_z/P_y und verändert die Konsumsumme, und zwar solange, bis der Verbraucher einen Punkt B wählt, der ebenfalls auf der alten Budgetgerade liegt. A wird subjektiv mehr geschätzt als B (A > B). Wird dieser Prozess fortgesetzt, so gelangt man zu C. Aus diesen Überlegungen folgt, dass der Warenkorb B dem von C vorgezogen wird. Bei → Transitivität ergibt sich, dass A auch besser als C ist. Auf diese Weise wurden zwei Punkte abgeleitet, die schlechter sind als A. Analog dazu kann man Punkte finden, die besser als A sind. Das ist dann der Fall, wenn diese Punkte rechts von A und nicht auf der Ausgangsbudgetgeraden liegen. So lässt sich der Punkt D ermitteln, der besser ist als A. Sind genügend viele Beobachtungen dieser Art gemacht worden, so schält sich ein Feld heraus, das besser ist als die Güterkombination A, und ein Feld, das schlechter ist als A. Die beiden Felder berühren sich nicht, da im infinitesimalen Bereich eine Schar von Punkten zwischen beiden liegt, die der Konsument ebenso hoch bewertet wie das Güterbündel A: Das ist die → Indifferenzkurve.

Präferenzordnung, zentraler Begriff der → Haushaltstheorie, enthält alle vom Haushalt bewerteten Warenkörbe und bringt sie ordinal in eine Rangfolge (→ Ordinale Nutzenmessung), d.h. nach Kriterien besser (A > B), schlechter (A < B) oder gleich gut (Indifferenz: A ≈ B). Nimmt man zwei alternative Warenkörbe (Mengenkombinationen)

Warenkorb A = $(q_1^A, q_2^A, \ldots q_n^A)$

und

Warenkorb B = $(q_1^B, q_2^B, \ldots q_n^B)$

mit q = einzelne Gütermengen, so muss sich der Haushalt entscheiden, ob er Korb A höher oder geringer einschätzt als Korb B oder ob ihm beide Warenkörbe gleich viel wert sind. → Indifferenzkurve.

Präferenzsystem, die Bezeichnung für eine Handelspolitik, bei der sich Staaten im Gegensatz zur → Meistbegünstigung Vorzugsbehandlung für die Ein- und Ausfuhr von Waren zusichern. Hauptmittel des P. sind die Präferenzzölle (→ Vorzugszoll); das sind Zollsätze, die niedriger sind als die den nichtbevorzugten Ländern gewährten. Bevorzugungen sind auch in der Form von Zollkontingenten (Kontingentierung) möglich.

Präferenzzoll → Vorzugszoll.

Prämie, (1) eine Form der Entlohnung, entweder als Grundlage des Leistungsentgeltes (Prämienlohnsystem, → Leistungslohn) oder zusätzlich zum → Lohn (z.B. Umsatzprämie), (2) ein Entgelt für einen Versicherungsschutz (→ Versicherungsprämie), (3) Maßnahme der Verkaufsförderung im Marketing (Geschenk), (4) in der → Agrarpolitik der EU ein Mittel zur Unterstützung gewünschter Entwicklungen.

Prämienanleihen, Lotterieanleihen, Anleihen mit Prämien statt oder zusätzlich zu relativ geringen Zinszahlungen und Rückzahlung an bestimmten Terminen durch Verlosung.

Prämiengeschäfte, → Termingeschäfte, bei denen eine der beiden Parteien das sie treffende Risiko dadurch verringert, dass sie sich von der anderen Partei gegen Zahlung einer Prämie für die Erfüllung des Geschäfts ein Wahlrecht einräumen lässt, das Geschäft zu erfüllen oder auf Grund einer entsprechenden Erklärung vom Geschäft zurückzutreten. Ein Vorprämiengeschäft liegt vor, wenn sich ein Käufer von Wertpapieren gegen Prämienzahlung den Rücktritt vorbehält und sich so gegen ein Fehlschlagen des Haussegeschäfts (→ Hausse) sichert.

Prämienlohn → Leistungslohn.

Prämisse → Axiome, → Logik, formale.

Präsensindikatoren → Konjunkturindikatoren.

Prebisch-Singer-These, behauptet, die → Terms of Trade würden sich auf lange Sicht für die → Entwicklungsländer verschlechtern, weil die Weltmarktpreise der exportierten Primärgüter tendenziell sinken, während die Preise für die importierten Industriegüter dieser Länder gleichzeitig steigen. Ursachen für diese gegensätzliche Entwicklung lägen in den monopolistisch überhöhten Preisen für industrielle Waren und in dem konkurrenzbedingten Preisrückgang für Ausfuhrgüter der Entwicklungsländer. Hinzu kämen noch die geringe → Einkommenselastizität der Nachfrage nach Primärgütern und die zunehmende Preiselastizität der Nachfrage (durch techn. bedingten Ersatz der Rohstoffe). Die P. war empirisch und theoret. immer umstritten.

Preis, das in Geld ausgedrückte Austauschverhältnis der Waren und Dienste auf dem → Markt. Es stehen sich die Preisvorstellungen der Anbieter (Angebotspreis) und der Nachfrager (Nachfragepreis) auf dem Markt gegenüber. Ordnet man die Mengen, die zu jedem P. angeboten und nachgefragt werden, so erhält man eine Angebots- und Nachfragekurve, in deren Schnittpunkt sich der Marktpreis bildet. Alle, die zu diesem P. anbieten können und wollen und alle, die diesen P. zu zahlen bereit sind, kommen jeweils zum Zuge, so dass der Marktp. eine Auswahlfunktion ausübt. Neben Marktpreisen, die bei vollkommener Konkurrenz entstehen, gibt es P., die von einem Einzelnen oder einer Gruppe auf Grund von → Marktmacht oder vom Staat beeinflusst oder festgesetzt werden, z.B. monopolistische P. (etwa Kartellpreise oder überhöhte Löhne durch Marktmacht der Gewerkschaften), → administrierte Preise (staatl. vorgeschriebene P.) und sog. Tarifpreise, meist in Form von Gebühren, die der Staat als Monopolist einseitig festlegt. → Angebot, → Nachfrage, → Marktpreisbildung, → Monopol, → Cournotscher Punkt.

Preisbildung → Marktpreisbildung.

Preisbildung bei öffentlichen Aufträgen, Leitsätze für die Preisermittlung auf Grund von Selbstkosten. → Verordnung über die Preise bei öffentlichen Aufträgen (VpöA) (von 1954).

Preisbindung der zweiten Hand, vertikale Preisbindung, liegt vor, wenn Produzenten dem Handel vorschreiben, zu welchem Preis er die Ware verkaufen darf. Nach dem GWB (→ Kartell) ist die P. verboten, doch Ausnahmen bilden Verlagserzeugnisse wie Bücher und Zeitschriften, landwirtsch. Erzeugervereinigungen, Kreditinstitute, Versicherungsunternehmen, Bausparkassen und Verwertungsgesellschaften. Der → Europäische Gerichtshof (EuGH) erlaubt ein nationales, auf Gesetz beruhendes Preisbindungssystem, aber z.B. ein vertragliches Buchpreisbindungssystem zwischen verschiedenen nationalen Verbänden ist unzulässig.

Preisdifferenzierung, liegt dann vor, wenn ein Betrieb das gleiche Gut verschiedenen Käufergruppen zu unterschiedlichen Preisen verkauft, ein Elektrizitätswerk z.B. Kraftstrom an Betriebe zu einem anderen Preis als Leuchtstrom an Haushalte. Zur P. ist nur ein Betrieb imstande, der → Marktmacht besitzt und eine eigene → Preispolitik betreiben kann. Ein Anbieter auf einem Markt vollkommener Konkurrenz kann dies nicht, da er den Preis als gegeben hinnehmen muss. Eine weitere Voraussetzung der P. ist, dass die Käufergruppen die Ware nicht untereinander austauschen können, was bei einem Absatz auf in- und ausländ. Märkten möglich ist (→ Dumping). Aber auch eine zeitliche Marktspaltung erlaubt eine Politik der P. und kann so zu einem höheren Gewinn führen. P. dieser Art spielt für Betriebe, deren Kapazität sehr ungleich ausgelastet ist und starke → Spitzenbelastungen (peak-load) aufweisen eine große Rolle, wie Verkehrsbetriebe und Elektrizitätswerke (Tag- und Nachtstromtarif).

Preiselastizität der Nachfrage, drückt aus, um wie viel Prozent sich die nachgefragte Menge N ändert, wenn der Preis P der Ware um ein Prozent zu- oder abnimmt.

$$N_\varepsilon = \frac{\frac{dN}{N}}{\frac{dP}{P}}$$

Normalerweise führt eine Preiserhöhung zu einem Rückgang der Nachfrage. Ist $N_\varepsilon = 0$, reagiert die Nachfrage überhaupt nicht auf eine Preisänderung und ist $N_\varepsilon > 1$, nimmt sie mehr ab als der Preis steigt. → Veblen-Effekt, → Kreuz-Preis-Elastizität.

Preisempfehlung, beeinflusst die → Marktpreisbildung, obwohl die Händler (vertikale P.) oder die Anbieter der Ware (horizontale P.) rechtl. durch die Empfehlung nicht gebunden werden. Soll mit der P. eine Preisabsprache oder ein -kartell umgangen werden, ist die P. nach § 1 des GWB grundsätzlich verboten (→ Kartell).

Preiserwartungen, Elastizität der, drückt das Verhältnis des erwarteten (prozentualen) Preisanstieges zu der gegenwärtigen (prozentualen) Preissteigerung aus. Verändert sich der Preis heute um einen Prozentsatz, dann gibt die Elastizität der P. an, welche prozentuale Änderung des Preises die Unternehmer oder Haushalte künftig erwarten. Beträgt z.B. der Preis 1 EUR, und steigt er heute um 0,10 EUR (also um 10 %) auf 1,10 EUR, und erwarten die Unternehmer, dass die Preissteigerung sich fortsetzt, etwa um eine Zunahme von 1,10 auf 1,65 EUR (d.h. um 0,55 EUR oder 50 % bezogen auf 1,10 EUR), so beträgt die Elastizität der P.

$$\frac{50\%}{10\%} = 5$$

Bei der Elastizität der P. handelt es sich um eine dynamische Analyse (Hicks), im Gegensatz zur statischen bei Marshalls → Elastizität. Ursachen für ein solches Verhalten der Unternehmer und Haushalte sind autonome Einflüsse wie psychologische und polit. Faktoren oder ungewöhnliche Änderungen der Marktdaten auf der Angebots- und Nachfrageseite. Das typische Bsp. ist das inflationsbewusste Verhalten in der dt. → Inflation 1970–75. Die Elastizität der P. kann im Übrigen positiv (Zähler und Nenner haben gleiche Vorzeichen) und negativ sein.

Preisfixierer, ein Betrieb, für den bei Vorliegen einer → konjunkturalen Preis-Absatz-Funktion der Preis Aktionsparameter, die Absatzmenge Erwartungsparameter ist. → Monopol, → Oligopol.

Preisführerschaft, liegt vor, wenn eine Reihe kleiner Anbieter den → Preis eines größeren Anbieters (etwa eines Teilmonopolisten) als Richtgröße für ihr Preis- und Marktverhalten nimmt, indem sie ihre Menge an diesen Preis so anpasst, dass Preis und → Grenzkosten gleich sind.

Preisgefüge, ändert sich in einer Volkswirtschaft das Austauschverhältnis eines Gutes gegenüber allen anderen Gütern, da sich sein Preis geändert hat, so hat eine Änderung des P., des Verhältnisses der Preise zueinander, also eine relative Preisverschiebung, stattgefunden. → Preisniveau.

Preisindex, soll in der amtlichen Preisstatistik die Entwicklung der Preise in → Indexziffern ausdrücken. Die Preise für bestimmte Güter- und Leistungsbündel werden mit Hilfe von Repräsentativerhebungen ermittelt (→ Stichprobenverfahren). Als Bezugsgröße dienen die Verhältnisse in einer bestimmten Basisperiode. Errechnet werden die P. nach der Laspeyres- oder Paasche-Methode (→ Laspeyres-Preisindex, → Paasche-Preisindex). Die P. werden für die meisten Wirtschaftsbereiche erfasst, so für Produktion und Handel, Ein- und Ausfuhr, Bauwerke, Lebenshaltung und Verkehr.

Preisindex für die Lebenshaltung, ein wichtiger Indikator für die Kaufkraftentwicklung des Geldes. Er wird auf der Grundlage des → Laspeyres-Preisindex ermittelt. Es werden fünf P. berechnet, wobei ein bestimmter »Warenkorb« zugrunde gelegt wird, dem Durchschnittsverbrauch der Haushalte (→ Indexfamilie) entspricht. Die »Waren« bestehen neben Gegenständen des täglichen Bedarfs auch aus Wohnungsmieten und

Preiskartell

Dienstleistungen. Der Warenkorb enthält u.a. zu 23 % Nahrungs- und Genussmittel, 6,9 % Kleidung und Schuhe und 17,8 % Miete. Da sich die Struktur des Bedarfes, also die Zusammensetzung der Waren, und damit auch die Gewichtung oder »Wägung« der Preise, im Laufe der Zeit ändert, muss der P. ständig überprüft und ggf. auf eine neue Grundlage gestellt werden. Dadurch wird natürlich eine Vergleichbarkeit auf längere Sicht erheblich eingeschränkt. Durch die Ermittlung von Landesmesszahlen werden auch unterschiedliche regionale Preisentwicklungen deutlich. Für die Zusammenfassung zu Bundesmesszahlen werden Gewichte entsprechend der Wohnbevölkerung und regionalen Verbrauchsgewohnheiten gebildet. Wenn man auch den absoluten Aussagewert des P. kritisch beurteilen muss, so ist der P. doch für die wirtsch.polit. Entscheidungen von großer Bedeutung. Zusätzlich veröffentlicht das Statistische Bundesamt seit 1997 für Deutschland den innerhalb der EU-Mitgliedsstaaten geltenden → Harmonisierten Verbraucherpreisindex (HVPI).

Preiskartell, beruht auf einheitlichen Preisabsprachen. Der Kartellpreis richtet sich nach den Kosten des am ungünstigsten produzierenden Unternehmens. Die Produktionsmengen der einzelnen Unternehmen werden entweder absolut oder als Quoten, also als Anteile an der Gesamtabsatzmenge, festgelegt, woraus sich oft sog. Quotenkämpfe ergeben. Vielfach vereinbaren P. nur die Preisober- und -untergrenzen, so dass die Mitgliedsfirmen selbst innerhalb dieser Grenzen eine Differenzierung der Preise vornehmen können. Viele → Kartelle sind eine Kombination mehrerer Kartellarten, z.B. sind → Syndikate oft zugleich Kontingentierungs-, Preis-, Gebiets- und Verkaufskartelle. Kartelle haben die Tendenz, den → Wettbewerb zu beschränken, so dass als Folge der Markt schlechter versorgt wird, weil Grenzbetriebe erhalten bleiben, die unter Wettbewerbsbedingungen nicht mehr wirtsch. arbeiten könnten. → Marktpreisbildung.

Preiskonjunktur, im Unterschied zur → Mengenkonjunktur eine Konjunkturlage, bei der die verstärkte Wirtschaftstätigkeit v.a. in einem Steigen der Preise zum Ausdruck kommt. → Konjunkturbewegungen.

Preis-Lohn-Spirale → Lohn-Preis-Spirale.

Preismechanismus, steuert eine dezentrale → Marktwirtschaft, indem er die millionenfachen Entscheidungen der Verbraucher laufend anzeigt und weitergibt, so dass in einem simultan-sukzessiven Prozess die drei Grundfragen jeder → Wirtschaftsordnung beantwortet werden: was, wie und für wen produziert wird. → Marktpreisbildung.

Preisniveau, der Durchschnitt der gesamten Güterpreise. Es wird mit Hilfe von → Indexziffern gemessen. Der → Geldwert ist der umgekehrte (reziproke) Wert des P., so dass Änderungen des P. Änderungen des Geldwertes widerspiegeln.

Preisnotierung, drückt den → Kurs (Wert) für Auslandswährungen aus. Sie ist ein spezifisches Verfahren, um das Tauschverhältnis unter Währungen zu ermitteln. Im Gegensatz zum → Mengenkurs wird gefragt, wie viel eine Einheit der ausländ. Währung an inländ. Geld kostet (Bsp.: EUR für einen USD). Die P. ist international üblich.

Preispolitik, Maßnahmen, die der Staat, Verbände oder Betriebe treffen, um die → Marktpreisbildung zu beeinflussen. Bei → Taxpreisen setzt der Staat durch von ihm beauftragte Behörden Preise fest. → Höchstpreise werden im Interesse der Verbraucher verfügt, wenn in Notzeiten ein spürbarer Anstieg der Preise für lebenswichtige Güter einzutreten droht. Soll der Preis nicht unter einen bestimmten Betrag sinken (etwa zur Einkommenssicherung der Landwirte), werden Mindestpreise festgesetzt. Will man den Preis auf einer gewissen Höhe halten, werden Richtpreise normiert. Der Staat kann die Preise auch in der Weise indirekt beeinflussen, dass er auf die Angebots- und Nachfragebedingungen durch Verbrauchsbeschränkungen, Warenzuteilung, Kontingentierung, Zurückhaltung des eigenen Angebots, Aufkauf des Angebots oder durch Einschränkung der Produktion einwirkt. → Kartelle, → Preisstopp.

»Preisregeln«, Tarifregeln oder Gebührenregeln für öffentl. Unternehmen, Vorschriften für die meist monopolistische »Preis«- oder Gebührenpolitik öffentl. Unternehmen und staatl. Behörden. Diese diktierten »Preise« sind nicht mit Marktpreisen zu verwechseln. Neben der → Wirtschaftlichkeit mit ihren verschiedenen Effizienzkriterien spielen die personale, regionale, temporale, sektorale und soziologische Verteilung und → meritorische Güter oder demeritorische Güter eine Rolle. Höhe und (progressive oder degressive) Staffelung der »Preise« hängen dann jeweils von diesen Zielen oder Zielbündeln ab. So richtet sich der → Nulltarif fast ausschl. nach soz. Zwecken, die degressive Tarifform nach der regionalen Förderung oder die progressive Preisstaffel nach Anreizen z.B. zum Energiesparen. Die Übersicht erfasst systematisch die wichtigsten Regeln. Das Schaubild erklärt analytisch den Zusammenhang von »Preis« und Auslastungsgrad der Kapazität nach Leistungsmenge für diese Regeln. Theoret. und praktisch sind die P. umstritten. Der fundamentale Einwand gegen P. richtet sich gegen die Annahme, öffentl. Monopolisten dieser Art würden ohne Konkurrenzdruck durch Anbieter und Nachfrager stets die → Minimalkostenkombination verwirklichen. Tatsächlich dominiert in der Praxis der Eigennutz der Interessengruppen (→ Öffentliche Verschwendung, Theorie der, → Selbstinteresse). Eines der wichtigsten Mittel, diese Monopolmacht zu begrenzen oder gar zu brechen, liegt darin, den Zugang zum Markt zu öffnen, die weitere Ausdehnung des Monopolbereiches zu verhindern, den »hoheitlichen« Charakter solcher Einrichtungen zu beseitigen, die → kameralistische Buchführung zu Gunsten einer kaufmännischen aufzugeben, eine sinnvolle Privatisierung zu fördern und soz. Ziele der (Um-) Verteilung auf effizienterem Wege als dem der Preisregeln anzustreben. → Anreiz- und Sanktionsmechanismen.

Preisregeln 424

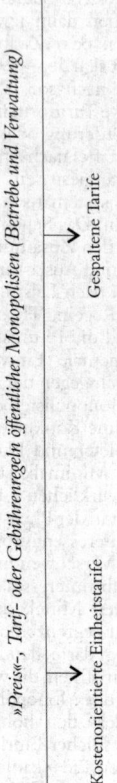

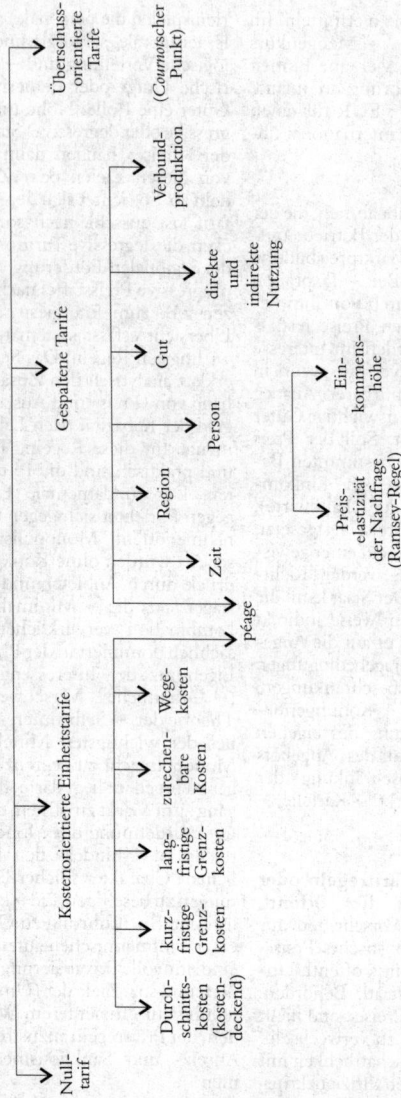

»Preis«-, Tarif- oder Gebührenregeln öffentlicher Monopolisten (Betriebe und Verwaltung)

- Nulltarif
- Kostenorientierte Einheitstarife
  - Durchschnittskosten (kostendeckend)
  - kurzfristige Grenzkosten
  - langfristige Grenzkosten
  - zurechenbare Kosten
  - Wegekosten
  - → péage
- Gespaltene Tarife
  - Zeit
  - Region
  - Person
    - Preiselastizität der Nachfrage (Ramsey-Regel)
    - Einkommenshöhe
  - Gut
  - direkte und indirekte Nutzung
  - Verbundproduktion
- Überschussorientierte Tarife
  - (*Cournot*scher Punkt)

Verlauf des Tarifes: Degressive, proportionale, progressive Tarifform und Mischtarif
Fundamentaler Einwand gegen die *völlig unrealistische* Annahme *aller* Regeln in Theorie und Praxis: öffentliche Monopolisten produzieren bei → Minimalkostenkombination.

Ziele: (1) Effizienz
(2) Verteilung
(3) meritorische und demeritorische Zwecke

Preisschere, die gegenläufige Entwicklung der Preise für Agrar- und Industrieerzeugnisse. Der Vergleich mit der Schere deutet darauf hin, dass sich (längerfristig) die Preisbewegungen von Agrar- und Industrieerzeugnissen überschneiden und so zeitweilig in ein Missverhältnis zueinander geraten (geöffnete Schere), sich dann aber wieder einander nähern, bis sich die Schere schließt. Dieser Verlauf war typisch für die 1920er Jahre. Die Agrarpolitik der Bundesregierung und der → Europäischen Union (EU) versucht, die Einkommen der Landwirte über sog. Marktordnungen der allgemeinen Entwicklung anzupassen, so dass die P. möglichst geschlossen gehalten wird.

Preisstabilität, ein Ziel der Wirtschaftspolitik, das nach § 1 des → Stabilitätsgesetzes (StWG) anderen Zielen (hohes und stetiges Wirtschaftswachstum, hoher Beschäftigungsstand und außenwirtschaftl. Gleichgewicht) gleichgesetzt wird. Das Preisniveau wird anhand verschiedener Preisindizes gemessen, namentlich am → Preisindex für die Lebenshaltung und am → Harmonisierten Verbraucherpreisindex (HVPI) der EU.

Preisstopp, ein Verbot, Preise einzelner oder aller Güter von einem bestimmten Zeitpunkt ab zu erhöhen, um z.B. einen inflatorischen Preisauftrieb zu bremsen (zu stoppen), weil der Staat die Bezieher fester und kleiner Einkommen vor der → Inflation schützen will. Der P. ist meist mit einem → Lohnstopp gekoppelt. Nichtbefolgung des P. wird mit Strafen bedroht. Bei einer auf diese Weise »gestoppten Inflation« besteht die Gefahr, dass sich bei einem Einfrieren der Preise und unverändertem Fortbestehen der Ursachen für die Inflation nach kurzer Zeit ein sog. Kaufkraftüberhang bildet, der gewöhnlich dazu führt, dass ein »Grauer« oder »Schwarzer« Markt entsteht, auf dem unter Umgehung der behördlichen Preis- (und eventuell) Bewirtschaftungsvorschriften die begehrten Güter zu erheblich höheren Preisen, als es dem P. entspricht, gehandelt werden. Die Erfahrungen einzelner Länder (z.B. der USA) mit dem P. zur Bekämpfung der Inflation sind mehr oder weniger negativ.

Preistaxen, auch → administrierte Preise genannt, sind autoritär, d.h. durch Staat, Gemeinden oder Behörden festgesetzte oder genehmigte → Preise. Bsp.: Apothekertaxen, Notargebühren, Taxen für Autodroschken, Dienstmänner, Schornsteinfeger, Bahn- und Posttarife. Als Mindest- oder → Höchstpreise geben solche P. Grenzen für die Marktpreise an.

Preistheorie, beschreibt und erklärt den Prozess der → Marktpreisbildung für Güter und Dienste sowie → Produktionsfaktoren, wobei sie Marktverhalten und → Marktformen einbezieht. Sie geht davon aus, dass die Hersteller höchsten Gewinn und die Verbraucher größten → Nutzen anstreben. Die P. beruht, historisch gesehen, auf der objektiven und subjektiven Wertlehre. Die neoklassische P. erfasst die Objektivierung der subjektiven Faktoren durch den Markt. Während L. Walras die Interdependenz des Preissystems einer Volkswirtschaft in einem konsistenten

Gleichungssystem erklärt, analysiert die partiale P. (A. Marshall) die Preisbildung auf dem Einzelmarkt. → Gleichgewicht.

Preiswettbewerb, eine Form des → Wettbewerbs, die sich ausschl. auf den → Preis bezieht. → Dynamischer Wettbewerb.

Preiszusammenhang, Theorie des internationalen, ein vom → Sachverständigenrat (SVR) zur Begutachtung der wirtsch. Entwicklung entwickeltes Konzept, nach dem die »Preisansteckung« (→ importierte Inflation) auch unabhängig vom Saldo der → Leistungsbilanz auftreten kann, wenn nämlich auf vollkommenen Märkten eine natürliche Tendenz zum Ausgleich der Güterpreise besteht. In diesem Falle wird jeder Preisanstieg im Ausland über den Weltmarkt auch auf das Inland übertragen, da die inländ. Exporteure bei hohen Weltmarktpreisen ebenfalls erhöhte Preise erzielen und eher bereit sind, für die von ihnen benötigten Vorprodukte und Faktorleistungen mehr zu bezahlen. Auch die erhöhten Importpreise können auf andere Märkte überwälzt werden und so zu einem Anstieg des → Preisniveaus beitragen, falls die monetäre Gesamtnachfrage nicht kleiner wird (etwa durch restriktive → Geldpolitik).

Pretiale Lenkung (pretial, von lat.: pretium = Preis), die Lenkung des betriebl. Ablaufs durch innerbetriebl. Preise anstatt durch unmittelbare Vorschriften, wobei den einzelnen Abteilungen weit gehende Entscheidungsfreiheit eingeräumt wird. P. soll den Preismechanismus des Marktes auf die innerbetriebl. Lenkung der Leistungsströme, soweit das möglich ist, übertragen, wobei ein Wettbewerb zwischen den Abteilungen simuliert wird.

Primärforschung → Feldforschung, → Primärstatistik.

Primärstatistik, eine im Gegensatz zur → Sekundärstatistik eigens durchgeführte Erhebung, die durch (1) pers. Befragung (Interview), (2) schriftliche Befragung mit Hilfe von Fragebögen und (3) durch Beobachtung erfolgt. Die P. hat den Vorteil, dass die Ergebnisse aktuell und auf Gegenwartsfragen abgestellt sind; sie ist allerdings mit hohen Kosten verbunden. Gegenstück ist die → Sekundärstatistik. → Statistik, → Stichprobenverfahren.

Primärverteilung, das Ergebnis der Einkommens- und → Vermögensbildung am Markt, also der Entlohnung der an der Produktion beteiligten Faktoren (→ Produktionsfaktoren). Die Bewertung geschieht durch den Marktpreis, der die Knappheitsverhältnisse widerspiegelt. Lohn, Entgelte für Vermögensnutzung sowie Gewinn sind dabei die funktionalen Einkommen. Der Wettbewerb sichert die leistungsgerechte Verteilung (Aristoteles' kommutative Gerechtigkeit) nur unvollständig (→ Windfall-Profits). Der Staat greift in diese Marktverteilung durch → Steuern und → Staatsausgaben korrigierend ein, um eine distributive Gerechtigkeit zu gewährleisten. → Sekundärverteilung, → Budgetinzidenz.

Prime Rate (amerik.), Zins, zu dem Geschäftsbanken guten Kunden Barkredite mit einer Laufzeit von 90 Tagen einräumen (USA).

Prinzipal-Agent-Theorie, spielt eine wichtige Rolle in der → Neuen Institutionenökonomik. Bei der P. handelt es sich um eine → Vertragstheorie. Das Grundmodell der P. baut sich folgendermaßen auf: Ein Prinzipal (Vertretener) beauftragt einen Agenten (Vertreter) mit der Durchführung einer bestimmten → Transaktion in seinem Sinne. Der Agent kann aus einer Vielzahl von Handlungsalternativen auswählen, die sowohl seine Wohlfahrt als auch die des Prinzipals beeinflussen. Der Prinzipal kann die Aktionen des Agenten grundsätzlich nicht beobachten, sondern nur deren Ergebnis. Das Resultat der Transaktion hängt jedoch nicht alleine von den Handlungen des Agenten ab, sondern von verschiedensten zufälligen Umwelteinflüssen. Auf Grund dieser Umwelteinflüsse kann der Prinzipal durch die Kontrolle des Resultats nicht auf die Handlungen des Agenten schließen. Um sicherzugehen, dass der Agent die gewünschten Aktionen auch durchführt, muss der Prinzipal den Agenten kontrollieren. Dies ist jedoch oft sehr kostspielig. Der Prinzipal muss den Vertrag mit dem Agenten so gestalten, dass dieser einen dauerhaften Anreiz erhält, die gewünschten Aktionen des Prinzipals durchzuführen. Weiterhin sollten das → Selbstinteresse des Agenten mit den Anweisungen und dem Interesse des Prinzipals gleich sein. → Informationsökonomik, → Unvollkommene Information.

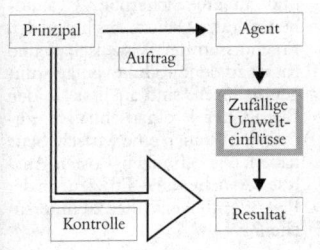

Prinzip der fiskalischen Äquivalenz → Fiskalische Äquivalenz, Prinzip der.

Prinzip der Tarifeinheit → Tarifvertrag.

Prinzip des ökonomischen und politischen Verbunds → Fiskalische Äquivalenz, Prinzip der, → Verbundprinzip, ökonomisches und politisches.

Prioritätsaktie → Vorzugsaktie.

Privatbank, im Gegensatz zur öffentl.-rechtl. Bank i.w.S. ein → Kreditinstitut, das in der Rechtsform der Einzelfirma, → Stillen Gesellschaft, → Offenen Handelsgesellschaft (OHG), → Kommanditgesellschaft (KG), → Aktiengesellschaft (AG), → Gesellschaft mit beschränkter Haftung (GmbH) usw. Bankgeschäfte betreibt. Die Privatbanken lassen sich ferner unterteilen in (1) Privatbankgeschäfte die i.e.S., in der Form der Einzelfirmen (Stillen Gesellschaften, OHG oder KG) geführt werden und deren Gegenstück den (2) Aktienbanken.

Privatbankier, der Leiter einer als Einzelfirma oder in der Form einer Personalgesellschaft betriebenen → Privatbank. Das moderne Kreditbankwesen hat von dem P. seinen Ausgang genommen.

Privatinsolvenz, umgangssprachliche Bezeichnung für das gerichtliche Schuldenregulierungsverfahren, welches im Gegensatz zum Firmenkonkurs (→ Insolvenz) nur für Personen geeignet ist, die kein Unternehmen betreiben. Durch die P. soll dem Schuldner die Möglichkeit für einen wirtsch. Neubeginn gegeben werden.

Privatisierung, die Rückführung öffentl. Unternehmen oder Aufgaben in Privateigentum (die europäische Privatisierungsbewegung wurde durch die britische Thatcher-Regierung Anfang der 1980er Jahre initiiert). P. ist dann gerechtfertigt, wenn Aufgaben, die bisher den Charakter → öffentlicher Güter hatten, nun (z.B. durch technologische Verbesserungen) Privatcharakter aufweisen, bzw. wenn eine Aufgabe bisher im öffentl. Sektor durchgeführt wurde, ohne dass tatsächlich vollständiges → Marktversagen vorgelegen hätte (partielles Marktversagen ist zwar ein Grund für sektorale → Regulierung, nicht aber zwingend für staatl. Aufgabenerfüllung). Durch die Aufgabe des Staatsmonopols in (Teil-)Märkten und den Verkauf der vormaligen Staatsbetriebe soll das öffentl. Budget entlastet werden; die Dynamik der Märkte soll durch Zulassung konkurrierender Unternehmen gestärkt werden (→ Liberalisierung). Selbst Güter, die Merkmale des öffentl. Gutes erfüllen, müssen nicht vom Staat selbst produziert werden. Man unterscheidet verschiedene Formen der P. (1) Materielle P.: Eine öffentl. Aufgabe wird vollständig in den privatwirtsch. Bereich überführt. (2) Formelle P.: Die Staatsaufgabe bleibt zunächst bestehen, die öffentl. Hand wählt aber statt hoheitlicher Verwaltung eine Organisationsform des privaten Rechts zur Aufgabenerfüllung (GmbH, AG). Die formelle P. geschieht meist im Vorlauf zur materiellen P.

Privatversicherung, Individualversicherung, ein grundsätzlich freiwillig (ausgenommen Feuer- und Kfz-Haftpflichtversicherung) abgeschlossener Vertrag, der individuelle oder Privatrisiken weitestgehend abdecken soll. → Versicherung, → Sozialversicherung.

Produktdifferenzierung, (1) horizontale P. liegt vor, wenn die Ware sachlich oder techn. anders gestaltet oder verpackt wird als die der Konkurrenten, (2) vertikale P. liegt vor, wenn das Produkt durch Veränderungen für unterschiedliche Preisklassen umgestaltet wird, (3) von temporaler P. spricht man, wenn die Ware zum besseren Absatz modischen Veränderungen angepasst wird.

Produktion, in den → Wirtschaftswissenschaften gebräuchlicher Ausdruck für die Herstellung von Gütern. Zu unterscheiden sind natürliche, techn. und wirtsch. Grundlagen der P. Da auch Handel, Verkehr und sonstige private (Arzt, Rechtsanwalt) und öffentl. (innere und äußere Sicherheit, Gesundheitsschutz) Dienste, bis hin zu den Ergebnissen der Wissenschaft und Kunst zu den produktiven Leistungen gehören, sind auch sie in den Begriff der P. einzuschließen, zumal sie alle auch eine wirtsch. Seite haben. Die → Nutzen-Kosten-Analyse versucht, die → Effizienz in der P. → öffentlicher Güter zu untersuchen.

Produktionselastizität, drückt das Verhältnis einer relativen Änderung des Ausstoßes (Y) zur relativen Änderung der dazu notwendigen Einsatzmenge (X) aus, wobei die anderen Einsatzgrößen unverändert bleiben. Formal geschrieben:

$$\varepsilon_{y,x} = \frac{dY}{Y} : \frac{dX}{X}$$

Produktionsfaktoren, Wirtschaftsgrundlagen, ohne welche die Erzeugung von → Gütern nicht möglich ist. Es sind dies i.e.S. Arbeit, Boden und Kapital, i.w.S (1) Bevölkerung, Arbeitspotenzial und unternehmerische Kräfte, (2) natürliche Hilfsquellen und ihre Erschließung, (3) sachliche und räumliche Kapitalausrüstung (von Maschinen bis zur → Infrastruktur), (4) techn. Erfindungen und deren ökonom. Verwertung, (5) Bedürfnisstruktur und (6) → Wirtschaftsordnung, Rechts- und Sozialordnung.

Produktionsfunktion, drückt bei einer bestimmten Produktionstechnik und -organisation die »funktionalen Beziehungen« zwischen Gütern und den zu ihrer Produktion notwendigen Faktoren aus. Sie spiegelt die Umwandlung (Transformation) von Einsatzgütern in Ausstoßgüter wider. Ihre allgemeine Form findet sie in der Gleichung: Produktionsmenge y = F (K, L, T), wobei K den Produktionsfaktor Kapital, L den Faktor Arbeit und T den → technischen Fortschritt bezeichnet. Erhöht man die Einsatzmengen aller Faktoren im gleichen Verhältnis, kann die Ausstoßmenge gleich, stärker oder weniger zunehmen (linear, über- oder unterlinear homogene P.). Bewertet man die eingesetzten Mengen mit Preisen, und kehrt man die Frage um, untersucht man also die Kosten, die eine Produktion verursacht, so kommt man zu den Kostenkurven eines Betriebes. In der makroökonom. Produktionstheorie sind v.a. drei P. bekannt, deren Verlauf man anhand ihrer → Isoquanten veranschaulichen kann. Die → Substitutionselastizitäten der drei P. lauten:

$\sigma = 0$ Leontief-Produktionsfunktion

$0 \leq \sigma \leq \infty$ CES-Produktionsfunktion

$\sigma = 1$ Cobb-Douglas-Produktionsfunktion (als Sonderfall der CES-Funktion).

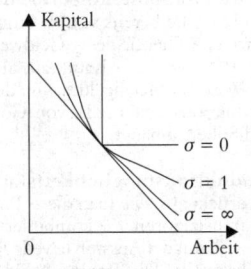

Der lineare Kurvenverlauf ($\sigma = \infty$) stellt ein theoret. Extrem dar: Wenn der → Grenzertrag bei partieller Faktorvariation unverändert und das Faktorengeld (Lohn, Zins) vom Grenzertrag abhängig ist, bleibt das Verhältnis von Lohn und Zins bei unterschiedlichen → Kapitalintensitäten konstant. → Neoklassische Produktionsfunktion, → Leontief-Produktionsfunktion, → Cobb-Douglas-Funktion.

Produktionskoeffizient, drückt das Verhältnis der eingesetzten Menge eines → Produktionsfaktors

Produktionskostentheorie der Klassik

zu dem damit erzeugten Ausstoß aus (wie viel Faktoreinheiten benötigt man, um eine Ausstoßeinheit herzustellen). Der P. ist unelastisch oder fix, wenn die Menge unveränderbar ist, z.B. eine bestimmte Menge zu einem Bau benötigter Materialien. → Produktionsfunktion.

Produktionskostentheorie der Klassik, besagt, dass auf lange Sicht der Preis eben noch die Kosten, also Lohn, Zins und Rente, deckt, so dass nach klassischer Ansicht die Wirtschaft in einem stationären Zustand verharrt, also nicht mehr wächst.

Produktionskostentheorie des Geldes, eine bereits von A. Smith vertretene Theorie des → Geldwertes, nach der die → Kaufkraft, also der Wert des Metallgeldes, von den Produktionskosten, z.B. von Gold und Silber, abhängt.

Produktionsmöglichkeitskurve, drückt aus, wie man die → Produktionsfaktoren kombinieren muss, damit der Ausstoß jeweils am höchsten ist. Die Punkte A bis Z sind jeweils der Maximalertrag. Werden alle Produktionsfaktoren im Gewerbe eingesetzt, ist der Ausstoß 0A, bei Einsatz in der Landwirt., 0Z. Setzt man gleiche Arbeitsmengen in der Landwirt. bei gegebener Bodengröße ein und verzichtet damit auf gleiche Mengen an gewerbl. Erzeugnissen, dann erhält man immer weniger landwirtsch. Produkte bei gleichem zusätzlichen Transfer von Arbeit. Es wirkt sich das Gesetz der abnehmenden Erträge aus, so dass die Kosten relativ zunehmen. Formal ausgedrückt: die Kurve ist konkav geneigt. → Transformationskurve.

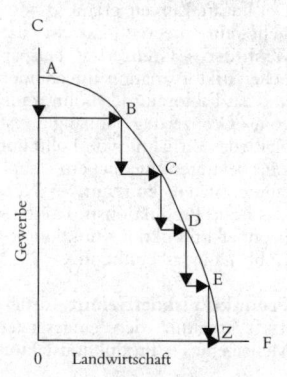

Produktionsoptimum, eine notwendige Bedingung für ein → Pareto-Optimum; liegt dann vor, wenn man von einem Gut nur dann eines mehr produzieren kann, wenn man auf die Herstellung eines anderen verzichtet. Man sagt, dass dann die Allokation der Ressourcen techn. effizient sei, wobei die Ausrüstung mit Faktoren und der → technische Fortschritt als gegeben betrachtet werden. Es gibt eine unendlich große Zahl von P. in einer Volkswirtschaft, bei denen die Zusammensetzung der Güter unterschiedlich ist. → Transformationskurve.

Produktionspotenzial, das bei einer vollen Ausnutzung aller Hilfsquellen zu erreichende → Sozialprodukt einer Volkswirtschaft. Konjunkturschwankungen können als Veränderungen im Auslastungsgrad des P. bezeichnet werden. Zur Berechnung des P. dienen gesamtwirtsch. → Indikatoren, wie → Kapitalstock, Arbeitskräfteangebot und → Arbeitsproduktivität. Auch durch Umfrage bei Unternehmen

Produktivitätshypothese

kann die Auslastung der Kapazitäten erfasst werden. Der Wert solcher Messungen des P. ist umstritten.

Produktionstheorie, versucht, die techn. effizienten Verbindungen von Einsatz- und Ausstoßgrößen anhand von → Produktionsfunktionen zu beschreiben und zu erklären. Die makroökonom. P. erklärt, wie durch die zusammengefassten (aggregierten) → Produktionsfaktoren Kapital, Arbeit und Boden das → Sozialprodukt entsteht, während die mikroökonom. P. analysiert, wie die in einem Betrieb verfügbaren Produktionsmittel kostenminimal kombiniert werden sollen, um Güter und Dienste herzustellen. → Minimalkostenkombination.

Produktionstiefe, drückt aus, wie viele Bearbeitungsvorgänge ein Betrieb selbst durchführt.

Produktionsumwege → Kapital.

Produktivität, die volkswirtsch. Ergiebigkeit, die gesamtwirtsch. Erfolgskategorie. P. kann als Wert-, als Eigenschafts- und als Maßbegriff aufgefasst werden. Man spricht von einer P. des Bodens, der Arbeit, des Kapitals, der Organisation, der Konsumtion, der Gesamtwirtschaft, der Wirtschaftspolitik und schließlich von außerwirtsch. Faktoren, welche die P. steigern oder vermindern. Üblicherweise unterscheidet man zwischen techn. und wirtsch. P. Die techn. P. ist am Maximum der Gütererzeugung orientiert, die wirtsch. P. dagegen strebt das Optimum, d.h. die bestmögliche Leistung an, gemessen an gesamtwirtsch. Zielen. P. und →

Rentabilität decken sich nicht immer: So können Tätigkeiten, Leistungen und Institutionen in höchstem Maße produktiv sein (z.B. geistige Leistungen, Erfindungen, soz. Einrichtungen), müssen jedoch nicht rentabel sein, und umgekehrt. Die qualitative Seite der P. betrifft die Frage sinnvoller Bedarfe, soz. Rücksichten sowie kulturelle, gesamtwirtsch. und polit. Belange. Zeitliche Erwägungen sind v.a. bei der Ausbeutung von Rohstoffen wichtig (→ Externe Effekte, → Qualität des Lebens). Produktivitätssteigerungen bezieht man gerne einseitig auf die Arbeit und versteht dann unter P. Ergiebigkeit der Arbeit (output per man hour, Ausbringung pro Mann und Stunde). Dieselbe Beziehung kann indes auch für das Kapital und den Rohstoffeinsatz aufgestellt werden; denn in allen wichtigen Produktionsbereichen kommt es auf das Zusammenwirken von Arbeiter und Maschine, von Menschen und → Realkapital, an (→ Kommanditgesellschaft (KG)). Die im Betrieb möglichen Produktivitätsverbesserungen beziehen sich auf die menschliche → Arbeitsleistung, welche die Arbeitstechnik, die Arbeitsbedingungen und einseitige → Anreize zur Arbeit (incentives) umfassen, ferner auf die Kapazitätsausnutzung der Betriebsmittel, die Organisation und die Absatzbedingungen. Auch → Wirtschaftsordnung und → Wirtschaftsverfassung und ihre Verbesserung durch wirtsch.polit. Maßnahmen sind für die Steigerung der P. wichtig sind (→ Effizienzlohn-Theorie).

Produktivitätshypothese, nach Baumols, der behauptet, die → Produktivität im öffentl. Sektor hinke gegenüber der im Marktsektor grundsätzlich nach. Die Ursache sieht er in der relativ hohen → Arbeitsintensität beim Angebot staatl. Leistungen, so dass sich der → technische Fortschritt weniger stark auswirken kann. Nimmt das Besoldungsniveau der Staatsbediensteten entsprechend der allgemeinen Einkommensentwicklung zu, weil es von der Leistung abgekoppelt ist, so werden die öffentl. Dienste teurer. Aber auch die → Opportunitätskosten nehmen säkular zu, weil an der Grenze die Ausweitung des öffentl. Angebotes real mehr private Güter kostet, auf die man verzichten muss.

Produktivvermögen, der Teil des → Volksvermögens, der Leistungen im Rahmen des Produktionsprozesses abgibt. Das gesamte Konsum- und Gebrauchsvermögen der Haushalte und die Sachgüter für militärische Zwecke gehören nicht zum P., wohl aber das gesamte menschliche und sachliche P. (als Anlage- und Vorratsvermögen) sowie Grund und Boden und sonstige natürliche Hilfsquellen, soweit sie produktiven Zwecken dienen.

Produktplanung, wird umso wichtiger, je rascher sich der techn. und gesellschaftliche Wandel vollzieht. Zentrales Element der P. ist die Anpassung an oder die Schaffung neuer Märkte. Sie erstreckt sich über alle Lebensphasen eines Gutes, nämlich Produktidee, Bewertung von Alternativen, Auswahl, Forschung und Entwicklung, Vorbereitung von Produktion und Absatz sowie Verwertung am Markt.

Produktzyklus-Theorie, Theorie aus dem → Marketing, die jedem Produkt eine bestimmte Lebensdauer unterstellt, welche sich in folgende Phasen einteilen lässt: (1) Einführungsphase: Nach der Produkteinführung können die Erlöse die enstandenen Kosten noch nicht decken. (2) Wachstumsphase: Auf Grund eines höheren Bekanntheitsgrad und den daraus resultierenden höheren Umsätzen erreicht das Unternehmen die Gewinnschwelle, bekommt aber gleichzeitig Konkurrenz durch Nachahmer. (3) Reifephase: Sinkende Umsatzzuwächse bei gleichzeitig hohen Margen. (4) Sättigungsphase: Kein Umsatzwachstum, was zu Änderungen beim Preis oder Produktdesign führt. Die Umsätze nehmen danach weiter ab, bis das Produkt ganz aus dem Markt ausscheidet.

Produzentenrente (engl.: producer's surplus), drückt nach Marshall den Unterschied zwischen Marktpreis und Angebotspreis aus. Im Gegensatz zur → Konsumentenrente ist die P. ein Betrag, den man tatsächlich erhält. Da die → Angebotselastizität bei dynamischer Konkurrenz zunimmt, wird die P. im Zeitablauf zurückgehen.

Profit Center (engl.), organisatorisch selbständige Unternehmensbereiche i.d.R. mit Gewinnverantwortung. Die Selbstverantwortung der P. ist unterschiedlich umfangreich: (1) sog. Cost Center sind nur für die Kostenverursachung verantwortlich; (2) P. i.e.S. haben Gewinnverantwortung, (3) sog. Investment Center können die erwirtschafteten Gewinne selbst reinvestieren.

Profitrate, zentraler Ausdruck in K. Marx' Entwicklungstheorie, errechnet sich aus dem Verhältnis von → Mehrwert zum → Kapitalstock. Säkular sinke die P., was letztlich zum Zusammenbruch des kapitalistischen Systems führe. → Marxismus.

Prognose, der Grundgedanke besteht darin, Beziehungen zwischen einem Faktor und der Zeit abzuleiten, indem man die Vergangenheit beobachtet, um diese Zusammenhänge auf die (unsichere, aber einschätzbare) Zukunft zu übertragen, sei es unmittelbar, sei es sinnvoll abgeändert. Aus Theorien oder allgemeinen Gesetzen (nomologisch) und aus Anfangs- und Nebenbedingungen abgeleitete P. sind bedingte und wahrscheinliche, aber keine sicheren (»richtigen«) Vorhersagen. Ökonom. P. können zudem Ankündigungswirkungen verursachen, welche die Voraussage bewirken oder aufheben oder unbestimmbar beeinflussen, weil sie die Bedingungen selbst verändern. Werden diese Effekte beabsichtigt, spricht man von Zweckprognosen Tritt Unvorhersagbares ein, das die (Entscheidungs-)P. unterstützt, kann man in diesem (engen) Sinn von Glück sprechen. → Prognosetechnik, → Theorie der rationalen Erwartung (TRE).

Prognosetechnik, erarbeitet Verfahren, um die Entwicklung eines ökonom. Faktums z in Abhängigkeit zumeist von der Zeit t voraussagen zu können. Wird nur die Zeit als Einflussgröße berücksichtigt, spricht man von univariablen Methoden, werden weitere ökonom. Faktoren einbezogen, kommt man zu multivariablen Methoden. Grundsätzlich kann man bei P. deterministische, stochastische (auf Erfahrung fußende) und futuristische (heuristische, nicht auf Gesetzmäßigkeiten beruhende) Methoden anwenden. Die Regressionsanalyse (mit der Zeit als unabhängiger Größe) und das Prinzip der gleitenden Durchschnitte werden in den kurzfr. Prognosen verwendet. Bei Prognosen mit Hilfe von Markov-Prozessen geht man von einer vorauszusagenden Zufallsvariablen aus, die einen angenommenen Vektor der Wahrscheinlichkeit zu Anfang ihrer Ausprägungen (alle im Zeitpunkt t) hat. → Statistik, → Zeitreihen.

Program Evaluation and Review Technique (PERT) → Netzplantechnik.

Programmbudget, bildet die Grundlage des in Amerika entwickelten, integrierten Ziel-, Planungs- und Kontrollsystems PPBS (Planning-Programming-Budgeting-System). Im Gegensatz zu dem nach Verantwortungsbereichen (→ Ministerialprinzip) gegliederten Verwaltungsbudget ist das P. funktional, d.h. nach den Aufgaben und Programmen gegliedert, die das Regierungsprogramm zumeist für eine Legislaturperiode (als Ergebnis der polit. Ziele) ausdrücken. Das P. versucht, → Nutzen und Kosten, Einsatz und Ausstoß, Aufwand und Erträge der einzelnen Projekte und Programme zu erfassen und zu vergleichen, um die wirtschaftlichste Alternative auszuwählen. Es wird auch die gerechte Verteilung der Nutzen und Kosten einbezogen. Das P. ist nicht zu verwechseln mit dem Funktionsplan, da dieser nur den Einsatz oder die Ausgabe der Mittel erfasst, nicht aber das Ergebnis oder den Ertrag. Das P. soll dem Politiker und der Verwaltung helfen, anhand von → Nutzen-Kosten-Analysen (NKA) die knappen öffentl. Mittel wirtsch. einzusetzen und den Ertrag gerecht zu verteilen. Es besteht aus einem übergeordneten Mehrjahresprogramm und einem Finanzplan, worin die Programme, etwa für das Gesundheitswesen, in Unterprogramme (z.B. Vorbeugung, Nachbehandlung) und Projekte (z.B. Impfschutz) unterteilt sind, die ihrerseits über die jährliche Budgetplanung (Mittelzuweisung) eng miteinander verbunden sind.

Progression → Steuerprogression.

Prohibitivzölle, → Zölle, die die Ein- oder Ausfuhr einzelner Waren behindern oder unmöglich machen sollen. → Finanzzoll, → Schutzzoll.

Projektion, eine Vorhersage, die höchst unterschiedlich zum Begriff der → Prognose abgegrenzt wird. Für einige Autoren ist die P. eine substanzielle Vorhersage, während die Prognose wegen ihrer höchst subjektiven Wahrscheinlichkeit schwach und vage bleibt. Demgegenüber verstehen einige Wissenschaftstheoretiker unter P. Voraussagen, die nicht auf gesetzmäßigen Grundlagen beruhen, so dass sie mehr Erwartungen oder → Extrapolationen, wie jenen des → Klubs von Rom ähneln, während sie unter Prognosen Aussagen über die künftige Entwicklung verstehen, die deduktiv aus hinreichend belegten Theorien abgeleitet sind (→ Logik, formale).

Prokura (ital.-lat.), die in ihrem Umfang gesetzl. festgelegte, nahezu unbeschränkte und nur von einem → Vollkaufmann durch ausdrückliche Erklärung erteilbare → Handlungsvollmacht. Die P. ermächtigt zu allen Rechtshandlungen, die der Betrieb eines → Handelsgewerbes (nicht wie bei der gewerbl. Handlungsvollmacht »des betriebl. Handelsgewerbes«) mit sich bringt. Auch außergewerbl. Geschäfte fallen darunter, etwa Wechselzeichnung, Prozessführung oder Gründung von Filialen, Erwerb von Grundstücken. Die P. ermächtigt nicht, Grundstücke zu veräußern, zu belasten, Bilanzen und Inventarlisten zu unterzeichnen oder einen Handelsbetrieb zu eröffnen oder zu schließen. Der Prokurist soll in der Weise zeichnen, dass er der → Firma seinen Namen mit einem das Prokuraverhältnis andeutenden Zusatz beifügt.

Prolongation (lat.), die zeitliche Verlängerung eines Rechtsverhältnisses, insbes. das Hinausschieben einer Zahlungs- oder Erfüllungsfrist über den urspr. vereinbarten Zeitpunkt hinaus. P. des → Wechsels ist die Verlängerung der aus dem Wechsel sich ergebenden Zahlungszeit. Sie ist ohne bes. Form zulässig und erfolgt i.d.R. unter gleichzeitiger Ausstellung eines die Stundung der Zahlung zum Ausdruck bringenden »Prolongationswechsels«.

Prolongationsgeschäft, Kost-, Interventionsgeschäft, eine im Börsenverkehr übliche Geschäftsform, mit deren Hilfe ein → Termingeschäft verlängert wird, also die in bestimmten Formen sich abwickelnde Hinausschiebung der Erfüllung einer Börsenverpflichtung. Ein P. wird immer dann notwendig, wenn die erhoffte Kursentwicklung nicht eingetreten ist, d.h. wenn bei der → Spekulation à la → Hausse statt zu steigen gefallen oder bei der Spekulation à la → Baisse statt zu fallen gestiegen sind. → Börse.

Property Rights Approach → Theorie der Eigentumsrechte.

Prospekt (lat., Anblick, Ausblick), bedeutet in der Werbung schriftliche Anzeige oder Ankündigung mit überwiegend bildlichen Elementen, die meistens das Wesentliche über das werbende Unternehmen und die von ihm angebotenen Waren enthält. Bei → Emissionen ist vor der Einführung an der → Börse ein P. zu veröffentlichen, der die für die Beurteilung des einzuführenden Wertpapiers wichtigen Angaben enthält.

Prosperität, volkswirtsch. Wohlstand, wird in der → Konjunkturtheorie als Gegenbegriff zu Depression und als Ausdruck des wirtsch. Aufschwungs verwendet. → Konjunkturbewegungen.

Protektionismus, im Gegensatz zum → Freihandel im handelspolit. System, das mit Hilfe von Schutzzöllen, Kontingentierung usw. zur Abschließung der heimischen Wirtschaft gegen den → Wettbewerb des Auslandes dient. Alle internationalen Handels- und Währungsabkommen nach dem Kriege zielen darauf ab, den P. abzubauen, um die Vorteile der internationalen → Arbeitsteilung für alle Nationen voll auszunutzen. → World Trade Organization (WTO).

Provision, eine im Handelsverkehr übliche und vom HGB (§ 354) anerkannte Art der Vergütung für die von einem → Kaufmann geleisteten Dienste, i.d.R. berechnet in Prozent vom Umsatz. Gesetzl. Provisionsanspruch haben: der → Handelsvertreter, der → Handelsmakler, der → Kommissionär und der Spediteur, dagegen der Handlungsgehilfe nur dann, wenn P. vereinbart ist.

Prozesskostenrechnung (engl.: Activity Based Costing), Kostenrechnungssystem, dass davon ausgeht, dass Kosten durch Prozesse entstehen, die nicht durch Kostenträger (→ Kostenrechnung) verursacht werden. Die P. definiert Haupt- und Teilprozesse, da der Umfang der → Gemeinkosten von der Anzahl der Produktvarianten und der dazu erforderlichen Produktentwicklung abhängt. Die gesamten Kosten (→ Vollkostenrechnung) des Prozesses werden jenem Produkt zugerechnet, für dessen Produktion die entsprechenden Haupt- oder Teilprozesse notwendig sind. So gilt z.B. die Anzahl der Bestellungen von Material als Gemeinkostentreiber (Cost Driver) in der Produktion. Setzt man die Gemeinkosten der Beschaffung ins Verhältnis zur Gesamtzahl der Bestellungen, so ergibt sich der Gemeinkostensatz der Bestellung (Aktivität). Produkte mit unterschiedlich hohen Häufigkeiten von Bestellvorgängen werden in der P. unterschiedlich mit dem Gemeinkostensatz belastet. Die P. ist ein wichtiger Bestandteil der Reformbestrebungen in der öffentl. Verwaltung (→ Neues Steuerungsmodell (NSM)).

Prozesspolitik, umfasst alle wirtsch.polit. Maßnahmen zur Beeinflussung der Stromgrößen im gesamtwirtsch. Kreislauf inbes. zur Stabilisierung von Konjunktur und Wachstum im Gegensatz zur → Wirtschaftsgrundlagenpolitik. → Ordnungspolitik.

Psychisches Einkommen, besteht im Gegensatz zum → Einkommen aus Geld sowie Gütern und Diensten in dem Gefühl der Freude und Genugtuung, etwa im Stolz des Künstlers auf sein Werk oder der Befriedigung über die Anerkennung und den Status. Auch Arbeiter und Hausfrauen, die Freude an ihrer Arbeit haben und Anerkennung für ihr Werk finden, erhalten P. Es gibt noch keinen Maßstab für das P. (Edgeworth).

Psychologisches Gesetz von Keynes, drückt aus, dass mit zunehmendem Einkommen ein ständig größerer Teil des Einkommens gespart wird, d.h. die → Konsumquote wird kleiner und die → Sparquote größer. Empirische Analysen haben ergeben, dass das P. selbst kurzfr. nur bedingt gilt. Langfr. sind sowohl Grenz- wie durchschnittliche Quoten des Konsums nahezu konstant (→ Konsumausgaben, kurz- und langfristige).

Public Choice (engl.), untersucht den polit. Prozess in einem demokratischen Staat mit Hilfe der ökonom. Analyse (→ Entscheidungsprozess, politischer). Das Verfahren wurde in Amerika entwickelt und kann im Deutschen auch interpretiert werden als Theorie der öffentl. Wahl oder kollektiven Entscheidung. Die Individuen werden dabei nicht nur als Konsumenten gesehen, die private Güter nachfragen, sondern auch als Wähler, die sich zwischen alternativen → öffentlichen Gütern entscheiden. In die Analyse werden Abstimmungsregeln (Einstimmigkeit, Mehrheitswahl, Pluralitätswahl, → Wahlverfahren, Abstimmungsregeln, politische), strategisches Wahlverhalten (Parteien- und Koalitionsbildung, → Log-Rolling) und Gruppengröße (Lobby, Verbände, → Interessengruppen, Theorie der) einbezogen. → Ökonomische Theorie der Politik.

Public Economics (engl.) → Finanzwissenschaft.

Public Goods (engl.) → Öffentliche Güter.

Public Management (engl.), befasst sich als → Management im funktionalen Sinne mit der Steuerung komplexer → Organisationen im öffentl. Sektor und vorwiegend mit öffentl. Verwaltungen. Dabei orientieren sich die Ansätze des P. an einem veränderten Paradigma des Managements öffentl. Verwaltungen (→ New Public Management). P. kümmert sich um die Spezifizierung von Steuerungsproblemen und zielt auf die Analyse und Gestaltung von Managementprozessen. Es ist ein Erkenntnis- und Gestaltungsmuster sowohl für öffentl. Verwaltungen als auch für → öffentliche Unternehmen. Beabsichtigt sind eine Neubewertung der Staatsaufgaben und eine Neuorganisation der Aufgabenerledigung durch staatliche und kommunale Institutionen. Während sich die öffentl. → Betriebswirtschaftslehre (BWL) als Lehre von der wirtsch. Wahrnehmung öffentl.

Aufgaben weniger an einer übergreifenden Analyse der einzelnen Teilprobleme der öffentl. Verwaltung interessiert zeigt (Konzentration auf Wirtschaftlichkeitsanalysen (→ Wirtschaftlichkeit)), versucht das P. im Rahmen eines veränderten Leitbildes (New Public Management) an den Managementprozessen und deren Einflussfaktoren anzusetzen und eine eher ganzheitliche Untersuchung der einzelnen Teilprobleme sowie eine Abstimmung der Teillösungen zu erreichen. → Kommunale Gemeinschaftsstelle für Verwaltungsvereinfachung (KGSt).

Public Relations (engl.) → Öffentlichkeitsarbeit.

Publizitätspflicht, ist einzelnen Betrieben auferlegt. Sie müssen die Öffentlichkeit über bestimmte Vorgänge und Tatsachen unterrichten. So ist der Vorstand einer → Aktiengesellschaft (AG) verpflichtet, den → Jahresabschluss in den Gesellschaftsblättern bekannt zu machen, vollständig und richtig mit dem vollen Wortlaut des Bestätigungsvermerks, und die handelsrechtl. vorgeschriebene Eintragung einer Firma in das → Handelsregister vorzunehmen.

Pull-Strategie, Strategie in der Absatzwirtschaft (→ Absatz), die dadurch gekennzeichnet ist, dass sich die Werbemaßnahmen für bestimmte Produkte (Bsp.: Markenartikel) an den Konsumenten direkt richten. Dieser soll bei den entsprechenden Intermediären (Bsp.: Groß- und → Einzelhandel) für Nachfrage sorgen. Das Produkt wird somit über einen »Nachfragesog« durch den Absatzkanal »gezogen«. Gegenstück: → Push-Strategie.

Pump Priming (engl. Ausdruck der Konjunkturpolitik), der Versuch, eine unterbeschäftigte Wirtschaft durch erhöhte → Staatsausgaben mit Hilfe von Budgetdefiziten wieder zu beleben. Dadurch sollen die zu geringen Ausgaben der privaten Haushalte und Betriebe so lange angeregt werden, bis sie wieder ausreichend hoch sind. Die Theorie des P., ein Kind der → Weltwirtschaftskrise, ist später durch die → Multiplikator- und → Akzelerator-Theorie verfeinert worden. Der Einsatz des P. ist nicht unproblematisch. Die Grundidee wurde im → Stabilitätsgesetz (StWG) übernommen. → Budgetdefizit.

Pure Cycle (engl., auch OECD-Konzept), ein Budgetkonzept, mit dessen Hilfe die Wirkung des Budgets auf den Konjunkturverlauf ermittelt werden soll. Ähnlich dem finanzpolit. Hebel wird der Stabilitätsbeitrag der → Finanzpolitik über ein Maß bestimmt, das die Budgeteffekte in Beziehung setzt zur Lücke zwischen potenziellem → Sozialprodukt und dem »pure cycle«-Einkommen, d.h. dem SP ohne Budgeteinwirkung (s. Abb. folgende Seite). Das Maß zeigt an, ob die von Veränderungen des Budgets ausgehenden Wirkungen ohnehin auftretende konjunkturelle Schwankungen verstärkt oder abgeschwächt haben, d.h. die Finanzpolitik sich expansiv oder kontraktiv auswirkte. Die Hauptschwäche dieses Konzeptes besteht darin, dass es unterstellen muss, die Finanzpolitik habe keinen Einfluss auf das Verhalten von Konsumenten und Produzenten.

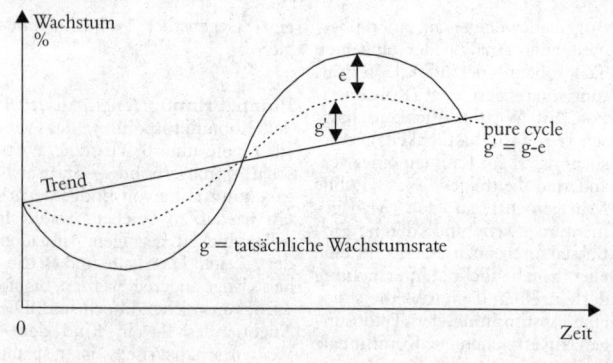

Push-Strategie, Strategie in der Absatzwirtschaft (→ Absatz), die dadurch gekennzeichnet ist, dass sich die Werbemaßnahmen für bestimmte Produkte (Bsp.: No-Name-Artikel) v. a. an Intermediäre (Bsp.: Groß- und → Einzelhandel) richten. Diese sollen dazu gebracht werden, das Produkt in ihr Sortiment aufzunehmen und zu fördern, um so Endkunden anzusprechen. Das Produkt wird somit über den »Angebotsdruck« durch den Absatzkanal »geschoben«. Gegenstück: → Pull-Strategie.

Put, → Optionsgeschäft, bei dem der Käufer das Recht erhält, ein → Wertpapier zu einem festgelegten Zeitpunkt und einem vorfixierten Preis (Basispreis) zu verkaufen. Der P. bietet die Möglichkeit, auf fallende → Kurse zu spekulieren bzw. sich gegen Kurseinbrüche zu versichern. → Call, → Optionspreistheorie.

Q

Q-Ineffizienz, ein Ausdruck der Theorie der → öffentlichen Verschwendung, entsteht insbes. dadurch, dass die Anbieter und Nutzer → öffentlicher Güter und Dienste von den Zahlern getrennt sind, was für ungefähr 90 % der Staatseinnahmen und -ausgaben gilt. Die Q. betrifft die übersteigerte Nachfrage nach öffentl. Gütern und Diensten, die in ein entsprechendes mengenmäßiges Angebot umgesetzt wird. → Non-Affektationsprinzip, → Steuerverbund, → Fiskalische Äquivalenz, Prinzip der, → Unwirtschaftlichkeit.

Qualifizierte Gründung, eine Form der Errichtung einer → Aktiengesellschaft (AG), bei der entweder (1) Sacheinlagen gemacht werden oder (2) Sachübernahme stattfindet oder (3) einzelnen Aktionären Sondervorteile eingeräumt werden oder (4) ein Gründerlohn vereinbart worden ist.

Qualifizierte Mehrheit, eine über die einfache Mehrheit (mehr als die Hälfte) hinausgehende

Mehrheit, z.B. Zwei-Drittel- oder Drei-Viertel-Mehrheit, wie sie als qualifizierte Stimmenmehrheit für bes. wichtige Hauptversammlungsbeschlüsse von → Aktiengesellschaft (AG) durch das AktG oder in polit. und parlamentarischen Gremien vorgeschrieben ist.

Qualität des Lebens (engl.: quality of life), ein zu allgemeiner (unspezifizierter) Wohlfahrtsbegriff, polit. zumeist als Schlagwort benutzt, der (1) die nicht quantifizierbare, intangible Wohlfahrt, (2) den Nutzen der → öffentlichen Güter in Form von → sozialen Indikatoren oder (3) die in der üblichen Sozialproduktberechnung als Wohlstandsmaß nicht erfassten negativen und positiven → externen Effekte, wie Umweltfreundlichkeit und -schäden meinen kann. Formal kann man diese Elemente in Pigous »Allgemeine Wohlfahrt« (general welfare) oder in Bergsons umfassende → Wohlfahrtsfunktion einbeziehen.

Qualitätsbezeichnung, im Warenhandel, insbes. bei Ein- und Ausfuhr, die nach einem Merkmal, einer Norm oder einem Standard erfolgende Angabe über Güte und Beschaffenheit der Ware. → Marke.

Qualitätsmanagement, Summe aller Aktivitäten eines Unternehmens, die der Schaffung, Sicherung und Verbesserung der Qualität dienen. Das Q. kann sich auf Produkte, Prozesse als auch auf das Unternehmensleitbild beziehen. Die Ziele werden z.B. anhand der Kriterien Kundenzufriedenheit, Rentabilität, Umweltaspekte und Vereinbarkeit mit dem gesetzl. Rahmen definiert. → ISO-Norm.

Qualitätswettbewerb, betreiben Anbieter in reiner Form, wenn sie sich anstatt durch Preis- durch Qualitätsunterschiede und -veränderungen ihrer Produkte Konkurrenz machen. Die Vorteile kommen dann dem Konsumenten zugute. Q. kann auch mit dem Einsatz anderer Wettbewerbsparameter, wie Preise, Zahlungs- und Lieferungsbedingungen verbunden werden. → Wettbewerb, → Preiswettbewerb.

Qualitatives Wachstum, richtet sich nicht nur am → Bruttosozialprodukt (BSP) je Einwohner, sondern am gesellschaftlichen Nettonutzen aus, da sonst die gesellschaftlichen Kosten nicht oder falsch erfasst würden. Nötig sei eine → Nutzen-Kosten-Analyse (NKA) des wirtsch. Wachstums, die ökologische Faktoren einbezieht (→ Umweltschutz), um zu einem Q. zu gelangen. Übersteigert wird behauptet, ein Nullwachstum sei erstrebenswert, da die Grenzen des Wachstums bereits erreicht seien (→ Klub von Rom). Dabei wird übersehen, dass (1) → technischer Fortschritt die Grenzen hinausschieben kann und (2) wirtsch. Wachstum dazu beiträgt, viele andere gesellschaftliche Ziele zu erreichen.

Quantitätsgleichung, Verkehrsgleichung, drückt aus, dass der gesamte Umsatz, also die Summe aller umgesetzten Gütermengen oder das Handelsvolumen (H), multipliziert mit dem Durchschnitt der Güterpreise (P) einer Volkswirtschaft gleich der Zahlungsmittelmenge (M), multipliziert mit der Umlaufsgeschwindigkeit oder Zahlungshäufigkeit des Geldes (V) ist. Es handelt sich bei der Gleichung $H \cdot P = M \cdot V$, der sog. Q., um eine stets erfüllte Gleichheit oder Identität. Die Elemente dieser Gleichung werden von der Wachstums- (H), Inflations- (P), Geldangebots- (M) und Geldnachfragetheorie (V) erklärt. Häufig wird die Q. auch in der Form $M \cdot u = Y_R \cdot P_Y$ ausgedrückt. Der Unterschied besteht darin, dass es sich nicht um Bruttoumsätze, sondern um die Wertschöpfung auf den einzelnen Stufen (Y_R) handelt. Entsprechend drückt P_Y das Preisniveau der Nettoumsätze Y_R aus; u ist die Einkommensgeschwindigkeit oder Kreislaufgeschwindigkeit des Geldes. Die sog. Kassenhaltungsgleichung, auch → Cambridge-Gleichung genannt, drückt die durchschnittliche Ruhezeit des Geldes (k) aus:

$$k = \frac{M}{H \cdot P} \text{ oder } M \cdot \frac{1}{k} = H \cdot P,$$

wobei $k = \frac{1}{V}$ ist.

Sie stellt die Verbindung zur Kassenhaltungstheorie her.

Quantitätstheorie, erklärt die Abhängigkeit des Preisniveaus (P) von der Geldmenge (M): $P = f(M)$. Erst wenn Umlaufgeschwindigkeit und Handelsvolumen als unverändert angenommen werden, erhält man eine überprüfbare Hypothese, wonach mit zunehmender → Geldmenge das → Preisniveau entsprechend steigt. Gegen die Q. werden eine Reihe Einwände erhoben. So ist es durchaus möglich, dass bei zinselastischer Geldnachfrage zusätzliches Geld zu Spekulationszwecken als Kasse gehalten wird (→ Liquiditätsneigung), so dass die Güterseite unberührt bleibt. Auch bestehen zwischen Geldmenge und Preisniveau Wechselwirkungen und eine zur Q. umgekehrte Abhängigkeit. → Neue Quantitätstheorie.

Quantitative Wirtschaftspolitik, beruht auf Entscheidungsmodellen, die math. formuliert sind und der Steuerung des Wirtschaftsablaufs dienen und nicht, wie die Wirtschaftstheorie, diesen erklären soll. Bekannt ist das Modell von J. Tinbergen.

Quasirente, eine Bezeichnung, die der engl. Nationalökonom A. Marshall für solche Vorzugsgewinne eingeführt hat, die vorübergehend als Folge von Produktionsverbesserungen oder bes. günstigen Marktlagen in einzelnen Unternehmungen als Prämie für eine erfolgreiche Neuerung auf Grund außergewöhnlicher Unternehmerleistung erzielt werden, weil sich die übrigen Unternehmungen noch nicht den vorteilhaften Produktionsbedingungen angepasst haben, sondern dazu noch einer gewissen Zeit bedürfen. Die Q. ist also nicht wie die → Grundrente dauerhafter, sondern vorübergehender Natur. Sie gehört als solche in die dynamische Theorie.

Quellenabzugsverfahren, eine Art der Steuererhebung, die direkt, an der »Quelle«, erfolgt, wenn z.B. Arbeitgeber oder Banken bei der Auszahlung von Löhnen oder → Dividenden die → Steuer einbehalten, ohne dass die Empfänger dieser Einkünfte unmittelbar eingeschaltet werden. Dadurch tritt keine Verzögerung bei der Entrichtung von Abgaben ein, wie etwa bei der → Einkommensteuer und → Körperschaftsteuer, auch ist die Gefahr einer → Steuerverkürzung geringer.

Quellensteuer, eine → Steuer, die nach dem → Quellenabzugsverfahren erhoben wird.

Quellentheorie, nach der Q. gehören zum → Einkommen nur Erträge, die aus einer Quelle fließen. Einnahmen, die nicht aus einer dieser Quellen entstammen, scheiden aus dem Einkommensbegriff aus. Bsp. für Einnahmen, die laut der Q. aus dem Einkommensbegriff ausscheiden, sind Erbschaften, Schenkungen, gelegentliche Tätigkeiten usw. → Quellensteuer.

Querschnittsanalyse, erhebt Bestände zu einem bestimmten Zeitpunkt und bezieht sie auf die gleichzeitig zum Bestand gehörenden Einheiten.

Querschnittsplanung, in der → mittelfristigen Finanzplanung die Koordination der ressortinternen und -übergreifenden Fachplanungen, bezogen auf die knappen Ressourcen, die Programme (Aufgaben) und die Konjunktursteuerung.

Querverteilung, erfasst die Tatsache, dass ein Haushalt → Einkommen aus unterschiedlichen Quellen erhält. So kann ein Angestelltenhaushalt auch Einkünfte aus Unternehmertätigkeit (→ Gewinn), → Vermögen oder Transfers (→ Transferzahlungen) beziehen.

Quick Ratio (engl.) → Liquiditätskennzahlen.

Quittung, schriftliche Empfangsbestätigung des Gläubigers über die vollzogene Leistung. Der → Schuldner braucht die Leistung nur Zug um Zug gegen Hingabe einer Q. zu erbringen. Bei Weigerung des Gläubigers, Q. zu erteilen, hat der Schuldner ein Zurückbehaltungsrecht an der Leistung, kann aber auch auf Erteilung der Q. klagen. Der → Gläubiger kommt, wenn ihm Leistung gegen Q. angeboten wird und er die Q. verweigert, in Annahmeverzug. Die Q. dient als Beweismittel. Will sich der Schuldner davor schützen, dass er in Ermangelung dieses oder anderer Beweismittel ggf. zu abermaliger Zahlung gezwungen werden kann, so muss er die Q. aufbewahren. Der Überbringer einer Q. gilt als ermächtigt, die Leistung in Empfang zu nehmen, sofern nicht der Leistende aus den Umständen das Gegenteil annehmen muss. Nur die Zahlung gegen echte Q. befreit, bei Zahlung gegen gefälschte Q. muss nochmals gezahlt werden. Beim Zuschicken von Waren und bei Käufen in Geschäften, die »Zahlung an der Kasse« verlangen und erst auf Grund des Kassenzettel die Ware ausliefern, gilt der Kassenzettel als Q.

Quote (lat.), der in der Verteilung auf den Einzelnen oder auf eine Gruppe entfallende Anteil; bei → Kartellen z.B. die dem einzelnen Mitglied zukommende Erzeugungs- oder Absatzmenge. Die Quotenaktie lautet nicht auf einen festen Nennwert (Summenaktie), sondern auf einen bestimmten Anteil am Unternehmen. Gesamtwirtsch. Q. drücken den Anteil, etwa der Löhne, Gewinne, Staatsausgaben oder Steuern, am Volkseinkommen oder → Sozialprodukt aus. So ist die Politik der → Gewerkschaften in der Nachkriegszeit darauf ausgerichtet, die → Lohnquote zu Lasten der → Gewinnquote und Besitzeinkommensquote zu erhöhen, eine Politik, die z.B. nach Paretos Gesetz der konstanten Lohnquote erfolglos sein und letztlich zur → Inflation führen muss.

Quotenaktie → Quote.

Quotitätsteuern, lassen sich an die Leistungsfähigkeit anpassen, wobei das Aufkommen von der Aufteilung der → Bemessungsgrundlage (Einkommen, Vermögen, Verbrauch) auf die Steuerpflichtigen abhängt. → Repartitionsteuer.

R

Rabatt (ital., Abschlag), eine Vergütung beim Einkauf von Waren, ein gewöhnlich in Hundertsätzen ausgedrückter Abzug vom Kaufpreis, der z.B. als Vergütung für schnelle oder pünktliche Zahlung (Zahlungsrabatt oder → Skonto), als Mengennachlass an Wiederverkäufer bei Abnahme größerer Warenposten, an Verbraucher nach Abnahme bestimmter Mengen oder zu bestimmten Zeiten (Weihnachten) gewährt wird.

Rabattkartell → Kartell.

Ramsey-Formel oder Ramsey-Regel, kommt in der Neuen → Finanztheorie und in der Theorie der optimalen → Besteuerung (TOB) grundlegende Bedeutung zu. Von F.P. Ramsey entwickelt, beantwortet sie folgende Frage: Welche Steuersätze sind festzulegen, wenn man die Minimierung der Nutzeneinbuße eines repräsentativen Steuerzahlers anstrebt, wobei davon ausgegangen wird, ein vorgegebenes → Steueraufkommen solle durch proportionale → Steuern auf alle oder einige Einkommensverwendungen erzielt werden; dabei dürfen diese Steuern verschiedene Verwendungen mit ungleichen Sätzen belasten. Das allgemeine Ramsey-Modell entwickelt hierzu eine optimale Güter-Steuerstruktur. Es berücksichtigt nur die Allokation, indem es die Struktur so festlegt, dass die → Zusatzlast (excess burden), die ja einen subjektiven Verlust an → Konsumentenrente bedeutet und die Steuerzahllast übersteigt, möglichst klein gehalten wird. Die R. wurde erweitert, indem man neben der → Effizienz auch die Verteilung einbezieht. Ein öffentl. Unternehmen maximiert die Summe von Konsumenten- und → Produzentenrente. Außerdem wird von der Begrenzung des Gewinns ausgegangen. Durch einige Umformungen dieser Maximierungsaufgabe erhält man die Ramsey-Preisregel

$$\frac{P_i - GK_i}{P_i} = \beta \frac{1}{\gamma_i}$$

wobei GK_i die → Grenzkosten; $0 < b < 1$ ein Proportionalfaktor, der für alle Güter gleich ist, und γ_i die direkte → Preiselastizität der Nachfrage sind. Die R. drückt nun aus, dass ausgehend von den Grenzkostenpreisen ein öffentl. Monopolist seine Preise so festsetzen soll, dass sie umgekehrt proportional zur direkten Preiselastizität der Nachfrage nach dem einzelnen Gut sind. Demnach muss ein Zuschlag zum Grenzkostenpreis, bei identischen Grenzkosten zweier Produkte, beim preisunelastischen Gut höher sein als beim preiselastischen, d.h., lebensnotwendige Güter müssen höher besteuert werden als Luxusgüter. Aus dieser regressiven Kosten- und Lastenverteilung ergibt sich, dass, je geringer das Einkommen, umso höher die relative Belastung sein muss.

Rangkorrelationskoeffizient, von Bravais-Pearson → Korrelation.

Rat der EU (Ministerrat), ist nach dem Europäischen R. das oberste Entscheidungsgremium der → Europäischen Union (EU). Dem R. gehören die Außen- oder jeweiligen Fachminister der nationalen Regierungen an. Die Abstimmungsmodalitäten hängen vom Gegenstand der Beschlussfassung ab: Bei Entscheidungen, die einstimmig gefasst werden müssen (z.B. → Steuerharmonisierung), verfügt jedes Land über eine Stimme. Beschließt der Rat mit einfacher oder qualifizierter Mehrheit, verfügen die Mitglieder je nach (polit.-)ökonom. Größe ihres Landes über zwei bis zehn Stimmen. Die generellen Zielvorgaben der europäischen Integration prägt der Europäische R. der Staats- und Regierungschefs der EU-Länder, die mindestens zweimal, i.d.R. dreimal pro Jahr auf Gipfeltreffen tagen.

Ratchet-Effekt → Sperrklinkeneffekt.

Rating, (auch Credit-Rating, engl., Krediteinstufung), Bewertung der → Bonität eines Schuldners. Die Beurteilung erfolgt durch auf Kreditwürdigkeitsprüfungen spezialisierte R.-Agenturen, die das Kreditausfallrisiko einzuschätzen versuchen. Das R. spielt insbes. bei der Bestimmung des Risikoaufschlags auf den Zinssatz (nahezu) ausfallfreier Wertpapiere eine Rolle (→ Junk Bond). Das R. bewertet den Schuldner (meist Wertpapieremittenten wie Unternehmen und Staaten, zunehmend aber auch Kreditkunden) über eine Skala, die im Allg. mehrere Bewertungsstufen umfasst. Eine beispielhafte Skala reicht etwa von AAA (erstklassige Bonität) bis CCC (hohe Gefahr des Zahlungsverzugs). → Basel II.

Rationale Erwartungen → Theorie der rationalen Erwartungen (TRE).

Rationalisierung, verfolgt den Zweck, mit Hilfe techn. und organisatorischer Verbesserungen höchste → Produktivität, durch Einsparung an Kosten das bestmögliche Verhältnis von Leistung zu Kosten zu erzielen. Wirtschaft ist zwar ihrem Wesen nach rationales Handeln, um menschlichen Bedarf zu decken, doch hat erst die moderne Technik mit wachsender Mechanisierung jene naturwissenschaftlich-mechanistische Denkrichtung gefördert, die das Zusammenwirken von Menschen und Maschinen im Betrieb als rational konstruierbaren Vorgang betrachtet. Neuerdings spielt die Information bei der R. eine besondere Rolle. → Informatik.

Rationalisierungskartell → Kartell.

Rationalprinzip → Wirtschaftlichkeit.

Rationierung, Zuteilung von Gütern und Diensten durch staatl. Behörden, die i.d.R. nach Eingriffen des Staates in den Marktmechanismus, etwa in Form von → Höchstpreisen, auftritt. Wie die Erfahrung lehrt, führt eine R. durch ein Bezugsscheinsystem zum Aufbau eines überdimensionierten bürokratischen Apparates, zur Hemmung des Leistungswillens und letztlich zu Grauen und Schwarzen Märkten. → Preisstopp.

Raumforschung → Raumordnung.

Raumordnung, die im Dienste der Raum- und Landesplanung stehende Analyse des Raumes in seinen Beziehungen zum Menschen, d.h. unter polit., kulturellen, soz. und wirtsch. Gesichtspunkten. R. betreiben die Wirtschaft- und Sozialwissenschaften einerseits und die Geographie mit ihren Nachbardisziplinen andererseits. Leitidee der R. ist die sinnvolle und zweckentsprechende Zuordnung von Bevölkerung und Raum, ihr konkreter Forschungsbereich die Raumanalyse einer Region samt Teilgebieten (→ Wirtschaftsraum). Die Raumforschung hilft der R. als einer ordnenden polit. Tätigkeit mit wissenschaftlichen Erkenntnissen und Rat. Die Grundsätze für die Raumordnungspolitik sind die Sicherung bzw. Schaffung gesunder Lebens- und Arbeitsbedingungen in wirtsch., soz. und kulturell ausgewogenen Verhältnissen, die Verbesserung der Lebensbedingungen in zurückgebliebenen Gebieten sowie die Einbeziehung raumordnerischer Überlegungen im → Umweltschutz.

Raumwirtschaftslehre, auch regionale Wirtschaftstheorie, ein Zweig der Nationalökonomie, von J.H. von Thünen begründet, der die räumliche Dimension des Wirtschaftens in den Mittelpunkt seiner Überlegungen stellt. Sie analysiert u.a. Entscheidungen der Haushalte, Unternehmer und der öffentl. Hand über den optimalen Standort.

Reaganomics, eine Wirtschaftspolitik, benannt nach dem amerik. Präsidenten R. Reagan, die angebotsorientiert ist und das → Wirtschaftswachstum fördern will, weil sie von der Gültigkeit des → Sayschen Theorems und der → Laffer-Kurve ausgeht. R. strebt eine massive Steuerentlastung an, in deren Mittelpunkt eine grundlegende Reform der Einkommens- und Unternehmensbesteuerung steht, betreibt ferner eine restriktive → Geldpolitik (→ Monetaristen) und sucht die → Staatsquote und staatl. Eingriffe in die Wirtschaft durch → Deregulierung zurückzudrängen. → Wirtschaftspolitik, angebotsorientierte.

Realignment, bezeichnet die Neuordnung der Wechselkurse nach dem Abkommen der → Zehnergruppe 1971 auf multilateraler Basis.

Realisationsprinzip, besagt, dass Gewinne und Verluste im → Jahresabschluss eines Unternehmens erst dann als solche ausgewiesen werden dürfen, wenn sie auch tatsächlich realisiert sind. § 252 (1) 4. HGB regelt das R. als zentralen Bewertungsgrundsatz. Handels- und steuerrechtl. wird es indes durch das → Imparitätsprinzip in seiner Bedeutung eingeschränkt. → Bewertung, → Höchstwertprinzip, → Niederstwertprinzip.

Realkapital, die Gesamtheit der eingesetzten Produktionsmittel, im

Gegensatz zum → Geldkapital das Sachkapital der Unternehmung.

Realkredit, im Gegensatz zum → Personalkredit der gegen bes. Sicherheiten (Realitäten), d.h. gegen Verpfändung oder → Sicherungsübereignung von Mobilien oder Immobilien, → Abtretung von Forderungen oder gegen Stellung einer → Bürgschaft gewährte Kredit, auch gedeckter Kredit genannt. I.e.S. (z.B. in dem Wort »Realkreditinstitute«) versteht man häufig unter R. nur den → Hypothekarkredit, also den Kredit gegen Verpfändung von Grundstücken und dazugehörigen Gebäuden.

Reallohn, im Gegensatz zum → Nominallohn der in → Kaufkraft ausgedrückte Lohn, der Lohn als Warenmenge, die man dafür kaufen kann, und nicht als Geldsumme. Um den R. näherungsweise zu bestimmen, wird der Nominallohn mit einem → Preisindex für die Lebenshaltung deflationiert. Bei internationalen Vergleichen der Reallohnentwicklung muss man beachten, dass die benutzten Indizes anhand unterschiedlicher → Warenkörbe errechnet sein können, d.h. auf Grund verschiedener Gewichtungsfaktoren für die einzelnen Güterarten.

Realsplitting, Bezeichnung aus dem Einkommensteuerrecht. Gemäß § 10 I Nr. 1 EStG gelten Unterhaltsleistungen an den geschiedenen oder dauernd getrennt lebenden unbeschränkt einkommensteuerpflichtigen Ehegatten als → Sonderausgaben, wenn der Geber dies mit Zustimmung des Empfängers beantragt. → Splitting.

Realsteuern → Objektsteuern.

Realtransfer, einseitige wirtsch. → Transaktion, Übertragung eines Gutes ohne Gegenleistung, Wechsel von → Verfügungsrechten.

Realvermögen → Sachvermögen.

Realvermögenseffekt, erfasst den Einfluss der Änderungen des → Realwertes von → Vermögen auf die Entscheidungen der Anbieter und Nachfrager und erweitert so den → Kassenhaltungseffekt. Er tritt ein, wenn sich das Preisniveau und der Nominalbestand an Aktiva verändern (D. Patinkin).

Realverzinsung → Rendite.

Realwert, im Gegensatz zum → Nominal- oder Nennwert der tatsächliche oder wirkliche Wert, z.B. der Wert einer Gold- oder Silbermünze nach ihrem tatsächlichen Gold- oder Silbergehalt.

Realzinsargument, wird zur Begründung der These angeführt, reales → Wirtschaftswachstum werde durch eine schleichende → Inflation am besten gefördert. Ist nämlich der Anstieg des Nominalzinses geringer als der Preisauftrieb, sinkt der reale Zins, wodurch die → Investitionen (als Folge der Inflation) angeregt würden. Eine andere Hypothese behauptet, eine schleichende Inflation begünstige das Wirtschaftswachstum, da allein eine dauernde Übernachfrage → Vollbeschäftigung sichern könne und die Unternehmer durch ausgelastete Kapazitäten zu neuen Investitionen angeregt würden.

Rechnung, Nota, Faktura, Liquidation, die bis ins Einzelne gegliederte Aufstellung über eine Geld-

Rechnungsabgrenzung 446

forderung als Entgelt für Warenlieferungen oder sonstige Leistungen. Der Überbringer einer quittierten R. gilt als ermächtigt, das Geld in Empfang zu nehmen, sofern sich nicht aus den Umständen etwas anderes ergibt. Die Übersendung der R. für sich allein gilt noch nicht als → Mahnung.

Rechnungsabgrenzung → Abgrenzung.

Rechnungswesen, betriebliches, erfasst alle Verfahren und Konzepte mit deren Hilfe die wirtsch. Vorgänge in Beschaffung, Produktion, Absatz und Finanzierung nach Wert und Menge erfasst und überwacht werden in einem System von Plan-, Soll- oder Istgrößen. Es dient zur Kontrolle der → Wirtschaftlichkeit und des Erfolges der betriebl. Funktionen, zur Steuerung und zur Planung, indem es Grundlagen für die Entscheidungen liefert. Zudem informiert es Gesellschafter, Gläubiger und Finanzbehörden über die Vermögens- und Ertragslage. Neben der Einteilung in externes und internes R., gibt es vier Teilgebiete des R: den → Jahresabschluss, die → Kostenrechnung, die betriebswirtsch. Statistik und Vergleichsrechnung und die Wirtschaftsplanung.

Rechtsgeschäft, nach dem BGB jede private Willenserklärung, die auf Herbeiführung einer Rechtswirkung gerichtet ist. Während Ereignisse (Geburt, Tod) rechtl. Tatsachen unabhängig vom menschlichen Handeln sind, ist für R. wesentlich, dass sie als Willenserklärungen auf Rechtserfolge abzielen. Bei einseitigen R. (empfangsbedürftig: → Offerte, → Kündigung, → Mahnung, Rücktrittserklärung, Widerruf, Zustimmung; dagegen nicht empfangsbedürftig: Testament, → Inhaberschuldverschreibung) liegt eine Willenserklärung vor, bei zweiseitigen R. (Verträgen) dagegen zwei Willenserklärungen (einseitig verpflichtend: Erlass, Schenkung, → Darlehen, → Bürgschaft, Schuldversprechen; zweiseitig verpflichtend: → Kauf, → Tausch, Miete, → Pacht, Werk- und Dienstvertrag, Gesellschaftsvertrag). Es gibt R., die außer einer oder zwei Willenserklärungen noch andere Erfordernisse aufweisen, z.B. die Übereignung einer beweglichen Sache beim Kauf, zu der Einigung und Übergabe der Sache gehören.

Recycling (engl.), die Einschleusung oder Rückführung oder Wiederverwendung von Abfallstoffen in den Produktionsprozess. (1) Wiederverwendung (z. B. Mehrwegflaschen), (2) Weiterverwendung (z.B. Granulat aus Altreifen für Bodenbeläge), (3) Weiterverwertung (z.B. Altpapier für sog. Umweltschutzpapier).

Recyclingbörse, früher Abfallbörse, überbetriebl. Einrichtung der → Industrie- und Handelskammer (IHK) und des Verbandes der chemischen Industrie VCI, den Handel mit Produktionsrückständen bzw. -abfällen erleichtert. → Abfallwirtschaft.

Rediskont, Rediskontierung, der Weiterverkauf von bereits diskontierten (angekauften) → Wechseln durch eine Bank an die → Zentralbank. Seit dem Übergang der währungspolit. Befugnisse auf die → Europäische Zentralbank (EZB)

Ende 1999 ist der R. seitens der → Deutschen Bundesbank entfallen.

Redistribution → Umverteilung.

REFA → Reichsausschuss für Arbeitszeitermittlung.

Refinanzierungspolitik, Mittel der Zentralbank, um die Kreditgewährung und den Geldumlauf zu beeinflussen, wobei auch außenwirtsch. Ziele einbezogen werden können. Die → Diskontpolitik und → Lombardpolitik kann qualitativer und quantitativer Natur sein.

Reflation, Währungspolitik, die den übermäßig geschrumpften Geldumlauf einer Volkswirtschaft wieder erweitern und das zu tiefe → Preisniveau anheben will. In diesem Sinne ist R. ein Mittel zur Beseitigung von Schäden der → Deflation. Es sollen so viel und so lange neue Geldmittel in den Verkehr gebracht werden, bis der Geldumlauf dem volkswirtsch. Geldbedarf angepasst ist und die Preise wieder eine entsprechende Höhe erreicht haben (»kontrollierte Inflation«).

Regelmechanismus, ökonom. gesehen, Steuerungskonzept, das automatisch (und nicht diskretionär) die Abweichung von Ist- und Sollwerten korrigieren soll. Bsp.: Antizyklisch wirkende → Built-in-Flexibility oder M. Friedmans Mengenregel. → Rückkoppelung, → Kybernetik.

Regie, Regiebetrieb, die Führung von staatl. oder kommunalen Unternehmungen unmittelbar durch den Staat oder die Gemeinde oder den Gemeindeverband selbst. In früheren Zeiten war die R. bei staatl. Domänen verbreitet. Am bekanntesten ist die R. als Tabakregie geworden, wie sie in Preußen Friedrich der Große 1766 einführte. → Öffentliche Unternehmen.

Regionale Strukturpolitik, betreiben Länder, Bund und → Europäische Union (EU), um ein ausgewogenes Gefüge der Wirtschaftsräume zu erreichen. Als Gemeinschaftsaufgabe sind Bund und Länder bestrebt, eine effiziente Regionalpolitik auch in Abstimmung mit dem → Europäischen Regionalfonds (EFRE) und mit anderen raumwirksamen Maßnahmen zu betreiben. Die Länder haben dabei einen gewissen Spielraum. Auf diese Weise wird eine systematische und wirksame Erfolgskontrolle für die Gemeinschaftsaufgaben erleichtert.

Regionalfonds → Europäischer Regionalfonds (EFRE).

Regression, drückt den Wirkungszusammenhang einer unabhängigen → Variable mit einer abhängigen oder Zielvariablen aus. Die Beziehungen werden in einem Streuungsdiagramm erfasst, das die Verteilung der gemeinsamen Wertepaare der zwei oder mehr Veränderlichen darstellt. Man versucht, den Punkten des Diagramms eine Gerade oder Kurve (Regressionslinie oder best fit) anzupassen, wobei man unterscheidet in: (1) lineare Einfachregression, (2) lineare Mehrfachregression (lineare Beziehung zwischen einer abhängigen Variablen y und mehreren unabhängigen Variablen x_i) und (3) nichtlineare R. (Nichtlinear- oder Mehrfach- oder multiple Beziehungen). Im einfachsten Fall (1)

Regressivität

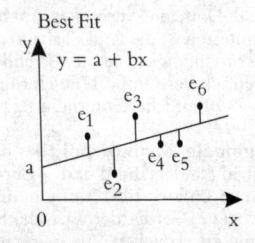

Best Fit

$y = a + bx$

hat die Regressionsgerade die Form $y_i = a + bx_i$. Dabei drückt a die Regressionskonstante (Abschnitt der Geraden auf der Ordinate) und b den Regressionskoeffizienten (Steigung der Geraden) aus; a und b werden nach der Methode der kleinsten Quadrate bestimmt. Sind die Variablen gegenseitig abhängig, spricht man von → Korrelation. Bsp. für eine R.: Abhängigkeit der Zahl der Beschäftigten von der Produktion.

Regressivität, liegt vor, wenn bei der Erhöhung einer → Bemessungsgrundlage der Durchschnittssteuersatz abnimmt. Um R. zu erreichen, muss der Grenzsteuersatz abnehmend sein. → Steuerprogression, → Steuertariflehre.

Regulierung, der Eingriff staatl. Organe in einen → Markt bzw. ein Marktsegment, dessen Ziel es ist, die → Transaktionskosten der Marktteilnehmer zu beeinflussen. Bei gegebener Präferenzordnung der Marktakteure soll deren Verhalten im Sinne der Realisierung der Regulierungsziele gesteuert werden. Die R. eines privatwirtsch. Marktes ist nur gerechtfertigt, wenn entweder → Marktversagen im Sinne allokativer Ineffizienz vorliegt oder Konsens darüber besteht, dass außerökonom. Zielsetzungen, die durch rein marktliche Aktivität nicht realisiert würden, durch geeignete Steuerung eines Marktes erreicht werden sollen. Eine besondere Rolle spielt die R. in Bereichen, in denen auf Grund einer ehemaligen staatl. Monopolsituation ein Akteur weiterhin über ererbte → Marktmacht verfügt (wie z.B. in den Telekommunikationsmärkten nach deren → Liberalisierung). Wenngleich Regulierungsmaßnahmen immer eine Beschränkung der Verfügungsrechte darstellen (in Form einer Einschränkung der Konsumentensouveränität bzw. der Gewerbefreiheit), so können sie mit Hilfe des Konzeptes der Anreizregulierung doch auf eine Art und Weise ausgestaltet werden, dass die Marktakteure mit der Verfolgung des Eigeninteresses auch das Interesse des Gesetzgebers bzw. der Regulierungsbehörde verfolgen. Voraussetzung hierfür ist jedoch, dass staatl. R. nur eingesetzt wird, wenn tatsächliches Marktversagen (z.B. ein natürliches → Monopol) vorliegt. Als spezifische Eingriffsinstrumente spielen die Einschränkung der Vertragsfreiheit (z.B. durch die Auferlegung von Kontrahierungszwang (→ Offerte bei Bahn, Post und Telekommunikation) eine große Rolle. Darüber hinaus können Dienstequalität (z.B. Brieflaufzeit, Wartungsintervalle im Luftverkehr) oder technologische Standards (Übertragungsfrequenzen im Mobilfunk, Schienenbreite) ebenso einer R. unterworfen werden. → Deregulierung, → Liberalisierung, → Privatisierung.

Reichsausschuss für Arbeitszeitermittlung (REFA), 1924 in Berlin gegründet, entwickelte ein System zur Zerlegung von Arbeitsvorgängen in ihre Elemente. Sie beruht auf eingehenden Arbeitsstudien, d.h. auf Beobachtung und Verbesserung der Arbeitsvorgänge. Sie werden in Arbeitsstufen, diese in Arbeitsgriffe, diese wiederum in die kleinste messbare Einheit, die Griffelemente, zerlegt. Die Griffelemente können dann durch Bewegungsstudien so gestaltet werden, dass jede überflüssige, unzweckmäßige und unnötig anstrengende Bewegung während des Arbeitsvorganges vermieden wird. Der Erfolg ist eine Steigerung von → Produktivität und → Wirtschaftlichkeit bei weitgehender Schonung des Menschen. Mit Hilfe dieser Arbeitsstudien lassen sich ferner die Arbeitszeiten weitgehend vorausbestimmen, weshalb sie so wichtig für Betriebsplanung (→ Controlling) und Lohnbemessung sind. Der R. wurde 1948 als »Verband für Arbeitsstudien und Betriebsorganisation e.V.« mit Sitz in Darmstadt neu gegründet und heißt heute »REFA – Verband für Arbeitsgestaltung, Betriebsorganisation und Unternehmensentwicklung« Seine Ziele sind die Sicherung und Steigerung der Wettbewerbsfähigkeit von Unternehmen und die Verbesserung der Arbeitsbedingungen. R. ist ein eingetragener und gemeinütziger Verein, der aus 120 Regional-, Bezirks- und Ortsverbänden besteht. → Rationalisierung, → Fertigungszeiten.

Reinertrag, der → Rohertrag abzüglich der aufgewendeten Kosten eines Wirtschaftsbetriebes, der Überschuss der Erträge über den → Aufwand. → Ertrag, → Wirtschaftlichkeit.

Reiner Zyklus → Pure Cycle.

Reingewinn, der in Geld ausgedrückte Erfolg einer Unternehmung, der Rohgewinn abzüglich aller Kosten oder Aufwendungen. Die Hauptversammlung beschließt, wie der R. verteilt wird: (1) Verteilung an die Aktionäre (→ Aktiengesellschaft (AG)), (2) Einstellung in offene → Rücklagen, (3) → Gewinnvortrag, (4) zusätzlicher Aufwand bei Beschlussfassung nach dem Vorschlag des Vorstands, (5) Bilanzgewinn.

Reinvermögen, betriebswirtsch. das Gesamtvermögen (→ Aktiva) abzüglich der → Schulden, → Rückstellungen und passiven Rechnungsabgrenzungsposten (→ Abgrenzung). Bei der → Aktiengesellschaft (AG) zählen zum R: das → Grundkapital, die → Rücklagen und der → Gewinn. Volkswirtsch. der Saldo aus Gesamtvermögen und Verbindlichkeiten eines Sektors oder der Volkswirtschaft.

Reinvermögenszugangstheorie, nach der R. ist alles, was im Laufe eines Jahres dem → Reinvermögen eines Steuerpflichtigen zugewachsen ist, steuerpflichtiges Einkommen. Die R. erwies sich in der Praxis als nicht durchführbar.

Reinvestition → Investition.

Reisescheck, Travellerscheck, Zirkularscheck, in der USA und in Großbritannien aufgekommener, international üblicher Scheck, der von Banken zur Erleichterung des Reiseverkehrs ausgestellt wird, auf einen festen Betrag lautet und bei den meisten Banken einlösbar ist. Bei Ausstellung des R. hat der Begünstigte seine Unterschrift abzugeben und bei Zahlungsempfang

Reitwechsel auf der Reise zu quittieren. Die Vergleichbarkeit der beiden Unterschriften dient der den Scheckbetrag auszahlenden Bank als Legitimation.

Reitwechsel, Rittwechsel, → Wechsel, bei denen Aussteller und Bezogener in gegenseitigem Einvernehmen, ohne dass Warengeschäfte zugrunde liegen, aufeinander »ziehen« in der Absicht, sich durch Diskontierung dieser in die Form von Wechseln gekleideten Zahlungsversprechen flüssige Mittel zu verschaffen. Beide Parteien versprechen einander, die gegenseitig gezogenen Wechsel einzulösen, leihen sich wechselseitig ihre Unterschrift. Die »Wechselreiterei« dient dazu, den Mangel an flüssigen Mitteln durch geschicktes Zusammenarbeiten zweier Partner zu verschleiern. Da am Fälligkeitstage meistens das Geld zur Einlösung der Wechsel fehlt, werden unter Erhöhung der früheren Wechselsumme um die Diskontspesen neue Wechsel ausgestellt, so dass ein Wechsel auf dem anderen »herumreitet«.

Rektaindossament, ein → Indossament mit → Rektaklausel, d.h. mit dem Zusatz »nicht an Order«.

Rektaklausel, negative → Orderklausel (»nicht an Order«) ist eine Klausel auf → Orderpapieren, durch die der Aussteller die Übertragung an einen Dritten mit Hilfe des → Indossaments untersagt. Durch R. werden → Wechsel und → Schecks, die an und für sich geborene Orderpapiere sind, zu Rektapapieren. Eine Übertragung der Rechte aus mit R. versehenen Orderpapieren ist nur durch → Abtretung und Übergabe des Papiers möglich.

Relative Einkommenshypothese, behauptet, Verbrauchsentscheidungen würden mehr vom relativen Einkommen des Konsumenten, also seiner Position in der Einkommenshierarchie, und weniger von seinem absoluten Einkommen abhängen. Alle Konsumentscheidungen seien miteinander verknüpft. Die Konsumgewohnheiten würden von dem langfr. Effekt überlagert. → Permanent Income Hypothesis.

Relative Preise → Mechanismus der relativen Preise.

Remittent (von lat., remittere = zurücksenden), beim → Wechsel derjenige, an den oder an dessen Order (Auftrag) gezahlt werden soll. Der Name des R. muss auf dem Wechsel angegeben sein. Auch eine ungenaue Bezeichnung, etwa Klemm – Stuttgart, ist ausreichend. Die Angabe des Mädchennamens einer Frau, des Künstlernamens oder der → Firma ist ebenfalls gültig, nicht dagegen Bezeichnungen, denen der Charakter des Namens fehlt, z.B. »Zahlen Sie an meinen Sohn«, »an den Herrn Direktor«. Wenn sich bei einem gezogenen Wechsel der Aussteller als derjenige bezeichnet, an den oder an dessen Order gezahlt werden soll, so liegt ein Wechsel an eigene Order vor.

Rendite (ital.: rendita = Ertrag), im Gegensatz zur Nominalverzinsung die tatsächliche Verzinsung von → Wertpapieren, wie sie sich jeweils aus → Kurs und Zinssatz oder → Dividende errechnen lässt. Bsp.: Beträgt der Kurs einer Aktie mit einem Nennwert von 1000 EUR 2000 EUR, und schüttet die Aktiengesellschaft 10 % Dividende aus, ist die R. 5 %. Kauft jemand eine Anleihe zu 95 %, bezahlt also für ein auf 1000 EUR lautendes Anleihepapier 950 EUR, und trägt dieses Papier 5 % Zinsen, ist die tatsächliche Verzinsung für den Erwerber höher als 5 %, nämlich 5,26 %. Wenn man den Nominalzins (5) mit 100 multipliziert und durch den Kurswert (95) dividiert, so ergibt sich die R. Bei gleich bleibendem Zinssatz wird die R. eines Wertpapiers umso niedriger, je höher der Kurs steigt, und umso höher, je tiefer er sinkt.

Rentabilität, der Erfolg einer Unternehmung, gemessen am Verhältnis des → Reingewinns zum → Kapital. Als Bezugsgröße dient das Eigenkapital, besser das gesamte von der Unternehmung in Anspruch genommene Kapital (Eigen- und Fremdkapital einschl. → Rücklagen), bei der → Aktiengesellschaft (AG) i.d.R. das → Grundkapital. → Ertrag, → Produktivität, → Wirtschaftlichkeit.

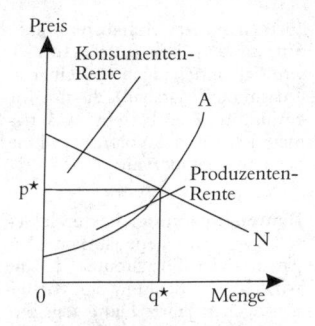

Rente, bezeichnet bestimmte Einkommen, die nicht auf Arbeitsleistung beruhen. Hauptformen sind die → Grundrente und die R. als Vorsorge- (→ Sozialversicherung) oder Fürsorgeleistung. Aber auch das Einkommen aus Kapitalzinsen wird bisweilen als R. bezeichnet. Nach D. Ricardo ist die Grundrente, die für die Nutzung der urspr. Kräfte des Bodens gezahlt wird, ein Differenzial- und Vorzugseinkommen, das jemand bezieht, der gegenüber dem Landwirt, der an der Grenze des rentablen Anbaus wirtschaftet und gerade noch seine Kosten deckt, einen Vorteil genießt, und zwar auf Grund höherer Qualität des Bodens, besserer Lage oder höheren Kapitaleinsatzes. Dieser Vorteil tritt dann ein, wenn die Nachfrage nach Boden auf Grund einer Bevölkerungsvermehrung entsprechend steigt und Boden bestimmter Qualität und Lage knapp wird. Marshall hat das Rentenprinzip auf jemanden angewandt, der als Käufer einer Ware einen niedrigeren Preis zahlt, als er zu zahlen bereit wäre (→ Konsumentenrente). In der industriellen Produktion bezieht der Verkäufer einer Ware eine → Produzentenrente, der nach der → Marktpreisbildung einen höheren Preis erhält als jenen, zu dem er die Ware zu verkaufen bereit wäre. Die Hauptursachen für die Erzielung von Differenzialrente sind: (1) die Einheitlichkeit des Preises und (2) die Verschiedenheit der Kosten (und → Nutzen), mit denen die Produkte hergestellt (oder bewertet) werden. Der Preis muss so hoch sein, dass er die Kosten des am ungünstigsten Produzierenden eben deckt. Übersteigt er selbst dessen Kosten, verwandelt sich die Differenzialrente in eine absolute R. (Monopolrente). Vielfach entstehen R. nur vorübergehend, da Konkurrenz auftritt, die den Preis drückt. In diesem Fall spricht man von einer → Quasirente (Marshall), die nur für bestimmte Zeit besteht, was namentlich für die Vorzugsgewinne der Unternehmer gilt.

Rentenanpassung, die durch Gesetz vorgeschriebene jährliche Anpassung der Sozialrenten an die wirtsch. Entwicklung der vorausgegangenen Jahre. Diese sog. Dynamisierung der Renten beteiligt automatisch die Rentenempfänger am wachsenden Wohlstand, ausgedrückt in der Zunahme des → Sozialprodukts.

Rentenbesteuerung, grundsätzlich sind Pensionen und → Renten steuerpflichtig. Jedoch werden bei den Renten, anders als bei Pensionen, nicht der ausgezahlte Betrag, sondern die eingezahlten Beiträge der Arbeitnehmer versteuert. Die Versteuerung der Renten wird von den Rentenkassen durch einen Schlüssel geregelt. Personen die z.B. mit 50 Jahren in Rente gehen, müssen ihre Bezüge mit 43 % versteuern. Begründet wird das damit, dass sie zu diesem Zeitpunkt noch wenig in die Rentenkasse eingezahlt haben. Personen, die später in Rente gehen, müssen einen geringeren Prozentsatz ihrer Bezüge versteuern. Dieses Prinzip der Versteuerung gilt für Altersrenten, Witwen- und Waisenrenten sowie Erwerbsunfähigkeitsrenten. Viele Experten gehen davon aus, dass sich die R. in der nächsten Zeit ändern wird. Sie gehen davon aus, dass der Gesetzgeber bei einem Renteneintrittsalter von 65 Jahren den Steueranteil erhöhen wird.

Rentenformel, der Monatsbetrag der → Rente wird mit folgender Formel berechnet: pers. Entgeltpunkte × Rentenartfaktor × aktueller Rentenwert = Monatsrente.

Rent Seeking (engl.), bezeichnet den Versuch von Individuen oder Interessengruppen, die Ausgestaltung oder die Interpretation polit., wirtsch., rechtl. oder institutioneller Rahmenbedingungen so zu beeinflussen, dass ihnen ein ökonom. Vorteil entsteht. Solche Vorteile können z.B. in → Subventionen oder protektionistischen Maßnahmen zum Schutz eigener Interessen bestehen. Die daraus resultierenden Einkommen haben den Charakter von künstlich geschaffenen → Renten, die aus der Nutzung von Eigentumsrechten entstehen, die infolge der Existenz von Informations- und → Transaktionskosten urspr. nicht eindeutig spezifiziert waren. Individuen oder Interessengruppen, bei denen diese Kosten in geringerem Maße anfallen, können Änderungen der Eigentumsrechte, d.h. eine exklusive Zuteilung, »erkaufen«, indem sie Ressourcen in die Beeinflussung des polit. Entscheidungsprozesses investieren, die maximal bis zur erwarteten Höhe der erzielbaren Rente reichen. Aus normativer Sicht sind diese Ressourcen fehlgeleitet, d.h. es entstehen → Opportunitätskosten, weil damit alternativ Güter oder Leistungen für den Markt hätten produziert werden können. → Entscheidungsprozess, politischer.

Repartierung (franz., Zuteilung), werden → Aktien überzeichnet, müssen sie repartiert, also zugeteilt werden, wenn der → Kursmakler nicht über eine Kurserhöhung die Nachfrage einschränken will.

Repartitionsteuern, liegen vor, wenn ein bestimmtes Aufkommen festgelegt ist und die Gestaltung des Tarifes dazu dient, dieses Aufkommen auf die Steuerpflichtigen aufzuteilen. → Quotitätsteuern.

Repetierfaktor, ein Pendant zu den Potenzialfaktoren. R. sind → Produktionsfaktoren, die in den Produktionsprozess eingehen, also verbraucht werden (Werkstoffe, Betriebs- und Hilfsstoffe) und daher regelmäßig neu beschafft werden müssen.

Report, der Unterschied zwischen dem niedrigeren → Kassakurs und dem höheren Terminkurs im Kurssicherungsgeschäft. Muss ein dt. Importeur nach einem Monat seine Warenschuld an einen Schweizer Lieferanten zahlen, und erwartet er einen Kursanstieg des Franken, so kauft er die → Devisen heute per Termin. Ist dabei der Terminkurs höher als der gleichzeitig geltende Kassakurs, so entsteht der R. → Deport, → Swap-Geschäft.

Reportgeschäft, ein → Prolongationsgeschäft, das bei der à la → Hausse-Spekulation eine Rolle spielt. Sind Wertpapiere per ultimo in der Erwartung gekauft, aber nicht bezahlt worden, dass die Papiere bis dahin steigen und zu einem höheren Kurse verkauft werden können, ist aber die erwartete Kursbewegung nicht eingetreten, so kann das → Termingeschäft mit Hilfe eines R. verlängert werden: der Spekulant gibt die Papiere, weil er sie z.Zt. nur mit Verlust verkaufen könnte, einem Dritten (Reporter, Hereinnehmer) einen Monat lang »in Kost«, indem er sie ihm zum Ultimokurs verkauft und zum gleichen Kurs per ultimo des nächsten Monats zurückkauft. Hierfür muss er eine Vergütung in Gestalt eines Zuschlags (→ Report) zum Kaufpreis zahlen. → Deportgeschäft.

Repräsentativerhebung → Stichprobenverfahren.

Reprivatisierung, Rückführen von kollektivem Vermögen in Privateigentum. Hauptanliegen ist die Steigerung der → Wirtschaftlichkeit und damit eine verbesserte Versorgung, zumal der Staat i.d.R. ineffizienter produziert und ungerechter verteilt als selbst ein privates → Monopol, da → Anreiz- und Sanktionsmechanismen sowie Kontrollmechanismen kaum vorhanden und bürokratische Hemmnisse ausgeprägt sind. → Regulierung.

Reproduktionsrate, Maßzahl für die Wachstumsintensität einer Bevölkerung. So gibt z.B. die sog. Nettoreproduktionsrate die Anzahl von Töchtern an, die von einer bestimmten Frauengeneration geboren wurden.

Reproduktive Energien, zu den R. (erneuerbaren, regenerativen Energien) gehören die Sonnen- und Windenergie, die Energie aus Wasserkraft, Gezeiten, Biomasse sowie der geothermischen Wärme (→ Energiewirtschaft). Der Vorteil der R. gegenüber den aufbrauchenden Energien (Kohle, Erdöl, Erdgas, Uran) besteht darin, dass sie nahezu unerschöpflich und weniger umweltbelastend sind. Das begrenzte Vorkommen der fossilen

Repudiation

Energieträger und des Urans sowie die zunehmende Umweltbelastung bzw. das Gefahrenpotenzial der Kernkraft erfordern es, den Anteil der R. erheblich und dauerhaft zu steigern. Problematisch sind die mangelnde flächendeckende Verfügbarkeit (→ Energieversorgung) sowie der geringere Wirkungsgrad, was an die Energiegewinnung z.T. höhere techn. Anforderungen stellt. Im Rahmen der Klima- und Umweltpolitik wird der noch geringe Anteil der R. an der Gesamtenergieerzeugung in Deutschland durch das Erneuerbare-Energien-Gesetz (EEG) aus dem Jahr 2000 gefördert (→ Energiepolitik).

Repudiation → Staatsbankrott.

Reserven → Rücklagen.

Reservewährung, wird von → Notenbanken und internationalen Währungsbehörden als Teil ihrer Gold- und Devisenreserven gehalten. Sie dient zudem für einen bedeutenden Teil des internationalen Handels als → Zahlungsmittel. vier Voraussetzungen sind normalerweise erforderlich, damit eine Währung zu R. wird: (1) ihr Wert muss im Verhältnis zu anderen Währungen stabil sein, (2) es besteht ein Devisenmarkt, auf dem diese Währung gegen andere getauscht werden kann, (3) es ist die Währung eines Landes, das einen hohen Anteil am Welthandel besitzt, und (4) die Währung ist konvertibel. → Leitwährung.

Ressourcen → Hilfsquellen, natürliche, → Wirtschaftsgrundlagenpolitik.

Reswitching, tritt dieselbe Produktionstechnik wiederholt und nicht nur einmal auf, kommt es zu einem R., weil in der Reihung der effizienten Produktionstechniken jede Technik eben mehrfach vorkommt.

Retorsion → Vergeltung.

Retorsionszoll → Vergeltung.

Return on Investment (ROI) (engl., Ertrag der Investition oder des eingesetzten Kapitals), R., eine übliche → Kennzahl, welche die → Rentabilität ausdrückt, wobei alle Faktoren, die auf den Ertrag des investierten Kapitals einwirken, einbezogen sind: Gewinn, Umsatz, Investition, Erlöse und Kosten. Der R. kann für einen Gesamtbetrieb und für einzelne Abteilungen oder Produkte errechnet werden und dient der → Unternehmensführung, Planung und Preispolitik. Er wird nach der Formel berechnet:

$$r = \frac{\text{Gewinn}}{\text{Umsatz}} \cdot \frac{\text{Umsatz}}{\text{inv Kapital}}$$

kurz: Umsatzerfolg × Umschlag des eingesetzten Kapitals.

Returns to Scale → Skalenerträge.

Revaluation → Aufwertung.

Revealed Preferences → Präferenzen, Theorie der offen gelegten.

Revision, (1) wird im betriebswirtsch. Sinn häufig mit dem Begriff Prüfung gleichgesetzt. Sie ist die nachträgliche, kritische Untersuchung von Sachverhalten und kann in externe und interne R. unterschieden werden. Die externe R. (Audit) erfolgt durch hoheitliche

Organe (etwa bei der Zoll- und Steuerprüfung) und durch Wirtschaftsprüfer. Die interne R. ist Teil des unternehmensinternen Kontrollsystems. Ihre Aufgabe als prozessunabhängiges Überwachungsinstrument in einem Unternehmen besteht insbes. darin, die Ordnungsmäßigkeit der betriebl. Abläufe zu gewährleisten, das Unternehmen vor Vermögensverlusten zu schützen, zuverlässige und zeitgerechte Entscheidungsgrundlagen sicherzustellen sowie die Funktion des internen Kontrollsystems und den wirtsch. Einsatz der → Produktionsfaktoren zu überwachen. Häufig werden der internen R. neben ihren Prüfungsaufgaben weitere Funktionen zugewiesen. Dazu gehören das Beraten der → Unternehmensführung, gutachterliche Tätigkeiten oder die Ausbildung qualifizierter Mitarbeiter. (2) Ein Rechtsmittel, mit dem ein Urteil in rechtl. (nicht in tatsächlicher) Hinsicht überprüft wird.

Revolvingkredit (engl., von »zurückdrehen«), eine aus der engl. Bankpraxis übernommene Form der Kreditgewährung, bei der sich ein zeitweilig nur z. T. beanspruchter → Kredit nach Erfüllung der vereinbarten Vorbedingungen automatisch wieder auf die urspr. eingeräumte Kreditsumme erhöht.

Rezession, Phase der Konjunktur, in der die Zuwächse des → Volkseinkommens eine sinkende Tendenz haben. Die relative → Preisstabilität ist mit zunehmender Arbeitslosigkeit verbunden. → Konjunkturbewegungen.

Reziprozität, Wechselseitigkeit, ein im Gegensatz zur unbedingten → Meistbegünstigung stehender handelspolit. Grundsatz, bei dem keine Vergünstigung ohne entsprechende Gegenleistung gewährt wird. Während bei der unbedingten Meistbegünstigung Zugeständnisse, die dritten Staaten gemacht werden, dem Vertragspartner ohne weiteres zugute kommen, liegt es im Wesen der R., dass die Dritten eingeräumten Vorteile dem Partner nur dann zugebilligt werden, wenn er seinerseits auch Zugeständnisse macht.

Ricardo-Effekt, benannt nach dem engl. Nationalökonomen D. Ricardo, besagt, dass Lohnsteigerungen die Unternehmer dazu ermutigen, Arbeitskräfte durch Maschinen zu ersetzen und, umgekehrt, Senkungen der → Reallöhne dazu führen, dass Anlagekapital durch Arbeitskräfte ersetzt wird. → Substitution.

Rimesse (ital., Zurücksendung), die Übersendung eines Wechsels zur Deckung einer Schuld, im übertragenen Sinne der übersandte → Wechsel selbst. Bei der Devisenarbitrage (→ Arbitrage) entsteht die Frage, ob es vorteilhafter ist, eine an einem anderen Platz zahlbare Schuld durch R. auf den Platz des Gläubigers oder durch → Tratte, die man von diesem auf sich ziehen lässt, oder eine an einem anderen Platz fällige Forderung durch Tratte auf den Platz des Schuldners oder durch R., die man sich von ihm ausstellen lässt, zu tilgen.

R-Ineffizienz, ein Begriff der neuen Theorie der → öffentlichen Verschwendung oder Wohlfahrtsverluste, entsteht dort, wo der Staat als Monopolist mit bürokratischer

Verwaltung → öffentliche Güter und Dienste mit überhöhten Kosten (techn., organisatorischer und finanzieller Art) produziert, anbietet, verwaltet und finanziert (→ Monopol). Dieser verschwenderische Kostenüberhang wird dadurch verursacht, dass weder Wettbewerber, Innovatoren, Vermögenseigner noch Nutzer wirtsch. Verhalten der Politiker und Bürokraten erzwingen und deren → Selbstinteresse darauf gerichtet ist, die öffentl. Ausgaben und damit Kosten auszuweiten.

Risiko (ital., Wagnis), wirtsch. und soz. die Gefahr eines Verlustes von Ansehen, Stellung oder Vermögen, die sich aus der Marktabhängigkeit für Unternehmer und Geldgeber ergibt. Es ist in der Wirtschaft mit der Verantwortung untrennbar verbunden. Knight unterscheidet in R., bei dem die wahrscheinliche Verteilung der Resultate möglicher Handlungen bekannt ist, und in Unsicherheit, bei der dies nicht der Fall ist. Danach kann man Unsicherheit nicht messen und damit auch nicht versichern, während R. versicherungsfähig ist. Der Risikobegriff ist in Literatur und Praxis vieldeutig. Man kann darunter verstehen: (1) die Gefahr, einen Verlust zu erleiden, auch Abstand zwischen möglichem Gewinn und möglichem Verlust, (2) R. drückt die positive oder negative Abweichung vom Erwartungswert aus (→ Portfolio-(Auswahl-)Theorie) oder (3) R. ist die Differenz zwischen Plandaten und Fakten. Als Wagnis ist R. wesentlicher Bestandteil der unternehmerischen Leistung, ohne die ein wirtsch. Fortschritt undenkbar ist. Hoher Kapitalbedarf und → technischer Fortschritt haben neben Änderungen im Geschmack der Konsumenten das unternehmerische R. erhöht. Die Risikopolitik der Unternehmen versucht, unnötiges R. zu beseitigen, es auf Grund sorgfältiger Marktanalysen (→ Marktforschung) wenigstens teilweise zu verkleinern und dies rechtl. abzusichern. Die → Entscheidungstheorie hat eine Reihe von Verfahren entwickelt, um R. in Grenzen zu berechnen. → Nutzen-Kosten-Analyse (NKA), → Investitionsrechnung, → Theorie der rationalen Erwartungen (TRE), → Risikoprämie.

Risiko-Management, umfasst im Allg. die Analyse von Risiken sowie Durchführung von Maßnahmen zur Steuerung dieser Risiken. Damit sind z.B. Versicherungsverträge einzelner Haushalte, die Produktdifferenzierungsstrategie von Unternehmen, aber auch die → Spekulation an Kapitalmärkten als Instrumente des R. zu interpretieren. Betriebswirtsch. wird das R. häufig als ein Teilbereich der → Unternehmensführung angesehen, dessen Aufgabe vornehmlich die Risikobegrenzung ist.

Risikoprämie, Wagniszuschlag, in der → Kostenrechnung ein zur Deckung eines bestimmten Risikos meistens in der Form eines prozentualen Zuschlages zu den Gesamtkosten angesetzter Betrag. Besonders hoch veranschlagte Zinsen enthalten oft neben dem eigentlichen Zins eine R.

Risikotheorie, beschreibt und erklärt das Versicherungsgeschehen, um (1) die dem individuellen → Risiko entsprechenden Prämien zu finden und (2) die Stabilität, → Liquidität und → Rentabilität eines Versicherungsunternehmens zu beurteilen.

Road Pricing, Straßenüberlastungspreise, R. versucht eine allokativ-optimale Auslastung des Straßenraumes zu erzielen, indem es die → externen Effekte über einen Straßenüberlastungspreis (Gebühr) internalisiert. D.h. ein auf einer überlasteten Straße fahrender Autofahrer berücksichtigt nur die ihm dabei entstehenden Fahrzeug- und Zeitkosten. Er lässt jedoch unberücksichtigt, dass durch sein Einfahren der gesamte Verkehrsfluss und damit auch Geschwindigkeit und Kosten anderer Verkehrsteilnehmer beeinträchtigt werden. Die Nichtberücksichtigung dieser Kosten führt zu einer übersteigerten Nutzung des Gutes Straßenraum, die über das R. verhindert werden soll.

Robertson-Lag, die zeitliche Verzögerung, die zwischen Erhalt (Verdienen) und Ausgabe (Verfügen) des Einkommens eintritt: $C_t = a + bY_{t-1}$. → Lag.

Robinson-Bedingung, ein Ausdruck in der → Außenwirtschaftstheorie, besagt, wann eine normale Reaktion in der → Leistungsbilanz zu erwarten ist, nämlich: → Aufwertung führt zur Drosselung des Ausfuhrüberschusses, → Abwertung führt zum Abbau des Einfuhrüberhanges. Diese normale Anpassung ist umso stärker, je kleiner die → Angebotselastizitäten im Export und je größer die Nachfrageelastizitäten im Import sind (→ Preiselastizität der Nachfrage). Wertet z.B. ein Land seine Währung ab, dann ist der prozentuale Rückgang der Nachfrage höher als die (ihn verursachende) prozentuale Preiserhöhung der Einfuhrgüter, wenn die Nachfrageelastizität der Importe hoch ist. Als Folge davon sinkt der Einfuhrwert. Die R. berücksichtigt nicht die Sekundär- oder Nebenwirkungen. (→ Marshall-Lerner-Bedingung).

Rohertrag, sachlicher Erfolg der Gütererzeugung ohne Abzug der Kosten oder des Aufwands. → Reinertrag, → Produktivität.

Rohproduktenhandel, Form des Handels, differenziert nach ihren Hauptumsatzträgern: Roh-, Hilfs- und Betriebsstoffe. R. ist der Handel mit Alt- und Abfallstoffen, da Technik und Chemie es möglich gemacht haben, die gesammelten Altstoffe sowie vielerlei Abfälle wieder zu verwerten und so neue Rohstoffe zu sparen. Die Preispolitik auf den Weltrohstoffmärkten zwingt die Industrieländer, ihre Abfallwirtschaft zu intensivieren. → Recycling.

Rohstoffe, wirtsch. Naturmaterialien, die wie Kohle, Eisen, Holz, in die industrielle Verarbeitung als Grundstoffe eingehen und deren → Knappheit weltpolit. die Suche nach neuen Rohstoffquellen (z.B. Erdöl) und nach Ersatz durch synthetische Stoffe forciert.

Rohstoffpolitik, durch die kartellähnliche Politik der Rohstoffländer allseits in den Vordergrund getreten (→ Kartelle). Soweit die Unternehmen nicht selbst eine langfr. Versorgung mit → Rohstoffen zu sichern vermögen, leistet der Staat Hilfen, namentlich in einem rohstoffabhängigen Land wie Deutschland. In diese Förderung ist einbezogen: die Entwicklung von Technologien, um neue Rohstoffquellen zu finden, zu erschließen und aufzubereiten und Rohstoffe rückzugewinnen. Auch die Rohstoffe der Meere und des marinen Bergbaus werden ebenso einbezogen wie die neuen Energiequellen. Außenwirtsch. Finanzierungs- und Garantiehilfen sind wesentliche Fördermittel.

Roosa-Effekt, Locking-in-Effekt, beschreibt die Einschränkung einer expansiven Kreditgewährung der → Geschäftsbanken. Er tritt dann auf, wenn bei einer restriktiven → Geldpolitik der → Zentralbank der zusätzliche Zinsgewinn der Banken durch erhöhte Kreditgewährung (die durch den Verkauf von Wertpapieren möglich wird) überkompensiert wird durch Kursverluste der Wertpapiere, die Folge der Zentralbankpolitik und des vermehrten Angebots an Wertpapieren auf dem Markt sind.

Rückkaufswert, für den Fall des Rücktritts oder vorzeitiger Kündigung gewisser → Versicherungen (z.B. Versicherung auf den Todesfall) hat der Versicherte einen Anspruch auf Abfindung. Diese bemisst sich nach dem R., der im Wesentl. aus der angesammelten Prämienreserve des Versicherten unter Berücksichtigung eines angemessenen Abzugs besteht. Der R. beläuft sich je nach Höhe der angesammelten Prämienreserven auf mindestens 50 % dieser Reserven.

Rückkoppelung (engl.: feedback), die Rückwirkung der Veränderung einer Ausgangs- oder Zielgröße auf die Eingangs- oder Mittel- oder Einsatzgröße. Wirkt die Ausgangsgröße vermindernd auf den Einsatz, spricht man von stabilisierender Gegenkoppelung, wirkt er additiv, handelt es sich um eine Koppelung, die beschleunigt und destabilisierend wirken kann, wenn keine Dämpfung in der R. eintritt.

Rücklagen, zusätzliches, gewöhnlich durch Selbstfinanzierung gebildetes → Eigenkapital. In Höhe der R. wird der Gewinn im Betrieb gebunden und nicht ausgeschüttet. R. erhalten oder verbessern die → Liquidität. R. brauchen nicht für einen besonderen Zweck gebildet zu werden (→ Finanzierung). Es ist nicht erforderlich, R. als solche in der Bilanz unter den Passiva auszuweisen. Geschieht dies, so handelt es sich um offene im Gegensatz zu den stillen R. Diese entstehen entweder dadurch, dass Aktiva gegenüber den Bewertungsvorschriften niedriger angesetzt oder aber Passivposten überbewertet werden. Im letzten Falle spricht man von versteckten R. (→ Bewertung). Freie R. sind solche, die der Betrieb freiwillig vornimmt. Eine gesetzl. R. müssen nach § 2150 AktG die Aktiengesellschaften (AG) bilden. Hierbei handelt es sich um eine offene R. Ihre Verwendung ist an Auflagen gebunden. → Rückstellungen.

Rückstellungen, nach dem Entstehungsgrunde der Verbindlichkeit feststehende, aber der Höhe oder dem Fälligkeitszeitpunkt nach unbestimmte Aufwendungen oder Kosten. Bsp.: R. für Steuern, Prozesskosten, Reparaturen. Die R. sind genau von den → Rücklagen zu unterscheiden. Während es sich bei diesen um nicht ausgeschütteten Gewinn handelt, entstehen jene als

Vorverteilung von → Aufwand oder Kosten. R. können auch dann gebildet werden, wenn der Betrieb ohne Gewinn gearbeitet hat.

Rückversicherung, nimmt ein Versicherungsbetrieb ein großes Objekt in Deckung, versichert er also ein großes → Risiko, muss er sich dagegen schützen, dass er eventuell aus diesem Versicherungsverhältnis bei einem Schaden in voller Höhe in Anspruch genommen wird. Die Deckung eines derartigen überdurchschnittlich großen Schadens könnte die Zahlungsfähigkeit des Versicherungsunternehmens beeinträchtigen. Zur Ausschaltung dieser Gefahr kann die Versicherungsunternehmung eine R. eingehen, d.h. sie versichert sich durch Zahlung einer → Prämie bei einem anderen Versicherungsbetrieb gegen die Gefahr der Inanspruchnahme aus einem Schaden an dem von ihr versicherten Risiko. R. ist also die → Versicherung des von der Versicherungsunternehmung übernommenen Risikos. Den Versicherungsbetrieb, der eine R. in Anspruch nimmt, nennt man den Rückversicherten, den Versicherungsbetrieb, der den Versicherungsschutz gewährt, den Rückversicherer.

Ruinöse Konkurrenz, liegt vor, wenn ein Anbieter seinen Preis so weit senkt, dass er vorübergehend einen mehr oder weniger großen Teil der Kosten ungedeckt lässt, wobei er bestrebt ist, Konkurrenten zu »ruinieren«, um sie vom Markt zu verdrängen.

Rybczynski-Theorem, besagt, dass mit zunehmender Verfügbarkeit eines → Produktionsfaktors die Produktion desjenigen Gutes, welches diesen Faktor relativ stark beansprucht, ansteigt, während die Herstellung des Gutes, das den betreffenden Faktor in relativ geringerem Maße in Anspruch nimmt, zurückgeht. Das R. geht von einer linear-homogenen → Produktionsfunktion und von konstanten relativen Güterpreisen aus (und damit auch von einem konstanten Faktorpreisverhältnis). V. a. die Außenhandelstheorie, insbes. das → Faktorproportionen-Theorem, wendet das R. an.

S

Sache, im Rechtssinne körperlicher Gegenstand. Es gehören nicht dazu: (1) der lebende Mensch. Wogegen Abgetrennte Körperteile und der menschlichen Leichnam rechtlich als S gelten. (2) Gegenstände, die keinen Raum ausfüllen, aber Rechtsgegenstände sind, z.B. Elektrizität. Der Vertrag über Lieferung von elektrischem Strom ist daher auch kein Kaufvertrag, wird aber wie ein solcher behandelt. (3) Gegenstände, die räumlich nicht begrenzt werden können, z.B. das fließende Wasser, die freie Luft. Dagegen sind Wasser und Luft in abgeschlossenen Behältern Sachen.

Sacheinlage, Apport, im Gegensatz zur Geldeinlage die bei Gründung einer Handelsgesellschaft, insbes. einer → Aktiengesellschaft (AG), in Form von körperlichen Gegenständen oder übertragbaren Rechten (z.B. Patenten) geleistete Einlage.

Sachenrechte, dingliche Rechte, Rechte an Sachen. Im Gegensatz zu den Forderungsrechten, die auf einem Rechtsverhältnis zwischen zwei Personen (Gläubiger und Schuldner) beruhen und daher nur zwischen diesen wirken, ist es für die S. wesentlich, dass sie gegenüber jedermann gelten. Während Forderungsrechte auch dann, wenn sie auf Leistung einer Sache gehen, keine Herrschaft über die Sache begründen, liegt es im Wesen der S., dass sie unmittelbare Herrschaft einer Person über eine Sache in sich schließen. Bsp.: Wer eine Sache besitzt oder als Eigentümer darüber verfügt, übt unmittelbare Herrschaft über die Sache aus. Die wichtigsten S. sind: Besitz, Eigentum, Pfandrecht, → Hypothek, → Grundschuld, → Rentenschuld, → Reallast.

Sachgründung → Qualifizierte Gründung.

Sachvermögen, Realvermögen, besteht als Teil des volkswirtsch. Bruttovermögens aus reproduzierbarem S., wie Anlage-, Gebrauchs- und Vorratsvermögen sowie aus nicht reproduzierbarem S., wie Boden und Bodenschätzen. → Vermögen.

Sachverständiger, Person, die auf Grund ihrer Fachkenntnisse als Gutachter herangezogen wird. In Wirtschaftsangelegenheiten wird auf Vorschlag der → Industrie- und Handelskammern (IHK), Handwerkskammern oder geeigneter Organe in S. bestellt und vereidigt. Es gibt für fast alle → Wirtschaftszweige S., deren Aufgabe darin besteht, über die in der Branche geltenden Gewohnheiten und Bräuche (→ Usance) Auskunft zu geben oder sich in Streit- oder Zweifelsfällen gutachtlich zu äußern. Bei allen Kaufgeschäften und Werkverträgen kann der Käufer oder Besteller, wenn Mängel vorliegen, bei dem zuständigen Gericht die Vernehmung von S. beantragen. Die Stellung der S. ist eine ausgesprochen treuhänderische. Das Urteil von S. muss unbestechlich sein. Die Gefahr liegt in dem durch einseitige Interessen bestimmten Missbrauch, in der Abgabe wissentlich falscher oder irreführender Gutachten.

Sachverständigenrat (SVR), zur Begutachtung der gesamtwirtsch. Entwicklung erstellt auf Grund des Gesetzes von 1963 jährlich ein Gutachten und leitet es der Bundesregierung zu. Das Jahresgutachten wird den gesetzgebenden Körperschaften vorgelegt und gleichzeitig vom S. veröffentlicht. Spätestens acht Wochen nach Vorlage muss die Bundesregierung gegenüber den gesetzgebenden Körperschaften zum Jahresgutachten Stellung nehmen; dabei sind insbes. die wirtsch.polit. Schlussfolgerungen, welche die Bundesregierung aus dem Gutachten zieht, darzulegen. Im Einzelnen soll der S. untersuchen, wie im Rahmen der marktwirtsch. Ordnung gleichzeitig das → Preisniveau stabil gehalten und hoher Beschäftigungsstand sowie außenwirtsch. Gleichgewicht bei angemessenem Wachstum gewährleistet werden kann. Dabei soll er auch die Verteilung von Einkommen und Vermögen einbeziehen. Unberücksichtigt bleibt dabei die Frage einer optimalen Allokation der Hilfsquellen auf → Marktwirtschaft und Staatswirtschaft (→ Finanzwirtschaft) und die → Effizienz und Verteilung im öffentl.

Sektor. Der S. soll ferner nachweisen, warum es tatsächlich oder möglicherweise zu Spannungen zwischen der Gesamtnachfrage und dem Gesamtangebot kommt oder kommen kann, wodurch die Erfüllung der wirtsch.polit. Ziele gefährdet wird. Der S. besteht aus fünf unabhängigen Sachverständigen. Ihr urspr. Auftrag ist durch das Gesetz zur Förderung der Stabilität und des Wachstums der Wirtschaft von 1967 erweitert worden. → Stabilitätsgesetz (StWG).

Sachwert, im Gegensatz zum → Geldwert der auf der Substanz eines Gutes beruhende Wert, der als Festwert bes. dann eine Rolle spielt, wenn bei gleitender Währung oder sinkendem Geldwert (→ Inflation) das Geld seine Aufbewahrungsfunktion verliert und jeder bemüht ist, Geld in S. anzulegen (»Flucht in die S.«), um so dem Vermögensschwund zu entgehen.

Säkulare Inflation, nennt man einen fortdauernden Preisanstieg, der sich nicht selbst verstärkt, eine Erscheinung, die man mit dem → Wirtschaftswachstum, der wirtsch.- und finanzpolit. Steuerung der Konjunktur (→ Konjunkturbewegungen) und der laufenden Expansion der öffentl. Konsumausgaben in Verbindung bringt.

Säkulare Stagnationstheorie, versuchte in den 1930er Jahren (Hansen und J.M. Keynes) die geringe Investition und hohe Arbeitslosigkeit in der Depression (→ Konjunkturbewegungen) dadurch zu erklären, dass die Investitionschancen in einer sog. reifen → Volkswirtschaft (mature economy) abnehmen würden, da die Bevölkerungszunahme rückläufig sei, die Ersparnisse absolut zunähmen und techn. Neuerungen kapitalsparend sein würden. Das führe auf lange Sicht zu erheblicher → Unterbeschäftigung. Die geradezu stürmische Entwicklung der Industrieländer nach dem 2. Weltkrieg hat diese These nicht bestätigt, ja, sie geradezu umgekehrt. Die Klassik sieht das Wachstum in einer reifen Volkswirtschaft in einer Stagnation enden, wenn (1) die → Hilfsquellen eines Landes erschöpft sind, (2) die → Grenzproduktivität der Arbeit in der Landwirt. zurückgeht oder (3) die Nachfrage wegen ungleicher Einkommensverteilung zu gering ist, was die Akkumulation von Kapital auf null sinken lässt. Dieser Zustand werde aber immer wieder durch den → technischen Fortschritt und die → Arbeitsteilung hinausgeschoben.

Sättigungsmenge, bei Einzelfaktoränderung dadurch bestimmt, dass der → Grenzertrag des variablen Faktors null ist. In der Haushalts-, Nutzen- oder Nachfragetheorie ist die S. die nachgefragte Menge beim Preis null. Hier ist der → Grenznutzen gleich null (Sättigungspunkt). Siehe Verlauf des Grenznutzens bei → öffentlichen Gütern, → Verbundprinzip, ökonomisches und politisches.

Saisonbetrieb, Saisongewerbe, Betrieb, der regelmäßig wiederkehrenden Schwankungen des → Beschäftigungsgrades von größerem Ausmaß unterliegt. Saisonarbeiter sind nur in einer bestimmten Jahreszeit beschäftigt. → Winterbauförderung.

Saisonschwankungen, jahreszeitliche Bewegungen in der Wirtschaft, die regelmäßig wiederkehren, etwa im Bau- und Hotelgewerbe und in der Energie- und Landwirt. Für die Konjunkturdiagnose und -prognose müssen die → Zeitreihen von S. bereinigt werden.

Saldenmechanik, nennt man in einem System mit → festen Wechselkursen die Übertragung von Geldwertschwankungen anhand der Entwicklung der Salden in der → Leistungsbilanz. Bsp.: Fällt der → Geldwert im Ausland rascher als im Inland, und wertet dieses nicht rechtzeitig auf, wird durch die internationale Unterbewertung der heimischen Währung ein Ausfuhrüberschuss entstehen. Das führt zu einer Anpassung der → Geldmenge an die gestiegenen Devisenreserven. Auf diese Weise überträgt sich die → Inflation über die S. auf das Inland, falls dort → Vollbeschäftigung herrscht und Finanz- und → Geldpolitik nicht restriktiv wirken.

Saldo (ital., Ausgleich, saldare = ergänzen), in der → Buchführung der Betrag, um den die eine Seite des Kontos größer ist als die andere. Um ein → Konto abzuschließen, muss die an Beträgen kleinere Seite durch Einsetzen des S. ergänzt, also auf den Betrag der anderen Seite gebracht werden. Die Konten saldieren heißt: die Ergänzungssumme einsetzen und beide Kontenseiten aufrechnen.

Salvo errore et omissione (S.e.e.o.) (lat., Irrtum und Auslassung vorbehalten), eine in Geschäftsverkehr, v.a. der Banken auf Kontokorrentauszügen verwendete Klausel, die rechtl. belanglos ist, aber dem Zwecke dient, den Vertragsgegner zu sorgfältiger Prüfung des Auszugs auf Irrtümer und Auslassungen hin zu veranlassen.

Sammeldepot, offenes → Depot, in dem gleichartige → Effekten mehrerer Kunden gemeinsam aufbewahrt und verwaltet werden, da stückelose Giroübertragung möglich ist, auch Girosammeldepot genannt.

Sampling Methods → Stichprobenverfahren.

Samuelson-Wohlfahrtskriterium, fordert im Anschluss an die Kritik der → Kompensationstheorie, dass zwei wirtsch. Situationen nur dann miteinander verglichen werden sollen, wenn alle möglichen Verteilungsalternativen geprüft worden sind. Ein Zustand A ist einem alternativen Zustand B nur dann überlegen, wenn zu jeder möglichen Verteilung in B eine Verteilungsalternative in A besteht, bei der mindestens eine Person besser gestellt ist und die anderen wenigstens indifferent bleiben.

Sanierung, Maßnahmen, durch die einem Not leidenden Betrieb geholfen wird, insbes. bei → Aktiengesellschaften (AG), die durch Verringerung des Aktienkapitals (Zusammenlegung der Aktien oder Herunterstempelung ihres Nennbetrages), durch Zuführung neuer Mittel (Begebung neuer Aktien) oder durch Ausschüttung von Mitteln (Rückkauf eigener Aktien) bewirkte Gesundung der Finanzen.

Savage-Niehans-Regel (Regel des kleinsten Bedauerns), eine → Entscheidungsregel bei Ungewissheit, die von einer → Entscheidungsmatrix ausgeht. Zunächst werden die Ergebnisse e_{ij} der Entscheidungsmatrix in Bedauernswerte r_{ij} umgewandelt. Diese r_{ij} ergeben sich als Differenz zwischen dem bei Umweltzustand z_j bestmöglichen Ergebnis und jenem Ergebnis e_{ij}, das bei Wahl der Handlungsalternative a_i und dem Umweltzustand z_j eintritt. Sie messen das Bedauern, das der Entscheidungsträger nachträglich bei Wahl der Alternative a_i empfindet, wenn er den tatsächlich eingetretenen Umweltzustand kennt und dann das bestmögliche mit dem tatsächlich erzielten Ergebnis vergleicht. Mit den Bedauernswerten r_{ij} wird analog zum Minimax-Prinzip (→ Wald-Regel) verfahren. Zunächst wird für jede Handlungsmöglichkeit a_i der maximale Bedauernswert r_i^* ermittelt. Als Optimum gilt diejenige Alternative mit dem niedrigsten Bedauernswert r_i^*. Die S. spiegelt eine pessimistische Haltung des Entscheidungsträgers wider.

Saysches Theorem, besagt, dass jede volkswirtsch. Produktionsmenge abgesetzt wird, Nachfrage- oder Angebotsüberhänge also nicht auftreten können. Die Erzeugung von Gütern schaffe → Nachfrage, deren Höhe dem → Angebot entspricht. Zwar werde ein Teil des Einkommens gespart, was einen Ausfall an Nachfrage bedeutet. Investitionen in gleicher Höhe schlössen indes diese Lücke. Das S. setzt also einen Mechanismus voraus, der → Sparen und Investieren ausgleicht. Im klassischen System hat diese Rolle der Zins übernommen: Übersteigen die Ersparnisse die Investitionen, so steigen, bei sinkendem Zins, die Investitionen an, während das Sparen abnimmt. Sind beide Größen wieder im Gleichgewicht, so stoßen die produzierten Konsumgüter auf eine gleich große Nachfrage. Moderne → Konjunkturtheorien und die von J. M. Keynes inspirierte Vollbeschäftigungslehre lehnen das S. grundsätzlich ab, indem sie auf vielerlei Störungen, Friktionen, Unausgeglichenheiten und Krisenerscheinungen im Wirtschaftsablauf hinweisen, die wirtsch.polit. beseitigt oder gemildert werden sollten. Namentlich Keynes hat die Ausgleichsfunktion des Zinses in Frage gestellt und durch eine makroökonom. → Konsumfunktion und Sparfunktion ersetzt. Ebenso wurde die einseitig zinsabhängige → Investitionsfunktion gründlich revidiert und die Rolle der Erwartungen betont. → Quantitätstheorie, → Pigou-Effekt.

Schachtelgesellschaft, eine Organisationsform, die z.B. bei → Konzernen und Interessengemeinschaften dazu benutzt wird, um durch Erwerb von Aktienmajoritäten sowie sonstigen Mitteln der Einflussnahme mit einem bestimmten Kapital möglichst viele Gesellschaften zu beherrschen. Das Schachtelsystem beruht auf der Erwägung, dass in eine Gesellschaft immer nur so viel Kapital hineingesteckt zu werden braucht, wie notwendig ist, um den Einfluss der übrigen Aktionäre auszuschalten. Die den Konzern führende Muttergesellschaft (→ Dachgesellschaft) ist bemüht, mindestens 51 % der einzelnen → Tochtergesellschaften zu besitzen. Die Tochtergesellschaften wiederum beteiligen sich ihrerseits an anderen Unternehmungen, so dass ein ganzes Netz von Kapitalverflechtungen gespannt wird, das dem Zweck dient, von einem Mittelpunkt aus unter Abschwächung des Risikos aus dem einzelnen Unternehmen (ein großer Teil der Aktien ist in Händen des Publikums) eine ganze Gruppe von Betrieben zu beeinflussen oder zu leiten.

Schadenersatz, der Ersatz für den Schaden, den eine Person an ihren Rechtsgütern (wie Vermögen, Leben, Ruf, Ehre) erleidet. Grundsätzlich gilt: Jeder hat den ihn treffenden Schaden selbst zu tragen. Ein Eintreten anderer oder der Gemeinschaft oder des Staates für den Schaden findet nur in bes. Fällen statt. Eine Schadenersatzpflicht kann entstehen durch Vertrag, durch Gesetz und aus einem Schuldverhältnis. Durch Vertrag ist z.B. die Feuerversicherungsgesellschaft verpflichtet, den durch Feuer entstandenen Schaden zu ersetzen. Durch Gesetz entsteht Schadenersatzpflicht aus unerlaubten Handlungen. Aus einem durch Vertrag oder Gesetz begründeten Schuldverhältnis ergeben sich Schadenersatzansprüche, z.B. des Käufers gegenüber dem Verkäufer wegen Verzugs der Warenlieferung.

Schätzung, der Besteuerungsgrundlagen muss nach § 217 AO dann erfolgen, wenn das Finanzamt sie nicht ermitteln oder berechnen kann. Dies geschieht, wenn z.B. der Steuerpflichtige über seine Angaben keine ausreichenden Aufklärungen zu geben vermag oder eine Versicherung an Eides statt verweigert. Das Gleiche gilt, wenn der Steuerpflichtige Bücher oder Aufzeichnungen, die er nach den Steuergesetzen zu führen hat, nicht vorlegen kann oder wenn die Bücher oder Aufzeichnungen unvollständig oder unrichtig sind. → Ordnungsmäßige Buchführung.

Schattenpreis (engl.: shadow prices), angenommener oder Ersatz-Marktpreis, der dort festgesetzt wird, wo entweder kein vergleichbarer Marktpreis besteht (z.B. in Entwicklungsländern) oder der bestehende Marktpreis den tatsächlichen Knappheitsgrad der Güter nur unvollkommen wiedergibt. Ein S. kann ermittelt werden, indem man (1) Preisrelationen aus anderen Ländern heranzieht, (2) Gebühren erhebt, die der → Zahlungsbereitschaft entsprechen (willingness-to-pay-Methode) und (3) auf entsprechende Weltmarktpreise zurückgreift. In → Nutzen-Kosten-Analysen (NKA), aber auch in Modellen der → Linearen Programmierung (Optimierungstheorie) wird der Begriff S. verwandt. → Marktpreisbildung.

Schattenwirtschaft, alle ökonom. Aktivitäten, die bewusst außerhalb des → Marktes betrieben werden, so dass sie weder statistisch erfasst (→ Volkswirtschaftliche Gesamtrechnung (VGR)) noch staatl. be- und entlastet werden. Manche Autoren teilen die S. in die Untergrundwirtschaft (underground, hidden economy) und in die Selbstversorgungswirtschaft. Namentlich die erstere (Schwarzarbeit, Herstellung und Umsatz von Waren und Diensten) wird mit zunehmender Besorgnis betrachtet, da sie zu einem Ausfall von Steuer-, Sozialversicherungseinnahmen und zu einer falschen Einschätzung der Wirtschaftslage führt. Wichtigste Ursachen der S. sind vom Steuerzahler als überhöht empfundene Abgaben, die Aktivität hemmende staatl. Vorschriften, eine unwirtsch. → Bürokratie, als ungerecht betrachtete Staatsausgaben und zunehmende Freizeit.

Schatzanweisungen, Schatzscheine in der Form von Anweisungen auf die Staatskasse aufgenommene, schwebende, also kurz- und mittelfr. Staatskredite, die meistens dem Nennwert nach unverzinslich sind, aber wie ein → Wechsel diskontiert werden. Sie lauten i.d.R. auf den Inhaber und werden nur in größeren Stückzahlen ausgegeben. Es kommen aber auch festverzinsliche, erst nach einigen Jahren rückzahlbare S. (→ Kassenobligationen) vor. → U-Schätze.

Schatzwechsel, → Wechsel, für die der Staat haftet und die von der → Notenbank, ggf. aber auch von anderen Banken, diskontiert werden. Sie sind eine Form der schwebenden, d.h. kurzfr. und ohne Verpfändung bes. Sicherheiten aufgenommenen Schulden, die zur Deckung eines vorübergehenden Geldbedarfs des Staates (Kassenkredite) dienen.

Scheck, eine schriftliche, bestimmten Formvorschriften unterworfene Anweisung des Ausstellers an den Bezogenen auf Zahlung einer Geldsumme. (1) → Namenscheck oder Inhaberscheck, je nachdem, ob sie auf eine bestimmte Person oder auf den Inhaber lauten, (2) Zahlungsscheck oder Verrechnungsscheck, je nachdem, ob sie die Einlösung in bar gestatten oder durch Verrechnung vorschreiben. Keine S. sind Effektenschecks, die eine Verfügung über bei einer Bank deponierte → Wertpapiere enthalten. Wirtsch. dient der S. als Zahlungsmittel. Beim Scheckclearing dient der S. dem bargeldlosen Zahlungsverkehr. Wesentliche Erfordernisse des S. sind: die Scheckklausel, der Name des Bezogenen, der Zahlungsort, das Datum und die Unterschrift. Ein Verrechnungsscheck liegt vor, wenn der S. den quer über die Vorderseite gesetzten Vermerk »nur zur Verrechnung« trägt. → Reiseschecks, → Überweisungsscheck.

Schedulensteuer, Erhebungsform der → Einkommensteuer, die das Einkommen in verschiedene Ertragsarten (Schedulen) auflöst und diese an der Quelle (→ Quellensteuer) besteuert.

Scheidemünzen, Münzen, die infolge ihrer unterwertigen Ausprägung nur beschränkt in Zahlung genommen werden müssen, die aber im Kleingeldumlauf von ao. Bedeutung für Zahlungen im Alltag sind. Nur Bundes- und Landeskassen sind verpflichtet S., anzunehmen.

Scheingewinn, ein durch Änderungen in der Vermögensbewertung (etwa infolge → Inflation) oder durch andere betriebsfremde Umstände zu Stande gekommener → Gewinn eines Betriebs. Als S. wird auch der Teil des Erlöses bezeichnet, der gleich der Differenz zwischen dem → Wiederbeschaffungswert und den → Anschaffungskosten der Aufwandsgüter ist. Er kann in Form einer Rücklage für Preissteigerungen vor der Besteuerung als Gewinn bewahrt werden.

Scheinkaufmann, jemand der sich im Geschäftsverkehr als →

Kaufmann oder → Vollkaufmann verhält oder ausgibt, obwohl er es nicht ist.

Scheinselbständigkeit, auf Grund des verschärften Wettbewerbs gliedern viele Unternehmen Teile ihres Betriebes aus. Es werden Verträge mit bisherigen oder neuen Arbeitnehmern geschlossen, die Leitung der Teile des Betriebs als selbständige Unternehmer zu übernehmen. Durch diese Maßnahme lassen sich für das Unternehmen → Lohnnebenkosten einsparen. Die Verträge sind oft so gestaltet, dass die Risiken eines Unternehmers und die Pflichten eines Angestellten miteinander verbunden sind (→ Anreiz- und Sanktionsmechanismen). Wird das Unternehmen einer Betriebsprüfung durch die → Sozialversicherung unterzogen, kann der Betriebsprüfer auf Grund der Vertragssituation zu dem Schluss kommen, dass es sich hierbei um kein Auftragsverhältnis handelt, sondern S. vorliegt. Selbständigkeit liegt nur vor, wenn man seine Arbeitszeit und seinen Arbeitsort frei wählen und seine Tätigkeiten frei gestalten kann.

Schengener Abkommen, internationales Abkommen zwischen den Mitgliedstaaten der → Europäischen Union (EU) über den Abbau der Grenzkontrollen sowie über eine gemeinsame Sicherheits- und Asylpolitik. Das Schengen-I-Abkommen (Schengener Übereinkommen) wurde 1985 von Belgien, Deutschland, Frankreich, Luxemburg und den Niederlanden unterzeichnet und sieht den Verzicht auf alle Personen-, Waren- und Fahrzeugkontrollen an den gemeinsamen Grenzen vor (→ Freizügigkeit, → Europäischer Binnenmarkt). Um mit dem Abbau der Personenkontrollen an den Binnengrenzen der Anwenderstaaten gleichzeitig die Sicherheitsbedürfnisse der Mitgliedstaaten zu befriedigen, kam es 1990 zum Beschluss des Schengen-II-Abkommens (Schengener Durchführungsübereinkommen) und in der Folge zum Beitritt von Dänemark, Finnland, Griechenland, Italien, Portugal, Österreich, Schweden, Spanien sowie Island und Norwegen als Nicht-EU-Mitgliedsländern. Dort wurden inbes. folgende Maßnahmen festgelegt: Verstärkung der Grenzkontrollen an den Außengrenzen des Schengen-Raumes, Verbesserung der grenzüberschreitenden Polizeizusammenarbeit sowie eine gemeinsame Visa- und Asylpolitik. Beide Abkommen sind 1995 in Kraft getreten und bilden gemeinsam den sog. »Schengen-Besitzstand«, der mit dem Vertrag von Amsterdam in die Rechtsordnung der Europäischen Union einbezogen wurde. → Europol, → Gemeinsame Politik Inneres & Justiz.

Schenkungsteuer, Teil der → Erbschaftsteuer.

Schiedsklausel → Tarifvertrag.

Schlagschatz, Prägegebühr, Prägeschatz, die Gebühr, die früher für die Ausprägung von Edelmetall erhoben wurde. Auch wird die Differenz zwischen Nominalwert der Münze und den Kosten der Prägung gelegentlich als S. bezeichnet.

Schleichende Inflation, ein Prozess der mäßigen Geldentwertung über längere Zeit ohne Beschleunigung. Es herrscht durchweg noch eine → Geldillusion, d.h. das Vertrauen der Bürger in den → Geldwert ist noch nicht erschüttert. Die These, eine S. fördere das → Wirtschaftswachstum, ist unbewiesen und umstritten. → Inflation, → Inflationstheorie.

Schlichtung, Hilfeleistung zur Beendigung einer Gesamtstreitigkeit durch Abschluss einer Gesamtvereinbarung. Die S. beabsichtigt eine rechtl. Regelung für die Zukunft unter Berücksichtigung der Grundsätze der Billigkeit. Schlichtungsbehörden sind: (1) die Schiedsausschüsse, (2) die Landesschlichter, (3) die oberste Arbeitsbehörde (in den Ländern, in denen die Verbindlichkeit des Schiedsspruches gesetzl. zugelassen ist), (4) Einigungs- und Vermittlungsstellen für Regelungsstreitigkeiten aus der Betriebsverfassung, (5) Schlichtungsstellen, die nach Tarifvertrag oder Betriebsvereinbarung (→ Betriebsverfassung) zu bilden sind. Schlichtungsfähig sind nur tariffähige oder -betriebsvereinbarungsfähige Parteien.

Schlichtungsverfahren, sind die Gegensätze in Tarifverhandlungen zwischen → Arbeitgeber und → Gewerkschaften unüberbrückbar, oder lehnt eine Partei ein Weiterverhandeln ab, muss nach dem Scheitern eine Schlichtungskommission (bestehend aus einem von den Tarifpartnern gewählten Vorsitzenden sowie je von Arbeitgebern und Arbeitnehmern benannten Beisitzern) versuchen, eine von beiden Parteien akzeptierte Regelung zu finden. Wird sie gebilligt, gilt sie als → Tarifvertrag, wird sie abgelehnt, erlischt die → Friedenspflicht.

Schlüsselwährung → Leitwährung.

Schlussbilanz, in der doppelten → Buchführung die aus dem → Inventar und den → Konten im Hauptbuch am Schluss des Geschäftsjahres sich ergebende → Bilanz. Das Schlussbilanzkonto ist das Gegenkonto bei Eintragung der Schlussbestände auf den Hauptbuchkonten, übernimmt also alle Bestände, die sich beim Abschluss der Konten ergeben. Im Gegensatz zum Eröffnungsbilanzkonto enthält es die Posten auf derselben Seite wie die S. → Eröffnungsbilanz.

Schlussnote, die vom Handelsmakler nach § 94 HGB unverzüglich nach Abschluss des Geschäfts jeder Partei zuzustellende, von ihm zu unterzeichnende Urkunde, in der das Geschäft bestätigt, jedoch nicht zum Abschluss gebracht wird und in der die Parteien, der Gegenstand sowie die Bedingungen des Geschäfts (Gattung, Menge, Preis, Liefertermin) genannt sind.

Schmutziges Floaten, direkte oder indirekte Eingriffe der → Notenbank in den → Devisenmarkt, obwohl der → Wechselkurs freigegeben worden ist.

Schneeball-System, die Verpflichtung eines Käufers, neben einer Anzahlung weitere Kunden zu werben, wodurch die Kaufschuld getilgt wird. Erfüllt er nicht, muss der Kaufpreis voll oder z.T. entrichtet werden. Die Kunden werden auf gleiche Weise verpflichtet, so dass ihre Zahl lawinenartig zunimmt. Das S. verstößt gegen die guten Sitten, ist unlauterer Wettbewerb und strafbare Handlung nach § 286 StGB.

Scholastik, christliche Philosophie des Mittelalters, befasst sich auch mit Erscheinungen der Wirtschaft, mit dem Eigentum (zu treuen Händen), der Arbeit, der harmonischen Ordnung im Wirtschaftsleben (ständische Struktur), der Verteilung des → Sozialprodukts (standesgemäße Nahrung, justitia distributiva), dem Tausch, dem Preis (justum pretium), dem Kredit und Wucher. Bedeutendster Vertreter der S. ist T. von Aquin, der von Aristoteles stark beeinflusst war. A. Smith hat den Ausgleichs- und Harmoniegedanken in seine → Wirtschaftsordnung aufgenommen.

Schrottwert, der Altwert von Anlagen, die nur noch durch Verwertung des Materials genutzt werden können. Der S. ist gewöhnlich gleich dem Verkaufswert des Anlagegegenstandes, vermindert um Ausbau- oder Abbruchaufwand.

SCHUFA → Schutzgemeinschaft für allgemeine Kreditversicherung.

Schulden, wirtsch. im Gegensatz zum → Vermögen Verbindlichkeiten oder Verpflichtungen. In der → Bilanz stehen dem Vermögen auf der linken Seite die Schulden auf der rechten Seite gegenüber. Die Passiva setzen sich aus Eigen- und Fremdkapital zusammen. I. e. S. versteht man unter S. lediglich das Fremdkapital. → Kredit.

Schuldner (lat.: Debitor), rechtl. die aus einem Schuldverhältnis verpflichtete Person, wirtsch. jemand, der verpflichtet ist, die Ware zu liefern oder diese zu bezahlen. → Schulden.

Schuldschein, die Bescheinigung des → Schuldners, dem → Gläubiger eine bestimmte Leistung, i.d.R. eine Geldsumme, zu schulden. Da eine Schuld vielfach nur auf Grund eines S. feststellbar ist, ist in wirtsch. Angelegenheiten dringend zu empfehlen, sich in allen Fällen, in denen Zweifel über die Berechtigung einer Forderung entstehen können, einen S. ausstellen zu lassen.

Schuldscheindarlehen, für die mittelständische, nicht emissionsfähige Wirtschaft geeignete Fremdfinanzierungsform, da im Vergleich zur Obligation (→ Schuldverschreibung) geringere Beträge aufgenommen werden können. Die öffentl. Hand finanziert ihren weit höheren Finanzbedarf über → Schuldverschreibungen, tritt indes öfters als Bürge bei S. auf.

Schuldverschreibung (Obligation, lat. obligatio = Verpflichtung, Haftung), eine Urkunde, in der sich der Aussteller dem → Gläubiger gegenüber zu einer, in einem Geldbetrag mit laufender Verzinsung bestehenden Leistung verpflichtet. Die → Anleihen von Staaten, Gemeinden und privaten Unternehmen und die → Pfandbriefe von → Hypothekenbanken sind S. Für die einzelnen Stücke ist auch die Bezeichnung Teilschuldverschreibung üblich. Da nach § 795 BGB → Inhaberschuldverschreibungen nur mit staatl. Genehmigung in den Verkehr gebracht werden dürfen, und die Einholung dieser Genehmigung umständlich ist, pflegen die Unternehmen → Orderschuldverschreibungen auszugeben. Die Ausgabe von S. bedeutet für einen Betrieb insofern einen Vorteil, als dadurch kein neues Beteiligungskapital geschaffen wird, z.B. bei der → Aktiengesellschaft (AG) keine neuen → Aktien. S. sind Gläubigerkapital und belasten als solches ebenso wie → Hypotheken den Betrieb mit einer festen Zinslast, worin bei hoher → Rentabilität ein Vorteil, bei schlechtem Geschäftsgang ein Nachteil liegt; denn die S. müssen unbedingt »bedient«, d.h. die Zinsen auch dann gezahlt werden, wenn kein Gewinn erzielt worden ist. Die → Emission von S. geschieht gewöhnlich unter Mitwirkung einer Bank, welche die S. zu einem festen Übernahmekurs oder in Kommission übernimmt.

Schumann-Plan, ein nach dem franz. Außenminister R. Schumann benanntes Projekt, die franz. und dt. Kohle- und Stahlproduktion zu einem gemeinsamen Markt zu vereinigen und einer internationalen Behörde zu unterstellen. Verwirklicht wurde der Plan durch die → Europäische Gemeinschaft für Kohle und Stahl (EKGS).

Schutzgemeinschaft für allgemeine Kreditversicherung (SCHUFA), Institution des dt. → Kreditwesens mit der Aufgabe der Vermeidung von Rückzahlungsausfällen im (Geld- oder Waren-) Kreditgeschäft mit Verbrauchern. Die S. ist als Zusammenschluss mehrerer S.-Gesellschaften unter dem Dach der Bundes-S. organisiert und basiert auf der Verpflichtung zur gegenseitigen Information. Die S.-Gesellschafter (→ Kreditinstitute, aber auch Einzelhandelsunternehmen) stellen Daten zur Auswertung bereit und erhalten im Gegenzug die gewünschten Auskünfte. → Einzelhandel.

Schutzzoll, im Gegensatz zum → Finanzzoll eine Abgabe, die bei der Einfuhr von Waren zum Schutz der heimischen Wirtschaft vor ausländ. Konkurrenz erhoben wird. Von F. List wurden S. als → Erziehungszölle zur Förderung nationaler Industrien gefordert. S. bergen die Gefahr in sich, dass ein Land auf die Vorteile der internationalen → Arbeitsteilung allzu lange verzichtet, und daher der »Preis für nationale Unabhängigkeit« zu hoch wird.

Schwarzarbeit, Arbeitsleistungen, die nicht, wie gesetzl. vorgeschrieben, angemeldet worden sind. Hilfe aus Gefälligkeit oder Nachbarschaftshilfe fallen nicht darunter. → Schattenwirtschaft.

Schwarzer Markt → Preisstopp.

Schwebende Schulden, kurzfr. fällige Schulden des Staates, die etwa in Form von Bankkrediten oder durch Diskontierung von → Schatzwechseln aufgenommen worden sind. → Fundierte Schulden.

Schweinezyklus, ein Modell in der Lehre von den Agrarkonjunkturen, anhand dessen die zeitlich verzögerte Anpassung der Aufzucht von Schweinen an den veränderten Marktpreisen erklärt wird. Grundlage ist die Beobachtung einer charakteristischen Wellenbewegung der Schweinepreise (1½–2 Jahre hohe und dann 1½–2 Jahre niedrige Preise). Dieser sog. S. wird wie folgt erklärt: Steigen die Preise für Schweine, erhöhen die Landwirte die Aufzucht, wobei sie erwarten, dass der Preis unverändert bleibt und ihr späteres zusätzliches Angebot den Marktpreis nicht beeinflusst. Ihre neue Angebotsmenge drückt aber den Preis, so dass sie ihre Aufzucht wieder anpassen müssen. Auch hierbei schätzen sie den erwarteten Preis falsch ein. → Spinngewebe-Theorem.

Scitovsky-Kriterium, erweitert das → Kaldor-Hicks-Kriterium, indem eine umgekehrte Bewertung der Situationen nach Kaldor-Hicks ausgeschlossen wird, was dann eintritt, wenn sich die Nutzenmöglichkeitskurven schneiden. Die Abb. belegt diese Zusammenhänge. Die Lage H ist nach Kaldor-Hicks gegenüber K besser, da man durch mögliche Kompensation des Gewinners an den Verlierer von H auf Q_2 nach P gelangen kann. Nimmt man aber die umgekehrte Ausgangslage an, dann ist K besser als H. Nach dem S. ist lediglich die Situation S gegenüber K besser, da hier eine Umkehrung nicht möglich ist.

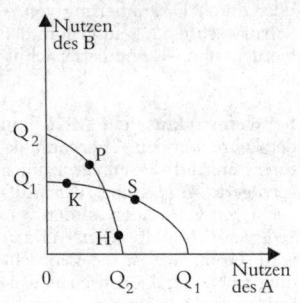

Q_1, Q_2 = Nutzenmöglichkeitskurven

Second-Best Theory → Zweitbest-Theorie.

S.e.e.o. → Salvo errore et omissione.

Segmentationstheorie, versucht, die Zinsstruktur zu erklären, und behauptet, die Zinssätze für verschiedene Anlagen werden sich unabhängig voneinander bilden, es fehle also an einem wechselseitigen Einfluss durch → Arbitrage. Dies führe zur Ausbildung spezifischer Anlagemärkte, z.B. des → Geldmarktes oder des Marktes für → Hypotheken.

Seigniorage, die Differenz zwischen dem → Nennwert des staatl. gedruckten Geldes und dessen Produktionskosten.

Sektorale Lohnquote, entspricht dem Anteil der Löhne, Gehälter und Arbeitgeberanteile zur → Sozialversicherung an der → Wertschöpfung eines bestimmten Sektors, wie der Industrie, des Handels usw. → Lohnquote.

Sekundärforschung, gewinnt Einsichten und Informationen aus für andere Zwecke erhobenem Material. Es kann sich dabei sowohl um betriebsexterne wie -interne Daten handeln. Aus Kostengründen wird die S. häufig zu Vorstudien genutzt oder dann, wenn die Daten anders nicht erhältlich sind. → Sekundärstatistik, → Primärforschung.

Sekundärstatistik, da es häufig nicht möglich ist, statistische Grunddaten durch unmittelbare Erhebung (→ Primärstatistik) zu erhalten, muss man auf vorhandene Statistiken zurückgreifen und die Daten so auswählen, dass sie für die empirische Analyse eines anstehenden Problems sinnvoll werden. → Statistik.

Sekundärverteilung, das Ergebnis korrigierender Eingriffe des Staates in die Verteilung von Einkommen und Vermögen am Markt. Sie kann an National- und Realgrößen gemessen werden (→ Inzidenz), und zwar nach personalen, soziologischen, sektoralen, regionalen, funktionalen und zeitlichen Gesichtspunkten. Die Motive für eine → Umverteilung sind vielfältig. Sie können soz. (gerechte Verteilung des volkswirtsch. Ertrags oder der öffentl. Lasten), polit. (stabilere gesellschaftliche Verhältnisse bei nicht extrem gestreuten Einkommen und Vermögen) und wirtsch. (Konjunktur- und Wachstumssteuerung) Natur sein. Das Instrument der S. ist das → Budget, namentlich die progressiven → Steuern und → Transferzahlungen. Mit Hilfe der → Budgetinzidenz wird versucht, die S. zu messen. → Primärverteilung.

Selbstanzeige (steuerlich) → Tätige Reue.

Selbstbeteiligung, bezeichnet jenen Risikoteil, der beim Versicherungsnehmer verbleibt, wenn Risiken, gegen die sich ein Wirtschaftssubjekt versichert, nicht vollständig auf den Versicherer übergehen. Die S. gibt es z.B. gegen Prämiennachlass in der Kfz-Kasko-Versicherung oder in der Krankenversicherung. → Versicherung.

Selbstfinanzierung → Finanzierung.

Selbstinteresse, Eigeninteresse, Pendant zum Mitgefühl oder Gemeinsinn. Als → Axiom oder analytisches Prinzip ist es das Kernstück einer freiheitlichen Ordnung, die Ethik, Ökonomie und Politik miteinander verknüpft. Das S. ist immer wieder falsch gedeutet oder verfälscht worden: Manchester-Liberale haben es im 19. Jh. als Aushängeschild oder Begründung für ein → Laissez-Faire-System benutzt, um (unkontrollierte) wirtsch. und polit. Macht zu rechtfertigen. Das S. ist Triebfeder oder Motiv für menschliches Handeln, nämlich das Streben des Einzelnen, seine Existenz zu sichern und sein Los und seinen Platz in der Gemeinschaft materiell und ideell zu verbessern. Es ist überall das entscheidende Leitmotiv für den Leistungswillen: im Wirtschaftsleben, in Politik, Kunst, Wissenschaft, selbst im Sozialen und Religiösen. Das S. fördert zugleich auch die Wohlfahrt eines Gemeinwesens, wenn bestimmte Bedingungen erfüllt sind. Das Selbstinteresse des Einzelnen im Kollektiv, also eines Funktionärs, Bürokraten oder Politikers, manifestiert sich in (1) pekuniären Vorteilen (etwa Entlohnung), (2) nichtpekuniären z.T. intangiblen Vorteilen, wie weniger Mühe und Arbeitszeit, mehr Macht, rascher Aufstieg, größeres Ansehen und Bevorzugung. Dieses Streben führt zu einer Ausgaben- und Kostenausweitung (der Agent ist ein Budgetmaximierer) und nicht zu erhöhter → Produktivität, da der Ertrag, als Versorgung des Kollektivs, nicht gemessen, oft sogar unbekannt ist. → Öffentliche Verschwendung, Theorie der.

Selbstkostenpreis → Leitsätze für die Preisermittlung auf Grund von Selbstkosten.

Selbstschuldnerische Bürgschaft → Bürgschaft.

Sensal → Handelsmakler.

Sensitivitätsanalyse, untersucht, wie empfindlich z.B. in der → linearen Programmierung die optimale Lösung auf Werte der → Zielfunktion, der Nebenbedingungen und die Zahl der Veränderlichen (→ Variablen) reagiert. So kann die S. helfen, die untere Preisgrenze für ein Erzeugnis zu finden, wenn die übrigen Preise gleich bleiben, oder die Frage zu beantworten, ob man ein neues Erzeugnis in ein Produktionsprogramm aufnehmen soll.

Serienfertigung, liegt vor, wenn ein Betrieb zwar die Herstellung einer Mehrzahl gleichartiger Erzeugnisse plant und durchführt, die Produktion einer solchen Serie aber (im Gegensatz zur → Massenfertigung) auf verhältnismäßig kurze Zeit beschränkt bleibt. Die Qualifikation der eingesetzten Arbeitskräfte muss im Allg. höher sein als bei Massenfertigung; bei den Maschinen handelt es sich gewöhnlich nicht um stark spezialisierte, sondern um vielseitiger verwendbare Anlagen. → Sortenfertigung.

Shareholder Value (engl., Wert für die Anteilseigner), i.e.S. Maßzahl in der Unternehmensbewertung, die den Ertragswert des Eigenkapitals angibt. Zur Berechnung werden verschiedene Methoden vorgeschlagen, u.a. kann der S. durch Diskontierung der zukünftigen Cash Flows berechnet werden. I.w.S. steht der S. für eine grundsätzlich wertorientierte Unternehmenspolitik, in der allein die Verbesserung der Einkommens- und Vermögensposition des Unternehmens bzw. dessen Anteilseignern Ziel ist. Die Unternehmensleitung versucht dabei, den Marktwert des Eigenkapitals zu maximieren, was sich z.B. in Kurssteigerungen der → Aktien oder auch in einer hohen Dividendenrendite ausdrücken kann. Gegensatz zum S. Ansatz ist der sog. → Stakeholder-Ansatz, bei dem nicht nur die Teilhaber, sondern auch das Umfeld des Unternehmens berücksichtigt werden (Bsp.: Arbeitnehmer, Fremdkapitalgeber, Staat).

Short-Run-Betrachtung, eine Analyse auf kurze Sicht, welche die Produktionskapazität als gegeben ansieht, d.h. bei einer Neuinvestition nur die Einkommenswirkung volkswirtsch. berücksichtigt. Es werden also Angebots- und Beschäftigungsänderungen bei gegebener Betriebsgröße analysiert.

Sicherheitswechsel, zur Sicherung einer Forderung aus einem → Darlehen vom Kreditgeber auf den Kreditnehmer gezogener → Wechsel.

Sicherungshypothek, ein → Grundpfandrecht, bei dem sich im Gegensatz zur → Grundschuld das Recht des Gläubigers aus der → Hypothek nur nach der gesicherten Forderung richtet, so dass die S. ihr Schicksal vollständig mit der zugrunde liegenden pers. Forderung teilt, und sich der Gläubiger zum Beweis der Forderung nicht auf die Eintragung im → Grundbuch berufen kann.

Sicherungsübereignung, eine aus den Forderungen der Wirtschaft entstandene Rechtseinrichtung, wobei der Schuldner dem Gläubiger zur Sicherheit bewegliche Sachen mit der Maßgabe übereignet, dass der Gläubiger zwar Eigentümer wird, aber der Schuldner im Besitz der Sache bleiben darf, also mittelbarer Besitz nach § 868 BGB vorliegt.

Sichteinlagen, Sichtdepositen, (1) zinslose Guthaben der Geschäftsbanken (→ Kreditbank) bei der → Zentralbank (→ Mindestreserve der Banken), (2) verzinsliches Tagesgeld (mit eintägiger Laufzeit) oder → tägliches Geld (mit einer Kündigungsfrist von einem Tag), und zwar im Verkehr unter Geschäftsbanken, und (3) Guthaben der Nichtbankenkundschaft bei Banken und der Zentralbank, um den → bargeldlosen Zahlungsverkehr durchzuführen.

Sichtguthaben, täglich (bei Sicht) fällige Guthaben, gewöhnlich bei Banken. → Buchgeld.

Simulation, die Vorstellung über oder die Nachbildung eines Ablaufs unter bestimmten Bedingungen und Verhältnissen. Die Simulationsmethode und Simulationsmodelle werden in der mikro- und makroökonom. Forschung angewandt, wobei häufig alternative Abläufe unter veränderten Bedingungen simuliert werden.

Skalenerträge (engl.: returns to scale), auch Niveaugrenzprodukte, drücken die Änderung des Ausstoßes zur Änderung des Einsatzes der Faktoren aus. Je nach dem Verhältnis von Produktmenge und zusätzlichem Faktoreinsatz unterscheidet man in konstante, steigende oder sinkende S. Die Niveau- oder Skalenelastizität drückt diese relativen Veränderungen beider Größen zueinander aus. Ist die Skalenelastizität größer als eins, nehmen die S. zu, ist sie kleiner als eins, sinken sie.

Skonto, ein in Hundertsätzen ausgedrückter Preisnachlass bei Barzahlung oder bei Zahlung vor Fälligwerden. → Rabatt.

Skontration, Fortschreibung, wird im Betrieb zur Erfassung des Aufwands oder der Kosten von Verbrauchsgütern angewandt: 1. Bestand + Zugang = 2. Bestand − Abgang = 3. Bestand usw. Besondere Bedeutung gewinnt die S. im Zusammenhang mit der → kurzfristigen Erfolgsrechnung, da der Verbrauch und damit die Kosten kürzerer Perioden oft nur durch Fortschreibung statt durch → Inventur ermittelt werden können.

Slutsky-Gleichung, beschreibt die Auswirkungen von Veränderungen des Preisvektors auf die Güternachfrage. Die S. für den direkten Preiseffekt zeigt den Einfluss des Preises für Gut i auf die Nachfrage nach Gut i ($\delta q_i/\delta p_i$) und entspricht damit der Steigung der Nachfragekurve. Diese Beziehung gliedert sich in zwei Komponenten, einen → Substitutionseffekt und einen → Einkommenseffekt. Die S. für den Kreuzpreiseffekt beschreibt die Wirkung einer Preisveränderung des Gutes j auf die Nachfrage nach dem Gut i ($\delta q_i/\delta p_j$). Die allgemeine S., die den direkten und den Kreuzpreis-Effekt umfasst, ist eine Fundamentalgleichung der Nachfragetheorie.

Smithsonian Agreement, ein Abkommen der → Zehnergruppe

von 1971 auf der Washingtoner Währungskonferenz, das Sofortmaßnahmen, wie die Festsetzung von → Leitkursen oder → Paritäten, die Erweiterung der Bandbreiten für Wechselkurse auf 2,25 % und eine Abwertung des USD gegenüber dem Gold um 7,89 % (auf 38 USD je Feinunze) und um durchwegs 9 % gegenüber den Währungen der Haupthandelspartner und schließlich eine Aufhebung der 1971 in den USA eingeführten Einfuhrbeschränkungen festlegt. Ferner erklärten die Teilnehmer ihre Absicht, die internationalen Wirtschaftsbeziehungen neu zu ordnen.

Snob-Effekt, ein Begriff der Nachfragetheorie der besagt, in welchem Ausmaß die Nachfrage nach einem Gut zurückgeht, weil andere es zunehmend konsumieren (abnehmende Exklusivität).

Social Benefits (engl., social costs), ungenau mit soz. → Nutzen (oder Kosten) übersetzt, sind volks- oder gesamtwirtsch. oder gesellschaftliche Nutzen oder Erträge, die also einer Gemeinschaft oder Gruppe gemeinsam zukommen, ergo nicht den Einzelnen unmittelbar zugerechnet werden. → Nutzen-Kosten-Analyse (NKA).

Social Wants (engl.), Bedürfnisse, die durch gemeinsam genutzte Güter am besten befriedigt werden. Falsch ist es, von → Kollektivbedürfnissen zu sprechen, da nur der Einzelne Bedürfnisse und ihre Befriedigung oder Sättigung empfinden kann. Nicht die Bedürfnisse sind kollektiv, sondern nur die Mittel, um diese Bedürfnisse effizient zu befriedigen. Solche Mittel sind i.d.R. nicht marktfähige Güter. → Öffentliche Güter.

Society for Worldwide Interbank Financial Telecommunication (SWIFT), ein Zusammenschluss europäischer und nordamerikanischer Banken mit Sitz in Brüssel. Die S. wurde 1973 mit dem Ziel gegründet, den internationalen Zahlungsverkehr zu standardisieren. → Swift-Code.

Sockelbetrag, in Tarifabschlüssen der zusätzlich zur prozentualen (linearen) Lohnerhöhung vereinbarte Betrag, der an alle Arbeitnehmer in gleicher Höhe gezahlt wird. Dadurch wird das Gefälle zwischen den Lohn- und Gehaltsgruppen nivelliert. Je höher dieser absolute Betrag und je geringer die lineare Erhöhung, umso stärker werden die Löhne einander angeglichen und damit der Anreiz zur Leistung und zur Vor- und Ausbildung eingeschränkt. → Tarifvertrag.

Sockeldeckung, besagt in der Währungstheorie, dass ein bestimmter Sockelbetrag der umlaufenden Banknoten ungedeckt bleibt und jede weitere Notenausgabe vollständig durch Gold gedeckt ist. Diese Geldbindung an die nationalen Goldreserven war in England üblich, während in Deutschland die Quotaldeckung vorgeschrieben war, d.h. ein bestimmter Prozentsatz des → Zentralbankgeldes musste goldgedeckt sein.

SOEP → Sozioökonomisches Panel.

Software, Sammelbegriff der → elektronischen Datenverarbeitung

(EDV), der im Gegensatz zur → Hardware (maschinentechnische Aggregate) alle in der Datenverarbeitung einsetzbaren Programme umfasst.

Solidarität, das Prinzip wechselseitiger Verbundenheit und Verantwortlichkeit. Es steht als solches zwischen Individualismus und → Sozialismus und erkennt grundsätzlich die Freiheit des Individuums an, stellt jedoch die Forderung, dass die individuelle Freiheit nur in den durch die Rücksicht auf das Wohl der Gemeinschaft gezogenen Grenzen Berechtigung habe. Setzt man an die Stelle des → Gemeinwohls die Rücksicht auf das moralische Urteil des Nächsten, ist das Prinzip in A. Smiths »Theory of Moral Sentiments« enthalten.

Solidaritätszuschlag, Steuer, die als Ergänzungsabgabe zur → Einkommensteuer und zur → Körperschaftsteuer als Bundessteuer erhoben werden darf. Der S. beträgt als Ergänzungsabgabe 7,5 % der Steuerschuld der Lohn- und Einkommensteuer sowie der Körperschaftsteuer. Da die Steuerschuld als → Bemessungsgrundlage progressiv gestaltet ist, erhöht der S. trotz des proportionalen Satzes von 7,5 % den Progressionsgrad, gemessen an der ersten Ableitung des Durchschnittssteuersatzes (→ Steuertariflehre). Kritiker betonen daher die investitions- und leistungsschädlichen Wirkungen sowie die allokativen Verzerrungen (→ Zusatzlast, → Besteuerung, Theorie der optimalen (TOB)) durch den S.

Sollkosten, werden in der → Kostenrechnung verwendet, wenn die → Gemeinkosten den Kostenträgern mit festen Normalzuschlägen zugeordnet werden. Durch Vergleich von Soll- und Istkosten (er wird gewöhnlich auf dem Betriebsabrechnungsbogen durchgeführt) kann die kostenmäßige Auswirkung von Schwankungen des → Beschäftigungsgrades kontrolliert werden.

Soll und Haben, in der → Buchführung der Inbegriff von Last- und Gutschriften, die Gegenüberstellung aller Debet- und Kreditposten, aller Forderungen und Schulden, aller → Aktiva und → Passiva. Die Bezeichnung S. ist nur aus ihrer urspr. rein pers. gemeinten Bedeutung zu verstehen. Bei einem Personenkonto steht links, was der Geschäftsfreund schuldet, rechts, was er gut hat. Da der Geschäftsfreund seine Schuld später bezahlen »soll« und sein Guthaben später zurück»haben« will, ist die Bezeichnung S. üblich geworden und dann auf alle anderen → Konten übertragen worden.

Sollversteuerung, die Berechnung der → Umsatzsteuer nicht nach den vereinnahmten (wie bei der → Istversteuerung), sondern nach den vereinbarten Entgelten ohne Rücksicht auf die Vereinnahmung. Die S. ist nur auf bes. Antrag und dann statthaft, wenn die Bücher nach den Vorschriften des HGB geführt werden.

Sollzinsen, Aktivzinsen, erhebt die Bank vom Darlehensnehmer je nach Höhe und Laufzeit des Kredits.

Solow-Wachstumsmodell, antwortet auf Fragen nach möglichen

Anpassungen im sog. → Steady-State Wachstum, wenn die Bedingungen hierfür nicht erfüllt sind (Stabilitätslösung). Das S. ist Ausgangspunkt der neoklassischen → Wachstumstheorie. Es geht von einer substitutionalen → Produktionsfunktion (→ Cobb-Douglas-Funktion) aus, im Gegensatz zum Domar-Modell, dessen limitationale Produktionsfunktion (mit konstantem → Kapitalkoeffizient) als unrealistisch angesehen wird.

Sonderabschreibungen, steuerlich, besondere → Abschreibungen, die über die bestehenden Absetzungen hinaus gewährt werden, z.B. Abschreibungen für geringwertige Anlagegüter. Die S. werden dem Steuerpflichtigen allein aus wirtsch.polit. Überlegungen gewährt, es tritt lediglich eine Steuerstundung ein, d.h. der steuerpflichtige Gewinn wird in den ersten Jahren der Nutzung stärker gemindert als in den darauf folgenden Jahren. Zweck der S. soll die Belebung der Konjunktur sein (→ Konjunkturbewegungen).

Sonderausgaben, steuerlich, → Aufwand, bei dem es sich weder um → Betriebsausgaben noch um → Werbungskosten handelt, die bei der Ermittlung des steuerpflichtigen Einkommens ganz oder z.T. abgesetzt werden können. Begründet werden S. in der Theorie mit dem subjektiven Nettoprinzip. Das Gesetz unterscheidet voll (Schuldzinsen, Kirchensteuer) und nur begrenzt abzugsfähige S. (Arbeitnehmerbeiträge zur Sozialversicherung, Lebensversicherungsprämien, Beiträge an Bausparkassen).

Sondervermögen, rechtl. unselbständige Einrichtungen des Bundes mit eigenem Verwaltungsunterbau und gesonderter Haushalts- und Vermögensrechnung. Zu ihnen gehören z.B. der → Fonds Deutsche Einheit, Lastenausgleichfonds und → European Recovery Program (ERP). → Öffentliche Unternehmen.

Sonderwirtschaftszone (engl.: Free Trade Zone = → Freihandelszone), Free Production Zone, Investment Promotion Zone, Off-Shore-Zentrum (Bankensektor). Als S. wird ein abgegrenztes Gebiet innerhalb des Wirtschaftsraumes eines Staates bezeichnet, das insbes. für die Exportwirtschaft eingerichtet wird. Innerhalb dieser Zone gelten günstigere wirtsch. Rahmenbedingungen als in den übrigen Teilen: es werden Steuererleichterungen gewährt, und ferner gelten liberalere Einfuhrverfahren, großzügigere Devisenzuteilung und vereinfachte arbeitsrechtl. Vorschriften. S. stellen regelmäßig eine → Diskriminierung der übrigen Landesteile dar. Ziel der Errichtung einer S. ist die Schaffung besonders günstiger Investitionsbedingungen in Regionen, die entweder wirtsch. im Rückstand oder besonders attraktiv für ausländ. Investoren (→ Direktinvestitionen) sind.

Sonderziehungsrechte (SZR), im Rahmen des → Internationalen Währungsfondas (IWF) den angeschlossenen Mitgliedern gewährter Buchkredit im Verhältnis zu ihren eingezahlten Quoten. Sie dient als internationale Recheneinheit für finanzielle Geschäfte zwischen dem IWF und seinen Mitgliedern.

Sonstiges Vermögen, im steuerlichen Sinne → Vermögen, das weder zum Betriebs-, noch zum Grund-, noch zum land- und forstwirt. Vermögen gehört (§ 110 → Bewertungsgesetz (BewG)), es sei denn, es ist ausdrücklich von der Zugehörigkeit zum S. nicht ausgenommen (§ 111). Das S. wird, sofern keine bes. Vorschriften bestehen, mit dem gemeinen Wert angesetzt.

Sorten, im Bankwesen ausländ. Münzen, Banknoten und Zinsscheine. Das Sortengeschäft umfasst den Handel in S., das sog. Geldwechselgeschäft, das heute nur noch für den Grenz- und Reiseverkehr Bedeutung besitzt.

Sortenfertigung, liegt vor, wenn ein Betrieb mehrere gleichartige Erzeugnisse herstellt, die sich lediglich durch die Art der verwendeten Stoffe oder, bei gleichen Ausgangsstoffen, dadurch unterscheiden, dass sie verschiedene Fertigungsprozesse durchlaufen. → Massenfertigung, → Serienfertigung.

Sozialbericht, wird jährlich von der Bundesregierung vorgelegt. Er umfasst Maßnahmen und Vorhaben zur Gesellschafts- und Sozialpolitik und das → Sozialbudget.

Sozialbilanz, auch gesellschaftsbezogene Rechnungslegung, ein neuerer Versuch, das sog. gesellschaftliche Verhalten oder die Umweltbezüge eines Unternehmens gesondert in einem Rechensystem zu erfassen und zu messen. Dabei wird in innerbetriebl. (z.B. freiwillige Sozialleistungen aller Art, die gesellschaftlichen Nutzen abwerfen) und in außerbetriebl. Leistungen (Umweltschutzaufwand, Forschung und Entwicklung, Hilfe für öffentl. Projekte) unterschieden. → Bilanz.

Sozialbudget, enthält alle sozialpolit. bedeutsamen Leistungen (öffentl. wie private) und deren Finanzierung, wobei nach Einrichtungen (wie Renten- oder Krankenversicherung (→ Sozialversicherung)), Arten und Aufgaben unterschieden wird. Es dient als Entscheidungshilfe über die Verteilung von → Sozialleistungen und als Grundlage für Zeit- und Ländervergleiche. → Sozialquote.

Sozialcharta, hat der → Europäische Rat als »Gemeinschaftscharta der soz. Grundrechte der Arbeitnehmer« 1989 verabschiedet. Die S. umfasst 12 Grundsätze: (1) Freie Wahl des Arbeitsplatzes; Recht auf (2) gerechtes Entgelt, (3) verbesserte Lebens- und Arbeitsbedingungen, (4) soz. Schutz entsprechend den Gegebenheiten des jeweiligen Landes, (5) → Koalitionsfreiheit, (6) Berufsausbildung, (7) Gleichbehandlung von Männern und Frauen, (8) Unterricht, Anhörung und Mitwirkung, (9) Gesundheitsschutz, (10) Kinder- und Jugendschutz, (11) einen angemessenen Lebensstandard; (12) Förderung der soz. und beruflichen Eingliederung von behinderten Menschen. Auch im Maastrichter Vertrag ist ein »Abkommen über die Sozialpolitik« enthalten, das aber wie die S. keine rechtl. verbindlichen Regeln sondern nur generelle Grundsätze enthält. → Europäische Union (EU).

»Soziale« Indikatoren (engl.: social indicators), ungenau übersetzt, besser gesellschaftliche oder volkswirtsch. Indikatoren, auch Anzeiger, Kennzeichen, Maßstäbe, sollen die sog. → Qualität des Lebens in Zahlen ausdrücken. Es handelt sich im Wesentl. um nichts anderes als die Messung der → Nutzen oder der Kosten → Öffentlicher Güter, die zumeist einfach in techn. Größen erfasst werden, die nicht einmal die techn. → Effizienz (→ Nutzen-Kosten-Analyse (NKA)) messen. Bsp.: »Fortschritte« im nationalen Gesundheitswesen misst man an der Betten- oder Ärztezahl je 10.000 Einwohner, wobei der wichtigere Teil der »Lebensqualität«, die Zahl der gesunden Bürger oder die Wahrscheinlichkeit eines gesunden Lebens, nicht erfasst werden. Zu den fundamentalen Schwächen dieses Konzepts zählt, dass es den Aufwand vernachlässigt, Nutzer, Zahler und Entscheider nicht erfasst und damit voneinander trennt (→ Öffentliche Verschwendung, Theorie der) und die Bewertung der einzelnen Indikatoren und deren Gewichtung ausschließt. Eine realistische Effizienzmessung unterbleibt daher.

Soziale Marktwirtschaft, Leitidee der dt. → Wirtschaftspolitik in der Nachkriegszeit. Geistige Grundlage ist die freiheitliche Ordnung in Wirtschaft und Gemeinschaft, wie sie bereits A. Smith entwickelt hat und die im 19. und 20. Jh. als → Laissez-Faire-System interpretiert worden ist. Aufbauend auf dem von der → Freiburger Schule entworfenen neoliberalen Konzept und den Erfahrungen mit einer zentralen Wirtschaftslenkung im Krieg und danach, haben L. Erhard und A. Müller-Armack die S. begründet und in Deutschland mit großem Erfolg verwirklicht. Der Staat hat dabei für eine Rahmenordnung (z.B. → Wettbewerbsordnung) zu sorgen und seine wirtsch.polit. Entscheidungen unter marktkonformen Gesichtspunkten zu treffen. Motor der S. ist der ungehinderte → Wettbewerb, der letztlich zu ökonom., techn. und auch soz. Fortschritten führt. Der → Markt entscheidet grundsätzlich darüber, was angeboten und nachgefragt wird. Das Recht auf Privateigentum und die pers. Verantwortung und Risikoübernahme sind entscheidende Voraussetzungen dazu. Statt Wachstum zu programmieren, soll der Staat für entsprechende Bedingungen sorgen, Strukturänderungen sollen nicht behindert, sondern lediglich durch Anpassungshilfen gefördert werden. Dort, wo soz. Härten entstehen, sorgt die Gemeinschaft für einen gerechten Ausgleich. → Vollbeschäftigung und → Preisstabilität dienen ebenso der → sozialen Sicherheit wie das Sozialversicherungswesen und die Vermögensbildung. Gesellschaftspolit. wird die Aufstiegsmöglichkeit und der Zugang zu den Gewerben erleichtert und eine umweltbewusste Infrastrukturpolitik gefördert.

Soziale Sicherheit, umfasst alle Maßnahmen einer Gemeinschaft zur Sicherung des Einzelnen. Die staatl. → Sozialpolitik versucht, die S. für bislang nicht ausreichend geschützte Personen zu verbessern, die → Sozialleistungen an die wirtsch. Entwicklung anzupassen, das Leistungsrecht (→ Sozialgesetzbuch) zu modernisieren und die Vorsorge auszubauen. Träger der S. sind v.a. die Kranken-, Renten- und Unfallversicherungen, die Kriegsopferversorgung, der Lastenausgleich und die → Sozialhilfe für bes. Gruppen. → Sozialversicherung.

Soziale Zeitpräferenzrate (engl.: social time preference rate), irreführend mit S. übersetzt, vornehmlich in der → Nutzen-Kosten-Analyse (NKA) angewandt, drückt das Verhältnis aus, in dem eine Gemeinschaft oder Gesellschaft künftigen → Nutzen (Einkommen, Konsum) und Aufwand im Vergleich zu heutigem einschätzt oder beurteilt. Die individuelle oder sog. private Zeitpräferenzrate, die der Zinstheorie von E. von Böhm-Bawerk und I. Fisher zugrunde liegt, ist der Ausgleich, den jemand erhält, weil er in der Gegenwart auf Konsum zu Gunsten eines künftigen verzichtet, wobei zudem längere Produktionsumwege eingeschlagen werden können, die zu einer erhöhten Ergiebigkeit führen. Die S. wird auch in der → Wachstumstheorie angewandt.

Sozialer Wohnungsbau → Wohnungsbau.

Sozialfonds → Europäischer Sozialfonds (ESF).

Sozialgesetzbuch, fasst alle soz. relevanten Einzelgesetze zu einem übersichtlichen Sozialrecht zusammen. Es enthält alle Vorschriften über → Sozialleistungen, wie die → Sozialversicherung, die Ausbildungs- und Arbeitsförderung, das Kinder- und Wohngeld sowie die Sozial- und Jugendhilfe.

Sozialhilfe, staatl. Transferleistung, die basierend auf dem Bundessozialhilfegesetz (BSHG) und unter Beachtung des Subsidiaritätsprinzips (→ Subsidiarität) an Bedürftige gewährt wird, um diesen den Lebensunterhalt zu sichern (Bsp.: Wohnung, Kleidung) oder auch Hilfe in besonderen Lebenslagen (Bsp. Pflegehilfe) zukommen zu lassen (→ Existenzminimum). Träger der S. sind kreisfreie Städte, Landkreise und von den Ländern bestimmte Institutionen.

Sozialisation, nicht zu verwechseln mit Sozialisierung, ist ein Prozess, in dem sich der Einzelne in ein soz. System einfügt oder integriert wird. Solche soz. Systeme sind relativ dauerhafte Gruppen, in deren Verhalten man sog. invariante Muster nachweisen kann, d.h. die sich gleichmäßig verhalten, wie etwa Familien, Gemeinden, Parteien, aber auch informale Gruppen am Arbeitsplatz. Geordnetes Zusammenleben muss nach dieser Auffassung erst durch Lernen erworben werden, da die dazu notwendigen Werte, Normen und Rollenerwartungen biologisch nicht »vorprogrammiert« seien.

Sozialisierung, als sozialistische Forderung von der Idee ausgegangen, die Produktionsmittel, die ein arbeitsloses, lediglich auf Besitz beruhendes Einkommen erbringen, aus Privateigentum in eine gemeinwirtsch. Form zu überführen. Unter Vergesellschaftung der Produktionsmittel versteht man gelegentlich den Übergang des Eigentums auf die Belegschaft der Betriebe. In der Praxis indes führt letztlich die zentrale Leitung und Planung durch den Staat zur Verstaatlichung oder, wie etwa in England, zur Nationalisierung. → Planwirtschaft.

Sozialismus, nennt man, zusammenfassend, alle Lehren und polit.

Bewegungen, die das Zusammenleben der Menschen auf dem sog. Sozialprinzip erklären und regeln wollen. Gemeinsames Postulat ist die Überordnung von Gruppen- oder Gemeinschaftszielen über die Wünsche und Werte des Einzelnen. Wer (und auf welche Weise) die sog. Ziele der Gemeinschaft nach Art und Rang bestimmt, ist dabei umstritten und führt zu vielfältigen Richtungen des S. Die marxistisch orientierten Bewegungen wollen die Interessen des sog. Arbeiters verfolgen, bauen auf der Lehre von der Klassengesellschaft auf, die zum Klassenkampf führe. Sie vertreten die Idee der Diktatur des Proletariats (→ Marxismus). Der utopische S. entstand aus der Kritik an der bestehenden Sozialordnung und fordert eine genossenschaftlich organisierte Produktions- und Verbrauchsgesellschaft ohne Staat. Der reformatorische S. will die soz. Schäden und deren Ursachen beseitigen. Der wissenschaftliche S. bedient sich des Systems der klassischen Nationalökonomie und sucht mit Hilfe der materialistischen Entwicklungslehre die soz. Phänomene zu erklären. Der religiöse S. begründet seine reformatorischen Forderungen aus der christlichen Lehre, während der ethische S. eine sittliche Begründung für soz. Forderungen sucht. Der sog. demokratische S. will durch freie Wahlen an die Macht, um mit parlamentarischen Mitteln einen nicht genau definierten S. zu verwirklichen.

Sozialkapital → Infrastruktur.

Sozialkosten, irreführender Begriff (besser: externe Kosten), da nicht soz. Kosten, sondern volkswirtsch. Schäden und Verluste gemeint sind, die nicht in die → Kostenrechnung der Betriebe und Haushalte eingehen, sondern von dritten Personen oder vom Gemeinwesen getragen werden. Zu den S. zählen u.a.: Berufskrankheiten, nachteilige Folgen der Verunreinigung von Luft und Wasser durch Abgase und Abfallprodukte, Raubbau in der Land- und Forstwirt. sowie im Bergbau, ästhetisch und kulturell nachteilige Wirkungen der industriellen Produktion durch Rauchentwicklung und Lärm sowie sonstige schädlich auf die Menschen einwirkende Erscheinungen. Fast die gleichen Wirkungen gehen vom Konsum der privaten Haushalte und von der Tätigkeit öffentl. Einrichtungen und Unternehmen aus. Auch das Ausland gehört zu den Verursachern. S. treten auch unabhängig vom Wirtschaftssystem auf (→ Wirtschaftsordnung). Die Schwierigkeit der Erfassung von S. liegt in ihrer mangelhaften Abgrenz- und Schätzbarkeit. → Externe Effekte, → Nutzen-Kosten-Analyse (NKA).

Sozialleistungen, gewähren Unternehmer über die Entlohnung hinaus. Es sind dies (1) die vom Gesetzgeber vorgeschriebenen Leistungen, zum (2) die freiwilligen S. zu Gunsten der Arbeitnehmer aus soz. Erwägungen. → Sozialversicherung.

Soziallohn, auch Familienlohn genannt, ein Entgelt, das bemessen wird nach dem, was damit zu bestreiten ist, und nicht danach, was dafür geleistet worden ist. Wichtigstes Beispiel sind die Lohnzuschläge, die auch unter bevölkerungspolit. Aspekt verheirateten oder kinderreichen Arbeitnehmern gewährt werden.

Sozialplan, soll wirtsch. Nachteile, die Arbeitnehmern infolge einer Änderung des Betriebes mit mehr als 20 Arbeitsnehmern durch Kündigung entstehen, ausgleichen oder mildern. Er wird von der Betriebsleitung und dem → Betriebsrat ausgearbeitet und vereinbart.

Sozialpolitik, bezeichnet (1) das polit. Streben des Staates, aber auch anderer Organisationen (Kirchen, → Gewerkschaften, → Arbeitgeberverbände, → Genossenschaften) und Privater, die soz. Lage einkommensschwacher Personengruppen zu verbessern, wobei auch rechtl., psychologische, ethische oder hygienische Gesichtspunkte eine Rolle spielen, um neue Gegensätze und Unterschiede in der Entwicklung abzubauen. (2) Man versteht unter S. auch eine wirtschaftswissenschaftliche Disziplin, die versucht, grundlegende Zusammenhänge analytisch zu überprüfen und ein Instrumentarium zu erarbeiten, mit dessen Hilfe praktische Probleme effizient gelöst werden können. Im 20. Jh. wurde die gesetzl. Grundlage der S. erheblich ausgeweitet (z.B. Reichsversicherungsordnung, Betriebsverfassungs-, Lohnfortzahlungs-, Bundesurlaubs-, Vermögensbildungsgesetz). Die Maßnahmen der S. erstrecken sich auf die (1) Verbesserung der Arbeitsbedingungen und -beziehungen (→ Mitbestimmung, → Arbeitsrecht, → Arbeitsschutz), (2) Arbeitsmarktpolitik (Berufsausbildung, Arbeitsvermittlung), (3) Ausländerbeschäftigung, (4) → Vermögensbildung und → Vermögensverteilung, (5) Ausbau der soz. Sicherung (Rentenversicherung, betriebl. Altersversorgung, Unfallversicherung, landwirtsch. S., Lastenausgleich), (6) Rehabilitation, (7) Förderung von Familie und Jugend (Familien- und Eherecht, außerschulische Jugendbildung usw.), (8) Raumordnung, den Städte- und Wohnungsbau (Bodenrechtsreform, Wohngeld usw.) und (9) internationale S. (EU und zwischenstaatl. Verträge). Das wichtigste Mittel der S. ist die materielle Besserstellung der zu schützenden Gruppe (Umverteilung der Einkommen), jedoch gewinnen immaterielle Hilfen immer mehr an Bedeutung. Hierzu gehören verbesserte Aus- und Fortbildungsmöglichkeiten ebenso wie ein erhöhter Schutz der Familie oder die Einrichtung von Beratungs- oder Vermittlungsstellen (z. B. für Wohngeld, Rechtsfragen, kommunale Wohnungsvermittlung).

Sozialprodukt, umfasst den Geldwert aller Güter, Dienste und Nutzungen, sowohl öffentlicher als auch privater Natur, die in einer → Volkswirtschaft in (meist) einem Jahr produziert werden und die entweder verbraucht, investiert oder gegen ausländ. Erzeugnisse (oder Forderungen gegen das Ausland) eingetauscht werden, wobei der Eigenverbrauch der Landwirt. und Industriebetriebe unberücksichtigt bleibt.
Das S. ist die zentrale Größe der → Volkswirtschaftlichen Gesamtrechnung (VGR), welche die Entstehung, Verwendung und Verteilung des S. erfasst. Demgemäß gibt es drei Berechnungsmethoden des S.: (1) Die Entstehungsrechnung, die von den Produktionsbereichen (→ Wirtschaftszweige, Wirtschaftssektoren) ausgeht; deren Beitrag zum Gesamtprodukt wird erfasst als

Summe der → Wertschöpfungen in den Betrieben. Der Beitrag eines Wirtschaftszweiges zum Gesamtprodukt errechnet sich aus der Differenz zwischen Bruttoproduktionswert (output) und den darin enthaltenen Vorleistungen anderer Zweige (input). Ebenso werden auch fürs Lager produzierte Güter vernachlässigt um Doppelzählungen zu vermeiden.
(2) Die Verteilungsrechnung, die beim Einkommensempfänger ansetzt und angibt, wie sich das → Volkseinkommen auf die eingesetzten Faktoren im Produktionsprozess verteilt.
(3) Die Verwendungsrechnung weist als → Bruttosozialprodukt (BSP) zu Marktpreisen nach, von wem und wofür die in einem Jahr im Produktionsprozess erzeugten Endprodukte gekauft werden (Verbrauchsausgaben und Investition).
Zusammenfassend ergibt sich folgende Systematik der Einkommensbegriffe:

BSP zu Marktpreisen
– normale Abschreibungen
= Nettosozialprodukt zu Marktpreisen
– indirekte Steuern
+ Subventionen
= Nettosozialprodukt zu Faktorkosten (Volkseinkommen)
– unverteilte Gewinne der Körperschaften
– Körperschaftssteuern
– Arbeitgeberbeiträge zur Sozialversicherung
+ Transferzahlungen
= Personales Einkommen
– persönliche direkte Steuern
– Arbeitnehmerbeiträge zur Sozialversicherung
= Verfügbares (disponibles) Einkommen.

→ Nettosozialprodukt zu Marktpreisen, → Bruttoinlandsprodukt (BIP), → Verfügbares Einkommen der privaten Haushalte, → Volkseinkommen.

Sozialquote, auch Sozialleistungsquote, erfasst den Anteil der → Sozialleistungen am → Bruttosozialprodukt (BSP).

Sozialreform, Änderung der → Sozialleistungen und der soz. Sicherung. Über Notmaßnahmen hinaus sollen Gesundheit und Leistungsfähigkeit jedes Bürgers so gesichert werden, dass er eine Chance hat, auf dieser Grundlage selbstverantwortlich sein Leben zu gestalten. Die drei Prinzipien, um dem Einzelnen das Sozialrisiko zu verringern, sind: das der Fürsorge, der Versicherung und der Versorgung. Konkret besteht die S. in dem dauernden Versuch, den vielfältigen Aufgaben der → Sozialpolitik einen zeitgemäßen Rahmen zu geben.

Sozialstaat, bringt zum Ausdruck, dass in einem demokratischen Rechtsstaat die Versorgung der unteren Einkommensschichten umfassend gesichert ist. Der Anspruch des Bürgers auf Daseinsfürsorge ist im Art. 20 (1) GG verfassungsrechtlich verankert. → Sozialpolitik, → Soziale Marktwirtschaft.

Sozialstruktur, das durch gesellschaftliche Schichtung (Stände, Klassen, Ober-, Mittel- und Unterschicht) gekennzeichnete Gefüge eines Gemeinwesens, das zwar gewisse konstante Züge aufweist, jedoch im Laufe der Zeit Wandlungen unterliegt (soz. Auf- und Abstieg).

Sozialversicherung, von Bismarck 1881 eingeführt, ist eine gesetzl. geregelte Pflichtversicherung für Arbeiter und Angestellte im Falle der Krankheit, des Unfalls, der Invalidität, des Alters, des Todes und der Arbeitslosigkeit. Sie ist als Gefahrengemeinschaft zur Minderung des Risikos für den Einzelnen gedacht und kein Akt öffentl. Fürsorge. Die S. ist beträchtlich weiterentwickelt worden, indem der Kreis der Versicherten erweitert, die Versicherungsleistung ausgebaut und vorbeugende Maßnahmen zur Verhütung von Krankheiten und Unfällen eingeführt worden sind. Die S. ist eines der wichtigsten Instrumente staatl. → Sozialpolitik. Träger der S. in Deutschland sind Körperschaften oder Anstalten des öffentl. Rechts sowie private Versicherungsanstalten.

Soziologie, befasst sich mit der Analyse und Erklärung zwischenmenschlicher Beziehungen. Sie weist viele Richtungen und Schulen auf. Bis in die Antike (Sokrates) zurückreichend, wurden soziologische oder sozialwissenschaftliche Fragen vorwiegend in der Philosophie und den Staatswissenschaften behandelt. Erst mit Saint-Simon und dessen Schüler A. Comte, von dem der Begriff S. stammt (um 1830), wird die S. als eigenständige Wissenschaft angesehen. Im 20. Jh. haben M. Weber, V. Pareto und E. Durkheim, aber auch G. Schmoller und O. Spann Wesentliches zur Weiterentwicklung beigetragen. Untersuchungsobjekte der empirisch-statistisch ausgerichteten S. sind: das Land-, Stadt- und Großstadtleben, die gesellschaftliche Schichtung. Ehe und Familie, Arbeitsverhältnisse (Betriebssoziologie), demographische Erscheinungen (z.B. Wanderungen, Geburten), kulturelle Entwicklungen (Kultursoziologie). Zu ihren Methoden zählen Befragungen, Soziometrik (zur Messung sozialer Erscheinungen), Fallstudien und statistische Verfahren. Neuere Ansätze versuchen, eine interdisziplinäre Sozialwissenschaft zu entwickeln, die sich weder als Geistes- noch als Naturwissenschaft versteht, sondern menschliches Handeln und Verhalten aus dem Zusammenwirken von Kultur und Natur erklärt. Es besteht heute eine Vielfalt theoret. Ansätze und Richtungen der S.: (1) die Systemtheorie (Luhmann), (2) der Symbolische Interaktionismus (phänomenologisch orientiert), (3) der vergleichende Strukturfunktionalismus, (4) der Kritische Rationalismus, (5) die lernpsychologisch ausgerichtete Verhaltenstheorie und (6) der orthodoxe Neomarxismus.

Sozioökonomisches Panel (SOEP), repräsentative Wiederholungsbefragung privater Haushalte in Deutschland, die vom Deutschen Institut für Wirtschaftsforschung (DIW) durchgeführt wird. Das S. ist eine seit 1984 jährliche Wiederholungsbefragung (→ Panel) von Deutschen, Ausländern und Zuwanderern in den alten und neuen Bundesländern. Themenschwerpunkte sind u.a. Haushaltszusammensetzung, Erwerbs- und Familienbiographie, Erwerbsbeteiligung und berufliche Mobilität, Einkommensverläufe, Gesundheit und Lebenszufriedenheit. Der Datensatz wird von universitären Forschungseinrichtungen im In- und Ausland für Forschung und Lehre benutzt.

Spareinlagen, Gelder, die Kunden langfr. als Vermögensanlage bei einer Bank einzahlen, über die i.d.R. ein Sparbuch ausgestellt wird. Je länger die Kündigungsfrist ist (drei Monate, sechs Monate), umso höher werden die S. verzinst. Auszahlung nur gegen Vorlage der Urkunde bzw. des Sparbuchs.

Sparen, ein Teil des Einkommens wird nicht für den Kauf von Konsumgütern ausgegeben, sondern für künftigen Verbrauch oder für Einkommen in der Zukunft zurückgelegt. Die Ersparnis kann in Form von Geld (Kasse) oder in → Wertpapieren angelegt werden. Die Motive, Einkommen für künftige Verwendung zu sparen, sind vielfältig: Sie reichen von Ersparnissen für spezielle Zwecke, wie Hausbau, Erziehung der Kinder, über die Altersversorgung bis zu Rücklagen für Notzwecke. Unternehmen können S., um das Geld zu investieren. Die Höhe der Ersparnis hängt wesentlich von dem laufenden und dem erwarteten Familieneinkommen ab. Auch die Vorliebe für Gegenwarts- im Verhältnis zum künftigen Konsum beeinflusst die Ersparnisbildung, wobei auch der Zins eine Rolle spielen kann. J.M. Keynes nennt acht Motive des S., darutner drei wesentliche für die Kassenhaltung (→ Liquiditätsneigung): Vorsicht, Umsatz und Spekulation. Volkswirtsch. ist S. die Voraussetzung für Kapitalbildung und damit Erhöhung der → Produktivität, solange die Ersparnisse für Investitionen restlos verwendet werden. Ist das nicht der Fall, kann S. den Verbrauch einschränken und über eine rückläufige → Nachfrage zur Unterbeschäftigung führen. Die → Sparquote einer → Volkswirtschaft ist weitgehend abhängig von der Sparfähigkeit und -willigkeit der Bevölkerung.

Sparen und Investieren, das → Volkseinkommen einer Periode lässt sich von der Verwendungsseite her als Summe der Verbrauchsausgaben und der Ersparnisse, von der Entstehungsseite her als Summe der Verkäufe an Haushalte zuzüglich der (Netto-)Investition bestimmen:

$$\frac{\text{Konsumausgaben} + \text{Ersparnisse}}{\text{Volkseinkommen}}$$

Daraus folgt:

$$\frac{\text{Volkseinkommen} - \text{Konsumausgaben}}{\text{Ersparnis}}$$

Daraus ergibt sich, dass in einer Volkswirtschaft in jeder Periode die Ersparnisse der Periode gleich den (Netto-)Investitionen sind. Diese Gleichung wird nach E. Schneider als »Keynes'sche Investitionsgleichung« bezeichnet. Da nichtabgesetzte Erzeugnisse die Bestände des Betriebes erhöhen, sind sie → Investition, so dass die Gleichung volkswirtsch. einleuchtet. Doch können die von den Haushalten geplanten Ersparnisse und die von den Betrieben geplanten Investitionen verschieden groß sein, da sie voneinander unabhängig sind. Unter diesen Umständen kommt es ggf. zu einem kumulativen Prozess, der so lange auf die Änderung des Volkseinkommen hinwirkt, bis das geplante Sparen und das geplante Investieren (und damit die tatsächlich realisierten Größen) gleich groß sind.

Sparkasse und Girokasse, i.d.R. öffentl.-rechtl. → Kreditinstitut, das inbes. Spargeschäfte mit kleineren und mittleren Volumen betreibt, aber ebenso alle anderen → Bankgeschäfte durchführt. Die sog. → Girozentralen sind zentrale Kreditinstitute der regional organisierten S. → Kreditbank, → Universalbank.

Sparquote, der nicht ausgegebene Teil des Einkommens, bezogen auf das Einkommen des Einzelnen oder der → Volkswirtschaft. Die Sparneigung kann man mit Hilfe der durchschnittlichen oder marginalen S. ausdrücken. Unter der marginalen oder Grenzsparquote versteht man die S. für ein zusätzliches Einkommen. Die Erfahrungen der → Stagflation zeigen, dass die Furcht vor Arbeitslosigkeit oder Kurzarbeit, zusammen mit der allgemeinen wirtsch. Unsicherheit, die S. beträchtlich ansteigen lässt (also zu einem prozyklischen Verhalten der Bevölkerung führt), obwohl i.d.R. die → Inflation (und die → Steuerprogression) die Substanz der Ersparnis angreift, da der (rückläufige) Zins (nach Steuerabzug) unter der → Inflationsrate liegt.

Spekulation (lat., Voraussicht), nutzt die zeitlichen Preisunterschiede und Zufälligkeiten auf dem Markt zu Gewinnzwecken aus. Ihr wesentlichstes Merkmal ist die Übernahme des → Risikos, das in der möglichen Abweichung zwischen erwartetem und später realisiertem → Preis besteht. So werden → Güter, → Devisen oder → Effekten in der Absicht gekauft, sie später wieder zu verkaufen, wobei man einen Preisanstieg erwartet. Umgekehrt ist auch eine S. à la → Baisse möglich. Da die S. selbst die Preise beeinflusst, kann sie stabilisierend und destabilisierend wirken. Historisch sind eine Reihe Spekulationskrisen aufgetreten, die zu volkswirtsch. Zusammenbrüchen geführt haben. Die volkswirtsch. Funktion der S. in einer arbeitsteiligen Wirtschaft liegt in der Versicherungsaufgabe, indem sie künftige Entwicklungen erkennt und sich unter Berücksichtigung der Risiken engagiert. S. wird dort gesamtwirtsch. schädlich sein, wo sie polit. Maßnahmen verhindert oder übersteigert oder bewusst Preisbewegungen erzeugt, um ein Bedürfnis der Wirtschaft nach Risikoentlastung selbst zu schaffen. → Börse, → Termingeschäfte, → Arbitrage, → Hedgegeschäft.

Spekulationsgeschäft, Kauf oder Verkauf eines Gutes zu zwei unterschiedlichen Zeitpunkten, um einen Gewinn zu erzielen. Im Gegensatz zum Arbitragegeschäft, das Preisunterschiede auf verschiedenen Märkten zur gleichen Zeit ausnützt, richtet das S. sein Augenmerk auf Preis- oder Kursunterschiede auf demselben Markt zu verschiedenen Zeiten. In der Praxis sind beide Geschäfte kaum zu trennen. S. werden auf Gold-, Devisen-, Effekten-, Boden- und Warenmärkten in Form von Kassa- und Terminkontrakten getätigt, wobei die Elastizitäten der Preis- oder Kurserwartungen positiv oder negativ sein können. → Spekulation.

Spekulationskasse → Liquiditätsneigung.

Spekulationspapiere, im Gegensatz zu Anlagepapieren → Wertpapiere, die lediglich zu spekulativen

Spekulationssteuer, (1) nach § 23 EStG abzuführende Steuer auf Spekulationsgewinne, die sich aus sog. privaten Veräußerungsgeschäften ergeben. Als solche gelten Einkünfte aus dem An- und Verkauf eines Vermögensgegenstandes, der kürzer als durch die gesetzl. geregelte Spekulationsfrist vorgegeben gehalten wird (z.B. bei Immobilien zehn Jahre, bei → Wertpapieren 12 Monate). (2) wirtsch.polit. Ansatz zur Eindämmung von insbes. kurzfr. → Spekulationen und damit verbundenen Spekulationskrisen (→ Tobin-Steuer).

Sperrklinkeneffekt (engl.: ratchet-effect), drückt in der integrierten Konjunktur- und Wachstumstheorie aus, dass der Umfang der Investitionen auch vom höchsten bislang erreichten → Bruttosozialprodukt (BSP) abhängt. Der S. ist in die → Investitionsfunktion des Wachstumsmodells von Hicks eingegangen.

Sperrminorität, liegt vor, wenn mehr als 25 % des nominalen Kapitals einer → Aktiengesellschaft (AG) in einer Hand sind, da z.B. eine Kapitalerhöhung durch die Hauptversammlung nur mit Drei-Viertel-Mehrheit des anwesenden Kapitals durchgeführt werden kann. Der Besitzer der S. kann also entsprechende Anträge (Satzungsänderungen, Fusionen, Grundkapitalveränderungen) sperren. Ist nur ein Teil des Aktienkapitals in der Hauptversammlung vertreten, liegt die S. natürlich unter 25 %.

Spezialbank, beschränkt sich auf spezielle Kreditgeschäfte. So gibt es Auslands-, Landwirt.-, Genossenschafts-, Verkehrskredit-, Viehmarkt- und Industrie- oder Konzernbanken (»Hausbanken«). Gegenstück sind → Universalbanken.

Spezialbörse, handelt mit nur einer Effekten- oder Warenart, z.B. die Getreidebörsen in London, Chicago, New York, die Kaffeebörsen in Rio de Janeiro, Rotterdam und Amsterdam.

Spezialisierung, die Aufteilung produktiver Tätigkeit auf verschiedene Personen, Gruppen, Gewerbe und Gebiete. Diese → Arbeitsteilung beginnt bei der Zerlegung des Produktionsvorgangs in einzelne Verrichtungen, führt zur Bildung spezifischer Berufe und Gewerbezweige und schließt die Ausrichtung einer → Volkswirtschaft auf bestimmte Agrar- oder Industrieprodukte ein. Die S. fördert die effiziente Ausnutzung der knappen Hilfskräfte, indem sie Zeit sparen hilft, die Fähigkeiten des Einzelnen voll zur Wirkung bringt und die Arbeitsgänge so vereinfacht, dass arbeitssparende Maschinen eingesetzt werden können. Die regionale S. erlaubt die bessere Ausnutzung von → Hilfsquellen eines Landes und erreicht in der internationalen Arbeitsteilung ihren Höhepunkt, wobei das Gesetz der → komparativen Kosten oder Vorteile dafür sorgt, dass alle am Welthandel beteiligten Nationen daraus Nutzen ziehen können. Die S. findet in der Größe des Marktes ihre Grenzen, in der Staatsverwaltung führt sie meist zu ineffizienter Bürokratisierung, da die Kontrolle durch die Nachfrage fehlt.

Spezifikation, bestimmt die Annahmen eines ökonometrischen Modells. Liegen zeitliche Verzögerungen vor, ist eine S. in einem dynamischen Modell schwierig. → Ökonometrie.

Spezifikationskauf, Handelskauf, bei dem die zu liefernde Ware der Art, Menge und dem Grundpreis nach fest vereinbart ist, es aber dem Käufer überlassen bleibt, bei Abruf Einzelheiten der Formen, Maße usw. anzugeben, bei Garn z.B. die einzelnen Garnnummern. → Kauf.

Spezifischer Zoll → Zölle.

Spieltheorie, von J. von Neumann und O. Morgenstern entwickelt, versucht, für alle denkbaren Spielkonstellationen, in denen ein Ergebnis nicht allein vom eigenen Verhalten, sondern auch von den Entscheidungen aller (Mit-)spieler abhängt, das »beste Verhalten« oder die »optimale Strategie« des Spielers zu bestimmen. Sie ist die Grundlage verschiedenster einfacher wirtsch. Modelle z.B.: → Wettbewerb am Markt. Grundsätzlich ist die S. eine Theorie von Gewinnspielen mit zwei Teilnehmern und der Frage nach Gewinn/Verlust der einzelnen Teilnehmer. Das Spiel kann zum einen bestimmbar sein, es gibt also eine optimale Strategie, die jedem Spieler das günstigste Resultat erlaubt, unabhängig davon, wie sein Gegenspieler sich verhält und ob er bereits vorher die Wahl der Strategie kennt, oder es kann, zum anderen, nicht eindeutig bestimmt sein, was dann der Fall ist, wenn es darauf ankommt, die Absichten des Gegners zu erfahren, die eigenen Pläne aber geheim zu halten (gemischte Strategie). Interessant wird diese Theorie, wenn mehrere Teilnehmer in Betracht gezogen werden. Es stellt sich die Frage, ob alle Teilnehmer einen Gewinn erzielen können. Laut der S. ist es nicht möglich, dass alle Teilnehmer als Gewinner aus dem Spiel hervorgehen können. → Anreiz- und Sanktionsmechanismen.

Spill-Over-Effekt (engl., Nachbarschaftseffekt), S. erfasst alle positiven und negativen Wirkungen einer Handlung, die Dritte berührt, d.h. alle, die nicht unmittelbar davon betroffen werden sollen. Diese → externen Effekte spielen in der Theorie des → öffentlichen Gutes und in der → Umweltpolitik eine bedeutsame Rolle. Ob und wie sie in die Berechnung von Nutzen und Kosten eines Projektes einbezogen (internalisiert) werden können, ist Gegenstand theoret. Überlegungen und empirischer Versuche. I.e.S. versteht man unter S. die regionalen Überlappungen von Nutzen und Kosten.

Spinngewebe-Theorem (engl.: cobweb theorem), erklärt die verzögerte Anpassung des Angebotes auf Änderungen des Marktpreises. Erhöht sich der Preis am → Markt, benötigen die Anbieter eine gewisse Zeit (z.B. bei Mastschweinen etwa 14–15 Monate → Schweinezyklus), um ihre Produktion, dem neuen Preis entsprechend, auszuweiten. Sie erwarten, dass sie auch nach der verzögerten Anpassung (→ Lag) ihr Angebot zum Preis von heute voll absetzen können, was insofern ein Irrtum ist, als ihr zusätzliches Angebot bei gleicher Nachfrage den Preis sinken lässt. Das führt dann wiederum zu einer erneuten (diesmal einschränkenden) Anpassung des Angebots. Es entsteht dann graphisch eine Preis- und Angebotsentwicklung, die einem Spinngewebe ähnelt. Das Verhältnis der → Angebotselastizität zur → Preiselastizität der Nachfrage im relevanten Preisbereich bestimmt dann, wie diese Anpassung letztlich erfolgt: ob gedämpft, explosiv oder oszillierend. Zum Preis von p_1 wird die Angebotsmenge 0B am Markt aufgenommen. Diesen Preis legen die Anbieter ihrem Produktionsplan zugrunde, so dass sie in der nächsten Periode die Menge 0C auf den Markt bringen, welche die Konsumenten aber nur zum Preis von P_2 nachfragen. Die Produzenten reagieren auf den Rückgang des Preises, indem sie ihre Erzeugung einschränken, wobei sie davon ausgehen, dass der Preis p_2 davon unberührt bleibt. Das verringerte Angebot 0D führt indes zu einer Preiserhöhung auf P_3, die wiederum zu einer entsprechenden Anpassung des Angebotes führt. Verliefe die Nachfragekurve steiler als die Angebotskurve, so würde die Preisbewegung vom Gleichgewichtspreis P_0 wegführen. Sind beide gleich geneigt, d.h. sind die Elastizitäten im relevanten Preisbereich gleich, wird sich die Anpassung gleichmäßig um P_0 vollziehen.

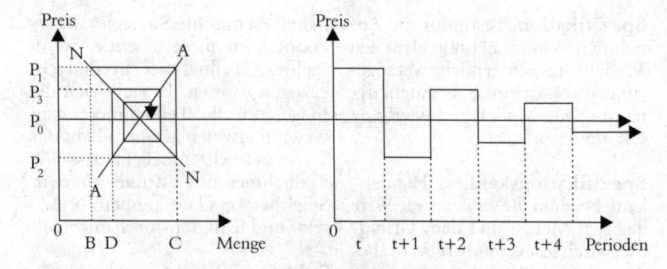

Spitzenbelastung (engl.: peak-load), tritt vorwiegend in → öffentlichen Unternehmen bei starken Schwankungen der Nachfrage auf, so dass bei gegebener Kapazität und Kostenstruktur mindestens zwei Preise oder Tarife (z. B. für Tag- und Nachtstrom) gefordert werden, um eine gleichmäßigere Auslastung zu erreichen.

Splitting (engl.), Form der gemeinsamen → Einkommensbesteuerung von Ehegatten, solange sie unbeschränkt steuerpflichtig sind. Die Einkünfte der Ehegatten werden zusammengerechnet und nach Abzug der Kinderfreibeträge, der → Sonderausgaben und sonstiger Abzüge halbiert. Hieraus ergibt sich das zu versteuernde Einkommen, von dem die Steuer nach der Einkommensteuertabelle errechnet und der sich daraus ergebende Betrag verdoppelt wird. → Realsplitting.

Sponsoring (engl.), Zuwendungen von Unternehmen, die an Wissenschafts-, Kunst-, Kultur-, Sozial- oder Sporteinrichtungen fließen und eine Gegenleistung für die Nennung des Unternehmens darstellen. Ziel der Unternehmen ist hierbei die Erhöhung ihres Bekanntheitsgrades (Bsp.: Trikotsponsoring von Fußballvereinen) bzw. ihres Ansehens in der Gesellschaft (Bsp.: Förderung von Behindertensport, Wissenschaft und Forschung). → Absatzpolitische Instrumente, → Marketing-Mix.

Staatliche Einkommensübertragung → Sozialprodukt, → Transferzahlungen.

Staatliche Theorie des Geldes, nach G. F. Knapp ist → Geld ein »Geschöpf der Rechtsordnung«, das zur Tilgung von Schulden dient und das der Gläubiger als solches annehmen muss. Diese Theorie ist insofern richtig, als die Eigenschaft des Geldes weder von seinem Stoffwert noch von seiner Metalldeckung abhängt. Vielmehr muss Geld seine Aufgabe als allgemein angenommenes Tausch-, Wertsicherungs- und Schuldentilgungsmittel erfüllen, wenn es vom Wirtschaftsverkehr als solches angenommen werden soll. Der Staat kann indes den Realwert des Geldes nicht gewährleisten, so dass der auf dieser Theorie begründete Grundsatz »Mark gleich Mark« in der → Inflation zu unzumutbarer Ungerechtigkeit führen kann, da die Schuldner mit entwertetem Geld ihre Gläubiger befriedigen können.

Staatsausgaben, Aufwand des Staates, um Güter und Dienste zu kaufen. Soweit eine staatl. Tätigkeit mit Geld finanziert wird, erscheint sie auf der Ausgabenseite des → öffentlichen Haushalts. S. werden nach ökonom., polit., administrativen und rechtl. Kriterien abgegrenzt und klassifiziert, um öffentl. Aufgaben theoret. zu erklären und sinnvoll gestalten zu können. Die → Finanztheorie hat im Anschluss an die normativen Theorien von Wicksell und Lindahl Modelle (P.A. Samuelson, Musgrave) entwickelt, um den optimalen Umfang der S. zu bestimmen. Downs hat versucht, das Budget-Optimum über die polit. Stimmenmaximierung zu bestimmen. → Ökonomische Theorie der Demokratie, → Staatsquote.

Staatsausgabenmultiplikator → Ausgabenmultiplikator.

Staatsbankrott, tritt ein, wenn der Staat die Zahlungen an seine Gläubiger einstellt und deren Ansprüche damit verletzt. Da die Gläubiger dem Staat gegenüber keinen Zwang ausüben können, kann dieser ohne weiteres zum S. greifen. Wie die Geschichte lehrt, leidet dadurch die Kreditwürdigkeit des Staates höchstens vorübergehend. Bei der Repudiation (offener S.) erklärt der Staat ausdrücklich, er könne oder wolle seinen Verbindlichkeiten nicht mehr nachkommen. Verschleierter S. ist auf verschiedene Weise möglich, etwa durch zwangsweise → Konversion von Anleihen ohne Angebot der Rückzahlung, aber auch durch → Inflation, welche die Schuldenlast des Staates vermindert.

Staatseinnahmen, können als laufende und Vermögenstransfers mit und ohne Gegenleistung aus folgenden Quellen fließen: (1) den privaten Haushalten und Unternehmen, (2) dem Vermögen der → Gebietskörperschaften, (3) anderen öffentl. Einrichtungen, (4) dem Ausland, wobei die Zahlungen freiwillig oder zwangsweise erfolgen. S. bestehen in einer modernen Volkswirtschaft hauptsächlich aus

→ Steuern, → Gebühren und → Beiträgen, → Krediten sowie → Erwerbseinkünften. In der historischen Entwicklung hat sich die Struktur der S. von den Domanial-(Erwerbs-)Einkünften zu den Steuern als Haupteinnahmequelle entwickelt (Weg zum Steuerstaat, J.A. Schumpeter). Der historische Trend vom → Äquivalenzprinzip, nach dem jeder Zahlung des Bürgers eine Gegenleistung des Staates entsprechen soll, zum Prinzip der völligen Trennung von Abgabe und öffentl. Dienstleistung hat dazu geführt, dass es kaum mehr möglich ist, Nutzen und Kosten staatl. Tätigkeit so zu erfassen und zu bewerten, dass → Effizienz und gerechte Verteilung im öffentl. Sektor einigermaßen gesichert werden können. Das Problem des sog. → Freifahrer zwingt zu einer gewissen Umkehr und damit zur Ausweitung der Entgeltabgaben.

Staatshaftung, Pflichten des Staates und sonstiger Hoheitsträger, Ersatz oder Wiedergutmachung zu leisten, die für den Fall rechtswidriger Ausübung öffentl. Gewalt rechtl. vorgesehen sind. Der Ersatz kann in einer den vollen Schaden oder nur den Wertverlust ausgleichenden Geldleistung bestehen oder in einer naturalen Wiederherstellung des durch den hoheitlichen Akt veränderten Zustandes. S. kraft Amtshaftung regelt § 839 BGB mit Art. 34 GG. Ferner kann S. aus enteignungs- oder aufopferungsgleichem Eingriff eines Hoheitssubjektes eintreten. Dem Geschädigten entsteht ein öffentl.-rechtl. Anspruch auf Beseitigung der Folgen durch rechtswidriges Handeln des Staates.

Staatshaushalt → Öffentlicher Haushalt.

Staatsquote, drückt das Verhältnis der → Staatsausgaben (als Maß für die Staatstätigkeit) zum → Bruttoinlandsprodukt (BIP) aus. Die in Theorie und Praxis vorkommenden Kennziffern weichen stark voneinander ab, weil die sachliche und statistische Abgrenzung der Staatsausgaben und der Bezugsgröße schwierig ist und natürlich vom Zweck abhängt, dem die Maßgröße dienen soll. So drückt die Staatsausgabenquote das Verhältnis der bereinigten Ausgaben der → Gebietskörperschaften zum BIP aus.

Staatsschuld, Grenzen der, neuere Erkenntnisse in der Lehre vom öffentl. Kredit trennen in eine »strukturelle« (Kreditaufnahme in der längerfr. Ausgabenplanung bei konstanter Steuerstruktur und Vollbeschäftigung) und eine »konjunkturelle« (zum Ausgleich der konjunkturell schwankenden Einnahmen oder, weiter gefasst, zur Finanzierung einer antizyklischen → Budgetpolitik) Komponente. Die Grenzen der konjunkturellen Kreditaufnahme werden von der Entwicklung des → Sozialprodukts und der Struktur des → Steuersystems bestimmt – die Steuerausfälle bei einem Rückgang des Sozialprodukts können grundsätzlich voll kreditfinanziert werden. Der konjunkturelle Kredit i.w.S. wirft die Frage nach dem wünschenswerten und zulässigen Ausmaß konjunkturpolit. Aktivität (soweit sie aus Krediten finanziert wird) auf. Zur strukturellen Kreditaufnahme lassen sich drei Aspekte für die Begrenzung anführen: (1) Wie weit sollen aus allokationspolit. Sicht private → Investitionen und → technischer Fortschritt zurückgedrängt und damit das → Wirtschaftswachstum eingeschränkt werden? (2) Wie hoch sollen aus der Sicht intertemporaler Lastverteilung künftige Haushalte vorbelastet und der polit. Handlungsspielraum in der Zukunft entsprechend eingeschränkt werden? (3) Soll aus stabilitätspolit. Gründen Rücksicht auf künftig eventuell erforderliche konjunkturelle Defizite genommen werden? → Generationenbilanzierung.

Staatsschulden → Öffentliche Schulden.

Staatssozialismus, meint im 19. und frühen 20. Jh. die Verstaatlichung (→ Sozialisierung) und Kommunalisierung von Produktionsmitteln zur Lösung soz. Probleme innerhalb der bestehenden Staatsverfassung. Vertreter des S. sind C. Rodbertus-Jagetzow und A. Wagner.

Staatsverbrauch, in der → Volkswirtschaftlichen Gesamtrechnung (VGR) die unentgeltlichen Leistungen der → öffentlichen Haushalte, die zu ihren Kosten (Ausgaben) in der Rechnung erscheinen, da sie nicht am Markt bewertet werden. Der Ausdruck ist falsch, weil nicht der Staat als Institution Güter ge- und verbraucht, sondern die Nutznießer öffentl. Dienste, also Private und Unternehmen. Vielmehr bietet der Staat vornehmlich Dienstleistungen als End- und Zwischenprodukte einmalig oder dauernd an, die er am Markt kauft oder selbst erzeugt. Allerdings wird die → Effizienz des Angebotes weder erzwungen noch ausreichend kontrolliert. → Finanzwirtschaft, öffentliche.

Staatsversagen, kann als Pendant zum → Marktversagen gesehen werden. Danach ist der Staat nicht in der Lage, → öffentliche Güter effizient anzubieten und/oder gerecht zu verteilen. → Öffentliche Verschwendung, Theorie der.

Staatsverschuldung → Öffentliche Schulden.

Staatswirtschaft → Finanzwirtschaft, öffentliche.

Stabilisatoren → Automatische Stabilisatoren.

Stabilisierungspolitik, eine Form von Wirtschaftspolitik mit dem Ziel des gesamtwirtsch. → Gleichgewichts. Es werden Entscheidungen bezüglich der Ziele und Maßnahmen der → Zentralbank und Regierung zur Sicherung der Geldwertstabilität (→ Preisstabilität) und Inflationsbekämpfung getroffen bzw. festgelegt.

Stabilität des Geldwerts → Preisstabilität.

Stabilitätsgesetz (StWG), Gesetz zur Förderung der Stabilität und des Wachstums der Wirtschaft von 1967, eine für die → Wirtschaftspolitik entscheidende Grundlage, um Konjunktur und Wachstum zu stabilisieren. Es schreibt eine konjunkturgerechte (sich ergänzende) Finanz- und Geldpolitik vor. Die Ziele des S. sind Stabilität des Preisniveaus, hoher Beschäftigungsstand, außenwirtsch. Gleichgewicht und stetiges Wirtschaftswachstum. Das S. ist überholt, da in einer → Stagflation und techn. Revolution die auf J.M. Keynes zurückgehenden Instrumente des S. obsolet geworden sind. → Wirtschaftspolitik, nachfrageorientierte, → Inflation, → Öffentliche Schulden.

Stabilitäts- und Wachstumspakt, vom → Europäischen Rat 1997 beschlossener Pakt zur Sicherung der ökonom. Basis für das Funktionieren der → Wirtschafts- und Währungsunion (WWU). Zwar wurde mit der dritten Stufe der WWU die → Geldpolitik vergemeinschaftet, die Teilnehmerländer sind in ihrer nationalen Finanz- und Haushaltspolitik (→ Fiskalpolitik) aber weiterhin unabhängig. Es entsteht zwangsläufig ein Spannungsfeld zwischen supranationaler Geld- und Währungspolitik einerseits und nationaler Wirtschafts- und Finanzpolitik andererseits. Mit Hilfe des S. werden die WWU-Teilnehmerländer zu einer mehr stabilitätsorientierten Finanzpolitik angehalten. Die Teilnehmerländer sind verpflichtet, dem → Rat der EU und der → Europäischen Kommission ein Stabilitätsprogramm vorzulegen, das jährlich überarbeitet werden soll. Die an der dritten Stufe der WWU nicht teilnehmenden Staaten müssen jeweils ein Konvergenzprogramm vorlegen, das ebenfalls jährlich überarbeitet werden muss. Konkret sollen die Länder danach streben, mittelfr. ihre Fiskalpolitik am Ziel eines nahezu ausgeglichenen oder im Überschuss befindlichen Budgets zu orientieren. Auch in schwierigen Zeiten sollen die in den → Konvergenzkriterien festgehaltenen Bestimmungen für das staatl. Defizit auch nach Einführung der gemeinsamen → Währung eingehalten werden. Ein Frühwarnsystem soll dafür sorgen, dass die Mitgliedstaaten diese Grenzen einhalten. Der Rat kann bei Verstößen Sanktionen verhängen.

Stab und Linie, die beiden Haupttypen personaler Beziehungen in der Unternehmensorganisation. Der Stabtypus (Funktionsmeistertypus) beruht auf horizontaler Aufgliederung oder Spezialisation der Funktionen. An der Spitze einer Arbeitsgruppe steht z.B. nicht ein Meister, der mit sämtlichen Beaufsichtigungsaufgaben betraut ist, sondern die Arbeitsgruppe steht mit mehreren Funktionsmeistern in Verbindung, von denen jedem eine bestimmte Aufgabe zugewiesen ist. Der Linientypus beruht auf dem streng hierarchischen Grundsatz der Über- und Unterordnung und demgemäß auf vertikaler Aufteilung der Machtbefugnisse oder Weiterleitung der Anweisungen. In der Praxis werden meistens beide Organisationsgrundsätze miteinander verbunden. Unter einem Stab versteht man gewöhnlich eine Stelle, die Beratungsaufgaben wahrnimmt. → Organisation.

Stadtökonomie, erarbeitet Grundlagen für die städtische Entwicklung. Dabei stehen theoret. und empirische Überlegungen über die Wohnstruktur, die Wechselbeziehungen zwischen Arbeits- und Wohnort im Mittelpunkt, ferner Analysen über eine optimale → Infrastruktur und Verkehrsversorgung. Weitere Aufgaben sind die Sanierung und die Verbesserung der Umwelt. → Stadtplanung.

Stadtplanung, im Gegensatz zur Regionalplanung, nicht Bundes-

sondern Gemeindeaufgabe (Art. 28 GG). Rechtsgrundlage der Bauleitplanung ist das Baugesetzbuch von 1987. Das Recht der S. ist mithin im Grunde Bundesrecht, da der Bund für die Bodennutzung zuständig ist. S. ist mehr als Bauleitplanung zu verstehen, da die räumliche Entwicklung des Gemeinwesens auch durch die öffentl. Infrastruktur (Schulen, Schwimmbäder, Straßen, Abwasserkanäle) und die Grundstückspolitik beeinflusst wird.

Stagflation, eine von den Marktgesetzen her schizophrene (gespaltene) Lage einer Volkswirtschaft, in der trotz beachtlicher Arbeitslosigkeit und stagnierendem → Wirtschaftswachstum Löhne und Preise steigen. Sie entsteht aus einer Anspruchsinflation bei staatl. Garantie für → Vollbeschäftigung. → Inflation.

Stagnation → Konjunkturbewegungen, → Säkulare Stagnationstheorie.

Stakeholder, Begriff, der alle Gruppen umfasst, die für den Erfolg eines Unternehmens von Bedeutung sind und darum neben den sog. Shareholdern (→ Shareholder-Value) Berücksichtigung durch die Unternehmensleitung finden. Zu den S. gehören sowohl Arbeitnehmer, Kunden und Lieferanten des Unternehmens als auch Staat und Öffentlichkeit. Im Stakeholder-Ansatz bilden diese Gruppen mit den Shareholdern die Unternehmung. Das → Management hat u.a. die Aufgabe, zwischen den oft divergierenden Interessen dieser Gruppen zu vermitteln.

Stammaktien, im Gegensatz zu → Vorzugsaktien die auf dem Grundsatz der Gleichberechtigung der Aktionäre beruhenden, die Regel bildenden Aktien einer → Aktiengesellschaft (AG), d.h. man besitzt Teilhaberecht und Stimmrecht in der Hauptversammlung, und einen Anspruch auf den ausgeschütteten Gewinn (→ Dividende). Überdies hat man ein Bezugsrecht auf junge Aktien, Recht auf Anteil am Liquidationserlös und ein Auskunftsrecht inne.

Stammkapital → Gesellschaft mit beschränkter Haftung (GmbH).

Standardabweichung (σ), ein → Streuungsmaß, in der deskriptiven wie induktiven → Statistik häufig angewandt, gibt als »mittlere quadratische Abweichung« die Streuung einer Reihe um einen → Mittelwert (zumeist das arithmetische Mittel) an. Sie hat den Vorzug, dass alle Reihenwerte in die Berechnung eingehen. Sie ist die Summe der quadrierten Abweichungen von einem Mittelwert x, dividiert durch die Summe der Beobachtungen N und der daraus zu ziehenden Quadratwurzel.

$$\sigma = \sqrt{\frac{\sum (x_i - \overline{x})^2}{N}}$$

Standard Deviation → Standardabweichung.

Standardisierung, Vereinheitlichung von Waren nach bestimmten Mustern, Beschränkung auf wenige Typen. Bsp.: (1) Die durch Normung der Einzelteile und der Fertigwaren entstandenen Standardtypen, wie sie sich im Automobil- und Maschinenbau, aber auch in der Herstellung von Verbrauchsgegenständen im Zeichen rationalisierter Massenproduktion durchgesetzt haben. (2) Im Management dient die S. der Verringerung der inner- und zwischenbetriebl. Prozesskosten. (3) In der Landwirt. bedeutet S. die Bildung von die Qualität gewährleistenden Güteklassen, wie sie für Butter, Milch, Käse, Eier, Kartoffeln, Vieh, Getreide eingeführt sind. (4) Die für den Börsenhandel festgesetzten oder vereinbarten Standards oder Qualitätstypen, wie sie im Getreide-, Baumwoll-, Kaffeegroßhandel usw. üblich sind. → International Standard Organisation (ISO), → ISO-Norm.

Standardmuster, insbes. im Börsenhandel, Warenmuster, welche die Durchschnittsqualität der Warengattung darstellen. → Qualitätsbezeichnung, → Standardisierung.

Standort, in der Standorttheorie oder Raumwirtschaftslehre (Lehre von der örtlichen Bedingtheit und räumlichen Verteilung der Wirtschaftsbetriebe) der Ort, an dem sich der Produktionsbetrieb befindet. Es gibt einen natürlichen und einen wirtsch. S. Natürliche S. sind solche, die geographisch, klimatisch usw. gebunden sind, wirtsch. solche, die Kostenvorteile aufweisen. Nach der Standortbedingtheit unterscheidet man: (1) material- oder rohstofforientierte Industrien (z.B. die Montanindustrie, Kohle und Eisen), (2) arbeitsorientierte Industrien (Menge, Qualität und Einkommenshöhe der Arbeitskräfte), (3) konsumorientierte Industrien (wie Brauereien, Brotfabriken), (4) transportorientierte Industrien und Gewerbe (an Flussläufen, in Seestädten, an Verkehrsknotenpunkten) und (5) die Agglomeration, Zusammenballung von Industrien in Industrierevieren. Beträchtliche Wirkungen gehen von der → Finanzpolitik auf den S. und damit die räumliche Ordnung der Wirtschaft aus, da z.B. Unterschiede in der Steuerlast oder in der → Infrastruktur als Angebot öffentl. Leistungen die Attraktivität für den S. stark beeinflussen.

Start Up-Unternehmen, Begriff für ein Unternehmen, das sich noch in der Gründungsphase befinden oder erst seit kurzem im Markt ist. S. lassen sich v.a. in wachstumsstarken Wirtschaftszweigen (→ New Economy) finden und finanzieren sich entweder durch Wagniskapital (→ Venture Capital) oder durch einen Börsengang (→ Initial Public Offering).

Statik, der Physik entnommener, von A. Comte und von J.S. Mill eingeführter Begriff der → Volkswirtschaftslehre (VWL). S. ist nach dem Nobelpreisträger R. Frisch eine Betrachtung where. Abläufe, bei der alle als veränderlich angenommenen Größen, die → Variablen, eines Modells auf denselben Zeitpunkt oder dieselbe Periode bezogen sind. Kurz, S. ist eine gleichgewichtige Zeitpunktbetrachtung. Da die Anpassung ao. rasch erfolgt, können Verzögerungen nicht eintreten. Die S. hat bis in unsere Zeit in der Wirtschaftstheorie vorgeherrscht, wenn auch Ansätze der Dynamik bereits früh vorhanden waren. Die komparative S. lässt einen Vergleich zweier Zustände des Gleichgewichts zu. Werden Verlaufsanalysen durchgeführt, um den Ablauf der Wirtschaft als solche zu erklären (Sequenzanalysen), wobei die Variablen auf verschiedene Zeitpunkte oder Perioden bezogen werden, spricht man von Dynamik. Stationär nennt man ein wirtsch. Erscheinungsbild, wenn die Veränderlichen im Zeitablauf konstant bleiben, evolutorisch ist es, wenn sie sich verändern. Neben der analytischen Dynamik gibt es die historische, welche den Wirtschaftsprozess in säkularer Sicht beschreibt und zu begründen versucht. → Komparativ-statische Analyse.

Stationärer Zustand, bedeutet, dass sich eine Volkswirtschaft von Periode zu Periode nur noch selbst reproduziert, also kein → Wirtschaftswachstum vorhanden ist. Die klassischen Ökonomen nahmen an, techn. Neuerungen würden auf sehr lange Sicht nicht ausreichen, um die Folgen der abnehmenden Grenzerträge auszugleichen, so dass die Volkswirtschaft sich zu einem S. hin bewege. Mit zunehmenden Investitionen falle die Gewinnrate als Folge abnehmender Erträge, bis die Profite so niedrig seien, dass kein Anreiz mehr zu neuer Kapitalbildung bestehe. Das → Sozialprodukt habe seinen größten Umfang erreicht, die Nettokapitalbildung hört auf, und die Löhne sicherten ein Existenzminimum.

Statische Betrachtungsweise, Analyse wirtsch. Größen, die sich auf den gleichen Zeitpunkt oder die gleiche Periode beziehen. → Komparativ-statische Analyse.

Statische Bilanz → Bilanztheorien.

Statistik, umfasst die wissenschaftlichen Methoden, mit deren Hilfe empirische Daten von Massenerscheinungen erfasst, gesammelt, aufbereitet und dargestellt werden, damit sie einer analytischen Interpretation zugänglich werden. Die math. S., einer ihrer Zweige, analysiert gesetzmäßige Beziehungen, die bei der Gewinnung und Auswertung von Erhebungseinheiten (Merkmalsträgern) bei einer Voll- oder Repräsentativerhebung entstehen. Die angewandte S. verwendet die Ergebnisse der math. S. als Grundlagen für die Lösung praktischer Aufgaben. Ferner wird in eine beschreibende (deskriptive) und eine folgende (induktive) S. unterschieden. Alle statistischen Verfahren haben Messungen oder Beobachtungen zur Grundlage. Die eine Aufgabe des Statistikers besteht nun darin, Verfahren zu entwickeln und Messgrößen zu errechnen, mit deren Hilfe er die wesentlichen Züge der erhobenen Daten analysieren kann. Methodisch beginnt eine S. mit der Erhebung, die entweder → Primärstatistik oder → Sekundärstatistik sein kann. Die Erhebung kann entweder vollständig sein oder sich auf Teile erstrecken (→ Stichprobenverfahren). Im nächsten Schritt wird dann das Urmaterial ausgewertet. Die Darstellung erfolgt anhand von Tabellen, Umrechnungen (z.B. → Verhältniszahlen), Diagrammen, → Mittelwerten und Streuungsmaßen. Die deskriptive S. beschränkt sich i.d.R. auf die Prüfung der Häufigkeitsverteilung von Merkmalen, die Berechnung von → Indexziffern und die Zeitreihenanalyse (→ Zeitreihen, → Trend). Gegenstand der induktiven S. ist u.a. die Ableitung von Schlüssen über die Grundgesamtheit aus den Daten der Stichproben. Ist die Stichprobe hinreichend groß, kann man sie als der Grundgesamtheit äquivalent ansehen und die Eigenschaften dieser großen Stichprobe als ähnlich denen der Grundgesamtheit betrachten. Ist sie dagegen klein, muss man versuchen, mit Hilfe der → Wahrscheinlichkeitstheorie die Eigenschaften der Grundgesamtheit aus den beschränkten Informationen der Stichprobe zu erschließen. Die S. bietet zahlreiche Anwendungsmöglichkeiten in allen Zweigen der Wirtschaft, z.B. zur Qualitätskontrolle oder in der → Ökonometrie (→ Korrelation, → Regression). Als eigenständige Teile der praktischen S. haben sich die → Wirtschaftsstatistik und die → Bevölkerungsstatistik herausgebildet.

Steady-State-Wachstum, bringt zum Ausdruck, dass alle Größen eines Modells unverändert proportional auf lange Sicht wachsen, wobei Planung und tatsächliches Wachstum übereinstimmen. → Wachstumstheorie.

Stellvertreter, Vertreter im Rechtssinne, ist, wer gegenüber Dritten seinen eigenen Willen erklärt, jedoch in der Absicht, dass die Rechtsfolgen der Willenserklärung nicht ihn, sondern den Vertretenen treffen sollen. Er handelt also, selbst wenn er an Weisungen gebunden ist, selbständig. Mit Wirkung gegen Dritte kann er alles erklären und machen, wenn er auch nicht alles darf und seinem Auftraggeber verantwortlich ist. Die Stellvertretung kann auf Gesetz, auf Satzung und auf Vollmacht beruhen. Gesetzl. Stellvertreter sind der Vater, die Mutter oder der Vormund des minderjährigen Kindes. Laut Satzung haben der Vorstand eines Vereins oder der Vorstand einer → Aktiengesellschaft (AG) die Stellung eines gesetzl. Vertreters. Auf Vollmacht beruht die Stellvertretung in allen Fällen, in denen sie rechtsgeschäftlich erteilt werden muss, etwa bei der → Handlungsvollmacht und der → Prokura. → Vertreter.

Sterbetafeln, Absterbeordnungen, die der Berechnung der für die Lebensversicherung wichtigen Sterbewahrscheinlichkeit dienen. Sie sind erstmalig im 17. und 18. Jh. von den polit. Arithmetikern auf Grund der Geburts- und Sterbelisten berechnet worden. Für jede Altersklasse ergibt sich eine bestimmte Sterbewahrscheinlichkeit, am wichtigsten sind die → Mittelwerte der Lebensdauer. Mittlere Lebensdauer oder mittlere Lebenserwartung ist der nach dem arithmetischen Mittel aus der Altersgliederung der S. für die Neugeborenen oder für die auf den verschiedenen Altersstufen Stehenden errechnete Mittelwert. Unter wahrscheinlicher Lebensdauer versteht man das Alter, bei dem sich noch die Hälfte der Lebendgeborenen am Leben befindet.

Steueraufkommen, Einnahmen, die dem Staat aus der → Einkommensbesteuerung zufließen. Die Elastizität des S. misst die prozentuale Zu- oder Abnahme des S., wenn sich die (steuerbaren) Einkommen um ein Prozent ändern. Sie ist für die (geschätzten) Ansätze der Einnahmen im → Haushaltsplan wichtig. Die Steueraufkommenselastizität wird in die Steuersatz- und die -mengenelastizität zerlegt.

Steuerausweichung, Steuervermeidung, die bewusste Änderung des Tatbestandes, an den eine Steuer anknüpft, so dass die Zahlung der Steuer ganz oder z.T. entfällt. Auch Kapital- und → Steuerflucht werden als Formen der S. betrachtet. Je spezieller der Steuertatbestand ist, desto leichter ist die S. im Allg. möglich. Wird etwa nur der Verbrauch von Branntwein aus Korn besteuert, kann eine S. auf andere Branntweine erfolgen. Grundsätzlich kann man in eine pers., zeitliche, sachliche und örtliche S. unterscheiden. → Steuerwirkungslehre.

Steuerbelastung, ergibt sich aus der Anwendung des Tarifs auf die → Steuerbemessungsgrundlage. Je nach subjektiver Höchstbelastbarkeit des Einkommens wird der Steuerzahler versuchen, die S. auf andere Marktteilnehmer ganz oder teilweise zu überwälzen oder ihr auszuweichen. → Steuerwirkungslehre, → Steuerüberwälzung.

Steuerbemessungsgrundlage, die Größe des → Steuerobjektes, auf der die Berechnung des Steuerbetrages basiert. Bsp.: Bruttojahreseinkommen des Steuerpflichtigen abzüglich → Freibetrag, → Werbungskosten, → Sonderausgaben und → außergewöhnliche Belastungen ergibt das zu versteuernde Einkommen und damit die S.

Steuerberater, Person, die Hilfe in Steuersachen nach dem Steuerberatungsgesetz leistet oder eine sonstige Rechtsberatertätigkeit hauptberuflich betreibt. Sie wird durch die für die Finanzverwaltung zuständige oberste Landesbehörde bestellt. Die Zulassung zum Beruf ist an ein wirtschafts- oder rechtswissenschaftliches Hochschulstudium mit anschließender dreijähriger Praxis oder eine Realschulbildung mit zehn-jähriger hauptberuflicher Tätigkeit im Steuerwesen geknüpft. Eine mündliche und schriftliche Prüfung muss abgelegt werden. Der S. ist wie der Steuerbevollmächtigte befugt, überall in Deutschland tätig zu sein und vor Behörden als Bevollmächtigter aufzutreten. → Wirtschaftsprüfer, → Vereidigter Buchprüfer.

Steuerbescheid → Veranlagung.

Steuerbevollmächtigter, leistet geschäftsmäßig Hilfe in Steuersachen nach den Vorschriften des StBerG. S. haben die Aufgabe, im Rahmen ihres Auftrags ihre Auftraggeber in Steuersachen zu beraten, sie zu vertreten und ihnen bei der Beratung und Erfüllung ihrer Steuerangelegenheiten zu helfen. Durch eine Zusatzprüfung können S. zu → Steuerberatern werden. Die Berufsbezeichnung S. darf führen, wer als solcher nach den Vorschriften des StBerG bestellt ist (§ 10a).

Steuerbilanz, eine von der → Handelsbilanz abgeleitete Bilanz, die nach den Grundsätzen ordnungsmäßiger → Buchführung (GoB) gemäß § 5 EStG von Vollkaufleuten aufgestellt wird. Aus der S. ergibt sich der zu versteuernde Gewinn (→ Einheitsbilanz). Die S. dient als Grundlage zur Ermittlung der → Bemessungsgrundlage der →

Steuerdestinatar

Einkommensteuer bzw. → Körperschaftsteuer und der → Gewerbesteuer.

Steuerdestinatar, wer nach der Absicht des Gesetzgebers eine Steuer endgültig tragen soll, ist S. Steuerträger und S. brauchen jedoch nicht identisch zu sein. → Steuerüberwälzung.

Steuerdiffusion, die Ausbreitung der Steuer über den Markt auf die gesamte Volkswirtschaft. Die optimistische → Steuertheorie behauptet, die Steuer würde sich letztlich relativ gleichmäßig über die Wirtschaft verteilen, während die pessimistische Steuertheorie zum Ergebnis kommt, am Ende der Be- und Entlastungskämpfe bleibe die Steuer auf den (machtlosen) Beziehern kleinerer Einkommen liegen. Beide Theorien sind falsch, wenn sie ihre Aussagen verallgemeinern. → Steuerwirkungslehre.

Steuereinheit, das u.a. nach Maß, Zahl und Gewicht bestimmte → Steuerobjekt.

Steuereinholung, gleicht ein → Steuerzahler die Steuerschuld dadurch aus, dass er den Ertrag seiner Produktion oder Arbeitsleistung steigert oder die Kosten senkt, liegt S. vor.

Steuererhöhungen, heimliche, entstehen bei einem progressiven → Tarif und nominalen Einkommenszuwächsen. Nimmt das → Steueraufkommen wie die → Bemessungsgrundlage zu, ist der Vorgang der Besteuerung für den → Zensiten transparent. Bei unveränderten Steuersätzen kann er seine Steuerlast leicht berechnen. Steigen die Sätze automatisch bei unveränderten Steuergesetzen, gilt das nicht mehr. Die Schwelle der Wahrnehmbarkeit liegt deutlich niedriger im Vergleich zu Änderungen des → Steuersystems. Eine nur allmählich zunehmende Grenzlast kann sich leicht der Kenntnis der Zensiten entziehen. Von heimlichen Steuererhöhungen zu sprechen, ist daher gerechtfertigt, wenn es sich um eine überproportionale Zunahme der Steuerlast handelt.

Steuererklärung, gibt ein Steuerpflichtiger über seine Einkommen und Vermögen ab. Sie dient als Unterlage für die Feststellung von Besteuerungsgrundlagen oder für die Festsetzung einer Steuer (§ 166 AO).

Steuerflexibilität → Steuertariflehre.

Steuerflucht, eine Form der → Steuerausweichung. Der Pflichtige verlegt seinen Wohn- und/oder Geschäftssitz ins Ausland, weil dort die Steuerlast geringer ist als im Inland. Es werden → Steueroasen ausgesucht, wie z.B. Lichtenstein, Luxemburg oder Monaco.

Steuergefährdung, liegt vor, wenn jemand in der Absicht einer → Steuerverkürzung (1) falsche Belege ausstellt oder (2) aufzeichnungspflichtige Geschäftsvorfälle nicht oder falsch verbucht oder (3) nach dem Gesetz über → Verbrauchsteuern buchungspflichtige Betriebsvorgänge nicht oder falsch verbucht oder verbuchen lässt (§ 406 AO).

Steuergeheimnis, nach § 22 AO unverletzlich und muss von den Finanzbeamten und amtlich bestellten Sachverständigen nach außen hin gewahrt werden, soweit es sich um ihr geheim zu haltendes Wissen über die Verhältnisse eines Steuerpflichtigen handelt.

Steuergerechtigkeit → Steuergrundsätze.

Steuergläubiger, die öffentl. Körperschaften, welche die → Steuern erheben. In der Bundesrepublik sind dies im Wesentl. der Bund (für die → Umsatzsteuer sowie die → Verbrauchsteuern), die Länder (für die → Einkommensteuer) und die Gemeinden (für die → Gewerbesteuer und → Grundsteuer).

Steuergrundsätze, Steuern werden nach bestimmten, aus übergeordneten Normen abgeleiteten Grundsätzen erhoben. Zu den wichtigsten zählen: (1) Fiskalischbudgetäre S.: Das → Steuersystem soll so eingerichtet sein, dass im Interesse des → Steuergläubigers die nicht anderweitig finanzierbaren Ausgaben der öffentl. Hand nachhaltig gedeckt werden. (2) Ethischsozialpolit. S. sind die Forderungen nach Allgemeinheit, Gleichmäßigkeit und Verhältnismäßigkeit (→ Leistungsfähigkeitsprinzip) aus Gründen der Gerechtigkeit und der S. der → Umverteilung von Einkommen und Vermögen als Postulat der Redistribution. Allgemeine Besteuerung heißt, jeder Staatsbürger ist grundsätzlich steuerpflichtig, sofern er leistungs- oder steuerfähig ist. Nach dem Prinzip der Gleichmäßigkeit sind Personen, die steuerlich in gleichen Verhältnissen leben, gleich zu behandeln und umgekehrt in ungleichen Verhältnissen auch ungleich zu besteuern. Steuern sind nach der individuellen Leistungsfähigkeit verteilt, wenn unter Berücksichtigung aller Indikatoren der Steuerfähigkeit die Abgaben das Verhältnis der individuellen Leistungsfähigkeit widerspiegeln und die steuerlich bedingten Nutzeneinbußen der Pflichtigen als relativ gleich schwer anzusehen sind. Eine → Steuerprogression lässt sich aus diesem Prinzip allgemein nicht ableiten. Sie wird vielmehr nach dem Umverteilungspostulat begründet, das als ungerecht angesehene Unterschiede der sog. → Primärverteilung des Marktes verringern will. (3) Wirtsch.polit. S. werden ordnungs- und ablaufpolit. begründet. Steuerdirigistische Eingriffe sollen auf ein Mindestmaß beschränkt werden, die Beeinträchtigung des → Wettbewerbs ist zu vermeiden und das Steuersystem so einzurichten, dass es sich weitgehend von selbst an die wirtsch. Entwicklung anpasst (→ automatische Stabilisatoren). (4) Steuerrechtl. und steuertechn. Grundsätze fordern: Steuermaßnahmen sollen widerspruchsfrei in ein System eingefügt sein, und die Steuer soll durchsichtig, praktikabel, stetig und bequem zu entrichten sein. → Steuertheorien.

Steuerhäufung, infolge → Steuerüberwälzung kann ein und dieselbe Person für eine Vielzahl von Steuern zum → Steuerträger werden, so dass dadurch ihre Leistungsfähigkeit weit überschritten wird. Andererseits kann anderen Personen die Überwälzung von Steuern gelingen, so dass ihre steuerliche Leistungsfähigkeit nicht befriedigend ausgeschöpft wird. Dieser Sachverhalt wird als S. bezeichnet.

Steuerhaftung, Haftung für die Steuerschuld eines anderen Steuerpflichtigen, z.B. des Arbeitgebers für die → Lohnsteuer (LSt) der Arbeitnehmer.

Steuerharmonisierung, verfolgt das Ziel, die verschiedenen nationalen → Steuersysteme zu vereinheitlichen. Dazu gehört u.a. der Abbau des Steuergefälles zwischen den einzelnen Staaten oder auch die techn. Angleichung einzelner Steuerarten. Zu den beabsichtigten Zielen einer S. gehört die Senkung von Transaktionskosten und die Vermeidung von Wettbewerbsverzerrungen. Gegenstück: → Steuerwettbewerb.

Steuerhehlerei, begeht, wer seines Vorteils wegen Gegenstände, von denen er weiß, dass für sie Steuern hinterzogen worden sind oder Bannbruch begangen worden ist, kauft, verheimlicht oder absetzt (§ 403 AO).

Steuerhinterziehung, eine rechtswidrige Form der → Steuerumgehung oder -vermeidung, etwa durch unrichtige Angaben in der → Steuererklärung. Die Folgen der S. sind in der → Abgabenordnung (AO) geregelt. → Steuerwirkungslehre.

Steuerhoheit → Finanzhoheit.

Steuerillusion (engl.: tax illusion) → Geldillusion.

Steuerinzidenz, Steueranfall, die endgültige Belastung des → Steuerträgers mit einer Abgabe. Der Steuerträger kann mit dem → Steuerzahler identisch sein, er muss es aber nicht, auch dann nicht, wenn der Gesetzgeber den Steuerzahler zum → Steuerdestinatar bestimmt (beabsichtigte S.). → Inzidenz, → Steuerüberwälzung.

Steuerkurswert, wird vom Bundesfinanzminister für → Wertpapiere festgelegt, um diese nach dem BewG (§ 113) einheitlich bewerten zu können.

Steuerlastquote, drückt das Verhältnis des gesamten → Steueraufkommens einer Volkswirtschaft zum → Bruttosozialprodukt (BSP) aus. Bei gegebenem → Steuerrecht und damit gleich bleibendem → Steuersystem ist sie vom Konjunkturverlauf und der Technik der Steuerzahlung wesentlich abhängig. Ist die Aufkommenselastizität (→ Steuertariflehre) größer als eins, steigt die S. im Konjunkturverlauf. Die S. gibt nur einen groben Anhaltspunkt für globale Belastung und sagt nichts über die Verteilung der Steuerlast aus.

Steuerlehre, betriebswirtschaftliche, befasst sich mit der steuertechn. und steuerrechtl. Analyse und den Problemen, wie man die betriebl. → Steuern aktivieren kann, wobei in eine Steuergestaltungs- und eine Steuerwirkungsanalyse getrennt wird.

Steuermessbetrag, wird bei → Objektsteuern durch Anwendung der → Steuermesszahl z.B. auf das → Gewerbekapital oder den → Gewerbeertrag im Rahmen der Gewerbesteuer, auf den → Einheitswert bei der Grundsteuer, errechnet. Zur Ermittlung der Steuerschuld wird schließlich der S. mit dem durch 100 geteilten Hebesatz multipliziert.

Steuermesszahl, ein Hundertsatz, der zur Ermittlung des → Steuermessbetrages gewisser → Objektsteuern auf den Betrag der → Bemessungsgrundlage angewendet wird.

Steuermultiplikator, zeigt an, um wie viel sich das Volkseinkommen (zu Marktpreisen, Y_m) ändert (d), wenn die Steuereinnahmen (T) zu- oder abnehmen:

$$dY_m = -\frac{b}{1-b} \cdot dT$$

wobei b die marginale → Konsumquote ist. → Haavelmo-Theorem, → Ausgabenmultiplikator.

Steuern, einmalige oder laufende Geld- (oder Natural-)leistungen, die nicht eine Gegenleistung für eine bes. Leistung darstellen und von einem öffentl.-rechtl. Gemeinwesen allen auferlegt werden, bei denen der Tatbestand zutrifft, an den das Gesetz die Leistungspflicht knüpft (§ 3 AO). → Zölle fallen darunter, nicht jedoch → Gebühren. Ökonom. sind S. eine Übertragung von Werten ohne unmittelbare Gegenleistung (aber mit Zwang) von privaten Haushalten und Unternehmen an den Staat.

Steueroase, Land, in dem Steuern und sonstige Abgaben im Vergleich zu anderen sehr niedrig sind, z.B. die Bahama- und Bermuda-Inseln sowie, bedingt, Liechtenstein, Monaco und die Schweiz. Das niedrige Steuerniveau kann verschiedene Ursachen haben, etwa in dem begrenzten Staatsbedarf oder in anderen Einnahmequellen (Sonderbriefmarken, Konzessionen usw.). Auch spezielle Steuerprivilegien können Ausländern Anreiz sein, Einkünfte und Vermögen in die S. zu verlagern, um Steuern zu sparen. Das Außensteuergesetz soll die steuerliche Gleichmäßigkeit bei Auslandsbeziehungen wahren und den Wettbewerb bei Auslandsinvestitionen verbessern helfen.

Steuerobjekt, Steuergegenstand, allgemein das, was besteuert wird, z.B. Einkommen, Vermögen, Umsatz. → Steuerbemessungsgrundlage.

Steuerpflicht, die Verpflichtung zur Leistung der Steuer. Die Steuergesetze unterscheiden die unbeschränkte von der beschränkten S. Der unbeschränkten S. sind allgemein natürliche Personen unterworfen, die ihren Wohnsitz oder gewöhnlichen Aufenthalt im Inland haben sowie → Körperschaften mit Sitz oder Geschäftsleitung im Inland. So werden unbeschränkt steuerpflichtige natürliche Personen mit ihren sämtlichen (d.h. in- und ausländ.) Einkünften zur → Einkommensteuer herangezogen. Im Gegensatz dazu sind natürliche Personen und Körperschaften, die im Inland weder ihren Wohnsitz noch ihren gewöhnlichen Aufenthalt (Geschäftsleitung) haben, nur beschränkt steuerpflichtig. Für die Einkommensteuer bedeutet dies, dass nur die inländ. Einkünfte besteuert werden.

Steuerpolitik, ein zentraler Teil der → Finanzpolitik, dient nicht der Finanzierung öffentl. Programme und Projekte, sondern ist wichtiges Mittel, um wirtsch.polit. Ziele zu verwirklichen. Ihre Wirksamkeit hängt davon ab, inwieweit die tatsächlichen von den angenommenen Steuerwirkungen abweichen. Ohne befriedigende Kenntnisse über den Prozess der → Steuerüberwälzung und dessen Ergebnis, der → Steuerinzidenz, ist eine Aussage über den Erfolg der S. problematisch. Die → Steuerwirkungslehre versucht, die mikro- und makroökonom. Effekte einer Steueränderung systematisch zu erforschen, um der S. zu helfen. Die wichtigsten wirtsch.polit. Ziele für eine S. in Deutschland sind im Gesetz zur Förderung der Stabilität und des Wachstums der Wirtschaft festgelegt. → Stabilitätsgesetz (StWG).

Steuerprogression, im Gegensatz zum Prinzip der Proportionalität (gleicher Steuersatz für alle Steuerpflichtigen) der Ausdruck eines sozialpolit. Grundsatzes der Besteuerung: Im Verhältnis zum Einkommen (bzw. zur → Steuerbemessungsgrundlage) werden die Steuersätze höher. Der Grenzsteuersatz ist immer höher als der Durchschnittssteuersatz, welcher degressiv, linear oder progressiv steigen kann, was zu verzögerter, linearer oder beschleunigter Progression führt. Neben der offenen oder direkten S., gibt es die versteckte oder indirekte S., die nicht durch progressive Steuerbeträge oder Steuersätze, sondern durch Änderung (Zu- und Abschlag) der Steuerbemessungsgrundlage erzielt wird. → Steuertariflehre.

Steuerpsychologie, ein Aspekt finanzwissenschaftlicher Forschung, der sich für die finanzpsychologische Frage nach den Grenzen der Besteuerung geradezu anbietet. Die Faktoren, die zum Steuerwiderstand führen, sind vielfältig. Zunächst analysiert man eine allgemeine Grundstimmung, die Steuermentalität (nach Schmölders »die allgemein herrschende Attitüde oder Einstellung zur Steuer und zur Besteuerung schlechthin«). Die Analyse führt dann über den immer noch relativ allgemeinen Prozess der Wahrnehmung zum Gefühl der Steuerbelastung (subjektive Steuerlast) und dringt über den Filter der Steuermoral (Einstellung des Einzelnen, einer Gruppe oder der Gesamtheit der Steuerpflichtigen zur Erfüllung oder Nichterfüllung der steuerlichen Pflichten) konkret bis zum Steuerwiderstand (→ Steuerausweichung oder Steuerentzug) vor.

Steuerquote, analog zur → Staatsquote das Verhältnis der Steuereingänge zum → Bruttoinlandsprodukt (BIP), wobei je nach Abgrenzung der beiden Größen namentlich im internationalen Vergleich sich sehr unterschiedliche Anteile ergeben. Die S. dient als Richtmaß für eine Umlenkung von → Hilfsquellen aus dem privaten in den öffentl. Bereich, wobei man annimmt, dass ihre Erhöhung die private Nachfrage einschränke und damit eine Vergrößerung der Staatsquote ohne → Inflation erlaube. Die Schwankung der S. ist weitgehend abhängig von der Aufkommenselastizität (→ Steuertariflehre) des Steuersystems.

Steuerrecht, regelt u.a. für die → Gebietskörperschaften und Bürger verbindlich, welche Hilfspflichten zu leisten und welche Geldleistungen zumeist zwangsweise zur Deckung des Finanzbedarfs an die öffentl. Hand abzuführen sind. Es umfasst Rechte und Pflichten zwischen dem Steuerpflichtigen und dem Steuerberechtigten auf gesetzl. Grundlage. Dabei ist das Steuerschuldverhältnis ein vermögensrechtl., während das Steuerpflichtverhältnis dem Bürger Hilfspflichten auferlegt, etwa die Buchführung mit Aufzeichnung, Abgabe von → Steuererklärungen, Mitwirkung beim Steuereinzug und im Steuerermittlungs- und Aufsichtsverfahren. Über die Kosten des Bürgers als Gehilfe des Fiskus und Steuerzahler liegen noch wenige Analysen vor.

Steuerreform, bezeichnet i.w.S. alle strukturellen Änderungen des → Steuersystems und der Steuergesetzgebung. Letztlich steht hinter jeder S. das Zielsystem im öffentl. Sektor, wobei in der Realität Partikularinteressen die Richtung einer S. beeinflussen können (→ Ökonomische Theorie der Politik). I.e.S. versteht man unter S. nur bedeutsamere Änderungen einer Steuer, etwa des Erhebungsverfahrens, der → Bemessungsgrundlage oder des Tarifverlaufs.

Steuerrückwälzung, Form der → Steuerüberwälzung, die darin besteht, dass ein Anbieter die ihm auferlegte Steuer auf seine Lieferanten durch Zahlung niedrigerer Preise überwälzt.

Steuersystem, das Ergebnis von Versuchen, die Vielfalt der historisch entstandenen Einzelsteuern nach einheitlichen Gesichtspunkten oder Grundsätzen zu gliedern

Steuersysteme (Grundmuster)

Bemessungsgrundlage	Ziele
A *Produktion* (Einkommensentstehung) [Mehrwertsteuer]	1 Maximales Steueraufkommen
B *Einkommen* (Freizeit, Verteilung) [Einkommensteuer]	2 Allokative Effizienz a Optimales Angebot an öffentlichen Gütern (Maximierung des Nettonutzens)
C *Einkommensverwendung* [Ausgabensteuer]	b Minimierung der *zusätzlichen* Wohlfahrtsverluste oder des Ressourceneinsatzes
D *Ertrag* [z.B. Bodenertragssteuer]	(1) auf dem Markt (Zusatz-Nettolast, Ausweichverluste und Erfüllungskosten) im öffentlichen Sektor
E *Bestände oder deren Veränderung* [z.B. Vermögensteuer, Erbschaftsteuer]	(2) (Verwaltungs-, Kontroll- und Gesetzgebungskosten)
F *Leben – Arbeitsplatz* [Kopfsteuer (lump sum-tax)]	3 Nichtfiskalische Ziele a Verteilung und Umverteilung (6 Kriterien)
G *Nutzung öffentlicher Güter* [Äquivalenzsteuern, Gebühren, Beiträge, Sonderabgaben (Pfennigabgaben)]	b Stabilisierung und Wachstum

Methode: Differenzialanalyse

Steuertarif

und sinnvoll zu ordnen. So kann man → Steuern nach Modellen der Wirtschaftstheorie (mit Strömungs- und/oder Bestandsgrößen) rational ordnen. Bsp.: Der Wertekreislauf der → Volkswirtschaftlichen Gesamtrechnung (VGR) bei der Entstehung, Verteilung und Verwendung des → Sozialprodukts kann die Grundlage bilden für eine widerspruchsfreie Besteuerung der → Wertschöpfung in einer Volkswirtschaft. Geht man von der in Deutschland verwirklichten Ordnung der Steuern aus, wie sie sich in der Steuerverfassung niederschlägt, so kann man hier von einem Steuerkonglomerat sprechen, das aus Einzelabgaben besteht, die auf Grund zeitbedingter Erfordernisse eingeführt und später i.d.R. nicht mehr abgeschafft oder angepasst worden sind, obwohl sich die historischen Voraussetzungen und die Ziele geändert haben. In Deutschland halten sich die sog. direkten und indirekten Steuern in etwa die Waage, was das Aufkommen anbelangt. Grundsätzlich lassen sich folgende Grundmuster für ein Steuersystem anwenden, die man, je nach Ziel, sinnvoll miteinander verbinden kann (s. Abb.). Die → Steuertheorie versucht nun mit Hilfe der Differenzialanalyse festzustellen, welches Grundmuster im Vergleich zu dem anderen bei gegebenem Ziel vorzuziehen ist. → Steuergrundsätze.

Steuertarif, betrifft das Maß der → Steuerbelastung. Er besteht in einer funktionalen Beziehung zwischen Steuerbetrag und → Steuerbemessungsgrundlage. Man unterscheidet Steuerbetragstarife, in denen die Steuerschuld in absoluten Beträgen auf die Besteuerungseinheit bezogen wird (z.B. → Mineralölsteuer: EUR/hl), und Steuersatztarife, in denen die Steuerschuld in Prozent auf die Besteuerungseinheit bezogen wird (z.B. Einkommensteuer: t % des zu versteuernden Einkommens x). → Steuertariflehre.

Steuertariflehre, befasst sich systematisch mit allen Formen des → Steuertarifs und deren Auswirkungen. Der Steuertarif drückt die absolute oder relative Belastung aus und kann als funktionale Beziehung zwischen der → Steuerbemessungsgrundlage x und dem Steuerbetrag t verstanden werden. Man kann den Steuerbetrag oder die absolute Steuerschuld durch die Beziehung

$$(1)\ t = t(x)$$

wiedergeben. Ferner kann man die Durchschnittsbelastung durch das Verhältnis von Steuerbetrag und Bemessungsgrundlage funktional ausdrücken:

$$(2)\ \bar{t} = \frac{t}{x} = \frac{t(x)}{x}$$

Schließlich kann man die Grenzbelastung angeben, wenn die Bemessungsgrundlage um eine Einheit größer wird:

$$(3)\ t' = \frac{dt}{dx} = \frac{dt(x)}{dx}$$

Diese Beziehungen sind nichts anderes als die Antwort auf drei Grundfragen, die sich jeder Bürger im Alltag stellt: Wie viel EUR muss ich an Steuern zahlen? Wie viel Prozent meines Lohnes behält der Staat ein? Wie viel Cent bekomme ich als Lohn ausgezahlt, wenn ich einen EUR durch zusätzliche Arbeit mehr verdiene? Je nach Abhängigkeit der durchschnittlichen Belastung von der Höhe der Bemessungsgrundlage unterscheidet die S. drei Tariftypen: proportionaler, progressiver und regressiver Tarif, wobei der Steuersatz gleich bleibt, größer oder kleiner wird, wenn die Bemessungsgrundlage wächst. Nimmt die Durchschnittsbelastung schwächer, genauso stark oder stärker zu als die Bemessungsgrundlage, spricht man in der S. von verzögerter, linearer und beschleunigter Progression. Analoges gilt für die Regression.

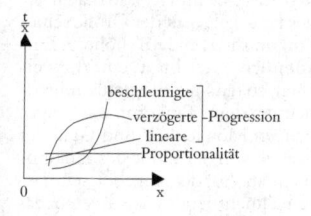

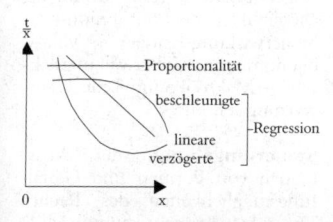

[Diagramm: $\frac{t}{x}$ gegen x; Kurven: beschleunigte, verzögerte, lineare Progression, Proportionalität]

[Diagramm: $\frac{t}{x}$ gegen x; Proportionalität, beschleunigte, lineare, verzögerte Regression]

Zur Charakterisierung eines Steuertarifs gibt es zahlreiche Maße: Der Progressionsgrad ergibt sich als erste Ableitung der Durchschnittssteuersatz-Funktion: $\bar{t}'y > 0$ führt zur Progression, $\bar{t}'y < 0$ zur Regression, $\bar{t}' = 0$ zur Proportionalität. Die zweite Ableitung bestimmt analog den Progressionstyp (beschleunigt, linear oder verzögert). Da moderne Einkommensteuertarife i.d.R. Abzugsbeträge (etwa für das Existenzminimum) berücksichtigen, muss man zwischen dem Bruttoeinkommen y und dem zu versteuernden Einkommen x unterscheiden, das sich erst nach Abzug dieser Beträge a ergibt: $x = y - a$. Die individuelle Steuerschuld t ergibt sich dann aus dem individuellen Durchschnittssteuersatz und dem zu versteuernden Einkommen, das vom Bruttoeinkommen abhängt, als $t = \bar{t}_x[x(y)] \cdot x(y)$. Die Steuerschuldelastizität drückt aus, um wie viel Prozent sich die Steuerschuld t ändert, wenn das Bruttoeinkommen y um ein Prozent steigt. Die Besteuerungsmengenelastizität beantwortet die Frage, um wie viel Prozent sich das zu versteuernde Einkommen ändert, wenn das Bruttoeinkommen um ein Prozent steigt. Die Durchschnittssteuersatzelastizität gibt an, um wie viel Prozent sich der individuelle Durchschnittssteuersatz ändert, wenn das zu versteuernde Einkommen um ein Prozent steigt.

Steuertheorien, Versuche, die Erscheinung der Steuer wissenschaftlich zu analysieren und zu erklären (früher auch zu rechtfertigen). Die Naturrechtslehren begründen die → Steuerpflicht aus dem Interesse der Steuerbürger an öffentl. Einrichtungen und aus den für sie damit verbundenen Vorteilen. Diese S. werden als Interessen-, Genuss- und Äquivalenztheorien bezeichnet. Der Schutz, den der Staat dem Bürger und seinem Vermögen gewährt, dient der → Assekuranztheorie als Kriterium; sie sucht die Steuer als eine Art Versicherungsprämie zu rechtfertigen. Zu Beginn des 19. Jh. wurden die sog. → Opfertheorien entwickelt, wonach der Staat das Recht, Steuern zu erheben, aus der absoluten Existenzberechtigung und seinen Ansprüchen dem Bürger gegenüber ableitet. Eine progressive, proportionale oder Pro-Kopf-Besteuerung lässt sich mit Hilfe der Opfertheorien nicht eindeutig begründen, auch nicht die Höhe der Einzelsteuern. → Steuergrundsätze, → Besteuerung, Theorie der optimalen (TOB).

Steuerträger, wer eine Steuer wirtsch. endgültig aus seinem Einkommen oder Vermögen bestreitet ist S. → Steuerzahler und S. brauchen nicht identisch zu sein, wie etwa bei der → Umsatzsteuer. S. sind hier die Verbraucher, Steuerzahler die Betriebe. Auch S. und Steuerdestinatar können verschiedene Personen sein. → Steuerüberwälzung, → Inzidenz.

Steuerüberwälzung, kann Vor-, Rück- und Schrägüberwälzung einer Abgabe sein. Allgemein handelt es sich um den Versuch eines → Steuerzahlers, seine Abnehmer, seine Lieferanten oder seine anderen Erzeugnisse oder Waren über eine Erhöhung oder Senkung der Preise mit der Steuer zu be- und sich selbst zu entlasten. Die Überwälzbarkeit ist von einer Vielzahl wirtsch. Faktoren abhängig. Eine besonders wichtige Rolle spielen die → Elastizitäten von Angebot und Nachfrage nach dem Gut, bei dessen Tausch es zur S. kommen soll. Ein Tauschpartner hat dann den größten Teil der Steuerlast zu tragen, wenn seine (Angebots- oder Nachfrage-)Elastizität oder Anpassung am geringsten ist. Bsp.: Wird ein lebensnotwendiges Gut, etwa Brot, mit einer Steuer belastet, und können die Konsumenten bei einer Preiserhöhung nicht auf ein anderes Gut ausweichen, ist die → Preiselastizität der Nachfrage nach Brot gering. Die Nachfrage ist also ohne Rücksicht auf Preiserhöhungen starr. Unter diesen Umständen sind die Konsumenten gezwungen, eine S. zu akzeptieren, es sei denn, auch die Anbieter des Brotes sind ohne Rücksicht auf die Preishöhe gezwungen, eine bestimmte Menge Brot abzusetzen. Allgemein gilt: Die direkte Geldlast einer Steuer verteilt sich auf Käufer und Verkäufer reziprok zur Nachfrage- und zur → Angebotselastizität. Da sich die Nachfrageelastizitäten eines Haushalts mit der Größe seines Einkommens ändern (höheres Einkommen erleichtert ein Ausweichen, so dass die Elastizität mit zunehmendem Einkommen steigt), hängen Möglichkeit und Grad der S. auch von der Höhe des Einkommens ab. Auf der Angebotsseite lassen zunehmende fixe Kosten das Angebot starr werden, womit die Möglichkeit der S. abnimmt. → Steuerwirkungslehre, → Mikroökonomische Überwälzungslehren, → Makroökonomische Überwälzungslehren.

Steuerumgehung, der Missbrauch von Formen und Gestaltungsmöglichkeiten des Rechts. Die → Steuerpflicht kann durch S. weder umgangen noch gemindert werden. Die Steuern werden so erhoben, wie sie bei einer den wirtsch. und rechtl. Verhältnissen gemäßen Gestaltung zu erheben wären.

Steuerungs- oder Kontrolltheorie, sucht nach math. Verfahren, mit deren Hilfe man das Verhalten eines dynamischen Systems zweckgerecht lenken kann. Die Raumfahrt hat die Entwicklung der Variationsrechnung zur S. angeregt und

Steuerwirkungslehre

gefördert. Sie fußt auf Pontryagins Maximumprinzip, das komplexe Steuerungsaufgaben iterativ löst, indem es die Werte der sog. Zustands-, Kozustands- und Kontrollvariable optimiert. Die S. wird in der quantitativen → Wirtschaftspolitik und im Betrieb angewandt, wobei die Instrumentenvariable als Steuerungsparameter dient. Neuerdings werden in den Modellen mehrere Träger der Wirtschaftspolitik angenommen, die über diese Parameter (spieltheoret.) entscheiden.

Steuerverbund, eine Form des vertikalen →Finanzausgleichs, wobei mehrere → Gebietskörperschaften mit festen oder veränderlichen Quoten an derselben Abgabe beteiligt sind. Als Vorteile des S. werden häufig genannt: (1) Skalenerträge der (billigeren) Steuerverwaltung können genutzt werden; (2) der Bund kann die Gliedstaaten zu einem konjunkturgerechten Verhalten anhalten, weil er die Höhe ihrer Einnahmen im vertikalen Finanzausgleich (mit) beeinflussen kann; (3) die Steuereinnahmen der Gebietskörperschaften entwickeln sich gleichmäßiger, wenn jede »Ebene« am Ertrag jeder wichtigen Steuer beteiligt ist. Die Nachteile eines S. liegen auf der Hand: Geht den einzelnen Gemeinwesen die Befugnis zu eigener Besteuerung verloren, so werden Nutzung, Zahlung und Angebot → öffentlicher Güter voneinander getrennt (→ Verbundprinzip, ökonomisches und politisches, → Fiskalische Äquivalenz, Prinzip der). Die öffentl. Ausgaben werden in einem solchen System eher aufgebläht als eingeschränkt oder wirtschaftlich verwandt. → R-Ineffizienz, → Q-Ineffizienz.

Steuerverfassung → Steuersystem.

Steuerverkürzung, liegt nach §§ 396, 402 AO vor, wenn jemand bewirkt, dass eine Steuer nicht oder zu niedrig entrichtet oder aber zu niedrig festgesetzt wird. → Steuerhinterziehung.

Steuervermeidung → Steuerausweichung.

Steuerwettbewerb, verfolgt das Ziel, durch den Einsatz des nationalen → Steuersystems als Wettbewerbsfaktor, Standortvorteile zu erlangen. So sollen z.B. durch niedrige Steuersätze und ein transparentes Steuersystem komparative Vorteile (→ Komparative Kosten oder Vorteile) geschaffen werden, die sich in einer höheren Investitionstätigkeit der Unternehmen in dem betreffenden Staat niederschlagen sollen. Gegenstück: → Steuerharmonisierung.

Steuerwiderstände, treten auf, wenn der Steuerpflichtige eine Abgabe absolut wie auch im Vergleich zu anderen als unangemessen betrachtet und versucht, die Steuer entweder zu überwälzen, sie durch erhöhte Leistung »einzuholen« oder ihr legal oder widerrechtlich auszuweichen. → Steuerwirkungslehre.

Steuerwirkungslehre, ordnet, analysiert und erklärt alle Wirkungen, die von einer (angekündigten und tatsächlichen) Änderung der Steuer auf die Entscheidungen der Haushalte und Unternehmen (einzelwirtsch. S.) und über den Markt auf volkswirtsch. Größen, wie Investition, Konsum, Sparen (gesamtwirtsch. S.), ausgehen. Man unterscheidet Preiswirkungen (→ Steuerüberwälzung), Substitutionswirkungen, auch → Steuerausweichung, und Einkommens- oder Inzidenzwirkungen (→ Inzidenz). Die Erkenntnisse der S. sind von großer praktischer Bedeutung, z.B. für eine wirksame → Konjunkturpolitik und → Wachstumspolitik oder für die so wichtige Verteilungsfrage, wer letztlich eine Steuer zu tragen hat. Da der Staat von zehn verdienten EUR über vier EUR durch Abgaben für seine Zwecke zwangsweise abzieht, wirkt jede Änderung dieser Belastung an der Grenze auf das Verhalten und die Entscheidung des Einzelnen ein, wenn er keiner Steuerillusion (→ Geldillusion) unterliegt. Er kann die Abgabe zahlen, überwälzen, ihr ausweichen, sie durch Mehrarbeit »einholen«; stets wird dadurch Konsum, Ersparnis und Investition irgendwie berührt. Dabei sind die sekundären Steuerwirkungen oft wichtiger als die primären. → Steuerüberwälzung, → Zusatzlast.

Steuerzahler, jeder, der eine Steuer tatsächlich zahlt oder zu zahlen hat. Der S. kann vom Steuerpflichtigen verschieden sein, wie etwa bei der → Lohnsteuer (LSt); S. ist hier der Arbeitgeber, während Steuerpflichtiger der Arbeitnehmer ist.

Stichprobenverfahren (engl.: sampling methods), dienen in der (induktiven) → Statistik dem Zweck, durch Erhebung nur eines Teils einer größeren Gesamtheit (statistischen Masse) zu Aussagen über diese zu gelangen. Um eine Stichprobe erheben zu können, muss die Gesamtheit genau definiert, also festgelegt werden, welche Merkmale eine Erhebungseinheit besitzen muss, um zur Gesamtheit zu zählen. Man unterscheidet zufallsgesteuerte S., bewusste und typische Auswahl. Je nach dem Modellansatz teilt man die zufallsgesteuerten S. in vier Grundtypen des Auswahlverfahrens. Ihnen ist gemeinsam, dass jedes Element eine berechenbare und von null verschiedene Chance haben muss, ausgewählt zu werden. (1) Das einfache S., bei dem jedes Element der Gesamtheit die gleiche Auswahlchance (→ Wahrscheinlichkeitstheorie) besitzt, als Stichprobe realisiert zu werden. (2) Das geschichtete S., wobei die Grundgesamtheit in möglichst homogene Teilgesamtheiten gruppiert wird. Aus den einzelnen Schichten werden die einzelnen Stichproben in gleichem oder unterschiedlichem Umfang, abhängig von den Homogenitätsverhältnissen, entnommen. (3) Klumpen- und Flächenstichprobenverfahren: Hier werden einzelne »Klumpen« gebildet, die in sich möglichst inhomogen, d.h. ein kleines Abbild der Gesamtheit, sein sollen. Eine bestimmte Anzahl von Klumpen wird dann mit allen Elementen in die Teilerhebung einbezogen. (4) Mehrstufiges S., bei dem auf mehreren »Stufen« Stichproben durchgeführt werden. Bei der »bewussten Auswahl« gibt nicht der Zufall, sondern die Überlegung des Statistikers den Ausschlag, d.h. es fehlt die gleiche Auswahlchance. Die »typische Auswahl« ist ebenfalls eine besondere Art der Auswahl. So wird etwa ein Fall aus der Gesamtmasse (vielleicht noch einige Vergleichsfälle) in Betracht gezogen und aus den so gewonnenen Ergebnissen auf die Verhältnisse der Gesamtheit geschlossen. Die zufallsgesteuerten S. liefern die beste Repräsentation der Gesamtmasse. Es lässt sich hier, wahrscheinlichkeitstheoret. fundiert, rechnerisch angeben, in welchem Maße die Verhältnisse der Gesamtheit von den Ergebnissen der Teilerhebung abweichen können.

Stiftung, eine Zuwendung wirtsch. Mittel für einen meist gemeinnützigen Zweck. Die S. ist eine → juristische Person entweder des öffentl. oder des Privatrechts und handelt durch den Vorstand. Sie wird steuerlich begünstigt.

Stille Gesellschaft, eine Sonderform der Gesellschaft, bei der sich jemand an dem → Handelsgewerbe eines anderen mit einer in dessen Vermögen übergehenden Einlage beteiligt. Die Eintragung ins → Handelsregister ist nicht notwendig. Normalerweise besteht eine S. nur aus zwei Personen. Beteiligen sich an einem Handelsgewerbe mehrere stille Gesellschafter, so liegen ebenso viele stille Gesellschaften vor, wie stille Gesellschafter vorhanden sind. Der stille Gesellschafter erhält einen vereinbarten Gewinnanteil am Schluss des Geschäftsjahres, besitzt aber keinen Einfluss auf das Unternehmen. Den Gläubigern des Geschäftsinhabers gegenüber haftet der stille Gesellschafter nicht. Bei → Insolvenz des Geschäftsinhabers ist der stille Gesellschafter, soweit seine Einlage nicht durch Anteil am Verlust aufgezehrt ist, Konkursgläubiger.

Stille Reserven → Rücklagen.

Stillhalter, Verkäufer einer Option, die ihn verpflichtet, auf Wunsch des Käufers der Option einen genau bestimmten Vermögensgegenstand (Basiswert) zu einem vorfixierten Preis (Basispreis) zu übernehmen bzw. zu liefern. → Call, → Put, → Optionsgeschäft.

Stillstandskosten, Kosten, die bei der Stilllegung eines Betriebes weiterlaufen. Deckt der Preis der Absatzgüter bei einem bestimmten Beschäftigungsgrad gerade nur die durchschnittlichen → variablen Kosten, so ist es besser, den Betrieb bei dieser Beschäftigung vorübergehend zu schließen, wenn die Summe aus S. (z.B. Verzinsung, Abschreibung, Miete, Pflege des Anlagekapitals usw.) und Wiederingangsetzungskosten kleiner ist als die durchschnittlichen variablen Kosten. Ist der Preis dagegen höher als die variablen Durchschnittskosten und sind die fixen, gleich den S., ist es lohnend, den Betrieb arbeiten zu lassen, weil dann ein Teil der sonst ungedeckten S. durch den Erlös gedeckt wird.

Stimmenmaximierung, Konzept der → Ökonomische Theorie der Demokratie.

Stimmrecht, Recht eines Anteilseigners, im Rahmen der Gesellschafter- bzw. Hauptversammlung (→ Aktiengesellschaft (AG)) auf die Geschäftspolitik Einfluss zu nehmen. Das S. richtet sich üblicherweise nach dem → Nennwert der gehaltenen Anteile. Banken können die Stimmrechte der bei ihnen deponierten Anteile nach schriftlichem Auftrag für die Anteilseigner wahrnehmen.

Stochastik → Wahrscheinlichkeitstheorie.

Stolper-Samuelson-Theorem, nutzt die eindeutige Beziehung zwischen Güter- und Faktorpreisen im volkswirtsch. Gleichgewicht. Unter der Annahme der vollständigen Konkurrenz trifft das S. zwei Aussagen: (1) Erhöht sich der relative Preis eines Produktes, so steigt der relative Preis des zu seiner Herstellung intensiv genutzten Produktionsfaktors in stärkerem Maße als die Produktionspreisrelation. (2) Nimmt der absolute Preis des arbeitsintensiven Gutes zu, so erhöht sich der absolute Preis des Faktors Arbeit (Lohnsatz), während der Zinssatz sinkt.

Storno (ital., Rückbuchung), stellt in der Buchhaltung eine falsche Buchung richtig. Man setzt den Posten auf der entgegengesetzten Seite ein und überträgt ihn dann noch einmal auf die richtige Seite. Das S. ist notwendig, da nach § 43 HGB in den Büchern nichts geändert oder radiert werden darf. → Ordnungsmäßige Buchführung.

Straßenverkehrsteuern, belasten den Kfz-Verkehr, wobei das Straßenfahrzeug (oder einzelne Teile), das Antriebsmittel oder der Transportvorgang selbst zum Objekt der Abgabe werden. Zu den S. zählen demnach die → Kraftfahrzeugsteuern, die → Mineralölsteuer und die Transportabgaben, soweit sie den Straßenverkehr betreffen.

Strategische Allianz, Vereinbarung von zwei Unternehmen, in bestimmten Projekten oder Geschäftsbereichen zusammenzuarbeiten (Bsp.: Joint-Venture). Zu den Zielen einer S. kann neben dem Austauch von techn. Wissen auch die Ausschaltung des Wettbewerbs zählen.

Streifbanddepot, Verwahrung von → Wertpapieren durch Banken unter Beachtung folgender Formen: Die Papiere werden von jenen anderer Hinterleger gesondert verwahrt. Sie sind äußerlich erkennbar mit dem Namen des Kunden zu versehen. Die Aufbewahrung geschieht in Bändern, die über die Stücke gestreift werden (Streifbänder), in gesonderten Umschlägen usw., so dass ohne weiteres erkennbar ist, wer das Eigentum an den Papieren besitzt. → Depot.

Streik, Ausstand, ein von den Arbeitnehmern in der soz. Auseinandersetzung mit den → Arbeitgebern angewandtes Mittel des Arbeitskampfes, um bessere Arbeits- und Wirtschaftsbedingungen zu erreichen. Wesensmerkmal ist die gemeinsame Arbeitsniederlegung einer Mehrheit von Arbeitnehmern, um wirtsch. oder polit. Vorteile zu erlangen. Voraussetzung ist sozialpolit. und arbeitsrechtl. der ergebnislose Verlauf von Vermittlungsverhandlungen seitens der → Gewerkschaften mit dem Sozialpartner. Während des S. erhalten die Mitglieder von der Gewerkschaft ein Streikgeld, dessen Höhe sich nach dem Mitgliedsbeitrag und der Dauer der Mitgliedschaft richtet. S. und Streikandrohung sind in die → Lohntheorie vornehmlich als Kostenelement in die (alternativen) Entscheidungen einbezogen worden, so z.B. von J.R. Hicks.

Streuungsmaße, statistische Kennzahlen, welche die Ausbreitung von Werten in einer Reihe und deren Häufung um einen → Mittelwert angeben sollen. Die Streuungs- oder Dispersionslehre erfasst math. diese Abweichungen. Ist der größte Wert einer Reihe 200 und der kleinste Wert 150, so beträgt die Variationsweite oder -breite (Ausbreitung der Werte oder Spannweite) 50. Gibt man neben dem Median- oder Zentralwert den größten und den kleinsten Wert einer geordneten Reihe und daneben vielleicht noch den Wert, unter dem ein Viertel der Werte liegt (das untere Quartil), sowie jenen, über dem ein Viertel der Werte liegt (das obere Quartil), an, erlauben diese Angaben bereits einen Einblick in die Ausbreitung der Werte dieser Reihe. Die so ermittelten »lagetypischen« S. haben den Vorteil, dass sie sehr einfach zu errechnen sind. Die durchschnittliche Abweichung (mittlere lineare) ist gleich dem arithmetischen Mittel der absoluten Beträge der Abweichungen der einzelnen Werte von einem Mittelwert und zwar entweder (1) von dem arithmetischen Mittel oder (2) von dem Median oder Zentralwert. Die Formel lautet entsprechend:

$$\delta = \frac{\sum x_i - \overline{x}}{N - 1}$$

Die mittlere Abweichung, Standard- oder auch mittlere quadratische Abweichung (engl. standard deviation), ist gleich der Quadratwurzel aus dem arithmetischen Mittel der Quadrate der Beträge der Abweichungen der einzelnen Werte von ihrem arithmetischen Mittel, formal:

$$\delta = \sqrt{\frac{\sum (x_i - \overline{x})^2}{N - 1}}$$

Strohmann, jemand, der z.B. bei der Gründung einer → Aktiengesellschaft (AG) in eigenem Namen, aber auf fremde Rechnung handelt.

Stromgrößen, beziehen sich auf Perioden und können in Mengen- oder Geldeinheiten je Zeitraum (von beliebiger Länge) ausgedrückt werden. Ist die Periode unendlich klein, wird die S. als Differenzial-Quotient erfasst, sonst als Differenzen-Quotient. S. können auf denselben oder einen unterschiedlichen Zeitraum datiert werden.

Struktur (das Wort stammt aus der Biologie und ist durch Dilthey zuerst in die Psychologie eingeführt und dann von der → Volkswirtschaftslehre (VWL) übernommen worden), ganzheitliches Gefüge, die Art und Weise, wie Glieder eines Ganzen zu einer Einheit verbunden sind. Eine Strukturtheorie der Wirtschaft analysiert die Strukturelemente und die strukturbestimmenden Faktoren sowie deren Wandel. Den globalen → Konjunkturbewegungen stehen die Strukturwandlungen gegenüber; beide greifen ineinander und bedingen sich wechselseitig. Als strukturbestimmende Faktoren bezeichnet man solche, die sich zwar grundsätzlich auch ändern, jedoch in längeren Zeiträumen, also nicht nennenswert während des Verlaufs der Konjunktur. → Strukturkriterium.

Strukturfonds → Europäischer Strukturfonds (ESF).

Strukturkriterien, dienen dazu, eine Gesamtheit, z.B. die Einkommensverteilung, sinnvoll zu gliedern und zu ordnen. Man unterscheidet fünf Kriterien, die alle

Strukturmatrix

denkbaren Strukturen ökonom. und polit. Phänomene erfassen: funktional, personal, regional (international), sektoral und soziologisch. Jede dieser Kategorien kann im Längs- und im Querschnitt analysiert werden. → Querschnittsanalyse.

Strukturmatrix → Matrix, → Input-Output-Analyse.

Strukturpolitik, will den → Strukturwandel beeinflussen oder steuern, um die → Wirtschaftlichkeit zu verbessern. S. beschränkt sich i.e.S. auf sektorale und regionale Maßnahmen, wobei die → Struktur der Nachfrage und die des Faktorangebotes berücksichtigt werden.

Strukturwandel, Veränderungen der Wirtschaft über längere Zeit hin, die ihr Gefüge verschieben und ihre Ursachen zumeist in veränderten volkswirtsch. Daten (Wirtschaftsgrundlagen) haben. → Wirtschaftsgrundlagenpolitik.

Stückkosten → Kosten, betriebswirtschaftliche.

Stücklohn, ein nach der Zahl der hergestellten Stücke bemessener Lohn. → Leistungslohn → Akkordlohn.

Stücknotierung → Kurs.

Stützungskäufe, nehmen Banken vor, um ein weiteres Fallen der → Kurse von Währungen zu verhindern, d.h. Interventionen einer → Zentralbank am → Devisenmarkt, um durch gezielte Käufe einer ausländ. Währung deren Kurs hochzuhalten. S. führen auch → Notenbanken auf Grund internationaler Währungsabkommen durch, um den Wechselkurs einer Devise nicht unter eine festgelegte Höhe sinken zu lassen.

Stufentheorien, versuchen, die Entwicklung der menschlichen Gesellschaft nach Stufen, mehr oder weniger deterministisch, zu erklären. Zu den älteren Stufentheoretikern gehören Marx (Urgesellschaft, Sklaverei, Feudalismus, Kapitalismus, Sozialismus, Kommunismus), Bücher (Haus-, Stadt-, Volkswirtschaft) und Hildebrand (Tausch-, Geld-, Kreditwirtschaft). Nach Rostow soll es fünf Stadien der Entwicklung geben: (1) die traditionelle Gesellschaft in einem stationären Zustand, (2) die Anlaufphase mit dem Beginn des Handels, (3) den Wirtschaftsaufschwung (take-off) mit Infrastrukturinvestitionen und Nettoinvestitionen in Industrien, so dass das Pro-Kopf-Einkommen zunimmt, (4) das Reifestadium: Die Kapitalausrüstung der → Marktwirtschaft wird größer, und effiziente Produktionsmethoden werden eingeführt, (5) das Stadium des Massenkonsums mit hohem Niveau der Versorgung mit privaten und öffentl. Gütern. → Entwicklungstheorien.

Subjektive Wertlehre, erklärt den ökonom. Wert aus den Schätzungen des pers. → Nutzens und nicht, wie die → Arbeitswerttheorie, aus einer »objektiven« Gütereigenschaft. Sie lehnt daher einen inneren Wert (engl.: intrinsic value) eines Gutes ab. Dies leitet den Wert aller Güter aus einem einheitlichen Prinzip ab, hebt also das klassische → Wertparadoxon (aus der Trennung von Gebrauchs- und Tauschwert) auf.

Submission, Verdingung, Ausschreibung, eine Form des Aufrufs zum → Wettbewerb, bei der öffentl. die Vergabe eines Auftrages angekündigt wird, eine Form, die Behörden i.d.R., namentlich bei Vergaben im Bauwesen, vorgeschrieben wird, damit sie das preisgünstigste (nicht immer billigste) Angebot herausfinden können. Die S. fördert den Wettbewerb und versucht, wenigstens ein Element der → Wirtschaftlichkeit in die Verwaltung zu bringen. → Öffentliche Auftragsvergabe.

Submissionskartell, Absprachen von Unternehmen zu dem Zweck, bei → Ausschreibungen, z.B. von Großaufträgen des Staates, gemeinsame → Offerten abzugeben. → Kartell.

Subsidiarität, subsidiär = nachgeordnet, ein Prinzip, das dem Menschen den Vorrang einräumt vor jedem Kollektiv und das der Gemeinschaft den Vorzug gibt, die ihm am besten dient. Jeder Lebenskreis soll alle Aufgaben in eigener Vollmacht und Initiative leisten, die er seinem Wesen nach zu erfüllen hat. Was Angelegenheit der Familie ist, soll Sache der Familien bleiben und nicht von anderen Institutionen übernommen werden. Andererseits sollten die übergeordneten Gemeinwesen den unteren helfen, dass sie ihren Aufgaben nachkommen können. Auch der Staat hat nur subsidiären Charakter in Gesellschaft und Wirtschaft, d.h. er soll sich auf die ihm eigenen Aufgaben beschränken und nicht die Rechte des Einzelnen und die der natürlichen Lebensgemeinschaften und Wirtschaftsformen verletzen. Das Gleiche gilt für den föderativ gegliederten Staat selbst. Das gemeinschaftsrechtl. Subsidiaritätsprinzip auf europäischer Ebene besagt, dass in den Bereichen, die nicht in ihre ausschl. Zuständigkeit fallen, die → Europäische Union (EU) nur tätig wird, sofern und soweit die Ziele in Betracht gezogener Maßnahmen auf der Ebene der Mitgliedsstaaten nicht ausreichend erreicht werden können. Der → Kollektivismus verfolgt das entgegengesetzte Prinzip, das der Subordination.

Substanzerhaltung, Kapitalerhaltung eines Betriebes, ist entweder die Sicherung seines Nominalkapitals oder seines Produktions- und Ertragspotenzials (nominale oder reale Kapital- oder S.). Sie wird durch zweckentsprechende Bewertungs- und Rücklagenpolitik erreicht. → Bewertung, → Rücklagen.

Substitution, Ersetzbarkeit, drückt ein Verhältnis zweier Güter und Dienste zueinander aus. Die S. spielt sowohl in der Konsum- wie in der → Produktionstheorie eine entscheidende Rolle. Nur durch dauerndes Ersetzen eines → Produktionsfaktors durch einen verbilligten, etwa Arbeit durch Maschinen, ist eine Steigerung des Ertrages und damit der Wohlfahrt möglich. Starrheit im gegenseitigen Austausch hemmt das wirtsch. Wachstum. Der → technische Fortschritt ist die entscheidende Voraussetzung für fortwährende Substitutionsprozesse in der Volks- und Weltwirtschaft. Gleiches gilt für die S. von Konsumgütern und Diensten. Solange ein Haushalt bei gegebenem Einkommen ein Gut durch ein billigeres oder »nützlicheres« ganz oder teilweise ersetzen kann, verbessert er auf diese Weise seinen Gesamtnutzen und damit seine Wohlfahrt. Die S. zwischen den Gütern ist höchst unterschiedlich. Sie ist auch von deren Teilbarkeit abhängig.

Substitutionale Produktionsfaktoren, können sich in Grenzen in der Produktion ersetzen (substituieren). Zwei Produktionsmittel sind also dann substitutional, wenn die Einsatzmenge des einen verringert und die des anderen entsprechend vergrößert werden kann, ohne dass der Ausstoß sich ändert. → Limitationale Produktionsfaktoren, → Produktionsfunktion.

Substitutionseffekt, sinkt der Preis eines Gutes, während die Preise aller anderen Güter gleich bleiben, lohnt es sich für den Verbraucher, eine größere Menge des im Verhältnis zu den übrigen Gütern nunmehr billigeren Gutes zu kaufen (Drehung der → Budgetgeraden). Er »substituiert« andere Güter durch das neue, billigere. Diese Wirkung des Preises wird als S. bezeichnet. → Einkommenseffekt.

Substitutionselastizität, ändert sich das Lohn-Zins-Verhältnis am Arbeits- und Geldmarkt in einem Anpassungsprozess, führt diese Verschiebung der relativen Faktorpreise zu einer Umschichtung im Einsatz der Faktoren (→ Substitution). Die S. gibt dann Auskunft, um wie viel Prozent das Einsatzverhältnis Kapital zu Arbeit verändert wird, wenn sich das Lohn-Zins-Verhältnis um ein Prozent verschiebt.

$$\sigma = \frac{d\left(\frac{K}{A}\right)}{\left(\frac{K}{A}\right)} \Big/ \frac{d\left(\frac{L}{Z}\right)}{\left(\frac{L}{Z}\right)}$$

Es lassen sich dann folgende Fälle unterscheiden: $\sigma < 1$: Die Lohnsumme steigt, da der relative Anstieg des Lohnsatzes zwar zu einem Ersatz von Arbeit durch Kapital führt, der erhöhte Kapitaleinsatz (Mengenänderung) aber nicht so stark zu Buche schlägt wie der Lohnanstieg (Preisänderung). s = 1: Hier bleibt die funktionale Verteilung unverändert. $\sigma > 1$: Die Lohnsumme sinkt. Da die Krümmung einer → Isoquanten für die Höhe der S. bestimmend ist, lassen sich aus der → Produktionsfunktion unmittelbar Schlüsse über die möglichen Folgen für die Verteilung ziehen.

Substitutionskonkurrenz, tritt zwischen Gütern auf, die sich gegenseitig ersetzen können. Die → Kreuz-Preis-Elastizität drückt den Grad der S. aus, die Beschränkungen des Wettbewerbs entgegenwirkt.

Subvention (lat., Hilfeleistung), eine einmalige, in der Praxis meist aber fortlaufende Finanz(bei)hilfe, z.B. direkte Geldleistungen oder steuerliche Nachlässe, die Unternehmen, speziellen Wirtschaftsbereichen (Landwirt.) und Vereinigungen vom Staat oder anderen öffentl. Einrichtungen gewährt wird. S. an private Haushalte (→ Sozialhilfe) bezeichnet man auch als →

Transferzahlungen oder → Sozialleistungen, z.B. im → Wohnungsbau wie Kapital-, Zins- und Mietsubventionen spielen eine wichtige Rolle. S. verhindern i.d.R. die wirtsch. Anpassung an techn. Neuerungen, tragen zur Verkrustung überholter Strukturen bei (Grundstoffindustrien), hindern den technologischen Fortschritt und führen letztlich zu Arbeitslosigkeit und einem Rückgang des realen Volkseinkommens.

Subventionsbericht, muss die Bundesregierung alle zwei Jahre im Bundestag gemäß § 12 des → Stabilitätsgesetzes (StWG) vorlegen; in ihm sind alle Finanzhilfen und Steuervergünstigungen enthalten. Über die → Effizienz der Subventionspolitik informiert der S. nicht.

Sunset Legislation (engl.), ein in den USA praktiziertes (Kontroll-) Verfahren zur Kürzung von Staatsausgaben, indem staatl. Maßnahmen und Programme von vornherein zeitlich begrenzt werden und ohne einen ausdrücklichen Beschluss der Legislative über ihre Weiterführung auslaufen. Die automatische zeitliche Begrenzung soll Verwaltung und Parlamentarier in regelmäßigen Abständen zur Evaluation, d.h. Effektivitäts- und Effizienz-Kontrolle von Aktivitäten, zwingen.

Superiores Gut, das Pendant zum → inferioren Gut. Wechselt die Nachfrage mit zunehmendem Einkommen (mit einer nur empirisch bestimmbaren Höhe) von einer Ware (z.B. Margarine) auf eine andere (z.B. Butter), so bezeichnet man das substitutive Ersatz-Gut als überlegen oder superior.

Supermultiplikator, Supermodifikator, auf Hicks (1950) zurückgehend, misst die Einkommenswirkung autonomer Investitionen, die in geometrischer Progression zunehmen. Das Modell bezieht Nettoinvestitionen ein, die nach dem Akzelerationsprinzip auf die Konsumänderung in der Vorperiode jeweils reagieren, ferner Konsumausgaben, die proportional und verzögert jeweils vom Einkommensniveau abhängen.

Supply Chain Management (engl.), Bezeichnung für die Planung, Steuerung und Kontrolle einer integrierten Logistikkette, die neben dem üblichen Prozess der physischen Lieferung auch begleitende Aktivitäten beinhalten soll (Bsp.: Zahlungsprozesse). Ziel es, den gesamten Wertschöpfungsprozess zu berücksichtigen, um dadurch Lagerhaltungs- und Transportkosten zu minimieren. Voraussetzung für ein erfolgreiches S. ist das Vorhandensein einer integrierten Informationsbasis zwischen den Partnern.

Supply-Side-Economics → Wirtschaftpolitik, angebotsorientierte.

Surplus → Überschuss.

SVR → Sachverständigenrat

Swap-Geschäft, liegt in der → Außenwirtschaft vor, wenn im gleichen Geschäftsgang Termin- und Kassaabschlüsse erfolgen (Währungsswap). Der Swapsatz ist der prozentuale Auf- oder Abschlag von Terminkurs zu Kassakurs:

$$\frac{W_t - W_k}{W_k} = \text{Swapsatz}$$

(W_t = Terminkurs, W_k = Kassakurs). → Kurs.

Swap-Politik

Bsp.: Ein Händler kauft heute USD zum Kassakurs, die er für drei Monate zinsbringend in den USA anlegen will. Gleichzeitig verkauft er den Dollarbetrag mit einem Abschlag (→ Deport), um sich vor dem Wechselkursrisiko zu sichern. Das Geschäft ist für ihn also nur lohnend, wenn der Zinsgewinn aus der Differenz zwischen höherem Zinsniveau in den USA und niederem im Inland größer ist als der Deport. Wird der Termindollar mit einem Aufschlag (→ Report) gehandelt, ist die Auslandsanlage in jedem Fall vorteilhafter, weil zu dem Zinsgewinn noch der Kursgewinn anfällt. Der Zinsswap bietet dagegen im inländ. Handel die Möglichkeit, alternative und kostengünstige Finanzierungsquellen in einer Währung zu erschließen.

Swap-Politik, schließt die → Notenbank auf dem → Devisenmarkt mit den Geschäftsbanken → Swap-Geschäfte ab, kann sie durch einen von ihr festgesetzten Swap-Satz, der von dem marktüblichen abweicht, den Banken einen Anreiz geben, Gelder im Ausland anzulegen oder zu importieren und somit die gesamtwirtsch. → Liquidität beeinflussen. S. mit Nichtbanken beeinflusst, ähnlich wie die → Offenmarktpolitik mit Nichtbanken, das Volumen der Bankenliquidität und damit mittelbar das Angebot an Bankkredit.

SWIFT → Society for Worldwide Interbank Financial Telecommunication.

SWIFT-Code, Adresse der dem SWIFT-System (→ Society for Worldwide Interbank Financial Telecommunication (SWIFT)) angehörenden → Kreditinstitute. Der S. dient zur eindeutigen Identifizierung der SWIFT-Teilnehmer und zur Steuerung des internationalen belegfreien Datenaustausches.

Swing (engl., Spielraum), in bilateralen (zweiseitigen) internationalen Handelsverträgen, bei denen der Zahlungsausgleich durch Verrechnung erfolgt, ist S. die zwischen den Vertragspartnern vereinbarte Kreditgrenze, bis zu der ein Land sich bei dem anderen verschulden darf. Wird diese Grenze überschritten, werden entweder die Lieferungen des Gläubigerlandes an das Schuldnerland eingestellt, oder dieses muss in → Devisen Zahlung leisten.

Switch-Geschäft (engl.: switch = rangieren, umschalten), im Außenhandel ein Geschäft, das nicht direkt mit dem Empfangsland abgeschlossen, sondern zur Ausnutzung devisenwirtsch. Vorschriften über ein drittes Land abgewickelt wird.

Syndikat, Verkaufskartell, das den Verkauf der kartellierten Erzeugnisse durch eine gemeinsame Verkaufsstelle ausführen lässt. S. sind die straffste Form der Kartellierung, wenn auch unterschiedlich organisiert. Wesentlich ist die Übernahme der Großhandelsfunktion und damit das Verhältnis zu den daneben bestehenden Großhandelsfirmen. Ihr Schwerpunkt liegt beim Verkauf weitgehend typisierter Massengüter von Grundstoffindustrien. Um eine Belieferung zu gleichen Bedingungen vorzunehmen, wird i.d.R. eine einheitliche Frachtbasis gewählt (Frachtparität). → Kartell, → Monopol.

System, erfasst die ökonom., physikalischen, philosophischen, logischen, ästhetischen oder andere Bezüge zwischen Elementen. Bestehen Wechselbeziehungen von Elementen zur Umwelt, spricht man von einem offenen, sonst von einem geschlossenen S. Können die Einflüsse von außen kompensiert werden, bleibt das S. erhalten. Die Neigung zur Selbsterhaltung wird in den meisten Fällen als Folge (Implikation) eines kybernetischen Systems angenommen. → Systemanalyse.

Systemanalyse (engl.: systems analysis), i.w.S., ein analytisches Verfahren, das bei Entscheidungen mithelfen soll, unter Handlungsalternativen eine geeignete auszuwählen. Sie erklärt als Disziplin der → Kybernetik v.a. den Zusammenhang zwischen → Struktur und Funktion über Wirkungsmechanismus. Die S. hilft also vornehmlich in Politik und Verwaltung, ein Problem oder eine Aufgabe zu definieren und nach einer Lösung zu suchen, wobei i.d.R. fünf Phasen unterschieden werden: (1) Formulierung der Ziele, (2) Erstellen eines Maßnahmenkatalogs, (3) Ermittlung der Kosten, (4) Bildung eines Modells, das die Mittel in Bezug auf Ziele, Nutzen und Kosten ordnet, um sie systematisch vergleichen zu können, und (5) Auswahl der günstigsten Alternative anhand einer → Entscheidungsregel. Eng verwandt mit der S. und dem in Amerika während und nach dem 2. Weltkrieg entwickelten Verfahren des → Operations Research ist die für die Auswahl öffentl. Projekte ausgerichtete → Nutzen-Kosten-Analyse, deren Ergebnisse in einem → Programmbudget koordiniert werden.

Systemtransformation, organische → Transformation.

Systemwettbewerb, herrschte lange Zeit zwischen → Planwirtschaft und → Marktwirtschaft, ehe in den ineffizienten zentral gelenkten Ökonomien der ehemaligen Ostblockstaaten der Zwang zu Reformen immer offensichtlicher wurde. Mit dem Zusammenbruch der Planwirtschaften seit Ende der 1980er Jahre leiteten diese Staaten Maßnahmen zur → Tansformation des Systems ein.

SZR → Sonderziehungsrechte.

T

Tabaksteuer, eine → indirekte Steuer (→ Verbrauchsteuer) auf den Konsum von Tabakwaren (Zigaretten, Zigarillos, Zigarren, Rauchtabak) die auf den Verbraucher überwälzt wird. → Steuerbemessungsgrundlagen sind das Gewicht, die Stückzahl oder der Kleinverkaufspreis. Steuerschuldner ist der Hersteller (Banderolensteuer). Steuererleichterungen werden für kleinere Betriebe gewährt. Die T. wird mit fiskalischen und gesundheitspolit. Gründen gerechtfertigt. Umstritten ist die Technik der Erhebung, die Art des Tarifs, die Vergünstigungen und schließlich der Kreis der belasteten Erzeugnisse.

Tableau Economique, graphische Darstellung der Wechselbeziehungen einer → Wirtschaftsordnung, wie es der Physiokrat F.

Quesnay entwickelt hat (→ Physiokratie). Das T. erfasst den Kreislauf der Güter in der einen Richtung und den der Einkommen oder der Ausgaben in der anderen. Die Idee des Kreislaufs ist von K. Marx und J. M. Keynes wieder aufgegriffen worden. Sie spielt in der modernen → Volkswirtschaftslehre (VWL) (mit eingebauten Regelmechanismen) eine bedeutende Rolle (Leontief).

Tägliches Geld, im Gegensatz zum → Festgeld Kredit, der im Bank- und Börsenverkehr mit täglicher Kündigungsmöglichkeit zur Verfügung gestellt wird. Da T. jederzeit abgerufen werden kann, ist der Zinssatz i.d.R. niedriger als der für Festgeld.

Tätige Reue, wer sich der → Steuerverkürzung schuldig gemacht hat, bleibt nach § 410 AO straffrei, wenn er die unrichtigen oder fehlenden Angaben bei der Steuerbehörde ergänzt, ohne dass er angezeigt oder eine Untersuchung gegen ihn eingeleitet ist und ohne dazu durch die unmittelbare Gefahr der Entdeckung veranlasst zu sein. Sind bereits Steuerverkürzungen eingetreten, tritt Straffreiheit nur ein, wenn der Täter die Summe, die er schuldet, innerhalb der ihm von der Steuerbehörde bestimmten Frist zahlt.

Tafelgeschäft, Bankgeschäft, bei dem die vereinbarten Leistungen Zug um Zug am Bankschalter erfüllt werden, z.B. der Kauf von Wertpapieren und deren direkte, physische Aushändigung an den Käufer.

Tageskauf, -geschäft, im Gegensatz zum Lieferungskauf, Lieferungs- und Zeitgeschäft ein Kauf, bei dem Lieferung sofort oder kurzfr. zu erfolgen hat. → Kassageschäfte, → Termingeschäfte.

Tageswert, nach § 40 HGB der Wert, der bei Aufstellung des → Inventars und der → Bilanz den Vermögensgegenständen einer Unternehmung in dem Zeitpunkt beizulegen ist, für den die Aufstellung stattfindet. → Bewertung.

Take-Off → Stufentheorien, → Entwicklungstheorien.

Talon (franz., Zinsleiste, Erneuerungsschein), der letzte Abschnitt eines Kuponbogens, gegen dessen Einreichung ein neuer ausgehändigt wird. → Kupon.

Tangentenphänomen, ein Sonderfall der Preisbildung auf einem unvollkommenen oder monopolistischen Markt mit unbeschränktem Zugang (→ Marktformen). Wird auf einem solchen Markt die Gewinnmarge voll ausgeschöpft, kann dies neue Anbieter anlocken. Das erhöhte Angebot lässt bei unveränderter Nachfrage und gleich bleibender Kostenstruktur einzelne Gewinne schrumpfen, bis die Gesamterlöse die Kosten eben decken. Graphisch ausgedrückt, berührt die Durchschnittskostenkurve die Durchschnittserlöskurve im → Cournotschen Punkt, daher rührt die Bezeichnung T., die Chamberlin in die Literatur eingeführt hat. Dieser Zustand einer unteroptimalen Versorgung des Marktes im Vergleich zu einem Konkurrenzmarkt kann auch dann eintreten, wenn ein monopolistischer Anbieter seinen Monopolgewinn vollständig für Werbung ausgibt, um seine Monopolposition aufrechtzuerhalten. Dieser Fall ist empirisch ohne große Bedeutung.

Tantieme (franz., »der soundsovielte Teil«), eine Vergütung für geleistete Dienste, die nach dem Geschäftsgewinn bemessen und meistens in Hundertteilen festgesetzt wird. T. können beziehen Handlungsgehilfen, sodann neben oder anstelle von → Provision, → Handelsvertreter oder -reisende, v.a. aber neben dem Gehalt oder sonstigen Bezügen die Vorstands- und Aufsichtsratsmitglieder der → Kapitalgesellschaften. Wird ein Mindestbetrag an T. vertraglich ausgemacht, spricht man von garantierter T. Mitunter sind auch von Unternehmungen für die Arbeiter und Angestellten T. ausgeschüttet worden, wobei i.d.R. eine längere Zugehörigkeit zum Betrieb Voraussetzung war (→ Gratifikation). Von ausschlaggebender Bedeutung für das Einkommen sind die Tantiemenzahlungen an Autoren musikalischer oder literarischer Werke bei Aufführungen.

Tara (arab.-ital., »Abgang«), Verpackung der Ware (Kisten, Fässer, Körbe, Säcke usw.), in übertragenem Sinne: das Gewicht der Verpackung. Wenn durch Vertrag nichts anderes vereinbart ist oder der Handelsbrauch (→ Usance) am Erfüllungsort des Verkäufers es nicht anders vorsieht, hat der Käufer, wenn der Kaufpreis nach dem Gewicht der Ware berechnet ist (§ 380 HGB), die T. nicht mitzubezahlen. Sie ist aber dem Lieferanten zurückzugeben, sofern nicht der Wert im Verhältnis zu den Rücksendungskosten zu gering ist. In der Praxis ist es üblich, die Preise ausschl. Verpackung zu berechnen und diese zum Selbstkostenpreis anzusetzen (→ Leitsätze für die Preisermittlung auf Grund von Selbstkosten).

Tarif, Tarifpreis, im Gegensatz zum Warenpreis das Entgelt für die Lieferung von Diensten und Verkehrsleistungen, deren Bemessung nach der zurückzulegenden Strecke (z.B. Eisenbahntarife) oder der aufgewendeten Zeit (z.B. → Tariflohn) erfolgt. Im Abgabewesen werden die Steuersätze auch Tarife genannt. → Steuertariflehre.

Tarifautonomie, ergibt sich aus der in Art. 9 GG verankerten Vereinigungsfreiheit (→ Koalitionsfreiheit). Für ihre Inanspruchnahme kann der Gesetzgeber gewisse Bedingungen setzen, etwa im Tarifvertragsgesetz, wenn er einen → Tarifvertrag für allgemeinverbindlich erklären lässt.

Tarifformen → Steuertariflehre.

Tariflohn, der zwischen den Tarifpartnern ausgehandelte Grund- oder → Mindestlohn, der unter dem → Effektivlohn liegen kann und viele Jahre auch tatsächlich lag. → Lohndrift.

Tarifordnung, umfasste die von den früheren Reichstreuhändern der Arbeit erlassenen Rechtsverordnungen, die das Arbeitsverhältnis der Angestellten und Arbeiter des öffentl. Dienstes regelten, z.B. TOA für Angestellte und TOB für Arbeiter. Die T. wurde nach und nach durch überregionale → Tarifverträge abgelöst, z.B. BAT für Angestellte, Bundesmanteltarif für Gemeindearbeiter (BMT-G),

Tarifsteuern 520

Manteltarif für Länder- und Bundesarbeiter (MTL/B).

Tarifsteuern, werden auf Grund von Steuertarifen nach Steuertatbeständen erhoben, die im Voraus nicht bestimmt werden können. T. werden im Gegensatz zu → Katastersteuern auch als → indirekte Steuern bezeichnet.

Tariftypen → Steuertariflehre.

Tarifvertrag, seinem Wesen nach ein Kollektivnormenvertrag, d.h. (1) er setzt Normen fest für zukünftige Einzelarbeitsverträge, und (2) Vertragspartner ist mindestens auf einer Seite ein Verband. T. werden zwischen → Gewerkschaften und → Arbeitgeberverbänden als Vertragspartnern abgeschlossen. Da beide Vertragsparteien nach → Wirtschaftszweigen organisiert sind (Industrieverbandsprinzip), werden T. gewöhnlich auch für bestimmte Wirtschaftszweige abgeschlossen. In jedem Betrieb soll nur ein einheitlicher T. gelten (Prinzip der Tarifeinheit). T. sind nur allgemeinverbindlich, wenn sie dazu erklärt werden. Hierfür ist der Bundesarbeitsminister zuständig. Die vertragschließenden Parteien sind an den T. gebunden. Ein unmittelbarer Anspruch der Mitglieder der Vertragspartner (z.B. einzelner Arbeiter oder Arbeitgeber) aus dem T. ist nach § 328 BGB möglich; dagegen verpflichtet der T. sie nicht direkt, da das dt. Recht keinen Vertrag kennt, durch den Dritte verpflichtet werden könnten. Der T. enthält Abschluss- und Arbeitsnormen. Diese regeln den Inhalt der Arbeitsverträge, die im Rahmen des T. geschlossen werden, z.B. Lohn- und Urlaubstarife. Jene legen fest, wie neue Arbeitsverhältnisse zu Stande kommen, z.B. in welcher Form Arbeitsverträge abgeschlossen werden. Von den Regelungen des T. darf dann abgewichen werden, wenn die Abmachungen zwischen Arbeitgeber und -nehmer für diesen günstiger sind als die entsprechenden Bestimmungen des T. (→ Effektivlohn). Andere vertragliche Vereinbarungen, die gegen tarifvertragliche Bestimmungen verstoßen, sind unwirksam.

Tausch, wirtsch. die wechselseitige Übertragung von Gütern, der auf → Arbeitsteilung beruhende Austausch von Leistungen. Rechtl. ist T. ein gegenseitiger Vertrag, der auf Umsatz von Ware gegen Ware gerichtet ist, im Gegensatz zum → Kauf, bei dem es sich um Umsatz von Ware gegen Geld auf Grund von Preisen handelt. Auf den T. finden die Vorschriften des BGB über den Kauf entsprechend Anwendung.

Tausch-Box-Diagramm → Edgeworth-Box-Diagramm.

Tauschoptimum, auch Handelsoptimum genannt, ist in einer Gemeinschaft dann erreicht, wenn Güter und Dienste nicht mehr zusätzlich getauscht werden, weil kein Mitglied aus seiner Sicht besser gestellt würde, ohne dass ein anderes aus dessen Sicht einen Nutzen- oder Wohlfahrtsverlust hinnehmen müsste. Die → Grenzraten der Substitution für die Tauschgüter sind für alle gleich, die diese Güter nachfragen. → Pareto-Optimum.

Tauschwert → Preis.

Tautologie → Logik, formale.

Taxation, Schätzung, Abschätzung, die Ermittlung des Wertes eines Gegenstandes. T. landwirtsch. Betriebe soll den Wert im Ganzen sowie in seinen einzelnen Teilen feststellen und so einen Wertmaßstab für den Zweck gewinnen, zu dem die T. vorgenommen wird (Kauf, Pacht, hypothekarische Beleihung, Besteuerung usw.). Die Schwierigkeit jeder T. liegt darin, dass verschiedene Werte zugrunde gelegt werden können, am wichtigsten der → Ertragswert, den man erhält, wenn der durchschnittliche oder erzielbare Reinertrag kapitalisiert wird, und der gemeine Wert, den das Grundstück oder Gut für jeden Besitzer hat.

Taxator, Wertsachverständiger. → Taxation.

Taxe, Ergebnis von Wertermittlungen, Schätzungen. → Taxation.

Taxpreis, Taxe, autoritär, d.h. durch den Staat oder durch behördliche Mitwirkung festgesetzter Preis, wie Autotaxe, Apothekertaxe. T. kann ein → Höchst-, Mindest- oder Festpreis, etwa in der Landwirt. sein.

Taylorismus, das nach dem Ingenieur Taylor benannte, von Zeit- und Bewegungsstudien ausgehende System der Arbeitsrationalisierung in der Industrie, das ein Höchstmaß an Leistung durch organisatorische Maßnahmen zu erreichen strebt. Es fußt auf dem → Stücklohn und sucht den Arbeiter durch → Prämien zur Intensivierung seiner Leistung anzuregen. → Rationalisierung.

Technik, T. und → Wirtschaft sind in der Wirklichkeit des Wirtschaftsablaufs aufs Engste miteinander verknüpft; denn moderne Wirtschaft ist nur mit Hilfe von T. vollziehbar, und umgekehrt muss jede techn. Neuerung wirtsch. sinn- und zweckvoll sein. T. ist die zweckrationale Ordnung dinglicher Abläufe. Ihr Ziel ist das Maximum, während Wirtschaft auf das Optimum, das Bestmögliche, gerichtet ist. Die Idee der T. ist einerseits die Befreiung des Menschen und die Beherrschung der Natur andererseits. T., Wirtschaft und Sozialordnung müssen einander entsprechen, wenn destruktive Spannungen in der Gesellschaft vermieden werden sollen. → Technokratie.

Technische Analyse, Instrument der Wertpapieranalyse, das nicht auf Unternehmensdaten, wie etwa zukünftigen Zahlungsüberschüssen (→ Fundamentalanalyse), fußt, sondern mit Hilfe von Kursverläufen der Vergangenheit → Trends und Zyklen zu identifizieren versucht, um Rückschlüsse auf die künftige Kursentwicklung zu ziehen. → Chartanalyse.

Technische Reserven, ein Passivposten in den → Bilanzen der → Versicherungen. Hierzu gehören: im Voraus gezahlte → Prämien, noch nicht abgewickelte Schadensfälle, noch nicht abgehobene Gewinnanteile von Versicherten, angemeldete, aber noch nicht abgehobene Rückkaufswerte, Prämienreserven, → Rücklagen oder → Rückstellungen für → Dividenden und Verwaltungskosten.

Technischer Fortschritt, der entscheidende Faktor zur Steigerung des Wohlstandes. Er schlägt sich

Technokratie

entweder in Form neuer oder verbesserter Produkte oder in effizienteren Verfahren nieder. Gebunden ist der T., wenn die erhöhte → Produktivität durch Kapitaleinsatz erreicht wird, ungebunden, wenn er sich in verbesserter Qualität menschlicher Arbeit ausdrückt. Die Wirtschaftstheorie unterscheidet in arbeits- und kapitalsparenden sowie in bezüglich der Einkommensverteilung neutralen T. Die vielfältigen Wirkungen einer neuen Technologie kann man anhand des → ökonomischen Prinzips in zwei Hauptgruppen übersichtlich ordnen. Die Graphik verdeutlicht die Kriterien: Man kann die Folgen des T. in kurz- und langfr. einteilen. Die Graphik belegt: (1) Führt die neue → Technologie zu einer Verbilligung der eingesetzten Faktoren, kann man die eingesetzte Menge von F_1 auf F_2 verringern, wobei der bisherige Ertrag E_1 gleich bleibt. Dadurch entsteht kurzfr. Arbeitslosigkeit, deren Höhe vom Anteil der Arbeit an der gesamten Faktorkombination und der Art der Technologie abhängt. (2) Steigert die neue Technologie indes die Menge des Produktes als Ertrag, verschiebt sich die → Produktionsfunktion von A auf B. In diesem Falle kann der Unternehmer bei gleichem Faktoreinsatz F_1 einen von E_1 auf E_2 erhöhten Ertrag erzielen. Welchen der beiden Wege er einschlägt, ob (1) oder (2), hängt von der Art des T. und vom Markt ab, ob er nämlich das erhöhte Angebot aufnimmt oder nicht. → Innovation.

Technokratie (griech., Herrschaft der Technik), die Idee und Forderung, die → Technik müsse, von Politik und → Wirtschaft ungehindert, das Leben des Menschen (zumindest) entscheidend bestimmen.

Technologie, umfasst alle im Wirtschaftsprozess angewandten Verfahren und Methoden, die auf Grund techn. Erfindungen, wissenschaftlicher Einsichten und Erfahrungen entwickelt werden. Die T. ist in unserer Zeit eine entscheidende Grundlage der → Volkswirtschaft. → Wirtschaftsgrundlagenpolitik, → Technischer Fortschritt.

Technologische Lücke, soll den Rückstand im → technischen Fortschritt verschiedener Länder ausdrücken. Sie ist nur schwer zu messen, so dass Behauptungen, die USA oder Japan seien Europa gegenüber technologisch überlegen,

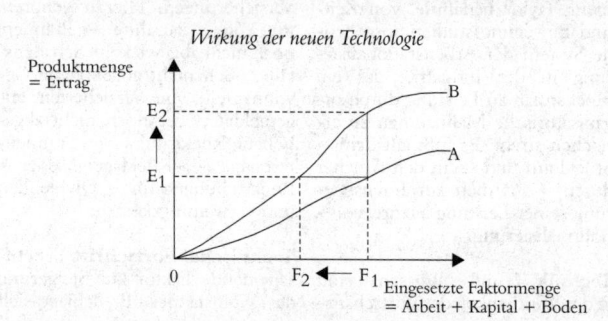

Wirkung der neuen Technologie

problematisch und umstritten sind. Als Indikatoren für die T. werden u.a. die Anzahl der Patente oder die privaten und öffentl. Ausgaben für Forschung und Entwicklung herangezogen. Auch wird der Patent- und Lizenzaustausch mit dem Ausland gelegentlich als Maßstab für die T. benutzt. Für Deutschland hat sich nach diesem Kriterium die T. nach dem 2. Weltkrieg ständig vergrößert.

Teilhaber, Mitinhaber an einer → Personengesellschaft, der am Erfolg und Vermögen des Unternehmens beteiligt ist. Der Anteil des T. wird auf dem Kapitalkonto ausgewiesen.

Teilkosten, Begriff aus dem → Rechnungswesen und der → Kostenrechnung für die Kosten, die einzelnen Kostenträgern zugeordnet werden.

Teilkostenrechnung, wird mit dem Verfahren der Deckungsbeitragsrechnung durchgeführt. Es werden nur die variablen → Gemeinkosten in Betracht gezogen. Eine Zurechnung der → Fixkosten (z.B. Personalkosten) ist nicht möglich, da sich diese mit der produzierten Stückzahl nicht ändern. → Kostenrechnung.

Teilwert, ein steuerlicher Wert, mit dessen Hilfe der → Einheitswert des → Betriebsvermögens sowie des steuerlichen Gewinns festgestellt wird. T. ist der Betrag, den ein Erwerber des ganzen Betriebs im Rahmen des Gesamtkaufpreises für das einzelne Wirtschaftsgut ansetzen würde, wobei davon auszugehen ist, dass der Erwerber den Betrieb fortführt. Oberste Grenze des T. ist der → Wiederbeschaffungswert, unterste Grenze der → Schrottwert.

Teilwertabschreibung, Abschreibung auf den → Teilwert, der den Anteil am Kaufpreis eines Unternehmens für ein bestimmtes Wirtschaftsgut darstellt. Die T. ist die Differenz zwischen Buchwert und Teilwert dieses Wirtschaftsgutes.

Telefonhandel, in der Börsensprache Handel mit → Wertpapieren außerhalb des Börsenlokals und der Börsenzeit, der zwischen Bank und Kunden oder Bank und Bank telefonisch abgewickelt wird. Der T. hat in den letzten Jahren stark zugenommen. Die Umsätze des T. übertreffen heute bei weitem die des eigentlichen Börsenhandels, der häufig nur noch dem Ausgleich (unerledigt gebliebener) laufender Geschäfte dient. Dadurch wird der Markt an der → Börse so stark eingeschränkt, dass → Kurse bei kleinem Umsatz starken Zufallsschwankungen ausgesetzt sind.

Tendersystem → Emissionsgeschäft.

Termineinlagen, werden für eine bestimmte Zeit als Guthaben einer Bank zur Verfügung gestellt, wobei die Fälligkeit fixiert (→ Festgeld) oder offen (mit vereinbarter Kündigungsfrist) sein kann. T. dienen dazu, Kassenbestände vorübergehend anzulegen. Sie werden neuerdings als Quasigeld zur erweiterten → Geldmenge gerechnet, wenn sie weniger als vier Jahre festliegen.

Termingeschäfte, im Börsenwesen Zeitgeschäfte mit Fixcharakter, d.h. Geschäfte in vertretbaren Waren oder → Wertpapieren, bei welchen die Leistung mindestens einer Partei nicht wie beim → Kassageschäft sofort oder kurzfr., sondern erst nach Ablauf einer bestimmten Lieferfrist oder zu einer bestimmten Lieferzeit zu erfolgen hat. Während aber beim Lieferungsgeschäft ohne Fixcharakter die Leistung erst nach Ablauf einer angemessenen Nachfrist abgelehnt werden kann, ist für die T. als Fixhandelsgeschäfte die Lieferung zu einer festgelegten Zeit oder innerhalb einer genau bestimmten Frist wesentlicher Bestandteil der Vereinbarung. Unbedingte T. begründen für beide Vertragspartner eine definitive Pflicht, das Geschäft zu erfüllen. Bedingte T. hingegen erlauben einer Partei das Geschäft eventuell nicht zu erfüllen, wobei der einseitig Berechtigte als Ausgleich für die unterschiedliche Risikoverteilung eine Prämie entrichtet. → Futures, → Optionsgeschäft.

Terms of Trade (engl.), Tausch- oder Handelsverhältnis, drückt ganz allgemein das Verhältnis der → Preise, die jemand entrichten muss, zu jenen aus, die man ihm für seine Waren bezahlt. Die T. verbessern sich, sobald sein Verkaufspreis mehr steigt (oder weniger fällt) als der Preis der Güter und Dienste, die er benötigt, so dass er sich besser stellt. Dieses Preisverhältnis zwischen Exporten und Importen spielt in der Theorie und Politik der → Außenwirtschaft eine wichtige Rolle. Setzt man das Verhältnis der Ausfuhr- zu den Einfuhrpreisen im Anfangsjahr gleich 100, so lässt eine Verbesserung der T. den Index steigen, eine Verschlechterung ihn fallen. Bsp.: Steigt der Preis für Rohöl, das Deutschland aus Kuwait einführt, während der Preis der dt. Exportwaren nach Kuwait fällt (oder weniger steigt), ändern sich die T. zu Gunsten von Kuwait und zu Lasten von Deutschland und dessen → Zahlungsbilanz. Die T. sind ein allgemeines Prinzip, das man auch auf andere Tauschverhältnisse anwenden kann. Die T. hängen von den verhältnismäßigen oder → komparativen Kosten oder Vorteilen ab, mit denen die Güter von den Unternehmen oder Ländern jeweils hergestellt werden können. Für Länder ist es vorteilhaft, ihre Produktion auf das Gut zu spezialisieren, für das sie einen relativen (komparativen) Kostenvorsprung haben.

Territorialprinzip, grundsätzlich als Beschränkung der räumlichen Wirkung des Rechts zu verstehen. Im Staatsrecht ist damit die Wirkungsmöglichkeit des Staates auf Basis hoheitlicher Maßnahmen zu verstehen, die auf das betroffene Staatsgebiet begrenzt sind. Die Staatsgewalt erstreckt sich auf jeden, der sich in dem Staatsgebiet (mit Ausnahme von exterritorialen Gebieten) aufhält.

Tertiärer Sektor, ein Begriff von C. Clark und J. Fourastie, bezeichnet den Dienstleistungssektor, der sich vom sekundären Sektor (Industrie) und primären Sektor (Landwirt.) dadurch unterscheidet, dass hier der → technische Fortschritt fast ohne Bedeutung sei. → Drei-Sektoren-Hypothese.

Testverfahren, sollen → Hypothesen statistisch überprüfen helfen. In der analytischen → Statistik kommt es dabei zu Aussagen über

(1) die Parameter der → Grundgesamtheit, (2) die Wechselbeziehungen zwischen Grundgesamtheiten und (3) die Verteilungsfunktion eines Merkmals in einer Grundgesamtheit. T. beruhen grundsätzlich auf Stichproben, wobei die → Fehler möglichst klein gehalten werden sollen. Es werden parametrische, nichtparametrische und sequenzielle (oder nichtsequenzielle) T. unterschieden. → Stichprobenverfahren.

Theoriebildung → Wissenschaft.

Theorie der bekundeten Präferenzen → Präferenzen, Theorie der offen gelegten.

Theorie der Eigentumsrechte (engl.: property-rights), erklärt (1) den Wert von Eigentumsrechten als Unterschied zwischen dem → Nutzen, der Verfügung und den Kosten der Verwendung oder Veräußerung und (2) das ökonom. Verhalten bei gegebenen Eigentumsordnungen. Sind die → Transaktionskosten höher als die Nutzen, ist das Eigentumsrecht ökonom. wertlos. Werden diese stärker gemindert als jene, tritt eine Aushöhlung der Eigentumsrechte ein mit einer Verminderung der allokativen oder Pareto-Effizienz.

Theorie der rationalen Erwartungen (TRE), behauptet, die Wirtschaftssubjekte gelangten auf Grund der verfügbaren → Informationen zu gleichen Ergebnissen wie die ökonom. → Wissenschaft; sie handeln entsprechend rational. → Monetaristen meinen, die → Phillips-Kurve verlaufe kurzfr. von links oben nach rechts unten; Arbeitslosigkeit lasse sich mit expansi-

Die Phillips-Kurve

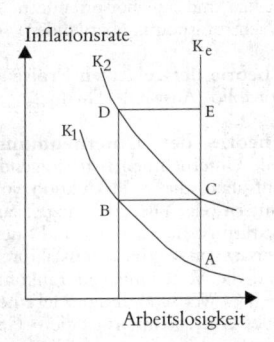

Quelle: O. Issing, Angebotsorientierte Wirtschaftspolitik, in: WiSt 10/1982, S. 466.

ver → Geldpolitik auf Kosten der Preisniveaustabilität verringern. Dies drückt in der Abb. die Bewegung auf K_1 von A nach B aus. Der folgende Anstieg des → Nominallohns führe bald zum alten Niveau der Arbeitslosigkeit zurück. Es entstehe eine neue, steilere Phillips-Kurve K_2, der Punkt C bilde die neue Ausgangsposition. Auf längere Sicht, nach mehreren solcher »Runden«, wird nach monetaristischer Auffassung die Phillips-Kurve zu einer Senkrechten. Da die T. rationales Handeln der Individuen voraussetzt, reagieren diese sofort, so dass selbst kurzfr. kein Beschäftigungseffekt zu Stande kommt; die Phillips-Kurve verläuft also vertikal. Anhand der Kurve K_e erkennt man, dass es zu keinem Zeitpunkt einen → Zielkonflikt zwischen → Inflation und → Arbeitslosigkeit gibt. Da man somit die → Inflationsrate ohne negative Rückwirkung auf die Beschäftigung zurückführen kann, lässt sich eine → Stagflation durch stabilitäts-

Theorie der relativen Preise

gerechte Ausweitung der → Geldmenge und angebotsorientierte → Wachstumspolitik überwinden.

Theorie der relativen Preise → Portfolio-(Auswahl-)Theorie.

Theorie der Unternehmung, ein Unternehmen hat folgende Aufgaben: die → Produktion von Gütern oder Dienstleistungen zur Bedürfnisbefriedigung und den Einsatz von → Produktionsfaktoren und die Verteilung von Einkommen (→ Wertschöpfung). Ziel eines jedes Unternehmens ist die → Gewinnmaximierung.

Thünensche Kreise, auch Thünensche Ringe, Standorttheorie, die Anfang des 19. Jh. von J.H. von Thünen entwickelt wurde. Die T. geben an, dass die ökonom. Tätigkeiten in Richtung von Wirtschaftszentren zunehmen. Man kann sich die T. als Flächenringe um ein Zentrum vorstellen. Je weiter man sich vom Zentrum entfernt, desto geringer wird die Intensität der Nutzung. Betriebe, die sich in der Nähe größerer Städte befinden, weisen Standortvorteile gegenüber Betrieben auf, die weiter entfernt sind und haben dadurch auch wirtsch. Vorteile. Begründen lässt sich dies z.B. dadurch, dass Betriebe in Stadtnähe geringere Transportwege auf sich nehmen müssen und dadurch auch geringere Transportkosten aufweisen. → Standort, → Regionale Strukturpolitik.

Tiebout-Modell, finanzpolit. Modell, geht von einer völligen Mobilität von Bürgern zwischen den Gemeinden aus. Das T. geht von folgenden Annahmen aus: Die Bürger wandern in die Gemeinden ab, die ihren → Präferenzen am besten entsprechen, sprich die beste und Steuer- Ausgabenstruktur besitzen. Weiterhin sind die Bürger über die Ausgaben und Steuerstrukturen in den Gemeinden vollkommen informiert. Es gibt eine große Anzahl von Gemeinden, welche die Bürger zur Auswahl haben, so dass jeder Bürger eine Gemeinde findet, die seinen Präferenzen bezüglich der Ausgabenstruktur und Steuerstruktur am besten entspricht. Weiterhin besitzen die Bürger ein exogenes Einkommen und zwischen den Gemeinden sind keine → externen Effekte (→ Spill-Over-Effekte) vorhanden. → Finanzpolitik.

Tilgung → Amortisation.

Tilgungshypotheken, Amortisationshypotheken, im Gegensatz zu → Zinshypotheken jene, die von einem bestimmten Zeitpunkt ab nach einem festgelegten Tilgungsplan zurückgezahlt werden. Die jährlichen Rückzahlungssummen werden als → Annuitäten bezeichnet und enthalten neben den Zinsen die jeweils auf das Jahr entfallende Rate des zu tilgenden Kapitals. Die Amortisation des Hypothekendarlehens kann in verschiedenen Formen erfolgen. Die Tilgungsrate ist entweder eine gleich bleibende, fallende oder steigende, je nachdem, ob in gleich bleibenden Hundertsätzen von der urspr. Darlehensschuld oder vom jeweiligen Kapitalrest getilgt wird, ob die Zinssummen oder Tilgungsquoten fallen oder steigen und in welchem Verhältnis sie zueinander stehen. Oft wird eine feste Annuität gewählt, d.h. bei jährlich abnehmendem Zinsbetrag wird eine in entsprechender Weise jährlich steigende Summe vom Hypothekenkapital getilgt.

Time Lag → Lag.

Tinbergens Pfeilschema, ein Netz kausaler Zusammenhänge, das die → Wirtschaftsstruktur im Zeitablauf erfasst. Es erklärt auf einfachste Weise die dynamische und → statische Betrachtungsweise. Jeder Punkt kennzeichnet ein wirtsch. Phänomen je Zeiteinheit. Bsp.: Das Einkommen (Y) heute (t) ist abhängig von Investition (I) und Nachfrage nach Konsumgütern (N) heute (t); die Nachfrage nach Konsumgütern heute (t) ist abhängig von den Preisen (P) von gestern (t-1), die wiederum von den Löhnen (L) der Vorperiode (t-2) beeinflusst sind. Sie ist ferner abhängig von dem Einkommen, das gestern (t-1) verdient worden ist.

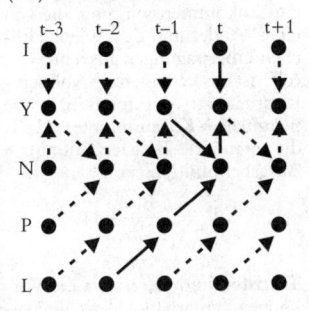

TOB → Besteuerung, Theorie der optimalen.

Tobin-Steuer, wurde vom Nobelpreisträger J. Tobin vorgeschlagen. Es handelt sich hierbei um eine Devisensteuer, die internationalen Transaktionen von → Devisen auferlegt werden soll. Ziel dieser Steuer ist es, Devisenspekulationen größeren Ausmaßes, die zu kurzfr. Wechselkursschwankungen führen können, zu vermeiden. Die T. wurde bis jetzt noch nicht umgesetzt, jedoch werden Modelle für die T. derzeit von der Europäischen Union überprüft. → Spekulationssteuer.

Tochtergesellschaft, eine von der Muttergesellschaft (→ Dachgesellschaft) abhängige → Kapitalgesellschaft mit rechtl. Selbstständigkeit. T. entstehen dadurch, dass ein führendes Unternehmen andere Unternehmen als T. konzernmäßig anschließt oder durch die Gründung neuer Unternehmen eigene T. ausgliedert. Das Abhängigkeitsverhältnis kann in einer Kapitalbeteiligung der Muttergesellschaft an der T., in einer vertraglichen Vereinbarung (→ Organschaft) oder in einer Personalunion bestehen. → Schachtelgesellschaft.

Top Down (engl.), Vorgehensweise bei der Lösung von Organisationsproblemen innerhalb von Institutionen. Grundsätzlich soll hierbei der Lösungsweg, beginnend von der höchsten Hierarchieebene, von »oben« nach »unten« genommen werden. Gegenstück: → Bottom Up.

Totalanalyse → Analyse.

Trade-Off → Zielkonflikt.

Trainee, Führungsnachwuchs, der ein (vielfach standardisiertes) i.d.R. ein bis dreijähriges Ausbildungsprogramm in einem (zumeist Groß-)Unternehmen durchläuft.

Training within Industry (TWI), ein im Rahmen der → Rationalisierung in den USA entwickeltes Programm, das die Vereinfachung der betriebl. Arbeit durch Förderung der Wechselbeziehungen zwischen Mensch und betriebl. Aufgabe, zwischen Vorgesetzten und Mitarbeitern zum Ziele hat. V.a. sollen den Führungskräften in Kursen Hilfsmittel und Kenntnisse zur Erfüllung ihrer arbeitspädagogischen Aufgaben vermittelt werden. Gepflegt werden die Menschenführung, die Mitarbeiterunterweisung (Arbeitsanleitung) und die Arbeitsmethodik. Programme werden auch in Deutschland durchgeführt und gefördert.

Tranche (franz., Schnitte, Scheibe), im Börsenwesen der Teilbetrag einer Wertpapieremission. Bei großen → Emissionen ist es vielfach nicht möglich, den Gesamtbetrag mit einem Male oder an einem Börsenplatz oder in einem einzigen Lande unterzubringen. Um also eine Emission nacheinander und an verschiedenen Börsenplätzen abzusetzen, werden T. gebildet.

Transaktion, Abwicklung eines Tausches oder → Kaufes oder einer einseitigen Umwandlung von materiellen und immateriellen Gütern. → Transaktionskosten.

Transaktionskasse → Liquiditätsneigung.

Transaktionskosten, entstehen beim Übergang eines materiellen oder immateriellen Gutes, unabhängig davon, ob es sich um einen → Tausch oder → Kauf oder einen einseitigen Transfer zwischen privaten und/oder öffentl. Einrichtungen handelt. So umfassen T. den Aufwand für Verträge und deren Durchsetzung, Transport-, Zahlungs-, Wartezeit- und Verfügbarkeitskosten. T. bei Tauschakten, bei der Verwendung eines Gutes als Geld und bei Vermögensanlagen werden in der allgemeinen Gleichgewichts- und Geldtheorie berücksichtigt. → Transaktion.

Transferbilanz, Übertragungs- oder Schenkungsbilanz, erfasst als Teil der → Zahlungsbilanz die Gegenposten zu den unentgeltlichen Leistungen in der → Handelsbilanz, Dienstleistungsbilanz und → Kapitalbilanz.

Transferkosten, öffentliche → Besteuerung, zusätzliche Wohlfahrtsverluste.

Transfermultiplikator, gleich dem → Steuermultiplikator, nur mit positiven Vorzeichen. Er misst die Einkommenswirkung, die von einer Änderung der unentgeltlichen Übertragungen ausgeht: (dY_m ist das veränderte → Volkseinkommen zu Marktpreisen, b die marginale → Konsumquote und dTr die veränderte Transferzahlung). → Ausgabenmultiplikator.

$$dY_m = \frac{b}{1-b} \cdot dTr$$

Transfertheorie, erklärt die Wirkungen internationaler Kapitalübertragungen (wie → Anleihen, Schenkungen, Reparationszahlungen) auf die → Zahlungsbilanz der beteiligten Länder, wobei der reale und monetäre Transfer bei festen und beweglichen → Wechselkursen untersucht wird. Im Vergleich zur Klassik und J.M. Keynes berücksichtigt die neoklassische T. außer den Nachfrageeffekten und deren Bedeutung für den realen Transfer auch die Angebotseffekte internationaler Übertragung von → Kaufkraft.

Transferzahlungen (lat.: transferre = übertragen), Leistungen der Haushalte, Unternehmen und des Staates, für die keine Gegenleistungen entrichtet werden. In diesem weiten Sinne gebraucht auch ein neuer Zweig der → Wirtschaftswissenschaften, die Grants- oder Transferökonomie (K. Boulding, M. Pfaff; früher: Geschenkwirtschaft), diesen Ausdruck. Die meisten T. sind → Sozialleistungen, wie Zuschüsse zur Sozialversicherung, Kindergeld, Fürsorgezahlungen, andere haben die Form von → Subventionen, etwa Preisstützungen für die Landwirt. oder steuerliche Produktions- und Investitionshilfen. Beachtlich sind auch die internationalen T., etwa in Form der privaten und öffentl. → Entwicklungshilfe. Alle T. wirken einkommensumverteilend. Im internationalen Zahlungsverkehr sind T. Zahlungen, die aus der Währung des einen Landes in die des anderen umgewandelt werden. → Übertragungswirtschaft.

Transformation (lat., Umwandlung, Umformung), Veränderung konstituierender Merkmale einer Ordnung (→ Ordnungspolitik), z.B. durch Austausch oder Neugestaltung polit., wirtsch. oder gesellschaftlicher Strukturen. Sie bezeichnet den Übergang von einem System in ein anderes, verbunden mit einer Systemänderung im Kern. In der → Wirtschaftspolitik wird der Begriff der T. meist im Zusammenhang mit Reformstaaten Mittel- und Osteuropas (→ Mittel- und osteuropäische Staaten (MOE)) gebraucht, welche die T. von einer zentralen → Planwirtschaft zu einer → Marktwirtschaft vollziehen. Bei der Betrachtung der Geschwindigkeit der T. wird zwischen Schocktherapie und Gradualismus unterschieden. Während sich der Übergang im ersten Fall in wenigen großen Schritten radikal und schnell vollzieht, erfolgt die Umgestaltung beim Gradualismus langsamer, dosiert in mehreren kleinen Schritten. → Osterweiterung.

Transformationskurve, drückt alle Kombinationen von zwei Erzeugnissen aus, die man mit Hilfe einer bestimmten Menge an Produktionsmitteln im Höchstfalle herstellen kann, falls man also letztere so wirtsch. wie möglich einsetzt. Dabei wird von einer → Vollbeschäftigung der Wirtschaft ausgegangen. Im Punkt c sind die verfügbaren → Hilfsquellen entweder nicht voll eingesetzt, oder aber ihr Einsatz geschieht verschwenderisch. Bei effizienter Allokation und Vollbeschäftigung aller Faktoren könnten alle Warenbündel erzeugt werden, die auf der T. liegen, z.B. in Punkt A die Menge oa an

Kurve der Transformation oder Produktionsmöglichkeiten

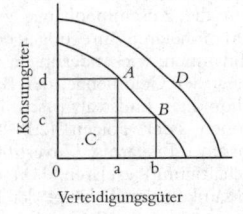

Verteidigungsgütern und die Menge od an Konsumgütern. Die T. ist konkav zum Ursprung, weil ein Konsum einer weiteren Einheit des einen Gutes, bedingt durch die zunehmenden → Grenzkosten, einen ständig wachsenden Verzicht auf das andere Gut erfordert. Erst im wirtsch. Wachstum kann man von beiden Gütern gleichzeitig mehr haben, z.B. im Punkt D auf der neuen T.

Transitivität, drückt die innere (logische) Geschlossenheit oder Konsistenz einer → Präferenzordnung aus. Schätzt jemand bei drei alternativen Warenkörben den Korb eins höher ein als den Korb zwei und diesen wiederum höher als den Korb drei, dann muss automatisch auch die Alternative eins besser sein als die Alternative drei, soll die Ordnung in sich widerspruchsfrei sein: $A_1 > A_2$ und $A_2 > A_3$, dann folgt bei T., dass $A_1 > A_3$ ist. Besteht keine T., dann ist es möglich, dass sich die → Indifferenzkurven schneiden. Während für individuelle Ordnungen die Transitivität plausibel erscheint, ist sie für kollektive Ordnungen umstritten. → Unmöglichkeitstheorem.

Transitorische Posten → Abgrenzung.

Transmissionsmechanismen, sollen die Zusammenhänge zwischen monetären Anregungen oder Maßnahmen, wie Änderungen des Zinses, der Geldmenge, der Bankenliquidität, und realwirtsch. Reaktionen oder Folgen (z.B. für Konsum, Ersparnis, Investition, Beschäftigung) erklären. Von der Wirksamkeit der T. hängt der Erfolg der → Geldpolitik wesentlich ab. Man kann vier Arten unterscheiden: (1) den einfachen → Zinsmechanismus und → Kreditkostenmechanismus, (2) den → Mechanismus der relativen Preise (→ Portfolio-(Auswahl-)Theorie), (3) den → Liquiditätsmechanismus und (4) den nur auf das Preisniveau bezogenen realen → Kassenhaltungseffekt.

Transportmodelle, dienten anfangs dazu, den kostengünstigsten Verkehrsweg abstrakt zu bestimmen. Die Theorie linearer T. für ein Gut wurde auch graphentheoret., zur Netzwerkanalyse (→ Netzwerktechnik) und (als techn. Variante) zur Plantechnik entwickelt und ist ein wichtiges Instrument der einzelwirtsch. Planung. Mit T. kann man komplizierte Tätigkeiten, wie einen chirurgischen Eingriff oder die Montage einer Mondrakete, anschaulich erklären und berechnen.

Tratte, im Wechselrecht ein gezogener → Wechsel, in der Kaufmannssprache ein Schuldwechsel, d.h. ein auf den → Kaufmann oder die → Firma gezogener und daher von ihr geschuldeter Wechsel.

Travellerscheck (engl.: traveller's cheque) → Reiseschecks.

Trend, gibt die Grundrichtung an, in der sich etwa wirtsch. Daten entwickeln. Der T. kann unterschiedliche Formen des Verlaufs annehmen: Er kann steigen, sinken, periodisch schwanken oder auf obere und untere Grenzwerte zusteuern. Einfachstes Bsp. für einen volkswirtsch. T. ist das Wachstum des → Sozialprodukts. Der

Konjunkturverlauf hingegen ist durch zyklische Bewegungen gekennzeichnet. Die Weltbevölkerung wiederum folgt einem T., der geometrisch progressiv oder exponenziell ist. Vom T. ist der Zyklus zu trennen, also die periodischen Abweichungen von der allgemeinen Grundrichtung, die kurzfr. zu beobachten sind. So ist die Konjunktur die zyklische Bewegung um einen Wachstumstrend. Analysiert man hingegen die kurzfr. Schwankungen der volkswirtsch. Aktivität, so können saisonale Einflüsse (wie etwa der sprunghafte Anstieg der Konsumausgaben vor Weihnachten) zyklisch den konjunkturellen T. nach oben oder unten verzerren. Selbst in säkularer Sicht kann man Zyklen vom T. unterscheiden. So gibt es wachstumsstarke und -schwache Epochen (Kondratieff-Zyklus, → Konjunkturbewegungen), in denen die wirtsch. Aktivität stark von der durchschnittlichen Entwicklung abweicht. Die Berechnung von T. spielt in der → Statistik eine wichtige Rolle. Einfachste Form ist der lineare T., also eine Gerade, die eine Schar von Beobachtungswerten möglichst gut durchläuft. Natürlich kann man auch eine nichtlineare Funktion ermitteln, wenn eine gekrümmte Kurve den T. besser abbildet. Die Trendgleichung kann man nach der Methode der kleinsten Quadrate von Gauss berechnen. Dabei wird die Summe aller quadrierten Abweichungen zwischen beobachteten und Trendwerten minimiert, also die beste Annäherung der math. Funktion an die Punkteschar erreicht.

Trendfaktor → Trend.

Trennsystem → Finanzausgleich.

Treuhänder, Person, auf die Rechte zur Ausübung in eigenem Namen, aber in fremdem Interesse übertragen sind. Nach außen, also Dritten gegenüber, wird dem T. vom Treugeber die Rechtsstellung eingeräumt, die der Rechtsübertragung entspricht. Der T. ist zur Einhaltung der mit dem Treugeber vereinbarten Bedingungen verpflichtet, hat also von dem übertragenen Recht nur gemäß der zwischen ihnen getroffenen Vereinbarungen Gebrauch zu machen. Eine Beschränkung der Rechtsstellung des Treuhänders gegenüber Dritten ist wirkungslos. Hauptfälle: → Abtretung von Forderungen, → Sicherungsübereignung.

Treuhandgeschäft, fiduziarisches Rechtsgeschäft, ein Rechtsgeschäft, bei dem jemand als Treugeber einem anderen, dem → Treuhänder, einen Vermögensgegenstand zu getreuen Händen übereignet und ihm damit eine über den mit dem Rechtsgeschäft erstrebten wirtsch. Erfolg hinausgehende Rechtsstellung einräumt. Der Zweck eines T. ist meistens darauf gerichtet, den Treuhänder durch die ihm eingeräumte Rechtsstellung Dritten gegenüber zu sichern oder eine entsprechende Berechtigung zu verschaffen. Der wirtsch. wichtigste Fall des T. ist die → Sicherungsübereignung, die deswegen eine so große Rolle spielt, weil sie bei tatsächlich nicht übertragbaren Werten, wie eingebauten Maschinen, Warenlagern, als Ersatz des vom BGB nicht vorgesehenen »besitzlosen Pfandrechts« dient.

Treurabatt, Rabatt, den → Kartelle ausschl. den von kartellierten Firmen, also nicht von Außenseitern,

Trial-and-Error-Verhalten, besagt in einer primitiven Form, dass man durch wahlloses Probieren versucht, einen bestimmten Erfolg zu erzielen. Eine methodische Anwendung des T. erfordert Einsichten in die wesentlichen Zusammenhänge, wenn man aus dem Irrtum lernen will, um die bewusste Erfahrung im nächsten Versuch zu verwerten. Man kann das Verfahren des »Versuch und Irrtum« unmittelbar empirisch oder an einem Modell durchführen, das von der Wirklichkeit mehr oder weniger abstrahiert. Hier lassen sich moderne Simulationstechniken verwenden. → Simulation.

TRIPS → Agreement on Trade-Related Aspects of Intellectual Property Rights (TRIPS).

Trucksystem (von engl.: truck = Tausch), Entlohnung in Waren. Da dieses System (bereits von A. Smith im → Wohlstand der Nationen verworfen) missbraucht wurde, indem die Waren den Arbeitnehmern entweder zu hoch angerechnet wurden oder diese sich gezwungen sahen, sie zu einem niedrigeren Preise zu verkaufen, wurde in den §§ 115–119b der GewO für alle gewerbl. Arbeiter, Hausgewerbetreibenden und Bergarbeiter das Truckverbot ausgesprochen, das aber nicht für Handlungsgehilfen gilt. Die Unternehmer sind nach Gesetz verpflichtet, die Löhne in bar auszuzahlen. Eine Auszahlung in Waren oder in Marken, für die bestimmte Waren entnommen werden können, oder mittels → Schecks oder → Wechsel ist verboten. Jedoch ist es gestattet, den Arbeitern Lebensmittel zum Selbstkostenpreis (→ Leitsätze für die Preisermittlung auf Grund von Selbstkosten), Wohnung und Landnutzung gegen die ortsüblichen Miet- und Pachtpreise, Feuerung, Beleuchtung, Arzneien und ärztliche Hilfe sowie Werkzeuge und Stoffe zu den ihnen übertragenen Arbeiten für den Betrag der durchschnittlichen Selbstkosten unter Anrechnung bei der Lohnzahlung zu geben.

Trust (engl.: trust company = Treuhandgesellschaft), eine durch Zusammenschluss von Unternehmungen zu Stande gekommene Gesamtunternehmung mit dem Ziel monopolistischer Marktbeherrschung (→ Monopol). Die Einheit wird entweder mit Hilfe einer → Dachgesellschaft oder Kontrollgesellschaft hergestellt, welche die Mehrheit der Aktien der zusammengefassten Unternehmungen übernimmt, oder durch → Fusion (Verschmelzung) zu einer Einheitsunternehmung. Die T. haben sich am stärksten in den USA entwickelt. Anti-Trust-Gesetze sind von den USA ausgegangen (Sherman Act von 1890); ihr Ziel war die Wiederherstellung eines freien Wettbewerbs. → Holdinggesellschaft.

Trustee → Treuhänder.

TWI → Training within Industry.

Typisierung, Typung, Vereinheitlichung von Erzeugnissen in der industriellen → Massenfertigung durch → Normung und Beschränkung auf wenige Typen.

U

Ubiquitäten (lat.: ubique = überall), überall vorkommende Stoffe oder Naturkräfte, die, so weit sie für wirtsch. Zwecke verwandt werden, auf den Standort eines Betriebes keinen Einfluss haben. Wasser und selbst Luft werden immer mehr zu relativen U.

Überbautheorie, K. Marx behauptete ohne Beweis und ohne empirischen Beleg, das Sein bestimme das Bewusstsein, konkret ausgedrückt, die »Produktionsverhältnisse« bestimmten als Grundlage alle gesellschaftlichen Phänomene, den Überbau, wie Bevölkerung, Religion, Kunst und Gesetze.

Überbewertung, entsteht, wenn Vermögensgegenstände in der → Bilanz zu einem Wert eingesetzt werden, der über dem tatsächlichen oder dem zugelassenen liegt. Die Ü. täuscht ein Vermögen vor, das höher ist als das wirklich vorhandene. → Bewertung.

Übereignung, Übertragung des → Eigentums an beweglichen oder unbeweglichen Sachen. Die Eigentumsübertragung eines Grundstücks erfolgt durch Auflassung und Eintragung in das → Grundbuch, die einer beweglichen Sache in der Weise, dass der Eigentümer die Sache dem Erwerber übergibt und beide über den Eigentumsübergang einig sind. Ist der Erwerber bereits im Besitz der Sache, genügt Einigung über den Übergang des Eigentums.

Überflussgesellschaft, nach Galbraith (»Affluent Society«) ein wohlhabendes Land, in dem die meisten Menschen materielle Dinge im Überfluss besitzen und die → Qualität des Lebens, d.h. öffentl. Einrichtungen, wie Parks, Schulen und anderer Dienste, vernachlässigt wird, eine umstrittene Interpretation der amerik. Wirklichkeit.

Übergabe, rechtl. die Übertragung des Besitzes an einer Sache durch Aushändigung. Zur Eigentumsübertragung an beweglichen Sachen ist neben der Einigung über den Eigentumserwerb die Ü. erforderlich.

Überkapitalisierung, der tatsächliche Vermögenswert ist kleiner als die ihn deckende Kapitalsumme, d.h. das → Vermögen ist überbewertet. → Unterkapitalisierung.

Über Pari, über dem Nennwert stehend, über pari-Emission, → Emission (Ausgabe von Wertpapieren) über dem → Nennwert, z.B. von Aktien zu 110 %.

Überproduktion → Saysches Theorem.

Überschießende Wechselkurse (Dornbusch-Modell), wurden von R. Dornbusch 1976 erklärt. Er stellte die Theorie auf, dass ein Überschießen der → Wechselkurse notwendig ist, um vorübergehende Wechselkursschwankungen auf Grund eines Schocks auszugleichen. Der Wechselkurs geht zuerst über das urspr. Wechselkursniveau hinaus, um sich danach einzupendeln.

Überschuldung, liegt vor, wenn die → Schulden das → Vermögen übersteigen. Für die → Aktiengesellschaft (AG) bestimmt § 92 AktG: Wenn sich ergibt, dass das Vermögen nicht mehr die Schulden deckt, hat der Vorstand die Eröffnung der → Insolvenz oder des gerichtlichen Vergleichsverfahrens zu beantragen. Wird bei Aufstellung der Jahresbilanz oder einer Zwischenbilanz Ü. festgestellt, oder ist anzunehmen, dass ein Verlust in Höhe der Hälfte des → Grundkapitals besteht, hat der Vorstand der Aktiengesellschaft unverzüglich die Hauptversammlung einzuberufen und ihr dies mitzuteilen. Auch bei Vereinen hat der Vorstand im Falle der Ü. die Eröffnung der Insolvenz zu beantragen. Beim → Realkredit liegt Ü. vor, wenn die Schulden den Wert der verpfändeten Grundstücks übersteigen.

Überschuss (engl.: surplus), im angels. Bilanzwesen die Größe auf der Passivseite der → Bilanz (balance sheet), die übrig bleibt, wenn man von den gesamten Passiven (liabilities and networth) das Aktien- oder Stammkapital (→ Gesellschaft mit beschränkter Haftung (GmbH)), das → Fremdkapital (Schulden) und die → Rückstellungen abzieht. Im → Budget bedeutet es ebenso einen Überschuss wie die → Konsumentenrente für den Verbraucher (consumer's surplus).

Überschusseinkünfte, steuerrechtl. alle Einkünfte, welche die → Werbungskosten übersteigen. Bsp.: Einkünfte aus nichtselbständiger Arbeit.

Überschussreserve, der Bestand einer Kreditbank an → Zentralbankgeld, der zur Erhaltung ihrer → Liquidität im Sinne der Zahlungsbereitschaft nicht erforderlich ist. Setzt die Zentralbank Mindestreservesätze fest, ist Ü. nur die Differenz zwischen dem Bestand an Zentralbankgeld und der → Mindestreserve der Banken. → Geldschöpfung.

Übertragungsbilanz → Transferbilanz.

Übertragungswirtschaft (engl.: grants economy), Geschenk- oder Transferwirtschaft, ein von Boulding entwickelter Zweig der → Wohlfahrtsökonomie. Er umfasst alle polit. Korrekturen, die vorgenommen werden, um die marktwirtsch. Einkommens-, Vermögens- und Machtverteilung gerechter zu gestalten. Die Ü. versucht, Verteilung und → Umverteilung des volkswirtsch. Ertrags systematisch zu analysieren und zu erklären. Sie untersucht nicht nur Tauschvorgänge, bei denen beide Marktpartner ungleiche Werte auswechseln, sondern auch Leistungen (Übertragungen, → Transferzahlungen), die ohne Gegenleistung gewährt werden. Die Ü. erfasst auch einseitige Leistungen internationaler Art, so z.B. auch die private und staatl. → Entwicklungshilfe.

Überversicherung, liegt vor, wenn die Prämien von einer Versicherungssumme berechnet werden, die über dem tatsächlichen Wert des versicherten Gegenstandes liegt. In diesem Falle zahlt der Versicherte eine zu hohe → Prämie; im Schadensfalle erhält er jedoch nicht mehr als den tatsächlichen Schaden ersetzt. Umgekehrtes gilt für eine Unterversicherung.

Überweisungsscheck, eine im Verkehr der Banken untereinander übliche Überweisung, z.B. von einem Girokonto bei einer Landeszentralbank auf ein anderes. Auch die Effektenübertragung von einem Konto auf ein anderes im Effektengiroverkehr geschieht durch Ü. (→ Effekten). Solche Ü. sind keine → Schecks im Sinne des Scheckgesetzes.

Überzeichnung, die bei der → Emission von Wertpapieren vorkommende, über den Betrag der Emission hinausgehende Zeichnung. Im Falle der Ü. muss Zuteilung (→ Repartierung) erfolgen.

Ultimo (lat., am letzten Tage), im Geschäftsverkehr die Bezeichnung für den letzten Tag eines Zeitabschnitts, etwa eines Monats oder eines Vierteljahres. Ultimogeld ist Monatsgeld, also ein kurzfristiger → Kredit, der im Börsenverkehr von Monat zu Monat gewährt wird. Ultimoregelung ist die am U. erfolgende Abwicklung von → Börsengeschäften. Ultimodifferenz ist im Börsentermingeschäft die am Monatsende sich ergebende Unterschied zwischen Termin- und Liquidationskurs. Ultimogeschäfte sind im Börsenverkehr Zeitgeschäfte, die am U. abgewickelt werden. Ultimoliquidation ist die am Monatsende bei den Liquidationskassen vorgenommene gemeinsame Abrechnung aller laufenden Zeitgeschäfte.

Ultimogeld → Ultimo.

Umlageverfahren, in der → Sozialversicherung eine Finanzierung, bei der die Beiträge eines Jahres die Renten decken. Eine Übertragung von Einkommen über mehrere Jahre unterbleibt. Ist die Verteilung der Einkommen der Nutzer- und Zahlergruppe gleich, findet keine → Umverteilung statt. → Generationenvertrag, → Kapitaldeckungsverfahren.

Umlaufgeschwindigkeit des Geldes, drückt aus, wie oft die in einer Volkswirtschaft verfügbare → Geldmenge während einer Periode zu Zahlungen benutzt wird (Zahlungshäufigkeit). Die → Neue Quantitätstheorie berücksichtigt, dass die Umlaufgeschwindigkeit sich ändern kann, wenn infolge einer Zinserhöhung inaktives Geld »aktiviert« wird. M. Friedman hat im säkularen Trend eine abnehmende U. empirisch ermittelt. → Einkommensgeschwindigkeit.

Umlaufvermögen, besteht im Gegensatz zum → Anlagevermögen aus den im Betrieb eingesetzten, nicht zum dauernden Gebrauch bestimmten, sondern zur Weiterveräußerung oder zur finanziellen Abwicklung dienenden Gütern. Es geht beim → Umsatz mit seinem vollen Wert, nicht wie das Anlagevermögen nur mit dessen Teilmengen, in die Erfolgsrechnung ein. Zur Verringerung der Zinskosten wird der Betrieb eine hohe Umsatzgeschwindigkeit des U. anstreben. → Bilanz.

Umsatz, in einem Wirtschaftsbetrieb das nach Wert und Menge Umgesetzte. Während die hergestellten und verkauften Güter angeben, wie viel der Menge nach umgesetzt worden ist, wird in einem Betrieb, der auf Grund von → Buchführung und → Bilanz Vermögen und Kapital einander ge-

Umsatzausgleichsteuer

genüberstellt, der U. auch dem Wert nach bestimmt und somit auf Kapital und Gewinn bezogen. Der U., für eine Zeitspanne berechnet, bezieht sich im Gegensatz zum Absatz, der nur den Verkauf umfasst, auf alle Stadien des volkswirtsch. und betriebl. Ablaufs. Wird der U. zum → Kapital der Unternehmung in Beziehung gesetzt, spricht man von Kapitalumschlag, der besagt, wie oft jährlich das Kapital umgesetzt wird. Je höher er ist, umso rascher vollzieht sich der Kapitalumschlag, umso größer ist die Umsatzgeschwindigkeit. Der höchste → Gewinn wird dort erreicht, wo eine hohe Umsatzgewinnrate, d.h. der Gewinn in Prozent des U., mit hoher Umsatzgeschwindigkeit zusammenfällt. Je länger die Kapitalumschlagsperiode ist, desto höher muss der Gewinn je Umsatzeinheit sein, falls der Betrieb rentabel arbeiten soll. Moderne Betriebe versuchen, die Umsatzgeschwindigkeit und damit den Kapitalumschlag zu beschleunigen, um so die absolute Höhe des Gewinns und damit die → Rentabilität zu steigern. Bei Massenartikeln wird versucht, die Umsatzgewinnrate zu schmälern, dafür aber den U. zu erhöhen. Als → Grenzumsatz bezeichnet man das Verhältnis einer kleinen Veränderung des U. zu der ihr entsprechenden Änderung der Absatzmenge. → Umsatzsteuer.

Umsatzausgleichsteuer, wird als Teil der → Umsatzsteuer bei der Einfuhr ausländ. Güter in das Zollgebiet erhoben. Sie soll einen Ausgleich für die umsatzsteuerliche Belastung sein, der die Güter inländ. Ursprungs unterworfen sind.

Umsatzgeschwindigkeit → Umsatz.

Umsatzkostenverfahren, bietet eine Möglichkeit zur Gestaltung der Erfolgsrechnung eines Unternehmens, wobei den Umsatzerlösen die Aufwendungen bzw. Kosten der erbrachten Leistungen für die verkauften Güter gegenübergestellt werden (Nettoprinzip). → Kapitalgesellschaften können nach § 275 I HGB neben dem → Gesamtkostenverfahren das U. zur Aufstellung der → Gewinn- und Verlustrechnung (GuV) anwenden. Den erzielten Umsatzerlösen werden dabei zur Ermittlung des Bruttoergebnisses zunächst die Herstellkosten der erstellten Leistungen gegenübergestellt. Das betriebl. Ergebnis ergibt sich nach Abzug der Vertriebs- und der allgemeinen Verwaltungskosten sowie unter Berücksichtigung des Saldos der sonstigen betriebl. Aufwendungen und Erträge. Nach Einbezug des außergewöhnlichen Ergebnisses (Saldo aus außergewöhnlichen Erträgen und außergewöhnlichen Aufwendungen) und der Steuern vom Einkommen und vom Ertrag ergibt sich daraus der Jahresüberschuss oder -fehlbetrag.

Umsatzrendite, ergibt sich aus der Division des Periodenerfolgs eines Unternehmens durch die Summe der Nettoumsätze einer Periode. Sie zeigt, wie hoch der → Gewinn pro einem EUR erzielten → Umsatzes ist. Zu unterscheiden sind die: Bruttoumsatzrendite: Erfolg vor Zinsen und Steuern/Nettoumsätze; Nettoumsatzrendite: Erfolg nach Zinsen und Steuern/Nettoumsätze. Als Maßgrößen für den zugrundegelegten Periodenerfolg eignen sich der bilanzielle Periodenerfolg oder der ordentliche, um das außerordentliche und Finanzergebnis bereinigte, Betriebserfolg.

Umsatzsteuer, eine → indirekte Steuer, die Traglast liegt beim Endverbraucher. Als → Mehrwertsteuer wird nur der bei jeder Handelsstufe entstehende Mehrwert steuerlich berechnet, und so kann die U. als gezahlte Umsatzsteuer bzw. → Vorsteuer geltend gemacht werden. Nach dem UstG wird die U. fällig bei: (1) Lieferungen und sonstigen Leistungen eines Unternehmens im Inland, (2) Eigenverbrauch, (3) Gesellschafterverbrauch, (4) Einfuhr von Gegenständen aus Staaten außerhalb der EU; die dann anfallende Einfuhrumsatzsteuer wird vom Zoll erhoben, und (5) innergemeinschaftlichem Erwerb (Importe aus EU-Mitgliedsstaaten) im Inland. → Europäischer Binnenmarkt.

Umsatzsteuer-Identifikationsnummer (USt-IdNr.), Berechtigung für die Teilnahme am → Europäischen Binnenmarkt im Rahmen des Umsatzsteuer-Kontrollverfahrens. Der Besitzer einer U. kann steuerfrei in einen anderen Mitgliedstaat der → Europäischen Union (EU) liefern, wenn auch der Erwerber eine gültige U. besitzt. Da an den Binnengrenzen der EU die Grenzkontrollen und damit auch die Erhebung der → Einfuhrumsatzsteuer weggefallen sind, musste zur Sicherung des Steueraufkommens ein Kontrollverfahren entwickelt werden. Dies beruht auf einem rechnergestützten EU-weiten Informationsaustausch bestimmter Daten, die in Deutschland beim Bundesamt für Finanzen gespeichert sind. → Vorsteuerabzug.

Umschlagskoeffizient → Lagerdauer, durchschnittliche.

Umschlagspunkt → Break-Even-Punkt.

Umverteilung, auch → Sekundärverteilung, das Ergebnis aller Eingriffe des Staates in die → Primärverteilung (Marktverteilung) der Einkommen und Vermögen. Das Konzept der Pareto-optimalen Verteilung soll helfen, unterschiedliche Verteilungslagen für eine Gruppe oder Gemeinschaft zu ordnen, um dadurch eine U. sinnvoll zu begründen. Da Übertragungen von Einkommen oder Nutzen sowohl für den Empfänger als auch für den Geber zu einer erhöhten Wohlfahrt führen, wenn wechselseitig bedingte → Nutzenfunktionen angenommen werden, lässt sich eine im Sinne Paretos optimale Verteilung erzielen, wenn keine U. mehr möglich ist, die für die Betroffenen Vorteile bringt oder der gegenüber sie zumindest indifferent sind. Die Einwände gegen dieses Theorem richten sich gegen die Nutzeninterdependenzen, die empirisch nicht zu messen sind, ferner gegen Annahmen über die Einkommensverteilung. → Lorenz-Kurve, → Pareto-optimale Umverteilung, → Einkommensumverteilung, → Budgetinzidenz, → Verteilungstheorie, → Vermögensverteilung.

Umwegsrentabel, private (→ Kapitalproduktivität) und öffentl. Investitionen können U. sein. So kann eine verbesserte → Infrastruktur die marktwirtsch. → Produktivität erhöhen, also U. machen, doch müssen U. → Staatsausgaben deshalb nicht produktiv sein.

Umweltforschung, Teilgebiet der Zukunftsforschung, analysiert die durch den raschen → technischen Fortschritt eintretende Veränderung der Umwelt des Menschen. Sie liefert die Grundlage für den → Umweltschutz und die → Umweltpolitik, die versucht, Störungen des ökologischen Gleichgewichts (→ Ökologie) zu verhindern oder zu mildern. An der U. sind eine Reihe von Disziplinen der Wissenschaften beteiligt.

Umweltkosten, setzen sich aus Investitionen und Betriebskosten sowie Aufwand für → Umweltforschung zusammen, worin öffentl. und private Belastungen enthalten sind.

Umweltökonomik, umfasst analytisch und empirisch den Zusammenhang zwischen Wirtschaft und Umwelt und erarbeitet die Instrumente, mit denen man unerwünschte Umweltschäden vermeiden oder beseitigen kann. Der → Nutzen-Kosten-Analyse (NKA) kommt in der angewandten U. besondere Bedeutung zu.

Umweltpolitik, versucht, Umweltziele inhaltlich zu bestimmen und geeignete Mittel und Träger für eine wirksame U. zu finden. Neben Umweltministerien und Ämtern bieten sich Zweckverbände als geeignete Einrichtungen für U. an. Ziele der U. können ökonom., medizinischer, soz. und ästhetischer Natur sein, wobei die Erschöpfung der → Hilfsquellen und die Schädigung der Umweltmedien (Oberfläche der Erde, Luft, Wasser) mit Abfällen eine entscheidende Rolle spielen. Zu den zahlreichen Mitteln der U. zur Verbesserung der Umweltqualität (via Schadensminderung) zählen: Ausbau der → Infrastruktur, Förderung der → Umweltforschung, Gestaltung der Nutzungsrechte, Belastung der Verursacher durch Steuern und Auflagen (Immissionsvorschriften) oder Anreize durch Subventionen. Die U. kann sich auf folgende Bereiche erstrecken: (1) Entlastung der Rohstoffquellen durch Wiederverwendung von Abfallprodukten (→ Recycling), (2) geringerer Verbrauch von Ressourcen je Erzeugungseinheit und (3) Erweiterung und Verbesserung der Umweltkapazität.

Umweltschutz, der Schutz von Menschen und ihrer natürlichen Umwelt vor → Emissionen und → Immissionen. Das → Immissionsschutzgesetz (BImSchG) regelt rechtl. den U., der sich auf Luft, Wasser, Lebensmittel, Lärm, feste Abfälle und Umweltchemikalien erstreckt. Die Aufwendungen für U. setzen sich aus Investitionen, Betriebskosten und Aufwand für → Umweltforschung zusammen, wobei alle öffentl. und privaten Belastungen enthalten sind.

Umweltverschmutzung → Umweltschutz.

Umweltwirtschaft, Theorie der, untersucht die Wechselwirkungen zwischen Umwelt und Wirtschaft und entwickelt ökonom. Grundsätze für den → Umweltschutz. Die Umweltökonomie betrachtet die Welt als Quelle und Lieferant bestimmter Leistungen: (1) als Rohstofflieferant oder als Raum für

Kosten der Umweltverschmutzung und des Umweltschutzes

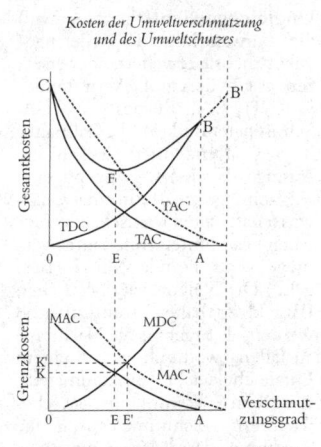

Quelle: R. und P. Musgrave, Public Finance in Theory and Practice, New York 1973, S. 693.

Menschen, Tiere und Pflanzen und (2) als Schadstoffempfänger für Abfallprodukte aus Produktion und Konsum. Die Umwelt wird als öffentl. Gut betrachtet, dessen Nutzung positive und negative → externe Effekte verursachen kann und das auch nichtregenerierbare → Hilfsquellen beansprucht. Auf der Grundlage wirtsch. Optimalität werden Angebot und Nachfrage (auch qualitativ) anhand marginaler Kosten und Erträge einander gegenübergestellt, wobei nach einer optimalen Umweltqualität gesucht wird. Die Graphik zeigt, wie sich Umweltschutz auf analytischer Basis wirksam durchführen lässt. Angenommen, ohne Umweltschutzmaßnahmen führe die Produktion einer bestimmten Menge zu einem Verschmutzungsgrad in Höhe von 0A, wobei die Kostenkurve der Umweltschäden TDC, die z.B. auch Gesundheitsschäden umfasst, von 0 (keinerlei Verschmutzung) bis B (höchster Verschmutzungsgrad) verliefe. Die Kurve TAC drückt die Kosten für die Reinhaltung aus, wobei 0C der Aufwand ist, wenn jegliche Verschmutzung vermieden wird. Diese Umweltschutzkosten werden mit steigendem Verschmutzungsgrad bis auf null (Punkt A) abnehmen. Addiert man die Werte beider Kurven, erhält man die Kurve CFB, die alle Kosten des Umweltschutzes und der restlichen Verschmutzung erfasst. Im Kostenminimum F ist dann der effizienteste Grad des Umweltschutzes erreicht. In der unteren Graphik wird dieser Zusammenhang anhand von Grenzkostenkurven ausgedrückt. Dort, wo sich die Grenzkostenkurve der Umweltschäden MDC mit der Grenzkostenkurve der Reinhaltung MAC schneidet, liegt wiederum der optimale Umweltschutz. Will man nun einen öffentl. oder privaten Betrieb veranlassen, Umweltmaßnahmen zu ergreifen, welche die Verschmutzung bis auf 0E vermindern, könnte man eine Steuer in Höhe von 0K je Verschmutzungseinheit erheben. Im Bereich von A bis E wären dann die Reinhaltungskosten für den Betrieb geringer als die Kosten der Steuer, so dass die Beseitigung der Verschmutzung billiger käme. Erhöht man den Ausstoß, nimmt auch die Verschmutzung zu, und die Kurven verschieben sich (gestrichelte Linien).

UN (United Nations) → Vereinte Nationen.

Unbeschränkte Steuerpflicht → Steuerpflicht.

UNCTAD (United Nations Conference on Trade and Development) → Welthandelskonferenz.

Uneinbringliche Forderungen, in der Wirtschaft Außenstände, die als verloren anzusehen sind. Nach § 40 HGB sind sie abzuschreiben. → Forderungen.

Unfallversicherung, (1) gesetzl. U.: Zweig der → Sozialversicherung mit den Aufgaben der Unfallverhütung, sowie Erste Hilfe, Durchführung von Heilverfahren und Unfallentschädigung durch Geldleistungen an die Versicherten bei Arbeitsunfällen. Träger der U. sind die Berufsgenossenschaften, Unfallkassen und Gemeindeunfallversicherungsverbände. (2) privatrechtl. U.: Pensionsversicherungen, durch die in Form einer Kapital- oder Rentenversicherung der Verlust der Erwerbsfähigkeit durch Unfall versichert werden kann.

Ungedeckter Kredit, Blankokredit, → Kredit, für den im Vertrauen auf die wirtsch. Leistungsfähigkeit des Kreditnehmers keine Sicherheiten gefordert werden. Kleinkredite der Banken sind meist → Personalkredit.

Ungleichgewicht, gesamtwirtschaftliches, nach dem → Stabilitätsgesetz (StWG) soll die Bundesregierung im Falle eines U. zu konjunkturpolit. Maßnahmen ermächtigt werden. Ein U. liegt vor, wenn in der Volkswirtschaft die effektive Gesamtnachfrage das Güterangebot übersteigt und es zu inflationären Preissteigerungen kommt und umgekehrt.

Ungleichgewichtstheorie, will die Anwendung der Gleichgewichtstheorie erweitern oder ersetzen, es gibt drei große Vertreter der U.: (1) J. M. Keynes, (2) J. A. Schumpeter und (3) J.K. Galbraith. Keynes argumentiert gegen die Aussage, dass jedes → Angebot eine → Nachfrage schafft. In einer Geldwirtschaft halten Menschen immer einen bestimmten Anteil ihres Vermögens als liquide Mittel (Bargeld). Die Neigung der Menschen Bargeld zu halten, kann zu groß werden, als Ergebnis die Nachfrage ausfallen, wodurch es zu einem Ungleichgewicht (Einkommen ≠ Ausgaben) kommt (→ Saysches Theorem). Schumpeter traf die Annahme, dass Märkte nie im → Gleichgewicht sind. Er begründete diese Annahme damit, dass es das Ziel eines jeden Unternehmens ist, Monopolpreise zu erzielen. Diese sind von Innovationen abhängig, welche sehr kostenintensiv sind. Unternehmen versuchen, die Konkurrenz durch monopolistisches Agieren am Markt zu reduzieren, um die eigenen Investitionen zu schützen. Spontanes Agieren am Markt wird dadurch ausgeschlossen, was zu einem Ungleichgewicht führt. Galbraith argumentierte, dass auf Grund mächtiger Konzerne die Theorie vollkommener Märkte nicht zur Grundlage ökonom. Überlegungen gemacht werden könne. Er vertrat die These, dass Unternehmen nicht der → Gewinnmaximierung folgen, sondern, auf Grund der hohen Koordinationsaufwendungen bezüglich Produktion und Organisation, den langfr. Erhalt. Dieser langfr. Erhalt des Unternehmens sei nicht mehr über Preismechanismen am Markt sondern durch staatl. und industrielle Prozesse zu sichern sei. Die Gewinne und Preise würden dadurch stabilisiert.

United Nations Conference on Trade and Development (UNCTAD) → Welthandelskonferenz.

United Nations Economic and Social Council (ECOSOC) → Wirtschafts- und Sozialrat der Vereinten Nationen.

United States Generally Accepted Accounting Principle (US-GAAP), Bezeichnung für die Bilanzierungsvorschriften in den USA. Vorgeschrieben sind u.a. die Erstellung einer → Bilanz, einer → Gewinn- und Verlustrechnung (GuV), einer Kapitalflussrechnung und einer Eigenkapitalverwendungsrechnung sowie Erläuterungen der angewandten Bilanzpolitik. Börsennotierte Unternehmen müssen zusätzliche Vorschriften der Wertpapier- und Börsenaufsichtsbehörde in den USA beachten. Das U. weist im Vergleich zum HGB einige Unterschiede auf, wie z. B. bei den Bilanzierungswahlrechten. → International Accounting Standards (IAS).

Universalbank, Kreditinstitut, das im Gegensatz zu → Spezialbanken alle oder zumindest eine große Anzahl von → Bankgeschäften tätigt.

Unkosten → Gemeinkosten.

Unlauterer Wettbewerb, Verhalten auf einem Wettbewerbsmarkt, das gegen die guten Sitten verstößt. Bsp.: unlauteres Werben oder Herabsetzen fremder Geschäfte. Das Gesetz gegen Wettbewerbsbeschränkungen (→ Kartell) umfasst neben der Generalklausel eine Reihe von Einzeltatbeständen. Das UWG ist Teil des Wettbewerbsrechts und stellt Mindestregeln auf, die verhindern, dass der → Wettbewerb ausartet.

Unmöglichkeitstheorem, Arrow-Paradoxon, wurde von K. J. Arrow aufgestellt; es zeigt, dass es bei Mehrheitswahlen nicht immer zu eindeutigen Abstimmungser-

Unmöglichkeitstheorem

a

b

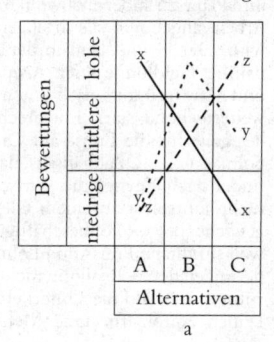

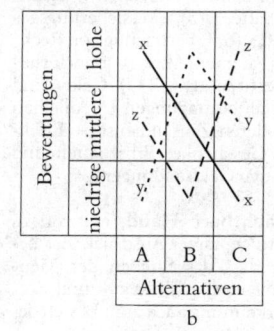

gebnissen kommen muss. Angenommen, es gäbe drei Wähler x, y und z und drei zur Wahl stehende Alternativen A, B und C: Der Wähler x soll A gegenüber B und B gegenüber C, der Wähler y B gegenüber C und C gegenüber A und der Wähler z C gegenüber B und B gegenüber A vorziehen. (Abb. a). Muss über Alternativpaare abgestimmt werden, gewinnt die Alternative B die Mehrheit über A und C. Würde der Wähler z hingegen C gegenüber A und A gegenüber B vorziehen (Abb. b), so gewänne bei einer paarweisen Abstimmung A über B und B über C, aber auch C über A, so dass das Ergebnis allein von der Reihenfolge der Wahl abhinge. → Wahlverfahren, Abstimmungsregeln, politische.

Unsicherheit → Risiko.

Unsichtbare Aus- und Einfuhr, im Gegensatz zum reinen Warenverkehr (→ Handelsbilanz, → Zahlungsbilanz) alle sonstigen Leistungen und Wertübertragungen, die im zwischenstaatl. Verkehr eine Rolle spielen, ohne in der Außenhandelsstatistik sichtbar zu werden. Es gehören dazu: (1) der Reiseverkehr, (2) Transportleistungen, (3) Fremdenverkehrsleistungen, (4) Bankgeschäfte, (5) Versicherungsgeschäfte, (6) Übertragung von Rechten (Patenten, Verlags- und Urheberrechten usw.), (7) Geld- und Kapitalübertragungen (→ Anleihen und deren Zinsendienst, → Effekten, Geschenke, Erbschaften und sonstige Geldsendungen).

Unsichtbare Hand, ein von A. Smith geprägter Ausdruck, der besagt, dass das Streben der Menschen nach Wohlstand und soz. Anerkennung auch zum Besten des Gemeinwesens beitrage, wenn freier → Wettbewerb Moral und Rechtsnormen den Eigennutz (→ Selbstinteresse) in solche Bahnen lenken, in denen er von selbst, also unbeabsichtigt, das → Gemeinwohl fördert, so, als ob der Einzelne »von einer Unsichtbaren Hand geführt werde, einem Zweck zu dienen, der nicht in seiner Absicht liegt«. Unter solchen Umständen, und nur unter solchen, sollte der Staat nicht (auch nicht indirekt) in den Markt eingreifen. Die U.-These ist also weder ein Freibrief für absolutes → Laissez-Faire noch ein Argument für ein minimales Angebot an → öffentlichen Gütern oder gar für ineffiziente Staatstätigkeit.

Unterbeschäftigung, ist gegeben, wenn das volkswirtsch. → Produktionspotenzial, wozu die Ausrüstungs- und Anlagekapazitäten sowie die Zahl der Beschäftigten zählen, nicht voll ausgelastet ist. Nach J.M. Keynes ist im Gegensatz zur klassischen Ökonomie ein → Gleichgewicht bei U. möglich, wobei der → Arbeitsmarkt nicht »geräumt« ist. Weder Anbieter noch Nachfrager nach Arbeit sehen sich bei gegebenem Lohnsatz veranlasst, ihre Pläne zu ändern, obwohl mehr Arbeit angeboten als nachgefragt wird. Der Grund liegt in der Annahme, Geldlöhne seien aus polit. und Marktgründen nach unten hin weitestgehend starr. Entsprechendes gelte für die Preise auf Oligopolmärkten. Unabhängig davon findet nach Keynes die Wirtschaft nicht von selbst zu einem Gleichgewicht bei → Vollbeschäftigung, weil simultane Preis- und Lohnänderungen den → Reallohn nicht berühren, weshalb die Unternehmer keinen Anreiz für eine Mehrbeschäftigung haben. Ferner führe eine Herabsetzung des Geldmarktzinses zu keinem Aufschwung, weil die entscheidenden Investitionen nicht ausreichend zinselastisch seien. Schließlich bringe der verringerte Geldbedarf für Umsatzzwecke keine Entspannung am Geldmarkt und damit keinen Anreiz zur Expansion, weil das verfügbare Geld für spekulative Zwecke genutzt werde. Pigou, die Neoklassik und die → Monetaristen haben die Keynes-Theorie als unzutreffend abgelehnt.

Unterbewertung, in der → Bilanz eine → Bewertung, welche die Vermögensgegenstände im Verhältnis zu ihrem tatsächlichen (z.B. Anschaffungs-)Wert niedriger ansetzt und so stille Reserven (→ Rücklagen) bildet. Nach § 40 HGB sollen bei der Aufstellung des → Inventars und der → Bilanz sämtliche Vermögensgegenstände und Schulden nach dem Tageswert angesetzt werden. Da aber der Kaufmann die Lage seines Vermögens nach den Grundsätzen ordnungsmäßiger → Buchführung (GoB) ersichtlich machen soll und diese mit Rücksicht auf die innere Festigkeit des Unternehmens einen vorsichtigen und auf die Zukunft Rücksicht nehmenden Wertansatz verlangt, sind U. in der kaufmännischen Bilanz rechtl. zugelassen und in der Praxis üblich, allerdings steuerrechtl. nichtig. → Überbewertung.

Unterbilanz, der im Verhältnis zu einer festen Kapitalsumme eingetretene Vermögensverlust, der in der → Bilanz als Unterschied zwischen → Aktiva und → Passiva in Erscheinung tritt und auf der Aktivseite der Bilanz als → Verlust aufgeführt wird. § 92 AktG legt für die → Aktiengesellschaft (AG) einen gesetzl. Begriff der U. fest. Der Gesetzgeber bestimmt: Erreicht der Verlust, der sich bei der Aufstellung der Jahresbilanz oder einer Zwischenbilanz ergibt, die Hälfte des → Grundkapitals, hat der Vorstand unverzüglich die Hauptversammlung einzuberufen und diese zu informieren. Was allerdings geschehen soll, darüber sagt das Gesetz nichts. Meistens wird eine Sanierung vorgenommen werden.

Unterkapitalisierung, wenn der wirkliche Vermögenswert größer als die ihn deckende Kapitalsumme ist, dann liegt U. eines Unternehmens vor, das Vermögen ist also unterbewertet. Das Umgekehrte gilt für die → Überkapitalisierung.

Unterkonsumtionstheorie → Konjunkturtheorien.

Unternehmensbewertung, Bestimmung des Werts eines Unternehmens insbes. bei der Übernahme durch ein anderes Unternehmen oder bei einer → Insolvenz. Bei der U. wird auf → Daten zurückgegriffen, die aus dem → Rechnungswesen bzw. → Controlling zur Verfügung gestellt werden. Auf Basis dieser Erkenntnisse sollen auch gegenwärtige und zukünftige Aspekte, die den Unternehmenswert beeinflussen, miteinbezogen werden. Zur Bestimmung des Unternehmenswerts kommen verschiedene Methoden zum Einsatz, z.B. die Ertragswertmethode. Es stehen ertrags- oder erfolgsorientierte Bewertungsmethoden gegenüber. Während in der → Betriebswirtschafslehre (BWL) die erfolgsorientierte U. immer stärker dominiert, hält die Rechtsprechung zum § 305 Abs. 3 Satz 2 AktG an der Auffassung fest, dass der für die Barabfindung maßgebende Wert der Unternehmung aus dem Substanzwert und dem → Ertragswert zu bilden ist. Es muss die Vermögens- und Ertragslage berücksichtigt werden.

Unternehmensforschung, spezielle Vorgehensweise, die optimale Entscheidungen bei privatwirtsch. und öffentl. Planungen vorbereiten soll. Die Vorschläge sollen optimal in Bezug auf vorgegebene Ziele sein. Die wichtigsten Modelle bzw. Verfahren der U. sind: (1) math. Programmierung (z.B. → lineare Programmierung, nichtlineare, dynamische, ganzzahlige und stochastische Programmierung), (2) → Spieltheorie, (3) → Warteschlangentheorie, (4) Graphentheorie (z.B. → Netzplantechnik), (5) heuristische Verfahren, (6) Simulationsmodelle (→ Monte-Carlo-Methode) und (7) statistische Methoden (z. B. → Wahrscheinlichkeitstheorie, → Regression). Der Anwendungsbereich ist ebenso vielfältig wie die Methoden und reicht von der Absatz-, Beschaffungs-, Investitions- oder Terminplanung über Transport-, Lagerhaltungs- und Mischungsprobleme bis zur Finanzierung.

Unternehmensführung, befasst sich als betriebswirtsch. Funktionallehre im Wesentl. mit folgenden Aufgaben: Auswahl des → Führungsstils, → Unternehmenspolitik, → Planung, → Organisation, → Informationssysteme und → Personalführung. Zu neueren Entwicklungen der U.: → Controlling, → Management, → Shareholder-Value.

Unternehmensführung nach dem Ergebnis (engl.: management by results), will die Zielplanung zum Führungsinstrument für die Mitarbeiter sinnvoll ausbauen und auf diese Weise die dezentralen Entscheidungen abstimmen. Um das zu erreichen, sollen sich die Betriebsbereiche auf klar umrissene Entscheidungsgrundsätze ausrichten können, sie sollen durch ihre Aufgaben motiviert und engagiert werden, und alle Entscheidungsträger sollen unterrichtet sein, welches Verhalten von ihnen erwartet wird. Dabei wird der Unterschied zwischen effektiver und geplanter Leistung laufend ermittelt. → Profit Center, → Outsourcing, → Unternehmensführung.

Unternehmenspolitik, setzt die Aufgaben oder Ziele einer Unternehmung fest und bestimmt somit die Strategie. Ferner plant sie die Maßnahmen, die zur effizienten Erfüllung der Aufgaben erforderlich sind, d.h. sie führt das Unternehmen taktisch. Der erste Teil der Aufgabe fällt im Wesentl. bei Neugründung, Wechsel der Rechtsform, Konsolidierung usw. an. So soll etwa entschieden werden, ob eine risikoreiche Expansionspolitik betrieben werden soll. Nach Mertens gehören zur taktischen U. laufende Entscheidungen über Produktion, Einkauf, Lagerhaltung, Forschung und Entwicklung, Finanzierung usw. → Unternehmensführung.

Unternehmer, erfüllt eine höchst wichtige Aufgabe in einer freiheitlichen → Marktwirtschaft, indem er aus eigener Initiative bei voller Übernahme des → Risikos und der Verantwortung → Produktionsfaktoren zusammenführt, um Güter oder Dienste herzustellen, die er mit Gewinn am Markt abzusetzen hofft. Ohne die Initiative und Risikoübernahme ist eine wirtsch. Entwicklung nicht denkbar. J. A. Schumpeters Begriff des dynamischen U., der die Produktivkräfte neu oder andersartig kombiniert, umfasst (1) neue Produktionsmethoden, (2) Herstellung und Durchsetzung neuer Produkte und neuer Qualitäten, (3) neue Formen der Organisation, (4) Erschließung neuer Bezugsquellen und (5) neuer Absatzmärkte. → Innovation. Darüber hinaus ist er der verantwortliche Leiter des Ablaufs im Betrieb, den er auch führt. Der U. muss nicht gleichzeitig Kapitaleigner sein. Leitende Angestellte oder → Manager sind in der modernen Wirtschaft ebenfalls U. Handelsrechtl., zivilrechtl. und umsatzsteuerlich wird der Begriff U. jeweils verschieden definiert.

Unternehmergewinn, die für das Einkommen des → Unternehmers übliche Bezeichnung. Anfangs hat man ihn als Profit zum Kapitalgewinn in Beziehung gesetzt und ihn als solchen zu erklären versucht. Der französische Nationalökonom J.B. Say hat als Erster die komplexe Natur des U. erkannt (Unternehmerlohn, Kapitalzins und U. i.e.S.). Der U. hat in der → Volkswirtschaftslehre (VWL) unterschiedliche Deutungen erfahren: Er sei Risikoprämie oder Entgelt für das Wagnis. Er sei Residualeinkommen, d.h. der nach Abzug aller anderen Einkommen verbleibende Rest oder Überschuss über die Kosten. Die Friktionstheorie erklärt den U. aus den Extraprofiten, die sich infolge der unvollständigen Auswirkung der Preisgesetze oder aus der Ungleichheit der Produktionskosten der verschiedenen Unternehmungen ergeben. Die dynamische Theorie des U. nimmt an, dass es in einer statischen Wirtschaft keinen U. geben könne und erklärt ihn daher aus dem dynamischen Charakter der kapitalistischen Wirtschaft, wie er sich aus den immer wieder neuen Kombinationen und Konstellationen ergibt (J.A. Schumpeter). Dabei tritt der Zufalls- und Glückscharakter des U. stärker in den Vordergrund. Andere wiederum betrachten ihn als → Quasirente (Marshall), wiederum andere als Differenzialgewinn. Wer in der Wirtschaft der Persönlichkeitsleistung besonders hohe Bedeutung beimisst, der betont der pers., schöpferische Leistung des Unternehmers und sieht in ihr die Quelle des U. J.M. Keynes weist auf das psychologische Moment der Risikofreudigkeit im Zusammenhang mit den Investitionsentscheidungen hin und spricht vom Residualeinkommen als von dem Einkommen, das weder vertraglich abgemacht noch rational berechnet werden kann (irrationaler Charakter des U.).

Unternehmerverband → Verband.

Unternehmung, Unternehmen, im Unterschied zum Betrieb und Werk die durch wirtsch. Einheit gekennzeichnete Zusammenfassung von → Arbeit und → Kapital. Eine U. kann mehrere Betriebe umfassen, ggf. sogar, wie bei → Konzernen, eine ganze Reihe von Betrieben zu einer Einheit im Sinne der Herausbildung gemeinsamer Unternehmungsfunktionen zusammenfassen.

Unternehmungszusammenschlüsse → Kartell, → Konzern, → Trust.

Unter Pari, unter dem Nennwert stehend, unter pari-Emission, d.h. die Ausgabe von Wertpapieren unter dem →Nennwert, z.B. von → Pfandbriefen zu 93 %. → Aktien dürfen nach § 9 AktG nicht für einen geringeren als den Nennwert ausgegeben werden.

Unterschrift, der unter eine Urkunde eigenhändig geschriebene Name des Ausstellers. Sie kann durch gerichtliche oder notarielle Beurkundung ersetzt werden. Die sog. Blankounterschrift, über die der Text der → Urkunde erst nachträglich gesetzt wird, ist zulässig. In einer Reihe von → Rechtsgeschäften ist schriftliche Form gesetzl. vorgeschrieben, z. B. das Bürgschaftsversprechen und das eigenhändige Testament. Zur Prüfung der U. haben die Banken eine Unterschriftenkontrolle in der Weise eingeführt, dass die U. ihrer Kunden bei der Bank hinterlegt werden, damit bei → Schecks, Bankaufträgen usw. die Echtheit der U. geprüft werden kann.

Unvollkommene Information, der in der → Volkswirtschaftslehre (VWL) oftmals angenommene Markt mit vollkommener Marktinformation ist eigentlich ein Grenzfall. Üblicherweise werden Güter und Dienstleistungen von unvollkommen informierten Kunden erworben. Diese Kunden haben mangelnde Kenntnis über die Eigenschaften (Qualität, Folgekosten usw.) des Angebots, mangelnde Kenntnis über Konkurrenzangebote (Substitute, → Substitution) und über die Zukunftsentwicklung (zukünftiges Angebot). → Informationsökonomik, → Prinzipal-Agent-Theorie, → Vertragstheorie.

Unvollkommener Wettbewerb, man spricht von U., wenn ein einzelner Anbieter in einem gewissen Grad Einfluss auf den Preis ausüben kann. Beim unvollkommenen Wettbewerb kann man grundsätzlich zwischen folgenden Formen unterscheiden: → Monopolistischer Wettbewerb, → Oligopol und → Monopol. Bei monopolistischem Wettbewerb handelt es sich um viele Produzenten mit differenzierten Produkten (z.B. Kleidung), die einen gewissen Einfluss auf den Preis ausüben können. Im Oligopol gibt es zwei unterschiedliche Formen: Wenige Produzenten die weitgehend identische Produkte (z.B. Stahl) und wenige Produzenten, die differenzierte Produkte (z.B. Unterhaltungsgüter) vorweisen. Im Monopol gibt es einen Anbieter, der sich mit keiner Konkurrenz bzw. mit keinen Substituten konfrontiert sieht. Dieser kann theoret. den Preis für seine Produkte festlegen, in der Praxis jedoch wird dies meistens durch den Staat beschränkt. → Marktformen.

Unwirtschaftlichkeit, Ineffizienz, die Verschwendung knapper → Hilfsquellen in Produktion, Konsumtion, Verteilung und Finanzierung privater und öffentl. Güter. Während der Markt laufend bei Millionen spontaner und selbstverantwortlicher Entscheidungen über den Preis und unter dem Druck des → dynamischen Wettbewerbs private → Effizienz erzwingt, fehlen im Staat diese grundlegenden Voraussetzungen für wirtsch.

Handeln weitestgehend. Die Theorie der → öffentlichen Verschwendung versucht, Natur und Ursachen staatl. U. zu erklären und potenzielle Verluste an Wohlfahrt aufzudecken.

Urabstimmung, Entscheidung aller Gewerkschaftsmitglieder eines Betriebes oder Bezirkes, ob ein → Streik begonnen werden soll. Zu dessen Ausrufung ist eine Drei-Viertel Mehrheit erforderlich.

Urbanistik → Stadtökonomie.

Urheberrecht, Summe der Rechtsnormen, die den Urheber in seinen geistigen und pers. Beziehungen zum Werk und in der Nutzung des Werkes schützen. Nach dem Urhebergesetz von 1965 erhält das geistige Werk in Literatur, Wissenschaft und Kunst rechtl. Anerkennung, indem es dem Urheber ein subjektives Recht an seiner Leistung zuspricht.

Urkunde, i.w.S. die Bekundung von Geistigem in objektivierter Gestalt (Bsp.: Grenzstein, Wegweiser, Grammophonaufnahme), i. e. S. Beurkundung durch → Unterschrift (Dokument). U. im privatrechtl. Sinne ist eine in Schriftform niedergelegte Gedankenäußerung, Urkundenbeweis im prozessrechtl. Sinne ein Beweis, der auf Grund des Inhalts einer U. geführt wird. Für wichtige → Rechtsgeschäfte sichern Formvorschriften (Schriftlichkeit, eigenhändige Namensunterschrift, gerichtliche oder notarielle Beurkundung) den Urkundenbeweis (§§ 1262ff. BGB). Öffentl. U. sind solche, die eine Behörde oder eine mit öffentl. Glauben ausgestattete Person (Notar, Postbote, Gerichtsvollzieher) innerhalb ihrer Zuständigkeit in der vorgeschriebenen Form ausgestellt hat. Die privatrechtl. U. sind: (1) rechtsbekundende U. oder Beweisurkunden, z. B. → Quittung, → Schuldschein; (2) rechtserzeugende U., wie Testament, Zeichnungsschein, Grundstückskaufvertrag. Wesentlich für sie ist, dass das Recht erst durch das Papier entsteht; (3) → Wertpapiere, bei denen eine enge Verbindung zwischen U. und Recht eingegangen wird, so dass das Recht in der U. verbrieft, im Papier verkörpert ist.

Urlaub, zeitweilige Freistellung des Arbeitnehmers von seiner Arbeitspflicht, zumeist unter Fortzahlung des Lohnes, damit die Arbeitskraft wiederhergestellt und erhalten wird. Das Bundesurlaubsgesetz regelt u.a. die Mindesturlaubsdauer (24 Tage) und das Urlaubsentgelt. Von diesen Regelungen kann abgewichen werden, wenn in → Tarifverträgen bessere Bedingungen für den → Arbeitnehmer ausgehandelt werden. Neben den Erholungsurlaub tritt als weitere Form die Beurlaubung auf Grund von Gesetz (z.B. Mutterschutzgesetz) oder aus pers. Gründen (z.B. Todesfall), ebenfalls unter Fortzahlung der Bezüge. Auch der Bildungsurlaub ist Gegenstand von Tarifverhandlungen.

Ursprungslandprinzip, nach ihm werden die Güter und Dienstleistungen mit den Steuern des Ursprungslandes, in dem sie erzeugt werden, belastet und dann in das Bestimmungsland geliefert. Dieses System entspricht einer Besteuerung der Exporte. Die Steuern werden als Standortfaktor betrachtet

Usance und variieren international mit der unternehmensorientierten Ausstattung an Infrastruktur. Es dient dem Grundsatz der internationalen Arbeitsteilung, ist steuertechn. einfach zu handhaben, macht protektionistische Maßnahmen unmöglich und erfordert keine Steuergrenzen. Wegen international unterschiedlich hoher Steuerbelastung, die nur z.T. aus einem unterschiedlich hohen Angebot an Infrastrukturleistungen resultiert, ist aber eine → Harmonisierung der Steuersysteme nötig. → Bestimmungslandprinzip.

Usance, Handelsbrauch, die im Wirtschaftsleben vorherrschende Sitte und Gewohnheit. Nach § 346 HGB ist unter Kaufleuten auf die im Handelsverkehr geltenden Gewohnheiten und Gebräuche Rücksicht zu nehmen.

Usance-Kurs, im Devisengeschäft ein → Kurs, der nach einer Notierung ausgedrückt wird, die an einer anderen Devisenbörse oder in einem anderen Land üblich ist. Allgemein werden die Kurse in der Landeswährung berechnet.

U-Schätze, unverzinsliche Schatzanweisungen mit einer Laufzeit von 3–24 Monaten. Sie werden entweder zur Finanzierung öffentl. Haushalte oder in Form von → Mobilisierungspapieren zur Geld- und Konjunkturpolitik der → Notenbank verwendet. Unverzinslich bedeutet in diesem Zusammenhang, dass der Zinsbetrag vorweg abgezogen und nicht während der Laufzeit ausgezahlt wird.

US-GAAP → United States Generally Accepted Accounting Principle.

Utilitarismus (lat.: utilis = nützlich), eine auf dem Nützlichkeitsprinzip beruhende Philosophie der Ethik. Sie sieht in der Nützlichkeit den einzig richtigen Beweggrund menschlichen Handelns und setzt somit das Sittliche dem Nützlichen gleich. Sozial erstrebt der U. engl. Prägung das größtmögliche Glück der größtmöglichen Zahl (J. Bentham, J.S. Mill); er läuft in seinem Wohlfahrtsstreben Gefahr, das Materielle und Ichbezogene überzubetonen. → Wohlfahrtsökonomie, → Selbstinteresse.

Utopie (griech.), Gedankengebilde eines polit., soz. und wirtsch. Idealzustandes für das menschliche Zusammenleben. Der Name U. ist abgeleitet aus der Schrift »Utopia« (1516) des engl. Staatskanzlers T. Morus, dem für die Neuzeit wichtigsten Staatsroman. Als utopisch bezeichnet man z. B. Weltbeglückungspläne, die ihrer Verstiegenheit wegen zum Scheitern verurteilt sind, als Utopisten weltfremde (meist Sozial-)Reformer, die den Menschen in ihrem Sinne »umerziehen« wollen.

Utopischer Sozialismus, will die Produktion durch genossenschaftlich organisierte Gemeinschaften durchführen, mit zusammengelegten Vermögen, gemeinsamer Arbeit und Aufteilung der Erzeugnisse nach dem Bedarf, ohne dass ein zentraler Staat mit Zwangsgewalt oder als Eigentümer der Produktionsmittel notwendig sei; ein idealistischer Plan, dem keine kritische Analyse der Gesellschaft zugrunde liegt und daher von K. Marx als unwissenschaftlich bezeichnet wurde. → Wirtschaftsordnung, → Sozialismus.

V

VAG → Versicherungsaufsichtsgesetz.

Validität, Gütekriterium, das bei der empirischen Überprüfung von → Hypothesen, erfüllt sein soll. Nur wenn die gemessene Größe tatsächlich einen Schluss auf die in der Hypothese enthaltenen Aussagen zulässt, ist die empirische Überprüfung valide.

Valorisation, Wertregelung, Aufwertung, bezeichnet handelspolit. Maßnahmen, die darauf gerichtet sind, durch planmäßige Verknappung des Angebots den Preis einer Ware anzuheben. Anreiz zur V. liegt dort vor, wo Erzeugnisse, deren Erntemengen von Jahr zu Jahr stark schwanken, Welthandelsartikel sind und infolge einer Monokultur für Wirtschaft und Finanzen des Staates ausschlaggebend sind. Valorisationsmaßnahmen sind: (1) Aufkäufe zu einem höheren Preis und Einlagerung durch staatl. Stellen oder damit beauftragte Verbände, (2) gesetzl. Anbaueinschränkungen und (3) Vernichtung von Vorräten.

Valuta, Wertverhältnis zwischen inländ. und ausländ. Zahlungsmitteln, das Verhältnis einer → Währung zu den Währungen anderer Länder. Valutaschwankungen sind die Wertveränderungen zwischen Inlandsgeld und Auslandsgeld oder zwischen Binnen- und Außenwert des Geldes. Valutakredit ist ein in ausländ. Währung eingeräumter → Kredit. Valutapapiere sind ausländ. → Wertpapiere, deren Zinsen- und Tilgungsdienst in entsprechender Währung erfolgt. Valuten sind ausländ. Zahlungsmittel, auch → Devisen genannt.

Valutadumping → Dumping.

Valutaschulden, → Schulden von Inländern, die in ausländ. → Währung zahlbar sind.

Variable, Veränderliche, eine Größe, die unterschiedliche Werte in einer Zahlenskala haben kann. Man kann V. nach verschiedenen Kriterien klassifizieren: (1) Ziel- und Instrumentenvariable (→ Wirtschaftspolitik), (2) endogene und exogene V. (Störvariable); letztere wird außerhalb des Modells erklärt, (3) qualitative und quantitative V., (4) abhängige und unabhängige (erklärende) V., (5) verzögerte und unverzögerte V. (→ Lag), (6) beobachtbare (statistische) V. und (7) Zufallsvariable (wenn jeder mögliche Wert einer V. mit einer gewissen Wahrscheinlichkeit auftritt). → Ökonometrie.

Variable Kosten, Kosten, die sich mit dem Beschäftigungsgrad ändern. Das Gegenstück dazu bilden → Fixkosten. Bsp. für V. sind Material-, Lohn- oder Betriebsmittelkosten. → Kosten, betriebswirtschaftliche.

Variabler Verkehr, Schwankungsmarkt, der Handel mit → Wertpapieren an der → Börse mit fortlaufender Notierung. Im V. kann während der Börse jederzeit ein → Kurs notiert werden, wenn ein gewisser Mindestumsatz des Papiers zu Stande kommt. Die Zulassung der Papiere durch den Börsenvorstand ist erforderlich. Im V. werden bei Beginn der Börse Anfangs- und am Ende Schlusskurse notiert. Für die nicht zum V. zugelassenen Papiere werden nur Einheitskurse, d.h. ein einziger Kurs am Börsentag, festgesetzt.

Varianz, statistisches → Streuungsmaß, Quadrat der → Standardabweichung.

Variationskoeffizient, statistisches → Streuungsmaß in einer Reihe, wird dazu verwandt, um verschiedene Reihen in Bezug auf ihre Streuungen um einen errechneten → Mittelwert zu vergleichen, ohne dass die Ausdehnungen oder »Dimensionen« der Reihen zum Ausdruck kommen. Der V., auch relative → Standardabweichung, ist der Quotient zwischen Standardabweichung und arithmetischem Mittel:

$$V = \frac{\sigma}{\bar{x}} \cdot 100$$

Veblen-Effekt (engl.: conspicuous consumption), nach T.H. Veblen ein zur Schau gestellter, prahlerischer Konsum und Wohlstand, der in allen Schichten der Bevölkerung vorkommt, selbst in den ärmsten. Für den Konsumenten ist der Verbrauch eines Prestigegutes wegen seines Geltungsnutzens ein Gewinn an Wohlbefinden, Komfort oder Lebensfülle. Der V. drückt aus, wie stark die → Nachfrage zunimmt, weil das Gut mehr anstatt weniger kostet. → Giffen-Fall.

Vektor, Gruppe von Zahlen, die in einer Zeile oder Spalte geordnet werden, wobei z.B. der Zeilenvektor (3 2 0) und der Spaltenvektor

$$\begin{pmatrix} 3 \\ 2 \\ 0 \end{pmatrix}$$

dreidimensional sind, da sie aus drei Elementen, nämlich den Ziffern 3, 2, 0 bestehen. Es wurden math. Regeln entwickelt, um das Rechnen mit V. durchzuführen. V. sind im Übrigen mit der → Matrix-Rechnung eng verwandt. → Input-Output-Analyse.

Vektormenge, drückt Menge und gegebene Richtung im Raum aus, während eine Skalenmenge nur die Menge erfasst. Bsp.: Geschwindigkeit, Strömung. → Vektor.

Vent-for-Surplus-Theorie, sieht in der Öffnung neuer Märkte, namentlich durch → Außenhandel, ein »Ventil« für ungenützte → Hilfsquellen bei regionaler Selbstversorgung oder → Autarkie. A. Smith und später (1958) Myint sehen in der unelastischen Nachfrage (→ Preiselastizität der Nachfrage) und der disproportionalen Faktorausrüstung bei festen → Produktionskoeffizienten Hauptgründe für die ungenügende Ausnutzung der vorhandenen Ressourcen im Innern. Anhänger der V. glauben, damit die Ausweitung des internationalen Handels in den letzten beiden Jh. und den relativen Rückgang im Außenhandel Chinas plausibler erklären zu können, als es die Theorie der → komparativen Kosten oder Vorteile vermag.

Venture Capital (engl., Wagniskapital), meist von spezialisierten Unternehmen bei → Start Up-Unternehmen platziertes Eigenkapital. Die erwartete Rendite ist meist hoch, allerdings jedoch mit erheblichem Risiko behaftet. Führt die Geschäftsidee des finanzierten Unternehmens zum Erfolg, profitiert der Kapitalgeber durch den

Veranlagung, steuerlich das Verfahren, mit dem die → Steuerpflicht, die → Bemessungsgrundlage und die Höhe der → Steuern festgestellt werden. I.d.R. wird der Steuerpflichtige vom Ergebnis der V. durch einen Steuerbescheid unterrichtet.

Verband, die zwischen Individuum oder Unternehmung einerseits und Staat andererseits stehende wirtsch. und soz. Vereinigung, ein gewisses Gegengewicht zur fortschreitenden → Arbeitsteilung. V. verfolgen die verschiedensten ökonom. und soz. Ziele oder Interessen. Sie sind sehr unterschiedlich organisiert und reichen von → Genossenschaften über Arbeitnehmer- und Arbeitgeberverbände bis zu Wirtschaft- und Berufsverbänden. der verschiedensten Art. Gewöhnlich besitzen V. ein Präsidium, einen Vorstand und einen Geschäftsführer.

Verbandsökonomie, untersucht Willensbildung und Entscheidung sowie die organisatorische Gliederung der → Verbände und ihr Verhältnis zur Umwelt aus wirtsch. Sicht. Namentlich die Bezüge zwischen Funktionären und Mitgliedern im Lichte der Ziele und des Aufwands (und damit der → Effizienz) sind zentrales Anliegen verbandsökonom. Analysen.

Verbindlichkeit, rechtl. die der → Forderung gegenüberstehende Verpflichtung. Im Geschäftsverkehr versteht man unter V. die → Schulden. Ein Kaufmann, der seine V. erfüllt, bezahlt seine Schulden.

Verbotsprinzip, fordert, dass jede Beschränkung des → Wettbewerbs grundsätzlich verboten sein sollte, wobei Verstöße als Ordnungswidrigkeit verfolgt und geahndet werden. → Kartell.

Verbrauch, nach A. Smith der einzige Zweck, das letzte Ziel aller → Produktion. Er ist Verwendung oder Verzehr von wirtsch. Mitteln, bis ihr → Nutzen erschöpft, ihr Zweck erfüllt ist. Güter können einmal oder mehrmals genutzt werden (langlebige Gebrauchsgüter, engl.: durable consumer goods). Grund und Boden besitzen sogar eine ewige Nutzungsdauer. Das Wesen des V. ist subjektiv die Befriedigung eines → Bedürfnisses, in der Produktion die Umwandlung von Gütern in Zwischen- oder Fertig-(End-)Produkte. V. als Reproduktion oder Erneuerung der menschlichen Arbeitskraft interpretiert, bietet die Möglichkeit, ihn als Bindeglied zur Produktion im → Wirtschaftskreislauf einzuordnen. In einer gesonderten Wirtschaftslehre des Haushalts (in den USA »home economics« genannt) wird das Verbraucherverhalten aus ökonom. Sicht analysiert und systematisch erklärt. Die Verbrauchsforschung liefert die entscheidenden Grundlagen moderner Absatz- und Werbepolitik. In der neueren → Konjunkturtheorie kommt dem V. eine zentrale Bedeutung zu. → Engel-Schwabesches Gesetz.

Verbraucherpolitik, betreiben Staat und öffentl. geförderte → Verbände, um eine möglichst freie

Entscheidung des Verbrauchers zu sichern, die Durchsetzung seiner Interessen erleichtern zu helfen und ihn gegen → Marktmacht zu schützen. Die Mittel der V. reichen von einer umfassenden Wettbewerbs- und Kartellpolitik bis zum gesetzl. → Verbraucherschutz und einer sinnvollen Information und Bildung des Verbrauchers. Empirische Analysen über die Wirksamkeit dieser verbraucherpolit. Maßnahmen liegen nicht vor. Auch wird das Angebot und die Qualität → öffentlicher Güter nicht in die V. einbezogen, obwohl diese Dienste in seinem Budget beträchtlich sind und er sie zudem finanziert. → Konsumentensouveränität.

Verbraucherschutz, will durch Ge- und Verbote materielle und gesundheitliche Gefahren vom Verbraucher abwenden. Hierzu zählen: (1) missbräuchliche Ausnutzung von Marktmacht (→ Kartell), (2) irreführende oder falsche Verkaufspraktiken (Schutz durch Gesetz zur Neuordnung des Arzneimittelrechts, Textilkennzeichnungsgesetz, Eichgesetz, Lebensmittelgesetz, Produkthaftungsgesetz, Abzahlungsgesetz und Recht der Allgemeinen Geschäftsbedingungen) und (3) Umweltschäden, verursacht durch die Konsumenten selbst, öffentl. Einrichtungen und Unternehmen. Im Vordergrund stehen Maßnahmen der Verbraucherinformation, des V. und der Verbrauchererziehung.

Verbraucherverband, Organisation, welche die Interessen der Konsumenten wahrnimmt. Der V. ist (überwiegend) keine eigenständige Organisation der Verbraucher, sondern wird vom Staat eingerichtet und finanziert. In Deutschland besteht der V. aus mehreren Institutionen und Verbraucherzentralen. Diese Organisationen wollen die Interessen der Konsumenten in der Wirtschaft vertreten und die Verbraucher informieren und beraten. Daneben bestehen Verbraucherinstitute wie die Stiftung Verbraucherinstitut, der Bundesausschuss für volkswirtsch. Aufklärung, das Institut für angewandte Verbraucherforschung, die Stiftung Warentest und der Verein zum Schutze der Verbraucher gegen unlauteren Wettbewerb. → Verbraucherschutz.

Verbrauchsfolgen → First In–First Out (FIFO), → Last In–First Out (LIFO), → Unterbewertung.

Verbrauchsforschung → Verbrauch.

Verbrauchsteuern, knüpfen grundsätzlich an die Verwendung des Einkommens an, wobei die Ausgaben für → Investitionen zur Förderung des → Wirtschaftswachstums steuerfrei bleiben. Die Belastung des Konsums privater Haushalte erfolgt durchweg indirekt durch Besteuerung einzelner Verbrauchsgüter, wie Lebensmittel, Genussmittel (Kaffee, Bier, Tabak). Meist werden sog. Luxusgüter besonders stark belastet, da eine erhöhte Leistungsfähigkeit des Käufers angenommen wird. Eine allgemeine V. liegt vor, wenn der Gesamtkonsum als Endverbrauch, etwa durch eine → Umsatzsteuer des → Einzelhandels, belastet wird. Der Tarif ist i.d.R. einheitlich. Diese Abgabe erfüllt indes nur dann ihren Zweck, wenn ihre Überwälzung auf die Verbraucher vollständig glückt. N. Kaldor hat anstelle der (direkten) → Einkommensteuer eine Ausgaben- oder V. (»expenditure tax«) vorgeschlagen. Dazu wäre eine Steuererklärung über den Verbrauch oder über Änderungen des Einkommens und → Vermögens erforderlich, was zu einem hohen Verwaltungsaufwand führen würde. Diese V. sollte progressiv ausgestaltet werden, indem lebensnotwendige Güter steuerfrei und Luxusgüter stärker belastet werden. → Steuern.

Verbundene Preise, Güter, die (1) aus produktionstechn. Gründen auf der Seite des Angebots (z.B. Schaffleisch und Wolle) oder (2) auf der der Nachfrage (z.B. Tinte und Feder) miteinander verbunden sind, haben V. Diese Güter werden als Kuppelprodukte entweder zusammen hergestellt oder zusammen gebraucht (→ Komplementär). Steigt die → Nachfrage nach einem Gut der ersten Art, wird unter Umständen das zweite Gut verstärkt angeboten, so dass sich sein Preis ändert; dies hängt von der → Elastizität der Nachfrage und des Angebots ab. Bei Gütern der zweiten Art führt eine Preissenkung eines Gutes gewöhnlich zu einer Steigerung des Absatzes beider Güter und umgekehrt. → Kreuz-Preis-Elastizität.

Verbundene Unternehmen, beeinflussen die wirtsch. und rechtl. Unabhängigkeit des Einzelunternehmens und können zu unerwünschter Unternehmenskonzentration führen. Um die abhängigen Gesellschaften sowie deren Aktionäre und Gläubiger vor Gefahren solcher Verflechtungen zu schützen und die Verbindungen (über Beteiligung oder Beherrschung) offen zu legen, hat der Gesetzgeber das Recht der V. geschaffen (Konzernrecht). → Konzern.

Verbundprinzip, ökonomisches und politisches, gehört, wie das Prinzip des dynamischen → Selbstinteresses und das der → Substitution, zu den zentralen Erklärungs- und Handlungsmaximen der modernen Polit. Ökonomie. In ihrem Zusammenwirken erklären sie den Mechanismus in Markt- und Staatswirtschaft. Das V. verknüpft die Theorie des → öffentlichen Gutes mit der → Nutzen-Kosten-Analyse (NKA) und mit neueren Einsichten in die Ursachen für die → Unwirtschaftlichkeit und Ineffizienz im Angebot, im Konsum und in der Finanzierung staatl. Leistungen (→ Öffentliche Verschwendung, Theorie der, → R-Ineffizienz, → Q-Ineffizienz). Der Staat ist, wie der einzelne Bürger, gezwungen, unter dem Gesetz der → Knappheit die Ressourcen effizient zu verwenden und → Nutzen und Lasten gerecht zu verteilen. Ein Kollektiv kann dies nur dann, wenn es das V. beachtet, nach dem Nutzer, Zahler, Entscheider und Anbieter öffentl. Güter und Dienste stets miteinander verbunden sein sollen. Das V. erfasst nicht nur die finanziellen oder fiskalischen Aufwendungen und Erträge, sondern auch die Wohlfahrt im ökonom. und polit. Sinne (→ Wohlfahrtsfunktion). Es ist umfassender als das Prinzip der → fiskalischen Äquivalenz. Auf diese Weise soll erreicht werden, dass die jeweils betroffenen Bürger, Politiker und Verwalter in voller Kenntnis ihrer (und anderer) Be- und Entlastung über öffentl. Güter entscheiden. Mit dem Verbund der Nutzen mit den Lasten wird (1)

Verbundsystem eine echte (nicht willkürliche) Wertung öffentl. Leistungen möglich, (2) → Wirtschaftlichkeit erzwungen, (3) Selbstverantwortung und Selbstverwaltung gestärkt, (4) eine größere Bürgernähe von Politik und → Bürokratie gesichert, (5) ein Ausufern der Verwaltung gebremst und (6) das → Freifahrer-Verhalten zurückgedrängt.

Verbundsystem → Finanzausgleich.

Verbundwirtschaft, in der Energiewirtschaft (Elektrizitäts- und Gasversorgung) die gegenseitige Förderung und Unterstützung verschiedener Werke durch sinnvollen Ausgleich oder Austausch von Leistungen. Verbunden werden z.B. die Hochspannungsnetze verschiedener Großkraftwerke, so dass sie bei Störungen oder zum Spitzenausgleich jederzeit füreinander einspringen können. Darüber hinaus wird ein Austausch von Strom vereinbart, indem z.B. bei günstigem Wasserstand die Wasserkraftwerke an die Kohlewerke Strom abgeben, dafür in wasserarmen Zeiten von diesen Strom beziehen.

Verdeckte Gewinnausschüttung, alle Vorteile, die eine Gesellschaft ihren Gesellschaftern auf Grund der Beteiligung außer der → Dividende zuwendet und welche die Gesellschaft anderen Personen nicht gewähren würde. Die V. ist bei der Ermittlung des steuerpflichtigen → Gewinns außerhalb der → Bilanz hinzuzufügen, da anderenfalls Teile des Gewinns nicht versteuert würden. Bsp. → Körperschaftsteuer.

Verdichtungsraum, unter V. wird in der Raumplanung die (in Kennziffern ausgedrückte) Agglomeration von Wohn-, Arbeits- und Verwaltungsstätten verstanden. → Agglomeration, → Deglomeration, → Standort, → Wirtschaftsraum.

Veredelungswirtschaft, Weiterbe- und -verarbeitung von pflanzlichen und tierischen Agrarerzeugnissen. Bsp.: Milch wird zu Sahne, Butter und Käse verarbeitet oder in der Kälbermast zu Fleisch »veredelt«.

Verein, Personenvereinigung, die einen gemeinsamen Zweck verfolgt und rechtl. selbständig ist. Im Gegensatz zu den Gesellschaften ist der V. vom Mitgliederwechsel unabhängig, tritt als überindividuelle Einheit auf und ist auf Dauer angelegt. Es gibt rechtsfähige (ins Vereinsregister eingetragene) und nicht rechtsfähige V. Organe des rechtsfähigen V. sind der Vorstand und die Mitgliederversammlung. Die Leitung des V. liegt in der Hand des Vorstands. Die Auflösung erfolgt durch Beschluss der Mitgliederversammlung oder durch die Behörde auf Grund des öffentl. Vereinsrechts.

Verein für Socialpolitik, 1872 (formal 1873) in Eisenach mit dem Ziel gegründet, zur Lösung soz. Fragen beizutragen. 1936 aufgelöst und 1948 neu gegründet, wurde er 1956 in Gesellschaft für Wirtschaft- und Sozialwissenschaften – Verein für Socialpolitik, umbenannt. Er erfüllt etwa die gleichen Aufgaben wie die American Economic Association oder die Royal Economic Society.

Vereinigungsfreiheit → Koalitionsfreiheit.

Vereinte Nationen (engl.: United Nations (UN)), 1945 in San Francisco von 50 Nationen gegründete, überstaatl. und überparteiliche Organisation mit Sitz in New York. Sie will den Frieden und die Sicherheit der Staaten erhalten und deren kulturelle, wirtsch. und soz. Zusammenarbeit fördern. Heute sind 189 Staaten Mitglieder. Die Organe sind: (1) der Generalversammlung, (2) der Sicherheitsrat (mit Vetorecht der Großmächte), (3) der Wirtschaft- und Sozialrat (kann Empfehlungen äußern), (4) der Treuhandrat, der die Staaten kontrolliert, die Treuhandgebiete des Völkerbundes beaufsichtigt, (5) ein Internationaler Gerichtshof, (6) das Sekretariat mit einem Generalsekretär. Zu den Sonderorganisationen der VN gehören u.a.: die → Internationale Atomenergie-Behörde, die → International Labour Organization (ILO), die Organisation für Ernährung und Landwirt. (FAO), die UNESCO, die Weltgesundheitsorganisation WHO, die → Weltbank, der → Internationale Währungsfonds IWF, die → World Trade Organization (WTO).

Verelendungstheorie, laut dieser Theorie führt zunehmende Kapitalbildung zu einer industriellen Reservearmee, da der vermehrte Einsatz von Maschinen im Produktionsprozess immer mehr Arbeitskräfte freisetzt. Es sinkt dadurch das Lohnniveau, so dass die Arbeiter zunehmend ärmer werden. Das führt zu einer Verschärfung der Klassengegensätze, bis am Ende das kapitalistische System zusammenbricht und die klassenlose Gesellschaft aus den Trümmern hervorgeht, womit der dialektische Prozess, nach K. Marx, beendet ist. → Marxismus.

Verfalltag, Zeitpunkt, zu dem ein Anspruch fällig wird, also z.B. ein → Wechsel gezogen oder ein → Scheck zahlbar wird.

Verfassungsgerichtsbarkeit, die Kontrolle durch ein Gericht, ob die Staatsgewalt nach den Normen der Verfassung ausgeübt wird. Diese Aufsicht kann in verschiedenen Formen erfolgen, etwa im Anklage-, Anfechtungs-, objektiven oder kontradiktorischen Verfahren. In Deutschland übt das Bundesverfassungsgericht die V. aus. In deren Mittelpunkt steht die Normenkontrolle, ob ein Bundes-, Landesgesetz oder ein sonstiges Bundesrecht mit dem GG vereinbar ist.

Verfassungsökonomik, beschäftigt sich mit Institutionenregeln, Rechtsregeln und Konstitutionsregeln und versucht diese zu erklären. Es wird untersucht, wie in einer Gesellschaft die Richtlinien zum Aufstellen von Regeln, nach denen ein System funktionieren soll, festgelegt werden. → Institutionenökonomik.

Verfügbares Einkommen der privaten Haushalte, → Volkseinkommen abzüglich der → direkten Steuern, → Körperschaftsteuern, Arbeitgeber- und Arbeitnehmerbeiträge zur → Sozialversicherung und der nicht ausgeschütteten Gewinne der Unternehmungen und zuzüglich der Einkommensübertragungen des Staates (Fürsorgeausgaben und Zinsen für die Staatsschulden, → Transferzahlungen). → Sozialprodukt.

Verfügungsrechte, die Rechte und Pflichten einer Person bei der Nutzung von Ressourcen. Grundsätzlich kann man zwischen folgenden Verfügungsrechten unterscheiden: Rechte in Bezug auf die Art der Nutzung eines Gutes; Rechte zur materialen Veränderung eines Gutes; Recht, Gewinn oder Verlust mit einem Gut zu erzielen; Recht der Weiterveräußerung. → Theorie der Eigentumsrechte, → Theorie des Unternehmens.

Vergeltung, Retorsion, im zwischenstaatl. Recht die V. für eine zwar nicht rechtswidrige, aber unfreundliche und unbillige Handlung eines Staates. Wirtsch. am bekanntesten sind die Vergeltungs- oder Kampfzölle, die als erhöhte Einfuhrzölle auf die Erzeugnisse eines Landes gelegt werden, durch dessen handelspolit. Maßnahmen sich der betroffene Staat geschädigt glaubt. Vergeltungszölle sowie Ein- und Ausfuhrverbote waren oft die Vorboten für Zollkriege. → Zoll.

Vergeltungszoll → Vergeltung.

Vergesellschaftung → Sozialisierung.

Vergleich, gerichtliches Verfahren zur Abwendung der → Insolvenz. Einem schonungsbedürftigen Schuldner, der lediglich durch widrige Umstände in Schwierigkeiten geraten ist, soll dadurch im Interesse der Belegschaft und der Gesamtwirtschaft ermöglicht werden, sein Unternehmen weiterzuführen. Das Vergleichsverfahren soll zur Sanierung führen, also nicht eine an sich unvermeidliche → Insolvenz nur hinauszögern. Mit der Eröffnung des eigentlichen Vergleichsverfahrens bestellt das Gericht den Vergleichsverwalter, dem ein Gläubigerbeirat an die Seite gestellt werden kann. Das Vergleichsverfahren wurde 1999 von dem einheitlichen Insolvenzverfahren nach der Insolvenzordnung abgelöst.

Verhältnismethode, wird bei der Entscheidung über private und öffentl. Investitionen zur Auswahl von Projekten verwendet. Danach werden alle Vorhaben in Erwägung gezogen, bei denen das Verhältnis des Gegenwartswerts der kapitalisierten Nutzen zu dem der kapitalisierten Kosten größer als eins ist (N/K > 1). Dabei wird dem Projekt mit dem höchsten Quotienten der Vorrang gegeben. Die absoluten Werte der verschiedenen Alternativen bleiben also unberücksichtigt. Darin liegt die Schwäche der V. → Nutzen-Kosten-Analyse (NKA).

Verhältniszahlen, Relativzahlen, in der → Statistik Ziffern, welche die Häufigkeit einer Erscheinung im Verhältnis zu einer anderen ausdrücken. Arten der V. sind: (1) Gliederungszahlen sind Ziffern, welche die Größe einer Teilmenge im Verhältnis zur begrifflich übergeordneten Gesamtsumme angeben, wie der prozentuale Anteil der Großbetriebe an der Gesamtzahl der landwirtsch. Betriebe. (2) Beziehungszahlen sind Ziffern, die eine Zahl zu einer ihr sinngemäß zugeordneten Größe aus wesensverschiedenen statistischen Gesamtheiten in Beziehung setzen: (a) Verursachungsziffern (genetische V.) liegen vor, wenn z.B. Heiraten zu heiratsfähigen Personen ins Verhältnis gesetzt werden, also die Teilmenge aus der Gesamtmenge genetisch hervorgeht, durch sie verursacht ist; (b) Entsprechungsziffern: (i) Dichteziffern, etwa das Verhältnis der Einwohnerzahl zur Fläche (die sog. Bevölkerungsdichte), (ii) Kopfquoten, wie der jährliche Fleischverbrauch pro Kopf der Bevölkerung, (iii) Indexziffern (Messziffern), d.h. Messung gleichartiger statistischer Mengen auf 100 bezogen.

Verhaltensforschung, Zweig der modernen Wirtschafts- und Sozialwissenschaften, der zur Ergänzung der Annahme eines zweckrationalen Handelns (→ Homo Oeconomicus) andere Motivationen und Verhalten des Menschen in der Wirtschaft untersucht, analysiert und zu erklären versucht, und so psychologischen, anthropologischen und soziologischen Erkenntnissen Eingang in die Wirtschaftstheorie verschafft. Sie will der Vielfalt menschlicher Antriebskräfte und damit auch der irrationalen und außerwirtsch. Faktoren mehr Rechnung tragen. Analytische Grundlage und Schlüsselwerk zur Erklärung menschlichen Verhaltens ist A. Smiths »Theorie der ethischen Gefühle«, die seit kurzem eine Renaissance in der interdisziplinären Forschung erlebt. In der Lehre von den → Marktformen ist das Verhalten der Marktteilnehmer von großer Bedeutung. So kann ein Anbieter mit Marktmacht (auch eine Gewerkschaft) sich nicht am Höchstgewinn orientieren, sondern aus soz. oder irrationalen Gründen auf die Ausnutzung seiner Monopolmacht verzichten.

Verifizierung → Hypothese, → Wissenschaftstheorie.

Verjährung, der Verlust eines Rechts, das man innerhalb eines gesetzl. bestimmten Zeitraumes nicht geltend gemacht hat. Gegenstand der V. ist der Anspruch, also das Recht, von einem anderen ein Tun oder ein Unterlassen zu verlangen. Bei der Frage, ob ein Anspruch verjährt ist, muss geprüft werden: (1) die Verjährbarkeit, (1) der Verjährungsbeginn, (3) die Verjährungsfristen, (4) Verjährungshemmung und -unterbrechung. Die Wirkung der V. besteht nicht darin, dass der Anspruch erlischt; der Verpflichtete hat lediglich das Recht, die Befriedigung des Gläubigers zu verweigern. Die regelmäßige Verjährungsfrist beträgt 30 Jahre (§ 195 BGB). Für Ansprüche des täglichen Lebens bestimmt der Gesetzgeber eine Frist von zwei Jahren, insbes. für die Geschäfte der Kaufleute, Fabrikanten, Handwerker sowie für die Lohn- und Gehaltsforderungen (§ 196). In vier Jahren verjähren die Ansprüche aus bestimmten wiederkehrenden Leistungen, wie Zinsen, Amortisationsquoten, Miet- und Pachtzinsen sowie auf Rückstände von Renten, Wartegeldern, Unterhaltsbeiträgen usw. Der V. unterliegen auch die → Steuern und → Zölle. Die Verjährungsfrist beträgt nach § 144 → Abgabenordnung (AO) bei Zöllen und Verbrauchsteuern ein Jahr und bei den übrigen Steuern fünf Jahre. Liegt → Steuerhinterziehung vor, läuft die Frist jedoch zehn Jahre.

Verkäufermarkt, Markt der durch eine → Nachfrage geprägt wird, die das → Angebot zu laufenden Preisen übersteigt. Der V. kann zu Preisanstieg, Minderung der Qualität und überdurchschnittli-

Verkaufsförderung

chen Gewinnen (wind-fall profits) der Verkäufer führen. → Marktpreisbildung.

Verkaufsförderung (engl.: sales promotion), personale, organisatorische und sachliche Hilfe, die der Hersteller dem Verkäufer beim Absatz bietet. Hierzu gehört die Ausbildung des Verkaufspersonals durch den Produzenten (z.B. durch Vorträge und Wochenendseminare) und die Beratung des Handels bei Werbung und Verkauf.

Verkehrsgleichung → Quantitätsgleichung.

Verkehrspolitik, befasst sich als Teil der → Wirtschaftspolitik mit der sinnvollen Beeinflussung des Transport- und Nachrichtenwesens. Ohne Ausbau und Modernisierung der Verkehrseinrichtungen (→ Infrastruktur) ist eine leistungsfähige → Marktwirtschaft nicht denkbar, da ihre immense Produktivkraft auf der nationalen und internationalen → Arbeitsteilung (neben der Freiheit und der pers. Initiative) beruht. Der Verkehr übernimmt nicht nur Transportaufgaben, er hilft auch ganz entscheidend zur Erschließung und wirtsch. Belebung von Gebieten. So kann die V. die Nachteile von Randgebieten abschwächen helfen. Die V. versucht weiter, durch eine gewisse Koordinierung die vier wichtigsten Verkehrsmittel, nämlich Straße, Schiene, Binnenschifffahrt und Luftverkehr, in ihrer gesamtwirtsch. Effizienz zu fördern.

Verkehrspreisbildung, erfolgt entweder nach den Marktgesetzen (Charter-Verkehr, Tramp- oder Binnenschifffahrt bei Grenzüberschreitung) oder durch öffentl. Tarifpolitik (Eisenbahn, Linien-Luft- und -Schiffsverkehr, Güterfernverkehr, Binnenschifffahrt). Es dominieren die Ausnahmetarife im Vergleich zu den Regeltarifen. Während die Unterstützungstarife nur zur Entwicklung unterentwickelter Gebiete oder Not leidender oder neuer → Wirtschaftszweige genehmigt werden, sollen Wettbewerbstarife die Position gegenüber Konkurrenten verbessern oder Überkapazitäten ausnutzen helfen.

Verkehrsteuern, knüpfen im Gegensatz zur Gruppe der Ertrag-, Besitz- und → Verbrauchsteuern an bestimmte Vorgänge im Wirtschaftsverkehr an. Es handelt sich durchweg um Abgaben, die aus einer historischen Situation heraus aus rein fiskalischen Gründen eingeführt worden sind und heute größtenteils ihren Sinn verloren haben, zumal sie die Aufgaben des Kapitalmarkts einschränken. Zu den V. zählen neben der → Umsatzsteuer die Grunderwerb-, Kfz-, Rennwett-, Lotterie-, Versicherungs- und Feuerschutzsteuer.

Verkehrswert → Gemeiner Wert.

Verkehrswirtschaft, erfasst die Einrichtungen und Mittel, die notwendig sind, um Personen, Güter und Nachrichten zu konsumtiven oder produktiven Zwecken zu befördern. Die hoch spezialisierte, arbeitsteilige Volks- und Weltwirtschaft ist ohne ein hochwertiges Verkehrssystem nicht leistungsfähig. Die Struktur der V. hat sich in Deutschland stark zu Gunsten des Kraft- und Luftverkehrs und zu Lasten der Eisenbahn und Binnenschifffahrt gewandelt. → Verkehrspolitik.

Verkehrswissenschaft, analysiert und erklärt die ökonom. und techn. Phänomene im Verkehrswesen und liefert die Unterlagen für eine optimale Gestaltung und Entwicklung der → Verkehrswirtschaft. In den Verkehrsanalysen werden spezifische Qualitätsmerkmale wie Schnelligkeit, Sicherheit, Bequemlichkeit, Häufigkeit und Massenfähigkeit, mit den Besonderheiten der Nachfrage und des Angebots nach Verkehrsleistungen kombiniert.

Verlag, (1) Verlagssystem, Hausindustrie, Organisationsform des → Gewerbes im 18. Jh., bei der im Gegensatz zur Kundenarbeit des Handwerks und zum örtlich konzentrierten Fabrikbetrieb zwar ein Verleger als Unternehmer den Absatz der Erzeugnisse in der Hand hat, ggf. auch die Rohstoffe einkauft und Werkzeuge oder Maschinen zur Verfügung stellt, aber die einheitliche organisatorische Leitung des Erzeugungsherganges fehlt, da die Arbeiter in ihren Wohnungen oder Werkstätten selbständig die Produkte herstellen, also die Arbeitstechnik weiterhin handwerksmäßig bleiben kann. (2) Unternehmen, das aufgrund eines Verlagsvertrags Druckerzeugnisse (Bücher, Kunstblätter, Landkarten, Noten, Zeitschriften oder Zeitungen) sowie elektronische Publikationen herstellt, vervielfältigt und verbreitet, die oft erst auf seine Anregung entstehen (dann auch aufgrund von Werk- oder Dienstverträgen). Man unterscheidet im Wesentlichen den als Teil des Buchhandels (Verlagsbuchhandel) fungierenden Buch-V. und den der journalistischen Presse zuzuordnenden Zeitungs- und Zeitschriften-V.

Verlust, im Gegensatz zum → Gewinn der in Zahlen ausgedrückte Misserfolg, das negative Ergebnis einer Unternehmung, der »negative Erfolg« einer Betriebstätigkeit. → Gewinn- und Verlustrechnung (GuV).

Verlustabzug, als Sonderausgabe nach § 10 EStG bei Steuerpflichtigen zulässig, wenn die Verluste der fünf vorangegangenen Jahre bei der → Veranlagung für diese nicht mit anderen Einkünften ausgeglichen oder abgezogen wurden. Es muss eine → ordnungsmäßige Buchführung vorliegen.

Verlustausgleich, findet nach § 2 EStG zwischen den verschiedenen Einkünften zur Ermittlung des steuerpflichtigen Einkommens statt.

Verlust- und Gewinnkonto, → Konto, das als Abschlusskonto sämtliche Verluste und Gewinne einer Unternehmung aufnimmt. Werden die Erfolge gesondert ausgewiesen, etwa die Zinsen auf einem Zinsenkonto, die Löhne auf einem Lohnkonto, sind diese Vorkonten des V. Beim Abschluss werden sämtliche Aufwendungen und Erträge auf dem V. zusammengestellt. Weist es einen Habenüberschuss auf, so bildet dieser den → Reingewinn, weist es umgekehrt einen Sollüberschuss auf, so ist dieser der Reinverlust. → Aufwand, → Ertrag.

Verlustzuweisung, Beteiligungen an steuerbegünstigten Kapitalanlagen, z.B. im Schiffs- und Flugzeugbau, wobei über → Sonderabschreibungen erhebliche Anfangsverluste entstehen. Sie sind von den anderen Einkünften absetzbar, so dass sich die Einkommensteuerschuld entsprechend verringert. Spätere → Gewinne wirken sich indes umgekehrt aus. Eine Verlustzuweisungsgesellschaft ist eine Gesellschaft, deren Gesellschafter Vermögensvorteile unter Ausnutzung von V. zu realisieren versuchen. Dabei sollen deren Kapitaleinlagen z.T. oder vollständig aus Ersparnissen bei der → Einkommensteuer finanziert werden.

Vermögen, im Gegensatz zum Einkommen alle Güter und Rechte, die einer natürlichen oder → juristischen Person oder dem Staat in einem bestimmten Zeitpunkt gehören. Welche Güter und Rechte jeweils als V. zählen sollen, hängt von dem Zweck der theoret. oder empirischen Analyse ab, ferner von der statistischen Erfassbarkeit der einzelnen Werte. Will man etwa die personale → Vermögensverteilung messen, so sind die Gebrauchsgüter des privaten Haushaltes ebenso zu berücksichtigen wie etwa Rentenansprüche aus der → Sozialversicherung, obwohl deren Verfügbarkeit beschränkt ist. Soll hingegen das Produktionspotenzial erfasst werden, sind beide Größen unwichtig.

Vermögensabgabe → Lastenausgleich.

Vermögensbildung, bedeutet in der → Volkswirtschaftlichen Gesamtrechnung (VGR) Sparen aus dem verfügbaren Einkommen (oder Entsparen) und übertragenes → Vermögen, das jemand erhalten (oder weggegeben) hat. Diese Reinvermögensbildung schlägt sich in der Entstehung von Produktivvermögen (Reininvestitionen) und von Geldvermögen nieder. Diese Erfassung der V. ist für Aussagen über die personale V. nur von begrenztem Wert. → Vermögensverteilung.

Vermögensbildung der Arbeitnehmer → Vermögenswirksame Leistungen.

Vermögenseinkommen, fließen Eigen- und Fremdnutzern aus sachlichen, finanziellen und intangiblen Vermögen in Form von Zinsen, Mieten und sonstigen Entgelten zu.

Vermögensnutzung, Einkommen aus, alle Entgelte, die einem Eigentümer zufließen, wenn er sein Sach-, Geld- und immaterielles → Vermögen entweder selbst nutzt oder anderen zur Nutzung zur Verfügung stellt. Sie werden auch als Besitzeinkommen bezeichnet, um den Gegensatz zum → Arbeitseinkommen zu unterstreichen. Die → Volkswirtschaftlichen Gesamtrechnung (VGR) fasst den Begriff der V. enger. So bleiben etwa Mieteinkommen für Wohnungen und nicht landwirtsch. Gebäude außer Ansatz. Als Entgelte für die Nutzung von Geldvermögen, Grund und Boden und immateriellen Werten werden Zinsen, Nettopachten, ausgeschüttete Gewinne der Unternehmen mit eigener Rechtspersönlichkeit und Einkommen aus immateriellen Vermögen erfasst.

Vermögenspolitik, erstreckt sich sowohl auf die Vermögensbildung wie auf die Verteilung des Vermögensbestandes. Die verteilungspolit. Förderung der Vermögensbildung will die Sparfähigkeit und Sparwilligkeit zu Lasten des Konsums stärken. Die V. versucht dies durch Sparförderung. → Investivlohn und Ertragsbeteiligung der Arbeitnehmer (→ Arbeitnehmersparzulage, → Vermögensverteilung). Eine Veränderung des Vermögensbestandes kann im Grunde nur durch eine verschärfte Erbschaftsteuer oder → Vermögenssubstanzsteuer erreicht werden. Die Grenze jeder Vermögensverteilungspolitik liegt dort, wo die pers. Initiative und damit die Investitionstätigkeit beeinträchtigt werden. Zudem hängt ihr Erfolg von der Überwälzbarkeit der Belastungen ab.

Vermögensrechnung, stellt den Wert des → Vermögens und der → Verbindlichkeiten an einem Stichtag nach materiellen und formalen Prinzipien einander gegenüber, um das Nettovermögen zu ermitteln, entweder durch → Inventur oder Fortschreibung der Bestände. In der volkswirtsch. V. werden Forderungen und Verbindlichkeiten zur Nettoposition saldiert und diese mit dem Sachvermögen addiert, so dass man zum Reinvermögen kommt. Das gesamte → Volksvermögen und dessen Verteilung ist in Deutschland noch nicht amtlich erhoben worden, wohl aber einzelne Vermögensarten und deren Veränderung. Bruttovermögen nennt man den Wert aller Aktiva einer Person oder eines Unternehmens an einem Stichtage, während beim Rein- oder Nettovermögen die Verbindlichkeiten von diesen Aktiva abgezogen werden. Die betriebswirtsch. Vermögensrechnungen oder → Bilanzen werden nach den Vorschriften des Handels- und Steuerrechts nach Anlage- und Umlaufvermögen (→ Aktiva) und Verbindlichkeiten (→ Fremdkapital) sowie Reinvermögen (→ Eigenkapital) erfasst (→ Passiva).

Vermögenssubstanzsteuer, Vermögensabgabe, → Steuer, die aus dem Vermögen selbst und nicht aus laufendem Ertrag oder Einkommen bestritten werden soll. Der → Lastenausgleich war keine V., auch nicht als solche gedacht.

Vermögensteuer, erfasst das gesamte Vermögen eines Steuerpflichtigen, zahlbar von natürlichen und → juristischen Personen. Sie dient als Personensteuer, die aus dem Ertrag des → Vermögens bestritten werden soll. Bemessungsgrundlage ist das sog. Gesamtvermögen einschl. ausländ. Vermögen, für Personen die beschränkt steuerpflichtig sind, nur das Inlandsvermögen. Der Steuersatz beträgt für natürliche Personen 0,5 %, für Körperschaften und Personenvereinigungen 0,6 % des Vermögens. Die V. darf aber gegenwärtig auf Grund eines Urteils des Bundesverfassungsgerichts nicht mehr erhoben werden.

Vermögensverteilung, kann man, wie die Einkommensverteilung, nach funktionalen, personalen, soziologischen, sektoralen, regionalen und zeitlichen Merkmalen theoret. und empirisch analysieren. Sie hängt eng mit der Einkommensverteilung zusammen, was die → Vermögensbildung anbelangt, jedoch ist die Verteilung des Vermögens weit ungleicher als die der Einkommen.

Vermögenswirksame Leistungen, Geldleistungen, die der Arbeitgeber für den Arbeitnehmer anlegt, können in Tarifverhandlungen ausgehandelt werden. Der Staat fördert die V. mit einer Arbeitnehmersparzulage in Höhe von zehn Prozent. Die Förderung ist allerdings nur bei bestimmten Anlageformen möglich (§ 2 Gesetz zur Förderung der Vermögensbildung der Arbeitnehmer). Erhält der Arbeitnehmer die volle V. in Höhe von 480 EUR pro Jahr (Verheiratete 960 EUR), so legt der Staat also noch einmal 48 EUR (bzw. 96 EUR) dazu. Voraussetzung für die Gewährung der staatl. Förderung ist, dass der Sparer/die Sparerin eine bestimmte Einkommensgrenze nicht überschreitet. Diese beträgt 17.900 EUR oder bei einer Zusammenveranlagung von Ehegatten nach § 26b des EStG 35.800 EUR. Maßgeblich ist das zu versteuernde Einkommen nach § 2 des EStG in dem Kalenderjahr, in dem die V. angelegt worden sind.

Vermögenszuwachstheorie → Reinvermögenszugangstheorie.

Verordnung über die Preise bei öffentlichen Aufträgen (VPöA), enthält Vorschriften über die Höhe der → Preise, die ausnahmslos bei Leistungen für dt. oder ausländ. öffentl. Auftraggeber berechnet werden. Auch privat können die Bestimmungen freiwillig Verträgen zugrunde gelegt werden, namentlich zwischen Haupt- und Unterlieferanten. Grundsätzlich geht nach der V. die Vereinbarung von Marktpreisen solchen anderer Preise (etwa Selbstkostenpreise (→ Leitsätze für die Preisermittlung auf Grund von Selbstkosten)) vor. Nur dann, wenn sich ein Marktpreis nicht ermitteln lässt, können Auftraggeber und -nehmer ersatzweise auf die Selbstkosten als Preisgrundlage zurückgreifen. Darüber hinaus können sich Preise für öffentl. Leistungen an Marktpreise anlehnen, wenn diese Leistungen mit ähnlichen marktgängigen Leistungen vergleichbar sind. Unterschiede können durch Zu- oder Abschläge vom Marktpreis berücksichtigt werden. Durch diese Verfahren der Preisermittlung wird eine Preisobergrenze, ein → Höchstpreis, bestimmt. Höhere Preise darf der Lieferant weder fordern noch gewähren. Dagegen sind niedrigere Preise zulässig. Werden dem Lieferbetrieb jedoch bes. Leistungsauflagen und -anweisungen erteilt, auf die er sich erst durch Umstellung auf neue Fertigungsverfahren u.ä. einstellen muss, werden die Grundsätze von Höchst- und Festpreis durchbrochen, und der Auftragnehmer kann die Einrichtungs-, Entwicklungs- und Versuchskosten besonders abrechnen. Der Betrieb hat dem Auftraggeber dieselben Zahlungs- und Lieferbedingungen zu gewähren wie anderen Abnehmern.

Verrechnungsabkommen, zwischenstaatl. Vereinbarungen zum Ausgleich von Forderungen und Verbindlichkeiten durch Verrechnung. Die Zahlung erfolgt nicht in → Devisen, vielmehr zahlen die Importeure den Kaufpreis in Landeswährung bei einer Bank, der Verrechnungsstelle, ein. Aus diesen Einzahlungen erhalten die Exporteure ihren Verkaufserlös. → Clearing.

Verrechnungspreis → Betriebspreis.

Verrechnungsscheck → Scheck.

Versandgeschäft, Organisationsform des → Einzelhandels, wobei Waren nicht an Ort und Stelle im Laden verkauft, sondern an letzte Verbraucher auf Bestellung mittels eines Kommunikationsmittels (Katalog, → Internet, Fernsehen, Brief, Telefon usw.) versandt werden. Es gibt Großversandhäuser mit einem breiten Sortiment (Universalversender), Spezialversender mit schmalem Sortiment (Kaffee, Wein, Fisch, Textilien, Lederwaren, Bücher, Briefmarken, Kunstgegenstände, usw.) oder verschiedenste Kombinationen. V. werben durch Katalogversand, Zeitungsannoncen, Werbebriefe und Reisende.

Verschuldung, öffentliche → Öffentliche Schulden.

Verschwendung → Öffentliche Verschwendung, Theorie der.

Versicherung, im rechtl. Sinne ein Vertrag, durch den der Versicherer gegen eine zu entrichtende Vergütung (→ Prämie) für den Fall des Eintritts der im Versicherungsvertrag vorgesehenen Ereignisse (Versicherungsfall) sich dem Versicherten gegenüber zu bestimmten Leistungen verpflichtet (→ Selbstbeteiligung). Im wirtsch. Sinne ist V. eine Vereinigung vieler von der gleichen Gefahr bedrohter Personen, um das → Risiko der Gefahr gemeinsam zu tragen. Die für die Prämienzahlung notwendigen Berechnungen lassen sich versicherungsmath. mit Hilfe der → Statistik auf Grund des Prinzips der großen Zahl durchführen. Während beim → Umlageverfahren die Prämien ausreichen sollen, um jeweils die Ausgaben für eine Rechnungsperiode zu decken, werden beim → Kapitaldeckungsverfahren die Beitragsprämien so berechnet, dass sie auch den Barwert der Rückstellungen für zu erwartende Versicherungsfälle abdecken. Dieses Verfahren herrscht in der privaten Renten- und Lebensversicherung vor, doch bestehen in der Praxis, namentlich in der gesetzl. Rentenversicherung, Mischtypen beider Verfahren. Während die Sozialversicherung neben der Brand- und Kfz-Haftpflichtversicherung vom Staat zwangsweise vorgeschrieben wird (→ Meritorische Güter), sind alle übrigen V. freiwillig.

Versicherungsaufsichtsgesetz (VAG), regelt die staatl. Aufsicht über die privaten Versicherungsunternehmungen. Die Beaufsichtigung der Unternehmen nimmt danach das Bundesaufsichtsamt für das Versicherungs- und Bausparkassenwesen (BAV) mit Sitz in Berlin wahr.

Versicherungsbetrug, wer in betrügerischer Absicht einen Versicherungsfall herbeiführt, z.B. eine feuerversicherte Sache in Brand setzt, wird mit Geld- und Haftstrafe bestraft (§ 265 StGB).

Versicherungsprämie, zahlt der Versicherte an den Versicherer für die Übernahme des Versicherungsschutzes. Die Höhe der V. hängt von der Wahrscheinlichkeit ab, mit der Schäden in bestimmter Höhe eintreten können, und von der Höhe der Versicherungssumme, in der → Lebensversicherung auch von dem der Versicherungsprämienberechnung zugrunde gelegten Zinsfuß.

Versicherungsschein, Police, wird i.d.R. bei Abschluss einer → Versicherung vom Versicherer ausgestellt. Er ist die Vertragsurkunde über den → Versicherungsvertrag.

Versicherungsteuer, eine → Verkehrsteuer, beträgt heute zwischen 10 % und 15 % der → Versicherungsprämie je nach Versicherungsart und wird in allen Zweigen der Sachversicherung erhoben.

Versicherungstheorie → Assekuranztheorie.

Versicherungsvertrag, Vertrag über den Abschluss einer → Versicherung. Der Antrag auf Abschluss eines V. ist i.d.R. auf einem besonderen Vordruck zu stellen, der die Grundlage für die Annahmeerklärung des Versicherers, d.h. der Versicherungsunternehmung, bildet. Mündliche Nebenabreden sind im Allg. unwirksam. Die rechtl. Grundlagen des auf privater Basis abgeschlossenen V. sind im Wesentl. niedergelegt: (1) im Versicherungsvertragsgesetz. Seine Bestimmungen sind nicht anwendbar auf Versicherungsverträge, die mit einer öffentl. Versicherung (Sozietäten) oder zwangsweise abgeschlossen werden; (2) im → Versicherungsaufsichtsgesetz (VAG); (3) im BGB und HGB; (4) in den → Allgemeinen Versicherungsbedingungen. → Versicherungsschein.

Versicherungswirtschaft, umfasst alle Versicherungsunternehmen, die der Bundes- und Landesaufsicht nach dem → Versicherungsaufsichtsgesetz (VAG) zum Schutze der Versicherten unterworfen sind. Die V. umfasst neben der Schadenregulierung insbes. Kapitalsammlung, Schadenverhütung, Ermöglichung risikoreicher Produktionen und des Ausfuhrhandels, Sicherung des → Realkredits. Zweige der Personenversicherung sind die Kranken-, Unfall- und → Lebensversicherung, während zu den Zweigen der Güterversicherung die Versicherung von Sachen, Rechten, Erträgen und Passiven (als Haftpflicht) zählen.

Versorgungsbetriebe, dienen der Aufrechterhaltung des Lebens in modernen Gesellschaften z.B. der Versorgung der Bevölkerung mit Wasser, Gas oder Elektrizität. Meist sind V. in öffentl., kommunaler Trägerschaft.

Verstaatlichung → Sozialisierung.

Versteigerung, Auktion, Verkaufsform, bei der die Ware öffentl. an den Meistbietenden abgegeben wird. Es gibt: Nachlassversteigerungen, Pfandverkäufe, V. gefundener Gegenstände, V. der Gefahr des Verderbens ausgesetzter Waren und V. gewerbsmäßiger Versteigerer, die durch Preisdruck dem → Einzelhandel starke Konkurrenz machen. Wirtsch. wichtig sind die Großhandelsversteigerungen, bei denen im Gegensatz zum Börsenhandel »greifbare«, vorher zu besichtigende Warenbestände in möglichst kurzer Zeit geräumt werden müssen.

Versteigerungsgewerbe, die Genehmigung zur Ausübung dieses Gewerbes wird nur für bestimmte Gebiete und auf Grund eines Bedürfnisnachweises sowie unter der Voraussetzung der Zuverlässigkeit des Antragstellers erteilt. Die Versteigerer haben ihren Geschäftsbetrieb streng unparteiisch zu führen und alles zu unterlassen sowie zu verhindern, was zu einer Übervorteilung ihrer Auftraggeber oder der Käufer führen kann. → Versteigerung.

Verteilungsmaße → Gini-Koeffizient, → Lorenz-Kurve, → Mittelwert.

Verteilungspolitik, will die funktionale, personale, soziologische, temporale, regionale und sektorale Verteilung der Einkommen und → Vermögen beeinflussen. Die V. als Tarifpolitik der Sozialpartner orientiert sich vorwiegend an der Verteilung der nominalen Markteinkommen nach Löhnen, Gewinnen und Entgelten für Vermögensnutzung. Die staatl. V. richtet sich vorwiegend auf die personale Verteilung der realen Einkommen und Vermögen, wobei die → Umverteilung auf die einzelnen soz. Schichten auch die → öffentlichen Güter und Dienste einschließt. Hierbei werden die Be- und Entlastungen durch den öffentl. Haushalt (→ Budgetinzidenz) berücksichtigt. → Einkommensumverteilung, → Vermögensverteilung.

Verteilungstheorie, ein Zweig der → Volkswirtschaftslehre (VWL), der die Aufteilung des → Sozialprodukts auf die am Produktionsprozess beteiligten Faktoren analysiert und zu erklären versucht. Die Einkommensgruppen sind Lohn, Zins, Grundrente und Unternehmergewinn. Neben dieser funktionalen Verteilung befasst sich die V. auch mit der makroökonom. Verteilung des Einkommens auf Personen und Personengruppen, Regionen, → Wirtschaftszweige und Generationen. Während die klassische Nationalökonomie ihre V. auf dem Kostenprinzip aufbaute, führte J.H. von Thünen die Grenzproduktivität als Kriterium ein, wonach der Anteil durch den Ertrag bestimmt wird, den die → Produktionsfaktoren an der Grenze erzielen: Der Preis des Produktionsmittels ist gleich dem Wert seines Grenzertrages. Clark hat diese Theorie zu einer Einkommenslehre, die Österreichische Schule (E. von Böhm-Bawerk, Wieser, J.A. Schumpeter) zur Werttheorie für die Produktivgüter weiterentwickelt.

Vertikale Gleichheit oder Gerechtigkeit (engl.: vertical equity), in der Besteuerung nach dem Grundsatz gleicher Opfer die Forderung, dass Personen mit ungleichem Einkommen in gleichem Maße ungleich besteuert werden sollen. Der Grundsatz der horizontalen Gleichheit verlangt, dass Personen in gleicher Lage die gleichen Steuern bezahlen sollen (Musgrave). → Einkommensbesteuerung.

Vertikale Preisbindung, liegt als Preisbindung der zweiten Hand dann vor, wenn der Einzelhändler gegenüber dem Produzenten verpflichtet ist, einen von diesem festgesetzten → Preis beim Verkauf der Ware zu verlangen. Seit 1974 gemäß § 14 GWB grundsätzlich verboten. Zulässig sind indes weiterhin vertikale Preisempfehlungen, soweit echter Preiswettbewerb herrscht und der Produzent keinen Druck ausübt, um den »empfohlenen Preis« durchzusetzen (z.B. Verlagserzeugnisse, landwirtsch. Erzeugervereinigungen).

Vertikaler Finanzausgleich → Finanzausgleich, → Subsidiarität, → Fiskalische Äquivalenz, Prinzip der.

Vertrag, zweiseitiges → Rechtsgeschäft, bei dem zwei oder mehrere Willenserklärungen inhaltlich ein Ganzes bilden (»sich decken«). Ein V. kommt zu Stande durch Antrag (→ Offerte) und durch Annahme (§§ 145 ff. BGB). Das Vertragsrecht des BGB beruht auf dem Gedanken der Vertragsfreiheit: Jeder kann frei bestimmen, ob und mit wem er einen V. schließen will und welchen Inhalts er sein soll. Die soz. und wirtsch. Verhältnisse, wie sie sich durch die Industrialisierung und die Verstädterung herausgebildet haben, führten zu Interessenbindungen in der Form von Arbeitnehmer- und Arbeitgeberverbänden, die dann als Vertragsparteien den arbeitsrechtl. → Tarifvertrag abschließen.

Vertragshilfe, richterliche, soll bei → Schuldnern, die durch die Entwicklung der Währungsverhältnisse in wirtsch. Not geraten sind, zwischen → Gläubigern und Schuldnern ausgleichen und die Abwicklung der Verpflichtungen herbeiführen. Voraussetzung ist, dass ein Übereinkommen im Wege gütlicher Einigung nicht zu Stande gekommen ist.

Vertragsstrafe, Konventionalstrafe, die dem → Gläubiger für den Fall versprochene Entschädigung, dass der → Schuldner seine Verbindlichkeit nicht oder nicht in der vereinbarten Weise erfüllt. Die V. ist keine Strafe im strafrechtl. Sinne, sondern eine im Wege des Zivilprozesses einklagbare Geldbuße. Sie ist nach § 339 BGB verwirkt, wenn der Schuldner in Verzug kommt. Besteht die geschuldete Leistung in einem Unterlassen, so tritt die Verwirkung mit der Zuwiderhandlung ein. Die V. ist zu unterscheiden vom Reugeld; denn der Schuldner kann sich durch Leistung der V. nicht von seiner Verpflichtung befreien, wie dies beim Reugeld der Fall ist. Eine Herabsetzung ist ausgeschlossen, wenn sie von einem → Vollkaufmann im Betrieb seines → Handelsgewerbes versprochen worden ist (§ 348 HGB). Die Vereinbarung einer V. ist auch bei Vollkaufleuten nichtig, wenn die Höhe der V. gegen die guten Sitten verstößt.

Vertragstheorie, die ökonom. V. interessiert sich, im Gegensatz zu den Rechtswissenschaften, nicht dafür, wie ein Vertrag zu Stande gekommen ist. Es geht vielmehr um die → Anreize, die durch geschlossene Verträge bzw. durch einen möglichen Vertragsabschluss entstehen. Die ökonom. V. versucht zu analysieren, welche Verträge in bestimmten Situationen optimal sind. Sie spielt bes. bei einer asymmetrischen Informationsverteilung, d.h. wenn der Vertragsanbieter (Prinzipal) einen Wissensrückstand zum Vertragsnehmer (Agent) aufweist, eine tragende Rolle. → Anreiz- und Sanktionsmechanismen, → Prinzipal-Agent-Theorie, → Unvollkommene Information.

Vertrag von Nizza, Reform des Vertrags über die → Europäische Gemeinschaft (EG) und des Vertrags über die → Europäische Union (EU) als Ergebnis der Arbeiten der Regierungskonferenz 2000, beschlossen im Rahmen der Tagung des → Europäischen Rates von Nizza im Dezember 2000 (in Kraft seit 1. Februar 2003). Die Bemühungen um den V. hatten vor allem die Erweiterungsfähigkeit der Europäischen Union (→ Osterweiterung) und die damit verbundenen institutionellen Reformen im Blick. Bedeutende Neuerungen sind die Begrenzung der Größe der → Europäischen Kommission und ihre Zusammensetzung, die Ausweitung der qualifizierten Mehrheit, eine neue Stimmengewichtung im Rat und eine flexiblere Gestaltung der verstärkten Zusammenarbeit. Weitere grundsätzlichere Themen sind die Vereinfachung der Verträge, die Abgrenzung der Zuständigkeiten zwischen den Institutionen, der Status der Grundrechte-Charta und die Rolle der nationalen Parlamente im politischen Prozess. In einer Erklärung des V. wird allerdings auch auf die noch notwendigen Arbeiten hinsichtlich zukünftiger Vertragsreformen hingewiesen.

Vertreter, im wirtsch. und beruflichen Sinne eine ungenaue Bezeichnung für kaufmännische Mittelspersonen, die rechtl. als → Kommissionäre oder Handlungsreisende tätig sind. Das berufspolit. Ziel ist darauf gerichtet, den → Handelsvertreter, der selbständiger → Kaufmann und ständig damit betraut ist, Geschäfte für eine oder mehrere Firmen treuhänderisch zu vermitteln, vom angestellten Reisenden (Reisevertreter) streng zu unterscheiden.

Vertretung → Stellvertreter, → Vertreter.

Vertriebsgesellschaft, eine von einem Industrieunternehmen, einem → Konzern oder einem → Kartell oder → Syndikat gegründete, rechtl. selbständige Verkaufsgesellschaft.

Verursacherprinzip, fordert, die volkswirtsch. Kosten (→ externe Effekte) als Umweltschäden des Verbrauchs und der Produktion weitestgehend zu internalisieren, d.h. den Verursachern an- oder zuzurechnen. Dadurch sollen öffentl., private und ausländ. Konsumenten und Produzenten veranlasst werden, umweltbewusster zu handeln und über den Marktmechanismus zu »umweltfreundlichen« Entscheidungen zu gelangen. Schwierig ist die Erfassung, Bewertung und Zurechnung der externen Kosten (und Nutzen) als Umweltschäden. → Gemeinlastprinzip.

Verwaltungshoheit, eigenständiges Recht, die öffentl. Finanzen zu verwalten. In Deutschland liegt die V. für → Zölle, Finanzmonopole und bundesgesetzl. geregelte → Verbrauchsteuern beim Bund (eigene Bundesfinanzbehörden), für die übrigen Steuern bei den Ländern (Landesfinanzbehörden), soweit sie nicht den Gemeinden zusteht.

Verwaltungskameralistik → Kameralistische Buchführung.

Verwaltungsprotektionismus → Administrativer Protektionismus.

Verwaltungswirtschaftslehre, befasst sich systematisch mit dem ökonom. Verhalten öffentl. Verwaltungen und Unternehmen in volkswirtsch. und betriebswirtsch. Sicht. Die V. befasst sich analytisch mit der Frage, unter welchen Umständen eine öffentl. Einrichtung effizient arbeitet und welches die optimale Größe und → Organisation einer solchen Verwaltungseinheit ist. Dabei stützt sich die V. vorwiegend auf die erweiterte → Nutzen-Kosten-Analyse (NKA), die → Wirtschaftlichkeit und Verteilung messen hilft. Institutional lässt sich die V. in eine allgemeine und eine spezielle V. (Bau-, Finanz-, Bildungs-, Wirtschafts- und Entsorgungsverwaltung) einteilen. Ferner kann man nach Funktionen innerhalb einer öffentl. Verwaltung unterscheiden, etwa nach → Planung, → Organisation und → Kontrolle oder bei öffentl. Betrieben nach → Management, → Produktion, → Absatz und → Finanzierung. Eine der dringendsten Aufgaben der V. ist die Erfassung und Zuteilung aller Kosten auf eine Leistungseinheit sowie die Bewertung → öffentlicher Güter und Dienste.

VGR → Volkswirtschaftliche Gesamtrechnung.

Vinkulierte Namensaktie → Namensaktie.

Vinkulierung (von lat., vinculum = Band), Bindung von → Wertpapieren, wonach sie nicht ohne Zustimmung der Gesellschaft auf eine andere Person übertragen werden können. Verlangt bei → Namensaktien der Gesellschaftsvertrag die Zustimmung der Gesellschaft zu ihrer Übertragung, spricht man von vinkulierten Namensaktien.

Volkseigentum (gesellschaftliches), Kollektiv- oder Gemeineigentum, die einzige oder dominierende Form des → Eigentums in der sozialistischen Gesellschaftsordnung. Es gehört entweder dem Staat oder einer Gruppe, meist einer Genossenschaft. Privateigentum an Produktionsmitteln wird im Übergang noch Kleinbetrieben (zumeist mit Auflagen oder Staatsbeteiligung) erlaubt. Im Endstadium des → Kommunismus ist selbst das pers. Eigentum an Konsumgütern und Geld verboten. Wie über das V. verfügt wird, wer den → Nutzen erhält und wer die Kosten trägt, ist formal und real höchst unterschiedlich geregelt und in der Praxis mit → Unwirtschaftlichkeit verbunden. → Sozialismus, → Öffentliche Verschwendung, Theorie der.

Volkseinkommen, Geldwert des → Sozialprodukts zu Faktorkosten. Es wird statistisch berechnet, indem die Geldeinkommen der → Produktionsfaktoren, die → Gewinne der Unternehmungen und die → Subventionen addiert und die → indirekten Steuern abgezogen werden. Ein Hauptproblem bei der Berechnung des V. ist die Frage, ob nur die Marktvorgänge berücksichtigt werden sollen oder ob und wieweit man darüber hinaus auch die sich z.B. im Haushalt (also nicht in den Produktionsbetrieben und außerhalb des Marktes) abspielenden wirtsch. Vorgänge und → Wertschöpfungen einbeziehen soll. Weiterhin ist die Berechnung und Bewertung der staatl. Leistungen noch sehr unvollkommen (Staatsausgaben werden als Beitrag zum Sozialprodukt gewertet); ferner werden die externen → Nutzen und Schäden (z.B. Umweltverschmutzung) in der → Volkswirtschaftlichen Gesamtrechnung (VGR) und damit im V. nicht erfasst. Das V. ist gleichgewichtig, wenn gesamtwirtsch. → Nachfrage (C + I) und Angebot (Y) in jeder Periode gleich sind. Abweichungen führen zur → inflatorischen Lücke bzw. → Nachfragelücke.

Volksvermögen, Gesamtwert des in einer → Volkswirtschaft zu einem Zeitpunkt vorhandenen Sachvermögens, immateriellen Vermögens und der Nettoforderungen gegenüber dem Ausland. Das V. lässt sich durch Aggregation der einzelwirtsch. bzw. sektoralen Vermögensbilanzen ermitteln. Allerdings liegen bislang auf Grund der schwierigen Erfassungs- und Bewertungsprobleme nur wenige Schätzungen vor. → Vermögen.

Volkswirtschaft, umfasst alle Einrichtungen und Maßnahmen zur Deckung des menschlichen Bedarfs an privaten und → öffentlichen Gütern und Leistungen innerhalb eines Staatsvolkes. Sie kann entweder als → Marktwirtschaft oder als → Planwirtschaft geordnet sein. → Arbeitsteilung und Technik bestimmen neben geographischen und klimatischen Grundlagen den Entwicklungsstand, wobei die → Infrastruktur, die Kapitalausrüstung (→ Kapitalstock), die natürlichen (→ Hilfsquellen und nicht zuletzt der Ausbildungsstand der Bevölkerung von entscheidender Bedeutung sind. Die internationale Arbeitsteilung hat in neuerer Zeit zu einer engen Verflechtung der V. mit der → Weltwirtschaft geführt. Die Wissenschaften, welche die vielfältigen Erscheinungen und den Ablauf der V. analysieren und erklären, nennt man → Volkswirtschaftslehre (VWL) und → Betriebswirtschaftslehre (BWL).

Volkswirtschaftliche Gesamtrechnung (VGR), erfasst den Güter- und Geldkreislauf einer → Volkswirtschaft, während die volkswirtsch. → Input-Output-Analyse die Verflechtung zwischen den → Wirtschaftszweigen zu messen versucht. Methoden zur Erfassung des → Sozialprodukts sind: (1) die Entstehungsrechnung, (2) die Verteilungsrechnung und (3) die Verwendungsrechnung. In der V. wird die Wirtschaftstätigkeit nach Sektoren gegliedert: Unternehmungen (einschl. öffentl. Wirtschaftsbetriebe), Privathaushalte, Staat und Ausland. Für jeden Sektor wird ein Konto geführt, auf dem die Einnahmen und Ausgaben verzeichnet werden. Es wird in laufende Zahlungen und in bestandswirksame unterschieden, welche die Höhe der → Investitionen oder des Sparens verändern. Für diese Zu- und Abflüsse wird ein Vermögensänderungskonto eingerichtet, das sich ausgleichen muss, da die Summe der Ersparnisse gleich der Summe der Investitionen ist (→ Sparen und Investieren). Die V. erfasst die privaten und öffentl. Güter und Dienste, die eine Volkswirtschaft in einem Jahr erzeugt, ein- und ausführt, verteilt, verwendet und finanziert. → Organization for Economic Cooperation and Development (OECD) und → Vereinte Nationen haben zur Vereinheitlichung ein Standardsystem entwickelt, das international angewandt wird. Hauptschwächen der V. sind der Versuch, das kommerzielle mit dem kameralistischen Prinzip zu verbinden, d.h. den Nutzen öffentl. Leistungen mit dem (unvollkommen erfassten) Aufwand des Staates gleichzusetzen und Doppelzählungen zuzulassen, → Wertschöpfungen außerhalb des Marktes (wie Hausarbeit) weitgehend zu

Volkswirtschaftslehre 570

ignorieren und externe Kosten und Nutzen (→ externe Effekte) auszuklammern. Am wenigsten geeignet ist die V., die → Effizienz oder → Produktivität zu erfassen und den Wohlstand zu messen. Neuere Wohlfahrtskonzepte (Juster, Nordhaus, Tobin) versuchen, durch Zu- und Abstriche beim → Bruttosozialprodukt (BSP) den wirtsch. Wohlstand besser auszudrücken.

Volkswirtschaftslehre (VWL), Nationalökonomie, Sozialökonomie oder (klassisch) Politische Ökonomie, die Wissenschaft, die ökonom. und soz. Erscheinungen in → Marktwirtschaft und Staatswirtschaft (→ Finanzwirtschaft) analysiert, zu erklären versucht und sie zu gestalten hilft. Die V. wird für das Studium und in der Lehre in (1) Wirtschaftstheorie, (2) → Wirtschaftspolitik und (3) → Finanzwissenschaft gegliedert; in der modernen Forschung sind indes die auf Konvention beruhenden Grenzen fließend und z.T. überholt. Die V. als Wirtschaftstheorie erklärt primär, wie der → Preismechanismus funktioniert und wie er den Prozess der → Produktion, Einkommensverteilung und Kapitalbildung in einer Markt- und Wettbewerbswirtschaft steuert und wie die Einkommensverwendung auf den Wirtschaftsablauf einwirkt. → Arbeitsteilung und → technischer Fortschritt sowie der → Nutzen als Maß des Wohlstandes werden dabei neben den Wirtschaftsgrundlagen als Hilfen zur Erklärung des → Wirtschaftswachstums analysiert. Als normative → Wissenschaft fragt die V., wie die private und öffentl. Wirtschaft sein sollte, als positive will sie erkennen, beschreiben und erklären, was die gesamte Wirtschaft tatsächlich ist, warum sie so ist, und als Entscheidungslehre fragt sie nach den Mitteln und Erfahrungen, mit deren Hilfe man die Wirklichkeit zielgerichtet am besten oder am zweitbesten bei unsicheren Erwartungen gestalten kann. Die Einteilung in → Mikroökonomik und → Makroökonomik erscheint im Allg. wenig sinnvoll. In historischer Folge werden i.d.R. nachstehende Richtungen erfasst: (1) der → Merkantilismus, die Wirtschaftspolitik im Zeitalter des Absolutismus, (2) die → Physiokratie (Herrschaft der Natur), (3) die klassische oder engl. Nationalökonomie mit ihrem Begründer, dem Schotten A. Smith (Natur und Ursachen des → Wohlstands der Nationen), (4) die Grenznutzenschule, (5) die historische Schule (ältere und jüngere), die wesentlich geschichtlich und kaum theoret. orientiert ist, (6) der Neo-Keynesianismus, der die verbesserten Ideen von J.M. Keynes zur Grundlage hat, und (7) die Neoklassik, die Smiths marktwirtsch. Ordnung weiterentwickelt und über die Wohlfahrtstheorie die Staatswirtschaft stärker als bislang in die Volkswirtschaft integriert. Die ökonom. Wissenschaft hat in diesem historischen Ablauf folgende Irrwege durch einseitige Hypothesen eingeschlagen: Allein die (1) Exportwirtschaft über Zufluss von Edelmetallen (Merkantilismus) oder (2) die Landwirt. oder die Natur (Physiokraten) oder (3) der Einsatz von Kapital (D. Ricardo) oder (4) die Arbeit (→ Marxismus) seien jeweils produktiv. Stattdessen tragen alle → Produktionsfaktoren, wenn auch unterschiedlich, zur → Produktivität bei.

Volkswirtschaftspolitik → Wirtschaftspolitik.

Volkswohlstand, Wohlstand einer Nation, ein Ausdruck der → Volkswirtschaftslehre (VWL), dessen Inhalt sich historisch gewandelt hat und der heute als → Sozialprodukt oder → Volkseinkommen bezeichnet wird. A. Smith spricht von »wealth of nations« (auch von »richess« und »opulence«) und versteht darunter die → Produktion, die sozialgerechte Verteilung und den Verbrauch privater und → öffentlicher Güter, im Grunde eine moderne Fassung, die unserem Sozialprodukt nahe kommt. F. List hat den Reichtumsbegriff mehr von der Entwicklung her gesehen. Er betont die Fähigkeit zur Produktion: »Die Kraft, Reichtümer zu schaffen, ist unendlich wichtiger als der Reichtum selbst.« J. Bentham hat das utilitaristische Element in den Begriff des V. eingefügt. Letztes Ziel sei das »größtmögliche Glück der größtmöglichen Zahl« (F. Hutcheson). Die ältere und jüngere → Wohlfahrtsökonomie versucht, individuellen und soz. → Nutzen in einem Gesamtwohl zusammenzufassen.

Volkszählung, erfasst statistisch die Wohnbevölkerung eines Landes samt allen wesentlichen Merkmalen. Erhebungseinheiten sind Personen, Familien und Haushalte. Erfasst werden u.a. Geschlecht, Alter, Familienstand, Religion, Staatsangehörigkeit, Stellung im Erwerbsleben, Beruf, Wirtschaftszweig und Bildungsstand. In Deutschland finden etwa alle zehn Jahre V. statt, wie von den → Vereinten Nationen empfohlen.

Vollbeschäftigung, Begriff, der in der → Weltwirtschaftskrise von dem engl. Nationalökonom J.M. Keynes in den Mittelpunkt der wirtsch., wissenschaftlichen und wirtsch.polit. Diskussion gerückt worden ist. In seinem Werk (1936) »Allgemeine Theorie der Beschäftigung, des Zinses und des Geldes« hat er die »revolutionäre« These begründet, eine → Volkswirtschaft könne schon vor Erreichen der V. ein → Gleichgewicht erlangen und dort verharren, so dass der Staat gezwungen sei, die Wirtschaft zu beeinflussen, damit sie von der Unter- zur V. finde. Er empfiehlt u.a. ein sog. → Deficit Spending, d.h. der Staat solle mehr ausgeben als er auf normalem Wege einnimmt, sei es durch → Geldschöpfung, sei es durch Kreditaufnahme.

Vollbeschäftigungspolitik, Beschäftigungspolitik, die eine → Volkswirtschaft zu einem → Gleichgewicht bei → Vollbeschäftigung führen und sie möglichst in diesem Zustand halten will. Das schließt natürlich auch den für die Nachkriegszeit typischen Fall ein, sie von einer Überbeschäftigung auf dieses Gleichgewicht zurückzuführen. Um eine wirkungsvolle V. betreiben zu können, muss man die Ursachen der Abweichungen nach unten oder oben genau kennen. Die Keynessche V. ist zu einseitig an der effektiven Nachfrage orientiert und vernachlässigt das (auch kurz- und mittelfr. wichtige) Angebot und dessen mögliche Beeinflussung. Ein Zuviel oder Zuwenig an Nachfrage und Angebot (oder an Entgelt und Beitrag zum → Sozialprodukt) kann auf der Seite der privaten Haushalte und Unternehmen, des Staates und des Auslandes eintreten. Wie und wo sich die drei Gruppen jeweils die dazu benötigten Einkommen und/oder Geldmittel besorgen (oder was sie mit den nicht ausgegebenen machen), hat ebenfalls einen entscheidenden Einfluss auf das Beschäftigungsgleichgewicht und natürlich auf die → Inflation (Deflation), neuerdings eine wichtige Ursache für die → Arbeitslosigkeit. Zu den Instrumenten der V. zur globalen Steuerung zählen die öffentl. Ausgaben und Einnahmen, namentlich → Steuern und → Kredite. Neben dieser Finanz- oder Fiskalpolitik können ordnungs- und geldpolit. Maßnahmen einen Beitrag zur V. leisten, ebenso die → Außenwirtschaftspolitik.

Vollbeschäftigungsüberschuss, ein in den USA entwickeltes Budgetkonzept, das nicht den tatsächlichen Budgetsaldo als Konjunkturindikator benutzt, sondern die Differenz aus den bei → Vollbeschäftigung zu erwartenden → Staatseinnahmen und den tatsächlichen → Staatsausgaben. Damit ist es theoret. möglich, den Einfluss der jeweiligen Konjunkturlage auf den tatsächlichen Budgetsaldo zu eliminieren. In der Praxis treten erhebliche Probleme in der Konstruktion des V. auf. → Budgetkonzepte.

Vollkaufmann, im Gegensatz zu den → Minderkaufleuten ein → Kaufmann, auf den die Vorschriften des HGB, insbes. jene über das → Handelsregister und die → Buchführung, uneingeschränkt Anwendung finden. Im Zweifelsfall ist jemand, der ein → Handelsgewerbe betreibt, V. Soll- und Kannkaufleute nach § 2 und § 3 HGB sind stets V. Gleiches gilt für die Formkaufleute (Kaufleute kraft Rechtsform).

Vollkostenrechnung, eine Kalkulationsform, wobei neben den veränderlichen auch die → Fixkosten nach einem Verteilungsschlüssel den → Kostenträgern zugerechnet werden.

Vollständige Konkurrenz, beschreibt eine idealtypische → Marktform mit vielen kleinen Anbietern und Nachfragern, die sich als → Mengenanpasser verhalten.

Vollmacht, durch → Rechtsgeschäft begründete Vertretungsmacht. Sie regelt das Verhältnis einer Person gegenüber Dritten, berechtigt nur und bedarf keiner Annahme. V. kann auch stillschweigend erteilt werden. Ein → Kaufmann, der z.B. duldet, dass seine Schwester im Geschäft als Aushilfe mitwirkt, hat ihr damit stillschweigend V. erteilt.

Voraussage → Prognose, → Erklärung.

Vorleistungen, in der → Volkswirtschaftlichen Gesamtrechnung (VGR) alle vom In- und Ausland gelieferten Güter und Dienste, die inländ. Unternehmen in einer Periode bei der → Produktion verbrauchen. Hierzu gehören u.a. Roh-, Hilfs- und Betriebsstoffe einschl. Energie, Waren, laufende Reparaturen und Transportaufwand. Auch Auslagen der → Sozialversicherung für medizinische Leistungen und öffentl. Investitionen für Verteidigungszwecke zählen zu den V.

Vorprodukte, gehören (neben halbfertigen und Fertigprodukten aus eigener Erzeugung) zum Vorratsvermögen eines Unternehmens. Sie bestehen aus bezogenen Gütern und werden in der eigenen → Produktion verwendet oder als Handelsware veräußert. Als → Vorleistungen oder Zwischenprodukte werden sie bei der Erzeugung genutzt oder verbraucht.

Vorratsvermögen, Bestände eines Betriebes an Roh-, Hilfs- und Betriebsstoffen, Waren, Halb- und Fertigerzeugnissen.

Vorschlagswesen, fußt auf dem Gedanken, dass der Mensch am Arbeitsplatz am besten in der Lage ist, die Möglichkeiten einer Verbesserung seiner eigenen Tätigkeit zu beurteilen und günstig zu beeinflussen. Die Belegschaft soll daher veranlasst werden, der Betriebsleitung Vorschläge zur Verbesserung und → Rationalisierung des Arbeitsprozesses zu unterbreiten. Ihr Interesse wird durch Anerkennung und Belohnung geweckt und erhalten. → Anreize.

Vorsichtskasse, nach J.M. Keynes der Teil der Kassenhaltung (→ Liquiditätsneigung), der zur Finanzierung von Umsätzen führt, die einkommensabhängig sind, und der sich aus der Ungewissheit über die fälligen Ein- und Auszahlungen ergibt. Die Höhe der V. ist u.a. von der Risikoneigung, den Kosten der Liquidität und dem entgangenen Zins abhängig.

Vorsichtsprinzip → Buchführung, Grundsätze ordnungsmäßiger (GoB).

Vorstand → Aktiengesellschaft (AG).

Vorsteuer, Bezeichnung für die → Umsatzsteuer, die ein Unternehmen an Vorunternehmer entrichtet hat und diese beim sog. → Vorsteuerabzug von seiner Steuerschuld abziehen kann.

Vorsteuerabzug, Recht eines Unternehmens, die von den Vorlieferanten ausgewiesenen → Umsatzsteuern von seiner eigenen Umsatzsteuerschuld abzuziehen. Der V. verfolgt das Ziel, dass der Unternehmer nur von seinem eigenen Wertschöpfungsbeitrag zu einem Produkt oder einer Dienstleistung Umsatzsteuer abführt. → Vorsteuer.

Vorzugsaktie, mit Vorrechten gegenüber der → Stammaktie ausgestattet. Vorrechte können sein: (1) Vorrechte in Bezug auf der Verteilung des Gewinns oder des Gesellschaftsvermögens bei Auflösung der Gesellschaft, (2) hinsichtlich des Stimmrechts in der Hauptversammlung: Nach § 12 AktG sind Mehrstimmrechtsaktien unzulässig. Sie können nur mit ministerieller Genehmigung ausgegeben werden, soweit es zur Wahrung überwiegend gesamtwirtsch. Belange erforderlich ist. → Aktie, → Aktiengesellschaft (AG).

Vorzugsdividende, der auf die → Vorzugsaktie entfallende Anteil am → Reingewinn einer → Aktiengesellschaft (AG).

Vorzugszoll, Präferenzzoll, ein im Vergleich zum allgemeinen → Zolltarif (»Generaltarif«) niedrigerer Zollsatz, der nicht, wie bei der → Meistbegünstigung, allen meistbegünstigten Ländern zugute kommt, sondern nur bestimmten Ländern zugebilligt wird. → Zölle.

VpöA → Verordnung über die Preise bei öffentlichen Aufträgen.

VWL → Volkswirtschaftslehre.

W

Wachstum → Wirtschaftswachstum.

Wachstumskonzept der Klassik, kann man, mit P. A. Samuelson, übersichtlich anhand der Abb. erklären. Bei einem Kapitalstock K_0 liegt die Lohnrate bei E_0' und die Profitrate bei E_0-E_0'. Kurzfr. wird das gesamte Einkommen, $0K_0E_0D$, wie folgt verteilt: S_0E_0D entfällt auf die Bodenrente, während sich Profit und Lohn das verbleibende Rechteck $0K_0E_0S_0$ im Punkt E_0' auf der Kurve E_0'E' teilen. Die Einsatzmengen von Arbeit und Kapital nehmen gemeinsam, von E_0 ausgehend, zu, wodurch ihr Grenzprodukt sinkt. Der Wettbewerb lässt den überschüssigen Ertrag beider Faktoren, $w(t)-w^\star$ und $r(t)-r^\star$, sinken, und zwar in einem solchen Verhältnis, dass das Angebot an Arbeit $L(t)$ und Kapital $K(t)$ im Gleichklang wächst und zwar solange bis der Kapitalstock $K^\star$ erreicht wird und die Wachstumsraten von Kapital und Arbeit null sind. Die Kurve E_0'E' in Abb. (a) zeigt, wie die Vorteile des vorübergehenden Fortschritts, verteilt zwischen Kapitalisten und Arbeitern, schwinden: Je schneller sich das Angebot an Arbeitskräften anpasst, desto näher liegt E_0'E' bei WW' und desto größer ist der vorübergehende Profit-Anteil; je steiler E_0'E' nordwestlich von E' verläuft, desto größer ist der vorübergehende Anteil der Löhne. Abb. (b) zeigt deutlich, wie die Kurve E_0'E' zu Stande kommt. Die Kurve ww gibt den realen Lohnsatz an, der jeweils nötig ist, um das Angebot an Arbeit gleichgewichtig (mit der Wachstumsrate g) wachsen zu lassen. Die Kurve $r + w$ zeigt, wie Profit- und Lohnrate zusammenwachsen müssen, um ein gleichgewichtiges Wachstum g zu ermöglichen; $w(t)$ lässt sich dabei von der unteren Kurve ablesen, während $r(t)$ durch den vertikalen Abstand der beiden Kurven bestimmt ist. Für die Ableitung beginnt man in Punkt E_0 der

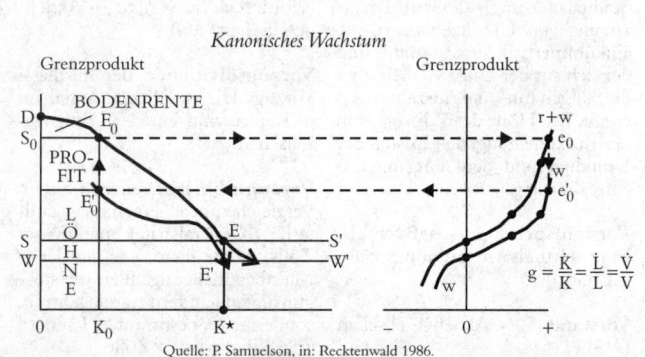

Kanonisches Wachstum

Quelle: P. Samuelson, in: Recktenwald 1986.

Abb. (a), bewegt sich horizontal nach e_0 in (b) und fällt das Lot auf die ww-Kurve (e_0'). Die Waagerechte durch e'_0 bestimmt in Abb. (a) den Punkt E'_0 und damit die kurzfr. Verteilung der Einkommen auf Kapital und Arbeit.

Wachstumspolitik, versucht, das → Wirtschaftswachstum zur verbesserten Versorgung in der Zukunft zu fördern, wobei sie die Bedingungen für eine reibungslose Zunahme des → Sozialprodukts schafft, also bei den Wirtschaftsgrundlagen ansetzt: Beeinflussung des → technischen Fortschritts durch Forschungshilfen und Ausbau des Bildungswesens, Einfluss auf die Investitionsneigung und die pers. Initiative, etwa durch steuerliche Anreize, Intensivierung des → Wettbewerbs, Verbesserung der → Infrastruktur als Beitrag für künftiges Wachstum, Beseitigung von strukturellen Hemmnissen, Einfluss auf die gesamtwirtsch. Nachfrage über das öffentl. Budget.

Wachstumstheorie, untersucht die Allokation von Ressourcen im Zeitablauf. Während sich die W. mit der Entwicklung des → Produktionspotenzials beschäftigt, befasst sich die → Konjunkturtheorie mit dessen Auslastungsschwankungen. Man unterscheidet zwei Hauptrichtungen der modernen W.: postkeynesianische und neoklassische Modelle des Wachstums. Der postkeynesianische Ansatz beruht auf einer Weiterentwicklung der makroökonom. Theorien von J.M. Keynes. Dieser hatte lediglich die nachfrageerhöhende Wirkung einer → Investition betrachtet (Einkommenseffekt). Harrod und E. Domar, die beiden wichtigsten Vertreter der postkeynesianischen Theorie, erweiterten demgegenüber die Bedeutung einer Investition um die angebotserhöhende Wirkung auf das Produktionspotenzial einer → Volkswirtschaft (Kapazitätseffekt). Dadurch waren sie in der Lage, die Bedingungen für einen gleichgewichtigen Wachstumsprozess anzugeben:

$$\left(\frac{\Delta Y}{Y}\right)^\star = s \cdot k'$$

Demnach muss die gleichgewichtige Wachstumsrate des → Sozialprodukts

$$\left(\frac{\Delta Y}{Y}\right)^\star$$

gleich dem Produkt aus Spar- bzw. Investitionsquote s und marginaler → Kapitalproduktivität k' sein, wobei Y das Sozialprodukt darstellt. Die marginale Kapitalproduktivität ist definiert als $\Delta Y/I$ und drückt die Wachstumswirkung einer Investition (I) aus. Der neoklassische Ansatz geht im Wesentl. auf Solow zurück. Dessen grundlegendes Modell basiert auf einer gesamtwirtsch. → Produktionsfunktion mit → Kapital, Arbeit und → technischem Fortschritt als untereinander substituierbaren Einsatzfaktoren. Weitere Annahmen sind → Vollbeschäftigung und ein geräumter Gütermarkt. Wie im postkeynesianischen Modell lässt sich auch in der Neoklassik eine gleichgewichtige Wachstumsrate des Sozialprodukts angeben:

$$\left(\frac{\Delta Y}{Y}\right)^\star = n + a$$

Ein stetiges Wachstum ist danach nur möglich, wenn die → Produktion mit einer Rate wächst, die gleich

Währung

der Summe aus der Wachstumsrate der Bevölkerung n und der Zuwachsrate des techn. Fortschritts a ist. Die komparativ-statische Analyse belegt, dass es nicht möglich ist, durch erhöhtes Sparen die Wachstumsrate des Sozialprodukts auf Dauer zu beeinflussen (→ Sparen und Investieren). Verstärkte Kapitalakkumulation kann somit nur das Wachstumsniveau, nicht aber die Wachstumsrate erhöhen. Es ergibt sich eine optimale → Sparquote, wenn der Zinssatz in der Volkswirtschaft der Summe aus der Wachstumsrate der Bevölkerung und derjenigen des Fortschritts entspricht (→ Goldene Regel der Kapitalakkumulation). Das neoklassische Grundmodell wurde inzwischen vielfältig erweitert. So werden z.B. die natürlichen Ressourcen als weiterer Produktionsfaktor in die Analyse einbezogen. Auch lassen sich in Analogie zur optimalen Sparquote optimale Raten des techn. Fortschritts und des Bevölkerungswachstums errechnen. Die neue Wachstumstheorie versucht die gleichgewichtige Wachstumsrate modellendogen anstatt mit exogenen Faktoren zu erklären. Der Einfluss von Investitionen in Humankapital und Infrastruktur auf die Wachstumsrate wird mikroökonom. analysiert, indem die Konsum-, Spar-, Investitions- und Arbeitsangebotsentscheidungen aus Optimierungskalkülen rational handelnder Wirtschaftssubjekte gewonnen werden. Die Wachstumsraten ergeben sich modellendogen als Ergebnis individueller Entscheidungen. Der techn. Fortschritt wird somit nicht mehr als exogen, sondern als durch individuelle Entscheidungen beeinflussbar betrachtet.

Währung, die durch Rechtsordnung des Staates legitimierte Geldverfassung einer → Volkswirtschaft, das Geldsystem, das alle Geldarten erfasst und ordnet, in denen bezahlt werden kann oder muss. Man unterscheidet Metallwährung und Papierw., je nachdem, ob die W. an ein Metall, z.B. Gold und/oder Silber, gebunden ist oder nicht. Nach dem 1. Weltkrieg haben die meisten Länder Goldkernw., d.h. eine goldumlauflose W. eingeführt, also eine W., die zwar goldorientiert ist und Golddeckung in gesetzl. vorgeschriebener Weise besitzt, bei der aber keine Einlösungspflicht der Banknoten in Gold besteht und keine Goldmünzen im Umlauf sind. Nur für Auslandszahlungen steht Gold zur Verfügung. Besteht die Deckung neben dem Gold in → Devisen, so spricht man von Golddevisenw., einer Art der Goldw., bei der die W. in Abhängigkeit von den W. der Devisenländer gerät. Sind Devisen das einzige Deckungs- oder Einlösungsmittel, so liegt Devisenw. vor. Das Wesen der sog. Indexw. (manipuliert W.), wie sie Fisher und J.M. Keynes vorgeschlagen haben, liegt darin, dass der W. nicht ein Metall zugrunde gelegt wird, also die Geldeinheit nicht auf eine bestimmte Menge Gold, sondern direkt auf die Warenmenge, auf das → Preisniveau bezogen wird. Ziel der Indexwährung ist die Stabilisierung des Preisniveaus mit Hilfe von Preisindexziffern und entsprechenden Maßnahmen der → Zentralbanken. Die Geldeinheit soll ein bestimmtes Maß von Indexkaufkraft haben, also die Möglichkeit bieten, damit eine bestimmte (gleich bleibende) Menge von Waren kaufen zu können.

Währungsfonds → Internationaler Währungsfonds (IWF).

Währungsgebiet, räumlicher Geltungsbereich einer → Währung, der aus einem oder mehreren Ländern besteht z.B. Europäische Währungsunion. Die Währungstheorie sucht nach den ökonom. und polit. Bedingungen (offene Volkswirtschaft, bewegliche Faktoren, Diversifikation, Inflationsanfälligkeit, Produktionsbreite) für ein optimales W., das anhand von → Wohlfahrtskriterien oder polit. Zielen gemessen wird. → Europäisches Währungssystem (EWS).

Währungshoheit, Recht des Staates, das allgemeine Tausch- und → Zahlungsmittel einer Volkswirtschaft zu bestimmen. Die W. liegt nach Art. 74 GG ausschl. beim Bund.

Währungsklauseln, Valutaklauseln, dienen der Wertsicherung der Binnenwährung, wobei der Forderungsbetrag in inländ. Währung durch Vertrag an den Kurs einer Auslandswährung gebunden wird.

Währungskorb → Europäisches Währungssystem (EWS).

Währungspolitik, alle staatl. Maßnahmen, die darauf abzielen, zusammen mit der → Geldpolitik eine Volkswirtschaft mit → Zahlungsmitteln und → Devisen zu versorgen und den Außen- und Binnenwert des Geldes stabil zu halten. Die W. ist eng und organisch mit der Wirtschafts- und Finanzpolitik verbunden. Die wichtigsten Mittel des Staates und der → Zentralbank sind: → Aufwertung und → Abwertung, Swap-Satzänderung, Gold- und Devisenan- und -verkäufe usw. Auch die geldpolit. Mittel können indirekt auf den Außenwert wirken. → Zahlungsbilanz, → Europäische Zentralbank (EZB).

Währungsreform, umfassende Neuordnung der Geldverfassung eines Landes, dessen Geldwesen volkswirtsch. zerrüttet ist, so dass das gesetzl. → Zahlungsmittel seine Hauptaufgabe (Recheneinheit, Tausch- oder Zahlungs- und Geldaufbewahrungsmittel) nicht mehr erfüllen kann. Die Maßnahmen zur W. in den historischen Situationen unterscheiden sich erheblich voneinander. Eine W. wurde am 21.6.1948 zur Sanierung der dt. Währung durchgeführt. Sie war durch den nach Kriegsende bestehenden Überhang an Kaufmitteln durch die latente (nur durch Preisvorschriften verdeckte) → Inflation notwendig geworden. Die Reichsmark (RM) wurde durch die → Deutsche Mark (DM) ersetzt. Die Ablieferung der alten Banknoten, die Anmeldung der RM-Bankguthaben und die erste Ausstattung des Publikums mit den neuen DM-Zahlungsmitteln regelten Gesetze der Militärregierungen.

Währungsreserven, Vorräte der → Zentralbank eines Landes an monetärem → Gold und → Devisen. Sie erlauben es der Notenbank, auf dem → Devisenmarkt entsprechend ihrer Aufgabe einzugreifen, um den → Wechselkurs ggf. zu pflegen oder zu sichern. Abgrenzung und Bewertung der W. sind in Literatur und Praxis umstritten. Nach den Vorschriften des → Internationalen Währungsfonds (IWF) rechnen zu den W. nur (1) monetäres Gold, (2) kurzfr. Forderungen in konvertierbaren Währungen, (3) die sog. Reserveposition beim IWF (Ziehungsrechte und Forderungen nach den Allgemeinen Kreditvereinbarungen) und (4) → Sonderziehungsrechte (SZR). Hierbei handelt es sich nur um liquide Bestände der Zentralbank, nicht der Banken oder Privater.

Währungsschlange, bildhafter Ausdruck für Abweichungen des Dollar-Kurses der Währungen (namentlich der EG-Währungen) vom Dollar-Leitkurs, Schwankungen, die sich als Kursband innerhalb der Bandbreite von ±4,5 % gleichsam wie eine Schlange bewegen. Die obere Grenze bildet dabei die gegenüber dem USD schwächste Währung, die untere die stärkste. 1976 umfasst die W. fünf Mitgliedstaaten der EG, die ihren Wechselkurs gegenüber dem USD freigaben, doch untereinander die eigenen Wechselkurse nur innerhalb einer Bandbreite von ±2,25 % »floaten« (→ Blockfloating) ließen. Auf diese Weise wurde die W. beschränkt beibehalten. Das → Europäische Währungssystem (EWS) hat 1979 die W. abgelöst.

Währungsunion, unwiderrufliche Fixierung der → Wechselkurse zwischen zwei oder mehreren Währungen, z.B. durch die Übernahme einer neuen gemeinsamen Währung. → Europäisches Währungssystem (EWS).

Währungs-, Wirtschafts- und Sozialunion, wurde im Vorfeld der dt. → Wiedervereinigung in einem gesonderten Einigungsvertrag zwischen der DDR und der Bundesrepublik Deutschland festgelegt, um die → Soziale Marktwirtschaft als → Wirtschaftsordnung auch auf dem Gebiet der ehemaligen DDR einzuführen. Am 1.7.1990 wurde die Währung der DDR umgestellt. Der allgemeine Umstellungssatz betrug 2 DDR-Mark : 1 DM. Die Leitsätze der Wirtschaftsunion beinhalten die umfassendsten Änderungen und Anpassungen der ehemaligen sozialistischen Zwangswirtschaft. Hierzu zählen Vertragsfreiheit, die freie Preisbildung auf der Mehrzahl der Märkte, der Vorrang privatwirtsch. Wettbewerbs, die Einführung freier Kapital- und Versicherungsmärkte und die Schaffung von Privateigentum an Boden und Produktionsmitteln. Die Regelungen zur Sozialunion übertragen das bundesdeutsche Recht auf die neuen Bundesländer, u.a. den größten Teil der arbeitsrechtl. Regelungen, das Schwerbehindertengesetz, das Vermögensbildungsgesetz, das Arbeitsförderungsgesetz, die Unfallversicherung sowie – mit niedrigeren Beitragsbemessungsgrundlagen – die Arbeitslosen-, Renten- und Krankenversicherung.

Wage Drift → Lohndrift.

Wagnis → Risiko.

Wagniszuschlag → Risikoprämie.

Wahlhandlungstheorie → Haushaltsoptimum, → Indifferenzkurve.

Wahlverfahren, Abstimmungsregeln, politische, haben einen entscheidenden Einfluss auf (1) die Höhe des Wohlfahrt in einem Gemeinwesen oder in einer Gruppe und (2) die Verteilung der → Nutzen und Lasten. Grundsätzlich führt nur die freiwillige Einstimmigkeit bei der Wahl über ein öffentl. Projekt und gleichzeitig über dessen Finanzierung zu einer optimalen Versorgung im Staat. Die Mehrheitswahl wird als nächstbeste Lösung in der demokratischen Praxis i.d.R. angewandt und führt bei zwei Alternativen immer zu einer Lösung. Wird indes über mehr als zwei Alternativen abgestimmt, so ergibt sich nur unter einschränkenden Bedingungen eine rationale Lösung im Sinne einer kollektiven → Wohlfahrtsfunktion auf der Grundlage individueller Präferenzen. Condorcet und namentlich Arrow haben auf dieses Wahlparadoxon aufmerksam gemacht (→ Unmöglichkeitstheorem). Um die Minoritäten bei einer Mehrheitswahl weiter zu schützen und die Wohlfahrt in einer Gruppe zum Optimum hin zu verbessern, hat man (neben Regeln über qualifizierte Mehrheiten) andere W. entwickelt. So schließt die Pluralitätswahl alle → Präferenzen ein, indem jeder Wähler den anstehenden Alternativen eine Rangziffer und damit einen Wert zuweist. Die Alternative mit der höchsten Rangzahl gewinnt dann die Wahl. Soll die Intensität der individuellen Präferenzen berücksichtigt werden, hilft die Punktwahl. Neuere Theorien versuchen, die vielfältigen Möglichkeiten eines Stimmentausches unter den verschiedenen pers. und Gruppenzielen bei ungleichen Informationen und Kosten zu erklären (→ Spieltheorie).

Wahrscheinlichkeit, drückt die Erwartung aus, dass ein bestimmtes Ereignis eintritt. Nach Laplace ergibt sich aus der Definition

$$W = \frac{\text{Zahl der günstigen Fälle}}{\text{Zahl der möglichen Fälle}} = \frac{g}{m}$$

die math. W. Die statistische W. drückt den Wert aus, dem die relativen Häufigkeiten nahe kommen, wenn hinreichend viele Versuche nach dem → Gesetz der großen Zahlen vorliegen.

Wahrscheinlichkeitstheorie, im Gegensatz zur rein beschreibenden → Statistik soll die W. helfen, statistisches Material auszuwerten und zusammenhängend zu beurteilen, indem man z.B. Schlüsse von Stichproben auf die entsprechenden Grundgesamtheiten zieht. Die W. will ganz allgemein statistische Schätz- und Testverfahren logisch und math. begründen. Der zentrale Begriff ist die (statistische) → Wahrscheinlichkeit, die Stochastik eines Ereignisses, die den Sicherheitsgrad für dessen Eintreten in Zahlen ausdrückt. Ihr Resultat liegt zwischen 0 und 1. Zur Berechnung sind weiter gehende math. Grundlagen erforderlich.

Wald-Regel, → Entscheidungsregel bei Ungewissheit. Je nachdem, ob man ein möglichst hohes oder niedriges Ergebnis anstrebt, wird die Handlungsalternative mit dem Maximum der Zeilenminima (Maximin-Prinzip) bzw. dem Minimum der Zeilenmaxima (Minimax-Prinzip) aus der → Entscheidungsmatrix ausgewählt. Die W. spiegelt eine pessimistische bzw. risikoscheue Einstellung des Entscheidungsträgers wider. Folgendes Bsp. soll die Funktionsweise der W. verdeutlichen: A_1 bis A_3 sind unterschiedliche Handlungsalternativen, S_1 bis S_4 unterschiedliche Umweltzustände. Daraus ergeben sich 12 Ergebnisse e_{ij}. Nach dem Maximin-Prinzip wird in jeder Zeile der Minimumwert bestimmt und dann aus diesen Minimalwerten der größte Wert ausgewählt. Im Beispiel wäre dies der Wert 6, der sich aus Handlungsalternative A_1 und Umweltzustand S_2 oder S_3 ergibt. Nach dem Minimax-Prinzip wird in jeder Zeile der Maximalwert bestimmt und dann aus diesen Maximalwerten der kleinste ausgewählt. Im Beispiel wäre dies der Wert 10, der sich aus Handlungsalternative A_1 in Verbindung mit Umweltzustand S_1 und Handlungsalternative A_2 in Verbindung mit Umweltzustand S_4 ergibt.

	S_1	S_2	S_3	S_4	Min	Max
A_1	10	4	4	2	2	10
A_2	8	6	6	10	6	10
A_3	2	4	6	10	2	10

Walras-Gesetz, besagt, dass am n-ten Markt von selbst ein → Gleichgewicht besteht, sofern auf den übrigen n-1 Märkten → Nachfrage und → Angebot übereinstimmen. Besteht ein Gleichgewicht auf Geld-, Güter- und Wertpapiermarkt, ist gleichzeitig auch der Arbeitsmarkt ausgeglichen. Es gilt natürlich nur dort, wo sich die Marktkräfte ungehindert entfalten können. Wird etwa der → Reallohn polit. bestimmt, und ist er überhöht, kann unfreiwillige → Arbeitslosigkeit auch dann eintreten, wenn die drei anderen Märkte der Volkswirtschaft im Gleichgewicht sind.

Wandelschuldverschreibung, auf den Inhaber lautende → Schuldverschreibung, die von einer → Aktiengesellschaft (AG) ausgestellt und von dem Erwerber nach einer gewissen Zeit und nach einem festgesetzten Verhältnis in → Aktien umgewandelt werden kann (§ 199 AktG).

Warenbörse, Produktenbörse, Einrichtung des Großhandels, an der fungible (vertretbare) Waren, i.d.R. Welthandelsartikel oder Massengüter (Rohprodukte und Halbfabrikate), nach Standardtypen gehandelt werden. Produktenbörsen i.e.S sind W. für den Handel mit landwirtsch. Erzeugnissen oder Halbfabrikaten. An → Spezialbörsen werden nur bestimmte Waren oder Warengruppen gehandelt (Baumwollbörsen, Metallbörsen).

Warengenossenschaft, dient der Beschaffung, Lagerung, Verwertung usw. von Waren für ihre Mitglieder. → Genossenschaftsrecht.

Warenkorb, ein Begriff, der zur Berechnung des → Preisindex für die Lebenshaltung verwendet wird. Der W. enthält ausgewählte Waren (wie Nahrungsmittel, Kleidung) und Dienstleistungen (Miete, Verkehrsaufwand, usw.), die als repräsentativ für die Lebenshaltungsausgaben der → Indexfamilie gelten und deswegen zur Gewichtung der Durchschnittspreise herangezogen werden. In jüngster Zeit benutzt man auch Ausdrücke wie Währungs- oder Devisenkorb, der → Devisen verschiedener Länder in unterschiedlicher Menge enthält. Er dient zur Bildung sog. Recheneinheiten.

Warenreservewährung, bindet den inländ. Geldumlauf an Warenvorräte, etwa Weizenbestände, Erdölreserven.

Warentermingeschäfte → Termingeschäfte.

Warenwechsel, im Gegensatz zu → Finanzwechseln → Wechsel, die auf Grund eines Warenumsatzes gezogen werden, die also auf realer wirtsch. Grundlage beruhen.

Warenzeichen, veralteter Begriff für → Marke, ein Zeichen, dessen sich der Inhaber eines Geschäfts zur Unterscheidung seiner Waren von denen anderer bedient. W. sind schutzfähig und werden in die Zeichenrolle beim Bundespatentamt eingetragen. Der Schutz dauert zehn Jahre, mit Verlängerungsmöglichkeit.

Warrant (engl.), Optionsscheine, Urkunden, in denen das Recht, nicht aber die Verpflichtung verbrieft ist, eine bestimmte Menge eines Basiswertes zu kaufen (→ Call, Kaufoptionsscheine) oder zu verkaufen (→ Put, Verkaufsoptionsscheine).

Warteschlangentheorie (queuetheory), Warteschlange nennt man bildhaft die Anhäufung von Personen, Sachen, Vorgängen, sog. Einsatzgrößen, die auf »Abfertigung« warten. Die Verfahrensforschung (→ Unternehmensforschung) sucht in einer math. Analyse nach einer optimalen Lösung, z.B. die Gesamtkosten zu minimieren, wobei das Problem in der umgekehrten Beziehung von → Leerkosten der Bedienungsstellen zu den Wartekosten der Einsatzgrößen besteht. Die drei wesentlichsten Verfahren sind: (1) Erlangsche Methode mit Hilfe von Markow-Prozessen, (2) Kendallsche Methode mit Hilfe einer eingebetteten Markow-Kette, (3) Lindleysches Verfahren anhand einer Integralrechnung. W.-Modelle zählen zu den stochastischen Entscheidungsmodellen (→ Wahrscheinlichkeitstheorie). Nicht selten kann man auch anstelle komplizierter W.-Modelle die Simulation verwenden.

Wasserwirtschaft, umfasst die Wasserversorgung, das Abwasserwesen, die Nutzungen des Wassers (Kraftgewinnung zu Verkehrszwecken, landwirtsch. Nutzung usw.) unter wirtsch. Gesichtspunkten.

Wechsel, nach dem Wechselgesetz von 1933 ein → Wertpapier, ein geborenes → Orderpapier, das ein in bes. Form und mit bes. Rechtswirkungen erteiltes Zahlungsversprechen enthält, in dem der Aussteller die Zahlung einer bestimmten Geldsumme verspricht oder sich verpflichtet, die Summe durch einen auf dem W. benannten Dritten zahlen zu lassen. Verpflichtet sich der Aussteller, die Wechselsumme selbst zu zahlen, liegt ein eigener W. (trockener W., Solawechsel) vor, der ein in die Wechselform gekleidetes Schuldversprechen ist. Wird ein Dritter (Bezogener, Trassat) aufgefordert zu zahlen, liegt ein gezogener W. (→ Tratte) vor, der rechtl. die Form einer Anweisung hat. Für Zahlung des W. haftet als Hauptschuldner der Bezogene, sofern er den W. angenommen hat, also Annehmer (Akzeptant) des W. ist. Als Rückgriffsschuldner haftet der Aussteller, wenn der Bezogene den W. nicht angenommen oder nicht eingelöst hat. Die wechselmäßige Form der Übertragung des W. ist das → Indossament. Der W. kann aber auch durch einfache Abtretungserklärung und Übergabe der Wechselurkunde übertragen werden. Sämtliche Wechselverpflichtungen sind von dem ihnen zugrunde liegenden Rechtsverhältnis rechtl. losgelöst. Die Wechselstrenge zeigt sich in Folgendem: Fehlt etwa auf einem W. eines der wesentlichen, in Art. 1 des Wechselgesetzes aufgezählten Erfordernisse, so ist die Urkunde kein gültiger W., und nur bestimmte vom Gesetz einzeln aufgeführte Erklärungen haben wechselrechtl. Wirkungen. Wer seine Unterschrift auf einen W. gesetzt hat, haftet wechselmäßig. Die Geltendmachung des W. ist an strenge Formen und Fristen gebunden. Zur Einklage des Wechselanspruchs steht der Weg über den Wechselprozess offen.

Wechselbürgschaft, Bürgschaftserklärung (»als Bürge«, »per aval«), auf Grund derer der Wechselbürge in der gleichen Weise haftet wie er, für den er sich verbürgt hat. Jede Unterschrift auf der Vorderseite des → Wechsels, die nicht die des Bezogenen oder des Ausstellers ist, gilt als → Bürgschaft für den Aussteller, wenn sie nicht ausdrücklich als Bürgschaft für den Akzeptanten (Annehmenden) bezeichnet ist (→ Avalkredit).

Wechselkurs, Devisenkurs, Preis einer Währungseinheit, ausgedrückt in den Einheiten einer anderen → Währung, also der Umrechnungssatz verschiedener Währungen untereinander. Die in Deutschland ausschl. gebräuchliche direkte Wechselkursnotierung, bei der die feste Valuta im Ausland ruht, benennt den Preis für eine bestimmte Anzahl ausländ. Geldeinheiten, z.B. ein engl. Pfund, ein USD, in EUR, wobei »Geld« den Nachfragekurs und »Brief« den Angebotskurs angibt. Die indirekte Notierung, wie sie etwa in England üblich ist, gibt die veränderliche Menge ausländ. Geldeinheiten an, die für die Einheit des inländ. Geldes gezahlt wird, z.B. die für ein engl. Pfund in London gezahlten EUR. Die Mengennotierung ist der umgekehrte Wert der Preisnotierung:

$$W_{£/€} = \frac{1}{W_{€/£}}$$

→ Gespaltene (multiple) Wechselkurse.

Wechselkursmechanismus, erklärt den Ausgleich der → Zahlungsbilanz bei freien Kursen. Steigen z.B. die Einfuhren, und besorgen sich die Importeure die benötigten → Devisen auf dem Markt, so steigt je nach den Elastizitäten der → Wechselkurse über den Gleichgewichtskurs. Dadurch nimmt die Ausfuhr und somit das Devisenangebot zu, während die Einfuhr und somit die Devisennachfrage zurückgeht, bis das alte Gleichgewicht wieder erreicht und die Zahlungsbilanz (Leistungsbilanz) ausgeglichen ist.

Wechselkurssystem, ist homogen, wenn der → Wechselkurs zweier Währungen dem Kurs entspricht, der sich aus dem Kurs für eine dritte Währung und dem → Kreuzkurs ergibt.

$$K_{EUR/£} = K_{EUR/USD} \cdot K_{USD/£}$$

Bildet sich der Kurs frei, sorgt die interne Devisenarbitrage (→ Arbitrage) für ein funktionierendes W. Ganz allgemein kann man von einem W. sprechen, wenn sich die Wechselkurse der Währungen nach den gleichen Grundsätzen bilden. → Currency Board.

Wechselkurstheorie, analysiert die Bildung und Veränderung des Preises einer → Währung, der in einer anderen Währung ausgedrückt wird. Sind die Währungen frei, wird untersucht, welche Faktoren auf der Angebots- und Nachfrageseite das Gleichgewicht des Wechselkurses auf dem Devisenmarkt bestimmen, wenn also die Währungsbanken nicht intervenieren. Beim Goldstandard (→ Goldwährung) schwankt der Wechselkurs nur im Ausmaß der Goldpunkte als Abweichung von der Wechselkurs- oder Gold- → Parität (Verhältnis zwischen dem Goldgehalt der Währungseinheiten). → Wechselkurssystem, → Freie Wechselkurse.

Weighted Cost of Capital (engl.), gewichtete durchschnittliche Kapitalkosten, die durch das Verhältnis von Fremd- zu Eigenkapital bestimmt werden. Die Verhältniszahl multipliziert mit dem durchschnittlichen Vermögen (Anlagevermögen zuzügl. Umlaufvermögen abzügl. kurzfr. Verbindlichkeiten) eines Geschäftsjahres ergibt die Kapitalkosten, die mindestens verdient werden müssen. Die W. kommen u.a. bei der Bestimmung des → Economic Value Added zum Einsatz.

Weisungsrecht, das auf dem → Arbeitsvertrag beruhende Recht des Arbeitgebers gegenüber dem Arbeitnehmer, innerhalb der Grenzen der gesetzl. Bestimmungen die Art der Arbeit, ihren Umfang, die Arbeitszeit und deren Dauer zu bestimmen.

Welfare Economics → Volkswirtschaftslehre (VWL), → Wohlfahrtsökonomie.

Weltbank, Abk. für Internationale Bank für Wiederaufbau und Entwicklung, engl.: International Bank for Reconstruction and Development (IBRD), die Kernorganisation der → Weltbankgruppe mit 181 Mitgliedsländern. Sie wurde 1945 mit dem Währungsabkommen von Bretton Woods gegründet. Anfangs förderte sie den → internationalen Kapitalverkehr, den Wiederaufbau zerstörter Gebiete und die Entwicklung der Rohstoffquellen in den Mitgliedstaaten. Seit Jahren konzentriert sich die W. jedoch auf die → Entwicklungshilfe. Sie finanziert sich mit Mitteln aus internationalen Anleihen sowie nicht entnommenen Gewinnen und Darlehenstilgungen. Sie vergibt Darlehen (mit langer Laufzeit und niedrigem Zins) zu produktiven Zwecken und zur Förderung des wirtsch. Wachstums. Deutschland entsendet einen Gouverneur und einen Exekutivdirektor in die W.

Weltbankgruppe, setzt sich aus der → Weltbank, der → Internationalen Entwicklungsorganisation, der → Internationalen Finanzierungsgesellschaft, der Multilateralen Investitionsgarantie-Agentur (MIGA) und dem internationalen Zentrum für die Beilegung von Investitionsstreitigkeiten zusammen. Das gemeinsame Ziel ist die wirtsch. und soz. Entwicklung weniger entwickelter Mitgliedsländer durch die Vergabe von langfr. Darlehen, Firmenbeteiligungen und Übernahmen von Garantien privatwirtsch. Direktinvestitionen.

Welternährungskonferenz, höchstes Organ der Food and Agriculture Organization (FAO), d.h. der Ernährungs- und Landwirtschaftsorganisation der → Vereinten Nationen. Die W. tritt alle zwei Jahre zusammen und hat 180 Mitgliedsstaaten plus EU. Wichtigstes Ziel der FAO ist es die Ernährungs- und Lebensstandards in der Welt zu heben.

Welternährungsrat (engl.: World-food-council), leitet und koordiniert die Aufgaben für Ernährung und Landwirt. der → Vereinten Nationen. Der W. ist das ständige Exekutivorgan der → Welternährungskonferenz und besteht aus 49 gewählten Mitgliedsstaaten. Er legt seine Empfehlungen der Konferenz und dem Wirtschafts- und Sozialrat der UN vor.

Welternährungswirtschaft, befasst sich mit der Erzeugung, dem Handel und dem Verbrauch von Nahrungsmitteln und landwirtsch. Rohstoffen in der Welt, wobei auch die maximale Erzeugungskapazität, verbunden mit dem Mindestbedarf an Nahrungsmitteln der Erde (Bekämpfung des Hungers), einbezogen werden. Die Grundlage für eine Welternährungspolitik erarbeiten UN-Organisationen, wie die Food and Agriculture Organization (FAO), während innerhalb der → Welternährungskonferenz Erfahrungen der einzelnen Länder ausgetauscht werden.

Welthandelskonferenz (engl.: United Nations Conference on Trade and Development (UNCTAD)), wurde am 30.12.1964 als ständiges Organ der → Vereinten Nationen unter deren Verantwortung gegründet und hat ihren Sitz in Genf. Mitglied können alle UN-Mitgliedstaaten sowie Mitglieder deren Sonderorganisationen und der → Internationalen Atomenergie-Behörde (IAEA) werden. Die W. hat u.a. die Aufgaben, (1) den internationalen Handel zu Gunsten der Entwicklungsländer und den Handel zwischen den Entwicklungsländern zu fördern, (2) Grundsätze und Maßnahmen für die internationalen Handelsbeziehungen festzulegen, (3) die Tätigkeit anderer UN-Einrichtungen auf dem Gebiet des internationalen Handels und der wirtsch. Entwicklung zu koordinieren und (4) multilaterale Handelsabkommen zu fördern. Die W. gliedert sich in die alle vier Jahre stattfindende Konferenz aller Mitgliedsstaaten, den jährlich tagenden Welthandels- und Entwicklungsrat und in die Ausschüsse für Rohstoffe, Fertigprodukte, Dienstleistungen und Finanzierungsfragen, Schifffahrt, Technologietransfer und wirtsch. Zusammenarbeit zwischen den Entwicklungsländern.

Welthandelsorganisation → World Trade Organization (WTO).

Weltwährungsreform, wurde dringend erforderlich, nachdem das Weltwährungssystem von Bretton Woods auf Grund außenwirtsch. Ungleichgewichte, vornehmlich in den USA, dem Reservewährungsland, zusammengebrochen war. Die Weltwährungskonferenz 1973 in Rom und der → Zwanziger-Klub (früher Zehner-Klub) hatten zwar auf der Grundlage »fester«, aber anpassungsfähiger Paritäten eine »rohe Skizze einer Reform« vorgelegt, doch hat die Ölkrise diesen Plan vorerst zurückgedrängt. → Freie Wechselkurse sind an die Stelle des Systems von Bretton Woods getreten, weil viele Länder kein außenwirtsch. Gleichgewicht erreicht hatten, da sie fällige Auf- oder Abwertungen immer wieder hinausgeschoben haben. Die flexiblen Wechselkurse haben immerhin die Wirkungen der Ölkrise auf die und unter den Industrieländern gemildert. Viele → Notenbanken haben den → Wechselkurs ihrer Währung durch Markteingriffe manipuliert, um allzu heftige Ausschläge der Marktkurse zu vermeiden. Der → Internationale Währungsfonds (IWF) hat Richtlinien erlassen, um das Schwanken der Wechselkurse in erträglichen Grenzen zu halten. Mitte 1975 haben die Pariser Währungsgespräche versucht, weitere Fortschritte zu erzielen und v.a. die unterschiedlichen Standpunkte der USA und Frankreichs einander anzunähern. Erörtert wurden die Fragen, ob flexible oder → feste Wechselkurse anzustreben seien und wie hoch die Mitgliedsquoten beim Währungsfonds für die einzelnen Staaten der Industrie- und Entwicklungsländer insgesamt sein sollen. Zudem wurde die künftige Bedeutung des Goldes im internationalen Kredit- und Zahlungsverkehr diskutiert.

Weltwirtschaft, alle globalen und ökonom. Verflechtungen der Versorgungs- und Leistungsnetze aller → Volkswirtschaften zwischen verschiedenen Staaten der Erde durch Ex- und Import. Auf Grund der vorwiegend von D. Hume und A. Smith entwickelten Freihandelslehre (die immensen Vorteile der internationalen → Arbeitsteilung kommen allen Ländern zugute) hat sich der internationale Handel seit Anfang des 19. Jh. selbst auf unentbehrliche Massengüter des täglichen Bedarfs ausgedehnt. Je enger diese W.-Verflechtung wird, umso mehr sind letztlich alle Nationen zur Zusammenarbeit gezwungen, weil die gegenseitige wirtsch. Abhängigkeit auch zu einer polit. wird. Smith erklärt die Ursache des → Außenhandels und seines großen Vorteils für ein Land mit Hilfe seiner sog. »vent-for-surplus«-Theorie: Die meisten Länder verfügen über nicht ausgenutzte → Hilfsquellen, wenn sie sich nur selbst versorgen. Können sie das Ventil des Außenhandels öffnen, werden die brachliegenden Kräfte unmittelbar genutzt, und die internationale Arbeitsteilung trägt zusätzlich zur Erhöhung der → Produktivität und damit des Wohlstands aller bei. → Freihandel.

Weltwirtschaftsgipfel, seit 1975 mindestens einmal jährlich abgehaltenes Treffen der Staats- und Regierungschefs der sieben führenden westlichen → Industrieländer Deutschland, Frankreich, Großbritannien, Italien, Japan, Kanada, USA (G-7-Staaten) sowie des Präsidenten der → Europäischen Kommission (seit 1977). Ziel des W. ist die Verbesserung des Informationsaustausches auf Ebene der Regierungschefs, um sich zur Lösung von polit. und wirtsch. Problemen abzustimmen. Zentrale Themenkreise des W. sind die globale gesamtwirtsch. Entwicklung sowie Fragen der Währungs-, Welthandels- und Energiepolitik. Weitere Schwerpunkte sind u.a. Probleme des internationalen Terrorismus, des Drogen- und Waffenhandels, der organisierten Kriminalität und des Umweltschutzes. Seit 1994 nimmt auch der Präsident Russlands als gleichberechtigter Partner an den Beratungen zu polit. Fragen teil, seit 1998 als Vollmitglied (G-8-Gipfel).

Weltwirtschaftskrise, schwere Erschütterung der → Weltwirtschaft, ausgelöst durch den Zusammenbruch der Nachkriegshochkonjunktur des 1. Weltkriegs mit einem Kurseinbruch am 24. Oktober 1929 an der New Yorker Börse, die weit über eine normale Depression (→ Konjunkturbewegung) im Konjunkturzyklus hinausging, mit tief greifenden Folgen für alle Lebensbereiche und die wirtsch., soz. und polit. Ordnung. Ihre Ursachen waren (neben wirtsch.polit. Fehlgriffen) vorwiegend außerwirtsch. Natur. Die damals herrschende Konjunkturtheorie vermochte keine ausreichende Erklärung zu geben.

Weltwirtschaftsordnung, bildet den Rahmen für die internationalen Wirtschaftsbeziehungen, soweit diese gesetzl. oder vertraglich geregelt oder als Verhaltensnormen anerkannt werden. Die bestehende W. ist weit gehend von den westlichen Industrieländern nach dem 2. Weltkrieg mit dem Ziel entwickelt worden, die Vorteile internationaler → Arbeitsteilung zu nutzen und dirigistische und restriktive Praktiken abzubauen. Die → Liberalisierung des internationalen Austausches hat den Welthandel ganz erheblich ausgeweitet und dazu beigetragen, dass das Realeinkommen pro Kopf in den beteiligten Ländern bemerkenswert angestiegen ist. Zu den Mängeln dieser W. gehören der Ausschluss der Staatshandelsländer und die ungenügende Integration der → Entwicklungsländer. Zudem haben hohe → Inflation und → Arbeitslosigkeit seit Anfang der 1970er Jahre, ferner die Dollarschwäche und Strukturänderungen im → Außenhandel (auch Energie- und Rohölprobleme) desintegrierend gewirkt und restriktive Maßnahmen gefördert. → General Agreement on Tariffs and Trade (GATT).

Werbeträger → Werbung.

Werbung, Maßnahmen zur Förderung des Absatzes eines Betriebes, zur Information über die Vorteile öffentl. Güter oder zur Gewinnung polit. Stimmen in einer Wahl. Betriebswirtsch. »Sprachrohr des Marketing«, will sie Kaufinteressen wecken, die Verbraucher über die Eigenschaften und Qualität von Erzeugnissen unterrichten und über die Leistungsfähigkeit der Unternehmung informieren (→ Öffentlichkeitsarbeit). Angesprochen werden die verschiedensten sog. Zielgruppen, wie soz. Schichten, Altersgruppen, usw. Man unterscheidet Einführungs-, Erinnerungs- und Beherrschungswerbung. Neben Einzel- oder Alleinwerbung findet man auch die Gemeinschaftswerbung. Die häufigsten Werbeträger sind Schaufenster, Plakatsäulen, Zeitschriften, Rundfunk, Fernsehen und → Internet. Die W. bedient sich immer mehr psychologischer und soziologischer Erkenntnisse.

Werbungskosten, nach § 9 EStG Aufwendungen zum Erwerb und Erhalt der Einnahmen. Sie sind zur Ermittlung des steuerpflichtigen Einkommens von den Einkünften, bei denen sie erwachsen sind (dies können sein: Einkünfte aus nichtselbständiger Arbeit, Vermietung und Verpachtung, Kapitalvermögen und sonstige Einkünfte), abzuziehen.

Werklieferungsvertrag, gegenseitiger Vertrag, durch den sich der Unternehmer verpflichtet, ein Werk aus von ihm zu besorgendem Material herzustellen, der Besteller, die vereinbarte Vergütung zu entrichten. Der Unternehmer hat dem Besteller die hergestellte Sache zu übergeben und das → Eigentum an der Sache zu verschaffen (§ 651 BGB). Bsp.: Bestellung eines Maßanzugs beim Schneider, wenn dieser Stoff und Zutaten liefert, oder von Schuhen nach Maß. Sind vertretbare Sachen herzustellen, unterliegt der W. den Vorschriften über den → Kauf. Sind nicht vertretbare Sachen herzustellen, richtet sich der W. teils nach den Vorschriften über den Kauf, teils nach denen über den → Werkvertrag. Für die Mängelhaftung und für den Gefahrübergang gilt das Recht über den Werkvertrag.

Werkspionage, in der Industrie die zu unlauteren, oft zu polit. Zwecken betriebene Auskundschaftung von Werk- oder Geschäftsgeheimnissen. Die W. wird mit Freiheitsstrafe bis zu drei Jahren oder Geldstrafe belegt, wenn sie aus Eigennutz oder zu Wettbewerbszwecken oder in Schädigungsabsicht erfolgt. Bereits der Versuch der W. ist strafbar.

Werkvertrag, gegenseitiger Vertrag, durch den sich der eine Teil zur Herstellung des versprochenen Werkes, der andere zur Entrichtung der vereinbarten Vergütung, meistens Bezahlung in Geld, verpflichtet (§ 631 BGB). Wesentlich ist im Gegensatz zum Dienstvertrag die Herbeiführung eines bestimmten Arbeitserfolges, die Herstellung eines bestimmten Werkes. Die Gefahr des Werkes trägt bis zur Abnahme der Hersteller. Die Gefahr des Werkstoffes trägt i.d.R. der Eigentümer. Gegenstand des W. können Werke aller Art sein: die Anfertigung eines Anzugs, eines Gemäldes, eines Bauwerks, aber auch die Beförderung von Personen und Sachen. Der Vertrag mit einem Arzt ist ein Dienstvertrag, denn das Honorar muss gezahlt werden, auch wenn der Kranke stirbt.

Werner-Bericht, 1971 vom Rat der EG in Kraft gesetzt, sah vor, bis 1980 die Wirtschafts- und Währungsunion in drei Phasen zu verwirklichen. Die weltweite Währungs- und Ölkrise hat die Verwirklichung des Planes verhindert.

Wert, wirtsch. die Bedeutung, die wir → Gütern beimessen, die für uns nützlich sind. Zur Schätzung des W. kann man vom → Nutzen oder von den Kosten ausgehen. Die → Arbeitswerttheorie betrachtet einseitig die auf die Güter verwendeten Arbeitskosten als Maßstab (D. Ricardo) oder als Quelle (K. Marx) des W. In der Kostentheorie treten neben die Arbeitskosten die Aufwendungen für → Kapital und Grund und Boden. Die moderne → Nutzentheorie geht nicht von einer abstrakten Nützlichkeit, sondern vom jeweils konkreten Nutzen der Güter aus. Sie hat in der Grenznutzentheorie ihre wichtigste Ausprägung erfahren, wobei unter → Grenznutzen der Nutzen zu verstehen ist, den die letzte Teilmenge eines verfügbaren Gutes gewährt. Die subjektiven W. werden im

Wertansatz

Marktpreis objektiviert, so dass die Rückführung des W. auf eine absolute Größe, etwa die Arbeit oder einen → inneren Wert (intrinsic value) überflüssig wird. → Knappheit und Wertschätzung der letzten Teilmenge entscheiden über den W., den wir einem Gut beimessen (→ Subjektive Wertlehre). Der »gemeine W.« des BGB ist meist identisch mit dem Marktpreis. Das HGB unterscheidet in § 430 zwischen »gemeinem W.« und »gemeinem Handelswert«. Daneben kennt es auch den rein pers. W., den Affektions- und Liebhaberwert. Wirtsch. wichtig sind auch die in den Bilanzvorschriften enthaltenen Wertbegriffe. → Bewertung, → Wertparadoxon.

Wertansatz, jeweils von dem Zweck abhängig, zu dem eine → Bewertung erfolgt. Er ist unterschiedlich, je nachdem, ob der Gebrauchs-, Betriebs-, Geschäftswert, der → Zeitwert am Bilanzstichtag, der Kostenwert oder ein sonstwie bestimmter → Wert zugrunde gelegt wird. Nach § 40 HGB sind bei der Aufstellung des → Inventars und der → Bilanz sämtliche Vermögensgegenstände und Schulden nach dem Wert anzusetzen, der ihnen in dem Zeitpunkt beizulegen ist, für den die Aufstellung stattfindet (→ Tägliches Geld). Dennoch ist es in der Praxis üblich, aus kaufmännischer Vorsicht die → Aktiva unterzubewerten und damit den Grundsatz → ordnungsmäßiger → Buchführung (GoB) dem der Bewertungswahrheit (§ 40) voranzustellen. Zum Schutz der Gläubiger und der Gesellschafter hat der Gesetzgeber für die → Kapitalgesellschaften besondere Bewertungsvorschriften erlassen.

Wertaufholung → Zuschreibung.

Wertaufholungsgebot, verlangt, dass im Falle eines Wegfalls des Grundes für eine → Abschreibung eine entsprechende → Zuschreibung erfolgen muss. Gemäß § 280 HGB ist das W. zwingend für eine → Kapitalgesellschaft.

Wertberichtigung, Posten auf der Passivseite der → Bilanz, der bei indirekter → Abschreibung gebildet wird. Die Auflösung des Wertberichtigungspostens erfolgt, wenn z.B. der Gegenstand des → Anlagevermögens voll abgeschrieben ist durch die Buchung: Konto W. an Anlagenkonto. Die Abschreibung mit Hilfe von Wertberichtigungsposten bietet den Vorteil, dass die Abschreibungsgegenstände während ihrer gesamten Lebens- oder Nutzungsdauer unter den → Aktiva mit den vollen → Anschaffungskosten ausgewiesen werden können und gleichzeitig unter den → Passiva die Summe aller bisherigen Abschreibungen erscheint. Durch Subtraktion der Wertberichtigungsposten von den entsprechenden Posten des Vermögens ermittelt man den restlichen → Buchwert des Abschreibungsgegenstandes. Nach § 152 AktG dürfen W. nur zu Sachanlagen, Beteiligungen, Wertpapieren des Anlagevermögens sowie als Pauschalwertberichtigung wegen des allgemeinen Kreditrisikos zu Forderungen vorgenommen werden.

Wertberichtigungsposten → Wertberichtigung.

Wertgrenzprodukt, wird errechnet, indem man die → Grenzproduktivität (d) eines Produktionsfaktors X_a mit dem Preis p des hergestellten Gutes E multipliziert:

$$\frac{dE}{dX_a} \cdot p$$

Das Entgelt der → Produktionsfaktoren ist bei vollständiger Konkurrenz das W.

Wertindex, zeigt die Veränderungen, etwa der Ausfuhrwerte, in einer Berichtsperiode i gegenüber jenen einer Basisperiode o an. Die Preise (p) der i-Periode werden dabei mit den Mengen (q) der gleichen Periode gewichtet und durch die mit den Mengen der o-Periode gewichteten Preise der Basisperiode geteilt. Formel:

$$P_w = \frac{\Sigma p_i q_i}{\Sigma p_o q_o} \cdot 100$$

→ Indexziffern.

Wertkontinuität, Wertzusammenhang, der Bilanzen besteht darin, dass in der → Eröffnungsbilanz eines Jahres der gleiche Wertansatz der Vermögens- und Kapitalteile gewählt wird wie in der → Schlussbilanz des Vorjahres.

Wertlehre → Subjektive Wertlehre, → Arbeitswerttheorie.

Wertpapierbörse, Effektenbörse, Fondsbörse, → Börse, an der fungible, also vertretbare → Wertpapiere gehandelt werden. → Effekten.

Wertpapier, vermögensrechtl. Urkunde, bei der das Recht im Papier verkörpert, in der Urkunde verbrieft ist, deren Besitz also notwendig ist, um das Recht geltend zu machen. Nach der Art, wie die Inhaberschaft des verbrieften Rechts zum Ausdruck gebracht wird, unterscheidet man: Namens- (Rekta- und Order-)papiere und Inhaberpapiere. Rektapapiere nennen eine Person oder mehrere namentlich als berechtigt, so dass das verbriefte Recht, soweit es überhaupt übertragbar ist, nur nach den allgemein gültigen Formen der Rechtsübertragung (z.B. → Abtretung, Erbgang) auf ein anderes Rechtssubjekt übergehen kann. → Orderpapiere nennen ebenfalls eine Person namentlich; daneben ist aber auch der berechtigt, an den der Genannte (als Indossant, d.h. Übertragender) durch eine schriftliche Übertragungserklärung (→ Indossament:»für mich an die Order des ...«) Order (Auftrag) gibt, an den von ihm genannten Indossatar statt an ihn selbst zu leisten (→ Rektaklausel). → Inhaberpapiere sind W., mit denen jeder Inhaber das verbriefte Recht geltend machen kann. Zu ihrer Rechtsübertragung genügt Übereignung (Einigung und Übergabe).

Wertparadoxon, Beobachtung, deren Erklärung der Klassik, namentlich A. Smith, Kopfzerbrechen bereitet hat, da sie mit Hilfe ihrer objektiven Wertlehre den (angeblichen) Widerspruch nicht klären konnte, warum einzelne Güter einen niedrigen Tausch- und einen hohen Gebrauchswert haben (Wasser), bei anderen sich beide Werte umgekehrt zueinander verhalten (Diamanten). Man übersah, dass Güter keinen → inneren Wert (intrinsic value) und damit auch keinen Arbeitswert haben; ihr Preis und damit → Wert hängt von ihrem → Grenznutzen ab, der mit zunehmender Menge tendenziell abnimmt. Daher sind ein hoher Gesamtnutzen und ein niedriger Grenznutzen oder Wert eines Gutes kein Widerspruch.

Wertschätzung → Taxation.

Wertschöpfung, Begriff der → Volkswirtschaftlichen Gesamtrechnung (VGR), erfasst alle Faktoreinkommen, die in einer Produktionsperiode in den Unternehmen entstanden sind. Sie ist das Nettoergebnis der gesamtwirtsch. Produktionstätigkeit. Die W. wird statistisch auf zwei Wegen ermittelt: (1) als Summe der Löhne, Gehälter, Zinsen, Mieten, Pachten und Vertriebsgewinne und (2) als Bruttoproduktionswert, das ist der Umsatz und die Erhöhung des Bestandes an Halb- und Fertigwaren + selbst erstellten Anlagen abzüglich des Materialverbrauchs, vergebener Lohnarbeiten (Nettoproduktionswert), sonstiger Vorleistungen, → Abschreibungen und → indirekter Steuern zuzüglich der → Subventionen. Die W. deckt sich mit dem »Nettosozialprodukt zu Faktorkosten« (→ Volkseinkommen).

Wertsicherungsklausel, bindet eine einmalige oder laufende Geldschuld an einen → Wertindex, etwa den Goldwert oder den → Preisindex für die Lebenshaltung. Die Währungsklausel soll den Gläubiger bei anhaltender → Inflation vor Verlusten an Realwert schützen. In Deutschland gilt das → Nominalwertprinzip, so dass W. grundsätzlich verboten sind, Ausnahmen benötigen eine Genehmigung durch die → Zentralbank. → Indexbindung.

Wertsteuer (engl.: ad valorem-tax), in Prozent von dem Wert des → Steuerobjekts erhoben, hat den Vorteil gegenüber einer spezifischen Steuer, dass sie durch eine → Inflation nicht ausgehöhlt wird und unmittelbar mit dem Wert verknüpft bleibt. Andererseits ist es erforderlich, den Wert des Steuergegenstandes jeweils zu bestimmen. Die meisten → Steuern sind W.

Werturteil, Bewertung wirtsch. Erscheinungen aus moralischer, ethischer oder religiöser Sicht. In der sog. Werturteildebatte vertrat M. Weber die Ansicht, die → Volkswirtschaftslehre (VWL) habe als empirische Wissenschaft werturteilsfrei zu sein, während G. Schmoller die Ansicht vertrat, alles Wirtschaftsgeschehen sei Ergebnis individuellen Handelns und habe gesellschaftliche Bezüge, so dass zwangsläufig Wertungen einfließen, die man in Theorie und Politik erkennen und analysieren müsse. Die moderne VWL unterscheidet eine positive, normative und präskriptive Betrachtung.

Wertzölle, → Zölle, deren Höhe im Gegensatz zu den spezifischen Zöllen nach Bruchteilen des Zollwertes der Ware bemessen wird. W. passen sich den Güterunterschieden und der Preisbewegung der Waren oder den Geldwertänderungen an. Der gemeinsame Zolltarif der EU enthält, wie die Tarife der meisten Staaten, überwiegend W. → Spezifischer Zoll.

Wertzuwachssteuer, Vermögenszuwachssteuer, d.h. eine → Steuer auf die gegenüber dem Vorjahr ermittelte positive Wertdifferenz (Zuwachs) an Kapital bzw. Vermögen. Die W. soll (unverdiente) Wertsteigerungen des Vermögens belasten. Die W. wird in Deutschland nicht erhoben.

Wettbewerb (engl.: competition), freie Konkurrenz, das die → Marktwirtschaft kennzeichnende Ordnungsprinzip des Wirtschaftslebens. Es besitzt seine Rechtsgrundlage in der Gewerbefreiheit, der Freizügigkeit und dem → Freihandel und wird ergänzt durch die pers. Verantwortung und das → Risiko. W. ist die entscheidende Voraussetzung, damit eine Marktwirtschaft funktioniert, d.h. sich die → Preise unter Konkurrenz am Markte frei bilden können (→ Marktpreisbildung). Dieser Ausgleich der Marktkräfte kann gestört werden, wenn der W. eingeschränkt wird und damit Marktmacht entsteht. Die Behinderung und Einschränkung des W. kommt in den verschiedensten Formen vor: Sie reicht von der Einschränkung des freien Zugangs zum Markt über lose oder strenge Absprachen oder Zusammenschlüsse von Marktteilnehmern (→ Kartell, → Gewerkschaft) bis zur Konzentration des Angebots und der Nachfrage in einer Hand (→ Monopol). Die Lehre von den → Marktformen versucht, die verschiedenen Grade von W. oder Marktmacht systematisch zu erklären. Sie misst als statische Theorie den W. zu einseitig am Marktanteil oder an den Preisverhalten. In der Wirklichkeit weitaus wichtiger ist nämlich der → dynamische Wettbewerb, wie ihn bereits A. Smith und dann J.A. Schumpeter als evolutorischen W. erklärt haben. Er liegt in keinem Muster fest, sondern manifestiert sich bei freiem Marktzugang neben dem Preiswettbewerb auch in der Erschließung und dem Aufbau neuer Märkte, in der Konkurrenz der neuen Ware, der neuen Verfahren, des → technischen Fortschritts oder in der Substitutionskonkurrenz potenzieller oder tatsächlicher Art. Dynamischer W. ist die treibende Kraft der wirtsch., polit. und soz. Entwicklung. Um ein Höchstmaß an W. zu gewährleisten und ruinösen W. einzuschränken, obliegt es dem Staat, jeden Versuch, den W. zu behindern oder Marktmacht zu bilden, laufend zu überprüfen und bestehende Wettbewerbsbehinderungen zu kontrollieren. In Deutschland erfüllt diese ordnungspolit. Aufgabe das Bundeskartellamt. → Wettbewerbsordnung, → Wirtschaftsordnung.

Wettbewerbsbeschränkung, liegt vor, wenn Unternehmen, Haushalte, → Verbände oder der Staat den freien → Wettbewerb behindern oder beseitigen wollen, sei es durch Zwangseingriffe oder druch Marktmacht (über Absprachen oder Zusammenschlüsse mit dem Ziel der Marktbeherrschung). Das Bundeskartellamt schützt den Wettbewerb, indem es W. überwacht und verbietet. Das GWB will die »Freiheit des Wettbewerbs sicherstellen und wirtsch. Macht da beseitigen, wo sie die Wirksamkeit des Wettbewerbes und die ihm innewohnenden Tendenzen zur Leistungssteigerung beeinträchtigt und die bestmögliche Versorgung der Verbraucher in Frage stellt«. → Kartelle.

Wettbewerbsordnung, wurde v.a. von der Freiburger Schule (W. Eucken, F. Böhm, L. Miksch) neu belebt und weiterentwickelt. Sie sieht in einem vom Staat zu schützenden → Wettbewerb und in der pers. Verantwortung sowie im unternehmerischen → Risiko das entscheidende Prinzip einer modernen → Wirtschaftsordnung, die als → Marktwirtschaft den Leistungswettbewerb in den Mittelpunkt rückt. Jede Art Marktmacht (auch die der → Gewerkschaften, der Post und Bahn) sollte verhindert oder kontrolliert werden. Die W. ist von A. Smith begründet worden, wurde aber im 19. und 20. Jh. sowohl vom → Laissez-Faire-Liberalismus als auch vom → Marxismus verdreht und verfälscht. Die moderne Neoklassik versucht, diese Wirtschaftsordnung weiterzuentwickeln. → Neoklassische Theorie.

Wettbewerbspolitik, Teil der Wirtschaftspolitik, hat die Aufgabe, den → Wettbewerb als entscheidendes Instrument der Selbststeuerung des Marktprozesses möglichst uneingeschränkt zu gewährleisten und so dafür zu sorgen, dass die marktwirtsch. Ordnung funktionsfähig bleibt (Ordnungspolitik). Die W. kann entweder eine Abnahme des Wettbewerbs verhindern oder bei eingeschränkter Konkurrenz die Voraussetzung für einen verstärkten Wettbewerb verbessern. Auf diese Weise soll Marktmacht verhindert oder beseitigt werden, damit bei freiem Wettbewerb jeder entscheiden kann, ob und was er produzieren, nachfragen, sparen oder investieren will. Die W. will auf diese Weise dazu beitragen, dass der Konkurrenzmarkt die bestmögliche Versorgung der Bevölkerung sicherstellt.

Wicksell-Effekt, (1) Zinseffekt, der sich aus der Kompensation des negativen → Liquiditätseffekts einer veränderten → Geldmenge und des positiven Preis- und → Einkommenseffekts ergibt (für J.M. Keynes überwiegt normalerweise der Liquiditätseffekt); (2) Wicksell-Preiseffekte treten auf, wenn sich die relativen Güterpreise und somit die Preise der Kapitalgüter als Folge des geänderten Faktorpreisverhältnisses verschieben, weil die Produktionstechnik gleich bleibt, während sich (3) die Wicksell-Realeffekte dann einstellen, wenn veränderte Produktionstechniken die Preise der Kapitalgüter und die Faktorintensitäten berühren.

Wicksellscher Prozess, nach K. Wicksell benannt, beschreibt die kumulative Anpassung der → Volkswirtschaft, wenn der Marktzins vom natürlichen Zins (der Zinssatz, der das Angebot an Ersparnissen mit der Nachfrage nach Investitionskrediten ausgleicht) abweicht. Schöpfen die Banken zusätzlichen Kredit, muss der Marktzins sinken, wodurch sich weitere Investitionen lohnen. Ein Anstieg der Löhne im Investitionsgüterbereich und der Nachfrage nach Konsumgütern ist die Folge. Im Wettbewerb um die knappen Faktoren und Güter müssen die Preise anziehen. Der W. endet, sobald der erhöhte Bargeldbedarf der Wirtschaft die Reserven der Banken aufgezehrt hat und diese zwingt, den Marktzins so anzuheben, dass er wieder dem natürlichen entspricht.

Wiederbeschaffungswert, von Gütern (meistens solchen, die im Produktionsprozess verbraucht wurden, also von Aufwandsgütern) ist identisch mit ihren neuen → Anschaffungskosten. → Scheingewinn.

Wiedergutmachung, Entschädigungsleistungen für Personen (bzw. deren Hinterbliebene), die durch Verfolgung aus polit., rassischen und religiösen Gründen während des Dritten Reichs Schaden an Leben, Leib, Gesundheit, Freiheit, Vermögen oder im beruflichen Fortkommen erlitten haben. Das Bundesentschädigungsgesetz von 1956 und das entsprechende Schlussgesetz von 1965 regeln den Kreis der Geschädigten und die Einzelleistungen.

Wiederkaufsrecht, Rückkaufsrecht, das beim Kauf vorbehaltene oder durch Gesetz begründete Recht des Rückkaufs einer verkauften Sache (§§ 497ff. BGB). Bei Grundstücken bedarf die Vereinbarung des W. gerichtlicher oder notarieller Beurkundung. Bei anderen Gegenständen kann sie formlos erfolgen. Die Frist, innerhalb derer das W. ausgeübt werden kann, richtet sich nach der Vereinbarung. Ist keine Frist ausgemacht worden, kann das W. bei Grundstücken nur bis zum Ablauf von drei Jahren geltend gemacht werden.

Wiedervereinigung, deutsche, bezeichnet das Ende der ehemaligen Deutschen Demokratischen Republik (DDR) als selbständigem Völkerrechtssubjekt mit ihrem Beitritt nach Art. 23 GG zur Bundesrepublik Deutschland am 3.10.1990. Auf dem Gebiet der ehemaligen DDR entstanden fünf neue Bundesländer sowie der neue Stadtstaat Berlin. Voraus gingen im Herbst 1989 Massendemonstrationen gegen das kommunistische SED-Regime und sprunghaft steigende Ausreisen von DDR-Bürgern in die Bundesrepublik über osteuropäische Länder, z.T. nach Besetzung von Botschaften der Bundesrepublik. Am 9.11.1989 wurden die DDR-Grenzen geöffnet, und es kam zu freien Wahlen zur Volkskammer im März 1990. Die daraufhin gebildete Koalitionsregierung unterzeichnete am 18.5.1990 zunächst den Staatsvertrag über die Schaffung einer → Währungs-, Wirtschafts- und Sozialunion. Der Einigungsvertrag vom 31.8.1990 enthielt schließlich die völkerrechtl. Grundlagen für einen einheitlichen Rechtsraum.

Windfall-Profits (engl.), Ausdruck für Gewinne, die jemandem zufallen, ohne dass eine entsprechende Gegenleistung vorliegt. Konjunkturbedingte Marktlagen-, Spekulations- und Gewinne aus extremen Knappheitssituationen, wie Bodengewinne durch Anziehen der Baulandpreise, sind Bsp. dafür. Schwierig ist die techn. Erfassung. Oft werden in der Diskussion um eine steuerliche Abschöpfung die sog. »windfall-losses«, also die Zufallsverluste, übersehen.

Winterbauförderung, wird im Arbeitsförderungsgesetz geregelt. Sie besteht aus (1) einem Schlechtwettergeld, (2) einem Wintergeld, welche für den Zeitraum Dezember bis Februar gewährt werden, um die ganzjährige Beschäftigung im Baugewerbe zu fördern.

Wirtschaft, ein Lebensbereich, der unter dem Druck der Daseinsnot und der Vorsorge in surpr. primitiven, im Laufe der Zeit entwickelteren Formen, die man historisch als Wirtschaftsstufen (Haus-, Stadt-, Volks- und → Weltwirtschaft) bezeichnet, Gestalt gewinnt. Vom Einzelnen, von der Familie, von der Gemeinde bis zum polit. Ganzen aufsteigend, ist sie ihrem Wesen nach das Streben des Menschen, seine Existenz zu sichern und sein Los zu verbessern, indem

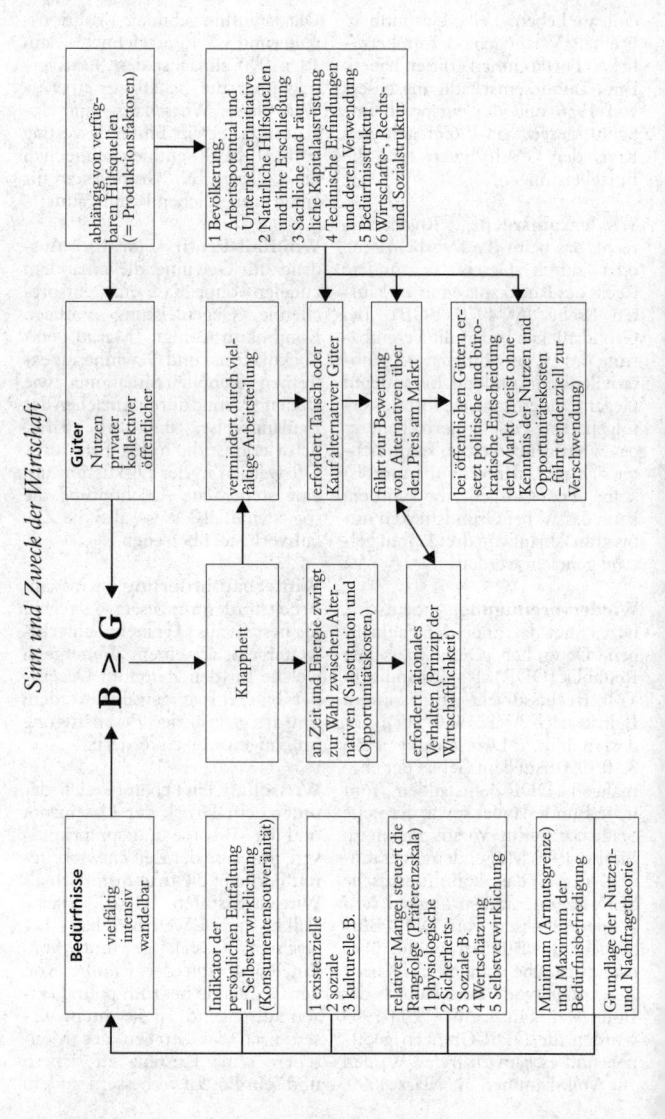

Wirtschaft

Sinn und Zweck der Wirtschaft

abhängig von verfügbaren Hilfsquellen (= Produktionsfaktoren)

1. Bevölkerung, Arbeitspotential und Unternehmerinitiative
2. Natürliche Hilfsquellen und ihre Erschließung
3. Sachliche und räumliche Kapitalausrüstung
4. Technische Erfindungen und deren Verwendung
5. Bedürfnisstruktur
6. Wirtschafts-, Rechts- und Sozialstruktur

Güter
Nutzen
privater
kollektiver
öffentlicher

- vermindert durch vielfältige Arbeitsteilung
- erfordert Tausch oder Kauf alternativer Güter
- führt zur Bewertung von Alternativen über den Preis am Markt
- bei öffentlichen Gütern ersetzt politische und bürokratische Entscheidung den Markt (meist ohne Kenntnis der Nutzen und Opportunitätskosten – führt tendenziell zur Verschwendung)

$$B \geq G$$

Knappheit

- an Zeit und Energie zwingt zur Wahl zwischen Alternativen (Substitution und Opportunitätskosten)
- erfordert rationales Verhalten (Prinzip der Wirtschaftlichkeit)

Bedürfnisse
vielfältig
intensiv
wandelbar

Indikator der persönlichen Entfaltung = Selbstverwirklichung (Konsumentensouveränität)

1. existenzielle
2. soziale
3. kulturelle B.

relativer Mangel steuert die Rangfolge (Präferenzskala)
1. physiologische
2. Sicherheits-
3. Soziale B.
4. Wertschätzung
5. Selbstverwirklichung

Minimum (Armutsgrenze) und Maximum der Bedürfnisbefriedigung

Grundlage der Nutzen- und Nachfragetheorie

594

er sich die Mittel beschafft, mit denen er seine → Bedürfnisse befriedigen, also seinen Bedarf decken kann. W. ist unter der Bedingung einer starken Vermehrung und Zusammenballung der Bevölkerung, verfeinerter Lebenshaltung und wissenschaftlicher Technik heute nur noch in höchst arbeitsteiligen Formen und im weltweiten Rahmen möglich (→ Arbeitsteilung). Da Güter knapp sind (→ Knappheit), müssen die zu ihrer Herstellung verfügbaren Mittel bestmöglich ausgenutzt werden, dürfen also nicht verschwendet werden. Das gilt für ihre Erzeugung wie für ihren Verbrauch. Die → Wirtschaftswissenschaften untersuchen u.a., wie man diese ökonom. Aufgabe sinnvoll lösen kann. Dabei hat sich herausgestellt, dass die Erzeugung und Verteilung von Gütern und Diensten am besten durch Tausch über den Markt erfolgt (private Güter) oder über das öffentl. Budget (→ öffentliche Güter). → Wirtschaftsordnung. Die Übersicht erläutert die Struktur der W.

Wirtschaftliche Einheit, steuerlich die nach ihrem Verwendungszweck zusammengehörenden Wirtschaftsgüter, die nach den verkehrsüblichen Anschauungen als eine Einheit anzusehen sind (§ 2 → Bewertungsgesetz (BewG)). W. sind land- und forstwirtsch. Betriebe, gewerbl. Betriebe, Grundstücke und Gewerbeberechtigungen, die nicht zu einem gewerbl. Betrieb gehören.

Wirtschaftliche Entwicklung → Wachstumstheorie.

Wirtschaftlichkeit, Bestreben jeder Wirtschaftseinheit (Haushalt, Betrieb, Staat), die vorhandenen Mittel rationell einzusetzen, d.h. mit dem geringstmöglichen Aufwand einen bestimmten Ertrag zu erzielen (Sparprinzip) oder mit verfügbaren Mitteln einen höchstmöglichen Ertrag zu erwirtschaften (Maximalprinzip); beides fasst man zum → ökonomischen Prinzip zusammen. Der Haushalt erreicht ein Nutzenmaximum nach dem zweiten → Gossenschen Gesetz oder im Berührungspunkt der → Indifferenzkurve mit der Budgetgeraden. Im Betrieb ist W. neben → Rentabilität und → Produktivität ein wichtiger Indikator des Erfolgs. Er gibt an, in welchem Verhältnis → Aufwand und → Ertrag oder Leistung und Kosten zueinander stehen, inwieweit das Wirtschaftlichkeitsprinzip verwirklicht wurde. Das »Wirtschaftlichkeitsdenken« hat auch im öffentl. Sektor an Bedeutung gewonnen. Es wurden analytische Methoden entwickelt, die mithelfen, die knappen → Hilfsquellen einer → Volkswirtschaft optimal auf → Marktwirtschaft und Staatswirtschaft (→ Finanzwirtschaft) zu verteilen (einschl. der → Umverteilung) und als Entscheidungshilfen bei der Auswahl öffentl. Projekte dienen. → Nutzen-Kosten-Analyse (NKA), Öffentliche Verschwendung, Theorie der, → Effektivität.

Wirtschaftlichkeitsrechnung, Verfahrenskalkulation, Investitionsrechnung, der Vergleich alternativer Produktionsverfahren oder Anlagen unter dem Gesichtspunkt ihrer → Wirtschaftlichkeit oder → Effizienz. Es gibt Methoden, die helfen, die richtige Auswahl zu treffen. → Investitionsrechnung, → Nutzen-Kosten-Analyse (NKA).

Wirtschaftsausschuss → Betriebsverfassung.

Wirtschaftsdemokratie → Wirtschaftsordnung.

Wirtschaftsethik, Betrachtung der → Wirtschaft nach sittlichen Grundsätzen. Ihr Hauptanliegen ist die Anerkennung des sozialethischen Wertes der Arbeit, wie sie im Gegensatz zur Standesehre aus dem Berufsethos im Bürgertum und dem Arbeitsethos aller sozialistischen Lehren hervorgewachsen ist. Die Forderung der Pflicht zur Arbeit, wie sie das Christentum im Gegensatz zur Antike stellte, und des Rechts auf Arbeit, das sich gegen die Arbeitslosigkeit und ihre soz. Schäden richtet, nehmen die Schlüsselstellung in den Diskussionen im 19. Jh. ein. Die Idee einer sittlichen → Wirtschaftsordnung, im Sinne einer → Sozialen Marktwirtschaft gipfelt in der Forderung nach soz. Gerechtigkeit. → Selbstinteresse, → Wirtschaftsphilosophie.

Wirtschaftsgeographie, untersucht als Zweig der Geographie die Wechselwirkung zwischen → Wirtschaft und den anderen geographischen Gegebenheiten, wobei der Boden als Träger von Rohstoffen, als → Standort für Produktion und Absatz und als Grundlage für den Verkehr betrachtet wird. Auch die Zusammenhänge zwischen Wirtschaft und Kulturlandschaft werden einbezogen.

Wirtschaftsgeschichte, Zweig der Geschichtswissenschaft, erfasst die wirtsch. Ereignisse in ihrer chronologischen Folge, wobei sie auch versucht, die ökonom. Erscheinungen zu erklären und in den größeren Rahmen menschlicher Kulturleistungen sinnvoll einzuordnen. Die auch mit Hilfe von → Querschnittsanalysen gewonnenen Strukturbilder dienen häufig als Grundlage zur Erklärung der Änderungen historischer Gefüge und Ordnungen. Die säkulare Entwicklung und kürzeren Abläufe der → Wirtschaft kann sie nur umfassend erklären, wenn alle ökonom., soz., polit. und psychologischen Wechselwirkungen ausreichend berücksichtigt werden. Die W. als Universaldisziplin wird häufig nach sachlichen, räumlichen und zeitlichen Kriterien gegliedert, z.B. in Agrar-, Handels-, Gewerbe- oder Währungsgeschichte, ferner in die historische Entwicklung einer Region, eines Landes oder eines Kontinents und schließlich nach Perioden oder Wirtschaftsstufen, wobei auch bestimmte Gesetzmäßigkeiten analysiert und begründet werden.

Wirtschaftsgrundlagenpolitik, Zweig der Wirtschaftspolitik, deren Maßnahmen nicht direkt auf den → Wirtschaftskreislauf einwirken, sondern die wirtsch., techn. und gesellschaftlichen Grundfaktoren oder volkswirtsch. Daten sinnvoll entwickeln oder schützen. Die W. sorgt für die Voraussetzungen eines mittel- und langfr. Wachstums des → Sozialprodukts und umfasst u.a. die Verbesserung und Ausweitung der → Infrastruktur, die Entwicklung und den Schutz der natürlichen → Hilfsquellen, die Förderung des → technischen Fortschritts und seine Anwendung und die Weiterentwicklung einer freiheitlichen Wirtschafts-, Rechts- und Sozialordnung.

Wirtschaftsinformatik, Wissenschaft von dem Entwurf, der Entwicklung und der Anwendung computergestützter Informations- und Kommunikationssysteme und -techniken in Unternehmungen und Verwaltungen mit dem Ziel, die Geschäftsprozesse zu unterstützen und zu verbessern. Die W. stellt in ihrer Funktion die Schnittstelle zwischen der eher techn. ausgerichteten Informatik und der anwendungsorientierten → Betriebswirtschaftslehre (BWL) dar. Die W. befasst sich mit speziellen Problemen, die sich im Rahmen der Umsetzung von anwendungsorientierten betriebswirtsch. Fragestellungen in Datenverarbeitungsstrukturen ergeben sowie mit den Auswirkungen neuer Informations- und Kommunikationstechnologien auf Geschäftsprozesse in Unternehmen. Der Unterschied zur reinen Informatik besteht darin, dass sich die W. nicht nur mit den techn. Details und theoret. Aspekten von Informations- und Kommunikationssystemen beschäftigt, sondern sich auch mit den betriebswirtsch. Konsequenzen und Fragen der organisatorischen Einbindung der Techniken in ein Gesamtsystem befasst.

Wirtschaftsingenieur → Diplom-Wirtschaftsingenieur.

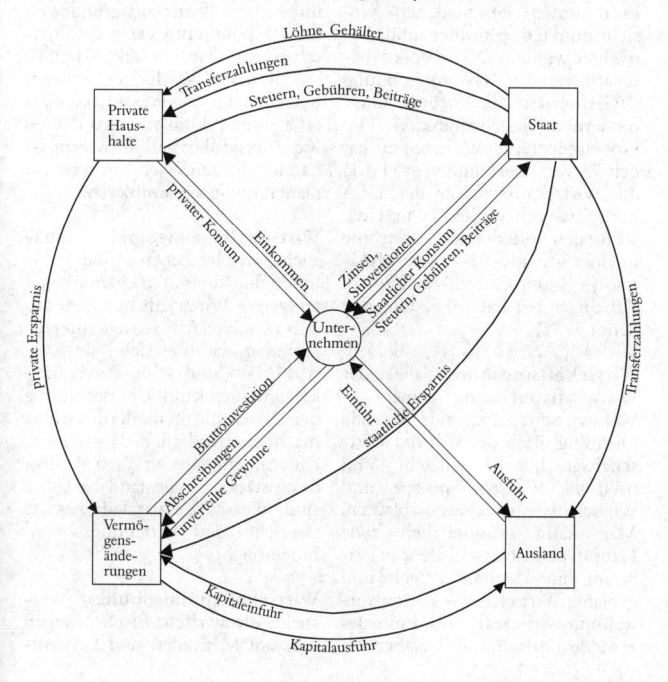

Wirtschaftskreislauf, erstmals von dem Physiokraten und Arzt F. Quesnay in seinem »Tableau Economique« (1758) durchgeführte Analyse der Güter- und Geldströme in einer → Volkswirtschaft. Im einfachsten Falle stehen sich Unternehmen und Haushalte als Tauschpartner gegenüber, wobei der reale Strom durch die Arbeitsleistungen und Konsumgüterlieferungen ausgedrückt wird und der Geldstrom aus Löhnen und Gehältern (Haushaltseinkommen) und Konsumausgaben der Haushalte besteht. Der Tauschverkehr erfolgt laufend. Dieses Grundkonzept wird erweitert und der Wirklichkeit angepasst, indem auch der Staat, die Banken, das Ausland einbezogen und auch Vermögensänderungen berücksichtigt werden. Der W. kann unter verschiedenen Gesichtspunkten geordnet und betrachtet werden. Die → Volkswirtschaftliche Gesamtrechnung (VGR) erfasst die Ströme unter modernen Gesichtspunkten. Der Nobelpreisträger W. Leontief hat den W. verfeinert, indem er (1951) die Wirtschaftsstruktur der USA nach Zweigen gegliedert und die sektoralen Güter- und Geldströme in einer sog. Einsatz-Ausstoß-Analyse (→ Input-Output-Analyse) in Zahlen erfasst hat (Abb. folgende Seite).

Wirtschaftsordnung, die der Wirtschaftsverfassung einer → Volkswirtschaft zugrunde liegende Ordnung, nach der sich das Wirtschaftsgeschehen vollzieht und nach der Wirtschaftsprozess und Wirtschaftsentwicklung ablaufen. Man kann grundsätzlich zwei Haupttypen unterscheiden: (1) eine von einer Zentrale geregelte und geplante Wirtschaft (→ Zentralverwaltungswirtschaft). (2) Eine dezentrale Ordnung, in welcher der Einzelne selbstverantwortlich seine wirtsch. Entscheidungen trifft, die dann von → Markt und → Wettbewerb koordiniert wird. Der Staat setzt den Rahmen und die Spielregeln, innerhalb derer und nach denen sich das wirtsch. Geschehen vollzieht. Die → Soziale Marktwirtschaft beruht auf A. Smiths Konzept der Wirtschaft, wobei der Staat die Aufgabe hat, für die wirtsch., soz. und rechtl. Bedingungen zu sorgen, damit der Wirtschaftsprozess ohne Störungen ablaufen kann. Er muss ferner → öffentliche Güter ausreichend und effizient anbieten und sie gerecht verteilen. Empirische Untersuchungen belegen, dass Länder, die vorwiegend ihre Wirtschaftsgrundlagen wirtsch.polit. entwickeln (→ Wirtschaftsgrundlagenpolitik), i. d. R. ein höheres Wachstum erzielen und einen niedrigeren → Kapitalkoeffizienten (Umkehrwert der → Kapitalproduktivität) aufweisen als Länder, die den Wachstumsprozess planen und programmieren.

Wirtschaftspädagogik, untersucht, welche Lebens- und Lernhilfen der Mensch in einer arbeitsteiligen → Wirtschaft benötigt, um sich in seiner Arbeitswelt zurechtzufinden, damit er sich selbst verwirklichen und seine Persönlichkeit entfalten kann. Die Bedeutung der Ökonomie im modernen Alltag macht es erforderlich, dass wirtsch. Zusammenhänge in allen Ausbildungsstätten Gegenstand der Lehre sind, so dass die Wirtschaft in weite Bereiche des Erziehungswesens hineinreicht.

Wirtschaftsphilosophie, versucht, die wirtsch. Erscheinungen mit den Methoden und Erkenntnissen der Philosophie zu erklären. Dabei spielt das Verhältnis zwischen → Wirtschaft und Gesellschaft sowie Wirtschaft und Sozialethik eine wichtige Rolle, wobei Sinn und Wesen der menschlichen Existenz und die Vorsorge in den Mittelpunkt rücken und geistige und ideologische Strömungen berücksichtigt werden.

Wirtschaftspolitik, Zweig der → Volkswirtschaftslehre (VWL), der sich mit der Gestaltung wirtsch. Erscheinungen befasst, wobei er wirtschafts- und finanzpolit. Einrichtungen, Mittel und Ziele in einem Gemeinwesen analysiert und sie entweder in einer Theorie der W. zu einem System zusammenfasst oder die Mittel-Ziel-Beziehungen sektoral untersucht. Sie bedient sich dabei der Erkenntnisse der Wirkungsanalyse aus der Wirtschaftstheorie. Eine wichtige Aufgabe ist die wissenschaftliche Beratung der staatl. Wirtschaft. In Deutschland hat das → Stabilitätsgesetz (StWG) von 1967 eine entscheidende Grundlage für die Anwendung wirtsch.polit. Erkenntnisse gelegt. Auch über den → Sachverständigenrat (SVR) gewinnt die wissenschaftliche W. erheblichen Einfluss auf praktische Entscheidungen. Die sektorale W., die früher in Studium und Lehre das Fach W. vorwiegend als beschreibende Unterdisziplin geprägt hat, ist heute hinter eine mehr funktional gegliederte, zielorientierte W. zurückgetreten. Konjunktur-, Wachstums-, Entwicklungs-, Einkommensverteilungs- und -umverteilungs-, Beschäftigungs-, Ordnungs- und Grundlagenpolitik sind neben der Außenwirtschafts- und Verkehrspolitik die wichtigsten Lehrgebiete.

Wirtschaftspolitik, angebotsorientierte (engl.: supply-side economics), sucht das gesamtwirtsch. Angebot oder das Produktionspotenzial zu beeinflussen, im Gegensatz zur nachfrageorientierten Wirtschaftspolitik. Anhänger dieser Politik sind der Ansicht, hohe Grenzsteuersätze (→ Steuertariflehre) für Löhne und Kapitaleinkommen hemmen Arbeitseinsatz und Ersparnis, so dass eine Senkung dieser Grenzsätze das Angebot an → Produktionsfaktoren und das → Sozialprodukt steigen lassen. Laffer ist sogar der Ansicht, dass ein Senken der Steuern zu einem Anstieg des gesamten → Steueraufkommens führe (→ Laffer-Kurve). Die W. nimmt an, dass eine Steuersenkung das Angebot an Arbeit oder die unternehmerische Initiative anreizt, so dass die Produktionskapazität von M_1 auf M_2 zunimmt (s. Abb. folgende Seite). Befindet sich die Volkswirtschaft in einer expansiven Phase auf der Angebotskurve A_1A_1, wirkt sich die Zunahme des möglichen Sozialprodukts voll auf den Zuwachs des tatsächlichen Angebotes auf der Angebotskurve A_2A_2 aus, der günstigste Fall einer W. Herrscht indes eine → Stagnation oder Rezession vor, in der die Nachfrage NN fällt und das Angebot A_1A_1 relativ gleich

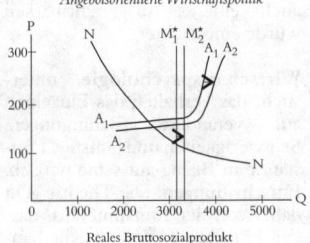

Angebotsorientierte Wirtschaftspolitik

Reales Bruttosozialprodukt

bleibt, führt eine W. zu einer geringeren Erhöhung des tatsächlichen Angebotes auf der Angebotskurve A₂A₂. Unter der Annahme, dass → Saysches Theorem gilt, wonach jedes Angebot seine Nachfrage schafft, verschiebt sich die Nachfragekurve, so dass das Sozialprodukt noch stärker zunimmt.

Wirtschaftspolitik, nachfrageorientierte → Keynesianische Theorie, → Unterbeschäftigung.

Wirtschaftsprüfer (WP), öffentl. bestellte und vereidigte Person, deren Hauptaufgabe es ist, betriebl. Prüfungen, insbes. den → Jahresabschluss von Unternehmen durchzuführen und darüber Bestätigungsvermerke zu erteilen. Sie sind ferner befugt, ihre Auftraggeber in steuerlichen Angelegenheiten zu beraten und zu vertreten. Zur Wirtschaftsprüfung kann zugelassen werden, wer ein Hochschulstudium abgeschlossen hat, ferner fünf Jahre im Wirtschaftsleben und davon vier Jahre prüferisch tätig war. Ohne Hochschulstudium erfolgt die Prüfungszulassung nach langjähriger (mind. zehn Jahre) Tätigkeit bei einem W. Der W. muss seinen Beruf unabhängig, gewissenhaft, verschwiegen und eigenverantwortlich ausüben. Standesorganisation ist die Kammer für W.; auch eine Berufsgerichtsbarkeit wurde eingerichtet.

Wirtschaftspsychologie, untersucht das Verhalten des Einzelnen auf veränderte Bedingungen, Schwierigkeiten und günstige Umstände in Bezug auf seine wirtsch. Entscheidungen. Die Theorie geht dabei von der Annahme aus, dass der Einzelne in der Absicht handelt, bestimmte Zwecke oder Ziele anderen vorzuziehen, er also eine Reihenfolge von → Präferenzen oder Vorlieben hat, die seine Wahl bestimmen. Ob diese Rangfolge ausdrückt, dass jemand eigennützig oder altruistisch, klug oder dumm, rational oder irrational handelt, untersucht die Theorie nicht; auch nicht, ob jemand materielle Motive ideellen vorzieht. So kann die Verteidigung weit wichtiger sein als der Wohlstand (A. Smith). Entscheidend ist also die Ordnung von Zielen, Wünschen oder Zwecken, die der Einzelne oder die Gemeinschaft jeweils festlegen. Die W. versucht also, die psychologischen Gründe oder Motive die zu solchen Rangfolgen und damit wirtsch. Entscheidungen führen zu erhellen und zu erklären.

Wirtschaftspublizistik, umfasst alle Nachrichten (und deren Vermittlung), mit denen die sog. Massenmedien, wie Rundfunk, Fernsehen, Zeitungen, ihre Hörer und Leser über Vorgänge in der → Wirtschaft und über die Lage in den einzelnen → Wirtschaftszweigen (insbes. über wichtige Ereignisse) informieren und die sie kommentieren.

Wirtschaftsraum, geographischer Ausschnitt aus dem Lebensraum des Menschen, der durch wirtsch. Strukturmerkmale und funktionale Verflechtung geprägt ist (Industrie-, Verkehrs-, Agrarraum oder gemischt-strukturierter Raum). W. und Staatsgebiet fallen durchweg zusammen, die Bildung übernationaler W. wird so weit wie möglich angestrebt, um die Vorteile der internationalen → Arbeitsteilung auszunutzen. → Europäische Union

Wirtschafts- und Sozialrat der Vereinten Nationen

(EU), → Regionale Strukturpolitik, → Europäischer Wirtschaftsraum (EWR).

Wirtschaftsschwankungen, mehr oder weniger regelmäßig auftretender Ab- und Aufschwung der → Wirtschaft. Neben den Saisonschwankungen und → Konjunkturbewegungen glaubt man, noch andere zyklische Erscheinungen der Wirtschaft entdeckt zu haben, so z.B.: (1) die »kurzen« Wellen (Crum-Kitchin-Zyklus), die eine Länge von ungefähr 40 Monaten aufweisen und für die Diskontsätze der Handelswechsel in New York in der Zeit von 1866–1922 sowie für die Großhandelspreise und Zinssätze in England und den USA für die Zeit von 1890–1922 nachgewiesen sind; (2) »mittlere« Wellen (Juglar-Zyklus) von etwa zehn Jahren sowie (3) »lange« Wellen (Kondratieff-Zyklus) von 50–60 Jahren. Nach dem 2. Weltkrieg hat es W. im klassischen Sinne nicht mehr gegeben, vielmehr schwanken die Zuwachsraten um einen (lange Zeit) aufwärts gerichteten Wachstumstrend. → Wirtschaftswachstum.

Wirtschaftssoziologie, untersucht die gesellschaftliche (soz.) Seite der wirtsch. Erscheinungen, wobei sie die einzelnen Einrichtungen und Abläufe aus der Sicht zwischenmenschlicher Beziehungen durchleuchtet. Dabei wird jeweils das Verhalten der Menschen, etwa auf Geld-, Arbeits- und Warenmärkten, in Betrieben und Verwaltungen, analysiert. → Betriebssoziologie, → Soziologie.

Wirtschaftsstatistik, erfasst als Zweig der → Statistik das Wirtschaftsgeschehen in Zahlen. In den 1970er Jahren des letzten Jh. durch E. Engel begründet, ist die dt. W. als zentrale Reichsstatistik ausgebaut worden. Ihre wichtigsten Ergebnisse werden seit 1921 in der Zeitschrift Wirtschaft und Statistik laufend veröffentlicht. Hauptgebiete der W. sind die Betriebs-, Berufs-, Produktions-, Handels-,Verkehrs-, Preis-, Einkommens-, Vermögens- und Verbrauchsstatistik sowie die des Geld- und Kreditwesens. Ein modernes Objekt ist die → Volkswirtschaftliche Gesamtrechnung (VGR). Die W. liefert der → Volkswirtschaftslehre (VWL) und → Betriebswirtschaftslehre (BWL) empirische Daten und Methoden zur Beurteilung wesentlicher Zusammenhänge in Markt- und Staatswirtschaft.

Wirtschaftsstrafrecht, erfasst alle Vorschriften, die zum Schutze der → Volkswirtschaft solche Handlungen mit Strafe bedrohen, die das Staatsinteresse an Bestand und Erhaltung der → Wirtschaftsordnung verletzen. Grundlegend ist hierfür das Gesetz zur weiteren Vereinfachung des W. vom 9.7.1954 i.d.F. vom Juni 1975. Zuwiderhandlungen im Sinne des Gesetzes können Straftaten oder Ordnungswidrigkeiten sein. Straftaten sind kriminelle Delikte, die mit strenger Strafe bedroht sind. Ordnungswidrigkeiten werden dagegen zumeist nur durch Geldbuße oder Verwarnung geahndet.

Wirtschaftsstruktur → Struktur, → Strukturwandel.

Wirtschaftssystem → Wirtschaftsordnung.

Wirtschafts- und Sozialrat der Vereinten Nationen (United Nations Economic and Social Council, ECOSOC), befasst sich als eines der Hauptorgane der → Vereinten Nationen mit der internationalen Wirtschafts-, Sozial-, Kultur-, Erziehungs- und Gesundheitspolitik, wobei er alle Programme der UN und ihrer Sonderorganisationen koordiniert. Die Vollversammlung wählt jährlich jeweils auf drei Jahre die 18 Mitgliedstaaten, die einen Vertreter in den Rat entsenden. Der W. tagt jährlich, abwechselnd in New York und Genf. Er hat fünf Regionalkommissionen: (1) für Afrika (ECA) in Addis Abeba, (2) für Asien und den Pazifik (ESCAP) in Bangkok, (3) für Europa (ECE) in Genf, (4) für Lateinamerika (ECLA) in Santiago de Chile und (5) für Westasien (ECWA) in Beirut.

Wirtschafts- und Währungsunion (WWU), Prozess zur Harmonisierung der Wirtschafts- und Währungspolitiken der Mitgliedstaaten im Hinblick auf die Einführung des → Euro (EUR, €) als gemeinsame Währung. Sie war Gegenstand einer der beiden im Dezember 1990 eröffneten Regierungskonferenzen. Die W. entstand laut EG-Vertrag in drei Stufen: Stufe 1 (1.7.1990 bis 31.12.1993): Liberalisierung des Kapitalverkehrs zwischen den Mitgliedstaaten, engere wirtsch.polit. Abstimmung der Regierungen, verstärkte Zusammenarbeit der → Zentralbanken. Stufe 2 (1.1.1994 bis 31.12.1998): Konvergenz der innerstaatl. Wirtschafts- und Währungspolitiken (Ziele: Preisstabilität und Vermeidung übermäßiger öffentl. Defizite). Stufe 3 (hat am 1.1.1999 begonnen): Gründung einer → Europäischen Zentralbank (EZB), Festlegung der Wechselkurse und Einführung der einheitlichen Währung. Mit 1.1.2001 begann die Ausgabe von Eurobanknoten und -münzen. Seit dem 1.1.1999 beteiligen sich elf Mitgliedstaaten an der dritten Stufe; zwei Jahre später ist Griechenland hinzugekommen; drei Mitgliedstaaten haben die gemeinsame Währung noch nicht eingeführt: Großbritannien und Dänemark und Schweden. Um die zur Verwirklichung der W. erforderliche dauerhafte Konvergenz zu gewährleisten, sieht der Vertrag fünf Kriterien vor, die jeder Mitgliedstaat erfüllen musste, wenn er an der dritten Phase der W. teilnehmen wollte. Die Erfüllung der → Konvergenzkriterien wird anhand von Berichten der → Europäischen Kommission und der EZB überprüft. Die EZB hat (seit dem 1.1.1999) die Aufgabe, die vom → Europäischen System der Zentralbanken (ESZB) festgelegte europäische Währungspolitik umzusetzen. Der → Stabilitäts- und Wachstumspakt wurde für die dritte Stufe der W. ausgehandelt. Er soll sicherstellen, dass die Mitgliedstaaten auch nach Einführung der einheitlichen Währung ihre Bemühungen um Haushaltsdisziplin fortsetzen. Mittelfr. haben sich die Mitgliedstaaten verpflichtet, die Vorgabe eines nahezu ausgeglichenen Haushalts weiterhin zu erfüllen und dem Rat und der Kommission bis 1.1.1999 ein Stabilitätsprogramm vorzulegen, das in der Folge jährlich überarbeitet werden soll.

Wirtschaftsunion, wirtsch. Verschmelzung von zwei oder mehreren Staaten. Sie erfordert freien Austausch von Arbeitskräften, Kapital und Gütern, eine gemeinsame

Wirtschaftsordnungspolitik und eine gleich gerichtete → Wirtschaftspolitik. Die → Währung kann entweder durch festen Wechselkurs oder eine neue Währungseinheit vereinheitlicht werden. → Europäische Union (EU).

Wirtschaftsverbände, die zu Verbänden zusammengeschlossenen Unternehmungen der verschiedenen → Wirtschaftszweige und Berufe.

Wirtschaftsverfassung, Gesamtheit der rechtl. Regelungen in einer → Wirtschaftsordnung, d.h. der Gesetze und Verordnungen, die das Wirtschaftsleben betreffen. → Wettbewerbsordnung, → Marktordnung, → Preispolitik.

Wirtschaftswachstum, in der modernen → Volkswirtschaftslehre (VWL) das Erkenntnis- und Erfahrungsobjekt der → Wachstumstheorie und → Wachstumspolitik, die sich mit den langfr. Bedingungen eines dynamischen Gleichgewichts des W. und seiner wirtsch.polit. Beeinflussung befassen.

Wirtschaftswissenschaften (engl.: economics), Disziplinen, deren Erkenntnis- und Erfahrungsobjekt das Phänomen der → Wirtschaft ist, also die zweckrationale Überwindung der Güterknappheit. Als → Volkswirtschaftslehre (VWL) befassen sie sich vorwiegend mit den Gesamterscheinungen der → Marktwirtschaft und Staatswirtschaft (→ Finanzwirtschaft), als → Betriebswirtschaftslehre (BWL) mit dem Einzelbetrieb. Sie haben dazu sachgerechte Methoden und eine typische Denktechnik entwickelt. Ihre Nachbardisziplinen sind → Statistik, → Wirtschaftsgeschichte, → Wirtschaftsgeographie, → Wirtschaftspsychologie, → Wirtschaftssoziologie, → Betriebssoziologie, → Wirtschaftspädagogik, → Wirtschaftsethik und → Wirtschaftsphilosophie (Abb. nächste Seite).

Wirtschaftszweig, Wirtschaftssektor, ergibt sich aus der Gliederung der → Volkswirtschaft nach institutionalen Kriterien. Modelle und Wirtschaftsstatistik gliedern sich häufig nach den typischen Tätigkeiten der Wirtschaftseinheiten;

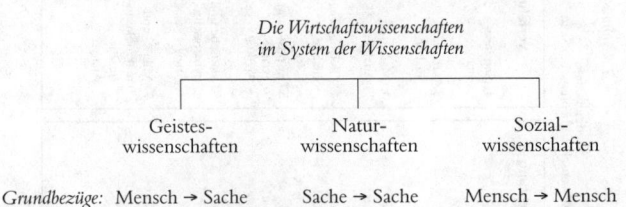

Die Wirtschaftswissenschaften im System der Wissenschaften

	Geistes-wissenschaften	Natur-wissenschaften	Sozial-wissenschaften
Grundbezüge:	Mensch → Sache	Sache → Sache	Mensch → Mensch

Ökonomische Wissenschaft ist *primär* geisteswissenschaftlich orientiert (B (Mensch) ≥ G (Sache)) – sekundär auch sozialwissenschaftlich und naturwissenschaftlich (v.a. methodisch!).

Wirtschaftswissenschaften

Erkenntnis- und Erfahrungsobjekt der Wirtschaftswissenschaften (Politische Ökonomie)

Methodische
(wissenschaftstheoretische) Sicht

Betrachtung

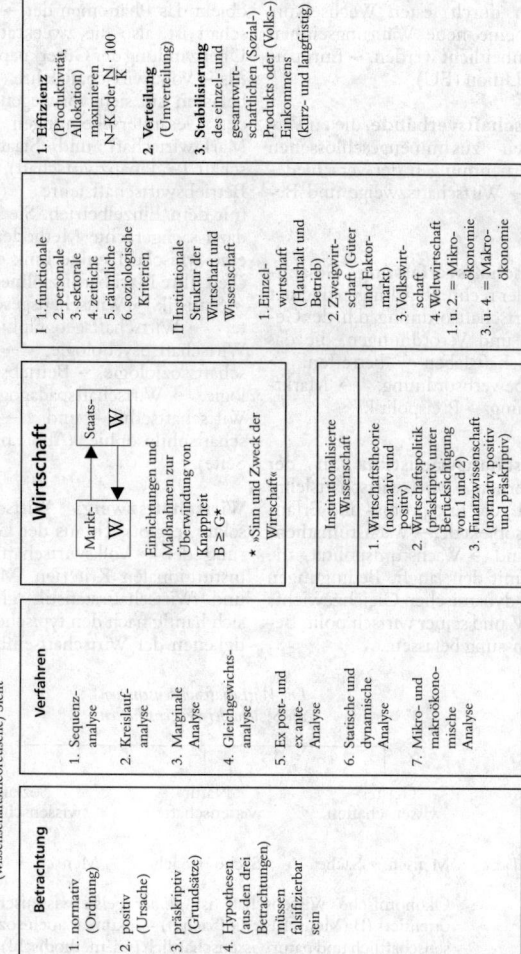

1. normativ (Ordnung)
2. positiv (Ursache)
3. präskriptiv (Grundsätze)
4. Hypothesen (aus den drei Betrachtungen) müssen falsifizierbar sein

Verfahren

1. Sequenzanalyse
2. Kreislaufanalyse
3. Marginale Analyse
4. Gleichgewichtsanalyse
5. Ex post- und ex ante-Analyse
6. Statische und dynamische Analyse
7. Mikro- und makroökonomische Analyse

Wirtschaft

Markt-W ⇄ Staats-W

Einrichtungen und Maßnahmen zur Überwindung von Knappheit
B ≥ G*

* »Sinn und Zweck der Wirtschaft«

Institutionalisierte Wissenschaft

1. Wirtschaftstheorie (normativ und positiv)
2. Wirtschaftspolitik (präskriptiv unter Berücksichtigung von 1 und 2)
3. Finanzwissenschaft (normativ, positiv und präskriptiv)

Strukturkriterien

I
1. funktionale
2. personale
3. sektorale
4. zeitliche
5. räumliche
6. soziologische Kriterien

II Institutionale Struktur der Wirtschaft und Wissenschaft

1. Einzelwirtschaft (Haushalt und Betrieb)
2. Zweigwirtschaft (Güter und Faktormarkt)
3. Volkswirtschaft
4. Weltwirtschaft

1. u. 2. = Mikroökonomie
3. u. 4. = Makroökonomie

Zentrale Phänomene

1. **Effizienz** (Produktivität, Allokation) maximieren
   $N - K$ oder $\frac{N}{K} \cdot 100$

2. **Verteilung** (Umverteilung)

3. **Stabilisierung** des einzel- und gesamtwirtschaftlichen (Sozial-) Produkts oder (Volks-) Einkommens (kurz- und langfristig)

Bsp.: in Haushalte, Unternehmen, Staat und Ausland oder in Wirtschaftsabteilungen (wie Land- und Forstwirt., Baugewerbe, Handel) oder in einen Primären (Landwirt.), Sekundären (Industrie) und Tertiären (Dienstleistungen) Sektor. In den Industrieländern wird Fourasties Gesetz bestätigt: Der Anteil des Tertiären Sektors wächst beträchtlich zu Lasten der beiden anderen.

Wissenschaft, Gerüst von einsichtigen, auf → Prämissen beruhenden Sätzen (Theoremen), die empirisch aus früherer (Erfahrung) und gegenwärtiger Beobachtung und (oder) Experiment (induktive Verallgemeinerung) oder aus a priori-Annahmen abgeleitet sind und → Hypothesen beinhalten, welche in Bezug auf die Annahmen und die Vorher- oder Aussagen falsifizierbar oder verifizierbar sind. Der Bestand an Wissen oder Erkenntnis ist das angehäufte Erbe von Generationen an Denkern und Forschern. Angenommene Erkenntnisse haben nur insofern einen Wert, als sie fortwährend überprüft, korrigiert und vervollständigt werden. Je mehr die W. Prinzipien enthält, die eine steigende Zahl von Fakten erklärt oder diese auf einfachere Weise einsichtig macht, umso mehr schreitet sie fort. W. ist also ihrem Wesen nach auf Wandel angelegt. Als »ars inveniendi« (F. Bacon) lebt sie vom Infragestellen, vom Suchen nach Neuem, aber auch vom Bewahren und Weitergeben immer

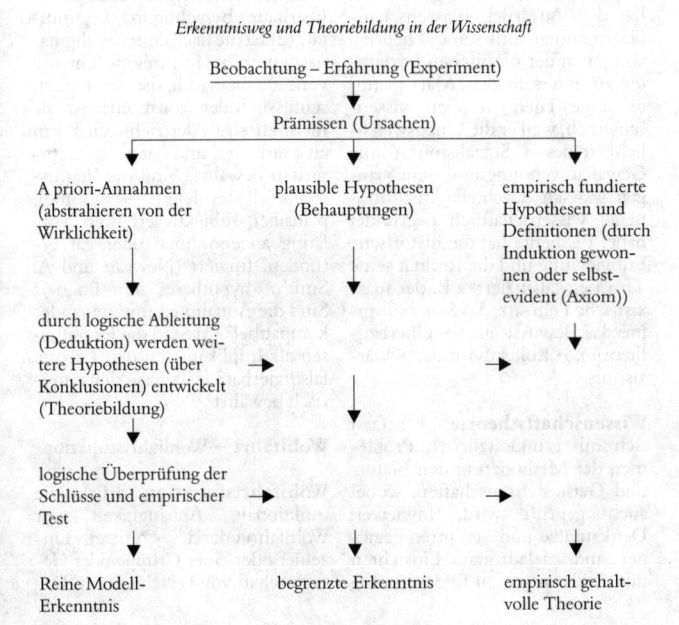

Erkenntnisweg und Theoriebildung in der Wissenschaft

Beobachtung – Erfahrung (Experiment)

↓

Prämissen (Ursachen)

A priori-Annahmen (abstrahieren von der Wirklichkeit)	plausible Hypothesen (Behauptungen)	empirisch fundierte Hypothesen und Definitionen (durch Induktion gewonnen oder selbstevident (Axiom))
↓	↓	↓
durch logische Ableitung (Deduktion) werden weitere Hypothesen (über Konklusionen) entwickelt (Theoriebildung)	→	→
↓		
logische Überprüfung der Schlüsse und empirischer Test	→	→
↓	↓	↓
Reine Modell-Erkenntnis	begrenzte Erkenntnis	empirisch gehaltvolle Theorie

wieder überprüfter und »gesicherter« Einsichten. Sie ist daher niemals geschichts- und wurzellos, und sie betrachtet alles Nichtbewährte und angeblich Neue skeptisch. Sie gewinnt ihre Erkenntnis aus Wahrnehmung und Erfahrung durch die Sinne und aus Einsicht durch den Verstand. Daher ist Descartes Behauptung »cogito ergo sum« (ich denke, also bin ich) einseitig und übertrieben. Gleiches gilt für die Wahrnehmung oder Erfahrung allein durch die Sinne. Den Weg, der zu einer Erkenntnis oder Theorie führt, beschreibt die Abb. auf der vorigen Seite.

Wissenschaftlicher Sozialismus, »prophezeit« die Entwicklung der kapitalistischen Gesellschaft hin zur Selbstzerstörung. K. Marx hat den Ausdruck »wissenschaftlich« benutzt, um seine Theorien von jenen der utopischen Sozialisten zu unterscheiden. Marx glaubte, seine Theorien seien wissenschaftlich, weil er die Unausweichlichkeit des → Sozialismus (ohne Gewaltanwendung und ohne »langen Marsch durch die Institutionen«) wissenschaftlich begründet habe. Bis heute hat die historische Entwicklung und die Realität seine Theorien falsifiziert: z.B. der marxistische Lehrsatz, das Sein bestimme das Bewusstsein (→ Überbautheorie). → Kollektivismus, → Marxismus.

Wissenschaftstheorie, befasst sich mit grundsätzlichen Problemen der Methoden in den Natur- und Geisteswissenschaften, wobei auch geprüft wird, inwieweit Denkansätze und Verfahren geeignet sind, zieladäquate Einsichten und Erklärungen zu finden und → Hypothesen zu prüfen. Namentlich K. Popper hat die Diskussion über die W. angeregt. Nach Popper sind Hypothesen wissenschaftlich nur dann annehmbar, wenn sie empirisch gehaltvoll sind, d.h. ihre »Wenn«-Komponente allgemein und ihre »Dann«-Komponente präzise ist. Nur sie können widerlegt werden, so dass unsere Erkenntnis zunehmen kann. Die empirische Überprüfung wird zur nichts sagenden oder platten Illustration, wenn man nicht nach Widerlegung (Falsifikation), sondern allein nach Bestätigung (Verifizierung) von Hypothesen sucht. Wissenschaftliche Kritik kann wie folgt fragen: (1) Ist die Fragestellung überhaupt relevant oder paradigmatisch, ist die Methode angemessen, und besitzen die getroffenen Annahmen überhaupt Berechtigung, Legitimität? (2) Ist die nach dem paradigmatischen Ansatz formulierte Theorie von Qualität, d.h. ist sie logisch schlüssig oder konsistent, ist sie methodisch in der richtigen Form ausgearbeitet, und hat sie sich empirisch bewährt? Sind die Prämissen selbstevident (→ Axiome), plausibel, subjektiv erfahren, vorläufig angenommen oder gar erfunden, fingiert (Newton und A. Smith: »hypotheses non fingo«)? Sind die Annahmen untereinander kompatibel? (3) Sind die Hypothesen als Implikationen der Theorie falsifizierbar? Haben sie sich empirisch bewährt?

Wohlfahrt → Wohlfahrtsfunktion.

Wohlfahrtsfunktion, drückt die funktionale Abhängigkeit der Wohlfahrt oder des → Nutzens Einzelner oder einer Gruppe oder Gemeinschaft von verschiedenen Determinanten aus. Je nach Art und Bedeutung der Einflussgrößen ergibt sich inhaltlich ein enger oder weiter Begriff der Wohlfahrt. W. dienen dazu, individuelle → Präferenzen in eine sog. soz. (besser gesellschaftliche) Rangordnung zu bringen. A. Bergson und P. A. Samuelson haben eine soz. W. sehr breit formuliert. Danach ist die Wohlfahrt einer Gemeinschaft von den umgesetzten Gütern und den produktiven Diensten ihrer Mitglieder sowie von beliebigen anderen Einflussgrößen abhängig. Bei gegebener → Transformationskurve und »optimaler« Einkommensverteilung lässt sich ein Maximum an Wohlfahrt formal ableiten. → Wohlfahrtskriterien, → Pareto-Kriterium, → Kaldor-Hicks-Kriterium, → Scitovsky-Kriterium.

Wohlfahrtsfunktion, klassische, drückt den funktionalen Zusammenhang zwischen den Ursachen und der Wohlfahrt oder dem → Nutzen aus und erfasst somit deren Inhalt. Die klassische W. ist breiter als die i.d.R. zu engen modernen Konzepte. Das → Selbstinteresse eines jeden Menschen ist die Antriebskraft, um sein Los und seine Lage in der Gemeinschaft dauernd zu verbessern, d.h. seine Wohlfahrt zu maximieren. Um das zu erreichen, strebt er danach, (1) seine Existenz zu sichern, (2) seine Annehmlichkeiten zu steigern, (3) seine Stellung und Anerkennung in der Gemeinschaft zu verbessern und (4) seine Freizeit (»so angenehm wie möglich zu leben«) auszuweiten. Zur Wohlfahrt gehören mithin auch der Nutzen dauerhafter Güter, deren Qualität und Vielfalt sowie intangible Werte. → Wohlfahrtsfunktion.

Wohlfahrtskriterien, helfen, wirtsch. Lagen oder Zustände ordinal zu ordnen, also nach »schlechter« und »besser«. Es finden sich u.a. folgende W.: (1) Am bekanntesten ist das → Pareto-Kriterium, das besagt, ein wirtsch. Zustand ist dann einem anderen vorzuziehen, wenn wenigstens einer gewinnt und die anderen zumindest indifferent sind. (2) Nach dem → Kaldor-Hicks-Kriterium ist eine ökonom. Veränderung dann vorzuziehen, wenn die Gewinner die Verlierer entschädigen könnten und dennoch dabei Vorteile haben. (3) Das → Scitovsky-Kriterium ergänzt das Kriterium (2) und fordert, dass eine Rückkehr von der neuen zur alten Lage nicht möglich sein sollte. (4) Das → Little-Wohlfahrtskriterium setzt an die Stelle der möglichen die tatsächliche Wohlfahrtssteigerung. Es fordert, dass die Gewinner die Verlierer tatsächlich entschädigen, so dass ein Verteilungs- oder → Werturteil explizit nötig wird. (5) Das → Samuelson-Wohlfahrtskriterium will Verteilungsurteile vermeiden und vergleicht daher nur zwei Verteilungszustände: Eine Zunahme des Realeinkommens liegt dann vor, wenn jede beliebige Verteilung im Ausgangszustand im Sinne des Pareto-Kriteriums durch Entschädigung vorherrschen könnte, was einschließt, dass die → Nutzenmöglichkeitskurve der Betroffenen sich allgemein nach außen verschiebt. Praktisch verwertbar erscheint nur das Little-Kriterium, das aber letztlich auf einem Werturteil über interpersonale Nutzenvergleiche beruht.

Wohlfahrtsökonomie, geht von gegebenen wirtsch. Zielen und ethischen Wertnormen aus, etwa

Wohlfahrtsstaat

der Wohlfahrt, gemessen an einem Höchstmaß an Freiheit in der Entscheidung des Einzelnen, einer gerechten Verteilung des Einkommens und optimalen Normen der Lebenshaltung, die nur durch die verfügbaren → Hilfsquellen und Technologien begrenzt werden. In einer → Marktwirtschaft sind bei gegebener Einkommensverteilung die Hilfsquellen dann optimal eingesetzt, wenn die → Preise infolge des Wettbewerbs die → Grenzkosten decken. Die Produktion hat sich dann optimal den Konsumentenpräferenzen angepasst, wenn die → Grenzrate der Substitution zwischen den konsumierten Gütern gleich ist der → Grenzrate der Transformation der zu ihrer Produktion verwendeten Hilfsquellen. Ferner hat die W. die Bedingungen analysiert, unter denen man sagen kann, ob Maßnahmen oder ein Projekt die Wohlfahrt einer Gemeinschaft verbessert haben oder nicht. So hat die W. wesentlich zur Entwicklung der → Nutzen-Kosten-Analyse beigetragen.

Wohlfahrtsstaat, sieht in der Versorgung für jedermann eine zentrale Aufgabe, so dass das Kollektiv das Existenzrisiko und die Sorge für das Dasein des Einzelnen allein übernimmt. Das führt zu einer Ausweitung der öffentl. Leistungen und Subventionen durch Ausbau der Versorgungs- und Wohlfahrtseinrichtungen, so dass die Belastungsgrenze des Sozialstaates überschritten und die wirtsch. Stabilität bedroht werden. Übersehen wird von Anhängern des W. die zunehmende → Unwirtschaftlichkeit und damit Verschwendung knapper Ressourcen durch aufwändige (kollektive) Entscheidungen des staatl. Monopolisten und seiner → Bürokratie. → Öffentliche Verschwendung, Theorie der, → Zielkonflikt.

Wohlfahrtsverlust → Öffentliche Verschwendung, Theorie der.

Wohlstand der Nationen (Wealth of Nations), grundlegendes Werk der → Volkswirtschaftslehre (VWL), zugleich Grundlage der Marktwirtschaft und moralische und ökonom. Rechtfertigung einer freiheitlichen Ordnung in Wirtschafts- und Gemeinwesen, 1776 von A. Smith, einem Begründer der modernen VWL, verfasst, dessen Weltbild von der Antike und von T. von Aquin mitgeprägt ist und der in seinem System die Methoden der Geistes- und Naturwissenschaften auf wirtsch. und soz. Erscheinungen anwendet. Seine Theorie der Marktwirtschaft und seine polit. Theorie des Staates sind in eine umfassende Entwicklungslehre eingebettet. Smiths analytisches Gerüst oder die Antwort auf die fundamentalen Fragen, wie der → Preismechanismus funktioniert und wie er den globalen Prozess der Produktion, Verteilung und Kapitalbildung in einer Markt- und Wettbewerbswirtschaft steuert, welche Rolle dabei → Arbeitsteilung und → technischer Fortschritt spielen und welche Aufgaben dem → Nutzen als Maß des Wohlstandes zukommen, alles dies ist auch für die moderne VWL, einer Verbindung von Keynesscher und neoklassischer Wohlfahrtstheorie, von entscheidender Bedeutung. Smiths Theorie der Markt- und Staatswirtschaft wurde im 19. und 20. Jh. verfälscht und einseitig interpretiert, sei es im Extrem durch den sog. →

Laissez-Faire-Liberalismus, sei es durch den → Marxismus oder die → Historische Schule. → Selbstinteresse, → Wirtschaftsordnung.

Wohlstandsindikatoren → »Soziale« Indikatoren.

Wohngeld, ein aus Bundes- und Landesmitteln gewährter Miet- oder Lastenzuschuss zu den Aufwendungen eines Haushalts für Wohnraum. Es dient der wirtsch. Sicherung eines angemessenen und familiengerechten Wohnens. Die Höhe des W. richtet sich nach dem Familieneinkommen, der Zahl der Familienmitglieder und den berücksichtigungsfähigen Wohnkosten.

Wohnsitzfinanzamt, nach der → Abgabenordnung (AO) zuständig für die → Einkommensteuer und → Vermögensteuer, ferner für die Rennwett- und Lotterie-, die Kraftfahrzeug-, Versicherungs-, Feuerschutz- und die Erbsteuer sowie für Maßnahmen der Steueraufsicht, soweit nicht das → Lagefinanzamt für diese zuständig ist. → Finanzämter, → Betriebsfinanzamt.

Wohnungsbau, weist zwei Formen auf: (1) den privaten W. in Form des Privathauses und des Eigenheims (im Gegensatz zur Mietwohnung) und (2) den gemeinnützigen oder soz. W., der das Ziel verfolgt, billige Wohnungen auf gemeinnütziger (bei angemessener Verzinsung des Kapitals, aber schwacher Kosten- oder Aufwandskontrolle) oder privatwirtsch. Grundlage mit Hilfe öffentl. Mittel zu bauen. Diese Hilfen sind nach dem Wohnbedarf breiter Schichten ausgerichtet und erstrecken sich auf Eigenheime, Kleinsiedlungen, Kaufeigenheime, Wohnungseigentum, Dauerwohnrecht, Genossenschafts- und Mietwohnungen. Dabei ist die Größe der förderungsfähigen Wohnung (auch steuerlich) festgelegt.

Wohnungsbaugenossenschaft, dient dem genossenschaftlichen Bau von Wohnungen, insbes. der Beschaffung von Kleinwohnungen.

Wohnungseigentum, Sondereigentum an Wohnungen oder sonstigen Räumlichkeiten eines Gebäudes. Es kann auch an Gebäudeteilen → Eigentum erworben werden. Hierzu sind Auflassung und Eintragung im → Grundbuch erforderlich.

Wohnungswirtschaft → Wohnungsbau.

Wohnungszwangswirtschaft, setzt die Vertragsfreiheit auf dem Wohnungsmarkt außer Kraft oder schränkt sie wesentlich ein. Verfügt der Staat (anstatt der Eigentümer) über die Wohnungen, ist das private oder wirtsch. Eigentum völlig ausgehöhlt, die Zwangswirtschaft extrem verwirklicht. Zwangseingriffe des Staates in den Wohnungsmarkt in unterschiedlichem Grade bestehen seit dem 1. Weltkrieg in Form von Wohnraumbewirtschaftung und Miet- und Kündigungsschutzgesetz.

World Trade Organization (WTO), Welthandelsorganisation, die die internationalen Abkommen über den Abbau der Zoll- und Handelsschranken und die Vereinheitlichung der Zoll- und Handelspraxis überwacht; Sitz in Genf. Die

W. ist 1995 als Nachfolgeorganisation des → General Agreement on Tariffs and Trade (GATT) entstanden. Die W. hat Legislativ-, Judikativ- und Exekutivbefugnisse und ist mit mehr Kompetenzen als GATT ausgestattet: Sie (1) setzt die Einhaltung des Regelwerks bei den Mitgliedstaaten durch, (2) beobachtet die nationale Handelspolitik und (3) vermittelt bei Handelskonflikten zwischen den Mitgliedstaaten. Die Mitgliedstaaten müssen nationale Regelungen und bilaterale Abkommen mit den Regelungen der W. harmonisieren. → Agreement on Trade-Related Aspects of Intellectual Property Rights (TRIPS).

World Wide Web (WWW), Dienst im → Internet, der die Übertragung von Texten, Bildern und Ton- sowie Videosequenzen ermöglicht. Die Daten werden mit Hilfe des Protokolls HTTP gesendet, die Dokumente sind in HTML verfasst. Die Suche von Dokumenten und Begriffen geschieht mittels Suchmaschinen. Die weltweite Verbreitung des W. begann 1994 mit der Markteinführung von Navigationssystemen (Browser).

WP → Wirtschaftsprüfer.
WTO → World Trade Organization.

Wucher, wirtsch. das rücksichtslose Ausnutzen der Erwerbschancen in einer Zwangslage eines anderen. Nach § 138 BGB ist W. ein gegen die guten Sitten verstoßendes → Rechtsgeschäft, durch das sich jemand für eine Leistung Vermögensvorteile versprechen oder gewähren lässt, die im »auffälligen Missverhältnis« zum Wert der Leistung stehen. Voraussetzung ist, dass Ausnutzung der Notlage, des Leichtsinns, der Unerfahrenheit (nicht dagegen der Dummheit) des anderen vorliegt. Ein wucherisches Rechtsgeschäft ist nichtig. Historisch ist der Zinswucher von bes. Bedeutung.

WWW → World Wide Web.

X, Y

X-Effizienz, Ausdruck in der Literatur (H. Leibenstein) für unternehmerische und technologische → Effizienz, mit der ein Unternehmen seine Mittel einsetzt, seine Organisationsprobleme löst und alle seine Geschäfte mit einem Minimum an Kosten betreibt. Als Folge der → Gewinnmaximierung arbeitet dann ein Unternehmen unter Konkurrenzdruck mit einem Maximum an X. → Q-Ineffizienz, → R-Ineffizienz.

Xeno-Finanzmärkte → Euromarkt.

Xetra, 1997 von der Deutschen Börse AG eingeführtes elektronisches Handelssystem, das die → Transaktionskosten im Wertpapierhandel senkt sowie durch den Wegfall eines Mindestgeschäftsvolumens auch den Handel von einzelnen Einheiten ermöglicht. → Börse.

Yield-Management, entspricht einer ständig wechselnden, nachfrageorientierten Preispolitik zur Erhöhung des → Ertrags (yield). Das Y. beruht auf der Erfahrung, dass die individuelle → Zahlungsbereitschaft von Kunden in Dienstleistungssektoren wie Fluglinien, Krankenhäusern, Versicherungen usw. je nach Situation variiert. Aufgabe der Y. ist die Bestimmung des gewinnoptimalen Verhältnisses zwischen verschiedenen Formen von Voll- und Minderzahlern. Es entsteht damit eine Art variables Kontingentierungssystem.

Young-Plan, löste 1922 den Dawes-Plan ab und bildete die Grundlage der Haager Reparationsregelung von 1930. Er begrenzte die Reparationsleistungen auf 59 Jahre. Die Verpfändungen und Kontrollen auf Grund des Dawes-Planes fielen weg. Durch das Hoover-Moratorium 1931 und das Lausanner Abkommen 1932 wurde der Y. formell aufgehoben.

Z

Zahllast, ein Begriff der → Steuerwirkungslehre, der die Last der Bürger in Höhe der Steuerzahlung erfasst, also nicht die → Zusatzlast.

Zahlung, Begleichung einer Geldschuld in gesetzl. Zahlungsmitteln. Da nach § 364 BGB das Schuldverhältnis auch dann erlischt, wenn der → Gläubiger eine andere als die geschuldete Leistung »an Erfüllungsüblicher statt« annimmt, kann vertraglich statt der geschuldeten Geldsumme Lieferung von Waren oder anderen Wertobjekten »an Zahlungsüblicher statt« vereinbart werden. → Devisen werden, wenn nicht ausdrücklich »an Zahlungsstatt« vereinbart ist, »zahlungshalber« hingegeben; denn erst aus der Einlösung in → Zahlungsmittel des Staates ergibt sich, wie weit die Devisen die geschuldete Geldsumme decken.

Zahlung gegen Dokumente → Akkreditiv.

Zahlungsbefehl, seit 1977 Mahnbescheid, die vom zuständigen Amtsgericht auf Ersuchen des Gläubigers im → Mahnverfahren erlassene schriftliche Aufforderung an den Schuldner, bei Vermeidung sofortiger Zwangsvollstreckung (→ Mahnverfahren), i.d.R. binnen einer Woche von der Zustellung ab, zu zahlen oder bei Gericht Widerspruch zu erheben.

Zahlungsbereitschaft (engl.: willingness-to-pay), ein zentraler Begriff in der → Wohlfahrtsökonomie und der → Nutzen-Kosten-Analyse, ein Hilfsmittel, um die Nachfrage nach → öffentlichen Gütern, die zumeist keinen Marktpreis haben, herauszufinden. Da ein Zwang zum tatsächlichen Zahlen nicht besteht, kann man den Ergebnissen einer unverbindlichen Befragung der Interessenten weder wissenschaftliche noch praktische »Validität« zuerkennen. Nicht nur die → Präferenzen, sondern auch die zur Auswahl stehenden Alternativen (die bei öffentl. Monopolen und lebensnotwendigen Gütern gleich null sind) und v.a. die verfügbaren Mittel, auf die man tatsächlich verzichten muss, bestimmen jeweils die Bewertung und Entscheidung. Daher müssen auch die kompliziertesten Methoden einer kostspieligen Auswertung solcher Statistiken höchst fragwürdig bleiben. Das trifft in erhöhtem Maße für statistische Erhebungen zu, die, naiv, die Betroffenen und

Nichtbetroffenen fragen, wie hoch sie eine Leistung (Bsp.: Kindergärten) bewerten oder welche Menge sie davon wünschen, ohne Angabe ihrer Z. und die solche Antworten dann als Nachfrage nach öffentl. Gütern in einem Modell benutzen, das Grundlage für eine polit. Entscheidung ist. → Sättigungsmenge.

Zahlungsbilanz, die Gegenüberstellung der Werte aller außenwirtsch. Transaktionen eines Landes in einem bestimmten Zeitraum. Sie setzt sich aus der → Leistungsbilanz (Warenhandels- und Dienstleistungsbilanz), der → Kapitalbilanz, der Devisenbilanz und der Bilanz der unentgeltlichen Leistungen zusammen. Formal ist die Z. stets ausgeglichen, da jeder Leistung eine entsprechende Forderung gegenübersteht. Dennoch kann material ein Ungleichgewicht vorliegen, wenn sich über einen längeren Zeitraum hin Devisenzu- und -abflüsse nicht ausgleichen, sondern kumulieren, so dass Gold- oder Kapitalaus- oder -einfuhr zum Ausgleich notwendig werden. Außenwirtsch. Gleichgewicht ist in Deutschland ein im → Stabilitätsgesetz (StWG) festgelegtes Ziel der Wirtschaftspolitik. Nach der → Zahlungsbilanztheorie verschlechtert sich der → Wechselkurs, wenn die Z. passiv wird. Demgegenüber behaupten die Anhänger der Inflations- oder → Kaufkraftparitätentheorie, der Wechselkurs sei von Änderungen der Kaufkraft des Geldes im Innern des Landes oder von der Inflation abhängig.

Zahlungsbilanzmechanismen, dienen der Selbststeuerung der → Zahlungsbilanz, indem die Marktkräfte in Richtung eines Gleichgewichtes drängen. Diese sich selbst regulierenden Anpassungen vollziehen sich (1) über das Einpendeln des Wechselkurses, (2) Schwankungen des Preisniveaus und (3) Änderungen des → Sozialprodukts.

Zahlungsbilanzpolitik, umfasst alle wirtsch.polit. und außenwirtsch. Maßnahmen, die Staat und → Notenbank ergreifen, um die Zahlungsbilanz auszugleichen oder im Gleichgewicht zu halten und somit das wichtige Ziel des außenwirtsch. Gleichgewichts zu verwirklichen (→ Stabilitätsgesetz (StWG)). Die Z. kann sich dabei indirekter und direkter Eingriffe in die Zahlungsströme bedienen.

Zahlungsbilanztheorie, erklärt das Entstehen von Salden der → Zahlungsbilanz und deren Folgen für die Stabilität des Geldwerts und der Vollbeschäftigung und die Wirksamkeit von Maßnahmen, die den Ausgleich der Zahlungsbilanz bei → festen Wechselkursen anstreben. Können sich die → Wechselkurse frei einpendeln, tritt an die Stelle der Z. eine Theorie des Wechselkurses. Sowohl monetäre wie keynesianische Z. gehen von den Änderungen der → Währungsreserven aus; sie werden definiert als (1) der Saldo der → Leistungsbilanz plus dem Saldo der → Kapitalbilanz, (2) die Änderung des Volumens an → Zentralbankgeld minus der Änderung der Kredite der → Zentralbank.

Zahlungsmittel, Geld und geldähnliche Güter und Forderungen, die im allgemeinen Tauschverkehr gegen andere Güter angenommen werden. I.d.R. erfüllen →Zentralbankgeld und → Buchgeld die Aufgabe eines allgemeinen Z. Indes sind nur → Banknoten und → Scheidemünzen in Deutschland gesetzl. Z. (also Mittel zur Schuldentilgung), wenn auch Buch- oder Giralgeld zumeist als → Geld im Rechtssinne gilt.

Zahlungssitten, Gepflogenheiten, Zahlungen in einer bestimmten Form, etwa in bar oder unbar zu leisten. Für die Geschäftsbanken (→ Kreditbanken) sind die Z. insofern wichtig, als sie sich aus Gründen der → Liquidität am Verhältnis von Bargeld- zur Buchgeldmenge orientieren müssen. Z. ändern sich i.d.R. nur langfr. Kommt es infolge einer Kreditausweitung zu Bareinzahlungen oder Barabhebungen, wird der Spielraum der Banken zur Kreditgewährung und damit die → Geldschöpfung entsprechend beeinflusst. → Cambridge-Gleichung, → Liquiditätsneigung.

Zahlungsverkehr, erfasst die Übertragungen von Zahlungsmitteln unter den Wirtschaftseinheiten. Zahlungen erfolgen mit Hilfe von → Bargeld, → Buchgeld und → Geldsurrogaten (wie → Wechsel, Scheck, Zahlungsanweisung). Nationaler wie interner Z. erfolgen vorwiegend bargeldlos (→ Akkreditiv).

Zehnergruppe, setzt sich aus den Ländern Belgien, Deutschland, Frankreich, Großbritannien, Italien, Japan, Kanada, Niederlande, Schweden und USA zusammen. Sie hat mit dem → Internationalen Währungsfonds (IWF) allgemeine Kreditvereinbarungen getroffen und war maßgeblich bei der Einrichtung der → Sonderziehungsrechte (SZR) beteiligt.

Zeichnung, schriftliche Erklärung eines Investors, eine bestimmte Anzahl neu auszugebender → Wertpapiere zu einem bestimmtem Preis innerhalb einer vordefinierten Spanne erwerben zu wollen. Der tatsächliche Emissionspreis (→ Emission) und die dem Anleger zugesprochene Menge richten sich nach der Nachfrage (→ Überzeichnung).

Zeitlohn, die Vergütung nach der Arbeitszeit. Der Z. wird häufig dort angewandt, wo die Messung der Arbeitsleistung zu kostspielig ist oder eine Entlohnung nach der Leistung gesundheitsschädlich oder qualitätsmindernd wirkt. → Lohn.

Zeitpräferenz, drückt die Tatsache aus, dass Wirtschaftssubjekte ein Einkommen, über das sie heute verfügen, höher einschätzen als ein gleich hohes in der Zukunft. Will man sie veranlassen, auf Konsum in der Gegenwart zu Gunsten des Verbrauchs in der Zukunft zu verzichten, muss man einen Ausgleich bieten; das ist der Zins. Die Zeitpräferenz ist (neben der höheren Ergiebigkeit bei längeren Produktionswegen) Grundlage der Zinstheorie von Böhm-Bawerk und Fisher. Die Bedeutung der Z. in der Wirklichkeit ist umstritten (Zwecksparen selbst bei negativem Realzins). → Soziale Zeitpräferenzrate.

Zeitreihen, liegen vor, wenn Daten des gleichen Sachverhalts für eine Reihe von Zeitpunkten oder Zeiträumen verfügbar sind. Dabei bestimmt der Zeitablauf die Anordnung der statistischen Merkmalsbeträge eindeutig. Eine Z. be-

Zeitstudien

steht aus dem → Trend T_i, den → Saisonschwankungen S_i und den Restschwankungen R_i (Konjunktur und Zufall). Bei additiver Zusammensetzung kann man den Ursprungswert Y_i definieren: $Y_i = T_i + S_{i+R_i}$. Auch eine multiplikative Zusammensetzung ist möglich. Die Zeitreihenanalyse ermittelt Regelmäßigkeiten in den Bewegungskomponenten. → Querschnittsanalyse.

Zeitstudien → Reichsausschuss für Arbeitszeitermittlung (REFA).

Zeitvergleich → Betriebsvergleich.

Zeitwert, der Wert, der einem Vermögensgegenstand am Tage des Abschlusses beizulegen ist (§ 40 HGB, §§ 154f. AktG). Der Z. ist Höchstwert für Güter des Umlaufvermögens, wenn kein → Börsen- oder Marktpreis vorliegt und die → Anschaffungskosten (abzüglich Abschreibungen) den Z. übersteigen.

Zensit (Steuerpflichtiger), → Steuerpflicht, → Steuerzahler.

Zentralbank, Währungs- und Kreditpolitik sowie den Zahlungsverkehr eines Staates leitende oder regelnde Notenbank, in Deutschland die → Deutsche Bundesbank, die seit Beginn der Europäischen Währungsunion in das → Europäische System der Zentralbanken (ESZB) mit der → Europäischen Zentralbank (EZB) an der Spitze eingebunden ist. Die Verantwortung für die → Geldpolitik liegt nun bei der EZB und nicht mehr bei den nationalen Z. Einer Z. obliegen i. Allg. folgende Aufgaben: (1) Sie verwaltet die → Währungsreserven des Landes, wozu der Bestand an Gold, konvertiblen → Devisen und → Sonderziehungsrechten (SZR) gehört. (2) Als »Bank der Banken« versorgt sie die Geschäftsbanken (→ Kreditbank) mit → Zentralbankgeld via Krediten und regelt die Mindestreservehaltung von Einlagen der Kreditinstitute (→ Mindestreservepolitik). (3) Die Z. versorgt den Staat mit Krediten und bedient als »Hausbank des Staates« dessen Guthaben. (4) Sie besitzt allein das Recht, als Monopol → Banknoten auszugeben, welche die Eigenschaft eines gesetzl. Zahlungsmittels haben. Die Z. besitzt folgende währungspolit. Instrumente: (1) Sie kann die Refinanzierung der Geschäftsbanken über den Diskontsatz (→ Diskontpolitik), den Lombardsatz (→ Lombardpolitik) und eine Mengenbegrenzung beeinflussen. (2) Durch An- und Verkauf von festverzinslichen Wertpapieren (ausnahmsweise auch von Aktien oder Gold) am Markt und bei den Geschäftsbanken kann sie deren → Liquidität beeinflussen. (3) Sie hat ferner das Recht, die Haltung von → Mindestreserven der Banken (bezogen auf bestimmte Aktiva oder Passiva) zu regeln. (4) Sie kann den Banken vorschreiben, wie viel → Kredit (absolut oder in festen Wachstumsraten) diese an den Nichtbanksektor geben dürfen. (5) Schließlich ist sie berechtigt, die Guthaben staatl. Institutionen zu verändern, indem sie eine Verlagerung zu den Kreditinstituten und umgekehrt veranlassen kann. (6) Soweit die Z. die außenwirtsch. Beziehungen im Auftrag der Regierung mitgestalten kann oder über diese selbst entscheiden darf, richtet sich die Währungspolitik weitgehend darauf, den Umfang der Kapitaleinfuhr oder -ausfuhr zu beeinflussen.

Zentralbankgeld, wird ausschl. von der → Zentralbank eines Landes oder eines Währungsraumes (z.B. → Europäische Zentralbank (EZB)) geschaffen und besteht aus → Banknoten, → Sichtguthaben bei der Zentralbank und → Scheidemünzen. Die Höhe des Z. ist eine wichtige Größe für die → Geldpolitik, obwohl das Volumen des → Buchgeldes der Geschäftsbanken weitaus größer ist. Für die → Monetaristen ist die Menge an Zentralbankgeld die entscheidende Größe ihrer geldpolit. Strategie. Fügt man zum Z. (Summe aus Bargeldumlauf und Mindestreserve auf Inlandsverbindlichkeiten, bereinigt um Reservesatzänderung) noch die Mindestreserven aus Auslandsverbindlichkeiten und die → Überschussreserven der Geschäftsbanken hinzu, so erhält man die sog. Geldbasis. Die Guthaben öffentl. Haushalte bei der Zentralbank werden nicht erfasst. Ferner drückt dieser Indikator nicht die Umschichtungen zwischen Bargeld und → Sichteinlagen oder zwischen Sicht-, Spar- und Termineinlagen aus. → Geldmenge.

Zentralbankpolitik, alle Maßnahmen der → Zentralbank, um die Geldordnung zu gewährleisten (Bankenaufsicht) und den Binnen- und Außenwert des Geldes geld- und kreditpolit. zu sichern. Es stehen hierzu drei Wege offen: (1) das Verhalten aller an der Wirtschaft Beteiligten durch Information und Appelle zu beeinflussen, (2) die Geldmärkte durch bankgeschäftliche Maßnahmen zu steuern und (3) durch diskretionäre Verwaltungsmaßnahmen (Festlegung der → Mindestreserve der Banken oder des Kreditplafonds) → Geldangebot und → Geldnachfrage zu lenken. → Europäische Zentralbank (EZB), → Inflation Targeting.

Zentralisation, in Wirtschaft und Staatswesen die Leitung und Entscheidung von einem einzigen Zentrum aus, im Gegensatz zur → Dezentralisation oder zum → Föderalismus. Z. ist mit Einbußen an Effizienz verbunden, wenn auf unterschiedliche → Präferenzen in den Bevölkerungsgruppen keine Rücksicht genommen wird und stattdessen → öffentliche Güter einheitlich angeboten werden. Analytisch kann man diese Wohlfahrtsverluste anhand der Graphik verdeutlichen.

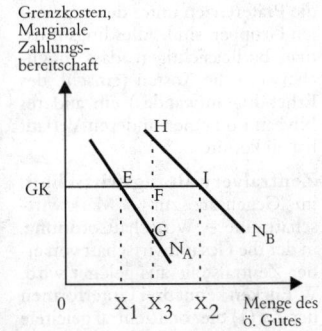

N_A sei die marginale → Zahlungsbereitschaft der Bevölkerungsgruppe A, N_B die der Gruppe B, wobei die Präferenzen in den Gruppen jeweils homogen sind. Die Kosten je Einheit des öffentl. Gutes seien gleich, so dass auch die → Grenzkosten (GK) konstant sind. Bei einer Z. des Gemeinwesens werden etwa X_3 des öffentl. Gutes einheitlich angeboten. Teilt man nun den Zentralstaat entsprechend der beiden Bevölkerungsgruppen in zwei Regionen auf, kann man die Wohlfahrt beider verbessern. Die Gruppe A gewinnt an Wohlfahrt in Höhe von EFG, da das zentrale Angebot X_3 sie gezwungen hat, mehr zu konsumieren, als es ihrer Präferenz entsprach, nämlich die Menge X_1, bei der die Grenzkosten dem → Grenznutzen (marginale Zahlungsbereitschaft) entsprechen. Die Gruppe B wird um die Fläche IFH besser versorgt, da das zentrale Angebot im Vergleich mit ihren Präferenzen um X_2-X_3 zu gering war, der Grenznutzen also über den Grenzkosten lag. Die Wohlfahrtsverluste in Höhe der beiden Dreiecke als Folge der Z. sind umso höher, je unterschiedlicher die Präferenzen unter den regionalen Gruppen sind. Allerdings muss man berücksichtigen, dass möglicherweise die Kosten (einschl. des Erhebungsaufwandes) ein anderes Niveau und einen anderen Verlauf haben könnten.

Zentralverwaltungswirtschaft, im Gegensatz zur → Marktwirtschaft eine → Wirtschaftsordnung, in der die Gesamtwirtschaft von einer Zentralstelle aus geleitet wird. W. Eucken kennt drei Unterformen der Z.: (1) die total zentral geleitete Wirtschaft, (2) die zentral geleitete Wirtschaft mit freiem Konsumguttausch und (3) die zentral geleitete Wirtschaft mit freier Konsumwahl. → Planwirtschaft.

Zentralwert → Mittelwert.

Zero-Base-Budgeting → Haushalt auf der Grundlage von Null.

Zerobond, auch Null-Coupon-Anleihe, → Schuldverschreibung, bei der der Ausgabekurs unter dem Rückzahlungsbetrag liegt und während der Laufzeit keine Zinszahlungen anfallen. Der Kapitalgeber wird also erst bei Fälligkeit der Anleihe entlohnt, was eine besondere Berücksichtigung der → Bonität des Schuldners erfordert (→ Kupon, → Zins).

Zero-Sum-Game (engl., Nullsummenspiel), ein Konzept der von J. von Neumann und O. Morgenstern entwickelten → Spieltheorie, eine Hilfe für Entscheidungen unter Ungewissheit. Bei dieser Spielart gewinnt der eine Spieler, was der andere verliert, und zwar bei jeder möglichen Strategie. Die Ungewissheit besteht darin, dass der einzelne Spieler nicht weiß, welche alternative Handlung der andere wählen wird, obwohl er die verschiedenen Entscheidungsalternativen und deren Ergebnisse kennt. Bsp.: Beherrschen zwei Unternehmen M und N den Markt für ein Produkt allein, so kann M nur seinen Marktanteil vergrößern, wenn der Anteil von N entsprechend kleiner wird. Es liegt also hier eine reine Konfliktsituation vor. Decken sich Verlust und Gewinn der beiden Spieler nicht, kann anstelle des Konflikts ein gemeinsames Handeln eintreten, um den Gesamterfolg zu beeinflussen. Die Spieltheorie in ihren beiden Versionen wird in den → Wirtschaftswissenschaften angewandt, etwa in der Arbeitsmarkt- oder Lohntheorie.

Zertifikat, derivatives (d.h. abgeleitetes) Wertpapier, dessen Kurse exakt die Entwicklung eines zugrunde liegenden Basisinstruments, meist eines → Aktienindex' nachzeichnet.

Zession → Abtretung.

Zielbeziehungen, lassen sich in fünf Arten gliedern: (1) Identität: Die Ziele decken sich vollkommen. (2) Neutralität oder Indifferenz: Wird ein oder werden mehrere Ziele erreicht, werden andere Ziele weder positiv noch negativ beeinflusst. (3) Harmonie (auch Komplementarität oder Kompatibilität): Die Verwirklichung eines Zieles konkurriert nicht mit der gleichzeitigen oder späteren Verfolgung anderer Ziele, sondern fördert diese. (4) Widersprüchlichkeit: Wenn ein Ziel angestrebt wird, muss ich ein anderes aufgeben. (5) Antinomie (Konflikt, Konkurrenz, Inkompatibilität, Trade-Off): Die Realisierung eines Zieles führt dazu, dass ein anderes Ziel nicht oder nur teilweise (verzögert) erreicht wird. So erfasst und misst etwa die → Phillips-Kurve den (möglichen) Konflikt zwischen Preisstabilität und Beschäftigung. → Zielkonflikt zwischen Effizienz und Verteilung (Gerechtigkeit).

Zielfunktion, math. Ausdruck einer wirtsch. Entscheidung. Die Z. drückt die Abhängigkeit der Zielparameter von den Handlungsalternativen aus. Sie kann maximiert oder minimiert werden.

Zielkatalog, Zielsystem, in der Wirtschaftspolitik die vorgegebene Zielgruppe und ihre Rangordnung. So sind in Deutschland die wichtigsten Ziele der staatl. Wirtschaftspolitik im → Stabilitätsgesetz (StWG) enthalten. Dieser konkretisierte Z. lässt sich aus übergeordneten Zielen, wie Sicherheit, Freiheit, kommutative und distributive Gerechtigkeit, Wohlfahrt, ableiten und in einer → Wohlfahrtsfunktion ausdrücken, die aus individuellen und kollektiven → Präferenzen gebildet wird. Markt und polit. Wahl sind dabei die Mechanismen, welche die Ziele konkretisieren und Zielkonflikte (→ Zielbeziehungen) lösen helfen. Die Zielerfüllung ist mit den Mitteln und Trägern rückgekoppelt. Solche Z. und Zielsysteme unterliegen einem historischen Wandel: So sehen Kameralismus und → Merkantilismus in der Ansammlung eines »Staats- oder Kriegsschatzes«, einzelne Klassiker (D. Ricardo, J.B. Say) im kleinsten Budget und einer ordnungspolit. »Enthaltsamkeit«, die Keynes-Epoche in der Stabilisierung und der moderne Wohlfahrtsstaat in der Umverteilung das Schwergewicht staatl. Aktivität.

Zielkonflikt, neben der Zielharmonie und -neutralität eine wichtige Beziehung zwischen Zielen, die zeitlich oder sachlich miteinander zusammenhängen. Am bekanntesten ist der Z. oder Trade-Off zwischen den Veränderungen des Preisniveaus und jenen der Arbeitslosigkeit (→ Phillips-Kurve). Z.-Berechnungen werden auch in der → Nutzen-Kosten-Analyse (NKA) angestellt, um alternative Vor- und Nachteile einzelner Projekte in Bezug auf Wirklichkeit und Umverteilung zu ermitteln.

Zielkonflikt zwischen Effizienz und Verteilung (Gerechtigkeit), ein wirtsch.polit. Konflikt kann etwa bei den Zielen → Umverteilung und → Effizienz auftreten: Es gebe zwei Individuen, wovon eines arbeitet (A) und das andere (B) nicht, weil es arbeitsunfähig ist. Um B am Leben zu erhalten, muss A an B → Transferzahlungen leisten. Wenn der Arbeitseifer des A von den Transfers an B nicht berührt wird, so ist eine Umverteilung entlang der Linie LH möglich, wobei A in H alles behält, in L alles an B abgibt oder in Z sein Einkommen mit B teilt (Gleichverteilung). Im Allg. wird man A nicht beliebig belasten können. Nimmt die Belastung zu, so sinkt der Nettolohn, während die → Opportunitätskosten, ausgedrückt in Freizeit, ansteigen. A wird weniger arbeiten, so dass das → Steueraufkommen daraufhin zurückgeht. Kurve HDC0 zeigt den Verlauf dieses Prozesses. Wandert man auf dieser Kurve von H nach links, so nimmt das Einkommen vor Steuern, d.h. die Summe aus dem Nettoeinkommen des A (Abszisse) und den wachsenden Transfers an B (Ordinate), ständig ab. Die Differenz zwischen der Fläche unter der Geraden LH und der unter der Kurve HDC0 kann man als Kosten der Umverteilung werten. Welcher Punkt angestrebt wird, hängt von den Grundprinzipien der Verteilung (→ Gerechtigkeitskriterien) ab. In C ist das Egalitätsprinzip verwirklicht. Jeder erhält das gleiche Einkommen. Hingegen ist die Verteilung in D ungleich, aber der Ärmere ist hier absolut am besten gestellt. Dieser Punkt entspricht dem Differenzprinzip von Rawls. In H ist das produktive Gesamtergebnis maximal. Da hier das Leistungsbeitragsprinzip gilt, erhält die arbeitsunfähige Person B kein Einkommen. → Zielkonflikt.

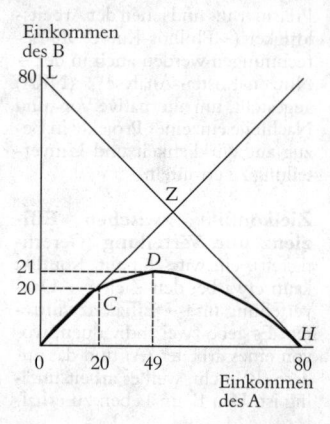

Zins, Preis für die Überlassung von Kapital, dessen Höhe sich nach Marktverhältnissen, Risiko der Anlage und der Dauer des → Darlehens richtet. Durch geldpolit. Maßnahmen kann die Höhe des Z. durch die → Notenbanken beeinflusst werden (→ Europäische Zentralbank (EZB)).

Zinsabschlagsteuer (ZASt), eine seit 1. Januar 1993 in Deutschland neue Erhebungsform für die Steuern auf bereits bisher steuerpflichtige Einkünfte aus Kapitalvermögen. Bei der Z. wird als Reaktion auf vermutlich hohe Steuerausfälle durch → Steuerhinterziehung das → Quellenabzugsverfahren angewendet: pauschal 30 % der Einkünfte (Ausnahme: 35 % auf Zinszahlungen im Tafelgeschäft) werden zum Zeitpunkt ihres Anfalls von den Auszahlungsstellen automatisch an den Fiskus abgeführt. Die Steuerpflichtigen sind generell verpflichtet, alle Kapitalerträge gegenüber dem Fiskus anzugeben. Die gezahlte Z. wird auf die → Einkommensteuer angerechnet. Betroffen sind alle im Inland anfallenden Zinsen auf Spargutenhaben, Bausparverträge, festverzinsliche Wertpapiere und Festgelder. Nicht der Z. unterliegen Zinsen, die im Rahmen von steuerbegünstigten Kapitallebensversicherungen erwirtschaftet werden. Ausgenommen sind ferner Zinsen auf Sichteinlagen (Kontokorrent- bzw. Girokonto-Guthaben), wenn die Verzinsung nicht mehr als 1 % p. a. beträgt. → Kapitalflucht, → Steueroasen, → Steuerwirkungslehre.

Zinseinkommen, Entgelte für die Überlassung von Vermögen zur Nutzung im Wirtschaftsprozess. Demgegenüber entsteht → Arbeitseinkommen als Lohn durch Einsatz der Arbeitskraft. Z. fließen in unserer pluralistischen Gesellschaft neben den Unternehmern auch Gewerkschaften, Kirchen, dem Staat und Arbeitnehmern zu.

Zinselastizität, bringt zum Ausdruck, um wie viel Prozent sich die Nachfrage nach Geld oder Investitionen ändert, wenn der Zins um ein Prozent steigt oder fällt. Bei Unterbeschäftigung soll die Z. der → Geldnachfrage auf eine Zinssenkung hin gegen unendlich tendieren (→ Liquiditätsfalle), während die Z. der Nachfrage nach Investitionen relativ starr sei. Die → Monetaristen lehnen die Behauptung einer solchen Z. der Nachfrage nach Geld ab.

Zinserwartung, ist nicht nur für J.M. Keynes, sondern auch für die neuere → Portfolio-(Auswahl-) Theorie von zentraler Bedeutung. Erwartet jemand einen Anstieg der Zinsen, so wird er eine hohe Vorliebe für → Liquidität haben und in dem Augenblick Wertpapiere kaufen, wenn die Kurse, wie erwartet, gefallen sind.

Zinshypothek, im Gegensatz zur Amortisationshypothek eine → Hypothek, die auf eine bestimmte Anzahl von Jahren gewährt sowie verzinst wird und innerhalb dieser Zeit unkündbar ist. Nach Ablauf der Frist haben beide Teile das Kündigungsrecht (sechs- oder neunmonatige Kündigung) zum Zwecke ganzer oder teilweiser Rückzahlung des Kapitals.

Zins-Kredit-Mechanismus, erklärt den Ausgleich der → Zahlungsbilanz aus dem Zinsgefälle, das Kapital aus dem Kreditnehmerland in das -geberland zurückströmen lässt. Die Wirkung des Z. hängt davon ab, wie schnell Änderungen der → Geldmenge auf die Geldmarktzinsen durchschlagen und ob es überhaupt zu einem Zinsgefälle kommt, wenn Kredit von einem Land an das andere gewährt wird.

Zinsmechanismus, einfacher, erklärt mit Hilfe der Keynesschen Funktionen der Liquiditätspräferenz (→ Liquiditätsneigung) und der Investition (→ IS-LM-Konzept), wie eine Zinsänderung auf die Güterwirtschaft einwirkt. Wird die → Geldmenge erhöht, und sinkt dadurch der Zins, so nehmen die Investitionen zu, wenn die Grenzleistungsfähigkeit des Kapitals gleich bleibt. Damit nehmen auch Beschäftigung und Konsum zu, und das Volkseinkommen wächst (→ Multiplikator). Dieser sog. → Transmissionsmechanismus ist somit von der → Zinselastizität der Geldnachfrage und der Investitionen abhängig.

Zinspolitik, alle Maßnahmen der → Zentralbank, mit denen das all-

Zinssatz → Zins.

Zinsschein → Kupon.

Zinsspanne, im Kreditverkehr der Banken der Unterschied zwischen Aktiv- und Passivzinsen, also zwischen den Zinsen, welche die kreditgebende Bank für Kredite erhält, und denen, die sie ihren Depositengläubigern für deren Einlagen zahlt.

Zinsstrukturkurve, graphische Veranschaulichung der aktuellen Zinssätze auf nach ihrer Fristigkeit unterschiedene Anlageformen (→ Darlehen, → Kapitalmarkt, → Zins). Steigen die Zinsen mit längerer Fristigkeit, spricht man von einer normalen Zinsstruktur, im umgekehrten Fall von einer inversen Zinsstruktur. Variieren die Zinssätze nicht mit der Fristigkeit der Kapitalüberlassung, handelt es sich um eine flache Zinsstruktur.

Zinsstrukturtheorie, versucht zu erklären, warum es in der Praxis keinen einheitlichen Zins, sondern eine ganze Skala unterschiedlicher Sätze gibt. Die Ursache für die Unterschiede liegt im Wesentl. in der Laufzeit, der Ausstattung und Sicherheit sowie in den → Zinserwartungen.

Zinstender, Auktionsverfahren im Rahmen der → Offenmarktpolitik der → Zentralbanken. Die Geschäftsbanken geben hierbei zunächst das Volumen der von ihnen gewünschten Kreditaufnahme kombiniert mit einem Zinssatz an, den sie dafür zu zahlen bereit sind. Die Zentralbank legt dann nach Maßgabe ihrer Vorstellung über das notwendige Gesamtkreditvolumen den niedrigsten Zinssatz fest, zu dem noch zugeteilt wird. Es erhalten also diejenigen Geschäftsbanken Kredit, die den höchsten Zinssatz zu zahlen bereit sind. Siehe auch → Mengentender.

Zinstheorien, versuchen das Phänomen des Zinses zu erklären, wobei man in reale und monetäre Z. unterscheiden kann. Beide Ansätze sind wegen der intensiven Wechselwirkung zwischen Güter- und Geldmarkt zu einseitig. → Abstinenztheorie, → Agiotheorie, → Dynamische Zinstheorie, → Liquiditätstheorie des Zinses.

Zölle, Abgaben, die aus finanz- oder wirtsch.polit. Gründen bei der Ein-, Aus- und Durchfuhr von Waren erhoben werden. Nach der Bemessung des Zolles unterscheidet man spezifische Zölle und Wertzölle. Spezifische Z. werden nach Gewicht, Stückzahl oder Maß der Ware berechnet und belasten billige Importgüter mehr als teure, während Wertzölle in Hundertsätzen vom Warenwert berechnet werden und die Belastung somit proportional ist. → Einfuhrzölle können unterschiedliche Wirkungen hervorrufen: (1) Sie schützen den Wirtschaftszweig, der mit den Importen konkurriert und sichern Arbeitsplätze, soweit nicht die Beschäftigung in der Exportwirtschaft (als Folge von Vergeltungszöllen (→ Vergeltung) zurückgeht. (2) Der

Schutzeffekt dient zum Aufbau neuer Industrien (→ Erziehungszoll). (3) Einfuhrzölle verursachen einen Preisanstieg im Inland bei den Importen und im Ausland Preissenkungen (Änderung der → Terms of Trade). (4) Das Realeinkommen des knappen Faktors wird beim allgemeinen Einfuhrzoll erhöht, und zwar zu Lasten anderer Faktoren, so dass der Einkommensverteilungseffekt offen bleibt. (5) Der Fiskus erhält entsprechend erhöhte Einnahmen (→ Finanzzoll). → Schutzzoll, → Ausfuhrzolle, → Vorzugszoll, → General Agreement on Tariffs and Trade (GATT)).

Zollanschluss, Teil fremder Staatsgebiete, der zur Ausübung der → Zollhoheit einem anderen Staat angeschlossen ist.

Zollausschluss, Gebietsteil eines Staates, das zwar polit. zum Staatsgebiet gehört, aber zollpolit. Ausland ist. Es gehören im Wesentl. dazu: freie Niederlagen, Freihäfen, das Drei-Meilen-Seegebiet vor der Küste, die Insel Helgoland und einzelne Bezirke oder Gemeinden, die aus geographischen oder sonstigen Gründen besser außerhalb der Zollgrenzen bleiben. → Zollanschluss.

Zolldisparitäten → Kennedy-Runde.

Zollhoheit, die Befugnis des Staates zur Gesetzgebung, Verwaltung und Rechtsprechung auf dem Gebiet der → Zölle. Sie erstreckt sich auf das staatl. Hoheitsgebiet sowie auf Grund zwischenstaatl. Vereinbarungen auf → Zollanschlüsse. Nicht wirksam ist die Z. in den → Zollausschlüssen. → Finanzhoheit.

Zolllagerung, das Verwahren von Zollgut in Lagern unter Einschluss der Lagerbehandlung, also des Umpackens, Umfüllens, Teilens, Sonderns usw. Zollrechtl. sind die vorgenannten Arten der Lagerbehandlung verboten, wenn dadurch für den Zollbeteiligten Zollvorteile entstehen.

Zolltarif, die Aufstellung zollpflichtiger oder (ausdrücklich) zollfreier Waren unter Angabe von Wert, Stück oder Gewicht, des Zollsatzes und der Maßstäbe des Z. Die Warennamen sind entweder alphabetisch oder systematisch, d.h. nach Sachzusammenhang, nach Tarifnummern oder Tarifpositionen, geordnet. Dem Z. liegt jeweils ein Tarifschema zugrunde. Erst wenn die Nummern des Schemas mit Zollsätzen versehen sind, handelt es sich um einen Z. Der gemeinsame Z. der EU weist je eine Spalte für autonome und für vertragsmäßige Zollsätze auf.

Zollunion, der Zusammenschluss von Staaten, die untereinander alle → Zölle und Handelsbeschränkungen aufgehoben haben und gegenüber Drittländern einen gemeinsamen → Zolltarif anwenden. Die → Europäische Gemeinschaft (EG) war bis 1993 eine Z., die Vorstufe zum gemeinsamen Markt (→ Europäischer Binnenmarkt). → Wirtschaftsunion, → Integration, wirtschaftliche.

Zollwert, der Normalpreis, mit Zustimmung der Zollbehörde auch der Rechnungspreis, nach dem der Wertzoll für eine Ware bemessen wird. Es ist der Marktpreis, der bei einem Verkauf zwischen unabhängigen Käufern und Ver-

Zufallsanalyse

käufern erzielt werden kann. Ein handelsüblicher Mengennachlass ist zu berücksichtigen. Der Normalpreis umfasst die Aufwendungen, die den Verkauf der Ware und ihre Lieferung an den Käufer bis zum Einfuhrort belasten.

Zufallsanalyse → Stichprobenverfahren.

Zufallsstichprobe → Statistik.

Zugewinngemeinschaft, der gesetzl. Güterstand, der seit 1958 für alle Ehen nach dem bürgerlichen Recht auf Grund der Gleichberechtigung von Mann und Frau gilt. Er betrifft auch vor diesem Stichtag geschlossene Ehen, für die der gesetzl. Güterstand (die Gütertrennung) maßgebend war. Entscheidende Bedeutung erlangt die Z. erst mit ihrer Auflösung. Dann wird der von beiden Ehegatten erzielte Vermögenszuwachs ausgeglichen, damit das wirtsch. Ergebnis des gemeinsamen Lebens und der gemeinsamen Arbeit beiden Ehegatten zugute kommt.

Zulassungsstelle, die nach § 36 Börsengesetz an jeder → Wertpapierbörse zu errichtende Kommission, die über die Zulassung von Wertpapieren zum Handel zu entscheiden hat und die zur Hälfte aus nicht berufsmäßig am Handel mit Wertpapieren beteiligten Mitgliedern bestehen muss. Um die Öffentlichkeit vor unsicheren und zweifelhaften → Emissionen zu schützen, bedürfen Wertpapiere (außer öffentl. Anleihen) der Zulassungsgenehmigung.

Zumutbare Eigenbelastung → Außergewöhnliche Belastungen.

Zurückbehaltungsrecht, das Recht des Schuldners, die geschuldete, fällige Leistung zu verweigern, bis die entsprechende Gegenleistung erfolgt ist. Das Z. kann nach § 273 BGB wegen jeder Forderung geltend gemacht werden. Das kaufmännische Z. hat pfandähnliche Wirkungen insofern, als der Gläubiger befugt ist, sich aus dem zurückbehaltenen Gegenstand zu befriedigen. Bei → Insolvenz steht es einem Pfandrecht gleich, verleiht also den Anspruch auf abgesonderte Befriedigung aus dem zurückbehaltenen Gegenstand. → Pfand.

Zurückgestaute Inflation, tritt ein, wenn ein Nachfrageüberhang entsteht, der sich infolge eines → Preisstopps und/oder → Lohnstopps nicht auf die Marktpreise auswirken kann. Es treten anfangs überlange Lieferfristen, übermäßiger Lagerabbau und Rohstoffmangel auf, später kommt es zu einer Rationierung und Zuteilung der Rohstoffe und Fertigerzeugnisse; es bilden sich sog. Graue und Schwarze Märkte, die das Bezugsscheinsystem einer staatl. Wirtschaftsbürokratie durchlöchern. Unwirtschaftlichkeit, Verschwendung und ungerechte Verteilung sind die Folgen. → Höchstpreis.

Zusammenlegung, im Aktienwesen eine Sanierungsmaßnahme, bei der → Aktien zusammengelegt werden. Die Wirkung für die → Aktiengesellschaft (AG) besteht in einer entsprechenden Herabsetzung des → Grundkapitals, die Folge für den Aktionär ist eine Verminderung seines Geschäftsanteils.

Zusatzkosten → Kostenrechnung.

Zusatzlast (engl.: excess burden), eine Steuerwirkung, die über die → Zahllast hinaus den Besteuerten zusätzlich belastet, indem er gezwungen wird, seine Verbrauchs- oder Produktionsgewohnheiten oder -struktur zu seinem Nachteil zu ändern. Seine Wahlmöglichkeit wird eingeschränkt; seine Versorgung drückt nunmehr eine tiefer liegende → Indifferenzkurve aus. Diese nachteiligen Wirkungen auf die → Effizienz treten bei einer allgemeinen → Umsatzsteuer mit gleichmäßiger Belastung aller Güter nicht auf. Doch beeinflussen beide Steuerarten zudem die Wahl zwischen Arbeit und Freizeit wie zwischen Verbrauch und Sparen. Die Z. nimmt mit der → Preiselastizität der Nachfrage nach dem besteuerten Gut zu, während die Zahllast, umgekehrt, sinkt. Beide Lastarten ändern sich also gegenläufig, und der Grad der Nachfrageelastizität bestimmt Umfang und Aufteilung der Gesamtlast auf Zahl- und Zusatzlast. Ist die Nachfrage vollkommen elastisch, ist die Z. (wie das Steueraufkommen) gleich null. Mitentscheidend ist also der Grad der Ersetzbarkeit des belasteten Gutes (→ Substitution). Harberger berechnet näherungsweise die Zusatzlast, indem er die → Konsumentenrente vor und nach der Steuer vergleicht und von der Änderung die Zahllast abzieht. Was übrig bleibt, ist die Z. Diese Hilfsrechnung ist praktisch problematisch, so etwa die Errechnung der Konsumentenrente. Ist die Preiselastizität der Nachfrage nach Luxusgütern für Bezieher niederer Einkommen größer als für die höherer, werden jene stärker zusätzlich belastet als diese. Die Zahllast ist umgekehrt verteilt. Dadurch wird eine steuerpolit. Forderung, die oberen Einkommensgruppen etwa durch »Luxussteuern« stärker zu belasten, höchst fragwürdig, da die Freiräume für Konsum unterer Schichten erheblich eingeschränkt werden. Während die Z. den → Nutzen und die Effizienz berührt, beeinflusst die → Steuerinzidenz die Verteilung, so dass ein Konflikt entsteht, dessen Lösung ein gegenseitiges Abwägen (→ Trade-Off) erfordert. → Besteuerung, zusätzliche Wohlfahrtsverluste.

Zusatznutzen (engl.: excess benefit), das Spiegelbild der → Zusatzlast, die als Folge einer Steuer entsteht und Grundlage der Theorie der optimalen → Besteuerung (TOB) ist. Diese steuerbedingte Zusatzlast wird aber einseitig gesehen, da das Steueraufkommen nicht thesauriert, sondern zweckentsprechend wieder ausgegeben wird. Daher entstehen auf anderen Märkten, die ebenfalls ausgeglichen sind, reale wie fiktive Zusatznutzen, die man gegen die Zusatzlast aufrechnen muss, wenn man der Wirklichkeit gerecht werden will und nicht zu widersinnigen Aussagen einseitiger Partial-Analysen kommen will. Abb. folgende Seite.

Zuschlag, bei → Versteigerungen die Annahmeerklärung des Versteigerers gegenüber dem letzten Angebot, bei → Submissionen die Erteilung des Lieferungsauftrags und in der Geschäftssprache der durch Handschlag bekräftigte Abschluss eines Geschäfts.

Zuschlagskalkulation → Kalkulation.

Zusatzlast = excess burden (ohne Kosten der Steuererhebung; t = Steuersatz)

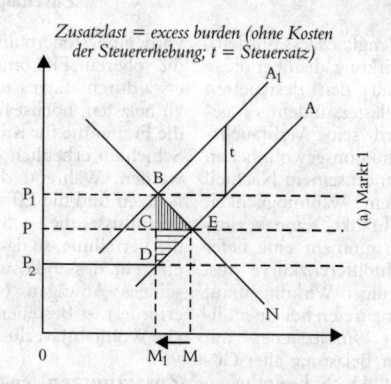

(a) Markt 1

Zusatznutzen = excess benefit (ohne Kosten der Steuererhebung und des Transfers = Tr)

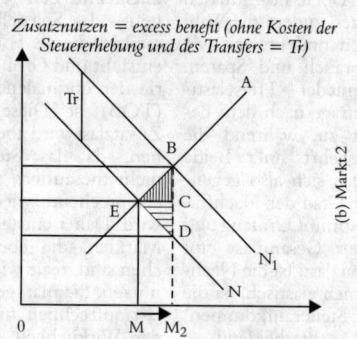

(b) Markt 2

Zusatznutzen = excess benefit (mit ineffizienter Eigenproduktion; a = Ausgaben)

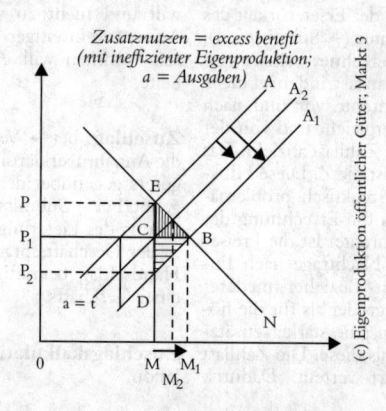

(c) Eigenproduktion öffentlicher Güter; Markt 3

Zuschreibung, liegt vor, wenn sich der Buchwert eines Vermögensgegenstandes erhöht. Gründe hierfür können die Korrektur überhöhter Abschreibungen in vorangegangenen Perioden oder die Wertzunahme des Vermögensgegenstandes sein. Gegenstück: → Abschreibung.

Zwangsanleihen, müssen auf staatl. Anordnung hin gezeichnet werden. Die Verzinsung liegt i. d. R unter dem üblichen Zinsfuß. Oft sind Z. auch unverzinslich. Im Gegensatz zu Abgaben besteht indes ein Recht auf Rückzahlung. → Anleihen.

Zwangssparen, steigen in einer → Inflation die Preise schneller als die Einkommen, können die Einkommensbezieher relativ weniger Güter und Dienste kaufen als vorher. Ihr Realeinkommen sinkt sogar absolut, wenn sie feste Einkünfte (etwa Zinsen oder Renten) beziehen. Sie sind also gezwungen, auf Konsum zu verzichten, also zu sparen. Z. kann auch vom Staat vorgeschriebener (unfreiwilliger) Konsumverzicht sein, etwa in Form von → Zwangsanleihen oder durch Rationierung und Festlegung von Lieferfristen.

Zwangsvollstreckung → Mahnverfahren.

Zwangswirtschaft, Kollektivwirtschaft, eine alles umfassende öffentl. Wirtschaft, mit zentralem Staats- und Wirtschaftsplan, ohne echten Markt, in welcher der Staat als Monopolist (→ Monopol) und Alleinbesitzer der → Produktionsfaktoren die Endprodukte entweder »kostenlos« (steuerfinanziert) oder via Gebühren und öffentl. (nicht Markt-)Preise über einen Verwaltungs- und Kontrollapparat anbietet, so dass sich der Mechanismus bürokratischer Ineffizienz voll auswirken muss. Letztlich bestimmen Plan und Kollektiv über die → Präferenzen des einzelnen Bürgers, die Berufswahl und die Entgelte der Faktoren. Der Einzelne ist in dieser → Wirtschaftsordnung einem starken Entfremdungsdruck durch kollektive Gewalt (hinter anonymen und formalen Vorschriften) ausgesetzt; er wird total verwaltet, überwacht. → Marxismus, → Öffentliche Verschwendung, Theorie der.

Zwanziger-Klub oder -Gruppe, auch -Ausschuss, auf dem Jahreskongress des → Internationalen Währungsfonds (IWF) 1972 in Washington gegründet, bestand aus den zehn wichtigsten Industrienationen des Westens (→ Zehnergruppe), nämlich Belgien, Deutschland, Frankreich, Großbritannien, Italien, Japan, Kanada, Niederlande, Schweden und den USA, ferner aus Äthiopien, Argentinien, Australien, Brasilien, Indien, Indonesien, Irak, Marokko, Mexiko und Zaïre. Der Z. sollte Vorschläge ausarbeiten, um die internationale Währungs- und Handelsordnung zu reformieren und die → festen Wechselkurse abzubauen. Der Ausschuss hatte Mitte 1974 ein Sofortprogramm unterbreitet, doch konnten wesentliche Fortschritte in der Reform des internationalen Währungssystems nicht erzielt werden, da die Folgen der Öl- und Dollarkrise und die weltweite Inflation bei relativ stagnierendem Welthandel die Unsicherheit im internationalen Zahlungsverkehr eher noch verstärkt haben. An die Stelle des Z. wurde 1974 der Interimsausschuss des IWF eingesetzt.

Zwecksteuer, wird zur Erfüllung bestimmter Aufgaben erhoben, nicht, wie die Finanzsteuer, zur Deckung des allgemeinen Finanzbedarfs. Z. ist z.B. die → Kraftfahrzeugsteuer, deren Ertrag zum großen Teil für den Straßenbau verwendet wird. Das sog. → Non-Affektationsprinzip, d.h. das Verbot der Zweckbindung von Steuern, hat bislang verhindert, dass Nutzen und Kosten eines staatl. Projektes unmittelbar einander gegenübergestellt werden und der Kreis der Benutzer und der Belasteten sichtbar wird. Gebühren erfüllen diese Forderung weit mehr und könnten mithelfen, die Wirtschaftlichkeit und die Verteilung → öffentlicher Güter zu berechnen.

Zweckverband, eine Vereinigung von Gemeinden mit dem Ziel, ein meist wirtsch. Vorhaben gemeinsam durchzuführen. Bsp.: → Sparkassen und Girokassen, Wasserwirtschaftsverbände.

Zweifelhafte Forderungen, → Forderungen, die zwar nicht uneinbringl. sind, deren Eingang aber ungewiss ist. Nach § 40 HGB sind sie in der Bilanz nach ihrem wahrscheinlichen Wert anzusetzen. → Delkredere.

Zweitbest-Theorie (engl.: second-best theory), sucht unter alternativen (suboptimalen) Bedingungen die zweitbeste Lösung, da irgendeine Einschränkung verhindert, dass ein Optimum erreicht wird. → Nutzen-Kosten-Analysen (NKA) mit einschränkenden Bedingungen (→ Beschränkungen) können im Grunde nur zweitbeste Lösungen anbieten. Lipsey und Lancaster behaupten in ihrem Theorem des Zweitbesten, dass ein gesamtwirtsch. Optimum nicht erreicht werden könne, wenn eine Bedingung des → Pareto-Optimums nicht erfüllbar ist. In diesem Falle müssten auch alle anderen Bedingungen von den Voraussetzungen für ein solches Optimum abweichen.

Zwischengüter, dienen der Herstellung anderer Güter auf den einzelnen Stufen der Produktion. In einer entwickelten Volkswirtschaft werden die meisten Hilfsquellen zur Produktion von Z. verwendet, weil die Produktionsumwege länger sind, wodurch die → Produktivität erhöht wird. Z. werden in der Berechnung des → Bruttosozialprodukt (BSP) nicht voll berücksichtigt, um Doppelzählungen zu vermeiden. Auch zur → Mehrwertsteuer wird nur der Wert der Z. berücksichtigt, der dem Gut auf der Zwischenstufe hinzugefügt worden ist.

Zwischenkalkulation → Kalkulation.

Zwischenmenschliche Beziehungen (engl.: human relations), ein Begriff der amerik. Betriebssoziologie. Er besagt, dass der Mensch als Persönlichkeit und verantwortungsbewusstes Mitglied einer Gemeinschaft zu sehen und zu achten sei. Die Pflege von Z. und soz. Gesinnung sind von entscheidender Bedeutung für den Erfolg eines privaten wie öffentl. Betriebes. → Wirtschaftspsychologie.

Zwischenscheine, Interimsscheine, Anteilschein, die den Aktionären vor → Emission der Aktien erteilt werden (§ 10 AktG). Sie müssen → Namenspapiere sein. Ihre Inhaber haben die Rechte eines Aktionärs, der den gleichen Betrag eingezahlt hat wie sie.

Zyklische und strukturelle Defizite, in der → Finanzwissenschaft Fehlbeträge oder Ungleichgewichte des staatl. → Budgets, die (1) passiv dadurch entstehen, dass die zyklisch schwankende Konjunktur die Steuereinkünfte und die öffentl. Transfers beeinflussen, und (2) aktiv dadurch entstehen, dass etwa Steuersätze, Sozialprogramme oder Ausgaben für den Verkehr und damit die Struktur des Budgets polit. geändert werden (→ Budgetdefizit, → Konjunkturbewegungen). Das zyklische Budget ist die Wirkung der Konjunktur auf den Haushalt, indem es die Änderungen in den Einnahmen, Ausgaben und Defiziten erfasst, die entstehen, weil die → Volkswirtschaft nicht das Produktionspotenzial sinnvoll ausnutzt, sondern sich im Aufschwung oder im Abschwung bewegt. Das zyklische Konjunkturbudget drückt den Unterschied zwischen dem tatsächlichen Haushalt und dem strukturellen Haushalt aus. Letzterer misst die staatl. Einnahmen, Ausgaben und Defizite, die eintreten würden, wenn die Volkswirtschaft das Produktionspotenzial normal auslastet. Schließlich drückt das tatsächliche oder reale Budget die wirklichen Einkünfte, Ausgaben und das Defizit in einer bestimmten Periode in absoluten Beträgen, also in EUR, aus.